A PEACE TO END
ALL PEACE

A PEACE TO END
ALL PEACE

현대 중동의 탄생

데이비드 프롬킨 지음
이순호 옮김

갈라파고스

이 책에 대한 찬사

뉴욕타임스 선정 편집자 추천 도서: 1989년 최우수 도서들 중 하나.

—《뉴욕타임스 북리뷰》

"화려하고 눈부시다. … 위대한 인물, 그들이 거둔 엄청난 공적, 그보다 더 엄청난 그들의 어리석음을 다룬 파멸과 미몽의 서사시."

—푸아드 아자미,《월 스트리트 저널》

"야심만만하고, 자극적이며, 통쾌하게 저술된 우리 시대 중동 역사의 결정판. 프롬킨은 외교적 권모술수, 군사적 무능, 정치적 격변이 난무했던 시대의 흥미진진한 이야기를 이 한 권의 책에 서슴없이 풀어낸다. … 이 책에는, 중동의 안정을 기하기 위해 영국이 필사적으로 기울인 노력이 종국에는 현대 중동이라는 분쟁의 불씨를 탄생시키는 것으로 끝나고 마는 과정이 여과 없이 기록돼 있다."

—리드 베도우,《워싱턴포스트 북월드》

"미국의 외교 정책가라면 반드시 읽어야 할 필독서."

—《포브스》

"프롬킨은 중동의 저널리스트들에게 거의 성서적 지위를 보유하고 있다."

—로버트 F. 워스, 《뉴욕타임스》

"역사와 정치적 배경 이상의 것을 독자에게 제공해주는 놀라운 책. … 이집트, 팔레스타인, 터키, 아시아의 아랍 지역뿐 아니라 아프가니스탄과 중앙아시아에서 일어난 일도 포함시켜 사실상 중동 전체를 조망한 최초의 책들 가운데 하나. … 이 책으로 독자들은 중동 역사에 통달하게 될 뿐 아니라, 얄궂은 책 제목으로 인해 곤혹스러움마저 느끼게 될 것이다."

—Wm. 로저 루이스, 《뉴욕타임스 북리뷰》

"눈부신 스토리. … 오스만제국이 자국령 중앙아시아를 신생국 소련으로부터 탈취하기 위해 막판에 기울인 노력의 과정을 서술한 부분은 가히 환상적이다. … 저자는 현대 이라크의 탄생을 다룬 부분에서도 그 못지않게 빼어난 서술 솜씨를 발휘한다."

—잭 마일즈, 《로스앤젤레스 타임스 북리뷰》

"『현대 중동의 탄생』은 ··· 역사 저술의 극치다. 사건들을 나열하는 데 그치지 않고 그것들을 어떻게 생각해야 할지 유용한 방식까지도 제공해주는 흡인력 강한 책. 장대한 스케일의 작품이지만, 그렇다고 세부 내용을 소홀히 다루지는 않는다. 유명인과 잊힌 인물이 다함께 포함된, 여러 나라들의 숱한 개인들이 행한 일들이 빠짐없이 수록돼 있는 것이다. ··· 따라서 읽는 데 집중력이 필요하지만 그만큼 얻는 것이 많다. 책에 나오는 정보 대부분이 최근에 공개된 것이어서 거의 매 쪽마다 과거에 대한 새로운 내용이 소개돼 있는 것도 이 책을 재미있게 만드는 요소다."

—나오미 블라이벤, 《뉴요커》

"프롬킨은 ··· 허튼 소리나 자기 과시 없이 솔직하고 직설적인 서술 스타일을 지니고 있다. 그것이 읽는 재미를 더해준다. 읽는 그대로의 사실을 말하면서도 완벽하게 뜻이 통하게 한다는 점에서 더더욱 그렇다. ··· 이 대작은 1914~1922년 사이에 탄생했으나 지금도 그 과정이 여전히 진행 중인 중동에 대해 진지한 관심을 가진 사람이라면 반드시 읽어야 할 필독서다."

—월터리 에이탄, 《하다사》

"외교사의 최고봉. … 이 책의 강점은 상세하면서도 포괄적인 내용에 있다. … 중동을 진지하게 연구하는 사람, 현대 외교사에 관심을 가진 사람, 수세미처럼 얽히고설킨 도저히 풀릴 것 같지 않은 현대 중동의 복잡다단한 문제들이 어떻게 만들어졌는지를 알고자 하는 사람들에게 진심으로 추천해주고 싶다."

—게리 그리핀 중령,《밀리터리 리뷰》

"역사를 오락용 드라마로 만든 수작."

—스티브 와인가트너,《북리스트》

"1차 세계대전과 이후에 전개된 현대 중동의 탄생 과정을 다룬 매혹적이고 환상적인 이야기. 저자 프롬킨은 자칫 미로에 빠질 수 있는 복잡한 주제를 흥미진진하게 만드는 재주를 가진 발군의 이야기꾼이다. … 미국의 외교 정책가들이 꼭 읽어야 할 필독서."

—《포브스》

"경이적이다. 근래에 발간된 책들 중 중동에 대한 이해력을 높이는 데 이보다 더 지속적인 중요성을 지닌 책은 없었다."

— 잭 마일즈,《로스앤젤레스 타임스》북리뷰

"'전쟁을 끝내기 위한 전쟁the war to end war'이 끝나니 파리 평화회의도
'평화를 끝내기 위한 평화Peace to end peace'를 제법 성공적으로 이뤄낸 것 같군."
—팔레스타인 원정 때 앨런비의 부관을 지낸 아치볼드 웨이벌(나중에는 영국 육군원수)이
파리 평화회의에서 전쟁을 종결짓는 조약들이 체결된 것을 보고 (경멸조로) 던진 한마디. *

* '전쟁을 끝내기 위한 전쟁'은 제1차 세계대전을 가리키는 말로, 본래 영국 작가 H. G. 웰스가 전쟁 발발 뒤 출간한 자신의 책 제목을 The War That Will End War로 정한 데서 유래했으나, 이후 우드로 윌슨과 로이드 조지 등 정치인들도 서로 다른 용도로 이 말을 곧잘 인용했다. 이 책의 원제인 『모든 평화를 끝내기 위한 평화』도 웨이벌의 논평에서 따왔다.

발간 20주년 기념 판본에 부쳐

이 책의 독자들도 알다시피 현대 중동은 1차 세계대전(1914~1918) 뒤에 형성되었다. 이전에는 서아시아의 정치 풍토가 지금과는 판이했다. 이스라엘, 요르단, 시리아, 레바논, 이라크, 터키, 사우디아라비아만 해도 당시에는 존재하지 않던 나라들이다. 이들 모두 수백 년 동안 오스만제국의 속령이었다가 제국이 해체되면서 탄생한 국가들인 것이다.

『현대 중동의 탄생』은 현대의 중동을 이렇게 만든 주체는 누구고, 그 일은 어떻게 일어났으며, 왜 그랬는지를 다룬 역사서다. 책이 첫 출간된 것은 1989년 여름이었으나 그 후로도 발간이 끊이지 않았고 그 덕에 비평과 호평도 많이 늘었다. 그럼 출간한 지 20년의 세월이 흐른 지금, 여러 요소들 가운데 특히 어떤 내용을 덧붙이면 좋을까?

독자 여러분도 이 책을 통해 알게 되었겠지만, 1차 세계대전의 승전국 영국과 프랑스는 오스만제국을 복구하지 않고 해체하는 길을 택했다. 점령국이 된 서유럽 국가들이 오스만제국의 지배를 맡게 된 탓이었다. 기독교도가 무슬림을 통치하는, 양쪽 모두 달가워하지 않는 일이 벌어진 것도 그래서였다. 양측은 그에 대한 책임을 서로에게 돌렸다.

1914년 영국과 프랑스군이 침략했을 때, 중동의 정치와 삶은 종교를 중심으로 돌아가고 있었다. 그런 곳에 유럽인들은 세속주의, 민족주의, 동맹체제와 같은 유럽식 정치를 도입하려고 했다. 그리고 그 과정에서 외국 땅에는 그런 요소들을 이식하기가 쉽지 않다는 사실을 깨달았다. 중동의 관점에서 볼 때 무엇보다 불만스러웠던 것은, 외국인이 무슬림인 현지인들을 지배하게 된 것이었다. 외국인의 지배를 반기는 곳은 세상천지 어디에도 없겠지만, 그 점에 있어 무슬림들의 증오는 특히 심했다.

영국과 프랑스도 애당초 중동의 정치나 정치 지도를 바꾸기 위한 목적으로 전쟁에 뛰어든 것은 아니었다. 그러나 결과적으로 일은 그렇게 되었다. 1920년 초까지 유럽 연합국이 취한 각종 조치, 협정, 결정들이 뒤섞여 중동 평화의 최종 타결안을 형성하게 되었으니 말이다. 이 책 『현대 중동의 탄생』에서는 그런 일련의 과정들을 "1922년의 타결"로 부른다.

그 타결에는 오류가 많았다. 최소한 오늘날의 시각으로 보면 그렇다. 국가와 국경선을 주민들의 이해관계가 아닌 영국과 프랑스의 이해관계에 따라 정한 것만 해도 그렇다. 그런 결정은 대개 그곳 사정이나 욕구에 무지한 연합국 관리와 각료들이 내리기 일쑤였다. 외국인이 정책 결정자였던 셈이고, 따라서 그들에게는 처음부터 현지 주민들의 삶에 간섭할 자격이 없었다는 주장이 제기될 만했다.

그뿐만이 아니었다. 1922년의 타결에는 그보다 더 큰 결함이 숨어 있었다. 이 책의 독자들도 알 만한 이유로, 영국의 공적 견해와 정치적 견해가 그 타결이 승인되기 무섭게 곧 배척을 당한 것이다. 그러다 보니 신뢰하지 않는 정책을 떠맡게 된 관리들이 타결된 내용을 잘못 시행하거나, 심한 경우에는 시행조차 하지 않았다. 『현대 중동의 탄생』의 독자들에게는 이 모든 것이 낯익은 내용일 것이다.

1차 세계대전 전만 해도 중동은 잠잠했다. 이렇게 활기 없던 곳이 1940년대 중엽과 1950년대 중엽 사이, 영국이 갖고 있던 중동의 패권을 미국이 넘겨받으면서 격동의 지역으로 변했다. 중동의 혼란은 1991년 걸프 전쟁(페르시아만 전쟁)이 일어나면서 가일층 심해지기 시작했고, 그러다 '9·11 사태'라는 일반 명제 아래 세계의 나머지 지역까지 그 여파가 미치게 된 것이다. 그럼 이 일은 대체 왜 일어났을까? 1922년 타결에 잘못이 있었기 때문일까, 아니면 그 타결의 수혜자들에게 잘못이 있었기 때문일까? 왜 유독 중동 국가들에만 그것이 유효하게 작용하고, 다른 나라들에는 그렇지 않았을까? 내가 이 책의 범주를 벗어나는 주제임에도 이 문제를 제기하는 까닭은, 이것이 그만큼 중요한 사안이기 때문이다.

중동의 이곳저곳에서 이합집산이 일어나는 것은 적법성 때문이다. 적법성을 획득한 나라들이 있는 반면 그렇지 못한 나라들이 있는 것이다. 그러다 보니 인접국의 경계를 수용하는 나라가 있고 수용하지 않는 나라도 있으며, 인접국을 독립국으로 인정하는 나라가 있는가 하면 인정하지 않는 나라도 있다.

보유에 연속성이 있으면 권리 주장이 인정되었다. 영원한 이집트와 제국적 페르시아만 해도 고대 세계의 승자라는 이유로 국가의 지위에 대한 그들의 권리가 이의 없이 받아들여졌다. 강력한 지도자가 건설한 국가들 또한 그 인물이 진정으로 강하고 진정으로 토착민이면 용인되었다. 무스타파 케말 아타튀르크가 세운 터키 공화국과, 압둘 아지즈 이븐 사우드가 수립한 사우디아라비아가 그런 나라들이다. 따라서 문제가 되는 것은 세 번째 범주에 속하는 나라들―이라크, 시리아, 레바논, 요르단, 이스라엘이었다. 이들 모두 영국과 프랑스의 자식들, 수정된 사이크스-피코-사자노프 협정이 만들어낸 산물이었고, 그러다 보니 영슈이 서지 않았던 것이다. 문제의 핵심에는 그 국가들의 기원이 놓여 있다는 주장이 빈번히 제기된 까닭도 그래서다. 그러나 다른 지역들의 사례에 비춰 보면 그것은 맞는 말일 수도 있지만, 반드시 그런 것만도 아님을 알게 된다.

중동의 재편은 현대 역사에서 그런 종류로 일어난 최초의 사건은 아니었다. 다른 지역에도 그와 유사하게 분쟁의 소지가 될 제국주의 유산이 남아 있었다. 현대에 최초로 탈식민주의가 일어난 곳은 1800년대 초 프랑스에서 독립한 아이티와, 에스파냐 식민지들을 시작으로 독립이 진행된 라틴아메리카였다. 1492년 크리스토퍼 콜럼버스가 신대륙을 발견한 이래 유럽인들이, 대개는 자신들의 행정적 편의를 위해 남아메리카 처녀지에 그들만의 내적 경계선을 부과한 지 400년 만에 되찾은 독립이었다. 그런데 만일 이때 원주민들이―1789년 프랑스 혁명을 시작으로 유럽의 여러 민족이 그랬던 것처럼―그들의 정치 현실과 민족주의 열망에 맞는 국가와 국경을 얻겠다고 항쟁을 벌였다면 남아메리카에서는 언제까지고 학살이 지속되었을 것이다. 라틴아메리카도 자칫 발칸의 전철을 밟거나, 허다한 사라예보가 양산될 수 있는 상황이었던 것이다.

라틴아메리카가 그렇게 되지 않았던 것은, 독립된 시점의 정치 체제를 받아들이고 약간의 고대 지혜도 구현한다는 내용의, 로마법에 기원을 둔 현상유지 원칙이라는 국제 공법을 따른 덕분이었다. 하느님의 명을 어기고 뒤돌아보았다가 소금 기둥이 된 롯의 아내처럼, 그들도 과거를 되돌리려

했다가는 현재와 미래마저 잃을 수 있다는 사실을 깨달았던 것이다.

1960년대부터 탈식민지화가 진행된 아프리카도 라틴아메리카와 마찬가지로 현상유지의 원칙을 받아들였다. 아프리카에서는 부족이 정치 현실이었다. 따라서 조상의 영역 내에서 부족 간 투쟁이 벌어지면 재앙이 초래될 수 있었고, 실제로 몇몇 경우에는 재앙이 초래되었다. 그러나 1963년 아프리카 독립국 정상 회의에서 아프리카 통일기구가 설립되고, 뒤이어 이 기구가 현상유지 원칙의 결의안을 통과시킴으로써 이 문제는 해결되었다. 국제사법재판소의 판결로 그것의 연속적 유효성도 확인받았다. 아프리카와 남아메리카는 지금도 이 원칙에 따라 살고 있다.

위에 언급한 것처럼 아프리카에서는 부족이 정치 현실인 반면 중동에서는 종교가 정치 현실이다. 따라서 둘 모두 강력한 영향력을 발휘하는 요소들이고, 그러므로 평화를 추구하는 과정에서 거쳐야 할 조정과 타협에도 큰 장애물이 될 수 있다. 하지만 그것은 극복되어야만 한다. 중동이 어느 시점에 타결과 평화를 얻으려면 현상유지의 원칙을 반드시 작동시켜야 한다는 말이다. 그렇다면 그 시점은 언제가 좋을까? 그에 대한 답은 물론 지금이다.

2001년 9월 11일에 벌어진 테러 사건으로 서방 세계는 큰 충격을 받았다. 중동의 유혈사태가 미국 땅과 미국 가정의 안방까지 침투한 사건이었으니 당연히 그럴 만했다. 게다가 테러 주동자 오사마 빈 라덴은 80년 전 서방 세계가 행한 일에 대한 복수로 그 공격을 정당화해 많은 사람들을 어리둥절하게 했다. 과거에 무슨 일이 벌어졌는지 모르는 미국인들로서는 더더욱 당혹스러울 따름이었다. 이후 며칠간 텔레비전의 뉴스 해설자들은 사건의 원인을 찾기에 분주했다. 1920년대 초 미국과 미국의 우방국들이 빈 라덴의 종족들에게 어떤 위해를 가했는지가 그들이 가진 궁금증이었다. 그 위해란 물론 기독교 군대가 무슬림 오스만제국의 영토를 점령하고, 무슬림의 법률과 정부를 타도하며, 유럽식의 국가와 국경선을 수립한 것이었다. 무슬림 중동의 안녕을 위해서가 아닌 서구의 목적 달성과 서방 국가들의 이익을 실현하기 위해 새로운 정치체들을 세운 것이었다는 말이다. 그 점에서 빈 라덴도 1922년의 타결을 비난한 것이고, 협상에 참여도 하지 않은 미국에 그 책임을 돌린 것이었다. 지독하게 복고적이고 일방적인 주장이 아닐 수 없었다. 지난날의 종교전쟁만 해도 기독교도와 무슬림이 함께 벌였다. 물론 십자군은 유감스러울 만했고, 유럽도 그 점은 유감으로 여길 것이다. 그러나 오사마 빈 라덴에게도 서구인들은 할 말이 있다. 훈족, 몽골족, 튀르크족, 그 밖의 아시아 출신 전사 부족들이 서쪽의 유럽으로 가서 파괴활동을 자행한 것에 대해서도 충분히 따져 물을 만했다는 것이다.

테러분자들의 뉴욕 쌍둥이 빌딩 공격은 비단 미국인뿐 아니라 유럽인들에게도 중동에서 전개되는 분규가 매우 심각하고, 그 분규의 평화적 해법을 찾는 데도 지속적으로 실패하고 있는 것 또한 자못 심각하다는 점을 일깨우는 계기가 되었다. 아랍-이스라엘 분쟁만 해도 나아지기는 고사하고 오히려 악화되었으니 말이다. 이 모두 중동에는 현상유지의 원칙이 도래하지 않은 탓이었다. 도래하기는커녕 중동은 아직 그 근방에 다가가지도 못했다. 적법성을 얻지 못한 것이다.

이 책이 처음 발간된 1989년 유럽에서는 베를린 장벽이 무너졌다. 중동에 대한 위협을 포함해 전 세계에 미치던 소비에트의 위협도 이와 더불어 사라지는 듯했다. 이 책 후반부에서도 그와 유사하게 제정 러시아가 와해되고 재등장하는 과정을 주제로 다룬다. 장기적 관점에서 볼 때 러시아가 제기했으며 그 등락이 심했던 위험은, 적어도 서구인들 시각으로는 지난 100년간 세계 정치에 거듭해서 등장한 주제였다.

국제연합의 틀을 짠 사람들을 포함해 미국의 정책 결정자들이 세계정세에서 소련의 존재 때문에 여러 세대 동안 좌절을 겪은 것이 대표적인 예다. 프랭클린 루스벨트와 그의 보좌진만 해도 2차 세계대전 뒤 1922년의 타결 내용을 뒤집는 것에 주안점을 두고 독립과 자결을 증진시키기 위해 민족들의 필요와 요구를 최우선적으로 고려해 평화 수립안을 마련했으나, 소련에 의해 번번이 가로막혔다. 소련은 그들이 신봉하는 공산주의 이데올로기에도 불구하고 1922년의 타결 협상 때 프랑스가 그랬던 것처럼, 그들의 국익에 도움이 되는 일에만 일편단심 신경을 썼다.

그런 만큼 20년 전에 일어난 소련의 붕괴가 미국으로서는 충분히 해방으로 느껴질 만했다. 흔히 말하는 대로 미국 정부도 이제 바라던 일을 자유자재로 수행할 수 있게 되었으니 말이다. '유일한 초강대국'이라는, 미국의 새로운 지위를 나타내는 화려한 수식어도 생겨나 입이 닳도록 되풀이해서 말해졌다. 1989년의 베를린 장벽 사건이 일어난 뒤였던 1990년대 초, 걸프 전쟁(페르시아만 전쟁)을 치르기 위해 미국이 주도하여 다국적군을 결성한 것도 당연히 미국이 새롭게 얻은 행동의 자유로 표현되었다. 그리하여 미국은 이라크에 점령돼 있던 쿠웨이트를 해방시켰고, "새로운 세계 질서"의 도래도 선언했다. 소련의 대응도 더는 고려할 필요가 없게 되었다고 주장했다. 미국에는 아마도 이것, 소련의 대응을 고려할 필요가 없게 된 것이 파멸의 원인이었을 것이다.

미국은 심지어 억제되지 않은 힘은 위험할 수 있음을 경고한 다수의 문헌조차 기억하려고 하지 않았다. 억제되지 않은 힘은, 그 힘이 가해지는 타국에만 위험한 것이 아니라 힘을 행사하는 미국에도 위험할 수 있었는데 말이다.

미국은 생각처럼 전능하지도 않았다. 그러나 미국인들 특히 미디어와 학계에 종사하는 미국인들은 그 점에 의혹을 갖지 않았고, 미국 또한 이라크와 여타 지역에서 스스로 믿었던 것처럼 전능하지 않았는데도 마치 그런 것처럼, 자신들에게 주어진 무제한적 선택의 자유로 후회막급할 행동을 했다. 선택의 자유가 적었다면 실수할 개연성도 줄었을 테고, 그러면 결과도 좋았을 텐데 말이다.

돌이켜보면 냉전기의 소련이 제기한 위협과 견제의 힘이, 미국으로 하여금 정책 수립 과정에서 현실을 냉정하게 파악하고 장고를 거듭하게 만든 좋은 훈련이었다는 생각이 든다. 그렇게 하는 것이 또 우리에게는 이로운 일이기도 했다.

메멘토 모리(반드시 죽는다는 것을 기억하라)라는 말이 있듯, 『현대 중동의 탄생』도 제아무리 위대한 제국도 종국에는 죽음을 피할 수 없다는 점을 깨우치는 것으로 시작된다. 영국 해군 소속의 요트 마녀 호가 크루즈 유람객들을 태우고 지중해로 미끄러지듯 나아가는 장면이 책의 출발점이다. 배에는 당시 세계 최대의 제국, 미증유의 거대 제국을 보유하고 있던 영국의 총리—리더—를 비롯해 여러 명의 선객이 타고 있었다.

그러나 그들은 관광객이었다. 그리스, 로마 시대의 유적을 둘러보기 위해 지중해 유역을 찾았던 것뿐이다. 그리하여 알렉산드로스 대왕과 로마 황제와 같은 위대한 정복자들이 건설한 고대 제국들의 부서진 거리를 거닐어도 보고, 역사상 최초의 제국을 건설했다는 아카드인들에 대한 이야기도 나누었다.

마녀 호의 선객들도 제국들의 세계에서 살았다. 영국 외에도 영국의 동맹인 프랑스와 러시아, 나중에 적이 된 독일 제국과 오스트리아 제국, 500년 동안 중동을 지배하는 중이던 오스만제국, 이런저런 형태로 역시 2,500년가량 중동을 지배했던 페르시아 제국이 존재하던 세계에서 살았던 것이다.

그런데 이 모든 상황과 이 모든 세계가, 1차 세계대전(1919~1918) 및 1차 세계대전 종전에 이어 체결된 파멸적 평화조약으로 변했다.

중동도 물론 1차 세계대전으로 변한 지역—종전 뒤 아랍어권 대부분 지역을 장악하려 한 연합국이 부과한 일련의 정치적 협약으로—변한 지역들 가운데 하나였다. 그런데 그것이 제국주의적이라는 공격을 받은 것이다. 그 공격에도 물론 나름의 이유는 있었다. 그러나 독자들도 이 책을 통해 알았겠지만, 그 당시 사람들은 지금의 우리보다 훨씬 단순하고 경험도 부족한 시대를 살았다. 따라서 그들을 판단할 때도 그 점을 감안해 좀 더 너그러운 태도로 정상을 참작하는 마음을 가질 필요가 있을 것이다. 그것은 다음과 같다.

첫째, 1922년 타결을 이끌어낸 사람들이 제국주의 정신에 충만해 있었던 것은 사실이지만, 그들이 아는 유일한 세계가 제국들의 세계였고, 그러므로 그에 대해 비난하는 것은 공정하지 못하기 때문이다. 당시에는 거의 모든 사람들이 제국주의 정신에 충만해 있었다. 승자도 제국, 패자도 제국이었기 때문이다.

둘째, 전후 중동의 재건을 책임진 정치인들이 자국의 이익만을 추구했다는 것 역시, 1세기 전이었던 당시에는 그것이 그들의 할 일이었다. 폭넓은 관심을 요구하거나 조장하는 것은 세계가 상호의존적이 된 오늘날에야 생겨난 개념이었다. 인류를 위한 대변도 마찬가지다.

셋째, 1920년대와 1930년대의 영국 관리들이 당시의 아랍은 아직 자치—다르게 표현하면 법률에 따른 자유 민주주의 헌법 체제—를 할 준비가 되어 있지 않다고 말한 것 또한, 물론 그것은 쇼비니즘적 주장일 수도 있겠지만 최근의 증거물로 보면 그 말이 반드시 틀리지만은 않다는 생각을 하게도 만든다. 영국의 시사 주간지 《이코노미스트》(2004년 4월 3일자)에 실린 다음 기사도 그것과 관련해 참조해볼 만하다. "아랍 연맹에 가입된 22개 국가들은 아직도 세계에서 가장 일관되게 소수에 의한 독재체제를 유지하고 있다. 단 한 명의 아랍 지도자도 선거 뒤 조용하게 쫓겨나 본 적이 없는 것이 그것을 말해준다."

넷째, 1922년의 타결과 관련해 영국이 중동에 공군 기지와 다른 군사 기지들을 보유한 것도 2차 세계대전이 발발했을 때 이라크, 이란, 팔레스타인, 시리아─레바논, 이집트 등 중동 전역에서 친나치 독일 세력을 억제하는 역할을 했다. 따라서 영국 입장—영국 관리들이 가졌을 것으로 예상되는 유일한 관점—에서 보면 그것도 충분히 1922년 타결의 유효성을 입증해주고, 그것의 중요성을 보여준 요소로 여길 만했을 것이다.

이 책에 수록된 사건들에서 비롯된 국제 문제들은 적어도 지금으로서는 해결 불가능해 보인다. 그러나 역사가들이 하듯 시야를 미래로 넓히면 관점이 달라질 수 있다. 장기적으로 보면 정치 문제는 풀리게 되어 있다. 어쩌면 그보다 중요한 다른 문제들에 밀리는 경우가 더 많을지도 모른다. 해묵은 적개심도 새로운 적의 등장으로 잊힐 것이고, 길게 보면 비록 더딜지라도 사람 또한 변하게 마련이다. 이 책의 독자들도 진즉에 알았겠지만, 서로마 제국 멸망 뒤 유럽의 새 지도가 안정적으로 자리 잡는 데도 1,500년이라는 긴 시간이 걸렸다.

오스만제국의 멸망도 역사상 가장 중요한 격변들 중 하나였다. 물론

규모 면으로는 로마제국의 멸망에 견줄 바가 못 되고, 술탄 체제도 황제제도에 비하면 뿌리가 깊지 않았다. 그럼에도 오스만제국의 멸망은 정치적 지진이라 할 만한 대사건이었다. 따라서 부서진 조각들을 이런저런 형태로 꿰맞추는 데도 시간이 걸릴 수밖에 없었다.

제3천년기와 21세기에 들어서는 미국이 다시금 이라크를 침공하여 역사에 힘을 미치려고 했다. 그리고 그 특별한 사건과 결과에 대해서도 많은 책들이 집필되고 있다. 그렇다면 이 책에 나온 문제들과 작금의 현안들에는 유사점이 있을까? 거의 그럴 것이다. 반면에 이 책의 40주년 기념 판본이 나오면, 그것이 주는 교훈이 무엇인지에 대해서도 여전히 논의되고 있을 것이다.

목차

지도 및 도판 목록

지도 목록

도판 목록

45. 페르시아의 레자 칸(레자 샤 팔라비)

46. 아프가니스탄의 아마눌라 칸

47. 푸아드 1세 이집트 국왕

48. 자글룰 파샤

49. 후세인 헤자즈 국왕의 세 아들: 이라크 국왕 파이살, 트란스요르단의 아미르 압둘라, 이븐 사우드에게 점령되기 전 헤자즈 왕을 잠시 지낸 알리

50. 퍼시 콕스, 거트루드 벨과 함께 있는 이븐 사우드

사진 출처

1, 3, 4, 6, 7, 8, 9, 10, 11, 12, 13, 14, 15, 16, 17, 18, 19, 20, 21, 22, 23, 24, 29, 30, 31, 32, 33, 34, 35, 36, 37, 38, 39, 40, 41, 42, 43, 44, 46, 47, 50번: 〈일러스트레이티드 런던 뉴스〉 사진 자료관

2, 5, 25, 49번: 뉴욕의 UPI/베트만 사진 보관소

26번: 뉴욕의 베트만 사진 보관소

27, 28번, 시오니즘 기록 보관소 겸 도서관

들어가는 말

오늘날 신문의 머리기사를 장식하는 중동은 제1차 세계대전이 진행되는 도중, 그리고 종전 뒤 연합국이 내린 결정에 따라 형성되었다. 왜, 그리고 어떤 경위로 그런 결정이 내려졌을까. 그 어떤 희망, 불안, 애증, 실수, 오해가 있었기에 그런 결정이 내려졌을까. 지금부터 그와 관련된 폭넓은 역사를 이 한 권의 책에 담아보려고 한다.

당시 상황과 관련된 러시아와 프랑스의 공식 보고서는 두말할 나위 없이 선전적 내용 일색이다. 영국도 그보다 나을 게 없어, 공식 기록은 물론이고 심지어 훗날 관리들이 펴낸 회고록도 믿을 것이 못 된다. 그 결정에 주도적 역할을 한 영국 관리들은 첨삭은 보통이고 심할 경우 없는 것을 지어내기까지 하여 기록물에 포함시켰다. 무슬림의 종교 문제에 간섭한 일을 은폐하려 한 것과 자신들도 실현 가능성을 믿지 않았던 아랍 독립을 지지하여 마치 중동에 들어간 것처럼 기록한 것이 좋은 예다. 기록물의 핵심이 되는 아랍 봉기도 실제로 일어났다기보다는, 미국인 흥행사 로웰 토머스가 대중에게 어필하기 위해 '아라비아의 로렌스'로 변모시켜 놓은 황당무계한 이야기의 저자 T. E. 로렌스의 풍부한 상상력 속에서 빚어진 일에 가깝다.

진실이 밝혀지는 데는 수십 년의 세월이 걸렸다. 그것도 가뭄에 콩 나듯 띄엄띄엄 밝혀지다가 막판에, 그간 극비로 취급되던 공식, 비공식 기록이 한꺼번에 공개되어 내가 자료 수집을 시작한 1979년 무렵에는 마침내 사건의 진상이 속 시원히 밝혀지는 것도 웬만큼 가능해 보였다. 이 책의 집필은 그렇게 시작되었다.

이후에 기록보관소를 오가고, 문헌을 연구하고, 현대의 학술자료를 검토하는 것이 내 일이 되었다. 그렇게 10년을 보내자 이윽고 난해한 퍼즐 조각들이 그림의 형상으로 나타났다. 새롭게 드러난 사실들은 대부분 본문 뒤의 주석에 수록된 작품의 저자들이 밝혀낸 것이다. 하지만 거기에 1914년 8월 1일 청년튀르크당 지도자들이 독일을 오스만과의 동맹에 끌어들이기 위해 공작을 벌인 일과, 아랍측 협상대표였던 무함마드 샤리프 알파루키가 독립 아랍국의 경계를 시리아 내륙으로 정하려 한 이유를 밝혀낸 것 등, 많지는 않지만 내가 새롭게 밝혀낸 사실들도 있다.

그 점에서 나도 어쩌면 마크 사이크스, 런던의 중동 담당 관리, 그의 친구인 카이로 주재 영국 정보국장 길버트 클레이턴 사이에 벌어진, 다시 말해 1916년 영국 관료정치 내에서 벌어진 은밀한 줄다리기의 기폭제가 된 다수의 오해를 바로잡거나 혹은 적게나마 관심을 기울인 첫 번째 인물이 될 수 있다. 내가 알아낸 바에 따르면 사이크스와 클레이턴 모두 1916년 프랑스와 협상을 벌일 때, 사이크스가 클레이턴의 요구사항을 잘못 이해했다는 것을 알아채지 못했다. 그러다 보니 사이크스는 영문도 모른 채, 실제로는 반대되는 일을 하면서도 클레이턴의 요구사항을 완벽히 수행하는 것으로 믿었고, 클레이턴은 클레이턴대로 그런 사이크스의 행동에 대해 자신을 욕보이기 위해 일부러 그러는 것으로 생각했다. 설상가상으로 클레이턴이 그 일을 입밖에 내지 않았던 까닭에, 사이크스는 두 사람의 불화가 표면화되기 전까지는 그 사실을 감지하지 못했다. 그 때문에 이후 몇 달 아니 몇 년을 자신과 클레이턴은 같은 생각을 한다고 믿었으나, 클레이턴은 이미 영국 관료사회 내에서 사이크스의 적, 아니 어쩌면 가장 위험한 적으로 변해 있었다.

이런 관료정치의 실상을 파헤치는 것—그리고 의도한 대로 그것을 잘 해냈기를 바라는 마음이다—도 이 책을 쓴 나의 목적 가운데 하나였다. 하지만 그것이 진행된 세세한 과정과 사건의 전말을 밝히는 것이 주 목표는 아니다. 당시 중동에서 벌어진 일을 포괄적으로 개관하고, 중동의 재편이 특별한 시대에 열강정치가 만들어낸 산물이라는 점을 제시하는 것이 나의 진정한 목표였다. 때는 서유럽 제국주의 팽창의 물결이 최고조로 솟아올랐다가 강력한 역류를 만나 뒤로 밀려나는 것이 처음으로 감지되던 독특한 시기였다.

내가 말하는 중동에는 이집트, 이스라엘, 이란, 터키, 아시아의 아랍 국가들뿐만 아니라, 소비에트 중앙아시아와 아프가니스탄도 포함된다. 영국이 나폴레옹 전쟁 때부터 처음에는 프랑스와, 그다음에는 러시아와 이른바 '거대한 게임'을 벌이며 인도 진출을 막기 위해 투쟁을 벌인 모든 지역이 포함된다는 이야기다.

지금까지 제1차 세계대전과 그것이 중동에 미친 영향을 주제로 한 책들은 한 나라 혹은 한 지역을 다루는 것이 보통이었다. 아랍이나 터키령 아시아에서의 유럽 정책을 다룬 책들마저, 가령 영국의 역할이라든가 영국과 프랑스의 역할에만 초점을 맞추기 일쑤였다. 이 책은 그런 기존의 책들과 달리 더 폭넓은 틀 안에서 현대 중동의 탄생을 이야기하려고 했다. 현대 중동의 출현을 19세기에 일어난 거대한 게임의 결정판으로 보고, 러시아도 이야기의 주역으로 삼으려는 것이다. ① 키치너가 무슬림 아랍권과 제휴를 시작한 것, ② 영국과 프랑스가 오스만제국의 존속을 바라면서도 어쩔 수 없이 중동을 점령해서 분할하려 했던 것, ③ 영국 외무부가, 영국은 팔레스타인에 유대민족의 조국 창설을 지지한다는 사실을 공표한 것, ④ 종전 뒤 다수의 영국 관리들이 볼셰비키 진출을 막기 위해 중동에서 영국의 입지를 고수해야 할 필요성을 느낀 것—이것들 모두 이유가 크든 작든 러시아 때문에 빚어졌기 때문이다. 게다가 내가 알기로 이것은 중동을 가장 폭넓은 의미, 다시 말해 러시아가 주역이었던 거대한 게임의 의미로 접근한 첫 작품이기도 하다.

책을 읽어보면 알겠지만, 이 책에서는 유럽 정치인들이 결정을 내릴 때 무시하고 넘어간 것들의 개요와 중요성을 언급할 때를 제외하면 중동의 인물들, 상황, 정치문화를 중요하게 취급하지 않는다. 그 이유는 이 책이 의사결정 과정을 다룬 책인데다, 1914~1922년의 기간에 의사결정 과정에 참여한 나라는 유럽 국가들과 미국뿐이었기 때문이다.

때는 중동의 국가들과 국경선들이 유럽에서 조작되던 시대였다. 이라크와 요르단만 해도, 1차 세계대전 뒤 영국 정치인들이 비어 있는 지도에 선을 그어 만든 영국의 발명품이었다. 사우디아라비아, 쿠웨이트, 이라크의 경계도 1922년 영국 관리에 의해 정해졌으며, 시리아-레바논의 무슬림과 기독교 지역의 경계는 프랑스에 의해, 아르메니아와 소비에트 아제르바이잔의 경계는 러시아에 의해 수립되었다.

또한 그 무렵의 유럽 국가들은 무슬림 아시아의 정치구조도 근본적으로 뜯어고칠 수 있을 거라고 믿었다. 그런 생각으로 중동에 인위적인 국가 시스템을 도입하여 지금까지도 일반적 의미에서 국가들nations이 되지 못하고 법적 행정구역에 지나지 않는 영역들countries의 지역이 되게 만든 것이다. 러시아가 중동에서 정치적 삶의 토대가 되는 종교를 도외시하고 공산주의를 대안으로 제시한 것이나, 영국이 민족주의나 왕조에 대한 충성을 종교의 대안으로 삼은 것이 좋은 예다. 그러나 시아파 국가인 이란에 호메이니가 등장하고, 이집트, 시리아, 그 밖의 수니파 지역에서 무슬림 형제단이 활개 치는 것으로도 알 수 있듯이, 그것은 여전히 해결되지 않은 난제로 남아 있다. 종교가 정치의 토대가 되는 것을 허용한—심지어 종교 자체가 정치가 되는 것도 허용한—프랑스마저 종파 간 권력 배분에 차등을 둠으로써, 특히 1970년대와 1980년대에 내란이 일어나 레바논이 황폐화되게 하는 빌미를 제공했다.

이렇듯 1922년은 각양각색의 중동 파벌들을 충돌의 길로 몰아넣은, 돌이킬 수 없는 시점이었다는 것이 내 생각이다. 이 책의 무대가 된 1914~1922년의 기간이 특별히 흥미진진한 것도 그 기간이 모든 것이 가능해 보인(실제로 그랬을 수 있다) 창조와 형성의 시기였기 때문이다. 당시 유럽 국가들은 아랍인과 유대인의 민족주의가 무리 없이 손잡을 수 있을 것이라 믿었다. 시온주의 운동을 위협하는 적이 아랍이 아닌 프랑스였고, 석유가 아직 중동 정치의 주요 요소로 등장하기 전이었으니 그렇게 볼 만도 했다.

그러나 1922년 무렵에는 이미 선택의 여지가 좁아지고 방향도 결정된 상태였다. 중동이 끝없는 전쟁(특히 이스라엘과 주변국들 간의 전쟁과 레바논 민병대들 간의 전쟁)의 길, 1970년대와 1980년대 국제정세의 특징이던 나날이 격화되는 테러리즘(비행기 공중 납치, 암살, 무차별 학살)으로 나아가는 길로 접어들기 시작했다는 이야기다. 그것도 이 책『현대 중동의 탄생』이 다루는 역사 유산의 일부다.

이 책에서는 또 두 이야기가 하나로 결합되기도 한다. 키치너가 전쟁이 시작되자 종전 뒤 중동을 영국, 프랑스, 러시아 사이에 분할할 생각으로 마크 사이크스 경을 그 일의 책임자로 앉힌 이야기와, 사이크스가 전시에 중동의 미래를 담은 영국의 청사진을 만들고, 전쟁이 끝나자 그가 짜놓은 중동 안이 대체로 실현되며, 1922년에 그것을 공식적으로 문서화한 이야기가 하나로 합쳐지는 것이다.

이것이 당초 내가 쓰려고 한 책의 내용이었다. 1922년에 나온 다수의 문서와 결정들—앨런비 선언으로 이집트를 명목상 독립국으로 인정해준 것, 팔레스타인을 영국의 위임통치령으로 만든 것, 팔레스타인에 관련된 처칠의 백서(이스라엘과 요르단이 탄생하는 근거가 되었다)가 발표된 것, 영국-이라크 조약을 체결하여 신생국 이라크의 입지를 정한 것, 시리아와 레바논을 프랑스 위임통치령으로 만든 것, 영국이 이집트와 이라크에 새로운 왕을 앉히고, 장차 요르단이 될 곳의 새로운 지배자를 후원한 것, 러시아가 소비에트 연방 사회주의 공화국(소련)을 수립하여 무슬림 중앙아시아에 대한 지배권을 재확립한 것—을 조합하면 중동문제의 전체적 타결이 모습을 드러낸다. 게다가 1922년의 타결(중요한 사항이 대부분 1922년에 결정되어 편의상 이렇게 부르는 것이다)은 마크 사이크스가 전시에 프랑스 및 러시아 대표와, 중동을 세 나라 사이에 분할하기로 합의한 교섭들에서 나온 것이었다. 프랑스의 경우는 사이크스의 원안에 비해 몫이 조금 줄어들고, 러시아도 전쟁 전에 보유했던 것을 지키는 수준에 머물렀지만, 그래도 영국이 그들과 몫을 나누기로 한 것과 무슬림 아시아에 대한 지배를 허용하기로 한 원칙은 지켜진 셈이다. 반면에 영국은 사이크스의 원안에 명시된 모든 목적을 달성했다. 명목상 독립을 이룬 아랍 군주국들을 거의 다 보호령으로 만들어 간접적으로 지배할 수 있게 되고, 아랍과 유대인 민족주의의 후원국이 되었으니 말이다.

이렇게 1922년의 타결을 제시하는 것 외에 또 나는 그에 대한 세간의 불만(중동을 다른 식으로 재편할 수도 있었으리라는 것)이 일반적으로 생각하는 것과는 내용이 다르다는 것을 보여주려고도 했다. 그 무렵 영국정부가 중동 사람들의 필요와 욕구를 충족시킬 해답을 찾지 못했다는 것만 해도 사실이 아니었다. 찾지 못한 것이 아니라 영국은 그와는 전혀 다른 일을 도모했을 뿐이다. 키치너와 그의 대리인이었던 마크 사이크스에게 중동문제는 백여 년 이상을 끌어온 문제, 다시 말해 프랑스의 경계선을 중동의 어디에 긋고, 그보다 더 중요한 러시아의 경계를 어디에 설정해야 하는지의 문제였다는 이야기다.

그것이 내가 말하려고 한 논점이었다. 그런데 그것을 말하려다 보니 부득불 또 다른 논점이 불거져 나왔다. 1914년부터 1922년 사이에 영국이 어떻게 변하고, 영국 관리와 정치인들의 사고방식이 어떻게 달라졌기에 그들이 중동문제를 공식적으로 문서화하여 타결할 무렵인 1922년에는 처음에 믿었던 것들을 더는 확신하지 못하게 되었는지가 그것이다. 1914, 1915, 1916년에는 프랑스와 러시아가 종전 뒤 중동에 머무는 것을 원했던 영국정부가, 전후에는 태도가 바뀌어 러시아를 위험 세력, 프랑스를 재앙으로 여기게 된 것이다. 시온주의 문제도 1917년에는 친시온주의를 표방했다가, 1921~1922년에는 반시온주의로 태도를 바꿨고, 파이살의 아랍운동도 처음에는 그것을 열렬히 지지했던 영국 관리들이 나중에는 파이살을 배신자, 그의 형제 압둘라를 형편없이 무능한 인물이라 말하며 두 사람에게서 등을 돌린 것이다. 무엇보다 알 수 없었던 것은 영국 내 여론이 해외에서의 부담을 줄이고 제국주의 모험도 끝내고 싶어 하는 방향으로 나아가고 있을 때, 영국이 중동에서 대규모 제국주의 사업—중동을 인도와 같은 방식으로 재편할 목적이었다면 수세대는 족히 걸렸을 장기적인 사업—을 벌인 것이다.

그 점에서 오늘날 중동이 겪는 정치문명의 위기는 1918년 영국이 그곳의 구질서를 파괴하고 그 대안으로 내놓은 1922년의 타결에서 비롯된 결과이기도 하지만, 그 못지않게 이후 영국이 본래의 약속을 지키는 데 급급하여 확신감 없이 1922년의 타결을 무작정 밀어붙인 것에서 비롯된 결과일 수 있다.

그런 사정으로 이 책도, 애당초 유럽이 중동을 변화시키는 과정만을 보여주려고 했던 것이, 유럽이 변하는 모습과 그 두 움직임이 어떻게 상호 간에 영향을 주고받는지의 과정도 함께 보여주는 책이 되었다.

이어 전개될 드라마 『현대 중동의 탄생』에는 로이드 조지, 우드로 윌슨, 하르툼의 키치너, 아라비아의 로렌스, 레닌, 스탈린, 무솔리니—20세기의 형성에 일조한 인물들—가 주역으로 등장한다. 이들 모두 나름의 비전을 갖고 세계를 개편하기 위해 노력한 사람들이다. 그러나 남다른 비범함으로 사건들에 생동감을 부여하고, 독특한 사람됨으로 사건들에 광채와 생기를 불어넣음으로써 책 전체를 압도하는 것은 역시 윈스턴 처칠이다.

처칠, 로이드 조지, 윌슨, 레닌, 스탈린, 그 밖의 인물들—얀 크리스티앙 스뮈츠, 레오폴드 에이머리, 앨프레드 밀너와 같은 인물들도 마찬가지—에게 중동은, 그들의 세계관을 이루는 필수 요소 혹은 최대한의 역량이 요구되는 지역이었다. 중동의 미래에 대해 갖고 있던 그들의 비전이 1차 세계대전의 폐허를 뚫고 불사조처럼 날아오르거나 혹은 그렇게 될 것으로 열렬히 믿어 마지않았던 20세기 그들 관념의 중심이었다는 말이다. 그 점에서 『현대 중동의 탄생』은 현대의 중동이 탄생하는 과정과 더불어 20세기가 탄생하는 과정도 함께 보여주는 역사서라고 할 수 있다.

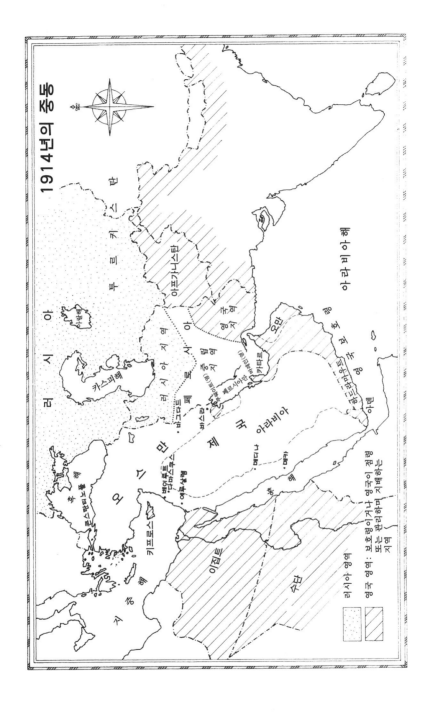

1914년의 중동

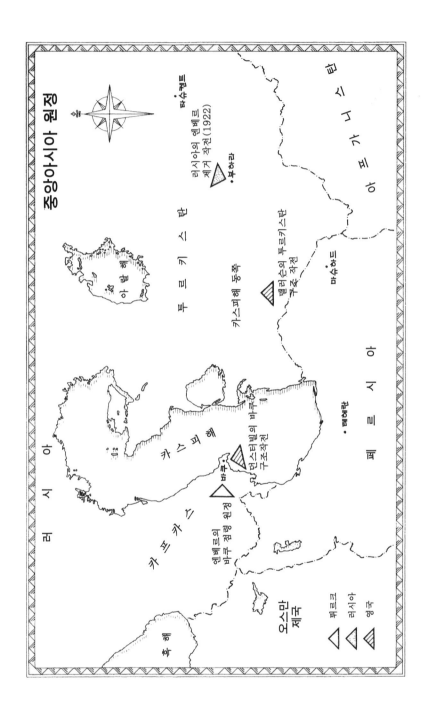

중앙아시아 원정

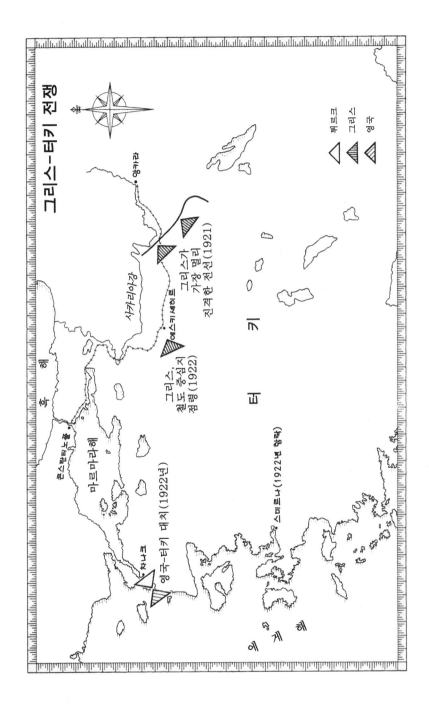

그리스-터키 전쟁

앙카라

사카리아강

그리스가
가장 멀리
진격한 전선(1921)

에스키셰히르

흑 해

그리스,
철도 중심지
점령(1922)

콘스탄티노플

마르마라해

영국-터키 대치(1922년)

차나크

스미르나(1922년 함락)

에 게 해

터 키

터르크
그리스
영국

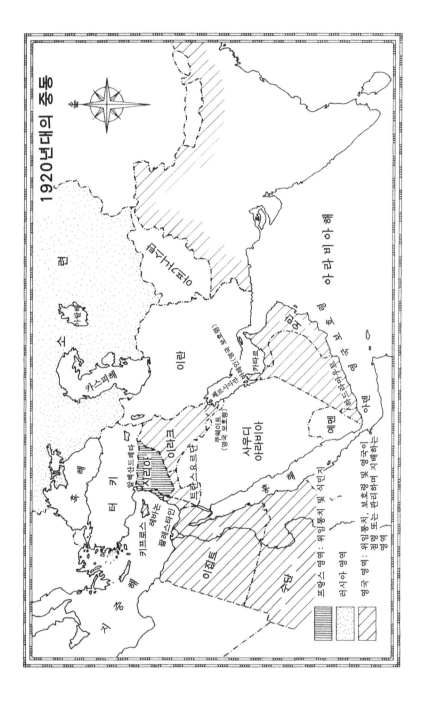

1920년대의 중동

1부
역사의 교차로에서

1. 구 유럽의 마지막 날들

I

1912년 늦은 봄, 자태도 우아한 요트 마녀Enchantress 호가 비 내리는 제노바 항을 떠나 바다로 나아갔다. 일정도 계획도 없는 느긋한 지중해 크루즈 유람 여행이 시작된 것이다. 배가 남쪽으로 미끄러져 가노라니 비는 어느새 그쳐 선상에는 햇볕이 내리쬐었다.

마녀 호는 영국 해군에 소속된 배로, 왕실 전용 요트에 버금가는 호화로운 시설을 갖추었다. 백여 명 가까이 되는 승무원들이 영국에서 파리를 거쳐 이탈리아로 넘어온 고작 십수 명에 불과한 선객(파리에 체류할 때는 리츠 호텔에 머물렀다)을 접대했다. 영국 총리 허버트 애스퀴스, 방년 25세의 총명한 그의 딸 바이올렛, 해군장관 윈스턴 처칠, 처칠의 가족과 가까운 동료 몇 명이 마녀 호 선객의 전부였다. 이들 모두 1차 세계대전의 발발과 함께 그들의 세계가 끝나기 전, 매혹적인 마지막 몇 년간 내로라하는 특권집단에 속했던 사람들이다.

이들이 즐긴 여행의 모습은 바이올렛 애스퀴스가 쓴 일기를 통해 엿볼 수 있다. 바이올렛을 비롯한 마녀 호 선객들은 폼페이에서 지난날 로마제국의 생명력으로 고동쳤을 "고요하고 아름다운 거리"를 산책했다. 한때는 활기찼던 거리들에 이제는 초목만 무성히 자라고 있었다.[1] 시칠리아에 도착해서는 고대 그리스 요새의 유적에 올라 야생 라벤더와 허브가 자라는 곳 한가운데, 성벽에서 떨어져 나온 돌덩이 위에 앉아 점심을 먹었다. 점심식사 뒤에는 더 높은 곳으로 올라가 산 정상에 있는 옛 그리스 극장 유적에서 수평선 너머로 해가 지는 광경을 지켜보았다. 그리고 나서는 꿀벌이 윙윙대는 타임thyme 밭에 누워 해가 지고 별이 뜨기까지, 청색에서 붉은 색, 붉은 색에서 경옥색으로 바다색이 시시각각 변하는 모습을 바라보았다.[2]

바이올렛은 풍경과, 풍경에 나타나는 명암을 대비시켜 지구의 자전과 공전—낮과 밤의 주기적 교차와 봄/여름, 가을/겨울의 주기적 순행이 생기는 천체 운동—에 따라 변화무쌍하게 바뀌는 자연의 모습을 절묘하게 묘사했다. 문명, 정치권력, 권세의 허망함도 고대 유적을 보고 느낀 젊은이 특유의 진취적 기상을 무색하게 만들지는 못했다. 전성기를 구가했을 때 애스퀴스는 로마제국의 곱절에 달하는 제국을 주무르기도 했으니 그녀도 어쩌면 아버지의 제국이 로마제국보다 두 배는 더 오래 지속될 것으로 믿었을지도 모른다.

애스퀴스 수상은 베데커 여행 안내서를 끼고 살 만큼 여행을 좋아했다. 열렬한 고전문학 애호가이기도 해서, 고대 그리스어와 라틴어도 막힘 없이 읽고 썼다. 반면에 윈스턴 처칠은 고대 언어와 문학에 능숙하지 못했다. 그래서인지 질투심 강한 아이가 투정 부리듯 이런 생떼를 쓰기도 했다. "그리스인과 로마인들은 과대평가된 면이 있어. 그들이 한 일이래야 모든 걸 처음으로 말한 것밖에 없잖아. 나도 좋은 말은 많이 했다고. 그들에 비해 시기만 늦었을 뿐이지."[3]

바이올렛도 일기에 "아버지는 헛되이 그리스와 로마인들이 출현하기 전에도 지구상에는 긴 역사기가 존재했다는 말씀을 하셨다"[4]고 적었다. 애스퀴스는 고대사를 전공하는 사학자들의 경향이 그리스와 로마에 뿌리를 둔 유럽 문화 위주의 연구에서 탈피한 것을 잘 알 만큼 역사에 조예가 깊은 지식인이었다. 미국의 저명한 이집트학 학자인 제임스 헨리 브레스테드 (1865~1935)만 해도, 현대 문명, 요컨대 유럽 문명의 근원이 그리스와 로마가 아닌 중동의 이집트, 유대, 바빌로니아, 아시리아, 수메르, 아카드에 있다는 글을 써서 열렬한 호응을 받았다. 하지만 문명—오래전 흔적 없이 사라진 중동 왕국들의 땅에 수천 년 동안 뿌리를 내린—은 이제 유럽인, 유럽의 이상, 유럽의 생활방식에 의한 전 세계 지배로 절정에 달한 듯이 보였다.

그것이 처칠과 다른 선객들이 마녀 호를 타고 유람여행을 하던 20세기 초 유럽인들의 보편적 생각이었다. 그들은 그들 마음속 눈으로 볼 수 있는 기간 동안은 자신들이 세계정세에서 주도적 역할을 계속할 수 있을 것이라 믿었다. 서구의 역사적 사명으로 간주한 것—타민족들의 정치적 운명을 결정하는 것—을 성취한 것이 유럽인들이었으므로 그것을 완결 짓는 것도 그들의 일이라고 보는 관점이 일반적이었다. 아직 그 임무를 완수하지 못한 곳들 중에서도 특히 중동은 사회, 문화, 정치적 개편이 이루어지지 않은 지구상에서 몇 안 되는 지역들 가운데 한 곳으로 유럽인들 마음속에 뚜렷이 각인돼 있었다.

II

19세기만 해도 중동은 거대한 게임의 무대였던 곳으로 서구 정치인과 외교관들의 지대한 관심을 받았다. 그러다 표면상 그 경쟁이 끝난 것처럼 보인 20세기 초에는 다시금 그들의 관심에서 멀어져 홀대를 받았다. 중동은 정치적으로 낙후된 곳이었다. 따라서 언젠가는 유럽 열강의 지배하에 들어올 것으로 예측은 했지만 그 일을 다급하게 여기지는 않은 것이다.

처칠 세대의 유럽인들은 술탄과 샤가 다스리는 무기력한 두 제국, 오스만제국과 페르시아 제국에 대해 잘 알지 못했다. 따라서 두 곳에서 벌어지는 일에도 관심이 없었다. 이따금씩 벌어지는 아르메니아인 학살도 서구 여론이 반짝 들끓는 것으로 그쳤을 뿐, 러시아의 유대인 학살처럼 지속적 관심으로 이어지지는 못했다. 속물 정치인들은 그렇게 조변석개하는 여론에 편승하여 효과가 없을 것을 뻔히 알면서도 술탄에게 즉흥적으로 개혁을 강요하다가 슬그머니 발을 빼고는 했다. 그러다 보니 유럽인들 마음속에서 중동은 언제나 하찮은 궁정 음모나 벌이고, 관료사회는 썩어빠지고, 부족 간 동맹은 밥 먹듯 편을 바꾸고, 백성들은 나태하고 무심한 지역으로 남아 있었다. 런던, 파리, 뉴욕에 사는 평범한 사람들이 그들의 삶이나 이해관계에 영향을 줄 것이라고 믿을 만한 요소는 그 장면 속에 없었다. 베를린만 예외적으로 중동에 철도를 부설하고 시장을 개척하는 일에 관심을 보였지만, 그마저도 상업과 관련된 것이었다.* 오늘날 군대와 테러분자들을 죽고 죽이는 일에 내몰아 세계의 이목을 집중시키는 광기는 당시에는 아직 일어나지 않았다.

그 무렵의 정치 지형도는 오늘날과 달랐다. 이스라엘, 요르단, 시리아, 이라크, 사우디아라비아만 해도 지도상에 존재하지 않았다. 그러다 보니 중동의 태반은 여전히 지난 몇백 년 동안 그랬던 것처럼 오스만제국의 느슨한 지배를 받으며, 다른 모든 것과 마찬가지로 역사 또한 더디게 움직이

---

* 바그다드 철도 부설 계획은 지금까지도 중동에 독일이 경제적 침투를 한 가장 뚜렷한 사례로 남아 있다. 이에 얽힌 이야기는 수세미처럼 복잡하고 잘못 알려진 부분도 많이 있지만, 분명한 것은 애당초 이 계획을 권유하고 지원한 것은 영국이었다는 사실이다. 그로 인해 야기될 위험을 예상하지 못하고 취한 조치였는데 실제로 영국과 독일 간에는 그 때문에 불협화음이 일어났고, 그러다 그 문제는 1914년의 협정으로 타결되었다.

는 평화로운 곳으로 남아 있었다.

20세기가 끝나가는 작금의 중동 정치는 물론 그때와는 양상이 판이해져 펄펄 끓는 용광로처럼 변했다. 이렇게 폭발 직전의 중동이 탄생하는 데 결정적 역할을 한 인물이 다름 아닌 1차 세계대전 전에는 무슬림 아시아에 별 관심이 없었고, 대중적 인기도는 높았으나 불신도 많이 받았던 영국의 젊은 정치인 윈스턴 처칠이었다. 이 무슨 야릇한 운명의 장난인지 처칠과 중동은 서로 간의 정치적 삶에 지속적으로 개입하게 되었고, 그것은 또 흔적을 남겼다. 현재 중동을 가로지르는 국경선들이 바로 양자의 충돌이 만들어낸 상처투성이 선들인 것이다.

2. 거대한 게임이 남긴 유산

I

처칠, 애스퀴스, 그리고 이들의 내각 동료인 외무장관 에드워드 그레이, 재무장관 데이비드 로이드 조지, 그리고 나중에는 육군장관 키치너까지, 이들 모두는 현대 중동이 탄생하는 데 결정적 역할을 한 인물들이다. 하지만 그렇게 함으로써 그들은 애스퀴스의 자유당 정부가 떨쳐버렸다고 생각한 빅토리아 조의 정치 유산으로부터 벗어나는 데는 실패했다. 애스퀴스와 그레이야 물론 19세기 중동에서 벌인 프랑스 및 러시아와의 경쟁에서 손을 뗐으니 그것과 결별했다고 느꼈겠지만, 이후에 전개된 사태들은 그들의 생각이 틀렸음을 보여주었다.

II

영국과 유럽 각국들이 중동에서 벌인 각축전은 알고 보면 콜럼버스, 바스코 다 가마, 마젤란, 프랜시스 드레이크(1540경~1596. 세계 일주를 한 영국의 해군 제독—옮긴이)의 탐험으로 시작된 제국주의 팽창이 가져온 결과였다. 15~16세기에 해로가 발견되자 유럽 국가들이 너도 나도 세계 정복에 나선 것이고, 출발이 늦었음에도 영국은 이 경쟁에서 압도적 우위를 점했다.

그 결과 18세기에는 작은 섬나라 영국이 마침내 지구를 둘러싼 제국을 수립하게 되었다. 그러자 영국인들은 전 시대에 에스파냐와 네덜란드인들이 그랬듯, 자국의 군주도 이제 해가 지지 않는 제국을 통치하게 되었다고 큰소리쳤다. 1912년 윈스턴 처칠과 허버트 애스퀴스가 마녀 호를 타고 크루즈 여행을 할 때도 영국의 군주 조지 5세는 지표면의 4분의 1을 지배하고 있었다.

영국인들은 자신들이 획득한 식민지 중에서도 전설로 가득찬 동방에 대해 가장 큰 자부심을 느꼈다. 하지만 그 의기양양함에는 뜻밖의 아이러니가 숨어 있었다. 아시아와 태평양에서 프랑스를 몰아내고 인도를 손에 넣어 승리의 대미를 장식한 것은 좋았으나, 수송로와 병참선이 지나치게 멀어져 여러 곳에서 끊길 위험이 있었기 때문이다.

나폴레옹 보나파르트는 그러한 취약점을 재빨리 간파했다. 나중에 본인 스스로도 주장했듯이, 시리아에서 전설과 영광의 길을 따라 바빌론으로 들어간 뒤 거기서 내처 인도까지 쳐들어갈 계획으로 1798년 이집트 원정에 이어 시리아로 진군해 들어갔다. 이후 그 계획이 물거품이 되자 러시아 황제 파벨(재위 1796~1801)을 꼬드겨 러시아군도 같은 길로 내몰았다.

영국은 중동의 토착 정권들을 지지하는 방식으로 유럽 국가들의 이런 팽창을 막으려고 했다. 중동을 지배할 의도는 없었으나 유럽의 경쟁국들이 그 지역을 지배하는 것 또한 결단코 막으려고 했다.

영국정부가 19세기 내내 유럽 국가들의 간섭, 전복, 침략에 맞서 쇠락한 이슬람 정권들을 지지하는 정책을 취한 것도 그래서였다. 그러자 이윽고 러시아제국이 영국의 주적으로 떠올랐고, 이때부터 러시아의 아시아 진출 계획을 막는 것은 영국 군부와 민관인 관리들의 집요한 목표가 되었다.

거액의 판돈이 걸린 '거대한 게임the Great Game' [1]이 시작된 것이었다. 훗날 인도 총독이 된 조지 커즌은 그 판돈을 이렇게 규정했다. "대다수 사람들에게는 투르키스탄, 아프가니스탄, 트란스카스피아, 페르시아가 까마득히 먼 곳의 지명으로만 들리겠지만, 내게는 그곳들이 세계의 지배권을 놓고 게임을 벌이는 체스 판의 말로 보입니다."[2] 빅토리아 여왕은 그보다 더욱 분명하게 그 판돈을 "전 세계 패권을 러시아가 차지하느냐 영국이 차지하느냐의 문제"로 정의했다.[3]

Ⅲ

'거대한 게임'의 명칭은 히말라야 국경지대, 중앙아시아의 사막과 오아시스 변에서 용감무쌍하게 게임을 벌이다 끔찍하게 목숨을 잃은 영국의 정보장교 아서 코널리(1807~1842)가 처음 사용한 데서 유래했다. 우즈베크의 아미르에게 붙잡혀 해충과 파충류가 들끓는 우물에 던져졌다가 나중에는 시신까지 건져 올려져 참수된 인물이다. 이후 제1차 영국-아프가니스탄 전쟁을 연구한 역사가가 코널리의 기록물에서 그것을 발견해 인용하는 과정에서 '거대한 게임'은 세상에 처음 알려지게 되었고,[4] 그 뒤 영국 소설가 루드야드 키플링이 인도에 거주하는 영국 소년과 그의 아프가니스탄 스승이 도로 여행을 하던 중 러시아의 음모를 좌절시키는 내용의 소설 『킴 Kim』에 그것을 다시 이용하면서 유명세를 타게 되었다.*

그러나 사실 거대한 게임은 1829년, 당시 영국 총리였던 웰링턴 공작이 아프가니스탄을 통한 러시아의 공격에 맞서 인도를 지킬 수 있는 최상의 방법을 공식적으로 논의하기 전부터 이미 시작되었다. 그러다 그 논의

---

* 거대한 게임은 여러 작가들에 의해 이런 류의 첩보활동을 의미하는 협의로도 이용되었고, 이 책에서와 같이 광의로도 이용되었다

에서 러시아의 아프가니스탄 접근을 막는 것이 최상이라는 결론이 내려졌고, 이때부터 쇠락한 아시아의 이슬람 정권들을 영국령 인도와 이집트로 가는 통로 사이의 거대한 완충지대로 만드는 것이 영국의 전략이 되었다. 특히 이것은 파머스턴이 오랫동안 외무장관(1830~1834, 1836~1841, 1846~1851)과 총리(1855~1858, 1859~1865)로 재직할 때 추진했던 관계로, 그와 깊은 관련이 있었다.

우호적 완충국들을 지원하기 위한 전쟁은, 전략적으로 우세한 곳의 지배권이 걸려 있던 아시아 대륙의 서동단 지역에서 특히 격렬하게 진행되었다. 서아시아에서는 다르다넬스의 좁은 해협 위쪽, 유럽과 아시아를 잇는 동서 통로와 지중해와 흑해를 잇는 북서 통로에 자리하여 수백 년 동안 세계정치의 교차로가 되었던 고대 비잔티움, 곧 콘스탄티노플(이스탄불)이 전략적 요충지였다. 그 콘스탄티노플이 적대 국가의 수중에 들어가지 않는 한, 강력한 영국 함대는 다르다넬스 해협을 통해 흑해로 들어가 러시아 해안선을 장악할 수도 있었다. 하지만 그렇지 않고 만일 러시아가 다르다넬스 해협을 점령하는 날에는, 영국 함대는 해협으로의 진입을 차단당하는 것은 물론, 러시아 함대가 지중해로 진출하여 영국의 생명선마저 위협할 수 있었다.

아시아 대륙 저편에서는 아프가니스탄에 접한 드높은 산맥이 전략적 요충지였다. 침략군이 영국령 인도 평원으로 쏟아져 내려올 수 있는 요지가 될 수 있었기 때문이다. 그리하여 동아시아에서는 러시아가 그 고지대에 입지를 마련하지 못하게 막는 것이 영국의 정책 기조가 되었다.

이렇게 해서 영국과 러시아는 다르다넬스 해협으로부터 히말라야 산맥까지의 지역에서 때로는 냉전 때로는 열전을 벌이며 근 100년 동안 투쟁을 벌였지만 승패는 판가름 나지 않았다.

러시아와 기나긴 투쟁에는 영국의 중요한 문제들이 많이 걸려 있었다. 개중에는 투쟁 과정에서 유야무야 사라진 것들도 있고, 끝까지 남아 있는 것들도 있었으며, 도중에 새로 불거져 나온 것들도 있었다.

윌리엄 (소) 피트(1759~1806)가 총리였던 1791년에는 러시아제국이 유럽의 힘의 균형을 깨뜨릴 수도 있다는 우려가 제기되었다. 이후 수그러 드는 듯하던 그 우려는 1814~1815년 사이 나폴레옹이 결정적으로 패하 는 데 러시아가 중요한 역할을 한 뒤로 되살아났다. 그러다 1856년 러시아 가 크림 전쟁에서 패하자 그 우려는 다시금 줄어들었다.

1830년부터는 오스만제국이 러시아에 정복될 경우 벌어질 영토 쟁탈 전이 유럽 국가들 간의 전쟁으로 비화될 수 있다는 개연성 때문에 파머스 턴과 후임 총리들이 불안해 했다. 이것은 사라지지 않고 내내 걱정거리로 남아 있었다.

그리하여 19세기 중엽에는 오스만제국과 영국의 정치적 거래가 주요 쟁점으로 부상하기 시작했다. 설상가상으로 자유무역제도를 시행하는 영 국과 보호무역제도를 시행하는 러시아 간에 충돌이 일어나, 경제 문제까지 쟁점에 포함되었다. 프랑스와 이탈리아가 오스만제국의 재정에 깊숙이 관 여하고, 뒤이어 독일이 경제적 침투를 한 것도 러시아와 영국이 각축을 벌 이는 오스만제국을 각국의 경제적 이해관계가 복잡하게 얽힌 지뢰밭으로 만드는 데 일조했다.

석유도 20세기 초에 등장했지만 아직은 거대한 게임에서 중요한 역할 을 하지 못했다. 장차 석유가 중요해지리라는 것을 내다볼 만한 통찰력을 갖춘 정치인도 드물었거니와 중동의 석유 매장량이 엄청나다는 사실도 아 직 알려지지 않았기 때문이다. 영국만 해도 자국이 소비하는 석유의 대부분(전전과 전시에 사용한 석유의 80퍼센트 이상)을 미국에서 공급받았다. 당시 러시아를 제외하고 중동에서 유일하게 주요 산유국으로 취급받던 페르시아도, 전 세계 물량과 비교하면 산유량이 보잘것없었다. 1913년 미국의 산유량은 페르시아의 140배에 달했다.[5]

이런 이유로 거대한 게임이 시작된 때부터 20세기까지는 동방으로 가는 길의 안전이 영국 지도자들의 주 관심사였다. 빅토리아 여왕이 인도의 여제까지 겸하게 된 1877년부터는 영국이 공식적으로 이중제국—영국제국과 인도제국—이 되어, 동방으로 가는 길은 이제 영국의 생명선이 되었다. 그런데 그 길 위로 차르들의 검이 긴 그림자를 드리웠던 것이다.

또한 영국 지도자들은 러시아가 영국이나 인도와 관계없이 그 나라 내부의 역사적 당위성 때문에 남동쪽으로 세력 확대를 도모할 것이라는 점도 계산에 넣지 않았다. 그러나 러시아 황제와 각료들은 그 무렵 미국인들이 서쪽으로 영토를 확장하는 것을 명백한 운명으로 여겼던 것처럼, 남동쪽 지역의 정복을 러시아의 운명으로 믿고 있었다. 두 경우 모두 이쪽 바다와 저쪽 바다 사이의 대륙 전체를 차지하는 것을 의미했다. 러시아제국의 총리 미하일 로비치 고르차코프(1798~1883)도 1864년의 비망록에서 그와 유사한 용어를 사용해 자신의 목표를 분명히 드러냈다. 러시아가 남쪽의 쇠락한 정권들을 탐하는 것은 안전한 국경을 확보할 필요성 때문이라고 역설한 것이다. 그는 이렇게 주장했다. "아메리카의 미국, 알제리의 프랑스, 식민지를 보유한 네덜란드—이들 나라 모두 야망보다는 절박한 필요성에 따라 행동했다. 문제는 멈추어야 할 곳을 정확히 아는 것이다."[6]

영국이 우려한 것이 바로 그것, 러시아가 멈춰야 할 곳을 모를 수도 있다는 것이었다. 게다가 나날이 민주화의 길을 걷는 나라로 전제주의 국가 러시아와 몇십 년간 투쟁을 계속하다 보니 영국은 두 나라 사이의 정치, 경제적 차이를 넘어서는 증오감을 갖게 되었다. 그리하여 러시아의 행동뿐만 아니라 본질 때문에도 그 나라를 점점 적대시하게 되었다.

하지만 그런 기류 속에서도 자유당 인사들은 의사당 안팎에서 영국정부의 지지를 받는 중동 정권들의 부패와 독재상을 고발하여 유권자들의 표심을 얻었다. 자유당 당수 윌리엄 유어트 글래드스턴(1809~1898)도, 1880년의 선거 유세 때 오스만제국이 기독교 소수파에 자행하는 만행을 맹렬히 비난하는 연설을 하여 보수당 총리 벤저민 디즈레일리(비컨즈필드 백작)를 누르고 정권을 잡았다.

글래드스턴은 술탄정부를 "사기와 거짓이 판치는 곳"[7]으로 묘사하면서 1880~1885년의 집권 기간에 오스만과 관계를 단절한 것은 물론, 그간 콘스탄티노플에 제공해주던 영국정부의 지원과 영향력마저 철회했다. 그러자 자립이 불가능한 오스만으로서는 영국의 빈자리를 채워줄 다른 나라가 필요했고, 그렇게 해서 찾은 나라가 바로 비스마르크의 독일이었다.

보수당이 재집권했을 때는 오스만과 관계가 이미 회복불능 상태에 빠져 있었다. 로버트 세실 솔즈베리 후작 3세(1885~1886, 1886~1892, 1895~1900, 1900~1902, 이렇게 총 네 차례 총리를 역임했다)가 튀르크 지배자들의 실정으로 오스만제국의 주권이 위험에 처해 있다는 판단하에, 지도하는 수준에서 영국이 영향력을 발휘하여 오스만의 체제를 얼마간 개혁하는 것도 고려해보았지만 그마저 여의치 않았다. 세실은 글래드스턴 내각이 오스만에 대한 영국의 영향력을 철회한 조치를 탓하며 이렇게 말했다. "그들은 뭣하나 얻은 것 없이 바다에 그것을 내던지기만 했다."[8]

V

콘스탄티노플과 여타 지역의 정세에 독일이 개입하는 것과 더불어 세계정치는 새로운 국면으로 접어들었다. 1871년 1월 18일부로 공식 출범한 독일제국(제2제국)이 그로부터 몇십 년 뒤에는 러시아를 누르고 영국의 이익을 위협하는 최대 세력으로 부상한 것이 그것을 말해준다.

영국의 산업이 쇠퇴한 것도 정세 변화의 일부 요인으로 작용했다. 19세기 중반만 해도 영국은 전 세계 석탄의 3분의 2, 철의 2분의 1, 강철의 70퍼센트를 생산하였다. 실제로 그 무렵 전 세계 물동량의 40퍼센트 이상을 생산할 정도로 영국의 산업은 번창하였다. 그런 식으로 전 세계 산업 생산의 절반을 차지하던 영국이 1870년에는 32퍼센트, 1910년에는 15퍼센트로 비중이 뚝 떨어졌다.[9] 영국은 화학과 공작기계처럼 중요성이 날로 커지는 새로운 산업 분야에서도 독일에 주도권을 빼앗겼다. 세계 금융 중심지로서의 위치—1914년에는 총 국제투자의 41퍼센트를 영국이 차지했다[10]—마저 상실하여, 영국 투자자들은 자국보다는 오히려 경제활동이 활발한 미국과 여타 지역에 투자를 선호하는 지경이 되었다.

군사적 요인도 정세 변화에 한몫했다. 철도의 발달로 해군이 힘을 못 쓰게 되어 육군과 해군 간의 전략적 균형이 바뀐 탓이다. 지정학의 대가인 영국의 정치 지리학자 핼퍼드 매킨더(1861~1947)는 새롭게 바뀐 현실에 대해, 영국 함대가 대륙을 빙 도는 느림보 항해를 하는 동안, 적군의 열차는 두 지점을 최단거리로 연결해주는 직선 선로를 타고 병력과 무기를 목적지에 곧장 실어다 준다고 설명했다. 철도망이 카이저(독일 황제의 칭호—옮긴이)의 독일제국을 세계에서 가장 발전된 군사국가로 만들어주고, 영국의 제해권을 위험에 빠뜨려 예전의 지위를 잃게 만든 것이다.

런던에서 발행되는 유력 시사주간지 《이코노미스트》의 편집인이었던 월터 배젓(1826~1877)도, 독일의 출현으로 영국은 러시아의 팽창을 더는 두려워할 필요가 없게 되었다고 결론 내렸다. "러시아는 강국이므로 유럽이 마땅히 두려워해야 한다는 생각은 독일 이전 시대에 속하는 낡은 관점이다."[11] 러일전쟁(1904~1905)에서 일본에 참패한 데 이어 1905년 상트페테르부르크와 러시아 전역에서 볼셰비키 혁명이 일어난 것도, 차르의 군대가 더는 두려움의 대상이 아님을 나타내는 또 다른 증거로 제시되었다.

그런데도 아서 제임스 밸푸어 총리의 보수당 정부(1902~1905)는 러시아에 맞서 일본과 동맹을 맺고, 독일에 맞서 프랑스와 제휴하면서, 옛 경쟁자와 새 경쟁자를 동등하게 취급하는 정책을 폈다. 반면에 헨리 캠벨-배너먼의 자유당 내각(1905~1908)에서 외무장관을 지낸 에드워드 그레이는 그것을 모순된 정책이라 보고 이렇게 썼다. "프랑스는 러시아 동맹이다. 그런 프랑스와 제휴하고, 러시아에 맞서 다시 반동맹을 맺는 것은 어불성설이다."[12]

그레이는 그런 생각으로 러시아와 협상을 벌여 1907년 아시아에서 두 나라 간 경쟁을 해소하는 내용의 협정을 체결했다. 티베트의 중립화, 러시아가 아프가니스탄에서의 이익을 포기하고 이 나라의 외교 문제를 영국에 일임하는 것, 페르시아를 러시아 지역, 중립 지역, 영국 지역으로 3분하는 것이 협정의 골자였다. 그리하여 거대한 게임은 마침내 종말을 고하는 듯했다.

충분히 예상할 수 있듯이 이것은 콘스탄티노플을 불안하게 만들었다. 그렇게 되면 영국이 러시아에 맞서 더 이상 오스만을 지켜주지 못하게 될 것이었기 때문이다. 전 총리 파머스턴이나 콘스탄티노플 주재 영국 대사 스트랫퍼드 캐닝이라면 당연히 오스만의 불안을 잠재우는 조치를 취했을 것이다. 하지만 당시의 총리 에드워드 그레이와 콘스탄티노플 주재 영국 대사는 구태여 그런 성가신 일을 떠안으려 하지 않았다.

VI

당시 런던과 제국의 전초기지들 사이에는 지적인 시차가 존재했다. 그레이, 애스퀴스, 그리고 그들이 속한 자유당 인사들이 전통적으로 영국의 경쟁국들이었던 프랑스와 러시아를 후後빅토리아 시대의 동맹으로 간주한 반면, 이집트로부터 수단, 인도까지 크게 원을 그리고 있던 제국의 변경지에서 근무한 영국의 장교, 첩자, 관리들은 새롭게 변한 정세를 쉽게 따라잡지 못했다. 평생을 중동에서 러시아와 프랑스의 음모를 파헤치는 일을 하다 보니, 그들 눈에는 두 나라가 언제까지고 영국의 적으로만 보였던 것이다. 이들의 이런 빅토리아 시대 정치관은 1914년과 그 뒷시대에 일어난 사태들로 다시금 예상치 못한 주목을 받게 된다.

한 가지 면에서는 현지 근무자들과 본국 각료들의 의견이 일치했다. 중동이 종국에는 유럽의 힘과 보호권 아래 들어오리라는 것이었다. 애스퀴스와 그레이는 영국의 세력을 중동으로까지 확대할 생각이 없었다. 그러나 카이로와 하르툼의 젊은 장교들은 동방에 아랍 식민지를 세우려는 꿈을 갖고 있었다. 이렇게 식민지 수립에 대한 생각은 저마다 달랐지만 중동의 오스만제국이 언젠가는 와해될 것이고, 그러면 유럽 국가들이 거기서 떨어질 떡고물을 얻게 되리라는 점에서는 양측의 견해가 맞아떨어졌다. 그리고 이것이 결국 역사를 움직이는 동력의 하나가 되었다.

3. 전쟁이 일어나기 전의 중동

1914년 제1차 세계대전이 발발하기 이전의 몇십 년 아니 몇백 년 동안, 중동의 토착정권은 어느 모로 보나 유럽에 뒤져 있었다. 히바와 부하라가 포함된 중앙아시아의 칸국(한국)들만 해도 지난날 페르시아 제국에 속했던 것처럼 러시아의 보호령이 되었다. 수에즈운하에서 인도까지 페르시아만에 위치한 족장국들 또한 영국의 수중에 들어왔으며, 키프로스와 이집트도 공식적으로는 오스만제국에 속해 있었지만 실제로는 영국에 점령되어 영국의 통치를 받고 있었다. 아프가니스탄 역시 1907년의 영국-러시아 협정에 따라 영국 세력권에 포함되었으며, 페르시아의 대부분 지역도 영국과 러시아 사이에 분할되었다. 중동에서는 오스만제국만 간신히 독립을 유지했으나, 변경지들이 압박을 받는 상황이어서 그조차 언제 박탈당할지 모르는 불안한 독립이었다.

튀르크인들의 술탄국은 이렇듯 현대 세계와는 어울리지 않는 시대착오적 존재였다. 몇 안 되는 부서진 기둥들로 마녀 호의 선객과 같은 여행자들의 시선을 잡아끈, 고대 신전의 유적과 다를 바 없는 옛 시대의 구조물에 지나지 않았던 것이다. 오스만제국은 1천 년 전에 있었던 동방 침략의 잔재물이었다. 서기 1000년경 중앙아시아와 북동아시아의 초원과 사막지대에서 쏟아져 나온 기마 유목민들은 서쪽으로 진격하다가 도중에 마주치는 민족과 영토를 가차 없이 정복하고 그 과정에서 다양한 공국과 왕국들을 수립했다. 종교는 이교나 정령을 믿었으며, 언어는 몽골어 혹은 튀르크어 군의 하나를 사용했다. 칭기즈칸의 몽골제국과 티무르(태멀레인)제국도 그들 간의 패권 다툼 중에 출현했고, 오스만(혹은 오스만리)제국 역시 이슬람으로 개종하고 튀르크어를 사용한 기마민족이 같은 경로를 밟아 창건한 또 다른 국가였다. 오스만제국은 13세기에 태어나 국경지대의 가지ghazi(이교도와 싸우는 이슬람 전사)가 되고, 이어 비잔티움 제국(동로마)의 아나톨리아 후배지에서 영토전쟁을 벌이다 나중에 제국을 건설한 인물이 오스만이어서 붙게 된 이름이다.

15세기에는 오스만의 후계자들이 비잔티움 제국을 정복했다. 그와 더불어 북쪽의 크리미아(크림 반도), 동쪽의 바그다드와 바스라, 남쪽의 아라비아와 페르시아만 지대, 서쪽의 이집트와 북아프리카, 그리고 유럽까지, 새로운 영토를 획득하여 오스만제국의 세력은 사방팔방으로 확대되었다. 세력이 절정에 달했던 16세기에는 중동의 대부분 지역, 북아프리카, 지금의 발칸 국가들—그리스, 유고슬라비아, 알바니아, 루마니아, 불가리아—헝가리의 많은 부분이 포함되어, 제국의 범위가 페르시아만에서 도나우 강까지 뻗어나갔을 정도다. 이렇게 승승장구하던 오스만의 기세는 빈 관문 앞에서 꺾였다. 영국 인구가 400만 명일 때 오스만제국의 인구는 3,000만 내지 5,000만 명을 헤아리고 지배한 민족도 20개가 넘었다.[1]

그러나 튀르크족은 비적이라는 출신 성분을 결코 완전히 벗어나지 못했다. 그들은 재산을 빼앗고 노예를 포획하여 부유해졌다. 그 노예들이 제국군에 징집되어 예전의 지휘관들을 밀어내고 승진하자, 옛 지휘관들은 은

퇴하여 재산을 빼앗고 노예를 포획하는 일을 계속했다. 새로운 영토 점령이 그들이 아는 유일한 경제발전의 방법이었다. 그러다 16세기와 17세기 정복이 패퇴로 변함에 따라 오스만제국은 특유의 역동성을 잃기 시작했다. 튀르크족은 전쟁기술에는 정통했는지 몰라도, 통치술에는 젬병이었다.

오스만제국 지도자들이 전면적인 개혁의 칼을 빼든 것은 19세기였다. 정부의 중앙집권화, 대재상을 중심으로 한 행정부 수립, 세제 및 징병제의 합리화, 헌법적 보장의 확립, 기술과 직업교육 등을 전담하는 세속적 공립학교의 설립을 개혁의 주요 목표로 정했다. 시도는 좋았으나 이 노선에 따른 개혁은 대부분 탁상 행정에 그쳐, 허약한 오스만 체제는 금방이라도 쓰러질 듯 위태롭게 되었다.

오스만제국은 지리멸렬했다. 지배자들의 인종도 제각각이었다. 언어는 튀르크어를 사용했지만, 지배자 대부분이 발칸과 여타 지역 기독교 노예의 후손이었다. 제국의 백성들도 튀르크어, 셈어, 쿠르드어, 슬라브어, 아르메니아어, 그리스어 등의 언어를 사용하는 각양각색의 종족으로 구성돼 있었다. 그러다 보니 서로 간의 공통점을 찾기 힘들었고, 많은 경우 서로에 대한 애착도 크지 않았다. 훗날 유럽인들이 '아랍인들'로 통칭해 부른 이집트인, 아라비아인, 시리아인만 해도 역사, 인종적 배경, 사고방식이 전혀 다른 사람들이다. 이렇듯 오스만제국은 물과 기름처럼 겉도는 사람들이 모자이크를 이룬 다민족, 다언어 제국이었다.

그나마 접착제 구실을 한 것이 종교였다. 오스만제국은 튀르크족의 나라라기보다는 무슬림 나라에 가까운 신정국가였다. 그에 따라 술탄도 무슬림의 다수를 점한 수니파에 의해 칼리프(예언자 무함마드의 세속적, 종교적 계승자)로 간주되었다. 그러나 71개에 달하는 이슬람의 다른 종파들, 특히 신도가 많은 시아파는 술탄이 믿는 수니파 교리를 적대시했고, 따라서 술탄의 칼리프 직도 인정하지 않았다. 그런가 하면 이슬람교를 믿지 않고 그리스 정교회, 로마 가톨릭, 아르메니아 가톨릭, 아르메니아 사도교회, 유대교, 개신교, 마론 교회, 시리아 정교회, 사마리아 종파, 단성론, 그 밖의 종교를 믿는 사람들(20세기 초에는 이들이 인구의 25퍼센트를 차지했다)에게는 종교가 정치통합의 요소가 아니라 오히려 분열의 요소로 작용했다.

19세기와 20세기 초의 유럽인들에게는 종교가 중동 사람들의 일상을 지배하는 이런 모습이 생경해 보였다. 지난 수백 년간 유럽에서는 볼 수 없는 현상이었기 때문이다. 실제로 유럽인들이 중동을 찾는 이유도 대개는 과거를 보기 위해서였다. 성서에 나오는 지역, 고대 유적, 아브라함의 시대와 동일한 방식으로 사는 유목민을 보기 위해 그곳을 찾았던 것이다.

쉬블림포르트(오스만제국 정부)도 과거 속에 살고 있는 듯했다. 1878년 산스테파노 조약에 따라 지배권을 잃었는데도 제국 관리들이 불가리아를 계속 제국의 일부로 간주한 것이나, 1882년 영국이 점령하여 보호령으로 만들었는데도 이집트에 대한 종주권을 계속 주장한 것만 해도 그랬다. 이런저런 이유로 오스만의 통계는 전혀 믿을 것이 못되어, 20세기 초 미국 텍사스 주의 6배가량 되는 영토—경계를 정하기 나름이다—의 인구도, 개략적으로만 2,000만 내지 2,500만 명이었다고 말할 수 있을 뿐이다. 이 영토에는 대략 아라비아 반도의 대부분 지역, 지금의 터키, 이스라엘, 레바논, 요르단, 시리아, 이라크가 포함되었다.

오스만제국은 20세기 초까지는 술탄 개인의 절대적 지배를 받았다. 그리고 술탄에게는 유럽의 군주와는 사뭇 다른 점이 하나 있었다. 하렘에 기거한 여인의 아들이었으니, 태생적으로 언제나 반노예였다는 점이 그것이다. 제국 정부는 이런 술탄의 지배 아래 민간, 군사, 종교 부문의 행정부를 구성하여 신중하게 분할된 지방과 주들을 다스렸다. 그러나 질서정연하게 편제되어 효율성을 기한 듯한 오스만제국의 행정부는 사실 허상에 지나지 않았다. 중동에 정통한 영국의 작가 겸 여행가 거트루드 벨(1868~1926)도 훗날, "오스만제국은 얼핏 통치 체계가 잡힌 중앙집권적 정부를 구성한 것 같지만 알고 보면 그보다 더 허황된 나라도 없다"[2]고 썼다. 제국 전역에 수비대가 설치돼 있었던 것은 맞지만, 다른 면으로 보면 권력이 분산되었기 때문에 중앙집권화된 정부는 현실이라기보다는 오히려 신화에 가까웠다. 거트루드 벨은 여행을 하다 도시를 벗어나면 오스만 행정부는 온데간데없이 사라지고, 지방에는 족장들밖에 없었다고 썼다. 산적이 활개 치는 곳도 적지 않았다. 오스만 정부는 제국 행정의 가장 기본적 요소인 세금조차 제대로 징수하지 못했다. 1차 세계대전이 일어나기 전 제국 정부가 직접 징수한 세금은 5퍼센트에 지나지 않았고, 나머지 95퍼센트는 징세 도급인들이 거둬들인 사실도 그 점을 뒷받침한다.[3]

유럽 국가들은 이런 오스만제국에 다양한 정도의 영향력과 지배력을 행사했다. 영국의 경우 19세기 말에 점령한 이집트와 키프로스뿐 아니라 페르시아만 연안의 족장국들도 지배했다. 1864년의 협약에 따라 자치 지역이 된 레바논도 오스만 정부에 직속된 기독교 군정 총독의 지배를 받았다. 그렇다고 오스만제국이 모든 것을 좌지우지할 수 있었던 것은 아니고 유럽 6개국들과의 협의를 통해서만 정책을 실행할 수 있었다. 러시아와 프랑스도 각각 오스만제국 내의 정교회와 가톨릭 백성들을 보호할 권한을 지니고 있었으며, 다른 국가들도 그들이 후원하는 집단을 대신하여 튀르크 정세에 개입할 수 있는 권한을 가졌다.

술탄과 오스만 정부가 제국 전역에 행사한 권리는, 유럽 국가들이 알고 있는 정부와 행정의 의미에서 보면 다분히 비현실적이었다. 오스만제국의 현실은 오히려 지방에 있었다. 부족, 씨족, 종파, 마을들이 사람들의 충성이 머무는 진정한 정치 단위였던 것이다. 유럽의 관측통들은 그것에 혼란을 느꼈다. 오스만 정치라는 요령부득의 퀼트에는, 그들이 알고 있는 시민권과 민족성에 대한 근대적 개념을 도저히 끼워 맞출 수 없었던 것이다. 하지만 유럽인들은 그런 가운데서도 종국에는 그들이 오스만 영역의 지배권을 획득하여, 보다 합리적으로 그 지역을 편제하게 될 것으로 믿었다. 20세기 초에는 튀르크족의 마지막 날들이 머지않았다는 것이 일반적인 관측이었다.

1914년에는 오스만제국의 규모가 바짝 줄어들어 북아프리카나 헝가리 혹은 유럽 남동부의 대부분 지역도 지배하지 못할 정도가 되었다. 18세기부터 퇴각해오다 이제는 패주하게 된 것이다. 사실 오스만의 군대, 학교, 그리고 정부에 불만을 품은 사람들은 수십 년 전부터 이미 비밀 회합을 갖고, 현대 유럽이 제기하는 지적, 산업적, 군사적 도전에 맞서기 위해서는 제국의 급변이 필요하다는 인식을 공유하고 있었다. 그러나 튀르크어와 아랍어를 쓰는 제국 내의 다양한 분파들, 특히 지식인들은 유럽의 신조가 된 민족주의에 자극을 받으면서도 혼란을 함께 느꼈다. 그래서 그들 고유의 정치적 정체성을 찾으려 했고, 없으면 억지로라도 만들어내려고 했다.

이리하여 1차 세계대전이 발발하기 몇 년 전 이름은 알려지지 않았지만 야심만만했던 새로운 인물들이 마침내 술탄을 허수아비로 격하시키고 오스만제국의 정권을 잡았다. 청년튀르크당 지도자들이 그들이었다. 이렇게 그들은 현대 세계가 미처 파괴할 시간을 갖기도 전, 제국을 20세기로 옮겨놓은 일을 시도함으로써 콘스탄티노플을 들끓게 한 소란의 결과이자 원인이 되었다.

Ⅱ

콘스탄티노플—본래 명칭은 비잔티움이었고 지금은 이스탄불로 불린다—은 1,100년 넘게 동로마 제국의 수도였다가, 이후에도 400여 년간 오스만제국의 수도 역할을 했다. 또한 로마와 마찬가지로 일곱 언덕에 세워졌으며, 로마와 마찬가지로 역시 영원의 도시였다. 전략적 요충지에 자리잡았던 것이 세계정세에서 콘스탄티노플이 영속적으로 중요성을 가질 수 있었던 요인이었다.

콘스탄티노플은 아시아와 유럽 사이에 놓인 해협(보스포루스 해협)의 폭이 800미터밖에 안 되는 곳, 흑해와 지중해를 잇는 큰 수로의 주로 유럽 쪽 해안에 위치한 마을들의 집합체였다. 그런 위치다 보니 정복은 물론 공격하기도 쉽지 않은 천혜의 요새가 되었다. 골든혼(금각만)으로 알려진 길이 6킬로미터 정도의 만에는, 함대의 피난과 방어에 두루 쓰일 수 있는 거대한 천연 항구도 조성돼 있었다.

1914년 무렵 콘스탄티노플의 인구는 대략 백만 명 정도였다. 여러 나라 언어가 통용된 코스모폴리탄적 도시였던 만큼 주민 대다수를 차지한 무슬림, 그리스인, 아르메니아인 외에 유럽과 여타 외국인들의 거류지도 제법 크게 조성돼 있었다. 유럽의 영향은 신축 건축물들의 양식, 의복 스타일, 가로등 같은 새로운 기기에서도 뚜렷이 느껴졌다.

그러나 콘스탄티노플의 현대화는 아직 초보 수준에 머물러 있었다. 1912년에는 전등이 처음 도입되고 좁고 지저분한 거리들에 배수 설비 공사도 시작되었다.[4] 수백 년 동안 도시를 배회하고 다닌 야생 개들의 무리도 시 위원회의 결정에 따라 물 없는 섬으로 보내져 죽임을 당했다.[5] 도로 포장 작업도 시행되었다. 하지만 실제로 포장이 이루어진 곳은 일부에 지나지 않아 대부분의 거리는 여전히 잦은 폭우에 진흙탕으로 변하거나, 시도 때도 없이 휘몰아치는 광풍으로 먼지에 휩싸이기 일쑤였다.

콘스탄티노플은 북풍과 남풍이 번갈아 몰아치는 질풍의 영향을 받아

폭염이나 혹한으로 급변하는 기후조건을 지니고 있었다. 20세기 초에는 정치 상황도 이런 기후의 영향을 받아 급작스럽고 극단적으로 변하는 양상을 보였다. 사정이 이렇다 보니 1914년 1차 세계대전이 발발하기 전의 몇 년 동안은 영국도 바람이 불어오는 곳이 어딘지, 어느 방향으로 바람이 불어가는지 종 잡을 수 없었다. 대재상의 관저로 들어가는 문을 뜻하는 쉬블림포르트, 곧 영국 대사관이 도저히 꿰뚫어볼 수 없는 오스만제국 정부의 은밀한 장막 속에서 정치공작이 벌어졌으니 알 도리가 없었던 것이다.

Ⅲ

콘스탄티노플 주재 영국 대사관은 다른 강대국들과 마찬가지로 골든혼 북쪽, 도시의 유럽인 구역인 페라(갈라타)에 위치해 있었다. 외국인 공동체들도 그들 나라 대사관 가까운 곳에 밀집하여 도시의 전반적 삶과 유리된 채 그들만의 삶을 살고 있었다. 페라 외교가의 파티와 연회장에서는 프랑스어가 사용된 반면, 주민들 사이에서는 예상과 달리 튀르크어가 아닌 그리스어가 거리의 언어로 통용되었다. 그 밖에 콘스탄티노플에는 파리에서 도입된 레뷰(오락극)와 연극을 공연하는 극장도 세 곳 있었고, 유럽 대도시의 호화로운 호텔과 비교해도 손색없는 시설을 갖춘 페라 팰리스 호텔도 있었다.

콘스탄티노플의 유럽인들은 그들만의 격리된 구역에서 살고 싶어 했다. 따라서 쓰러져가는 성벽과 요새들로 둘러싸인 골든혼 남쪽, 스탬불(옛 도시)의 좁고 더러운 골목에 집을 가진 사람은 드물었다. 그러나 흔하지는 않지만 골든혼 남·북쪽, 양쪽 지역 모두에 편안함을 느낀 사람들도 있기는 했다. 새로운 청년튀르크당 정부에서 중요한 일을 담당할 영국인 윈덤 디즈(1883~1956)도 그중 한 사람이었다.

디즈는 400년간 토지를 보유하던 잉글랜드 캔트 주의 시골 유지 가문에서 태어났다. 이튼 고등학교를 마친 뒤에는 왕립 소총 부대에서 복무했으며, 이후 24년간 줄곧 영국군 장교로 남아 있었다(언젠가 보어전쟁의 끔찍함에 대해 질문을 받자 그는 이렇게 말했다. "무엇이 됐든 간에 이튼보다는 나았어.")[6] 군대 입문 초기에는 유럽 장교들이 지휘한 신설 오스만 헌병대에 자원하여 복무했다. 옛 오스만 경찰이 진압의 대상인 도적 떼와 다를 바 없는 존재가 된 것을 보고 유럽 국가들이 술탄에게 개혁을 강요하여 신설된 조직이었다. 디즈와 그의 유럽인 동료들은 본국 군대의 보직을 그대로 유지한 채, 오스만 헌병대의 장교 직책도 함께 보유했다.

헌병대 시절 동방의 풍경을 배경으로 찍은 사진 속 디즈의 모습은 매우 기묘해 보인다. 작고 왜소한 체격에 살결마저 흰 그가 오스만의 풍경과는 조화가 되지 않았던 탓이다. 그런가 하면 디즈는 금욕적이고 독실한 크리스천이었다. 따라서 잠, 휴식, 음식 따위에는 관심을 보이지 않았다. 편안함도 찾지 않고 위험도 마다하지 않은 채 하루 15시간씩 일에 매달렸다. 유럽인의 기록을 믿을 수 있다면, 부패하고 비열하게 구는 경우가 많았던 튀르크 장교들과는 하늘과 땅 차이를 보인 인물이었다. 그렇게 열성적으로 일해 임무를 성공적으로 완수해서인지 그는 튀르크인들 사이에서도 평판이 좋았다.

디즈는 1910년 오스만 헌병대에 들어갈 때만 해도 미지의 인물이었다. 그랬던 그가 4년 뒤에는 새로운 오스만 정부에서 튀르크인들을 도와 내무부를 이끌어갈 주도적 인물로 부상했다. 그리하여 1914년 그가 서른한 살이 되었을 때는 튀르크어에도 능통하고 튀르크 정세에도 밝은 몇 안되는 영국인들 가운데 하나가 되었다. 그런데도 영국정부는 디즈의 경험이나 지식을 제대로 활용하지 못하고 몇 년 동안이나 그를 카산드라(거짓 예언자) 같은 존재로 만들었다. 그의 경고를 묵살하고, 튀르크의 정치 동향과 관련해 그가 내놓은 정확한 정보도 믿지 않은 것이다.

1914년 오스만 정부에서 디즈의 상관은 내무장관 탈라트 파샤(1874~1921)였다. 그러나 당시 탈라트와 그가 이끄는 정당에 대해 영국정부가 잘 안다고 생각한 정보는 대부분 잘못된 것이었다. 따라서 디즈의 말을 들었다면 최소한 그중 일부는 바로잡을 수 있었다. 그런데도 콘스탄티노플 주재 영국 대사관은 오스만의 정치에 대해서는 알 만큼 안다고 자신만만해 하며 더는 알려고도 하지 않았다.

Ⅳ

영국 외교관들은 오스만 정부의 내무장관 겸 집권당(청년튀르크당) 최대 파벌의 지도자였던 탈라트 파샤를 신사로 간주하지 않았다. 태생도 보잘것없고 예의범절도 모르는 변변찮은 인물로 본 것이다. 본국정부에도 그를 집시 출신으로 보고했다. 그러나 탈라트 파샤는 숱 많은 검은 머리, 짙고 검은 눈썹, 매부리코, 오스만에 호의를 보인 몇 안 되는 영국 관측통들 중의 한 사람 말을 빌리면, "인간에게서는 보기 힘들고 해질 무렵의 동물들에서나 가끔 볼 수 있는, 번뜩이는 안광을 가진" 인물이었다.[7]

실제로 튀르크 정치에서 가장 중요한 인물이 탈라트였다. 그는 자수성가한 사람이었다. 그래서 서민 출신이었다는 것을 제외하면 혈통이나 배경에 대해 거의 알려진 것이 없었다. 그는 통신회사 하급직원으로 사회생활을 시작했고, 데르비시 교단의 최대 분파였던 벡타시야의 일원이었던 것으로 전해진다(데르비시는 수피즘과 관련이 깊은 무슬림 교단이다). 또한 프리메이슨 지부에도 가입했으며, 정치적 비밀결사도 조직했던 것으로 알려져 있고, 지하 활동을 하다 체포되어 한동안 투옥생활을 하기도 했다.

탈라트가 젊었을 때에는 지하단체 활동이 흔한 현상이었다. 술탄 아브뒬 하미드 2세(재위 1876~1909)가 독재권력을 휘두르던 시절이라 공개적으로 정치활동을 하기가 위험했던 까닭이다. 술탄이 헌법을 정지시키고 의회를 해산하고 비밀경찰을 고용하여 반정부 활동을 막으려 하자 정치활동도 자연히 지하로 숨어들게 된 것이다. 그런 식으로 지하 비밀단체들은 기하급수적으로 늘어났다. 오스만제국의 초기 비밀결사는 19세기 유럽의 혁명단체들, 그중에서도 특히 이탈리아의 비밀결사 카르보나리당에서 영감을 받아, 소수의 단원들을 세포로 만들어 한 세포는 또 하나의 다른 세포밖에 알 수 없는 구조로 조직되었다. 청년튀르크당의 선봉자들을 포함해, 이들의 다수는 대학생과 사관학교 생도들이었다. 제국이 전쟁에서 지속적으로 패하는 것에 젊은 군인들이 좌절감을 느꼈던 탓에, 군대 또한 비밀결사의 비옥한 토양이 되어주었다.

아브뒬 하미드 2세의 비밀경찰은 콘스탄티노플과 여타 지역에서는 비밀결사를 성공적으로 분쇄했다. 그러나 반튀르크 성향이 강한 마케도니아의 번잡한 항구도시 살로니카(지금의 그리스 테살로니키)까지는 경찰의 힘이 미치지 못했다. 다수의 비밀결사들은 바로 이 살로니카를 기반 삼아, 그곳에 주둔해 있던 오스만 제3군의 반정부 군인들과 긴밀한 유대를 형성하여 활동을 벌였다. 제국의 변경지 마케도니아에서 일어난 반란을 제3군이 진압해본 경험 또한 비밀결사가 군대 내에서 새로운 단원을 충원 받는 데 도움이 되었다.

살로니카에 거주하며 그곳에 직장을 갖고 있던 탈라트도 통일진보위원회(Committee of Union and Progress: CUP)라 불린 총괄 그룹의 핵심 분파가 된, 그런 비밀결사 결성자의 일원이었다. 청년튀르크당으로 알려지고, 따라서 구성원들도 훗날 청년튀르크로 불리게 될 단체였다. 청년튀르크당에 가입한 신입 회원들은 코란과 권총에 대고 선서를 했다. 훗날 중동 정치에서 중요한 역할을 하게 될 아흐메드 제말 파샤(1872~1922)도, 제3군의 참모장교로 있다가 탈라트에게 발탁되어 CUP에 가담한 인물이었다.

1908년의 어느 날 살로니카의 제3군에 복무하던 하급장교로 역시 탈라트 그룹에 속해 있던 엔베르 파샤(1881~1922)가 콘스탄티노플로 복귀하라는 명령을 받았다. 그러자 그는 비밀경찰에 자신의 정체가 탄로 난 것으로 믿고, 살로니카를 몰래 빠져나와 또 다른 청년튀르크당 동료가 탈출해 있는 산으로 도망쳤다. 계속해서 또 다른 장교가 병력과 탄약을 갖고 그 뒤를 따랐다. 술탄이 진압하라고 보낸 군대도 반란군에 합세했다. 살로니카에서 자연 발화적 무혈혁명이 일어난 것이다. 살로니카를 손에 넣은 청년튀르크당은 그곳 체신부—이렇게 보면 탈라트가 체신부 간부였던 것도 놀랄 일은 아니다—를 장악하고, 군대와 제국에 이미 침투해 있던 CUP 세포들과 연락체계를 수립했다. 그리하여 혁명의 연기가 걷히자 오스만제국에는 헌법이 부활하고 의회와 정당정치도 재개되었다. 이듬해에는 술탄 아브뒬 하미드 2세가 폐위되고 동생 메메드 5세가 술탄으로 즉위했다.

청년튀르크당은 옛 정치인들이 전면에 나서는데도 계속 막후에 남아 있었다. 군대의 장교단을 강력히 대변하는 것만으로도 그들은 이미 무시할 수 없는 세력이었다. 사분오열된 사회에서 제국 곳곳에 분파를 두고 종횡무진 활동을 벌이는 것이야말로 CUP의 진정한 힘이었다.

서방 언론도 처음에는 혁명을 성공으로 이끈 청년튀르크당 지도자들에게 호의적이었다. 그에 따라 '청년튀르크당'도 시대에 뒤떨어진 정권에 항거한, 역동적 사상으로 무장된 청년 그룹을 상징하는 말이 되었다. 영국 외무부도 이들에게 좋은 감정을 갖고 있었다. 그러나 콘스탄티노플 주재 영국 대사관은 달랐다. 제라드 로더 대사만 해도, 처음부터 CUP에 대한 혐오감이 심했던 수석 통역관 겸 동양 문제 고문관 제럴드 피츠모리스의 영향을 받아 그들을 경멸하고 증오했다.

1908년 사태에 대한 피츠모리스의 해석은, 살로니카 주민 13만 명 가운데 절반가량이 유대인 혹은 된메(17세기 살로니카에서 창설된 유대인의 한 종파. 이슬람교로 개종하고 남몰래 유대교를 신봉했다)였다는 사실에 영향을 받았다. 게다가 살로니카에는 프리메이슨 지부도 있었다. 살로니카의 유대인 변호사 에마누엘 카라쏘(또는 카라수. 1892~1934)는 그곳에 이탈리아 프리메이슨 지부를 설치해놓고, 술탄의 비밀경찰 눈을 피해 다니는 탈라트의 비밀결사에 회합 장소를 제공해주었다. 이런저런 이유로 피츠모리스는 CUP를 라틴계 민족의 영향을 받은 국제 유대인 프리메이슨 음모단체로 결론지었고, 로더는 로더대로 그 내용을 런던 외무부에 여과 없이 그대로 보고했다. 로더는 CUP를 '유대인 통일진보위원회'로 칭하기까지 했다.[8]

피츠모리스는 나중에 CUP에 대한 조사도 벌였다. 그리고 그 내용은 1910년 5월 29일 로더가 자필 서명하여 외무부의 직속상관 찰스 하딩에게 보낸 극비 보고서에 고스란히 반영되었다. 로더는 이 보고서에서, 이탈리아 프리메이슨(다시 말해 카라쏘의 프리메이슨 지부)과 청년튀르크당 운동 모두, 프랑스혁명의 이념인 "자유, 평등, 박애"를 슬로건으로 내걸었다고 지적했다. 그런 다음 청년튀르크당이 "프랑스혁명, 프랑스혁명의 무신론주의, 계급타파를 흉내 내고 있으며, 따라서 프랑스혁명이 진행됨에 따라 영국과 프랑스 간의 적대감이 높아진 것으로 볼 때, 튀르크 혁명도 그와 동일한 노선을 밟을 경우 영국의 이상과 이익에 배치되는 행동을 하게 될 것"이라고 주장했다.[9]

로더는 5천 단어가 넘는 이 방대한 보고서에서, 유대인이 프리메이슨 조직망을 손에 넣고는("동방 유대인은 신비스런 힘의 조작에 능합니다"), 그것을 통해 오스만제국을 지배했다고 주장했다. 그러면서 미국 뉴욕 시의 메이시와 에이브러햄 앤드 스트라우스 백화점 소유주인 네이션 스트라우스를 형으로 둔 콘스탄티노플 주재 미국 대사 오스카 솔로몬 스트라우스를 유대인 프리메이슨 음모단체의 주동자들 가운데 한 사람으로 꼽았다.

그런 다음 로더는 "유대인이 러시아와 러시아 정부를 증오하고 있고, 따라서 작금의 잉글랜드와 러시아의 우호관계 또한 유대인들의 반영 감정 형성에 얼마간 영향을 줄 것이며, 독일도 그것을 알고 있다"[10]는 점을 영국이 처해 있는 위험으로 제기했다. 그러고는 이렇게 결론지었다. 따라서 "유대인과 라틴계 프리메이슨 단체가 통일진보위원회(CUP)에 영향력을 행사한다는 낌새를 독일 외교관들이 눈치 챘고, 청년튀르크당 정치의 이런 특징을 독일정부에 그들이 남몰래 보고해왔다고 믿을 이유는 충분합니다."[11]

그러나 1908년 선거에서 뽑힌 청년튀르크당 의원 288명 가운데 유대인은 4명에 지나지 않았고, 카라쏘 또한 1909년 CUP가 창설한 중앙위원회 위원으로 위촉되지 않은 것은 물론, 청년튀르크당이나 정부의 요직으로도 선출되지 않았다. 외국인들이 보기에도 그는 영향력 있는 인물이 아니었다. 실제로 카라쏘와 다른 세 명의 유대인들은 오스만 의회에서 각 지역을 대표하는 의원으로 자신들 직무에 충실함으로써, 유대인이기에 앞서 튀르크인이라는 사실을 몸소 실천해 보였다. 그들은 시온주의자들의 팔레스타인 정착에 반대하는 CUP 정책도 지지했다.* 그러자 로더는 팔레스타인이 아닌 현 이라크 땅에 유대인의 조국을 세우는 것이 시온주의의 새로운 목표가 되었다고 주장하여 곤란한 상황을 모면하려고 했다.

이런 상황에서도 피츠모리스와 로더의 보고서는 영국 관리들 사이에 폭넓게 수용되었고, 그에 따라 영국정부도 장차 중대한 결과로 이어지게

---

* 반면에 카라쏘는 시온주의의 목표와 CUP 민족주의를 조화시키려는 시도는 여러 차례 했다.

될, 최소한 세 가지 심각한 오판을 하게 되었다.

첫 번째 오판은 CUP의 내부 활동에 관련된 것으로, 피츠모리스와 로더가 영국정부로 하여금 청년튀르크당이 탈라트와 자비드 베이("된메였다"), 두 사람의 수중에서 놀아난 것으로 믿게 만든 것이었다. 피츠모리스와 로더는 이 두 사람을 "CUP의 신비스런 힘을 공식적으로 구현하는 존재, 내각에서 실질적인 힘을 가진 유일한 각료, 터키 프리메이슨 지부의 최고위직에 있는 인물들"[12]로 보았다. 그러나 사실 CUP는 영국정부도 만일 존재를 알았다면 흥미를 느꼈을 정도로 여러 분파로 쪼개져 있었다.[13] 그보다 더 아이러니했던 것은, 피츠모리스와 로더가 된메라고 여긴 자비드 베이가 사실은 친영파의 리더였다는 것이다. 피츠모리스와 로더는 그것도 모르고 있었다.

두 번째 오판은 일군의 유대인들이 오스만제국은 물론이고 전 세계 곳곳에서 강력한 정치적 영향력을 행사하는 것으로 착각한 것이었다. 몇 년 뒤에는 피츠모리스가 이 착각에서 하나의 결론을 도출해냈다. 이 막강한 집단의 지원을 받으면 세계대전(이 무렵에는 영국도 참전한 상태였다)에서 승리를 거둘 수 있으리라는 것이다. 그러면서 그는 영국이 팔레스타인에 유대인 조국 창설을 지지하는 약속을 하면 이 지원을 얻을 수 있을 것으로 믿었다(그 무렵에는 피츠모리스도 시온주의 운동의 종착지가 이라크가 아닌 이스라엘이라는 점을 기정사실로 받아들이고 있었다). 피츠모리스는 그런 생각으로 시오니즘 운동 지원을 약속하도록 외무부를 설득했던 것이고, 실제로 이것은 1917년 밸푸어선언으로 현실화되었다.

세 번째 오판도 피츠모리스의 오해로 빚어졌다. 그가 청년튀르크당 지도자들을 튀르크인이 아닌 외국인들이고, 따라서 그들이 외국의 이익을 위해 활동하는 것으로 결론을 내린 것이다. 그러자 영국의 옵서버들도 사실과 전혀 다른 이 정보를 곧이곧대로 믿고, 청년튀르크당 정부도 그럴 것으로 오판했다. 그러나 청년튀르크당이 실패한 주요인이 지나친 국수주의 때문이었던 것에서 알 수 있듯이 그것은 오해였으며, 그 점은 피츠모리스와 로더도 알고 있었다. 유대인, 아르메니아인, 아랍인, 그 밖의 민족들이 오스만제국에서 차별대우를 받은 것도 청년튀르크당의 국수주의 때문이었다. 실제로 청년튀르크당의 강점은 모든 외세에 항거한 점에 있었으며, 그들의 이런 반유럽적 태도는 대중의 광범위한 지지를 받았다.

영국정부는 오스만 정치에 대한 로더와 피츠모리스의 시각이 왜곡되었다는 사실을 알지 못했다. 제1차 세계대전 때 영국의 정보부장을 지낸 존 버컨(1875~1940)도 CUP 지도자들을 "유대인과 집시들의 집합체", 오스만 정부를 세계 유대인들의 도구로 표현하고, 엔베르 파샤를 "폴란드인 모험가"로 불렀다. 이름만 같을 뿐 유대인이 아닌 폴란드인 부친을 둔 또 다른 튀르크 장교를 엔베르와 혼동한 것이었다.[14]

V

1908년 이후 몇 년간 오스만제국에는 파국적 상황이 잇따랐다. 오스만은 이탈리아-튀르크 전쟁(1911~1912)에 이어 제1차 발칸전쟁(1912~1912)에서 패하고, 1913년에 일어난 제2차 발칸전쟁에서도 CUP가 돌연 정권을 잡은 여파로 패하는 와중에 있었다. 국내는 국내대로 1908년 살로니카 반란에도 참여했던 젊은 엔베르 파샤가 동료들과 전격적으로 쿠데타를 일으켜 국방장관을 살해하고 실권을 잡아 어수선했다. 이후 그는 군사령관으로 승진하여 영예를 누리고 1914년 1월 4일에는 국방장관이 되었다. 그리하여 불과 서른한 살의 젊은 나이에 그는 술탄의 조카와 결혼하고, 거처도 궁전으로 옮겨 튀르크 정치의 중심인물이 되었다.

제말 파샤도 콘스탄티노플의 군정 장관이 되어 CUP의 정부 장악력을 확고히 다지는 데 일조했다. 하원 의회 의장 할릴 베이도 중요한 직책을 맡았으며, 경제학자 메메드 자비드 베이 또한 재무 장관에 임명되었다. CUP의 핵심인물 탈라트도 내무장관 겸 실질적 정부 지도자가 되었다. 명문가 출신의 사이드 할림 파샤에게도 총리와 외무장관직이 주어졌다.

그 무렵에는 영국정부도 콘스탄티노플 주재 영국 대사를 청년튀르크당에 호의적인 루이스 말렛으로 교체했다. 그러나 콘스탄티노플의 정세에 어둡기는 그도 매한가지였다. 실제로 유대인과 독일인의 동향을 탐지하기에 바빴던 전임자들과 달리, 그는 본국에 보내는 보고서를 오스만 정부에 대한 그릇된 낙관론으로 도배하다시피 했다. 전임 대사 로더와 마찬가지로 그도 CUP 지도자들이 터키의 이익이라 믿는 것이 무엇인지를 정확히 간파하지 못했다.

영국정부는 정부대로 CUP를 획일적 단체로 여긴 로더와 피츠모리스의 잘못된 관점을 계속 수용하고 있었다. CUP가 탈라트와 자비드의 수중에 있었다는 것이 두 사람 생각이었다. 반면에 훗날의 기록에는—그에 뒤이은 대부분의 역사가들도—CUP가 엔베르, 탈라트, 제말의 삼두체제 하에 있었던 것으로 나타난다. 그러나 독일 공문서 보관소의 기록이 보여주듯, CUP의 실권은 사실 40여 명 정도 되는 CUP 중앙위원회 위원들, 그중에서도 특히 일종의 정치국 역할을 했고 개인 간 경쟁도 치열했던 12명의 이사회가 쥐고 있었다. 중앙위원회 결정은 당원들이 차지했던 내각과 하원의 직위에도 반영되었다.

CUP에는 다양한 의견이 있었고 파벌 싸움과 음모도 곧잘 일어났다. 그러나 오스만제국이 직면했던 위협의 성격과, 그에 맞서 시행해야 할 정책의 성격에 대해서는 구성원들의 의견이 일치했다.

4. 동맹이 급했던 청년튀르크당

I

청년튀르크당의 시국관은 오스만의 영토가 지속적으로 와해되는 데 따른 상흔에 영향을 받았다. 보스니아와 헤르체고비나만 해도 1908년 오스트리아-헝가리 제국에 공식 합병되어 이름뿐인 튀르크령이 되었다. 1914년 오스트리아 대공 프란츠 페르디난트의 암살로 촉발된 1차 세계대전의 원인이 된, 말도 많고 탈도 많았던 합병이었다. 식민지 전쟁에 뒤늦게 뛰어든 이탈리아도 오스만 영토에 대한 야욕을 서슴없이 드러내며 1911~1912년에 별일도 아닌 것을 꼬투리 잡아 전쟁을 일으킨 뒤 지금의 리비아, 로도스 섬, 그 밖의 튀르크 연안 섬들을 점령했다. 알바니아도 그와 비슷한 시기 오스만 지배에 항거하는 봉기를 일으켜, 제국으로 하여금 비튀르크 백성들의 충성을 계속 얻어낼 수 있는지에 대해 심각한 고민을 하게 만들었다.

오스만제국은 제1차 발칸전쟁(1912~1913)에서도 발칸동맹(불가리아, 그리스, 몬테네그로, 세르비아)에 패해 유럽 영토 대부분을 상실했다. 제2차 발칸전쟁(1913)에서는 아시아 쪽 터키의 맞은편에 위치한 트라케(트라키아)를 용케 회복했다. 하지만 그 역시 제국의 붕괴가 계속되는 와중에 찾아든 잠깐의 휴지기에 불과했다. 사정이 이렇다 보니 정권을 잡고 술탄의 각료로 제국을 지배했던 콘스탄티노플의 청년튀르크당은, 제국의 영토가 치명적 위험에 처해 있고 유럽의 포식자들이 그것을 차지하기 위해 시시각각 다가온다는 두려움을 느낄 수밖에 없었다.

오래지 않아 유럽 국가들은 아프리카 대륙을 분할했다. 그것으로도 성이 안 찼는지 그중 몇몇 국가들은 새로운 영토를 정복하기 위해 다른 지역을 기웃거렸다. 하지만 그들이 눈길을 돌릴 만한 곳은 많지 않았다. 지표면의 4분의 1은 영국, 6분의 1은 러시아가 차지하여 대부분 지역은 이미 점령된 상태였고, 서반구도 먼로주의(1823년 제임스 먼로 미국 대통령이 연두교서에서 발표한 미 외교정책의 기본 방침으로, 유럽 열강의 아메리카 대륙 식민지화와 주권 국가들에 대한 간섭을 거부하고, 대신 미국은 유럽 열강의 전쟁에 중립적 입장을 취하기로 하는 내용을 골자로 한 것—옮긴이)에 포함돼 미국의 보호를 받는 입장이어서, 유럽 국가들이 뚫고 들어갈 여지가 없었다. 따라서 만만한 지역은 중동뿐이었다. 실제로 프랑스는 시리아, 이탈리아와 러시아는 그 북쪽 지역, 그리스, 불가리아, 오스트리아는 서쪽 지역을 탐낸다는 소문이 돌고 있었다. 모닥불 저편의 CUP 지도자들에게도 어둠 속의 짐승들이 그쪽으로 다가오는 것이 느껴졌다.

Ⅱ

CUP 지도층은 유럽의 통제에서 오스만제국을 벗어나게 하려는 그들의 계획—다른 국가들은 몰라도 최소한 영국 정치인들은 이것을 몰랐거나 혹은 이해하지 못했다—이 유럽의 공격을 촉진할 것으로 믿었다. 그런 한편으로 그들은 유럽을 더욱 철저히 모방할 목적으로 유럽의 속박에서 벗어나려고 하는, 유럽에 대한 이중성—비무슬림으로 경멸하면서도 유럽의 현대화와 유럽이 성취한 것에 대해서는 탄복하는 태도—을 보였다. 간단히 말해 청년튀르크당은 유럽의 경제적 지배를 끝내는 데 필요한 뚜렷한 복안은 갖고 있지 못하면서도, 어떻게든 그것을 끝내고 싶어 했다.

CUP가 내부적으로 가장 심혈을 기울인 부분은 교통과 통신의 현대화였다. 그러자 유럽의 동종 업계는 오스만제국에는 없는 그 분야의 네트워크와 시스템을 앞다퉈 제공했다. 그렇다고 거저 주었을 리는 만무하고, 가능하면 독점적 소유권을 가지려 했다. CUP 지도자들은 지도자들대로, 오스만제국의 다른 선임자들과 마찬가지로 유럽의 기술만 빌리고 소유권이나 통제권은 내주지 않으려고 안간힘을 썼다. 오스만제국은 19세기에 이미 유럽 각국이 제국 내에서 그들 나라 전용의 우편제도를 가동하고 있을 때 자체적으로 우편제도를 만들어 시행했으며,[1] 영국 회사의 제의도 거부한 채 전신망도 스스로 개발했다.[2] 1914년에는 콘스탄티노플과 스미르나(지금의 터키 이즈미르)에서 소수의 전화가 사용되었다. 따라서 1911년 콘스탄티노플에 전화 설비권을 따낸 외국 기업도 큰 재미를 보지는 못했다.[3]

반면에 증기선의 출현으로 오스만제국의 해상교통은 거의 다 외국 기업들이 장악했다.[4] 몇 안 되는 제국의 철도 선로도 외국인들 수중에 떨어졌다.* 도로라 할 만한 것도 찾아보기 힘들었고, 자동차는 더 말할 나위가 없었다. 1914년 콘스탄티노플에서 운행된 자동차 수는 110대, 그 밖의 지역은 77대에 지나지 않았다. 낙타, 말, 노새 캐러밴, 그 밖의 동물이 끄는 수레가 오스만제국의 전통적 교통수단이었다. 따라서 외국인이 소유한 철도와는 경쟁이 되지 않았다. 캐러밴의 평균 시속은 3~5킬로미터, 하루 이동거리가 24~32킬로미터에 불과했던 반면,[6] 기차는 그보다 최소한 10배는

---

* "오스만의 후진성은 1914년 제국의 면적이 190만 평방킬로미터일 때 철도 길이는 고작 5,991킬로미터", 그것도 단선 철도였던 것으로도 "충분히 짐작할 수 있다."[5]

더 빨랐고, 물품 운송비도 캐러밴의 10분의 1 수준으로 철도가 쌌다.[7]

　그것이 CUP를 고민에 빠뜨렸다. 철도를 가진 유럽인들에게 나라의 지배권을 빼앗기지 않고 캐러밴에서 철도로 운송수단을 바꿔야 했기 때문이다. 유럽인들은 경제적으로는 이미 제국에 영향력을 행사하였고, CUP는 그것에 분개하면서도 손을 쓰지 못했다. 천연자원을 공급해주고 필요한 물품은 외국에서 수입해 쓰는 불공평한 위치에 있었던 것이다. 따라서 그 불균형을 깨뜨리기 위해서는 산업화가 필요했으나, 오스만 정부로서는 이렇다 할 대책이 없었다. 제국이 가진 것은 미숙한 노동력뿐이었고, 그러다 보니 철도를 비롯한 기계장치의 설비도 유럽인, 그것의 관리도 유럽인이 맡는 악순환이 계속되었다. 그 악순환의 고리를 끊을 수 있는 최선의 길은 현지인들에게 기술교육을 시키는 것이었으나 그에 대해서도 오스만 정부는 뾰족한 대책이 없었다.

　유럽인들은 오스만 정치체의 핵심적 요소, 다시 말해 재정 문제에도 개입했다. 오스만은 1875년에 이미 10억 달러가 넘는 국채 디폴트(채무 불이행) 상황에 빠져, 1881년에는 술탄이 유럽인들에게 제국의 국채 관리를 맡기는 내용의 칙령을 발표하는 지경에 이르렀다. 그렇게 해서 설립된 국채 관리 기구가 오스만제국 세수의 4분의 1을 주물렀다. 그들은 술, 인지, 소금, 물고기와 같은 기초 물품에 부과하는 관세에도 독점권을 휘둘렀다.[8] 오스만 정부는 이렇듯 자국의 재정과 관세에 대해서도 통제권을 행사하지 못했다. 그리고 CUP는 뚜렷한 자금 조달 계획이 없으면서도 이 부문의 통제권 또한 되찾고 싶어 했다.

　오스만 지도자들을 분개시킨 요소는 그 외에도 또 있었다. 제국 내 유럽인들에게 경제적 특권을 부여하고, 유럽인의 재판 관할권을 당국이 아닌 해당 국가의 영사관이 갖도록 명시한 외국인 거류협정이 그것이었다. 그러다 보니 튀르크 경찰은 해당 국가의 영사 승인 없이는 그 나라의 거류지에 들어가지도 못했다. CUP는 이 협정도 폐기하려고 했다.

유럽 국가들이 기독교 소수파와 그들의 권리를 보호한답시고 제국의 주권을 수시로 침해하는 것도 CUP를 화나게 했다. 게다가 그들의 행동은 유럽 국가들은 물론 제국 내에 거주하는 다른 집단들에 대해서도 힘을 주장하려고 한 CUP의 은밀한 계획에도 위협이 되었다. 1908년 청년튀르크당이 공약한 내용과 정면으로 배치되는 계획이었다. 제국 내에 거주하는 다수의 종교, 인종, 언어 집단들에게 동등한 권리를 보장하는 내용은 CUP의 정강에도 포함돼 있었다. 그런데 일단 정권을 잡자 CUP가 태도를 바꿔, 그들 내부에 잠재해 있던 민족주의의 어두운 면을 드러내며 다른 집단들에 우선하는 튀르크어족 무슬림의 헤게모니를 주장하고 나선 것이었다. 튀르크어족 인구와 아랍어족 인구는, 1,000만 명 정도 혹은 전체 인구의 40퍼센트 정도로 엇비슷했다. 그런데도 오스만 하원의원은 튀르크인이 150명을 차지한 반면, 아랍인은 고작 60명에 지나지 않았다.(아랍인과 튀르크인의 구분이 쉽지 않은 경우도 있었으므로 이 숫자가 완전히 정확하다고는 볼 수 없다.) 그리스인, 아르메니아인, 쿠르드인, 유대인 등 그들을 제외한 나머지 인구 20퍼센트는 아랍인보다도 더 심한 차별을 받았다. 『브리태니커 백과사전』 제11판에도 그 무렵 오스만제국에는 22개 '인종'이 살았지만 "오스만 민족이라 할 만한 것은 생겨나지 않았다"고 기록돼 있다. 설사 그럴 기회가 있었다 해도 CUP 지도자들은 인구의 60퍼센트를 제외시키는 방식으로 그 기회를 저버렸을 것이다.

탈라트, 엔베르, 그리고 CUP 내의 다른 지도층은 민족 없는 민족주의자들이었다. 오스만제국 내에서는(동쪽의 스텝 지역과 달리), 튀르크어를 쓰는 사람도 튀르크족 출신이 아닌 경우가 흔했다는 의미에서다. 아시아 지역을 폭넓게 여행한 영국의회 의원 마크 사이크스가 저술한 책들 가운데 하나도 이렇게 시작된다. "터키와 튀르크인들에 대해 말하는 사람들 가운데 사실은 그런 지역도, 그런 종족도 없다는 것을 아는 사람이 과연 몇이나 될까?"⁹ 튀르크인들의 고대 고향인 투르키스탄은 러시아와 중국 땅이었다. 따라서 아시아계 튀르크인의 절반 이상이 그곳 혹은 오스만제국 이외의 지역에 살고 있었으며, 그렇다면 튀르크인들에 대한 권리도 술탄보다는 차르가 더 많이 가지고 있었다는 이야기가 된다. 그런데도 엔베르 파샤는 나중에 튀르크어를 쓰는 아시아의 모든 민족과 지역을 통합하는 범튀르크주의를 구상했으며, 실제로 1914년 무렵에는 그 개념에 매우 친숙해 있었다. 그러나 지적 구상에 그쳤을 뿐 계획으로 실행되지는 못했다. 엔베르는 체구는 작아도 과장된 몸짓과 '범pan' 으로 시작되는 거창한 구호에 다분히 중독돼 있었던 만큼, 범이슬람적 야망도 지녔을 것이 분명하다. 그러나 그가 아랍 무슬림을 다룬 방식으로 볼 때, 그것도 정책으로는 시행되지 못한 공허한 슬로건에 그쳤을 개연성이 높다.

CUP 지도층은 오스만이 열강 중 한 나라를 보호국으로 받아들이지 않는 한 유럽이 CUP의 계획을 관철하게 해주지도 않고, 제국의 생존도 어렵게 할 것으로 내다보았다. 그런 생각으로 그들은 유럽에서 동맹국을 찾는 것을 가장 시급한 현안으로 다루었다. CUP 지도자들 중 한 사람인 제말 파샤가 친프랑스파이면서도, 엔베르가 독일에 동맹을 제안했다는 소식을 듣고, "터키가 작금의 고립된 상태에서 벗어날 수만 있다면 어느 나라와 동맹도 마다하지 않겠다"고 찬성의 뜻을 표한 것도 사안의 중대성을 고려한 조치였다.¹⁰

Ⅲ

CUP 내의 다양한 분파는 강력한 유럽 국가를 동맹으로 확보하는 것이 터키 의제의 가장 절박한 사안이라는 데 뜻을 같이했다. 유럽권의 한 나라, 아니 열강의 하나—영국, 프랑스, 혹은 독일—만 동맹으로 얻으면, 오스만제국은 영토를 침탈당하는 일 없이 안전해지리라고 청년튀르크당은 판단했다. 러시아와 러시아보다는 힘이 다소 약한 이탈리아, 오스트리아-헝가리 이중제국, 그리스, 불가리아가 오스만제국을 침략할 개연성이 가장 높은 나라들이었다.

친영파인 CUP의 재무장관 자비드 베이는 이탈리아가 터키를 공격하기 시작한 1911년에 이미 영국에 동맹이 되어줄 것을 요청했다. 그러나 영국 내각의 선임 각료들 중 그 요청에 긍정적 반응을 보인 인물은 처칠뿐이었다. 처칠은 외무장관에게 터키와의 동맹이 이탈리아와의 동맹보다 중요하다고 하면서, "독일이 영국과 싸울 때" 터키를 "강력한 육지 방어수단으로 이용할 개연성이 높다는 점을 그 이유로 꼽았다.[11] 1911년 말 자비드가 영국과의 영구 동맹을 제안하는 서신을 보냈을 때도, 처칠은 고무적인 답변을 보내려고 했으나 외무부의 반대로 뜻을 이루지 못했다.[12]

1914년 5월과 7월 사이에는 오스만의 정세가 더욱 악화되어 CUP 지도자들이 영국을 제외한 유럽의 다른 세 강대국에도 동맹의 개연성 여부를 은밀히 타진하는 상황이 되었다.[13] 친프랑스파였던 해상장관 제말은 프랑스에 동맹을 제의했다가 거부당했다. 절망에 빠진 탈라트가 고심 끝에 러시아에까지 접근하는 무리수—도둑 우두머리에게 경찰 총수가 되어달라고 요청하는 격이었다—를 두었으나, 역시 퇴짜를 맞았다. CUP 지도자들은 마지막으로 대재상의 관저에서 모임을 갖고, 베를린에서 활동한 적이 있는 엔베르에게 전권을 주어 독일과 협상을 추진하도록 했다. 그러나

1914년 7월 22일 엔베르가 콘스탄티노플 주재 독일 대사 한스 폰 반겐하임과 벌인 협상에서도 CUP는 동맹을 거절당했다. 이리하여 오스만제국은 열강의 어느 나라와도 동맹을 맺지 못하는 완전한 외교적 고립 상태에 빠져들었다.

국방장관 엔베르는 독일 대사에게 청년튀르크당이 동맹을 찾는 까닭을 기탄없이 털어놓았다. "외세의 공격에 맞설 수 있는 방어수단" 없이 CUP가 국내 개혁을 계획대로 추진하기는 불가능하다고 자신들이 처한 입장을 솔직히 밝힌 것이다.[14] 그러고는 "열강 중 한 나라의 지원을 받는 것이" 외세의 공격으로부터 나라를 지킬 수 있는 유일한 길이라는 자신의 믿음을 피력했다.[15] 이렇게 보면 그가 독일 대사를 설득하지 못한 것도 어쩌면 동맹이 되어주는 것에 대한 보상을 충분히 제시하지 못했기 때문일 수 있다.

한편 영국정부는 오스만 외교에 나타난 이런 난맥상을 전혀 눈치 채지 못했다. 따라서 오스만 정부가 열강의 한 나라를 시급히 동맹으로 원한다는 사실 또한 깨닫지 못했다. 게다가 콘스탄티노플 주재 독일 대사가 오스만의 동맹 제의를 거부하고 난 며칠 뒤에는, 영국 내각이 처음으로 유럽에서 전쟁의 위기가 촉발되어 영국도 자칫 전쟁에 휘말려들 수도 있다는 암시를 받았다. 그리고 1914년 7월 23일 그것은 현실이 되어 오스트리아-헝가리 제국이 세르비아에 최후통첩을 보냈고, 8월 4일에는 영국이 얼떨결에 연합국(협상국)의 일원으로 참전하게 되었다. 따라서 이 기간에는 영국이 오스만제국에 신경 쓸 겨를이 없었다. 하지만 그런 가운데서도 독일이 오스만제국을 동맹국 편으로 끌어들이려 할 것이라는 관측은 무성하게 제기되었다.

그 무렵까지도 영국 지도자들은 아직 터키가 동맹을 원하는데도 독일이 그 요청을 거부한, 다시 말해 상황이 그와 정반대로 돌아갔다는 사실을 알지 못했다. 1차 세계대전이 끝난 뒤, 동맹을 원한 것은 독일이 아니라 탈라트와 엔베르였다는 사실이 밝혀졌는데도, 그 상태에서 오스만과 독일이 어떻게 손을 잡을 수 있었는지는 여전히 규명되지 않은 채로 남아 있다. 동시대인들과 다수의 역사가들은 오스만을 독일의 세력권으로 밀어 넣은 책임을 처칠에게 돌렸다. 하지만 외교 관련 기록 보관소에서 지금도 속속 나오는 증거를 보면 그와는 좀 더 다른 복잡한 속내가 숨어 있었던 것을 알게 된다. 그리고 그것은 처칠이나 내각의 다른 각료들 모두 감지하지 못한, 전쟁의 위기가 갑작스럽게 몰아닥치기 직전인 1914년에 시작되었다.

5. 전쟁 전야의 윈스턴 처칠

I

1914년 서른아홉 살의 윈스턴 처칠은 허버트 애스퀴스 총리의 자유당 정부에서 4년째 해군장관을 역임하고 있었다. 그러나 자신에게 부여된 직책을 열정적으로 솜씨 있게 수행했음에도 이 무렵의 그에게서는 아직 훗날 세계인들이 기억하는 정도의 압도적 존재감은 느껴지지 않았다. 물론 넘치는 에너지와 재능, 그리고 자신이 거둔 성과를 대중에게 어필할 줄 아는 능력으로 일찌감치 두각을 나타내기는 했지만, 그럼에도 그가 내각에 계속 머무를 수 있었던 것은 그의 치기를 너그럽게 봐준 총리와 상무 장관 로이드 조지의 후원 덕이 컸다. 게다가 내각의 다른 각료들에 비해 나이도 열 살가량 아래다 보니 고위직에 필요한 안정감과 신중함을 갖추지 못했다는 강력한 여론에도 직면해 있었다.

처칠은 말할 때 혀가 꼬부라지는 학생 때 버릇도 그대로 지니고 있었다. 생김새도 청년기를 막 벗어나 미숙한 티가 역력했고, 삐딱하게 기울어진 머리, 양미간을 잔뜩 찌푸리고 골똘히 생각에 잠긴 모습, 입에 시가를 물고 다니는 습관도 아직은 몸에 배지 않아 어색했다. 연한 갈색 빛이 도는 머리숱도 이 무렵부터 조금씩 줄어들었으며, 비대한 정도는 아니었지만 체중도 불어났다. 이렇게 중간 정도 되는 키에 체격은 퉁퉁하고 혈색마저 불그레하다 보니 외견상으로는 남에게 호감을 주는 타입이 아니었다. 따라서 그런 점들이 예사롭지 않은 특징이었다고 사람들 입에 오르내리는 것도 훗날 그가 큰 인물이 되고 난 뒤였다.

그러나 처칠이 사람들을 매료시킨 것은 외모가 아닌 저돌적인 성격이었다. 그는 뛰어난 두뇌의 소유자였음에도 병을 앓다가 마흔다섯 살이라는 젊은 나이에 정치적 실패자로 생을 마감한 부친의 망령에 시달렸는데, 그래서인지 성격의 기복이 심했다. 아버지처럼 일찍 죽지 않을까 두려워하면서 살아 있는 동안 오로지 최고가 되겠다는 일념으로 친구든 적이든 다 밀어제치고 앞으로 돌진하기만 했다. 일각에서는 처칠의 그런 행위가 그의 아버지처럼 정서적으로 불안정하기 때문이라고 보았고, 젊은 패기 탓으로 돌리는 사람들도 있었다. 처칠의 행동은 이렇듯 탁월함과 치기가 혼합된 양상을 보였다. 하지만 내각의 동료들은 그의 행동에서 탁월함보다는 어린아이 같은 치기를 더 쉽게 인식했다. 또 처칠은 성미가 까다로웠으며, 매사를 자신과 연관 지어 생각했고, 그러다 보니 남의 말을 경청하거나 관망해야 할 때도 자신의 장광설을 늘어놓기 일쑤였다. 또한 관대하고 온정적이기는 했지만 타인의 생각이나 감정에는 무뎌, 자신의 말과 행동으로 초래될 결과를 예측하지 못하고 행동할 때가 많았다. 처칠은 또 시끄러웠으며 자신이 하는 모든 일에 열정을 쏟았다. 행동이 점잖고 말수가 적은 동료들마저도 그를 성가신 존재로 여길 정도였다.

처칠은 견해도 자주 바꿨다. 게다가 자신이 개진하는 모든 관점에 열정을 쏟다 보니, 변덕이 심한 만큼이나 변하는 양상도 격렬하고 극단적인 경향을 보였다. 토리당(보수당)에서 자유당(휘그당)으로 당적을 바꾼 것, 열렬한 친독파였다가 열렬한 반독파로 돌아선 것, 내각의 주도적인 친튀르크파 각료였다가 주도적인 반뷔르크파 각료로 돌아선 것이 그 좋은 예다. 반면에 정적들은 그를 위험하리만치 어리석은 인물로 보았으며, 친구들은 그를 냄비처럼 빨리 달아오르는 인물로 이야기했다.

처칠은 또 대다수 사람들과 달리 무사안일주의를 경멸했다. 그런 인물답게 인도에서는 군인으로 복무했고, 쿠바와 수단에서는 전쟁을 관전했으며, 남아프리카에서는 포로수용소를 탈출해 영웅이 되었다. 이런 모험들 때문에 그는 명성을 얻고 영국 정치의 정상에도 올라섰다. 결혼과 정부 고위직에 오른 것에는 본인도 만족해했다. 따라서 그쯤에서 돌진을 멈출 만도 했지만 기질상 그는 안주하는 타입이 아니었다. 하나의 목적을 달성하자 이제는 세계를 정복하고 싶어진 것이다.

그 3년 전이었던 1911년 여름에는 그 야망의 일부를 성취할 수 있는 뜻밖의 기회가 열리기도 했다. 당시 애스퀴스 정부는 잠시 국제적 위기(모로코 위기) 상황을 맞았다. 그래서 전쟁 준비를 하려다 보니, 육군을 도와 전시 임무를 수행해야 할 해군의 상태가 엉망이었다. 경악스럽게도 영국 함대는 해협 너머로 원정군을 수송할 능력조차 갖추지 못했다. 그것도 모자라 해군성은 전투 지휘부조차 설치하려 하지 않았다. 애스퀴스 총리와 자유당 내각은 그 모습에 충격을 받아 장관을 경질해서라도 해군을 전면적으로 뜯어고치려고 했다.

그러자 내무장관 처칠이 그 자리에 관심을 보였고, 그의 멘토인 로이드 조지도 그를 추천했다. 하지만 충분히 예상할 수 있듯이 이번에도 그의 나이가 걸림돌로 작용했다. 약관 서른여섯에 영국 역사상 최연소 내무장관이 되었던 그가 다시금 해군장관이 되겠다고 나서자 정적들이 들고 일어선 것이었다. 다수의 정적들은 순서에 맞지 않게 경솔하게 나선다고 하면서, 그의 성급한 행동을 질타했다. 그들의 눈에는 처칠이 아직 고집, 미숙함,

판단력 부족, 충동적 기질 등을 가진 젊은이 특유의 결함투성이 인물로 보였다. 해군장관직을 놓고 처칠과 경합을 벌인 또 다른 인사도 젊은 내무장관의 에너지와 용기에 대해 진심어린 찬사를 보내면서도 생각에 앞서 행동부터 하고 보는 것이 흠이라는 통상적 비난을 되풀이했다.[1]

그러나 이유야 어찌됐든 총리는 처칠에 승부수를 띄워보기로 했고, 1911년 여름부터 1914년 여름까지의 해군 기록을 보면 그의 판단이 옳았던 것으로 나타난다. 처칠은 은퇴 뒤에도 계속 논란의 중심에 있던 존 아버스닛 '재키' 피셔 제독(1840~1920)의 격려를 받아, 석탄을 연료로 쓰는 19세기식 함대를 석유를 연료로 쓰는 20세기식 함대로 개조했다.

Ⅱ

1900년 하원의원에 처음 당선된 처칠은 보수당(일명 토리당, 당시의 명칭은 보수국가연합) 의원으로 의정 생활의 첫발을 내디뎠다(1901년). 그러다 1904년 자유무역 문제로 당과 심한 갈등을 빚은 뒤에는 자유당으로 이적했다.

하지만 처칠은 보수당과 자유당 어느 쪽에도 완전히 동조하지 않는 정치적 배교자였다. 따라서 양당 모두의 불신을 받았다. 사회와 경제 문제는 자유당 정책을 따랐으나, 외교와 국방 문제는 본능적으로 보수당 정책에 이끌렸다. 자유당 내에 흐르는 이상론적 평화주의 기류가 천성적으로 호전적이었던 그의 기질과는 맞지 않았다. 처칠은 영국의 가장 위대한 장군 말버러 공작 1세(1650~1722)의 후손답게 전투에도 타고난 재능을 지니고 있었다. 학교도 일반 대학이 아닌 사관학교에 진학했으며, 사관학교 졸업 뒤에는 현역 군장교로 복무했고, 군 생활에도 흠뻑 빠져들었다. 1912년 마녀호의 선상에서 지중해 해안선의 아름다움에 취한 바이올렛이 "아아, 완벽해!"라고 감탄할 때도 그는 이렇게 맞장구 쳤다. "그래요. 사거리와 시계, 모두 완벽하군요. 6인치 포가 없어 시원하게 한 방 날리지 못하는 것이 한 입니다."[2]

1914년의 여름하늘에 예기치 않은 전운이 감돌 때 전쟁을 먼 나라 이 야기로 생각했던 자유당의 평화주의자들과 달리, 해군장관 처칠은 이렇듯 완벽한 준비 상태에 있었다.

6. 처칠, 터키 전함들을 압류하다

I

1차 세계대전 발발과 함께 윈스턴 처칠은 잠시 동안이나마 국민적 영웅이 되었다. 전쟁이 일어나기 며칠 전 내각의 승인이 떨어지기도 전에, 함대를 임의로 출동시켜 독일의 기습공격에서 안전할 만한 스코틀랜드 북쪽의 스캐파플로 정박지에 이동시킨 것이다. 따라서 위법의 소지는 있었지만 이어진 사태 전개로 그의 행위는 정당화되었고 계파를 떠나 전 국민의 갈채도 받았다.

많은 사람들이 윈스턴 처칠의 그런 걸출함에 대해 궁금증을 가졌다. 총리 부인 마고트 애스퀴스도 그것이 신기했는지 언젠가 일기에 이렇게 적었다. "그가 특출난 것은 지적이어서도 아니고, 오판을 밥 먹듯 하는 걸 보면 판단력이 뛰어나서도 아냐." 이렇게 쓴 뒤 그녀는 "그래, 그가 걸출한 것은 성실함과 모험심이 절묘하게 결합된 독특한 성격과 용기 때문일거야. 그는 한다면 하는 사람이고 또 언제나 그래왔거든. 매사에 전력투구를 했어. 책임을 회피하지도 않고, 스스로를 속박하거나 방어하지도 않아. 자신에 대해 끊임없이 생각만 할 뿐이지. 그는 커다란 위험을 감수할 줄 아는 사람이야"라고 결론지었다.[1]

아닌 게 아니라 내각의 반대를 무릅쓰고 함대를 출동시킨 것은 엄청난 위험이 수반된 일이었다. 처칠의 가장 지독한 정적들마저 영국이 참전한지 며칠 뒤, 그에게 탄복하는 글을 써 보냈다. 처칠도 남은 생애 거의 내내 개전에 맞춰 함대가 출동할 수 있도록 준비한 것을 자신이 취한 조치들 중 가장 잘한 일이었다고 입버릇처럼 이야기했다.

처칠은 그 무렵 터키 전함들을 압류한 조치로도 많은 갈채를 받았다. 1914년 8월 12일자 《태틀러Tatler》(1709년 4월 런던에서 창간된 정기 간행물—옮긴이)에 단호한 표정의 처칠과 그의 부인 사진 위에 이런 머리기사가 실린 것으로도 그가 받은 갈채의 정도를 짐작할 수 있다. "브라보 윈스턴! 함대의 신속한 동원과 두 척의 드레드노트 전함 구입이 귀관이 거둔 대단한 성과와 슬기로움을 말해주는 징표다."[2]

문제의 두 전함은 영국 조선소에서 건조된 것으로, 가공할 파괴력을 지닌 레샤디 호와 그보다 규모가 큰 술탄 오스만 1세 호였다. 오스만 1세 호에는 이전 전함들에서는 볼 수 없는 대형 거포들도 탑재돼 있었다.[3] 이 배들은 본래 브라질의 주문을 받아 건조되었으나, 나중에 구매가 취소되는 바람에 오스만제국이 대신 구매하게 된 것이었다. 두 배 중에서는 레샤디 호가 술탄 오스만 1세 호에 앞서 1913년에 먼저 진수되었다. 하지만 오스만제국에 그 배를 수용할 만한 현대적 입거 시설이 없어 인도를 못했고, 그러자 해군소장 아서 H. 림푸스가 처칠의 지원을 받아 오스만 당국에 로비를 벌인 끝에 두 영국 회사—빅커스 사와 암스트롱 휘트워스 사—가 공사권을 따내 입거 시설을 완공했다. 그리하여 레샤디 호는 1914년 8월에 완공 예정이었던 술탄 오스만 1세 호의 건조만 완료되면 그 배와 함께 곧 영국을 떠날 예정이었다.

오스만제국에 이 전함들은 특별한 의미가 있었다. 처칠도 그것을 알았다. 오스만제국은 이 두 전함으로 낙후된 해군을 현대화하여 에게 해에서는 그리스, 흑해에서는 러시아에 대항하려는 부푼 꿈을 안고 있었다. 불충분한 자금은 제국 전역에서 백성들의 성금을 모아 충당했다. 내용이 부풀려진 점도 있지만 소문에 따르면 아낙네들은 장신구를 내다 팔고, 학생들은 주머닛돈까지 긁어 성금에 보탰다고 한다.[4] 1914년 7월 27일 림푸스 제독은 마침내 술탄 오스만 1세 호를 맞이하여, 다르다넬스 해협을 통해 콘스탄티노플로 호위해 오기 위해 튀르크 함선들을 몰고 바다로 나갔다. 그곳에서 해상장관 아흐메드 제말 파샤와 영국-오스만제국의 친선 도모를 위해 성대한 의식을 곁들인 '네이비 위크navy week' 행사를 개최할 예정이었다.

처칠은 애스퀴스 내각에서 가장 열렬한 친튀르크파 각료로 간주되고 있었다. 그랬던 만큼 전함 건조가 시작되기 몇 년 전부터 콘스탄티노플에 머물고 있던 림푸스 제독을 전폭적으로 지원해주는 등 그 일에 각별한 주의를 기울였다. 오스만 해군의 현대화 작업을 맡았던 영국 해군의 군사사절단 규모가 튀르크 육군의 재편을 책임진 오토 리만 폰 잔더스 프로이센 장군 휘하의 독일 군사사절단 규모에 버금갈 정도였던 것도 그 점을 말해준다. 양국 사절단의 임무는 얼마간 상호 보완적인 측면이 있었다. 튀르크 해군부에는 영국의 입김이 강하게 미치고, 육군부에는 독일의 영향이 강하게 미쳤다는 의미에서다. 반면에 런던은 중동 정치에는 거의 무지하다시피 했다. 하지만 처칠은 그런 가운데서도 오스만 정부의 다섯 요인들 가운데 세 사람, 탈라트, 엔베르, 재무장관 자비드 베이를 사적으로 만나는 드문 이점을 누렸고, 그 덕에 해군 장비를 제공하고 자문하는 영국의 행위가 자칫 정치적 역풍으로 되돌아올 수도 있다는 것을 알 수 있는 기회를 얻었다.

그러던 중 유럽에 전쟁의 위기가 닥쳐오자 런던과 베를린에서 그 전함들의 중요성은 가일층 높아졌다. 레샤디 호와 술탄 오스만 1세 호는 20세기 초에 새로 등장한 드레드노트 형 전함들이었다. 따라서 기존의 선박들을 압도하는, 아니 어떤 의미에서는 그것들을 쓸모없게 만들 수도 있는 혁명적 전함들이었다. 게다가 전쟁이 임박한 1914년 여름 영국 해군은 드레드노트 일곱 척을 보유한 독일에 비해 근소한 우위를 점했을 뿐이었다. 유럽의 전쟁은 조기에 끝날 것으로 예상되었기 때문에, 전함을 추가로 건조할 시간적 여유도 없었다. 따라서 오스만이 주문한 드레드노트 전함 두 척만 손에 넣으면 영국 해군의 힘은 크게 증강될 수 있었다. 하지만 만일 그 전함들이 독일제국이나 독일 동맹국 손에 들어가는 날에는, 영국과 그들의 전력 차는 대번에 뒤집어질 수 있었다. 그 점에서 레샤디 호와 술탄 오스만 1세 호가 장차 1차 세계대전으로 비화될 전쟁의 결과에 중요한 역할을 할 수도 있다고 본 것은 결코 망상이 아니었다.

1914년 7월 27일 월요일 해군장관 윈스턴 처칠이 전쟁의 위기를 맞아 비상대책을 수립하는 과정에서 영국 해군의 전력 보강을 위해 그 전함들의 압류 필요성을 제기한 데에는 그런 배경이 깔려 있었다. 그리고 여기서 비롯된 것으로 보이는 일련의 사태가 결국 중동에서 벌어진 비극적 전쟁의 책임을 그에게 묻는 결과로 이어진 것이다. 게다가 처칠이 나중에, 자신은 규정대로 일을 처리했을 뿐이라고 발뺌을 하는 바람에 이후 이 사건의 내막은 뒤죽박죽이 되어버렸다. 처칠의 해명과 그를 비방하는 사람들의 주장 모두 거짓이었기 때문이다.

1차 세계대전을 다룬 처칠의 저서에는, 전쟁이 일어날 경우 영국 조선소에서 건조되는 모든 외국 배들을 압류해도 된다는 규정이 1912년에 채택된 비상계획 때부터 이미 명시되었던 것으로 나타난다. 그리고 전쟁이 발발한 1914년 영국 조선소에서는 터키, 칠레, 그리스, 브라질, 네덜란드 배들이 건조되고 있었다. 처칠 자신은 단지 1912년의 그 규정을 따랐을 뿐이라고 주장했다. 오스만 배들뿐 아니라 조선소에서 건조되던 다른 외국 전함들에 대해서도 압류 명령을 내렸다는 것이었다. 그러면서 그는, 그 규정은 오래전부터 추진되었던 것을 1912년의 상황에 맞게 내용을 손질한, 따라서 "매우 정교하게 마련된 것"이었다고 역설했다.[5]

하지만 그것은 사실이 아니었다. 튀르크 배들을 압류한 것은 처칠의 단독 판단에 따른 것이었고, 처음 그 생각을 한 것도 1914년 여름이었다.

전쟁이 발발하기 전 주였던 1914년 7월 28일 화요일, 외국 배들의 압류 문제가 처음 제기되었을 때 처칠은 바텐베르크(마운트배튼)의 루이스 제1해군 사령관과 아치볼드 무어 제3사령관에게 이런 지시를 내렸다. "지금 거의 완공 단계에 있는 튀르크 전함 두 척을 우리가 취득할 수도 있으므로 그때를 대비해 그 배들의 취득과 그에 수반되는 금융 거래를 포함한 만반의 행정 조치를 취해두도록 하시오."[6]

그리하여 그 일을 맡게 된 무어 사령관은 행정적, 법적으로 튀르크 배들의 압류를 정당화시켜줄 방법을 찾아보았지만 허사였다. 그래서 그다음 단계로 외무부의 법률 고문에게 자문을 구해보았으나 법률가도 그런 선례가 없다고 했다. 그러면서 영국이 교전 중이라면 국가 이익이 법적 권리에 앞선다는 주장을 펼 수도 있겠지만, 그것도 아니기 때문에* 처칠이 외국 배들을 압류하는 것은 불법이 될 수 있다고 말했다. 그러고는 정 필요하면 압류보다는 오스만제국을 설득해 그 배들을 구입하는 것이 나을 것이라고 조언했다.[7]

그러던 중 오스만제국이 처칠의 속내를 의심할 만한 일이 벌어졌다.

---

* 영국과 독일이 전쟁에 돌입하기 일주일 전의 일이었으므로.

1914년 7월 29일 영국 외무부는 아직 건조도 끝나지 않은 술탄 오스만 1세 호에 콘스탄티노플로 출항 명령이 떨어졌고 따라서 연료를 공급 중이라는 사실을 해군성에 통고했다.[8] 그러기 무섭게 처칠이 조선소에 지시를 내려 전함들을 붙들어 놓도록 한 것이다. 처칠은 영국 보안대에도 명령을 내려 그 배들을 지키고 있을 것과, 튀르크 승무원들이 탑승하고 오스만 기를 게 양하는 것도 막도록 했다.(국기를 달면 통상적인 국제법에 따라 그 배들이 오스 만 영토가 되기 때문이었다.)

이튿날은 법무장관이 처칠에게 그의 행동이 법령에 위배되기는 하지 만 영연방의 전쟁이 다른 고려 사항에 우선할 수 있으므로 선박들의 일시 적 압류조치도 허용될 수 있다는 취지의 발언을 했다.[9] 같은 날 외무부의 고위관리도 법무장관과 동일한 해석을 내놓았다. 다른 점이라면, 더욱 광 범위하고 실용적인 정치적 틀 안에서 그 문제를 바라보았다는 것이다. 그 는 이렇게 썼다. "이 문제는 해군에 일임해 두고, 우리의 조치를 터키에 어 떻게 설명할지는 차후로 미루자는 것이 내 생각이다."[10]

그리하여 1914년 7월 31일 영국 내각은 대 독일 전에 대비하여, 튀르 크 전함 두 척의 압류를 주장하는 처칠의 견해를 받아들였고, 그에 따라 술 탄 오스만 1세 호에는 영국 승무원들이 탑승했다. 튀르크 대사가 영국 외 무부를 방문하여 해명을 요구했으나, 돌아오는 답변은 전함들을 당분간 억 류하겠다는 것뿐이었다.[11]

1914년 8월 1일 자정 무렵에는 처칠이 무어 사령관에게 오스만 전함 들이 억류돼 있다는 것과, 해군이 그 배들의 구매 협상을 타진 중이라는 사 실을 빅커스 사와 암스트롱 사에 통보하라는 지시를 내렸다.[12]

처칠이 오스만 이외의 다른 나라 전함들도 영국 조선소에서 건조되었 다는 사실에 주목한 것은 이때가 처음이었다. 며칠 전 무어 사령관이 그 사실을 알렸을 때만 해도 묵묵부답이던 그가 이제 와서 새삼스럽게 두 전함들에 비하면 하등 중요할 것이 없는데도 그 배들 또한 완공되는 대로 오스만의 배들과 함께 억류할 것을 지시한 것이다.

8월 3일에는 해군성이 술탄 오스만 1세 호를 영국 함대에 즉시 양도하는 내용의 협정서를 암스트롱 사와 체결했다.[13] 그리고 그날 저녁 외무부는 콘스탄티노플 주재 영국 대사관에, 영국이 술탄 오스만 1세 호의 구매 계약 체결을 원한다는 사실을 오스만 정부에 통지하라는 전문을 보냈다.[14] 이튿날에는 에드워드 그레이 외무장관이 오스만 정부가 영국의 입장을 이해해주리라 믿는다는 것과, "재정을 비롯해 오스만의 손해가 예상되는 모든 부분에 대해서는 영국이 응분의 보상을 하겠다"는 내용의 전문을 콘스탄티노플에 재차 보냈다.[15]

그러나 영국정부는 이때 중요한 점 하나를 간과하고 있었다. 8월 3일자 전문으로 정식 통보를 받기 전 오스만 정부는 이미 처칠의 전함 압류 사실을 알고 있었던 것이다. 오스만 정부가 전함의 압류 사실을 눈치 챈 것은 7월 31일, 압류될 개연성에 대해 강한 의혹을 가진 것은 7월 29일 혹은 그 이전이었다. 이 날짜들의 중요성은 머지않아 분명히 드러나게 된다.

Ⅱ

베를린은 베를린대로 1914년 7월 23일 전쟁의 위기가 닥치자 동맹으로서 오스만의 가치를 재고하기 시작했다. 1914년 7월 24일에는 황제 빌헬름 2세(재위 1888~1918)가 콘스탄티노플 주재 독일 대사가 오스만과 동맹을 거부했던 결정을 직접 취소하고, 엔베르의 제의를 재검토할 것을 지시했다. 전날 저녁 오스트리아의 최후통첩─유럽에 전쟁의 위기를 촉발시킨 최후통첩─이 세르비아에 전달되었던 것이다. 그러므로 '목하' 동맹 체

결을 원하는 오스만의 관심도 '편의적 이유'로 이용해야 한다는 것이 카이저의 판단이었다.[16]

카이저의 결정이 내려지자마자 콘스탄티노플에서는 즉시 밀담이 오갔다. 오스만 측에서는 대재상 겸 외무장관 사이드 할림 파샤, 내무장관 탈라트 베이, 국방장관 엔베르 파샤가 협상대표로 나섰다. 지난번 협상 때 엔베르가 독일 대사에게도 밝혔듯 CUP 중앙위원회의 대다수 위원들은 독일과 동맹에 찬성하는 입장이었다. 그런데도 세 사람은 중앙위원회뿐 아니라 그들의 끈끈한 동료인 해상장관 제말 파샤에게도 독일과의 협상 사실을 비밀에 부쳤다.[17]

1914년 7월 28일에는 오스만 지도자들이 동맹체결 제안서를 베를린에 보냈다. 그러나 카이저의 견해에도 불구하고 독일 총리 테오발트 폰 베트만 홀베크(1856~1921)는 여전히 예상되는 혼란에 경계심을 드러냈다. 그러다 7월 31일 독일군 참모부로부터 전쟁 개시 명령을 내리라는 요구를 받고서야 콘스탄티노플 주재 독일 대사에게 마지못해, "터키가 러시아에 맞서는 모종의 행동을 할 수 있거나 할 것이라는 확신이 들 때만" 동맹조약에 조인하라고 지시하는 전문을 보냈다.[18]

협상의 고비는 1914년 8월 1일에 찾아왔다. 양측 간에 오간 흥정의 내용은 지금까지도 명확히 밝혀지지 않았다. 하지만 독일 측 협상대표 폰 반겐하임이 베를린의 지시에 따라 움직였고, 오스만이 독일의 전쟁 목적에 이바지할 수 있는 뜻밖의 보상을 제시하지 않으면 동맹 제의를 거부하라는 것이 총리의 입장이었던 것은 분명하다. 실제로 튀르크는 전쟁에 연루되는 것을 원하지 않았다. 협상대표로 나선 세 사람이 전쟁에 휘말려드는 것을 회피했던 것은, 이후에 진행된 사태의 전개 과정에서도 확연히 드러난다. 이렇듯 튀르크는 적어도 표면적으로는 독일 측에 뚜렷이 내놓을 만한 게 없었다. 그런데도 그날 저녁 청년튀르크당의 세 지도자는 독일로부터 동맹의 동의를 얻어냈으며, 이튿날 오후에는 방위조약이 정식으로 체결되었다.

양측은 비밀리에 협상을 진행한 것도 모자라 방위조약의 8조에 영원한 비밀 엄수를 명시하기까지 했다. CUP 지도자들의 요구사항은 조약 4조에, "독일은 오스만 영토가 위협받을 경우 필요하면 무력을 사용해서라도 지켜줄 의무가 있다"는 내용으로 표시되었다.[19] 1918년 12월 31일 만료 예정인 조약의 유효 기간 내내, 독일이 지켜야 할 의무사항이었다.

반면에 오스만제국은 당시 진행되던 세르비아와 오스트리아-헝가리 제국 간의 분쟁에서 철저한 중립을 지키고, 독일-오스트리아 조약 조건에 따라 독일의 참전이 요구되면 함께 출전해야 할 의무가 있었다.* 오스만제국은 오직 그 상황에서만 전쟁에 개입하고, 콘스탄티노플의 독일 군사사절단에게도 그 상황에서만 튀르크군의 군사행동에 '효과적인 영향력'을 행사할 수 있게 한다는 점을 분명히 했다.

이렇게 해서 독일과 방위조약이 체결되자 이튿날 오스만 정부는 군대 총동원령을 내리고 그와 동시에 유럽의 전쟁에서 오스만은 중립을 지킬 것임을 선언했다. 조약 내용은 여전히 비밀로 남아 있었다. 엔베르와 그의 일파도 그 점을 의식하여 총동원령이 연합국을 겨냥한 것이 아님을 역설했다. 그것도 모자라 그들은 자청해서 연합국 대표들과 회담을 갖고 친선의 개연성을 역설하는가 하면, 심지어 엔베르는 오스만이 연합국에 가담할 수 있다는 암시도 주었다.

오스만의 기여 능력에 대해 미심쩍어 하던 독일도 그 무렵에는 오스만

---

* 독일과 오스만의 방위조약은 독일이 러시아에 선전포고를 한 이튿날 체결되었다. 독일은 오스트리아와 체결한 조약 조건에 따라 굳이 선전포고를 할 이유가 없는데도 한 것이었다. 게다가 그것은 오스트리아-헝가리 제국이 선전포고를 하기 며칠 전에 했으므로, 조약 조건을 액면 그대로 받아들이면 오스만제국은 출전 의무를 반드시 지킬 필요가 없었다.

의 지원을 받지 못해 안달하는 상황이 되었다. 불과 몇 주 전만 해도 오스만의 존재는 독일에 '득'이 되지 못한다고 말했던 독일군 참모총장 또한 러시아는 물론이고 영국에 맞서는 데도 튀르크의 지원은 긴요하다고 역설하기 시작했다.[20] 그래도 튀르크는 섣불리 행동에 나서려고 하지 않았다. 하려고 해도 운송 시설이 부족하여 빠른 기동력을 발휘할 수 없었다.

오스만군은 지난 몇 년간 독일 군사사절단의 지도를 받았다. 따라서 독일 대사도 오스만제국은 늦가을이나 혹은 겨울이 돼야 출전이 가능하리라는 통보를 분명 받았을 것이다. 또 1914년 8월 1일만 해도 전쟁은 몇 달 안에 끝나리라는 것이 대체적인 관측이었으므로 오스만군의 전투태세는 전쟁이 끝날 무렵에야 확립되리라는 것을 아는 상태에서 오스만의 방위조약 요청에 동의해주었을 것이다. 그러면서도 대사는 만일 청년튀르크당이 독일의 전쟁 목적에 이바지할 수 있는, 뭔가 의미 있는 것을 보여주지 못하면 조약 조인은 미루라는 본국의 훈령에 따라 최종 결정은 유보했을 것이다. 그렇다면 이 "의미 있는 뭔가"는 과연 무엇이었을까?

그에 대해 역사가들은 공통적으로 청년튀르크당이 동맹 체결 당일까지 새로운 제안을 내놓지 못했고, 따라서 폰 반겐하임도 본국의 훈령을 사실상 무시했을 거라는 견해를 나타냈다. 그게 사실이면 폰 반겐하임은 카이저를 만족시킬 방법을 찾아야 했다. 그게 아니라면 유럽의 전면전이 임박한 듯한 분위기 탓에, 10여 일 전과 달리 오스만의 군사적 중요성을 높이 평가했을 수도 있다. 하지만 그게 아니고 만일 폰 반겐하임이 본국의 훈령을 따르려고 했다면, 역사가들이 제기하지 않았던 매우 흥미로운 문제가 대두된다. 1914년 8월 1일 엔베르가 독일에 제시한 조건이 대관절 얼마나 중요했기에 폰 반겐하임이 마음을 바꿔 방위조약 체결에 응했을까가 그것이다.

Ⅲ

지금으로부터 20여 년 전 재미있는 사실 하나가 공개되었다. 독일 외교 관련 기록보관소에 근무하는 연구원이, 1914년 8월 1일 엔베르와 탈라트가 독일 대사 폰 반겐하임과 만난 자리에서 세계 최강의 전함들 가운데 하나인 술탄 오스만 1세 호를 독일에 넘기겠다는 뜻밖의 제의를 한 문서를 찾아낸 것이다.[21] 폰 반겐하임도 그 제의를 받아들였고, 그 2주 뒤 독일 전선의 막후에서 활동하던 영국 첩보부 보고서에도, 독일 함대 장교들이 중요한 신형 전함의 도착을 학수고대하다가 그 배가 처칠에 의해 압류되었다는 소식을 듣고 낙담에 빠진 것 같다는 내용이 기록되었다.[22]

역사가들은 이 사건을 속속들이 검토하지 않았다. 아마도 해석하기가 쉽지 않았기 때문일 것이다. 엔베르와 탈라트가 돈뿐 아니라 백성들의 정성이 담기고, 오스만제국의 자랑이기도 했던 소중한 전함을 거저 내주려고 했을 리는 만무하다. 그런 제의를 하는 것만으로도 오스만의 지도자에게는 정치적 자살이 될 수 있었을 테니까. 하지만 오스만 지도자들이 폰 반겐하임에게 그 제의를 했던 것은 의심의 여지없는 사실이다.

오스만 기록보관소의 한 연구원도, 20여 년 전 지나가는 말로 그에 대한 설명이 될 수 있는 대화에 대해 언급했다. 엔베르와 탈라트가 독일에 그 제의를 한 날(1914년 8월 1일), 엔베르가 영국이 술탄 오스만 1세 호를 압류한 사실을 청년튀르크당의 다른 지도자들에게 귀띔했다는 것이었다.[23] 그렇다면 엔베르는 8월 1일에 이미 그 사실을 알았던 것이 된다! 아니 어쩌면—튀르크가 술탄 오스만 1세 호의 압류에 대해 의혹을 가진 것이 7월 29일, 압류에 항의한 것이 7월 31일이었다는 사실이 이제는 명백히 밝혀졌으므로—8월 1일 이전에 알았을 개연성도 있다.

이것이 앞선 질문에 대한 해답이 될 수 있지 않을까? 폰 반겐하임은 튀르크가 연합국을 패배로 몰아갈 수 있는 물질적 기여를 제공할 수 있다는 사실을 독일에 제시하지 못하면 조약을 승인할 입장이 아니었다. 그런데 불과 일주일 전만 해도 오스만군에는 그럴 능력이 없다고 여겼던 그가 8월 1일 전격적으로 조약 체결에 응한 것이었다. 그렇다면 엔베르와 탈라트가, 8월 1일 술탄 오스만 1세 호를 독일에 물질적 기여로 제공하고 조약을 샀던 것은 아닐까?

만일 엔베르와 탈라트가 독일에 은밀한 제의를 하기 전, 술탄 오스만 1세 호를 영국에 빼앗겼다는 사실을 알았다면—그렇게 되면 배는 오스만의 소유가 아니었으므로—그들은 그 제의를 했을 게 분명하다. 그래봐야 그들이 손해 볼 일은 없었을 테니까. 실제로 독일은 속았다는 사실을 눈치채지 못했다. 그들은 엔베르와 탈라트가 끝까지 약속을 지킬 것으로 믿었던 것 같고, 따라서 약속 이행이 불가능해졌다는 것도 전함 압류 며칠 뒤, 다시 말해 독일이 엔베르와 탈라트가 허위로 해준 약속에 대한 대가로(그렇게 추측된다) 오스만제국을 적국 공격으로부터 보호해주는 내용의 방위조약을 체결한 뒤, 전함의 압류 사실을 공식적으로 통보받은 뒤에야 알게 되었다.

7. 오스만제국의 음모

I

1914년 8월 1일 청년튀르크당의 국방장관 엔베르 파샤는 독일과 비밀 협상을 진행하던 중 한스 폰 반겐하임 독일 대사 및 오토 리만 폰 잔더스 독일 군사사절단 단장과 은밀한 회동을 가졌다.[1] 튀르크가 독일 편에서 불가리아와 손잡고 러시아와 싸울 경우에 대비해, 양국의 군사 협력 방법을 논의하기 위해서였다. 세 사람은 논의 끝에 원정을 성공으로 이끌기 위해서는 해군의 우위가 필수적이라 보고, 오스만-불가리아군이 재량껏 러시아를 공격할 수 있도록 독일이 자랑하는 두 전함 괴벤 호와 브레슬라우 호를 콘스탄티노플로 이동시키기로 결정했다. 특이한 것은 세 사람 중 어느 누구도 술탄 오스만 1세 호가 이번 일에 동참할 수 있을 것으로 보지 않았다는 점이다. 엔베르가 침묵을 지켰던 것은 술탄 오스만 1세 호가 영국 측에 넘어간 사실을 알았기 때문이고, 독일 대표들이 잠잠히 있었던 것은 그 배가—엔베르의 명령에 따라—북해의 한 항구에서 독일 함대와 조우할 것으로 믿고, 지중해에 이미 진입해 있던 괴벤 호와 브레슬라우 호의 이동도 그 덕에 조금 더 수월해질 것으로 여겼기 때문일 것이다.

그리하여 리만과 폰 반겐하임이 본국정부에 독일 전함들을 터키로 파견해줄 것을 요망하는 전문을 보내자, 8월 3일에는 독일 해군본부로부터 지중해 독일 함대 사령관인 빌헬름 조우콘 소장에게 동일한 취지의 명령이 하달되었다. 조우콘은 8월 4일 이른 아침, 프랑스령 북아프리카에서 프랑스 본토로 이동 중이던 군대의 흐름을 차단하기 위해 알제리 해안에 근접해 있다가 그 전문을 받았다. 그래서인지 전문을 받은 즉시 함대의 방향을 돌리지 않고 알제리의 두 항구도시에 포격을 가한 뒤에야, 연료를 보급받기 위해 독일의 급탄 시설이 있는 이탈리아의 중립도시 시칠리아의 메시나 항으로 향했다. 하지만 연료가 부족한 괴벤 호가 속도를 내지 못해 함대는 8월 5일 오전에야 겨우 메시나 항에 도착했다.

이렇게 메시나에 머물고 있는 조우콘에게 베를린에서 또 다른 전문이 도착했다. 엔베르가 동료들과 단 한마디의 상의도 없이 독일 함대를 불러들인데다 그들 모두 참전에 소극적 태도를 보이던 차에, 그 배들이 아직 해상에 머물러 있다는 것을 알고 오스만 정부가 콘스탄티노플로 보내지 말 것을 요청하는 전문을 보냈다. 그러자 베를린이 조우콘에게 다시 콘스탄티노플로의 입항이 "불가능하다"는 전보를 친 것이다. 하지만 조우콘은 그 전보를 명령이 아닌 단순한 경고로 받아들이고 콘스탄티노플로 입항을 강행하려고 했다. 독일 사령관의 이 사적 판단이 결국 사태의 전환점이 된다.

한편 처칠로부터 괴벤 호의 미행을 명령 받은 영국 함대 사령관은 8월 4일 밤 그 배를 시야에서 놓쳤다가 8월 5일 다시 위치를 찾아내, 배가 연료를 보급 받은 뒤 메시나 해협을 빠져나올 때 그 배의 진행을 가로막을 수 있는 적절한 곳에 함대를 위치시켰다. 북아프리카로 돌아가 공격을 재개할 것으로 믿고, 시칠리아 서쪽 해상에서 그 배를 기다렸다. 괴벤 호의 모항인 폴라(지금은 크로아티아의 항구도시가 되었지만 당시에는 오스트리아-헝가리제국 해군의 주요 항구였다)로 돌아가는 것을 막기 위해 그곳에서 북동쪽으로 멀리 떨어진 아드리아 해에도 규모가 한층 작은 선단을 배치해 두었다.

런던의 영국정부도 함대 사령관 못지않게 빈곤한 정치적 상상력을 드러냈다. 외무부, 국방부, 해군성 어느 곳 하나, 오스만제국이 전략적 계산을 하리라는 사실을 감지하지 못한 것이다. 영국 내각과 야전 지휘관 모두, 조우콘이 콘스탄티노플로 향할 수 있는 개연성은 고려하지 않았다. 그들은 조우콘이 동쪽으로 향했을 때도 영국 함대의 눈을 잠시 피했다가 서쪽으로 급히 되돌아올 것으로 판단했다.

한편 8월 6일 괴벤 호와 브레슬라우 호를 몰고 메시나 해협을 빠져나오던 조우콘은 독일 함대보다 우세한 영국 함대가 앞을 가로막고 있을 것으로 예상하다가, 해로가 비어 있는 것을 보고는 예정대로 함대를 에게 해쪽으로 몰고 갔다.

"그 모두 제독들의 실책입니다." 나중에 총리의 딸 바이올렛이 처칠에게 한 말이었다. "제독이 돼 가지고 해협의 한쪽에만 전함들을 배치시킨다는 게 말이 돼요? 양쪽에 다 배치를 시켰어야죠."[2] 그녀는 이렇게 말한 뒤 제독들을 전원 해고하고 함장들을 제독으로 진급시키라고 조언했다.

그러나 사실 동쪽으로 가고 있던 조우콘과 맞닥뜨린 영국 선단이 있기는 했다. 괴벤 호와 대적할 자신이 없어 내뺀 것뿐이다. 이렇게 해서 조우콘의 함대는 독일의 현명함과 영국이 저지른 실책 덕에 다르다넬스 해협 입구에 무사히 도착했다.

Ⅱ

8월 6일 새벽 1시 콘스탄티노플에서는 괴벤 호와 브레슬라우 호의 처리 문제를 둘러싸고 대재상과 독일 대사가 논의에 한창이었다. 지중해 영국 함대가 두 전함을 바짝 뒤쫓는 상황이어서, 오스만 정부가 다르다넬스 해협으로의 진입을 거부하면 그 배들은 튀르크 요새와 그들을 추격하는 영국 함대 사이에 끼어 오도 가도 못하게 될 형편이었다. 대재상 사이드 할림은 대사에게 배들의 진입을 승인하기로 결정했다는 오스만 정부의 뜻을 전했다. 하지만 조건이 있었다. 다른 유럽 국가들은 물론이고 독일의 영향력에서도 벗어나려는 청년튀르크당 정부의 의도가 엿보이는 상당히 무리한 조건들이었다. 오스만 정부는 광범위한 여섯 가지 조건을 제시했다. 그런데 그중 첫 번째가 바로 CUP 요구사항의 우선순위에 올라 있던, 독일과 유럽 각국들에 부여해주었던 외국인 거류협정의 철폐였다. 독일이 승전국이 되면 오스만제국에도 그 몫을 떼어달라는 요구도 조건에 포함되었다. 따라서 독일의 관점에서 보면 오스만의 조건은 터무니없었지만, 괴벤 호와 브레슬라우 호가 영국 함대의 장거리포에 격침당하지 않으려면 받아들이는 수밖에 없었다. 튀르크인들은 독일 대사에게 총부리를 겨누고 있었다.

영국 해군성은 해군성대로 독일 전함들의 다르다넬스 해협 진입을 허가한 오스만의 결정을 콘스탄티노플과 베를린 간의 공모로 받아들였다. 처칠이나 내각의 다른 동료들이나, 그것이 협박에 따른 결정이었을 줄은 꿈에도 생각하지 못했다. 화가 치민 처칠은 전후 사정을 따지지도 않고 영국 함대에 당장 다르다넬스 해협 봉쇄를 명령하는 전문을 보냈다.[3] 그에게는 그런 명령을 마음대로 내릴 권한이 없었다. 따라서 만에 하나 그 명령이 실행되었다면 오스만이 전쟁 행위로 간주할 수도 있었을 위험천만한 순간이었다. 하지만 함대로부터 명령을 확인하는 요청이 들어와 해군성이 "어법상의 실수"로 정정하고 "봉쇄를 없던 일"[4]로 하라는 전문을 다시 보냈다. 국제 수역에서 독일 전함들이 나오기를 기다리라는 말이었다.

영국은 국제법의 통례 상 터키는 중립국이므로 독일 배들을 돌려보내거나 억류해야 한다고 오스만 정부에 이의를 제기했다. 그러나 오스만 정부는 둘 중 어느 조치도 취하지 않았다. 조치를 취하기는커녕 그 법을 이용해 독일로부터 더 많은 것을 얻어내려고 했다.

예상대로 대재상 사이드 할림은 8월 6일 협박의 후유증에서 아직 벗어나지도 못한 독일 대사 폰 반겐하임에게, 오스만이 그리스 및 루마니아와 불가침 조약을 맺을 수도 있다는 폭탄선언을 했다. 이렇게 되면 오스만은 중립을 지켜야 하므로 튀르크 해역에 머물고 있는 괴벤 호와 브레슬라우 호에 모종의 조치를 취할 수밖에 없었다. 대재상은 그렇게 일단 운을 떼놓고는, 두 전함을 오스만이 구입하는 것처럼 일을 꾸미자고 제안했다. 오스만이 돈을 주고 구입하는 형식을 취하면 중립국 규정을 위배하지 않고도 그 배들을 튀르크 해역에 머물게 할 수 있다는 말이었다.

그러나 8월 10일 베를린의 독일 총리는 그 제의를 거부하고 오스만에 즉각적 참전을 촉구하라는 전문을 대사에게 보냈다. 청년튀르크당 지도자들도 유럽의 분쟁에 끼어들 생각이 없었다. 그날 폰 반겐하임은 오스만 정부에 소환되어 괴벤 호와 브레슬라우 호를 성급하게 입항시킨 것에 대해 심한 질책을 당했다. 대재상은 오스만 정부 역시 그 일에 연루되었는데도 그 사실은 무시한 채, 전함들을 오스만에 넘기라는 요구만 되풀이했다. 폰 반겐하임은 그의 요구를 거부했다.

그런데도 오스만 정부는 독일 순양함 두 척을 800만 마르크에 구입했다는 허위 사실을 일방적으로 공표했고, 이 소식에 제국의 여론은 크게 고양되었다. 폰 반겐하임도 분위기가 그렇게 돌아가자 어쩔 도리가 없었다. 8월 14일 그는 배들의 '매각'을 권유하는 전문을 본국에 보냈다. 오스만의 요구를 묵살했다가는 거센 반독일 여론이 형성될 것 같았기 때문이다. 결국 그의 조언이 받아들여져 8월 16일 해상장관 제말 파샤는 성대한 의식을 갖고 두 전함을 오스만 해군에 정식으로 편입시켰다.

하지만 오스만 함대에는 그 같은 고성능 전함들을 작동하고 관리할 만한 숙련된 장교와 승무원이 없었다. 그래서 한동안은 독일 해군에 그 일을 맡기기로 했다. 조우콘을 오스만 흑해 함대 사령관에 임명하고, 그의 부하들도 페즈(터키 모)를 씌우고 터키 제복을 입혀 오스만 해군의 병적에 올렸다.[5] 한편 런던은 이 모든 전개 과정을 독일 측의 계산된 책동으로 간주했다. 영국이 오스만으로부터 부정하게 압류한 현대식 전함들을 보상해주는 차원에서 전함을 제공한다는 점을 독일이 과시하려는 것으로 본 것이다. 심지어 오늘날 역사가들도 이 관점을 보유하고 있다.

그 일주일 전 콘스탄티노플에서는 성난 학생들이 거리로 쏟아져 나와 국민의 혈세로 구입한 전함들을 처칠이 압류한 것에 항의하는 시위를 벌였다.[6] 영국정부 지도자들은 두 사건이 연관돼 있을 것으로 믿었다. 오스만이 독일 전함 두 척을 '구입한 것'에 대해 영국 총리가, "튀르크인들은 자신들의 전함이 처칠에게 압류당한 것에 매우 분개하고 있다"고 말한 것도 그 점을 뒷받침한다.[7]

처칠도 튀르크인들에게 화가 많이 나 있었다. 8월 17일 영국 총리가 "윈스턴은 매우 호전적인 태도로, 괴벤 호와 브레슬라우 호를 윽박지르고 필요하면 격침시킬 기세로 다르다넬스 해협에 어뢰 선단을 침투할 것을 주장하고 있다"고 말한 것으로도 그것을 알 수 있다.[8] 반면에 영국 내각의 견해는 튀르크에 대한 공세가 영국에는 도리어 해가 될 수 있다는 육군장관과 인도장관의 주장 쪽으로 기울고 있었다.

그러나 오스만제국이 독일 쪽으로 향하는 것은 분명해 보였고, 런던에서는 그 원인이 대체로 튀르크 배들을 압류한 처칠에 있는 것으로 받아들였다. 그러던 중 터키에 머물렀던 영국군 장성 윈덤 디즈(1883~1956)가 베를린을 경유하는 위험한 경로를 통해 영국으로 돌아와, 그의 친구인 런던 주재 튀르크 대사를 만나본 결과 그것은 사실이 아닌 것으로 밝혀졌다. 전함들 압류가 문제의 핵심이 아니었던 것이다. 배들이 압류당한 것에 오스만 정부가 발끈한 것은 사실이지만, 설사 배들을 돌려주었다 해도 오스만의 친독일 정책이 바뀔 개연성은 없었다는 이야기다.

오스만 정책의 핵심에는 러시아의 팽창에 대한 두려움이 도사려 있었다. 튀르크 대사가 디즈에게, 연합국이 전쟁에서 승리하면 오스만제국이 분할될 테지만, 독일이 승리하면 그런 일은 벌어지지 않을 것이라고 말한 것에도 그 점이 드러난다.[9] 그것이 오스만 정부가 독일 편에 선 이유였다. 디즈가 연합국은 오스만제국을 해체하지 않을 것이라고 말하자, 대사는 몇 년 전에도 연합국은 그런 약속을 해놓고 지키지 않았다는 말을 엔베르로부터 전해 들었다고 주장했다.(그러나 엔베르는 오스만 영토를 지켜주겠다는 독일의 서면 확약서를 받은 사실은 대사에게 언급하지 않았다. 엔베르와 CUP 동료들이 독일과의 조약 조인 사실을 비밀로 부쳤던 탓에 그것의 존재도 몇 년이 지난 뒤에야 밝혀졌다.)

튀르크 대사와 대화에 화들짝 놀란 디즈는 신임 육군장관 키치너(1850~1916)에게 그 사실을 알렸다. 터키가 독일 편으로 기우는 것은 오스만제국을 해체하려는 연합국의 의도 때문이라는 사실을 알려준 것이다. 그러나 장장 150년 동안이나 오스만제국의 해체를 기도했던 러시아와 동맹 관계에 있는 영국이 튀르크 정부를 안심시키기는 쉬운 일이 아니었다. 그래도 디즈는 그 일을 반드시 해야 한다고 우겼다.

한편 오스만제국에 대한 처칠의 호전성은 날이 갈수록 강도가 심해져 이제는 그곳을 아예 적국 영토로 간주하기 시작했다. 8월 말경 그가 접한 정보에, 독일장교와 병사들이 오스만군을 지휘하기 위해 중립국 불가리아를 경유하여, 육로로 이동했음을 보여주는 듯한 내용이 들어 있었던 것도 그가 그런 생각을 갖게 한 요인이었다. 8월 26일에는 "지금 이 순간 콘스탄티노플은 거의 완전히 독일군 수중에 있다"는 림푸스 제독의 전언이 도착했다.[10]

처칠은 오스만에 대한 군사행동을 지속적으로 촉구했다. 9월 1일에는 육군성과 해군성이 합동 작전회의를 열어, 전쟁이 벌어질 때를 대비해 튀르크에 대한 공격 계획을 수립했다. 이튿날에는 튀르크 배들이 괴벤 호 및 브레슬라우 호와 함께 다르다넬스 해협을 빠져나오면 격침해도 좋다는 내각의 승인을 얻어냈다. 다르다넬스 해협에 머물고 있는 영국 함대 사령관에게도, 해협을 빠져나오는 함대에 설사 독일 배들이 포함돼 있지 않다 해도 적절히 되돌려 보내라는 전문을 보냈다. 하지만 이것은 실책이었다. 튀르크 함대가 놀랄 만큼 효율적으로 반격해왔기 때문이다.

9월 27일 영국 함대는 처칠이 부여해준 권한에 따라 다르다넬스 해협을 빠져나오는 튀르크 어뢰정을 정지시켜 돌려보냈다. 오스만이 중립성을 위반했고, 어뢰정에 독일 선원들이 타고 있다는 것이 이유였다. 엔베르 파샤도 그에 질세라 즉시 보복에 나섰다. 다르다넬스 해협의 방어를 책임진 독일군 장교에게 해협을 봉쇄하고 그 일대를 기뢰밭으로 만들 수 있는 권한을 부여해준 것이다. 그 때문에 연합국은 상선들의 흐름이 끊겨 큰 타격을 받았다. 연합국 중에서도 특히 타격을 심하게 받은 나라가 러시아였다. 다르다넬스 해협은 러시아가 서쪽으로 나아갈 수 있는 유일한 부동不凍의 해로였던 것이다. 그 해협을 통해 수출하는 러시아의 교역량만 해도 50퍼센트에 달했으며, 그중에서도 특히 밀 수출은 러시아가 무기와 탄약을 사는 밑천이 되었다.[11] 그러나 연합국 지도자들은 이때만 해도 아직 1차 세계대전이 기나긴 소모전으로 발전되리라는 사실을 알지 못했고, 그러다 보니 해협의 기뢰 부설이 차르의 러시아는 물론 연합국의 대의에도 위협이 되리라는 것을 예상하지 못했다.

다르다넬스 해협의 자유 통행은 조약으로 보장돼 있었다. 따라서 이것도 오스만 정부가 국제법을 위반한 조치였다. 그리고 이번에도 윈스턴 처칠의 군사행동이 그 원인으로 지목되었다.

그런데도 오스만제국은 선전포고를 할 움직임을 보이지 않았고, 오스만의 이런 수동적 적대행위에 처칠의 고민은 깊어만 갔다.[12]

Ⅲ

처칠은 몰랐겠지만 상황이 실망스럽기는 독일정부도 마찬가지였다. 오스만을 전쟁에 끌어들이려 할 때마다 분노와 절망만을 맛보았기 때문이다.

베를린은 괴벤 호와 브레슬라우 호가 다르다넬스 해협에 계속 머물렀는데도 영국이 선전포고할 움직임을 보이지 않는 것에도 낙담이 컸다. 그래서 모종의 행동을 취하도록 오스만 정부에 압박을 가하라며 하루가 멀다 하고 콘스탄티노플 주재 오스트리아 대사와 독일 대사에게 닦달하는 전문을 보냈다. 그러나 두 대사도 알고 있었듯이, 청년튀르크당의 최종적 목적이 무엇이든 대재상과 그의 동료들이 유럽의 분쟁에 즉각 개입하지 않으려 한 데는 그럴 만한 이유가 있었다. 오스만군의 동원이 아직 끝나지 않은 것도 한 가지 요인이었다. 그러나 설사 동원이 끝났다 해도 오스만 정부의 빈약한 재정 상황으로 볼 때 군대를 계속 끌고 갈 수 있을지도 미지수였다. 오스만과 발칸 국가들, 특히 불가리아와의 협상이 성과를 내지 못한 것도 오스만 정부가 전쟁 개입을 꺼리는 또 다른 요인이었다.

오스만 정부는 처음부터 불가리아와 제휴할 때만 전쟁에 개입할 것임을 분명히 했다. 8월 1일 엔베르, 폰 반겐하임, 리만 폰 잔더스가 수립한 원정 계획 역시 오스만-불가리아의 연합군 구성을 전제로 한 것이었다. 오스만이 불가리아와의 제휴를 고집한 것은 불가리아가 유럽으로 통하는 육로의 양편에 위치해 있어서이기도 했지만, 그보다는 불가리아가 이웃한 영토를 탐했던 이유가 더 컸다. 따라서 오스만제국으로서는 만에 하나 나라를 비워둔 채 러시아와 싸울 동안 불가리아가 침략이라도 하면 속수무책으로 당할 수밖에 없었다. 대재상이 독일 대사에게 "독일도 물론 튀르크의 자살 행위를 바라지는 않겠지요"라고 말한 것도 그래서였다.[13]

그러나 불가리아는 언질을 주지 않으려 했고, 탈라트가 어렵사리 협상에 성공하여 8월 19일 불가리아와 방위조약을 체결한 것도, 양국 중 어느 한 나라가 제3국의 공격을 받을 때 상호지원을 할 수 있는 토대만 될 수 있을 뿐, 러시아와 싸우는 독일군에 튀르크가 합류했을 경우 제기될 상황에까지 적용되지는 않았다. 불가리아는 러시아-독일 전쟁에 개입할 의사가 없었고, 그렇게 되면 콘스탄티노플 주재 독일 대사도 알고 있었듯이 오스만제국도 중립을 유지할 의무가 있었던 것이다.

사정이 이렇다 보니 베를린과 런던 모두 오스만에 대한 실망이 이만저만이 아니었다. 나중에 회고한 바에 따르면 처칠도 그 무렵에는 튀르크의 중립성에 대한 믿음을 완전히 상실하여, 내각에 다르다넬스 해협으로 함대를 보내 괴벤 호와 브레슬라우 호를 격침하자고 제안하는 지경이 되었다. 그러나 독일의 사정도 어지럽기는 매한가지였다. 튀르크를 전쟁에 개입시키려던 리만 폰 잔더스 장군이 하다하다 안 되니까 결국은 포기하고, 카이저에게 독일 군사사절단과 함께 본국으로 귀환하겠다는 뜻을 밝힌 것이다. 처칠과 마찬가지로 그도 청년튀르크당에 화가 날 대로 나 있었다. 엔베르나 제말과 결투라도 벌이고 싶다고 말할 정도였다.[14] 리만은 카이저에게, 엔베르가 최근에 한 발언이나 오스만군의 동태로 볼 때, 전쟁이 끝나가거나 혹은 독일의 승리가 확실시될 때까지는 CUP가 오스만의 참전을 고려

하고 있지 않은 것이 분명하다고 보고했다. 튀르크군에 대해서도, 오스만 정부가 설사 군의 동원 상태를 유지한다 해도, 돈과 식량 부족으로 참전하기도 전에 쓰러질 것이라고 진단했다.[15] 그와 거의 같은 시기 림푸르 영국 제독이 윈스턴 처칠에게 콘스탄티노플은 거의 독일 수중에 들어갔다고 보고했을 때, 리만 폰 잔더스는 이렇듯 콘스탄티노플의 전반적 분위기로 볼 때 독일장교들이 그곳에서 계속 복무하기는 힘들다는 보고를 카이저에게 올리고 있었다.[16]

그러나 카이저는 리만의 복귀를 허락하지 않았다. 서유럽에서 신속한 승리를 거두어 전쟁을 재빨리 종결할 속셈으로 9월 초에 실시한 제1차 마른 전투가 프랑스군에 의해 저지되자, 오스만의 참전을 지속적으로 독려할 수밖에 없는 입장이 되었기 때문이다. 폰 반겐하임은 그것이 한동안은 실현 가망이 없어 보인다는 말을 하지 못했다. 그가 한때 "독일에는 바위처럼" 든든한 인물이라고 말했던 엔베르가,[17] 아직은 군사행동을 할 때가 아니라고 믿었다는 말을 차마 하지 못한 것이다. 오스만은 군사행동을 할 준비가 되어 있지 않았고, 설사 준비되었다 해도 CUP의 엔베르 동료들이 오스만의 참전을 반대했다.

궁극적 목표에 보인 양국 정부의 이 같은 견해차는, 1914년 9월 8일 오스만 정부가 돌연 독일을 포함해 외국국가들과 맺었던 외국인 거류협정의 폐기를 일방적으로 선언함으로써 명백히 드러났다. 독일 대사는 이에 격분하여 보따리를 싸 독일 군사사절단과 함께 콘스탄티노플을 당장 떠나겠다고 엄포를 놓았다. 하지만 결과적으로 대사도 군사사절단도 콘스탄티노플을 떠나지 못했다. 독일 측이 이렇게 주저앉은 것 역시, 7월 말 이후 독일과의 교섭에서 오스만이 유리한 위치에 서게 되었음을 말해주는 것이다.

코너에 몰린 독일과 오스트리아 대사들은 고육지책으로 그들과 교전 중인 적들, 다시 말해 영국, 프랑스, 러시아 대사들과 연대하여 오스만제국에 이의를 제기하는 특단의 전략까지 들고 나왔다. 하지만 오스만 지도자들은 이번에도 언질 한번 주지 않고 그들을 완벽하게 농락했다. 독일과 오스트리아 대사들이 그 문제로 당분간은 오스만 정부를 힘들게 하지 않겠다는 암시를 준 것이나, 연합국 대사들이 중립을 유지하는 한 자신들은 오스만의 결정에 따르겠다는 뜻을 밝힌 것도 그 점을 말해준다.

오스만 정부는 더 나아가 자신들의 결정을 실행에 옮겼다. 10월 초 제국 내의 모든 외국 우체국들을 폐쇄하고, 외국인들에게 튀르크 법을 적용하고, 외국 수입품에 관세를 징수하는 것도 모자라 인상하는 조치까지 취한 것이다.

IV

그런데 불간섭 정책으로 오스만제국이 명백한 이득을 보았던 그 무렵 엔베르 파샤는 그 정책과 그 정책의 주요 옹호자였던 대재상에 맞서 음모를 꾸미는, 얼핏 보면 이해할 수 없는 행동을 하기 시작했다. 왜였을까? 상당수 독일 병력이 괴벤 호와 브레슬라우 호의 지원을 받으며 콘스탄티노플에 주둔하는 것도 한 가지 요인이었을 수 있다. 하지만 그보다는 역시 러시아-독일 전쟁 때문이었을 개연성이 더 높다. 1914년 7, 8월 무렵만 해도 엔베르의 정책은 러시아가 튀르크 영토를 점령할지도 모른다는 두려움에 영향을 많이 받았다. 그런데 9월 독일이 승리를 거두자 그렇다면 오스만이 러시아 영토를 차지하는 것도 가능하겠다는 생각이 들었고, 그래서 방어에서 공격으로 정책의 방향을 튼 것이었다. 이것이 오스만과 중동 정세의 전환점이었다.

엔베르는 아마도 1914년 8월 말에 벌어진 타넨베르크 전투와 같은 해

9월에 시작된 마수리아 호수 전투에서 독일군이 러시아군에 대승을 거두자, 오스만이 러시아 영토를 획득하려면 독일이 다른 나라 지원 없이 단독으로 승리를 거두기 전에 참전해야 한다는 판단을 내렸을 것이다. 러시아는 수십만 명의 병력이 목숨을 잃거나 포로로 사로잡힌 상황이어서, 엔베르처럼 충동적이지 않은 사람도 러시아의 패배가 임박했음은 능히 짐작할 수 있었다. 게다가 독일의 승리 열차는 이제 막 역을 떠나려 했으므로, 엔베르로서는 이번이 기차에 올라탈 수 있는 마지막 기회라는 생각에 더욱 조바심을 냈을 것이다. 9월 26일 엔베르는 결국 동료들에게 의논도 하지 않고, 다르다넬스 해협을 봉쇄하여 외국 배들(사실상 연합국 선박)의 접근을 가로막는 조치를 취했다. 그러고는 일주일 뒤 독일 대사 폰 반겐하임에게, 대재상이 더는 오스만의 상황을 통제하지 못하게 되었다고 통보했다.

이어 콘스탄티노플에서는 막후 권력투쟁이 벌어졌다. 영국 외무부는 이번에도 CUP 내부 정치에 대한 무지함을 드러내며 그 사태에 대해 단순한 관점을 보유했다. 외무장관 에드워드 그레이만 해도 훗날, '터키가 독일에 합류하는 것을 막을 수 있는 길은 엔베르의 암살뿐'이라고 말한 뒤 "위기와 폭력이 난무하는 이 시대에 터키에는 두 계층의 사람들—암살자와 피암살자—만 존재하는 듯하고, 이 경우 대재상은 후자에 속할 개연성이 높다"는 말을 덧붙인 것으로 회고했다.[18]

그렇다면 정보에 밝은 영국 대사는 콘스탄티노플에서 전개되는 사태에 적게나마 영향력을 행사할 수 있었을까? 그것은 모를 일이다. 지금도 그에 대한 역사가들의 의견은 분분한 상황이고, 그 진위 여부를 알아볼 방법 또한 없기 때문이다.[19]

그렇기는 하지만 1914년 가을 콘스탄티노플에서는 CUP 중앙위원회 위원들의 지지를 얻기 위해, 경쟁적 파벌과 사람들의 계략이 난무했으리라는 것 정도는 짐작할 수 있다. 엔베르가 청년튀르크당의 주요 파벌을 이끌던 탈라트 베이를 자기 편으로 끌어와 영향력을 점차 높여간 것도 그 점을 말해준다.

반면에 CUP의 다른 지도자들은 독일이 전쟁에서 승리할 것이라는 엔베르의 관점을 공유하면서도, 예측의 정확도에 제국의 운명을 거는 위험한 모험은 하지 않으려고 했다. 그들은 정치인이었던 것이다. 그에 반해 엔베르는 처칠보다 나이도 젊고 충동적이었지만, 영광을 얻으려는 열정만은 그 못지않게 강한 전사였다. 게다가 그는 독일과 친분이 가장 두터운 오스만 제국의 국방장관이기도 했다. 따라서 독일 측에 가담해 싸우면 개인적으로도 명예와 지위를 높일 수 있는 기회가 널려 있었다. 엔베르는 행운은 거의 무제한적으로 누리고 능력은 제한적으로밖에 보여주지 못한 저돌적인 인물이었다. 그런 사람답게 내기에는 이길 때도 있고 질 때도 있다는 것을 알지 못했다. 판돈을 죄다 독일에 걸 때도 그는 내기가 아닌 투자를 한다고 믿었다.

1914년 10월 9일 엔베르는 폰 반겐하임에게 탈라트와 튀르크 하원 의장인 할릴 베이가 전쟁 개입지지 의사를 나타냈다고 통보했다. 그러고는 해상장관 제말 파샤의 지원을 얻는 것이 다음 목표라고 말했다. 만일 그게 여의치 않으면 내각을 위기에 몰아넣을 계획임도 밝혔다. 중앙위원회에는 그의 추종자들—실제로는 탈라트의 추종자—이 있으므로, 전쟁 개입을 지지하는 인물들로 새 정부를 구성하는 것은 어려울 게 없다고도 주장했다. 엔베르는 이렇게 자신의 정치적 힘을 과시해 보이며, 10월 중순까지는 오스만이 참전할 수 있을 것이라고 장담했다. 그러면서 필요한 것은 군대 유지에 필요한 독일의 돈뿐이라고 말했다.[20] 오스만군이 돈을 필요로 하는 것은 어제 오늘 일이 아니었으므로 독일 대사도 즉각 카이저에게 오스만군이 붕괴하지 않도록 돈을 보내달라는 전문을 보냈다.

10월 10일에는 해상장관 제말 파샤도 음모에 가담했다. 그리고 10월 11일 엔베르, 탈라트, 할릴, 제말은 모임을 갖고, 그들이 전쟁에 돌입한다는 것과 독일이 금화로 200만 터키 파운드를 건네주는 즉시 조우콘 제독에게 러시아 공격 권한을 부여하겠다는 뜻을 밝혔다. 독일도 금화 100만 파운드는 10월 12일에 보내주고, 나머지 100만 파운드는 중립국 루마니아 철도를 이용해 10월 17일 운송함으로써 그들의 요구에 부응했다. 두 번째 금화는 10월 21일 콘스탄티노플에 도착했다.

탈라트와 할릴의 마음이 변한 것이 그 무렵이었다. 두 사람은 돈만 받아 챙기고 중립을 유지하려고 했다. 엔베르도 10월 23일 독일 측에 그 사실을 통보했다. 그러면서 해상장관 제말이 있으므로 그것은 문제될 것이 없다고 말했다. 하지만 나중에 탈라트가 전쟁 개입 쪽으로 마음을 돌렸다고 말하면서도 엔베르는 그의 당과 정부를 전쟁 개입 쪽으로 설득하기를 포기했다. 그 때문에 오스만이 연합국에 전쟁을 선포할 길이 가로막히자, 연합국이 오스만에 선전포고를 하도록 계략을 꾸미는 일에 희망을 걸었다.

계략이란 다름 아닌 엔베르와 제말이 조우콘 제독으로 하여금 괴벤 호와 브레슬라우 호를 몰고 흑해로 들어가 러시아 배들을 공격하도록 밀명을 내린 것이었다. 러시아군의 선제공격에 독일 전함들이 자위 수단으로 발포했다고 주장하려는 것이 엔베르의 계획이었다. 하지만 조우콘 제독은 그의 밀명대로 하지 않고, 러시아 해안에 포격을 가해 공공연하게 전투를 개시했다. 그런 식으로 그는 다시금 역사를 움직인 인물이 되었다. 조우콘은 훗날 그런 행동을 취한 이유를 "억지로라도 튀르크를 전쟁에 끌어들이기 위해서였다"고 밝혔다.[21] 그리하여 괴벤 호와 브레슬라우 호의 공격이 사전 계획에 의한 것이었음이 들통 나자, 엔베르가 남몰래 속임수를 쓸 일도 더는 없게 되었다.

그 사건으로 CUP 지도부 내에서는 공개적인 다툼이 벌어졌다. 대재상과 각료는 조우콘에게 사격 중지 명령을 내리도록 엔베르를 압박했다. 여기서 비롯된 정치적 위기가 근 이틀 동안 계속되었고, 그 내막은 오스만 정부 사정에 밝은 독일과 오스트리아인들도 알지 못했다. 그러나 오스만 내각과 CUP 중앙위원회가 회동하고, 논쟁을 벌이며, 협박을 주고받고, 제휴를 하며, 사직서가 제출되었다가 반려되는 과정이 진행되었던 것은 분명하다. 그 과정 끝에 도달한 결론이 전쟁이 발발하기 직전 애스퀴스 총리가 추측한 것과 크게 다르지 않았을 것이라는 것 또한 추측할 수 있다. CUP 중앙위원회의 대다수가 오스만제국은 이제 참전할 수밖에 없다고 말하는 새로운 삼두(탈라트, 엔베르, 제말)체제의 견해를 지지하면서도, 분당을 막기 위해 결국 대재상과 재무 장관이 이끄는 소수파의 견해를 존중하기로 했을 거라는 말이다.

10월 31일 엔베르는 내각 동료들이 그에게 러시아에 사과문을 보내도록 강요했다는 사실을 독일 대사에게 통보했다. 독일 쪽에서 보면 그것은 위험한 발상이었다. 그러나 엔베르도 이제는 동료들 '몰래' 러시아를 공격한 것 때문에 내각에서 고립되어 옴치고 뛸 수 없는 형편이었다.[22]

엔베르와 독일 공모자들은 몰랐겠지만 사실 그들은 그것을 걱정할 필요조차 없었다. 영국 내각이 이미 미끼를 덥석 물었기 때문이다. 영국 내각은 청년튀르크당 지도부의 내부 분열에 대해서는 까맣게 모른 채, 오스만 정부가 여전히 독일과 공모를 계속하는 것으로 믿었다. 그래서 조우콘이 공격하자, 오스만 정부가 사과문을 작성하기도 전에 독일 군사사절단을 추방하고, 독일장교와 병사들 또한 괴벤 호와 브레슬라우 호에서 하선시킬 것을 요구하는 최후통첩을 오스만 정부에 보낼 수 있는 권한을 해군에 부여했다. 튀르크가 그 요구에 불응하자 처칠은 그 문제를 내각에 회부하지도 않고 10월 31일 오후, 자기 임의로 지중해 영국 함대에 "터키와의 교전을 즉각 개시"하라는 전문을 보냈다.[23]

그러나 영국 제독은 처칠의 명령을 즉각 실행하지 않았고, 그로 인해 오스만도 영국이 전쟁에 돌입한 사실을 알지 못했다. 엔베르는 그때까지도 여전히 러시아가 사과문을 받아주면 어찌할까에 대해서만 걱정하고 있었다. 그래서 그것을 막기 위해 공격을 부추긴 것은 러시아라는 얼토당토않은 주장을 사과문에 포함시켜 내각 동료들의 의도를 다시금 수포로 돌아가게 만들었다.[24] 아니나 다를까 러시아는 그 주장을 일축하고, 오스만 정부에 최후통첩을 보낸 뒤 11월 2일 전쟁을 선포했다.

영국 해군의 튀르크 공격은 그보다 하루 앞선 11월 1일에 시작되었다. 사정이 그렇게 되자 오스만제국의 각료 회의도 11월 1일에서 2일로 넘어가는 한밤중에 오스만제국의 참전 사실을 인정할 수밖에 없었다. 평화론자인 대재상의 파벌마저 좋든 싫든 그것을 기정사실로 받아들였다. 그러나 영국의 선전포고는 아직 발령되지 않은 상태였다.

11월 3일에는 영국 전함들이 처칠의 명령에 따라 다르다넬스 해협의 외곽 요새들에 포격을 가했다. 훗날 비평가들은 이 공격을 튀르크 측에 요새의 취약함을 알리려는 처칠의 치졸한 행위로 평가했다. 하지만 오스만이 이 경고에 응수했다는 증거는 어디에도 없다. 그렇다면 이 공격의 진정한 의도도 교전이 시작되었음을 알리려는 데 있었을 것이다.

11월 4일에는 애스퀴스 총리가 "영국이 터키와 교전 중에 있음"을 내각에 솔직히 털어놓았다.[25] 하지만 정식 절차는 아직 거치지 않은 교전이었다. 오스만제국과의 전쟁은 11월 5일 오전 영국 내각이 추밀원과의 회합에서 호엔촐레른과 합스부르크 제국에 대한 선전포고에 오스만제국을 포함시킴으로써 공식화되었다.

영국이 오스만과 전쟁에 얼떨결에 말려들게 된 것은 당시 각료들의 태도만 봐도 잘 알 수 있다. 그들은 오스만과의 전쟁을 중시하지 않았고, 따라서 막으려는 노력도 하지 않았다. 오스만을 특별히 위험한 적으로 간주하지 않은 것이다.

V

런던은 그 무렵까지도 처칠이 튀르크 전함들을 압류하기 전부터 엔베르가 이미 독일에 은밀하게 동맹을 제의하여, 교섭하고, 조약을 체결한 사실을 모르고 있었다. 괴벤 호와 브레슬라우 호가 오스만 정부에 압류 당한 것과, 더구나 그것이 독일의 항의를 묵살하고 취해진 조치였다는 사실 또한 몰랐다. 다우닝가(런던의 관청 가)의 관리들은 여전히, 처칠의 홀대를 받은 튀르크를 독일 편으로 끌어들이기 위해 카이저가 독일 전함들을 술탄 오스만 1세 호와 레샤디 호의 대체물로 오스만에 양도했다는 공식 기록을 사실로 믿고 있었다.

그런 분위기 속에 튀르크와 전쟁을 초래한 장본인은 처칠이라는 여론도 자연스레 형성되었고, 실제로 로이드 조지는 1921년까지 그에 대한 비난을 멈추지 않았다.[26] 튀르크와 연합국의 전쟁을 초래한 주범은 조우콘과 엔베르였는데도, 영국 대중들의 마음속에는 처칠이 튀르크와 전쟁을 초래한 장본인으로 내내 자리 잡고 있었다.

처칠은 처칠대로 1914년 8월부터—그 이후에도—오스만제국을 적국으로 간주하는 데서 오는 이점을 꾸준히 제기하기 시작했다. 종전 뒤 강화가 이루어지면, 다른 나라들에도 오스만제국 영토를 나눠줄 수 있다고 하면서, 영토 획득을 미끼로 이탈리아와 발칸 국가들을 연합국 편에 끌어들이려고 했다.

실제로 뒤늦게 식민지 전쟁에 뛰어든 이탈리아는 오스만제국을 영토 획득이 가능한 후보지로 진즉에 올려놓았던 터라 그 무렵에는 더 많은 영토를 얻고 싶어 안달하는 형편이었다. 따라서 언젠가는 영토 획득을 미끼 삼아 연합국의 일원으로 충분히 끌어들일 수 있었다.

발칸 국가들도 추가로 영토를 획득할 개연성에 군침을 흘렸다. 영국이 발칸의 모든 국가들을 동맹으로 얻기 위해서는 그들 적들의 야망을 조정할 필요가 있었다. 하지만 그렇게만 되면 오스만과 합스부르크 제국에 맞설 수 있는 강력한 세력이 구축되어, 독일과의 전쟁을 신속한 승리로 이끌어가는 데 큰 도움이 될 수 있었다.

애스퀴스 총리도 1914년 8월 14일에 이미 "베니젤로스 그리스 총리가 독일 및 오스트리아에 맞서 발칸 국가들의 동맹을 수립하려는 원대한 계획을 수립했다"는 점에 주목했고,[27] 8월 21에는 그의 일부 각료들이 이탈리아, 루마니아, 혹은 불가리아를 영국의 주요 동맹국 후보로 점찍었다고 보았다. 로이드 조지에 대해서는 "발칸연합에 큰 희망을 걸고 있다"고 묘사했으며, "윈스턴 처칠은 맹렬한 반튀르크 경향을 드러내 보인다"고 말했다. 하지만 그러면서도 애스퀴스는 "인도와 이집트 무슬림들을 자극할 우려가 있다고 보고, 튀르크에 대한 모든 군사행동에 반대하는" 입장을 취했다.[28] 처칠도 보기보다는 그리 충동적이지 않았다. 실제로 그는 오스만의 중립적 위치를 고수하려 하는 엔베르 및 오스만의 다른 지도자들과 개인적으로 시간을 내 대화하는 수고도 아끼지 않았다. 물론 두 달 만에 대화를 단념한 것은 성급한 행동이었지만, 그가 태도를 바꿔 오스만제국의 전쟁 개입에서 오는 이점을 지적하기 시작한 것은 튀르크가 중립을 지속시키기 어렵다는 그 나름의 확신이 있었기 때문이다.

그리하여 8월 말에는 처칠과 로이드 조지 두 사람 모두 발칸을 동맹으로 얻으려 하는 정책의 열렬한 옹호자가 되었고, 8월 31일에는 처칠이 불가리아, 세르비아, 루마니아, 몬테네그로, 그리스가 발칸연합을 창설하여 연합국에 합류할 것을 촉구하는 서신을 발칸 지도자들에게 사적으로 보내는 상황이 되었다. 9월 2일에는 영국과 그리스가 오스만제국에 공세 작전을 펴게 될 때를 대비해, 군사 협력 방법을 논의하기 위해 그리스 정부와 밀담을 갖기도 했다.

그리고 9월 말 처칠은 외무장관 에드워드 그레이에게 이런 글을 적어 보냈다. "터키를 회유하려다 영국의 발칸 정책은 엉망이 되었습니다. 그렇다고 터키에 공세적 군사행동을 하거나 선전포고를 하자는 말은 아니고, 이제부터라도 터키의 이익이나 영토 보전에 연연하지 말고 발칸 국가들, 특히 불가리아와의 협상에 힘을 기울이자는 말입니다." 이렇게 말한 뒤 그는 "내가 원하는 것은 기독교 발칸 국가들을 단합시키기 위해 노력하는 걸 봐서라도, 터키의 이익과 보전을 더는 고려하지 말아 달라는 것뿐입니다"라는 말로 글을 끝맺었다.[29]

그레이와 애스퀴스는 처칠과 로이드 조지보다는 신중하게 처신했고, 그러다 보니 발칸연합에 대해서도 시원찮은 반응을 보였다. 그러나 한 가지 점에서는 네 사람의 의견이 일치했다. 터키의 중립국 상태를 유지시키려면 영토 보전에 대한 확약을 해주어야 한다는 것이었다. 다만 거기에는 지난 8월 15일 그레이가 분명히 짚고 넘어간 조건이 따라붙었다. "터키가 만일 중립을 유지하지 않고, 독일 및 오스트리아와 동맹을 맺고 그리하여 전쟁에서 패하면 소아시아에서 영국이 획득한 땅에 대해서는 영토 보전의 확약에 구애되지 않겠다"는 것이 그것이었다.[30]

그리고 마침내 오스만제국이 참전—당시에는 그 책임을 처칠에게 돌렸으나 지금은 엔베르와 조우콘이 주범으로 인식되는—을 하자, 영국의 정책 입안자들이 내린 결론은 이제 피할 수 없는 일처럼 보였다. 애스퀴스 총리도 1914년 11월 9일 런던에서 행한 연설에서, 이 전쟁은 "유럽뿐 아니라 아시아에서도 오스만제국의 조종弔鐘이 될 것"이라고 예견했다.[31]

그러나 일찍이 1914년 초, 토리당 국회의원으로 토리당의 터키 문제 전문가였던 마크 사이크스는 "오스만제국의 소멸은 곧 영국의 소멸로 가는 1단계"임을 하원에서 경고한 바 있었다.[32] 웰링턴, 캐닝, 파머스턴, 디즈레일리 모두, 오스만제국의 영토 보전이 영국과 유럽에 매우 중요하다고 인식하고 있었다. 그런데 그로부터 백 일도 지나기 전 영국은 1세기 넘게 지속해온 정책을 완전히 뒤집어, 지난날 영국정부들이 전쟁까지 불사하며 지키려 한 거대한 완충 제국을 무너뜨리려 하고 있었다.

영국 내각의 새로운 정책은 터키가 영국의 보호를 받을 수 있는 모든 권리를 상실했다는 이론에 입각한 것이었다. 하지만 전쟁의 혼란 속에 애스퀴스 정부는 전통적으로 영국 외교정책이 가장 중시해온 한 가지 점을 간과하고 있었다. 오스만제국의 영토 보전은 터키의 최대 이익을 위해서가 아니라 영국의 최대 이익을 위해 지켜져야 한다는 것이 그것이었다.

결국 오스만제국을 해체하려고 한 영국의 결정으로 지난 수백 년 동안 유럽인들이 중동에 대해 갖고 있던 가설은 현실로 옮겨지게 되었다. 몇몇 유럽 국가들이 오스만 이후 중동의 정치적 운명을 좌지우지하게 되었다는 말이다.

이렇게 해서 1914년 영국 지도자들이 예견했던 한 가지 사항은 완벽히 들어맞았다. 오스만제국의 참전이 중동의 개편으로 나아가는 길의 1단계, 아니 현대 중동의 탄생으로 나아가는 길의 1단계가 된 것이다.

2부

하르툼의 키치너, 장래를 준비하다

8. 키치너, 지휘권을 잡다

오스만이 전쟁에 휘말려 들던 1914년 여름과 겨울, 런던에서는 신임 각료 한 명이 영국의 중동정책에 영향을 미쳤다. 그리고 많은 일들이 그렇듯 이번에도 그 일은 처칠로부터 시작되었다.

튀르크 전함들의 압류 개연성이 처음으로 제기됐던 날인 1914년 7월 28일, 처칠은 날로 심각성을 더해가는 국제 위기를 논의하기 위해 호레이쇼 허버트 키치너 육군 원수와 오찬 회동을 가졌다. 영국 제국군의 노련한 지휘관으로 전쟁이 발발하면 수에즈운하의 안전과 이 운하를 통해 수송될 인도군 병력의 안전을 책임지게 될 이집트 총독과, 유럽으로 가는 수송선들의 호위를 책임질 해군장관이 회동한 것이었다. 젊은 정치인과 노련한 군인은 이렇게 점심을 먹으며 의견을 나누었다.

처칠이 키치너에게 말했다. "전쟁이 일어나면 귀관은 이집트로 복귀하지 못하게 될 거요."[1] 이것은 키치너가 듣고 싶어 한 말이 아니었다. 7월 17일에 열린 백작 작위 수여식(하르툼의 키치너 백작) 참석차 런던에 잠시 들렀을 뿐 그는 이제 이집트 총독으로 곧 복귀할 예정이었기 때문이다. 키치너의 시야는 언제나 동방을 향해 있었다. '정치인들'의 반대를 예상하면서도 조지 5세 국왕에게 1915년에 교체 예정인 인도 부왕 자리를 달라는 청을 넣은 것도 그래서였다.[2] 키치너는 성미가 고약하고 꽤 까다로운 사람답게 정치인들을 혐오했다.

결국 붕괴 위기에 놓인 국제정세도 그를 붙잡아 두지는 못해 8월 초 키치너는 기어코 도버 해협으로 향했다. 도버에서 출발하는 증기선을 타고 칼레로 가서 마르세유 행 열차를 탄 다음, 마르세유에서 다시 이집트로 가는 여객선을 탈 예정이었다. 키치너는 8월 3일 정오 직전 증기선에 올랐다. 하지만 배의 출발이 지연되자 그새를 못 참고 짜증을 부렸다.

공교롭게도 증기선은 지연에 그치지 않고 출발 자체가 취소되었다. 전날 저녁 런던의 술집 브룩스 클럽에서 일어난 일이 증기선 출발 취소의 원인이었다. 클럽 흡연실에서 누군가 보수당 의원과 대화를 나누던 중, 육군성이 지리멸렬한 상태에 빠졌는데도 키치너에게 장관을 제의하지 않는 것은 유감이라고 말하자, 그날 밤늦게 클럽의 준특실에서 국제정세를 논의하던 당 간부들에게 보수당 의원이 그 말을 전했다. 그 내용을 전해 들은 앤드루 보너 로와 에드워드 카슨이 보수당의 전직 총리 아서 제임스 밸푸어에게 그 문제를 상의하자, 밸푸어가 그와 절친한 관계였던 처칠에게 그 말을 한 것이었다.

그리하여 독일이 프랑스에 선전포고를 한 날인 8월 3일에는 《타임스》에 키치너를 육군장관에 임명할 것을 촉구하는 군사전문 기자의 기사가 실렸고, 같은 날 아침 처칠은 총리를 만나 보수당만의 생각이 아니라 자신의 견해이기도 하다는 점은 밝히지 않은 채, 키치너를 육군장관에 임명할 것을 제안했다. 처칠의 기록에는 애스퀴스도 당시 그 제안을 받아들인 것으로 나타났지만, 사실 총리는 키치너의 육군장관 임명을 마뜩치 않게 여겨, 그에게 자문관 지위만 준 채 영국에 붙들어 둘 생각을 하고 있었다.

키치너는 증기선에 타고 있다가 배가 출발하기 직전 런던으로 즉시 돌아오라는 총리의 전언을 받았고, 고사를 하다가 마지못해 설득에 응했다. 아니나 다를까 그의 우려는 현실로 나타났다. 런던으로 돌아와보니 명확한 권한이나 책임 있는 직책은 말할 것도 없고 제대로 된 보직조차 마련돼 있지 않았던 것이다. 키치너는 동료들의 권고를 받아들여 그 문제를 정면 돌파하기로 결심했다. 8월 4일 밤―영국이 이미 벨기에를 침공 중이던 독일에 선전포고를 하기로 결정한 날 밤이었다―총리와 한 시간 동안 독대하여, 육군장관 자리를 주지 않으면 런던을 떠나겠다고 선언한 것이다.

총리도 정치인들과 언론의 협공을 이기지 못해 이튿날 결국 키치너를 육군장관에 임명했다. 훗날 그는 이렇게 썼다. "(공정하게 말하면) 키치너는 그 직책을 조금도 반기지 않았다. 의무감으로 받아들인 것뿐이다. 그런 그에게 나는 정치에 관여하지 않아도 되고, 카이로의 총독 자리도 공석으로 남겨 둘 것이므로 전쟁이 끝나면 복귀할 수 있다는 점도 분명히 했다. 위험 부담이 없잖아 있었으나 상황이 상황이었던 만큼 나로서는 최선을 다했다는 생각이다."[3] 대부분 사람들이 그랬듯 애스퀴스도 당시에는 전쟁이 몇 달 안에 끝날 것으로 예상했고, 따라서 키치너도 머지않아 이집트로 복귀하게 될 것으로 보고, 후임 총독을 임명하지 않은 것이었다. 키치너는 8월 6일 화이트홀 가에 위치한 육군성에서 장관으로서 첫 집무를 시작했다.

키치너가 런던에 오래 머물 생각이 없었던 것은 빌린 집에 살았던 것으로도 알 수 있다.* 칼턴 하우스 테라스와 칼턴 가든이 만나는 교차로에서 조금 떨어진, 육군성에서 도보로 5분 남짓 걸리는 곳에 위치한 집이었다. 그렇게 일터와 가까이 접해 있다 보니 그는 잠자는 시간을 빼고는 온종

---

* 1915년 3월에는 조지 5세 국왕이 제공해준 세인트 제임스 궁의 요크 하우스로 거처를 옮겼다.

일 집무에만 매달려 살았다. 6시에 기상하여 9시에 출근하고, 점심도 집무실에서 도시락으로 때우고, 6시에 퇴근하여 석간신문을 읽고는 잠시 눈을 붙인 뒤 저녁식사를 하고, 그때부터 밤늦게까지 다시 전문을 읽었다.[4] 이집트에 있을 때 낙으로 삼았던, 석식 때 곁들이는 한두 잔의 와인과 밤중에 탄산수를 섞어 홀짝이던 스카치도 이 무렵에는 일절 입에 대지 않았다. 조지 5세의 요청에 따라 알코올성 음료를 마시지 않음으로써 전시에 국민들에게 모범을 보이려는 것이었다.

애스퀴스가 이름이 널리 알려진 키치너를 입각시키지 않으려 했던 것은 어쩌면 육군장관이 그를 제치고 전시의 국가 지도자로 부상하는 것에 두려움을 느꼈기 때문일 수 있다. 100년 전 워털루 전투에서 나폴레옹을 무찌른 뒤 총리가 된 아서 웰즐리 웰링턴 공작(1769~1852) 이후에는 그 어떤 위대한 군인도 영국정부의 요직을 맡은 적이 없고, 1660년 청교도혁명 때 스튜어트 왕가의 복귀를 도운 공로로 고위 공직을 부여받은 조지 멍크(1608~1670) 이래 현역 장성이 입각한 사례가 없었던 점으로도 알 수 있듯이, 그때 이후로 영국은 민간인 위주의 정부를 유지하기 위해 안간힘을 썼던 것이다. 하지만 키치너를 필요로 하는 정세의 절박함 앞에서는 그 원칙도 무용지물이 되었다.

키치너는 영국인들 집 벽에 그의 사진이 걸렸을 만큼 국민들에게는 신화적 존재이자 전설적 인물이었다. 육군장관이 된 뒤에도 출퇴근하는 그의 모습을 보려고 육군성 청사에는 군중들이 날마다 장사진을 쳤다. 애스퀴스 총리의 딸은 훗날 이렇게 썼다.

그는 거의 상징적 인물이었고, 내가 볼 때 그가 상징하는 것은 힘, 결단력, 그리고 특히 성공이었던 것 같다. …… 그가 손대는 것 치고 '성공하지 않은 것이 없었으니까.' 키치너는 실패하지 않을 것 같다는 느낌이 들었다. 그를 육군장관에 임명한 데서 오는 심리적 효과, 대중에게 주는 확신감은 압도적이었다. 그도 이런 대중의 여망에 부응하여 정부에 국격을 부여했다.[5]

전해지는 말에 따르면 대중은 키치너를 판단하지 않고 "키치너가 그곳에 있으며 모든 것이 만사형통"이라고 하면서, 무조건적 신뢰를 나타냈다고 한다.[6]

실제로 그가 관여한 일은 언제나 좋은 결과로 나타났다. 하르툼 함락때 반란군에게 살해된 찰스 조지 고든(1833~1885) 수단 총독의 원수를 갚은 것, 영국이 확보한 거점에 프랑스군이 밀고 들어와 파쇼다 사건을 일으키자 1898년 요새를 사이에 두고 치열한 대치를 벌인 끝에 프랑스군을 후퇴하게 만든 것, 개전 초에 졸전을 거듭하던 보어전쟁이 그가 지휘권을 잡자 승리로 끝난 것 모두가 그 징표다. 20세기 초 인도군 사령관으로 복무할때도 그는 이집트에서 보여준 것 못지않게 강력한 지도력을 발휘했다.

혁혁한 전과를 거둔 곳이 머나먼 식민지였다는 점도 그의 매력을 더해주는 요소가 되었다. 사막 위에 우뚝 선 스핑크스처럼 원거리가 그를 더욱 매혹적이고 영웅적인 인물이 되게 해준 것이다. 그는 소수의 측근들을 세상에 맞서는 장벽으로 이용한 고독하고, 불안하고, 베일에 싸인 인물이었다. 하지만 겉모습은 언제나 강력하고 말없는 신화 속의 대중적 영웅으로 나타났다. 지독한 소심함도 겉에 드러나지 않았고, 정치인들에게 느끼는 두려움은 모멸감으로 비쳐졌다. 외무부의 한 젊은 직원은 언젠가 한 모임에서 애스퀴스, 에드워드 그레이, 데이비드 로이드 조지와 함께 서 있는 키치너의 모습을 보고, 일기에 이렇게 적었다. "그는 다수의 유랑 극단 단원들 속에 섞여 있으면서 그들을 애써 모르는 체하려는 장교처럼 보였다."[7]

장신에 떡 벌어진 어깨, 사각턱, 짙은 눈썹, 무성한 수염, 넓은 미간을 사이에 둔 차갑고 푸른 눈, 형형한 눈빛을 가진 키치너는 신체적으로도 동료들을 압도하여, 마치 운명과 언론에 의해 캐스팅된 극중 배역처럼 보였다. 키치너는 기자들이 처음부터 그의 이력을 좇아 대중적 이미지를 만들어낼 만큼 언론 면에서도 운이 좋았다. 영국에서 제국주의적 정서, 문학, 이데올로기가 한창 고조되었을 때 성공가도를 달렸다는 점에서도 운이 좋았다. 디즈레일리, 키플링, A. E. W. 메이슨(『포 페더스Four Feathers』의 저자), 라이어넬 커티스(제국주의 계간지 《라운드 테이블Round Table》 창간자) 존 버컨(『39계단Thirty-Nine Steps』의 저자)을 비롯한 저자들 모두 그가 탄 물마루의 느낌을 작품에 담아내느라 열을 올렸다.

당대의 대표적인 종군 기자였던 《데일리 메일》의 조지 스티븐스도 1900년, 키치너의 "정밀함은 혀를 내두를 지경이어서 인간이라기보다는 기계에 가깝다"고 썼다.8 그가 집필한 수단 전쟁기에도, 키치너(당시에는 이집트군 총사령관이었다)가 군대를 지휘해 나일 강 유역에서 1년 내내 비 한 방울 내리지 않는 지역까지, 남쪽으로 1천 마일 가까운 바위와 모래투성이 땅을 행군한 끝에 100만 평방마일 면적의 영토를 정복한 사실이 기록돼 있다. 스티븐스는 책에, 장군으로서 키치너의 지도력이 비판의 대상이 되었던 일들은 무시한 채 공병장교를 지낸 전력에서 나온 그의 조직적 능력만을 장황하게 나열해 놓았다. 스티븐스에 따르면 키치너는 "압승에 대한 확신 없이는 결코 공격에 나서지 않을" 만큼 주도면밀하게 작전 계획을 세우는 인물이었다.9 "그는 소멸되었다. …… 허버트 키치너라는 사람은 없어지고, 남의 호의를 바라지도 않고 남에게 호의를 베풀지도 않는 총사령관만 남아 있을 뿐이었다. 부하 장교와 사병들도 그에게는 한낱 기계의 바퀴들에 지나지 않아, 그 바퀴들이 효율적으로 굴러가고, 스스로에게 하듯 혹사시킬 수 있을 정도로만 그들을 지원했다."[10]

런던에서도 그는 경외의 대상이 되어 입각 몇 개월이 지나자 일면식도 없던 내각 각료들마저 그를 우러러보기 시작했다. 그들이 옳다고 믿는 것과 그의 군사적 견해가 사사건건 충돌을 일으켜 혼란을 빚기도 했지만, 대개는 이의 없이 그의 결정을 받아들였다. 키치너는 육군성에 출근한 첫날, 영국 직업군의 규모를 적절하다고 믿는 각료들에게 영국에 "군대는 없다"고 일갈했다.[11] 단기전을 예상한 각료들의 생각을 완전히 뒤집는 발언이었다. 그러면서 어안이 벙벙해하는(처칠에 따르면 회의적이기도 했던) 각료들에게 영국은 이번 전쟁에 100만 명의 병력을 투입하게 될 것이라는 전망을 내놓았다. 전쟁이 최소한 3년은 지속될 것이고, 전쟁의 승패는 바다가 아닌 유럽 대륙의 혈전으로 판가름 날 것이라는 것이 이유였다.[12] 키치너는 또 대군은 징집으로밖에 모집할 수 없다고 믿는 기존 관점을 비웃기라도 하듯, 자원병들을 대거 모집하여 후대인들뿐 아니라 당대인들도 깜짝 놀라게 했다.

키치너는 하르툼 원정을 시작하기에 앞서 했던 것처럼, 군대를 철저히 조직화하여 전쟁에서 승리할 계획을 세우고, 모병, 훈련, 장비를 체계화하여 압도적 힘을 가진 군대로 만드는 일을 하면서 입각 첫해를 보냈다. 그는 자신의 병력을 곁다리 전투가 아닌 주요 전투에서 싸우는 정예병력으로 만들 결의에 차 있었다. 그가 말하는 곁다리 전투란 임박한 튀르크와의 전쟁을 의미했다. 그렇게 하찮게 생각하다 보니, 그 전투에 추가 병력을 보내는 것도 그는 재원 낭비로 보았다. 튀르크가 수에즈운하—그가 중동에 갖고 있던 유일한 군사적 관심사—를 공격할 개연성이 걱정되기는 했지만, 그 정도는 이집트의 영국군이 충분히 처리해줄 수 있을 것이라 믿었다. 그의 승전 계획에 중동은 포함돼 있지 않았다. 그렇다고 키치너의 머릿속에 중동정책에 대한 구상이 없었던 것은 아니다. 이제 곧 드러나겠지만 그는 유럽전에서 승리한 뒤 영국이 그곳에서 수행할 역할에 대해 그 나름의 확고한 견해를 가지고 있었다.

II

타인들도 그렇게 믿었고 그 스스로도 중동을 자신의 특별 지역으로 간주했던 군사적 영웅이 정부 각료로 입각해 전쟁을 주관하게 된 것은 전적으로 우연의 결과였다. 그리고 그 우연에 의해 중동정책의 독특한 윤곽이 그려지게 된다.

각료로 입각하기 직전 키치너는 질서가 회복되면 철수한다는 명시된 목표로, 공식적으로는 오스만제국령이었으나 1882년 영국이 점령하기 전까지는 사실상 독립국이었던 이집트를 총독으로서 지배했다. 하지만 약속과 달리 영국은 질서가 회복되었는데도 이집트를 계속 지배했다. 그래도 1914년 기준으로 보면 다른 곳에 비해 이집트는 영국 세력권에 늦게 편입된 편이었고, 그런 곳에서 키치너와 함께 복무한 영국군 장교들은 그들 나름의 독특한 정세관을 갖게 되었다. 게다가 아랍어권 나라에 있다 보니 그들은 스스로를 아랍 문제의 전문가로 착각하게 되었다. 그들이 오스만제국의 아랍어권 지역을 담당하는 본국의 두 부서, 외무부와 인도성이 외교정책을 수립하는 과정에서 자신들을 배제시킨 것에 더 큰 좌절감을 느낀 것도 그래서였다. 그러나 사실 키치너나 그의 부관들이나, 각양각색의 중동 사회들에 존재하는 진정한 차이점들을 알지 못했다. 아랍인과 이집트인들만 해도 아랍어를 쓴다는 공통점만 있었을 뿐, 인구 구성, 역사, 문화, 경치, 환경 등 모든 것이 달랐다. 설사 그들이 그들 스스로 생각한 것처럼 이집트 문제에 정통했다 해도, 그것이 아랍 문제에도 정통할 수 있다는 의미는 아니었던 것이다.

키치너는 외무부와 크로머 백작 1세(에벌린 베어링, 1841~1917) 이집트 총영사의 염려에도 아랑곳없이 수단 원정을 성공적으로 수행하여 영국의 아랍어권 지배 지역을 크게 넓혔다. 모르면 몰라도 그가 중동에 영국의 거대한 제국적 영역을 새로 구축하고, 자신이 부왕이 되는 꿈을 꾸기 시작한 것이 이 수단 원정 때였을 것이다.

영국 관리들은 19세기 말부터 이미 헤디브(아바스 2세)—영국이 얼굴마담으로 내세워 이집트를 통치한 현지 군주—가 세력 확대의 야망을 갖고 있다는 것을 감지했다. 헤디브는 이론상 술탄의 부왕이었지만, 오스만 제국의 아랍어권 지역에서는 그가 술탄을 대신해 현세적, 영적 지도자—다시 말해 술탄 겸 칼리프—가 되고, 그리하여 종국에는 제국을 양분하려 한다는 소문이 끊이지 않았던 탓이다. 아라비아의 성지들을 병합하여 그곳에 그의 보호를 받는 칼리프를 앉히려 한다는 소문도 돌았다.[13] 그러므로 헤디브의 측근이던 영국 장교와 이집트 장교들도 그 계획 중 어느 하나라도 실현되면 자신들의 권한 또한 크게 확대될 것으로 충분히 이해할 만했다.

한편 그 무렵—19세기 말—유럽의 열강 가운데 영국령 이집트의 세력 확대를 가장 앞장 서 저지하려고 한 나라는 프랑스였다. 게다가 프랑스는 러시아와 동맹관계에 있기도 했다. 지중해와 접경한 영국 전초기지들에게는 이 프랑스-러시아 동맹이 영국을 겨냥하는 것처럼 보였다. 그래도 러시아는 멀리 떨어져 있어 큰 문제가 아니었으나, 프랑스는 수단과 이집트에서 영국에 시시각각 위협을 가하는 것이 느껴지는 적대적 존재였다. 아랍어권에서의 입지와 영향력 확보를 위해 프랑스와 벌이는 경쟁, 이것이 키치너 부관들이 아는 정치의 모든 것이었다.

요컨대 (키치너 측근 중의 한 사람이 쓴 글의 표현을 빌리자면) "영국 요새

도시의 편협성과 지방성을 고루" 갖춘 카이로의 영국 장교들은 사안을 국제정치의 틀 안에 넣고 다각도로 고찰하는 능력이 결여돼 있었다.[14] 현지의 영국 관리와 그들의 가족은 타인이 뚫고 들어갈 수 없는 그들만의 동질적 사회를 구성하고 있었고, 그들의 삶은 스포츠 클럽, 경마 클럽, 일주일에 엿새나 열리는 호화 호텔의 무도회를 중심으로 움직였다.

키치너가 바로 이 편협한 요새도시―다르게 표현하면 영국의 정책 입안자들로부터 아랍 정책에 대한 관점을 무시당한 사람들이 주재하는 곳―출신이었다.

Ⅲ

영국은 오스만제국과 전쟁이 발발하자 이집트와 키프로스 문제를 명확히 해둘 필요를 느꼈다. 두 곳 모두 명목상으로는 오스만제국에 속해 있었기 때문이다. 내각은 두 나라의 병합을 원했고, 실제로도 그 문제는 병합으로 결정이 나 카이로의 영국 관리들도 그렇게 알고 있었다. 하지만 키치너의 동양 담당 서기(직책이 말해주듯 동양 문제 전문가였다) 로널드 스토스(1881~1955)는, 이집트의 경우 그렇게 되면 지난 40년간 영국정부가 해온 약속, 다시 말해 일시적 점령에 그칠 것이라고 말한 약속에 위배된다고 하면서 이의를 제기했다. 카이로의 영국청(다시 말해 이집트 총독 키치너가 근무하는 곳)이 원한 것은, 이름뿐이나마 언젠가는 독립시켜주겠다는 언질이 포함된 보호령이었다. 영국청의 입장이라고는 하지만 사실상 그것은 키치너의 부재 중 총독 대행을 맡았던 밀른 치탐의 머리에서 나온 의견이었다. 그리하여 영국정부는 본래의 결정을 번복하고 카이로의 의견을 받아들였고, 그로써 앞으로의 방침도 함께 제시한 꼴이 되었다.

요컨대 영국 내각의 결정으로 키치너의 영국청은, 키치너와 그의 참모들이 훗날 아랍어권 전역으로 확대시킬 생각이었던 통치 형태의 원형을 수립할 수 있는 기회를 갖게 되었다. 인도에서와 같은 직접통치 방식이 아닌 보호령이 그것이다. 키치너의 이집트에는 허울뿐이나마 세습군주와 토착 각료들이 존재했다. 따라서 영국 고문관들의 조언으로 결정된 사안이라 해도 모든 법령은 그들 이름으로 공표되었고, 그것이 바로 키치너 사단이 바란 정부 형태였던 것이다. 로널드 스토스의 기교적 표현을 빌리면, "영국은 명령법에 반대하고, 가정법을 좋아하며, 기원祈願법도 마다하지 않았다."[15]

이 결정은 나아가 로널드 스토스와 키치너의 다른 측근들이 나중에 이 은둔형 육군원수의 비호를 받아 실행할 다른 중동정책의 선례가 되었다. 그에 따라 정부 관점과 키치너의 관점이 충돌을 일으킬 때도 후자가 이길 확률이 높아졌으며, 그렇게 되자 총리, 외무장관, 인도 부왕, 혹은 내각이 내리는 것이 보통이던 결정도, 키치너를 대변하고 따라서 그의 의사를 대변하기 마련인 하급관리들이 내리게 되었다. 그리고 이 일을 가능하게 한 것이 바로 육군원수 키치너의 위광이었다.

당시의 분위기가 어땠는지는 외무장관 에드워드 그레이가 카이로에서 온 전문에, "키치너 경도 동의했답니까? 그렇다면 나도 승인하겠소"라고 메모를 해놓은 것으로도 미루어 짐작할 수 있다.[16] 그는 아마 키치너와 관련된 모든 전문에 같은 내용의 토를 달았을 것이다. 물론 키치너도 외교 사안을 결정할 때는 그레이와 면밀한 사전협의를 거쳤다. 하지만 그레이는 그럴 때조차 키치너의 의견을 따라주었고, 심지어 의견을 달리하는 것도 승인해주었다.

의회 의원과 각료들이 키치너와 그의 측근들에게 동방 문제를 거의 일임하다시피 했던 한 가지 이유는, 그들이 그 방면에 거의 문외한이었던 것에서 찾을 수 있다. 참고자료가 넘쳐 나고, 전 세계의 언론이 보도를 하고,

주요 국가들이 타국들의 동향을 손바닥처럼 훤히 알고 있는 것에 익숙한 오늘날 정부관리의 시각으로는, 1914년 무렵 영국이 중동에 대해 그처럼 무지했다는 사실이 믿기지 않을 것이다. 하지만 동방을 여행한 극소수 영국 의회 의원들 가운데 한 사람이었던 마크 사이크스 경이 튀르크와의 전쟁이 시작된 직후, 영어로 된 오스만제국의 역사서 한 권 변변히 없는 것을 보고 개탄한 것으로도 알 수 있듯이 그것은 사실이었다.[17] 당시에 나온 역사책이라고 해봐야 원 사료를 토대로 집필된 것은 없고, 1744년에 출간된, 따라서 오래전에 이미 구닥다리가 된 독일 책을 토대로 쓰인 것이 전부였다.[18] 1917년 북쪽의 시리아 침공을 앞둔 영국군이 그곳의 정치사회적 상황이 개관된 책자를 소개해달라는 요청을 했을 때도, 영국 정보부가 보내준 것은 영어로 된 개설서는 없다는 답변뿐이었다.[19]

영국정부는 심지어 전쟁을 벌이는 나라의 가장 초보적인 정보—지도를 포함하여—조차 갖고 있지 않았다. 1913~1914년 사이 키치너의 정보 장교들 중 한 사람이 이집트 시나이 반도에 접한 사막 지대를 몰래 측량해 지도로 작성했을 만큼, 영국 정보부의 정보 수집 내용은 빈약하기 이를 데 없었다.[20] 사정이 이렇다 보니 오스만 영토에서 싸우는 영국 장교들도 개전 초에는 무모하게 작전을 수행하기 일쑤였다. 1915년의 튀르크 침공도, 공격 목표로 삼은 갈리폴리(겔리볼루) 반도의 지도를 한 장밖에 갖고 있지 않았던 것이 결국 작전이 실패하게 된 여러 요인들 중 하나였다. 그 지도마저 나중에 부정확한 것으로 드러났다. 군인들뿐 아니라 정치인들에게도 중동은 미지의 영역이었다.

하지만 정치인들은 그들이 철석같이 믿고 조언과 정보를 구한 키치너 및 카이로와 하르툼의 키치너 측근들이 보유한 중동에 대한 지식도 사실은 수박 겉핥기에 지나지 않았다는 것을 알지 못했다.

9. 키치너의 부관들

육군장관 키치너는(언제나 그렇듯), 여자만 멀리하는 데 그치지 않고 외부세계와도 담을 쌓은 채, 그의 거의 유일한 평생지기 겸 개인 비서였던 오스왈드 피츠제럴드 중령과 남자들만의 세계에서 살았다. 대화와 편지 쓰는 일도 피츠제럴드에게 일임했다. 따라서 사람들이 키치너에게 편지를 쓰거나 답장을 받았다고 하면 그것은 피츠제럴드에게 편지를 쓰고 답장을 받은 것을 의미했다.

키치너가 측근에게 심하게 의존한 것은 어제 오늘 일이 아니었다. 그런 그가 권력의 중심지 런던으로 이동하자 피츠제럴드뿐 아니라 이집트와 수단에 남은 그의 참모들도 권력의 중심에 서게 되었다. 그에 따라 키치너 또한 중동정책을 새롭게 구상하는 데 머물지 않고, 그것을 지도하고 수행할 현지 장교들에게 자신의 권한을 위임하는 방식으로 정책을 설계할 수 있게 되었다. 그 결과 이집트와 수단의 관리들도 이제는 예전처럼 소외감을 느끼지 않고 자신들의 영향력을 행사할 수 있는 기회를 갖게 되었다.

아랍어권에 주재하는 키치너의 옛 부관들이 키치너와 더불어 동방정책의 실세가 됨으로써 나타난 특징은, 1914년 말의 영국정부 정책에 키치너의 흔적이 뚜렷이 남은 것이었다. 하지만 더욱 중요한 것은, 키치너의 심복들이 전시는 물론이고 전쟁이 끝난 뒤까지 영국정부에 중동정책에 관한 정보를 주고 조언을 계속했다는 사실이다. 그리하여 그들에게 권한이 이양되자 정보를 분석하고 정책을 입안하는 일 또한, 국제정치의 틀 안에서 폭넓게 사안을 분석하는 관리들—그렇다고 중동 정세에 대한 지식이 특별히 높은 것도 아니었다—이 있는 세계 제국의 수도에서, 시대에 뒤떨어진 사람들의 편견에 누구도 이의를 제기하지 않고 견제도 하지 않는 이집트와 수단의 식민지 수도들로 옮겨가게 되었다. 키치너가 진정으로 돌아가고 싶어한 곳, 따라서 정신적으로는 결코 벗어나지 못한 카이로와 하르툼의 영국 구역으로 권한이 이전된 것이었다.

한 관측통은 영국에서도 "마치 외국인"처럼 구는 점을 육군장관 키치너의 결점으로 꼽았다.[1] 실제로 키치너는 런던을 카이로나 캘커타(콜카타)보다 더 이질적으로 여겼다. 낯선 사람들도 매우 불편해했다. 그러다 보니 정보와 조언이 필요할 때도 런던의 육군성과 외무부를 찾지 않고, 이집트의 부하 직원들에게 조회를 했다. 육군장관으로 임명되었을 때도 그는 동양 담당 비서 로널드 스토스를 런던의 그의 곁에 두려고 하다가, 정부 규정상 허용이 안 돼 이집트로 돌아갔는데도 그의 제언을 계속 구했다. 영국국교회 성직자의 아들로 태어난 스토스는 케임브리지 펨브룩 칼리지를 나온 엘리트로 당시 30대 중반의 젊은이였다. 또한 대학 학부에서 동양 언어와 문학을 공부한 것이 그가 중동에 대해 아는 전부였지만, 카이로 영국청에서 동양 담당 서기로 10여 년 넘게 근무하다 보니 그 무렵에는 어엿한 중동 문제 전문가가 되어 있었다. 따라서 직급은 낮았으나 키치너 부서에서 그가 차지하는 비중은 매우 높았다.

Ⅱ

1914년 말이 되자 전쟁이 신속히 종결될 가망이 없는 것은 분명해 보였다. 그에 따라 육군장관도 한동안은 런던을 떠날 수 없게 되어, 후임 이집트 총독을 뽑아야 하는 상황이 되었다. 그러자 키치너는 자신이 복귀할 때까지 총독 자리를 비워두기 위해, 인도 출신으로 당시 은퇴를 앞두었던 무색무취의 인물 헨리 맥마흔을 손수 뽑아 그 자리에 앉혔다.(총독이 아닌 고등판무관이라는 새로운 직책을 만들어주었다.)

하지만 맥마흔이 고등판무관에 취임했는데도 이집트와 수단의 로널드 스토스와 그의 동료들은 육군장관을 계속 자신들의 상관으로 간주했다. 이집트 원정군 사령관 존 맥스웰 경도 고등판무관에게 보고하지 않는 것은 물론 심지어 그를 거치지도 않고 런던의 키치너에게 직통으로 보고했다.

중동에서 육군장관 키치너의 부하들 중 최고참은, 키치너에 이어 이집트군 총사령관 겸 수단 총독으로 임명된 프랜시스 레지널드 윙게이트 중장이었다. 자신의 전 이력을 동방의 군대, 그것도 주로 군 정보부에서 쌓은 탓에 아랍 전문가로 통하는 인물이었다. 그의 면모는 《데일리 메일》의 조지 스티븐스가 키치너의 하르툼 원정 때 그가 수행한 일을 기록한 글에도 잘 나타나 있다. "윙게이트 대령은 뭔가 알아야 할 사항이 있으면 적당히 넘어가는 법 없이 철저하게 파헤쳤다. 모든 것을 아는 것이 자신의 직무라 여겼다. …… 불가사의한 거짓의 자손, 그 아랍인만 해도 윙게이트는 단 몇 시간 이야기를 나눠보더니 그가 말한 것들 가운데 사실은 어느 정도고 허풍은 어느 정도인지를 정확히 가려냈다. …… 윙게이트 대령의 눈을 피해갈 수 있는 것은 아무것도 없었다."[2]

윙게이트는 키치너의 구상에 따라 완벽하게 재건된 인구 7만 여명의 태양이 이글거리는 도시 하르툼에서 수단을 통치했다. 하지만 증기선과 기차로 1,345마일을 가야 카이로에 닿을 수 있는 머나먼 곳에 있다 보니 단절감과 소외감을 많이 느꼈다. 1915년 2월 18일에는 카이로에 파견돼 있는 그의 부하 직원에게 "본인 외 개봉 불가" 도장이 찍힌 편지를 보내 그런 자신의 답답한 심경을 토로하기도 했다.

> 아랍 정책 문제와, 그와 관련된 다수의 '지도자들'로 인해 발생한 기묘한 상황을 곰곰이 따져보면 볼수록 공식적으로 요구받지 않는 한, 우리의 견해를 굳이 드러내 보이는 것은 바람직하지 않다는 생각이 드는군.
>
> 나로 말할 것 같으면 이집트와 수단에서의 내 위치도 있고, 수단에 여러 해 머물며 쌓은 풍부한 경험도 있는데, 이 일이나 그것과 관련된 다른 일들에 별로 써먹지를 못하고 있다네.
>
> ……
>
> 전에도 자주 말했지만, 이곳의 지정학적 위치와 이곳과 가장 근접한 아랍 지역들과의 관계만 보더라도, 그곳 상황―과 성지의 무슬림들에 대한 관점―을 파악하는 데는 다른 지역들보다 우리가 유리한 입장에 있어. 그런데도 본국이나 인도정부는 그렇게 보지를 않으니, 나도 당분간은 입을 다물고 있을 수밖에 도리가 없나.[3]

하지만 윙게이트는 입을 다물기는커녕 그로부터 고작 열이틀 뒤, 정책 입안자들에게 도움이 될 수 있는 "정보와 관점을 우리끼리만 알고 있는 것은 적절치 않다"는 내용의 편지를 다시 보냈다.[4]

카이로에 파견된 윙게이트의 직원―이집트 주재 수단 정부의 공식 대표―은, 윙게이트와 마찬가지로 역시 수단 원정 때 키치너 밑에서 복무한 길버트 클레이턴이었다. 1895년 영국 육군 왕립 포병연대의 장교로 임관한 뒤 이집트에 배속되었고, 그 후로는 줄곧 이집트와 수단에서만 근무했다. 그 과정에서 1908년부터 1913년까지는 윙게이트의 개인 비서, 1913년부터는 카이로 주재 수단 대표부 직원 겸 이집트군 정보 과장을 지냈다. 그러다 1914년 10월 31일에는 키치너에게 직접 보고하는 이집트의 영국 원정군 사령관 존 맥스웰 경의 결정에 따라, 영국의 아랍 정책을 입안하는 핵심적 위치에 있었던, 다시 말해 영국의 민간기관, 영국군, 이집트군을 총망라하는 카이로 정보기관들의 책임자가 되었다. 그 결과 런던으로 가는 정보도 이제 셋에서 하나—다시 말해 클레이턴의 정보—로 창구가 단일화되었다. 전직 육군 대위 클레이턴은 이렇듯 전시에 쾌속 승진을 거듭하다 종전 무렵에는 장군이 되었다.

전시에 카이로로 몰려든 젊은 고고학자와 동양학자들에게도 클레이턴은 아버지처럼 자상한 조언을 아끼지 않았다. 견해가 다른 점도 있었지만 당시의 젊은이들 모두 그를 좋아하고 존경했던 것으로 보아 클레이턴이 탁월한 인간성의 소유자였던 것은 분명한 것 같다. 그들은 클레이턴을 예리하고, 냉정하고, 분별력 있고, 흔들림 없는 인물로 보았다. 나이도 열 살 정도 많다 보니 수용하고 수용하지 않고를 떠나, 그가 해주는 조언은 경청했다. 그들에게 클레이턴은 노련함의 상징이었다.

Ⅲ

본국의 외무부와 인도성도 윙게이트와 클레이턴의 능력을 인정했다. 따라서 그들이 개진하는 관점이나 제안에 갑론을박 할 때도 있었지만, 전시에는 누구도 그들의 직업적 역량이나 중동에서 오랫동안 갈고 닦은 경험에서 우러나온 전문적 지식에 의문을 제기하지 않았다. 그러다 종전이 되고 몇 년이 지난 뒤 독일 측 정보를 접할 수 있게 된 후에야 비로소 데이비드 로이드 조지에 의해 그들이 위험할 정도로 무능했다는 사실이 밝혀졌다.

로이드 조지에 따르면 카이로의 영국 관리들은 적진에서 벌어지는 일에 대해서는 전적으로 무지했다. 특히 그는 1916년의 어느 한때 오스만제국의 힘이 완전히 고갈되어 전투를 지속할 수 없는 상황에 빠졌는데도 그것을 알아내지 못한 것을 그들의 정보력 부재를 나타내는 대표적 사례로 꼽았다. 그때―1916년이 아니라 1915년이어도 가능했다―만일 이집트의 영국군이 시나이 반도와 팔레스타인을 공격했다면 튀르크군을 손쉽게 "제압했을 테고…" 그랬다면 영국은 발칸으로 전선을 이동해 독일을 무찌를 수도 있었을 거라는 말이었다.[5] 그러면서 로이드 조지는, 하지만 카이로 정보기관이 오스만제국의 내막을 몰랐거나 혹은 보고하지 않는 바람에 영국은 그 기회를 놓쳤고, 그에 따라 영국이 전쟁의 유리한 시점에 승리할 수 있는 기회도 함께 날아가버렸다고 주장했다.

그보다 한심했던 것은, 카이로 정보기관이 이집트 정부가 적군의 첩자에게 침투당한 사실조차 모른 것이었다. 이집트 경찰력이 스파이들에게 잠식되어 튀르크 정보망이 뚫린 사실은 오스만 문제 전문가 윈덤 디즈가 1916년 카이로로 부임한 뒤에야 밝혀졌다.

제때에 경고 신호를 보내지 못한 카이로 정보기관의 무능함은 튀르크와의 전쟁이 시작되기 한 달여 전이던 1914년 가을, 이집트의 영국 원정군 사령관 맥스웰 장군이 키치너에게 이런 전문을 보낼 때부터 이미 조짐이 나타났다. "콘스탄티노플, 소아시아, 시리아에서 쏟아져 들어오는 모든 정보들에 진정한 가치를 부여하기는 매우 힘든 형편입니다. …… 튀르크군이 우리 첩보원이 도저히 뚫을 수 없을 만큼 국경선을 물샐틈없이 방비하는데다, 다른 쪽에서 얻은 정보도 압수 당해 직접적인 정보를 얻을 수 없기 때문입니다."[6]

이렇게 보면 적어도 맥스웰은 카이로 정보기관이 콘스탄티노플의 내막에 무지했다는 사실을 알았던 셈이 된다. 하지만 윙게이트와 클레이턴은 자신들이 콘스탄티노플 상황에 정통하다고 믿었다. 오스만 정부가 친독일계 유대인들 수중에서 놀아난다고 본 제랄드 피츠모리스의 오판을 수용한 것이 그 좋은 예다. 윙게이트 장군은 1914년 말 그 오판을 곧이곧대로 믿고 전쟁이 일어나게 된 책임을 콘스탄티노플의 "유대인, 자본가, 비천한 출신의 모사꾼들"에게 돌렸던 것이다.[7]

윙게이트와 그의 동료들이 저지른 실수는 피츠모리스의 오판을 무슬림 여론에 대한 그릇된 정보와 연계시킴으로써 더욱 커졌다. 스토스만 해도 전쟁 발발 직전 시리아 정보 제공자가 공급해준 무슬림 여론에 대한 소문을 맥스웰 장군에게 여과 없이 그대로 보고했다. 시리아 주민들이 오스만제국을 증오하고 있고, 그것은 오스만 정부가 시온주의를 지지한다고 믿기 때문이라는 것이 그 내용이었다. 정보 제공자는 "시온주의자들이 베를린 및 콘스탄티노플과 밀착돼 있으며, 시온주의는 팔레스타인 정책의 가장 핵심적 요소"라고도 말했다.[8] 베를린과 콘스탄티노플이 시온주의를 지지할 것이라는 이 거짓 정보가 몇 해 동안 떠돌아다니다 나중에는 영국 내각마저 오도시켜, 전쟁이 발발하자마자 즉시 친시온주의 선언을 하게 만든 것이었다.

그해 말 스토스는 키치너에게(다시 말해 그의 개인 비서 오스왈드 피츠제럴드 중령에게) 전후의 중동 계획에 대해 언급한 편지를 보내, 무슬림들이 팔레스타인이 유대인령이 되는 것에 반대할 것이고, 그것은 전쟁의 발발 원인이 유대인들에게 있다고 믿기 때문이라는 말을 했다. "재차 말씀드리지만 만일 우리가 정복한 지역이, 국가로서 전쟁에 참여하지 못한 민족과 튀르크를 전쟁에 끌어들이는 데 일조한 지역에 넘어간다면 이슬람의 분노는 하늘을 찌를 것입니다."[9] 하지만 훗날 외무부와 카이로의 아랍국 보고서에도 나타났듯, 무슬림 여론은 심지어 비튀르크 지역에서도 오스만제국 및 독일과 오스만 동맹을 대체로 지지하는 입장이었다. 무슬림들이 전쟁을 빌미로 유대인령 팔레스타인이 되는 것에 반대한다고 본 관점 역시 잘못된 것이었다. 유대인령 팔레스타인에 반대하는 무슬림 여론은 전쟁이 발발하기 오래전이던 19세기 말, 다시 말해 시온주의자들의 팔레스타인 이주가 시작될 때 이미 형성된 것이었다.

클레이턴과 스토스의 정보 수집 과정에서 드러난 특징적 결함은, 단일한 정보원이 제공해준 내용을 조사나 대조도 해보지 않고 그대로 수용한 것이었다. 조사나 대조를 하기보다는 정보원이 진실을 말하는지를 간파하는 능력, 다시 말해 조지 스티븐스가 윙게이트의 진면목으로 이야기한 직관력에 의존했다. 전시에 영국의 정보부장을 지낸 존 버컨이 쓴 추리소설 『녹색 망토Greenmantle』의 두 번째 장에는 이런 구절이 등장한다. "사실을 말하자면 우리는 먼 나라 사람들의 마음을 꿰뚫어볼 수 있는 인간을 만들어낼 역량을 지닌 지구상의 유일한 종족이지요. 그 점에서는 스코틀랜드인들이 잉글랜드인보다 낫겠지만 그래도 우리 모두는 다른 사람들보다 1천 퍼센트는 우수한 사람들이에요." 윙게이트, 클레이턴, 스토스도 버컨의 소설 속 주인공 스코틀랜드인처럼 오스만제국의 원주민들에 정통한 것으로 알고 있었다. 하지만 원주민을 이해하는 그들의 역량은 지극히 제한적이었다.

오스만제국령의 일부 지역이 오스만의 통치에 불만을 가진 것으로 말한 정보원의 보고서를 평가하는 과정에서 카이로의 영국인들이 특별히 놓친 부분은 무슬림 중동의 두드러진 특징이다. 바로 그들의 정치의식이 강하고, 따라서 비무슬림의 통치를 원하지 않는다는 점이었다. 무슬림들 중에도 물론 청년튀르크당에 불만을 가진 사람들이 있기는 했다. 하지만 그들이 원한 것은 청년튀르크당이 아닌 다른 튀르크 정부로의 교체나 또는 다른 이슬람 정부로의 교체였지, 비무슬림으로의 교체는 아니었다. 그들은 영국과 같은 기독교 유럽 국가에 의한 지배를 받아들일 생각이 없었다.

스토스는 얼핏 이집트를 내세워 그 문제를 피해가려고 했던 것 같다. 새로운 이집트제국을 중동의 아랍어권을 지배할 오스만제국의 대안으로 제시한 것이다. 그렇게 연막을 쳐놓고, 키치너를 부왕으로 만들어 막후에서 통치할 계획이었던 것이다. 스토스가 정보 제공원의 보고서 내용 중에서도 특히, 오스만제국의 지배가 시리아에서 평판을 잃은 것에 만족감을 드러낸 것도, 그곳에 대중의 인기를 끌 만한 새로운 정부를 제시할 수 있을 것으로 보았기 때문이다. 그가 접한 보고서에는 정치관을 가진 시리아인들 대부분—프랑스와 밀접한 관련이 있는 마론파 기독교도 이외의 사람들—이 전후에 프랑스의 지배를 반대하는 것으로 나타나 있었다. 그래서 그와 그의 동료들은 아랍어권 사람들에게는 당연히 자치능력이 없을 것으로 보고, 그렇다면 남은 선택의 여지는 스토스가 주창한 대로 시리아를 영국령 이집트에 합병하는 것뿐이라고 믿었던 것이다.

카이로의 영국인들은 이렇듯 시리아인들이 독일과 튀르크를 친시온주의파로 간주하고 프랑스를 증오하는 것으로 나타난 정보원의 보고서만 믿고, 시리아인들을 친영파로 분류하였다. 아랍 독립을 요구한 시리아 지도자의 비망록을 정리할 때도 클레이턴은, "시리아 기독교도와 범아랍주의자들이 믿고 의지하는 나라는 영국, 영국뿐"이라고 기록했다.[10] 1915년 2월 2일에는 스토스가 피츠제럴드/키치너에게, "기독교인이든 무슬림이든 시리아인들의 감정이, 이집트 술탄국에 시리아를 합병시키려는 영국을 강력히 지지하는 것은 확실합니다"라는 내용의 전문을 보냈다.[11] 따라서 문제는 시리아인들의 친영 감정을 적극적으로 조장하느냐 마느냐 하는 것뿐이었다. 이집트 고등판무관으로 취임한 맥마흔도 같은 날 피츠제럴드/키치너에게 스토스와 클레이턴으로부터 전해 들은 것이 분명한 대안을 이야기하면서 키치너의 조언을 구했다. "시리아가 영국의 개입을 원한다고 하면서, 영국이 지원을 약속하지 않으면 싫더라도 프랑스 편으로 돌아설 수밖에 없다고 하는데 어찌해야 될지요."[12]

사리에는 어둡고 직업적 야망만 하늘을 찔렀던 중동의 영국 관리들은 이렇듯 아랍인들이 유럽의 통치를 원한다고 믿었고, 그들의 이런 오판이 결국 키치너의 부관들을 부추겨 시리아의 지배권을 탐하도록 만든 것이었다. 그러나 사리에 어둡고 출세욕만 강하기는 현지의 프랑스인들도 마찬가지였다. 그들 역시 시리아 지배를 원했으니까.

Ⅳ

시리아에는 십자군 원정 때 프랑스 기사들이 왕국들을 세우고 건립한 성들이 있다. 그런데 그로부터 1천 년이 지난 1914년 무렵에도 프랑스인들은 여전히 시리아를 프랑스의 일부로 간주하였다. 프랑스는 시리아 해안의 레바논 산맥 주변에 분포된 기독교 공동체들 중의 하나인 마론파와 밀접히 연관돼 있었고, 프랑스 선박, 비단, 그 밖의 업체들도 그곳의 상업적 가능성에 눈독을 들였다. 이것으로도 알 수 있듯이 프랑스가 시리아 정세에 개입하려 한 데에는 종교, 경제, 역사적 이유가 복잡하게 얽혀 있었다.

중동의 프랑스 관리들이 (윙게이트, 클레이턴, 스토스와 같은 영국 관리들처럼) 오스만제국이 전쟁에 뛰어든 그 순간부터 튀르크령 시리아를 병합할 계획을 세운 것도 그래서였다. 카이로의 프랑스 공사와 베이루트의 총영사만 해도 전쟁이 일어나기 무섭게 본국정부를 부추겨 레바논 해안을 침공하려고 했다. 그들은 3만 명은 현지에서 자원병으로 충당할 수 있을 것으로 보고, 2천 명의 병력만 보내달라고 요청하는 황당무계한 계획을 세우기도 했다. 속도가 관건이라고 판단한 그들은 튀르크가 군대를 소집하고 영국이 선제공격을 하기 전 자신들이 먼저 선수를 치려고 했다.[13]

하지만 그들의 요청은 1914년 11월 제1차 마른 전투가 아직 진행 중이어서 프랑스 정부가 독일군을 피해 보르도로 옮겨가 있던 최악의 상황에 파리에 도착했다. 때문에 의회, 외무부, 내각에 강력한 친식민주의자들이 포진해 있기는 했지만 상황이 상황이었던 만큼 11월에는 모든 이들의 관심이 북부 프랑스와 벨기에에 집중되어, 시리아로의 병력 파견 요청도 기각되었다.

그러다 다음 달 유럽이 기나긴 참호전에 돌입하여 프랑스 정부가 파리로 복귀함에 따라 시리아 침공 계획은 다시금 주목받게 되었다. 그리하여 육군장관 알렉상드르 밀랑(1859~1943)이 주축이 된 친식민주의 정치인들의 지지로 그들의 병력 파견 요청은 동의를 얻어냈다. 하지만 테오필 델카세(1852~1923) 외무장관은 여전히 시리아 침공에 맹렬하게 반대 입장을 나타냈다. "프랑스의 시리아 개입보다 어리석은 행위는 없을 거요."[14] 델카세도 다수의 프랑스 관리들과 마찬가지로 시리아 병합보다는 오스만제국의 보전이 프랑스에는 훨씬 이득이라는 관점을 보유하고 있었다. 1914년 무렵 프랑스는 오스만 경제의 민간부문에 투자된 외국 자본의 45퍼센트, 오스만 공채의 60퍼센트를 차지하고 있었다. 따라서 오스만제국의 존속이 프랑스로서는 여간 중차대한 문제가 아니었다.[15]

그러던 차에 1914년 12월 30~31일 헨리 맥마흔 경이 이집트 고등판무관 취임을 앞두고, 파리를 방문해 프랑스 외무부 및 육군성 관리들과 회동했다. 하지만 영국의 중동정책에 대해 묻는 프랑스인들의 질문에 그는 조리 있게 답변하지 못했다. 맥마흔은 아둔하고 무능한 인물로 정평이 나 있었다. 하지만 프랑스인들 특히 육군장관 밀랑은 그런 줄도 모르고 맥마흔을 약삭빠르고 빈틈없는 사람으로 여겨, 동에도 닿지 않는 그의 답변을 영국의 시리아 침략과 점령 계획을 숨기기 위해 일부러 에둘러 말하는 것으로 넘겨짚었다.[16]

그리하여 맥마흔과의 회담이 끝나자마자 밀랑은 곧장 프랑스 내각에 그 내용을 보고했고, 내각은 그에게 프랑스의 참전을 요구받고 안 받고에 관계없이 영국이 시리아를 침략하면 프랑스도 시리아를 침략할 수 있도록 원정군을 조직할 권한을 부여했다. 그러자 1915년 2월 외무장관 델카세가 런던을 방문하여, 사전예고 없이 시리아를 침공하는 일은 없을 것이라는 에드워드 그레이의 확약을 받아냈다. 모르면 몰라도 두 사람은 이 자리에서 만에 하나 오스만제국이 해체되면 영국은 프랑스의 시리아 점령 의도를 막으려 하지는 않겠지만, 그래도 그보다는 오스만제국이 붕괴하지 않는 것이 한층 바람직하다는 쪽으로 의견을 모았을 것이다.

이렇게 해서 양국의 불화는 외무장관들에 의해 일시적으로 봉합되었다. 하지만 중동에서는 두 나라 관리들이 계속해서 분란을 일으켰고, 중동의 사태를 오판하던 키치너와 그의 부관들 역시 다른 위험한 계획들을 속속 추진하고 있었다.

10. 키치너, 이슬람 공략에 나서다

서방과 중동은 20세기 거의 내내 서로를 잘못 알고 있었다. 그리고 이 오해의 많은 부분은 1차 세계대전의 초기 국면을 키치너가 주도한 데서 비롯되었다. 기묘한 성격, 이슬람권에 대한 몰이해, 카이로와 하르툼의 부관들이 보내준 부정확한 정보, 교섭에 필요한 아랍 정치인들의 선정, 이 모든 요소가 향후 정치 판세에 영향을 미친 것이다.

키치너가 중동을 색다르게 접근한 방식을 평가하기에 앞서 먼저 알아야 할 것은, 튀르크가 1차 세계대전에 참전할 무렵만 해도 애스퀴스, 그레이, 처칠은 오스만제국의 영토를 차지할 생각이 없었다는 것이다. 동맹국들에게는 유럽과 소아시아의 튀르크 영토를 차지해도 된다는 언질을 주었지만, 애스퀴스의 영국은 중동이나 여타 지역에서 오스만의 영토를 차지할 의도가 없었다. 그와 달리 키치너는 영국의 기존 정책에 역행하는 발상으로, 전쟁이 끝나면 오스만제국의 많은 지역, 다시 말해 아랍어권 지역을 차지하는 것이 영국의 이익에 매우 중요하다는 인식을 갖고 있었다.

동방에 거주한 영국인들 대부분이 그랬듯이, 키치너도 무슬림권에서는 종교가 모든 것이라고 믿었다. 그리고 이 부분에서 키치너와 카이로와 하르툼에 있는 그의 부관들이 오해한 것은 이슬람교가 중앙집권적 체제를 갖추고 있을 것이라 본 것이었다. 그들은 이슬람교를 단일한 체제, 곧 조직으로서의 '그것'으로 파악하고, 따라서 지도자들의 명령에도 복종할 것으로 여겼다. 수세기 전 에스파냐 정복자 코르테스가 아스텍족의 황제 몬테수마를 사로잡아 멕시코를 차지하고, 중세의 프랑스 왕들이 아비뇽으로 교황청을 옮겨 기독교계를 휘어잡으려 한 것처럼, 키치너와 그의 부관들 역시 지도층을 매수하거나, 조종하거나, 사로잡으면 이슬람도 매수하거나, 조종하거나, 사로잡는 것이 가능할 것으로 여겼다. 칼리프—다시 말해 무함마드의 계승자—를 지배하면 이슬람도 통제할 수 있으리라는 관념에 얽매여 있었던 것이다.

키치너는 이런 전제 하에, 칼리프가 영국을 공격할 수도 있는 개연성에 초점을 맞추고 이슬람을 분석하기 시작했다. 수니파 무슬림들(인도 무슬림들의 대다수를 점유하고 있었다)만 해도 오스만의 술탄을 칼리프로 간주하여 그에게 지속적으로 위협을 제기했고, 1914년 무렵에는 카이로와 하르툼의 칼리프마저 유대인과 독일인 휘하에 들어가 그의 신경을 건드렸기 때문이다. 키치너는 전쟁이 끝나면 칼리프가 중동의 영국 적들, 특히 러시아의 손에 놀아나는 도구가 되지 않을까에 대해서도 걱정이 많았다.

그리하여 만일 칼리프가 적의 수중에 들어가면, 인도, 이집트, 수단에서의 영국의 위치가 위태로워질 것이라는 것이 키치너의 판단이었다. 영국은 세계 무슬림 인구의 절반 이상을 통치하고 있었다.[1] 인도의 무슬림 인구만 해도 700만 명에 육박하여 인도군의 압도적 다수를 그들이 차지하고 있었고, 이집트와 수단에도 이슬람교도 수백만 명이 인도까지 연결된 수에즈운하의 해로 변에 살고 있었다. 수천만 명에 달하는 이 많은 원주민의 치안을 소수의 영국 수비대가 감당하고 있었다. 따라서 여차하여 폭동이라도 발생하면 영국은 속수무책으로 당할 수밖에 없으리라고 보았다.

키치너가 이런 생각을 갖게 된 데는 종교적 이유로 촉발되어 영국 동인도회사의 해체까지 몰고 온 원인불명의 봉기, 인도 반란(일명 세포이 항쟁, 1857~1859)에 대한 기억이 한 몫을 했다. 키치너가 냉혹하게 앙갚음하기는 했지만, 당시에도 수단에서는 유럽인들이 '메시아'로 번역한 자칭 마디Mahdi라는 새로운 종교 지도자의 부추김으로 봉기가 일어났던 것이다. 1905~1906년 이집트에서 일어난 범이슬람주의 운동도 영국을 매우 불안하게 만들었다. 이런저런 사정으로 키치너와 그의 측근들은 영국에 맞선 무슬림 성전이 일어날지도 모른다는 악몽에 계속 시달렸다.

이 두려움은 1916년에 출간된 존 버컨의 추리소설 『녹색 망토』에 독일이 무슬림 예언자를 이용해 영국제국을 파괴하기 위한 음모를 꾸미는 내용으로도 표현되었다. 거기에는 예언자가 터키에 출현하고, 예언자의 출현을 암시하는 징조가 나타나고, 고대의 예언도 있고, 현대의 계시도 있으며, 예언자가 반란의 불을 댕기려 하는 지역도 명시돼 있었다. "동방에 건조한 바람이 휘몰아치고, 바짝 마른 목초에 불꽃이 일어나려 하는데, 바람은 인도의 국경 쪽으로 불어가고 있다"고 쓰여 있었던 것이다.[2]

키치너는 1914년 전쟁에서는, 다른 무슬림 종교지도자들의 말이나 행동으로도 영국에 맞서는 칼리프의 군사행동쯤은 충분히 막을 수 있을 것으로 생각했다. 그러나 영국이 일단 전쟁에서 승리를 거두면 그보다 한층 단호한 행동이 필요할 것으로 보았다. 러시아가 콘스탄티노플을 차지하는 것은 물론 모종의 조치를 취하지 않으면 칼리프마저 지배하려 들 것이라는 것이 그 이유였다. 물론 독일의 통제를 받는 칼리프도 인도에 불안을 조성해 유럽 전쟁의 전황을 영국에 불리하게 만들려고 하겠지만, 그보다는 러시아의 통제를 받는 칼리프가 영국제국에 한층 위험한 존재가 될 것으로 보았다. 애스퀴스나 그레이와 달리 키치너는 러시아가 여전히 영국령 인도를 탈취할 야망을 갖고 있다고 믿었다. 키치너의 관점에서 보면 독일은 유럽에서 영국의 적, 러시아는 아시아에서 영국의 적이었다. 1914년 영국과 러시아가 손잡고 벌이는 전쟁의 역설이 바로 그것, 영국이 유럽전에서 승리하면 아시아가 위태로워진다는 점에 있었다. 그러므로 키치너의 입장에서 보면 독일도 패하고 러시아도 승리하지 않는 것이 가장 바람직한 전쟁의 결과였지만, 1914년에는 그 목적을 달성할 방법이 없었다. 그래서 전후 러시아와의 투쟁에서 인도로 가는 길의 통제권을 차지하기 위해 선수를 칠 계획을 세웠다.

키치너가 그것을 위해 제안한 것이 전쟁이 끝나면 영국 스스로 칼리프 후보자를 내세우자는 것이었다. 그리고 이 경우에는 무함마드가 아라비아인이었으므로, 그의 후계자인 칼리프 역시 아라비아인이어야 한다는 관점을 보유했다. 그렇게 되면 영국 함대가 아라비아 반도의 해안선을 손쉽게 통제할 수 있게 되어, 칼리프에 미치는 다른 유럽 국가들의 영향력도 차단할 수 있으리라는 것이 그의 생각이었다. 키치너는 영국이 아라비아의 영국 세력권 내에서 칼리프를 얻으면, 이슬람도 통제할 수 있을 것으로 믿었다. 게다가 오스만제국이 전쟁에 뛰어들기도 전에 그는 이미 칼리프가 될 수 있는 명백한 후보자—메카의 지배자—와 접촉하기까지 했다.

Ⅱ

1914년 여름이 끝나가고 튀르크 전쟁이 임박했을 무렵 길버트 클레이턴은 메카의 지배자 겸 헤자즈 왕인 후세인 빈 알리(1854경~1931)의 총애하는 아들 압둘라가 그 몇 달 전 카이로에 와서, 아라비아에 반란의 분위기가 무르익었음을 시사하고 갔던 일을 기억해냈다. 게으른 성품 밑에 예리한 지성을 감춰 두고 있던 압둘라는 당시 청년튀르크당이 자신의 아버지에게 적대행위를 할 것이라는 두려움에서, 영국의 지원 여부를 타진하려고 카이로를 찾은 것이었다. 하지만 그러기 무섭게 곧 아버지와 오스만 정부 간의 불화가 수습되어 영국의 지원도 더는 필요 없게 되었다.

당시 압둘라가 영국 측에 한 말과 영국 측이 그에게 한 말이 무엇이었는지는 지금까지도 밝혀지지 않았다. 압둘라는 아마 1912년이나 1913년에 키치너 경을 처음 만났을 것이다. 그리고 나서 1914년 2월과 4월 카이로에서 다시 그를 만나고, 로널드 스토스와도 만났다. 압둘라는 이때 오스만 정부가 아버지를 폐위시킬 것에 대비해, 영국으로부터 지원 약속을 받으려고 했을 것이다. 하지만 키치너는 아라비아가 처한 곤경을 자세히 알아본 뒤 오스만제국의 내부 정세에 끼어드는 데서 오는 이익을 포기하려 했고, 압둘라는 압둘라대로 그의 답변이 우려의 표시가 아닌 이익의 포기였다는 점에서 더 큰 실망을 했다.[3]

압둘라는 스토스에게도, 아버지 후세인이 오스만 정부의 음모에 맞서 항거하면 아라비아 반도의 경쟁적 부족장들도 그를 따를 것이라는—그릇된—주장을 했던 것으로 보인다. 그러면서 내정은 아라비아가 맡고 외교 분야는 영국이 담당하는 형태, 다시 말해 아프가니스탄—영국 관계와 유사한 형태를 아라비아—영국 관계의 미래로 제시했다. 하지만 스토스는 그의 제안에 솔깃해 하면서도, 키치너와 마찬가지로 압둘라가 원하는 고무적인 답변은 주지 못했다.[4]

아라비아의 일부 아미르들이 지난 몇 년간 콘스탄티노플의 청년튀르크당 지도층과 대립했던 것은 사실이다. 하지만 그들 사이에는 종교와 왕조를 비롯한 여러 가지 차이점들이 존재했고, 클레이턴이 몰랐던 점이 바로 그것이었다. 어쩌면 카이로에서 만난 아랍어권 망명자들 때문에 그의 판단이 흐려졌을 수도 있지만, 아무튼 그는 아라비아의 아미르들이 자기 이외의 다른 아미르들을 지도자로 인정할 마음이 결코 없었다는 것을 모르고 있었다.

클레이턴과 알고 지낸 카이로의 망명자들 가운데 가장 눈에 띄는 인물은 오스만군의 장교이자 CUP 정치인이었던 아지즈 알리 알 미스리(마스리)(1879~1965)였다. 체르케스인* 후손으로 이집트에서 나고 자랐으나 오스만제국의 군사학교를 다닌 그는 학교를 졸업하고 현역으로 복무한 뒤에는 청년튀르크당의 지도자로 부상했다. 그러나 말이 지도자지, 자신이 경멸한 동급생 엔베르가 국방장관이 되었을 때 그는 참모에 배속된 일개 소령에 지나지 않았다. 그래서 분한 마음에, CUP의 중앙집권적 정책과 아랍권 인사들을 고위직에 앉히지 않는 CUP 조치에 반감을 갖던 군 장교들을 규합해, 알 하드라는 조그마한 비밀단체를 결성했다. 이렇게 결성된 알 하드가 한목소리로 비난한 것은 CUP의 튀르크화 정책이었다. 그와 동시에 그들은 아랍어권 인사들에게 중앙 정부 권력을 더 많이 배분해줄 것, 그게 아니면 권력을 분산시켜 지방적 차원에서 자치를 부여할 것, 혹은 그 두 가지 모두를 요구했다.[5]

그러다 1914년 초 알 미스리는 엔베르 파샤가 날조한 혐의로 체포돼 유죄 선고를 받았다. 그가 본의 아니게 아랍혁명의 동참자로 이름을 올리게 된 것도 그래서였다. 본의 아니게 라고 한 것은, 그가 원한 것은 오스만제국의 지도층이 되는 것이었지, 일개 지역의 지도층이 되는 것이 아니었기 때문이다. 결국 알 미스리는 카이로 관리들의 의견을 받아들여 키치너도 개입을 하고, 제말 파샤도 손을 써준 덕에 사면을 받아 고향인 이집트

---

* 한때는 터키의 지배를 받았고, 나중에는 러시아의 지배도 받은 카프카스 출신의 민족.

로 망명했다. 하지만 알고 보면 그는 어릴 때부터 영국의 이집트 통치를 반대한 골수 반영파이자 친독일파였고, 튀르크 정부에만 반대했을 뿐 오스만제국을 지지한 군인 정치가였으며, 소수의 동료밖에 없을 만큼 지지층도 빈약한 인물이었다. 그런 줄도 모르고 영국의 정보 장교들은 그가 장차 영국의 유력한 협력자가 될 수 있을 것으로 착각하였다.

알 미스리가 카이로의 영국청을 찾아가 클레이턴을 만난 것은 아마 1914년 9월 초였을 것이다.[6] 이때 그는 압둘 아지즈 이븐 사우드(1880경 ~1953)와 다른 아라비아 지도자들이 지난날 오스만 정부에 맞서 봉기를 일으킬 생각을 품었던 것을 알고 있었으므로, 클레이턴에게도 십중팔구 그 말을 해주었을 것이다. 그리고 그 말을 듣고 클레이턴은 퍼뜩 압둘라가 자신을 찾아왔던 일과, 그것을 스토스와 키치너에게 전해주었던 사실을 머릿속에 떠올렸을 것이다.

알 미스리가 돌아간 뒤 클레이턴은 로널드 스토스를 만나 키치너에게 보내줄 극비문서 전달 방법에 대해 논의했다. 그리하여 결국 상대적으로 내용이 다소 지루한 낙타 관련 편지에 그것을 동봉하여 전달하기로 결정했다.

Ⅲ

1914년 영국인들의 관심은 온통 오스만제국이 참전하면 수에즈운하를 공격할지도 모른다는 개연성에 모아졌다. 로널드 스토스도 예외는 아니어서 유럽의 국방부 관리들이 철도 시설을 중심으로 적국의 군사력을 분석하듯, 낙타에 초점을 맞추어 오스만의 군사력을 분석하기 시작했다. 그는 키치너에게도 오스만의 군대는 아라비아의 서부 헤자즈에서 사육되는 낙타에 많이 의존할 것이라고 하면서, 오스만에 낙타를 공급해주지 못하도록 헤자즈 지배자—메카의 아미르—를 달래줄 것을 제안하는 편지를 썼다.

그러나 기실 낙타는 구실이었을 뿐, 스토스의 진짜 목적은 그 편지와 함께 1914년 9월 6일 클레이턴이 건네준, 낙타 이외의 또 다른 문제들을 메카의 지도자와 논의해달라는 내용의 극비 비망록을 키치너에게 전달하는 데 있었다. 그리고 이 비망록에서 클레이턴이 제기한 문제들 중에는 영국에 호의적인 아라비아 지도자를 이슬람의 칼리프로 만들어 오스만 술탄을 대체할 개연성에 대한 것도 포함돼 있었다. 클레이턴은 만일 그것이 가능하다면 이슬람 성지의 수호자인 메카의 아미르가 칼리프의 명백한 후보자라고 말했다. 그렇게 되면 성지순례의 면으로도 영국에 중요한 조력자가 생긴다는 것이 이유였다.

이슬람 동방의 생활 리듬에서 가장 중요한 요소는 무슬림의 연례행사인 아라비아로의 대규모 성지순례였다. 무슬림은 최소한 평생에 한 번은 성지순례를 할 의무가 있었다. 그런데 세계대전의 발발로 그것에 제동이 걸리고 1915년에는 상황이 자못 심각해져, 인도 무슬림들만 해도 이슬람 국가들 중 유일하게 독립을 지키는 주요 제국(오스만)과 영국이 전쟁을 하는 것은 참아줄 수 있을지 몰라도, 그들 삶의 요체인 성지순례 길이 막히는 것에도 잠잠하게 있을지는 미지수였다.

아라비아의 두 성지 메카와 메디나는 헤자즈에 있었다. 따라서 영국령에 사는 무슬림들이 전시에도 성지순례를 계속하게 해줄 수 있는 칼자루 역시 헤자즈의 지배자가 쥐고 있었다. 게다가 메카의 아미르(후세인 빈 알리)—헤자즈의 지배자이기도 했다—는 무함마드의 직계후손임을 주장했으므로 칼리프를 칭할 수 있는 위치에도 있었다.

하지만 클레이턴이 비망록에서 주장한 내용, 다시 말해 '아랍인들을 위한 아라비아'를 만들기 위해, 아라비아 반도의 경쟁적 지배자들—아시르(사우디아라비아의 남서부 지방―옮긴이)와 예멘의 지배자들, 나지드(사우디아라비아의 중부 지방―옮긴이)의 이븐 사우드, 그리고 어쩌면 이븐 라시드도―도 메카의 지배자에 협력할 것이라고 주장한 것은 사실이 아니었다.[7] 클레이턴은 또 '아랍인들의 아라비아' 운동을 조장한 인물이 술탄의 지배를 받으면서도 스스로를 술탄을 계승할 이슬람의 칼리프 후보자로 여겼던 명목상의 이집트 통치자 헤디브라고 말했지만, 그(클레이턴)가 그 다양한 집단의 상충하는 야망을 어떻게 조정하려고 했는지는 지금까지도 미지수로 남아 있다.

아라비아 반도의 경쟁적 지배자들이 메카의 아미르를 중심으로 뭉칠 것이라는 주장은 사실 그 다섯 달 전 압둘라가 로널드 스토스를 만난 자리에서 개진한 내용이었다. 그런데도 클레이턴은 그것을 마치 새로운 정보인 양 제시했다. 왜였을까. 아마도 그것은 최근에 알 미스리나 혹은 오스만제국의 다른 망명객들에게 그 내용을 확인받은 것을 나타내기 위해서였을 것이다. 아라비아인들이 종전 뒤는 물론 전시에도 영국에 도움을 줄 수 있다는 암시, 그것이야말로 이번 클레이턴 극비 비망록의 색다른 점이었다.

키치너도 그에 즉각 반응하여 1914년 9월 24일 스토스에게, 압둘라에게 믿을 만한 사람을 보내 전쟁이 일어나면 헤자즈는 영국을 도울 것인지 적대시할 것인지를 은밀히 물어보라는 전문을 보냈다. 에드워드 그레이도 전문을 보내기 전 승인을 받기 위해 키치너가 보여준 클레이턴의 비망록을 읽고, "매우 의미 있다"는 말로 그것의 중요성을 우회적으로 표현했다.[8]

그리고 몇 주 뒤 헤자즈를 비밀리에 찾은 스토스의 사자가 마침내 모호하지만 고무적인 답변을 갖고 돌아왔다. 육군장관 키치너의 의중을 정확히 밝혀달라는 것이 답서의 내용이었다. 그것을 보고 카이로도 즉시 "조심스럽지만, 우호적으로 대화가 진행되고 있다"는 내용의 전문을 키치너에

게 보냈다.[9]

　카이로의 영국청은 그와 동시에 알 미스리 소령을 비롯한 아랍어권 망명객들과의 접촉도 재개했다. 오스만제국 출신의 이 망명객들은 그때까지도 여전히 제국 내에 존재하는 다양한 아랍인들의 지난날의 정체성과, 그들이 앞으로 추구해야 할 과제와 같은 수십 년 된 논의를 계속하고 있었다. 19세기부터 다마스쿠스와 베이루트의 커피하우스와 파리의 학생 구역에서 제기되었던 민족적 정체성의 문제가 오스만제국에도 전파되어 이런저런 문학 클럽과 비밀 결사들을 탄생시켰다.

　카이로 망명객들은 당시 오스만의 정치 상황이 상황이었던 만큼 제국 인구의 40퍼센트에 지나지 않는 튀르크인들이, 인구의 다수를 점한 아랍어권 사람들을 지배하는 구조를 가진 청년튀르크당 정부의 정책에 대응하는 방식으로 민족적 정체성을 발현시켰다. 따라서 이들이 이런저런 방식으로 주창한 것도 정치 분야에서 아랍어권 인사들의 발언권을 강화해 달라는 것과, 관직과 고위직의 부여 범위를 확대해 달라는―튀르크인과 같은 비율로―것이었다.

　이들이 간혹 민족주의자로 불릴 때도 있지만 그보다 더 정확한 표현인 분리주의자로 불리는 것도 그 때문이다.[10] 이들이 원한 것은 독립이 아닌 정치 참여의 확대와 지방 통치였기 때문이다. 따라서 이들은 오스만의 통치도 받아들일 용의가 있었다. 튀르크인도 그들과 같은 무슬림이라는 것이 이유였다. 유럽의 민족주의자들과 달리 이들의 신념은 세속체계가 아닌 종교체계에 놓여 있었던 것이다. 유럽은 중세 초 이후로 기독교권을 벗어났으나 이들은 여전히 이슬람 도시들의 성벽 안에 살고 있었다. 중세의 아랍권에 세워진 도시들처럼 무슬림의 삶도 모스크를 중심으로 돌아갔다는 이야기다. 같은 맥락에서 무슬림은 인종 군도 대변하지 못했다. 역사상 인종적으로 순수한 아랍인 혹은 '진정한' 아랍인은 아라비아 주민들뿐이었고, 따라서 바그다드나 다마스쿠스와 같은 지역, 알제리나 카이로와 같은 도시의 아랍어 사용자들은 대서양에서 페르시아만에 이르는 광대한 지역의 고대 민족과 문화를 두루 포괄하는 복잡한 인종과 배경을 지니고 있었다.

1914년 10월 무렵 알 파타트(청년 아랍협회)나 알 하드 같은 비밀결사의 일원으로 아랍 민족주의(분리주의)에 적극적으로 가담한 인물이 몇십 명에 지나지 않았던 것도 그 때문이었다. 그런데 카이로 영국인들의 이들에 대한 인식은 날이 갈수록 높아졌다.[11] 지금은 그들의 실체와 그들이 주장한 내용에 대해 당시 영국인들이 알았던 것보다 더 많은 사실이 밝혀졌다. 그에 따르면 그들 대부분은 청년튀르크당에 의해 타도된 정부와 좋은 관계에 있던 아랍어권 엘리트들이었고, 따라서 CUP의 친튀르크적, 중앙집권적 정책에 위협을 느꼈다.[12] 그리고 1914년 10월 26일 총독 대행 겸 카이로 총영사 밀른 치탐이, 아라비아에 보낼 다음 서신의 내용을 숙고 중이던 키치너에게 발송한 첩보 전문이 바로 이 비밀결사들에 관련된 것이었다.

Ⅳ

키치너는 외무장관 그레이의 승인을 받아 스토스에게 보낸 전문에서, 메카의 지배자에게 '터키 때문에 어쩔 수 없이 하게 된 이 전쟁에서 아랍이 영국을 도와주면, 영국도 아라비아 내에서 일어나는 일에 간섭하지 않을 것을 약속하고, 아랍인들이 외국의 공격에 맞서 싸울 때도 지원을 아끼지 않겠다'는 내용으로 답변하라는 지시를 내렸다.(여기서 키치너가 언급한 '아랍인'은 아라비아에 거주하는 사람들을 뜻한다.) 이것을 달리 표현하면, 아라비아 반도가 술탄으로부터 해방되면 영국은 외세의 모든 침략으로부터 그곳 지배자들을 보호해주겠다는 말이었다.

뒤이어 카이로에서는 치탐과 스토스의 감독 아래, 영어 전문을 아랍어로 번역하는 작업이 시작되었다. 그리고 이 과정에서 두 사람은 아마도 클레이턴의 격려를 받아, 영국은 "아랍인들의 해방"을 위해 지원을 약속하겠다는 내용, 다시 말해 레지널드 윙게이트가 원하는 방향으로 용어의 의미를 확대시켰던 것 같다.[13] 윙게이트는 영국을 위해 아라비아 부족들을 선동할 수 있다고 보았다. 또한 아라비아 문제를 종전 뒤에 처리하자고 제안한 키치너와 달리, 그는 성마르게 개전 초에 즉시 행동에 나설 것을 촉구했다. 아랍을 꼬드겨 오스만제국과의 사이를 떼어 놓는 것이 윙게이트의 목적이었다. 1915년 1월 14일에 그는 이미 클레이턴에게 이런 글을 써 보냈다. "영국의 행동이 너무 오랫동안 지연되어 오스만제국과 아랍을 떼어놓는 일이 가능할지나 모르겠군."[14] 윙게이트는 상관들이 자기 말을 제때 들어주지 않는다는 불평을 입에 달고 살았다.

한편 아랍어로 번역된 키치너 전문이 메카로 보내지는 동안 카이로의 망명객들은 클레이턴에게 헤자즈의 아랍인들이 영국의 의도에 대해 의혹을 갖고 있으며, 따라서 약속 사항을 확실히 하기 위해 그들이 모종의 행동을 취할 것이라는 언질을 주었다. 그러자 키치너는 깜짝 놀라 그레이의 승인 하에, 또 다른 성명을 발표하라는 지시를 카이로에 내렸다. 카이로는 이번에도 그의 지시사항을 넘어서는 내용으로, 아라비아뿐 아니라 사실상 아시아의 전 아랍어권 지역("팔레스타인, 시리아, 메소포타미아")을 겨냥해, 그곳 주민들이 튀르크와의 관계를 끊으면 영국도 그들의 독립을 인정하고 보장하겠다는 내용의 선언문을 발표했다.[15]

하지만 그들이 이렇게 키치너의 지시 사항을 벗어나는 월권행위를 하기는 했지만 내용은 합리적이었다. 영국은 아랍어권 아시아의 미래에 관련해, 연합국의 이익에 상충되는 약속을 한 적이 없었다. 따라서 아랍어권 지역들이 그 모든 가능성에 반하게, 그들 스스로의 힘으로 오스만제국과 손을 끊고 자유를 쟁취함으로써 연합국에 치명타를 날리기 전, 영국이 선수를 쳐 그들의 독립을 지켜주겠다고 약속한 것은 지극히 합당한 일이었다. 전시나 전후의 경쟁국들을 고려하면 그것이 영국의 국가 이익에 부합했다.

사실 월권보다 더 걱정스러운 것이 키치너의 발언이었다. 그는 아라비아의 역할이 전시보다 전후에 더 중요할 것이라고 여긴 자신의 믿음을 반영하듯, 메카에 보내는 메시지를 폭탄선언으로 마감했다. "메카나 메디나의 칼리프는 진정한 아랍 종족이 되는 것이 옳습니다. 그리고 하느님이 보우하사 지금 벌어지는 모든 악에서 벗어나 그 선은 달성될 것입니다."[16] 키치너는 이렇게 13세기 전 칼리프와 무함마드가 태어난 곳인 아라비아에 칼리프를 회복시킴으로써, 독일과의 전쟁이 끝난 뒤 벌어지게 될 러시아와의 투쟁에 대비할 전략을 세웠다. 하지만 정치관이 아라비아 반도에 한정된 그곳 사람들이 키치너의 속내를 읽었을 개연성은 희박하다. 유럽의 열강이 전쟁을 시작하기 무섭게 그가 이미 다음 단계를 생각했던 사실을 알 턱이 없었을 테니까. 그들이 키치너, 윙게이트, 클레이턴, 스토스가 칼리프의 본질을 이해하지 못했다는 사실을 알았을 개연성은 더더욱 희박했다.

학자들은 그때부터 중동의 서구인들에게 이슬람권에서는 세속적 권위와 영적 권위가 분리돼 있지 않고, 중세 유럽처럼 교황과 황제의 힘겨루기도 일어나지 않는다는 사실을 일깨우기에 바빴다. 키치너, 윙게이트, 클레이턴, 스토스만 해도 칼리프는 영적 지도자에 그치는 것으로 곡해하고 있었다. 그러나 이슬람교에서는 정부와 정치를 비롯한 삶의 모든 영역이 율법의 지배를 받았으므로 오스만 술탄과 메카의 아미르 같은 수니 무슬림들의 시각에서 보면 칼리프는 율법의 옹호자였고, 따라서 모든 곳에 그의 지배권이 미쳤다. 카이로의 영국인들이 오해한 것은 그뿐만이 아니었다. 그들은 칼리프가 기도회의 지도자인 것에 그치지 않고, 통치자 겸 전쟁의 지도자, 다시 말해 군주라는 사실도 잘 몰랐다.

키치너의 측근들은 그들이 이슬람권에 대해 안다고 믿은 그 모든 지식에도 불구하고 또 다른 중요한 요소를 간과하고 있었다. 이슬람권의 불화와 분열상의 정도를 가볍게 본 것이었다. 그 점에서 이슬람의 극단적 청교도 운동인 와하브파의 지도자 이븐 사우드에게 수니파인 메카 지배자의 영적 권위를 인정하라고 요구한 키치너의 계획은 현실적이지 못했다. 수십 개로 쪼개진 이슬람의 종파들이 그랬듯, 그 둘도 견원지간이었기 때문이다.

키치너와 그의 측근들은 메카의 지배자로 하여금 오판을 하게 만드는 오류도 범했다. 메카의 지배자는 그들이 보낸 전문을 보고 영국이 자신에게 거대한 왕국의 지배자를 제의하는 것으로 여긴 것이다. 이슬람의 새로운 칼리프가 뜻하는 것이 바로 그것이었기 때문이다. 뒤에도 나오겠지만, 메카의 지배자가 자신의 새로운 왕국의 경계지가 될 곳을 언급할 때 스토스가 소스라치게 놀란 것도 그래서였다. 키치너나 그나 아미르의 통치영역을 확대시켜줄 의도는 전혀 없었기 때문이다. 하지만 1915년 여름 스토스는 피츠제럴드/키치너에게, 만일 메카의 지배자가 아라비아 반도의 다른 아미르와 족장들을 회유하고, 그들에게 "자신은 그들 영토 내에서 그 어떤 세속적 권한도 주장할 의향이 없음"을 확신시킬 수 있다면, "보편적이지는 않겠지만 전반적인 칼리프로 인정받을 개연성은 매우 높아질 것이라"는 요지의 편지를 썼다.[17]

영국 측은 후세인이 그의 통치영역을 확대하려는 것은 잘못이라고 여기면서도, 그를 이슬람의 '교황'―(교황은 그들에게 알려지지 않은) 따라서 존재하지 않는 지위였으나, 영국인들이 사용한 교황이라는 말(역시 그들 사전에는 없는 용어)에 고무되어 후세인은 전 아랍권의 지배자가 되려고 했다―후보자로 밀어주려고 했다. 하지만 키치너와 그의 부관들이 만일 아라비아 무슬림들에게 그 말이 어떤 의미를 갖는지를 알았다면 경악을 금치 못했을 것이다.

11. 인도의 저항

영국 인도성의 정치부 서기 아서 허첼(1870~1937)이 키치너가 후세인에게 보낸 전언을 본 것은, 그 전언이 메카에 이미 닿은 뒤인 1914년 12월 12일이었다. 그것을 보고 그는 기절할 듯이 놀랐다. 그래서 받자마자 "위험천만한 서신"이라고 비난한 뒤, "영국정부는 예나 지금이나 인도성이 결코 하지 않을 것으로 믿었던 일을 행하고 있다"고 비난하는 말을 했다.[1] 그 일이란 물론 아랍 칼리프 직을 겨냥한 것이었다. 로버트 크루 밀스(크루 후작 1세) 인도장관도 비공식적으로 인도 총독에게, 키치너는 현존하는 칼리프—오스만 술탄—의 영적 권위를 계속 유지시키는 것에도 반대하고, 술탄에 대한 인도 무슬림들의 신망이 높아 교체를 할 때 하더라도 외세의 간섭에 의한 교체는 결코 받아들이지 않을 것이라는 점도 인정하지 않는다고 말했다.[2]

허첼은 메카의 지배자에게 아랍의 독립을 보장하겠다고 약속한 키치너의 서신에 대해서도, "정부의 허락 없이 독단적으로 독립을 약속한 경악스런 서신"이라고 이의를 제기했다.[3] 그에 앞서 아덴, 봄베이(뭄바이), 그 밖의 지역 총독들의 지지를 받아 인도정부 외교부에서 인도성으로 보낸 비망록에도, 허첼의 항변을 지지하는 내용이 적혀 있었다. "우리가 원하는 것은 통일 아라비아가 아니라 우리의 종주권 아래 두기에 적합하도록 자잘하게 분리된 공국들입니다. 그들이 서구 강국들에 맞선 완충지대를 만들어 우리를 향해 단합된 행동을 할 능력이 없어야 한다는 말이죠."4 그러나 알고 보면 인도정부는 카이로 영국 관리들의 의도를 오해하고 있었다. 클레이턴이 나중에 윙게이트에게 쓴 서신의 내용대로 "인도는" 키치너의 측근들이 "바보천치가 아닌 한 결코 존재를 허용할 리 없는 강력하고 통일된 아랍국이 탄생할지도 모를 두려움에 사로잡혀 있었던 것이다."5

크루 밀스는 사태가 복잡해지자 인도성과 인도정부의 격앙된 감정을 가라앉힐 필요성을 느끼고, 카이로의 영국인들이 아랍 지배자에게 독립을 보장해주겠다고 약속하는 서한을 보내면서도 사전협의가 없었던 것은 그것이 영국정부의 공식 서한이 아닌 "키치너 개인의 사신"이었기 때문이라고 해명했다.6 그러나 한번 불붙은 정부 내의 관할권 논쟁이 그 정도 해명으로 꺼질 리 만무했다. 그 논쟁은 전시는 물론 종전 뒤까지도 뜨겁게 불타올랐다.

II

인도정부는 방만하게 뻗어나간 경계선을 따라 드문드문 세워져 있어 포위 공격에 시달리기 십상인 수비대의 그것과 양상이 비슷했다. 따라서 본능적으로 새로운 일에는 말려들기를 꺼려하여, 중동에 대한 전략도 최소한의 영토—영국을 오가기 위한 해로를 확보해야 할 필요성 때문에 보유한 페르시아만 해안선 지대—만 보유하고, 내륙에는 진입하지 않는 것을 기본 원칙으로 삼고 있었다.

하지만 오스만제국과의 불필요한 전쟁으로 그곳과 가까운 바스라와 바그다드를 병합할 수 있는 기회가 열리자 인도정부의 생각도 달라졌다. 두 곳 모두 식민지로 만들어 경제개발을 하면 막대한 부가 창출될 것으로 여겨지는 곳들이었기 때문이다. 인도정부가 영토 취득은 더 이상 하지 말라고 누누이 당부한 예전 관리들의 경고마저 무시한 채 두 곳에 탐을 낸 것도 그래서였다. 그렇기는 하지만 그들은 어떤 식으로 일을 진행시키든 자신들의 이익과 무슬림이 대부분인 피지배민들의 이익을 동일시할 생각을 갖고 있었다. 그런데 키치너의 이슬람 정책으로 그 중차대한 계획에 차질이 빚어졌다.

키치너의 이슬람 정책은 인도정부가 본국정부 내의 경쟁자들에 맞서 기를 쓰고 지키려 한 외교정책의 영역마저 침범했다. 인도정부의 외교적 관할권에는 티베트, 아프가니스탄, 페르시아, 아라비아 동부와 같은 이웃 지역들이 포함돼 있었던 것이다. 그 밖에 인도정부는 총독과 재류 관리들의 네트워크를 통해, 아덴과 페르시아만의 족장국들도 영국의 보호령으로 통치하고 있었다. 따라서 인도정부의 관점에서 보면 키치너가 메카의 지배자와 협상하는 것은 그들의 활동영역을 침해하는 행위였다.

인도정부는 수에즈운하로 이어지는 페르시아만 해로 변의 연안 항구들만 보유하고, 내륙 지역의 정치에는 개입하지 않는 것을 오랜 정책의 기조로 삼아왔다. 하지만 그렇다고 해서 아라비아와 교류가 아주 없지는 않았다. 윌리엄 헨리 셰익스피어(1878~1915)만 해도 인도정부의 부영사로 있다가 1차 세계대전이 발발하기 몇 년 전 쿠웨이트로 전출되었을 때, 그 당시 떠오르는 실세였던 중부 아라비아의 아미르 압둘 아지즈 이븐 사우드와 정치적, 개인적 친분 관계를 맺고 있었다.[7] 그리고 이때 이븐 사우드는 압둘라와 마찬가지로 자신의 영토를 영국의 피보호령으로 만드는 것에 적극성을 보였고, 셰익스피어 또한 키치너와 스토스와 마찬가지로 정황상 어쩔 수 없이 오스만제국의 내정에는 개입할 의사가 없다고 정중히 거절하는 말을 했다. 당시 영국 외무부가 이븐 사우드 왕가와 숙적 관계에다 친튀르크파이기도 했던 중부 아라비아의 강력한 라시드 왕가를 지지하고 있었던 탓에 그로서는 더더욱 그럴 수밖에 없었다. 하지만 전쟁의 발발로 그런 제약이 사라지자 인도정부도 이제 홀가분하게 피보호자인 이븐 사우드를 지지하려고 하는데, 카이로가 그의 경쟁자인 메카의 아미르를 지원하고 나선 것이었다.

인도의 훼방으로 계획이 좌절되기는 카이로도 마찬가지였다. 오스만제국이 1차 세계대전에 참전한 달인 1914년 11월 카이로는 (에드워드 그레이의 승인을 받아) 대중을 선동하고 가능하면 혁명도 일으킬 생각으로 알 미스리 소령의 메소포타미아 파견을 제의했다. 그런데 인도정부가 선동의 불길이 통제 불능으로 퍼져나갈 것을 우려해 그 제안을 거부하고 나선 것이다.

인도 총독은 아랍이 튀르크 정부에 항거하는 반란을 일으킬 경우 반란의 주체는 이븐 사우드가 되어야 한다고 믿으면서도 1914년 12월에는 반란이 아직 시기상조라는 관점을 지니고 있었다.[8] 하지만 키치너와 카이로 및 하르툼의 키치너 측근들은 그의 의사에 반하게, 후세인을 영국의 주요 동맹으로 간주하고 아랍인들에게 폭동을 일으킬 것을 촉구하는 성명을 발표했다. 전반적인 전략에 나타난 이런 차이와 별개로 심러*는 전전戰前의 협상에 의거해, 영국이 메카의 아미르의 요구를 받아들이면 다른 아랍어권 지배자들과의 관계가 소원해지리라는 점도 염두에 두고 있었다. 영국과 오랫동안 우호관계를 유지한 쿠웨이트의 무바라크 족장만 해도 그랬고, 페르

---

* 인도정부의 여름 수도였으며, 그래서 흔히 인도정부를 뜻하는 말로 쓰인다.

시아의 항구도시 호람샤르(모하메라)의 지배자도 영국에 우호적 인물이었으며, 허첼은 비록 '위험한 깡패'로 보았지만 바스라의 거물 사이드 탈리브 또한 영국의 우군이었다.[9] 외무부 관리들도 아라비아에서 반발이 일어날 개연성에 대하여 경고하면서, 메카의 아미르와 적대관계에 있는 아라비아 지배자들 중 두 사람—이븐 사우드와 아시르의 지배자인 사이드 무함마드 알 이드리시—은 영국의 우군이라는 점에 주목했다.[10]

인도정부의 관리들은 카이로의 계획이 실현 가능성 없는 무모한 정책이라고 주장했다. 영국이 아랍인 칼리프를 후원하는 것은 인도의 무슬림 여론에 역효과를 미칠뿐더러(게다가 영국의 관점에서 보면 칼리프는 인도의 무슬림 여론과도 직결된 중요한 문제였다), 아랍권에도 득이 되지 않을 것이라는 것이 이유였다. 인도정부 정치부의 퍼시 콕스가 1915년 12월 쿠웨이트 족장 및 이븐 사우드를 만나본 뒤, 두 사람 모두 칼리프 문제에는 관심을 보이지 않았다는 보고를 한 것도 그 점을 뒷받침한다. 이븐 사우드만 해도 아라비아 족장들 중 "칼리프로 불리는 것에 관심 있는 사람은 아무도 없다"고 하면서, 자신이 이끄는 와하브파도 최초의 네 칼리프(이 중 마지막 칼리프는 1천 년 전에 죽었다) 이후에는 누구도 칼리프로 인정하지 않는다고 말했다는 것이다.[11]

Ⅲ

하지만 기묘하게도 런던이나 심러(인도정부)의 어느 관리도, 칼리프의 권위가 시험을 받아 그것이 허상이었음이 드러난 1914년 말엽의 사건으로부터 그럴듯한 결론을 도출해내지 못했다.

튀르크가 참전한 1914년 11월 오스만제국의 술탄 겸 칼리프는 콘스탄티노플 도심에 운집한, 잘 조직된 시위대에 둘러싸인 채, 영국에 맞선 지하드(성전)를 선포했다. 군중도 있고, 악대도 있고, 연설도 있는 선포식이었다. 빌헬름 가(옛 독일의 외무부가 있던 베를린의 관청 가―옮긴이)의 독일 외무부도 발 빠르게, '아랍어와 인도어' 전단지를 만들어 적군의 무슬림 군대에 배포할 요량으로 포고문의 복사본을 즉시 보내라는 전문을 콘스탄티노플에 보냈다.[12] 독일 외무부 직원들은 이번 술탄의 행동이 "이슬람 광신주의를 일깨우고" 그리하여 인도에서도 대규모 혁명이 일어날 것으로 예측했다.[13]

콘스탄티노플의 독일 무관들은 무관들대로 술탄의 지하드 선포가 영국과 프랑스 군대의 무슬림 병사들에게 영향을 주어, 독일군에게는 발포하지 않을 것으로 믿었다. 하지만 웬걸, 결과적으로 독일 대사의 회의적 예측이 독일 외무부와 무관들의 그것보다 정확한 것으로 드러났다. 독일 대사가 한 사신私信에서, 술탄의 지하드 선포에 "현혹되어" 동맹국 측에 가담할 "무슬림은 소수에 지나지 않을 것"이라고 말한 것이 그대로 적중한 것이다.[14] 1차 세계대전의 용어를 빌리면 지하드는 발사만 되었지 터지지 않은 '불발탄'이었다.*

성전에 대한 열의는 심지어 콘스탄티노플에서도 심드렁했다. 지하드가 선포되었는데도 도시에서는 아무 일도 일어나지 않은 것이다. 그래도 영국은 행여 사태의 급변으로 불발탄이 터지지나 않을까 조마조마한 마음으로 긴장의 끈을 늦추지 않았다. 길버트 클레이턴도 1915년 10월 지금까지는 지하드가 실패했지만 새롭게 탄력을 받을 개연성이 있다는 논지의 비망록을 작성했다.[15] 인도장관 크루 밀스는 술탄이 헤자즈 성지들을 지배하지 못한 것을 지하드가 실패한 유일한 요인으로 꼽았다. "만일 CUP가 메

---

* 이집트의 리비아 전선에서 유목민 세누시족과 같은 집단들이 일으킨 분란도 별것 아니었으며, 게다가 그것은 이번 전쟁이 아니더라도 어차피 터지게 돼 있었다.

카를 통제했다면 진짜 지하드를 선포해, 아프가니스탄에도 영향을 주고 인도에도 심각한 문제를 야기했을 것이다."[16]

한편 카이로에서는 윙게이트, 클레이턴, 스토스가 전후 세계에서 아라비아 및 아라비아 종교 수장과의 제휴가 요구되는 키치너 계획을 수행하는 데 박차를 가하고 있었다. 클레이턴은 신중한 인물답게 아랍인 칼리프는 미묘한 문제이므로 아랍인들 스스로 지명하도록 해야 한다는 입장을 피력했다.[17] 하지만 윙게이트는 언제나 그렇듯 이번에도 조급성을 드러내며 "아랍운동을 촉진하기 위해서라면 우리가 할 수 있는 모든 일을 할 것이고, 저 역시 이 일과 관련해 많은 일을 도모하고 있습니다"라고 말하여 피츠제럴드/키치너를 안심시켰다.[18]

그러나 인도성은 그렇게 되면 메카가 세계정치의 소용돌이 속으로 휘말려 들어갈 수 있다는 우려에 계속 유보적 입장을 취했다. 그 어떤 혼란이든 치명타가 될 수 있는 시대에 만에 하나 우발적 사태가 발생해 인도의 여론이 동요할 수 있다는 점을 염두에 둔 조치였다. 전쟁의 과정에서 인도정부는 대규모 인도군 병력과 더불어, 다수의 유럽 병사들도 유럽으로 파견하게 될 것이었다. 그 와중에 인도군이 봉기라도 일으키면 진압하지 못하는 위험한 상황에 빠질 수 있었다. 따라서 인도정부가 볼 때는 카이로와 콘스탄티노플 모두, 인도 무슬림들의 열정에 불을 붙여 인도제국을 위태롭게 할 정책을 추구하는 곳들에 지나지 않았다.

인도정부의 가장 위험한 적은 튀르크도 독일도 아닌 이집트를 지배하는 영국 관리들이라는 그들의 믿음은 전쟁이 진행됨에 따라 점점 강해졌다. 카이로의 영국인들이 인도의 항의에도 불구하고 메카와 내통을 계속했던 것이다.

12. 고래싸움의 새우등이 된 메카의 샤리프

I

무함마드가 태어난 메카와, 이후 메카에서 추방당한 무함마드가 헤지라(이주)를 행한 메디나는 지구상의 모든 무슬림들에게 특별한 중요성을 갖는 성도聖都들로, 홍해와 접한 아라비아 반도의 좁고 길쭉한 서쪽 지역, 산이 많은 헤자즈에 위치해 있다. 헤자즈가 '가르는' 이라는 뜻인 것으로도 알 수 있듯이 동쪽의 고원과 그곳 사이에는 가파른 고지대가 솟아나 있다. 이런 지형이다 보니 20세기 초만 해도 아라비아는 사람이 거주하지 않는 황량한 곳이었고, 1910년판 『브리태니커 백과사전』의 표현을 빌리자면 헤자즈 또한 "물리적으로 아라비아에서 가장 황량하고, 사람들의 이목을 끌지 못하는 곳"이었다. 모든 지역에서 물 한 방울 나지 않고 인적 없는 황무지였으니 그럴 만도 했다. 가장 넓은 곳의 폭이 320킬로미터밖에 안 되는 반면, 길이는 1,200킬로미터에 달하는 이 길쭉한 헤자즈가, 베두인족과 도회지인이 절반씩 섞인 30여만 명의 인구를 위태롭게 부양하고 있었다. 반면 헤자즈는 오스만제국령이기는 했지만 콘스탄티노플과 거리가 워낙 먼데다, 교통과 통신 수단 또한 원시적 상태에 머물러 있다 보니 상당한 정도의 자치를 누렸다.

헤자즈의 주산물은 종류가 100여 종에 이른 것으로 알려진 대추야자 열매였다. 그러나 사실 그곳의 알짜배기 산업은 무슬림들이 1년에 한 번씩 가는 순례여행이었다. 매년 메카를 찾는 순례객만 해도 7만 여명에 달했으니까. 그러다 보니 베두인족의 습격에서 순례객을 보호하는 것이 헤자즈 주재 오스만 관리의 주 임무가 되었다. 그 폐단을 줄이기 위해 오스만 당국은 베두인족에게 장려금을 지급하는 정책을 시행해, 순례객들을 괴롭히기보다는 그들을 지켜주는 것이 득이라는 것을 이해시키려고 안간힘을 썼다.

메카는 그곳에서 가장 가까운 항구도시에서 거리가 72킬로미터, 낙타를 타면 이틀 정도 걸리는 뜨겁고 바싹 마른 골짜기에 위치해 있었다. 또한 주변의 구릉들을 통해 그곳까지 이어지는 통로들을 통제했으며 6만 명가량의 주민이 살고 있었다. 메카는 또 비무슬림의 경내 진입을 금지시킴으로써 금단의 유혹을 강하게 불러일으키는 곳이기도 했다. 하지만 그 유혹을 뿌리치지 못해 변장까지 한 채 들어가려고 시도를 하여 잠입에 성공한 유럽 여행객은 많지 않았다. 메카의 실상을 외부에 알려준 사람들이 바로 이 유럽인들이다.

그들의 기록을 살펴보면, 성도였음에도 메카에서는 원시적 과거를 떠올리게 하는 모종의 사악한 일들이 벌어졌음을 알 수 있다. 『브리태니커 백과사전』에도 "메카에서 진행된 입에 담을 수도 없이 파렴치한 악행이 모든 무슬림을 분개시키고, 경건한 순례자들을 끊임없이 경악하게 만들었다. 순례여행이 노예무역과 관련돼 있었는지는 모르겠지만, 아무튼 그것을 빌미로 노예무역이 왕성하게 시행되었던 것은 사실"이라고 적혀 있다.

반면에 헤자즈인 혹은 모든 아라비아인을 태생적 귀족으로 본 여행객들도 있었다. 『브리태니커 백과사전』에는 그것이 이렇게 기록돼 있다.

신체적인 면에서 보면 아랍인들은 세계에서 가장 강건하고 고귀한 인종이다. …… 따라서 신체적으로는 인류의 어느 인종에도 뒤지지 않고, 그들보다 나은 인종이 있다 해도 극소수에 지나지 않는다. 정신적으로도 그들은 대부분의 다른 인종을 능가한다. 다만 조직력이 약하고 통합된 행동을 하지 못하는 탓에 시대의 진보를 잘 따라가지 못한다. 아랍인들은 그들의 정부 형태만큼이나 느슨하고 불완전한 것은 물론, 조급성마저 지니고 있다.

이 글이 사실이라면 메카의 아미르가 헤자즈를 통치하기는 결코 쉽지 않았을 것이다.

무슬림들에게 메카는 언제나 세계의 중심이었다. 그런데 카이로의 키치너와 콘스탄티노플의 CUP가 가진 야망 때문에 이 불모의 헤자즈가 20세기 정치의 중심에 서게 되었다. 1914년의 전쟁으로 새롭게 각광 받으면서 아미르에게는 달갑지 않은 또 다른 방식으로 헤자즈가 정치의 중심으로 떠오른 것이었다. 고래싸움에 새우등 터지게 된 격이라고나 할까.

당시 오스만 술탄을 대리해 헤자즈를 통치한 인물은 메카의 샤리프로 불린 후세인 빈 알리었다. 무함마드의 후손에게만 부여되는 존칭인 샤리프(귀족)로 불린 것으로도 알 수 있듯이 그는 무함마드의 가계인 하심 가 출신이었다.* 또한 오스만이 한동안 시행했던 관행, 다시 말해 경쟁적 샤리프들 가운데 한 사람을 아미르로 임명하는 관행에 따라, 다우안족에 속한 후세인도 1908년 다른 부족을 후보로 내세운 CUP의 반대를 무릅쓰고 술탄이 직접 선택해 아미르의 자리에 오른 인물이었다.

후세인은 오스만 궁정의 대재상이나 술탄과 마찬가지로 번잡한 표현

---

* 후세인과 그의 가계가 "하심 가"로 불리는 것도 그 때문이다.

방식을 가진, 고풍스런 환경에서 자라고 교육받은 인물이었다. 외양은 중키에 흰 수염을 길렀으며 1914년 예순 살이 될 때까지 생의 대부분을 콘스탄티노플 궁정에서 인질 생활을 하며 보냈다. 인질로 있을 때는 매서운 눈길로 엿보는 적들조차 비행을 찾을 수 없을 만큼 흠잡을 데 없는 생활을 했다. 대부분의 시간을 묵상으로 보낸 것이다.

후세인은 인질 생활을 마치고 아미르가 된 뒤에도 술탄에 대해 변함없는 충성을 나타냈다. 문제는 술탄이 명목상의 지배자에 지나지 않고 제국의 실권을 쥔 것은 변변치 않은 집안 출신의 풋내기 젊은이들의 집합체 청년튀르크당이었다는 점이다. 그러다 보니 후세인은 이들에게 공명하지 못했고 따라서 술탄에게는 충성을 했지만 오스만 정부, 특히 그들의 중앙집권적 정책과는 갈수록 심한 갈등을 빚었다.

후세인은 또 그 자신뿐 아니라 대대손손 아미르의 지위를 확고히 하려는 야망을 지녔다. 그래서 독립을 증진하려고 노력하자, 그의 기도를 꺾기 위해 CUP 정부는 온갖 모략을 다 꾸몄다. CUP 정부가 헤자즈 철도 건설에 박차를 가한 것도 아미르의 자율성을 빼앗기 위해서였다. 시리아의 수도 다마스쿠스에서 메디나까지의 철도는 이미 부설돼 있었으므로 이번에 그들이 하려고 한 것은 그 철도선을 메카와 제다(지다) 항까지 연장하는 것이었다. 따라서 철도가 완공되면 낙타를 가진 헤자즈의 베두인족과, 성지로 가는 순례로를 통제함으로써 얻는 그들의 수입 또한 막대한 타격을 입을 것으로 예상되었다. 철도와 전신기를 이용해 메디나와 메카를 비롯한 헤자즈 지역을 CUP 정부가 직접 통치하겠다고 나설 개연성도 있었다. 이렇듯 튀르크 정부의 계획이 실행되면 후세인은 오스만제국의 일개 하급관리로 전락할 수밖에 없었고, 그래서 그에 대한 대응책으로 생각해낸 것이 아랍 민간인들의 폭동이었다.

그러나 튀르크군을 이용해 아랍 부족들의 저항을 막아내고 아미르가 된 후세인으로서는 그것을 실행하기가 쉽지 않았다. 그러자면 충성의 대상은 그대로 둔 채, 정책만 바꿔야 했기 때문이다. 이렇게 해서 그는 오스만 제국은 지지하되 튀르크 정부에는 맞서는, 이도 저도 아닌 태도를 계속 유지하게 되었다.

유럽 전쟁이 시작되기 직전 몇 년간 다마스쿠스의 비밀결사와 아라비아의 다양한 경쟁 족장들은 서로 빈번히 접촉했다. 청년튀르크당에 맞서 힘을 합침으로써 오스만제국의 절반을 차지하는 아랍어권 지역의 권리를 강화할 수 있는 방법을 모색하기 위해서였다. 따라서 주요 족장들이라면 으레 한두 번씩은 이 회합과 관련이 있기 마련이었다. 1911년에는 오스만 의회의 아랍 의원들이 후세인에게 아랍인 봉기를 이끌어달라고 요청했다. 하지만 1년 뒤에는 상황이 바뀌어 비밀결사들은 후세인이 아닌 그와 경쟁 관계에 있던 다른 족장들에게 접근했고, 1913년에는 아랍 민족주의자들이 후세인을 "튀르크의 수중에서 놀아나는 도구"로 간주하는 지경이 되었다.[1] 튀르크 정부는 정부대로 후세인을 점점 불신하게 되어 그의 폐위 개연성마저 시사했다.

후세인의 두 아들도 정치에 적극적이었다. 오스만 의회에서 메카 대표와 제다 대표로 의정활동을 하던 압둘라와 파이살이 그들이었다. 이 중 후세인이 총애한 압둘라는 비밀결사들과 영국의 지원을 받으면 실행 가능성이 있다고 보고 봉기를 일으키자고 제안했고, 파이살은 그것에 반대하는 입장을 보였다. 키는 작지만 튼실한 체구에 유연한 정치인의 기질을 가진 압둘라가 호기롭게 행동한 반면, 호리호리한 체격에 머리 회전은 빠르지만 성격이 소심한 파이살은 신중할 것을 주문했다.

반면에 지난 몇 년간 적들을 싸움 붙여 짭짤한 재미를 보았던 후세인은 명쾌한 결정을 내리기보다는 정세를 관망하며 유보하는 태도를 취했다. 아미르로 여러 해 있는 동안 명성도 쌓이고, 거미줄처럼 복잡한 개인적, 가족적, 부족적 관계에 대한 지배권도 강화되어 헤자즈에서 그의 권위도 높아진 탓이었다. 게다가 메카와 메디나에 주재하는 CUP 지부의 정치적 영향력 또한 많이 감퇴하여 헤자즈 내에서 권위도 확고히 다져진 상태였다.

그러다 1913년과 1914년 그는 문득 자신이 외부의 적들에 둘러싸인 것을 알게 되었다. 적들 중에는 자신이 위협을 가하기도 하고 위협을 당하기도 한 남동쪽의 이웃한 아랍 족장들, 다시 말해 전통적 경쟁자들도 있었고, 아랍 민족주의자들도 있었다. 민족주의자들의 일부는 심지어 그를 튀르크의 관리로까지 치부했다. 오스만제국과 전쟁에 돌입하면 헤자즈의 긴 해안선을 함대로 쉽사리 지배할 수 있는 힘을 지닌데다, 후세인이 튀르크와 제휴하면 적으로 돌아설 것이 분명한 영국도 그의 적이었으며, 끝으로 아미르의 자율성을 빼앗으려고 호시탐탐 기회를 노리는 CUP 정부도 그를 둘러싼 외부의 적이었다.

그 CUP 정부가 이즈음에 철도를 완공하고, 정부 규정을 새로 만들고, 후세인을 폐하고 새로운 인물을 메카의 아미르로 앉히려던 극비 계획을 뒤로 미루는 이유는 전쟁에 발목이 잡혔기 때문이었다. 그렇다고 그를 편하게 내버려둘 리는 만무하여, CUP 정부는 후세인에게 병력 지원을 요구했다. 후세인과 압둘라로서는 충분히 CUP의 음모로 의심할 만한 요청이었다. 헤자즈 병력이 먼 곳에 차출돼 있는 동안 튀르크 정규군이 들어와 수비대 행세를 하면서 헤자즈의 통제권을 빼앗으려 한다는 의혹을 가질 만했던 것이다.

후세인은 이 모든 위험한 이웃들에게 그들이 원하는 대로 행동하겠다고 언질을 주어 안심시켰다. 하지만 말만 하고 행동은 언제나 미래의 어느 시점으로 미뤘다. 그의 경쟁자인 아라비아 동부의 강력한 족장 압둘 아지즈 이븐 사우드에게는 오스만 술탄이 영국과 연합국에 맞서 성전을 벌이자고 하면 자신과 제휴할 것인지 여부를 묻고, 다마스쿠스의 아랍 민족주의 지도자들과는 오스만 정부에 맞서 공동 대응을 할 수 있는지 개연성을 타진했으며, 병력 지원을 요청하는 오스만 정부에는 군대 소집과 물자 조달에 필요하다며 돈을 요구하고는 시간을 끌며 병력을 보내지 않았다.

후세인은 키치너의 전언과 약속에도 친절한 답서를 보냈다. 그와 동시에 1914년 말 수에즈운하의 영국군에 대한 공격을 준비 중이던 제말 파샤에게도 병력을 보내주겠다고 약속하는 편지를 보냈다. 아들 압둘라는 압둘라대로 카이로의 스토스에게 전시에 영국 편에 서겠다는 편지를 보내면서 그것을 비밀로 해줄 것을 요청했다. 당장은 영국과의 제휴 사실을 공개할 입장이 아닌데다, 행동도 할 수 없었다. 두 사람은 아직은 시기상조여서 실행할 때가 아닌 것으로 판단했다.

Ⅱ

스토스는 그가 진행한 교신으로 카이로의 고등판무관과 메카의 사이가 가까워진 것에 흡족함을 느꼈다. 그래서 1915년 1월 27일 피츠제럴드/키치너에게도 이런 서신을 보냈다. "메카의 샤리프와는 계속 돈독한 관계를 유지하고 있고, 그가 매년 전 세계 이슬람교도들의 존경을 받는 위치에 있는 것만 봐도 그렇지 못한 지방 족장들(그들 자체로는 강력하지만 말입니다)보다는 우리에게 한층 이로운 존재인 것이 확실합니다."[2]

이 후세인에게 키치너와 이집트의 고등판무관이 당시에 바랐던 것은 중립을 지켜달라는 것뿐이었다. 후세인 또한 위험한 전쟁에는 말려들고 싶지 않았으므로 양측의 교신도 그런 방향으로 진행되었다. 후세인은 그 자신도 그렇고 메카도 그렇고, 성전의 선포와 관련된 일에는 일절 관여하지 않았다. 그러므로 이집트 고등판무관의 관점에서 보면, 교신으로 이루려고 한 목적은 웬만큼 달성한 셈이었다. 1915년 2월 2일 헨리 맥마흔이 키치너에게 보낸 보고문도 그 점을 뒷받침한다. "지금 즉각적인 조치가 필요한 것은 없습니다. …… 당면한 모든 일은 메카의 샤리프와 처리했거든요."[3]

육군장관 키치너도 이 모든 상황에 흡족해 했다. 그는 아라비아의 일개 부족이 일으키는 봉기가 영국의 전황에 영향을 주리라고 본 윙게이트의 견해에 동의하지 않았다. 따라서 후세인이 그런 봉기를 주도하지 않겠다고 부정적 입장을 나타내는 데도 실망하는 기색이 없었다. 키치너에게 중요한 적은 독일, 중요한 전장은 유럽뿐이었다. 칼리프를 손에 넣는 일은 전후의 장기적 계획으로 잡혀 있었다. 키치너는 스스로도 그렇고 그 계획도 그렇고, 종전 뒤까지 충분히 기다려줄 수 있을 것으로 믿었다.

13. 패전으로 몰고 간 터키 지휘관들

I

육군장관으로 처음 임명되었을 당시만 해도 키치너는 전쟁 중에는 영국을 중동에 끌어들이지 않을 생각이었다. 때문에 막상 그 길로 접어들고 나서도 정작 자신이 그 일을 행하고 있다는 사실을 깨닫지 못했다. 따라서 그 후 1915~1916년 무렵이 되어, 영국이 중동에 완전히 끌려 들어간 것을 알게 되었을 때도 그는 일이 그 지경이 되도록 방치해두었다는 사실에 스스로도 어안이 벙벙했을 것이다. 중동을 등한시하고 서부전선에 전력투구하는 것이 그의 확고한 방침이었기 때문이다.

유럽전이 전개될 동안은 터키와 중동을 적당히 무시해도 되리라 본 키치너의 생각은 튀르크가 얼마간은 중대한 군사적 위협을 가하지 못할 것이라는 가정에서 비롯되었다. 대다수 사람들도 같은 생각이었다.

영국 관리들도 오스만의 군사력을 얕잡아보았고, 실제로 그 점은 개전 초 6개월 동안의 동부전선 전황으로도 확인되었다. 괴벤 호와 브레슬라우 호가 러시아 해안에 발포를 시작한 1914년 10월부터, 영국 함대가 다르다넬스 해협에 포격을 시작한 데 이어 콘스탄티노플 쪽으로 육박해 들어간 1915년 2월까지 튀르크군은 연전연패를 당했으니 말이다.

당시 튀르크군을 지휘한 총사령관은 전쟁이 시작되기 일주일 전 스스로 '대원수 대리'를 칭한 엔베르 파샤였다. 따라서 이론상으로는 술탄 다음가는 지위였으나, 술탄이 명목상 지배자였던 점을 감안하면 실제로는 일인자였다.

엔베르는 장군보다는 고독한 모험가의 자질을 지닌 인물이었다. 수완도 좋고 뱃심도 있었으나 장군으로서 역량은 모자랐다는 이야기다. 그와 자주 의견 충돌을 일으킨 리만 폰 잔더스 독일군 고문관도 엔베르를 군사적으로는 얼치기였던 것으로 묘사했다.

그러나 엔베르의 생각은 달랐다. 그는 스스로를 색다른 특징을 지닌 지도자로 여겼다. 비잔티움 제국의 변경지를 맴돌던 하찮은 존재에서 14세기 오스만제국을 창건해 일약 역사의 중심 무대로 뛰어오른, 이슬람교를 신봉하는 전사(가지ghazi)들의 후계자로 생각한 것이다.

그가 개전 초 성급하게 러시아제국을 공격하려 한 것도 그래서였다.[1] 하지만 그의 앞길에는 두 제국의 자연적 경계를 이루는 험준한 카프카스 산맥이 장애물로 가로놓여 있었다. 그런데도 엔베르는 리만 폰 잔더스의 조언마저 무시한 채, 러시아군이 안전한 고지에서 철통같이 지키는 그 천혜의 국경에 정면 공격을 실시하기로 마음먹었다. 그것도 한겨울에 말이다. 엔베르의 작전은 터키 영토 내 길이 960킬로미터 너비 480킬로미터의 거대 지역을 따라 병력을 집결하는 것에서 시작되었다. 병력과 물자 수송에 필요한 철도도 깔려 있지 않고, 몇 안 되는 도로들도 좁고 가파르며, 오래전에 무너진 다리가 그대로 방치돼 있어 강들도 걸어서 건너야 하는 곳이었다. 가장 가까운 곳의 군수품 철도 수송 종점이 960킬로미터나 떨어져 있어 탄알과 포탄도 낙타로 일일이 실어 날라야 했다. 그러다 보니 그 일을 하는 데만 6주가 소요되었다. 게다가 사람의 발길이 닿은 적이 없고 지도에도 실려 있지 않아 길도 마을도 없는 지역이 태반이었고, 긴 겨울 동안 산에 쌓인 눈 더미 때문에 연중 내내 통행이 불가능할 때도 많았다.

엔베르가 리만 폰 잔더스에게 알려준 바에 따르면, 그의 다음 작전은 집결지에서 국경을 넘어 러시아 영토로 들어간 뒤, 군사교본에 나온 대로 몇몇 부대는 정면 공격을 실시하고, 다른 부대들은 외곽으로 비껴나 서서히 선회하면서 측면에 서거나 혹은 에워싸는 조직화된 군사행동을 통해 카프카스 산맥 고원지대에 자리한 러시아군 진지를 공격하는 것이었다. 철도나 다른 수송수단이 없으면 기동력이 없어 그가 바라는 대로 작전을 펴기는 힘들 것이라고 아무리 강조해도 그에게는 마이동풍이었다. 엔베르는 자신의 작전이 성공할 것으로 확신했다. 그것도 모자라 러시아를 격파한 뒤에는 아프가니스탄을 통해 인도 정복에도 나설 것이라고 호언장담했다.

엔베르는 1914년 12월 6일 콘스탄티노플을 떠나, 12월 21일 오스만 제3군의 지휘권을 잡고 직접 카프카스 산맥고원 지대 공격에 나섰다. 예상치 못한 기습에 러시아도 당황했는지 영국에 지원을 요청했다. 오스만처럼 무능한 적이 공격해올 줄은 꿈에도 생각하지 못한 것이다.

엔베르는 눈이 깊이 쌓여 대포는 가져오지 못했다. 병사들도 영하 34도에 육박하는 강추위에 텐트도 없이 야영을 했다. 식량도 부족했고, 설상가상으로 발진티푸스까지 창궐했다. 눈 때문에 통로가 가로막혀 병사들은 어지럽게 뻗어나간 산길에서 이리저리 헤매다 길을 잃기 일쑤였다. 엔베르의 작전은 침략군의 교통로를 가로막았던 러시아군의 사리카미시 기지에 조직화된 기습공격을 감행하는 것이었다. 하지만 그 작전은 결국 부대들 간의 연락 불통으로 목적지에 따로따로 도착해 중구난방식 공격을 하다 러시아군에 하나둘씩 궤멸되는 것으로 끝이 났다.

한때는 군대였던 것의 잔재가 터키 동부로 돌아온 것은 1915년 1월이었다. 10만 명을 헤아리던 병력의[2] 86퍼센트가 목숨을 잃는 대패를 당했다. 오스만군 참모에 속했던 독일군 장교도 제3군이 당한 재난을 "군사 역사상 유례가 없을 만큼 신속하고 완전한 참패"였다고 묘사했다.[3]

하지만 그런 파멸적 패배를 당하고도 엔베르는 돌아오는 길에 또 다른 어처구니없는 공격을 명령했다. 이번 작전은 해상장관 제말 파샤가 지휘를 맡았다. 엔베르가 자신이 지닌 명성과 힘을 이용하여 청년튀르크당의 다른 지도자들을 압도하기 시작하자 그것에 질투를 느껴, 시리아와 팔레스타인에 기지를 둔 오스만 제4군의 지휘권을 잡은 것이었다. 제말 파샤는 1915년 1월 15일, 수에즈운하에 기습 공격을 가할 목적으로 이집트를 향해 행군을 시작했다.

하지만 이번에도 역시 병참 문제를 간과했다. 시리아와 팔레스타인은 도로 사정이 극도로 열악하여 마차조차 다닐 수 없는 길이 많고,[4] 폭 200킬로미터의 광막한 시나이 사막에는 길조차 나 있지 않다는 사실을 무시한 것이다. 오스만군은 그런 악조건 속에서도 경이로운 인내력과 용기를 발휘해 시리아에서 수에즈까지 병력과 장비를 그럭저럭 실어 날랐다. 하지만 알고 보면 그들이 사막을 관통하는 행군에서 살아남을 수 있었던 것은 크레스 폰 크레센슈타인 독일군 공병 장교가 행군로 변에 우물을 파준 덕이었다. 게다가 1월은 이집트에서 살인적 더위를 피할 수 있는 최상의 달이기도 했으므로, 계절 면에서도 그들은 운이 좋았다.

문제는 수에즈운하 변에 도착한 오스만군이 건너편으로 병력을 실어 나르는 데 필요한 배다리 가설법을 몰랐던 것이다. 그 때문에 독일군 공병들이 독일에서 가져온 가교용 배들도 무용지물이 되었다. 그런데도 제말은 공격을 명령했고, 그리하여 1915년 2월 3일 날이 채 밝지 않아 어둑어둑한 이른 아침 오스만의 제4군은 공격을 시작했다. 요새 뒤에 있던 영국군도 잠에서 깨어나, 거대한 수로 건너편에 오스만군이 있는 것을 보고는 우세한 화기로 발포를 시작했다. 이렇게 진행된 전투와 이어진 패주의 와중에 오스만군은 2,000명의 병력(제4군 병력의 10퍼센트에 달했다)을 잃었다. 제 말도 그제야 퇴각을 명령하여 남은 병력은 사막을 거치는 힘겨운 행군을 한 끝에 시리아 기지로 되돌아왔다.[5]

튀르크군 장군들의 지도력은 만인의 웃음거리가 되었다. 영국 외교관 오브리 허버트만 해도 카이로의 명물인 셰퍼드 호텔에서 친구 마크 사이크스에게 쓴 편지에서 오스만군이 실시한 가장 최근의 군사작전을 이렇게 묘사했다. "튀르크군이 낙타 수천 마리를 수에즈운하로 데려와 그것들의 털에 불을 붙였다네. 낙타의 머리가 좋다는 걸 알고 불을 끄기 위해 물속으로 첨벙 뛰어들 것으로 예상한 거지. 수많은 낙타들이 물속으로 뛰어들면 그것들을 밟고 운하를 건너려고 했던 거야."[6]

런던의 애스퀴스 수상도 오스만군의 수에즈운하 침공 작전을 가볍게 일축했다. "튀르크군이 수에즈운하에 다리를 놓아 이집트에 들어올 궁리를 하다가 기발한 방법을 고안해낸 것까지는 좋았어. 그런데 낙타들이 죽어 다리가 공염불이 되는 바람에 사막으로 되돌아갔지."[7]

II

엔베르는 전쟁이 조기에, 그것도 몇 차례의 전격 작전으로 결판이 날 것으로 믿었다. 따라서 소모전에 대비한 대책도, 그런 전쟁이 초래할 결과에 대해서도 아무 계획이 없었다. 조직력도 부족했고, 병참에 대한 지식도 없었으며, 행정가로서 인내심도 부족했다. 명색이 국방장관이라는 자가 분별력도 없이 나라를 혼란으로 이끌어간 것이다.[8]

엔베르는 오스만제국 영토 내에 사는 모든 적령기 남자들에게 사흘치 식량을 휴대하고 입대신고를 하라고 지시함으로써 전쟁을 개시했다. 하지만 업무능력이 한정된 상태에서 사람들이 한꺼번에 몰려들어 병무청은 신속하게 일을 처리하지 못했다. 그러자 시골에서 올라온 사람들은 길바닥에 앉아 사흘치 식량을 다 소진해버렸다. 그러다 이윽고 그들은 떠돌이가 되고 탈영병이 되어, 병무청으로도 가지 못하고 집에도 돌아가지 못하는 신세가 되었다.

농촌 인력의 징집은, 그렇지 않았으면 대풍이었을 1914년의 수확도 망치는 결과를 가져왔다. 작황이 좋을 때나 나쁠 때나, 인력과 짐 싣는 동물을 동원하는 그런 식의 터무니없는 악순환이 전쟁 기간 내내 계속되었다. 그러다 보니 전시에 튀르크의 역축 공급량은 말의 경우 평시의 40퍼센트, 소와 물소는 15퍼센트로 뚝 떨어졌다. 농업활동도 그 못지않게 극적인 감소세를 보여 곡물 재배지역은 절반으로 줄었고, 목화도 전전 생산량의 8퍼센트 수준에 그쳤다. 그렇게 되자 부족한 식량과 물자를 통제하는 것이 부와 힘을 얻는 지름길이 되어, 제국의 수도 콘스탄티노플에서는 암흑가와 손잡은 시카고 스타일의 정치적 보스가 경제 지배권을 놓고 엔베르 휘하의 병참 지휘관과 다투는 일도 벌어졌다.

전쟁은 오스만제국의 수송 체계도 망가뜨렸다. 철도와 쓸 만한 도로가 별로 없었던 탓에 오스만의 물품은 주로 해상으로 운송되고 있었다. 그런데 8,000킬로미터에 달하는 제국 해안선이 연합국 함대의 수중에 들어가 해로를 사용할 수 없게 된 것이다. 북쪽의 흑해는 다르다넬스 해협의 방어를 위해 독일과 튀르크군이 괴벤 호와 브레슬라우 호를 그곳에서 철수시키는 바람에 새로 건조된 러시아 전함들 차지가 되었고, 지중해는 지중해대로 프랑스와 영국 해군에 통제권을 빼앗긴 탓이었다. 연합국 배들에 의해 석탄 공급마저 차단당해 오스만군은 연료마저 육로를 통해 독일로부터 근근이 공급받았다.

전쟁 전야 오스만제국은 인구 2,500만 명을 보유한 대국이었다. 하지만 산업인력은 고작 17,000명에 지나지 않았다. 실용적 목적에 쓰일 만한 산업은 전무하다시피 했다.[9] 따라서 가진 것은 농업뿐이었으나 그마저 엉망이 되었다. 수출 무역도 전전의 4분의 1, 수입 무역은 10분의 1로 줄어들었다.

이렇게 해서 재정적자가 눈덩이처럼 불자 오스만 정부는 지폐를 찍어 그것을 틀어막으려고 했다. 하지만 그 때문에 인플레이션이 천정부지로 치솟아 물가가 1,675퍼센트나 폭등했다.

그로부터 오래지 않아 오스만 경제는 청년튀르크당 정부도 어찌해볼 도리가 없을 만큼 파탄 지경에 이르렀다.

14. 영국의 터키 공격을 허용한 키치너

예상치 못한 문제에 직면하여 쩔쩔 매기는 영국정부도 마찬가지였다. 개전 초 서유럽의 전쟁이 참호전으로 발전해갈 것으로 예상한 사람은 아무도 없었다. 따라서 막상 일이 그렇게 되고 보니 누구도 적진을 뚫을 수 있는 뚜렷한 해법을 내놓지 못했다.

1914년이 지나고 1915년으로 해가 바뀌자 전쟁의 추이는 점점 영국 내각이 원하지 않는 방향으로 전개돼 갔다. 모든 병력을 서유럽에 투여한 키치너의 전략도 가까운 장래에 승리를 가져다줄 개연성이 없어 보였다. 그리하여 타개책 마련에 나선 정치인들 중 유독 눈에 띄는 인물이 영국 내각 최고의 책사 데이비드 로이드 조지였다.

로이드 조지는 애스퀴스 이후 자유당과 내각을 통틀어 가장 힘 있는 정치인이었다. 따라서 침몰하는 배와 함께 물에 빠져죽을 인물은 절대 아니었다. 실제로도 그는 살아남았다. 1차 세계대전 발발 이후 종전 때까지, 내각에 계속 남아 있던 사람은 로이드 조지뿐이다.

웨일스 출신의 다이내믹한 정치의 귀재 로이드 조지는 당대 최고의 책략가, 아니 혹자의 말을 빌리면 그 시대 최고의 기회주의자였다. "로이드 조지에게는 불변의 정책도 없고, 확정된 언질도 없다"고 동시대인들 중 한 사람이 쓴 대로였다. 지그재그식 정책을 추구하다 보니 "이쪽저쪽에서 지원을 받을 수밖에 없어, 이 등 저 등 밟고 옮겨 다니는 곡마단의 곡예사 같은 존재가 되었다"는 것이다.[1] 실제로 돌려 말하기는 그의 습관이 되어, 그를 경외하는 사람마저 로이드 조지는 진실을 말할 때조차 직설적으로 말하지 않고, "우회적으로" 표현한다고 꼬집었을 정도다.[2] 당사자인 로이드 조지는 그것을 이렇게 표현했다. "전쟁이든 정치든, 다른 길이 있는데 구태여 희생이 큰 정면 공격을 택할 필요가 있을까요."[3]

그러다 보니 프랑스와 플랑드르에서 연합국 지휘관들이 싸우는 방식에 불만이 가장 많은 사람도 그였다. 참호망으로 연결된 적군 진지에 가망 없는 정면공격만 퍼부었으니 그로서는 그럴 만도 했다. 하지만 그가 내놓은 타개책이나 여타 해법은 장성들이 우글대는 육군성이나 동맹국들의 눈치를 봐야 하는 외무부에 의해 번번이 가로막혔다.

로이드 조지는 처음부터 동방에서 해법을 찾았다. 오스만제국을 격파하고 측면을 돌아 독일의 배후를 치기 위해서는 발칸 국가들 특히 그리스와 제휴해야 한다고 주장한 것만 해도 그랬다. 내각의 다른 장관들도 그의 주장에 동조했고, 전시내각 장관으로 가장 막강한 파워를 지녔던 모리스 행키도 그의 견해를 지지했다. 행키는 1914년 12월 28일자 비망록에서도 "독일을 격파하여 세계에 지속적 평화를 가져다줄 수 있는 가장 효과적인 방법은, 독일의 동맹 특히 터키를 통하는 것뿐"이라고 본 내각의 관점을 강조하면서, 발칸 국가들과 합동으로 다르다넬스를 공격하자고 제안했다.[4]

그러나 로이드 조지의 제안은 외무장관 에드워드 그레이에 의해 가로막혔다. 로이드 조지의 자유당 내 좌파 동료들에 따르면, 영국이 중립으로 남을 수 있는 개연성을 차단한 사람도 에드워드 그레이였다. 그들은 에드워드 그레이가 반대한 이유로 전전에 프랑스와 체결한 비밀협정을 꼽았다. (철학자 버트런드 러셀도 훗날 이렇게 썼다. "에드워드 그레이 경이 전쟁이 일어나면 프랑스를 지원하기로 약속한 일을 대중에게 숨기기 위해 주도면밀하게 거짓말한 사실은 나도 몇 년간 알고 있었다.")[6] 그런데 다르다넬스 해협과 관련해러시아와도 전전에 비밀협정을 체결했던 그레이가, 전후 연합국이 주장하게 될 영토 획득권을 이유로 발칸 국가들의 참전을 가로막고 나선 것이다. 불가리아는 루마니아 및 그리스와 앙숙이어서 세 나라의 동맹이 불가능하고, 그리스가 콘스탄티노플 정복에 나서는 것은 러시아의 심기를 다치게할 우려가 있어 수용할 수 없다는 것이 그의 입장이었다.

그러자 해군성, 육군성, 내각은 영국 함대 단독으로는 콘스탄티노플을 점령하기 어렵다고 보고, 육군도 작전에 참여시킬 것을 주장했다. 그들은 그리스나 그리스 이외의 다른 발칸 국가들의 지원을 받을 수 없다면, 영국 육군이라도 작전에 참가해야 한다고 말했다. 그러자 이번에는 또 키치너가, 유럽전에서 승리를 거두기 전에는 서부전선의 병력을 빼갈 수 없다고 우기는 연합국 야전 사령관들의 편을 들고 나왔다.

하지만 연합국 야전 사령관들의 희망적 견해에도 불구하고 내각의 주요 관리들이 보기에 개전 초의 몇 달 아니 몇 년 내에 연합국이 서부전선에서 우세를 유지하거나 승리할 수 있는 개연성은 희박했다. 애스퀴스 총리도 1914년 10월 7일에 이미 키치너 경이 "몇 달 내에, (서부전선에서) 대치중인 양군이 모종의 교착 상태에 빠지게 될 개연성이 있다"고 생각하는 것을 간파했으며,[7] 12월 말에는 윈스턴 처칠이 (총리에게 보고하는 과정에서), "연합국과 동맹국 모두 서부전선에서 적진을 돌파하지 못할 것이 확실시

---

* 하지만 이것은 역사적 근거가 없는 것으로 드러났다.[5] 그런데도 자유당 내 좌파 세력은 그렇게 계속 믿고 있었다.

된다"는 견해를 피력했다. 로이드 조지도 내각 동료들에게 보낸 메모에서, 서부전선에서 돌파구를 찾기는 "불가능하다"고 한마디로 잘라 말했다.[8]

1914년 가을 우연찮게 일어난 참호전은 역사상 유례가 없는 전투 형태였다. 따라서 키치너도 문제의 심각성은 파악했지만 해법을 찾지 못했다. 평행선을 달리던 연합국과 동맹국의 참호선은 이윽고 대서양에서 알프스 산맥까지 뻗어나갔다. 이렇게 끝도 없이 이어진 참호들 속에서 양측은 한 치의 양보 없이 대치만 하고 있었다.

참호전은 지구력 싸움으로 시작해서 생존 싸움으로 끝났다. 길이 56,000킬로미터에 달하는 땅 밑 참호들의 불결한 피투성이 구덩이 속에서 양측 군대는 끊임없이 포화를 퍼붓고, 그러다 또 느닷없이 반대쪽 철조망과 기관총들을 향해 무작정 돌격하는 자멸적 행동을 했다. 뻔히 수가 보이는 공격을 하여 적군의 총알받이가 되는 일도 자주 벌어졌다. 한 발짝도 앞으로 나아가지 못하는 이런 교착상태가 끝없이 이어졌다.

민간인 장관들은 답답한 마음에 군사전문가들에게 자문을 구해보았지만, 그들은 침묵으로 일관할 때가 많았고 말을 해도 횡설수설하여 그 예지력에 대해 의혹을 갖게 만들었다. 피츠제럴드는 장관이 아니다 보니 내각에서 발언할 기회조차 갖지 못했다. 키치너는 키치너대로 심지어 가까운 동료들에게조차 자신의 군사적 견해를 설명하는 데 굉장한 어려움을 겪었다. 그는 자신이 두려워하는 사람들—이방인, 민간인, 정치인—앞에서는 벙어리가 되었다. 그러다 때로는 침묵을 깬답시고 군대와 상관도 없는, 따라서 자신이 모르는 이야기를 장황하게 늘어놓았다. 아일랜드 출신 정치가 카슨에게 아일랜드 이야기를 하고, 웨일스 출신 정치가 로이드 조지에게 웨일스 이야기를 했으니, 번데기 앞에서 주름을 잡는 격이었다.

키치너에게는 분명 비범한 재능이 숨어 있었다. 문제는 그것이 좀처럼 겉으로 드러나지 않는 데 있었다. 로이드 조지도 종전 후 몇 년이 지나고 키치너와 관련된 이야기를 하던 중, 그가 "헛소리를 늘어놓았다"고 했다가 얼른 그것을 도로 주워 담는 말을 했다.

아니지! 그는 서서히 회전하는 큰 등대 같은 인물이었어. 그런 식으로 가끔 마음의 빛을 쏘아 유럽과 군대를 커다란 하나의 조망권 안에 넣고 사람들로 하여금 문제의 핵심을 파악하게 해주었지. 그러고는 다시 마음의 빗장을 걸어 잠가 몇 주 동안이나 주변을 암흑천지로 만들었어.[9]

키치너가 이렇듯 서부전선의 교착상태를 벗어날 타개책을 내놓지 못하자 영국의 민간인 지도자들은 그들 나름의 해법을 모색하기 시작했다. 요새화된 서부전선의 돌파구를 찾기 위해서는 북쪽, 남쪽, 혹은 동쪽에서 치고 들어가야 한다는 대동소이한 안이 제기되었다. 이 경우 장성들은 적군의 가장 강력한 지역을, 정치인들은 적군의 가장 취약한 지역을 공격해야 한다는 관점을 보유했다.

그리스와 공조해 취약한 남동부 유럽을 공략하자고 주장한 인물은 로이드 조지였다. 반면에 처칠은 피셔 제독의 영향을 받아(예편해 있던 그를 제1군사위원으로 위촉한 것도 처칠이었다), 독일 쪽 발트 해의 한 섬에 군대를 상륙시키자고 제안했다. 하지만 최종적으로 채택된 안은 1914년 12월 28일자 모리스 행키의 비망록이었다.

행키는 영국의 3개 군단이 그리스, 불가리아, 루마니아 육군과 합동으로 다르다넬스 해협을 공격해 콘스탄티노플을 점령하고, 이어 독일의 두 동맹 오스만제국과 합스부르크 제국을 격파해야 한다고 주장했다. 그러자면 불가리아를 그리스 및 루마니아와 화해시켜야 했다. 하지만 그 문제는 연합국이 벌이는 군사작전의 결과와, 승리의 성과를 세 나라에 공평하게 분배하겠다는 연합국의 약속으로 해결될 수 있다고 믿었다.

비망록이 공개되자 처칠은 다르다넬스 원정은 두 달 전인 11월 자신이 개진한 것인데, 키치너가 그에 필요한 병력을 제공하지 않으려 하여 무산된 것이라고 하면서, 1월 공격은 그때에 비해 한층 어려울 것으로 전망했다. 발트 해 상륙작전이 그보다는 한층 전도유망할 것이라는 말이었다. 그러면서도 처칠은 측면 공격을 찬성하는 면에서는 행키와 뜻을 같이한다는 점을 인정했다.

그러나 행키의 계획은 실현되지 못했다. 이번에도 그것을 막은 주범은 키치너와 에드워드 그레이였다. 키치너는 서부전선의 병력을 빼가는 것에 난색을 표했고, 에드워드 그레이는 콘스탄티노플 공격에 그리스가 개입하면 러시아의 심기가 불편해질 것을 우려했다. 불가리아와 다른 발칸 국들의 화해가 어려울 것이라는 점도 반대의 이유로 작용했다. 하지만 그레이가 그리스의 다르다넬스 공격을 반대한 것은 무엇보다 그것이 성공할 개연성 때문이었다. 콘스탄티노플은 고대 그리스인들의 제국, 비잔티움의 수도였다. 따라서 정복을 하면 그리스가 차지하려 할 것은 자명한 일이었고, 러시아는 러시아대로 다른 나라에 내주기보다는 동맹의 편을 바꿔서라도 기필코 그곳을 지키려 할 것이었기 때문이다.

한편 아테네에서는 개전 초 터키를 상대로 싸울 것을 주장한 베니젤로스 총리와, 독일 황제 빌헬름 2세의 매제였고 따라서 친독파였던 그의 정적 콘스탄티노스 1세 국왕이 그때까지도 여전히 연합국 편에서 참전하느냐, 중립국에 서느냐를 놓고 팽팽히 대립하고 있었다. 그러자 영국 외무부도 베니젤로스에 힘을 실어주기보다는 콘스탄티노스 국왕의 의향대로 그리스의 중립을 지지하는 편을 택했다.

돌이켜보면 그때 1915년 초에 만일 영국 해군이 그리스군과 합동으로 콘스탄티노플을 공격했다면 오스만의 수도를 함락시킬 수 있었을 것이다. 하지만 그 계획은 끝내 실현되지 못했고, 그로 인해 처칠이 느낀 좌절감은 1915년 겨울 그레이에게 써놓고 부치지 못한 편지에도 고스란히 드러나 있다.

부탁입니다. …… 마음에도 없는 그런 조치를 취하면 모든 것을 망치게 될 거예요. 전쟁이 장기화되면 100만 명이 죽을 수도 있습니다. …… 그리스의 참전을 막는 장애물을 절대 놓아서는 안 됩니다. 저로서는 그러다 자칫 귀하가 그리스도 잃고, 모든 미래를 러시아에 넘겨주게 되나 않을까 매우 걱정스럽습니다. 분명히 말하건대 러시아가 그리스의 연합국 지원을 가로막으면 저 또한 러시아가 콘스탄티노플을 차지하지 못하도록 기를 쓰고 막을 것입니다. …… 추신: 귀하가 만일 지금의 그리스—베니젤로스의 그리스—를 밀어주지 않으면, 독일에 또 하나의 동맹을 내주는 꼴이 될 것입니다.[10]

Ⅱ

1915년 초 키치너는 돌연 마음을 바꿔 영국의 다르다넬스 공격을 제안했다. 러시아 최고사령부가 다르다넬스에 대한 양동 공격을 급히 요청해오자, 그 청에 응하지 않으면 러시아가 전쟁에서 발을 뺄지도 모른다는 두려움에서 나온 조치였다. 만일 그렇게 되면 독일이 모든 병력을 서부전선에 투여할 수 있게 되어 영국과 프랑스에는 치명타가 될 수 있었던 것이다. 다만 키치너는 공격을 하되 작전은 해군 단독으로 수행해야 한다는 단서를 붙였다. 육군 병력은 내주지 않겠다는 말이었다. 그 정도쯤이야. 내각의 민간인 각료들은, (연합국 지휘관들과 달리) 가망이 없으리라고 본 서부전선에서 몸을 뺄 수 있게 된 것만 해도 감지덕지하여 그 기회를 덥석 부여잡았다.

러시아가 견제 공격을 요청하고, 그리하여 키치너가 심경의 변화를 일으켰던 것은 사실 엔베르의 카프카스 고원 지대 공격 때문이었다. 그리고 이 요청은 1915년 1월 엔베르의 튀르크군에 신속한 승리를 거두기 전 영국에 전달되었다. 따라서 순리대로 따지자면 러시아는 오스만군을 격파했으니 콘스탄티노플에 대한 양동 작전도 더는 필요 없게 되었다고 키치너에게 알리는 것이 마땅했다. 그게 아니면 키치너라도 그 결론을 도출해냈어야 했다. 그런데도 영국 지도자들은 있지도 않은 튀르크의 위협으로부터 러시아를 구해주겠다며 콘스탄티노플 공격에 총력을 기울인 것이었다.

결과적으로 처칠, 키치너, 애스퀴스, 로이드 조지, 영국, 중동의 운명을 바꿔놓게 될 다르다넬스 작전(갈리폴리 전투)은 이렇게 시작되었다.

15. 다르다넬스 작전의 승리를 향해

I

해군 단독으로 다르다넬스 작전을 수행하라고 한 키치너의 주장에 주무장관 처칠은, 군대나 행정부 사람들이 그 말을 듣고 보였을 법한 반응과 크게 다르지 않은 반응을 나타냈다. 다르다넬스 작전은 육해군 합동으로 전개하는 것이 옳다고 역설한 것이다. 그러면서 지도만 봐도 그 이유를 알 수 있다고 말했다. 다르다넬스 해협은 폭 6킬로미터, 길이 61킬로미터의 좁은 수로였다. 따라서 전함들이 급류를 헤치고 나아가다 물속에 부설된 기뢰에 부딪히고, 유럽 쪽 해안과 아시아 쪽 해안의 튀르크군으로부터 교차 포화를 받기 십상이었다. 해협에서 21킬로미터 들어간 지점에는 폭이 1.5킬로미터밖에 안 되는 좁은 병목 구간이 있어 그곳 해안가에 설치된 요새 포들의 사정권에도 들 수 있었다. 그러므로 적군의 대포를 무력화시키고 기뢰를 제거하기 위해서는 아군 병력이 해안선을 지켜야 한다는 것이 처칠의 생각이었다. 그것을 달리 표현하면, 함대가 해협을 통과하려면 해안가의 튀르크 요새들을 기습 점령하거나 혹은 파괴해야 한다는 말이었다.

처칠이 이렇게 나오자 키치너도 하는 수 없이 육군성에 고문관들을 모아놓고, 다르다넬스에 또 다른 전선을 여는 것에 대해 그들의 입장을 재고

할 수 있는지 의견을 물어보았다. 하지만 이번에도 그들은 요지부동으로 병력을 내줄 수 없다는 말만 되풀이했다. 그러자 이번에는 처칠이 1915년 1월 3일 아침, 해군성에 장성들을 모아놓고 러시아를 연합국에 묶어두는 것의 중요성을 감안해 해군 단독으로 작전을 수행해보자는 쪽으로 설득작업을 벌였다. 그 결과 낡고 쓸모없는 전함들만 작전에 투입하자는 안이 제시되어 그에 대한 현장 지휘관의 의견을 들어보기로 했다.

처칠은 회합이 끝나기 무섭게 즉시 다르다넬스 해역에 머물고 있는 영국 선단 사령관 색빌 카든 제독에게 "해군 단독으로 다르다넬스 작전을 실행할 수 있는지 여부"를 묻는 질의서를 보냈다. 낡은 배들이 투입될 것이고, 작전의 중요성을 감안할 때 큰 피해가 예상된다는 점도 덧붙였다.[1]

그에 대해 카든 제독은 "무모한" 돌진은 금물이지만—한 차례 공격으로는 다르다넬스를 점령할 수 없다는 말—"많은 함선들로 대규모 공격을 하면 해 볼만 하다"는 답변을 보내 모든 이들을 놀라게 했다. 전혀 예상치 못한 답변이었기 때문이다.[2] 하지만 다르다넬스 해역에 머물며 수개월 동안 선단을 지휘해본 경험자의 말이었으므로 결국 그의 견해가 채택되었다.

처칠도 발트 해 공격이 낫다고 여겼을 뿐, 다르다넬스 공격을 특별히 반대하지는 않았다. 따라서 일단 내각의 결정이 그렇게 나자 카든의 계획대로 열과 성을 다해 다르다넬스 작전을 수행할 결심을 했다.

Ⅱ

처칠은 다른 면으로는 재능이 많았으나 동료들의 기분이나 반응에 무신경했고 그러다 보니 타인에게 미칠 영향을 고려하지 않고 행동할 때가 많았다. 이번 일을 진행하면서도 그는 해군 장교들 중 한 사람이 내려야 마땅할 명령을 자신이 내려 동료와 조직의 반발을 샀으나, 본인은 그런 사실조차 몰랐다. 그들이 자신을 아는 것도 없으면서 간섭이나 하는 아마추어로 여기고, 전문용어도 제대로 구사하지 못하는 것에 분개하는 줄도 몰랐다.

처칠은 내각에서도 그의 다른 습성들 때문에 동료들의 따돌림을 당했다. 하지만 누구도 귀띔해주는 사람이 없어 그런 줄도 모르고 지냈다. 내각의 다른 부서들에 자기 생각을 쏟아놓으며 감 놔라, 배 놔라 참견을 했으니 그들로서는 좋을 턱이 없었을 것이다. 처칠의 장광설은 고문에 가까웠다. 하지만 부하 직원도 그렇고 동료 장관도 그렇고, 그의 앞에서는 대놓고 함께 일하기 피곤하다는 말을 하지 못했다. 처칠의 우상이자 멘토로서 그가 제1군사위원으로 위촉한 피셔조차 그와의 대화를 힘들어했다. 물론 피셔에게도 문제는 있었다.

그런데 천부적 직관력과 지독한 괴벽을 지닌 점에서 키치너와 흡사했던 피셔의 머릿속에 1915년 1월 19일 혹은 그 이전 다르다넬스 원정의 결정은 잘못이라는 불길한 육감이 휙 스쳐지나갔다. 하지만 왜 그런지 구체적 이유를 밝히지 못해 결국 처칠의 마음을 돌리지는 못했다.

다르다넬스 작전도 압도적 지지를 받았던 최초의 열기가 수그러들기 시작하더니 며칠 뒤부터는 분위기가 완전히 반전되었다.

1915년 1월 처칠과 관련하여 피셔의 볼멘소리를 들었던 모리스 행키만 해도, 육군이 참가하지 않는 작전에는 자신도 반대한다는 뜻을 밝혔다. 그는 당대의 가장 유능한 관료였다. 그런 인물답게 해군성 장관인 처칠보다도 오히려 해군성의 동태에 더 밝았다. 공격을 며칠 앞둔 시점인 2월 중순, 해군 단독으로 작전을 수행하는 것에 대한 해군성의 여론이 악화돼 있다는 것을 알아챈 것도 그였다.* 2월 15일에는 한 달 전만 해도 처칠에게 카든의 계획을 즉각 실행할 것을 촉구했던 헨리 잭슨 제독이, 해군만 투입하는 것은 "견실한 군사작전으로 권고할 것이 못 된다"는 요지의 비망록을 회람시켰다.[6] 해군 작전 차장 허버트 윌리엄 리치먼드 함장도 그 하루 전 유사한 내용의 비망록을 작성하여 헨리 잭슨의 비판적 견해에 힘을 실어주었다. 이 비망록은 행키에게도 전달되었다.

이튿날인 2월 16일 이른 아침에는 피셔가 처칠에게 그와 비슷한 경고를 했다. 그러자 처칠은 즉각 내각의 전쟁소위원회를 소집했다. 처칠이 위원회에서 밝힌 긴박한 상황의 내용은 이랬다. 튀르크 해역에 머물러 있는 영국 함대는 48시간 내지 72시간 내에 공격을 개시하게 돼 있다. 머지않아 적 잠수함들이 그 배들을 침몰시키러 올 것이므로 지금으로서는 공격을 지연시킬 수도 없는 상황이다.[7] 그런데 해군 지도부가 이제 와 육군의 대규모 지원 없이 해군 단독으로 작전을 실시하면 실패할 것이라는 전망을 내놓았다. 하지만 알다시피 키치너는 지금껏 육군 지원을 계속 거부해왔고, 설사 그가 지원을 승인하여 지금 바로 병력을 보낸다 해도 제시간에 도착하기는 힘들다.

한편 키치너는 전쟁소위원회에 참석하기 전, 전전에는 오스만 정부를 위해 일하다 당시에는 런던에서 정보 장교(대위)로 복무하던 윈덤 디즈와 만나, 해군 단독으로 다르다넬스 작전을 수행하는 것에 대한 그의 견해를

* 행키는 내각과 총리에게도 그 사실을 알리고, 그의 견해가 반영된 서신과 비망록도 작성했다. 3월 19일자 그의 일기에는 이런 내용이 적혀 있다. "내각에서 다르다넬스 작전이 처음 제안된 날 나는 총리, 키치너, 참모총장, 로이드 조지, 밸푸어에게, 해군 단독으로 작전을 수행하기는 불가능하고, 해군 지휘관들도 같은 생각임을 알려 주었다."[3] 행키가 이 경고를 했던 것은 사실이다. 하지만 이것은 그가 했다고 주장한 때보다 한 달이나 늦게 나왔다. 밸푸어에게 그 내용이 포함된 편지를 쓴 것이 1월 13일 (내각의 전쟁소위원회가 다르다넬스 작전을 시행하기로 결정한 날)이 아닌 2월 10일이었다는 이야기다.[4] 애스퀴스 총리에게는 그보다도 더 늦게 그 사실을 알렸다. 2월 13일에 총리가 "방금 행키와 이야기를 나누었어. 언제나 그렇듯 이번에도 들을 가치가 있는 말을 해주더군. 다르다넬스 작전은 대규모 육군의 지원을 받아야 한다는 것이 그의 생각이었어. 나도 한동안은 같은 생각이었지"[5]라고 말한 것도 그 점을 뒷받침한다.

물었다. 그래서 디즈가 기본적으로 그것은 잘못된 작전인 것 같다고 하면서 그 이유를 말하려고 하는데, 느닷없이 그의 말을 끊으며 헛소리 하지 말라고 면박을 주고는 방에서 내보냈다.

그래도 디즈와 면담으로 심경의 변화가 생겼는지, 몇 시간 뒤 키치너는 소위원회에서 29사단—영국에 남아 있던 유일한 정규군 부대였다—을 다르다넬스 작전의 지원 병력으로 에게 해에 파견하는 데 동의한다고 말했다. 당시 이집트에 새로 배치된 오스트레일리아와 뉴질랜드 병력도 필요하면 파견하겠다는 말도 덧붙였다. 이렇게 해서 마침내 피셔, 잭슨, 리치먼드, 여타 사람들의 요구사항이 충족되어, 함대가 해협을 점령하면 육군이 그에 인접한 육지 및 콘스탄티노플을 점령하는 것을 요지로 하는 다르다넬스 작전 계획이 수립되었다. 누군가의 일기에는 그것이 이렇게 적혀 있다. "키치너 경이 처칠에게 말하기를 '성공을 비오! 병력은 내가 구해보리라.'"[8]

하지만 그 작전에는 허점이 있었다. 만에 하나 튀르크군이 유능한 지휘관을 보유하고 있고 무기가 충분할 경우를 가정해, 육해군 합동 공격을 염두에 두었어야 하는데 그 점을 간과한 것이다. 해군의 승리를 기다리기 전 육군이 먼저 다르다넬스 요새들을 공격하는 방식으로 함대를 지원할 필요가 있었다는 이야기다. 민간인 모리스 행키도 그 점을 직시했다. 그런데 제독과 장성이라는 사람들이 그것을 놓친 것이다.

1915년 2월 22일 해군성은 다르다넬스 작전의 시작과 내용을 알리는 공식성명을 발표했다. 이어 신문들에는 다르다넬스 공격과 그 성공을 바라는 여론에 초점을 맞춘 기사들이 실렸다. 《타임스》는 "육군과 연계되지 않는 한 해상 포격은 큰 효과를 거두기 힘들다"고 전제한 뒤, "연합국의 다르다넬스 해협 공격에서 위험을 감수하지 말아야 될 한 가지가 있다면 그것

은 바로 실패"임을 주지시켰다.[9]

키치너도 내각 동료들에게 그와 비슷한 말을 했다. 로이드 조지가 다르다넬스 계획을 계속 물고 늘어질 때("다르다넬스 공격이 실패하면 그 즉시 다른 대안을 찾아야 할 것이오.") "효과가 없으면 포격을 멈추어야 한다"[10]고 말했던 그도 이제는 마음이 바뀐 것이다. 키치너는 2월 24일 내각의 전쟁 소위원회에서 심경의 변화가 일어난 이유를 해군성의 공식성명을 빌려 설명했다. "동방의 전투에서 패한 여파는 엄청날 것입니다. 다르다넬스 작전은 되돌릴 수 없는 계획이에요. 공식성명에 책임을 져야 한다는 말입니다." 키치너는 이런 말도 덧붙였다. "함대의 공격이 실패하면 육군이 그 일을 완수할 것입니다."[11]

키치너는 해군 단독으로 다르다넬스 작전을 수행하자고 주장했던 인물이다. 그랬던 그가 이제 육군 파견으로 마음을 바꾼 것이다. 이렇듯 그는 자신도 모르는 새에 한 걸음 한 걸음 중동의 주요 전쟁으로 영국을 끌어들였다.

III

튀르크도 처칠의 다르다넬스 공격을 예상하고 있었다. 그런데도 한동안은 방어 대책도 못 세우고 하늘만 쳐다보고 있었다. 그것은 오스만 정세에 훤하다는 윈덤 디즈도 모르는 극비 사항이었다. 독일이야 물론, 개전 초 자국의 군사고문단이 오스만군과 함께 다르다넬스 해협 양쪽의 요새를 보강했으므로 그 사실을 알고 있었다. 하지만 무기가 부족해 기껏 보강해놓은 요새가 무용지물이 되고 만 것이었다. 베를린이 알기로, 1914년 말과 1915년 초 해협 요새에는 한 차례 정도 교전할 무기밖에 비축돼 있지 않았고, 오스만의 몇몇 포함들도 1분가량 발포할 포탄밖에 탑재돼 있지 않았다.

이후 6주에 걸쳐 오스만군 최고사령부에는 연합국의 해상 공격이 임박했음을 알리는 첩보문이 속속 답지했다. 1915년 2월 15일에는 지중해 동부 해역에 영국과 프랑스 전함들이 집결했다는 첩보문이 도착했다.

그리고 2월 19일 카든 제독의 영국 전함들이 마침내 다르다넬스 작전의 시작을 알리는 첫 포탄을 발사했다. 터키 주재 미국 대사는 작전의 성공을 예측했고 콘스탄티노플 주민들도 며칠 내에 그들 도시가 함락될 것으로 보았다.[12]

당시 오스만 정부의 상황이 얼마나 다급했는지는 숙적인 러시아에까지 도움의 손길을 구하려 했던 것으로도 알 수 있다. 영국의 공격이 시작된 이튿날 독일 주재 튀르크 대사는 러시아-튀르크-독일 동맹을 제안했다. 러시아에는, 만일 연합국을 이탈해 동맹국으로 들어오면 다르다넬스 해협의 자유 통행권을 부여하겠다는 조건을 제시했다.[13] 오스만의 대재상은 콘스탄티노플 주재 독일 대사에게 이렇게 설명했다. "영국에 더욱 강력한 타격을 주기 위해서는 러시아와 화친이 필요합니다."[14] 그러나 독일이 튀르크의 뜻을 전해도 러시아는 묵묵부답이었고, 그리하여 영국의 다르다넬스 점령은 이제 피할 수 없는 일처럼 보였다.

다르다넬스에 퍼붓는 영국 함대의 포격 소리는 전략적 중요성이 큰 발칸 국가들의 수도들에도 정치적 반향을 불러일으켰다. 아테네, 부쿠레슈티, 소피아의 정치인들이 연합국 진영으로 몰려들기 시작한 것이다. 따라서 이들 나라 모두, 심지어 불가리아마저, 다르다넬스 작전이 성공하면 연합국으로 들어올 것이 분명해 보였다.[15] 로이드 조지도 거듭 주장했듯, 그렇게 되면 영국은 발칸 국가들을 동맹으로 얻게 되어, 상대적으로 방비가 허술한 남쪽으로부터 정부에 대한 불만이 많은 오스트리아-헝가리 제국을 통해 독일을 침략하는 식으로 전쟁을 끝낼 수도 있었다.

한편 1915년 2월 19일 아침 프랑스 선단의 지원을 받아 영국 전함들이 장거리포를 발사했을 때 다르다넬스 해협 입구의 튀르크 해안가 포들은 사거리가 짧아 응사조차 하지 못했다. 이에 카든은 그곳 요새들에 더 큰 손상을 주기 위해 육지 쪽으로 전함들을 이동시켰다. 그런데 그날 밤 날씨가 급변하더니 차가운 돌풍이 휘몰아치고 시계가 나빠져 더는 공격할 수 없는 지경이 되었고, 그 상태가 닷새 동안이나 계속되었다. 그러다 2월 25일 공격이 재개되어, 영국 해병들이 갈리폴리(겔리볼루) 반도 끝의 해안가에 상륙해 보니, 해협 입구의 요새들이 버려져 있었다. 튀르크군과 독일군이 대포들이 집중 배치된 해협 안쪽으로 옮겨간 것이었다.

한편 소피아에 머물던 영국 사절단은 불가리아군이 터키 공격에 합류할 개연성이 있다는 보고문을 본국에 보냈다. 루마니아 총리도 부쿠레슈티의 영국 사절단에, 루마니아는 물론이고 "이탈리아도 머지않아" 연합국 쪽으로 옮겨갈 것 같다는 암시를 주었다.[16] 3월 초에는 갈리폴리 전투(다르다넬스 작전)에 육군 3사단을 보내는 것을 포함해 그리스의 지원을 약속하는 베니젤로스(여전히 총리로 재임 중이었다)의 비밀전문이 도착해 윈스턴 처칠을 기쁘게 했다. 게다가 베니젤로스에 따르면, 친독파인 콘스탄티노스 국왕마저 연합국에 합류하려는 기미를 보인다는 것이었다.[17]

그리하여 승리의 기운이 완연해 보이자 처칠은 걸렸던 독감마저 뚝 떨어질 듯 기분이 고양되었다. 바이올렛 애스퀴스에게는 그 기분을 이렇게 표현했다. "행복에 겨워하다 천벌을 받을 것 같다는 생각마저 듭니다. 이 전쟁으로 매 순간 수천 명이 죽어가는데―나로서도 그것은 어쩔 도리가 없습니다만―나는 이렇게 살아 매 순간을 즐기고 있으니 말이에요."[18]

카든 제독이 처칠에게 보낸 3월 4일자 전문에 따르면 영국 함대는 날씨가 허락하면 2주 안에 콘스탄티노플에 상륙할 수 있을 것으로 전망되었다.[19] 그러자 전후의 오스만제국 운명이 단박에 국제 의제의 우선순위로 뛰어올랐다. 아직 참전조차 하지 않은 이탈리아마저 "터키가 분할될 경우의 몫"을 주장하고 나섰다.[20] 하지만 처칠은 그런 주장들을 시기상조로 보았다. 외무장관에게 보낸 기밀문서에서도 그는 유럽 쪽 터키는 점령할지라도, 아시아 쪽 터키는 최소한 일시적으로라도 오스만에 남겨두는 조건으로 휴전을 체결하는 것이 좋겠다는 제안을 했다.[21]

영국인들 중 유일하게 전문 도착 며칠 뒤까지도 다르다넬스 점령에 확신을 갖지 못한 인물이 피셔였다. "다르다넬스는 생각할수록 정나미가 떨어집니다!"[22] 하지만 그도 3월 10일 영국이 가로챈 적군의 전문에, 병목 구간을 포함한 다르다넬스 해협의 잔여 튀르크 요새들의 무기가 바닥을 보인다는 내용이 적힌 것을 보고는 마음이 변해, 새삼스런 전투욕을 드러내 보이며 에게 해로 가서 함대를 직접 지휘하겠다고 나섰다. 임박한 승리의 공을 차지하려고 너도 나도 튀르크 해역으로 몰려들었다.

키치너도 예외가 아니었다. 어느 날 저녁 바이올렛 애스퀴스는 키치너와 정찬 모임—육군장관으로서는 보기 드문 사교 행사였다—을 가진 뒤 담소를 나누던 중, 다르다넬스 승리의 공은 처칠에게 돌아가야 마땅하다고 말했다. "다르다넬스 작전이 성공하면 그 공은 전적으로 처칠에게 돌아가는 것이 옳습니다. 피셔를 포함하여 모든 사람들의 마음이 흔들릴 때도 처칠만 초지일관 그 계획을 배짱 있게 밀고 나갔으니까요." 바이올렛의 일기에는 그에 대해 키치너가 이렇게 대꾸한 것으로 적혀 있다. "내 말이 끝나자 키치너 경이 분연히 말했다. '아뇨, 그렇지 않습니다. 나도 언제나 그 계획을 강력히 지지했어요.'"[23]

16. 러시아의 속셈

I

애당초 키치너와 처칠이 다르다넬스를 공격하기로 한 것은 러시아의 촉구 때문이었다. 그런데 그 작전이 막상 성공할 조짐이 보이자 러시아 정부는 좌불안석이 되었다. 작전 성공은 물론 기뻐할 일이었지만, 그렇게 되면 영국이 콘스탄티노플을 차지할 것이 뻔했고, 그러자 러시아인들 마음속에 지난 1세기 동안 거대한 게임을 벌이며 느꼈던 공포와 시기심이 되살아난 것이다. 러시아 정부가 우려한 것은, 영국이 일단 콘스탄티노플을 점령하고 나면 내놓지 않으려 할 수도 있다는 점 때문이었다.

1915년 3월 15일 러시아 외무장관 세르게이 사조노프(1860~1927)가 니콜라이 2세 황제의 메시지가 담긴 비밀 통전通電을 런던과 파리에 각각 발송했다. 콘스탄티노플과 다르다넬스 해협, 그리고 해협에 인접한 지역을 러시아에 인도할 것을 연합국에 요구하는 내용이었다. 그에 대한 반대급부로 러시아는, 영국과 프랑스가 오스만제국의 다른 영토와 그 밖의 지역에 갖고 있는 야망이 실현될 수 있도록 양국의 계획을 호의적으로 수용하겠다는 뜻을 밝혔다.

파리는 러시아의 요구를 당혹스럽게 받아들였다. 러시아가 콘스탄티

중동의 진창에 빠진 영국 207

노플을 보유하면 지중해에서 프랑스와 경쟁을 벌이게 될 것이 두려웠던 것이다. 외무장관 델카세는 그것을 고려해, '친선'이라는 모호한 표현으로 러시아의 요구를 점잖게 거부한 다음,[1] 영토문제는 평화회의까지 기다려야 할 것이라는 점을 넌지시 시사했다.

반면에 런던은 프랑스의 입지를 약화시키는 쪽으로 입장을 정리했다. 지난날 동맹국들의 감정을 상하지 않게 하려고, 영국이 시리아에 흑심을 품었다고 의심하는 프랑스를 무마하려 했던 그레이가 이제는 영국이 다르다넬스 해협을 차지할지 모른다는 의혹을 가진 러시아를 다독거리려 하는 것이었다. 이렇게 해서 그레이는 판도라의 상자를 열고 말았다. 평화회의가 열리기 전 러시아의 권리를 인정해주면 프랑스도 권리를 요구하게 될 테고, 키치너 또한 그의 권리를 요구할 것이기 때문이다. 그 위험성을 알았는지 몰랐는지, 그레이는 러시아를 무마시킬 필요성에 우선순위를 두었다.

II

영국 외무부가 그런 결정을 내린 것은, 만에 하나 러시아가 콘스탄티노플 문제에서 흡족한 결과를 얻지 못하면, 페트로그라드(지금의 상트페테르부르크, 즉 러시아 정부)의 친연합국 각료들이 친독일파 각료들에 의해 매우 난처한 입장에 처할 것이라는 판단에서였다.

그레이가 나중에 영국이 러시아를 무마하지 못할 경우 러시아의 친독분자들—이들에 대해 그는 심한 두려움을 갖고 있었던 것 같다—이 영국의 다르다넬스 작전을 어떤 식으로 왜곡해 제시할지를 설명한 점에서도 그 점은 분명히 드러난다.

영국의 정책은 언제나 러시아를 콘스탄티노플과 다르다넬스 해협에서 배제시키는 것에 맞춰져 있었다. …… 물론 그 정책은 지금도 유효하다. 그리고 이제 영국은 콘스탄티노플을 점령하려고 한다. 영국과 프랑스가 러시아의 도움을 받아 전쟁에서 승리하면, 러시아가 평화회의에서 콘스탄티노플을 차지할 수도 있기 때문에 그것을 막으려는 것이다. 그렇지 않으면, 프랑스군과 영국군이 프랑스에서 (독일군의) 심한 압박에 시달리고 러시아가 그들을 구하기 위해 미증유의 희생을 하는 시점에, 영국이 굳이 다르다넬스 해협에 군대를 보낼 이유가 있겠는가.[2]

자유당 내각의 지도자들인 그레이와 애스퀴스는 그래도 어찌됐든 전시동맹의 요구에 양보할 의향을 갖고 있었다. 글래드스턴이 수립한 정치 전통의 계승자답게 두 사람은 터키에는 적대적, 러시아에는 호의적 태도를 지녔다. 그러므로 보수당이 집권했던 1903년, 러시아를 콘스탄티노플에서 배제시키는 것이 영국의 이익에 더는 부합하지 않는다고 판단한 제국 방위위원회의 결정에도 따를 용의가 있었다. 오스만과 전쟁 초기 애스퀴스 총리가, "튀르크제국이 유럽에서 사라지고, 콘스탄티노플이 러시아 차지가 되거나(그것이 콘스탄티노플의 적절한 운명이라고 본다), 그게 아니면 중립화되는 것을 보는 것보다 내게 더 큰 즐거움은 없을 것이다"[3]라고 쓴 것도 그 점을 뒷받침한다. 애스퀴스는 그 문제가 제기된 1915년 3월에도 콘스탄티노플과 다르다넬스 해협을 염두에 두고, "러시아가 그 두 곳을 차르의 제국에 포함시키려고 하는 것은 분명하다"고 전제한 뒤, "개인적으로 나는 러시아의 권리를 계속 지지해왔고 지금도 그 입장에 변함이 없다"[4]는 의견을 나타냈다.

에드워드 그레이는 사실 1908년에 이미 내각의 다른 각료들 모르게 러시아 정부에 그 약속을 함으로써, 종국에는 러시아가 콘스탄티노플을 차지하게 될 빌미를 제공했다.[5] 그러므로 그 희망만 충족되면, 러시아는 페르시아, 동유럽, 여타 지역에 대한 권리를 주장하지 않을 것으로 판단했다.

그 한 달 전 그레이가 튀르크 참전을 막기 위한 콘스탄티노플의 반독일 쿠데타를 부추기지 않은 것도, 그렇게 되면 콘스탄티노플을 러시아에 줄 수 없기 때문이었다.[6] 그리고 이 조치는, 그레이의 말을 빌리면 "러시아가 심적 동요를 일으켜 전쟁에 전력투구하지 않을 수도 있기" 때문에, 그리스와 발칸 국가들을 연합국 편에서 참전하지 않게 하려는 영국정부의 방침에 따른 것이었다.[7]

처칠의 의견은 이와 달랐다. 그는 러시아의 희망에 호응하는 정도로 개략적 성명을 발표하는 것 이상의 그 어떤 입장 표명을 하는 것에 거부감을 나타냈다. 그래서 그레이에게도 러시아의 콘스탄티노플과 다르다넬스 해협 지배가, 영국의 이익에 어떤 영향을 주게 될지를 검토하라는 지시를 해군성에 내렸다는 서신을 보냈다. 처칠은 전시의 당면한 이해관계를 넘어 거시적으로 문제를 바라볼 것을 촉구했다. "이번 전쟁으로 영국 역사가 끝나는 것은 아닙니다.'"[8]

그러나 처칠의 고언에도 불구하고 영국정부는 러시아가 개별적으로 강화조약을 맺을지도 모른다는 점에만 촉각을 곤두세우며, 사조노프와 차르가 제안한 조건을 받아들이기로 결정했다. 그리하여 1915년 3월 12일에는 영국, 그다음에는 프랑스가 뒤늦게(1915년 4월 10일), 오스만제국과 관련해 두 나라의 요구가 관철되고, 세 나라에 의해 수행된 전쟁이 성공적으로 끝났을 경우를 조건으로 한다는 점이 거듭 강조된 비밀 제안을 정식으로 수용했다.

그레이는 그에 앞선 1915년 3월 10일자 비망록에서도 사조노프에게 이런저런 영국 측 견해와 조건들을 제시했다. 또한 당초 콘스탄티노플과 다르다넬스 해협만 요구했던 러시아가 이제와 해협 인접 지역의 영토도 요구한다는 점에 주목하여, 영국이 전쟁의 목표를 정하기도 전에 "러시아는 이번 전쟁을 통틀어 사실상 가장 값진 전리품이라 할 수 있는 것으로 자국의 여망을 충족시키기 위해 확정적 약속을 요구하고 있다"는 점도 지적했다. 그는 차르의 제안을 수용한 것에 대해, 영국정부가 최대한의 우호와 성실의 징표를 러시아에 보여준 것임을 되풀이해서 강조했다. "영국정부의 전통적 정책과도 상반되고, 영국이 한때 보유한 보편적 여론과 정서에도 정면으로 배치되는 것이며, 지금도 그것이 결코 사라졌다고는 할 수 없는" 시점에 애스퀴스가 러시아의 제안을 수용한 것은, 영국의 그 어떤 다른 정부도 할 수 없는 일을 행한 것이었다고 기록했다.

그레이는 나아가 그에 대한 보상으로 영국이 러시아에 요구하게 될 내용도 밝혔다. 영국이 동방에서 뭘 원할지는 아직 구체적으로 정해지지 않았지만, 1907년에 체결된 영국-러시아 협정(페르시아를 3분하는 내용—옮긴이)을 개정하여, 중립 지역으로 남아 있는 페르시아 영토를 영국이 이미 보유한 3분의 1 지역에 병합시키는 것이 그 요구에 포함될 것임은 분명히 했다. 최근에 체결된 콘스탄티노플 협정을 비밀에 부쳐야 한다는 점도 강조했다.

그레이가 콘스탄티노플 협정을 비밀에 부친 것은 그 내용이 공개될 경우 인도의 무슬림 여론에 미칠 파장 때문이었다. 무엇보다 그는 영국이 그때까지 남아 있던 최후의 무슬림 독립국, 따라서 중요성이 적지 않은 오스만제국을 파괴한 장본인으로 비춰지는 것에 부담을 느꼈다. 만일 양국의 협정 내용이 공개되면, "영국정부는 협상이 진행되는 내내, 어떠한 경우에도 무슬림 성지와 아라비아는 독립 무슬림 영역으로 남겨둘 것을 요구했다"는 점을 공개적으로 천명해달라고 러시아 측에 요청한 것도 그래

서였다.[9]

　그레이는 또, 오스만제국이 파괴되는 데 따른 이슬람교도들의 손실을 다른 곳에 무슬림 국가를 세우는 방식으로 벌충해줄 필요가 있다고 느꼈다. 그리고 종교적 관점에서 볼 때 메카와 메디나가 있는 아라비아가 그 후보지로 가장 손색이 없을 것 같았다. 게다가 그곳은 열강들도 탐내지 않았으므로 약속하기도 어렵지 않았다. 데이비드 로이드 조지도 훗날, "외국 군대가 아라비아 땅을 점령할 것으로 보는 사람은 아무도 없었다. 메마른 황무지여서 강대국이 목초지로 욕심 부릴 만한 곳이 아니었다"고 썼다.[10] 그때만 해도 아라비아에 엄청난 석유가 묻혀 있다는 사실은 알려지지 않았던 것이다.

Ⅲ

　그 아라비아가 육군장관 키치너의 전후 계획에서 큰 역할을 하게 된 것이다. 키치너는 1915년 3월 4일 러시아가 요구한 것을 3월 12일 영국이 받아들이자, 3월 16일자 비망록에서 "유럽에 존재하는 위기로, 지금은 수면 밑에 가라앉아 있는 해묵은 반목과 질시가 되살아날 수 있다"는 점과, 영국도 "러시아, 프랑스, 혹은 양국 모두와 반목할" 개연성이 있다는 경고의 말을 했다.[11] 키치너가 우려한 것은 거대한 게임의 재발이었다. 또한 그레이와 마찬가지로 그 역시 메카와 메디나가 포함된 아라비아 왕국의 창설을 촉구하면서, 그곳을 영국의 보호 아래 두어야 한다는 점도 덧붙였다. 키치너는 그것을 영국이 무슬림권의 영적 지도부를 통제할 수 있는 필수 요건으로 보았다.

　키치너가 짠 전후 중동 종합계획에는, 영국이 바로 얼마 전에 병합한 지중해의 섬 키프로스에서 인도까지 이어지는 육로를 프랑스나 러시아의 방해 없이 안전하게 지배하는 안이 포함돼 있었다. 그리고 그것을 실현하기 위해 키프로스 섬 맞은편 아시아 본토에 위치한 대규모 천연 항 알렉산드레타*를 점령한 뒤, 그곳과 메소포타미아 지방(지금의 이라크)을 잇는 철도를 건설할 계획을 세웠다. 아직 입증되지는 않았지만 메소포타미아 지방에는 처칠과 해군성이 중요하게 여기는 석유도 다량 매장돼 있는 것으로 여겨졌다. 또한 고대 메소포타미아 문명의 발상지로 티그리스 강과 유프라테스 강을 양옆에 끼고 있으므로, 비옥한 농토로도 가꿀 수 있었다. 그러나 키치너가 볼 때 그곳의 주된 이점은 역시 전략적인 면에 있었다. 그는 지중해에서 페르시아만 상부까지 철도를 부설하면, 인도로 신속하게 병력을 이동시킬 수 있으리라 보았다. 그렇게 해서 철도가 횡단하는 거대한 영토를 보유하면, 인도로 가는 길도 얻고, 페르시아만을 보호하는 방패막으로도 쓸 수 있는 일거양득의 효과를 거두게 되리라는 것이 그의 생각이었다. 키치너는 영국이 그곳을 점령하지 못하면 러시아에 빼앗기게 될 것도 우려했다.

인도성의 아서 허첼 경도 비슷한 시기에 키치너와 유사한 내용의 비망록을 작성했다. 하지만 거기에는 중요한 차이점이 있다. 메소포타미아 지방을 인도제국에 포함시킬 것을 촉구한 것이 그것이다.[12] 허첼은 메소포타미아에 관개를 하고 비옥한 농토로 만드는 일에는 인도의 식민지 개척자들이 가장 적합하다고 보았다. 인도성이 관할권을 갖고, 통치는 인도정부에 맡기려는 것이 그의 계획이었다. 오스만제국의 영토를 놓고 런던의 두 경쟁 세력(육군성과 인도성)이 카이로의 고등판무관과 심러의 부왕을 대리하여 투쟁을 벌이는 것은 갈수록 분명해 보였다.

---

* 시리아 국경 근처 터키 남단에 위치한 항구도시로 지금의 명칭은 이스켄데룬.

대부분 관리들이 공유한 관점이기도 한 허첼과 키치너 비망록의 밑바탕에는, 오스만제국을 분할해 그 영토의 많은 부분을 영국이 점유하는 것이 이익이라는 가설이 내포돼 있었다. 내각에서 그것을 비판적 시각으로 검토해야 할 필요성을 느낀 사람은 애스퀴스 총리뿐이었다. 하지만 그 역시, 그 문제에 관해서는 영국도 동맹국들처럼 전쟁에서 좋은 결과를 얻어야 한다고 느낀 처칠 등의 정치인들이 다른 모든 이들의 의견을 대변했다는 점만은 인정했다.

지금으로서는 그레이와 내가 그 해법에 의혹과 불신을 갖는 유일한 사람들이다. 우리 두 사람 모두, 종전 무렵 영국은 얻은 것도 잃은 것도 없는 상태가 영국의 장래에 이익이 되는 최선의 길이라 믿는다. 그것은 단순히 도덕적이고 감상적인 견해에서 나온 것이 아니라 순수하게 세속적인 고려에서 나온 판단이다. 알렉산드레타가 포함되든 안 되든, 메소포타미아를 점유하는 것만 해도, 지금 즉시 혹은 가까운 장래에 보상이 있으리라는 어떤 보장도 없이 영국은 수백만 파운드를 쏟아 붓고, 백인과 유색인종이 뒤섞인 대규모 군대를 낯선 지역에 주둔시키고, 다루기 힘든 아랍 부족들과 더불어, 인도에서 겪은 것보다 더 곤란한 갖가지 행정적 문제와도 씨름해야 하는 난제가 수반되는 것이다.[13]

애스퀴스 총리는 각료들이 오스만 영토의 장래를 논의하는 모습을 보고 "마치 해적단의 모의를 방불케 한다"고도 말했다.[14] 하지만 언제나 그렇듯 말만 그렇게 하고 그들의 행동을 막지는 않았다. 애스퀴스가 말하려 한 것은, "우리가 감당할 수 있는 정도의 영토는 이미 충분히 보유하고 있다"고 주장한 그레이의 견해를 지지하지만, 그럼에도 그나 내각의 다른 동료들이나, 영토의 추가 획득을 막을 수 있는 '자유로운 관리'의 위치에 있지는 않다는 것이었다. "영국은 빈손으로 남고, 다른 나라들이 터키를 마음대로 주무르게 내버려두는 것은 우리의 의무를 저버리는 것이 됩니다."[15]

러시아가 콘스탄티노플 협정과 관련된 서신을 주고받으며, 서방 국가들에게 영토적 요구를 구체적으로 하라는 요구를 했을 때, 그 일을 처리한 것도 애스퀴스 총리였다. 그 문제를 검토하고, 오스만이 연루된 평화협정에서 영국이 요구해야 할 사항을 내각에 권고하도록 직업 외교관 모리스 데 번센 경을 의장으로 하는 부처 간 위원회를 신설한 것이다.

대체로 간과되고 또 논의되지는 않았지만, 그 밖에도 그는 또 다른 중요한 조치를 취했다. 독일과 전쟁이 터지고 오스만과 전쟁이 발발하기까지 100일간, 오스만제국 영토를 보전해야 한다는 기존 원칙을 포기함으로써, 1세기 넘게 유지해온 영국 외교정책의 근간을 완전히 뒤바꾼 것이었다. 그리하여 튀르크와 전쟁이 발발한 지 150일째 되는 날, 애스퀴스 정부는 마침내 오스만제국의 해체가 절대적으로 필요하고, 영국도 영토분할에 참여하는 것이 이롭다는 관점을 갖게 되었다.

Ⅳ

애스퀴스 정부가 오스만제국을 해체하려고 한 것은 러시아가 콘스탄티노플을 요구했기 때문이다. 키치너도 개전 초에 이미 그것을 예상하고 애스퀴스가 종전 뒤 중동정책의 밑그림을 그리기 위해 모리스 데 번센을 의장으로 하는 부처 간 위원회를 구성하기 몇 달 전부터 러시아의 콘스탄티노플 요구에 대비한 그 나름의 정책을 수립하기 시작했다. 이렇게 시작된 키치너 부관들의 활동은 위원회가 가동되기 전, 위원회가 가동되는 도중, 그리고 위원회의 일이 끝난 뒤까지 계속되었다.

키치너는 전후 중동 계획을 수립할 때, 그 지역에서 영국에 대한 러시아와 프랑스의 전통적 적대감이 되살아날 수 있다는 개연성에 특별히 초점을 맞추었다. 그러면서 의존한 사람들이 카이로의 이전 직원들이었다.

그리고 키치너의 개인 비서 오스왈드 피츠제럴드는 이때 로널드 스토스에게 북쪽 지역에서 프랑스와 러시아의 상황과 관련해, 전후 팔레스타인의 역할에 대한 그의 의견을 물었고, 스토스는 1914년 말 이런 답변을 보냈다.(영국이 시온주의―팔레스타인에 유대인의 조국 창설을 목표로 한 운동―를 전시정책과 연관지어 생각한 첫 번째 사례들 중 하나였다.)

팔레스타인과 관해서는, 병합에 수반될 새로운 책임을 떠맡고 싶지 않은 것이 인지상정이지만, 러시아가 남쪽의 시리아로 진출하거나 혹은 프랑스 보호령이 레바논으로 확대되는 것 또한 보기 싫기는 마찬가지입니다. 또 러시아보다는 프랑스가 이웃으로 있는 것이 낫겠지만, 화친까지는 몰라도 전쟁의 기억이 생생한 세대가 죽고 나면 협상국(연합국)에 언제까지고 의존할 수 없는 것이 우리의 현실이기도 합니다. 그렇게 보면 완충국이 가장 바람직하겠지만, 그것을 얻을 수 있는 방법이 없다는 게 문제겠지요. 팔레스타인에 무슬림 왕국을 세울 만한 뚜렷한 토착적 요소가 보이지 않는다는 말입니다. 유대인 국가도 이론상으로는 그럴듯해 보이지만, 유대인은 예루살렘에서만 인구의 대다수를 점유했을 뿐, 팔레스타인 전체로 보면 인구의 6분의 1 정도밖에 안 돼 소수민족에 머물고 있는 실정입니다.

스토스는 여러 가지 대안을 제시한 뒤, 팔레스타인을 병합해 이집트에 편입시키는 것이 가장 합리적인 해결책인 것 같다고 말했다. 그러고는 "대장께 안부 전해주십시오. 이집트인들은 먼 곳에서나마 대장이 자신들의 운

명을 계속 이끌어주기를 바라고 있습니다"라는 말로 편지를 끝맺었다.[16]

그로부터 몇 달이 지난 1915년 3월 초, 스토스는 또 한 번 종전 뒤 키치너가 "이집트와 수단, 그리고 아덴에서 알렉산드레타까지의 지역을 포괄하는 북아프리카 혹은 근동의" 새로운 '부왕'으로 복귀하기를 바란다는 내용의 서신을 보냈다.[17] 그러면서 키치너에게는 그것이 인도 부왕이 되지 못한 것에 대한 매력적인 대안이 될 수 있을 것이라는 뜻을 넌지시 비쳤다. 스토스는 사실상 아랍어권 지역 대부분을 연방으로 조직한 뒤, 그것을 카이로의 키치너가 통치하는 영국 보호령으로 만들 것을 제안하였다.[18]

육군장관 키치너는 스토스의 이 제안을 토대로 영국의 중동정책을 진행하였다. 그가 1914년 11월 11일 에드워드 그레이에게, 시리아에 대한 프랑스의 전통적 권리를 포기하면 종전 뒤 북아프리카 영토를 추가로 주겠다는 식으로 프랑스를 설득하라는 서신을 보낸 것도 그래서였다. 요컨대 그는 시리아를 명목상으로만 독립한 영국의 보호령으로 만들어 아랍 칼리프의 영적 지배를 받는 아라비아에 병합시킬 생각을 했던 것이다.(몇 달 전 메카의 후세인과도 그는 이 문제와 관련해 서신을 교환했다.)

그것도 모자라 키치너는 나중에 그레이에게, 프랑스 정부에는 알리지 말고 아랍어권 지도자들과 협상을 시작하라는 권유도 했다. 하지만 인도장관 크루 밀스는 그것을 "실행 가능성"이 없다고 보았다.[19] 그야 어찌됐든 프랑스가 영국에 설득되어 시리아에 보유한 그들의 이득(하지만 스토스는 레바논 산의 기독교 지역에는 프랑스의 존재가 '불가피'할 것으로 보았다)을 포기할 것으로 본 키치너, 스토스, 그리고 1915년 키치너의 측근으로 합류한 토리당(보수당) 의원 마크 사이크스의 생각은 모두 착각이었다.[20]

한편 아랍 민족들에 대해서는, 그들에게는 진정한 독립을 이룰 능력이 없다는 것이 동양 문제를 담당한 영국 관리들의 오랜 믿음이었다. 전전에 아라비아 땅을 밟았던 영국 여행가들 중 이름이 가장 널리 알려진 거트루드 벨만 해도, 명백하다고 간주된 말을 되풀이하면서 "아랍인들에게는 스스로를 지배할 능력이 없다"고 썼다.[21] 따라서 전쟁 중 영국인들이 아랍 지역에서 사용한 '독립'이라는 말도, 오스만제국으로부터의 독립, 다시 말해 오스만제국에서 유럽세력권으로 지배권이 이전되는 것을 의미했다.[22]

키치너와 그의 부관들은 향후 2년 동안 이 계획을 추진하였다. 1915년 8월 26일에는 키치너의 부하 겸 수단 총독이었던 레지널드 윙게이트가 인도 총독에게, "머지않은 장래에 유럽의 지도와 후원 아래 인종과 언어를 기반으로 하는 아랍 국가들의 연방, 영국을 보호국으로 삼고 아랍의 종교 수장에게만 영적 충성을 바치는 반독립半獨立 국가들의 연방이 구성되는 것도 불가능하지는 않을 것으로 보인다"는 서신을 보냈다.[23]

윙게이트는 이렇듯 아랍인을 칼리프로 만드는 일에 주도권을 잡고, 수단의 아랍인 종교 지도자 사이드 알리 알 미르가니 경을 통해 키치너가 택한 칼리프 후보자—메카와 메디나의 지배자인 후세인—와 서신을 주고받았다. 윙게이트의 개인 비서 G. S. 사임스도 아랍인 칼리프가 포함된 범아랍 계획의 개요를 밝히는 비망록을 작성했으며, 스토스는 스토스대로 1915년 5월 2일 아랍인 칼리프를 지지하는 내용의 또 다른 비망록을 의회에 제출했다. 카이로 정보국 책임자 길버트 클레이턴 또한 영국의 시리아 점유와 아랍인 칼리프 계획을 지지하면서, 사람은 여럿이어도 결국 한 파벌에서 나온 견해임에도 마치 다수의 사람들이 그 계획을 촉구하는 것처럼 믿게 만들었다.[24]

런던에서는 키치너가 그의 동료들—몇 달 전 후세인과 키치너 간의 교신에 위급함을 느낀 인도 대표도 이 안에 포함돼 있었다—을 상대로 아랍인 칼리프가 전후 그의 중동전략의 중심이 된 까닭을 설명하기에 바빴다.

하지만 1915년 3월 19일에 개최된 내각의 전쟁소위원회에서 크루 밀스는, 오스만제국의 장래와 관련해 인도성은 두 가지 상반된 견해를 갖고 있다고 말했다. 아라비아를 위해 터키를 희생시키자는 정치부의 견해와, 터키를 러시아의 잠재적 위협에 맞서는 영국의 장벽으로 만들자는 군사부의 견해로 갈라졌다는 것이다. 소위원회 의사록에는 당시의 상황이 이렇게 적혀 있다.

> 키치너 경은 인도성 군사부의 계획에 반대했다. 그렇게 되면 터키가 이웃한 러시아의 압력에 시달리게 될 테고, 그러다 칼리프국의 대부분 지역이 러시아의 지배 아래 들어가, 인도의 무슬림 지역에도 러시아의 간접적 영향이 미치게 되리라는 것이 그 이유였다. 그러면서 그는, 그와 달리 칼리프가 아라비아로 옮겨가면 그곳 대부분 지역이 영국의 영향력 아래 놓이게 될 것이라고 말했다.[25]

그러나 외무부는 무슬림의 종교 문제에 간섭하는 것을 어리석은 행위로 보았고, 인도성은 그보다 한 술 더 떠 위험한 행위로 간주했다. 하지만 말만 그렇게 할 뿐, 두 부처 모두 허버트 키치너의 견해를 뒤집지는 못했다. 그는 단순한 육군장관을 넘어서는 존재, 각료 이상의 존재, 아프리카와 아시아 문제에 정통한 전문가 이상의 존재, 영국제국의 가장 걸출한 군인을 뛰어넘는 존재, 수에즈운하 양쪽(동서) 지역의 살아 있는 전설, 하르툼의 키치너였던 것이다. 그런데 장신의 이 노 군인이 그의 경력 말기에 중동의 미래에 암운을 드리우고 있었다.*

---

* 영국 정치가 비버브룩 경(맥스웰 에이트컨)이 즐겨 사용한 표현이다.

17. 영국이 중동에서 원한 것

1915년 4월 8일에 출범해 1915년 6월 30일 내각에 첫 보고서를 제출한 모리스 데 번센위원회―애스퀴스 총리가 영국의 중동정책을 자문할 기구로 발족시킨 부처 간 위원회―는 외무부, 해군성, 인도성, 그 밖의 관계 부처가 파견한 대표들로 구성되었다. 육군성에서는 군사작전 국장인 찰스 칼웰 장군과, 부서의 공식 대표와 별개로 키치너가 개인적으로 파견한 마크 사이크스, 이렇게 두 사람이 참석했다. 그리고 키치너는 바로 이 사이크스를 통해 위원회의 의사를 주도해갔으며, 사이크스는 사이크스대로 이때를 계기로 전시의 중동 정세를 책임지는 영국 관료로 자리매김했다.

로마 가톨릭 신자였던 서른여섯 살의 부유한 준남작 마크 사이크스는 1911년에 보수당 하원의원으로 선출되었다. 케임브리지 대학에 재학할 때와 학교를 마친 뒤에는 아시아 쪽 터키를 폭넓게 여행하고, 그 경험을 담은 여행기를 출간하기도 했다. 그 덕에 보수당의 내로라하는 오스만 문제 전문가가 되었으나, 1911년부터 1914년까지는 영국 정치에서 오스만 정세가 큰 역할을 하지 못해 그의 전문가적 식견도 빛을 발하지 못했다. 그의 당 또한 당시에는 정권에서 밀려난 터여서, 그도 대중과 동료 정치인들에게 이름을 알릴 기회를 갖지 못했다.

사이크스는 출신 배경이 매우 복잡했다. 불행한 양친 사이에서 외아들로 태어난 것부터가 그랬다. 마음씨는 따뜻했으나 제멋대로였던 어머니와 그녀보다 서른 살이나 연상이었던 엄격한 아버지가 이혼해 양가를 오락가락하며 어린 시절을 보냈고, 세 살 되던 해에는 로마 가톨릭으로 개종한 어머니를 따라 가톨릭 신자가 되었다. 일곱 살 때에는 아버지를 따라 동방을 여행했다. 사이크스가 그의 종교와 동방 여행에 심취하게 된 것이 이때부터였다.

교육 과정도 순조롭지 못해, 그는 전학도 자주 다니고 학교를 아예 쉰 적도 있었다. 케임브리지 대학의 지저스 칼리지에도 2년 동안 다녔으나 학위는 받지 못했다. 사이크스에게는 방랑벽이 있었다. 상속으로 물려받은 거대한 영지와 마사馬舍도 그를 집에 붙잡아 두지는 못해, 사이크스는 동방의 이곳저곳을 배회하고 다니다 콘스탄티노플의 대사관에도 4년간이나 머물러 있었다. 전문가급 실력을 지닌 만화와 무언극을 비롯해 재능이 많다 보니 그는 가는 곳마다 환영을 받았고, 성격도 유쾌해 친구도 쉽게 사귀었다. 또 견해는 확고했으나, 그런 만큼 생각이 바뀌는 속도도 빨랐다.

전쟁이 터지자 사이크스는 중동에 대한 자신의 전문지식을 활용할 수 있는 곳에서 직업을 구하려고 했다. 1914년 여름에는 윈스턴 처칠에게 "토착민 깡패집단을 끌어 모으거나, 명사들을 설득하거나, 그 밖의 온갖 잡다한 일"을 할 준비가 되어 있다고 하면서, 터키에 해가 되는 "현장의" 일거리를 달라고 요청하는 편지를 보냈다. "현지의 추세와 그곳이 지닌 가능성에 대해 제가 아는 모든 지식을 귀하를 위해 쓰겠다고 말하는 것으로도 제가 아전인수격으로 이러는 것이 아니라는 점을 충분히 아실 것으로 믿습니다."[1] 하지만 이렇게 애걸하다시피 구직했음에도 처칠은 그에게 일자리를 구해주지도, 제의하지도 않았다.

이랬던 사이크스가 키치너의 세력권에 들어오기 시작한 것은 키치너의 절친한 친구이자 개인 비서였던 오스왈드 피츠제럴드 중령을 만난 뒤부터였다. 1915년 초에는 그의 주선으로 육군성에 들어가 칼웰 밑에서 지중해 유역 주둔 군대를 위한 정보 책자를 만드는 일을 했다. 사이크스는 육군성에서 사립학교 동기이자 그와 마찬가지로 역시 로마 가톨릭 신자였던 조지 맥도너(1865~1942)라는 특별한 친구도 사귀었다. 군사 정보국장으로 이후 사이크스의 출세에 많은 도움을 주게 될 인물이다.

사이크스는 육군성에 들어간 지 얼마 안 돼 데 번센위원회 임무를 부여받았다. 중동 정세에 정통한 젊은 정치인을 찾던 키치너에게 그 지역을 잘 아는 몇 안 되는 의원들 중 한 명이었던 그가 발탁된 것이다. 또한 사이크스는 토리당 의원이기도 했으므로 키치너의 정서와 편견도 많이 공유하였다. 따라서 어느 모로 보나 그들은 동류의 사람들이었다.*

하지만 데 번센위원회 임무를 부여받았을 때만 해도 사이크스는 키치너에 대해 아는 것이 거의 없었고, 이후에도 그 상황은 별로 달라지지 않았다. 사이크스로부터 매일 저녁 위원회 경과보고를 받은 사람은 피츠제럴드였고, 위원회에서 행할 말과 행동에 대한 키치너의 지침을 전달해준 사람도 피츠제럴드였다. 그러다 간혹 그 은둔형의 국가적 전설을 실제로 만나기도 했지만, 결과는 실망스러웠다. 훗날 사이크스는, "그를 보지 않고 일하는 것이 오히려 수월했다"고 말했다.[2]

하지만 그것도 모르고 위원회의 다른 대표들은 처음부터 그가 키치너로부터 전권을 부여받은 것으로 여겼다. 그리하여 경험이 일천한 풋내기

---

* 두 사람은 윈스턴 처칠과 보수당 정치인 F. E. 스미스가 창설한 정치적 사교 모임 아더 클럽의 회원이기도 했다.

의원이 위원회를 좌지우지하게 되었다. 사이크스는 말하는 데 거리낌이 없고 독선적이었다. 또한 위원회 대표들 중에서는 유일하게 오스만제국의 영토를 두루 다녀보았기 때문에, 직접적인 지식을 갖고 말할 수 있는 유일한 사람이기도 했다. 게다가 정치인 기질 또한 다분하여, 위원회의 또 다른 주요 멤버였던 모리스 행키도 쉽사리 자신의 친구 겸 후원자로 만들었다. 사이크스와 마찬가지로 역시 30대의 젊은이였던 행키는 제국 방위위원회 장관 겸 전시내각 장관, 그리고 나중에는 내각을 총괄하는 최초의 내각장관이 된 인물이었다. 그랬던 만큼 위원회에서도 의제를 총괄하고, 모임에서 오간 이야기와 결정된 사항을 의사록으로 작성하는 등, 영국 관료정치의 가장 유용하고 중요한 인물이 되어가는 노정에 있던 인물이어서 사이크스로서는 그의 지원이 여간 소중하지 않았다.

위원회에서 영국이 이용할 수 있는 여러 가지 영토적 대안을 제시한 사람도 사이크스였다. 연합국이 오스만 영토를 병합했을 때, 병합하지 않고 여러 세력권으로 분할했을 때, 제국의 허울은 그대로 남겨둔 채 오스만 정부만 항복시켰을 때, 제국의 행정을 분권화하여 반 자치 구역으로 만들었을 때와 같은 갖가지 경우의 수를 비교 분석하여 상대적 이점을 따져보는 일을 한 것이다.(이 중 위원회가 가장 손쉬울 것으로 판단해 내각에 권고한 것은 맨 나중의 방법이었다.)

또 영토문제 논의를 위해서는 분할될 오스만제국의 각 지역에 명칭을 부여할 필요가 있었다. 그리고 이때 위원회 대표들이 일을 처리한 방식에는 그들의 정신세계가 고스란히 반영돼 있다. 빌라예트(지방)라는 기존 오스만제국의 행정구역 단위가 있는데도 그것을 무시하고 자신들의 편의대로 중동을 개편한 것이다. 영국의 일반적 통치집단과 다를 바 없이 그들도 학교에서 배운 그리스와 라틴 고전 작품들을 전범 삼아, 2,000년 전 그리스 지리학자들이 사용한 불확실한 용어를 차용해 썼다. 그리하여 아라비아 북쪽의 아랍어권 아시아 지역은, 거기 포함되는 각각의 지역이 불분명한데도 동쪽의 '메소포타미아'와 서쪽의 '시리아'로 통칭되고, 시리아 남쪽은 그리스도가 탄생하기 1,000년 전 필리스틴인들이 점유했던 해안지대, 곧 '필리스티아(블레셋)'가 와전된 '팔레스타인'으로 불리게 되었다. 나라의 국명으로는 한 번도 사용된 적 없이 순수하게 지리적 용어였던 팔레스타인은 그래서 지금도 기독교 서방세계에서 성지로 통용된다.

마크 사이크스가 주도한 부처 간 위원회는 오스만제국의 영토를 크게 5개 자치지역으로 나눌 것을 제안했다. 시리아, 팔레스타인, 아르메니아, 아나톨리아, 자지라-이라크(메소포타미아 북남 지역)가 그것이다. 이렇게 분할하면 지중해에서 페르시아만에 이르는 중동의 광범위한 지역에 영국의 영향력 아니 통제력이 적절히 미칠 수 있을 것으로 보았다. 지중해의 한 항구도시와 메소포타미아를 잇는 영국 철도가 건설될 예정이었으므로 동방으로 통하는 육로도 마련될 것으로 믿었다. 다만 지중해의 철도 출발지에 대해서는 알렉산드레타를 고집한 키치너와 달리 사이크스는 하이파로 할 것을 요구했다. 그러자 피츠제럴드가 두 사람의 의견을 조율하여 사이크스의 안이 최종적으로 채택되었다.

사이크스는 약간 수정을 가한 것을 제외하면 그 밖의 다른 면에서는 모두 키치너의 방침을 따랐다. 칼리프를 남쪽으로 이동시켜 러시아의 힘이 미치지 못하게 하려 한 것만 해도 그랬다. 하지만 그에 덧붙여 사이크스는 프랑스가 오스만의 공채에 거액을 투자한다는 점을 감안해, 오스만의 재정이 프랑스에 지배되지 않도록 프랑스의 재정적 통제권이 미치지 않게 하는 조치도 취했다.[3]

사이크스는 이렇게 전반적으로는 키치너의 해법을 지지했다. 의회의 친터키파 일원으로 오스만제국의 보전을 강력히 원했던 그가 예전의 신념을 포기한 것이다. 그의 절친한 친구 겸 친터키계 의원이었던 오브리 허버트(1880~1923)에게 만우절날 보낸 편지에서도 그는 이렇게 말했다.

편지를 읽어보니 자네는 여전히 친터키계인 것 같군. 회원도 아닌 내게 오스만 협회 모임에 참석하라는 필드의 호출이 떨어졌다네. …… 그래서 즉시 매케나(내무장관)에게 전문을 띄웠지. 그 인간들 죄다 철조망에나 처박혔으면 좋겠어. 하 하! 자네도 이 말을 듣고 길길이 날뛰겠지, 하 하! 그러나 자네들 정책은 틀렸어. 터키는 이제 끝나게 될 거야. 스미르나는 그리스 차지가 될 테고, 아탈리아(안탈리아)는 이탈리아, 토로스 산맥 남부와 시리아 북부는 프랑스, 필리스틴(팔레스타인)은 영국, 메소포타미아도 영국, 콘스탄티노플을 포함한 나머지 지역은 러시아가 차지하게 될 걸세. …… 나로 말할 것 같으면 성소피아 성당에서는 테데움(테데움라우다무스: 라틴 찬송가)을, 오마르 사원(바위의 돔)에서는 눈크 디미티스(시므온의 노래)를 부를 생각이라네. 용맹스럽지만 허약한 모든 민족에 경의를 표하는 의미로 웨일스어, 폴란드어, 켈트어, 아르메니아어로 부를 작정이라네.

같은 말을 여러 번 되풀이한 뒤 사이크스는 이렇게 편지를 끝맺었다.

검열관 보시오,
이것은 한 천재가 또 다른 천재에게 보내는 재기 번뜩이는 편지입니다. 따라서 천박한 사람들은 결코 이해하지 못할 테니 걱정 말고 통과시켜주시오.

육군 중령, 왕립지리학회 회원, 영국 의회 의원 마크 사이크스[4]

18. 운명의 해협에서

I

런던은 임박한 다르다넬스 작전의 승리가 가져올 정치적 결과에 신속히 대응했다. 그러나 전장에서 함대의 움직임은 굼뜨기만 했다. 날씨에 발목이 잡혀 전함들이 전면 공격을 실시하지 못했던 것이다. 반면에 해안가의 튀르크군은 하루 이틀 시간이 지나자 잃었던 자신감을 회복하고 곡사포와 소형 이동포로 영국 소해정들에 발포하는 식으로 영국 함대를 압박하는 법도 터득해갔다. 1915년 3월 13일에는 카든 제독이, 영국군에 사상자는 나지 않았지만 터키군의 맹렬한 공격에 막혀 기뢰제거 작업에 차질이 빚어졌다는 전문을 처칠에게 보냈다. 그에 대해 훗날 처칠은 이렇게 썼다. 그 소리를 들으니 "짜증이 났다. 그 상황에서는 사상자가 조금 나더라도 기뢰 제거를 하는 것이 옳았기 때문이다. 해협에 이르는 해로의 기뢰를 제거할 수 있다면 200~300명 정도의 희생자가 난다고 해도 그리 큰 희생이 아니었다."[1]

일의 진척이 늦어진 데에는 소해정들에 군인이 아닌 민간인들이 타고 있어, 적군의 공격이 진행되는 도중에는 작전을 수행하지 않으려 한 것—카든 제독의 본래 작전계획이 안고 있던 결함 중 하나였다—에도 일부 요

226 현대 중동의 탄생

인이 있었다. 하지만 그보다는 역시 카든 제독이 겁을 집어먹었던 것이 주원인이었다. 3월 13일 처칠은 "튀르크 요새들에 무기가 부족하고, 독일장교들도 사태를 비관적으로 보는 보고문을 작성했다는 첩보를 입수했다"[2]는 전문을 카든에게 발송했다. 그러자 카든도 날씨 상태를 보고, 3월 17일 혹은 그즈음 해협에 대규모 공격을 감행하고 이어 결정적인 전투를 벌이겠다는 전문을 보냈다. 말은 그렇게 했지만 제독은 좌불안석 초조함을 감추지 못했다. 먹지도 못하고 자지도 못할 만큼 걱정이 컸다. 전함 한 척 잃지 않고 사상자 한 명 나지 않았는데도 극도의 정신적 압박감을 견디지 못한 그는 결국 발작성 신경과민까지 일으키고 말았다.

다르다넬스 작전의 주 전투가 벌어지기 전날 밤 카든 제독은 부사령관들을 불러 전투를 지휘할 수 없게 된 사실을 통고하고, 군의관을 불러 진찰을 받았다. 군의관은 소화불량이라는 진단과 함께 3, 4주 병가를 내는 게 좋겠다는 소견을 냈다. 그러자 3월 16일 카든은 "대단히 유감이지만 병가를 내야 할 것 같습니다. 머지않아 군의관의 결정이 나올 것입니다"라는 전문을 처칠에게 보냈다.[3]

처칠은 카든의 전문을 받자마자 즉시 부사령관 존 드 로벡을 그의 후임 제독으로 임명했다. 그리고 해군성에 보낸 드 로벡의 전문에 따르면, 그가 다르다넬스 공격을 시작한 것은 3월 18일 오전 10시 45분이었다.

전투는 처음부터 불길하게 시작되었다. 오후 2시경 프랑스 전함 한 척이 이유도 없이 폭발을 일으키며 모습을 감추더니, 2시간 뒤에는 영국 전함 2척이 기뢰와 충돌했다. 그중 한 척인 이리지스터블 호를 구하러 간 배도 기뢰와 충돌하여, 이리지스터블 호와 그 배 모두 바다에 침몰했다. 프랑스의 또 다른 전함 한 척도 포격을 받아 해안가로 끌어 올려졌다. 그래도 드 로벡은 해군성에, 나머지 배들은 온전하니까 3, 4일 뒤에는 공격을 재개할 수 있다는 전문을 보냈다. 때마침 해군 정보부도 공격이 재개되면 적군이 무너질 것임을 보여주는 첩보를 입수해, 해군성의 분위기는 득의양양해졌다. 3월 19일 오후 해군 정보국장 윌리엄 레지널드 홀 함장이 독일 황제가 보낸 전문을 가로채 해독한 것을 처칠과 피셔에게 가져온 것이다. 두 사람은 전문의 중요성을 즉각 파악했다. 흥분을 감추지 못한 처칠이 "적군의 무기가 바닥을 보이고 있다"고 소리쳤을 정도다. 실제로 그것은 사실이었다. 피셔도 카이저의 전문을 머리 위로 흔들며, "내일만 견디면 된다"고 고함쳤다. 그러고는 "내일이다! 전함 6척은 잃을지 몰라도 우리는 이길 것이다"고 소리쳤다.⁴ 처칠과 피셔는 정보원源이 손상당할 것을 우려하여 내각에는 그 사실을 알리지 않았다. 드 로벡에게도 카이저의 전문은 언급하지 않고, 아군의 작전이 지연된 것을 적군이 눈치 채지 못하게 만전을 기하라는 당부의 말만 했다.

그러나 정보국장 홀 함장은 모리스 행키의 제안에 따라 처칠과 피셔 모르게 이미 오스만제국이 전쟁을 포기하면 거액을 주는 조건으로, 청년튀르크당 지도자인 탈라트 베이와 협상을 진행하고 있었다. 영국과 튀르크의 협상대표는 3월 15일 유럽 쪽 터키의 한 항구도시에서 만났다.⁵ 하지만 영국정부가 러시아의 요구를 만족시키는 데 급급하여, 튀르크 측에 콘스탄티노플을 보유하게 해주겠다는 확약을 주지 못해 협상은 결렬되었다. 홀 함장은 그것도 모른 채, 3월 19일 저녁 터키가 전쟁에서 발을 빼면 400만 파운드를 지급하기로 한 협상 계획을 처칠에게 털어놓았다. 그 말에 처칠은 대경실색을 하고 피셔는 노발대발했다. 결국 두 사람의 강요로 홀은 협상대표에게 400만 파운드 지급 조건을 철회하라는 전문을 보냈다. 훗날 홀이 회고한 바에 따르면 피셔는 협상이 진행 중이라는 말을 전해 듣고 놀라 그 자리에서 벌떡 일어나더니 이렇게 고함쳤다고 한다. "400만 파운드라고?

아, 안 돼. 내일이면 이길 수 있어!"⁶

Ⅱ

영국이 지휘하는 연합국 함대가 콘스탄티노플로 진입하는 데 걸림돌이 된 것은 소수의 기뢰가 전부였다. 튀르크군은 기뢰마저도 공급이 달려, 러시아가 그들과 싸울 때 사용했던 것들을 주워 재활용하고 있었다.

그에 따라 콘스탄티노플의 사기도 뚝 떨어져, 도시에서는 소문이 횡행하고 공포감이 확산되는 가운데 피난이 시작되었다. 나라의 공문서와 은행에 보관돼 있던 금은 안전한 곳으로 보내지고, 술탄과 외교관들을 위한 특별 열차도 준비되었다. 부유층도 처자식들을 내륙지역으로 대피시켰다. 내무장관 탈라트 파샤도 힘 좋은 벤츠를 개인 용도로 징발한 것도 모자라 피난지까지 장시간 운전하는 데 무리가 없도록 여분의 휘발유까지 챙겨놓았다. 정부를 비난하는 플래카드도 도심 곳곳에 등장했다. 오스만 경찰은 이제 연합국 군대를 쌍수 들어 환영할 것으로 예상된 그리스와 아르메니아 구역뿐 아니라 튀르크 지역에서도 용의자를 체포하는 지경이 되었다.

한편 엔베르-탈라트파를 끝까지 지지한 사람들은 연합국이 들이닥치면 도시를 불태우기 위해 휘발유를 잔뜩 모아놓고, 성 소피아 성당을 비롯한 역사적 기념물들에는 다이너마이트를 설치해 놓았다. 괴벤 호도 여차하면 흑해로 달아날 준비를 하고 있었다.

엔베르는 도시를 떠나지 않고 결사항전할 의지를 다졌다. 하지만 훗날 리만 폰 잔더스도 회고했듯이, 형편없는 군사적 역량을 지닌 그가 연합국의 콘스탄티노플 상륙을 막기는 애당초 불가능했다.

III

런던은 기쁨에 들뜨고 콘스탄티노플은 자포자기 상태에 빠졌다. 하지만 다르다넬스 해협의 영국군 지휘부 분위기는 침울하기만 했다. 1915년 3월 18일 튀르크군의 기뢰에 희생된 사상자와 격침된 배들이 드 로벡 제독을 의기소침하게 만들었다. 그것은 제독의 이력과 관련된 문제였다. 한 보고서에는 3월 18일 저녁 전투 결과를 검토하는 자리에서 드 로벡은 이렇게 말한 것으로 기록돼 있다. "나도 이제 끝난 것 같군."[7]

드 로벡은 함대가 피해를 입은 명확한 원인을 규명하지 못해 좌절했다. 그러나 사실 튀르크 기뢰들은 해협을 가로질러 설치되지 않고 종으로 설치돼 있었을 뿐 복잡할 게 없었다. 단지 바로 전날 밤 설치되다 보니 공중 관측병들의 눈을 피해간 것뿐이었다. 따라서 한 차례의 요행수에 지나지 않았다.

이렇게 해서 운명은 다시, 키치너가 군대를 보내기에 앞서 그곳에 먼저 파견한 이언 해밀턴이라는 매력적인 장군의 모습으로 나타났다. 함대가 해협을 돌파하면 상륙작전을 전개하여 해안지대를 점령하라는 것이 그가 부여받은 명령이었다. 함대가 자력으로 해협을 돌파하지 못할 경우엔, 유럽 쪽 해안을 침략하여 해협을 점령하고 함대를 돌파시키라는 또 다른 명령도 부여받았다.

한편 드 로벡 제독은 원하면 전투를 재개하지 않아도 된다는 것을 알자—그가 원하면 해밀턴과 육군에 작전을 인계해도 좋다는 것이 런던의 입장이었다—구태여 위험을 감수하려고 하지 않았다. 그리하여 누가 먼저 말을 꺼냈는지는 모르겠지만, 아무튼 드 로벡과 해밀턴은 육군이 군사행동을 할 때까지 함대는 기다리기로 의견의 일치를 보았다. 해밀턴은 그전에 이미 자신의 생각을 담은 전문을 키치너에게 보냈고, 3월 18일에는 그것이 애스퀴스 총리에게도 전달되었다. "해군성이 함대만으로도 작전 수행이 가능하다고 자신들의 역량을 과대평가하고 있다"는 것이 전문의 요지였다.[8] 드 로벡도 3월 22일 이언 해밀턴을 만난 뒤 처칠에게, "해밀턴 장군을 만나" 육군도 작전에 참여해야 한다고 믿는 "제가 지금 고려 중인 사항을 그로부터 제안 받았다"는 전문을 보냈다.[9]

3월 23일 아침 해군성에서는 드 로벡의 결정을 논의하기 위한 군사위원들의 회의가 열렸다. 윈스턴 처칠은 드 로벡의 결정에 아연실색한 반면, 제1군사위원 피셔 제독은 현장 지휘관의 결정인 만큼 좋든 싫든 받아들여야 한다는 견해를 나타냈다. 해군원수인 아서 윌슨과 헨리 잭슨 제독도 피셔의 견해를 지지했다. 하지만 처칠은 그들의 의견에 완강히 반대하면서, 회의가 끝나자 그 문제를 내각에 회부했다. 내각의 승인을 받을 요량으로 공격 재개를 명령하는 내용으로 작성된 전문 초안도 제출했다. 뒤이어 개최된 내각회의에서는 애스퀴스 총리도 처칠의 견해를 지지하고 키치너도 그의 의견을 수용하여, 키치너가 처칠의 전문 초안과 일치하는 내용으로 이언 해밀턴에게 보낼 전문도 작성했다.

그런데 그날 오후 처칠이 해군성 청사에 돌아와보니, 피셔, 윌슨, 잭슨이 그때까지도 여전히 드 로벡에게 공격 재개 명령을 내리는 것을 결사반대하고 있었다. 처칠은 민간인 장관이었다. 따라서 제1군사위원과 동료 제독들의 의사를 일방적으로 거부하기는 힘들었다. 그래서 고육지책으로 애스퀴스에게 다시 동의를 구했으나 이번에는 거절당했다. 개인적으로는 공격 재개를 옳다고 믿지만, 해군 제독들의 반대를 무릅쓰고 동의할 수는 없다는 것이 총리의 입장이었다.

하지만 처칠도 터키군의 무기가 바닥을 보여 콘스탄티노플로의 진입이 눈앞에 뻔히 보이는 상황에서 공격을 그대로 접을 수는 없었다. 그래서 이번에는 드 로벡을 설득해보려는 심산으로, 문제를 찬찬히 함께 풀어보자는 것과, 공격 재개의 중요성을 강조하는 내용으로 전문을 다시 보냈다. 애스퀴스 총리와 재차 대화를 나누어 공격이 이내 재개되기를 "바란다"는 언질도 받았다.[10] 하지만 그것도 소용없었다. 다르다넬스 해상 공격은 결국 수백 명의 사상자를 낸 채 종결되고 말았다.

Ⅳ

3월 18일의 전투—드 로벡이 겁을 집어먹고 전함들의 방향을 돌리게 한 전투—가 끝나자 튀르크군 사령관들은 그들의 대의는 이제 끝났다고 결론지었다. 드 로벡 제독이 선상에서 전투 중지 명령을 내렸을 때 해안가의 튀르크 방어군은 그런 줄도 모르고, 남은 포탄이 전부 소진되면 진지를 버리고 떠나라는 상부의 명령을 받고 있었다. 따라서 함대를 고작 하루밖에 지휘하지 않은 드 로벡이 만일 한 차례만 더 공격을 감행했다면, 적군이 철수하고 사라지는 모습을 볼 수 있었을 것이다. 소해정들도 적군의 방해나 저항을 받지 않고 해협의 기뢰를 몇 시간 만에 깨끗이 제거했을 테고, 그리하여 해협을 둘러싸고 있던 기뢰 선들이 말끔히 제거된 상태에서 함대는 기뢰에 대한 걱정이나 적군의 저항을 받을 염려 없이 콘스탄티노플로 무사 진입할 수 있었을 것이다.

이렇게 다 잡은 승리를 놓친 것이 윈스턴 처칠로서는 실로 천추의 한이 되었을 것이다. 승기를 놓친 것은 그의 개인적 영예를 넘어서는 문제였다. 그것은 처칠이 자라난 세계, 왕국과 제국들이 지배하는, 낯익은 전통적 유럽이 잔존해 있을 때 승리할 수 있는 마지막 기회를 잃은 것이기도 했기 때문이다.*

그런가 하면 그것은 영국, 프랑스, 러시아가 중동에 그들의 계획을 수월하게 실행할 수 있는 마지막 기회를 잃은 것이기도 했다. 물론 이후에도 그 나라들은 중동 지역에서 19세기 목표를 계속 추구하겠지만, 20세기의 어려운 여건 속에서 추진해야 하는 불편을 감수해야 했기 때문이다.

한편 사형선고를 받은 오스만제국이 막판에 예기치 않은 형 집행 정지를 받자 튀르크 지도자들은 새로운 무기가 시험대에 오르기 전, 영국이 허용해준 그 기회를 재빨리 부여잡았다.

＊ 그러나 1915년 오스만과 전쟁을 승리로 이끌었다고 해서 독일과 전쟁에서도 연합국이 신속히 승리했을지 여부는 여전히 역사가들의 논란거리로 남아 있다. 로이드 조지가 이끄는 '동방주의자들'은 물론 그랬을 것으로 확신했지만.

19. 전사들

1915년 3월 18일 연합국의 포격을 받고 기가 꺾인 엔베르 파샤는 그답지 않은 중요한 결정을 내렸다. 해협의 오스만군 지휘권을 리만 폰 잔더스독일 장군에게 넘긴 것이다. 무슬림 전사들을 외국인, 그것도 기독교인 지휘관에게 인계하는 것은 엔베르의 모든 본능에 역행하는 행위였다. 그 무렵까지는 심지어 정부 부처들과 군대에서 고문관으로 활동하는 독일 전문가들에게 권한을 넘기라는 압력도 단호히 거부해온 그였기 때문이다. 엔베르는 그의 주무부처인 국방부에서도 작전과, 정보과, 철도과, 보급과, 무기과, 석탄과와 같은 주요 부서로 독일군 장교들이 보직을 옮기는 것은 허용하면서도, 그들의 판단력에 의문을 제기하며 딴죽을 걸고 권한을 행사하지 못하게 제동을 걸었다. 엔베르의 그런 행동은 여러 분야에서 계속되었다. 이랬던 그가 연합국 함대의 포격에 식겁하여 가장 중요한 전장에서 독일에 양보를 한 것이다.

한편 리만은 시간이 촉박했고, 따라서 낭비하지 않았다. 무너져가는 제국의 잔해 속에서 쓸 만한 병력과 보급품을 끌어 모으고, 지휘관도 새로 임명했다. 그가 행한 인사 중에서 특히 두드러졌던 것이, 유럽방식을 찬양하고 오스만의 후진성과 자기보다 능력이 떨어지는 사람이 출세하는 비통한 현실을 조롱한 태도 때문에 하찮은 보직밖에 부여받지 못했던 튀르크 장교 무스타파 케말(케말 아타튀르크)을 책임 있는 자리에 앉힌 것이었다. 케말도 그의 기대에 부응하여 다가오는 전투에서 전장의 귀재임을 입증해보였다. 중요한 전술적 위치를 간파하는 예리한 눈으로 고지를 장악한 채 전투를 압도하는 지휘관이 된 것이다.

리만은 원정군을 조직하는 영국의 동향도 훤히 꿰뚫었다. 이집트에서 원정군을 소집해 출항시킨 사실이 카이로의 신문들에 실리면 알렉산드리아에서 활동하는 상인들이 튀르크군에 그것을 전해주었다. 중립국 그리스에서는 오스만 첩자들이 그곳에 먼저 침투해 있다가, 밤에는 등불과 신호등을 훤히 밝히고 다니고 낮에는 바람과 파도 소리보다도 시끄럽게 군악대를 울리며 에게 해 섬들을 통과해가는 함대의 모습을 놓치지 않고 튀르크군에 보고해 주었다.

이렇듯 오스만군은 여느 때와는 달리 이번만은 리만의 능숙한 지휘를 받으며 한 치의 흐트러짐도 없이 침략군을 맞을 태세를 갖추었다. 이번 전투가 오스만군의 견실한 역량이 최대한도로 발휘된 교전이 될 것임을 보여주는 대목이었다. 마크 사이크스도 지난 2월 처칠에게 보낸 편지에서 그 점을 지적한 바 있었다. 기습공격으로 참패를 당해도 "튀르크군은 시간만 주어지면 언제든 강군으로 거듭날 수 있다"고 쓴 것이다.[1]

Ⅱ

영국군의 상황은 이와 판이해, 사령관 이언 해밀턴만 해도 1915년 3월 12일 아침 느닷없이―게다가 아무 설명도 없이―육군성의 키치너에게 불려가 얼떨결에 다르다넬스 공격의 지휘권을 부여받았다. 그로서는 황당한 일이었다. 그래서 키치너에게 터키에 대해서는 아는 것이 없다고 하면서 최소한의 설명과 지침이 필요하다고 말했다.

훗날 해밀턴이 회고한 바에 따르면, 키치너는 그에게 당초 함대 지원을 위해 보내려던 사단 병력의 지휘권을 주고는, '빌려온 병력이므로 불필요하다고 판단되는 즉시 되돌려 보내라'고 하면서, "본국과 프랑스의 유력 집단들이 동방에 책정된 모든 것들을 서방에서 훔쳐온 것으로 간주하기 때문"이라고 이유를 밝혔다고 한다.[2]

뒤이어 육군성의 작전 국장이 해밀턴에게 브리핑을 했다. 지도 한 장과 그리스 참모본부로부터 빌려온 공격 계획이 전부일 정도로 엉성한 브리핑이었다. 육군성은 이렇듯 자체적으로 작전 계획을 세울 시간도 없었고, 성의도 보이지 않았다.

그리하여 해밀턴 장군은 낡고 부정확한 지도 외에는 변변한 지침 하나 없이 다르다넬스로 향했다. 아니나 다를까 갈리폴리 반도를 처음 본 순간 그는 "키치너 경의 작고 평이한 지도에 그려진 것보다는 한층 다루기 까다로운 곳"이라는 점을 직감했다.[3] 위험한 협곡이 수두룩하고, 해안선 또한 구릉들로 자잘하게 나누어진 험난한 지형이었다.

해밀턴은 마르세유에서 해군 쾌속정을 타고, 드 로벡의 함대 공격을 중지시키기에 적당한 시점인 3월 18일 갈리폴리 해안에 도착했다. 그리고 4월 말 육군 공격을 지휘하기 위해 다르다넬스 해협으로 향했다. 해밀턴은 육군장관의 지시를 충실히 따라, 해협의 유럽 쪽에 위치한 갈리폴리 반도만 공격할 생각이었다. 그것도 병력이 모두 집결된 뒤에 실시할 계획이었다. 한편으로는 찜찜한 마음이 들면서도 이집트까지 본인이 직접 배를 타고 가 군대를 소집한 것도 그래서였다. 이렇게 이집트에서 원정군을 조직하는 데 3주가량을 소비한 뒤 그는 다시 배를 타고 다르다넬스 해협의 서쪽 해안(다시 말해 유럽 쪽 해안)을 공격하기 위해 터키로 돌아왔다.

그것은 위험한 작전이었다. 1914년 2월 말 애스퀴스 총리가 내각에서 밝힌 전전의 군사 보고서에도, 영국의 갈리폴리 반도 공격은 위험하다고 결론이 내려져 있었다.[4] 하지만 키치너는 다르다넬스 해협의 유럽 쪽 해안은 오스만 지휘관들이 방비를 허술하게 해놓았을 것이라고 하면서 자신의 계획을 그대로 밀어붙였다.

전쟁소위원회의 유일한 토리당 위원이었던 전직 수상 아서 밸푸어가, "막다른 길에 처하면 튀르크군이 항복할 것인지, 사면초가인 상태에서도 죽도록 싸울 것"인지를 물었을 때도, 로이드 조지는 "저항할 것으로" 본다고 말한 반면, 키치너는 항복할 것이라고 말했다.[5]

그에 대한 평결은 1년 뒤 현지의 연합국 군대로부터 나왔다. 소설가에서 종군기자로 변신한 콤프턴 매켄지(1883~1972)가 다르다넬스에서 이런 내용의 기사를 송고한 것이었다. "서부전선에서 싸운 프랑스 장교들이 말하는데, 하나의 전투 단위로 볼 때 튀르크군 한 사람은 독일군 두 사람의 몫을 해낸다고 한다. 사면초가에 빠졌을 때의 튀르크군 실력은 탁월하다는 것이다."[6]

Ⅲ

1915년 4월 25일 새벽 영연방 국가들과 연합국 군대가 갈리폴리 반도의 제각기 분리된 좁은 해안가 여섯 곳에 상륙했다. 튀르크군은 이들이 상륙할 시점만 알았을 뿐 상륙할 지점까지는 몰랐다. 따라서 그들에게는 기습이었으므로 교전이 벌어졌다면 연합군에 압도당했을 것이다.

기습을 당하기는 침략군도 마찬가지였다. 함대가 오스트레일리아·뉴질랜드군을 엉뚱하게 반도 최북단의 아리 부르누에 내려놓은 것이 문제의 발단이었다. 위쪽의 산마루를 향해 가파른 비탈길을 올라가던 이들이 튀르크군과 마주쳤는데, 무스타파 케말이 줄행랑치는 튀르크군을 재결집시켜 교전이 시작된 것이었다. 그리하여 진종일 계속된 전투는 결과를 장담하기 힘든 때도 여러 번 있었지만, 결국은 침략군이 튀르크군에 밀려 언덕 아래로 쫓겨 내려갔다.

그 밖의 연합국 군대는 S, V, W, X, Y의 코드명으로 불린 갈리폴리 반도의 다섯 지역들에 상륙했다. 이 중 Y지역에는 튀르크군이 없어 침략군은 별다른 저항을 받지 않고 해안가가 내려다 보이는 벼랑 꼭대기까지 올라갔다. 그런데 지휘권에 혼선이 생겨 그 지점에서 행군을 멈추었다. X지역의 침략군도 적군의 저항을 받지 않고 절벽 꼭대기까지 올라갔으나, 역시 그곳에서 진군을 멈추었다. 반면에 S지역 침략군은 적군의 저항이 없는데도, 해안가가 내려다 보이는 언덕 꼭대기까지 올라가지 않고 해안가 평지에 막사를 설치했다.

연합국 군대는 이날, 리만 군대의 병력 대부분이 전장에서 멀리 떨어진 곳에 머물러 있었던 탓에 수적으로 압도적 우위에 있었다. 따라서 Y, X, S 지역의 침략군은 마음만 먹었으면 그곳과 가까운 곳에 주둔해 있는 소규모 튀르크군 수비대를 기습하여 궤멸시킬 수도 있었다. 하지만 그들은 그렇게 하지 않았다.

아니나 다를까 4월 26일에는 이미 상황이 변해, 튀르크 증강군이 그곳으로 밀려 들어왔고, 그에 따라 기습 공격도 물 건너 간 일이 되었다. 갈리폴리 전투에서 연합국이 손쉽게 승리할 기회를 놓친 것이었다. 그러자 앤잭군(ANZAC, Australian New Zealand Army Corps의 약자로, 오스트레일리아와 뉴질랜드 연합군을 부르는 명칭이다—옮긴이) 사령관 윌리엄 버드우드는 부관들의 조언에 따라 그들이 점유한 지역을 버리고 떠날 것을 건의했다.

하지만 그의 상관 이언 해밀턴은 그 제의를 거부하고 그곳에 진지를 구축하기로 결정했다.

해밀턴은 이렇듯 자기도 모르는 사이에 전쟁의 교착상태를 타개하기 위해 시행한 다르다넬스 원정을 실패로 돌아가게 만들었다. 프랑스와 플랑드르 전선에서도 드러났듯이, 참호 구축은 교착상태를 타개하기보다는 오히려 만들어낼 확률이 높았다. 실제로 갈리폴리는 고정된 지점들에 쓸데없는 공격을 죽어라고 퍼붓기나 하는, 서부전선 참호전의 지루한 재탕이 되었다.

해밀턴은 잘해봐야 튀르크군과 비기고, 최악의 경우에는 참패를 면치 못할 곳에 자리 잡았다. 튀르크군이 아래쪽이 훤히 내려다 보이는 고지에 진지를 구축할 동안, 연합군은 영국 지휘관들의 명령에 따라 해안가에 참호를 팠던 것이다. 그리하여 물가의 연합군은 생존을 위해 싸우는 처지가 되었고, 영국정부의 각료들은 오래지 않아 철군을 유일한 해결책으로 보기 시작했다. 하지만 처칠과 키치너는 그것에 반대했다. 처칠이 반대한 것은 패배를 받아들이지 못해서였고, 키치너가 반대한 것은 영국군이 중동의 군대에 패하는 꼴을 대내외에 보이고 싶지 않아서였다.

20. 정치인들

I

다르다넬스 작전의 지휘권이 해군에서 육군으로 넘어간 뒤에도 윈스턴 처칠이 계속 세인들의 이목을 끌었던 것은 승리할 때까지 싸울 것을 주장한 그의 고집불통 때문이었다. 처칠이 오스만과의 전쟁을 초래한 장본인이자 영국으로 하여금 연전연패를 당하게 만든 주범으로 지목된 것도 그래서다.

다르다넬스 작전은 1915년 4월부터는 해군성에서 육군성으로 소관이 이전되었다. 따라서 눈덩이처럼 불어난 사상자와 연이은 패배 모두 연합군이 적군과 가망 없는 전투를 벌인 데에서 비롯되었음에도, 처칠은 애꿎은 정치적 희생양이 되어 여론의 뭇매를 맞았다. 언론, 대중, 의회 모두 키치너의 위광에 눌려 그에게는 과오의 책임을 묻지 못했다. 그에 반해 처칠은 참견하기 좋아하는 민간인이었다. 그러다 보니 잘 알지도 못하면서 해군 일에 끼어든 것이 갈리폴리 전투 패배의 원인이라고 주장하는 제독들의 말도 쉽사리 사실로 받아들여졌다. 1915년 5월 18일자《타임스》에는 이런 사설이 실렸다.

오래전 단순한 소문의 단계를 넘어 단언적으로 거듭 발표된 사실은, 해군 장관이 책임을 떠맡아 언제든 국가의 안전을 위태롭게 할 만큼 숙련된 조언자들의 의견을 무시했다는 것이다. …… 해군 군무를 담당하는 민간인 장관이, 비전문가에게 넘어가서는 안 되는 권력을 부여잡으려 하고, 그 권력을 위험한 방식으로 이용하려고 하는 지금이야말로 각료들이 모종의 단호한 조치를 취해야 할 때다.[1]

육군 지원 없이 해군 단독으로 다르다넬스 작전을 전개하자고 주장한 장본인은 처칠이 아닌 키치너였다. 하지만 전시내각 밖에서 그 사실을 아는 사람은 별로 없었다. 그러다 보니 처칠은 그 결정과, 뒤이어 엔베르와 리만 폰 잔더스가 몇 주간 시간을 갖고 갈리폴리 전투가 벌어지기 전 연합군 격퇴에 필요한 진지를 구축할 수 있었던 것에 대한 비난도 함께 뒤집어쓰게 되었다. 갈리폴리 반도에서 싸운 장교들 또한, 지휘권이 육군으로 넘어가기 전에 함대가 단독으로 수행한 공격을 해군장관의 과시용 행동, 다시 말해 그들의 목숨을 위태롭게 한 실패한 쿠데타쯤으로 여겼다. 갈리폴리 전투 때 육군으로 복무한 오브리 허버트도 그의 일기에 "윈스턴의 이름은 모든 사람을 분노로 들끓게 했다. 로마황제들이 노예를 죽여 인기를 얻으려 했듯이 처칠은 자유민을 죽여 유명해지려고 했다. 그가 만일 그런 행위를 하지 않고 육군과 협력했더라면, 우리는 큰 희생을 치르지 않고 콘스탄티노플에 도달할 수 있었을 것이다"라고 적었다.[2] 그것도 모자라 나중에는 "내가 이곳에서 목격한 수많은 죽음들처럼 윈스턴도 고통 속에 죽었으면 좋겠다"고 썼다.[3]

처칠은 이토록 전방위적 독설에 시달렸으며, 그에 따라 그의 정치적 입지도 급속히 악화되었다. 엎친 데 덮친 격으로 막판에는 영국 최고의 해군인 제1군사위원 피셔 제독과도 불화를 빚어 더욱 궁지에 몰렸다. 두 사람은 갈리폴리 사태에 대해 여러 차례 논의한 끝에 1915년 5월 14일 금요일, 갈리폴리 전투를 지원하기 위한 함대 증강 계획에 합의했다. 그런데 이튿날 이른 아침 피셔에게 몇 장의 쪽지가 전달되었다. 두 사람이 합의한 것을 요약한 내용 외에 처칠이 새로 추가한 내용이 포함된 메모였다. 그러자 피셔는 대노하여 이전에도 여덟 차례나 사임하려 했다고 떠벌리고 다닌 인물답게, 그 자리에서 즉시 해군성에서 멀지 않은 다우닝가 11번지 재무장관의 관저로 쫓아가 데이비드 로이드 조지에게 제1군사위원직을 내놓겠다고 선언했다. 로이드 조지는 길길이 날뛰는 피셔를 자리에 앉혀둔 채, 옆에 붙은 다우닝가 10번지로 사람을 보내 총리를 모셔 오도록 했다. 그리하여 두 사람이 합동으로 최소한 당분간이라도 자리를 지켜줄 것을 호소했으나, 피셔는 그들의 요청을 끝내 거부했다. 그러고는 해군성의 집무실로 돌아가 문을 걸어 잠그고 창문에도 블라인드를 쳤다. 그런 다음 한동안 종적을 감췄다.

처칠은 피셔가 만남을 거부하여 그런 줄도 모르다가 동료들을 통해 그 사실을 알았다. 해군 총지휘관이 그것도 전시에, 공석이 되는 비상사태가 발생한 것이었다. 게다가 다른 위원들이 무슨 생각을 하는지도 그로서는 알 수 없었다. 그러다 5월 16일 일요일이 되어서야 처칠은 제2, 3, 4군사위원들로부터 자리를 지키겠다는 확약을 받고, 아서 윌슨으로부터도 피셔를 대신해 전전에 보유하던 제1군사위원으로 복귀하겠다는 동의를 얻어냈다. 또한 이 무렵만 해도 언론이나 정치권은 아직 피셔의 사임 사실을 몰랐기 때문에 처칠은 야당이 자신의 계획을 방해할 시간을 갖지 못하도록 월요일 아침 일찍 피셔의 사임 사실과 해군의 새로운 작전 계획을 하원에서 동시에 발표할 계획을 세웠다.

그런데 아뿔싸 피셔가 야당 지도자 앤드루 보너 로에게 자신이 행한 일을 넌지시 흘리는 바람에 그 일은 어그러지고 말았다. 보너 로는 피셔가 한 말의 진의가 무엇인지 곰곰이 따져보다가, 월요일 꼭두새벽에 로이드 조지에게 쫓아가 피셔의 사임 여부를 캐물었다. 로이드 조지가 그렇다고 하자, 그는 그 때문에 야기될 중대한 정치적 결과에 대해 자신의 생각을 말하기 시작했다. 이런 내용이었다. 지금까지는 야당이 정부에 맞서는 것을 자제해왔지만 자기도 이제는 소속 의원들을 통제하기 힘들게 되었다. 그들은 피셔를 영웅으로 떠받들었고, 따라서 피셔가 사임하면 처칠도 마땅히 사임해야 한다고 압박을 가할 것이다. 또한 군대가 연전연패를 당하는 마당에 토리당 의원들도 더는 자유당 정부에 무조건적 지지를 하지는 않을 것이므로, 그들의 공격이 그 정도에서 멈추지도 않을 것이다.

보너 로는 이렇게 말한 다음 정부의 확대를 그에 대한 해법으로 내놓았다. 자유당 정부를 해산하고, 보수당(토리당)과 노동당이 참여하는 연립정부 구성을 제안한 것이다.

로이드 조지도 그의 주장을 설득력 있게 받아들였다. 그래서 보너 로를 관저에 앉혀 놓은 채 이웃한 총리 관저로 달려가 애스퀴스에게 연립정부 구성안을 강력히 제기했다. 애스퀴스도 마지못해 그것에 동의했다.

처칠은 그것도 모르고 그날 이른 오후 아서 윌슨이 제1군사위원이 된 것과, 기존의 군사위원들도 자리를 그대로 지키기로 한 사실을 발표하기 위해 하원으로 향했다. 그런데 하원에 도착하자 로이드 조지와 애스퀴스가 연설을 못하게 가로막는 것이었다. 그러고 나서 처칠이 애스퀴스로부터 들은 말은, 예정된 정당들 간의 논의가 취소되었고, 보수당 및 노동당과 연립정부를 구성하기로 했다는 것이었다.

1915년 5월 19일 영국에서는 새로운 연립정부 구성이 발표되었다. 그와 더불어 처칠도 전시내각에는 머물게 되었지만 해군장관에서 해임되고, 랭커스터 공령장관—정무장관—이라는 한직으로 밀려났다.

당시만 해도 정치권은 만일 처칠의 말에 귀 기울였다면 다르다넬스 작전은 사상자가 수백 명밖에 나지 않은 시점에 승리할 수 있었고, 따라서 영국이 20만 명 넘는 희생자를 낸 전쟁을 하게 된 것도 처칠을 쥐고 흔든 제독과 장군들 때문이었다는 사실을 아직 몰랐다. 그러므로 전쟁을 패배로 이끈 것 역시 장군과 제독들이었고, 따라서 영국에 진정으로 필요한 것은 민간에 의한 군부통제라는 기본적 사실 또한 인식하지 못했다.

영국 정치권이 알지 못한 중요한 사실은 그 밖에도 또 있었다. 동방의 전쟁은 단순히 연합국이 패하는 데 그치지 않고 상대편에 승리를 안겨주기도 했다는 것이 그것이다. 갈리폴리 전투는 오스트레일리아, 뉴질랜드, 영국, 프랑스가 참여한 연합군의 불요불굴의 용기와, 오스만제국군의 불요불굴의 용기가 호각지세를 이룬 전투였던 것이다.

Ⅱ

처칠을 내각의 요직에서 제외시켜 연립정부를 구성하게 만든 장본인은 로이드 조지였다. 그런데도 로이드 조지 본인은 정작, "자신은 윈스턴에게 주요 직책을 주려고 노력했으나 동료 장관들이 한직 외에는 안 된다고 결사반대하여 뜻을 이루지 못했다"고 주장했다.[4] 그렇게 말은 했지만 그도 상처받고 분노한 처칠이 그 책임을 자신에게 돌리리라는 것쯤은 알고 있었다.[5] 처칠의 부인도 그로부터 수년이 지난 뒤까지 분을 삭이지 못해, "웨일스인 특유의 교활함"이 해군장관의 이력을 망쳐놓았다고 하면서, 로이드 조지를 유다로 이야기했다. 반면에 처칠의 사촌 말버러 공작은 5월 24일 조카에게 이런 쪽지를 보냈다. "로이드 조지가 한 일은 일시적인 조치야."[6]

그러나 처칠은 "나는 정치적 음모의 희생양이 되었어, 나는 끝났어!"라고
부르짖었다.[7]

로이드 조지는 시종일관 오스만과 전쟁을 처칠의 실책으로 보았다. 처
칠의 해군장관 사임이 확실시된 1915년 봄에는 그 생각을 더욱 확대시켜
이렇게까지 말했다. "그 모두 몇 년간 이 전쟁을 수행한 사람이 받아 마땅
한 인과응보야. 전쟁이 벌어질 조짐이 보이자 그것을 자기 개인의 영달을
꾀할 수 있는 기회로 보고, 수많은 사람들이 받을 고통이나 고난은 개의치
않은 채 오로지 자기가 이 전쟁의 영웅임을 입증해 보이기 위해 위험한 전
쟁을 벌였으니 말이야."[8]

21. 꺼져버린 불빛

I

자유당과 연립정부를 구성한 보수당 의원들은 민간인이 군 지휘부에 끼어들지 못하게 막는 것을 자신들의 주 임무로 삼았다. 따라서 처칠을 해군성에서 밀어낸 뒤에는 키치너의 주적인 자유당 정치인 로이드 조지로부터 그를 보호하는 것을 자신들의 두 번째 임무로 보았다.

재무장관 데이비드 로이드 조지는 키치너가 육군장관이 된 뒤 그 결정에 이의를 제기한 내각의 첫 각료로 유명해졌다. 그렇게 시작된 그의 키치너 걸고넘어지기는 그칠 줄 모르고 계속되었다. 게다가 그는 처칠을 파멸로 몰아넣은 함정에 빠지지 않기 위해, 순수하게 군사적 문제는 건드리지 않고 자신이 잘 아는 분야에서만 키치너에게 도전을 거는 치밀함까지 보였다. 노동, 생산, 금융과 두루 연관돼 키치너보다는 자신의 능력이 돋보이는 발언을 할 수 있다는 점을 노려 군수품과 보급 물자의 부족과 관련된 문제만 제기한 것이다.

그리하여 연립정부 구성이 발표된 1915년 5월 19일 로이드 조지는 결국 군수품과 보급품 관련 임무를 육군성에서 그의 주무 부서인 군수부(새 내각에서 그는 군수장관이 되었다—옮긴이)로 옮기는 데 성공했다. 그런 다음 신설된 군수부에서, 군수물자의 민간인 생산 비율을 높이고, 새로운 공급원을 찾는 등 키치너가 하지 못한 일을 추진하기 시작했다.

그러자 연립정부에 참여한 보수당 의원들도 두 사람의 대립에 섣불리 속단을 내렸던 지난날의 태도를 버리고 로이드 조지와 키치너를 차츰 다른 시각으로 바라보기 시작했다. 군수장관 로이드 조지가 자연력으로 무장한 토네이도가 되어 적을 사정없이 쳐부수고 있었던 것이다. 보수당은 그의 노력을 치하하고 박수갈채를 보냈다. 아무것도 모르는 자유당 민간인들의 서투른 간섭에서 키치너와 군부를 지켜주기 위해 연립에 참여했던 보너 로와 그의 동료들이 놀랍게도 이제는 로이드 조지의 편이 되어 키치너의 능력에 의문을 제기하고 나선 것이다.

새로운 연립정부가 시급히 처리해야 할 군사적 당면 과제는 갈리폴리 전투였다. 이리하여 1915년 6월 7일 하원의 애스퀴스 집무실에서는 그 문제를 심의하기 위해 다르다넬스 위원회로 재편성된 전쟁소위원회가 열렸다. 이때부터 위원회는 빈번하게 열렸고, 이 과정에서 토리당 의원들은 육군장관 키치너가 판단에 필요한 정보를 제대로 제공하지 않는다는 사실도 알아냈다. 키치너에게는 민간인들에게 군사정보를 주기 싫어하는 비밀스런 구석이 있었다. 뿐만 아니라 정확한 정보가 없어 답변을 회피하는 경우도 있었고 서로 모순되는 입장들을 지지하기도 했다.

보너 로와 그의 주요 동료인 신임 법무장관 에드워드 카슨이 갈리폴리 전투를 포기하거나, 그게 아니면 승리를 확신할 수 있을 정도의 지원군을 충분히 보내자는 쪽으로 가닥을 잡고 어느 정도가 충분한 건지 알 수 없어 결단을 못 내리는데도, 키치너는 갈리폴리의 튀르크군 규모도 말해주지 않는 것은 물론 승리에 필요한 영국군의 규모에 대해서도 묵묵부답으로 일관했다. 그러고는 서부전선에서 차출할 수 있는 군대의 규모만 되풀이해서 이야기했다. 9월 초 카슨은 결국 참다못해 이렇게 썼다. "내가 심각하게 보는 것은 우리의 계산(이게 맞는 말인지는 모르겠지만)이 완전히 엉터리라는 것이다. 알 수 있는 것은 파견할 수 있는 병력뿐이고, 필요한 병력이 어느 정도인지는 도무지 알 수가 없다."[1]

언젠가는 각료들이 육군성에 질의하는 과정에서, 키치너가 모르는 주요 전문 내용을 찾아낸 적도 있었다. 키치너가 전문을 잊었거나 혹은 잘못 알았던 것을 보여주는 징표였다. 그러자 카슨은 다우닝가 10번지 편지지에 이런 말을 끼적여 옆자리의 로이드 조지에게 넘겼다. "키치너는 전문을 읽지 않았고, 우리도 그것을 알지 못합니다. 이것은 있을 수 없는 일이에요."[2]

카슨은 이제 키치너도 마치 피고석의 범죄인 다루듯 심하게 추궁하기 시작했다. 육군 원수의 모호한 태도와 한 번도 맞아떨어진 적 없는 이언 해밀턴의 낙관적 예측이 토리당 의원들을 절망하게 만들었다. "에드워드 카슨 경이 학살이 계속되는 것은 좋지 않다고 하면서, 앞으로도 그 상황이 지속될 것인지 물었다"와 "보너 로 의원이 가망이 없는 것이 분명한데도 이언 해밀턴 경이 공격을 속행할 것인지 물었다" 같은 발언이 다르다넬스 위원회에서 오간 말의 거의 전부였다.[3]

갈리폴리 문제는 이런 식으로 질질 끌며 늦가을까지 이어졌다. 그런데도 키치너가 승리를 보장할 수 있는 해법을 내놓지 못하자 각료들은 결국 철군 쪽으로 중지를 모아갔다. 그러나 키치너는 전쟁을 지속할 것을 주장하면서 그들의 의견에 거부의사를 나타냈다. "전쟁의 포기는 제국 역사상 가장 불행한 사건이 될 것"이라는 것이 그가 반대한 이유였다. 하지만 "상황이 종결되어야 한다"는 점에는 그도 수긍했다.[4]

내각도 키치너의 반대를 무릅쓰고 굳이 철군을 강행할 생각은 없었다. 현지의 지휘관 이언 해밀턴이 상황을 계속 낙관적으로 보는 점도 철군을 힘들게 만드는 요인이었다. 그러나 갈리폴리 해변의 상황은 절망적이었다. 키치너에게 해군의 단독작전을 반대하는 말을 했음에도 당시에는 갈리폴리에서 복무하던 윈덤 디즈와, 또 다른 두 장교 조지 로이드와 가이 도네이가 보다 못해 돌파구를 마련하려 한 것도 그래서였다. 세 사람은 그들 중 한 사람이 런던으로 가서 갈리폴리의 실상을 내각에 전하기로 계획을 세웠다. 그리고 마침내 기회가 오자 도네이가 그것을 부여잡았다.

런던에 온 도네이는 키치너는 물론이고 좌천된 처칠까지 포함해 영국 지도자들을 두루 만났다. 하지만 갈리폴리의 상황을 아무리 이해시키려 해도 그들은 불편한 진실을 받아들이려 하지 않았다. 윈덤 디즈도 일이 그렇게 되리라는 것을 진즉에 예측하고 있었다. 그는 도네이가 런던에서 얻게 될 소득이 무엇인지도 정확히 알아맞혔다. "장담하건대 자네가 그곳에서 얻게 될 최상의 성과는 윈스턴 처칠일 걸세!"[5]

이언 해밀턴은 결국 경질되었다. 그리고 그의 후임 사령관이 갈리폴리 전황을 가망 없다고 보고 즉각적인 철군을 요청하는데도 내각은 여전히 결단을 못 내린 채 머뭇거렸다. 이번에도 키치너가 걸림돌이었다.

Ⅲ

로이드 조지의 생생한 표현에 따르면, 키치너의 마음은 선회하는 등대의 빛과 같았다. 그런데 그 빛이 갈리폴리 전투의 거센 폭풍우에 휘말려 갑자기 꺼져버렸다. 키치너의 동료들이 칠흑 같은 어둠 속에 치밀어 오르는 분노와 초조함을 간신히 억누르며 강렬한 빛이 비춰주기를 아무리 고대해도, 어둠을 밝혀줄 등대의 빛은 끝내 돌아오지 않았다.

토리당의 보너 로마저 이제는 키치너를 경질하여 로이드 조지를 그 자리에 앉히자고 건의할 정도로 사태는 심각하게 전개되었다. 하지만 총리는 그 제안을 받아들이지 못했다. 정부 내에서 키치너의 계획이 실패한 것을 아는 사람은 소수의 중심 세력뿐이었고, 게다가 나라 안에는 열렬한 키치너 추종자들이 있었다. 따라서 키치너의 경질은 정치적으로 불가능하다는 것이 그의 판단이었다. 그래서 고육지책으로 생각해낸 것이 키치너를 다르다넬스로 보내 실태조사를 하도록 하는 것이었다. 그러면서 그는 내심 키치너가 그곳에 계속 눌러 앉아 있기를 바랐다.

키치너도 전장에 가서 자기 눈으로 전황을 똑똑히 목도한 뒤에는 갈리폴리 전투 포기를 받아들였다. 내각도 그제야 철군을 결정했으며, 그리하여 1916년 초에는 연합군의 철수—갈리폴리 전투 중 가장 눈부신 작전이었다—가 완료되었다. 디즈는 이 철군을 "역사상 가장 놀라운 사건의 하나"였다고 말했다.[6]

Ⅲ

1915년 4월 25일 연합국은 하려고만 했다면 튀르크군을 기습 공격하여 무혈로 손쉽게 승리를 거둘 수도 있었다. 하지만 그 절호의 기회를 놓치는 바람에 연합군은 그로부터 259일 뒤 역사상 가장 큰 희생을 치른 전투 가운데 하나에서 패하고, 피로 물든 다르다넬스 전역의 마지막 진지를 떠났다. 갈리폴리 전투에 참가한 양측 병력은 각각 50여만 명에 달했으며, 연합군과 튀르크군의 사상자도 각각 25만 명에 이르렀다.

갈리폴리 전투는 연합국이 승리할 수 있었고, 그와 더불어 중동의 전쟁도 끝낼 수 있었다는 점에서 결정적인 전투였다. 하지만 그 목적은 끝내 실현되지 못했다. 그런가 하면 그 전투는 후진적으로 본 아시아 군대가 선진화된 유럽 군대를 쳐부수었다는 점에서 앞으로 다가올 일들의 전조가 되기도 했다.

갈리폴리 전투는 유럽을 오랫동안 중동의 정세에 끌어들이는 결과도 가져왔다. 키치너가 몸을 사렸으나 결국 막지 못한 군사 개입이 연합국의 철군으로 잠시 중단되었다가, 1년 뒤에 재개된 것이 그 점을 말해준다. 그보다 중요한 것은 연합국의 패배로 영국이 특별한 의미로나 일반적 의미로나 중동의 정세에 더욱 깊숙이 개입하게 된 것이었다. 이제 곧 나오겠지만, 특별한 점은 키치너의 부관들이 갈리폴리의 이언 해밀턴 군대의 궤멸을 막는 데 도움이 될 것으로 보고 중동의 지배자와 제휴한 것에서 찾을 수 있고, 일반적 사례는 막대한 재원을 투여한 갈리폴리 전투가 실패로 끝나자 영국이 자국이 치른 희생에 어떤 식으로든 의미를 부여하기 위해 전후 중동에서 수년간 중요한 역할을 담당했던 것에서 찾을 수 있다.

Ⅳ

1915년 11월 18일 윈스턴 처칠은 랭커스터 공령장관을 사임하고 자진하여 프랑스로 건너가 서부전선의 지휘관이 되었다. 그때까지도 갈리폴리 전투의 책임을 그에게 뒤집어씌우는 정치권의 비난은 잦아들지 않고 있었다. 달라진 점은 이번에는 키치너도 내각에서 비난의 대상이 되었고, 그 사실을 키치너 본인도 알았다는 점이다.

키치너는 내각의 각료들이 다르다넬스에서 돌아오지 않기를 바란다는 것도 눈치로 알고 있었다. 하지만 그는 그들의 기대를 유유히 저버린 채 1915년 말 런던으로 돌아왔다. 그런 다음 애스퀴스 총리를 만나 자신이 내각의 지지를 받지 못하는 상황을 허심탄회하게 토로한 뒤 사의를 밝혔다. 하지만 적당한 후임자가 나타나지 않자 그는 다른 방법을 쓰기로 하고, 총리의 승인을 받아 권한과 책임을 축소하는 방식으로 육군장관의 기본 특성에 변화를 주었다. 자신이 갖고 있던 육군장관의 권한을 참모총장에게 대폭 이양한 것이다. 그런 다음 서부전선에 투입돼 있던 육군원수 윌리엄 로버트슨을 그 자리에 앉혔다.

키치너는 육군장관 자리는 내놓았지만 중동정책을 입안하는 권한은 그대로 보유했다. 그가 다르다넬스에서 돌아온 1915년 말에는 오랫동안 실태를 파악하기 위해 외유를 떠났던 키치너의 측근 마크 사이크스도 영국으로 돌아와 있었다. 돌아온 그의 손에는 중동의 지도자가 영국과 제휴하는 것에 관심을 보인다는 반가운 소식과, 그 동맹에 기초해 오스만 전쟁의 흐름을 바꿔놓을 수 있는 혁명적 계획이 들려 있었다. 키치너가 앞으로 내각에서 추진할 계획이었다.

22. 카이로 영국 정보국의 아랍부 창설

I

1915년에서 1916년으로 넘어가는 겨울 연합국이 다르다넬스 전역에서 철군을 계획하여 실행하고, 그에 따라 전쟁에서 키치너가 할 수 있는 역할이 줄어들자 영국의 중동정책은 새로운 국면으로 접어들었다. 키치너와 그의 동료들이 오스만제국에 불만을 가진 아랍 지도자와 군인들을 이용하는 일에 조직화된 방법을 동원하기 시작한 것이다. 그리고 이때 그들이 행동의 토대로 삼은 것이 바로 키치너가 중동정책의 전문가로 손수 임명한 마크 사이크스가 동방 여행에서 돌아와 작성한 보고서였다. 사이크스는 전쟁에서 패한 중동을 연합국이 어떻게 처리해야 할지 방법을 모색하기 위해 오랫동안 외유를 떠났다가 이제 막 돌아온 참이었다. 터키가 갈리폴리 전투에서 승리한 뒤였으므로 급할 것 없이 느긋하게 수행한 임무였다.

인위적 방법 외에 어떤 일들은 스스로의 추진력으로 굴러갈 때도 있는 법이다. 1915년 겨울 오스만과 전쟁을 벌이는 원인이 되었던 러시아 문제가 해결되었는데도 영국이 다르다넬스 작전을 계속 수행한 것이라든가, 처칠의 기대와 달리 콘스탄티노플을 정복하지 못했는데도 중동 분할을 계획대로 추진한 것이 대표적인 예다.

1915년 6월 30일 마크 사이크스가 주도해간 데 번센위원회가 전후 중동 관련 보고서를 제출하자 영국정부는 사이크스를 중동으로 보내 현지 장교 및 관리들과 보고서 내용을 협의하도록 했다. 그리하여 그가 발칸을 시작으로 이집트(나갈 때와 들어올 때 두 차례), 페르시아만, 메소포타미아, 인도를 도는 데 걸린 기간이 무려 6개월이었다. 그랬던 만큼 사이크스에게도 이번 여행은 여러 가지 다양한 관점을 접할 수 있는 좋은 기회가 되었지만, 외유 기간이 길다 보니 런던의 각료들에게는 1916년에야 그 경과를 보고할 수 있었다.

1915년 여름 사이크스가 카이로에 처음 들러 만난 사람들은 키치너의 중동 조언자들이었다. 그곳에서 그는 전쟁이 일어나기 전부터 알았던 로널드 스토스를 만나고, 스토스로부터 길버트 클레이턴도 소개받았다. 그리고 클레이턴과는 종교로 이내 돈독한 사이가 되었다. 독실한 기독교 신자였던 클레이턴의 진지함에 사이크스가 깊이 경도되었던 것이다. 두 사람은 이내 동료 겸 친구가 되었다. 다만 클레이턴이 사이크스를 대하는 것보다는 사이크스가 클레이턴을 대하는 태도가 좀 더 솔직했다.

사이크스는 카이로의 친구들로부터 영국에 특별히 우호적 관점을 지닌 아랍인도 소개받고, 시리아가 영국령이 되어야 한다고 믿는 클레이턴의 관점도 지지하게 되었다. 클레이턴과 스토스의 말만 믿고 지역민들도 그것을 바란다고 여겼으며, 따라서 프랑스에는 시리아가 아닌 다른 지역을 그에 대한 보상으로 주면 될 것으로 믿었다. 프랑스에서 시리아를 원하는 파벌이 성직자 집단이나 혹은 상업적 특권을 바라는 사람들뿐이라는 것도 그가 그런 생각을 갖게 하는 데 일조했다.[1] 사이크스는 샤리프 후세인을 칼리프로 내세우려는 그의 동료들과 윙게이트의 계획이 칼리프를 남쪽으로 옮기는 것이 옳다고 본 자신의 견해와 부합하는 것에도 마음이 끌려, "이집트

제국"을 건설하려는 스토스의 계획에도 쉽사리 설득되었다. 표면상으로는 샤리프의 종교적 지배와 이집트 군주의 세속적 지배를 받는 것처럼 해놓고, 실제로는 앞으로 키치너가 맡게 될 카이로 영국 고등판무관이 통치하는 단일 아랍 국가로 만들려는 것이 스토스의 계획이었다.

그런 반면 카이로에는 사이크스의 마음을 어지럽게 하는 기류도 있었다. 영국과 프랑스가 중동에서 각축을 벌인다는 소문이 그것이었다. 하지만 사이크스는 전시동맹인 양국 사이에 불화가 일어날 만한 특별한 이유를 찾지 못했다. 시리아에 대한 프랑스의 관심도 대단치 않다고 여겼고, 그러므로 프랑스에는 시리아가 아닌 다른 곳을 승리의 몫으로 떼어주면 될 것으로 믿었다. 따라서 양국이 각축을 벌인다는 소문도 적군의 선동에 의한 것으로 판단했다. 그러다 수개월 뒤 반프랑스 소문(소문을 넘어서는 내용도)의 진원지는 다름 아닌 카이로에 있는 그의 동료들이라는 사실을 알았지만, 주모자의 한 사람이 자신의 친구 길버트 클레이턴이라는 사실은 결코 알지 못했다.

Ⅱ

한편 인도는 정치적으로 카이로와 적대관계여서인지 사이크스를 대하는 태도가 냉랭했다. 정부에 발을 들여놓은 지 반 년밖에 안 된 애송이가 동방에 관련된 문제를 협의하겠다고 온 것도 가소로워 보였을 것이다. 인도에서 그가 만날 인물만 해도 평생을 관리로 지낸데다 탁월한 외교 전문가이기도 했던 찰스 하딩(1858~1944)이었다. 하딩은 러시아 대사를 역임했고, 인도 반란(세포이 항쟁)이 일어나기 10여 년 전인 1840년대에 조부가 인도 총독을 지낸 집안 내력에 따라, 외무부에서 직업관료 생활을 하다 인도 부왕으로 부임한 출중한 인물이었다. 또한 메소포타미아를 점령하여 인도에 병합하는 정책을 추구했기 때문에, 카이로의 제안도 "전적으로 터무니없고 완벽하게 파멸적"이라는 관점을 지녔다. 따라서 아무리 허울뿐이라 해도 아랍을 독립시키는 안도 거부했다. 하딩이 "터키에는 대의제가 적합하지 않은 곳들이 있다는 사실을 사이크스는 알지 못하는 것 같다"고 쓴 것도 그 점을 뒷받침한다.[2]

그러나 사이크스는 당시 그 어느 때보다 강하게 카이로를 지지하고 있었다. 따라서 관점과 관할권을 두고 다투는 양측의 갈등 자체를 해롭다고 믿었다. "각 부처에 자율권을 주어 서로 무관한 일들을 처리하도록 한 기존 방식은 예전에는 아무 문제없이 잘 굴러갔다. 그런데 지금은 각 부처가 서로 으르렁대며 싸우고 있으니 유감이 아닐 수 없다."[3] 실제로 심러(인도), 카이로(이집트), 외무부, 육군성, 해군성 모두 중심 정책 없이 개별 행동을 하고 있었으며, 현지 관리들도 다른 사람이 하는 일을 무시하거나 혹은 상반되게 일을 진행하기도 하는 등 독단적으로 행동하기 일쑤였다. 그러다 보니 정책 하나를 만들려면 이 단계 저 단계 거치느라 진이 빠질 지경이었다. 사이크스도 열여덟 기관을 거쳐서야 문제 하나를 해결한 적이 있었다.[4]

사이크스가 아랍 문제를 전담할 총괄 부서의 신설을 구상하게 된 것도 이번 여행을 하면서 통감한 바가 있었기 때문이었다. 그리고 이 일에는 카이로가 적극성을 보여 1915년 12월 13일에는 클레이턴이 근동 사무국의 핵심 멤버를 구성하는 일에 착수하고, 사이크스에게 그 일을 추진해주기를 바란다는 뜻을 밝혔다.[5] 이리하여 1915년 말 런던으로 돌아온 사이크스가 아랍 문제를 전담할 중앙기관의 창설을 제안함으로써 그 일은 마침내 실행에 옮겨졌다. 그의 지휘를 받는 카이로 주재 아랍부의 신설을 요청한 것이다. 신임 인도장관 오스틴 체임벌린(1863~1937)도 같은 시기, 인도, 페르시아, 아프가니스탄의 선동적 프로파간다와 싸울 수 있는 이슬람부의 창설을 촉구했다. 하지만 인도 부왕은 자신이 관할하는 지역에 개입하려 꾀하는 그 어떤 기관의 창설에도 반대한다는 뜻을 분명히 했다. 사이크스와 그의 동료들이 담당하는 기관은 더 말할 나위가 없었다.

그리하여 1916년 1월 초 애스퀴스 총리의 명령으로 이슬람부 창설을 논의하기 위해 열린 부처 간 회의에서는 골자도 빠지고 내용도 대폭 수정된 형태로 사이크스의 안이 수용되었다. 아랍부를 신설하되 독립부서가 아닌 카이로 정보국 산하에 두도록 한 것이다. 영국 정책을 통제하는 권한을 넘겨줄 생각이 없었던 키치너(회의에는 그를 대신해 피츠제럴드가 참석했다)와 외무부의 입김이 작용한 결과였다. 카이로는 결국 부서 신설과 직원 채용의 권한만 부여받았을 뿐 사이크스 제안의 중핵이었던 정책을 총괄할 중앙기관의 수립에는 실패했다. 그에 따라 정부의 각 부처들도 예전처럼 계속 개별적이고 때로는 상반되는 정책들을 수립해 집행했으며, 키치너의 지배력도 줄어들지 않고 계속 발휘되었다. 외무장관도 키치너의 뜻에 따랐다. 그에 따라 사이크스도 독립부서의 장으로 자기 명의의 정책을 내놓지는 못하고 키치너의 대리인 역할만 수행할 수 있게 되었다. 통제권을 내놓을 생각이 없었던 키치너는 현상 유지를 고집했다.

그러자 이번에는 해군 정보부장이 사이크스와 클레이턴이 제안한 노선에 따라 카이로에 새 부서를 신설하는 것이 바람직한지에 대한 의문을 제기하며 딴죽을 걸고 나왔다. 그래서 그를 무마하기 위해 또 그가 내세운 후보자로 당시 해군 정보장교로 복무하던 옥스퍼드 대학의 고고학자 데이비드 G. 호가스(1862~1927)를 아랍부 부장으로 임명했다. 호가스는 전전에 영국 정보기관을 위해 일한 전력이 있는 베일에 싸인 인물이었다.

그리하여 키치너의 조카 겸 직업군인이었던 앨프레드 파커 부장 대행의 후임으로 아랍부에 부임한 호가스는 처음부터 클레이턴의 직속 부하로 일했다. 그의 주요 관점도 함께 공유하여 호가스의 지휘 아래 아랍부는 외무부와 인도정부의 정책에 맞서, 윙게이트와 클레이턴의 견해—이집트의 지배력을 아랍권으로까지 확대시키고 싶어 한—를 관철시키기 위해 많은 노력을 기울였다.

냉철하고 진중한 성격의 군 장교 키나한 콘월리스도 수단에서 카이로로 옮겨와 호가스의 부관이 되었으며, 윙게이트의 비서 G. S. 사임스도 수단에서 아랍부로 전출되었다. 《타임스》 기자를 역임한 필립 그레이브스도 아랍부에 들어왔고, 호가스가 옥스퍼드 대학의 애슈몰린 박물관장을 지낼 때 그의 밑에서 일한 인연으로 전 생애를 통해 그의 비호를 받았던 토머스 에드워드(T. E.) 로렌스도 그의 부름을 받고 아랍부에 합류했다.* 훗날 '아라비아의 로렌스'로 명성을 얻게 될 문제의 로렌스였다.

클레이턴은 처음에는 터키 문제 전문가를 보유하지 못해 터키에 맞서 정보전을 치를 때도 매우 불리한 입장에 있었다. 그러던 중 행운이 찾아들었다. 전전에 청년튀르크당 정부의 헌병대에 복무했던 윈덤 디즈가 1915년 12월 10일 갈리폴리에서 카이로에 도착하자, 1월 초 카이로 정보국의 부국장으로 영입하는 데 성공한 것이다. 실제로 터키 정세에 밝은 디즈의 지식은 매우 유용한 것으로 드러났다.

그리하여 카이로는 이윽고 중동정책에 힘을 과시하고 싶어 하는 야심 찬 젊은 의원들과 여타 사람들로 북적이게 되었다. 그중에는 전쟁이 일어나기 전부터 마크 사이크스와 친구 관계였던 오브리 허버트 의원과 조지 로이드 의원도 포함돼 있었다. 이런 식으로 카이로는 영국의 중동정책 중

---

* 로렌스는 그전부터 아랍부와 긴밀한 관계를 맺었으나 공식적으로 아랍부에 배치된 것은 1916년 말엽이었다.

심지가 되었고, 클레이턴은 클레이턴대로 런던에서 중동정책을 좌우하는 실세가 이집트 총독을 지낸 키치너와 그의 대리인인 마크 사이크스인 것에 흡족해했다.

23. 아랍인들에게 해준 영국의 약속

1915년 말 동방 여행을 마친 사이크스는 아랍부의 신설보다 한층 시급하고 더욱 영속적으로 중요한 어떤 소식을 가지고 돌아왔다. 정체불명의 한 아랍 젊은이가 자신과 친구들이 영국이 전쟁에서 이기도록 도울 수 있다고 주장한 것이었다. 이 청년의 이름은 무함마드 샤리프 알 파루키였다.

알 파루키에 대해서는 그때도 전혀 알려진 것이 없었고, 지금도 별로 알려진 것이 없다. 1915년 가을 갑자기 부상하여 1916년까지 영국정부의 관심을 끌다가, 1920년 아랍 부족의 습격 때 이라크의 도로상에서 젊은 나이에 죽어 이름 없는 존재로 되돌아갔기 때문이다. 그에 대해 알려진 것은 1915년부터 1916년까지 몇 달간 주목받는 동안 직간접적으로 영국이 종전 뒤 중동에서 프랑스, 러시아, 아랍, 그 밖의 나라들에 양보를 하게 만들었고, 영국 관리와 아랍 지도자 간의 매개자로서 그가 오해를 샀거나 혹은 양측의 의사를 그가 상대방에게 잘못 전달해 혼란을 일으켰다는 것뿐이다. 그런 식으로 그는 20세기 중동에 아직도 완전히 해소되지 않은 오해의 유산을 남겼다.

Ⅱ

이 놀라운 알 파루키 에피소드는 오스만과의 전쟁 초 키치너가 메카의 아미르 후세인과 합의에 도달한 유사 협정이 배경이 되었다. 후세인을 세속적 지배자가 아닌 종교적 지배자*로 여긴 키치너가, 1914년 가을 그와 교신을 시작해 두 사람 모두 만족해 한 내용으로 합의에 도달했던 사실은 앞에서도 이미 언급한 바 있다. 후세인**은 한동안 잠자코 있을 것이고, 오스만과의 전쟁 중에는 자신의 종교적 위광을 영국에 맞서 사용하지 않을 것이며(키치너가 그럴 개연성을 우려했으므로), 미래의 어느 시점에 영국을 위해서만 그것을 사용할 것이라는 것(전쟁이 끝나고 영국과 러시아 간의 경쟁이 재개되면 키치너가 그렇게 해주기를 바랐으므로)이 그 내용이었다.

양측은 1915년 초 그렇게 합의를 했다. 그런데 그로부터 6개월 뒤인 1915년 여름 후세인이 느닷없이 아랍권 아시아의 대부분 지역을 자신이 지배하는 독립왕국에 포함시켜야 한다는 서신을 보내 카이로의 영국청을 깜짝 놀라게 만들었다.(앞에서도 지적했듯이 영국 관리들은 후세인이 자신들이 제안한 아랍인 칼리프를, 왕국을 부여하겠다는 의미로 받아들이리라는 사실을 몰랐다.)

영국 관리들로서는 지난 몇 달간 잠잠히 있다 뜬금없이 그런 요구를 하는 후세인의 행동이 여간 생뚱맞아 보이지 않았다. 로널드 스토스가 기도 안 찬다는 듯 후세인은 헤자즈를 보유하게 해주는 것만으로도 감지덕지해야 할 것이라고 하면서 "아마도 그는 협정을 기초로 그런 요구를 하는 모양인데, 자신이 가진 권리, 소망, 힘으로는 그것이 어림 반 푼어치도 없

---

* 키치너의 측근들 가운데 오스만과의 전쟁 초 후세인이 영국에 군사적 지원을 해줄 수 있을 것으로 믿은 사람은 수단 총독 레지널드 윙게이트뿐이었다.
** 메카의 샤리프 겸 아미르 후세인 빈 알리는, 샤리프 후세인, 아미르 후세인, 후세인 왕 등 다양한 명칭으로 불린 것 외에 헤자즈의 지배자 혹은 헤자즈의 왕이라는 호칭도 함께 지니고 있었다.

는 요구라는 것을 알고 있을 것"이라고 말한 것도 그런 맥락에서였다.[1] 고등판무관 헨리 맥마흔도 후세인이 실망할 것을 우려해, 일단은 중동의 국경을 논하는 문제는 종전 뒤로 미루는 것이 좋겠다는 조심스런 답장을 보냈다.

그러나 후세인이 예고 없이 불쑥 독립 아랍왕국을 원했던 것은 당시 카이로에 비춰진 것과는 달리 결코 터무니없는 요구가 아니었다. 맥마흔과 스토스는 몰랐겠지만 1915년 1월 메카에서는 매우 뒤숭숭한 일이 벌어졌다. 오스만 정부가 종전 무렵에 후세인을 폐위시키려는 음모를 꾸몄다는 사실을 보여주는 문서가 나온 것이었다. 실제로 그것은 임박한 전쟁 때문에 지연되었을 뿐 사실이었다.[2] 그러자 후세인은 즉각 아들 파이살을 콘스탄티노플의 대재상에게 보냈으나, 그가 오스만 정부를 설득해 본래의 결정을 번복시킬 수 있는 개연성은 희박했다.

후세인은 이렇듯 자신을 폐위시키려는 청년튀르크당의 음모에 밀려 어쩔 수 없이 터키에 맞설 생각을 한 것이었다. 하지만 그렇게 하자니 아랍권에서 소외될 것이 걱정되었다. 그래서 파이살을 다마스쿠스로 보내 그곳에 근거지를 둔 아랍 비밀결사의 지원을 얻을 수 있는 개연성을 타진해보도록 했다. 파이살은 콘스탄티노플로 대재상을 만나러 가는 길에 한 번, 대재상을 만나고 돌아오는 길에 또 한 번, 그렇게 두 차례 다마스쿠스에 들러 비밀결사를 만났다.

그리하여 1915년 3월 말 파이살이 다마스쿠스에 처음 들렀을 때 비밀결사로부터 들은 말은, 다마스쿠스 지역에 대부분 아랍 병사들인 오스만군 3개 사단이 주둔해 있고, 그들 모두 자신들 휘하에 있다는 것이었다. 하지만 터키에 맞서 봉기를 이끌 수 있다는 말을 하면서도 그들은 정작 행동을 취하는 것에 대해서는 유보적 입장을 취했다. 조만간 독일이 승리할 것 같아 보이니까 확실한 언질을 주지 않으려는 것이었다. 그들로서는 구태여 지는 쪽에 가담할 이유가 없었다. 기왕이면 기독교권인 유럽보다는 이슬람 권인 오스만제국의 지배를 받는 편이 나을 것 같다는 생각도 그들을 망설이게 한 또 다른 요인이었다.

비밀결사가 당시 어떤 음모를 꾸몄는지를 말해주는 증거는 현재 남아 있지 않다. 하지만 아랍의 충성을 누가 차지하느냐를 놓고 영국과 터키가 싸우게 만들었던 것은 분명하다. 그들이 (파이살을 통해) 후세인에게, 서아시아 대부분 지역을 아랍 독립국으로 만드는 것에 영국이 지지한다는 약속을 하지 않으면 연합국과 손잡지 말라고 권유한 것도 그 점을 말해준다. 요컨대 그들은 영국의 약속을 먼저 받아 놓고, 그것을 오스만제국에 제시해 양국 간에 싸움을 조장할 속셈이었던 것이다.

비밀결사와 만남이 끝나자 파이살은 대재상을 만나기 위해 콘스탄티노플로 향했다. 그리고 1915년 5월 23일 귀환길에 다시 다마스쿠스에 들러보니 그 사이 상황이 돌변해 있었다. 시리아의 오스만 총독 제말 파샤가 아랍인들이 음모를 꾸미는 낌새를 알아채고 비밀결사를 발본색원한 것이다. 제말은 주동자들을 체포하고 단원들도 뿔뿔이 흩어지게 하여 비밀결사 조직을 와해시켰다. 아랍인들로 구성된 오스만군 사단도 해체하고, 다수의 장교들은 갈리폴리와 여타 지역으로 전출시켰다.[3]

그 결과 몇 명밖에 남지 않은 비밀결사 요원들—한 기록에는 여섯 명, 또 다른 기록에는 아홉 명으로 나타나 있다[4]—은 파이살을 만나, 더 이상 봉기를 이끌 수 없게 되었으니 그 일은 이제 후세인이 맡아서 해야 하며, 만일 후세인이 아랍 독립을 지지하는 영국의 약속을 받아내면 자신들도 그를 따르겠다고 말했다.

비밀결사 요원들은 독립 아랍국이 될 영토의 경계를 정한 문서도 작성했다. 다마쿠스 의정서가 그것이다. 파이살은 그것을 가지고 메카로 돌아왔다. 영토의 경계뿐 아니라 후세인이 영국에 제시할 요구사항도 명시된 의정서였다. 후세인이 그 요구를 한다 해서 잃을 것은 없었다. 그렇게 하면 나중에 봉기를 일으킬 때 어떤 식으로든 비밀결사의 지원을 받을 수 있고, 아라비아와 아랍 정치에 대한 지도자의 권리도 주장할 수 있었기 때문이다. 1915년 여름 후세인이 다마쿠스 의정서의 요구사항이 포함된 서한을 카이로에 보내, 영국 관리들을 실소하게 만든 데에는 이런 내력이 숨어 있었다.

Ⅲ

이라크 모술 출신의 아랍계 오스만군 참모장교였던 스물네 살의 무함마드 샤리프 알 파루키 중위도 1915년 봄 파이살이 다마쿠스에 처음 들렀을 때 그곳에 주둔했던 비밀결사 요원이었다. 따라서 파이살을 직접 만났을 개연성도 있지만, 설사 만나지 않았다 해도 모임에 동석한 다른 요원들로부터 대화의 내용은 들어 알고 있었을 것이다.

그러다 나중에 그는 제말 파샤가 다마쿠스의 비밀결사를 해체할 때 그곳에서 쫓겨나 사상자율이 높은 갈리폴리 전선으로 보내졌다. 따라서 보기에 따라 그것은 음모자를 최전선에 보내 죽게 만들어 조직을 분쇄하려는 제말 파샤의 의도적 행위로 읽힐 수 있었다. 반면에 갈리폴리는 오스만 정부가 생존을 위해 결사항전을 벌이는 전선이었으므로 전력을 보강하려는 타당한 군사적 조치로도 볼 수 있었다. 사정이 이렇다 보니 알 파루키도 어렴풋이 눈치는 챘지만, 갈리폴리로의 전출이 제말로부터 모반 혐의를 받았기 때문인지는 확신하지 못했다.

알 파루키는 갈리폴리에서도 비밀결사 장교들과 계속 접촉했다. 따라서 파이살과 후세인의 동향도 훤히 꿰고 있었다. 비밀결사의 남은 요원들이 후세인에게, 아랍 봉기는 다마스쿠스 의정서를 지지한다는 영국의 약속을 받아 놓은 다음에 이끌도록 조언한 것도 알고 있었고, 후세인이 1915년 여름 다마스쿠스 의정서 내용이 담긴 편지를 작성하고도 마치 그것이 자신의 요구인 양 카이로에 제시했다는 사실도 알고 있었다.

그리고 1915년 가을 알 파루키는 갈리폴리의 오스만군을 탈영해 연합국 쪽으로 넘어갔다. 넘어가서는 카이로의 영국 정보국에 전해줄 기밀사항을 갖고 있다고 주장하여 그 즉시 이집트로 넘겨졌다. 이 행위는 두 가지로 읽힐 수 있다. 제말에게 반튀르크 음모가 발각될 것이 두려워 그것이 탄로가 나기 전 도망친 것일 수도 있고, 혼자 공을 세워 세계정치사에 이름을 남기려는 영웅심리에서 비롯된 것일 수도 있다. 동기야 어찌됐든 그것이 누군가로부터 임무를 부여받아서가 아니라, 그 스스로의 충동에 이끌려 한 행동이었던 것은 분명하다.

알 파루키는 영어를 거의 구사하지 못했다. 따라서 단편적으로 남아 있는 사료로는 그의 말이 영국인들에게 얼마나 정확히 전달되었는지, 혹은 그가 상대방이 듣고자 하는 말을 어느 정도나 했는지 판별하기가 쉽지 않다. 그는 영국 정보부원들에게 조사받을 때 오스만군에 복무하는 아랍 장교들의 비밀단체인 알-하드 요원이라고 자신의 신분을 밝혔다. 다마스쿠스에서 활동하는 그 단체의 주도적 인물로 오스만군 12사단의 참모장이었던 야신 알 하시미 장군을 들먹이기까지 했다. 또한 "공식적으로는 영국 측과" 알 하드의 계획을 논의할 권한이 없다는 점을 인정하면서도 어떤 이유에서인지는 몰라도 그 단체의 대리인처럼 행동했고, 정보국장 클레이턴도 그에게 대리인에 맞는 예우를 해주었다.[5] 게다가 정보국은 그가 말한 내용의 진위 여부도 따져보지 않은 채 그것을 사실로 믿고는 더 이상 조사도 하지 않았다. 그러나 알 파루키는 알 하드는 물론이고 그 어느 단체의 대리인도 아니었다. 그런 가짜에게 클레이턴이 깜빡 속아 넘어간 것이었다.

알 파루키는 다마스쿠스에 있는 다른 요원들부터 얻어들은 정보, 다시 말해 영국이 샤리프 후세인과 교신한 내용과 1915년 여름 후세인이 카이로에 보낸 요구사항을 알고, 알 하드의 대리인 행세를 한 것이었다. 그러고는 영국 측에 다마스쿠스 아랍 장교들의 대리인인 척, 후세인이 말한 경계지 내에 아랍 독립국의 수립을 지지하는 약속을 하라고 요구한 것이다. 그러자 클레이턴은 퍼뜩 그동안 있었던 일들의 앞뒤가 척척 들어맞는 느낌이 들었다. 후세인과 알 파루키의 요구사항이 같은 것만 해도 그랬고, 게다가 그 둘은 (알 하드 결성자인) 알 미스리 및 카이로의 다른 아랍 망명자들이 개전 초부터 계속 요구해온 것과도 내용이 일치했다. 따라서 후세인이 만일 이 비밀결사들의 지원을 받는 게 사실이면, 영국도 메카의 아미르를 단순히 아라비아 반도의 지배자로만 볼 수 없었다. 아랍 비밀결사들이 알 파루키가 말하듯 그리고 클레이턴이 착각했듯이, 그렇게 강력하다면 후세인은 수십만 오스만군과 수백만 오스만 백성을 거느린 지배자가 되는 것이었기 때문이다.

알 파루키는 후세인에게 즉각 답변을 보내도록 클레이턴과 그의 동료들을 재촉했다. 알 하드가 오스만제국 내에서 아랍 봉기를 주도해주기 바란다면 영국은 아랍어권 중동의 독립을 보장해야 한다는 것이 그의 지론이었다. 그러고는 고작 몇 주간의 시한을 주고, 그 요구를 받아들이지 않으면 아랍운동은 독일과 오스만제국을 전폭적으로 지지할 것이라고 최후통첩을 보냈다.

카이로는 흥분에 휩싸였다. 로널드 스토스가 1915년 10월 10일 피츠제럴드/키치너에게, "아랍 문제가 심각한 상황으로 치닫고 있다"고 쓸 만큼 분위기가 급박하게 돌아갔다.[6] 그와 거의 같은 시기 클레이턴은 알 파루키와의 대화 내용을 요약한 비망록을 작성해 이집트 원정군 사령관 맥스웰 장군에게 보냈다. 그러자 맥스웰도 10월 12일 키치너에게 적군 뒤에 "강력한 조직"이 존재하고, 후세인의 제안도 그 조직에서 나온 것이며, 따라서 문제가 해결되지 않으면 아랍은 적 쪽으로 넘어갈 공산이 크다는 내용의 급전을 보냈다.[7]*

이렇게만 봐도 카이로의 키치너 부하들이, 아랍 봉기가 일어나면 갈리폴리 반도에서 목숨을 다해 싸우는 연합국 병사들을 구할 수 있을 것이라고 믿었던 것은 분명한 것 같다. 게다가 당시 갈리폴리의 영국군 사령관은 키치너의 후원을 받는 이언 해밀턴이었으므로, 카이로의 키치너 부하들은 그와도 접촉하여, 아랍의 요구를 받아들이는 데 부정적인 고등판무관 헨리 맥마흔을 설득해 그 요구를 받아들이게 해달라는 부탁도 했을 것이다. 그 1년 뒤 맥마흔이 자신은 아랍 봉기에 책임이 없었다는 내용으로 작성한 글에도 그 점이 나타나 있다.

아랍운동을 떠맡게 된 날은 내 생애의 가장 불행한 날이었다. 그래도 몇 자나마 적어 그것과 나는 무관했다는 사실을 밝힐 필요는 있다고 본다. 그것은 갈리폴리의 이언 해밀턴 경이 급히 요청해서 시작된, 따라서 순전히 군사적 일이었다. 즉시 행동을 취해 아랍인들을 전쟁에서 제외시키라는 외무부의 간청도 있었다. 당시 아랍인들은 갈리폴리 군대의 태반을 차지하고 있었고, 메소포타미아에 주둔 중인 군대도 아랍인 일색이었던 까닭이다.[8]

---

* 아랍은 이미 적 진영에 속해 있었다는 점에서 이것은 이해할 수 없는 주장이다.

카이로의 영국 정보국은 알 파루키의 요구사항을 수용할 수 있는 권한을 부여해달라고 요청하는 긴급전문을 런던에도 보냈다. 요구사항에 대해서는 협상의 여지가 있다는 말도 덧붙였다. 필요하면 알 파루키가 양보할 수도 있다는 말이었다. 이렇게 해서 알 파루키는 향후 몇 주 아니 몇 달간 협상의 중심인물이 되는 데 성공했다. 그리하여 앞으로 완전한 날조로 밝혀질 일에서 영국 정보국, 메카의 아미르, 아랍 민족주의 지도자들과 의견을 주고받으며, 나라와 제국들의 국경선을 그렸다 지우고, 다시 그리기를 반복한 것이다. 그들 모두 알 파루키를 그들 중 하나를 대표하는 사절로 인식했다. 후세인에게 보내는 편지에는 스스로를 영국에 영향력을 미칠 수 있는 알 하드의 요원으로 소개하고, 카이로에서는 후세인 대리인 행세를 했으니 그들로서는 깜빡 속을 수밖에 없었다. 그렇다고 그의 정체를 의아하게 여긴 사람이 없었던 것은 아니다. 파이살만 해도 카이로에서 느닷없이 유명해진 아랍인의 정체가 궁금하여 그의 뒤를 캐보았으나 나오는 것은 이름뿐 그에 관련된 다른 모든 사실은 베일에 싸여 있었다. 파이살은 후세인에게 보내는 서한에도 "그자가 누군지 알 수 없다"고 보고했다.[9]

IV

한편 시리아 내륙지역(홈스와 하마를 거쳐 알레포에서 다마스쿠스로 이어지는 지역)에 대한 프랑스의 권리를 강력히 반대하는 입장을 취해온 클레이턴은 상관 맥마흔에게, 후세인은 알레포, 홈스, 하마, 다마스쿠스를 프랑스에 결코 내주지 않을 것이라고 알 파루키가 말한 것으로 이야기했다. 클레이턴이 알 파루키의 말을 제대로 옮겼는지, 혹은 잘못 인용했는지, 그것도 아니면 알 파루키의 말을 의역해서 말했는지는 확실치 않다. 그러나 기독교인 거주지 시리아-레바논 해안지대는 프랑스의 보호를 받는 지역이었던 만큼 그곳에서 프랑스를 내칠 수 없다는 사실은 그도 알고 있었다. 그리하여 그는 다시 맥마흔에게, 알 파루키가 자신의 견해에 동감을 표했고, 따라서 그 지역에 대해서만은 아랍 측이 후세인의 이름으로 권리를 포기할 것 같다고 보고했다. 하지만 알 파루키가 후세인에게 한 말은, 그 지역을 양보하라는 영국의 요청을 받았으나 거부했다는 것이었다.

그것도 모른 채 헨리 맥마흔은 클레이턴이 보고한 대로 후세인이 본래 요구했던 사항, 다시 말해 독립 아랍국의 서쪽 경계지를 해안지대로 확대해야 한다는 요구를 고집하지는 않겠지만, 알레포, 홈스, 하마, 다마스쿠스 지역을 점유하려는 프랑스의 기도 또한 "무력을 써서라도" 기필코 막겠다고, 알 파루키가 말한 것으로 기록된 전문을 런던의 외무부에 보냈다.[10] 그러고는 런던이 이 조건을 받아들일 수 있는 권한을 카이로에 부여해주기를 바랐다.

문제는 맥마흔이 지리적 용어를 헷갈리게 썼다는 점에 있었다. 다마스쿠스만 해도 도시를 의미한 것인지, 다마스쿠스 주변지역을 말한 것인지, 다마스쿠스 지방을 뜻한 것인지가 불분명했던 것이다. '지구district'가 '주변지역wilayah'을 뜻하는지 '지방vilayet'을 말하는지도 알 수 없었고, 지구를 말한 사람이 알 파루키였는지, 맥마흔이었는지, 클레이턴이었는지도 분명치 않았으며, 영국인들이 말한 지구가 도시town였는지도 확실치 않았다.

그때부터 알레포-홈스-하마-다마스쿠스 요구사항의 의미는 첨예한 논쟁거리가 되었다. 아랍-팔레스타인 옹호자들(다시 말해 시온주의 반대자들)만 해도 이후 수십 년 동안 이 네 개의 지리적 용어를 정확히 해석하면, 카이로는 팔레스타인을 아랍에 넘기겠다는 약속을 한 것이라고 주장한 것이다. 하지만 어찌 보면 이것은 무의미한 논쟁이었다. 뒤에 곧 나오겠지만 약속을 할 시점이 되자, 맥마흔이 책임을 지지 않으려고 일부러 모호한 용어를 사용했기 때문이다.

만일 알레포-홈스-하마-다마스쿠스 선을 만든 장본인이 클레이턴이었다면 그는 필시 시리아와 레바논을 생각하고, 프랑스 세력권인 시리아 해안지대와 내륙지역(알레포-홈스-하마-다마스쿠스)의 분리 방법을 고려해 그렇게 정했을 것이다. 해안지대는 시리아 북남 문명의 한 축, 네 도시는 산맥과 단조로운 사막 사이의 좁은 회랑지대로 된 내륙 농경지, 곧 또 다른 북남 문명 축을 형성하고 있었기 때문이다. 『브리태니커 백과사전』의 당시 판본(1910)에 실린 시리아 지도에도 다마스쿠스, 알레포, 홈스, 하마는 시리아 내륙에 존재하는 유일한 도시들towns로 명기돼 있었다. 따라서 시리아 내륙 영토의 경계를 지으려 하는 영국인에게 그곳들은 충분히 도시로 생각될 만했다. 하지만 설사 그렇다 해도 그 도시들에는 한데 묶어도 좋을 만한 공통점이 많지 않았고, 그 점은 저명한 사학자들[중동사를 전공한 영국 역사가 엘리 케두리 교수(1926~1992)가 대표적이다]이 그곳들을 한데 엮는 것이 불합리하다고 본 사실로도 알 수 있다. 하지만 『브리태니커 백과사전』을 읽은 사람들에게는 그 네 곳을 하나로 엮는 것이 타당하게 간주되었다.

반면에 그 도시들에는 중요한 공통점이 있었다. 네 도시 모두 철도변에 위치해 있다는 것이다. 1895년에 개통된 프랑스 DHP사(Société Ottomane de Chemin de Fer Damas-Hama et Prolongements)의 철도만 해도 다마스쿠스, 알레포, 홈스, 하마를 4대 정거장으로 한, 시리아 북부의 알레포와 남부의 다마스쿠스를 잇는 노선이었다.[11] 남쪽의 메디나까지 뻗어나간 다마스쿠스와 헤자즈를 잇는 철도도 부설되어, 시리아와 후세인의 영토도 연결되었다. 게다가 당시에는 그것의 중요성이 엄청났을 것이기 때문에, 만일 네 도시의 이름을 최초로 언급한 사람이 클레이턴이 아닌 알 파루키였다면 그는 분명 그 점을 염두에 두고 그 말을 했을 것이다.

때는 군사, 정치적으로 철도가 가장 중시되던 시대였다. 따라서 군인이든 정치인이든 후세인을 대리해 영토협상을 한 사람이라면, 시리아 남부 중심지 다마스쿠스와 북부 중심지 알레포뿐 아니라, 그 둘을 잇는 철도 도시 홈스와 하마도 포함된 철도역들의 통제권을 확보했다고 충분히 과시할 만했다.

근래에 일어났던 일도 네 도시를 요구사항으로 내거는 데 한몫했다. 청년튀르크당(전쟁이 발발하기 전)이 다마스쿠스와 그 아래 쪽 헤자즈의 주요 도시들을 잇는 철도선을 장악하여 헤자즈를 지배할 계획을 세웠기 때문이다. 따라서 후세인도 청년튀르크당과의 전쟁에서 이기려면 그들과 같은 전략으로, 철도선을 통제해 시리아 내륙지역을 지배하는 것이 상책이라 여겼을 것이다.

클레이턴과 그의 동료들이 알 파루키의 알레포-다마스쿠스 요구사항을 따랐는지 아닌지는 모를 일이다. 하지만 다른 영국 관리들이 그 요구사항을 받아들이는 것의 중요성을 깨닫지 못할까봐 우려했던 것은 사실이다. 로널드 스토스가 성탄절 날, 피츠제럴드/키치너에게 아랍 협상에 우선권을 부여해줄 것을 요청하면서 "이번 일로 심려를 끼쳐 죄송하지만 클레이턴과 제가 지난가을 내내 밀른 경으로 하여금 아랍 문제에 관심을 갖거나 혹은 그에 대한 어떤 제안이라도 하도록 애쓴 것을 아신다면 우리의 고충을 충분히 이해하시리라 믿는다"[12]는 편지를 쓴 것도 그 점을 말해준다. 맥마흔이 고등판무관으로 부임하기 전 이집트 총독 대행을 맡았던 클레이턴의 상관 밀른 치탐을 상대하며 겪은 어려움을 두 사람은 그런 식으로 토로한 것이었다.

그래도 클레이턴은 앞서도 언급했듯이 외유에 나갔던 마크 사이크스가 1915년 11월 인도에서 런던으로 귀환하던 도중 카이로에 다시 들렀다는 점에서 운이 좋았다. 그에게 알 파루키 이야기를 해주고, 그렇게 함으로써 오스만제국의 아랍 영토 절반이 연합국 측으로 넘어올 수 있다고 믿는 카이로의 생각을 사이크스에게 주입시킬 수 있었기 때문이다. 그리하여 사이크스가 카이로 동료들부터 들은 이 놀라운 소식으로 모든 것이 달라지게 되는 것이다.

아랍어권이 전쟁의 주요 변수로 작용할 수 있다는 것이 사이크스에게는 각별한 의미로 다가왔다. 그전까지만 해도 그는 아랍 문제는 열강의 합의로 결정되는 것이 옳다는 일관된 정치관을 갖고 있었기 때문이다. 원주민들의 이해관계와 열망은 그에게 어떤 식이 됐든 중요한 고려 대상이 아니었다. 그가 터키의 지도층 인사들에 대해서는 감탄을 아끼지 않으면서도 오스만제국의 아시아 쪽 피지배민들에 대해서는 무신경했던 것도 그 점을 반증한다. 대학 때도 그는 아랍인을 멸시하는 말을 어휘 연습 삼아 입에 달고 다니다시피 했다.

사이크스는 도회지 아랍인들에 대해서는 "비겁하고 무례하면서도 비열하며, 그들의 허약한 신체가 허락하는 한도 내에서는 사악하게 행동한다"고 썼고, 베두인족에 대해서는 "게걸스럽고, 탐욕스러운 동물들"이라고 적었다.[13] 그런데 클레이턴이 준 새로운 정보에는 이들이 중동 전쟁에서 장차 영국의 주요 동맹이 될 것이라는 내용이 담겨 있었다. 사이크스는 뜸들이지 않고 속전속결로 일 처리하는 능력을 지닌 것으로 유명했다. 그런 인물답게 본래의 소신을 버리는 데도 거리낌이 없었다. 그리하여 중동인들을 멸시했던 그는 졸지에 그들의 대의를 지지하는 사람으로 변신했다.

그런가 하면 사이크스는 학창 시절부터 줄곧 유대인들이 수많은 외진 곳들에서 위험한 국제적 음모망을 가동한다고 여겨, 유대인들에 대해 지속적이다 못해 거의 망상에 가까운 두려움을 갖고 있기도 했다. 하지만 그런

"유대인들에게도 장점은 있다"고 할 정도로, 아르메니아인들에게는 그보다 더욱 심한 악감정을 갖고 있었다. 그는 "아르메니아인들에게는 그마저도 없다"고 말했다.[14] 그랬던 그가 이제는 카이로에서 아르메니아 지도자들과도 만나, 전쟁포로와 미국 주재 아르메니아인들을 신병으로 뽑아 아르메니아군을 창설한 뒤 그 군대로 터키를 침입하자고 열렬히 부르짖게 되었다. 그러면서 앞으로 8주 정도면 군대를 갖게 될 것이라고 큰소리쳤다.[15]

이렇듯 사이크스는 아랍 군대가 승리의 요체가 될 수 있다는 클레이턴의 생각에 완전히 경도돼 열렬한 중동 신자가 되었다. 그런 그에게 클레이턴은 런던에 가서, 중동의 전쟁을 신속히 끝내는 데는 프랑스보다 후세인이 한층 중요하다는 카이로의 주장을 새롭게 개진하도록 훈수를 둔 것이다.

카이로 정보국에서 일하는 오브리 허버트 의원도, 런던으로 돌아가 키치너와 외무장관 에드워드 그레이에게 정세를 잘 설명하라는 클레이턴의 지도를 받았다. 그는 클레이턴의 도움을 받아, 다마스쿠스, 알레포, 홈스, 하마가 후세인에게 양도될 수 있도록, 프랑스에 그 도시들에 대한 권리를 포기시키도록 강력히 촉구하는 비망록도 작성했다.

V

이렇게 해서 사이크스는 정부에 새로 보고하고 옹호할 내용을 한 아름 안고 1915년 12월 런던에 돌아와 따뜻한 환대를 받았다. 앞의 22장에도 나왔듯이 그가 아랍부 신설을 제안하고 만들기까지 1단계 작업을 추진한 것도 이 무렵이었다. 사이크스만큼 발칸, 이집트, 인도에 이르기까지 세계 곳곳을 돌아다니며 영국의 숱한 요인들을 만난 사람도 없었다. 그는 또 모리스 행키의 주선으로 조지 5세 국왕도 알현했으며, 역시 내각장관 모리스 행키 주선으로 내각의 전쟁소위원회 앞에서 발언할 기회도 가졌다.

사이크스가 외유에서 돌아와 내각에 던진 주요 메시지는, 그동안은 아랍이 전쟁의 한 요소에 지나지 않았으나 이제는 연합국에 가장 중요한 요소가 되었고, 따라서 후세인과 합의에 도달하는 것이 매우 중요하고 절실한 사안이 되었다는 것이었다.

그러나 카이로와 사이크스는 몰랐겠지만, 당시 런던에는 영국이 후세인의 요구사항을 들어주려면 프랑스의 동의를 얻어야 하는데 그러자면 대가, 그것도 막대한 대가를 지불해야 한다는 인식이 깔려 있었다. 프랑스가 아랍에 통 큰 양보를 하는 데 대한 대가를 지불해야 한다는 말이었다. 키치너와 그레이는 당연히 그 대가를 지불하려고 했다. 하지만 여타 각료들은 생각이 달랐다.

인도 부왕을 역임한 커즌 경만 해도, "지금 이 순간 있는 힘을 다해 우리에게 맞서 싸우는 민족"이라는 점을 들어 아랍인들에는 그 어떤 약속도 해서는 안 된다는 견해를 피력했다.[16] 신임 인도장관 오스틴 체임벌린 (1863~1937) 역시 그 제안에 반대하는 입장을 나타냈다. 하지만 키치너는 사이크스, 클레이턴, 스토스를 두둔하고 나서며, 카이로에 교섭권을 주어 후세인과 즉시 합의에 이르도록 해야 한다고 고집을 부렸다. 그리하여 결국 키치너의 안이 받아들여졌다. 그러자 헨리 맥마흔이 런던이 부여해준 권한과 지시사항으로 메카와 교신을 재개한 것이 저 유명한 맥마흔 서한, 팔레스타인의 아랍인과 유대인들로 하여금 그토록 오랫동안 그 의미를 두고 치열한 논쟁을 벌이게 만든 맥마흔 서한이었다.*

---

* 앞서도 언급했듯이 아랍-팔레스타인 옹호자들은 수십 년 동안, 맥마흔이 사용한 지리적 용어를 해석하면 팔레스타인을 아랍에 준다는 의미라고 주장했고, 유대인-팔레스타인 옹호자들은 그와 정반대의 뜻이라고 역설했다.

한편 후세인은 그동안 맥마흔에게 두 번째 서한을 보내, 경계지역과 경계선 논의를 하지 않으려 한다는 이유로 그를 "미온적이고 우유부단하다"고 비난했다. 이 경우 그것이 만일 후세인 본인의 요구였다면, 그에 대한 논의는 종전 무렵까지 미룰 수도 있었을 것이다. 하지만 그것은 그의 요구사항이 아니었다. 후세인의 제안을 대변한 것도 아니었다. 그것은 다른 이들, 요컨대 "우리측 사람들"이 제안한 요구였다.[17] 그런데 그 우리측 사람들을 카이로의 영국 관리들이 아랍권에 대규모 지지자들을 가진 정체불명의 비밀결사 음모자들일 것으로 판단한 것이다.

1915년 10월 24일 맥마흔이 사뭇 달라진 어조로 후세인에게 답변을 보낸 것도 그래서였다. 원하는 약속을 해주라는 키치너의 지시를 받고 특정 영토와 경계지역에 대한 논의를 하기로 마지못해 동의해준 것이었다. 하지만 그러면서도 그는 확실한 언질을 주는 데 따르는 책임을 지지 않으려고 헷갈리는 용어를 사용했다. 종전 뒤 아랍이 독립하는 데는 동의하지만, 아랍국들의 정부 수립에 유럽 고문관과 관리들이 필요할 거라고 하면서, 그 고문관과 관리들은 반드시 영국인이 되어야 한다고 주장한 것이다. 전후 중동의 '독립' 아랍왕국을 영국 보호령으로 만들겠다는 말이었다.

요는 영국 보호를 받게 될 그 독립 아랍왕국에 어느 영토가 포함될지가 문제였다. 그에 대해 맥마흔은 후세인이 주장하는 영토를 네 지역으로 나눌 것이고, 그 지역들의 어느 한 곳에 대해 후세인이 권리를 주장하더라도 영국은 지지할 의무가 없다는 답변을 내놓았다.

맥마흔은 후세인에게 다마스쿠스, 알레포, 홈스, 하마 지구의 서쪽 영토에 대한 권리를 포기하라고 요구하는 것으로 그 일을 시작했다. 후세인이 그 부분을 양보하리라는 것은 알 파루키도 이미 동의한 사항이었다.(아니 맥마흔은 최소한 그렇게 믿고 있었다.) 맥마흔은 나중에, 자신이 말한 영토가 시리아 해안지대, 레바논, 지금의 요르단 어딘가에 선이 그어질 팔레스타인의 동쪽 경계지였다고 말했다. 물론 그가 사용한 용어로 보면 그렇게 해석할 수도 있다. 하지만 그보다는 역시 팔레스타인이 아닌, 시리아-레바논을 지칭했다고 보는 것이 한층 자연스럽다.

맥마흔은 아랍어권 중동의 동쪽 부분, 다시 말해 메소포타미아의 바스라와 바그다드에 대해서는 '특별행정제도'를 수립하는 것이 영국의 기존 입장이고 이익이라는 관점을 지니고 있었다. 거기에 아랍이 주권을 주장할 여지가 있는지의 여부, 여지가 있다면 그 시기는 언제고, 어느 정도가 될지에 대해서는 언급하지 않았다.

반면에 아랍어권 중동의 서쪽 부분, 다시 말해 시리아와 팔레스타인 지역에 대해서는 "영국이 동맹국 프랑스의 이익에 손상이 가지 않도록 조치할 수 있는" 영토에 한해 후세인의 권리를 지지할 수 있다고 말했다. 하지만 당시 프랑스는 그곳 모든 영토에 대한 권리를 주장했으므로(실제로 1915년 11월 사이크스는 알 파루키와 팔레스타인에 대한 프랑스의 권리에 대해 논의했다) 영국도 결국에는 그 지역들에 대한 아랍의 권리를 지지한다는 약속을 하지 못했고, 심지어 다마스쿠스, 알레포, 홈스, 하마에 대한 권리마저 보장해주지 못했다.

그 결과 남은 것은 이제, 당시에는 후세인을 포함해 다수의 지도자들 간에 분할돼 있던 아라비아뿐이었다. 게다가 당시 영국은 후세인의 경쟁 상대인 이븐 사우드 등 아라비아의 다른 족장들과도 협정을 맺고 있었다. 맥마흔이 한 서한에서, 다른 아랍 족장들과의 관계에 금이 갈 수 있는 약속을 후세인에게 할 수 없었다는 점을 강조한 것도 그 점을 뒷받침한다. 영국은 그런 식의 가지치기 과정을 통해 후세인의 영토 주장을 지지하는 위험을 피해갔던 것이다.

나중에 영국의 군사, 정치, 정보 지도자용으로 발간된 극비 「아랍 보고서Arab Bulletin」(1916년 6월 18일자 제5호)에 실린 개요에도, 당시 영국정부는 아랍어권 아시아의 독립을 증진할 의지가 있음을 시사하되, 그 지역에 수립될 수 있는 정부 형태의 면으로나 혹은 명확한 경계선의 면으로는 언질을 주지 않는 것이 맥마흔 서한의 요체였던 것으로 나타나 있다.

맥마흔은 어물쩍 넘어가야 할 필요성을 인식할 만큼 노련한 관료였다. 당시에는 중동의 미래를 논할 사이크스-피코 협상—조금 뒤에 나올 것이다—도 아직 시작되지 않은 시점이었다. 따라서 프랑스나 혹은 나중에 러시아에 어떤 부분을 양보해야 할지도 모르는 상황이었던 것이다. 물론 그는 후세인과의 약속을 지키라는 키치너의 지시를 따를 의무가 있었다. 그러나 후세인의 요구를 들어주었다가 나중에 영국이 맺을지도 모를 다른 협약들과 충돌하는 일이라도 생기면, 자신이 희생양이 될 수 있다는 점을 감안할 수밖에 없었던 것이다.

그가 그런 우려를 하는 것은 당연했다. 1916년 초 윈덤 디즈—카이로 정보국의 오스만제국 문제에 대한 정보 전문가—가 상황 파악을 위해 작성한 자료에 아랍인이 세 부류로 갈라져 있던 것도 그 힌트가 될 수 있다. 간단히 말해 영국이 그 모든 아랍인들을 만족시키기는 불가능했다. 그중 첫 번째인 시리아인들만 해도 프랑스를 철천지원수처럼 여겨 그들 영토에는 프랑스가 발을 들이밀지 못하게 하는 것을 주목표로 삼았고(윈덤 디즈도 "그 증오감의 원인을 밝히기는 쉽지 않다"고 썼지만 아무튼 그러한 증오감은 존재했다), 그것은 물론 프랑스의 요구와 상반되었다. 두 번째 아랍인인 후세인도 아랍왕국의 지배자가 되기를 원했으나 디즈는 아랍인 대다수와 터키인 모두 그것에 반대한다고 썼다. "이 생각은 실용적이지 못하다는 것이 우리 대부분, 아랍인 다수, 모든 터키인들의 관점이다." 다른 아랍인들도 후세인을 지도자로 받아들이는 데 소극적이라는 것이 디즈의 생각이었다. 끝으로 이라크의 아랍인들이 있었다. 그들도 (디즈가 보기에는) 독립을 원했지만 인도정부가 그곳을 병합해 지배하려는 것이 문제였다. 디즈는 이 모든 아랍인들과 합의에 도달하는 과정에서 맞닥뜨리게 될 난관이 "극복 불가능한" 것이 되지 않을까 우려했다.[18]

이렇게만 봐도 맥마흔이 고등판무관으로서, 후세인에게 확실한 언질을 주는 것에 부담감을 느끼는 것은 당연했다. 그는 성미 급한 윙게이트가 자신을 그 방향으로 몰아간다고 생각했다. 그러나 윙게이트가 클레이턴에게 쓴 글에는, 맥마흔이 인도 부왕 하딩과 마찬가지로 그의 관점을 오해했던 것으로 기록돼 있다.

> 고등판무관과 인도 부왕은 샤리프가 지배하는 통합된 아랍왕국의 창설을 제가 지지한다고 믿는 것 같습니다만 그것은 사실이 아닙니다. 물론 아랍운동의 지도자들에게 그런 인상을 주는 것은 옳다고 믿습니다. 저뿐 아니라 다른 모든 사람들도 그렇게 생각할 것입니다. 아랍을 확고하게 믿고 행동한다는 것을 보여주려고 시작한 교신의 덕을 우리는 톡톡히 보고 있으니까요.[19]

반면에 클레이턴은 전쟁이 끝날 때까지는 아랍과의 관계를 확실히 하는 것에 강력히 반대했던 만큼, 맥마흔 서한이 그 일을 지연시키고 아랍 측에 의미 있는 약속을 하지 않게 해준 것으로 믿었다. 몇 달 뒤 그가 맥마흔이 한 일을 두고 "요행히 우리는 그 어떤 일에도 말려들지 않도록 매우 신중하게 처신했다"고 기록한 것도 그 점을 뒷받침한다.[20]

한편 후세인은 맥마흔에게 알레포-홈스-하마-다마스쿠스 안은 받아들일 수 없다는 답변을 보냈다. 그러면서 알레포와 베이루트 지방을 집요하게 요구했다. 그는 프랑스가 레바논에 대한 권리를 주장한다는 것을 알고, "프랑스나 혹은 그 어떤 다른 강대국에게 그 지역 땅을 한 뙈기라도 주라고 요구하는 안은 결코 수용할 수 없다"고 말했다. 그리하여 맥마흔과의 교섭은 결렬되었으나 그래도 그는 연합국을 지지할 수밖에 없었다. 청년튀르크 당이 그의 폐위를 벼르던 입장이라, 영국이 그의 요구를 들어주고 안 주고 와 상관없이 오스만에 맞서 싸워야 할 처지였기 때문이다. 몇 년 뒤 카이로 정보국 아랍부의 데이비드 호가스와 나눈 대화에서도 후세인은 팔레스타인, 레바논, 그리고 중동의 여타 지역들에 관한 문제는 타결되지 않았고, 따라서 모든 문제는 파리 평화회의에서 처리될 것으로 이해했다는 점을 시사했다. 호가스에 따르면 당시 "후세인은 그 자신과 영국을 한 집에 살되 같은 층에 살거나 같은 방을 쓰는 데는 의견의 일치를 보지 못한 두 사람으로 비유했다"고 한다.[21]

런던의 외무부도 후세인에게 한 약속을 상환 불가능한 공수표라는 관점을 지니고 있었다. 영국이 아랍 독립을 지지하기로 약속한 것은 오스만제국의 아랍 지역이 술탄에 맞서 봉기를 일으킨다는 조건에서였는데, 외무부는 그것의 실현 가능성이 없다고 본 것이다. 아랍이 약속을 지키지 않으면 (외무부는 그렇게 주장했다) 영국도 약속을 지킬 의무가 없다는 말이었다. 외무부는 클레이턴에만 의존하지 않고 독자적 정보망도 가동하고 있었다. 그것을 근거로 아랍어권이 전쟁에서 편을 쉽게 바꾸리라고는 보지 않았다. 외무장관 에드워드 그레이가 속으로는 그렇게 생각하면서도 키치너와 그의 부관들이 하는 행동을 그대로 두고 본 것은, 무슨 약속을 해서 아랍을 적 편에서 끌어내더라도 영국에 해로울 것은 없다고 여겼기 때문이다. 그레이는 인도장관 오스틴 체임벌린에게도 "모든 것은 실현될 수 없는 사상누각"이라고 하면서 아랍 측에 한 약속에 대해 걱정할 필요는 없다고 말했다.[22]

반면에 맥마흔은 그 모든 일이 사상누각이 되지 않을까 우려했다. 인도정부 출신답게 그는 언제나 민족주의자들이 선동할 개연성에 대해 걱정이 많았다. 맥마흔은 윈덤 디즈에게도 아랍 봉기 계획이 틀어질까봐 불안한 것이 아니라, 만에 하나 그것이 성공하여 영국에 위험한 일이 닥치지 않을까가 걱정이라고 속내를 털어놓았다.[23]

맥마흔은 인도 부왕이 그와 후세인과의 교신에서 인도의 이익이 무시되었다고 주장한 것에는 이렇게 설명했다. "저로서는 앞으로의 실행 계획을 명확히 밝히기를 꺼리는 본국정부의 눈치도 봐야 하고, 우리의 요구를 세세히 밝히면 불안해 할 아랍 측의 입장도 고려해야 할 형편이라, 부득불 모호한 표현을 쓸 수밖에 없었습니다." 그러면서 후세인과의 협상을 "우리의 권리를 세우지도 않았지만 그렇다고 (그들에게) 우리의 손이 묶인 것도 아닌 것"으로 해명했다.[24]

그래도 인도 부왕은 맥마흔의 해명을 찜찜하게 여겨 인도장관에게 이렇게 썼다. "(맥마흔) 주장에 따르면 그 협상은 말의 문제일 뿐 우리의 권리를 세운 것도 아니고, 그 나라에 우리의 손이 묶인 것도 아니라고 하는데, 아랍이 적을 계속 도운다면 일은 결국 그 방향으로 나아가지 않겠습니까? 따라서 저는 지킬 의향도 없는 약속은 애당초 하지 않는 것이 옳다고 봅니다."[25]

1916년 초에는 아랍 비밀결사 지도자인 아지즈 알 미스리가 그 주장을 다른 식으로 해석한 서신을 키치너에게 보냈다. 외교언어인 프랑스어로 쓴 그 서신에서 그가 개진한 내용은 이랬다. 영국은 아랍인들에게 완전하고 참된 자주권을 행사할 수 있는 자유를 부여하지 않는 한 아랍어권 중동에서 원하는 것을 얻지 못할 것이다. 알 미스리가 대변한 사람들이 바라는 것은, "영국의 지배도 보호령도 아니다(non pas une domination ou un protectorat)."[26] 아랍인들은 맥마흔과 클레이턴이 말하는 아랍 독립은 결코 수용하지 않을 것이다. 그들이 원하는 것은 진정한 독립이다. 영국이 자신들을 지배하려고 하면 그들은 영국을 지지하지 않을 것이다. 그러나 맥마흔과 클레이턴이 원한 것이 바로 그것이었다.

알 미스리는 이렇듯 영국이 보이는 입장의 허위성을 명확히 집어냈다. 키치너와 그의 부하들이 아랍의 지지를 절박하게 원하면서도, 후세인이 원하는 대가는 지불하려 하지 않고, 마치 후세인의 요구를 들어주는 척 무의미한 말들이 적힌 위조화폐만 남발하는 속임수를 쓴다는 것이었다.

그러나 클레이턴과 그의 동료들은 몰랐지만, 알 미스리, 알 파루키, 아미르 후세인도 영국에 위조화폐를 남발하기는 마찬가지였다. 후세인에게는 군대가 없었고 비밀결사에도 부하들의 실체가 없었기 때문이다. 수만 혹은 수십만 명의 아랍군을 결집할 수 있다고 장담한 그들의 말은 모두 거짓이었다.

처음에는 아랍 봉기를 약속한 알 파루키도 11월 15일 마크 사이크스를 만났을 때는 태도를 바꿔, 연합국이 시리아 해안지대에 군대를 먼저 상륙시키지 않으면 아랍 봉기는 없을 것이라 말했다. 후세인도 영국이 먼저 공격해주기를 내심 기대하면서, 아랍 봉기는 시기상조라고 주장하는 방식으로 행동에 나서기를 거부했다. 영국군이 시리아를 공격하지 않으면 아랍은 행동에 나서지 않을 것이라는 말이었다. 그런데 사이크스는 이 말을 액면 그대로 믿고, 영국이 시리아와 팔레스타인을 침략하는 것이 급선무라는 결론을 내렸다.

24. 연합국에 해준 영국의 약속

I

사이크스는 1915년 12월 영국정부에 알 파루키에게 들은 말을 그대로 보고했다. 영국령 이집트가 팔레스타인과 시리아를 먼저 공격하면, 아랍어권 군대와 오스만제국의 지방들이 들고 일어나 연합국을 지지하는 봉기를 일으킬 것이라는 것이 그 내용이었다. 하지만 그러기 위해서는 서부전선의 병력을 빼내 동부전선으로 이동시켜야 하는데, 그러자면 프랑스의 동의를 얻어야 하는 것이 문제였다. 게다가 사이크스는 프랑스의 동의가 즉각적으로 필요하다고 재촉까지 했다.(그러나 프랑스는 유럽 병력을 다른 전선으로 이동시키는 데 부정적이었고, 거기에는 그럴 만한 까닭이 있었다. 1916년 초 독일군이 프랑스의 베르됭을 공격한 것이다. 1918년 무렵에는 세계 역사상 가장 큰 전투가 될 공격이었다. 1916년 베르됭에서 죽거나, 부상당하거나, 독가스를 맞거나, 포로로 사로잡힌 양측의 병사가 70만 명, 솜 강 전투에서 당한 인명피해도 120만 명에 달했다. 따라서 그해는 연합국의 군대를 다른 전선으로 차출하기가 매우 힘든 시기였다.)

사이크스는 그와 관련된 다른 문제도 제기했다. 샤리프 후세인이 프랑스가 아랍어권에 가진 야망에 두려움을 느껴(사이크스는 그렇게 말했다) 연합국 쪽에 가담하기를 주저한다고 하면서, 그의 우려를 불식시키기 위해서는 프랑스와의 협상도 필요하다고 말한 것이다. 그러면서 그는 프랑스와의 문제가 조기에 해결되지 않으면 샤리프는 청년튀르크당에게 폐위되어 살해될 것이고, 그렇게 되면 성지(메카)에서 일어난 그 사건으로 진짜 성전이 일어날 개연성도 있다고 경고했다.[1]

사이크스가 중동에서 가져온 이 혁명적 소식의 요체는 결국, 전쟁의 승리라는 관점에서 보면 프랑스보다는 아랍이 중요하다는 것이었다.[2] 프랑스가 800만 명의 병력을 동원할 수 있는 현대적 산업국가였던 반면, 후세인이 영국에 제공해줄 수 있는 것은 산업적, 재정적, 군사적 재원이나 혹은 병력도 없이 오스만을 이반하리라는 불확실한 기대뿐이었다. 따라서 돌이켜보면 사이크스의 새로운 주장에는 전혀 설득력이 없었다. 그런데도 당시 영국정부는 프랑스를 설득해 사이크스가 원하는 양보를 얻어내려고 했다.

실제로 영국과 프랑스의 회담은 이미 시작되고 있었다. 프랑스가 시리아에 특별한 이해관계를 갖고 있다는 것은 외무장관 그레이도 진즉에 알고 있었다. 따라서 영국이 후세인에게 시리아와 관련된 약속을 하려면 프랑스와 협상할 수밖에 없었던 것이다. 게다가 키치너와 그의 부하들은 시리아에 대한 후세인의 주장을 최소한 어느 정도는 수용해주어야 한다는 알 파루키의 압력도 받았다. 그리하여 1915년 10월 20일 외무부는 즉각 프랑스 정부에 사절단을 보내달라는 전문을 보냈다. 맥마흔에게 후세인의 영토 주장과 관련된 약속을 할 수 있는 권한을 부여했던 외무부가 이제와 미래의 시리아 경계지역을 정함으로써, 후세인과의 협상에서 운신의 폭을 결정하기 위해 프랑스와 협상하려는 것이었다. 이렇게 보면 맥마흔 서한은 물론, 프랑스, 러시아, 그리고 나중에는 이탈리아도 참여하여 종국에는 사이크스-피코-사자노프 협정으로 결론이 날 그보다 한층 중요한 협정과, 이어진 연합국의 비밀조약 모두 알 파루키가 쓴 속임수의 결과물인 셈이었다.

Ⅱ

양국의 협상은 프랑스 측 협상대표 프랑수아 조르주 피코(1870~1951)가 런던으로 날아온 1915년 11월 23일부터 시작되었다. 영국 협상단도 본래는 외무부 사무차관 아서 니콜슨을 대표로 외무부, 인도성, 육군성의 고위층 인사들로 꾸려졌으나, 사이크스가 런던에 돌아온 그해 12월 협상이 교착상태에 빠짐에 따라, 영국정부가 난국을 타개하기 위해 12월 말 키치너 쪽 사람인 사이크스로 협상대표를 교체했다. 그와 더불어 협상의 주도권도 외무부에서 키치너로 넘어가게 되었다.

사이크스는 협상하기에 좋은 몇 가지 자질을 갖추었다. 프랑스 측과 합의에 도달하기를 바라는 열정이 강하고 친프랑스파인 것만 해도 그랬다. 실력이 어느 정도였는지는 모르겠지만 어려서 유학한 경험으로 프랑스어도 구사했다. 또 가톨릭교도였던 탓에 프랑스가 레바논에서 가톨릭의 이익을 증진시키려 하는 것도 나쁘게 보지 않았다. 뿐만 아니라 그는 동방을 여행하고 그곳에서 살아본 경험이 있었고, 따라서 그곳에 주재하는 영국 군인과 관리들도 만나보았기 때문에 그들의 생각도 잘 알았다.

반면에 그는 정부관리로 입문한 지 1년도 안 된 새내기여서, 이번 협상이 그가 맡은 최초의 외교임무라는 단점을 지녔다. 외국정부와 협상을 벌여본 적이 없었고, 그러다보니 상대방에게 속내를 읽히는 요구를 많이 하여 교섭에서 불리한 입장에 섰다.

사이크스는 1915년 12월 말부터 1916년 1월 3일까지 런던 주재 프랑스 대사관에 매일 출근하다시피 하며 협상을 벌였다. 협상을 마치고 돌아오면 밤에 피츠제럴드에게 보고하고, 그를 통해 유령 같은 키치너의 지시를 받았다.[3] 키치너와 피츠제럴드 모두 서류철을 만들어두지 않은데다 세 사람 중 누구도 관련 기록을 남기지 않아, 당시 사이크스가 한 말과 그가 두 사람으로부터 무슨 말을 전해 들었는지는 알 도리가 없다. 그렇기는 하지만 사이크스가 프랑스 측에 요구하고 양보할 사항을 지시받은 문제와 관련해, 세 사람 사이에 오해가 있었으리라는 것은 충분히 짐작할 수 있다. 사이크스가 나중에 키치너와의 관계에 대해, "그에게 내 말을 정확히 전달하지 못했고, 나 역시 그의 의중을 정확히 파악하지 못했으며, 그 또한 내 마음을 정확히 읽지 못했다"고 말한 것도 그 점을 반증한다.[4]

협상 때 바란 은밀한 희망과 계획에 관해서는 영국 측보다는 오히려 프랑스 측의 기록물이 더 많이 남아 있는 형편이다. 피코와 그의 프랑스 동료들이 협상에서 얻으려 한 것이 무엇이었고, 그것을 얻기 위해 어떤 방법을 쓸 것인지를 보여주는 문건들이 여태껏 남아 있다.

조르주 피코—그의 아버지는 프랑스 아프리카위원회 창립자였고 그의 형제는 아버지도 회원으로 가입돼 있던 프랑스 아시아위원회Comité de l' Asie Française의 회계관이었다—가 프랑스 측 협상대표로 뽑힌 것이 좋은 예다. 그는 프랑스 식민주의를 지지하는 명문가의 후손답게 케도르세(프랑스 외무부) 내에서 식민주의 파벌의 옹호자로 활동했고, 따라서 열렬한 프랑스령 시리아의 주창자였다.(할 수만 있었다면 정부는 그를 프랑스령 시리아 대표도 삼았을 것이다.)[5] 1915년에는 중동정책에서 영국에 양보하려 하는 장관들에 맞서 파리에서 의회운동을 일으키기도 했다. 피코의 입장을 지지하는 프랑스 국내의 상업계, 종교계, 정치계의 입김 또한 만만치 않았다. 리옹과 마르세유의 상업회의소만 해도 프랑스령 시리아를 지지하는 결의안

을 외무부에 보냈을 정도다. 프랑스령 시리아 옹호자들은 하원 외교위원회도 장악하고 있었다.[6]

상원의 프랑스령 시리아 운동의 지도자였던 피에르 에티엔 플랑댕 역시 1915년 시리아와 팔레스타인에 대한 보고서를 발표하여 그것을 '시리아당'(피코가 옹호하기도 한 정당이다)의 정강이 되게 만들었다. 시리아와 팔레스타인은 지난 몇백 년 동안 근동의 프랑스를 형성했을 정도로 프랑스에 의해 체계가 잡힌 단일 행정구역이라는 것이 그가 보고서에서 주장한 내용이었다.(1,000년 전에 있었던 십자군과, 십자군이 시리아와 팔레스타인에 세운 라틴 왕국들에까지 역사를 거슬러 올라가 개진한 주장이다.) 그러면서 그는 그곳에서 '역사적 소임'을 다하는 것이 프랑스의 의무라고 썼다. 또한 그곳은 잠재적으로 엄청난 부를 지닌 고장이고, 그러므로 역사와 지리적 이유 못지않게 상업적 이유로도 프랑스제국은 그곳을 반드시 소유해야 한다고 주장했다. 그에 따르면 전략적인 면에서도 그곳은 프랑스에 매우 중요했다. 플랑댕은 메카와 칼리프 직에 관해 가졌던 키치너의 관점과 흡사하게, 다마스쿠스도 이슬람 제3의 성스러운 도시고, 따라서 아랍-이슬람의 잠재적 중심지가 될 수 있다고 말했다. 그러므로 다른 나라가 그곳을 장악한 채 프랑스에 맞서 사용하도록 내버려두어서는 안 된다는 것이 그의 지론이었다.[7] 그것도 모자라 그는 실제로는 시리아-팔레스타인이 이미 프랑스령이라고 주장했다. 그와 그의 동료들 시각으로는 그곳 주민들 모두가 프랑스의 지배를 받고 싶어 하는 것으로 비춰졌다.

그러나 그것은 착각이었다. 시리아의 식자층만 해도 프랑스 지배에 대한 저항이 매우 심했다.(프랑스의 지원을 받는 로마 가톨릭의 동방전례 교회에 속하는 마론파 기독교도들만 제외하고.) 시리아인들의 저항을 못 본 체 무시하는 프랑스의 그런 태도를 사이크스와 카이로의 영국관리들은 분별력을 잃은 것으로 판단했다.(하지만 그 지역 주민들이 영국의 지배를 받기 원한다고 믿었으니 클레이턴과 그의 동료들도 착각하기는 마찬가지였다.)

피코는 영국 측으로부터 양보를 얻어내기 위한 전략지침을 스스로 마련했다. '약체'로 남겨두면 프랑스의 경제적 영향력을 '무한정' 발휘할 수 있게 된다는 점을 노려 오스만제국의 영토 보전을 주장하는 것도 그 전략의 하나였다.[8] 그래도 어쨌거나 오스만제국의 해체는 불가피할 것이므로, 그 경우에는 시리아와 팔레스타인의 지배권을 반드시 얻어낸다는 목표를 세웠다.

반면에 시리아 내륙지역의 치안까지 책임지면 프랑스는 심한 재정적 압박을 받을 것이 예상되었으므로, 피코와 외무부는 지중해 쪽 해안지대와 확대된 레바논에만 프랑스의 직접 지배권을 행사하고, 시리아 내륙지역은 이름뿐인 아랍 지배자를 통해 간접 통치하는 것을 가장 바람직한 안으로 보았다. 하지만 사이크스에게는 그런 속내를 보이지 않고 시리아 전역에 대한 직접통치권을 원하는 것처럼 주장하다가, 마지못해 한 발 물러서는 척 양보한다는 전략을 세웠다. 피코가 원한 것은 시리아에서 모술까지 프랑스의 세력권을 동쪽으로 확대하는 것이었다.

하지만 모술을 차지할 계획을 은밀히 세웠던 피코는 몰랐겠지만, 키치너와 사이크스도 그곳을 프랑스에 제공하려는 은밀한 계획을 세웠다. 서쪽의 지중해 해안가에서 동쪽의 모술까지 프랑스 세력권을 확대하여 러시아 영역과 평행선을 달리게 함으로써, 프랑스 영역을 러시아에 맞서는 영국의 방패막이로 삼으려는 속셈이었다. 그렇게 되면 프랑스와 러시아가 서로를 견제하게 되어, 프랑스령 중동은 마치 중국의 만리장성처럼 북쪽의 난폭한 러시아의 침략으로부터 영국령 중동을 보호해줄 것이라는 것이 영국 협상 팀의 생각이었다. 데 번센위원회 의사록에도 나타나 있는 이 개

넘은 스토스에 의해 키치너에게 개진되어, 이후 그의 전후 동방전략의 핵심이 되었다. 러시아의 공격에 대비해 프랑스를 전선에 세울 필요성은 이렇듯 막대한 양의 석유가 매장되었을지도 모를 모술마저도 포기하게 만들었다. 영국 육군성도 "군사적 관점으로 볼 때 영국 지역과 러시아 카프카스 지역 사이에 프랑스 영토를 끼워 넣는 것은 어느 모로 보나 바람직하다"는 견해를 나타냈다.[9]

사이크스는 오스만제국의 알렉산드레타(이스켄데룬) 공격에 대한 프랑스의 동의도 얻어낼 필요가 있었다. 키치너가 그곳을 원하여, 이집트 원정군이 침략 계획을 세웠기 때문이다. 그 밖에 사이크스는 카이로의 방침에 따라 후세인에게 약속한 시리아 도시들도 확보해야 했고, 종전 뒤 인도로 가는 길목에 다른 강대국이 자리 잡지 못하게 막는 조치도 취해야 했다. 이렇듯 외교의 신출내기 사이크스 앞에는 감당하기 벅찬 난제가 쌓여 있었다.

영국이 우려한 것은 시리아 전역에 대한 직접통치권을 프랑스가 절충하지 않으려 할 개연성이었던 반면, 프랑스가 우려한 것은 시리아에 대한 그 어떤 지배권이라도 양보하지 않는 것은 물론, 해안지대인 레바논에 대한 지배권마저 영국이 양보하지 않을 개연성이었다. 그런 셈법으로 피코는 설사 이름뿐이라 해도 메카의 아미르 통치는 기독교 지역 레바논이 결코 용납하지 않을 것이라 주장했고, 런던 주재 프랑스 대사 폴 캉봉도 프랑스가 지배하지 않으면 종교전쟁이 일어날 것이라고 경고했다. "동방의 갖가지 전례와 종교들 간의 첨예한 경쟁으로만 봐도, 그것을 억제할 외부 세력이 사라지는 즉시 레바논에서 폭력적 내분이 발생할 것은 자명한 일이다."[10]

양측은 이런 식으로 갑론을박을 벌인 끝에 결국은 원하는 것을 얻어냈다. 사이크스 쪽에서 보면 프랑스가 확대된 레바논을 지배하고 여타 시리아 지역에 대한 독점적 영향력을 행사할 수 있는 권한을 갖게 되었으니, 모술까지 이어지는 세력권을 프랑스에 부여하는 데 성공한 것이고, 피코는 피코대로 그것을 얻어내는 데 성공한 것이다. 메소포타미아의 두 지방 바스라와 바그다드는 영국이 차지하기로 결정되었다.

걸림돌이 된 것은 팔레스타인이었다. 키치너는 원하지 않았지만 사이크스는 그곳이 영국에 필요하다고 보았고, 피코 또한 그곳을 결코 양보하지 않을 태세였기 때문이다. 그리하여 두 항구도시 아크레(아코)와 하이파(키치너가 원한 곳은 시리아 북부의 항구도시 알렉산드레타였다), 그리고 메소포타미아와 철도로 연결되는 영토 지대는 영국이 차지하고, 팔레스타인의 여타 지역은 모종의 국제기구 통치를 받도록 하는 절충안이 마련되었다.

팔레스타인과, 프랑스나 영국이 직접 통치하지 않는 중동의 나머지 지역은 아랍국 혹은 독립의 허울은 쓰겠지만, 실제로는 프랑스와 영국의 세력권으로 분할될 국가들의 연합을 만들기로 했다.

이렇게 합의에 도달한 사이크스-피코 협정은 아랍 봉기가 선포된 뒤부터 효력이 발생할 예정이었다. 그러나 피코와 프랑스 대사 캉봉은, 후세인이 연합국의 대의에 값어치 있는 기여를 할 수 있으리라고 말한 영국 측 주장을 믿지 않았다. 그래서 프랑스 외무장관에게 영국이 아랍인들에게 환멸을 느껴 프랑스에 통 크게 양보한 것을 후회하기 전에, 가능한 한 빨리 사이크스-피코 예비 협정(1916년 1월 3일 체결되었다)을 비준하도록 촉구했다.[11]

Ⅲ

마크 사이크스는 이 협정으로 후세인과 알 파루키가 아랍인들을 위해 요구한 것을 얻었다고 믿었다. 그도 물론 아랍인들이 원하는 것은 본질적 통합이라는 것을 알았다. 하지만 그것은 이상일 뿐, 현실에서는 그런 통합이 그들의 민족적 특성과도 맞지 않고, 재정이나 행정의 관점으로도 실행될 수 없다는 것이 그의 생각이었다. 사이크스는 내각의 소위원회에서도 아랍인들에게는 "우리가 알고 있는 의미에서 민족정신은 없지만 그 못지않게 훌륭한 인종적 자긍심이 있다"[12]고 하면서, 그러므로 그들은 "아라비아 군주의 보호를 받는 아랍 국가들의 연합"만으로도 만족할 것이라고 말했다.[13] 하지만 그것은 사이크스의 오판이었다. 후세인과 비밀결사들이 원한 것이야말로 유럽의 보호령이 아닌 완전한 독립국, 통일된 아랍국이었기 때문이다.

사이크스는 카이로의 영국 관리들도 오해하고 있었다. 겉으로 똑똑한 척은 다했지만 속으로는 숙맥이었던 것이다. 그는 사람들의 말을 곧이곧대로 믿었다. 클레이턴이 직접적으로 혹은 오브리 허버트를 통해 간접적으로, 다마스쿠스, 알레포, 홈스, 하마를 후세인의 아랍연합에 포함시키는 것이 연합국의 대의에 중요하다고 말하자, 피코에게 그것을 동의해주도록 요구한 것만 해도 그랬다.(게다가 피코 또한 그것에 동의하려 했다는 사실도 모른 채, 자신의 힘으로 피코의 동의를 얻어낸 것으로 생각했다.) 그 결과 네 도시는 프랑스의 직접통치권에서 제외되고(하지만 물론 프랑스의 독점적 세력권에는 포함되었다), 독립 아랍국 혹은 아랍 국가들의 영역에 속하는 것으로 사이크스-피코 협정에 명시되었다. 이렇게 함으로써 사이크스는 프랑스와 아랍의 요구도 완벽하게 충족시키고, 카이로의 영국 관리들이 원한 프랑스의 양보도 확실히 받아낸 것으로 생각했다.

그러나 사이크스가 후세인의 요구사항이라고 믿었던 것은 카이로의 주장이었다. 그것도 모른 채 그는 카이로 영국 관리들 말만 믿고 그들의 요구를 들어주기 위해 온힘을 기울였던 것이다. 사이크스가 몰랐던 것은 클레이턴과 스토스가 짐짓 아랍을 위해 시리아를 원하는 것처럼 말했지만 실상 그곳을 원했던 것은 영국, 그것도 아랍을 전면에 내세워 자신들의 세력을 그곳까지 확대하려 한 카이로의 영국 관리들이었다는 사실이다. 카이로가 그곳의 독립을 원한 것 또한 프랑스가 아닌 영국이 그곳을 통치하려는 속셈에서였다.

사이크스는 후세인의 시리아 영토가 영국이 아닌 프랑스의 조언을 받게 됨으로써 독립이 침해당하리라는 사실도 예상하지 못했다. 카이로의 관점에서 보면, 영국과 프랑스의 통치가 하늘과 땅처럼 차이가 컸는데도 말이다. 클레이턴과 그의 동료들은 프랑스 식민지 행정관들이 사용하는 방식으로는 한 나라의 특성이 온전히 유지되기 힘들다고 믿었다. 프랑스가 말하는 이른바 '문명화 사명'을 원주민 사회에 프랑스 언어와 문화를 강요하는 것도 포함된 합병으로 간주한 것이다. 이집트와 여타 식민지에서 정부 당국을 감독하는 것 외에는 나라와 주민들을 간섭하지 않고, 그들만의 거류지와 클럽을 오가며 생활한 영국인들로서는 그렇게 볼 만도 했을 것이다. 클레이턴과 그의 동료들은 그것을 아랍어권 사람들이 원하는 참된 독립의 형태라고 믿었다. 몇 년 뒤 클레이턴의 동료 중 한 사람이 영국 육군대학 생도들에게, 식자층 아랍인들은 영국의 통치를 오스만 지배와 바꿀 수 있는 "유일하게 적절한 대안"으로 간주했다고 말한 것도 그 점을 뒷받침한다.[14]

이렇게 프랑스의 지배를 합병, 영국의 지배를 독립과 동일시했으니 클레이턴과 그의 동료들(사이크스도 그렇다고는 말하지 않았다)이, 사이크스-피코 협정을 아랍연합에 독립을 부여하기로 약속했던 것의 배반으로 보는 것도 무리는 아니었다. 시리아 통치를 바랐던 키치너 부하들의 꿈은 이렇듯 사이크스로 인해 좌절되었다. 하지만 속으로는 그렇게 느꼈지만 겉으로는 내색하지 않았다. 그들은 (시리아 통치를 바란 것이 자신들이 아닌 아랍이었다는 듯) 사이크스가 실망시킨 것은 아랍인이라고 말했다.

그리하여 정치적, 개인적으로 그것이 그들에게 어떤 의미를 가졌는지는 모르겠지만 아무튼 클레이턴과 스토스는 사이크스 때문에 새로운 이집트 제국을 세울 수 있는 개연성은 물 건너 간 것으로 생각했다. 반면에 그들과 적대관계에 있던 인도정부는 근처의 메소포타미아 지방들에 대한 권리를 이미 주장했으므로, 바그다드와 바스라—사이크스-피코 협정에 영국 세력권으로 명시된 곳—를 통치할 수 있게 되었다. 시리아 또한 카이로의 영토가 되지 못하고 프랑스에 양도되었다. 이렇게 보면 카이로와 하르툼이 사이크스-피코 협정으로 건진 것은 결국 황량하고 적대적인 아라비아로의 세력 확대가 전부였다. 키치너는 그나마 전쟁이 끝나면 인도 부왕으로라도 갈 수 있는 여지가 있었다. 그러나 클레이턴과 스토스는 정서적으로나 직업적으로나 카이로의 영국청과 운명을 같이해온 아라비아통이었다. 이렇듯 사이크스-피코 협정으로 그들은 도움을 받기는커녕 오히려 실망만 한 아름 안게 되었다.

그런데도 사이크스는 카이로의 친구들이 이렇게 생각하리라고는 꿈에도 모른 채, 그들이 원하는 일을 했다고 믿었다. 아랍을 위해 시리아 내륙 지역을 확보한 것으로 본 것이다. 카이로는 그것을 상실로 간주했다는 사실을 그는 몰랐다. 그랬던 만큼 카이로가 사이크스-피코 협정을 파기할 계획을 세우려 한다는 사실 또한 알 리가 없었다. 사이크스는 그 협정에 자부심을 느꼈다. 그 점에서 그가 창설한 아랍부가 협정의 파기를 계획한 음모의 중심이 되었다는 것은 실로 얄궂은 일이었다.

사이크스의 오랜 친구 오브리 허버트도 당시 카이로의 아랍부에 근무하고 있었다. 따라서 (사이크스는 몰랐지만) 사이크스-피코 협정으로 카이로의 아랍 정책이 엉망이 되었다고 클레이턴이 씁쓸해한 것을 알고 있었다. 하지만 그는 그에 대한 책임을 피코에게 돌리며 이렇게 썼다.

나는 마크 사이크스의 위신이 추락한 것이 야비한 피코 씨 때문이라고 본다. 사이크스에게도 이런 일이 벌어질 거라고 진즉에 말해주었다. 그래서 그일(클레이턴과 사이크스의 엇박자로 인해 벌어진 일)도 그렇고 사이크스에게도 그렇고 몹시 애석한 마음이 든다. 예전의 빅토리아인이라면 이렇게 말했을 것이기 때문에 입맛이 더욱 쓰다. "내가 그럴 거라고 말했지. 이것은 외교의 기본을 무시하고, 미묘하고 중대한 협상을 아마추어에게 맡겨서 나온 결과라고."[15]

IV

영국과 프랑스 내각은 1916년 2월초 사이크스-피코 협정을 승인했다. 그러나 협정 내용은 물론, 심지어 그것의 존재마저도 비밀에 부쳤다. 연합국이 전후 중동에 관련된 협정을 체결했다는 사실은 그 일이 일어난 지 거의 2년이 지나서야 세상에 알려졌다. 협정에 대해 알고 있던 소수의 영국 관리들도 그것에 우려를 나타냈다. 대다수 영국인들은 프랑스에 지나치게 양보를 했다고 불만을 나타냈다.

사이크스 또한, 프랑스에 양보한 것에 대한 정당성을 머지않아 상실했다. 그는 피코와 협상할 때, 카이로의 영국군이 시리아를 침략하면 그것이 기폭제가 되어 알 파루키가 약속한 아랍 봉기가 일어날 것으로 믿고, 그 계획에 대한 프랑스의 동의를 받아냈다. 그런데 애스퀴스 총리가 병력의 분산을 우려하여 모든 병력을 서부전선에 집중시켜야 한다고 주장하는 장군들의 설득에 넘어가, 중동 전선을 새롭게 여는 것에 대해 거부감을 나타낸 것이다.

그러자 화가 난 사이크스는 하원에서 애스퀴스의 지도력이 갈팡질팡한다고 비난하는 연설을 한 뒤, 내각에 중동 전쟁을 수행할 4인위원회 구성을 요구했다. 애스퀴스의 지도력이 휘청거릴 때 던진 그의 연설은 매우 광범위하고 호의적인 여론을 이끌어냈다. 게다가 이 연설을 계기로 사이크스는 앞으로 그의 정치적 출세에 매우 중요한 역할을 하게 될 두 차례의 만남도 가졌다. 로이드 조지와의 만남, 그리고 남아프리카 식민지 총독을 역임한 앨프레드 밀너와, 《타임스》 편집인이 포함된 쟁쟁한 그의 동료들과의 회합이 그것이다.

사이크스는 또 시리아 침략에 대한 승인을 받지는 못했지만, 그럼에도 기존에 합의된 사항을 토대로 프랑스와의 협정을 종결짓는 것이 중요하다고 믿었다. 사이크스-피코 협정으로 전후 중동에서 러시아를 봉쇄하려 한 키치너의 목적은 최소한 달성된 것으로 보았기 때문이다. 그 밖에 사이크스는 동맹국들 간의 차이를 불식시켜 명쾌한 합의에 도달했다는 점에서도 그 협정의 가치가 크다는 관점을 지녔다. 그렇다면 이제 남은 일은 러시아의 비준을 받는 것뿐이었으므로, 그에게 떨어진 당면한 문제도 피코가 있는 페트로그라드(상트페테르부르크)로 가서 러시아의 승인을 받기 위해 양측이 공조하는 것뿐이었다.

V

그런데 페트로그라드에서 논의할 사이크스-피코 협정에는 기묘하게 빠진 부분이 있었다. 팔레스타인 문제에서, 프랑스, 영국, 여타 연합국, 무슬림 아랍 지도자인 후세인의 이익만 참작되었을 뿐, 성지의 민족인 유대인들의 이익이 고려되지 않은 것이다. 최근 이삼십 년 동안 정치적 시온주의 운동—팔레스타인에 유대민족을 복귀시키는 데 목적을 둔 운동—이 전 세계적으로 활발하게 전개돼온 사실에만 비춰봐도 그 점은 이해하기 어려웠다. 유대인의 팔레스타인 정착도 19세기와 20세기 초 내내 계속되어, 1916년에는 상당수 유대인들이 그곳에 살면서 일을 했기 때문이다.

그러던 차에 해군 정보부장인 윌리엄 레지널드 홀 대령이 유대인 문제와 관련하여 발언한 것이 러시아로 떠나기 전 우연찮게 사이크스의 주의를 끌었다. 홀 대령은 영국이 팔레스타인에 군대를 상륙시켜야만 아랍이 연합국 측으로 넘어올 거라고 하면서, 후세인의 아랍인들에게 그전에 유인책을 제공하는 것에 반대했다. "무력은 아랍 최고의 프로파간다"라는 것과, 아랍에 해준 약속이 "그곳의 장래에 견실한 물질적 이익과 매우 강력한 정치적 이익을" 가진 유대인의 반발을 불러올 수 있다는 것이 그 이유였다.[16] 이 유대인이라는 말에 사이크스는 정신이 퍼뜩 들었다. 그 무렵까지도 유대인은 그에게 전혀 고려의 대상이 아니었기 때문이다. 그가 러시아로 출발하기 전, 유대인이었던 허버트 새뮤얼 내무장관(1870~1963)과 접촉하여 시온주의에 대해 알아보려고 한 것도 그래서였다.

앞서도 말했듯이 사이크스와 피코는 팔레스타인 문제를 논의하면서 그곳 대부분 지역을 국제기구의 통치를 받게 하되, 통치의 구체적 형태는 연합국의 이해 당사국들(러시아와 이탈리아) 및 후세인과 협의를 통해 결정한다는 절충안을 도출했다. 그런데 홀 대령의 말을 듣고 보니 사이크스는 불현듯 팔레스타인 사안에서 중대한 요소가 빠졌을 수도 있다는 걱정이 들었다. 팔레스타인의 정치적 미래에서 유대인이 매우 중요할 수도 있다는 개연성을 간과한 것이었다.

그렇게 생각하면서도 사이크스는 이제와 새삼스럽게 유대인 문제를 꺼내면 협정을 파기하려고 꿍꿍이를 벌이는 것으로 피코에게 오해를 살 수 있다고 보았다. 그래서 페트로그라드에 도착해서도 피코에게 확고한 믿음을 주기 위해 있는 노력을 다했다. 하지만 그는 몰랐겠지만 프랑스 정부는 이미 어수룩한 그의 뒤에서, 영국과 합의한 팔레스타인 절충안을 취소하기 위해 공작을 벌이고 있었다. 아리스티드 브리앙 프랑스 총리(1862~1932)가 1916년 4월 26일 러시아와 비밀회담을 주도하여, 사이크스와 피코가 합의한 국제기구의 통치가 비현실적이고, 따라서 팔레스타인에 프랑스 정부를 수립하기로 하는 내용으로 러시아의 동의를 이끌어낸 것이었다. 그리하여 1916년 4월 26일 프랑스와 러시아는 오스만 영토에 양국의 세력권을 수립하고, "팔레스타인에 〔프랑스〕 공화국 정부를 수립하는 계획에 대해 (프랑스가) 영국정부와 협상에 나설 경우" 러시아는 프랑스를 "지지하기로" 하는 내용의 비밀 각서를 교환했다.[17]

러시아는 유대인이나 유대인의 권리에 동정하지 않았다. 따라서 페트로그라드에 온 사이크스에게도 러시아 협상 팀은, 시온주의 운동을 벌이는 유대인들이 잠재적으로 러시아에서 매우 강력한 적대세력이 될 수 있다는 점을 이해시키려고 했다. 그때부터 사이크스는 유대인이 수많은 곳들에서 힘을 행사하고 있고, 따라서 연합국의 대의에 방해요소가 될 수 있다는 확신에 사로잡혔다. 그러면서도 러시아인들과 달리 자신은 유대인들을 설득할 수 있을 것으로 믿었다. 그래서 본국의 외무부에도, 영국은 팔레스타인 소유에 관심이 없지만 시온주의자들이 그곳을 원하므로 연합국이 승리하면 그들의 입장을 고려할 필요가 있다고 피코에게 말한 것으로 보고했다.[18] 시온주의자들에게 토지회사를 제공해주자는 것이 그의 복안이었다. 그래서 "토지회사면 충분할까요?"라고 외무부에 질의하자, 발설하지 말고 혼자만 생각하고 있으라는 퉁명스런 답변이 돌아왔다.[19](모르는 일에 섣불리 덤벼들지 말고 잠자코 있으라는 것이 외무부의 뜻이었을 것이다.)

사이크스는 1916년 4월 런던에 돌아와서도 시온주의에 대한 공부를 계속했다. 새뮤얼을 다시 만나 그로부터 세파르디 유대인*공동체의 랍비장이었던 모세스 가스터 박사를 소개받은 것도 그래서였다. 사이크스에 따르면 그로 하여금 "시온주의의 의미에 눈뜨게 해준" 사람이 바로 가스터 박사였다고 한다.[20] 사이크스는 이어 협상 파트너인 조르주 피코에게도 가스터를 소개해주고, 프랑스와 영국이 중동에서 별개로 행동하지 말고 아랍인과 유대인의 후원자로 공조해갈 것을 제안했다. 하지만 피코는 가스터나 사이크스의 제안 어느 것에도 호응하지 않고 기존의 영토 계획을 그대로 고수했다.

그러자 사이크스는 유대인 세력이 독일과 터키 쪽으로 옮겨가지 않을까 걱정하기 시작했다. 연합국의 결정적 승리가 요원해 보인 때여서 더욱 그랬다. 그는 연합국이 팔레스타인에 유대인의 입지를 마련해주지 못하면 프랑스는 전쟁에서 패할 수 있고, 그와 더불어 프랑스의 도시와 지방들도 잃게 될 것이며, 그렇게 되면 팔레스타인보다는 오히려 프랑스인들에게 더 큰 타격이 될 것이라고 하면서 피코를 압박했다. 그러고는 피코에게, 중동을 양보해서라도 파리와 베르됭을 구하고 알자스를 수복하는 것이 옳다고 프랑스 정부에 건의하도록 촉구했다.

한편 사이크스가 시온주의 문제에 눈을 떠가던 그 무렵—페트로그라드 여행 전후와 여행을 하는 동안—런던의 외무부는 사이크스의 오랜 친구 제럴드 피츠모리스의 부추김을 받고 있었다. 피츠모리스라면 사이크스와 같은 사립학교(보몬트)를 나오고, 그의 관점과 편견도 많이 공유한 인물로, 영국정부로 하여금 오스만 정부가 유대인 수중에서 놀아난다는 잘못된 관점을 갖게 한 장본인이었다. 그런 그가 1916년 초 해군본부에서 느닷없

---

* 에스파냐와 포르투갈에 살다가 15세기 후반 집단으로 추방당한 서방 유대인의 통칭.

이 유대인 문제를 들고 나와, 또 다른 보몬트 동창생인 외무부 동료 휴 오베른에게 "유대인들에게 팔레스타인 문제의 협의를 제의하면, 그들에게는 호소력이 큰 지역인 만큼 청년튀르크당 정부에 대한 그들의 지원을 철회하는 것에 대해 타협할 수도 있을 것"이라는 점을 시사했다.[21] 그리하여 카이로가 청년튀르크당을 전복시킬 수 있는 강력하고 불가사의한 아랍 비밀결사의 존재를 믿었던 것처럼, 런던도 오스만 정부를 전복시킬 수 있는 강력하고 불가사의한 유대인 집단들의 존재를 믿게 되었다.

모르면 몰라도 오베른은 자신이 직접 그 일을 추진하려고도 했을 것이다. 하지만 1916년 봄 세상을 떠나는 바람에 그 기회를 실제로 잡지는 못했다. 이렇게 해서 영국 관료정치 내에서 시온주의 문제를 제기하는 일은 이제 유대인이나 유대인 사안에 대해 거의 문외한이나 마찬가지였던 사이크스에게 넘겨졌다.

사이크스도 피츠모리스처럼 세계 지배를 목적으로 은밀하게 가동되는 응집력 강한 유대인 조직이 전 세계에 존재한다는 어릴 적 믿음을 그대로 간직하고 있었다. 케임브리지 대학의 토머스 애덤스 아랍어 교수 직함을 가진 중동문제 권위자로 사이크스의 학생 때 모습을 기억하던 에드워드 그랜빌 브라운 경(1862~1926)이, 다른 면으로는 그를 칭찬하면서도 "모든 것에서 유대인을 찾는" 아이였다고 말한 것으로도 그 점을 짐작할 수 있다.[22]

Ⅵ

그러나 생각과 달리 사이크스는 1916년 겨울처럼 매서운 날씨를 보인 페트로그라드에서 시온주의를 주요 의제로 만들지 못했다. 협상 테이블에서 이슈로 제기된 것은 중동문제의 전반적 해결책이었고, 그리하여 사이크스가 도착해보니 러시아 외무장관도 런던의 영국 관리들과 다를 바 없이 프랑스에 지나치게 많은 몫이 돌아갔다는 주장에만 열을 올렸다. 설상가상으로 페트로그라드 주재 프랑스 대사 모리스 팔레올로그는, 프랑스가 동쪽으로 세력을 확대한 것은 완충지대를 필요로 한 영국의 강요에 따른 것이었을 뿐 프랑스의 본래 의도가 아니었다고 발뺌하는 말을 했다.[23] 그것은 사실이었다. 그런데도 영국 외무부는 비밀이 폭로된 것에만 분해하면서, 그 사실을 공식 부인했다. 그러나 비공식적으로는 팔레올로그를 '구제 불능'의 인간으로 이야기했다.[24]

애스퀴스 연립정부가 전후 중동의 미래를 저당 잡히고 약속한 이 모든 것들은 결국 카이로가 알 파루키의 속임수에 넘어가 아랍 비밀결사의 힘을 전적으로 믿고, 메카의 후세인이 오스만제국을 전복시킬 수 있을 것이라고 런던을 믿게 한 데서 비롯되었다. 그것은 과연 그럴 만한 가치가 있었을까? 사이크스-피코-사자노프 협정 체결 수주 뒤면 그 사실이 밝혀질 것이다.

25. 터키, 티그리스 강 전투에서 영국을 격파하다

I

카이로 정보국의 아랍부가 오스만제국의 붕괴를 가져올 아랍 봉기가 일어나기를 고대하는 동안, 런던은 터키와의 전쟁에서 갈리폴리의 재탕을 방불케 하는 한심한 일을 또다시 벌여 놓고 인도정부를 도와 그 뒤치다꺼리를 하게 만들었다. 갈리폴리 전투보다 규모는 작았지만 영국이 받은 수모는 더 컸던 메소포타미아의 티그리스 강 전투가 그것이다.[1]

오스만과의 전쟁이 발발하기 한 달 전이었던 1914년 가을 런던은 인도정부에 페르시아만으로 상비군을 보내, 만에 하나 있을지 모를 위협에 대비해 페르시아에서 오는 석유를 보호하라는 지시를 내렸다. 따라서 이 작전의 일차적 목적은 어디까지나 전쟁이 일어나면 유프라테스 강과 티그리스 강이 만나는 페르시아만 상부의 수로, 다시 말해 알아랍 강(샤트 알 아랍) 위에 떠 있는 아바단 섬의 정유시설을 보호하는 데 있었다. 그리하여 영국이 터키에 선전포고를 한 이튿날인 1914년 11월 6일, 그 무렵에는 병력이 웬만큼 보강된 인도 원정군은 알아랍 강을 향해 진군을 시작했다. 슬룹형 군함 오딘odin이 짧은 포격을 가해 그 강 입구에 세워져 있던 터키의 파오 요새도 함락시켰다. 그리고 2주 뒤 수천 명 규모의 영국군 부대는 알

아랍 강 상류 120킬로미터 지점에 위치한 메소포타미아의 도시 바스라를 점령했다. 그러나 상륙지점은 메소포타미아 지방이었지만 그들의 임무는 여전히 적군 공격으로부터 부근의 페르시아를 보호하는 데 있었다.

터키의 저항은 미미했다. 바스라 전선이 오스만의 병력과 보급품이 집결해 있는 바그다드 부근에서 수백 킬로미터나 떨어져 있어 힘을 쓰지 못한 것이 요인이었다. 그에 따라 영국군도 저항하는 터키군을 수월하게 물리치고, 바스라 지방에서 확고하게 입지를 다져나갔다.

그런데 퇴각하는 터키군을 쫓는 과정에서 영국군은 늪이 많은 하下메소포타미아 내륙지역으로 점점 깊숙이 빨려 들어갔고, 그러자 당시 사령관에 새로 임명되어 1915년 4월 그곳에 부임한 존 닉슨 중장이 또 다른 승리에 급급한 나머지, 뚜렷한 방향이나 전략적 수단도 없이 부관 타운센드 소장Charles Vere Ferrers Townshend을 티그리스 강 상류 쪽으로 보냈다. 그러고는 타운센드의 염려도 무시한 채 바그다드로 내처 진격하라는 명령을 내렸다.

문제는 바스라에서 바그다드까지 진격하려면 뛰어난 병참술, 풍부한 병력, 강을 오갈 수 있는 이동수단, 병원 장비, 대포, 보급품이 필요했는데, 인도정부로서는 그것을 제공할 방법이 없었다는 것이다. 원정군은 그 상태로 도로나 철도도 없이 오직 늪과 사막만 끝없이 펼쳐진 지방으로 들어가, 수심이 얕고 위험한 티그리스 강의 굽이쳐 흐르는 수로를 따라 행군했다. 티그리스 강 항행에 적합한 배도 없고, 파리와 모기떼가 들끓는 곳에서 이동병원과 의료용품도 없이 강행한 진군이었다. 이렇게 되자 보급선이 길어 바스라에서는 맥을 못 추던 터키군은 오히려 유리한 입장이 되고, 타운센드 군은 바스라의 보급기지와 멀어져 불리한 입장이 되는 역전 현상이 벌어졌다. 처음부터 식량과 무기를 충분히 휴대하지 않았다면 영국군이 곤경에 처할 수밖에 없는 상황이었다.

그러나 이런 미비점을 안고도 타운센드는 뛰어난 지휘관의 역량을 지닌 인물답게 분투하여 승리를 거두었다. 하지만 그의 마지막 승리―바그다드에서 남동쪽으로 40킬로미터 떨어지고, 바스라에 있는 공급기지로부터는 강 길이로 수백 킬로미터 떨어진 크테시폰에서 거둔 승리―는 승리라는 말이 무색할 만큼 출혈이 심한 피로스의 승리(승리에 비해 손실이 지나치게 커서 패배와 다름없는 결과를 얻게 된 것을 이르는 말―옮긴이)에 지나지 않았다. 안 그래도 부족한 병력의 절반을 이 전투에서 잃었던 것이다. 아무튼 이렇게 승리를 거두고 11월 25일 밤 그는 퇴각하기 시작했다.

타운센드는 스스로 당대 최고의 전략가 중 한 사람으로 꼽던 콜만 폰 데어 골츠 독일제국의 육군원수가 메소포타미아의 튀르크군 총사령관이라는 사실을 알고 있었다. 크테시폰에서 영국군에 맞서 싸운 13,000명의 병력에 30,000명의 튀르크 병력이 보강될 것이라는 사실도 알았다. 그에 비해 타운센드가 가진 병력은 4,500명에 지나지 않았고, 무기와 식량도 부족했다.

타운센드는 티그리스 강 하류 400킬로미터 지점이 저항하기에 가장 적합한 장소라고 판단했다. 하지만 그렇게 정확히 판단을 내려놓고도, 지친 병력이 장거리를 행군하기는 무리라는 생각에 그 계획을 포기하는 실수를 저질렀다. 추격하는 튀르크군과 간간이 전투도 벌이며 일주일 동안 160킬로미터를 걷는 피나는 행군을 하는 과정에서 추가 사상자가 1,000명이나 발생하자 쿠트 알 아마라(쿠트, 알쿠트)에서 행군을 멈추고, 그곳에서 항전하기로 마음을 바꾼 것이다.

알쿠트는 티그리스 강의 만곡부, 삼면이 강으로 둘러싸인 진흙 마을이었다. 타운센드는 그곳에 자리를 잡고, 강으로 둘러싸이지 않은 네 번째 면에 참호를 구축하여 그곳을 감옥처럼 요새화했다. 튀르크군도 못 들어오고 아군도 밖으로 나갈 수 없게 만든 폐쇄적 구조였다. 그러자 폰 데어 골츠가 지휘하는 오스만군은 방어군의 탈주를 막기 위해 알쿠트에 충분한 병력을 남겨놓고, 영국이 보내는 지원 병력을 차단하기 위해 티그리스 강 하류로 내려가 참호를 구축했다.

타운센드도 본래 구조될 희망을 갖고 그 작전을 세운 것이었다. 그런데 정작 구조의 기회를 놓친 것은 그 자신이었다. 그에게는 1916년 4월까지 버틸 수 있는 식량이 있었다. 그런데도 그는 본부에 1월까지 먹을 식량밖에 없다고 전문을 보내, 그들로 하여금 시간에 쫓겨 충분한 병력을 소집할 수 없게 만들었다.(그러려면 몇 주가 더 필요했다.) 또한 일관성 없이 갈팡질팡하는 전문을 보내, 본부로 하여금 소규모 군대로 허겁지겁 튀르크군을 공격하여 연전연패를 당하게 만들었다. 이런 식으로 타운센드 군은 대규모 군대로 공격할 때까지 기다렸다면 구조될 수 있었을 기회를 스스로 놓쳐버렸다.

Ⅱ

1916년 4월 26일 알쿠트에 위치한 타운센드 요새의 마지막 식량이 소진되자 런던의 육군성은 마침내 오브리 허버트와 T. E. 로렌스 대위를 그곳으로 보내 튀르크와 항복 협상을 벌이게 했다. 두 사람 모두 카이로 정보국의 아랍부에 속해 있었고, 게다가 허버트는 하원의원인데다 전전에는 오스만제국과도 두터운 친분을 맺고 있었다. 이 두 사람이 협상을 위해 메소포타미아에 막 도착한 것이고, 로렌스는 그 사이에 벌써 그 지역 풍토병인 열병에도 걸렸다.

그 무렵 알쿠트 포위전은 무려 146일째를 맞이하여, 저 유명한 (보어전쟁 때의) 레이디스미스 포위전과 (1877년 러시아-튀르크 전쟁 때의) 플레벤 포위전의 기록마저도 갈아치운 상태였다. 요새의 방어군이 질병, 굶주림, 홍수와 싸우고, 낙하산으로 떨어뜨린 식량이 진로를 비껴나 강으로 떨어지고, 구조용으로 보낸 강배들이 튀르크군이 처놓은 쇠사슬에 걸려 좌초되는 바람에 애간장을 태우기도 한, 그야말로 영웅적 서사시를 방불케 한 포위전이었다.

타운센드도 그 와중에, 섭씨 50도에 육박하는 그전 해의 여름 무더위 때 걸린 열병에서 완전히 회복되지 못해서인지 감정적으로 불안 증세를 보였다. 포위전이 진행되던 어느 시점에는 터키군에 100만 파운드를 주고 가석방으로 풀려날 생각을 하기도 했다. 그것을 알았는지 몰랐는지, 런던은 4월 27~28일 방어군의 석방 조건을 교섭하기 위해 그곳에 온 허버트와 로렌스에게 그보다 많은 액수를 제시해도 좋다고 힘을 실어주었다. 그래서 창피함을 무릅쓰고 200만 파운드를 제시했으나, 튀르크군 지휘관은 그들의 제안을 보란 듯이 거부했다. 방어군의 자유를 사려고 구걸하는 영국의 비굴함을 즐긴 엔베르 파샤의 명령에 따른 조치였다.

알쿠트의 영국군은 결국 요새의 대포를 파괴하고 터키에 무조건적인 항복을 했다. 항복한 군인들 중에서는 타운센드만 터키군의 정중한 대접을 받고 안락하게, 아니 호화롭게 살 수 있는 콘스탄티노플로 보내지고, 굶주리고 병에 걸린 부하들은 죽음의 행군—바그다드까지 160킬로미터 행군에 이어 아나톨리아까지 800킬로미터의 행군—을 한 뒤, 쇠사슬에 묶인 채 철도에서 노역을 했다. 그들 중 살아남은 사람은 소수에 지나지 않았다.

타운센드 군대가 바그다드로 진격할 때부터 항복할 때까지 입은 인명 피해는 10,000명이 넘었다. 알쿠트에 포위된 방어군을 구조하는 과정에서 발생한 영국군 사상자도 23,000명에 달했다. 하지만 그렇게 애쓴 보람도 없이 방어군은 결국 튀르크군에 사로잡혀 모진 고생을 하다 죽었다.

그리하여 영국 관리들이 매번 무능하다고 손가락질하고 그래서 카이로의 아랍부가 1916년 후반, 내부에서 폭동을 일으켜 전복시키자고 제안한 오스만제국에 영국은 또 한 번 국가적 망신을 당했다.

26. 적진의 뒤에서

I

1916년에는, 전쟁으로 초래된 엄청난 긴장 속에 연합국과 동맹국 중 과연 어느 쪽이 먼저 무너질 것인가가 주된 관건이었다. 독일과 독일의 동맹국들이 먼저 항복할 것인지, 영국과 영국의 동맹국들이 먼저 항복할 것인지, 그것이 문제였다는 말이다. 카이로는 물론 그들 특유의 관점으로, 터키가 가장 먼저 항복하는 나라가 될 것으로 보았다. 그렇다면 1916년 중반으로 예정된 후세인의 아랍 봉기는 수십만 오스만군과 수백만 오스만 백성들의 마음을 바꿀 수 있었을까? 영국 정보국은 오스만 정부를 언제나 허약하다고 간주했으므로 그것이 불가능하지 않다고 생각했다.

서방권도 지난 몇십 년 동안, 시간상의 문제일 뿐 쇠락한 오스만제국이 언제든 붕괴되거나 혹은 해체될 것이라는 관점을 지녔으므로 영국, 프랑스, 러시아와 벌이는 긴박한 전쟁의 과정에서 오스만제국은 와해될 것이고, 제국 내에서 일어난 분란이 그것을 더욱 가속화할 것이라고 믿었다.

그러나 1916년 중엽의 양상은 그와 다르게 나타났다. 민족주의에 대한 각성으로 외세에 저항하고 식민주의 잔재의 청산을 기치로 내건 청년튀르크당이, 그들 사이에 외래적 요소가 끼어드는 것에 민감한 반응을 보인 것만 해도 그랬다. 엔베르와 탈라트 두 사람 모두 터키의 전시행정에 독일의 영향력이 미치는 것에 우려를 나타낸 것으로도 알 수 있듯이, 동맹국이라고 해서 예외는 아니었다.* 하지만 그렇다고 해서 터키와 독일 관계에 금이 간 것은 아니었다.

오스만군에 속한 다수의 독일장교들이 명령이 잘 먹히지 않는 것에 좌절과 혐오감을 느꼈던 것은 사실이다. 하지만 양국 관계에 균열이 갈 만큼 그것이 심각한 양상으로 발전하지는 않았다. 독일은 전쟁이 승리하는 쪽으로만 힘을 행사했을 뿐, 오스만 정부의 독립이나 혹은 CUP(통일진보위원회) 지도자들의 입지를 불안하게 만드는 행동은 하지 않았다. 이렇듯 독일은 연합국이나 동맹국의 그 어느 강대국보다 능란하게, 전후 아시아에 가진 영토적 야망을 전시 행동에 개입시키지 않는 뛰어난 역량을 보여주었고, 그 덕에 후방을 교란시키는 기회도 가장 잘 이용할 수 있었다. 오스트리아(합스부르크 왕가) 정부와 오스만 정부는 서로를 믿지 못했으며, 독일도 믿지 않았다. 그러다 보니 전장에서는 시기심에서 비롯된 장교들 간의 싸움이 벌어지기 일쑤였다. 하지만 그런 와중에도 독일은 아시아에서의 전쟁 초기에는 전반적으로, 다른 목적보다는 승리가 우선이라는 인식을 동맹국들에게 심어주었다.**

반면에 아프가니스탄은 장교들이 서로 간의 불신을 끝내 극복하지 못했다는 점에서 예외적인 곳이었다. 독일과 터키장교들은 이 극렬한 이슬람 국가에 대한 영국 지배권(1907년 거대한 게임을 끝내고 체결한 러시아-영국 협

---

* 갈리폴리 전투가 끝나자 엔베르는 예전에 했던 대로 독일의 영향력을 억제하기 위한 운동을 재개했다. 1916년 초 그가 오스만제국에 주둔했던 독일 병력 5,500명이 지나치게 많다고 여겨 철군을 시사한 것도 그런 맥락에서였다. 엔베르는 독일군이 필요하지 않다는 것을 보여주기 위해 남유럽의 다른 동맹국들에 오스만군 7개 사단을 지원하기도 했다. 하지만 종전 무렵에는 2만 5,000명의 독일군이 오스만제국에 다시 주둔했던 것으로도 알 수 있듯이 그의 노력은 큰 성과를 거두지 못했다.

정으로 영국 세력권에 편입되었다)을 타도할 임무를 부여받았다. 하지만 독일과 터키장교들 간에도 싸움을 벌이고, 독일장교들끼리도 싸움을 벌인 결과 4개의 원정대 가운데 독일 원정대 하나만 그곳에 파견되었다. 그래도 그들은 용케 카불까지 진격하는 데 성공했다. 그러고는 6개월 동안 그곳에 머물러 있으면서 반란을 일으키도록 토후를 종용했으나 성과를 내지 못했다. 토후가 반란의 성공을 보장해줄 동맹국 병력을 주둔시키지 않으면 행동에 나서지 않겠다고 고집을 부린 탓이었다. 하지만 그것은 불가능한 일이었고, 그 결과 아프가니스탄은 계속 영국 세력권으로 남게 되었다.

아프가니스탄과 달리 페르시아에서는 동맹국이 상당한 성과를 거두었다. 전쟁이 일어나기 오래전부터 페르시아의 정계 요인들과 관계를 맺어왔던 독일이 1915년 페르시아 총리를 설득해 비밀 동맹조약을 맺는 데 성공한 것이다. 페르시아 주재 독일대사 또한 스웨덴 장교가 지휘하는 7,000명 규모의 헌병대 지원을 확보했고, 그의 비밀요원들은 요원들대로 페르시아 전체 인구의 20퍼센트에 달하는 다양한 부족들의 지원 약속을 얻어냈다. 그로 인해 페르시아에서 연합국의 위치가 위태로워지자 러시아는 1915년 말 러시아 장교가 지휘하는 8,000명 규모의 페르시아 카자크(코사크) 부대 지원을 받아 페르시아 북부를 장악한 채 수도 테헤란을 점령하고, 즉위한

✱✱ 물론 그것은 쉽지 않았다. 오스트리아-헝가리 기록보관서의 문서들에, 오스트리아 관리들이 독일과 터키제국이 영토적 야망을 가진 것으로 의심하여 양국을 깊이 불신했다고 나와 있는 것도 그 점을 뒷받침한다.[1] 오스트리아-헝가리 제국이 수세기 동안 유럽의 오스만 영토를 침범하고 그 과정에서 오스만령 보스니아를 병합해. 발칸전쟁과 사라예보 사건(세르비아의 가브릴로 프린치프가 프란츠 페르디난트 오스트리아 대공 부처를 살해하여 1차 세계대전이 발발하게 한 사건—옮긴이)이 일어나는 빌미를 제공한 것도 그런 이유에서였다. 오스트리아는 그에 그치지 않고 오스만제국이 알바니아를 지배하는 것도 트집을 잡다가 1차 세계대전 초에는 그곳을 아예 점령해버렸다. 오스트리아 관리들은 또 자신들도 남몰래 영토적 계획을 세웠으면서도, 호엔촐레른 왕가(독일)의 관리들 또한 같은 생각을 한다고 여겨 제말 파샤의 수에즈 침략도 독일이 이집트를 병합하려는 음모의 일환일 것으로 의심했다. 오스만제국도 늘 그렇듯 유럽의 동맹국들을 불신했다.

지 얼마 안 되는 허약한 젊은 샤(아흐메드 미르자)도 사로잡았다. 이에 페르시아의 친독일파 정치인들은 성도인 이란 중북부의 콤(쿰)으로 도망쳤다가, 나중에는 다시 오스만제국 국경과 가까운 이란 서부 도시 케르만샤(바흐타란)로 옮겨가, 그곳에 오스만군이 지원하는 독일 괴뢰정부를 수립했다.

남페르시아에서도 독일 첩자들 가운데 가장 큰 성공을 거둔 빌헬름 바스머스의 선동으로 격렬한 폭동이 일어났다. 영국은 1916년 인도정부의 퍼시 사이크스 육군 준장이 지휘하는, 11,000명 규모의 원주민으로 이루어진 남페르시아 라이플총 부대를 조직하고, 시라즈를 지휘 본부 삼아 남부 지역을 장악한 뒤에야 가까스로 폭동을 진압했다. 그리하여 한때 독립국이자 유력한 나라였던 페르시아는 이제 남페르시아 라이플총 부대, 페르시아 카자크 부대, 풍비박산 난 헌병대, 독일이 후원하는 부족동맹만 설치는 곳이 되어, 샤에게는 나라의 중립을 유지하고, 법률을 시행하고, 영토보전을 수호할 군대조차 남아 있지 않았다. 페르시아 북부의 아제르바이잔 지방 또한 1차 세계대전 초 엔베르가 카프카스 지역을 공격한 이래 오스만과 러시아의 전쟁터가 되었고, 그렇게 전쟁터가 된 곳을 러시아군과 오스만군은 마치 자신들 앞마당마냥 휘젓고 다니며 진퇴를 주거니 받거니 하면서 영토를 점령했다.

독일-오스만 동맹군은 이렇듯 연합국 영역이던 페르시아를 치열한 전쟁터로 만들었으며, 그 결과 1915~1916년 무렵에는 이론과 무관하게 그곳이 사실상 연합국의 전적인 통제에서 벗어난 것은 물론 자주국으로서 위치마저 상실했다.

Ⅱ

반면에 오스만제국의 아랍어권을 전복시키려 한 영국의 시도는 동맹국에 버금가는 성과를 거두지 못했다. CUP의 삼두(엔베르, 탈라트, 제말) 중 한 사람이었던 다마스쿠스 총독 제말 파샤가 전복의 위협을 심각하게 보고 혐의자들을 발본색원하는 데 나서, 1915년 아랍 비밀결사 조직원들을 일망타진한 것이다. 그런 다음 제말은 1916년 스탐불(이스탄불 유럽 지구의 성벽으로 둘러싸인 옛 도시―옮긴이)에서, 용의자들을 처리한 자신의 방식이 옳았다고 주장하는 내용의 『시리아 문제에 관한 진실La Verité sur la question syrienne』을 오스만 제4군의 이름으로 발간했다. 그는 이 책에서 비밀결사와 그들의 목적을 논한 다음, 그들을 민족주의자가 아닌 반역자로 규정했다.

제말의 탄압 때문이었는지, 그것을 무릅쓴 때문이었는지는 몰라도 아무튼 아랍어권 사람들의 충성도는 흔들리지 않았다. 오스만으로서는 그보다 아랍 병사들이 이슬람뿐 아니라 청년튀르크당 정부에도 충성을 보인다는 점이 더욱 중요했다. 포로수용소의 아랍어권 장교들과의 면담을 토대로 작성한 영국의 첩보 비망록에도, 아랍어권 장교들 대부분이 청년튀르크당을 지지했고, 설사 지지하지 않았다 해도 "양심상 군사적 봉기에는 동조하지 않았던" 것으로 기록돼 있다.[2]

Ⅲ

그러나 청년튀르크당은 제국의 비무슬림 백성들의 충성도에 대해서는 의혹의 눈길을 보냈다. 기독교도뿐 아니라 유대인, 그중에서도 특히 60,000명 남짓 되는 팔레스타인의 유대인들에 대해 의심이 많았다.

팔레스타인 유대인의 절반 정도가 오스만 백성이 아니라는 점이 탈라트와 그의 동료들을 불안하게 했다. 그들 대부분이 1914년 이전의 50년 동안 러시아제국에서 그곳으로 넘어왔기 때문에 이론상으로는 차르의 백성이었던 것이다.

그러나 청년튀르크당이 그들을 의심할 이유는 없었다. 그들 모두 정치와 음모에 가담하기 위해서가 아니라 그것들로부터 벗어나기 위해 유럽을 떠난 사람들이었기 때문이다. 그들은 러시아, 우크라이나, 폴란드의 유대인 학살로부터 도망친 사람들이었다. 따라서 원했다면 다수의 다른 유대인들이 그랬던 것처럼, 이민자를 환영한 미국과 같은 기회의 나라로 갈 수도 있었다. 그런데 그것을 마다하고 황량한 팔레스타인에서 고단한 개척자의 삶을 살기로 한 것은 자신들의 종교를 자유롭게 믿거나 혹은 이상을 펼치려는 일념 때문이었고, 그 점에서 그들은 몽상가들이었다.

물론 종교적 이유를 가진 사람, 2,000년 전 로마가 파괴한 유대인의 민족성을 되찾으려는 사람 등, 성지로 향한 사람들의 목적은 다양했다. 그렇기는 하지만 팔레스타인으로 간 사람들 대부분이 반유대주의가 기승을 부린 유럽에서 멀찌감치 떨어진 곳에 경제적 자립이 가능한 농업 정착촌을 세워 평등주의적 협동 공동체를 건설하고자 한 사회주의 이상주의자들이었던 것은 확실하다. 그것을 말해주듯 그들은 팔레스타인에 도착하자마자 고대 히브리어를 부활시키고, 고갈된 땅을 회복하고, 자립심을 키워 번영을 구가하기 시작했다. 그리하여 20세기 초에는 정착촌 40곳이 성지 곳곳을 수놓게 되었다. 그들은 농업 정착지뿐 아니라 도시도 세웠다. 시온주의 운동〔시온(구약성경에 나오는 지명으로 예루살렘의 한 언덕)으로의 복귀를 부르짖은 유대인들의 민족주의 운동—옮긴이〕을 벌인 소수의 재외 유대인들의 격려와 지원을 받아 1909년 해안가의 메마른 모래 언덕에 지금의 텔아비브를 건설하기 시작한 것이다.

그런데 오스만제국이 1차 세계대전에 참전한 직후인 1914년 말, 시리아와 팔레스타인 총독이 된 제말 파샤가 이 유대인 정착민들을 상대로 폭력을 행사하기 시작했다. 극렬한 반시온주의자였던 오스만제국의 관리 베하 엣 딘의 영향을 받은 제말은 시온주의 정착촌들을 파괴하고, 팔레스타인 유대인이 대부분이었던 모든 외국 유대인들의 추방을 명령했다. 유대인 추방은 사실—유대인들이 중립국에서 이간질하고 다닐 것이 걱정된—독일정부가 탈라트와 엔베르도 그것에 동참하도록 설득하기 전부터 이미 시작되고 있었다. 콘스탄티노플 주재 미국대사 헨리 모겐소 시니어와 독일대사 한스 폰 반겐하임이 합동으로 시행한 일이었다.

미국정부와 독일정부가 튀르크에 영향력을 행사했다고는 하지만, 오스만 정부가 제말을 완전히 휘어잡지 못해 그가 독단적 행동을 일삼고 팔레스타인의 유대인 공동체를 잠재적 불온 세력으로 간주한 것도 문제였다. 하지만 그의 이런 관점은 얼마간 자기 충족적 예언이었던 것으로 드러났다. 전쟁이 터지자 그것에 연루되지 않으려고 노력한 대부분의 팔레스타인 유대인과 달리 콘스탄티노플 대학의 법학과 학생들로 훗날 유대인 노동자 운동의 지도자가 된 다비드 벤 구리온(1886~1973)과 이츠하크 벤 즈비(1884~1963)는 1914년 오스만 정부에, 오스만령 팔레스타인의 방어를 위한 유대인군의 조직을 제안했다. 하지만 제말은 그들의 제안을 일축했고, 그것도 모자라 1915년 두 사람과 다른 시온주의 지도자들을 국외로 추방했다. 그리하여 미국으로 건너간 벤 구리온과 벤 즈비는 그곳에서도 친오스만 유대인 군대의 창설 운동을 벌였다. 그랬던 그들이 1918년 초에는 마음을 바꿔 오스만제국에 맞서 싸우는 영국을 돕기 위한 유대인군을 모집하는 상황이 되었다. 전시에 오스만 정부가 취한 그 모든 행동이 그들로 하여금 튀르크에 등을 돌리게 만든 것이다.

그러나 제말의 변덕스럽고 때로는 무자비했던 정책에도 불구하고 팔레스타인의 유대인 정착민들은 오스만제국을 전복시키려는 그 어떤 행동도 하지 않았다. 유력했지만 극소수에 지나지 않은 소수파만 오스만제국에 항거하는 행동을 했을 뿐이다. 농경학자 아론 아론손이 이끈 그 소수파에 대해서는 조금 뒤 다시 논하게 될 것이다.

Ⅳ

1914~1915년 사이 러시아령 아르메니아와 접한 아나톨리아 북동부 아르메니아 국경지대에서 오스만의 후방을 교란시키려는 러시아의 책동이 있었다는 것이 튀르크 측 주장이다. 그때 이후로 이 사건은 격론의 대상이 되었다.

오스만령 아르메니아라면 엔베르가 카프카스 고원지대를 공격하는 발판으로 삼았던 곳이고, 1915년부터 러시아가 카프카스에서 터키를 침략할 때 러시아군의 첫 점령 목표가 되었던 곳이다. 아르메니아인들은 또 기독교도였으므로 당연히 터키보다는 러시아 쪽으로 마음이 기울었다. 그런가 하면 아르메니아 지배기를 통틀어 오스만제국이 편 정책 중 그 어느 것도 이들이 콘스탄티노플에 계속 충성하는 백성으로 남아 있게 할 만한 요소가 없었다. 아르메니아인들의 마음속에는 1894, 1895, 1896, 1909년에 일어난 아르메니아인 학살(술탄 아브뒬하미드 2세와 청년튀르크당 정부에 의해 벌어진 일―옮긴이)에 대한 기억만 생생히 남아 있을 뿐이었다. 그런 판에 엔베르마저 불난 집에 부채질하듯 다시 아르메니아와 원수지간인 쿠르드족을 아르메니아 주재 오스만군 부대로 보내, 옛 불씨에 불을 지피며 새로운 분쟁을 야기했다.

1915년 초 국방장관 엔베르 파샤와 내무장관 탈라트 파샤는 아르메니아인들이 러시아를 공개적으로 지원하고 튀르크에 맞서 집단폭력을 행사한다는 이유로, 북동부 아르메니아인들을 국외로 전원 추방하는 보복조치를 단행했다. 터키정부의 지도자들은 심지어 오늘날까지도, "아르메니아 폭도들이 러시아의 선동과 지원을 받아 튀르크 지역에 아르메니아 국가를 수립하려 했고, 아르메니아군 또한" 추방되기 전부터 "터키 동부도시 반의 무슬림 주민들을 살해하고, 튀르크군의 측면을 치고 빠지는 군사행동을 전개했다"고 주장하였다.[3]

내무장관 탈라트가 기획한 이 아르메니아인 추방이 후대인들이 알고 있는 이른바 1915년의 아르메니아 학살 사건이다. 추방의 과정에서 강간과 매질이 비일비재하게 일어나고, 곧바로 죽지 않으면 식량, 식수, 보호장구도 없이 산과 사막으로 끌려가 방치돼 있다가 굶어죽거나 살해당한 사람만도 수십만 명에 달한 사건이었다. 아르메니아 자료에는 살해당한 사람이 150만 명으로 기록돼 있기도 하다. 그것의 사실여부는 모르겠지만 아무튼 튀르크령 아르메니아가 파괴되었고, 그곳 주민의 절반이 목숨을 잃었던 것은 분명하다.

역사가들 중에는 지금도 오스만 정부의 추방 조치가 튀르크에 항거하는 아르메니아의 봉기 이후에 나온 것이라는 엔베르와 탈라트의 주장을 지지하는 사람들이 있다.[4] 그러나 어느 모로 보나 친튀르크파가 아니었던 당시 관측통들이 전해준 사실은 그와 다르다. 아르메니아에 주재했던 독일장교들이 추방이 시작되기 전 그곳이 평온했다는 사실을 인정한 것도 그중 하나다.[5]

반면에 독일과 오스트리아 대사관이 처음 추방 소식을 듣고 외면했던 것은 사실이다. 대사관 관리들은 아르메니아 기독교도에 대한 학살이 일어날 것임을 알고 있었다. 그런데도 그 사실을 모른 체하고, 그럴 리 없다고 안심시키는 탈라트의 주장에만 열심히 귀 기울였던 것이다.

하지만 1915년 5월 무렵 아르메니아 학살 소식이 들불처럼 퍼져나가자 그들도 더는 모른 체할 수 없게 되었다. 오스트리아 대사도 본국정부에 앞으로 미칠 수 있는 부정적 파장을 고려하여, "터키 정치인들에게 호의적으로 경고"를 보내는 방안을 고려 중이라는 전문을 보냈다.[6] 실제로 그는 나중에 탈라트를 만나 아르메니아 문제를 신중하게 다루어줄 것과, 연합국 선동주의자들의 술수에 넘어갈 수 있다는 점을 들어 "아녀자들에 대한 박해"는 피해줄 것을 당부했다.[7] 아니나 다를까 그의 예상대로 연합국 정부들은 5월 24일 오스만 정부의 '집단학살' 정책을 비난하고 나섰고, 그러자 오스만 정부는 아르메니아에서 반란을 조장한 연합국 측에 그 책임이 있다고 맞받아쳤다.[8] (반란이 실제로 일어났는지, 일어났다면 그것을 조직한 것이 러시아였는지, 아니면 부추기기만 했는지는 여전히 논란거리로 남아 있다.)

그런 가운데 터키의 잔학상을 보여주는 소름끼치는 소식이 현지의 독일관리들로부터 쏟아져 들어오자, 콘스탄티노플 주재 독일 대사 폰 반겐하임도 더는 수수방관할 수만은 없게 되었다. 1915년 6월 중순 그는 베를린에, 탈라트도 아르메니아인을 추방한 것이 "군사적 고려 때문만은" 아니었다는 사실을 시인했다는 전문을 보냈다.[9] 그런 다음 본국정부로부터 훈령을 받지는 않았지만, 오스트리아 대사 팔라비치니와 함께 약탈과 학살이 수반된 무차별적 집단 추방은 해외, 특히 미국에 매우 나쁜 인상을 줄 수 있고, 따라서 독일과 터키의 공동 이익에 부정적 영향을 미칠 수 있다는 견해를 오스만 정부에 전달했다.[10]

그리고 1915년 7월 폰 반겐하임은 다시 독일 총리에게, 오스만 정부가 "터키제국의 아르메니아인을 절멸하려 하는 것"은 의심의 여지가 없어 보인다는 전문을 보냈다.[11] 하지만 그와 팔라비치니 모두 간섭해봐야 득 될 것 없다는 판단을 내렸다. 그래서 본국정부에도 독일은 그 사건에 책임이 없음을 입증할 수 있는 기록이나 남겨두는 것이 좋겠다는 권유를 하는 데 그쳤다.[12] 반면에 독일인 목사 요하누스 레프시우스와 여타 독일관리들은 그것에 반대하면서 학살 사건에 개입하려고 했다. 그러나 빌헬름 가의 독일 외무부는 결국 폰 반겐하임의 권유를 받아들이고, 그해 10월 오스만 정부에 독일은 그 일에 연루되지 않았으며 오스만제국 주재 독일관리들도 아르메니아인들을 구하기 위해 노력했다는 내용의 성명을 발표해줄 것을 요구했다.[13] 오스만 정부가 거부하자 독일 외무부는 단독으로라도 성명을 발표하겠다고 엄포를 놓았다가, 터키와의 동맹관계가 훼손될 것을 우려해 그 주장을 다시 철회했다.

독일과 오스트리아 대사가 우려한 대로 아르메니아 학살은 연합국에 유용하고 효과적인 프로파간다가 되었다.* 연합국이 장차 오스만제국에는 비무슬림 종족은 물론이고 비튀르크어족의 통치도 맡겨서는 안 된다고 강조한 것으로 볼 때, 아르메니아 학살은 연합국의 전후 평화협상에 대한 고려에도 영향을 미쳤던 것 같다.

중립적 관점에서 볼 때 탈라트와 엔베르가 아르메니아 문제를 일단락 지은 것을 후련하게 여겼던 것은 분명하다. 오스만제국을 타도하려 한 기도를 미연에 방지했다는 것이 두 사람의 공식 입장이었으니 말이다. 그들이 불안요소를 제거한 것은 확실했다. 이후 아르메니아는 죽은 듯이 조용해졌으니까.

---

* 1915~1916년에 일어난 아르메니아 학살조사위원회 위원장을 맡았던 친아르메니아파 정치인으로 자유당 의원 겸 역사가 겸 법학자였던 제임스 브라이스만 해도 CUP 정부를 비난하는 내용의 보고서를 발표했다. 그러나 터키정부는 지금도 브라이스 보고서를 일방적이고 왜곡된 영국의 전시 프로파간다였다고 주장하면서, 브라이스의 조수 중 한 사람이었던 아널드 토인비가 그것을 영국의 프로파간다와 정책 목표를 증진하려는 의도에서 발표했음을 시인한 것을 그에 대한 증거로 인용하고 있다.[14] 그렇다면 그 보고서는 소기의 목적을 달성한 것이었다.

V

연합국에도 오스만제국을 전복할 수 있는 절호의 기회가 한 차례 있었다. 그런데도 그 기회를 놓쳐버렸다. 아니 고의로 버린 것이었다. 그 기회는 제말 파샤로부터 왔다.

제말은 CUP의 삼두 중 유일하게 아르메니아 학살과는 거리감을 두는 태도를 취했다. 아마도 연합국과 소통할 수 있는 길을 열어두기 위해서였을 것이다. 1915년 초 수에즈운하 침략이 실패로 돌아가자 그는 다마스쿠스를 주재지로 삼아 대시리아 지역—지금의 시리아, 레바논, 요르단, 이스라엘이 포함된 오스만제국의 남서부 지방들—을 마치 자신의 개인 봉토처럼 지배했다. 그런 그가 아르메니아 학살이 진행되던 1915년 말 연합국 측에, 연합국이 도와주면 오스만의 제위를 찬탈할 수 있다는 뜻을 밝힌 것이다.

그것은 십중팔구 아르메니아인들을 구하는 것이—아르메니아인들이 처한 곤경을 단순히 선전적 목적으로 이용하려는 것이 아닌—연합국의 주요 목표라고 오판한 데서 나온 제의였을 것이다. 아무튼 1915년 12월 그와 연합국 사이에서 의사전달 창구 역할을 했던 ARF(아르메니아 혁명연맹: Armenian Revolutionary Federation: Dashnaktsutiun)의 밀사 자브리에브 박사가 러시아 정부에, 제말이 오스만 정부를 전복시킬 준비가 되었다는 통보를 했다. 12월이면 파멸적인 다르다넬스 원정이 끝나고 갈리폴리 철군이 시작된 달이었으므로 제말로서는 충분히 연합국이 터키와의 적대관계를 끝내기 위해서라면 기꺼이 대가를 지불하려 할 것으로 볼 만한 시기였다.

러시아 외무장관 사자노프의 기록에도 나오듯 제말은 당시 아시아 쪽에 자유 독립국 터키(자치지역으로서의 시리아, 메소포타미아 기독교계 아르메니아, 실리시아, 쿠르디스탄이 포함된)를 세워 자신이 최고 통치자 술탄이 되려는 구상을 하였다. 그래서 일찌감치 러시아가 오매불망 지배를 원한 콘스탄티노플과 다르다넬스 해협을 넘겨주는 데 동의하고, 살아남은 아르메니아인들을 구하는 조치도 즉각적으로 취할 뜻을 비쳤다. 또한 연합국이 도와주면 콘스탄티노플로 쳐들어가 술탄과 술탄정부도 전복시킬 수 있다고 하면서, 그 대가로 전쟁이 끝나면 나라의 재건에 필요한 재정 지원도 해줄 것을 요청했다.

사자노프는 제말의 제안을 수용하려고 했다. 그리고 동맹국들도 당연히 그것에 동의할 것으로 생각했다.[15] 하지만 예상과 달리 1916년 3월 프랑스는 그 제안을 거부하고 (현 터키의 남부 지방에 위치한) 실리시아(킬리키아)와 대시리아에 대한 권리를 주장했다.

영국의 외무장관 에드워드 그레이도, 만일 그 조건이 영국이 동맹국들에게 약속한 아시아 쪽 터키에서의 영토적 이익에 선행하는 것이면, 적진 뒤에서 도모하는 반란을 지원할 의사가 없다는 뜻을 나타냈다. 이렇듯 연합국 정부들은 전리품에만 눈이 어두워, 전쟁의 승리라는, 앞으로의 이익이 걸린 문제는 등한시했다. 노획물에 눈이 먼 나머지 전쟁 중이라는 사실마저 잊은 것이다.

제말의 제의는 연합국이 오스만제국을 내부에서 전복시킬 수 있는 절호의 기회였다. 그런데 그 호기를 놓치고 만 것이다. 엔베르와 탈라트는 제말이 적군과 비밀리에 교신한 사실을 눈치 채지 못했다. 그리하여 제말도 다시 그들 편에서 연합국에 맞서 싸웠다.

VI

오스만제국이 연합국의 주요 전쟁 구역이 아니었고, 그러다 보니 연합국의 군대와 힘이 다른 곳으로 쏠려, 그로 인한 득을 보았던 것은 사실이다. 그렇기는 하지만 오스만제국도 놀랄 만한 전쟁 수행 능력을 보여주었다. 오스만은 세 전선에 동시에 참가했다. 그리하여 서쪽에서는 1915~1916년 영국과 프랑스군을 격퇴했고, 동쪽에서도 인도 원정군의 진격을 저지했으며, 북쪽에서도 러시아군의 침략을 막았다.

오스만제국은 적진 뒤에서도 그 못지않게 탁월한 능력을 보여주었다. 독일과 함께 연합국 영역인 페르시아 제국을 들쑤시고 다니며 난장판을 만들어놓은 것이 그 좋은 예다. 그와 달리 연합국은 1916년 중엽을 기준으로 볼 때, 오스만제국의 아랍어권 지역민들의 지원을 얻으려고 한 영국의 노력도 실패로 돌아가고, 아르메니아에서 벌인 러시아의 선동 또한 끔찍한 학살로 끝맺는 등 오스만제국과 극명한 대조를 이루는 지리멸렬한 모습을 보였다.

그렇다면 1916년 6월로 예정된 후세인의 봉기로 상황이 반전될 수 있었을까? 그것은 과연 오스만 진영 뒤에서 연합국이 계획한 과거의 분란에 비해 좋은 성과를 낼 수 있었을까? 1916년 중엽까지 나타난 성적만으로 보면 전망은 그리 밝지 않았다. 하지만 클레이턴과 그의 동료들은 기대에 부풀어 있었고, 그 기대가 충족되면 그들 또한 큰 보상을 받게 될 터였다. 후세인의 임박한 봉기가 카이로에는 동방의 전쟁에서 승리할 수 있는 기회, 그들의 지도자인 키치너의 추락한 위상을 회복할 수 있는 기회였다.

27. 키치너의 마지막 임무

한편 런던에서는 전쟁의 지휘권이 육군장관에서 참모총장에게로 넘어갔다. 키치너가 그의 안마당처럼 훤히 꿰고 있어야 할 동방에 대한 감각마저 상실했다는 내각의 판단에 따른 결정이었다. 그가 끝까지 반대한 작전―갈리폴리 철수 작전―이 그 지역에서 영국이 유일하게 거둔 눈부신 성과였으니 그들이 그렇게 생각하는 것도 무리는 아니었다.

하지만 애스퀴스가 키치너를 내치는 것은 정치적으로 불가능했다. 그렇다고 육군장관 자리에 그대로 앉혀두기도 거북했다. 그래서 편법으로 생각해낸 것이 그에게 또 다른 임무를 맡겨 머나먼 곳, 러시아로 보내버리는 것이었다. 배편을 이용해야 했으므로 러시아로 가는 데만 1916년 후반부가 거의 소진될 것으로 예상되는 원거리 임무였다. 게다가 북극해를 항해하는 위험한 여정이어서 열대지방에서 온 노장군에게 요청하기가 여간 부담스럽지 않았으나, 다행히 키치너는 그 임무를 받아들이고 떠날 준비를 했다.

이렇게 해서 키치너의 연속된 행운은 마침내 종지부를 찍게 되었다. 그가 만일 1914년에 죽었다면 워털루 전투에서 나폴레옹을 무찌른 웰링턴 공작 아서 웰즐리(1769~1852) 이후 가장 위대한 영국 장군으로 기억되었을 것이다. 1915년에 죽었어도, 1차 세계대전의 특성과 장기전이 될 것임을 정확히 알아맞힌 예언자 겸 대규모 군대를 조직한 인물로 기억될 수 있었을 것이다. 하지만 1916년 그는 결국 둘 중 어느 것도 되지 못한 채, 변해가는 시대의 요구에 부응하지 못한 지나간 시대의 한물간 노병으로 끝을 맺고 말았다. "이 친구들은 내게 너무 많은 것을 기대했어. 나는 유럽도 모르고, 영국도 모르고, 영국군도 모르는데 말이야."[1] 키치너가 내각의 한 동료에게 이렇게 털어놓았다고 전해진 것으로도 알 수 있듯이, 그의 가슴과 정신은 그가 개편하고 그의 뜻을 따르도록 훈련된 이집트와 인도의 식민지 군대에 머물러 있었다.

1916년 6월 2일 금요일 정오 직전 키치너는 누구도 알아차리지 못하게 수행원도 대동하지 않고 킹스크로스 철도역으로 향했다. 열차의 출발이 1분 30초 정도 지연되었는데 그새를 못 참고 그는 짜증을 부렸다. 기다리는 걸 싫어하는 성격 탓이었다. 그러다 일단 출발을 하자 열차는 어느새 그를 배가 출발하는 항구에 데려다주었다.

키치너와 그의 충복 피츠제럴드는 1916년 6월 5일 오후 스코틀랜드 북단 앞바다, 영국의 그랜드 함대가 정박해 있는 스캐퍼플로에서 러시아의 아르헹겔스크(아르항겔)행 순양함인 햄프셔호에 올랐다. 일이 제대로 굴러갔다면 그 무렵 햄프셔호는 출발 항로가 바뀌어 있어야 했다. 앞서 독일군의 무선통신 암호를 해독한 해군 정보부가 5월 말 기뢰가 탑재된 독일 잠수함 U75로 보내진 전문을 가로채, 햄프셔호가 항해할 예정인 수로에 기뢰가 부설될 것이라는 사실을 감지했기 때문이다. 정보부가 가로챈 또 다른 두 건의 독일군 암호문에 나타난 내용과 잠수함이 목격된 것도 그 사실을 확인해주었다. 그런데 스캐퍼플로 해군기지에 주둔해 있던 존 젤리코 해군 사령관(1859~1935)과 그의 참모가 어수선한 상황 속에 그만 함대의 기함으로 보내진 해군 정보부의 경고문을 읽지 못했거나 혹은 잘못 읽는 실수를 범했다.(1916년 말에 열린 사문査問위원회에서 젤리코 제독은 경고문의 존재를 감추는 데 성공했으나, 1985년 진상이 밝혀짐으로써 그의 말은 거짓으로 들통 났다.)[2]

바다도 험상궂었다. 그런데도 키치너는 한사코 출발을 고집했다. 젤리코 제독의 부관들이 폭풍우가 거셀 것으로 나타난 일기도를, 약화될 것으로 잘못 읽은 것도 그가 출발을 고집한 이유였다. 그리하여 6월 5일 오후 4시 45분 햄프셔호는 마침내 성난 폭풍우를 뚫고 항해를 시작했다. 호위 임무를 맡은 구축함마저 두 시간 만에 되돌아왔을 정도로 비바람이 거셌는데도 햄프셔호는 단독 항해를 강행했다. 그러다 오후 7시 30분에서 7시 45분 사이 독일 잠수함 U75가 부설한 기뢰에 부딪혀 대부분의 탑승자들과 함께 침몰하고 말았다.

기뢰가 폭발한 순간, 키치너와 피츠제럴드는 우현 갑판으로 뛰쳐나왔다. 뒤이어 두 사람의 참모인 다른 장교들도 갑판으로 나왔다. 사고에서 살아남은 한 생존자는 훗날 당시의 상황을 이렇게 회고했다. "선장이 키치너 경에게 보트로 가라고 소리쳤어요. 하지만 그는 선장의 말을 듣지 못하는 것 같았습니다. 아니 못들은 체한 것일 수도 있어요."[3] 가라앉는 배에서 탈출하는 것은 어차피 불가능한 일이었고, 그래서 그도 움직이지 않았을 것이다. 키치너는 갑판 위에서 미동도 하지 않고 25분가량을 멍하니 그대로 서 있었다. 두꺼운 외투차림으로 갑판 위에 무표정하게 서서 배가 침몰하기를 기다리는 그의 마지막 모습을 햄프셔호의 유일한 생존자는 결코 잊지 못했다.[4] 그렇게 서 있다가 그는 배와 함께 거친 파도 밑으로 가라앉았다.

피츠제럴드의 시신은 나중에 물가로 휩쓸려왔다. 그러나 키치너는 심해 속으로 자취를 감췄다. 그리고 오래지 않아 영국에서는 키치너 경이 죽음을 탈출해 언젠가는 되돌아오리라는 전설이 만들어졌다.

28. 후세인의 아랍 봉기

우연인지 필연인지 키치너가 바다에서 유명을 달리한 것과 때를 같이 해 메카에서는 아미르 후세인의 봉기가 일어났다. 후세인이 청년튀르크당이 자신을 폐위하려 한다는 사실을 알고 일으킨 것이었다. 하지만 카이로는 그런 줄도 모르고 그것이 키치너 사단—윙게이트, 클레이턴, 스토스—의 노력이 가져온 성과로 믿었다. 흐릿하지만 엄청난 영광이 기다리고 있을 것처럼 후세인을 호도한 자신들의 전술이 개가를 이룬 것으로 여긴 것이다. 카이로가 봉기를 일으키기 위해 투자한 기간만도 9개월이었다. 그러다 마침내 사막의 봉기가 일어나자 윈덤 디즈는 "클레이턴이 위대한 승리"를 거두었다고 말했다.[1]

하지만 후세인에게는 그것이 패배를 인정하는 것과 다를 바 없었다. 그는 중립을 유지하면서 양쪽에서 뇌물을 챙기는 것을 기본정책으로 삼았다. 그러므로 연합국 쪽으로 옮겨간 것도, 청년튀르크당이 제기한 급박한 위험을 일단 피해보려는 임시방편에 지나지 않았다. 1915년 여름 제말 파샤가 그간 후세인이 아들 파이살을 통해 다마스쿠스에서 접촉해온 아랍 비밀결사에 대한 진압을 시작함에 따라 새로운 위험에 노출된 것도 봉기를 일으킨 요인으로 작용했다. 제말은 베이루트와 다마스쿠스의 프랑스 영사관에서 입수한 문서를 근거로 불순분자 색출에 나섰다. 거기에 아랍 음모자들과 최소한 영국의 주요 첩자 한 사람의 이름이 적혀 있었던 것이다. 뒤이어 용의자들에 대한 체포, 심문, 고문, 군사재판소에 의한 판결이 진행되었고, 1915년 8월 21일에는 반역죄인 11명이 사형에 처해졌다. 혐의자들에 대한 체포와 재판은 그 후로도 몇 달 더 계속되었다. 아랍권에서 명망 있는 다수의 요인들도 체포되었으며, 감옥에 갇힌 사람들 중에는 후세인이 알 하드 및 알 파타트와 교신한 내용과, 그가 키치너와 맥마흔에게 약속한 것이 무엇인지를 아는 사람들도 포함돼 있었다. 따라서 그들이 심문과 고문에 못 이겨 그것을 자백할 개연성도 배제할 수 없었다. 그것이 또 후세인을 불안하게 만들었다. 그래서 제말과 오스만 정부에 그들에게 자비를 베풀어줄 것을 간청했고, 그로 인해 그의 입지는 더욱 위태로워졌다.

그러던 중 1916년 4월 그는 제말로부터 특수훈련을 받은 오스만의 정예병력 3,500명이 헤자즈를 통해 아라비아 반도 끝까지 행군할 계획이라는 소식을 들었다. 그곳에 전신국을 세우려고 하는 독일장교단을 수행하는 부대라는 것이 튀르크 측 설명이었지만, 그 정도면 후세인을 분쇄하고도 남을 병력이었다. 그래서 급히 행동에 나선 것이었다. 자신이 선수를 쳐, 영국 해군으로 하여금 헤자즈 해안가를 지키게 할 생각이었던 것이다. 5월 6일 베이루트와 다마스쿠스에서 아랍인 21명이 추가로 처형당했다는 소식이 전해지자 후세인은 그 계획에 더욱 박차를 가했다.

후세인에게는 영국에 맞서 싸울 병력 모집과 장비 구입 명목으로 오스만 정부로부터 이미 금 5만 파운드 이상을 받아놓은 게 있었다. 거기다 또 영국 측으로부터 오스만군과 싸울 병력과 장비 구입 명목으로 보조금 1회분도 받았으므로 봉기를 일으킬 자금은 넉넉했다. 그리하여 1916년 6월

5일에서 10일 사이의 어느 무렵 그가 봉기를 선언하자[2] 영국 함대는 즉각 헤자즈 해안선으로 이동하여 독일-터키군의 진격을 가로막았다.

한편 카이로 정보국의 아랍부는 아랍 봉기가 무슬림과 아랍어권의 전폭적 지지를 받을 것으로 예상했다. 그보다 중요한 것은 그들이 주로 아랍인들로 구성된 오스만군의 지원도 이끌어낼 수 있을 것으로 믿은 것이었다. 파이살과 후세인도 오스만군 전투력의 3분의 1을 차지하는 아랍인 10만 명 정도가 봉기에 합류할 것으로 예상된다고 말했으니 그들이 그렇게 믿은 것도 무리는 아니었다.[3] 또 다른 기록물에는 실전에 투입 가능한 튀르크군 전투병력의 거의 전체, 혹은 25만 명이 봉기에 가담할 것으로 후세인이 기대했던 것으로 나타나 있다.[4]

그러나 후세인이 바란 아랍 봉기는 결코 일어나지 않았다. 오스만군에 속한 아랍부대들 중 후세인 편으로 넘어온 부대는 하나도 없었다. 오스만 제국을 변절하고 연합국 측으로 넘어온 정치인이나 군인도 없었다. 알 파루키가 후세인에게로 몰려들 것이라고 약속한 강력한 비밀 군사조직도 모습을 드러내지 않았다. 후세인의 병력은 영국 돈에 매수된 수천 명의 부족민이 전부였다. 후세인에게는 정규군도 없었다. 헤자즈와 헤자즈 부족민들이 사는 인근 지역을 벗어나면, 후세인의 봉기를 지원해줄 곳 또한 없었다. 후세인 군대에 들어온 소수의 비#헤자즈 장교들도 영국이 통제하는 지역에서 전부터 계속 거주하던 포로 혹은 망명자들이었다.

이렇듯 소규모 부족민 부대에 지나지 않다 보니 후세인의 군대는 애당초 대포로 무장한 오스만군의 상대가 되지 않았다. 그 결과 메카와 메카 부근에 있는 타이프는 물론이고, 메디나와 항구도시 지다(제다)에 가한 공격도 손쉽게 격퇴되었다. 영국 배와 비행기들이 구조에 나서 공격을 가한 뒤에야 지다를 점령했을 정도다. 그리하여 항구도시가 일단 확보되자 영국 해군은 이집트군에 속한 무슬림 병력을 그곳에 상륙시켰고, 이들이 후세인이 있는 내륙으로 들어가 그의 부대와 함께 메카와 타이프를 점령했다. 튀르크 방어군 규모가 30명도 채 안 된 라베그 항과 얀부(엔보) 항도 간단히 점령했다. 이렇게 해서 아라비아 홍해 해안을 장악하게 되자 영국 해군은 항구도시들에 군대를 주둔시켰다.

그러나 후세인은 영국군의 내륙 진입은 허용하지 않았다. 무슬림권에서 자신의 위상이 떨어진다는 것과 성지들이 있는 곳에 비무슬림이 들어오면 무슬림의 반발을 살 수 있다는 것을 이유로 들었으나, 영국인들이 볼 때는 옹색한 변명에 지나지 않았다.

문제는 후세인 혼자 힘으로는 튀르크를 상대할 수 없다는 것이었다. 수단 총독 레지널드 윙게이트가 클레이턴에게 보낸 서신에서 후세인이 원하든 원하지 않든 영국은 그에게 군대를 보내주어야 한다고 주장한 것도 그런 이유에서였다. 그는 처음부터 자신은 헤자즈로의 원정군 파견을 지지했다는 점을 주지시켰다.[5] 하지만 그의 의견은 받아들여지지 않았다. 영국이 헤자즈에 대한 군사 지원은 될 수 있는 한 무슬림 장교와 병력으로 충당하는 것을 기본정책으로 삼은 것도 그것을 어렵게 만들었다. 그러나 음모의 땅에서 그 정책을 시행하기는 쉽지 않았다.

결국 영국 당국의 강력한 추천으로 알 미스리 소령이 명목상 후세인의 아들 알리가 지휘하는 군대의 참모장으로 임명되었다. 하지만 1916년 말 보직을 부여받은 지 한 달 만에 그는 비밀 음모에 연루되어 참모장 직에서 해임되고, 영국군에 포로로 잡혀 있던 유능한 아랍계 오스만 장군 자파르 알 아스카리가 후임 참모장에 임명되었다.

한 보고서에는 알 미스리가 후세인의 지배권을 빼앗은 뒤 이반하여 오스만 측으로 넘어가려는 음모를 꾸민 것으로 나타나 있다. 오스만 정부로

부터 아랍어권 지역의 자치권을 얻는 대가로, 오스만군에 헤자즈 병력을 넘기기로 했다는 것이다.[6]

그렇다고 알 미스리와 그의 동료들이 독일의 승리만 믿고 그런 행동을 한 것은 아니었다. 다마스쿠스의 비밀결사 지휘관을 지낸 야신 알 하시미 장군(클레이턴을 비롯한 카이로의 영국 관리들을 상대로 사기 행각을 벌일 때 알 파루키가 그의 대리인 행세를 했다)이 그 2년 뒤 연합국의 승리가 확실해진 시점에서도 연합국 쪽으로 넘어올 생각을 하지 않은 것도 그 점을 뒷받침한다. 이렇듯 길버트 클레이턴은, 영국의 중동 계획에 그들이 강한 적대감을 갖고 있는 것도 몰랐을 만큼 아랍 비밀결사들의 정치에는 맹탕이었다. 비밀결사들은 개전 초부터 유럽 정복의 위협에 맞서 오스만제국을 지원하려는 결의를 다지고 있었다.[7] 그리고 그 결심을 끝까지 지켰다. 가능하면 자치나 독립을 얻기를 바랐지만, 그게 안 되더라도 기독교도보다는 무슬림인 튀르크의 지배를 받는 편이 낫다고 여겼다.

후세인도 봉기를 일으킨 날부터 청년튀르크당과 계속 연락을 주고받으며, 여차하면 오스만 편으로 돌아설 준비를 하고 있었다. 《아랍 보고서》 25호(1916년 10월 7일자)에 아라비아 군사지도자 압둘 아지즈 이븐 사우드가 이렇게 발언한 내용이 실린 것도 그 점을 말해준다. "영국과 튀르크 간에 싸움을 붙여, 튀르크로부터 독일이 보장해주는 독립을 얻어내려 한 것이 샤리프의 본래 의도였다."

후세인이 시종일관 원했던 것은 아미르로서, 오스만제국 내에서 더 많은 힘과 자치를 얻는 것, 그리고 자신의 지위를 세습화하는 것이었다. 그러나 후세인이 튀르크와 교신하는 것은 몰랐지만, 영국은 영국대로 그와는 다른 이유에서 그에게 급속히 환멸을 느끼고 있었다. 예상했던 것과 달리 후세인이 새롭게 분출한 아랍 민족주의에는 관심을 기울이지 않고, 새로운 힘과 영토를 얻는 것에만 골몰했기 때문이다. 카이로 정보국의 아랍부 부장 데이비드 호가스도, "후세인이 아랍 통합을 자신의 왕권과 동일시한 것은 분명하다"고 냉랭하게 말했다.[8]

후세인은 로널드 스토스가 카이로의 대표 자격으로 아랍인들의 왕을 칭하지 말도록 경고하는데도 계속 아랍인들의 왕을 칭했다. 스토스가 훗날, "후세인이" 모든 아랍인들의 왕이 될 "권리를 주장할 자격이 없다는 것은 우리보다 본인이 더 잘 알았다"고 쓴 것으로도 당시의 상황을 짐작할 수 있다.[9] 그러나 그는 "후세인의 주장을 희비극을 넘나드는 어이없는" 행동으로 치부하면서도 지원의 필요성을 느꼈다.[10] 카이로의 아랍부는 이렇듯 후세인의 지도력에 깊이 좌절하고 있었다.

II

당대인들의 견해와, 후세인의 봉기를 계획하고 또 그것에 잔뜩 기대를 걸었던 소수의 키치너 측근들이 품었던 은밀한 생각을 후대인들이 알게 된 것은 아랍부의 하급직원이었던 T. E. 로렌스 덕이었다. 그의 건의에 따라 아랍부의 실제적 관점이 알기 쉽게 기록된 정보지가 발행되었기 때문이다. 본래는 《아랍부 편람Arab Bureau Summaries》이었다가 나중에 《아랍 보고서Arab Bulletin》로 개칭된 그것은, 1916년 6월 6일부터 1918년 말까지 아랍부에서 비정기적으로 발행되었다. 창간호의 편집은 로렌스가 맡았고 이후로는 옥스퍼드 대학 고고학자 출신인 아랍부 부장 데이비드 호가스가 세 달여 동안 편집을 맡다가, 여름의 끝 무렵에는 호가스의 부관 키나한 콘윌리스 대위가 배턴을 이어받아 《아랍 보고서》의 편집을 담당했다.

카이로 사보이 호텔의 아랍부 사무실에서 발행된 《아랍 보고서》는 '극비'로 취급되었으며, 호당 26부만 제한적으로 발행되었다. 인도 부왕, 이집트와 수단의 영국 최고 사령관들, 런던의 육군성, 해군성이 배부자 명단에 포함되었다. 이렇게 극비로 취급되다 보니 《아랍 보고서》에는 아랍 및 무슬림권과 관련된 광범위한 기밀사항과 막후 정보가 실렸다.

헤자즈 봉기가 일어난 직후에 발간된 《아랍 보고서》(1916년 6월 6일자) 창간호에 실린 로렌스의 글을 보면, 아랍인들은 심지어 봉기의 목적 면에서도 일치단결이 되지 않았던 것을 알 수 있다. 로렌스는 대규모 부족 모임이 열리기만 하면 아랍인들은 어김없이 분쟁을 일으켰으며, 튀르크도 아랍인들의 그런 기질을 알기에 뒤로 물러 앉아 별다른 조치를 취하지 않은 것이라고 썼다. 튀르크가 조치를 미룬 것은 "부족 간 투쟁으로 그들이 조만간 공중분해 될 것이라는 것을 알았기" 때문이라는 말이었다.

《아랍 보고서》 5호(1916년 6월 18일자)에는 1주 혹은 2주 전에 선포된 후세인 봉기의 초기단계가 수록되어 있고, 이것과 그다음 6호(1916년 6월 23일자)에는 후세인의 군사작전이 거둔 성과가 지극히 미미했으며, 그조차 영국군 덕에 얻은 것이라는 내용이 실려 있다. 《아랍 보고서》 6호에는 해안가의 튀르크군이 영국 배, 수상 비행기, 아랍군 사이에 끼어 옴치고 뛸 수 없는 형편이 되자 성벽 뒤로 숨었는데, 우물이 성벽 밖에 있었던 관계로 식량과 식수를 구하지 못해 항복한 사실이 기록돼 있다. 《아랍 보고서》 7호(1916년 6월 30일자)에도, 지다에서 사로잡힌 튀르크 포로들이 "그 도시를 점령한 일등공신은" 영국제 "포탄과 폭탄"이었다고 말한 것으로 나와 있다.

후세인의 병력은 군인으로서도 실력이 형편없었다. 《아랍 보고서》 6호에 "그들은 단지 부족민들에 지나지 않는 것 같다"거나 "후세인의 병력은 훈련이 되지 않았고, 대포나 기관총도 없으며, 전쟁의 허식적인 면만 좋아하고, 보수와 식량을 주지 않으면 일정 기간 잡아두는 것조차 힘들다"고 기록된 것도 그 점을 말해준다. 《아랍 보고서》32호(1916년 11월 26일자)에도 같은 내용으로 상세한 분석과 설명을 곁들인 로렌스의 글이 실려 있다. "내가 볼 때 개방된 지역에서 참호만 잘 구축돼 있으면 튀르크군 1개 중대만으로도 샤리프군을 간단히 격파할 수 있다. 따라서 부족민들의 가치는 방어에 있고, 게릴라전이 그들의 본령이라는 것이 내 생각이다." 그들은 또 "개인주의적 성향이 강해 남의 지휘를 받는 것을 참지 못하고, 줄 지어 전투하거나 상호간에 도울 줄도 모른다. 따라서 조직화된 군대를 구성하기는 불가능하다."

《아랍 보고서》에는 후세인의 봉기 소집 요구가 아랍과 무슬림권에서 전적으로 무시되었던 사실도 나타나 있다. 1916년 한 해 동안 발행된 《아랍 보고서》를 보면, 전 세계의 여론 또한 무관심하거나 적대적이었음을 알 수 있다. 그런가 하면 《아랍 보고서》29호(1916년 11월 8일자)에는 후세인이 아랍인들의 왕을 칭했다는 말과 더불어, "그 권리를 주장하는 군주가 그럴 입장에 있지 못한 것은 분명하고", 그러므로 영국정부도 아랍인들이 구성할 미래의 정치조직에 백지수표를 발행할 수는 없다는 냉랭한 논평이 실렸다. 데이비드 호가스도 《아랍 보고서》41호에서, "헤자즈의 왕이나 혹은 그 어떤 다른 인물 아래 아라비아가 통합될 개연성은 지극히 희박하다. 아라비아 반도에서 '아랍의 대의' 는 지극히 허약한 접합물에 지나지 않으며, 아랍의 대의보다는 오히려 튀르크인들에 대한 증오감이 더 강하고, 증오감보다는 또 우리와 함께 하려는 욕구가 더 강할 수 있다"고 썼다.

결국 후세인이 아랍 봉기를 선언한 지 1년 뒤에는 호가스가 그것을 실패로 간주하는 상황이 되었다. 그는 《아랍 보고서》52호(1917년 5월 31일)에 헤자즈 '봉기 1년' 을 회고하는 글을 쓰면서, 봉기에 내포된 희망을 충족시키지도 못하고 그것이 가진 잠재력도 정당화시키지 못한 것으로 결론지은 뒤 이렇게 말했다. "헤자즈의 베두인족이 게릴라에 지나지 않았고, 그것도 쓸 만한 게릴라가 아니었다는 것은 초기의 포위공격에서도 충분히 드러났다. 그 점에서도 그들이 튀르크 정규군을 공격하거나 혹은 그들에게 저항하지 못할 것은 자명했다." 그런 다음 호가스는 후세인의 아랍운동에서 기대할 수 있는 최상의 것은 '현상유지' 뿐이라고 썼다.

영국은 투자금도 제대로 뽑지 못했다. 훗날 로널드 스토스가 작성한 문서에는 후세인의 봉기에 영국은 자그마치 1,100만 파운드를 지출했던 것으로 나타나 있다.[11] 당시 환율로 따져도 4,400만 달러, 오늘날의 환율로 환산하면 4억 달러 가까운 거금이었다. 영국은 돈 외에 군사적, 정치적으로도 후세인의 봉기에 적지 않은 투자를 했다. 1918년 9월 21일 그 무렵에는 이제 키치너와 맥마흔에 이어 이집트 총독이 된 레지널드 윙게이트가 "무슬림들은 대체로 헤자즈 봉기와, 봉기에서 영국의 역할을 여전히 의심스러워하거나 혹은 혐오감을 갖고 있다"고 하면서, 영국의 인상을 좋게 유지하기 위해서는 후세인의 봉기가 실패하지 않은 것처럼 보이게 할 필요가 있다고 쓴 것도 그 점을 뒷받침한다.[12]

Ⅲ

후세인이 아랍 봉기를 선언한 지 3주 후 영국 육군성은 아랍권이 후세인의 지휘를 따르지 않는다고 내각에 보고했다. 육군성 참모가 1916년 7월 1일 내각의 전쟁소위원회용으로 작성한 극비 비망록에도 후세인이 "고등판무관과 교신할 때마다 매번 자신을 아랍 민족의 대표자로 소개하지만, 지금까지 알려진 바로는 아랍의 그 어느 조직도 그가 체결한 협정을 이의 없이 받아들일 정도로 보편적 지원을 받고 있지는 못하다"는 내용이 적혀 있었다.[13] 그러므로 영국정부는 후세인과 맺은 협정을 다른 아랍 지도자들의 승인까지 받은 것으로 간주해서는 안 된다는 말이었다.

반면 마크 사이크스는 그와 거의 같은 시기에 작성된 「근동의 문제」라는 극비 비망록에서, 영국이 돕지 않으면 샤리프 후세인의 봉기는 1917년 초 튀르크군에 진압될 것으로 보았다. 또한 전쟁이 끝나갈 무렵 터키는 교전국들 중 가장 고갈된 나라가 되어, 동맹국인 독일에 넘어갈 것이라는 비관적 전망도 내놓았다. 그러면서 사이크스는 오스만제국이 독일 식민지와 다름없는 존재가 될 것이라고 썼다.[14] 그의 이 관점이 결국 이듬해 레오 에이머리(1873~1955. 저널리스트 출신의 영국 보수당 정치인—옮긴이)와 그의 동료들의 영향 아래, 영국 관리들 사이에 널리 통용될 새로운 중동 관점의 전조가 되었다.

사이크스는 에이머리의 친구 겸 애스퀴스 정부의 전시내각 장관이었던 모리스 행키의 보좌관이 되었다. 근무처는 바뀌었지만 동방에 관련된 일은 계속했다. 런던에서 《아랍 보고서》의 선구자 격인 《아라비아 보고서 Arabian Report》를 발행한 것도 사이크스였다. 1916년 후반기 그의 친구 길버트 클레이턴이 런던에 왔을 때는 두 사람이 전쟁소위원회에 함께 출석하여, 헤자즈의 후세인 봉기를 지원하도록 촉구했다. 두 사람은 이집트 고등판무관 헨리 맥마흔도 다른 사람으로 교체할 것을 주장했다. 어차피 맥마흔은 키치너의 복귀를 염두에 두고 임명한 사람이었다. 그런데 이제 키치너가 죽고 없으니 키치너 사단에 속하는 레지널드 윙게이트로 바꾸는 것이 옳다는 말이었다.*

사이크스는 1916년 여름에는 주로 대중 연설을 하며 보냈다. 그가 연설하는 과정에서 미국 해군장교 출신의 역사학자 앨프레드 세이어 매헌

---

* 결국 이들의 주장이 받아들여져 윙게이트는 1917년 1월 이집트 고등판무관에 임명되었다.

(1840~1914)이 아라비아와 인도 사이의 지역을 가리키는 명칭으로 새롭게 만들어낸 용어 '중동the Middle East'을 통용시킴으로써[15] 그 지역 전문가로서의 명성을 추가로 얻게 된 것도 이 무렵이었다.

그러던 중 9월 헤자즈의 봉기가 그의 예상보다 빨리 와해되었다는 카이로의 정보 보고서가 전해지자 사이크스는 맥마흔과 윙게이트가 강력히 추진했던 후세인에 대한 즉각적 군사 지원을 요구했다. 하지만 그의 주장은 서부전선의 병력이나 노력을 다른 곳으로 분산시키기 싫어하는 신임 참모총장 윌리엄 로버트슨(1860~1933)의 위세에 눌려 무산되었다.

이런저런 이유로, 돌이켜보면 홍해 해안선의 통제권을 영국 해군이 쥐고 있어 후세인 지지자들의 생존에는 문제가 없었지만, 1916년 늦여름과 가을이 후세인의 봉기에는 절박한 시기였던 것 같다. 상황이 급해진 영국은 인도의 메소포타미아 전선에서 아랍인 전쟁 포로 수백 명을 그곳으로 보내줄 생각마저 했다. 이집트 영국군 사령관 아치볼드 머리(1916년 1월 사령관이 되었다)가 후세인에게 떼어줄 만큼 병력이 충분하지 않다는 말을 되풀이하자, 고등판무관 헨리 맥마흔(1860~1945)은 프랑스에도 도움을 청할 것을 본국에 제안했다. 그런 한편 부관 로널드 스토스를 아라비아로 보내 또 다른 방안도 강구했다.

IV

그리하여 1916년 여름이 끝나갈 무렵 프랑스가 마침내 후세인 봉기의 붕괴를 막기 위해 헤자즈에 사절단을 파견했다. 에두아르드 브레몽 육군 중령이 이끄는 사절단은 1916년 9월 1일 알렉산드리아에 와서, 아라비아행 배를 타고 9월 20일 지다 항에 도착했다.[16]

브레몽과 경쟁할 영국 측 상대는 헤자즈의 영국군 장교 겸 수단 정부

대표인 C. E. 윌슨 대령, 그러니까 이제 얼마 안 있으면 곧 헤자즈 봉기의 영국 작전을 지휘하게 될 윙게이트의 대리인이었다. 윌슨 대령의 부관인 영국 영사관(영국령 인도 및 여타 지역에서 오는 무슬림 순례자 관련 사무를 보았던 관계로, 순례 사무소로도 불렸다)의 허버트 영 대위도 지다에서 브레몽을 맞았다. 이집트, 수단, 아라비아 반도에 걸친 홍해 해역을 통제하면서 병력 수송임무를 책임지던 영국함대의 로슬린 웨미스 부제독도 브레몽이 만난 영국 측 인사였다.

브레몽이 그곳에서 할 일은, 프랑스제국의 무슬림들 중 샤리프 기준에 부합될 만한 인물들로 군사고문단을 꾸려 헤자즈 봉기를 돕는 것이었다. 이렇게 조직된 브레몽의 고문단 규모는 장교 42명, 병사 983명에 달했다. 영국도 그에 자극 받았는지 더 많은 장교들을 윌슨에게 보냈다. 그러자 브레몽은 다시 위험스럽도록 허약한 샤리프 군대를 보강하기 위해 병력을 늘리는 방안을 고려했다. 샤리프와 생각이 가장 비슷한 그의 아들 압둘라가 메디나의 오스만군이 메카로 통하는 길목에 위치한 반란군 진지를 공격하지 않을까 걱정을 많이 했기 때문이다.

10월 중순에는 카이로의 로널드 스토스가 또 다른 해법을 가지고 헤자즈를 찾았다. 헤자즈 군의 개편과 훈련을 책임질 참모장에 임명되었으나, 앞서도 언급했듯이 반역 음모를 꾸민 혐의로 쫓겨난 알 미스리를 지원하기 위해 온 것이었다. 알 미스리는 설사 무슬림만으로 구성된 군대라 해도, 후세인의 봉기에 연합국이 노골적으로 관여하는 것은 정치적 재앙이 될 수 있다고 주장했다. 게릴라 전술을 훈련받으면 메카군 단독으로도 충분히 싸울 수 있다는 것이 그의 생각이었다.

스토스는 지다에 올 때 후배 정보장교인 T. E. 로렌스도 함께 데리고 왔다. 로렌스가 차곡차곡 모아두었던 몇 주간의 휴가를 그간 벼르고 벼른 아라비아 여행에 쓰고 싶어 하자, 상부의 허락을 받아 대동하고 온 것이다.

토머스 에드워드 로렌스는 열아홉에서 스무 살 정도로 외양이 앳돼 보였으나 당시 스물여덟 살의 어엿한 청년이었다. 병역을 면제받았을 만큼 키도 작아 160센티미터를 조금 웃돌았다. 허버트 영도 그를 '과묵한 소인'으로 불렀으며,[17] 로널드 스토스는 '대단한 두뇌의 소유자'인 것을 알면서도 그를 대다수 사람들이 그러듯 '꼬마 로렌스'로 불렀다.[18]

로렌스는 의회 의원, 백만장자, 귀족들이 즐비한 아랍부 내에서 가난한 집안 출신에 배경도 보잘것없는, 따라서 신상 면으로는 내세울 게 없었다. 학교도 이튼, 해로, 윈체스터와 같은 사립학교가 아닌 집이 있는 옥스퍼드의 시립학교를 다녔다. 아랍부에서 직급도 낮았고 군사적으로도 공을 세운 것이 없었다.

로렌스와 아랍의 인연은 옥스퍼드 대학의 애슈몰린 박물관장 데이비드 호가스를 만나 그의 조수로 일하면서부터 시작되었다. 훗날 아랍부 부장이 된 호가스가 1914년 가을 부하 직원인 로렌스를 육군성의 지리학 부서에 임시 번역관으로 소개했는데,[19] 로렌스가 지도 제작을 하러 중동에 갔다가 다른 일을 맡아 카이로에 계속 눌러앉게 된 것이었다.

한편 이야기는 다시 지다로 돌아와, 지다에서 스토스와 로렌스를 맞아준 사람은 후세인의 아들 압둘라였다. 로렌스는 그를 보자마자 즉각 실망했다. 반면에 압둘라는 로렌스에게 깊은 인상을 받아, 로렌스가 그리도 원하던 전장으로 가서 아미르의 다른 아들들을 만날 수 있는 기회도 제공해 주었다. 로렌스에게 그것은 획기적인 사건이었다. 그 중요성은 아랍부의 초대 부장을 역임했고, 당시에는 헤자즈 봉기의 군사정보 책임자로 일하던 앨프레드 파커 대령이 1916년 10월 24일 클레이턴에게 이런 글을 써 보낸 것으로도 알 수 있다. "로렌스가 오기 전에는 제가 그 계획을 추진하고 있었습니다. 저도 그곳에 가고 싶었거든요. 그렇다고 물론 로렌스를 시기하는 것은 아닙니다. 저 못지않게, 아니 누구보다도 그 일을 훌륭하게 수행할 사람이라 믿기 때문이죠. 하지만 그가 갔으니" 이제 헤자즈 정부가 "다른 사람의 방문은 허용하지 않겠지요."[20]

로렌스는 전장에서 파이살을 비롯한 여러 아랍 지도자들을 만났다. 하지만 그들 중 그의 마음을 가장 잡아끈 인물은 파이살이었다. 나중에 로렌스가 한 친구에게 파이살을 "흠잡을 데 없는 인물"이라고 묘사한 것도 그 점을 말해준다.[21] 로렌스는 파이살을 헤자즈 봉기의 지휘관이 되기에 가장 적합하다고 판단했다. 파이살의 다른 자질 중에서도 그 점이 특히 두드러진다고 믿었다.

아랍 지도자들과의 면담이 끝나자 로렌스는, 이제 곧 맥마흔의 후임으로 이집트 고등판무관이 될 수단 총독 레지널드 윙게이트에게 아랍 방문 보고서를 작성하여 보냈다. 그리고는 11월 헤자즈를 떠나, 카이로로 직행하지 않고 윙게이트가 있는 수단으로 향했다.

로렌스가 윙게이트를 만나는 것은 이번이 처음이었다. 하지만 카이로의 수단 대표 길버트 클레이턴과 교우하면서 중동정치에 대한 윙게이트의 미래관에 대해서는 잘 알았을 것이다. 전후 아랍 쪽 중동에서 영국이 주도권을 쥔 채 프랑스가 그 지역에 입지를 마련하지 못하게 막는 것이 (자신과 마찬가지로) 그의 목적이라는 것도 익히 알았을 것이다. 윙게이트도 물론 후세인 군대가 패하거나 파괴되기를 바라지는 않았다. 그렇기는 하지만 그 일을 프랑스에게 맡기면 후세인의 아랍운동이 장기적으로 프랑스의 영향권 아래 들어갈 수 있다는 것이 그의 판단이었다.

로렌스는 윙게이트에게, 프랑스군과 여타 연합국 정규군으로 후세인 군대를 증강하려고 하는 브레몽의 계획과는 다른 안을 제시했다. 후세인의 부족민들을 영국이 지휘하는 게릴라전에 비정규군으로 포함시키자고 제안한 것이다. 게릴라전은 본래 아지즈 알 미스리가 아라비아에서 프랑스와 영국을 축출하려고 제안한 것이었다. 따라서 로렌스의 이번 안은 아라비아에서 프랑스만 배제시키는 것으로 원안을 수정한 것에 지나지 않았다. 그에 덧붙여 로렌스는 파이살을 후세인 부대의 지휘관으로, 자신은 그와 협력할 영국의 유일한 연락장교로 임명해줄 것을 요청했다.

윙게이트도 그 안에 동의했다. 따지고 보면 지난 1914년 아라비아 부족민들에게 분란을 일으켜 터키를 곤경에 빠뜨릴 것을 처음으로 촉구한 것은 자신이었다. 그러므로 로렌스의 제안도 그의 계획을 구체화시킨 것일 뿐이라는 것이 그의 생각이었다. 실제로 그 20년 뒤 동료 장군에게 보낸 편지에서 윙게이트는 아랍운동을 착수하고, 지원하고, 가능하게 한 것은 "꼬마 로렌스"가 아니라 자신이었다고 주장했다.[22]

카이로의 영국군 관계자들도 로렌스의 제안을 반겼다. 게릴라전이 성공할 것으로 보지는 않았지만—아니 오히려 그 반대였다—헤자즈에 보내줄 병력이 없던 차에 그 소식이 들리자 반색을 한 것이다. 그들은 아무것도 요구하지 않았다는 이유로 로렌스를 높이 평가했다.

로렌스는 1916년 11월 25일 카이로를 떠나 12월 초 파이살군에 합류했다. 1917년 1월에는 윙게이트가 이집트의 고등판무관이 되어 부족민들의 지원을 얻는 데 부족함이 없도록 더 많은 돈을 로렌스에게 제공해주었다. 그런데도 1917년 겨울과 봄 로렌스의 아랍 부족민들이 중요한 군사적 승리를 거두었다는 소식은 들려오지 않았다.

V

메카 봉기의 가장 두드러진 실책은, 헤자즈의 또 다른 무슬림 성도인 메디나와 공조하지 못한 것에서 찾을 수 있다. 메디나는 메카에서 북동쪽으로 480킬로미터 정도 떨어진, 북서쪽의 시리아로 이어진 도로를 가로막는 곳에 위치해 있었다. 그래서 후세인의 병사들도 그곳을 차지하기 위해 봉기 초 집중 공략을 했으나 튀르크군에 손쉽게 격퇴되었고, 이후에도 끝내 그곳을 점령하지 못했다. 점령이 불가능했다면 그곳을 우회해서라도 대규모 튀르크군이 그들의 측면이나 배후에서 공격하지 못하도록 막아야 했으나, 그것도 하지 못했다.

메디나는 12세기에 축성되었다고 전해지는, 꼭대기에 탑들이 세워져 있는 견고한 석벽과, 오스만 수비대가 배치된 북서쪽의 성으로 둘러싸여 있었다. 다마스쿠스에서 출발하는 헤자즈 철도의 종착역도 석벽 안에 위치해, 튀르크군 식량과 지원부대의 이동수단이 되어주었다. 그 이동수단인 철로를 파괴하기 위해 베두인족 습격대는 반란이 지속되는 내내 연합국의 지휘를 받아 다이너마이트로 그곳을 되풀이해서 폭파했지만, 그럴 때마다 오스만 수비대가 보수를 하여 그것도 효과를 거두지 못했다.

그 결과 앞으로 진격하여 중동 전쟁의 주요 전역에 참가해야 할 후세인 부대는 메디나의 오스만군에 막혀 꼼짝달싹 못하는 처지가 되었다. 메카에서 시작된 아랍 봉기가 메디나의 수백 년 된 석벽에 가로막힌 것이었다. 오스만제국의 구조물은 이렇듯 굳건히 버티고 있었다. 유럽 관측통들이 예상한 것과 달리 오스만은 썩어 빠진 나라가 아니었던 것이다.

1. 키치너 경.

2. 1916년 책상에 앉아 있는 마크 사이크스 경.

3. 청년튀르크당의 쿠데타를 이끈 엔베르 파샤.

4. 청년튀르크당 정부의 민간인 실력자 탈라트 파샤.

5. 청년튀르크당의 군부 지도자 제말 파샤.

6. 1913년 청년튀르크당의 쿠데타가 일어난 뒤
오스만제국의 정부 청사밖에 운집한 군중.

7. 1915년 다르다넬스 요새의 튀르크 병사들과 주변에 널린 돌 포탄들.

8. 다르다넬스 해협 입구의 연합국 함대.

9. 다르다넬스 해협의 그림지도.

10. 갈리폴리의 튀르크군을 향해 발포하는 영국 군함 콘월리스 호.

11. 앤잭 만 전경.

12. 언덕을 향해 진격하는 오스트레일리아군.

13. 해군장관 윈스턴 처칠.

14. 진격 중인 러시아군.

15. 1916년 눈 덮인 경사면에 포진한 러시아군 전위부대.

16. 에르주룸을 점령한 러시아군.

17. 트라브존(트레비존드)의 러시아군.

18. 요르단 계곡의 영국군 낙타부대.

19. 남부 팔레스타인의 영국 측량단.

20. 이동 중인 낙타 행렬.

21. 베에르세바 전경, 동그라미 속의 인물은 앨런비 장군.

22. 헤자즈 기.

23. 파이살 왕자(오른쪽에서 두 번째).

24. 헤자즈의 왕 후세인.

25. 1917년 가을 팔레스타인 아카바 부근에서
로웰 토머스와 함께 있는 T. E. 로렌스.

26. 다비드 벤 구리온.

27. 블라디미르 야보틴스키.

28. 하임 바이츠만과 아서 밸푸어 .

29. 연합국 정부들의 추락: 영국과 프랑스

I

1916년 가을부터 1917년 가을까지 지리멸렬을 면하지 못한 연합국 정부들과 달리 오스만 정부는 여전히 굳건한 상태를 유지하고 있었다. 유럽의 정치, 군사 지도자들이 예상했던 것과는 정반대의 형국이 벌어진 것이다.

오스만군이 다르다넬스를 사수한 것이 직접적 원인으로 작용하여 영국과 러시아에서는 애스퀴스 정부와 차르 니콜라이 2세의 정부가 붕괴했다. 1917년에는 프랑스 정부마저 무너져 내리고 연합국의 세 나라에는 강력한 중동관을 지닌, 따라서 전임자들과는 확연히 다른 지도자들이 새롭게 등장했다.

연합국 지도자들 중 전쟁에 따른 피해를 입은 첫 번째 인물은 영국을 전쟁에 끌어넣은 장본인 애스퀴스 총리였다. 언젠가 앤드루 보너 로는 총리에게 이런 글을 써 보냈는데, 그것도 피해를 입게 된 한 가지 이유였을 수 있다. "전쟁에서는 적극적인 것도 중요하지만 적극적으로 보이는 것도 중요합니다."[1] 애스퀴스는 귀족 특유의 느긋한 태도로 이와 정반대되는 행동을 한 것이다. 그가 영국정치의 최고 지위에 오른 것도 타인들 눈에는 범상치 않은 수재가 노력 없이 수월하게 거둔 결과로 보였다. 애스퀴스는 정치와 행정부 일을 처리할 때도 디너파티다, 시골 여행이다, 술자리 참석이다, 있는 여유 없는 여유 다 부리며 느긋하게 처리했다.

메소포타미아, 갈리폴리, 서부전선에서 군사적 파국이 잇따르는데도 애스퀴스 내각정부가 합의에 따른 결정방식을 고수하느라 우물쭈물 결단을 내리지 못한 것과 전쟁의 승리를 위해 전력투구하는 것이 맞나 싶을 정도로 강제징집과 같은 조치를 취하는 데 소극적이었던 것도 그의 실각을 부추긴 요인이었다.

그에 반해 로이드 조지는 징집을 자신의 문제로 만들었다. 본인의 정치적 입지까지 바꿔가며 그 문제의 주도권을 잡았다. 영국을 전쟁으로 몰아넣은 당사자인 애스퀴스는 정작 전쟁 중인데도 전전과 다를 바 없이 평시의 자유권과 자유당의 가치를 지키려고 애쓴 반면, 마지막 순간까지 영국의 전쟁 개입을 반대했던 급진파 로이드 조지는 오히려 승리를 위해서라면 개인의 권리쯤은 기꺼이 희생할 준비가 된 지도자로 거듭난 것이다. 강제징집에 반대한 전통적 자유당 인사들은 그런 로이드 조지를 변심하여 상대편 진영으로 넘어갔다고 생각했다.

그 때문에 그는 예전의 정치적 동지들을 잃었다. 하지만 새로운 동지들도 얻었으며, 그들 중 두 사람은 특히 중요했다. 하원에서 징집 법안 통과를 위해 싸워준 아일랜드 출신의 토리당 의원 에드워드 카슨과, 국민병역연맹 의장의 자격으로 상원에서 징집 법안을 통과시키기 위해 노력한 영국 제국주의의 옹호자 앨프레드 밀너가 그들이었다. 뛰어난 식민지 행정관이었던 밀너는 세기말 남아프리카의 보어전쟁(1899~1902)이 일어나는 데 주원인을 제공했던 인물이다. 따라서 로이드 조지도 당시에는 이상에 불타는 청년이었던 만큼 보어전쟁도 단호하게 반대하고,[2] 밀너에게도 가차없는 공격을 가했다. 자유당의 급진파로 제국주의 확산, 타국 내정에의 간섭, 군사행동에 반대하는 입장을 취했던 그와 달리, 나중에 토리당의 정신적 지도자가 된 밀너는 자유통일당원(자유통일당은 1886년 결성되어 1895년 보수당과 합당했다―옮긴이)으로 제국주의의 선봉장이었기 때문이다. 제국주의 연합이 밀너의 이상이었다.* 밀너는 남아프리카에서 그의 휘하에 모여든 청년들과 함께― '밀너의 유치원' 으로 불렸다―방만한 제국을 단일한 유기적 단위로 통합시키기 위한 운동도 벌였다.** 이랬던 그가 나중에는 자신의 탁월한 행정력으로 로이드 조지가 전쟁에서 승리하는 데 있어 다시없이 귀중한 역할을 하게 되는 것이다.

Ⅱ

로이드 조지는 1916년 키치너가 죽자 육군장관이 되었다. 그러나 육군장관이 되었어도 진절머리 나는 그해의 군사적 재앙을 끝내기에는 역부족이었다. 1916년에 벌어진 어느 대규모 전투의 하루 사상자가 1815~1915년의 100년 동안 유럽 내 전쟁과 국제 전쟁을 통틀어 발생한 민간인과 군인 사상자 규모와 엇비슷할 정도였으니, 당시의 군사적 재앙이 얼마나 컸는지 짐작이 될 것이다.[3] 갈리폴리, 메소포타미아, 그리고 고작 나흘간의 전투에서 14만 2,000명의 영국군 사상자가 발생한 프랑스 아라스의 피비린내 나는 전투 뒤에 찾아온 1916년 7월의 끔찍한 솜 강 전투로 절망은 바야흐로 최고점에 달하는 듯했다. 영국은 솜 강 전투에서 7월 1일

---

* 그의 이상은 영국제국 백인들의 연합을 만드는 것이었다. 반면에 밀너 사단의 다른 멤버들은 다인종 제국 연합을 지지했다.
** 밀너의 비서였던 라이어넬 조지 커티스만 해도 1910년 영국제국의 연방주의를 옹호하는 계간지 《원탁Round Table》의 발행을 도왔고, 모험소설 작가로 유명한 밀너의 또 다른 비서 존 버컨도 열렬한 제국주의자였으며, 밀너의 유치원 졸업생 제프리 로빈슨은 《타임스》를 편집했다.

하루에만 하루 인명 피해로는 최대 규모인 6만 명의 병력을 잃었으며,[4] 전투가 끝났을 때는 영국군 사상자가 42만 명에 달했다. 그 안에는 총리의 아들 레이먼드 애스퀴스도 포함돼 있었다.

로이드 조지는 끝없이 토론만 벌이고 결론은 내지 못하는 애스퀴스 전시내각의 방만하고 비효율적인 회의방식으로는 전쟁에서 이길 수 없다고 보았다. 11월 9일 모리스 행키에게 그는 이렇게 말했다. "우리는 이 전쟁에서 패할 것입니다."[5]

공교롭게도 그와 비슷한 시기 정치권에서는 갈리폴리 논쟁이 재개되어 정부의 형편없는 전쟁 수행 능력이 다시금 도마 위에 올랐다. 애스퀴스 정부가 어리석게도 1916년 6월 다르다넬스 원정에 대한 공식 조사에 응한 것이 화근이었다. 그러자 그동안 관직을 떠나 있던 처칠이 갈리폴리 재앙의 책임이 자신이 아닌 동료들에게 있음을 문서로 입증해 보였고, 이에 놀란 애스퀴스는 결론의 토대가 되는 증거와 증언들은 쏙 뺀 채, 보고서만으로 조사위원회의 결론을 냈다. 하지만 그렇게 했음에도 정치적 타격을 피해가지는 못했으며, 갈리폴리 조사도 일부 원인으로 작용하여 그의 연립정부는 끝내 붕괴하고 말았다.

애스퀴스의 실각과 관련된 이야기는 그동안 빈번하게 회자되어 여기서까지 중언부언할 필요는 없을 것이다. 그렇기는 하지만 그의 실각에 결정적 영향을 미친 한 가지 요소는 언급할 가치가 있을 것 같다. 당시로서는 전무후무하게 한 사람에게 힘이 집중되었던 영국 언론이 그것이다. 라디오와 텔레비전이 나오기 전 인쇄물이 유일한 언론 매체이던 시대에 노스클리프 자작(앨프레드 찰스 윌리엄 함스워스 노스클리프, 1865~1922)은 런던 언론의 절반을 지배하고 있었다. 게다가 명성 있는 《타임스》와 대중적 지명도가 높은 《데일리 메일》을 동시에 보유하여 "품격과 대중성"도 고루 갖추고 있었다.[6] 그렇게 얻게 된 막강한 힘을 이용해, 애스퀴스와 그의 민간인 각료들의 방해로 육해군 장군들이 전쟁에서 승리하지 못한다는 식으로 상황을 과장 보도한 것이다.

노스클리프 신문들은 의회와 지방 양쪽에서 아일랜드 자치법 제정에 맞서 싸운 법정 변호사 출신의 에드워드 카슨을 지지했다. 거무스름한 피부에 깡마른 체격의 카슨이 정부를 극렬하게 비난하는 모습은 어느 모로 보나 애스퀴스와 대조적이었다. 정치적 정글에서 가장 위험한 동물로 보일 만했다. 카슨에 대해 이렇게 쓴 역사가도 있었다. "그는 구제불능으로 우유부단한 애스퀴스와 그의 동료들과는 뚜렷이 다르게 추진력, 단호한 결단력, 독일에 대한 맹렬한 적대감을 가졌다는 것이 일반적 관점이었다."[7]

스스로는 부정했지만 로이드 조지가 1916년 가을부터 긴밀하게 손잡고 일한 사람이 바로 이 에드워드 카슨이었다. 앤드루 보너 로도 (나중에 비버브룩 경이 된) 맥스웰 에이트컨의 소개로 이 그룹에 합류했고, 이들이 벌인 막후 공작으로 애스퀴스는 결국 총리직을 사임하게 된 것이다. 그렇다고 곱게 물러난 것은 아니고 자유당의 절반—과 로이드 조지를 제외한 자유당의 모든 지도급 인사들—도 이끌고 반대당으로 넘어갔다. 그러나 로이드 조지도 에이트컨(로이드 조지는 "보너 로로 하여금 애스퀴스를 사퇴하게 만든 것도 그였다"고 말했다)의 압력을 받은 보너 로의 적극적 도움으로[8] 보수당의 지지를 얻었으니 크게 문제될 것은 없었다.(단 처칠은 새 정부에서 배제시키라는 단서가 붙었다.) 상당수 자유당 의원들과 소수의 노동당 의원들도 로이드 조지를 후원했다. 그리하여 1916년 12월 7일 데이비드 로이드 조지는 2차 연립정부의 내각 수반으로 영국총리가 되었다.

총리가 된 로이드 조지는 발 빠르게 전시 독재권을 가동시켰다. 5인 전시내각을 출범시키고 자신이 그 수반이 되었다. 하원의장과 재무장관이 된 보너 로와 노동당의 아서 헨더슨도 전시내각에 합류했다. 그러나 전시내각을 주도해간 것은 역시 로이드 조지의 특별한 신뢰를 받은 밀너와 그보다는 못해도 역시 많은 신뢰를 받은 커즌이었다. 모리스 행키도 전시내각 장관이 되어, 내각의 결정사항을 처리하는 일을 맡아 보았다.

로이드 조지는 그런 식으로 영국정부에 일대 혁명적 변화를 몰고 왔다. 그가 가져온 변화의 정도는 전직 총리 출신으로 새 정부에서 외무장관이 된 아서 밸푸어가 로이드 조지를 이렇게 말한 것에서 실감할 수 있다. "그가 독재자가 되기를 바라면, 그렇게 해줄 용의가 있다. 전쟁에서 이길 수 있다고 하면, 방법이 무엇이든 시도해보도록 지원을 아끼지 않겠다."[9]

행정부에 일어난 변화는 영국의 중동정책도 변하게 하는 우연치 않은 결과를 초래했다. 동방에 새로운 영토를 획득하는 것에 회의적이었던 애스퀴스와 그레이가 내각에서 퇴출되고, 자신의 중동관을 내각에 강요했던 키치너도 죽고 없어진 뒤, 키치너와 모든 면에서 대립각을 세웠던 로이드 조지가 총리가 되었으니 당연한 귀결이었을 것이다.

로이드 조지는 처음부터 동방을 전쟁에서 승리하는 데 결정적 변수로 보았다는 점에서 키치너와 달랐다. 아니나 다를까 총리로 취임한 지 불과 며칠 뒤 모리스 행키의 일기를 통해 그 징후는 대번에 나타났다. "로이드 조지가 나와 점심을 먹으며 한 말은 주로 시리아에서 행할 대규모 군사행동 계획과 관련된 것이었다."[10]

중동에 관한 로이드 조지의 미래관은 많은 부분 기독교 백성을 학대했다는 이유로 오스만제국을 혐오한 그의 첫 정치적 스승이자 자유당 출신 총리였던 윌리엄 유어트 글래드스턴의 유산을 고스란히 물려받아, 튀르크 정부를 증오하게 된 데서 비롯되었다. 반면에 그는 소아시아에 영토적 야망을 가진 그리스에는 호의를 보였고, 성지(팔레스타인) 시온주의자들의 열망도 지지했다. 다만 이 중 두 번째 경우는, 유대인의 조국이 세워지더라도 그것은 영국의 통치를 받는 조건에서만 가능하리라는 점을 분명히 했다. 그리하여 로이드 조지가 총리로 취임한 지 불과 1, 2년 뒤 중동은 인도로 가는 길목으로서뿐 아니라 그 자체로도 획득할 가치가 충분한 지역이 되었다. 중동에서 다른 유럽 국가들을 배제시키는 것이 목적이었던 19세기 영국 각료들과 달리, 로이드 조지는 중동에서 영국이 헤게모니를 쥐는 것을 목표로 삼았다.

총리 로이드 조지는 이렇듯 그 어느 때보다 밀너 및 제국주의와 밀착돼 있었다. 모리스 행키가 나중에 이렇게 쓴 것도 그 점을 뒷받침한다. "로이드 조지가 가장 신뢰한 인물은" 밀너였다. "보너 로가 예외일 수 있지만, 그래도 정치적 조언을 더 많이 구한 쪽은 밀너였을 것이다."[11] 밀너는 독일 출신답게 조직적으로 행동하고 논리적으로 사고하는 능력이 탁월했다. 그리고 그 능력으로 실용적이고, 직관적이고, 임기응변에 능한 기회주의자여서 그 점이 부족한 로이드 조지를 보완해준 것이다.

밀너는 그의 측근들을 전시내각 장관 모리스 행키의 비서실에 진입시키는 방식으로 로이드 조지에 대한 장악력을 더욱 높여 나갔다. 세 명의 조수들 가운데 행키가 직접 고른 인물은 마크 사이크스 한 사람뿐이고,* 나머지 두 사람은 밀너의 추종자 레오 에이머리와, 밀너의 정무차관 윌리엄 옴즈비 고어였던 것이다.

밀너는 로이드 조지가 백악관의 미국 대통령을 본떠 비공식 참모진을 구성하자, 거기에도 손을 뻗쳤다. 《원탁》의 창간자인 제국주의 연합의 신

---

* 행키는 로이드 조지에게, 사이크스가 "아랍 전문가라고는 해도 한쪽으로 치우치지 않은" 폭넓은 관점을 지니고 있고, 그 식견으로 "평화를 교섭하는 데 있어 매우 중요한 역할을" 하게 될 것이라고 말했다.[12]

봉자 라이어넬 조지 커티스와 그 잡지의 편집인 필립 커를 참모진에 포함시킨 것이다. 이렇게 구성된 참모진은 다우닝가 10번지 정원garden에 세워진 가건물을 집무실로 썼다. 그래서 이들은 "가든 서버브Garden suburb"로 불리게 된다.

로이드 조지는 집권 초기부터 이 같은 이원적 독재체제를 가동시켰다. 그래서 정무도 아침 11시에 행키 및 참모총장과 함께 밀너를 먼저 만나고, 전시내각의 다른 각료들은 정오 무렵에 만나는 방식으로 진행했다. 1918년에는 밀너가 명실상부한 육군장관이 되었다. 보어전쟁 때 민간부분을 책임졌던 적이 있으므로 육군장관의 직책에 필요한 경륜은 충분히 갖추었던 셈이다. 그런 그가 로이드 조지 밑에서 다시 1차 세계대전의 민간부분을 책임지게 된 것이다.

로이드 조지와 밀너 사단의 결합은 실용적, 관료적, 지적인 면에 두루 걸쳐 있었다. 원탁의 기사들이 만나 의견을 교환하는 모임에 로이드 조지가 참여했던 것도 그 점을 말해준다. 1917년 중엽 행키는 이렇게 말했다. "지금 이 순간 가장 힘 있는 세력이 누구냐고 묻는다면 원탁의 기사들이라 말하겠다. 매주 월요일 저녁 식사 모임을 갖는 이 그룹의 진정한 우두머리는 밀너. …… 로이드 조지도 가끔씩 이 모임에 모습을 드러낸다."[13]

양자는 서로 영향을 주고받는 관계였다. 행키가 이 말을 한 직후 다시 발언한 내용에서도 그 점이 드러난다. 밀너는 "로이드 조지의 견해에 전적으로 동의했다. …… 그러므로 우리도 터키에 맞서 모든 힘을 경주해야 한다."[14]

Ⅲ

프랑스는 프랑스대로 전쟁의 와중에 여러 차례 정권이 붕괴되고 교체되었다. 그래도 그 나물에 그 밥을 면치 못하다, 1917년에야 비로소 진정한 변화가 찾아왔다.

1917년 5월 전쟁에 혐오감을 느낀 프랑스군이 폭동을 일으켜, 프랑스에서는 정치인들이 그간 편안하게 느꼈던 마지막 전시내각마저 붕괴했다. 전통적 지도력이 신뢰를 잃은 탓이었다. 문제는 총리들의 자진 사퇴로 막을 내린 르네 비비아니, 아리스티드 브리앙, 알렉상드르 리보 내각과 달리 폴 팽르베 내각은 1917년 11월 프랑스 의회에 의해 축출당했고, 그 결과 프랑스에 남은 유일한 총리 후보자가 프랑스 정계에서 가장 지독하게 두려워하고 혐오하는 대상이라는 데 있었다. 로이드 조지도 그를 이렇게 평가했다. "프랑스에서 총리가 될 인물은 하나밖에 남지 않았지만, 분명한 것은 누구도 그를 원하지 않는다는 것이다."[15] 그는 정치적 동지들의 부정을 폭로했고, 그들은 그를 결코 용서하지 않았다.

조르주 클레망소(1841~1929)도 로이드 조지처럼 정치적 '고독자'였다. 프랑스에서는 그 말의 의미가 다소 달랐지만 급진파인 것과, 청년시절에 가졌던 좌파주의를 버린 것도 로이드 조지와 비슷했다.[16] 또한 로이드 조지처럼 그도 '결정타'를 날리는 인물답게 화해적 평화의 주창자들을 배격했으며, 1917년 아리스티드 브리앙을 통해 독일이 시작한 화평 논의를 종식시킴으로써 그 점을 스스로 입증해 보이기도 했다. 게다가 클레망소는 당시 비대하고 귀도 잘 들리지 않는 일흔일곱 살의 고령이었다. 하지만 평생을 그래왔던 것처럼 전투사 기질은 여전했다. 레이몽 푸앵카레 대통령이 울며 겨자 먹기로 그에게 조각을 의뢰하면서 이렇게 말한 것도 그 점을 뒷받침한다. "이 악당 같은 자가 나라의 애국자들을 죄다 장악했으니, 나로서는 조각을 요청하지 않을 도리가 없다. 그렇지 않으면 그가 전설적인 힘으로 새로운 내각을 무력화시킬 테니 말이다."[17]

그러나 클레망소는 그 무엇에 앞서 증오자였고, 이 세상에서 가장 증오한 것이 또 독일이었다. 1871년 프랑스-프로이센 전쟁에서 승리한 독일이 프랑스에 부과한 가혹한 강화조약을 비준하기 위해 열린 보르도 국민의회에서 끝까지 저항한 인물이 클레망소였던 것도 그 점을 말해준다. 그는 포기를 모르는 인물이었다. 독일에 맞서기 위해서는 프랑스의 힘을 모아야 하고, 그러므로 프랑스가 식민지 사업에 힘을 분산시킨 것은 실책이었다는 것이 그의 일관된 생각이었다. 따라서 시리아와 팔레스타인을 프랑스에 병합시키려고 하는 프랑스 상·하원의원들에게는 그가 당연히 주적일 수밖에 없었다.

1881~1885년 사이 프랑스는 클레망소의 항변에도 불구하고 다시금 식민지 팽창사업을 벌였다. 핑곗거리를 만들어 북아프리카의 튀니지를 먼저 침략하여 정복하고, 그다음에는 아시아 나라들을 프랑스령 인도차이나로 만들었다. 독일 총리 오토 폰 비스마르크(1815~1898)도 프랑스의 식민지 사업을 지원하다 못해 격려까지 했다. 1884년 11월 27일 클레망소는 프랑스 하원에서 그것을 이렇게 설명했다. "비스마르크는 위험한 적입니다. 아마도 친구로서는 더 위험한 적일 겁니다. 튀니스(튀니지의 수도—옮긴이)로 프랑스를 꾀어 영국과 싸우도록 했으니 말이에요."[18]

클레망소는 의회 및 그가 발행한 언론지 《정의La Justice》에서, 프랑스에 재정적·군사적 부담이 되고, 프랑스로 하여금 독일 경계지 문제에 집중하지 못하도록 주의를 분산시키며, 프랑스와 영국을 싸우게 하려는 독일의 교묘한 책동에 휘말릴 수 있다는 점을 들어 프랑스의 식민지 획득에 반대했다. 그 주장에 힘을 싣기 위해 식민지 정책에 수반된 재정적 부패도 폭로했다. 실제로 부동산, 철도 허가, 해저전선 사업 인가, 정부 정책의 입안과 관련된 모든 분야에 투기가 만연하지 않은 곳이 없었으므로, 튀니지에서 온갖 비리가 저질러졌다는 《정의》의 글은 정곡을 찌른 것이었다. 투기와 관련된 인도차이나의 부패는 그보다도 더욱 소름끼쳤다. 클레망소는 이런 식의 비난과 폭로로 사람들의 이름에 먹칠을 하고 정부들을 타도했으며, 그 결과 '호랑이'로 알려지기도 전에 먼저 '파괴자'로 불리게 되었다.

당시 프랑스 의회의 삶은 윈스턴 처칠이 이렇게 묘사한 것으로 미루어 짐작할 수 있다. "광적이고 악의적인 프랑스 의회의 삶은, 줄줄이 이어진 추문, 협잡, 폭로, 위증, 살인, 음모, 모략, 사적인 야망, 복수, 사기, 배반을 통해 형성되었다. 시카고의 암흑세계에 비견될 정도로 상황이 심각했다."[19] 클레망소는 바로 이 살인적 광분 속으로 들어간 것이었다. 싸움이 벌어지면 결투의 장에서 해결하는 것이 풍습이던 시대에, 상대가 벌벌 떠는 결투자가 된 것이었다. 프랑스 하원의장도 빈정거리듯 동료 의원들에게 이렇게 말했다. "여러분은 클레망소의 칼, 총, 입, 이렇게 세 가지를 두려워해야 합니다."[20]

영국이 1882년 이집트를 단독으로 점령한 것도, 클레망소에 두려움을 느낀 프랑스 정부가 영국에 합류하기를 주저했기 때문이었다. 반면에 식민지 팽창을 반대하는 클레망소의 태도는 프랑스 국내에서 영국제국을 이롭게 하는 것으로 읽힐 수 있었고, 실제로 또 그렇게 읽혔다. 그의 정적들이 클레망소의 정치적 입지가 약해질 때마다 그 문제를 들고 나와, 그가 양심까지 팔아 영국을 이롭게 한 위조 증거물을 만드는 데 몰두한 것이다. 운동원들도 고용되어 클레망소 주변에서 야유를 퍼부었으며, 영국화폐가 든 돈주머니들로 그의 앞에서 저글링하는 풍자화가 그려진 무가지도 배포되었다.[21] 1892년에는 영국의 주요 정치인이 동료 정치인에게 이런 글을 적어 보냈다. "어제 이곳의 프랑스인에게 참으로 어처구니없는 이야기를 들었습니다. 이런 것을 믿는 걸 보면 파리에서는 이제 팥으로 메주를 쑨다 해도 믿을 것 같아요. …… 그 사람 왈, 클레망소가 발행하는 《정의》가 독일과 영국을 이롭게 해주고 그 대가로 영국에서 돈을 받아 적자를 메우고 있다는 겁니다."[22] 1893년 클레망소는 결국 재선에 실패하여 10년 동안 의회를 떠나 있었다.

이랬던 그가 1917년 가장 암울했던 시기에 절박한 나라의 부름을 받고 다시 등장하여 프랑스 정부에 자신의 뜻을 펼치게 된 것이었다. 그리고 로이드 조지처럼 그 또한 독일이 완전히 분쇄될 때까지 임전무퇴의 각오를 다진 전시 독재자가 되었다. 우연인지 필연인지 두 사람은 중동에 관해서도 독특한 관점을 지니고 있었다.

클레망소는 총리가 된 뒤에도 비유럽 지역의 영토 획득에 반대하는 정책을 고수했다. 따라서 사이크스-피코 협정에 명시된 시리아에 대한 프랑스의 권리도, 로이드 조지가 그곳을 프랑스 보호령으로 만들 수 있는 권리를 주면 "보수주의자들을 만족시키기 위해" 받아들이기는 하겠지만 거기에 큰 중요성을 부여하지 않는다는 입장을 나타냈다.[23]

이렇듯 영국과 프랑스는 전쟁과 정치의 운명에 의해, 중동의 영토 획득을 바라는 최초의 총리와, 중동의 영토를 바라지 않는 유일한 총리를 갖게 되었다.

30. 차르정부의 전복

프랑스가 중동에서의 제국주의 실현에 반대하는 인물을 지도자로 갖게 된 것이 일련의 불가능해 보이는 상황들 때문이었다면, 러시아는 그보다 더욱 기묘한 일련의 상황들로 인해 프랑스와 같은 달, 중동에서의 제국주의 실현에 반대하는 지도자의 지배를 받게 되었다.

1917년 초에 한 가지 분명했던 사실은 터키와의 중동 전쟁에서 러시아가 유리한 국면에 있었다는 것이다. 러시아는 1915년 카프카스 전선에서 엔베르를 참패시킨 데 이어 1916년 아나톨리아 동부 지역을 침략하여 승리를 거두었다. 그리하여 흑해 지배권이 확보되고 카프카스에서 터키 동부의 새로운 전선까지를 잇는 철도가 건설되면 전략적 위치도 강화될 것이었으므로, 총사령관 니콜라이 대공은 철도선들이 완공될 때를 기다려 새로운 공격 목표를 세웠다. 하지만 그 계획은 결코 실현되지 못했다. 오스만군의 독일군 참모장교가 말했듯, 그때 만일 니콜라이 대공이 공격을 감행할 수 있었다면 "러시아군은 완승을 거두고 1917년 여름 터키를 전쟁에서 완전히 몰아낼 수 있었을 텐데" 말이다.[1]

반면에 그 몇 년 뒤 로이드 조지는 영국 하원에서 그와는 다른 내용의 발언을 했다. "러시아의 붕괴가 거의 전적으로 오스만제국 때문이었다"고 말한 것이다.[2] 콘스탄티노플의 청년튀르크당이 다르다넬스 해협을 봉쇄하여 수출입의 흐름이 차단되자, 러시아로 들어가는 무기와 자금줄이 끊긴 것이 러시아 붕괴의 원인이었다는 것이다. 반면에 설령 콘스탄티노플의 교역로가 열려 있었다 해도 농민들의 군대 징집으로 농작물 수확이 평년 수준에 미치지 못해 수출 물량이 감소했고, 연합국 또한 러시아에 보내줄 무기가 없었던 것에서 러시아 붕괴의 원인을 찾는 사람들도 있었다. 그야 어찌됐든 확실한 것은 두 주장 모두, 어찌 보면 카프카스 전선의 승리도 러시아 붕괴와는 무관하고, 정작 중요한 것은 사회경제적 생존경쟁이었다는 역설적 본질을 지적했다는 점이다.

그 역설을 이해하는 데는 독일의 실업가 발터 라테나우(1867~1922)의 선구적 업적을 살펴보는 것이 첩경이다. 1914년 라테나우는 정부당국을 설득해 베를린 육군부에 전시물자국을 설치하고, 그 부서의 책임자가 되었다. 말이 좋아 책임자지 청사 뒤쪽에 조그만 방 하나와 비서 한 명만 배당받았을 정도로 출발이 초라했다. 하지만 그렇게 보잘것없이 시작한 부서가 1918년 말엽에는 폭증하는 업무와 늘어나는 직원을 감당하지 못해 여러 동의 건물을 차지하고 육군부의 다른 부서들을 압도했다.[3] 라테나우는 선견지명을 지닌 인물이었다. 그런 인물답게 전쟁이 자금조달, 이동, 공급의 면에서 대규모로 변해가는 일종의 산업혁명을 겪었다고 보고, 모든 경제에 중앙집중적 분배, 회전, 통제를 실시해야 한다고 주장했다.

영국의 로이드 조지도 그만의 실용적 방식으로 라테나우와 흡사하게 문제를 풀어나갔다. 영국 경제에 전시 사회주의를 도입한 것이다. 군수장관에 처음 취임했을 때 변변한 사무실이나 직원도 없이 호텔방에서 혼자 업무를 시작한 것이, 종전 무렵에는 직원 6만 5,000명에 300만 명의 노동자를 거느린 거대 부처로 발전하게 된 것도 라테나우의 사례와 비슷했다.[4] 이 모두 산업체에 군수품 생산을 할당하거나 보급물자를 징발하는 비율을 차츰 높여나가고, 여성을 포함한 새로운 노동력을 확보하는 혁신적 조치를 취해서 얻은 결과였다.

반면에 러시아는 산업혁명을 동반한 급격한 사회변화가 독일이나 영국 과는 다른 양상으로 나타냈다. 애당초 과도한 무게를 감당하기 힘들게 설계 된 기둥과 대들보에, 도덕, 정치, 고용방식, 투자방식, 가족구조, 개인의 습 성, 언어 면에서 전위가 일어난 것을 견디지 못해 사회조직에 균열이 생긴 것이었다. 전후 21개국의 경제사회적 변화를 분석하여 출간한 카네기재단 의 총서가 무려 150권에 달한 것으로도 보아 당시에 일어난 변화의 정도가 얼마나 컸는지 가늠할 수 있다. 150권 중 영국과 관련된 것이 25권이었다.

1차 세계대전에 참전한 유럽의 주요 교전국들 중 이 급격한 변화에 대 한 대처가 가장 미흡했던 나라가 제정 러시아였다. 현대경제의 회복력과 적응력에 필수적인 인프라—운송과 통신 체계, 산업, 자본시장 등—가 제 대로 구축돼 있지 않은 것이 요인이었다. 그러나 러시아의 실패는 뭐니 뭐 니 해도 역시 지도력의 실패에 있었다.

러시아 통치계급의 일부 집단에 애국심이 결여되고 역량이 부족했던 것은 터키의 다르다넬스 해협 봉쇄로 인한 결과에도 뚜렷이 나타났다. 러 시아는 농민이 전체 인구의 80퍼센트에 달하고 곡물이 수출의 절반을 차 지하는 전통적 농업국가였다.[5] 그런 나라에서 1916년과 1917년 끔찍한 식 량난을 겪은 것은 이유 여하를 막론하고 변명의 여지가 없는 일이었다. 다 르다넬스 해협이 봉쇄되어 수출길이 막혔으면 그 때문에 남아돌게 된 곡물 을 국내 소비로 돌릴 수 있었을 테고, 농민들의 군대 징집으로 수확량이 감 소했다 한들 국민을 먹여 살릴 정도는 되었을 것이기 때문이다.[6] 물론 도로 장애와 파손에 따른 운송과 배급의 차질도 식량난을 겪게 된 일부 원인이 었을 것이다. 하지만 그 못지않게 투기, 폭리, 사재기와 같은 고의적 책동 도 식량난의 원인이었다.

그런데도 차르정부는 부당 이득자들을 처벌하지 않고 방관하여 서방 으로의 곡물 수출 길이 가로막힌 것의 결과를 한층 악화되게 만든 것이다. 산업체의 파업이 확산일로를 걷고 재정 위기가 초래되는데도 정부는 별다 른 조치를 취하지 않았고, 그로 인해 1917년에는 공채 상환에 필요한 이자 와 감채기금이 1916년의 국가 총세입을 넘어서는 상황이 되었다. 그러자 국가파산 상태를 막는다고 또 정부가 화폐를 마구 찍어대는 바람에 전시의 러시아 물가는 물경 1,000퍼센트까지 치솟았다.[7]

러시아가 이 위기를 타개할 수 있는 길은 전쟁에서 발을 빼는 것뿐이 었다. 실제로 1915년 오스만제국과 독일은 러시아에, 연합국에서 탈퇴하 면 다르다넬스 해협의 통행권을 부여하겠다는 제안을 했고, 1916년에는 독일이 양국 간에 개별 평화협정을 맺을 의사가 있는지를 러시아에 지속적 으로 타진했다. 일각에서는 폴란드에 대한 지배권을 포기하지 않으려고 한 차르의 고집이 주로 중립국 스웨덴에서 진행된 양국 협상의 걸림돌이었다 고 주장하지만,[8] 스웨덴 주재 러시아 공사가 독일측에 개진한 내용은 그와 달랐다. 그는 독일 측에 '자기 사견'임을 전제로, '흑해의 관문' 다시 말해 콘스탄티노플과 다르다넬스 해협을 주지 않으면 러시아는 연합국에 계속 남아 있게 될 것이라고 말했다.[9] 황제 니콜라이 2세는 이렇듯 헐벗음과 굶 주림에 시달리며 생존을 위해 싸우는 전장의 러시아군은 안중에도 없이, 자신의 제국주의 야망, 특히 오매불망 원하는 다르다넬스 해협을 차지하는 데만 혈안이 돼 있었다.

Ⅱ

지금도 많은 책의 주제로 쓰이고 세계정세에 시간을 초월하여 지속적으로 영향을 미치는 1917년 러시아혁명(볼셰비키 혁명) 역사는 이 책의 범주를 넘어서는 문제다. 그렇기는 하지만 그것의 한 가지 양상은 이 책과 관련이 있기 때문에 이어지는 몇 쪽에 적게나마 그 문제를 다루어보려고 한다. 무명 시절의 레닌을 입신시키려는 모략이 오스만제국에서 진행되고 있었던 것이다.

러시아가 유럽 전쟁에 참여하여 파멸의 길을 걷고 있을 때, 정부, 재정, 산업을 책임졌던 페트로그라드의 지도자들은 대다수 국민들의 이익과는 동떨어진 행보를 보였다. 또 한편에서는 법률적 보호를 박탈당한 혁명적 지하조직의 좌파집단에 속한 무명의 한 인물이 그 나름의 이론적 근거를 갖고 전쟁 발발 때부터 쉼 없이 많은 의견을 쏟아내고 있었다. 전쟁 중에는 스위스 취리히에서 무일푼 망명객으로 연구와 집필 활동을 하고, 경찰과 혁명가 집단을 제외하고는 이름이 아직 잘 알려지지 않았던 40대 중반의 레닌이 그 주인공이다.

마르크스주의 이론과 파벌적 논쟁에 일생을 바친 전직 변호사 출신의 블라디미르 일리치 울리야노프(1901년부터는 니콜라이 레닌을 가명으로 사용했다)는 구부정한 어깨에 단단한 근육질의 투사로 머리는 총명했으나 논리가 이끄는 대로 무작정 밀고나가는 독단적 성격의 소유자였다. 그래서인지 전쟁 초기에는 자신과 뜻을 같이하는 사회주의 동료들이 각자 자신들의 나라 정부를 지원하러 가는 모습에 충격을 받기도 했다. 그들이 자신의 이론에 충실하여 전쟁에 반대하고, 그러므로 그의 나라 러시아에도 저항했던 자신과는 동떨어진 행동을 보였기 때문이다. 다른 사람들과 구별되는 레닌의 이런 전쟁관은 심지어 그가 이끈 정파 볼셰비키마저도 완전히 이해하지 못했다.

레닌은 1914년 9월 초 스스로 초안을 작성한 「전쟁에 관한 일곱 논제 Seven Theses on the War」에서 "러시아 모든 국민들의 노동계급과 땀 흘려 일하는 일반 대중의 관점에서 볼 때, 폴란드, 우크라이나, 그 밖의 여러 러시아 민족들을 탄압하는 차르 정권과 그의 군대가 전쟁에서 패하는 것이 그나마 정도가 덜한 악이 될 것이다"라고 썼다. 이런 식으로 그는 「전쟁에 관한 일곱 논제」를 통해, 차르 지배하의 러시아가 다른 민족들에 행하는 제국주의를 되풀이해서 비난했다.[10] 러시아인인 그가 러시아의 패전과 러시아제국의 해체를 목표로 삼았던 것이다.

한편 그 무렵 콘스탄티노플에는 레닌과 더불어 제2인터내셔널(사회주의 제2인터내셔널)의 지도자였고 따라서 그와 유사한 결론에 도달한 인물이 살고 있었다. 지하에서는 '파르부스Parvus'라는 가명을 사용하고 차르정부의 파괴를 공공연한 정치적 목적으로 삼았던 러시아계 유대인 알렉산드르 이즈라일 겔판트(1869~1924)가 주인공이었다.[11] 두 사람의 다른 점이라면 레닌은 독일의 승전에 무관심했던 반면, 그는 독일의 전쟁 승리를 열렬히 원했다는 것이다. 게다가 겔판트에게는 자신의 친독주의를 추구할 수 있는 자금과 정치적 인맥도 있었다.

레닌과 같은 세대에 속하는 파르부스(레닌은 1870년생, 겔판트는 1869년생이었다)는 혁명적 사회주의 운동의 좌파를 이끈 또 다른 걸출한 지식인들 중 한 사람으로, 1890년대 초 러시아를 떠나 독일로 건너온 뒤에는 폴란드 태생의 독일계 유대인 로자 룩셈부르크와 순수한 혁명적 대의를 위해 싸우며 이론가 겸 언론인으로도 이름을 날렸다. 그 과정에서 20세기 초의 몇 년 동안은 레온 트로츠키의 멘토가 되었고, 그러다 1905년에는 트로츠키 '영구혁명' 론의 기초를 마련하기도 했다. 그리고 같은 해 그는 혁명(1905년의 혁명)에 가담하기 위해 러시아로 돌아왔다가 경찰에 체포돼 시베리아로 추방되었으나 이내 서유럽으로 탈출했다.

그런가 하면 파르부스(겔판트)에게는 혁명가 이외의 다른 면모도 있었다. 발현의 속도가 늦어 잘 드러나지는 않았지만, 동료 이상주의자들의 눈에는 그가 이상하리만치 성공가도를 달리는 석연찮은 인물로 보인 것이 좋은 예다. 그는 혁명적 대의에 도움을 주려고 출판업을 시작해놓고 정작 자기 잇속 차리기에 더 바빴다. 레닌과 그의 볼셰비키파가, 1904년 러시아 작가 막심 고리키가 사회민주당에 기부한 인세 13만 마르크(미화 3만 달러 상당)*를 파르부스가 횡령했다고 믿은 데에는 그럴 만한 이유가 있었다. 그들의 항의에 파르부스가 내놓은 답변 또한 설득력이 없었다.

그 때문이었는지 그는 출판업과 혁명가 활동을 접고 완전한 사업가로 변신해 발칸과 오스만제국으로 건너갔다. 그곳에서 이 일 저 일 손대다 그 과정에서 청년튀르크당 운동에도 관심을 갖고, 옥수수를 비롯한 각종 상품도 취급하게 되었다. 1912년 무렵에는 청년튀르크당 정부관리들과도 친분을 맺게 되어 발칸전쟁에서 싸우는 오스만군의 식량 공급 계약권을 따냈다.

그러던 중 유럽에서 1차 세계대전이 발발하자 파르부스는 독일의 승리가 오스만 정부에도 득이 된다는 내용으로 터키 언론에 기고문을 발표했다. 발칸 국가들이 친독일 정서를 갖게 하는 데도 일조했다. 오스만제국이 참전한 뒤에는 자신의 이득을 바라고 한 일이기는 하지만, 청년튀르크당 정부를 도와 곡물이나 철도 부품과 같은 필수품을 확보할 수 있게 해주었다. 전시경제의 운용과 관련된 방책도 조언했다. 이 모두 러시아 정부의 전

---

* 정확한 금액인지에 대해서는 약간의 논란이 있다.

복을 바라는 그의 목표를 달성하기 위한 행위였고, 그에 따라 콘스탄티노플에 있는 그의 자택은 차르를 타도하려는 음모자들의 집합소가 되었다.

겔판트는 자신의 연줄을 이용해 콘스탄티노플 주재 독일대사와도 만날 수 있는 기회를 얻었다. 그리하여 1915년 1월 7일 폰 반겐하임을 만나 그가 한 말은 "독일정부의 이익과 러시아 혁명주의자들의 이익이 일치한다"는 것이었다.[12] 그 이틀 뒤 폰 반겐하임은 독일 외무부에 겔판트를 만난 사실과, 그가 "차르정부의 철저한 파괴와 러시아를 소국들로 자잘하게 분할하는 것이 러시아 민주주의자들의 목표"라고 말한 내용을 보고했다.[13] 겔판트가 러시아제국의 전복을 원하는 혁명주의자들을 규합할 수 있도록 독일이 지원해줄 것을 제안했다는 말도 덧붙였다.

독일정부의 고위층도 겔판트의 제안에 관심을 보였다. 그래서 1915년 2월 말 베를린을 찾은 그에게 외무부 관리들은 그 제안을 문서화해줄 것을 요청했고, 겔판트도 그에 응하여 3월 9일 혁명가와 민족주의자들을 규합해 차르정부를 전복시키겠다는 거창한 계획을 담은 각서를 독일 측에 제출했다. 레닌과 그의 볼셰비키파에 대해 이야기하고, 레닌 및 그의 추종자들이 스위스에 머물고 있다는 말과 함께, 그들이야말로 독일의 특별 지원이 필요한 사람들이라고 강조했다. 이렇듯 레닌의 존재를 독일에 일깨워준 사람이 바로 겔판트였다.

독일 지도자들도 겔판트의 제안을 받아들이기로 하고 1915년 3월 말 혁명가 집단들을 규합할 수 있는 착수금조로 100만 마르크(미국 화폐로 대략 24만 달러)를 겔판트에게 1차 보조금으로 지급했다.

그러나 겔판트의 옛 동지들은 그의 제안을 받아들이지 않았다. 베를린의 로자 룩셈부르크는 심지어 그에게 말할 기회조차 주지 않고 문전박대를 했다. 레프 다비도비치 브론슈테인(레온 트로츠키)도 한때는 요인, 친구, 멘토였던 파르부스가 1914년을 기점으로 변하기 시작했고, 따라서 이제는 "정치적으로 사망한 인물"이라고 깎아내리는 말을 했다.[14] 파르부스를 대하는 이전 사회주의 혁명가 동지들의 태도는 그들 가운데 한 명이, 모두가 파르부스를 "러시아 스파이, 악당, 사기꾼이었다가 이제는 튀르크 첩자와 투기꾼이 된 것"으로 간주한다고 말한 것으로 짐작할 수 있다.[15]

보조금 전달이 여의치 않자 파르부스는 또 다른 회심의 전법을 들고 나왔다. 1915년 봄 취리히로 넘어가 최고급 호텔인 바우어 오 라크에 자리 잡고는 아침 식사 때부터 샴페인 병을 따고, 두툼한 시가를 피우고, 미녀들 속에 파묻혀 허랑방탕한 생활을 한 것이다.[16] 그런 한편으로 그는 가난한 망명객들에게 돈을 살포하고 혁명의 돈줄 행세도 했다.

그러다 5월 말 그는 레닌이 자주 드나드는 식당으로 가서 동료들과 식사 중인 그의 테이블로 건너가 대화를 나눈 뒤 그의 거처로 함께 돌아왔다. 그런 다음 자신의 계획을 설명했으나 레닌은 그의 말이 끝나기 무섭게 독일의 '쇼비니스트'가 되었다고 면박을 주면서 두 번 다시 얼씬도 하지 말라는 말과 함께 그를 집에서 내쫓았다.[17]

하지만 그렇게 끝나는가 싶던 겔판트의 차르 타도 계획은, 레닌의 친구 한 명이 집을 나오는 그를 따라나섬으로써 실행에 옮겨지게 되었다. 작전 기지도 스톡홀름으로 정해지고, 레닌에게도 진행 사항이 전달되었다. 그보다 고무적이었던 것은 레닌과 볼셰비키파가 폴란드와 러시아 사회민주주의자를 통해 겔판트의 돈을 받기 시작한 것이었다. 레닌은 나중에 그것을 부인했지만, 그의 서신에는 그의 말이 거짓이었던 것으로 나타난다.[18]

겔판트의 표면상 직업은 무역업자였고 그 사업으로 큰돈을 벌었다. 그런 한편 차르정부 타도를 위한 활동도 은밀하게 벌였으며, 독일정부의 재정 지원을 받아 혁명주의 신문도 발행했다. 신문이 별 성공을 거두지 못하자 러시아로 넘어가 총파업을 도모하여, 심지어 레닌과 다른 사람들의 도움을 받지 않고도 제법 큰 성공을 거뒀다. 총파업을 이끌어내지는 못했지만 4만 5,000명의 시위자들을 페트로그라드(첫 명칭은 상트페테르부르크였다가 1914년 페트로그라드로 개칭되었고, 레닌이 죽은 뒤에는 레닌그라드가 되었다가, 1991년 다시 본래의 명칭인 상트페테르부르크로 돌아왔다) 거리로 쏟아져 나오게 만든 것이다.

그러나 겔판트가 가장 역점을 둔 부분은 역시 독일정부에 파괴적 세력으로서 레닌의 중요성을 부각시켜 다른 첩자들을 통해 볼셰비키 이론가들을 후원하고, 자금의 출처가 드러나지 않도록 필요할 때마다 레닌에게도 추가 자금을 지원하도록 한 것이었다.

콘스탄티노플의 겔판트는 이렇듯 청년튀르크당과 밀접한 관계를 유지한 가운데 터키의 동맹 독일이 두 나라 공통의 적인 러시아를 전복시키려고 한 과정에서 이상야릇한 무기 역할을 했다.

Ⅲ

페트로그라드에서 러시아 남부 곡창지대까지는 까마득히 먼 거리였다. 그러다 보니 1916년과 1917년 내내 페트로그라드 시민들은 식량부족과 치솟는 식품가 때문에 극심한 고통을 받았고, 1915년 중반부터 1917년 2월까지 겔판트가 촉발시킨 것을 포함해 총 1,163차례의 노동쟁의가 일어났을 만큼 파업과 시위가 일상사가 되었다.[19] 다만 그중 절반 이상이 경제적 이유가 아닌 정치적 동기에서 촉발된 것이었다. 식량 부족도 부족이었지만 정권에 대한 불만이 그만큼 컸던 것이다.

1917년 3월 8일에도 페트로그라드에서는 세계 여성의 날을 기념하는 시위가 일어났다. 식량부족에 항거하는 주부들이 시위대에 동참하고 공장

50곳의 노동자 9만여 명도 시위에 가담했다. 이튿날은 시위자가 20만 명으로 늘어났으며, 그다음 날에는 시위가 노동쟁의로 발전했고, 이틀 뒤에는 4개 연대의 병사들이 봉기 대열에 합류함으로써, 갈수록 무력해지는 경찰에 항거하는 시위대에 힘을 실어주었다. 결과적으로 이 군대 폭동이 모든 것을 판가름 지었다. 그것이야말로 정부의 존재가 오래전에 사라졌음을 의미하는 것이었기 때문이다. 페트로그라드 지사가 계엄령을 선포했으나 접착제가 없어 벽보를 붙이지 못했을 만큼 나라꼴이 말이 아니었다.[20]

1917년 3월 15일에는 황제 니콜라이 2세가 퇴위하고 정권은 이튿날 바로 황제의 동생 미하일 대공에게로 넘어갔다. 하지만 대공이 제위승계를 거부함으로써 러시아 제정은 마침내 무너지고 G. E. 르보프(1861~1925)에 이어 알렉산드르 케렌스키(1881~1970)를 수반으로 하는 임시 공화국 정부가 수립되었다.

그러나 페트로그라드의 봉기로 기회의 문이 열렸음에도 정작 각양각색의 정치인들은 당혹감을 감추지 못했다. '1917년 러시아혁명'의 대가인 역사가의 글에도 그 점이 뚜렷이 드러난다. "혁명의 전개과정에서 혁명주의 파벌들이 직접적인 역할을 한 것은 없다. 혁명을 예상하지 못한 것이다."[21] 그렇다면 1917년의 혁명은 청년튀르크당과 친분이 깊었던 파르부스가 바란 음모의 결실이었을까? 겔판트와 독일군 참모가, 영국 첩보부의 의심을 사지 않도록 첩자와 자금을 이용하여, 러시아인들이 쟁의와 봉기를 일으키도록 부추기는 데 모종의 역할을 한 것은 사실이다. 하지만 그들도 처음에는 차르정부의 전복이 러시아의 패배, 다시 말해 자신들의 목적 달성에 도움이 될 수 있을지에 대해서는 확신이 없었다. 게다가 당시에는 볼셰비키파를 비롯한 모든 정파들이 전쟁의 속행을 원했다. 막상 혐오하는 정부가 사라지자, 그들도 애국자였던지라 독일과 튀르크군을 쳐부수고 싶어진 것이었다.

그러나 겔판트만 아는 사실이었지만 레닌의 생각은 달랐다. 그는 좌절감에 어쩔 줄을 몰랐다. 취리히에 고립돼 있어 혁명에 동참하지도 못하고 페트로그라드의 동지들 또한 그의 뜻과 다르게 움직였다. 그러자 겔판트는 자기 혼자 생각으로 그의 마음을 넘겨짚고는 독일군 참모부와 협의해 레닌과 그의 막역한 정치적 동지 그리고리 지노비예프(1883~1936)가 타고 갈 페트로그라드행 열차를 준비시켰다. 그런 다음 레닌에게 초청장을 보냈으나 거절당했다. 레닌은 용의주도하게 그의 제의를 거부하고 독일과 별도의 협상을 진행했다. 그 나름의 조건도 제시했다. 20~60명 정도의 러시아 망명객들을 그들이 가진 전쟁관에 상관없이 열차에 탑승시키고 열차에도 치외법권을 적용해달라고 요청한 것이다. 베른 주재 독일 영사는 레닌의 요구를 독일 외무부에 이렇게 타전했다. "레닌과 지노비예프는 러시아에서 맞닥뜨릴 위험에 대한 안전을 그런 식으로 보장받으려는 것 같았습니다."[22] 그리하여 레닌은 독일정부의 이해와 동의를 받아 1917년 4월 마침내 밀봉열차를 타고 러시아로 향했다.

겔판트의 예상대로 레닌은 페트로그라드의 핀랸츠키역(핀란드역)에 도착해 그를 마중 나온 사람들을 퉁명스레 대한 그 순간부터, 볼셰비키파를 즉각적 종전을 지지하는 러시아의 유일한 정치세력으로 만드는 작업에 착수했다. 임시정부가 좌파 정치인들로 구성되었으니 이제는 러시아를 지지하는 것이 옳다고 본 그의 지지자들 생각도 그는 잘못이라고 판단했다. 이번 전쟁으로 자본주의는, 레닌 스스로 자본주의의 마지막 단계로 규정한 제국주의 단계로 접어들고 있는 것이 여실히 드러났고, 따라서 지금이야말로 전 유럽의 사회주의 정파들이 혁명을 일으키기에 적기라는 것이 그의 생각이었다. 타도의 대상인 프랑스 및 영국과 러시아가 동맹관계에 있는 상황에서는 더더욱 전쟁을 할 때가 아니라고 보았다.

아니나 다를까 1917년 가을 독일이 보내준 추가 보조금의 도움으로 권력을 장악하고 산산조각 난 러시아의 독재자가 되자마자 레닌은 즉각 전쟁에서 발을 뺐다. 그리고는 1918년 3월 독일의 요구사항이 반영된 강화조약을 체결함으로써 러시아의 패배를 인정했다. 콘스탄티노플과 베를린 양쪽을 도와주고자 한 겔판트의 바람이 성취되는 순간이었다. 그의 예상대로 레닌에 대한 지원이 결국 러시아가 1차 세계대전에서 발을 빼는 데 일조한 것이다.

IV

한편 이야기는 다시 영국으로 돌아와, 영국 관측통들은 볼셰비키, 독일, 유대인이 1917년의 혁명에 상호 연관된 듯한 모습에 놀라움을 금치 못했다. 다수의 볼셰비키 지도자들이 유대인 출신이고, 그들에게 독일의 지원과 자금을 제공해준—콘스탄티노플 출신인데다 청년튀르크당과도 친분이 깊은—겔판트가 유대인인 것만 해도 그랬다. 청년튀르크당 또한 영국 관리들이 오랫동안 고수해온 믿음에 따르면, 오스만제국과 독일의 동맹을 성사시킨 유대인 프리메이슨들의 통제를 받는 정치집단이었다. 유대인과 독일도 밀접한 관계에 있다는 것이 영국의 오랜 믿음이었다. 이렇듯 모든 것은 아귀가 딱딱 들어맞았다.

제국주의 성향의 유명 소설가로 남아프리카에서는 밀너의 개인 비서를 지냈고, 그러다 나중에는 그의 추천으로 로이드 조지 정부에서 정보부장을 역임하기도 한 존 버컨은 서스펜스 넘치는 그의 고전적 소설 『39계단 The Thirty-Nine Steps』(1915)의 첫 장에서 그 상황을 이렇게 묘사했다.

모든 정부와 군대들의 배후에서는 지극히 위험한 사람들이 꾸미는 거대한 지하운동이 전개되고 있다. …… 발칸전쟁에서 일어난 일들, 한 나라가 느닷없이 승리하게 된 것, 동맹이 맺어졌다 깨진 이유, 어떤 사람들의 종적이 묘연해진 까닭, 군자금의 출처가 석연찮았던 것 …… 이것들 모두 그런 운동 때문에 벌어진 것이었다. 러시아와 독일을 싸우게 하는 것이 모든 음모의 목적이었으며 그 배후에는 유대인이 있었고, 유대인은 지옥보다도 끔찍이 러시아를 증오했다. …… 그러므로 이것(1917년 혁명)도 유대인 학살에 대한 설욕임이 분명하다. 방울뱀 같은 눈을 가진 유대인이 사방에 도사리고 있다. …… 지금 세계를 지배하는 것은 유대인이며, 그들은 차르제국에도 적의를 품고 있다.

영국은 볼셰비키가 러시아인들이 아닌 것은 물론 이데올로기적 극단주의자들도 아니고, 복수심에 불타 러시아 파괴에 혈안이 된 유대인을 위해 독일이 만들어낸 적군의 비밀첩자들이라고 보았다. 1917년과 그 이후 몇 년 동안에도 영국 관리들은 계속 볼셰비키가 그들 고유의 의제와 목적을 가진 집단이 아닌, 베를린의 유대인과 프로이센 사람들의 명령을 받는 독일군 참모부에 고용된 사람들이라고 믿었다.

러시아의 붕괴 가능성은 1914년 9월 이래 줄곧 영국의 악몽이었다. 반면에 엔베르 파샤에게는 그것이 꿈이었으며, 오스만제국을 동맹국 편에 가담시킨 것도 그래서였다. 그 점에서 볼셰비키 혁명은 한쪽의 악몽과 다른 쪽의 꿈이 실현된 사건이었다. 볼셰비키 혁명이 일어난 원인에 대해서는 지금도 학계의 의견이 분분하지만, 한 가지 분명한 것은 1917년 러시아가 전쟁에서 발을 뺀 것이 영국과 연합국에는 심대한 타격이었고, 독일과 오스만제국에는 쾌거였다는 사실이다.

V

다르다넬스 원정(갈리폴리 전투)이 한창 진행되는 와중에 윈스턴 처칠은 이렇게 말했다. "이것은 역사상 가장 위대한 전투 중 하나다. 동방에서 콘스탄티노플이 갖는 중요성을 생각해보라. 콘스탄티노플은 서방에서 런던, 파리, 베를린을 하나로 합친 것보다도 더 큰 중요성을 지닌다. 콘스탄티노플이 동방을 어떻게 지배했는지 생각해보라. 콘스탄티노플의 함락이 장차 어떤 의미를 갖게 될지를 생각해보라는 것이다."[23]

하지만 연합국은 결국, 1915년 3월의 처칠에게는 금방이라도 손에 잡힐 것 같았던 콘스탄티노플 점령 목표를 달성하지 못했다. 그러자 1916년 러시아가 기다렸다는 듯 튀르크령 아르메니아에서 승리를 거두고 1917년 콘스탄티노플을 향해 진군할 채비를 갖추었다. 그러던 차에 혁명이 일어난 것이고, 그러자 튀르크 영토에 머물렀던 러시아군도 전쟁이 이내 끝날 것으로 믿고 공격에 대한 모든 생각을 접었다.

하지만 그 무렵에는 튀르크군도 녹초가 된 상태여서 러시아군을 공격할 수 있는 호기를 살리지 못했다. 오스만의 적국도 지치기는 마찬가지였다. 콘스탄티노플 점령이라는 중차대한 목표마저 단념할 만큼 지쳐 있었다. 1917년에는 밀너와 로이드 조지가, 승리의 전리품으로 오스만제국이 아닌 러시아제국을 독일과 분할하는 내용의 협상카드를 만지작거렸다.[24]

그리하여 온갖 역경에도 불구하고 오스만제국은 존립하게 되었으나, 연합국의 강대국들을 터키와의 전쟁으로 몰아넣은 정부들—영국의 애스퀴스 정부, 프랑스의 르네 비비아니 정부, 러시아의 차르와 외무장관 사자노프—은 죄다 실각했다. 오스만 정부가 다르다넬스를 성공적으로 지켜낸 것이 그들이 실각하게 된 일부 요인이었다. 붕괴 직전의 오스만제국을 전쟁으로 몰아넣은 행위가 처음에는 무모해 보이기도 했지만 엔베르와 탈라트가 결국은 제국을 구해낸 것이다. 영토도 잃은 부분이 있었지만 얻은 부분도 있었고, 그리하여 1917년 말 두 사람은 오스만제국 내에서 그 어느 때보다 막강한 힘을 갖게 되었다. 사이드 할림의 위광에도 더는 기댈 필요가 없어져 강권으로 앉혀 놓았던 대재상 자리를 물러나게 해주고, 자수성가하여 청년튀르크당의 지도자 자리에 오른 서민 출신의 탈라트 파샤가 그 자리를 차지했다.

그러나 탈라트와 엔베르의 앞날에는 가시밭길이 놓여 있었다. 러시아의 위협은 사라졌지만 영국의 위협이 재개되었고, 게다가 전시 지도자 영국 총리는 정력적이고 비범한 인물이기까지 했다. 로이드 조지도 물론 청년튀르크당과의 화해적 평화를 타진할 용의가 있었다. 하지만 그에 앞서 그는 투사였으며, 그의 마음도 오스만제국과 싸워 분쇄하는 것에 머물러 있었다.

6부
신세계와 약속의 땅

31. 신세계

I

중동에 품고 있던 로이드 조지의 제국주의 야망에 미국의 그림자가 처음 드리우기 시작한 것은 1916~1917년 사이였다.

1916년의 마지막 분기에 들어서는 연합국이 보급품뿐 아니라 재정적으로도 미국에 의존하게 되었던 것이다. 연합국의 자금이 바닥을 드러냈다. 1916년 말엽에는 당시 재무부 관리였던 영국의 경제학자 존 메이너드 케인스(1883~1946)마저, "미국 행정부는 물론이고 미국민들까지도 우리에게 명령을 내리는 처지가 될 것"이라고 내각에 경고할 만큼 상황이 자못 심각했다.[1] 1916년 12월에는 미국 대통령 우드로 윌슨(1856~1924)이 영국에 자금을 융자해주던 J. P. 모건 사에 개입하여, 연합국의 자금 융자 시장을 붕괴시켜 영국과 프랑스를 파산 상태에 이르게 할 수도 있음을 직접 보여주기도 했다.[2]

그러나 연합국으로서는 윌슨의 저의가 무엇인지 알 수 없었다. 그가 연합국의 제국주의 야망에 반대하면서 그것을 꺾으려 한 것만 해도 그랬다. 윌슨은 "영국과 프랑스의 평화에 대한 관점이 우리와 다르다"고 하면서 "그들로 하여금 우리의 생각을 따르도록 해야 한다"고 주장했다.[3] 중동과 여타 지역에서 미국이 원하는 목표와 연합국이 원하는 목표 사이에 나타난 이런 갈등이 향후 몇 년 동안의 정치를 결정짓게 되고, 그 점에서 윌슨이 지배하는 미국의 세계무대 등장은, 로이드 조지에게 기회인 동시에 위험을 예고하는 것이기도 했다.

연합국 지도자들이 공적 인물로서의 윌슨을 이해하기는 쉽지 않았다. 목사 할아버지와 장로교 목사 아버지를 둔 윌슨은 대학에서 법학과 행정학을 전공하고 교수, 프린스턴 대학 총장, 뉴저지 주지사를 거쳐 미국 대통령(28대)이 되었다. 그러나 성격, 사고방식, 기질 면에서 보면 그는 법률가, 학자, 정치인보다는 오히려 아버지, 할아버지와 마찬가지로 신학자에 더 가까웠다.⁴ 상대방에게 유화책을 쓰기보다는 개조를 시키려 하고 개조가 안 되면 꺾으려고 한 것만 해도 그랬다. 정치인이면 타협을 이끌어내는 데서 성취감을 느끼는 것이 정상일 텐데 윌슨은 남에게 정치인으로 보이기를 원하지 않았고, 그러다 보니 타협하지 않는 것을 오히려 자랑스러워했다.

그는 고결한 정신과 인격을 지닌 원칙주의자였다. 그래서인지 논점이 되는 문제에 도덕적 잣대를 들이대기 일쑤였으며, 다른 사람들을 감화시켜 자신의 이상을 주입시키려 하는 적도 많았다. 그는 예나 지금이나 논쟁적 인물로 남아 있다. 그를 흠모하는 사람들에게는 융통성 없고 초연한 학자풍의 대통령이었던 그가 훌륭한 금욕주의자로 보였지만, 그렇지 않은 다른 사람들에게는 꼬장꼬장하고 독선적인 인물로 비쳐졌다. 윌슨은 복잡하고 까다로운 인물이었다.

연합국은 때로 그런 윌슨의 말과 행동을 국내정치를 위한 거짓 행동으로 오해했다. 미국의 전쟁 개입을 바라지 않는 그의 진심과, 중동 등지의 지역들에 갖고 있는 연합국의 식민지 건설 계획을 막으려 하는 그의 진정성을 헤아리지 못한 것도 그래서였다. 1916년 말 독일총리의 요청으로 윌슨이 떠맡았던 일, 다시 말해 전쟁을 종식시키려 한 그의 중재 노력에 대해서도 그들은 당연히 오판을 했다.

1916년 12월 12일 행정관료 출신의 독일 총리 베트만 홀베크 (1856~1921)가 몇 달 동안 협상에 의한 타결을 원하던 끝에 윌슨에게 강화협상을 하고 싶다는 통첩을 보냈다. 다만 독일 국내의 정치 여건상 구체적인 내용은 통첩에 포함시키지 못했다. 윌슨은 그렇게 독일의 의도도 모른 채 일을 진행시켰다. 연합국과 동맹국의 차이를 좁히려는 마음만 앞서 1916년 12월 18일 전쟁의 목적을 밝히라는 통첩을 연합국에 보낸 것이다.

문제는 당시 총리에 막 취임한 로이드 조지와 프랑스 총리가 윌슨의 이 요구를, 미국의 참전에 앞서 그가 기초자료를 원하는 것으로 받아들였다는 것이다. 미 국무장관 로버트 랜싱(1864~1928)이 그렇게 믿도록 만든 결과였다. 실제로 랜싱은 연합국에 답변의 조건까지 제시함으로써 윌슨의 평화정책을 약화시켰고, 연합국도 그의 요구를 따르는 수밖에 없었다. 그리하여 작성된 연합국의 포괄적 교섭 조건에는 "튀르크 폭정에 시달리는 민족들의 해방과, 서구 문명에서 급속히 멀어지는 오스만제국을 유럽에서 몰아내는 것"이 목표로 포함되었다.[5] 이것은 평화 제의가 아닌 전쟁 구호를 외친 것이었다. 따라서 오스만제국이 이에 기초하여 화해적 평화협상에 응할 리는 만무했다. 그것은 윌슨의 뜻과도 배치되었다. 그 점에서 독일의 돌발행동이 없었어도 윌슨이 여전히 연합국에 합류했을지는 의문의 여지가 있다.

Ⅱ

1917년 초 독일 총리 베트만 홀베크가 실각하자 독일군 신임 참모총장 파울 폰 힌덴부르크(1847~1934)와 그의 부관인 군사적 천재 에리히 루덴도르프는, 독일이 신속하게 승리할 수 있으며 따라서 연합국과의 화해는 불필요하다고 보았다. 독일의 정책을 주도하던 군부 지도자들이 1917년 1월 무제한 잠수함 작전을 전개하면 여섯 달 안에 영국을 굴복시킬 수 있고, 그러므로 미국이 참전할 무렵에는 상황이 종료될 것이라고 카이저를 확신시킨 것도 그런 판단에서였다.

그리하여 독일의 잠수함 전에, 악명 높은 치머만 전보까지 공개되자* 미국도 대 독일 선전포고를 하지 않을 수 없게 되었다. 그렇기는 하지만 미국 내에는 여전히 대세를 받아들이지 않고 전쟁 개입을 맹렬히 반대하는 사람들이 상당수 있었다. 따라서 자신의 뜻과 달리 연합국에 합류해야 하는 윌슨으로서는 그를 중심으로 국론을 모아야 하는 도전에 직면해 있었다.

정치적 문제도 있었다. 중동과 여타 지역의 향후 정책을 추진하는 데 일정한 역할을 맡게 될 그의 소속 정당이 의회에서 소수당(민주당)이었기 때문이다. 윌슨이 1912년 대통령으로 선출될 수 있었던 것도, 다수당인 공화당이 둘로 갈라져 윌리엄 하워드 태프트가 공화당 후보로, 시어도어 루스벨트가 진보당 후보로 각각 출마하여 어부지리로 당선되었기 때문이며, 1916년 재선에 성공한 것도 공화당 텃밭이던 중서부와 극서부 지역 진보당의 지원을 받은 덕이었다. 따라서 앞으로 선거에서 그의 후보자들이 선출되어 계획이 차질 없이 시행되려면 1916년의 선거에서 자신을 찍어주었던 부동층, 다시 말해 반영주의자이고 주로 공화당파인 대도시의 아일랜드계 가톨릭교도와, 친독일주의자인 중서부의 독일계 미국인들을 확보할 필

---

* 독일제국의 외무장관 아르투르 치머만이 멕시코 주재 독일 공사에게 멕시코에 동맹을 제안하라고 지시한 비밀전문. 미국에 빼앗겼던 텍사스, 뉴멕시코, 애리조나를 멕시코가 회복하는 것에 독일이 동의한다는 내용이 포함된 이 전보를 영국정부가 가로채 윌슨에게 보내주자, 그가 공개를 했던 것.

요가 있었다. 윌슨에게는 이렇듯 이질적 집단들을 이탈하지 않도록 다독여 미국을 연합국에 합류시켜야 하는 난제가 가로놓여 있었다.

하지만 U-보트가 도발을 하자 그에게도 다른 선택의 여지가 없었다. 1917년 3월 17일 독일 잠수함들이 미국 상선 3척을 침몰시킨 것이다. 3월 20일 윌슨은 각료회의를 소집했다. 그러나 각료들의 의견만 경청하고 별 말 없이 앉아 있다가, "중서부 지역의 명백한 무관심"[6]이 극복해야 할 문제 라고만 간단히 언급했다. 향후 행보를 결정했는지 여부는 말하지 않았다.

그리고 3월 24일 윌슨은 그의 오랜 비서였던 조지프 패트릭 투멀티로 부터 미국 전역에서 발행되는 신문들의 사설 내용으로 볼 때 미국이 독일 과 전쟁을 하더라도 그것은 "두 나라 간의 문제에 국한시켜야 한다"는 것 이 미국 내 여론이라는 보고를 받았다.[7] 미국이 얻을 이익이 무엇이든 연합 국의 전쟁 목적에 구애되지 말 것, 다른 민족들의 대의를 위해 미국인들의 생명을 희생시키지 말 것이 여론의 요지였다.

그리고 4월 2일 저녁 윌슨은 대 독일 선전포고를 요청하기 위해 의회 에 나갔다. 그러고는 미국이 가진 전쟁의 특별한 목적에 연설의 많은 부분 을 할애함으로써 자신의 생각도 여론과 다르지 않음을 분명히 했다. 상선 3척을 침몰시킨 독일이 더 많은 상선의 침몰을 꾀하고 있어 그로서도 선전 포고를 요청할 수밖에 없었다는 식으로 말하여, 자신에게 전쟁의 책임을 묻기 힘들게 만든 것이다. 독일이 먼저 도발했으니 그로서도 응전할 수밖 에 없다는 말이었다.

그 밖에 윌슨은, 독일과의 전쟁이 미국 상선들의 침몰에 한정된 문제 라는 점을 확실히 하기 위해 독일의 동맹인 합스부르크 왕가 제국과의 관 계에 대한 고려도 뒤로 미루었다. 미국에 도발 행위를 한 것이 오스트리아-헝가리 제국은 아니므로 최소한 당분간은 그 나라와 전쟁을 하지 않겠다는 것이 그의 입장이었다.(미국은 1917년 말엽에야 합스부르크 왕가 제국에 선전포고를 했다.) 또한 참전은 그 스스로 택한 정치적 이유로 제안된 것임을 강조하기 위해, 오스만제국과 동맹국에 합류한 지 얼마 안 되는 불가리아에 대해서도 일체 언급하지 않았다. 실제로 미국은 두 나라에 선전포고를 하지 않았다. 독일의 강요에 못이긴 오스만제국과만 외교관계를 단절했을 뿐이다.

그런 한편 윌슨은 이번 전쟁을 상선에 관련된 특정 분쟁의 범위를 넘어 더욱 보편적인 의미에서, 독일정부는 물론이고 연합국 정부들에도 도전하는 행위로 보았다. 의회에서도 그는 카이저의 군사행동을 "모든 나라들에 맞선 전쟁"이고, 그러므로 "모든 인류에 대한 도전"이라고 말했다.[8] 그러면서 미국은 "궁극적인 세계평화와 독일민족을 포함한 세계인들의 해방을 위해" 싸울 것임을 강조했다. 또한 "세계는 민주주의를 위해 안전해져야 한다"는 유명한 말도 했다.[9] 그와 동시에 미국과 연합국 정책 간의 차이도 암시적으로 드러내면서, "우리는 이기적 목적을 추구하지 않을 것이고 자발적으로 행한 희생에 배상금이나 물질적 요구 또한 하지 않을 것"임을 천명했다.[10]

윌슨의 발언은, 미국이—유럽 국가들과 그들이 가진 의심스러운 정치적 야망과는 거리를 둔 채—나중에 연합국의 일원이 되기를 거부하고 동맹이 아닌 협력국이 되는 편을 택함으로써 현실이 되었다. 영국, 프랑스, 이탈리아, 러시아 편에서 싸우되 그들의 동맹이 되기는 거부하고, 독일에 맞서 싸우되 독일의 동맹국들에 맞서 싸우기는 거부하는 이례적 결정을 내린 것이다. 그 점에서 그의 결정은, 전쟁의 목적과 평화의 형태에서 유럽 국가들과 윌슨의 미국 간에 내재된 근본적 갈등이 표출되었던 것으로도 볼 수 있다. 이렇듯 미국의 전쟁 개입은 종전 뒤 연합국이, 특히 중동에서 얼게 될 보상에 긴 그림자를 드리웠다.

Ⅲ

윌슨은 미국 중서부 지역의 진보주의와 사회주의 지도자들이 그의 전쟁 정책을 공격하는 것이 못내 염려스러웠다. 그로서는 무시할 수 없는 투표집단을 대표하는 사람들이었기 때문이다. 그들은 윌슨의 정책을 제국주의를 이롭게 하는 것이라고 비난하고, 진행 중인 전쟁도 재정적 이득을 바라고 하는 것이라고 주장했다. 전쟁을 전리품에 눈이 먼 탐욕스런 투쟁으로 본 것이다.

그들이 윌슨의 취약점을 공격하는 것은 분명했다. 연합국 정부들이 그들의 제국을 강화시키기 위해 비밀협정을 체결한 것을 윌슨이 알고 있고, 따라서 그 사실이 공개되면 제국주의 세력들에 득이 되는 전쟁에 미국을 끌어들였다는, 그에게 가해진 비난이 사실로 입증될 것을 두려워할 것을 알고 공격한 것이다. 영국과 프랑스에 아랍어권 중동지역을 양분할 권리를 제공한 사이크스-피코 협정이나, 러시아와 이탈리아에 지금의 터키 지역을 병합할 권리를 부여한 또 다른 협정이 좋은 예다. 윌슨은 자신이 신뢰하는 참모 에드워드 멘델 하우스가 전쟁에서 이긴 뒤 검토하는 것이 좋겠다고 조언했음에도 불구하고, 당사국들에게 비밀협정 내용을 문의했다. 그리하여 1917년 5월 18일 영국 외무장관 아서 밸푸어가 보낸 비밀협정의 사본을 보고 하우스 대령(대령은 텍사스 주지사로부터 부여받은 명예 호칭이다)은 경악했다. 그러고는 통찰력 있게 이렇게 말했다. "내용이 매우 불량합니다. 밸푸어에게도 그렇게 말했어요. 그 협정대로라면 중동은 앞으로 전쟁의 온상이 될 것입니다."[11]

그렇다고 연합국이 비밀협정에 명기된 자신들의 권리를 포기할 리도 만무했다. 윌슨이 포기하라고 강요할 입장도 아니었다. 연합국 편에 선 그가 그들에게 손상을 끼치면 미국도 손상을 입을 것이었기 때문이다. 반면에 협정에 관한 소문이 밖으로 새나가면 그들 모두 타격을 입을 것이 분명했다. 이렇듯 윌슨은 비밀협정에 반대했음에도 그것을 비밀에 부쳐야 하는 모순적 입장에 처해 있었으나, 비밀을 지키는 것 또한 불가능했다. 볼셰비키가 페트로그라드에서 권력을 잡은 뒤 러시아 기록보관소에서 찾아낸 비밀협정의 사본을 공개했기 때문이다. 윌슨이 국내 여론에 미칠 악영향을 우려해, 미국에서는 그것의 발표를 금지하려 했으나 그것도 뜻대로 되지 않았다.

윌슨은 결국 여론 주간지 《뉴리퍼블릭The New Republic》의 편집인이었던 재기 넘치는 젊은 저널리스트 월터 리프만의 제언에 따라, 연합국의 대의를 순화시켜 그의 편에 선 대중의 사기도 올려주고 독일 지도자들이 아닌 독일 국민들에게 직접 호소하려는 생각으로, 전쟁의 목적을 새롭게 정하는 방식을 통해 문제를 정면 돌파하기로 결정했다.[12]

그렇게 해서 새로 정해진 전쟁의 목적은 여러 차례, 여러 방식으로 표명되었으며, 그중에 가장 유명한 것이 1918년 1월 8일 상하 양원 합동회의에서 제안한 '평화 14개 조항'이었다. 거기서 구체적 조항은 빼고 일반적 조항만 열거하면 이런 내용이다. ① 비밀협정의 폐기, ② 외교와 협상의 공개적 진행, ③ 항해의 자유, ④ 무역의 자유, ⑤ 관세와 경제적 장벽의 제거, ⑥ 군비 축소, ⑦ 모든 나라들의 독립과 영토 보전의 보장을 목적으로 하는 국제연맹의 창설. 윌슨은 오스만제국과 미국이 교전 중에 있지는 않았지만, 그에 관련된 내용도 12조에 포함시켰다. 이런 내용이다. "⑫ 현재의 오스만제국 중 튀르크인들이 차지하는 영토의 주권은 확실히 보장되어야 하며, 튀르크 지배를 받는 다른 민족들에게는 확실한 생활의 안전과 방

해받지 않는 자율적 발전의 기회가 보장되어야 한다." 이에 앞서 작성된 초
안에는 터키를 지도에서 지워버리는 내용이 명기돼 있었다.[13] 중동에 관한
윌슨의 주관심사는 선교에 있었고, 그러다 보니 그도 로이드 조지처럼 튀
르크의 기독교인 학살을 염두에 두었던 것이다. 하지만 결국에는, 미국은
적국의 국민들이 아닌 적국 정부들과 싸우는 것이라는 최종 문안이 채택되
었다.

윌슨과 하우스가 공유한 14개 조항의 12조에는 중동이 교전국들 사이
에 분할되어서는 안 되고 튀르크 지배를 받는 민족들에게 자치가 부여되어
야 한다는 견해가 표명되었다.[14] 그러나 불과 1년 전만 해도 윌슨과 하우스
는 베이루트와 콘스탄티노플 외곽의 미국 선교대학이 위험에 빠질 수 있다
는 이유로, 오스만 정권을 타도하려는 윌슨의 계획을 공개적으로 논의하는
것은 부적절하다는 생각을 갖고 있었다.[15]

그런데도 14개 조항을 제안한 지 한 달 후인 1918년 2월 11일 윌슨은
다시금 평화정착을 위한 4대 원칙을 총괄적 방식으로 내놓았다. 그중 2조
와 3조에는 이런 내용이 적혀 있다.

2. 민족과 지방들을 마치 소지품이나 체스의 졸처럼 주권국들이 물건 주
고받듯 해서는 안 되며, 현재 끝없는 불신을 받고 있는, 힘의 균형이라는 거대
한 게임에서는 더더욱 말할 것이 없다.

3. 이 전쟁과 관련된 모든 영토적 타결은 경쟁국들 사이의 단순한 조정이
나 타협의 일부로서가 아닌, 그에 연관된 민족들을 위하는 방향으로 결정되어
야 한다.

1918년 7월 4일에도 윌슨은 의회에서 미국과 연합국의 '4대 전쟁 목적'을 추가로 발표했다. 이런 내용이다.

영토든 주권이든, 경제적 합의든 정치적 관계든, 모든 문제는 대외 영향력이나 지배력을 높이기 위해 상이한 타결을 원할 개연성이 있는 국가와 민족의 물질적 이득이나 혜택에 근거해서가 아니라, 그 문제와 직접 연관된 민족들이 자유롭게 받아들일 수 있는 토대 위에 결정되어야 한다.

윌슨의 평화 제안은 의회에서는 열렬한 환영을 받았다. 그러나 연합국 정부들은 드러내놓고 불만을 표시했다. 월터 리프만의 전기 작가에 따르면,

리프만도 처음에는 그것을 보고 적잖이 당황했다. 윌슨이 연합국과 당연히 조율을 거쳐 공표했을 것으로 생각했는데 그게 아니었던 것이었다. 윌슨으로서는 충분히 그럴 만했다. 연합국이 그것을 거절할 것은 뻔한 노릇이었기 때문이다. 윌슨은 연합국에 비밀협정을 포기시키려고 한 노력이 무위로 돌아가자, 유럽 민족들로 하여금 그들 정부에 직접 압력을 넣게 하려고 했다. 하지만 그 전략마저 실패로 돌아가 14개 조항은 결국 연합국 정책의 선언이 아닌 미국의 일방적 선언이 되고 말았다.[16]

실제로 14개 조항은 적국들 못지않게 연합국에도 도전이었다.

IV

14개 조항의 12조는, 미국과 교전 중에 있지도 않은 오스만제국의 해체를 제안했다는 점에서 일방적인 것은 물론 변칙적이기까지 했다. 미국이 독일과 오스트리아-헝가리 제국에는 선전포고를 하고, 두 나라의 동맹국들에는 선전포고를 하지 않은 것도 변칙적이었다.

미의회 상원 외교위원회는 그런 이유로 추가적 선전포고를 지지하면서, 위원장 명의로 그 나라들에 선전포고를 하지 않는 이유를 명백히 해줄 것을 행정부에 요청했다. 그리하여 국무장관 랜싱이 위원회에 제출한 장황한 비망록에는 다음과 같은 몇 가지 이유가 포함되었다.[17] 미국이 윌슨의 친구 겸 주요 재정 후원자였던 클리블랜드 도지와 밀접히 연관된 두 선교대학—로버트 대학과 시리아 개신교대학—외에는, 무역, 경제, 정치적으로 중동에 이렇다 할 이해관계가 없는 것은 사실이다. 그렇기는 하지만 그 학교들을 보호하는 것만으로도 행정부 정책을 정당화하기에는 충분하다. 수백만 달러어치의 값어치를 지닌 그 학교들이 전쟁이 일어나면 압류당할 수 있다는 것도 문제다. 전쟁이 일어날 경우, 기독교도와 유대인들이 새로운 학살의 희생양이 될 수 있다는 점도 고려해야 할 사항이다. 따라서 선전포고를 해봐야 득 될 것은 없고, 터키가 미국을 공격하지 않았다는 것 또한 선전포고를 하지 않을 이유가 될 수 있다.

그러나 랜싱의 비망록에도 불구하고 의회는 여전히 납득하지 못하여 1918년 추가적 선전포고를 요청하는 결의안이 상원에 제출되었다. 그러자 증언을 위해 상원 외교위원회에 출석한 랜싱은 행정부가 내린 판단의 결정권은 기본적으로 의회에 있다고 하면서, 위원회의 요청을 받아들여 추가적 선전포고가 전쟁 노력에 도움이 된다고 보는지 해가 된다고 보는지를 연합국에 타진해보기로 했다.

그리고 5월 랜싱은 미국의 선전포고를 도움이 되는 것으로 보는 연합국의 입장을 윌슨 대통령에게 전했다. 오스만제국에 머물고 있는 미국 선교사들에게, 시리아인과 아르메니아인들의 식비와 의료비조로 매달 송금되는 돈이 100만 달러에 달하고, 따라서 전쟁이 일어나면 그 원조가 끊길 것이라는 점도 함께 지적했다.[18]

윌슨은 결국 추가적 선전포고를 하지 않기로 한 결정을 재확인했다. 그것을 통보받은 상원 외교위원회도 떨떠름하게 그의 결정을 받아들였다. 그리하여 윌슨이 오스만제국과의 평화를 깨기 위한 계획을 짜내는 동안 미국은 그 나라와 평화로운 관계를 계속 유지하게 되었다.

V

한편 하우스 대령은 윌슨의 요청에 따라 1917년 9월초부터, 국무부와는 별개로 그를 도와 미국의 전후 계획을 수립할 일군의 두뇌집단을 모으기 시작했다. 일반에는 공표되지 않고 코드명 '조사위원단'으로 불리게 될 독립집단이었다. '조사위원단'의 첫 본부로는 뉴욕 공립도서관이 선정되었다. 또한 윌슨의 제안에 따라 조사위원들은 하버드 대학 총장과 《뉴리퍼블릭》의 편집인이 추천한 인물들을 비롯하여, 학계의 권위자들이 주축을 이루었다. 윌슨 대통령이 직접 뽑은 월터 리프만도 위원단에 포함되어 있었다. 이렇게 꾸려진 위원단은 가장 왕성한 활동을 벌일 때는 인원이 126명에 달할 만큼 북적거렸고, 그들의 대다수가 미국 4대 엘리트 대학—시카고, 콜롬비아, 하버드, 예일—을 나온 수재들이었다. 그들의 다수는 또 그 대학들이나 혹은 그와 유사한 학교의 교수단에서 영입한 전문가들이었다.[19]

그러나 '조사위원단'은 전문가 집단이라는 이름이 무색할 정도로[20] 아마추어 티를 벗지 못했다. 프린스턴 대학 교수 10명으로 구성된 중동 팀에 동시대의 중동 전문가가 한 명도 없었던 것이 위원단의 엉성함을 보여주는 단적인 사례다. 팀장도 십자군 전공자였으며, 역시 중동 팀 일원이었던 팀장의 아들은 라틴 아메리카 전문가였다. 아메리칸 인디언 전문가, 공학자, 고대 페르시아어와 문학을 전공한 교수 2명도 중동 팀에 들어 있었다.[21]

뉴욕 공립도서관을 위원단의 첫 본부로 삼은 것도 문제였다. 그것만큼 '조사'가 채택한 방식을 상징적으로 보여주는 것도 없었기 때문이다. 위원단은 인류를 분열시킨 모든 정치적 문제를 제기하고 그것을 검토하는 것을 목적으로 삼았다. 그러다 보니 백과사전의 정보를 정리하는 수준에 머물거나, 혹은 앞으로 진행될 평화조약의 내용과는 무관한 문학이나 건축에 관한 문제들을 연구하는 경우도 많았다. 결과적으로 위원단이 낸 보고서에 미국의 국가 이익 문제와 관련된 내용은 거의 없다시피 했다.[22]

보고서의 경제부문도 부실하기는 마찬가지여서, 중동에 상당량의 석유가 매장돼 있을 개연성에 대한 언급조차 없었다. 때는 탱크와 비행기가 출현한 20세기 전쟁이 수행되던 1918년이었다. 따라서 미국도 앞으로의 현대전에서는 다량의 석유가 요구될 것이므로 중동에 묻혀 있을지도 모를 석유가 주요 자원이 되리라는 것을 간파하고 있었다.(프랑스도 같은 해 그 사실을 알았고, 윈스턴 처칠은 전쟁 발발 이전부터 직시했던 사실이다.) 그런데도 그것을 보고서에 포함시키지 않은 것이다. 그 점에서 위원단의 중동 보고서에 석유문제가 간과된 것은 조사위원들의 현실감 부족을 여지없이 드러낸 것이었고, 그와 동시에 앞으로 있을 평화회의 또한 순탄치 않을 것임을 예고하는 나쁜 조짐이었다.[23]

Ⅵ

윌슨의 평화 계획은 어느 면에서 공상적이었다. 그런데도 전 세계적으로 비상한 반응을 불러일으켰다. 아마도 전쟁을 벌이는 이유를 알고 싶어하는 광범위한 열망이 거기 담겨 있었기 때문일 것이다. 영국 외무장관 아서 밸푸어만 해도 1차 세계대전을 "역사상 유례없는 대 사건일 것"이라고만 말했을 뿐, 그 이상을 보는 통찰력은 갖지 못했다. "차세대는 상황을 정확히 판단할 수 있을지 몰라도" 그와 그의 동료들은 아직 그럴 능력이 없었던 것이다.[24] 1917년 무렵 1차 세계대전은 이제 작은 사건들이 원인이 되어 처음 발발했을 때와는 비교가 안 될 만큼 스케일이 커졌다. 따라서 전쟁의 원인을 따지는 것 자체가 무의미해졌다.

우드로 윌슨이 의회에서 선전포고를 요청하는 연설을 한 이튿날 월터 리프만은 대통령에게 이런 글을 썼다.(그 주 후반에 발행된 《뉴리퍼블릭》에 실린 내용이다.) "위대한 정치인으로 불리게 될 인물만이 미국의 참전을 전 세계의 관대한 세력들에 큰 의미를 갖게 할 수 있고, 피할 수 없는 전쟁의 끔찍함을 충만한 의미를 가진 업적으로 만들 수 있습니다."[25] 리프만은 언제나 그렇듯 이번에도 적절한 말을 찾아냈다. 윌슨이 그만의 특별한 목적을 제시함으로서 이번 전쟁에 의미를 부여했다고 말한 것이다.

그 몇 년 뒤인 1919년 평화회의가 열리는 파리로 가는 배 안에서 윌슨은 비공식 발언으로 측근들에게 이렇게 말했다. "이번 강화조약이 가장 고결한 정의의 원칙으로 체결되지 않으면 한 세대도 지나기 전 그것은 세계인들의 뇌리에서 사라지게 될 것입니다. 따라서 그와 다른 그 어떤 종류의 강화조약이라도 맺어지면 나는 차라리 도망쳐 숨어버리고 말겠어요. …… 그렇게 되면 분쟁이 뒤따르는 것은 물론이고 격변이 일어날 것이기 때문입니다."[26]

그러나 월슨도 '조사위원단'에 포함된 전문가들도 희망을 현실로 바꿔놓을 구체적 안은 마련하지 못했다. 월슨의 계획은 막연하고 천년왕국의 기대를 불러일으키는 내용이었다. 앞으로 정치인들이 체결할 협정의 그 어느 것 하나 실망스럽지 않은 것이 없으리라는 점에서, 그 점은 더욱 확실했다.

32. 로이드 조지의 시온주의

인간적으로만 보면 미국 대통령과 영국 총리는, 전자는 엄격하고 후자는 매혹적이되 도덕적으로 해이했으니 극과 극이었다. 그러나 정치인으로서는 양자의 상황이 비슷했다. 두 사람 다 정당이 분리되는 요행수로 권력을 잡은 것만 해도 그랬다. 국무부와 외무부를 무시한 채 외교정책을 본인들이 직접 챙긴 것도 두 사람의 유사점이었다. 윌슨과 로이드 조지 모두 그들 나라를 전쟁에 개입시키기를 주저하다가 일단 개입시키기로 결정한 뒤에는 평화론자와 반전론자 지지자들을 추스르는 데 애를 먹은 것도 같았다. 정치적 좌파인 것도 두 사람의 닮은꼴이었다. 하지만 흡사한 점은 그것으로 끝이었다. 윌슨이 진보주의와 이상주의를 추구한 반면, 로이드 조지는 그 반대의 정책을 추구했기 때문이다.

로이드 조지가 만일 지난날 가졌던 자신의 정치관을 총리직을 수행하는 지침으로 삼았다면, 유럽 국가들이 중동에 실현하려 한 제국주의 야망에 미국이 느낀 혐오감을 공유할 수 있었을 것이다. 청년 시절에 로이드 조지는 영국 제국주의에 반대했다. 그러므로 총리가 되고 나서 전임 총리 애스퀴스가 연합국과 체결한, 제국주의 팽창이 주 내용인 조약을 취소한다하여 이상할 것은 없었다. 하지만 그는 그렇게 하지 않았다.

로이드 조지도 전쟁의 목적을 수정해야 할 필요성은 느꼈다. 하지만 도달한 결론은 윌슨과 판이했다. 전쟁의 중요성을 고려할 때 영토병합 없는 강화조약이 되어야 한다고 본 윌슨과 달리 로이드 조지는 전쟁의 중요성을 감안하여 막대한 배상금과 영토병합이 수반되어야 한다고 믿은 것이다.

오스만제국 문제에서도 윌슨과 로이드 조지는 견해를 달리했다. 오스만제국의 치하에 있는 민족들에게 더 나은 삶을 약속한 것은 두 사람이 같았다. 하지만 자치에 대한 희망을 준 윌슨과 달리 로이드 조지는 민족해방이라는 교묘한 레토릭으로 기존 정부보다 더 나은 정부를 제공하겠다고 말하는 꼼수를 부렸다. 그 점에서 로이드 조지의 목표는 카이로의 중동정책을 나날이 통제하던 키치너 사단의 그것과 일치했고, 그에 따라 그의 정책이 실행될 개연성 또한 덩달아 높아졌다.

1916년에서 1917년으로 넘어가는 시점에 총리로 취임한 로이드 조지는 이렇듯 시대에 뒤처진 급진적 열망을, 반동적 오스만제국의 파괴와 같은 새로운 전쟁 목표, 다시 말해 19세기의 찬란했던 자유주의 시대로 회귀하는 목표로 바꿔놓았다. 그것을 말해주듯 총리가 된 뒤 그가 취한 첫 조치 가운데 하나도 이집트의 영국군에게 지시를 내려 공격 태세를 갖추도록 한 것이었다. 밀너의 권고를 받아들여 정보부장에 임명한 존 버컨에게도, 오스만제국의 파괴가 전쟁의 주 목표임을 알리는 프로파간다 운동을 전개하도록 했다. 그리고 다행히 슬로건으로 내건 "튀르크는 사라져야 한다!"가 효력을 발휘한 덕에 그 운동은 대중의 상상력을 사로잡는 데 성공했고,[1] 그리하여 윌슨의 14개 조항 및 원칙들과 마찬가지로 그 또한 단기적으로는 효과적인 정치운동이 되었다.

반면에 동방으로 군대를 파병하려 한 로이드 조지의 계획은 장군들과 즉각적으로 충돌했다. 장군들은 자신들이 가진 군사적 최고 결정권을 결코 포기하지 않으려 했다. 조지 5세 국왕도 그들을 싸고돌았다. 서부전선에 모든 재원을 쏟아 붓는 전략을 고수하는 그들로서는 자신들의 전문적 판단이 신임 총리에게 거부당하는 것에도 불만이 많았다. 플릿 가(언론사들의 거리—옮긴이)의 언론인들도 그들의 친구인 장군들을 두둔하고 나섰다. 1917년 1월 초 언론 왕 노스클리프 경이 동방정책을 취소하지 않으면 로이드 조지를 "파멸시키겠다"는 협박성 기사를 내보낸 것이 대표적인 예다.[2] 그는 지난해 12월 애스퀴스가 실각한 것도 자신의 영향력 때문이라고 믿었다. 따라서 마음만 먹으면 로이드 조지도 충분히 실각시킬 수 있을 것으로 믿는 듯했다.

그와 거의 같은 시기 로이드 조지와 친한 사이였던 육군성의 누군가도 총리에게 장군들이 그와 싸울 태세에 있으며, 어쩌면 그가 "싸움에서 질 수도 있다"고 경계심을 일깨우는 말을 했다.[3] 독일에서도 참모부가 민간인 총리를 밀어내는 과정에 있었으므로, 국왕, 총리가 속한 자유당, 장군들 모두 그에게 등을 돌리는 상황에서, 영국 참모부도 그 같은 일을 꾸미지 않으리라는 보장이 없었다. 게다가 때는 세계정치에서 전에는 꿈도 꾸지 못했을, 모든 것이 가능해 보이는 시대들 중 하나이기도 했던 것이다.

하지만 로이드 조지는 군사 조언가들을 비웃기라도 하듯 자신의 동방정책을 끝끝내 고수했다. 그로부터 오랜 시간이 지난 뒤 그는 이렇게 썼다. "1915년과 1916년 터키의 완전한 붕괴를 막아준 것은 그 어느 것, 그 누구도 아닌 바로 영국의 참모부였다."[4] 그러면서 1916년 말 불가리아가 참전하기 전, 오스만제국을 패퇴시켰다면 "전쟁의 운명은 크게 달라졌을 것"이라고 말했다.[5] 로이드 조지는 당시에는 어느 때라도 터키를 손쉽게 분쇄할 수 있었다고 하면서 "겉으로는 강해 보였지만 튀르크군은 배후에 숨은 전력이 없었다. 튀르크군이 예비병력이 충분한 가공할 군대였다는 주장은 영국 육군성이 벌인 게임의 일부였다. 물론 실제로 그렇게 믿었을 개연성도 있지만 만일 그랬다면 그들의 정보에 허점이 있었거나, 속아 넘어갔거나 둘 중의 하나다"라고 썼다.[6]

로이드 조지는 개전 초부터 발칸을 통한 공격으로만 독일을 격퇴할 수 있고, 발칸으로 들어가는 관문을 얻기 위해서는 오스만제국을 쳐부숴야 한다는 생각을 갖고 있었다. 하지만 그가 자신의 입장을 옹호할 수 있었던 것은 그로부터 오랜 세월이 흐른 뒤였다. 로이드 조지는 독일군 참모총장 폰 힌덴부르크의 말을 인용해 이렇게 썼다. "영국은 훌륭한 전략적 공훈을 세울 기회가 있었다. …… 그런데도 왜 그 기회를 살리지 못했을까? 그에 대한 답은 아마도 역사가 명쾌히 밝혀줄 것이다."[7]

로이드 조지도 물론 기회를 살리고 싶었다. 하지만 그에게는 장군들을 윽박질러 충분한 병력과 장비를 징발할 정치적 힘이 없었다. 총리와 군부 지도자들은 그 상태로, 1917년을 넘어 1918년까지도 음모와 책략의 전쟁만 벌였다. 로이드 조지의 입지는 불안정했다. 예전의 지지자들로부터는 불신을 받고 반대자들로부터 받는 지원도 한시적이어서, 의회의 지지가 확고하지 못했던 탓이다. 그를 공격하는 정치인들 중에서도 가장 위험한 인물이 지난날 그의 피후견인이었던 윈스턴 처칠이었다. 두 사람의 친구였던 한 인물은 그들의 관계에 대해 이렇게 말했다. "로이드 조지를 말하는 처칠의 어조가 신랄했던 것으로 보아, 오래전부터 그를 혐오했던 것이 분명하다."[8] 하지만 거기에는 그럴 만한 까닭이 있었다. 로이드 조지의 내각에서 처칠이 배제되었던 것이다. 그러나 로이드 조지에게도 할 말은 있었다. "처칠은 터키를 전쟁에 끌어들인 장본인이야. 그런 사람을 고위직에 앉히는 것은 위험천만한 일이지."[9]

한편 처칠은 자신이 지닌 방대한 군사지식과 내용 파악 능력을 발휘해 연설도 하고 기고문도 발표하면서 정부의 전쟁수행 역량을 비판했다. 로이드 조지도 익히 알고 있었듯이 비판할 내용은 차고 넘쳤다. 힘이 없어 연합국 지휘관들에게 그의 뜻을 강요하지는 못했지만, 영국 총리로서 희생이 큰 전투에서 그들이 연전연패 당하는 것에 대해서는 의회에 책임을 져야 했던 것이 좋은 예다. 처칠은 개인적 연락망은 열어둔 채, 하원의 반대파들이 전쟁 지휘에 불만을 품고 총리를 실각시킬지도 모른다는 경고를 로이드 조지에게 지속적으로 보냈다.

결국 1917년 5월 10일 하원 회기가 끝난 뒤 우연히 조우한 자리에서 로이드 조지는 처칠에게 내각의 입각을 권유했다. 총리의 비서 겸 연인이었던 프랜시스 스티븐슨에게 털어놓은 바에 따르면, 그가 처칠을 "나폴레옹을 읽어 망가진 인간"으로 보면서도 입각을 권유했던 것은 주변에 있는 각료들이 죽을상만 짓고 있어 그의 격려와 응원이 필요했기 때문이었다고 한다.[10]

하지만 언제나 그렇듯 이번에도 처칠의 입각은 분란을 야기했다. 그를 내치는 것과 입각시키는 것 중 어느 쪽이 더 위험할지가 문제였다. 실제로 7월 중순 로이드 조지가 처칠을 군수장관에 복귀시키자, 전시내각에 포함되는 직책이 아니었는데도 그의 임명은 즉각적 저항을 불러와 한동안은 정부의 존재마저 위협받을 정도였다.*

처칠의 아주머니도 조카가 걱정되었는지 그의 군수장관 임명을 축하

---

* 로이드 조지는 성난 보수파를 다독거려준 보너 로 덕에 간신히 위기를 넘겼다. 보너 로도 처칠을 싫어하여 로이드 조지가 그 문제를 사전협의하지 않은 것에 불만이 많았으나 그래도 총리를 끝까지 밀어주었다. 로이드 조지도 나름대로 머리를 써, 애스퀴스가 총리로 복귀하면 처칠을 해군장관에 복직시키겠다고 하여 어쩔 수 없이 취한 조치였다고 둘러댔다.[11] 해군장관보다는 그래도 한직인 군수장관이 낫다는 말이었다.

하는 편지에, "군수부 일에만 열중하고 정부 운영할 생각일랑 하지 말아라!"는 당부의 말을 덧붙였다.[12] 《타임스》도 처칠의 임명에 대해 이 나라는 "아마추어 전략을 부활시키려 하는 절망적 시도를 결코 묵과하지 않을 것"이라고 경고하는 기사를 내보냈다.[13] 그러나 군수장관으로 임명된 지 불과 몇 주 뒤 처칠이 중동 침략 안을 가지고 전시내각 장관을 찾아간 것을 알았을 때 그를 위하는 마음에서 걱정이 많았던 친구와 가족들이나, 나라를 위해 근심이 많았던 정적과 중상자들이나, 낙담은 했을지언정 놀라지는 않았을 것이다. 알렉산드레타 항에 영국군을 상륙시켜 시리아 북부를 침략하고, 오스만제국의 운송과 통신망을 차단하려는 것이 그의 복안이었다.[14] 하지만 전시내각의 거부로 처칠의 계획은 수포로 돌아갔다.

II

로이드 조지는 총리로 취임한 지 채 몇 달도 지나기 전 청년튀르크당 지도자인 엔베르 파샤와 비밀협상을 추진했다. 오스만 공채 관리 위원회 위원장으로 콘스탄티노플에 다년간 체류한 적이 있는 영국의 초대형 군수업체 빅커스의 금융관리자 빈센트 케일러드를 총리의 대리인으로 내세웠다. 그러나 케일러드도 자신이 전면에 나서지는 않고 스미르나의 지하세계에서 활동하다 '죽음의 상인'으로 불릴 만큼 세계 최고의 이름난 무기 거래상으로 도약한 그의 가까운 동료 바실리 자하로프(자치리아스)를 통해 일을 진행시켰다. 자하로프는 1917년과 1918년 두 차례 제네바를 여행했다. 그리고는 처음에는 중개인을 통해, 그다음에는 중개인 없이도 직접 엔베르 파샤와 협상할 수 있게 되었다는 소식을 전해왔다.[15]

그리하여 로이드 조지가 밀사를 통해, 엔베르와 그의 동료들에게 금품—거액의 예금계좌—을 제공하며 요구한 사항은, 영국이 원하는 조건으로 전쟁에서 발을 빼달라는 것이었다. 아라비아에 독립을 부여할 것, 아르메니아와 시리아에 자치권을 줄 것, 메소포타미아와 팔레스타인을 공식적으로는 오스만의 종주권 아래 두되 사실상 영국의 보호령으로 만들어줄 것, 다르다넬스 해협의 자유 항해권을 보장할 것이 총리의 요구사항이었다. 그렇게 해주면 유럽인들에게 특혜를 부여하는 내용의 외국인 거류협정도 폐기하고 오스만의 경제가 회복될 수 있도록 금융상의 조치도 취하겠다는 약속을 했다. 로이드 조지의 요구사항은 전임 총리 애스퀴스 정부가 계획했던 것과는 두 가지 점에서 크게 달랐다. 프랑스, 이탈리아, 러시아에는 돌아가는 것이 없게 하고, 메소포타미아와 팔레스타인을 영국이 몽땅 차지하게 만든 것이 그것이다.

자하로프 보고서—이것의 진위 여부를 판별하기는 매우 힘들다—에는 엔베르가 죽 끓듯 변덕을 부리다 결국 로이드 조지의 제의를 거부했던 것으로 나타난다. 그것으로 미루어보면 애당초 그는 로이드 조지의 제안을 진지하게 받아들일 의사가 없었던 것 같다. 반면에 자하로프가 넘겨받은 지시사항으로 중동과 관련된 로이드 조지의 의중은 고스란히 드러난 셈이었다.

III

로이드 조지는 1917년 5월 10일에 열린 하원 비밀회의에서 영국이 전쟁 중에 점령한 아프리카의 독일 식민지를 독일에 반환하지 않을 것이고, 팔레스타인과 메소포타미아도 터키가 보유하지 못하도록 하겠다는 선언을 하여 그의 긴밀한 협력자마저도 깜짝 놀라게 만들었다.[16] 오스만제국의 장래에 대한 로이드 조지의 생각이 확고한 줄은 알았지만 그 정도일 줄은 몰랐던 것이다. 각료들 중 그 내용을 아는 사람은 거의 없었다. 공식 채널을 사용하지 않고 엔베르 파샤와 비밀협상을 진행하는 과정에서 조금씩 윤곽이 드러나다 보니 그렇게 되었던 것이고, 밝혀진 내용이 중요한 것도 그래서다.

로이드 조지는 마크 사이크스가 약속한 전후 중동에서의 프랑스 권리를 받아들일 의사가 없었다. 그러므로 당연히 사이크스-피코 협정도 중시하지 않았다. 그가 중요하게 본 것은 물리적 소유뿐이었다. 팔레스타인에 대해서도 그는 1917년 4월 프랑스 주재 영국 대사에게 "우리는 정복으로 그곳을 차지할 것이고, 이후에도 그곳에 계속 머물러 있을 것입니다"라고 말하여, 프랑스도 종래는 그것을 기정사실로 받아들이게 될 것임을 시사했다.[17]

로이드 조지는 내각에서 유일하게 팔레스타인 획득을 시종일관 원한 인물이었다. 팔레스타인에 유대인 조국을 조성하는 안도 지지했다. 각료들마저 이해하지 못할 만큼 그에 대한 로이드 조지의 의지는 확고했다.

그러나 각료들은 몰랐겠지만 로이드 조지에게는 그런 신념을 가질 만한 배경이 있었다. 그가 애스퀴스나 내각의 동료들과 달리, 그리스와 라틴 고전문학을 중시한 일류 사립학교 출신이 아닌 것만 해도 그랬다. 그는 성서를 배우며 자랐다. 유럽 전쟁에 등장하는 전쟁터나 전선들 이름보다 성서의 지명을 더 많이 안다고 거듭 말한 것도 그래서였다. 그는 성서의 지명들을 이야기할 때면 신명이 나서 떠들었다. 훗날 집필한 회고록에서, 사이크스-피코 협정에 명시된 팔레스타인 분할(그 대부분 지역이 프랑스에게 돌아가거나 혹은 국제 지역이 되게 만든)을 반대한 것도, 그렇게 되면 그곳이 절단나기 때문이라고 이유를 밝혔다. 그러면서 "주의 앞에서 그곳을 토막 내기" 위한 것이 유일한 목적이라면 군이 성지를 획득할 필요는 없다는 말과 함께,[18] "팔레스타인이 회복되면, 생명체로서의 위대함이 되살아날 수 있

도록 불가분의 단일체가 되어야 한다"고 주장했다.[19]

Ⅳ

로이드 조지는 동료 각료들과 달리, 유대인의 고향 시온을 그들에게 되돌려주는 일에 앞장서려는 생각이 영국의 비국교도와 복음주의자들 머릿속에 수백 년간 깊이 뿌리박혀 있었다는 사실도 인식하고 있었다. 실제로 그것은 그가 믿는 비국교도 신앙의 배경이 되었다. 로이드 조지야말로 영국에서 청교도주의가 일어나고 메이플라워호가 신세계로 향했던 시대로까지 거슬러 올라가는, 기나긴 역사를 지닌 영국 기독교 시온주의의 가장 최신 사례에 속했던 것이다. 미국이든 팔레스타인이든, 당대인들의 마음속에는 여전히 약속의 땅에 대한 생각이 서려 있었다.

17세기 중반 암스테르담에 살고 있던 두 영국인 청교도―조애너와 에베니저 카트라이트―가 본국인 잉글랜드 정부에, "잉글랜드 국민이야말로, 네덜란드 주민과 더불어 이스라엘의 아들딸을 배에 태워 그들의 조상인 아브라함, 이삭, 야곱이 영원한 유산으로 약속한 땅에 가장 손쉽게 실어 다줄 최초의 사람들이 될 것이라고" 하면서 유대인 추방이 명시된 법률을 폐기해줄 것을 탄원한 것도 그런 맥락(기독교 시온주의의 일환)에서 행한 일이었다.[20] 청교도들은 성서를 지침삼아, 유대민족들이 그들의 고향으로 돌아가는 즉시 메시아가 강림할 것으로 믿었다.

그런데 이 개념이 19세기 중엽에도 되살아났다. 새프츠버리 백작이 된 사회개혁가 앤서니 쿠퍼는 영국국교회 내에서, 유대인을 팔레스타인으로 복귀시키고, 그들을 기독교로 개종시키고, 그리하여 그리스도의 재림을 촉진시키자는 강력한 복음주의 운동을 일으켰다. 그는 혼인으로 친척이 된 외무장관 파머스턴에게도 영감을 불어넣어 팔레스타인의 유대인들에게까지 영국 영사관의 보호권이 미치게 했다. 그는 일기에 이렇게 적었다. "파머스턴은 이미 하느님의 옛 민족에게 선을 행하도록 하느님이 선택한 도구가 되었다."[21]

그러나 파머스턴도 이상주의와 실용주의가 혼재된 정책을 추구했다는 점에서 다음 세기의 로이드 조지와 다를 게 없었다. 그가 유대인-팔레스타인을 역설한 것도, 반동적인 이집트 총독 메메드(무함마드) 알리 파샤가 프랑스의 지원을 등에 업고 이집트에서 시리아로 진군하여, 오스만제국의 영토 보전과 술탄의 제위를 위태롭게 한 1830년대와 1840년대에 영국과 프랑스가 벌인 거대한 게임의 연장선상에서 나온 행위였다. 파머스턴은 언제나 그렇듯 오스만의 대의를 지지했다. 유대인-팔레스타인을 옹호한 것도 유대인의 지원을 받아 오스만 정권을 강화하려는 데 일부 목적이 있었다. 영국이 지원하는 유대인 고향을 프랑스와 프랑스의 비호를 받는 메메드 알리 파샤가 진군하는 길에 위치시켜 그의 진행을 가로막음으로써 그들의 계획을 좌절시키려는 목적도 있었고, 중동에 영국의 피보호구역을 둠으로써 오스만 정세에 개입할 구실을 가지려는 것 또한 유대인-팔레스타인을 옹호한 또 다른 목적이었다. 정교회 수호자를 자임하는 러시아와, 전략적 중요성이 큰 곳에 위치한 레바논의 마론 교회(로마 가톨릭에 속하는)의 보호자인 프랑스가 중동의 주요 이권과 공동체들을 대변한다고 주장하는 형편이어서, 영국으로서도 속 편히 앉아 있을 입장이 아니었던 것이다. 요컨대 그 지역 신교도들의 필요를 충족시키려면 두 나라와 유사한 주장을 할 수 있는 영국의 피보호 구역을 만들어 놓아야 했던 것이다.

유대인들에게 약속의 땅을 돌려주려고 한 파머스턴의 계획은 영국 내에서도 현명한 정략이 되었다. 영국 내 여론에 청교도적 열정을 연상시킬 정도의 큰 공감대를 불러일으킨 것이다.* 파머스턴 외교사를 전공한 권위 있는 역사가의 말을 빌리면, 파머스턴 정책은 "19세기적 상황에 매몰되지 않고, 하느님의 선택에 의해 영국이 유대인을 성지로 보내줄 도구가 될 것이라는 신비주의 관념과도 연결돼 있었다."[22] 그리고 이 관념은 당시 만연해 있던 반유대주의와 더불어, 최소한 영국 상류층에는 공존해 있었다.

그러다 1914년 오스만제국이 참전하자 바야흐로 시온주의자들의 꿈이 실현될 수 있는 정치적 환경이 조성되는 듯했다. 『타임머신』을 쓴 영국 소설가 겸 역사가 허버트 조지 웰스(1866~1946)도 터키가 참전한 순간에 쓴 기고문에서 이런 질문을 던졌다. "유대인이 팔레스타인을 소유하고 진정한 유대를 회복시키는 것을 막을 수 있는 것이 무엇이겠는가?"

그로부터 얼마 지나지 않아 애스퀴스 내각에 체신장관으로 입각함으로써 영국 최초의 유대인 각료가 된 자유당 지도부의 허버트 새뮤얼 경도 그와 비슷한 생각을 하게 되었다. 1915년 1월 그는 애스퀴스 총리에게 팔레스타인을 영국 보호령으로 만들 것을 제안하고—영국제국에 전략적으로 중요하다는 것이 이유였다—그곳에 대규모 유대인 정착촌 건설을 장려하는 것에서 오는 이점을 강조하는 비망록을 보냈다. 애스퀴스는 그때 마침 『탕크레드Tancred』—유대인 가정 출신으로 기독교 세례를 받았으나, 유대인의 팔레스타인 귀향을 옹호한 19세기의 영국 지도자 벤저민 디즈레일리가 쓴 시온주의 정신이 담긴 소설—를 읽고 있었다. 그래서인지 이렇게 털어놓았다. 새뮤얼의 비망록이 "마치 『탕크레드』 최신판 같은 느낌이 드는군. 솔직히 말하면 영국의 부담이 늘어나는 것에는 마음이 동하지 않지만, 새뮤얼의 균형 잡힌 머리에서 나온 거의 서정시와도 같은 이 비망록이 '종족이 모든 것'이라고 말한, 디지(디즈레일리)의 좌우명을 대변할

---

* 그것은 속인 이상주의자들도 고쳐시켜 조지 엘리엇은 시온주의 정신이 담긴 소설 『다니엘 데론다 Daniel Deronda』(1876)를 집필했다.

수 있는 흥미로운 사례인 것은 분명해."[23]

1915년 3월에도 새뮤얼의 수정된 비망록이 내각에 유포되었으나 지지를 얻지는 못했다. 애스퀴스는 당시 사견임을 전제로 이렇게 말했다. "흥미롭게도 새뮤얼 외에 이것을 제안한 또 다른 유일한 인물은 로이드 조지였어. 유대인이나 유대인의 역사 혹은 그들의 장래에 대해 일말의 관심도 없는 인물이 그것을 제안한 거야."[24] 하지만 그것은 애스퀴스가 로이드 조지의 복잡한 속내를 모르고 한 소리였다. 로이드 조지는 팔레스타인의 기독교 성지들이 "불가지론적이고 무신론적인 프랑스"에 넘어가게 하는 것은 언어도단적 행위라고 말했다.[25] 따라서 그로서는 새뮤얼과 로이드 조지가 서로 다른 이유로 팔레스타인의 영국 보호령 안을 지지하는 행위가 이상해 보일 수밖에 없었다. "다른 길을 가던 사람들이 동일한 결론에 도달하는 것이 기묘하지 않습니까?"[26] 앞으로 수년 뒤면 다른 길을 걷던 영국관리들이 동일한 결론에 도달하게 된다는 점에서 애스퀴스의 그 말은 예지력 있는 발언이었다. 영국이 취하게 될 팔레스타인 정책의 특징이 바로 그것, 단일한 이유가 없다는 점에 있었기 때문이다.

키치너는 자신이 지닌 막강한 힘으로 새뮤얼의 제안에 제동을 걸었다. 내각에서도 그는 심지어 변변한 항구조차 없는 곳이라고 하면서, 전략적으로도 그렇고 다른 모든 면으로 봐도 팔레스타인은 무가치하다고 말했다.[27] 그리하여 새뮤얼의 제안은 채택되지 않았으나, 팔레스타인의 전략적 중요성을 둘러싼 로이드 조지와 키치너의 불협화음은 이후에도 계속되었다.

V

로이드 조지는 웨일스인 부모를 두었다. 그러나 태어난 곳은 급진적 자유당 전통을 지닌 영국 제2의 도시 맨체스터였으며, 그가 정치생활을 하는 내내 그 전통을 고수한 것도 그 때문이었다. 그런가 하면 맨체스터는 런던 다음으로 큰 영국 최대의 유대인 공동체가 있는 곳이기도 했다. 밸푸어나 처칠과 같이 그곳을 지역구로 한 의원들이 유대인 유권자들에게 특별한 주의를 기울인 것도 그래서다.

이름난 자유주의 신문 《맨체스터 가디언Manchester Guardian》(1959년부터는 《가디언》)의 편집장 찰스 프레스트위치 스콧도, 러시아 출신의 화학자로 나중에 맨체스터로 이주해온 시온주의 지도자 하임 바이츠만(1874~1952)의 영향을 받아, 1914년 시온주의자로 전향했다. 로이드 조지의 막역한 정치적 동지로도 간주되었던 스콧은 자기 안에 내재된 이상주의적 성향을 총동원하여 시온주의 대의에 천착했다. 《가디언》의 허버트 사이드보텀 군사전문 기자도 시온주의에 관련된 동시대의 한 양상을 보여주었다. 시온주의가 영국에 군사적 이득을 가져다줄 것으로 관측한 것이다. 1915년 11월 26일자 신문에서 그는 "해상제국으로서의 영국제국의 완전한 미래"가, 팔레스타인을 "애국적 종족만" 거주하는 완충국으로 만드는 것에 달려 있다고 주장했다.[28]

《맨체스터 가디언》의 시온주의로의 전향은 1차 세계대전의 정황 속에 벌어진 일이었다. 그러나 로이드 조지는 그보다 앞선 10여 년 전부터 이미 시온주의에 다가가기 시작했다. 아니 그보다는 시온주의가 그에게 다가갔다는 표현이 더 어울릴 것이다. 1903년 그가 유대인 국가가 반드시 팔레스타인에 위치해야 하는지에 대한 문제로 시온주의자 지도자들 간에 틈이 벌어진 것과 관련해, 시온주의 운동과 그 운동의 창시자 테오도어 헤르츨의 영국인 변호사로 선임되었던 것이다. 따라서 결정적인 순간 헤르츨을 변호한 인물로, 시온주의 운동에 내재된 딜레마의 성격을 정확히 파악할 수 있는 입장에 있었다.

시온주의는 새로운 운동이었다. 하지만 그 역사는 바빌로니아에 의해 독립을 잃고 서기 2세기에는 로마의 지배에 항거해 봉기를 일으켰다가 진압당한 뒤 수많은 사람들이 타지로 추방되었던 고대 유대만큼이나 오래되었다. 유대인들은 유랑할 때도 그들 고유의 법률, 관습, 종교를 고수하여, 이주한 곳의 원주민들과 동떨어진 생활을 했다. 열등한 지위, 박해, 빈번한 학살, 되풀이되는 추방도 유대인 특유의 정체성을 강화시키는 데 한몫했다. 그들은 언젠가는 하느님이 자신들을 시온으로 데려다줄 것이라는 종교적 가르침을 믿고, 유월절 행사 때마다 "이듬해에는 예루살렘에서!"의 기도문을 되풀이해서 읽었다.

이렇듯 메시아적 꿈으로 남아 있던 시온으로의 복귀는 19세기 유럽에 등장한 이데올로기에 의해 동시대의 정치 현안으로 탈바꿈했다. 프랑스 혁명군이 도처에 이식하여 만개한, 모든 민족은 그들만의 독립국을 가질 권리가 있다는 사상이 그 시대의 대표 이데올로기로 자리매김한 것이었다.(다만 민족의 구성요소가 무엇인지는 분명치 않았다.) 이탈리아 혁명가 주세페 마치니도 각각의 민족이 고유의 특질을 발현하고 인류를 위해 특별한 사명에 종사할 수 있도록 모든 민족을 해방시켜야 한다고 부르짖은 그 사상의 주창자였다. 그렇게 함으로써 각 나라의 민족주의는 해당 국가뿐 아니라 주변 국가들의 이익에도 도움을 줄 수 있다는 것이었다. 마치니의 동료 혁명가였던 이탈리아의 위대한 영웅 주세페 가리발디도 그 신조를 몸소 실천하여, 이탈리아는 물론 우루과이와 프랑스를 위해서도 싸웠다.

그것을 역으로 말하면 세계에 재난을 불러온 본질적 요인은 일부 민족들이 통일이나 독립을 쟁취할 수 있는 길이 가로막힌 것이었다. 마치니와 그의 추종자들은 전쟁이나 혁명을 일으켜서라도 그 상황을 바꿀 것을 제안했다. 그리하여 우파가 좌파로부터 이들의 제안을 넘겨받아—카보우르와 비스마르크가 이탈리아와 독일을 통일시킨 것이 대표적인 예다—유럽 정치 담론의 주제로 만든 것이다. 민족주의 사상은 거기서 그치지 않고 스위스에서는 7개 주가 분리를 시도하다 실패하여 1847년 새로운 연방국가로 탄생하고, 미국에서는 남부 11개 주가 연방에서 분리를 주장하며 일으킨 남북전쟁(1861~1865)에서 패함으로써 연방이 보존되는 결과를 가져왔다. 좋든 싫든 민족들이 하나의 국가로 통합된 것이다.

이것이 말해주는 것은, 새로운 민족주의에는 다수파 이외의 집단들에 대해서는 관용을 베풀지 않는 어두운 면이 있을 수 있다는 것이었고, 유대인이 맞닥뜨린 문제가 바로 그것이었다. 민족주의가 팽배한 서유럽에서 유대인은 새로운 모습으로 다가왔다. 독일 유대인이 독일인이 될 수 있는지, 프랑스 유대인이 프랑스인이 될 수 있는지, 될 수 있다면 그들 고유의 정체성은 어떻게 될 것인지의 문제가 대두된 것이다. 19세기 말 서유럽의 유대인들은 게토(유대인 강제 거주구역—옮긴이) 밖으로 나올 수도 있고, 상업활동과 직업의 선택도 가능해지고, 토지도 구입할 수 있고, 시민의 권리도 갖는 등 지난 수백 년간 그들 삶을 옥죄었던 다수의 제약에서 벗어나 상당한 법적 지위를 누리게 되었다. 그렇기는 하지만 그들은 여전히 유대인을 이질적으로 보는 이웃들의 크고 작은 적대감에 시달렸다.

그중에서도 특히 위태로운 상황에 처했던 사람들이 폴란드, 발트 3국, 그리고 우크라이나가 포함된 러시아제국의 동유럽 유대인들이었다. 당시 전 세계 유대인들의 대다수는, 러시아제국 내에 설치돼 있던 강제 거주지역 즉 페일Pale(건물 울타리에 사용된 말뚝에서 유래된 말)에 갇혀 살았다. 극소수 유대인들만—불법으로 혹은 특별 허가를 받아—상트페테르부르크, 모스크바 혹은 페일을 벗어난 다른 지역에 거주할 수 있었을 뿐이다. 따라서 페일 안에 갇혀 산 600만 유대인들은 유대계 러시아인이 되지 못한 채 러시아계 유대인으로 계속 남아 있었다. 법적 제약에 그치지 않고 조직적 학살의 희생양이 되기도 했다. 19세기 후반기와 20세기 초에는 학살의 도가 갈수록 심해져 수많은 유대인들이 러시아를 떠나 다른 곳으로 이주했다.

그러므로 민족주의가 정치적 악폐를 근절할 수 있는 만병통치약으로 간주되었던 만큼 누군가는 유대인 문제에 대한 답으로 민족주의를 제시할 만도 했다. 아닌 게 아니라 도달한 결론은 제각각이었지만, 몇몇 작가들은 유대인들이 독립국을 세워 민족통합과 민족자결을 이룰 것을 제안하는 가슴 뭉클한 작품을 집필하기도 했다.* 이렇게 보면 테오도어 헤르츨은 시온주의 운동의 선구자가 아니었다. 하지만 러시아 출신의 유대인 개척자들이 정치적 타결을 기다리지 않고 팔레스타인의 식민지화를 시작했을 때, 시온주의를 정치운동으로 부각시킨 최초의 인물이었던 것은 분명하다.

문제는 테오도어 헤르츨이 동화된 유대인이다 보니 국가의 필요성을 느끼면서도 장소에 큰 의미를 부여하지 않은 것이다. 유대인과 유대주의에 대해 아는 것이 없어 발생한 결과였다. 헤르츨은 오스트리아 빈의 한 신문사 파리 특파원으로 활동한 멋쟁이 저널리스트였다. 자신이 유대인이라는 사실조차 잊고 지냈을 정도다. 그랬던 그가 전 세계 유대인들을 역사적 곤경에서 구해줄 결심을 하게 된 것은 드레퓌스 사건(프랑스의 군 관련 문서가 독일 정보원에게 넘어간 사실이 밝혀지자 유대인 포병장교 알프레드 드레퓌스가 그 누명을 뒤집어쓰게 된 사건. 19세기 후반기 몇 년 동안 프랑스 사회를 뒤흔든 정치적 추문이었다―옮긴이) 때문이었다. 헤르츨은 그 사건으로 프랑스에 반유대주의 여론이 들끓는 것에 큰 충격을 받았다.

헤르츨은 세상물정에 밝았으므로 당시 유럽에서 어떤 식으로 정치적

---

* 모세스 헤스의 『로마와 예루살렘Rome and Jerusalem』(1862), 레오 핀스케르의 『자력해방Auto-Emancipation』(1882)이 대표적인 예다.

거래가 이루어지는지에 대해서도 잘 알았다. 그래서 그것을 바탕으로 시온주의 조직을 구성하고, 그 일을 마친 뒤에는 조직의 대표로 각국 정부관리들과 협상에 나섰다. 그런저런 과정을 통해 다른 유대인들과도 알게 되고, 성지에서 다년간 정착촌 건설에 매진한 유대인 조직들과도 접촉한 뒤에야 그는 비로소 세계인들은 팔레스타인—필리스틴인(팔레스타나인, 성서의 블레셋인)의 땅—으로 부르고 유대인들은 이스라엘의 땅이라 부르는 곳에 담긴 특별한 의미를 인식하게 되었다.

20세기 초에는 오스만제국과 협상을 벌였으나 최소한 당분간은 시온주의자들의 제안에 술탄의 동의를 얻기는 힘들다는 판단을 내리고 다른 방향으로 눈을 돌렸다. 1902년에는 헤르츨이 로버트 세실(솔즈베리 후작 3세)의 보수당 내각과 아서 밸푸어 내각의 식민장관이자 현대 영국 제국주의의 아버지 조지프 체임벌린과 만나게 되었다. 이 만남이 중요했던 것은 체임벌린 역시 유대인 문제의 해결책은 국가에 있다고 보고, 나중에는 그럭저럭 보유할 수 있게 되리라는 생각으로 팔레스타인 변경지에 유대인의 정치적 공동체를 먼저 수립하는 것이 좋겠다고 본 헤르츨의 한 발 후퇴한 제안을 호의적으로 들어주었기 때문이다. 헤르츨은 키프로스 섬이나 팔레스타인 부근의 시나이 반도 북동부에 위치한 알아리시 중 하나를 유대인 정착지로 제안했다. 두 곳 다 명목상으로는 오스만제국 영토였으나 실질적으로는 영국이 지배하는 곳이었다. 이 중 키프로스 안은 거부되고, 시나이에 대해서만 영국 관리들의 동의를 얻을 수 있도록 도와주겠다는 체임벌린의 답변이 돌아왔다.

그러자면 영국정부에 그 사안을 정식으로 의뢰할 필요가 있었으므로, 헤르츨은 그의 영국 대리인이었던 유대인 저널리스트 레오폴드 그린버그를 통해 정치적 식견이 높은 변호사를 선임하기로 하고, 런던에서 '로이드 조지, 로버츠 앤 컴퍼니'라는 법률사무소를 운영하던 로이드 조지를 만나 그 일을 맡겼다. 하지만 로이드 조지가 직접 나서 일을 처리했는데도 카이로 영국정부가 거부하여 시나이 안은 끝내 부결되었다. 영국 외무부는 1903년 6월 19일과 7월 16일 헤르츨에게 그의 제안이 실용적이지 못하다는 통지문을 보냈다.

그 계획이 실패하자 체임벌린은 자기 부처의 관할권 내에 있는 지역이면 정착지로 제공해줄 수 있다고 하면서 영국령인 동아프리카의 우간다를 그 후보지로 제안했다. 유대인 문제를 골똘히 생각하다 체임벌린과 마찬가지로 역시 국가가 해결책이라는 결론에 도달한 아서 제임스 밸푸어 총리도 그 제안을 지지했다. 헤르츨도 우간다 안에 동의했다. 그리하여 로이드 조지가 유대인 정착촌 강령의 초안을 작성해 영국정부에 정식으로 제출하자, 1903년 여름 외무부도 이듬해의 연구 성과와 협의의 결과가 좋게 나오면 그 제안을 호의적으로 고려하겠다는 신중하면서도 긍정적인 답변을 보내 왔다. 이것이 시온주의 운동에 대해 한 나라의 정부가 내놓은 최초의 공식 선언이자, 유대인 국가의 의미가 내포된 최초의 공식성명이었다.[29] 최초의 밸푸어선언인 셈이었다.

그로부터 얼마 지나지 않아 세계 유대인(시온주의자) 대회가 열리자 헤르츨은 유대인 정착의 설립지로 동아프리카의 우간다가 제안된 사실을 알리고, 그곳이 러시아계 유대인들이 학살의 공포를 벗어나 약속의 땅으로 가는 중간 기착지 겸 피난처가 될 것이라고 역설했다. 하지만 대의원들은 그의 연설에 공명하지 않았다. 지도자들만 우간다안에 찬성했을 뿐, 대의원들은 조상의 땅이 아닌 다른 곳에는 흥미를 보이지 않았다. 시온주의 운동은 결국 벽에 부딪치고 말았다. 헤르츨로서는 팔레스타인으로 시온주의 운동을 이끌어갈 방법이 없었고, 시온주의 운동 또한 팔레스타인이 아닌 다른 곳이면 그를 따르려 하지 않았던 것이다. 헤르츨은 이렇게 산산 조각 난 지도부를 남긴 채 1904년 숨을 거두었다.

1906년에는 영국에도 새로운 자유당 정부가 들어서, 로이드 조지는 레오폴드 그린버그의 부추김을 받아 시나이 제안서를 정부에 다시 제출했다. 하지만 이번에도 외무부의 입장은 달라진 것이 없었다. 시나이 안을 거부한 에드워드 그레이의 답변서는 1906년 3월 20일에 도착했다.[30]

로이드 조지는 이렇듯 시온주의 운동이 일어나 그것의 의미를 찾아갈 때, 변호사로서 그것을 대변하는 일을 했다. 그래봐야 수많은 의뢰인의 하나에 지나지 않았고 중요한 의뢰인 또한 아니었으나, 전문적으로 그 일을 수행하다 보니 영국 정치인의 어느 누구보다도 시온주의의 특성과 목표를 잘 파악할 수 있는 입장에 있었던 것이다. 그리하여 팔레스타인 정복을 염두에 두었던 1917년과 1918년에는 그곳이 수중에 들어오면 어떤 조치를 취해야 할지에 대해서도 가장 명징한 생각을 가질 수 있게 되었다.

그 점에서 로이드 조지는 우드로 윌슨과 생각의 궤를 같이했다. 우드로 윌슨이 중동에 가진 유일한 관심사가 바로 미국 신교대학과 선교였던 것이다. 로이드 조지도 윌슨처럼 그 지역에 주님의 일을 행하고 싶어 했다. 윌슨과 다른 점이라면 그렇게 함으로써 그는 영국제국의 힘을 증대시킬 계획을 세웠다는 것이다.

로이드 조지가 전후 중동에서 유대인 민족주의를 후원할 결심을 하게 된 것은 그 나름의 지적 행로를 거친 결과였다. 다수의 각료들도 1917년 경로는 달랐지만 동일한 결론에 도달했다. 많은 길들이 시온으로 통하고 있었다. 얄궂은 것은 아랍인과 무슬림을 오판해 아미르 후세인을 지원했던 그들이 이번에는 유대인을 오판해 시온주의를 지원하려 했다는 사실이다.

33. 밸푸어선언을 향해

I

앞 단원에도 언급되었듯이 로이드 조지—전쟁 때 구사한 전략으로 보나 그가 가진 전쟁의 목표로 보나 '동방주의자'였던 인물—는 정부의 주요 민간인 각료들로부터 시온주의에 대한 지지를 얻어내는 데 성공했다. 그들 역시 전반적으로는 중동, 구체적으로는 팔레스타인이 영국 제국의 이익에 매우 중요하다는 판단하에, 경로는 달랐지만 전시든 평시든 시온주의와의 제휴가 영국의 필요에 득이 된다는 결론에 도달했던 것이다.

로이드 조지가 동방의 전략적 중요성을 앨프레드 밀너와 그의 동료들에게 납득시킨 것은 중동이나 여타 지역에서 연합국이 결정적 승리를 결코 장담할 수 없었던 1917년 겨울이었다. 이듬해 봄 미국이 참전한 뒤에도 미군이 제때 도착하지 못해, 교전국들이 잘해야 현상유지나 할 수 있을 평화협정을 체결할 가능성이 여전히 상존해 있었다. 로이드 조지가 중요성을 극구 강조한 지역의 지배권이 독일과 튀르크에 넘어갈 개연성 또한 배제할 수 없었다.

전시내각의 레오 에이머리와 마크 사이크스도 그것 때문에 걱정이 많았다. 그들은 전후에 행여 독일이 오스만제국을 독차지할지도 모른다는 점을 우려했다. 그렇게 되면 인도로 가는 길이 적국 수중에 떨어져 영국에는 큰 위협이 될 수 있었고, 따라서 그 위험을 피하려면 튀르크와 독일을 격퇴하고 오스만제국의 남쪽 주변부를 차지하는 것이 첩경이었다. 내각이 개전 초부터 메소포타미아 병합을 염두에 둔 것도 그래서였다. 아라비아도 독립을 주장한 현지 지배자들과 협상을 벌여 보조금도 주고 지원도 약속하여 친영파로 만들어놓았다. 그리하여 그 지역에서 취약지로 남은 곳은 이제 팔레스타인뿐이었다. 아프리카와 아시아를 잇는 다리로서 이집트에서 인도로 이어지는 육로를 가로막는데다, 수에즈운하와도 가까워 운하는 물론이고 운하와 연결되는 해로도 함께 위협할 수 있는 요지에 위치해 있었기 때문이다.

밀너 사단의 대표 주자였던 에이머리가 1917년 4월 11일 내각에 비망록을 보내 그 문제를 논의한 것도 그래서였다. 그는 전쟁 뒤 독일이 유럽이나 혹은 중동 지배를 통해 영국을 재차 공격할 개연성에 대해 경고하면서, "독일의 팔레스타인 점유는 앞으로 영국제국이 맞닥뜨릴 최고로 위험한 요소" 중의 하나가 될 수 있다고 주장했다.[1]

에이머리는 마크 사이크스 및 나중에는 윌리엄 옴즈비 고어와 함께 전시내각 장관인 모리스 행키의 보좌진을 형성하고 있었다. 의회 의원에다 육군성에 적을 둔 군 장교이기도 했던 그가 전쟁을 지휘하는 핵심부의 일원이 된 것이다. 다만 보좌관들 사이에도 업무가 분리돼 있었던 탓에 중동은 그가 아닌 마크 사이크스가 담당하게 되었다. 하지만 옛 친구에게 도움을 주는 방식으로 그는 이미 중동정책에 영향을 미치는 일에 관여하고 있었다.

에이머리가 남아프리카에서 알고 지낸 군 장교들 중에 갈리폴리 전투 때 유대인 부대를 지휘한 존 헨리 패터슨 육군 중령이 있었다. 그는 영국군

휘하에 비영국계 유대인 부대를 창설할 수 있도록 육군성의 허가를 받아달라고 에이머리에게 청탁했다. 이집트와 시나이 반도의 영국군이 오스만제국을 침략하면 팔레스타인으로 파견돼 싸우게 될 군대였다. 패터슨은 아일랜드계 신교도, 성서학자, 직업군 장교, 베스트셀러 소설 『차보의 식인괴물들The Man eaters of Tsavo』과 공격적 성향으로 유명한 아마추어 사자 사냥꾼이었다. 이처럼 다채로운 배경을 지닌 그가 유대인 부대를 창설하려고 했던 것은 불같은 성격을 지닌 러시아 저널리스트 블라디미르 야보틴스키 (1880~1940) 때문이었다. 야보틴스키가 신체 건강한 다수의 러시아계 유대인 이민자들이 영국 백성도 아니고 군복무도 하지 않으면서 영국에 머무는 것에 영국인들이 분개한다고 여겨, 유대인 부대 창설을 결심한 것이었다. 또한 처음에는 그렇게 말하지 않았지만 유대인 부대가 팔레스타인 해방에 도움을 주면 시온주의의 꿈이 실현될 수 있다는 점도 염두에 두었다.[2] 그래서 패터슨도 열성적으로 나선 것이다. 갈리폴리 전투 때 그가 지휘한 유대인 부대도 알고 보면 야보틴스키의 동료였던 요셉 트럼펠더 대위가 손을 써준 덕에 조직된 것이었다.[3]

에이머리도 패터슨을 도와주려고 했다. 하지만 그 일은 쉽지 않았다. 유대인 공동체 지도자들이 맹렬히 반대하고 나섰기 때문이다. 영국군 밑에 유대인 부대를 두면, 유대인이 연합국 편을 드는 것처럼 보여 독일, 오스트리아-헝가리, 오스만제국에 사는 유대인들이 위험에 처할 수 있다는 것이 이유였다. 시온주의 지도자들도 다른 일에는 영국의 유대인 사회와 반목을 일삼으면서도, 시온주의의 대의를 전쟁 중인 유럽 국가들과 이리저리 엮으려 하는 데는 한목소리로 유감을 표시했다. 영국정부도 1915년 야보틴스키가 그 문제를 처음 제기했을 때는, 유대인 부대가 팔레스타인 해방에 도움이 될 것이라고 말하는 그의 주장에서 특별한 이점을 발견하지 못했다. 한 고위 공직자는 이렇게 말했다. "팔레스타인에 가게 될 날이 언제일지는 누구도 모릅니다. 키치너 경도 그런 일은 결코 없을 거라고 말했어요."[4]

에이머리는 그래도 굴하지 않고 1916년과 1917년 내내 노력을 기울인 끝에 야보틴스키의 청원서를 전시내각에 제출하는 데 성공했다. 그리하여 내각의 허가가 떨어지자 영국정부는 거주하는 나라의 국적이 없어도 그 나라에 살면 군복무를 할 수 있는 내용의 협약을 연합국 정부들과 체결했다. 영국에 사는 러시아계 유대인도 영국군에서 복무할 수 있게 된 것이다. 의회의 승인도 떨어져 1917년 여름에는 마침내 패터슨 중령이 지휘하는 유대인 부대(나중에는 유대인 군단으로 불렸다)가 영국군 밑에 창설되었다. 로이드 조지도 "아랍인들보다는 유대인들이" 팔레스타인 원정에서 "우리에게 더 많은 도움을 줄 수 있을 것"이라고 하면서 그것을 반겼다.[5]

그러나 에이머리는 그의 전반적 성향이 시온주의에 기울어져 있었음에도 팔레스타인의 전략적 중요성과 자신의 유대인 군단 지원을 하나의 문제로 결부시키지 못했다. 동료 보좌관 마크 사이크스로부터 시온주의에 대한 말을 듣고서야 비로소 그것에 생각이 미쳤다. 유대인 국가에 대한 생각은 그의 정치적 멘토였던 고(故) 조지프 체임벌린도 지지했고, 젊은 시절부터 시온주의에 호의적이었던 그의 상관 밀너 또한 그것에 찬성하는 입장을 보였다. 에이머리도 유대인 국가에 대해서는 그와 비슷한 감정을 느꼈다. 훗날 그는 이렇게 썼다. 미국을 제외하면, "예나 지금이나 고향으로 돌아가고자 하는 유대인의 욕구를 억제해서는 안 되는 자연스런 열망으로 간주하는 나라는 성서를 읽고 성서를 생각하는 영국뿐이다."[6]

그런가 하면 마크 사이크스 및 에이머리와 함께 모리스 행키의 보좌진을 형성한 윌리엄 옴즈비 고어는 전시내각에 들어오기 전부터 이미 시온주의에 내포된 직접적 전망에 더욱 구체적으로 관여하였다. 의회 의원 겸 밀너의 비서 자격으로 중동으로 파견돼 카이로의 아랍부에서 공동 정보활동을 벌인 것이다. 그리고 이때 그에게 사적으로 고용되어 튀르크군 동향에 대한 정보를 제공해준 인물이 앞의 26장에도 소개되었던 아론 아론손, 오스만제국 뒤에서 가동되었던 팔레스타인 첩보조직의 유능한 책임자 아론 아론손이었다. 그로 인해 아론손은 야보틴스키와 마찬가지로 시온주의 대의를 연합국의 그것과 동일시하여 팔레스타인의 유대인 사회를 위험에 빠뜨린다는 이유로 동료 유대인들의 공격을 받았다. 제말 파샤가 청년튀르크당의 다른 지도자들이 아르메니아인들을 다룬 방식으로 팔레스타인 유대인들을 처리할 생각을 하기도 했으니, 그들로서는 그렇게 볼 만도 했다. 그러나 이집트의 영국군 사령부에는 튀르크군 방어와 작전계획에 관련된 아론손의 정보가 더할 수 없이 유용했고, 옴즈비 고어도 그 점을 높이 평가했다.

옴즈비 고어가 아론손에게 매료된 것은 그뿐만이 아니었다. 그가 장차 국제적으로 명성을 얻게 될 농업 관련 연구와 실험에 매진한 농경학자였던 것이다. 아론손은 10여 년에 걸쳐, 수천 년 전에는 왕성하게 재배되었으나 강력한 동계교배同系交配 탓에 그때 이후로 질병에 취약해져 질이 현격하게 떨어진 야생 밀의 원 품종을 찾는 일에 주력했다. 푸른 눈의 금발머리를 가진 아론 아론손이 자연의 원형 작물을 찾아 지구의 주식량인 곡물을 구하려는 낭만적 탐색을 시작한 것이었다. 그리하여 1906년 로시 피나의 유대인 정착촌 부근 헤르몬 산 발치에서 미풍에 흩날리는 야생 밀(에머 밀)을 발견하는 일생일대의 쾌거를 이루었다.

옴즈비 고어가 팔레스타인 농업연구소에서 거둔 아론손의 성과에 감격한 것은, 그것이 시온주의 논점의 핵심을 건드린 것이었기 때문이다. 조지 커즌이 의회에서 개진한 시온주의 문제도, 팔레스타인 정착을 원하는 수백만 유대인들을 부양하기에는 그곳의 땅이 지나치게 척박하다는 것이었다. 그곳에 살고 있던 아랍인 원주민들도 추가 정착민을 받을 여지는 없다고 주장했다. 팔레스타인에 거주한 레바논계 이집트 작가 겸 외교관으로 최초의 아랍 민족주의 역사가가 된 조지 하비브 안토니우스(1891~1942)가 그로부터 오랜 시간이 흐른 뒤에 쓴 글의 표현을 빌리면, "팔레스타인에 있는 기존의 나라를 제거하지 않고는 두 번째 나라를 세울 공간이 없다"는 것이 그들 주장이었다.[7] 그런데 아론손의 발견으로 그 논점이 설득력을 잃게 된 것이다.* 아론손의 연구대로라면 과학적 영농기술로 땅이 비옥해져 팔레스타인의 주민 60여만 명을 쫓아내지 않고도 수백만 명이 추가로 정착할 수 있게 되는 것이었다. 그의 연구 성과는 광범위하게 적용되었다. 옴즈비 고어도 시온주의 유대인들이 중동의 아랍어권 및 여타 민족들을 도와 그 지역이 갱생되면, 사막이 다시금 번영을 누릴 수도 있다는 생각을 갖고 런던으로 돌아왔다.

II

레오 에이머리는 로이드 조지가 총리로 취임하기 무섭게 팔레스타인을 미래의 영국제국에 포함시키기 위한 작업에 착수했다. 1916년 말 전시내각 신설을 제의하고, 로이드 조지가 그 일을 추진할 수 있도록 밀너에게 주선을 부탁하는 서신도 보냈다.[8]

전쟁이 전시내각을 필요하게 만들었다. 영국은 본토 이외의 지역에서

---

* 1984년 말 현재 이스라엘의 인구는 423만 5,000명, 웨스트뱅크의 인구는 130만 명이었으므로 영국의 위임통치령이 된 팔레스타인 영토의 25퍼센트 지역에 거주한 인구의 총수는 553만 5,000명이었던 것이 된다.

차출한 병력이 제국군의 상당 부분을 차지할 정도로 타 지역에의 병력 의존도가 높았다. 자치령들에서 제공한 병력만도 100만 명이 넘었고, 인도제국이 제공한 병력도 전투원 50만 명과 예비군 수십만 명에 달했다. 하지만 이렇게 숱하게 병력을 지원받고서도 캐나다, 오스트레일리아, 뉴질랜드, 인도, 그 밖의 자치령들과 참전 여부에 대해 단 한 차례도 협의한 적이 없었다. 조지 5세 국왕이 선전포고를 하면, 자치령 총독들이 그를 대신해 그 사실을 공표하는 것으로 끝났다. 자치령의 의회나 정부들도 참전 결정에 관여하지 않았다. 그러다 에이머리의 제안으로 뒤늦게나마 전쟁을 총괄 지휘하는 런던의 중앙부처에 대표를 파견함으로써 자치령들도 마침내 중요성을 인정받게 되었다.

에이머리도 밀너 사단의 다른 사람들과 마찬가지로 영국제국의 조직에 본질적 변화가 필요하다고 믿었다. 게다가 1916년 말엽에는 런던의 정치환경도 유동적으로 변하고, 정당과 다른 부처들에도 균열이 생겨 전에 없이 많은 일들이 가능할 것처럼 보이기도 했다.

디즈레일리가 등장하기 전 영국제국은 무질서하게 편제되어 혹자의 말을 빌리면 엉성하기 그지없었다. 그런 제국에 매력을 부여하고 이목을 집중시킨 인물이 다름 아닌 디즈레일리였다. 디즈레일리 이후에는 에이머리와 밀너 사단에 속한 그의 동료들이 세실 로즈(1853~1902) 및 조지프 체임벌린과 함께 의식적이고 체계적으로 제국을 옹호한 첫 번째 사람들이 되었다. 그들의 동료 루드야드 키플링과 존 버컨은 의도적으로 제국을 칭송했다. 그런가 하면 제국을 지지한 사람들 중에는, 높은 관세를 매겨 국외자들을 배제시키는 제국 위주의 새로운 경제체제가 신설되기를 바라는 사람들이 있었다. 또 다른 사람들은 제국 곳곳에서 경제적 입지 마련을 위해 충돌이 벌어지는 것을 알고, 긴밀한 정치적 제휴의 필요성을 역설하기도 했다.《원탁》의 창간자인 라이어넬 조지 커티스도 그중 한 사람이었다. 그는 영국제국을 연방으로 만들 것을 제안하고, 연방이 되지 않으면 제국은 붕괴할 것이라고 주장했다. 그의 이 발언은 유기적인 정치연방을 제안한 밀너 사단의 입장, 다시 말해 영국 본토는 물론 자치령에서도 의원을 뽑아 범제국적 내각을 형성해 제국을 유기적 정치연방이 되게 하자는 밀너 사단의 입장을 대변한 것이었다. 하지만 1911년에 열린 제국회의에서는 그 안이 거부되었다가, 1차 세계대전의 와중에 전 세계의 정치조직이 와해되자 다시금 시도할 기회를 갖게 된 것이다.

1916년 12월 19일 로이드 조지는 에이머리의 제안에 따라 하원에서, 전쟁과 평화의 문제에서 영국은 "자치령들과 좀 더 격식 있게 논의할 필요를 느낀다"는 취지의 발언을 했다.[9] 그리고 세 달 뒤 런던에서는 일명 전시내각으로도 불린 전시회의가 소집되었다.

자치령 대표들은 영국정부의 회의 소집에 대해 의구심을 가졌다. 특히 의구심을 많이 가진 인물이 변호사에서 장군으로 변신하여 보어전쟁 때 영국에 맞서 싸운 남아프리카 대표 얀 크리스티앙 스뫼츠(1870~1950)였다. 그로서는 런던의 통치를 받을 생각이 추호도 없었으니 의심할 만도 했을 것이다. 1917년 3월 12일로 예정된 전시회의 참석차 런던에 도착한 바로 당일, 그의 적수 밀너로부터 브룩스 클럽에서 식사나 같이 하자는 저녁 초대를 받자 그의 의심은 더욱 커졌다.

아니나 다를까 회의가 개최되기 무섭게 자치령 대표들과 영국정부 간에는 열띤 논쟁이 벌어졌다. 그러나 최종 승자는 스뫼츠였다. 1917년 3월 16일 전시회의에서 그의 결의안이 통과된 것이다. 영국제국의 개편에 대한 상세한 논의는 종전 때까지 미루되, 남아프리카, 캐나다, 오스트레일리아, 뉴질랜드의 독립을 개편의 기본으로 삼는다는 것이 결의안 내용이었다.

이 결과에 대한 밀너 사단의 실망은 이만저만 크지 않았다. 그에 비하면 로이드 조지의 실망은 크지 않았다. 그에게는 나름의 목적이 있었고 그 목적을 달성하는 데 스뫼츠가 유용할 것으로 판단한 것이다. 스뫼츠는 밀너, 에이머리, 행키에 견줄 만한 탁월한 역량을 지닌 행정가였다. 따라서 그들을 도와 전쟁을 충분히 지휘할 만했다. 게다가 보어전쟁 때는 물론 그 뒤 동아프리카 전쟁 때도 뛰어난 활약을 보인 장군이었으므로, 로이드 조지가 영국 장군들과 맞서 싸울 때 힘을 실어줄 수도 있었다. 스뫼츠는 결국 로이드 조지의 설득에 넘어가 영국에 '파견근무' 하는 형식으로 런던에 눌러 앉게 되었다. 영국 내각은 물론 남아프리카 대표로 전시내각(또는 전시회의)에도 참여하여, 현대 영국 역사상 상하 양원의 어디에도 속하지 않은 유일한 각료가 된 것이다. 그 직무를 수행하느라 그는 1차 세계대전이 끝날 때까지 사보이 호텔에서 객지 생활을 했다.[10]

로이드 조지가 훗날 기록한 바에 따르면 "스뫼츠 장군은 영국제국에 있어 팔레스타인이 갖는 전략적 중요성에도 매우 결연한 태도를 보이며"[11] 그 즉시 그 문제에 관여했다고 한다. 에이머리와 스뫼츠가 동시에, 제국의 정치적 결합력이 느슨하다는 판단을 내리고 영국 시스템을 형성하는 정치체들의 지리적 연계를 굳건히 하는 조치를 취한 것도 그래서였다. 두 사람은 팔레스타인의 중요성에 주의를 집중했다. 메소포타미아도 포함시켜 한계를 폭넓게 정하면 팔레스타인은 이집트에서 인도로 이어지는 육로가 되어, 아프리카와 아시아의 영국제국을 하나로 엮는 역할을 할 수 있었던 것이다. 영국은 남아프리카의 루이스 보타 장군(1862~1919)과 스뫼츠가 독일령 동아프리카를 점령한 결과, 아프리카 남단의 대서양쪽에 위치한 항구 도시 케이프타운에서 지중해와 아프리카 대륙 북동단의 홍해를 잇는 수에즈운하까지 이어지는 영토를 이미 점유하고 있었다. 따라서 팔레스타인과 메소포타미아를 보태면 케이프타운에서 수에즈운하까지의 영토는 영국령 페르시아 지역과 인도제국, 버마(미얀마), 말라야(서말레이시아), 태평양의 두 자치령 오스트레일리아와 뉴질랜드까지 뻗어나간 영토와도 연결될 수 있었다. 이렇듯 1917년 무렵 팔레스타인은 영국제국의 분절들을 끼워 맞춰 대서양에서 태평양 중앙까지 하나의 사슬로 연결시키는 중요한 고리 역할을 할 수 있었다.

로이드 조지도 당연히 같은 시각으로 문제를 바라보았다. 나중에 그는 다음과 같이 썼다. "터키와의 전투가 영국제국에 특히 중요했던 것은 터키제국이 육로나 혹은 수로로, 동방에 있는 우리의 영토—인도, 버마, 말라야, 보르네오, 홍콩, 오스트레일리아와 뉴질랜드 자치령을 가로막았기 때문이다."[12]

내각에 오스만제국(과 독일)이 팔레스타인을 보유하는 것은 영국제국에 위협이 될 것이라고 조언한 에이머리도, 총리와 다를 바 없이 영국은 팔레스타인을 즉각 침략해야 하고 그 일에는 스뫼츠가 적임자라고 믿었다. 유능한 장군일 뿐 아니라 에이머리와 총리가 가진 당면한 전략적 목적과 지정학적 목적에도 그가 동조하기 때문이라는 것이 이유였다.

에이머리는 결국, 전시회의에서 결의안을 통과시킴으로써 스뫼츠가 영국정부에 승리를 거둔 1917년 3월 15일 그에게 이런 편지를 썼다.

팔레스타인에서 중요한 일을 시급히 처리하는 데 필요한 한 가지가 있다면 그것은 저돌적인 장군을 얻는 것입니다. …… 내가 독재자라면 기동전 경험이 풍부한데다 마음속 깊은 곳에 참호에 대한 기억도 없는, 유일한 군사 지도자인 귀하께 그 일을 맡아달라고 청하겠어요.[13]

로이드 조지도 스뫼츠에게 팔레스타인 원정군의 지휘를 맡아줄 것을 요청했다. 하지만 스뫼츠는 선뜻 결정을 못 내리고, 남아프리카 총리 루이스 보타 장군에게 조언을 구했다. 그러나 마음은 이미 로이드 조지의 제의를 받아들이는 쪽으로 기울어져 있었다. 보타 장군에게 말하는 투도 설득조였다. "다른 전선들의 상황은 매우 까다롭습니다. 팔레스타인이 그나마 힘껏 공격을 가하면 상당한 성과를 거둘 수 있는 유일한 전선이에요."[14] 두 사람은 결국 협의 끝에 "병력과 무기가 일급이고 대규모" 원정인 한에 있어, 로이드 조지의 제의를 받아들이기로 결정했다.[15]

그런 다음 스뫼츠는 영국군 참모총장 윌리엄 로버트슨과 병력 문제를 논의했다. 하지만 로터트슨의 태도는 단호했다. 중동은 총리 개인이 빚어낸 망상일 뿐이고, 따라서 지엽적 문제에 지나지 않는다고 일축하면서 서부전선의 병력과 보급품은 차출할 수 없다고 잘라 말한 것이다.[16] 로이드 조지는 불과 몇 달 전에 총리가 되어 입지가 불안정하고 군대에 미치는 영향력도 미미했다. 따라서 전폭적으로 지원해주겠다고 한 그의 약속도 믿을게 못되었다. 스뫼츠는 결국 동방 원정은 로버트슨과 동료 장군들의 방해로 성사되기 힘들겠다는 판단을 내리고 총리의 제안을 거절했다.

그러나 거절은 했지만 팔레스타인에 대해서는 지속적으로 관심을 보였고, 그러다 나중에는 에이머리와 중동 시찰에도 함께 나섰다. 시찰에서 돌아온 뒤 두 사람은 한목소리로 팔레스타인에 대한 대규모 공격을 역설했다.

스뫼츠는 성서에 깊이 빠진 보어인(네덜란드계 신교도 남아프리카인의 총칭—옮긴이)이었다. 그런 인물답게 내각에서 시오니즘 문제가 제기되었을 때도 적극적으로 그것을 지지했다. 훗날 이렇게 말한 것도 그 점을 뒷받침한다. "남아프리카인, 그중에서도 특히 나이 지긋한 네덜란드인들은 거의 유대인 전통 속에 자랐다. …… 남아프리카 네덜란드 문화의 정수를 이룬 것이 구약성서였다."[17] 스뫼츠는 이렇듯 로이드 조지와 마찬가지로 "예언자의 말이 현실이 되어 이스라엘이 본래의 땅으로 돌아갈 것"이라는 믿음 속에 자랐고,[18] 따라서 유대인의 조국이 영국의 보호 아래 팔레스타인에 세워져야 한다는 로이드 조지의 견해에도 전적으로 동의했다. 또한 그것을 처음 생각해낸 것이 스뫼츠였는지는 알 수 없지만, 그가 우드로 윌슨도 받아들일 만한 내용으로 영국 등의 나라들이 팔레스타인과 메소포타미아와 같은 지역들을 지배할 수 있는 토대를 마련한 것은 사실이었다. 그 지역들의 '위임통치'를 결정짓게 될 국제연맹의 창설을 구상한 것이다. 미국의 반제국주의 관점에 부합하는 신탁통치가 그 기본 기념이었다.

에이머리는 에이머리대로 새로운 제국주의 비전의 조각들을 끼워 맞추는 일을 했다. 1918년 말 그는 스뫼츠에게 영국의 중동 장악력이 위임통치가 끝난다고 해서 종결되어서는 안 되고 항구적이 되어야 한다는 글을 보냈다. 내용을 상세히 밝히지는 않았지만 팔레스타인, 메소포타미아, 아라비아가 신탁통치를 벗어나도 영국제국의 시스템 내에 머물러야 한다는 것이 그의 주장이었다. 에이머리는 미래의 영국제국이 국제연맹의 축소판 같은 존재가 될 것으로 보고, 세계의 다른 곳들에도 유사한 미니 연맹들이 생겨날 것으로 관측했다. 그러므로 우드로 윌슨이 주장한 국제연맹의 가맹국들도, 영국 시스템에서 한 나라, 그런 류의 다른 시스템들에서 한 나라씩 가입하여 소수에 그칠 것으로 보았다.[19]

이렇듯 에이머리의 관점으로 보면 영국령 팔레스타인과 유대인-팔레스타인 사이에는 모순점이 전혀 존재하지 않았다. 그는 영국이나 유대인의 열망이, 아랍의 열망과 조화되지 않을 이유 또한 없다고 보았다. 그로부터 수십 년 뒤, 1917~1918년 시온주의자들이 가졌던 희망을 옹호한 사람들에 대해 쓴 글에서 그는 이렇게 말했다. "그 희망을 공유한 우리 젊은 사람들 대부분은 마크 사이크스와 마찬가지로 친시온주의자인 것에 그치지 않고 친아랍주의자이기도 했다. 따라서 그 둘 사이에 본질적인 모순점이 존재한다고는 생각하지 않았다."[20]

34. 약속의 땅

I

다사다난했던 1917년이 지나는 동안에도 영국의 팔레스타인 정책은 여전히 여러 세력들에 휘둘리고 있었다. 한편에서는 각료들이, 또 한편에서는 관계官界 이외에는 거의 알려진 것이 없고 오늘날에도 거의 알려진 것이 없는 관료들이 팔레스타인 정책에 영향력을 미치고 있었다.

강력한 보좌진이 포진한 전시내각 내에서는 키치너의 부하였던 마크 사이크스가 개전 직후 쭉 그래 왔던 것처럼 그때까지도 계속 중동을 담당하고 있었다. 그의 상관인 모리스 행키는 중동에 대해 확고한 관점이 없었다. 게다가 당시에는 키치너와 피츠제럴드도 죽고 없는 상황이어서 사이크스는 사실상 상부의 지침 없이 단독으로 일을 진행하고 있었다. 중동문제에 대한 신임 총리의 견해가 자신과 상당히 다르다는 사실도 인지하지 못했다. 사이크스는 중동의 평화와 관련해 총리의 의도가 드러났던, 자하로프를 통해 진행된 비밀협상에도 관여하지 않았다.

사이크스는 이렇듯 방향성 없이 팔레스타인 문제 주위를 맴돌았다. 팔레스타인이 전략적으로 영국에 중요할 수 있다는 관점과는 거리가 먼, 키치너와 피츠제럴드가 생전에 내린 지시사항도 취소되지 않은 채 그대로 남아 있었다. 그렇기는 하지만 사이크스도 1916년 프랑스 및 러시아와 협상하는 과정에서 다수의 유대인들이 성지에 깊은 관심을 가지고 있고 그들의 지원이 연합국에 매우 중요할 수 있다는 것 정도는 파악하고 있었다. 하지만 영국의 동맹국들 및 잠재적 지지자들과 협상을 하다, 전후 중동과 관련된 조정이 이루어지면 유대인의 견해가 무시될 개연성 또한 배제할 수 없었다. 그러다 보니 프랑스 및 러시아, 아르메니아 및 아랍과 논의를 하면서도 그들과 맺는 협약이 혹시 유대인 문제와 충돌하지 않을까 그는 내내 불안감—근거는 없었지만 실제로 그는 그렇게 느꼈다—에 시달렸다.

1917년 초에는 사이크스가 미국인 실업가 제임스 맬컴을 만났다. 아르메니아 독립국 수립에 관한 논의를 하기 위해서였다. 두 사람은 전후 중동에 러시아를 끌어들여 아르메니아의 보호세력으로 삼는 방안을 고려했다. 하지만 그렇게 하려니 유대인의 반러시아 여론이 들끓을 것 같았다. 사이크스는 생각 끝에 제정 러시아의 세력 확대에 반대하는 유대인의 저항을 사전에 무마시킬 요량으로, 맬컴에게 시온주의 지도자들의 면면을 알아봐달라는 부탁을 했다.

그리하여 맬컴이 접촉한 인물이 예전에 만난 적이 있는 레오폴드 그린버그, 런던에서 발행되는 유대계 신문 《유대인연대기Jewish Chronicle》의 공동 소유주이자 편집인으로, 공교롭게도 테오도어 헤르츨의 영국 대리인이기도 했던 레오폴드 그린버그였다. 맬컴은 그에게 시온주의 지도자들을 소개해달라는 편지를 보냈다. 그런 다음 그가 보내준 시온주의 지도자 명단을 사이크스에게 전해주었다. 거기에는 시온주의 운동의 양대 거물이었던 국제 시온주의 운동의 임원 나훔 소콜로프(1861~1936)와 영국 시온주의 연맹 회장 하임 바이츠만 박사(1874~1952)도 포함돼 있었다.* 맬컴은 이들 중 바이츠만과는 인사를 나누고, 그로부터 얼마 지나지 않은 1917년 1월

28일에는 사이크스에게도 그를 소개시켜주었다.

바이츠만은 연합국이 전후 중동 계획을 이미 세웠다는 사실도 모른 채, 전쟁이 아직 진행 중일 때 팔레스타인에 관한 영국의 확약을 받아 놓으려고 했다. 그는 시온주의 지도자이기 이전에 화학자였다. 그래서 그 전공을 살려 전쟁에도 상당한 기여를 했다. 실험을 하던 중 옥수수에서 아세톤(폭약 제조의 핵심 성분) 추출 과정을 발견해 영국정부에 기증한 것이다.** 하지만 이렇게 군수산업에 기여를 하고 전쟁을 지휘하는 위치에 있는 고위 관료들과도 폭넓게 교제했음에도, 그는 정작 영국에 전후 중동정책의 협상을 전담하는 관리가 있다는 사실조차 몰랐다. 반면에 영국의 또 다른 시온주의 지도자 랍비 개스터는 사이크스의 존재를 알았고, 사이크스가 중동정책 담당자라는 사실 또한 알고 있었다. 그런데도 바이츠만을 시기하여 그 정보를 알려주지 않은 것이다. 바이츠만이 사이크스를 알게 된 것은 우연한 기회를 통해서였다. 1917년 초 사이크스가 프랑스 태생의 영국 정치인 제임스 드 로스차일드(1878~1957)와 마사馬舍에 대해 이야기를 나누던 중, 자신의 직업에 대해 언급한 것을 로스차일드가 바이츠만에게 전해주었던 것이다. 그러다 보니 제임스 맬컴이 사이크스에게 바이츠만과의 만남을 주선할 때, 바이츠만도 스스로 사이크스와의 만남을 주선하는 촌극이 빚어졌다.

두 사람의 이해관계는 맞아떨어졌다. 사이크스가 원한 사람이 영국의

---

* 러시아에서 태어나 영국으로 귀화한 바이츠만은 서구 민주주의만이 유대인의 이상과 양립할 수 있다고 믿은 열렬한 친연합국파였다. 또한 국제 시온주의 운동에서 공식 직책을 맡지 않았던 탓에 그것의 중립성은 홀가분하게 벗어던질 수 있었던 반면, 영국 시온주의 연맹 회장으로서 그것을 대표하는 발언은 할 수 있었다.
** 종전 뒤 회고록을 집필할 때 로이드 조지는 밸푸어 선언이 바이츠만의 발명에 대한 감사의 표시였던 것으로 이야기했다. 하지만 바이츠만이 아세톤 추출 과정을 알아낸 것은 사실이지만 로이드 조지의 이 말은 거짓이었다.

이익과 시온주의의 이익을 합치시킬 수 있는 유대인이었는데, 바이츠만이 바로 그런 인물이었다.

두 사람의 첫 회합은 비공식적으로 이루어졌다. 그리고 언제나 그렇듯 사이크스는 이번에도 중동의 모든 문제를, 바이츠만은 모르는―그리고 여전히 비밀로 유지되었던―사이크스-피코-사자노프 협정에 끼워 맞추려고 했다. 성지를 국제기구의 통치를 받도록 명시된 협정 내용에 일치시키려고 한 것이다. 사이크스는 팔레스타인의 유대인 정치체가 영국과 프랑스의 '공동 통치국'이 되어야 한다는 말로 포문을 열었다. 물론 그 제안을 해야 하는 이유는 말하지 못했다. 그러나 사이크스는 그 말을 함으로써 자신이 시온주의 지도자뿐 아니라 총리와도 엇박자를 내고 있다는 사실을 깨닫지 못했다. 로이드 조지 역시 바이츠만 및 그의 동료들 못지않게 영국령 팔레스타인을 원했기 때문이다. 《맨체스터 가디언》의 편집인 C. P. 스콧과 로이드 조지의 막역한 친구였던 인물은, 바이츠만에게 그 문제를 총리에게 직접 건의하도록 조언했다. 하지만 바이츠만은 직소를 하지 않고 사이크스의 마음을 돌려보기로 작정했다.[1]

그리하여 1917년 2월 7일 바이츠만과 영국의 다른 시온주의 지도자들은 런던에서 사이크스를 만나, 팔레스타인의 '공동 통치국' 안에 반대하고, 영국령 팔레스타인을 원한다는 뜻을 밝혔다. 그러자 사이크스는 다른 문제는 해결 가능하지만(그는 "아랍인들도 제어할 수 있다"고 말했다), 공동 통치국 안을 거부하면 해결 불가능한 난관에 봉착할 수 있다고 말했다. 그가 말하는 '심각한 난관'은 프랑스였다.[2] 사이크스는 그들에게 시온주의에 양보하는 것이 승전에 도움이 된다는 사실을 프랑스가 받아들이려 하지 않는다고 하면서, 그 점에서 자신은 프랑스 정책을 당최 이해할 수 없다고 속내를 털어놓았다. "그 사람들 대체 무슨 이유로 그러는 걸까요?"[3]

이튿날 사이크스는 버킹엄 게이트 9번지에 있는 자신의 런던 관저에서 시온주의 지도자 나훔 소콜로프를 프랑스 외무장관 피코에게 소개시켜 주었다. 당시 두 사람의 대화는 이렇게 진행되었다. 피코가 소콜로프에게 유대인이 팔레스타인에 식민지를 건설한 것을 보니 유대인 문제가 잘 해결될 것 같다고 말했다. 그러자 소콜로프는 유대인들도 프랑스를 존중하는 마음이 크지만 "오래전부터 영국정부의 팔레스타인 종주권을 염두에 두었다"고 답했다.[4] 그러자 피코가 다시 종주권 문제는 연합국이 결정할 문제라고 하면서, 그로서는 시온주의자들의 의향을 프랑스 정부에 전달하도록 최선을 다하겠지만, 프랑스 정부가 팔레스타인에 대한 주장을 포기할 개연성은 희박하다는 것이 자신의 생각이라고 밝혔다. 그러면서 프랑스 국민의 95퍼센트가 팔레스타인 병합을 원하기 때문이라고 이유를 밝혔다.[5]

모든 이해 당사자들은 결국 머지않아 전개될 사태의 추이를 지켜보기로 했다. 그런데 그로부터 불과 두 달도 지나기 전, 러시아 제정이 붕괴되고 미국이 참전하는 사태가 벌어졌다. 그러자 사이크스는 재빨리 그 두 사건이 피코와의 협정에 미칠 파장에 주목했다. 러시아제국 내에는 유대인 수백만 명이 살고 있었다. 따라서 제정 붕괴 뒤에도 러시아를 연합국 편에서 싸우도록 묶어 두는 데 그들의 지원이 도움이 될 수 있었다.[6] 사이크스가 러시아의 1917년 3월 혁명이 끝나자 그 점을 역설한 것도 그래서였다. 미국의 참전 또한 유럽 연합국이 전후에 중동에서의 권리를 주장하는 것에 대한 정당성을 인정받으려면 유대인, 아랍인, 아르메니아인 등 억압받는 민족들을 지원해야 한다고 생각한 그의 믿음을 강화시키는 역할을 했다. 따라서 두 요건 모두 시온주의를 지지하도록 프랑스 정부를 설득시킬 수 있는 새로운 논거가 될 만했다.

한편 피코와의 회담도 곧 재개될 조짐을 보였다. 1917년 로이드 조지는 이집트의 영국군에 팔레스타인 침공을 명령했다. 그러자 프랑스 정부가 피코를 이집트로 보내 영국군에 동행시키겠다고 나왔고, 그에 대해 영국정부가 다시 피코와 영국 사령관의 중재역으로 사이크스를 보내겠다고 응수한 것이었다. 피코는 영국의 팔레스타인 침공을 프랑스의 이익에 대한 공격으로 보고, 프랑스 정부에도 이렇게 보고했다. "런던은 지금 우리와의 협정을 휴지조각으로 만들 생각을 하고 있습니다. 영국군은 남쪽—이집트와 팔레스타인—으로부터 시리아로 진군하여 프랑스 지지자들을 쫓아내려 하고 있어요."[7]

로이드 조지도 중동에 대한 프랑스의 권리 주장을 참다못해, 팔레스타인의 미래는 영국과 유대인 간에 해결될 문제라고 바이츠만에게 자신의 속내를 털어놓았다.[8] 그는 프랑스의 항의에 사이크스가 그렇게 노심초사하는 것도 "그에게는 이번 전쟁에서 관심 있는 부분이" 팔레스타인밖에 없는 모양이라고 하면서 이해할 수 없다고 말했다.[9]

1917년 4월 3일 오후 사이크스는 이집트 원정군 최고 사령관의 신임 정치 사절단장으로서 임무를 부여받기 위해 다우닝가 10번지에 있는 수상 관저를 찾았다. 관저에는 로이드 조지 외에 조지 커즌과 모리스 행키도 있었다. 사이크스는 그들에게 오스만 전선의 후방에서 아랍 부족의 봉기를 일으킬 것을 제안했다. 그런 그에게 로이드 조지와 커즌은 국익을 해칠 수 있는 부족들과의 협정에 영국을 끌어들이지 말 것을 신신 당부했다. 특히 프랑스와의 문제가 악화될 소지가 있는 행위를 해서는 절대 안 되고, "시온주의 운동에 해가 되는 일을 해서도 안 되며, 시온주의 운동이 영국의 보호 아래 발전될 가능성이 있다"는 점을 주지시켰다.[10] 회의 기록에는 "로이드 조지가 팔레스타인을 전후 중동의 영국 세력권에 포함시키는 것의 중요성을 역설한" 것으로 나타나 있다.[11] 이렇듯 로이드 조지는 아랍에는 언질을

주지 말고, "특히 팔레스타인에 대해서는 어떠한 약속도 해서는 안 된다" 는 점을 누누이 강조했다.[12]

사이크스는 카이로로 가는 길에 파리에 먼저 들러, 나폴레옹 보나파르트와 그의 정복을 상기시키는 기념물들이 세워진 방돔 궁전에서 몇 발자국 밖에 떨어지지 않은 카스틸리오네 가의 로티 호텔에 여장을 풀었다. 그런 다음 피코를 만나, 프랑스는 인식을 바꿔 영토 비병합 정책을 취해야 할 것 이라고 압박했다. 그렇게 되면 미국이나 영국이 후원하는 고대 유대와, 프랑스가 후원하는 아르메니아가 부활할 수 있다고 말했다. 하지만 피코는 놀랍게도 그의 말에 당황하는 기색을 보였다.[13]

1917년 4월 8일 사이크스는 외무장관 아서 밸푸어에게, 미국을 시온주의 지원국으로 팔레스타인 문제에 결부시키는 것에 프랑스가 난색을 표한다는 전문을 보냈다. 미국이 중동에 진출하면 프랑스의 교역 경쟁자가 될 수도 있다는 것이 이유였다. 그러고는 계속 이렇게 말했다. "시온주의에 관해서는 프랑스도 문제의 심각성을 깨닫기 시작하는 것 같아요. 따라서 쉽게 넘어갈 것 같지는 않습니다."[14]

그러나 피코도 그 무렵에는 서부전선의 군사적 재앙 때문에 동부전선이 특히 중요해지면, 러시아 유대인들이 러시아가 연합국에 계속 머물러 있게 하는 데 힘이 될 수 있다고 믿게 되었다. 그러자 사이크스가 프랑스 외무부에 소개시켜준 나훔 소콜로프가 그 일을 돕겠다고 나섰다. 이어진 소콜로프와 프랑스 관리들의 논의도 순조롭게 진행되어, 4월 9일에는 사이크스가 외무장관 밸푸어에게 이런 전문을 보내게 되었다. "프랑스가 이제는 시온주의자들의 열망을 타당하게 보는 상황이 되었습니다."[15]

그렇다고 프랑스의 기본 입장이 변한 것은 아니었다. 프랑스는 중동에 대한 자국의 권리를 여전히 완강하게 주장했다. 사이크스도 프랑스의 대표적 식민주의자 피에르 에티엔 플랑댕 상원의원과 만난 뒤 4월 15일 본국 외무부에 시리아, 레바논, 시나이 반도의 알아리시까지 팔레스타인으로 이어지는 모든 해안지대를 차지해야 한다는 것이 플랑댕의 입장이라는 전문을 보냈다. 플랑댕은 "피코를" 사이크스-피코 협정에서 영국과 타협함으로써 "프랑스를 팔아먹은 얼간이"로 표현했다.[16]

파리 일정이 끝나자 사이크스는 로마로 가서, 나훔 소콜로프가 교황 및 바티칸의 관리들에게 시온주의 문제를 탄원할 수 있게 도와주었다. 하지만 이 회합에서 그가 적게나마 얻었을지 모를 영감은 새로 불거진 문제 때문에 공염불이 되고 말았다. 이탈리아 외무장관 시드니 손니노가 전후 중동에서의 이탈리아 몫을 강력하게 주장하고 나섰기 때문이다.

이렇게 파리와 로마 방문을 모두 마친 뒤 사이크스는 카이로에 왔다. 그러고는 반목하는 동맹들을 불러 모아 함께 협력해갈 것을 설득했다. 아랍 지도자들에게 피코를 소개해주고, 그런 다음에는 또 피코와 함께 아라비아에 가서 샤리프 후세인을 만나 개략적으로나마 사이크스-피코-사자노프 비밀협정의 내용도 설명해주었다. 사이크스는 사태를 낙관했다. 후세인도 프랑스를 시리아의 아랍인들에게 이로운 존재로 볼 것이라 여겼고, 팔레스타인처럼 이해관계가 복잡한 지역을 떠맡기에는 아랍인들의 힘이 미약하다는 것을 아랍 지도자들이 수긍했을 것으로 판단했으며, 아랍 공동체에 동일한 지위를 부여해주면 팔레스타인의 아랍인들도 팔레스타인의 유대인 공동체에 국가의 지위*를 부여하는 데 동의해줄 것으로 믿었다.[17]

카이로의 아랍부 직원들은 그런 사이크스에게 중동에서 프랑스의 존재가 분란을 야기할 것이라고 경고했다.[18] 하지만 사이크스는 그들이 '파

---

* 오스만제국 시절 자치권을 지닌 종교 공동체를 뜻하는 말로 쓰인 밀레트millet가 그것의 의미로 언급되었다.

쇼다 주의'의 희생양이 된 것으로 보고—파쇼다 사건을 일으킨 키치너처럼 그들도 프랑스를 이기려는 욕심에 사로잡혔다는 말—영국의 동맹에게 신뢰감을 보여야 한다는 관점을 계속 보유했다. 그런 식으로 그는 피코를 영국의 진정한 동반자로 변화시키기 위해 지속적으로 노력했다. 사이크스는 피코에게, 영국과 프랑스가 전후 중동의 새로운 아랍 통치자들과 같은 방향으로 건설적이고 협력적 관계를 구축할 수 있도록, 후세인의 아들들과 공동정책을 펴나갈 것을 제안했다. 그리고 5월 12일 그는 런던 외무부에 "피코와 아랍 대표들 간의 타협이 이루어졌다"는 전문을 보냈다.[19] 그 몇 주 뒤에는 한 동료에게 이렇게 썼다. "프랑스도 영국에 협조하여 아랍어권 사람들과 공동 정책을 펴게 될 거야."[20]

Ⅱ

1917년 초 영국의 이집트 원정군 사령관 아치볼드 머리(1860~1945)가 마침내 팔레스타인 침공을 시작했다. 하지만 군대 파견은 띄엄띄엄 일관성 없이 진행되었다. 런던이 명령과 철회를 반복해서였는지, 머리의 무능함 때문이었는지, 아니면 양측 모두에 책임이 있었는지는 모르겠지만, 아무튼 그렇게 무질서하게 일처리를 한 탓에 독일 사령관들과 튀르크군은 재편성할 시간을 갖게 되었다. 그래놓고는 또 뭐가 급했는지 머리는 3월 26일 안개 자욱한 이른 아침 팔레스타인으로 이어지는 해안 도로를 관장하는 가자를 공격했다가 보기 좋게 격퇴당했다. 그곳을 효과적으로 요새화해 놓은 유능한 독일 지휘관 크레스 폰 크레센슈타인에게 튀르크군의 두 배에 달하는 인명손실을 입은 참패였다.

머리는 이집트에 증원군을 요청하여 4월 29일 가자를 재차 공격했다. 하지만 튀르크군의 3배에 달하는 사상자를 내고 1차 때보다 더 큰 참패를 당했다. 영국군은 결국 지치고 낙심한 채 가자에서 철수했다. 아치볼드 머리도 그 몇 주 뒤 사령관직에서 해임되었다. 로이드 조지는 가을에 팔레스타인을 재차 공격할 결의를 다졌다. 따라서 당분간은 그곳에 신규군을 투입하기 어렵게 되었다.

마크 사이크스도 머리가 당한 두 차례의 패배에 걱정이 많았다. 튀르크가 영국군의 가을 공격이 재개되기 전의 휴지기를 이용해, 그가 연합국의 지지 세력으로 간주한 유대인, 아랍인, 아르메니아인들에게 보복을 가할 수도 있었기 때문이다. 사이크스는 그 점을 고려하여 외무부에 유대인, 아랍인, 아르메니아인들이 위험에 노출돼 있는 동안에는 시온주의, 아랍, 아르메니아에 대한 계획을 유보하는 것이 좋겠다는 전문을 보냈다.[21] 하지만 그에 대해 본국정부는 묵묵부답으로 일관했다.

전선에서는 의기소침한 소식—머리의 팔레스타인 침공이 실패한 것, 프랑스군이 샹파뉴 공격에서 참패한 것, 뒤이어 샹파뉴의 프랑스군이 폭동을 일으킨 것, 제정 러시아가 붕괴한 것—이 잇따랐다. 그것이 사이크스로 하여금 더한층 중동 사람들의 지원을 얻는 것의 중요성에 집착하게 만들었다. 그는 레오 에이머리와 그의 동료들과 마찬가지로, 연합국이 전쟁에서 이긴다 해도 확정적 승리는 되지 못할 테고, 그리하여 중동에서의 연합국 위치가 어정쩡해지면, 독일의 통제를 받는 터키, 게다가 이슬람에 미치는 술탄의 지도력도 십분 활용할 수 있는 터키의 지속적 압박에 시달릴 것으로 보았다. 그의 시각으로는 클레망소 이전의 프랑스와 손니노의 이탈리아가 부르짖는 영토 병합 주장이 더욱 근시안적으로 보이는 것도 그래서였다. 사이크스는 「소아시아 협정에 관한 비망록」에서 이렇게 썼다.

영토 병합에 대한 생각은 깨끗이 버려야 한다. 시대의 정신과도 부합하지 않고, 혹시라도 러시아 극단주의자들이 그에 관한 문건을 입수하는 날에는 모든 협정에 불리하게 이용될 것이기 때문이다. 이탈리아가 권리를 주장할 때는 더더욱 그럴 것이다. 이탈리아의 권리 주장은 민족성, 지리, 양식을 거스르는 일일 뿐 아니라, 영토를 차지하는 것에만 눈이 먼 국수주의자 집단에 손니노가 양보한 행위에 지나지 않기 때문이다.

사이크스는 계속해서 그러므로 프랑스도, 영국이 염두에 두는 방식으로 중동에서 프랑스 세력권을 처리하는 것이 현명하다고 말했다. 시리아와 레바논의 독립을 지지하라고 촉구하는 말이었다. 그렇지 않으면 스스로 자초한 화로 프랑스가 곤경에 처해도 영국의 도움을 받지 못할 것이라고 썼다.

사이크스는 미래에 대한 자신의 관점도 밝혔다. "유대인, 아랍인, 아르메니아인과 제휴하는 항구적인 영국-프랑스 협정이 체결되었으면 하는 바람이다. 그것이 범이슬람주의를 무해하게 하고, 호엔촐레른 제국보다 오래 존속하게 될 튀르크-독일 세력으로부터 인도와 아프리카를 안전하게 지킬 수 있는 길이다."[22]

에이머리도 사이크스의 관점에 설득 당했는지 나중에 이렇게 썼다. "유대인만이 팔레스타인에 견실한 문명을 건설할 수 있다. 그것이 독일-튀르크 압제에 맞서 그 나라를 지키는 데도 도움이 될 것이다. …… 종전 뒤 전 세계 유대인의 권익이 독일 측에 넘어가는 것은 파멸적인 일이 될 것이다."[23]

Ⅲ

하임 바이츠만은 1917년 2월 영국 시온주의연맹 회장에 선출되었다.

팔레스타인에 유대인의 조국을 창설하는 것에 대한 지지 공약을 하도록 영국정부에 정식으로 제안할 수 있는 자격이 생긴 것이다. 사이크스와의 회동 이후, 그의 생각에 공명하는 영국 관리들과의 만남도 계속 이어갔다.

바이츠만의 생각에 처음으로 공명한 영국 관리는 빅토리아 조의 마지막 총리를 지낸 솔즈베리 후작 3세의 셋째 아들로 당시 외교담당 국무차관이었던 로버트 세실 자작이었다. 그는 1차 세계대전 중 세실 가의 젊은이 다섯 명을 잃는 아픔을 겪었다. 그래서 그 영향으로 항구적 평화의 대요大要를 밝힌 비망록을 작성했다. 나중에 국제연맹 규약이 될 것의 첫 번째 초안이었다. 하지만 세실의 동료들은 그의 민족자결 사상이 영국제국의 해체를 불러올 것이라며 반대했다.[24] 동시대의 한 평론가는 그의 생각에 놀라 이런 글을 썼다. "세실은 평화를 위해 기묘한 국제 십자군의 십자가를 멨다. 그리하여 평소에는 세실 가의 적들만 있던 곳에 이제는 지지자들만 넘쳐나게 되었다."[25] 로버트 세실은 유대인령 팔레스타인 문제도 이와 유사한 십자군 정신으로 접근했다.

하이츠만의 생각에 공명한 또 다른 인물은 10여 년 넘게 이집트에서 근무하다 외무부 관리로 복직한 아랍주의자 로널드 그레이엄이었다. 그는 이집트에 있을 때는 블라디미르 야보틴스키와 영국군 밑에 유대인 부대를 창설하는 문제를 처음으로 논의하기도 했는데, 이제 런던으로 돌아와 외무부에 시온주의에 대한 공개 지지를 촉구하게 된 것이었다. 영국으로 하여금 시온주의 문제에 관여할 생각을 갖게 만든 것이 제럴드 피츠모리스와 마크 사이크스였다면, 그것을 공식 문서화하여 구체화시킨 인물은 그레이엄이었다. 그런데도 역사가들이 그의 역할을 간과한 것은 그의 개인 기록이 남아 있지 않아서다.

시온주의 지지 사실을 영국이 바이츠만에게 공약하지 못하게 가로막은 장애물은 프랑스였다. 그레이엄과 외무부 관리들도 그 점을 알고 있었다. 사이크스와 마찬가지로 그레이엄도 시온주의가 약화된 요인이 영국에만 집착하는 시온주의의 태도에 있다고 보았다. 그는 사이크스-피코 협정에 대해서는 아무것도 모른 채 영국령 팔레스타인에만 목을 매는 시온주의자들이 걱정되었다. 그래서 1917년 4월 19일 사이크스에게 시온주의 운동이 영국령 팔레스타인에만 의존하는 것이 우려된다는 전문을 보낸 것이다.[26]

그렇다고 프랑스의 지원을 얻을 수 있는 묘책이 있던 것도 아니다. 프랑스 외무부는 시온주의에 대해 경멸조로 이야기했고, 프랑스의 주요 여론 또한 시온주의 운동을 친독일적으로 보고 시종일관 적대감을 표시했기 때문이다. 시온주의는 프랑스 유대인들의 지원도 받지 못했다. 프랑스 정부가 시온주의의 힘을 대수롭지 않게 여긴 것도 그래서였다. 그러다 러시아 혁명이 일어난 뒤에야 프랑스는 유대인의 정치적 중요성이 생각보다 크다는 것을 인식했다. 그러나 러시아 제정이 붕괴하여 시온주의자들의 지지를 얻을 필요성이 제기된 뒤에도 프랑스 외무부는 여전히 그들에게 선뜻 손을 내밀지 못했다. 행여 연합국이 시온주의에 해준 공약 때문에 팔레스타인에 대한 프랑스의 권리를 포기해야 할지도 모른다는 두려움 때문이었다.

그 문제는 결국 나훔 소콜로프가 프랑스 외무부와의 협상 과정에서 어느 나라가 팔레스타인의 보호국이 될지의 문제를 특별히 제기하지 않음으로써 일단락되었다. 그에 따라 프랑스 외무부도 이제 그 문제에 관한 한 시온주의자들이 중립으로 남아 있을 것으로 믿게 되었다. 프랑스 관리들은 전후에 팔레스타인의 시온주의를 지지할 준비가 되어 있지 않았고, 유대인들에게 국가를 갖게 하는 것 또한 염두에 두지 않았다. 그렇기는 하지만 행동이 뒤따르지 않는 격려의 빈말 정도는 해도 무방하리라고 보았다. 실행하지 않아도 되는 입에 발린 말을 하는 것만으로 시온주의의 '백일몽'을 꾸는 사람들을 굴복시킬 수 있을 것으로 여긴 것이다.[27] 프랑스 외무부 사무국장 쥘 마르탱 캉봉이 1917년 6월 4일 소콜로프가 러시아에 가서, 그가 가진 영향력을 이용해 러시아 유대인들을 설득하기로 한 것에 대한 보상으로 프랑스 정부의 보증서를 써준 것도 그런 판단에서 나온 행위였다.

귀하는 팔레스타인에 유대인 식민지를 개발하는 계획안을 마련하여 그 일에 매진하고 계신 훌륭한 분이십니다. 그러므로 여건이 되고 성지들의 독립이 보장되면, 연합국의 보호로 아주 오래전 이스라엘 백성이 추방되었던 곳에 유대인 국가가 부활하도록 돕는 것이 정의와 보상의 행동이라 여기실 테죠.

프랑스 정부는 부당하게 공격받는 민족을 구하기 위해 지금의 이 전쟁에 뛰어들어 정의가 힘을 눌러 이기기 위한 투쟁을 계속하고 있습니다. 그런 만큼 귀하가 벌이는 운동, 연합국의 승리와 밀접하게 연관된 운동에도 충분히 공명하고 있습니다.

이 자리를 빌어 그에 대한 보증의 말씀을 드리고자 합니다.[28]

이것은 교묘하게 쓰인 글이다. 약속에서 제외된 부분이야말로 유대인 국가는 독립 정치체의 정황 속에 부활되어야 한다는, 시온주의 사상의 핵심이었기 때문이다. 게다가 성지들 중 주민 대다수가 모여 사는 요르단 강 서안, 팔레스타인의 너른 지역은 사이크스-피코 협정에 따라 프랑스가 공명하는 지역에서 제외될 예정이었다. 따라서 그것을 적용하면, 프랑스가 공명하는 팔레스타인의 유대인 국가는 하이파, 헤브론, 갈릴리 북부, 네게브 사막에 한정되는 것이었다. 이렇듯 캉봉 보증서는 처음에 의도했던 대로 이도저도 아닌 모호한 문서에 그쳤다.*

하지만 프랑스는 제 꾀에 넘어가고 말았다. 의미를 알아채지 못하게 아리송하게 쓴 문장이기는 했지만 보증서의 존재 자체가 영국에도 보증서를 쓸 수 있게 하는 빌미를 제공한 것이기 때문이다. 그리하여 연합국이 팔레스타인에 가진 유대인의 열망을 지지하는 것으로 받아들여지면 시온주의 운동은 유대인 국가의 보호국을 선택하는 데 중요한 역할을 하게 될 것이고, 그 경우 시온주의 운동이 영국을 보호국으로 택하게 될 것은 자명한 이치였다. 다만 영국에서도 처한 입장에 따라 그것을 받아들이는 온도차는 있었다. 팔레스타인을 영국 보호령으로 만드는 것이 주목적이었던 레오 에이머리와 그의 동료들에게는 그것의 의미가 컸던 반면, 유대인들에게 팔레스타인 조국을 되찾아주는 것이 주목적이었던 그레이엄과 사이크스에게는 그것이 큰 의미를 갖지 못한 것이다.

1917년 6월 중순 그레이엄과 세실은 마침내 소콜로프가 파리에서 가져온 캉봉 보증서를 가지고 아서 제임스 밸푸어 외무장관을 만나, 시온주의 지지 선언을 발표할 때가 되었다고 촉구했다. 이렇게 시작된 선언서의 초안 작업에는 밸푸어의 초청을 받아 바이츠만도 함께 참여했다. 사이크스와 바이츠만이 그토록 염원하던 일이 마침내 성사된 것이었다.

선언서의 초안을 잡는 일은 적절한 용어를 찾고 유대인의 범위를 정하는 문제 등의 요인이 겹쳐 여름을 넘어 9월까지 계속되었다. 그 무렵에는 담당자도 밀너와 레오 에이머리로 바뀌어 있었다. 그 일에 관여하는 정부 관리들 모두 선언서 발표에 호의적이었다. 사이크스만 해도 옴즈비 고어의 지지에 힘입어 전시내각 보좌진을 시온주의자들로 바꿔놓았으며, 외무장관 밸푸어도 오랫동안 시온주의에 공명했던 만큼 이제는 지지를 선언할 때

---

* 밸푸어 선언도 간혹 막연하다는 주장이 제기될 때가 있지만 캉봉 보증서와는 몇 가지 다른 점이 있다. 첫째, 캉봉 보증서와 달리 발표가 되었고, 둘째, 팔레스타인 전역이 언급이 되었으며, 셋째, 유대민족의 정체성을 갖는 국가, 곧 유대민족의 조국 창설이 언급돼 있는 것이다.

가 되었다고 믿었다. 외무부 내 분위기도 세실과 그레이엄이 선언서 발표를 재촉하는 등 호의적이었다. 스뫼츠도 철저한 시온주의자였으며, 밀너와 총리 보좌관 필립 커를 비롯한 밀너 사단도, 팔레스타인에 유대인 국가를 건설하는 것이 영국제국의 이익에 매우 중요하다고 보았다. 총리 역시 시온주의 계획을 관철시킬 생각을 내내 했던 만큼 그것을 지지했다. 다만 그에 대한 영국의 의지를 사전에 공표하는 것에는 관심을 보이지 않았다. 그렇다고 해서 내각의 동료들이 그것을 이롭다고 판단해 조치를 취하려고 하는 것까지 막으려고 하지는 않았다.

그런데 밸푸어의 시온주의 지지 선언은 뜻하지 않은 복병을 만나 도중에 중단되는 사태가 빚어졌다. 영국 유대인 사회의 지도급 인사들이 반대를 하고 나선 것이다. 내각에서 반대 집단을 이끈 인물은 인도장관 에드윈 몬터규(1879~1924)였다. 성공하여 귀족이 된 금융인 아버지의 둘째 아들로 태어난 몬터규는 그의 사촌 허버트 새뮤얼 및 루퍼스 아이작스(레딩 후작)와 함께 유대인 최초로 영국 각료가 됨으로써 신천지를 개척한 인물이었다.* 그래서인지 그는 시온주의를 그와 그의 가족이 각고의 노력 끝에 얻은 영국사회에서의 지위를 위협하는 것으로 보았다. 유대주의는 국가성이 아닌 종교라는 것이 그의 지론이었다. 따라서 국가성을 적용하면 그도 100퍼센트 영국인이 못 되는 것이었다.

몬터규는 자유당 내 소장파 중에서도 가장 유능한 인물이었다. 따라서 총리가 그와 처칠을 애스퀴스에게서 빼앗아올 때만 해도 대단한 정치적 수완으로 간주되었다. 하지만 당시 정치권에서 회자된 말, 다시 말해 육군장관 에드워드 스탠리(더비 백작)가 한 말로 미루어보면 반드시 그런 것만도 아니었음을 것을 알게 된다. "나도 물론 개인적으로는 그의 역량을

---

* 디즈레일리도 유대인이었지만, 그는 기독교로 개종했다.

높이 평가하고 직무도 잘 수행하리라 믿어. 그러나 유대인 몬터규를 인도 장관에 앉히면 영국이나 인도정부 모두 떨떠름한 느낌을 가지게 될 걸."[29] 몬터규를 괴롭힌 것은 종교의식이 특별히 높지 않았는데도 유대인이라는 꼬리표가 항상 따라 붙은 것이었다. 그러다 보니 영국 귀족의 백만장자 아들이었음에도 "평생 게토를 벗어나기 위해 발버둥 쳤다"고 한탄하는 처지가 되었다.[30]

기록물에는 비시온주의자였던 몬터규가 유대인의 다수를 대변했던 것으로 나타난다. 마지막으로 계수가 표시된 연대인 1913년, 시온주의 지지자가 전 세계 유대인의 1퍼센트에 지나지 않았던 것도 그 점을 말해준다.[31] 영국정보부 보고서에는 전쟁 중 러시아 페일(유대인 강제 거주지역)의 시온주의 감정이 반짝 치솟았던 것으로 기록돼 있지만, 그것을 입증할 수 있는 숫자는 어디에도 나타나 있지 않다.[32] 해외 유대인이 직면하는 제반 사항과 관련해 영국의 유대인 공동체를 대변했던 단체, 공동 위원회 또한 처음에 표방했던 대로 반시온주의 기조를 내내 유지했다.[33]

그리하여 몬터규의 반대로 선언서 발표와 관련된 모든 일이 중단되자 그레이엄은 넌더리를 내며, 그 일이 "중단된 것" 모두 "일부 부유층 유대인만 대변할 뿐이고, 자신과 동류의 사람들이 영국에서 쫓겨나 팔레스타인의 농토나 개간하게 될 것을 두려워한" 몬터규 때문이라고 쏘아 붙였다.[34]

한편 시온주의 지지 선언을 추진했던 보좌관들은 시온주의 반대파들의 두려움을 완화시킬 방법을 모색하기 시작했다. 밀너를 도와 선언문 초안을 고쳐 쓰던 에이머리만 해도 각료들에게 선언문이 의미하는 유대인은 유대교를 믿는 영국 국민이 아닌 국적을 거부당한 나라들에 거주하는 유대인들이라고 해명했다. "진정한 의미에서 영국 혹은 다른 나라 국적을 가진 사람들과 별개로, 세계 각국, 특히 폴란드와 러시아에는 대규모 유대인 집단이 거주하고 있으며 사실상 그들은 별개의 국가를 형성하는 형편입니다."[35] 그러므로 러시아인이 될 권리를 거부당한 그들에게 팔레스타인에 조국을 재건할 기회를 주어야 한다는 것이 그들의 지론이었다.

그러나 몬터규는 다른 나라 유대인들의 입지에 대해서는 관심이 없었다. 그에게 중요한 것은 영국 내 유대인들의 입지뿐이었다. 그래서 위기감을 느껴 사납게 저항했던 것이고, 그로 인해 내각의 논의는 교착상태에 빠졌다.

조지 커즌도 팔레스타인은 재원이 부족하여 유대인의 꿈을 성취하기 힘들다고 주장하면서 몬터규를 거들고 나섰다. 그보다 중요한 것은 연립정부 제1당의 지도자이자 총리의 강력한 정치적 동반자였던 앤드루 보너 로가, 선언서 처리의 연기를 촉구하면서 몬터규를 지지한 것이었다. 선언서를 고려하기에는 아직 시기상조라는 것이 그의 생각이었다.

미국도 1917년 10월 중순 선언서 발표를 연기할 것을 조심스레 권고하면서 몬터규를 돕고 나섰다. 윌슨 대통령은 시온주의를 지지하면서도 영국의 동기에 대해서는 의혹의 눈길을 보냈다. 따라서 유대인-팔레스타인은 지지했지만 영국령 팔레스타인에는 냉랭한 태도를 보였다. 영국 내각은 밸푸어선언을 염두에 두었던 만큼, 윌슨 대통령이 그에 대한 조언 아니 지지를 해주기를 내심 바라고 있었다. 그래서 마치 박해받는 유대인의 참상에 대한 우려가 밸푸어선언의 유일한 동기인 것처럼, 시온주의자들의 열망에 대한 공감의 표시로 그것을 제시하였다. 하지만 윌슨의 외교 담당 보좌관 하우스 대령은 그것을 이렇게 해석했다. "영국은 당연히 이집트와 인도로 가는 길의 봉쇄를 원하겠죠.(팔레스타인을 방패막이로 삼겠다는 뜻—옮긴이) 하지만 아무리 그래도 우리를 이용해 그 계획을 진척시키지는 못할 것입니다."[36]

이것은 영국 총리와 그를 보좌하는 밀너 사단의 관점을 적절히 대변한 해석이었다. 필립 커(밀너 사단 출신으로 로이드 조지의 보좌관이었던 인물)가 "유대인-팔레스타인을 아프리카, 아시아, 유럽을 인도와 이어주는 다리로 보았"다고 하임 바이츠만이 말한 것도 그 점을 뒷받침한다.[37] 반면에 그것은 친시온주의 선언이 전시는 물론 종전 뒤에도 독일에 맞설 수 있는 주요 무기가 될 것이라는 주장에 설득된 외무부의 관점은 적절히 대변하지 못하는 해석이었다. 영국 외무부는 미국의 유대인 사회와, 특히 러시아의 유대인 사회가 강력한 힘을 발휘할 수 있다고 믿었다. 그러나 러시아제국의 유대인들이 허약하고 핍박받는 소수파에 지나지 않으며, 따라서 정치적 중요성이 없다는 사실을 알았던 페트로그라드 주재 영국 대사는 러시아에서 일어난 권력투쟁의 결과에 유대인들은 별 영향을 끼치지 못하리라는 것을 보고했다. 그런데도 영국정부는 계속해서 러시아 유대인들이 러시아 정부가 연합국 진영에 계속 남아 있게 하는 데 도움이 되리라고 믿었다. 러시아의 위기가 심화될수록 영국 외무부는 더욱더 유대인의 지지를 얻어야 한다는 절박감에 사로잡혔다.

Ⅳ

두려움은 두려움을 낳는 법이다. 영국 외무부가 모종의 일을 꾸민다는 소문에 독일 언론이 수선을 떤 것이 그 출발점이 되었다. 1917년 6월 로널드 그레이엄은 하임 바이츠만으로부터, 정부와 밀착관계로 유명한 베를린에서 발행되는 신문 한 부를 전해 받았다. 신문에는 이집트와 인도를 이어주는 팔레스타인 육로 다리를 확보하기 위해 영국이 시온주의 지지를 고려하고 있고, 따라서 독일이 선수를 쳐 시온주의를 지지함으로써 영국의 기선을 제압할 필요가 있다는 기사가 실려 있었다.(그러나 영국은 몰랐지만 독일정부는 친시온주의 입장을 취하는 것에 관심이 없었다. 독일 언론만 그것에 관심을 가졌을 뿐이다.)

그해 여름 그레이엄은 자신이 느낀 두려움을 기록한 메모를 밸푸어에게 전달했다. 선언서의 발표가 다시금 지연될 것이라는 소식을 들었다고 하면서, 그렇게 되면 "전 유대인들이 위험에 처할 것"이라는 내용의 메모였다. 그는 발표가 지연됨으로써 러시아 유대인들의 입지가 위태로워져 그들이 연합국에 등을 돌렸고, 그보다 정도는 약하겠지만 미국 여론도 연합국에 적대적으로 변할 것이라고 주장했다. 그러므로 "시온주의자들을 독일 품 안으로 내던져서는 안 된다"고 경고하면서, "영국은 시온주의 문제에 다가서려는 독일의 움직임에 언제라도 맞닥뜨릴 수 있고, 시온주의도 본래 독일 유대인은 아닐지라도 오스트리아 유대인의 사상이었다는 사실을 유념할 필요가 있다"고 역설했다.[38]

그레이엄의 메모에는 정부가 밸푸어선언 발표를 지연한 날짜들이 기록된 명세서도 첨부돼 있었다. 밸푸어는 1917년 10월 총리에게 메모와 더불어, 시온주의자들이 불평할 만한 합당한 근거자료가 될 것이라고 하면서 명세서도 함께 제출했다. 가능한 한 그 문제를 조속히 처리하는 게 좋겠다는 권고의 말도 덧붙였다.[39]

1917년 10월 26일에는 《타임스》도 선언이 거듭 지연되는 것을 비난하는 기사를 게재했다. 영국과 연합국 정부들이 팔레스타인에 관련된 모종의 선언을 고려하는 것은 주지의 사실이라고 하면서, 이제는 그것을 실행할 때가 되었다고 역설한 내용이었다.

정치인들은 영국의 정책을 명백히 밝혀야만 얻을 수 있는 전 세계 유대인들의 진심어린 공감이, 연합국의 대의에 얼마나 중요한지를 진정 모르는 것인가? 독일은 연합국과 유대인의 국가에 대한 열망을 연계하는 것이 자국의 책략과 선전에 미칠 위험을 신속히 파악하여 영국의 기선을 서둘러 제압하려고 하는 판에 말이다.

1917년 10월 31일 영국 내각은 결국 몬터규와 커즌의 반대를 무릅쓰고 바이츠만이 요구하는, 그러나 내용이 많이 희석된 시온주의 지지 선언을 발표할 수 있는 권한을 외무장관에게 부여했다. 그러자 사이크스는 흥분을 참지 못해 바이츠만에게 곧장 달려가 그 소식을 전했다. "바이츠만 박사, 희소식입니다!" 그러나 바이츠만은 원안에 비해 표현이 많이 약해져서인지 별로 기뻐하는 기색이 없었다.[40]

외무장관 밸푸어가 영국에서 가장 이름난 유대인 라이어넬 월터 로스차일드(로스차일드 남작)에게 1917년 11월 2일 서한 형식으로 보낸 선언문의 내용은 이랬다.

친애하는 로스차일드 경,

시온주의 유대인들의 열망에 공감하는 다음과 같은 선언문이 내각에 제출되어 승인받았기에 영국정부를 대신해 그것을 전달해 드리게 되어 기쁘기 한량없습니다. "영국정부는 팔레스타인에 유대민족의 조국을 건설하는 것을 지지하고, 그 목적이 달성되도록 최선의 노력을 기울여 도울 것이다. 팔레스타인에 거주하는 비유대인 사회의 시민적 권리와 종교적 권리, 혹은 여타 나라들에서 유대인이 누리는 권리와 그들의 정치적 지위를 손상시키는 일이 있어서는 안 된다는 점도 분명히 밝힌다." 이 선언문을 시온주의 연맹에 전달해 주시면 감사하겠습니다.

영국 지도자들은 밸푸어선언에 대해 아랍 동맹자들이 적대적 반응을 보이지 않을 것으로 예상했다. 프랑스가 유일한 장애물이 될 것으로 판단했으나 그것도 진즉에 해결되었다. 로이드 조지가 훗날 아랍 지도자들에 대해, "그들은 팔레스타인을 대수롭지 않은 문제로 보는 듯했다"고 쓴 것도 그 점을 말해준다.⁴¹ 그는 유대인의 조국이 성지에 재건될 것임을 후세인 국왕과 그의 아들 파이살에게 통지해주었다는 점을 지적했다. 그러고는 비꼬듯 "팔레스타인의 아랍인들과도 접촉하려 했으나, 영국에 맞서 싸우는 형편이라 그럴 수 없었다"고 덧붙여 말했다.⁴²

밸푸어선언은 그 즉시 발표되지 않고 다음 주 금요일에야 공식적으로 발표되었다. 주간지《유대인 연대기》가 발간되는 날이 그날이었기 때문이다. 하지만 그때는 이미 레닌과 트로츠키가 페트로그라드를 장악했다는 소식이 언론을 장악하여 그 뉴스는 주목을 받지 못했다. 영국 외무부는 밸푸어선언이 발표되면, 연합국을 지지하고 볼셰비키를 반대하는 쪽으로 러시아 유대인들의 태도가 바뀔 것으로 기대했다. 1920년대 초 볼셰비키가 러시아 내전에서 결정적 승리를 거둘 때까지도 그 희망을 버리지 못했다. 밸푸어선언이 발표된 1917년 11월 러시아에서는 볼셰비키와 반볼셰비키파의 전투가 막 시작된 참이었다. 그리하여 페트로그라드에서 극적인 소식이 들려오자 당초 러시아 유대인들이 영국의 주요 동맹이 될 것으로 오판하고 밸푸어선언을 지지했던 영국인들은 더욱더 열렬히 그것을 지지했다.

《타임스》도 1917년 11월 9일에야 밸푸어선언에 대한 기사를 실었다. 12월 3일에는 그것을 지지하는 논평도 실었다. 논평이 게재되기 전날이었던 12월 2일에는 런던 오페라 하우스에서 영국 시온주의 연맹이 주최한 축하연이 열렸다. 시온주의 지도자들 외에 로버트 세실, 마크 사이크스, 윌리엄 옴즈비 고어, 시리아의 기독교도, 아랍 민족주의자, 아르메니아 대표들도 연사로 참석하여 자리를 빛낸 행사였다. 다수의 연사들이 설득력 있게 제시했듯이 유대인, 아랍인, 아르메니아인들이 서로 협력하여 조화롭게 전진해 나가자는 것이 이날 행사의 기본 취지였다. 《타임스》도 그에 걸맞게 이런 논평을 실었다. "아랍과 아르메니아의 영향력 있는 인사들이 참석하여 연설을 한 것, 유대인과 조화롭게 협력해 나갈 것을 확인한 것만으로도 이 모임은 기억할 만한 행사가 되기에 충분하다."[43]

《타임스》는 "행사장에 구약성서의 정신이 가득했고, 런던의 극장과는 다소 어울리지 않게 고대 예언이 실현되는 것을 믿음과 열정으로 축하하는 듯한 느낌이 두드러졌던 모임이었다"고 썼다.[44] 성서의 예언이야말로 영국으로 하여금 유대인들을 시온으로 돌려보내고 싶은 마음이 들게 한 가장 강력한 동기였으니, 그것은 당연한 일이었다.

로이드 조지는 어쨌거나 팔레스타인에 유대인 조국을 세울 결심을 하고 있었다. 그가 나중에 "설령 사전 보증이나 약속이 없었다 해도" 평화협정이 체결되면 팔레스타인은 유대인의 조국이 되었을 것이라고 쓴 것도 그 점을 말해준다.[45] 그는 밸푸어선언의 중요성도 전쟁에 기여한 점에 있다고 하면서, 독일과의 전쟁 때 러시아 유대인들이 값진 지원을 해준 것도 그 때문이었다고 주장했다. 시온주의 지도자들이 연합국의 승리를 위해 힘쓰겠다고 약속하고, 그 약속을 실행한 것도 밸푸어선언에 대한 감사의 표시였다는 말이다. 그 20년 뒤 영국정부가 정책을 바꿔 밸푸어선언을 포기하려고 할 때 쓴 글에서도 그는 "시온주의자들은 글과 마음으로 약속을 지켰고, 따라서 이제 남은 문제는 우리의 약속을 지키는 것뿐"이라고 말했다.[46]

그러나 로이드 조지는 밸푸어선언이 평화협정에 미칠 영향에 대해서는 과소평가했다. 밸푸어선언은 미국과 프랑스의 동의를 얻고, 이탈리아 및 바티칸과의 협의를 거치고, 서구권 전역의 여론과 언론의 찬성을 얻어 발표된 공식문서였다. 따라서 평화협정을 맺기 위한 교섭이 진행되면 무시하기 힘든 공약이 될 수 있었다.

V

밸푸어선언은 미국 유대인 사회의 시온주의 운동이 일어나는 데도 일조를 했다. 1차 세계대전이 발발했을 때만 해도 미국 시온주의는 존재감이 거의 없었다. 당시 미국에 거주하고 있던 유대인 300만 명 가운데, 변변찮은 지도부에 하루살이 회원들이 대부분인 시온주의 연맹에 적을 둔 사람들은 1만 2,000명에 지나지 않았다.[47] 보유기금도 1만 5,000달러밖에 되지 않았고[48] 연간예산 또한 5,200달러를 넘지 못했다.[49] 200달러가 1914년 이전 시온주의 연맹이 수령한 단일 기부금으로는 최대 액수였으니 상황을 대충 짐작할 수 있을 것이다.[50] 뉴욕에서도 시온주의 운동에 참여한 유대인은 500명에 지나지 않았다.[51]

보스턴의 유능한 변호사 루이스 D. 브랜다이스(1856~1941)도 처음에는 유대인 문제에 관심이 없었다. 그러다 1912년 시온주의자가 되었고 1914년에는 시온주의 운동의 지도자가 되었다. 그는 미국 정계에 일어난 진보주의 운동의 지적 거물이었고, 우드로 윌슨 대통령에게도 막대한 영향을 끼친 것으로 전해지는 인물이다. 그는 유대인 최초 미국 연방대법관이 됨으로써 남북전쟁 이후 미국 정치에서 중요한 역할을 담당한 첫 번째 유대인이기도 했다. 미국 최초의 유대인 각료로 1906년부터 1909년까지 상무노동부 장관을 지낸 오스카 스트라우스가 유일한 예외였다.

미국에 유대인 이민자의 물결이 쇄도한 것은 근래의 일이었다. 그러나 그들 대부분이 유대인의 정체성을 드러내기보다는 영어를 배우고, 외국인의 억양과 습관을 버리고, 미국인이 되는 데 열을 올렸다. 미국에서 태어난 유대인들도 시온주의와 연관되면 나라에 충성을 다하지 않는 것으로 비칠까 우려하여 외국인 티를 내지 않으려고 했다.

브랜다이스가 특별히 주안점을 두었던 부분이 그것이다. 그는 미국의 다른 인종들에는 있는 중요한 요소가 유대인들에게는 없다고 믿었다. 그들에게는 국가의 역사가 없었던 것이다. 다른 미국인들은 조상의 나라를 언급하고, 그것과 스스로에 대해 자부심을 느꼈다. 그리고 그 점에서 브랜다이스가 특별히 경탄을 아끼지 않은 사람들이 아일랜드계 미국인들이었다. 조상의 나라에 자부심을 갖는 것도 그랬고, 영국이 아일랜드를 계속 통치하는 것에 대해 항거하는 것도 그랬다.

그는 정치에 대한 이런 관심과 참여가 미국의 애국심과도 전적으로 부합하고 애국심도 고양시킨다고 주장했다. "아일랜드계 미국인들은 자신을 희생하여 모국의 정치적 진보에 기여함으로써 더 나은 인간, 더 나은 미국인이 되었다. 미국의 유대인들도 그처럼 자신을 희생하여 유대인 정착지 발전에 이바지함으로써 더 나은 인간, 더 나은 미국인이 될 수 있을 것이다."[52]

1917년 팔레스타인 문제를 논의하기 위해 미국을 찾은 아서 밸푸어도 브랜다이스의 윤리적 이상주의에 깊은 감명을 받았다. 그리고 그것은 브랜다이스가 미국의 유대인 사회에 호소할 때 사용한 논점을 밸푸어선언이 옹호하는 결과로 나타났다. 전시에 시온주의와 애국심이 양립할 수 있었던 것은, 연합국이 유대인-팔레스타인을 전쟁 목표로 삼았기 때문이라는 것이 브랜다이스 논점의 내용이었다. 오래지 않아 그것은 또 공적 지원을 받는 미국의 목표가 되기도 했다. 윌슨 대통령이 1918년 9월 유대인 설날을 맞아 미국 유대인 사회에 보낸 연하장에서 밸푸어선언의 원칙에 찬성하는 뜻을 밝힌 것이다.[53]

그리하여 밸푸어선언 때문이었는지, 효과적이고 전문적인 브랜다이스의 지도력 덕분이었는지는 모르겠지만, 아무튼 시온주의에 대한 미국 유대인들의 지지율은 눈에 띄게 높아져 1919년 시온주의 연맹 가입자는 17만 5,000명을 넘어섰다. 물론 미국의 유대인 사회에서 시온주의자들은 여전히 소수파에 지나지 않았고, 기득권을 지닌 부유층 유대인들의 맹렬한 저항에도 부딪쳐 1940년대에야 그것이 극복되었지만 말이다. 그렇기는 하지만 브랜다이스 덕에 미국의 시온주의는 마침내 아일랜드 독립을 지지한 아일랜드계 미국인들이 개척한 노선을 밟아 견실한 조직으로 발전하게 되었다. 그리고 브랜다이스를 도와 그것을 가능하게 한 것이 바로 밸푸어선언이었다. 물론 밸푸어선언도 어느 정도는 유대인 세력의 존재를 인식해, 그들의 비위를 맞춰줄 필요가 있다는 판단에서 나온 것이기는 했지만 말이다.

VI

애스퀴스에서 로이드 조지로 총리가 교체된 뒤 영국의 전쟁 목표가 얼마나 달라졌는지는 레오 에이머리가 1917년 말에 쓴 일기 내용으로 추정해볼 수 있다. 그는 전쟁 중 자신이 했던 일을 돌이켜보고 그에 대한 평가를 내리면서, "평화협정에 관련된 그 모든 일을 하는 동안 동아프리카, 팔레스타인, 메소포타미아의 중요성과 전체적인 제국관을 영국 관리들 머릿속에 서서히 주입시킨 것"을 자신이 거둔 주요 성과 가운데 하나로 기록했다.[54]

에이머리도 말했듯이 그 무렵 유럽은 이제 더는 영국의 주된 전쟁 목표가 아니었다. 개전 후 3년 동안 진행된 파괴행위로 유럽에서는 뜻있는 승리를 거두는 것이 불가능했던 탓이다. 동맹국들 간의 제휴관계도 경쟁으로 무너져, 잃은 것을 벌충할 수 있는 영토 병합이나 획득의 전망 또한 보이지 않았다. 독일의 해체로도 영국의 욕구를 충족시키기는 어려웠다. 전쟁 중에 행한 연설에서 스뫼츠도 지적했듯이 유럽의 힘의 균형을 유지하기 위해서는 독일이 상당한 세력으로 남아 있을 필요가 있었고, 그것이 영국의 이익에도 매우 중요했기 때문이다.[55]

세계 일주 항해를 한 프랜시스 드레이크와 더불어 전성기를 맞았던 영국이 1914년의 서부전선 세대와 더불어 그 위상을 영원히 상실했는지 여부를 판단하기는 아직 일렀다. 그러므로 영국이 만일 그때의 전성기를 되찾으려 한다면, 아프리카는 일부만 포함시키고 주로 중동에서 제국적 팽창을 꾀하는 것이 첩경일 터였고, 그것이 바로 총리와 밀너 사단이 추구한 정책이었다.

그것과 상관없이 우발적으로 일어난 오스만과의 전쟁이 지엽적 문제에서 일약 로이드 조지 정책의 중심으로 떠오른 것도 그 때문이었다. 그는 개전 초부터 1차 세계대전의 결정적 승리는 그곳에서 거두게 될 것이라고 장담했다. 그랬던 그가 이제는 전후의 목적도 그곳에서 달성하게 될 것으로 말하는 상황이 된 것이다. 로이드 조지는 탁월한 정치적 직감으로 영국이 유형의 보상을 받을 수 있는 있는 곳이 중동이라고 느꼈다. 전략적 관점으로 봐도 중동은—밀너, 에이머리, 스뫼츠, 커, 옴즈비 고어가 그랬듯—케이프타운에서 인도, 오스트레일리아, 뉴질랜드로 연결되는 노선의 끊어진 부분을 이어줌으로써, 아프리카, 아시아, 태평양에 걸친 영국제국에 새로운 활력을 불어넣을 수 있는 곳이었다. 애스퀴스 정부 때는 중동에 대한 영국의 헤게모니가 단순한 희망에 그쳤지만, 로이드 조지 정부 때는 중동이 영국이 반드시 필요로 하는 영토가 된 것이다.

7부
중동 침략

35. 예루살렘에서 크리스마스를

I

1916년 말 로이드 조지의 총리 취임과 더불어 동방전선의 전세는 호전되는 기미를 보였다. 메소포타미아 원정에서 보여준 인도정부의 지리멸렬한 전쟁 수행 능력—1915년 말 바그다드로 진격한 인도 원정군이 1916년 봄 알쿠트에서 튀르크군에 패해 항복한 것—에 충격을 받은 런던이 인도장관, 인도 부왕, 인도군 사령관은 물론 그 밑의 원정군 사령관까지 병참에 밝은 인물로 교체함으로써, 원정에 관련된 지휘부를 전원 물갈이한 데 따른 결과였다. 그리하여 신임 원정군 사령관 스탠리 모드 소장이 1916년 12월 티그리스 강에 주둔 중인 영국-인도군을 이끌고 메소포타미아 지방으로 진군, 조직적인 전투를 펼친 끝에 1917년 3월 11일 바그다드를 탈취하는 데 성공했다.

이 바그다드 원정이 1차 세계대전의 종합적 전략이라는 측면에서 어떤 의미를 가졌는지는 모를 일이다. 그러나 바그다드가 『천일야화』와 관련된 매혹적인 고대 도시였다는 사실만으로도 로이드 조지의 상상력을 사로잡기에는 충분했다. 그것이야말로 총리가 절실히 바란 원기 충전제였다. 그래서 그는 기분이 한껏 고양되어 예루살렘을 바그다드에 이은 영국의 다음 승전지로 결정했다.

반면에 영국 정치권에서는 바그다드 전투의 승리로 오스만 점령지의 처리 문제가 새로운 쟁점으로 떠올랐다. 부처 간 알력이 생긴 탓이었다. 인도정부는 책임을 떠안는 데는 주저했으나, 메소포타미아의 바스라와 바그다드 지방이 오스만제국에서 분리되면 자신들 관할권에 편입되어야 한다는 일관된 관점을 지니고 있었다. 반면에 사이크스와 아랍부 관리들은 인도정부가 아랍 지역을 가부장적으로 통치할 개연성에 대해 난색을 표했다. 사이크스는 1916년에 작성된 비망록을 통해서도 내각에 이렇게 경고했다. "인도에서는 모든 것을 흑백논리로 보는 오랜 전통이 있습니다. 하지만 그런 흑백논리로는 아랍인들을 지배할 수 없어요."[1]

인도 원정군의 정치부문 책임장교였던 퍼시 콕스가 점령지 주민들에게 영국-인도 공동 임시정부에 협조해줄 것을 요망하는 내용의 포고문을 작성해놓고 발표하지 못한 것도, 그것을 막은 본국정부의 훈령 때문이었다. 영국의 전시내각은 포고문의 가안을 몇 개 만들어 논의를 거친 끝에, 마크 사이크스가 작성한 문안을 최종적으로 선택했다. 구체적으로 누가 될지는 결정하지 않았지만, 아랍 지도자들도 정부에 참여시켜 영국 당국에 협조하도록 한다는 내용이었다. 사이크스는 언제나 그렇듯 이번에도 해방, 자유, 지난날의 영광, 미래의 위대함과 같은 미사여구로 포고문의 서두를 잔뜩 도배한 다음, 북부, 남부, 동부, 서부의 아랍 민족들이 하나로 통합되기를 바란다는 희망을 피력했다. 그러면서도 내심 수니파인 후세인 국왕이 지배하는 아랍 중동 연맹으로 결합되기를 바란다는 뜻을 은근히 내비쳤다. 바스라와 바그다드의 주민 대부분이 시아파 무슬림이고, 수니파와 시아파 간의 불화도 1,000년 넘게 지속되는 상황에 그런 내용을 암시한 것이었다.

사이크스 안은 모드 장군의 반대에도 부딪쳤다. 그는 군인이었다. 따라서 전쟁이 지속되는 동안에는 보안 유지를 위해서라도 그 지역을 영국이 단독으로 통치해야 한다는 입장을 보유했다. 게다가 바그다드의 아랍인들에게 자치정부를 제안한 것은—그에 따르면—도시 주민 대다수가 아랍인이 아닌 유대인이라는 사실을 모르고 취한 조치라는 것이 그의 주장이었다.*

하지만 모드의 반대에도 불구하고 런던은 사이크스 안을 밀어붙였고, 그 때문에 점령지들에는 극심한 혼란이 야기되었다. 포고문에는 메소포타미아 지방들을 통치할 세력이 인도 점령군이 아니라는 사실만 명시되었을 뿐 그것을 대체할 세력이 누구인지는 명기되지 않았던 것이다.

1917년 3월 16일 전시내각은 결국 조지 커즌을 위원장으로 하는 메소포타미아 행정위원회를 수립하여 정부 형태를 다시 결정짓기로 했다. 그렇게 해서 나온 결론이 바스라는 인도정부가 아닌 영국의 통치를 받도록 하고, 바그다드는 영국 보호를 받는 아랍 자치 지역으로 만든다는 것이었다. 그에 따라 인도 관리들도 이제는 점령지를 떠나야 했다.

그러자 모드 장군은 상부에 다시 이런 전문을 보냈다. "현지 정황 상 책임 있는 자리는 군부와 지역민들을 다룰 능력이 있는 영국 장교들에게 돌아가는 것이 마땅합니다. 건물에 아랍의 외관을 입히기에 앞서 법과 질서라는 토대를 먼저 놓아야 하기 때문입니다."² 퍼시 콕스도 모드와 방식은 달랐지만, 바그다드의 아랍 지도자가 누가 될지를 묻는 과정에서 동일

_____

* 유대인이 바그다드 인구의 태반을 차지했는지는 모르겠지만—당시에 유포된 『브리태니커 백과사전』에는 그렇지 않았던 것으로 나타난다—그들이 경제적으로 우위에 있었던 것은 사실이다. 바그다드는 예루살렘과 함께 아시아의 2대 유대인 도시들 가운데 하나였으며, 1,000년 전에는 포로족장—유대 왕국 패망 뒤 유배되거나 흩어져 살게 된 동방 유대인들의 수장—이 주재했던 곳, 다시 말해 동방 유대교의 수도이기도 했다. 이렇듯 메소포타미아 지방들에는 기원전 600년 무렵에 일어난 바빌론 유수 이래 다수의 유대인들이 줄곧 거주해 있었고, 그것은 서기 634년 아랍인들이 출현하기 1,000년 전부터 그곳에는 유대인들이 정주했음을 나타내는 것이다.

한 문제를 제기했다.

영국정부가 메소포타미아 지방들의 인구 구성 성분을 몰랐거나 혹은 그에 대한 고려조차 하지 않고 정부 형태를 결정한 것은 분명했다. 소수파인 수니파와 다수파인 시아파의 반목, 부족과 파벌 간의 다툼, 그 지역들의 역사적·지리적 경계, 유대인들이 바그다드의 상권을 장악했다는 사실을 간과한 것이다. 그러다 보니 다른 한편으로는 대의적이고, 효과적이고, 광범위한 지지를 받기도 한, 통합된 단일정부의 구성이 힘들어질 것은 당연한 일이었다.

콕스는 즉각적이고 실제적인 또 다른 문제도 제기했다. 영국정부가 티그리스 강 군대를 지원하는 노동자와 여타 비전투원들이 인도인이라는 사실을 간과한 것이다. 따라서 그들이 내각의 명령에 따라 철수하면 대체인력을 구할 길이 막막했다. 법률제도도 문제였다. 메소포타미아 지방의 법정은 오스만제국 지배 시에는 콘스탄티노플 상급법원에 소속돼 있었고, 모드 장군이 점령한 뒤에는 인도 상급법원의 지휘를 받도록 되어 있었다. 그런 판에 인도정부와의 연계가 끊어지면 사법 행정에도 혼란이 초래될 것은 불을 보듯 뻔했다.

그렇다고 메소포타미아 행정위원회가 그 문제를 당장 해결할 수 있는 것도 아니었다. 오스만 정부가 축출되었는데도 그곳에는 인도정부의 관리들을 대체할 노련한 관리집단이 없었던 것이다. 전쟁 중이어서 명령과 행정적 결정이 하루 단위로 이루어지고 공공시설과 설비의 관리도 시급한 판에 그 일을 담당할 전문인력이 없었다.

런던은 결국 기존 입장을 바꿔 인도정부의 메소포타미아 통치를 수용하기로 했다. 다만 잠정적이라는 단서를 붙였다. 그리하여 사이크스 포고문을 발포한 당사자였던 모드 장군이 이번에도 자치를 고취하되 그것의 실행을 막는 일을 떠맡게 되었다. 그러나 영국이 만든 타협안은 지역민들의 불만과 불온한 행동을 야기할 소지를 지니고 있었다. 점령군 당국이 애당초 요구하지도 않은 곳에 독립 비슷한 것을 자청해 약속해놓고, 그것을 도로 빼앗으려 했으니 그럴 수밖에.

메소포타미아 지방들은 1차 세계대전 중 영국이 점령한 최초의 오스만 영토였다. 그런데도 영국정부는 이행 가능성에 대한 충분한 검토 없이 그곳 사람들에게 약속부터 덜렁 하는 실책을 범하여 앞으로 침략할 팔레스타인, 시리아, 레바논 지역에도 불길한 예감을 갖게 했다. 이 모두 마크 사이크스와 그의 동료들이 그 당시 여건상 약속의 실행이 가능한지, 실행 가능하다면 현지의 영국 장교들도 그것을 이행할 의지가 있는지에 대한 숙고 없이 중동정책을 마련했음을 나타내는 것이었다.

그것은 상서롭지 못한 조짐이었다. 아시아에서 오스만제국의 대체세력이 되려고 하는 영국이 정작 그곳의 실상조차 제대로 파악하지 못했다는 점을 드러냈기 때문이다. 메소포타미아와 가까운 인도정부가 이 정도의 난맥상을 보였으니, 국제적 이해관계가 복잡하게 얽힌 팔레스타인 같은 지역의 침략을 앞둔 카이로의 영국청이 그보다 더 지리멸렬한 것은 두말할 나위가 없었다.

Ⅲ

신임 이집트 원정군 사령관으로 임명되어 카이로에 파견된 인물은 프랑스에서 기병대 지휘관으로 복무할 때 공훈을 세운 에드먼드 앨런비(1861~1936) 장군이었다. 스뫼츠가 고사를 거듭하자 1917년 6월 총리 로이드 조지가 그의 대타로 발탁하여, 팔레스타인을 침략, 점령하고 크리스마스가 되기 전 예루살렘을 탈취하라는 임무를 부여하여 파견한 인물이었다.

그리하여 앨런비가 이집트에 와서 맨 먼저 착수한 일은 원정군에 역동성과 군기, 그리고 군인으로서의 프로 정신을 불어넣은 것이었다. 그다음에는 동아프리카에서 스뫼츠 못지않게 뛰어난 활약을 보인 리처드 메이너츠하겐 대령을 군사 정보부장에 임명하고, 오스만 문제 전문가 윈덤 디즈도 메이너츠하겐 대령 밑에 정치부문 정보원으로 배치했다.

군사정보 부장 메이너츠하겐이 할 일은 적의 후방에서 첩보활동을 벌여 앨런비의 팔레스타인 침략을 수월하게 돕는 것이었다. 반유대인 성향이 강했던 그가 아론 아론손을 보고 마음이 바뀐 것도, 그가 가동하는 팔레스타인의 스파이망이 이용가치가 높으리라는 판단에서였다. 반면에 아론손은 영국 군사정보부의 신망과 호의를 얻은 것에 대한 대가를 혹독하게 치러야 했다. 팔레스타인의 유대인 정착민들이 그의 스파이망 때문에 튀르크의 보복에 노출된 것이었다. 그것도 하필이면 현지의 오스만 정부가 유대인 사회에 본때를 보여주려고 벼르던 최악의 시기에 그런 일이 벌어졌다. 아니나 다를까, 1917년 봄 유월절 축일에 제말 파샤는 유대인과 아랍인들을 야파(야포, 요파)에서 추방했다. 시리아 후배지라고만 막연히 언급했을 뿐 장소도 정해놓지 않은 추방이었고, 그 때문에 난민들은 돈도 식량도 없이 아르메니아인들을 방불케 하는 끔찍한 고통을 겪었다. 제말 파샤는 그것으로도 성이 안 찼는지 유대인이 대다수를 차지하는 예루살렘 주민들도 추방할 뜻을 내비쳤다. 독일 외무부가 적극적으로 개입했기에 망정이지 그렇지 않았다면 그 비극도 일어나고야 말았을 것이다.

그 상황에서 아론손의 활동범위와 그것의 실효성이 밝혀지면 팔레스타인의 유대인들이 재앙을 당할 것은 뻔한 노릇이었고 결과적으로 일은 그렇게 되었다. 1917년 10월 아론의 누이 사라와 다수의 동료들이 튀르크 당국에 체포되어 고문과 심문을 당한 것이다. 그러다 그들 중 일부는 교수형에 처해지고 사라 아론손은 그나마 나흘간 고문을 당한 끝에 스스로 목숨을 끊고 말았다. 독일과 탈라트가 개입하지 않았다면 유대인들에 대한 보복도 뒤따랐을 것이다. 하지만 보복을 당하지 않았어도 1917년 말 예루살렘의 유대인 인구는 본래의 3분의 1밖에 남지 않았을 정도로 급감했다. 그 나머지는 대부분 굶주림이나 질병으로 목숨을 잃었다.

Ⅲ

메이너츠하겐은 아론손의 유대인들이 영국의 팔레스타인 침략 준비에 효과적으로 기여한 것에 깊은 인상을 받았다. 그러나 파이살의 아랍인들에게서는 그런 인상을 받지 못했다.

카이로의 민정당국과, 파이살의 아랍 게릴라 군과의 연락을 맡았던 T. E. 로렌스가 연락이 거의 닿지 않은 것만 해도 그랬다. 그러다 1917년 봄에는 로렌스가 사막으로 아예 종적을 감춰버렸고, 카이로의 군부는 군부대로 그전 해에 아랍 봉기에 대한 관심을 접은 탓인지, 로렌스와 파이살이 하는 일에 관심을 보이지 않았다.

그 무렵 로렌스는 영국 돈 1만 파운드를 주고 고용한 아라비아 북부 베두인족 연맹의 족장 아우다 아부 타이와 함께 움직이고 있었다. 해안가에는 적군의 대포가 배치돼 있고, 수로의 폭이 좁아 영국 함선의 진입도 불가능한 홍해 해협 위쪽의 팔레스타인 남단에 위치한 조그만 항구도시 아카바를 점령하는 것이 그들의 목표였다. 하지만 그곳에는 바다 쪽을 향하도록 배치된 대포가 있는데다 수백 명 규모의 오스만 수비대도 주둔해 있어 정면으로 진입하기는 불가능했다. 그래서 그들은 뒤쪽에서 진입하여 불시에 튀르크군을 기습할 계획을 세웠다.*

그러나 원정을 지휘한 것은 로렌스가 아닌 아우다였다. 아우다가 사막에 정통한 베두인족의 노련함으로 아라비아 해안선에서 북쪽의 사막으로 부하들을 이끌어 적의 시야를 벗어날 수 있었고, 그리하여 두 달 뒤인 7월 6일 그들이 모습을 드러냈을 때는 완전한 기습이 되어 넋 놓고 있던 튀르크 수비대를 가볍게 제압할 수 있었던 것이다. 로렌스가 두 달가량 힘겨운 사막 행군을 마친 뒤였는데도, 또다시 적진인 사막을 가로지르는 위험한 여행을 하여 그것을 카이로에 알려준 것이었다. 게다가 그는 아랍 복장을 한 채 사막에서 불쑥 모습을 드러내 앨런비가 사령관으로 부임한 지 얼마 안 되는 원정군 사령부에 일대 센세이션을 일으키고, 영국인들을 기절초풍하게 만들었다.

로렌스는 많은 덕목을 가진 인물이었다. 그러나 거기에 정직은 포함되지 않았다. 자신의 환상을 진실인 양 겉꾸림한 것에 지나지 않았다. 로렌스는 아카바를 점령하기 몇 달 전 클레이턴에게 그 스스로 했다고 주장했으나 거짓임이 거의 분명한 원정에 대한 이야기를 편지로 써 보냈다.[3] 그런데 이제 자신의 공훈으로 침소봉대할 수 있는 일이 생겼던 것이고, 그러자 자신을 아카바 원정의 주역으로 당당히 말한 것이다. 그리하여 아홉 달에 걸친 로렌스의 변신은 아카바 원정 소식과 더불어 군사적 영웅이 되는 것으로 끝나고, 아카바 점령을 실제로 이끈 동 호웨이타트 부족민의 족장 아우다 아부 타이는 영국 장교들의 입가에서 사라지게 되었다. 후대의 역사가들이 그렇듯 그들의 입에서는 이제 "아카바를 탈취한 인물은 로렌스"라는 말이 자동적으로 튀어나오게 되었다.

그야 어찌됐든 아카바 점령으로, 메디나의 튀르크 수비대에 막혀 지금껏 아라비아 반도에 꼼짝없이 묶여 있던 헤자즈 봉기는 새로운 국면을 맞게 되었다. 그로써 영국 함대가 아라비아 부족민들을 팔레스타인으로 수송

---

* 아우다와 파이살도 같은 생각을 했을 수 있지만, 아마도 그것은 로렌스의 복안이었을 것이다.

할 수 있게 되고, 로렌스가 아랍 비정규군이 팔레스타인과 시리아 원정을 앞둔 영국군에 중요하게 쓰일 수 있다고 앨런비를 설득함에 따라, 후세인의 군대가 개전 이래 처음으로 영국과 튀르크가 싸우는 전선에 도달할 수 있게 되었기 때문이다.

한편 파이살과 그의 소규모 부족민 부대는 영국 점령지인 아라비아 해안지대에서 아카바—바닷길로 250마일 거리—로 그들을 수송하려는 로렌스의 계획을 앨런비가 승인했을 때도 여전히 헤자즈 본부에 머물고 있었다. 가을에 시작될 앨런비의 팔레스타인 원정 때 그들을 영국군 우측에서 견제부대로 활용하려는 것이 로렌스의 생각이었다. 파이살 또한 그렇게 되면 헤자즈, 아버지 후세인, 형제들과의 연락이 끊기는데도 그 제안을 받아들여, 영국군 사령관 대리 자격으로 앨런비의 지휘를 받게 되었다.

그보다 몇 달 전 카이로의 아랍부는 팔레스타인과 시리아 원정에 파이살의 군대를 활용했을 때 파생될 수 있는 몇 가지 문제점을 제기했다. 1917년 5월 16일 클레이턴에게 파이살의 베두인족이 정규군을 감당하기 힘들 것이라는 점과, 팔레스타인 정착지에 그들이 들어가면 주민들의 반발을 살 수 있다는 점을 보고한 것이었다. 그러면서 그들은 튀르크군에서 탈영한 시리아 병사들을 보충병으로 뽑아 파이살에게 제공하는 것을 그에 대한 보완책으로 제시했다. 그렇게 되면 "철도 습격이나 일삼던 파이살의 부대가 나라를 해방시키는 조직화된 군대로 거듭날 수" 있으리라는 것이 그들 생각이었다.[4*]

IV

1917년 가을 앨런비의 팔레스타인 공격이 시작되었다. 그러나 팔레스타인으로 들어가는 명백한 입구인 가자 해안지대를 공격하리라 본 튀르크 및 독일 사령관들의 예상과 달리 앨런비는 엉뚱한 곳을 공격하여 그들의 허를 찔렀다. 가자의 방어시설과 방어군이 준비태세를 갖춘 것을 알고, 짐짓 그곳을 공격하는 척하면서 사막 쪽으로 주력군을 재빨리 빼돌려 내륙 지역인 베에르셰바를 공격한 것이다. 졸지에 기습을 당한 튀르크군은 지리 멸렬한 채 후퇴했다.

메이너츠하겐이 고안해 실시한 스파이 전략은 영국군의 기습작전이 성공할 수 있었던 한 가지 요인이었다. 10월 10일 그는 무인지대로 말을 몰고 나갔다. 그러고는 튀르크 순찰 기병이 총을 쏘자 총에 맞은 척 피 묻은 자루를 길에 떨어뜨리고 도주했다. 자루 속에는 가자가 영국군의 주 공격 목표가 될 것임을 암시하는 서류가 들어 있었다. 데이비드 로이드 조지도 훗날 "그 전투에서 승리할 수 있었던 것은 메이너츠하겐의 책략 덕이었다"고 하면서, "내가 만나본 군인들 중 가장 유능하고 명석한 인물"이었다고 그를 추켜세웠다. "그렇다고 그가 전시에 대령 이상으로 진급한 것도 아니었다"는 말도 덧붙였다.[6]

한편 이집트 원정군이 가자-베에르셰바 전선을 오르내리는 동안 파이살군은 영국군의 우측에서 튀르크군을 괴롭혔다. 소령이었다가 나중에 대령으로 진급한 T. E. 로렌스도 영국군과 아랍군 사이의 연락장교로, 훗날 화려한 명성과 더불어 질시도 함께 받게 될 변화무쌍한 원정을 즐겼다.

헤자즈의 프랑스 사절단 단장이던 브레몽도 나중에 로렌스를 시샘하

---

* 실제로 영국 장교들은 파이살이 아카바에 온 뒤 이것을 실행에 옮겨 전문적 조언과 지도를 해주었다. 아카바에 주둔 중인 영국군 상급장교 피어스 찰스 조이스 중령이 파이살 부대에서 지휘관으로 복무하고, 앨런비 장군의 참모 앨런 도네이에게 상황을 보고하는 형식으로였다. 도네이와 조이스는 이렇듯 계획과 작전단계에서 아랍군을 책임지는 일을 했다. 팔레스타인과 시리아 원정 때 오스트레일리아군 사령관을 지낸 헨리(해리) 쇼벨 장군도 나중에 이렇게 썼다. "아랍군을 통틀어 쓸 만한 부대를 조직한 인물은 조이스뿐이었다. 그 점에서 나는 헤자즈 작전의 성공도 다른 여느 영국군 장교들보다 그와 관련이 깊었다고 본다."[5]

여 20만 파운드에 "상응하는" 인물이라고 그를 깎아 내리는 말을 했지만,[7] 사실 로렌스가 쓴 돈은 그보다도 더 많았다. 전쟁이 끝날 때까지 영국이 아랍 봉기에 쏟아 부은 돈은 자그마치 그 50배에 달했던 것이다. 총액을 따질 것도 없이 당시 기준으로만 봐도 그것은 어마어마한 거액이었고, 사막의 베두인족 기준으로는 더 큰 거액이었다. 그렇게 생전 구경도 못해 보았을 엄청난 부를 로렌스는 그들에게 안겨준 것이었다. 그 결과 부족민이 보이는 충성의 내용은 물론이고 그들의 돈줄 역할을 한 젊은 로렌스의 때깔마저 변하게 되었다. 로렌스의 아랍 복장이 파이살의 것보다도 화려해진 것이다. 그로부터 50년 뒤 베두인족의 한 족장에게 로렌스를 기억하는지 묻자 그 족장 왈, "금을 가진 사람이었죠."[8]

사막의 로렌스에게 금을 전달하는 것도 병참적으로 큰 문제를 제기했다. 그것을 믿고 맡길 만한 사람이 많지 않았던 것이다. 카이로에서는 결국 윈덤 디즈가 토요일 오후 시간을 이용해 탄약통 케이스에 직접 금화를 담아 포장한 뒤 낙타에 실리는 과정까지 일일이 점검해야 했다.

파이살군은 산발적인 역할에 그친 부족민 외에 1,000여 명의 베두인족과 2,500명 정도의 튀르크 포로들로 구성돼 있었다. 그러나 영국의 예상과 달리 포로들이 합류한 뒤에도 파이살군은 쉽사리 정규군 수준에 도달하지 못했다. 카이로에 주재한 미국 국무부 대표도 1917년 말 파이살군이 아직 "훈련된 군대와 싸우기에는 역량이 부족하다"고 말했다. 이것이 당시 카이로 영국청의 공식 입장을 대변한 것이었음은 두말할 나위가 없다.[9]

앨런비로부터 특수 임무를 부여받은 로렌스 부대의 수행 능력도 실망스럽기는 마찬가지였다. 예루살렘에 본부를 둔 오스만군의 철도 연락 체계를 끊기 위해 아치 높은 다리를 다이너마이트로 폭파하려던 작전이 실패로 돌아간 것이었다. 하지만 앨런비는 그런 조건 속에서도 야파 북쪽의 튀르크군 우익을 격파하고 유대의 구릉지대를 돌파하여 크리스마스가 되기 전 예루살렘을 점령했다. 로렌스는 작전이 실패하자 심한 자책감을 느꼈다. 그러나 앨런비는 그런 그를 클레이턴의 참모장교로 예루살렘 입성식에 참여하도록 초청하는 배려심을 보였다.

V

1917년 12월 11일 에드먼드 앨런비는 마침내 부관들과 함께 야파 문을 통해 걸어서 성도 예루살렘에 입성했다. 그런 다음 성채에서 계엄령을 알리는 선언문을 읽고, 프랑스 대표 피코에게도 예루살렘이 군사지역이 되었고, 그러므로 그 지역의 권한은 사령관에게 있다는 점을 통보했다. 군정의 지속 기간은 전적으로 사령관인 자신이 결정할 문제라는 말이었다. 앨런비는 군사적으로 합당하다고 판단되는 시기에 민정을 허용할 것이고, 그때까지는 사이크스-피코 협정과 팔레스타인의 처리도 늦춰질 것이라고 말했다.

그리하여 로이드 조지의 바람대로 이른바 "세계에서 가장 유명한 도시"는 크리스마스에 맞춰 해방되었다. 훗날 쓴 글에서도 그는 그로써 기독교권이 마침내 "성소를 되찾게 되었다"고 이야기했다.[10] 바그다드와 예루살렘 점령은 이처럼 심리적으로 막대한 효과를 거두었지만, 유형의 효과도 그 못지않게 컸다는 것이 그의 생각이었다. "튀르크에 도전한 것은, 우리의 전쟁 수행 능력 부족으로 수년간 군사적 허장성세를 벌이며 우리를 위협한 그들의 사기 행위에 철퇴를 가한 것에 그치지 않고, 궁극적 승리에 이바지한 것이기도 했다."[11]

다수의 아랍인과 영국 장교들의 지휘를 받은 파이살의 아랍군도 예루살렘 점령 뒤에는 나름의 진가를 발휘했다. 트란스요르단(요르단이 영국의 위임통치령이었던 당시 이름—옮긴이) 원정 때 급습대가 치고 빠지기 식 공격을 계속하는 동안, 조이스가 훈련시키고 그의 동료인 허버트 영이 실어다 준 정규군이—지난날 영국군 정보 장교들이 빈번하게 제기한—튀르크군의 적수가 되지 못하리라는 주장을 멋지게 논박해 보였던 것이다. 앨런비는 다음 원정 때도 이들에게 중요한 역할을 맡길 계획을 세웠다. 영국군 우익에 있는 튀르크군에 혼란을 확산시키려는 것이었다.

그런 다음 앨런비가 이제 다마스쿠스로 진군하고, 뒤이어 콘스탄티노플로 쳐들어가 오스만제국에 결정타를 날리려는 순간, 그의 발목을 잡는 일이 터졌다. 러시아가 항복해서 동부전선의 독일군을 불러들일 수 있게 되자 에리히 루덴도르프가 유럽 공격을 준비했던 것이다. 그래서 앨런비도 졸지에 휘하의 영국군 대부분을 유럽으로 보내야 할 처지가 되었다. 독일의 기습공격은 1918년 춘분에 시작되었다. 그리하여 북부 프랑스 전선이 붕괴되고 독일의 승리가 임박했을 무렵, 미국의 원조부대가 도착해 연합국은 간신히 위기를 모면했다. 그래도 루덴도르프의 맹공은 1918년 여름까지 계속되어, 앨런비도 결국 앞으로 전개될 전투에 대비해 군대를 재건하며 그 기간 동안 팔레스타인에 내내 머물러 있어야 했다.

한편 앨런비가 크리스마스 때부터 여름의 끝자락까지 공격을 재개할 기회를 엿보는 동안, 영국정부와 연합군 진영 사이에는 오스만 영토의 최종 처리 문제로 정치적 전선이 형성되고 있었다. 튀르크 진영의 엔베르 또한 러시아제국의 터키어권 지역—아제르바이잔과 투르키스탄—을 점령하기 위해 튀르크 판 루덴도르프 공격을 시작하고 있었다. 아마도 그는 영국군이 유럽에 가 있는 틈을 타 페르시아, 아프가니스탄, 인도까지 밀고 내려가 영국의 동쪽 제국도 분쇄할 계획이었을 것이다.

돌이켜보면 엔베르의 공격도 루덴도르프의 공격과 마찬가지로 절망에 빠진 사람이 던지는 마지막 주사위 같은 것이었다. 그러나 당시에는 오스만제국의 역량과 의도를 평가하기가 쉽지 않았다. 그러다 보니 엔베르의 공격으로 그때까지는 전역에 포함되지 않았던 중동 북부의 거대 지역이 새삼 세계대전과 정치의 주목을 받게 되었다.

한편 엔베르가 이렇게 북동부 중동 지역을 공격하는 동안 서쪽의 앨런비도 마침내 엔베르 군대에 대한 공격을 재개할 수 있게 되었다.

36. 다마스쿠스로 가는 길

앨런비는 1917년 크리스마스와 1918년 여름 사이의 기간을 이용해 원정 재개를 위한 토대를 놓았다. 1918년 1~2월 예루살렘의 철도를 복구하고 해안선까지 선로를 연장해 짐 싣는 동물과 파손된 도로에 의존하던 군대의 짐을 덜어주었으며, 적군을 급습하여 혼란에 빠뜨렸고, 곧 있게 될 원정에 대비해 신출내기 인도병사들도 훈련시켰다.

앨런비의 다음 공격 목표는 모든 역사를 통틀어, 심지어 바그다드나 예루살렘보다도 중요했던 도시 다마스쿠스였다. 주민의 거주가 끊이지 않았던 세계 최고最古의 도시로만 알려졌을 뿐, 도시가 생겨난 기원은 세월의 뒤안길에 묻혀 알 길조차 없는 곳이었다. 그런 곳이었던 만큼 다마스쿠스는 유대인이나 아랍인, 무슬림이나 기독교인, 영국인이나 독일인이 답지하기 전부터 이미 번창하는 오아시스 도시였다. 그 점에서 영국이 이번에 다마스쿠스를 탈취하는 것에는 오스만제국의 아랍어권 지역의 점령을 끝낸다는 상징적 의미 외에, 시리아의 오아시스 정복으로 승리를 완결 지었던 고대 세계 정복자들의 적통을 잇는다는 의미도 담겨 있었다.

하지만 영국은 그런 전통적 정복자와는 다른 존재임을 주장했다. 다수의 동맹세력과 그들의 대의를 위해 싸웠기 때문이다. 앨런비도 연합국 사령관이었으며, 그의 군대도 여러 기치들 아래 진군할 예정이었다. 마크 사이크스가 후세인과 아랍의 대의를 위해 만든 깃발도, 그 기치들 안에 포함돼 있었다. 무슬림 아랍 황제들이 누리던 지난날의 영광을 나타내는 흑, 백, 녹, 적색을 사용함으로써, 후세인이 동시대의 아랍 황제임을 시사한 기였다. 예전과 다른 점이라면 적색의 기조를 조금 바꾼 것뿐이었다.[1] 사이크스는 이집트의 영국군 병참부에 이 기들을 만들어 헤자즈군에 보내주도록 조치했다. 아랍 민족주의 기들을 영국이 도안하고 영국이 만든 것이다.

앨런비군이 다마스쿠스로 진군을 앞둔 시점에서 그것은 중대한 논점이 될 만했다. 중동정책의 수립에 깊숙이 관여한 영국 관리들이, 정책 수립의 과정에서 수차례 내용이 바뀌게 된 사안을 옹호하며 한 말이 어느 정도나 진실이고 어느 정도나 위선이었는지에 대한 의문이 제기될 수 있었다는 이야기다. 마크 사이크스만 해도 1914년 이전에는 튀르크족을 지배민족으로 찬양하다 1차 세계대전이 진행되는 와중에 마음이 바뀌어 오스만의 폭정에 신음하는 피지배 민족의 해방을 부르짖게 되었다. 그리고 유대인들에 대해서도 처음에는 노골적으로 적대시하다 반유대주의자에서 친유대주의자로 전향한 메이너츠하겐처럼, 나중에는 유대인에 동정적 태도를 갖게 되었던 것이다. 아랍 원주민들에게는 자치능력이 없다는 관점을 일관되게 고수했던 스토스와 클레이턴 같은 식민주의 관리들도 사이크스가 아랍 독립을 찬양하자 그를 지지하고 나섰다. 하지만 그렇다고 해서 이들의 변화된 태도가 모두 진정은 아니었던 것이다.

스펙트럼의 한쪽 끝에는 스스로 입안한 것이 대부분인 약속들을 지켜야 한다고 믿는 사이크스가 있었고, 스펙트럼의 다른 쪽 끝에는 그 약속을 유감으로 여기고, 때로는 약속을 하게 만든 대의에도 반대하는 현지 관리들이 있었다. 1918년 초 사이크스가 외무부의 오스만 전역戰域 정치 담당 부서로 자리를 이동했을 때도, 현지에서 오스만 전역의 정치를 담당한 관리들—팔레스타인의 클레이턴, 이집트의 윙게이트, 바그다드의 인도정부의 관리—은 겉으로 내색하지 않았지만 사이크스가 지지한 정치적 이상주의를 회의적으로 바라보았다. 이렇듯 1918년 영국 관리들은 표면적으로는 예의 바르게 의견교환을 하는 것 같았지만, 그 밑에서는 견해가 충돌하는 외무부와 현지 관리들 간의 팽팽한 긴장감이 흘렀다. 한편 바그다드, 예루살렘, 연합국 전선 너머의 다마스쿠스는 영국 관료주의 내에서 이런 줄다리기가 벌어지는 줄도 모른 채, 그들의 운명을 결정지을 약속을 기다리고 있었다.

Ⅱ

길버트 클레이턴 준장은 앨런비 장군의 정치적 참모로 복무하면서 이집트 고등판무관 겸 수단 총독이었던 레지널드 윙게이트의 정치적 심복 역할도 계속하고 있었다. 따라서 팔레스타인 점령군의 정략은 물론 이집트와 수단의 정략도 결정지을 수 있는 유리한 위치에 있었다. 반면에 그는 직업군인의 조심성이 몸에 밴 탓에, 상관들과 의견이 대립되면 자기 생각을 소신 있게 말하지 못했다. 그러다 보니 마음이 통하는 윙게이트에게만 속내를 털어놓고, 사이가 서먹한 사이크스에게는 그러지 못했다.

클레이턴과 로널드 스토스는 영국의 지배를 받는 아랍왕국 혹은 아랍연맹의 창설을 꿈꾸었다.(레바논은 거기서 제외시켰을 것이다.) 거기에 프랑스가 끼어들 여지는 없었다. 그러면서도 클레이턴은 스스로를 반프랑스주의자가 아니라고 주장했다. 자신이 프랑스를 시리아에서 배제시키려고 한 것이 아니라 프랑스 스스로 실책을 저질러 시리아인들의 미움을 산 것이고, 그러므로 기회가 주어져도 프랑스는 시리아를 통치할 수 없을 것이라고 내다보았다. 그러면서 자신은 단지 결과를 예측했을 뿐이고, 그러므로 결과가 그렇게 나오도록 묵계하는 일은 없을 것이라고 말했다. 1917년 8월 20일 그는 사이크스에게도 이런 전문을 보냈다. "나에 관한 한 파쇼다주의는 염려하지 않아도 됩니다."[2] 클레이턴이 우려한 것은 프랑스가 저지른 실책의 책임을 영국이 떠안는 것이었고, 그래서 사이크스에게도 중요한 것은 영국에는 책임이 없음을 보여줄 수 있는 입증 서류를 만들어두는 것이라고 역설했다.

그러나 클레이턴은 반프랑스주의는 부정했지만, 중동의 다른 동맹들에게 불편한 심기를 갖고 있다는 점은 인정했다. 클레이턴과 그의 동료 윙게이트는 당시의 기준에 비춰봐도 맹렬한 반유대주의자였다. 윙게이트는 심지어 오스만과의 전쟁이 일어나도록 부추긴 책임도 유대인에게 있다고 말했다. 반면에 1916년 클레이턴이 윙게이트에게 제출한 보고서에는 오스만제국과 강화하려는 움직임의 배후에도 유대인이 있었던 것으로 나타나 있다.*

그런데 1917년 터키와의 화해적 평화 문제가 다시금 수면 위에 떠오르자 클레이턴은 또, "아랍인, 시리아인, 유대인, 아르메니아인을 지지하기로 약속했기" 때문에 영국에는 승리를 완결 지을 책임이 있고, 그러므로 협

---

* 1916년 여름 토리당 당수 랜즈다운 후작이 사견임을 전제로 화해적 평화를 지지한다는 발언을 할 때 클레이턴도 런던에 머물고 있었고, 그래서 카이로에 돌아와 윙게이트에게 이런 보고서를 올린 것이다. "런던에서 제가 받은 한 가지 인상은, 저의 평소 생각을 확인해주는 사항이기도 하고 판무관님도 관심을 가지리라고 사료되는 것으로, 유대인들의 영향력이 매우 폭넓게 미치고 있다는 것입니다. 그것은 도처에 깔려 있고 또 언제나 '온건한' 태도를 취하고 있습니다. 누구도 '실망시키지' 않으려는 것이지요. 영국계 유대인, 프랑스계 유대인, 독일계 유대인, 오스트리아계 유대인, 살로니카계 유대인 등 유대인의 종류는 많습니다. 그러나 그들 모두 유대인이라는 사실은 같지요. …… 따라서 평화협상에 대한 말이 들리면 그 배후에는 반드시 유대인이 있습니다. 터키 지지에 대한 말과 터키와 개별적으로 강화하고 싶다는 말 뒤에도 어김없이 유대인이 있습니다. CUP의 요체이기도 하지요."[3]

상할 수 있는 윤리적 권한이 없다고 주장했다.[4] 반면에 그는 시온주의에 대한 약속을 포함해, 그런 종류의 약속을 하는 것에는 반대 입장을 나타냈다. 밸푸어선언이 입안될 때도 클레이턴은 사이크스에게, 영국의 의도를 드러내는 말을 하지 않으면서 아론 아론손과 유대인들을 지속적으로 "활동하게 하는" 것이 최선이라고 썼다.[5] 정치가 개입하면 유대인과 아랍인들의 신경이 그쪽으로 쏠려, 전쟁 노력에 최선을 다하지 않으리라는 것이 그의 주장이었다. 조심하는 것이 습성이 된 그는 어떠한 경우에도 사전 약속을 하는 것은 좋지 않다고 보았다.

클레이턴은 밸푸어선언이 발표된 지 한 달 뒤에도 사이크스에게 그것이 실수일 개연성을 시사하는 서한을 보냈다.

나는 시온주의자들이 가진 중요성, 특히 미국과 러시아 시온주의자들이 가진 중요성을 알지 못하고, 그러므로 그들이 원하는 모든 요구사항을 들어주어야 할 필요성 또한 이해하지 못합니다. 그러나 이 점만은 분명히 밝히고자 합니다. 지금 우리가 행하는 것처럼 유대인을 밀어주다가는 아랍 통합이 기정사실이 될 개연성이 줄어들어, 아랍이 우리의 적대세력이 될 수도 있다는 것입니다.[6]

그렇다고 해서 클레이턴이 아랍 독립을 지지하는 의미에서 친아랍파인 것은 아니었다. 1917년 초 그와 윙게이트가, 외무부에 의해 기각되기는 했지만 허울뿐인 이집트 독립을 철폐하고 영국과 병합을 제안한 것도 그점을 뒷받침한다. 클레이턴은 그때도 사이크스에게 자신의 제안은 옹호하고, 그것을 막는 런던 관리들의 조치에는 반박하는 글을 써 보냈다.

이것은 분명 그들의 방침에 반하는 말이지만, 나는 내 생각이 옳다고 믿습니다. 술탄이니 이집트의 자치니 하는 건 모두 헛소리예요. 그들은 자치할 준비가 되어 있지 않습니다. 궁정의 유력자들이 있는 한 권한과 자치를 부여해봐야, 백성에게는 그 혜택이 돌아가지 않고 술탄과 그의 재상 좋은 일만 하여 우리에게 대항하는 힘으로나 쓰이게 될 것입니다. 번지르르한 이론들 모두 좋지요. 허나 남는 것은 냉혹한 현실뿐입니다.[7]

클레이턴은 또 오스만과 전쟁이 발발하기 전 다수의 아랍 비밀결사를 처음으로 만든 장본인이었으면서도, 그들의 말을 지속적으로 무시하는 행동을 했다. 기독교도나 유럽인은 물론이고 영국인의 지배도 받고 싶지 않다고 하는 그들의 주장을 시종일관 모른 체한 것이다. 1918년 초 마드리드에서 온 외교행낭에도 그것을 뒷받침하는 서류가 들어 있었다. 영국 대사가 마드리드에서 비밀결사 지도자 알 미스리를 만났고, 그로부터 콘스탄티노플의 엔베르-탈라트 정부를 전복시키자는 제안을 받았으며, 그리하여 정부가 전복되면 오스만제국을 연방으로 재편해 아랍인과 여타 민족들에게는 자치를 부여하고 연합국과도 화해하겠다는 내용이 담긴 서류였다.[8] 알 미스리도 개전 초 카이로의 클레이턴에게 그런 말을 자주 했다. 그런데도 그는 알 미스리가 대변하는 사람들이 오스만 정부의 지배는 받을지언정 카이로 영국정부의 지배는 받지 않으려 한다는 사실을 결코 받아들이지 않으려고 했다. 그러면서 알 미스리가 수용할 수 없는 제안—중동의 아랍 지역을 영국 보호령으로 만드는 것—만을 고집했다.

팔레스타인, 트란스요르단, 레바논, 시리아에서 시행할 정책을 앨런비에게 조언하게 될 클레이턴은 이렇듯 반프랑스주의자도 아니고, 시온주의자와 아랍인의 친구라고 주장하면서도 실상은 그 세 당사자 모두의 열망과는 배치되는 행동을 했다.

Ⅲ

마크 사이크스는 신참 관리인데다—1917년에 겨우 2년차 행정관이었다—변덕이 죽 끓듯 해 갑작스런 열정에 휩싸이기 일쑤였다. 그러다 보니 일도 쉽게 벌이고 포기하는 것도 빨랐다. 그러나 변덕은 심했지만 부정직하지는 않았다. 표리부동한 행동은 하지 않았다는 이야기다. 반아랍, 반유대인, 반미국을 표방하다 친아랍, 친유대인, 친미국 쪽으로 돌아서기는 했지만, 일단 마음을 바꾼 뒤에는 끝까지 그들에 대한 신의를 지켰다.

1917~1918년에도 그는 아랍인, 유대인, 아르메니아인, 프랑스인에게 한 약속을 지킬 수 있을 것으로 굳게 믿고 이질적인 세력들을 한데 결집시키기 위한 노력을 계속했다. 하임 바이츠만이 "사이크스는 생각이 논리적이거나 일관적이지는 않지만 관대하고 온정적이었다"고 묘사한 글에도 사이크스의 좋은 품성이 그대로 드러나 있다.⁹ 사이크스의 사무실로 나 있는 문이 나훔 소콜로프에게 "희망의 문"으로 알려져 있었던 것도 유대인의 국가적 여망을 충족시키는 데 도움을 준 그의 역할로 비추어볼 때 충분히 수긍이 가는 일이다.¹⁰ 하지만 영국정부 내에는 외국인들에게 보이는 사이크스의 관대함에 반감을 갖는 사람들이 있었고, 실제로 사이크스에게는 동료들의 지지를 얻는 것이 가장 큰 골칫거리였다. 그들의 기준에서는 사이크스의 고지식함이 낯설었고, 그래서 그의 관점도 이해하지 못했다.

사이크스가 가진 일부 문제는 동료들의 호불호를 몰랐다는 것이다. 따라서 그들 중 몇몇이 동기와 계획을 숨기는 것도 알지 못했다. 사이크스는 믿을 만한 정부관리들과 비밀회의나 교신을 할 때도 자신의 의견을 숨김없이 말하고는, 그들도 같은 생각을 할 것으로 믿었다. 하지만 그것은 착각이었다. 정부관리나 클레이턴 같은 직업군인들은 몸을 사리는 게 습관이 되어 여간해서 속내를 드러내지 않았다. 반면에 사이크스는 연설을 주업으로 하는 하원의원이었다. 따라서 자신의 관점을 허심탄회하게 이야기했다. 직업의 특성상 자신의 의도를 좀처럼 드러내지 않는 클레이턴 같은 인물과는 완전히 대조적이었던 것이다.

그러다 1917년 여름 이집트에서 돌아온 사이크스는 자신이 자리를 비운 사이 외무부 내의 친오스만파 관리들이 전직 콘스탄티노플 미국 대사였던 헨리 모겐소 시니어와 손잡고 터키와 개별적으로 강화협상을 시도하다, 여러 사람들 특히 하임 바이츠만의 즉각적 반대에 부딪쳐 무산된 사실을 알게 되었다. 그는 이 사실을 클레이턴에게도 알렸다. "런던에 돌아와보니 지난 2년간 내가 해놓은 일을 외무부가 모조리 망쳐놓고 있는 게 아니겠습니까. 반연합국 감정〔다시 말해 반프랑스 감정〕을 자극하고 터키와 개별 협상을 추진했던 겁니다. 때마침 내가 도착했기에 망정이지 그렇지 않았으면 큰일날 뻔했어요. 시온주의가 다치지 않은 게 그나마 다행이에요." 그러나 이 부분에서 사이크스는 시온주의에 대해서는 올바로 판단했으나, 외무부에 대해서는 오판하고 있었다. 반프랑스파의 소굴은 외무부가 아니라 오히려 사이크스가 창설한 클레이턴의 아랍부였던 것이다.

사이크스가 돌아오기 직전이었던 1917년 런던에는 아랍부 부장 데이비드 호가스가 머물러 있으면서, 사이크스-피코 협정과 중동에서의 프랑스 역할에는 반대하고, 후세인이 이끄는 아랍연맹을 영국의 보호령으로 하는 계획을 지지하는 로비를 벌였다. 길버트 클레이턴도 그보다는 솔직한 심성을 가졌던 호가스와 생각이 비슷했다. 그런데 사이크스는 그것도 모른 채 클레이턴에게 다시 이런 전문을 보냈다. "호가스가 런던에 와서 엉뚱한 일을 벌였더군요. 반프랑스, 반사이크스-피코 협정 비망록을 작성한 거예요. 아랍운동에 찬물을 끼얹었고 영국령 메카를 도모한 것이지요." 그러고는 기쁨에 찬 어조로 이렇게 말했다. "그러다 된통 당했어요."

사이크스는 "중요한 것은 영국이든 프랑스든 파쇼다주의에 굴복해서는 안 된다는 거예요"라고 되풀이해서 말한 뒤, 그와 피코(P로 지칭했다)는 프랑스와 영국정부에, 양국 간에도 솔직하고 아랍인들에게도 솔직하게 대하도록 압력을 넣을 생각이라고 덧붙여 말했다. "가능한 정책은 하나뿐입니다. 협상국(연합국)이 처음이자 끝이고, 아랍국은 협상국의 자식인 거예요." 그러므로 영국-프랑스 협정을 파탄내지 않도록 아랍도 함께 보듬어주어야 한다는 것이었다. "따라서 그곳(카이로) 영국인들도 아랍인들을 잘 다뤄, '너는 좋은 사람이고, 그는 나쁜 사람' 이라는 식의 아부성 발언에 넘어가지 않도록 해야 합니다. 나도 프랑스를 다그쳐 아랍의 대의를 프랑스의 유일한 희망으로 만들어 놓을 작정이에요. 식민주의는 미친 짓이고, 피코와 나는 그것을 입증할 자신이 있습니다."[11] 이렇게 보면 사이크스는 피코도 식민주의자였고, 따라서 영국을 중동에서 프랑스의 경쟁국으로 본다는 것과, 클레이턴이 프랑스를 그 지역에서 몰아내려 한다는 사실도 알지 못했던 것 같다.

클레이턴은 피코와 함께 일하는 것도 달갑게 여기지 않아, 중동의 전시 점령지역에 영국-프랑스 공동 정부를 도입하는 내용의 협정—애스퀴스 정부 때 체결된—도 집행하지 않으려 했다. 앨런비 원정군 진영의 프랑스 대표 피코가 그것은 에드워드 그레이가 약속한 사항이었다고 하자, 클레이턴이 사이크스에게 이런 전문을 보낸 것이다. "그것은 그 사람 이야기고, 나는 아무것도 들은 게 없습니다. 그렇기는 합니다만, 이렇게 쓸모없고 유해한 협정에 무작정 반대하기도 나로서는 곤혹스럽습니다."[12] 이 문제는 결국 앨런비가 점령군 사령관으로서의 권위를 발동하여, 군사적 상황이 허락될 때까지 그에 대한 고려를 미루기로 함으로써 일단락되었다. 한동안은 사실상 협정을 무효화시킨 것이다.

클레이턴은 아랍인, 유대인, 아르메니아인들에 대한 견해를 밝힐 때는 프랑스를 대할 때보다 더욱 조심스럽게 행동했다. 밸푸어선언이 발포되었을 때가 그 좋은 예다. 사이크스는 밸푸어선언이 발포되자 흥분을 참지 못하고 클레이턴에게 암호전문을 보냈다. 시온주의 운동이 아랍과 아르메니아인들을 위해서도 일할 준비가 되어 있고, 그래서 자신도 하임 바이츠만을 유대인 대표, 미국인 실업가 제임스 맬컴을 아르메니아 대표, 시리아 기독교도와 아랍 무슬림을 아랍인 공동 대표로 하는, 세 집단의 통합 위원회를 구성하는 절차에 들어갔다는 내용이었다.[13] 그리고는 모든 지역의 아랍인에게 도움이 될 거라고 하면서, 아랍인들의 더 많은 참여가 중요하다고 말했다.

그 몇 주 뒤에도 사이크스는 클레이턴에게 전문을 보내, 시온주의자들을 압박하여 강력한 친아랍 노선을 채택하도록 했다는 말과 함께,[14] 튀르크와 독일이 시온주의 지지를 확보하게 되면, 연합국에 희망을 거는 다른 모든 세력과 더불어 시리아의 아랍인들에게도 좋지 않은 결과가 초래될 것임을 그들(카이로의 시리아 아랍인)에게 알려달라고 당부했다. 사이크스의 이 말에는 밸푸어선언이 영국의 이익뿐 아니라 아랍의 이익을 위한 것이기도 했다는 의미가 담겨 있었다. 클레이턴에게 전문을 보낸 직후 사이크스는 피코에게도 아랍의 이익은 충분히 보호되었고, 그러므로 팔레스타인의 유대인들도 아랍의 권리에 면밀한 주의를 기울이게 될 것이라는 메시지를 보냈다.[15] 그런 다음 클레이턴에게 다시, 시온주의 지도자와 아르메니아 지도자들이 완전한 합의에 도달했으므로 아랍 지도자들도 "이 합동"에 들어오는 것이 중요하다는 전문을 보냈다.[16]

그런데 클레이턴은 예상과 달리 사이크스의 전문에 찬물을 끼얹는 답서를 보낸 것이다. "그 모든 주장들에도 불구하고 메카는 유대인과 아르메니아인들을 혐오하고 있으며 따라서 그들과는 관련을 맺고자 하는 마음이 조금도 없습니다. 시리아와 팔레스타인의 아랍인들도 에사오(에돔)와 야곱 이야기의 재탕이 되지 않을까 우려하고 있습니다.〔구약성서 창세기에 따르면 에사오와 야곱은 이사악(이삭)과 리브가 사이에서 태어난 쌍둥이 형제인데, 동생 야곱이 장자의 권리를 얻기 위해 형 에사오를 몇 번이나 속인 사실이 들통 나자, 아버지의 진노를 피해 메소포타미아 지방으로 도망갔다가 결혼도 하고 많은 재산을 모은 뒤 팔레스타인에 돌아와 가나안에 정착하게 된 것을 빗대어 말하는 것—옮긴이〕그러나저러나 아랍인-유대인-아르메니아인 연합은 전례로 비춰 보나 작금의 정서로 보나 매우 생경한 일이므로, 신중하게 처리하는 것이 옳을 것입니다."[17] 그에 덧붙여 클레이턴은 사이크스가 요청한 대로 아랍 대표를 런던에 보내 위원회에 참석시키는 것 또한 적절치 않을 것이라고 말했다. 아랍인들이 지나치게 분열되었기 때문이라는 것이 그 이유였다.

그러고 나서 며칠 뒤 클레이턴은 이전보다는 조금 누그러진 태도로 또 다른 전문을 보냈다. "아랍인-유대인-아르메니아인 연합에 관한 귀하의 주장과, 그것이 가져올 이점은 충분히 이해하고 있습니다. 그래서 저도 시도해볼 작정입니다만, 그것은 매우 신중하게 진행되어야 하고, 또 솔직히 말씀드리자면 성공할 개연성도 매우 희박해 보입니다. 수백 년의 세월을 거치며 전통이 된 감정을 단 몇 주 만에 바꾸는 것은 쉽지 않을 테니까요." 클레이턴은 특히 유대인에 경계심을 드러내며 이렇게 덧붙여 말했다. "중요한 순간 아랍인들을 소외시키는 위험을 무릅쓰고 시온주의만 전적으로 지원하는 것은 아닌지도 따져보아야 할 것입니다."[18]

그 이튿날에는 클레이턴의 가장 막역한 동료인 이집트 고등판무관 레지널드 윙게이트가 앨런비에게 이런 글을 써 보냈다. "시온주의와 관련해볼 때 마크 사이크스는 '스스로의 달변'에 도취된 감이 없잖아 있고, 따라서 진행 속도를 늦추지 않으면 본인도 모르는 새에 일을 그르치게 될 수 있습니다. 클레이턴이 좋은 글을 써 보냈으니 어느 정도 완화될 것으로는 기대합니다만."[19]

하지만 이렇게 반대를 해놓고도 클레이턴은 사이크스의 요청대로 카이로의 시리아 대표들과 만나 연합국이 시온주의 지지를 얻어야만, 아랍의 대의도 연합국과 긴밀히 관련돼 있는 만큼, 실현 개연성이 있다고 말했다. 더불어 유대인이 팔레스타인에 주거를 원하는 것은 사실이지만, 그곳에 유대인 국가를 세울 의도는 없다는 말도 해주었다.[20]

클레이턴에게 제출된 아랍부 보고서에는 시리아의 아랍인들도 그 제안에 호의적 반응을 나타낸 것으로 기록돼 있다. 보고서에 시리아 위원회의 대변인이 위원회 멤버들도 "클레이턴이 제시한 노선에 따라 유대인들과 협조하는 것이 그들의 유일한 방책일 수밖에 없다는 점을 충분히 깨달았다"는 것과 "그(위원회 대변인)도 내(아랍부 직원)게 시리아인들이 유대인들이 가진 힘과 그들의 입장을 잘 이해하고 있고, 따라서 팔레스타인과 관련하여 시리아-유대인의 우애와 통합을 강조하는 선전활동을 시작하려 한다는 확신을 주었다"고 말한 것으로 인용돼 있는 것이다.[21]

클레이턴은 사이크스에게 유대인과 아랍인이 사실상 협조체제에 들어간 것으로 보고했다. 영국의 연락장교 T. E. 로렌스에게, 유대인과 협상해야 할 필요성을 파이살에게 주지시키라는 지시를 내렸다는 점도 덧붙여 말했다.[22]

문제는 팔레스타인의 군정 당국이 그런 유리한 입지를 이용하지 않으려 했다는 점에 있었다. 밸푸어선언이 발포된 것이 앨런비가 예루살렘에 입성하기 한 달 전이었는데도, 군정은 그 사실을 발표조차 하지 않은 것만 해도 그랬다. 그러므로 로널드 스토스를 우두머리로 하는 앨런비의 임시 군정 정책에도 밸푸어선언은 당연히 반영되지 않았다. 전쟁이 지속되는 동안에는 말썽의 소지가 있는 문제를 건드리지 않으려 한 스토스의 결정에 따른 조치였다. 카이로 정보부도 본국 외무부에, 군사 문제가 해결되고 여러 가지 문제를 전담할 조직이 구성될 때까지는 팔레스타인 정착을 속행하려는 유대인의 신청을 받아들이지 말 것을 건의했다.[23]

예루살렘의 군정관리들 사이에는 유대인 정착지가 늘어나리라는 사실에, 팔레스타인 무슬림들을 적응시키는 데 따르는 어려움이 얼마나 큰지 본국 관리들이 알지 못한다고 믿는 경향이 뚜렷했다. 밸푸어선언의 실행을 달가워하지 않는다는 인상을 준 것도 그래서였다. 일부 관측통들 또한 '원주민' 무슬림이, 팔레스타인에서 기독교인과 유대인들보다 더 나은 대우를 받는 경향에 주목했다. 전시내각의 3인 보좌진 중 한 사람이던 윌리엄 옴즈비 고어도 1918년 여름 텔아비브에서 동료 보좌관 마크 사이크스에게 이런 서신을 보냈다. 이집트와 수단에서 차출된 점령군 장교들은 "그간의 경험상 팔레스타인에 악영향을 미치고 전 세계적으로 문제가 될 만한 정책을 실현할 준비가 되어 있지 않을 겁니다. 인도와 수단에 살았던 영국인들에게는 알게 모르게 기독교인과 유대인보다는 무슬림을 좋아하는 습성이 뿌리깊이 박혀 있거든요." 그러면서 그는 이렇게 덧붙여 말했다. "팔레스타인의 아랍인들에게도 부정한 방식과 뇌물을 사용하는 고래의 풍조가 나타나고 있습니다. 유대인들을 '얼렁뚱땅 이겨보려고' 부단한 노력을 기울이는 거지요."[24]

클레이턴은 옴즈비 고어의 이 서신을, 그의 말에 다소 오해의 소지가 있다는 내용의 자기 글을 덧붙여 마크 사이크스에게 전달했다. 그도 개인적으로는 시온주의를 지지한다고 항변하는 내용이었다.[25] 이렇게 말한 것으로 보면 그는 아랍인과 유대인 간의 문제가 타결될 수 있다는 생각에 도달한 것 같았다. 클레이턴은 팔레스타인 아랍인들을 좋아하지 않았다. 바그다드의 영국정부에서 일하던 동방 여행가 겸 작가 거트루드 벨에게 써 보낸 글에도 그 점이 드러난다. "이른바 팔레스타인 아랍인들은 사막의 진짜 아랍인은 말할 것도 없고, 시리아와 메소포타미아의 개화된 지역 아랍인과도 비교할 대상이 못됩니다."[26]

예루살렘 군정 총독에 임명된 로널드 스토스도 1918년 여름 사이크스에게 그곳의 비유대인 주민들이 "종국에는 다른 민족이 보유하게 될 땅에서 열등한 위치를 점하게 될 것이고, 그러므로 가능한 한 관대하고 솜씨 있게 일을 처리해야 할 것이며, 떠나가는 수비대 또한 섭섭하지 않게 대해 주어야 할 것"이라는 글을 써 보냈다. 그는 정책을 서두르지 않고 완만하게 시행할 것을 촉구하면서 이렇게 말했다. "유대인들에게 우리가 아랍인의 조종을 받지 않는다는 점을 보여주고, 아랍인들에게 우리가 유대인에게 매수되지 않았다는 점을 보여주는 일은, 몇 달 아니, 몇 년이 걸릴 수도 있는 지난한 일이에요."[27]

스토스는 같은 서신에 이런 내용도 담았다. "이곳의 미래를 직시하는 것과, 허약하고 그러므로 종국에는 사라지게 될 사람들의 입장을 참작하지 못하는 것은 별개의 문제입니다. 악의를 폭력적으로 표현하여 그들에게 지울 수 없는 상처를 남기지 않도록, 끈기 있게 차근차근 변화를 도모해가면 훨씬 만족스럽고 영속적인 결과를 얻게 될 거라는 말이죠."[28]

스토스 서신은 결국, 현지 관리가 제시한 정책과 사이크스와 그의 동료들이 제시한 것 중 어느 것이 더 목적을 달성하는 데 유용할지 물은 것이었다.

494 현대 중동의 탄생

Ⅳ

1918년 초 외무부의 사이크스와 그의 동료들이 마침내 팔레스타인 정책을 실행에 옮기기 시작했다. 2월 13일 카이로의 레지널드 윙게이트에게 시온주의 위원회가 발족되어 중동으로 파견되었음을 알리는 전문을 보낸 것이다. 윌리엄 옴즈비 고어의 책임하에 하임 바이츠만이 의장을 맡고 영국과 여타 지역 시온주의 운동 대표들로 구성된 시온주의 위원회는 밸푸어 선언을 실행하기에 앞서, 사전 정지 작업을 위해 결성된 조직이었다.[29]

그에 따라 팔레스타인도 위원회 업무에 들어가, 앨런비의 참모 앨런 도네이가 파이살과 바이츠만의 회동을 주선하고 파이살군에 속한 영국군 장교 P. C. 조이스 중령에게도 서한을 보냈다. "짤막한 대화이기는 했지만 시온주의자들의 목적을 알아보니 그들과 우호관계를 수립하는 데 큰 어려움은 없을 것 같습니다."[30]

바이츠만도 도네이로부터 파이살 왕자를 소개받고, 그에게 고무되어 부인에게 이런 편지까지 보냈다. "그는 내가 처음으로 접해본 아랍 민족주의자였소. 만나보니 과연 지도자답습니다! 지적이고 정직하고 용모도 수려하게 잘 생겼지 뭐요! 게다가 그는 팔레스타인에는 관심 없이 다마스쿠스와 시리아 북부 지역만을 원했어요. …… 팔레스타인 아랍인들을 몹시 경멸하여, 아랍인으로 여기지도 않습니다!"[31]

바이츠만의 말은 옴즈비 고어가 몇 달 전 시온주의자 회합에서 한 말과 일맥상통했다. 그의 연설 개요에 따르면, 당시 그가 시온주의 정치위원회에서 한 말은 이랬다.

진정한 아랍운동은 팔레스타인 밖에 있었습니다. 파이살 왕자가 이끄는 운동은 시온주의 운동과 달랐어요. 그 운동에는 진정한 사람들이라 할 수 있는 진짜 아랍인들만 관여했다는 것이죠. 온전한 사람들은 트란스요르단 아랍인들뿐이고, 요르단 강 이서 지역 사람들은 아랍인이 아니라 아랍어를 쓰는 사람들에 지나지 않았어요.* 그러므로 시온주의자들도 본래는 헤자즈를 중심으로 일어났으나 이제는 북쪽으로 옮겨간 아랍운동이, 시온주의 운동처럼 숭고한 이상을 가진 또 다른 운동임을 인정해야 할 것입니다.[32]

파이살의 군사고문관이던 조이스 중령도 바이츠만과 파이살의 회담에 참석해 유대인의 협력 제안을 파이살이 기꺼이 수용한 것은 물론이고, 사실상 그것을 아랍의 목적을 달성하는 데 필수 요소로 간주했다는 사실을 군정정부에 알려왔다. 아버지 후세인의 허락을 받지 못해 단정적으로 말하지는 못했지만, 시리아에 대한 아랍의 권리를 연합국이 지지하도록 하는 데 유대인-팔레스타인이 도움이 된다면, 파이살은 그것을 받아들이리라는 것이 조이스의 생각이었다.[33] 실제로 바이츠만과 파이살의 회담은 순조롭게 진행되어, 이듬해 파리 평화회의에서 파이살이 시온주의를 공개 지지하는 토대가 되었다.

문제는 예루살렘 무슬림들이 그것을 반기지 않은 것이었다. 바이츠만이 팔레스타인은 광대한 지역이므로 모든 공동체들을 수용할 수 있고, 그러므로 무슬림이나 기독교인을 희생시켜 유대인을 정착시키는 일은 없을 것이라는 점을 누누이 강조해도 무슬림들의 반응은 싸늘하기만 했다. 팔레스타인 군정의 태도도 바이츠만을 불안하게 했다. 본국정부의 밸푸어선언 정책을 공개적으로 인정하고, 무슬림들에게도 그 점을 분명히 하라는 바이츠만의 요구를 로널드 스토스와 그의 동료들이 거부한 것이다.

---

* 영국 고위관리가 성서에 나오는 요르단 강 서쪽 지역으로 시온주의를 한정시키는 것에 대해 생각한 것은 이때가 처음이었을 것이다.

스토스는 외무부에도, 영국의 친시온주의 정책을 팔레스타인 무슬림들에게 납득시키는 것이 군정 당국의 할 일이라고 말한 바이츠만의 주장에 이의를 제기했다. 런던의 밸푸어선언 발포와 전 세계 신문의 보도로 그것은 이미 끝난 사안이고, 그러므로 시온주의 위원회도 그것에만 매달릴 게 아니라, 팔레스타인의 비유대인 입장에 서서 보장책을 바라는 그들의 처지도 헤아릴 필요가 있다는 것이었다. "팔레스타인은 지금껏 무슬림의 고장이었습니다. 그런데 그곳을 기독교 세력에게 정복당했어요. 게다가 그 기독교 세력은 정복 전야에 느닷없이 어느 곳에서도 호평 받지 못한 민족에게 식민지 건설용으로 그곳의 많은 땅덩이를 넘겨줄 것이라고 선언했어요." 로널드 스토스는 이렇게 점잖은 척 자신이 폰티우스 필라투스(성서명: 본디오 빌라도. 예수 그리스도에게 십자가형을 언도한 로마의 유대 총독—옮긴이)를 계승한 예루살렘 총독이라는 사실을 의식하는 행동을 했다. 요컨대 그는 자기 책임이 아닌 문제에서 그런 식으로 발을 뺀 것이었다. 그러면서도 외무부에는 "신념을 가진 시온주의자"로 행동했다고 주장했다.[34]

길버트 클레이턴도 시온주의 문제의 처리가 지연되기를 바랐다. 단순한 지연이 아니라 파이살이 제안했던 것처럼, 시온주의 문제를 아랍-시리아 문제와 연계시키는 것이 1918년 초부터 징조를 보이기 시작한 그의 전략이었다. 클레이턴은 골수 친시온주의자인 레오 에이머리에게는 그것을 이렇게 설명했다. "중요한 것은 아랍이 그들의 몫, 다시 말해 다마스쿠스를 얻고, 프랑스도 식민지적 병합을 하지 않을 것이고, 아랍의 자치도 지지한다고 역설함으로써 그들의 입장을 분명히 할 때까지는, 팔레스타인에서 시온주의 문제를 크게 부각시키지 않는 것입니다."[35]

그러나 클레이턴이나 스토스 두 사람 모두, 영국정부가 밸푸어선언을 발포한 사실을 예루살렘이 받아들이지 않으면 팔레스타인의 아랍인과 유대인들 또한, 시리아와 레바논의 무슬림들이 프랑스를 신뢰하지 않는 것처럼 영국을 신뢰하지 않을 수도 있다는 문제에 대해서는 입을 다물었다. 그 상황에서 시온주의 지도자들이 클레이턴과 스토스를 비롯한 현지 관리들 때문에 런던의 밸푸어선언 정책이 훼손될 수도 있다고 우려하는 것은 당연했다.

V

바그다드와 바스라에서도, 사이크스와 외무부가 공표한 아랍 독립 지지 정책에 주어진 것은 립서비스뿐이었다. 게다가 당시에는 인도정부의 퍼시 콕스가 장기간의 외유 끝에 바그다드로 돌아가지 않고 페르시아로 귀환해버려, 판무관 역할은 그의 대리역이었던 인도군 장교 아널드 T. 윌슨이 맡고 있었다. 윌슨이라면 자신이 지배하는 곳들의 독립도 믿지 않고, 머나먼 헤자즈 지방의 후세인 왕이 그곳 정세에서 담당할 수 있는 역할도 믿지 않는 인물이었다.

당대의 아랍 관련 책들을 집필한 작가로 이름을 날린 거트루드 벨도 티그리스 강 군대를 따라 바그다드까지 올라왔다가 윌슨의 보좌역이 되어 자신이 가진 명성 및 가족과 사교계에 폭넓게 미쳐 있던 인맥을 동원하여 윌슨의 정책을 처음부터 적극 지원했다. 그녀는 정치적 사고가 발달하지는 않았지만 열정만은 누구보다 강했고, 당시에는 그 열정이 윌슨에게 향해 있었다. 1918년 2월 외무부 종신 차관이던 그녀의 오랜 친구 찰스 하딩에게 쓴 편지에도 그 점이 드러나 있다. 이곳은 "질서 있는 정부를 수립할 정도로 장족의 발전이 이루어졌어요. …… 우리의 지배력이 강해지면 주민들의 만족도도 그만큼 높아지겠죠. 그들이 두려워하는 것은 이도저도 아닌 미봉책이거든요." 그러므로 바그다드나 바스라 사람들의 어느 누구도 독

립된 아랍정부를 원치 않는다는 것이 그녀의 판단이었다.[36]

하지만 이것은 후세인-맥마흔 서한에서 메카의 아미르가 제안했다시피, 마크 사이크스가 바그다드 점령 때 아랍국 신설을 요구하고 후세인이 아랍국의 지배자가 될 것임을 시사하는 내용으로 작성한 포고문과는 큰 차이가 있었다.

사이크스의 동맹정치는 영국 관리들이 메카 지도자에 대해 갖고 있던 전시의 열정을 상실함으로써 다른 곳에서도 타격을 받았다. 사이크스가 일편단심 후세인의 대의만을 옹호하고 있을 때, 그들은 후세인의 입지가 예전만 못하고 따라서 아라비아의 나지드 지방 지배자로 인도정부의 후원을 받던 그의 경쟁자 압둘 아지즈 이븐 사우드에게 밀렸음을 감지한 것이다. 사이크스도 헤자즈를 방문한 1917년 봄에는 후세인의 입지가 약화되는 조짐을 눈치 챘다. 후세인이 메소포타미아의 영국정부는 물론이고, 시리아의 프랑스에도 협조할 용의가 있다고 하면서 전에 없이 타협적 태도로 나왔기 때문이다. 그러면서 그는 이렇게 덧붙여 말했다. "다만 이븐 사우드 문제에서는 영국이 우리를 도와주어야 합니다."[37]*

그러다 1918년 1월 후세인은 카이로 아랍부의 키나한 콘월리스 소령에게 칼리프 선포를 고려 중이라는 사실을 알렸다. 3년 전 클레이턴과 스

---

* 키치너와 그의 동료들이 정보 분야에서 범한 최대 실책들 중 하나는, 이븐 사우드의 후원으로 이슬람의 청교도 운동인 와하브파가 아라비아 반도에서 부활하고, 1912년 말 무장 형제단 아흐완Ikhwan이 결성되는 것을 알고도 방치한 것이었다. 아랍 문제와 관련해 마크 사이크스의 증언을 청취한 내각 전쟁소위원회의 1915년 12월 16일자 회의록에도 그 점이 드러난다. "와하브파가 지금도 존재합니까?"라고 묻는 키치너의 질문에 사이크스가 "꺼져가는 불로 보입니다"라고 말한 것이다.[38] 클레이턴은 그 2년 뒤, 그러니까 와하브 형제단이 결성된 지 만 5년이 지난 뒤에야 사이크스에게 그 내용을 보고했다. "중부 아라비아에서 지난날 이슬람의 위상이 낮아졌을 때 일어났던 것과 같은 강력한 와하브 운동이 되살아나는 조짐이 나타나고 있습니다. 아직은 운동의 힘을 평가하기 힘들지만, 촉진되는" 양상으로 "나아가는 것은 분명합니다. 그래서 우리도 지금 이 문제에 촉각을 곤두세우는데, 어쩌면 이로 인해 모든 상황이 뒤바뀔 수도 있습니다."[39]

토스의 비망록을 토대로 나중에 아랍부를 형성하게 될 장교들의 지지를 받아 키치너가 추진한 계획이었다.

하지만 3년이 지난 1918년 1월 아랍부에서 후세인의 주가는 이제 예전과 같지 않았다. 따라서 그것을 허용할 마음이 없었고, 그래서 콘윌리스도 후세인에게 칼리프를 칭할 경우 심각한 문제가 야기될 수 있다고 하면서 그것을 막으려고 했다. 이집트 고등판무관 윙게이트도 콘윌리스의 소식을 접한 뒤 본국 외무부에 후세인의 "때이른 행동 아니 현명치 못한" 처사를 "검토할" 기회가 되기를 바란다는 긴급전문을 보냈다.[40] 1915년 11월 17일 아랍의 한 종교 지도자에게, 후세인이야말로 "적법한 유산을 물려받아 잃어버린 칼리프직을 회복함으로써 그의 민족—다시 말해 이슬람교도와 아랍인들—의 소망을 충족시킬 수 있는 적임자"라고 하면서, 하심가의 지도자가 "아라비아 칼리프 왕국"을 수립하기 바란다는 말을 그(후세인)에게 전해달라고 했던 그(윙게이트)가 이제 와 딴말을 하는 것이다.[41]

키치너의 부하들은, 그들과 그의 상관 키치너가 지난날 후세인에게 칼리프를 주장하도록 부추겼다는 사실을 떠올리기 싫었다. 그래서 그것을 마음속에서 지우고, 그것도 모자라 나중에는 책에 나온 내용도 무시하고, 공문서에 나온 내용도 편집 단계에서 삭제했다. 스토스도 30년 뒤 회고록을 출간할 때 1914년 키치너가 후세인에게 보낸 역사적 전문을 칼리프 부분에서 삭제했다. 키치너와 그의 부하들이 처음부터 아랍 민족주의를 믿었다고 말한 T. E. 로렌스의 글도 사실이 아니었다. 그들은 칼리프직의 힘을 믿었지 아랍 민족주의를 믿은 것이 아니었다. 후세인의 칼리프직을 원한 것도 그들 자신을 위해서였다. 동방에서 민족주의는 무의미하고, 종교가 모든 것이라는 것이 그들 생각이었다.*

이렇듯 1918년에는 정치적 상황으로나 역사를 다시 쓰려는 욕구로나,

영국이 중시하는 부분이 예전과는 판이했다. 카이로가 선호하는 아랍 지도자가 아버지 후세인에서, 영국의 조언과 지도를 수용할 의지를 보인 파이살로 옮겨간 것이다.

영국은 또, 1918년 가을 무렵 후세인의 아들들이 보유한 군대가 수천 명 규모에 지나지 않았는데도 공식적으로는 엄청난 수의 아랍인들이 헤자즈 왕자들의 기치 아래 모여들었다고 주장했다. 하지만 비공식 기록에 나타난 내용은 그와 달랐다. 1919년에 정리된 영국정부의 극비문서에 이런 기록이 남아 있는 것도 그 점을 말해준다. "전시에 추정된 후세인군의 규모는 심하게 과장되었다."[42] 1919년 지다(제다)의 영국 첩보부 보고서에도 후세인의 군사력이 변변치 않았던 것으로 제시돼 있다. 정규군 1,000명, 비정규군 2,500명, 베두인 부족민 수천 명이 그가 가진 군대의 전부였고, 전투력도 "형편없었던" 것으로 묘사돼 있는 것이다. 보고서에는 후세인이 "무모한 정복의 야망에 들떠 있었지만", 영국의 지원이 끊기면 "이븐 사우드와 급증하는 와하브파의 자비"에나 기대게 될 처지였다고 기록돼 있다.[43]

아랍부의 1918년 헤자즈 봉기 관련 보고서에도 이런 내용이 기록돼 있다. "이 봉기의 중요성이 감지된 것은 마지막 몇 달뿐이고, 나머지는 하루하루 시간을 끄는 것에 지나지 않았다. 샤리프 군대의 90퍼센트가 떼강도들이었다." 아랍부 보고서에 아랍인들은 영국군이 곁에 있어야만 봉기를 일으켰고 "따라서 샤리프 봉기의 양상은 전적으로 영국군에 달려 있었다"고 기록돼 있다.[44] 앨런비의 군사 정보부장 메이너츠하겐 대령도 이렇게 썼다. "로렌스의 사막 종군은, 요르단 서쪽의 주 전역에는 아무 영향도

＊ 민족주의 봉기를 일으키는 것이 목적이었다면 애당초 그들은 튀르크에 의해 성지의 보호자로 임명되고, 튀르크 군대를 동원하여 아랍 불평분자들을 진압한 후세인을 찾지도 않았을 것이다. 그랬다면 민족주의 군사지도자를 원했을 것이다. 로렌스도 그의 저서 『지혜의 일곱 기둥』에서 아버지 후세인이 아닌 파이살을 그런 지도자로 그렸다.

미치지 못했다고 보는 것이 옳다."[45]

반면에 그와 다른 견해를 가진 사람들도 있었다. 사이크스만 해도 1918년 무렵 아라비아와 여타 지역에서 일어났던 헤자즈 봉기에 오스만군 3만 8,000명이 묶여 있었고, 그러므로 후세인과의 동맹은 옳았으며, 파이살과 그의 형제들 또한 전쟁에 많은 기여를 했다고 믿었다.[46] 독일 장군 리만 폰 잔더스도 자신의 회고록에 1918년 그의 군대가 도망칠 때, 베두인족에게 심한 괴롭힘을 당했던 것으로 기록했으며,[47] 길버트 클레이턴의 비망록에도 로렌스와 파이살이 앨런비군의 우측에서 상당한 활약을 했던 것으로 나타나 있다. 그의 말대로 트란스요르단의 아랍군이 튀르크 점유 지역에 혼란을 확산시킨 사실은 다른 증거물에도 나타난다.

파이살이 연합국 승리에 기여한 정도는 이렇듯 당대와 이후의 정치에 매몰되어 풀리지 않는 수수께끼로 남게 되었다. 그리고 당시에는 그것이 영국이 시리아의 토착 아랍 지도부에 맞서 후세인과 파이살을 지지해야 하는지와, 후세인에 맞서 파이살을 지지해야 하는지에 대한 문제를 제기했다.

샤리프 진영에도 파이살이 헤자즈 및 그의 가족과 물리적으로 단절된 채 영국 세력권에 편입됨에 따라 긴장이 조성되었다. 영국 군사당국이 극비리에 가로챈 전문에도 후세인이 이렇게 투덜거린 것으로 나타났다. "그자들 때문에 내 아들이 아비를 거스르고 다른 나라들 지배를 받으며 살게 된 거야. 그놈이 아비에 반항하고 불충을 저지른 것이지."[48] 그러면서 후세인은 "불효막심한 역적 아들의 명령을 받고 사느라 내 삶이 이리도 비참해졌다"고 한탄하면서, "파이살이 이런 식으로 계속 자신의 행운, 나라, 명예를 더럽힌다면" 그를 내치고 대신 참모회의를 꾸릴 수밖에 없을 것이라고 으름장을 놓았다.[49] 반면에 카이로 아랍부의 보고서에는 시리아 대변인들이, 후세인의 대리역이나 대표가 아닌 그가 지닌 순수한 권리에 의한 것이라면 파

이살을 입헌군주로 받아들일 용의가 있음을 내비쳤던 것으로 나타난다.[50]

Ⅵ

1914년부터 아랍권 내에서의 후세인 지도력에 신뢰감을 보이던 영국 지도자들이 1917~1918년 그에 대한 타당성을 재평가하게 된 데는 나름의 이유가 있었다.

중동 아랍어권 지역의 정복이 끝나갈 시점이 다가오자, 후세인에 대한 현지인들의 반발이 걱정되기 시작한 것이었다. 1914년을 시작으로 바그다드 및 다마스쿠스의 분리주의 지도자들과 합의에 도달하기 위해 기울였던 클레이턴의 노력도, 비무슬림 통치에 반대하는 현지인들의 저항에 막혀 좌초된 바 있었다. 그리고 지금 다마스쿠스가 영국군의 진군로에 포함돼 있는 상황에서, 그들은 중동의 미래를 위해 연합국의 대의와 계획을 받아들이도록 그곳 주민들을 설득해야 하는 문제에 직면해 있었다. 파이살이 연합국의 계획에 동의한 것도 그들에게는 무용지물일 수 있었다.

1918년 여름 윌리엄 옴즈비 고어는 런던의 시온주의 정치위원회에서 이렇게 말했다. "근동에서 가장 까다롭고 골치 아픈 존재는 시리아의 '인텔리겐치아' 법조인과 상인들입니다. 그들 고유의 문화는 없이, 레반트(지중해 동쪽 지역)의 악덕이란 악덕은 모조리 흡수한 사람들이기 때문이죠."[51]

마크 사이크스도 1년 전부터는, 영국도 동맹에게 한 약속을 지키게 하고 동맹도 영국에게 한 약속을 지키게 하려고 했던 계획이 틀어질 수도 있다는 사실 때문에, 시리아 문제에 대해 전전긍긍하게 되었다. 그가 우려한 것은 사이크스-피코 협정과, 헨리 맥마흔이 샤리프 후세인에게 제시한 조건을 시리아가 받아들이지 않을지도 모른다는 점이었다. 그래서 걱정이 된 그는 1917년—그들에게는 존재가 알려지지 않은—프랑스와의 비밀협정 및 헤자즈와의 비밀협정에 부합하는 내용의 합의를 이끌어내려는 심산으로, 아랍부에 주선을 부탁하여 카이로 주재 시리아 아랍 지도자들과 만났다. 그는 회동이 성공적이었다고 주장했다. 자기 손으로 직접 이런 글을 쓴 것이다. 그들과의 회담에서 "가장 힘들었던 것은 지리적 경계가 이미 정해진 상태에서 그것을 숨긴 채, 우리가 그들을 위해 무엇을 준비했는지 그들에게 묻게 만드는 것이었다."[52] 그가 말하는 "지리적 경계"란 아마 1915년 알 파루키 및 1916년 프랑스와 체결한 협정에 따라 아랍 독립국의 서쪽 경계지가 될 예정인 다마스쿠스-홈스-하마-알레포 경계선이었을 것이다.

그런가 하면 오스만 정부가 시리아에 즉각 자치를 허용함으로써 아랍 민족주의에 선수를 치려 했던 사실이 드러난 보고서들도 있다. 실제로 그런 일이 벌어지면, 영국은 시리아 지방들에서 후세인보다 한층 좋은 평판을 얻을 조짐을 보인 다마스쿠스의 토착 아랍 지도부에 맞서, 후세인의 권리를 지켜주어야 하는 곤혹스런 입장에 빠질 수도 있었다.

1917년 말엽에는 사이크스도 클레이턴에게 이런 전문을 보냈다. "아랍운동이 걱정됩니다. 문건들로 미루어볼 때 메카의 족장제와 시리아의 도시 인텔리겐치아가 융합에 어려움을 겪는 것 같거든요." 그러고는 임기응변의 달인답게 그 해결책으로 양측의 통합을 촉진할 아랍 실행 위원회의 창설을 신속히 제안했다. 하지만 사이크스가 이렇게 답한 것으로도 알 수 있듯이 클레이턴은 그 제안을 거부했다. 그것의 "어려움은 충분히 이해할 수 있습니다. 군사적 승리를 거두면 조금은 수월해지겠지만요." 사이크스는 클레이턴에게 프랑스도 시리아의 독립을 지지하는 것처럼 행동하여 시리아인들을 안심시키도록, 피코를 설득해줄 것을 요청했다. 시온주의를 위해 사용했던 카드를 아랍 문제에도 재사용하여 머나먼 중동에 가진 욕심을 조금 버리는 것이, 전쟁에서 패해 프랑스와 가까운 알자스-로렌 지방을 얻

을 기회를 잃는 것보다는 낫다는 식으로 피코를 설득하라는 말이었다.[53]

사이크스는 모든 이해 당사자들이 적절한 양보를 하는 한에서만 영국은 모든 약속을 지키고 시리아인들의 편의도 도모해줄 수 있을 것이라고 주장했다. 하지만 클레이턴은 언제나 그렇듯 이번에도 영국의 전시 약속을 지키기 어려울 것으로 보고 사이크스에게 이렇게 말했다. "시리아인들 사이에는 메카의 족장제 정부의 지배를 받을지도 모른다는 두려움이 본명 존재하고 있습니다. 메카의 샤리프와는 떼려야 뗄 수 없는 관계인 반동주의가 현대적 노선을 따르는 진보와는 양립할 수 없다는 것을 그들이 알고 있다는 것이죠." 그러고는 후세인과 동맹관계를 끊으라고 제안하면서, 파이살이라면 시리아 연맹의 수장으로 받아들일 만하다고 말했다. 그것도 아버지를 대신한 정치적 역할로서가 아닌 종교적 역할에 한정된 것이었다. 그러면서 클레이턴은 하지만 기본 문제가 해결되지 않으면 그 어떤 계획이나 위원회, 선언, 선전도 효과를 거두지 못할 것이라고 주장했다. 대놓고 말하지는 않았지만, 그가 말하는 기본 문제는 사이크스가 프랑스 및 시온주의자들에게 해준 약속이었다. 영국이 시리아를 프랑스에 넘길 것이라는 두려움이 아랍권에 팽배해 있는 한, 시리아 자치정부를 구성하려는 튀르크의 책략에 맞설 수 있는 것은 없으리라는 것이 그의 생각이었다. 클레이턴은 또 시온주의자들에게 해준 공약으로 그 문제가 한층 어려워졌다고 주장하면서, 프랑스가 시리아의 단 한 곳도 병합할 의사가 없다고 공개 선언을 하는 것이 그에 대한 유일한 해결책이라고 말했다.[54]

다른 해법을 모색한 관리도 있었다. 밀너의 부하로 전쟁이 일어나기 전부터 이집트를 알고 있었고 이후에는 카이로의 아랍부에서 근무한 오스먼드 왈룬드가 그 주인공이었다. 그는 영국이 아랍 비밀결사들의 역할을 경시한다고 보고, 그들의 지지를 얻을 방법을 강구했다. 그리하여 1918년 여름 클레이턴에게 아랍 비밀결사 멤버들을 만나 대화를 나누었고, 그들에게 소위원회 구성을 요청했으며, 그 결과 7인위원회가 결성되었다는 서한을 보냈다.[55] 한 해 전 후세인을 믿지 못한 카이로의 다른 아랍인들과 사이크스가 꾸민 계략, 다시 말해 영국의 중동 계획안을 받아들이게 함으로써, 그들도 후세인처럼 그것을 받아들일 수밖에 없게 하려는 것이 위원회를 결성한 목적이었다.

그러자 마크 사이크스도 1918년 중반 7인위원회가 제기한 문제들에 대한 답변 형식으로 영국의 의도를 담은 선언문을 발표했다. 하지만 사이크스의 외무부 상관들이 공식적으로 승인한 선언문으로도 새로운 돌파구는 열리지 않았다. 사이크스의 필치에서 나온 것들이 그렇듯 그 선언문도 사용된 단어만 달랐을 뿐 아라비아 반도 이외의 아랍권 모두, 이런저런 유럽세력권이나 통치권에 포함되도록 만든 영국의 전후 중동정책을 다시 말한 것에 지나지 않았기 때문이다. 실제로 사이크스의 선언—나중에 많은 논쟁을 야기하게 된다—이 인정한 완전한 독립은 아라비아 반도에 국한돼 있었다. 전쟁이 일어나기 전부터 이미 독립된 지역이거나 혹은 아랍인 스스로 독립을 쟁취한 지역들만 독립을 인정했다는 말이다.

프랑스의 협조를 받아 양국의 공약을 발표하지 못하는 상황에서, 시리아와 레바논에 가진 프랑스의 야망에 대해 아랍인들이 갖는 의혹을 불식시키기 위해 사이크스가 할 수 있는 일은 그것뿐이었다. 그러나 1918년 가을에는 프랑스 정부도 영국 외무부에 설득되어, 아랍의 두려움과 미국의 의혹을 불식시킬 수 있는 연합국의 새로운 성명서를 양국 공동으로 발표하는 데 동의했고, 이리하여 1918년 11월 8일 마침내 중동에 토착정부들이 들어설 수 있도록 전폭적 지원을 아끼지 않겠다는 영국-프랑스 공동선언문이 발표되었다. 그러나 이 역시 말장난에 지나지 않았다. 프랑스의 주장에 따라 아랍 "독립"이 언급되지 않은 것이다.[56] 프랑스 관리들도 영국 관리들 못지않게, 마크 사이크스가—윌슨 및 미국인들의 뜻에 부응하여—계획한 이상주의 노선을 밟고자 하는 마음이 없었던 것이다.

37. 시리아 쟁탈전

I

에드먼드 앨런비는 1918년 여름이 끝나갈 무렵 시리아 진군을 시작했다. 리만 폰 잔더스가 자신(앨런비)이 지난번과 같은 전략을 쓸 것으로 넘겨짚을 것이라 정확히 내다보고, 이번에는 예루살렘 원정 때와는 정반대로 내륙 지역을 공격하는 척하면서 실제로는 해안지대를 집중 공격할 계획을 세웠다. 해안지대에서 수적 우위를 점해 오스트레일리아와 뉴질랜드(앤잭) 기병대가 들어오기에 가장 적합한 곳에서 튀르크 전선을 돌파하려는 것이 그의 복안이었다. 앨런비는 그런 생각으로 아군 병력이 적군보다 2대 1 정도 우위에 있었는데도(그는 양군의 병력을 6만 9,000명 대 3만 6,000명 정도로 추정했다), 105킬로미터나 되는 방어선을 거의 무방비로 남겨둔 채 해안지대에 병력을 집중시켰다. 그 때문에 발생하는 방어의 공백은 제공권과 효율적인 첩보전으로 메우려고 했다.

해안지대로 병력을 이동하는 것은 야간에 실시되었다. 앨런비의 영국군은 밤이면 서쪽으로 소리 없이 이동하여 방비가 허술한 올리브와 감귤나무 무성한 숲에 집결한 뒤 적군의 눈을 피해 있다가, 낮이 되면 소규모 부대들을 동쪽으로 되풀이해서 진군시켜 거대한 먼지 구름을 일으켰다. 튀르크군 눈에 내륙지역을 공격하기 위해 대군이 행군하는 것처럼 보이게 하기 위해서였다. 동쪽 지역에서도 소부대가 마사를 겸한 대규모 야영지처럼 보이는 시설을 급조했고, 요르단 강 동쪽에서는 영국 첩자들이 다량의 마초를 거래한다는 소문을 퍼뜨리고 다녔다.

아나나 다를까 리만 폰 잔더스는 앨런비의 전술에 말려들어 팔레스타인 동부 내륙지역으로 병력을 집결시켰다. 그러다 연합군의 공격을 받고 혼비백산했다. 앨런비의 공격이 얼마나 효율적이었는지는 튀르크 사령관들이 그로부터 며칠이 지나서야 사태파악을 한 것으로도 짐작할 수 있다.

그리고 9월 19일 새벽 4시 30분, 이번에는 영국군 대포 400문이 수적으로 열세(영국군 4만 5,000명, 튀르크군 8,000명이었다)인 해안 평야지대의 튀르크 방어부대를 향해 일제히 불을 뿜었다. 그 15분 뒤에는 보병부대가 공격을 개시했다. 기병대가 오스만 전열의 빈 곳을 뚫고 들어가 메기도('아마겟돈'의 어원이고 성서명은 므깃도) 전투를 승리로 이끄는 동안, 영국, 프랑스, 인도군은 수적으로 열세인 방어군을 사정없이 몰아붙였다.

영국 공군의 특수 전투기 편대도 같은 날 새벽, 적진에서 전화와 전신 교환국에 폭격을 퍼부어 튀르크군의 통신을 두절시켰다. 또 다른 전투기들은 적군 공항의 상공을 날아다니며 독일 정찰기들을 꼼짝 못하게 만들어, 리만 폰 잔더스와 야전 사령관들의 정보를 차단시키고 서로 간의 연락도 두절시켰다.

튀르크군이 우왕좌왕 뒤로 물러서자 영국군은 또 그들 뒤쪽으로 쏜살같이 달려가 주요 도로들을 점거하고 퇴로를 차단했다. 앤잭 기병대도 북쪽의 해안 평야를 끼고 48킬로미터를 내달린 뒤 내륙을 가로질러 다마스쿠스로 통하는 오스만군의 퇴각선을 끊어놓을 기세에 있었으며, 영국 전투기는 전투기대로 후퇴하는 튀르크군에 맹폭을 가했다. 앨런비가 동쪽에 배치해놓은 소부대들도 그 무렵에는 마침내 내륙지역 공격에 돌입하여, 9월 23일에는 유대인 군단 부대가 동트기 전 어둠 속에 요르단 강 너머 음메시 셰르트 여울을 장악했다. 뒤이어 오스트레일리아 제2경기병 여단이 그 여울을 건넘에 따라, 저녁 무렵에는 요르단 강 동쪽의 튀르크군이 연합군의 대규모 협공작전에 말려들어 독 안에 든 쥐가 되었다.

1년 전 아카바에서 온 파이살군에게 포위된 채 저항을 계속하던 아카바 위쪽 트란스요르단의 남부 도시 마안의 튀르크 수비대도 오스트레일리아 기병대가 도착하자 마침내 항복하고 아랍군의 학살 위협에서 벗어났으며, 북쪽에서도 파이살의 낙타 부대가 튀르크 주력 부대의 생명줄인 철도선들을 끊어놓았다.

그리고 9월 25일 튀르크군의 잔여 부대가 지리멸렬한 채 도주할 동안 앨런비가 다마스쿠스 진격 명령을 내리자,[1] 시리아 주요 도시들을 점령하는 것은 이제 시간문제가 되었다. 점령정책도 신속히 결정되었다. 하지만 그것을 결정한 장본인이 누군지와 그런 결정을 내린 이유에 대해서는 지금도 논란이 끊이지 않는다.

II

지난여름 앨런비는 외무부에 자신이 앞으로 군정 책임자가 될 것이라는 전제하에, 프랑스의 특별 관심 지역들이 어딘지와 그곳들의 경계가 사이크스-피코 협정에 따라 그어진 것이라는 점을 확실히 해주면 프랑스 고문관들을 그 지역들의 민정에 참여시키겠다는 전문을 보내, 외무부의 긍정적인 답변을 얻었다.[2] 외무부가 사이크스-피코 협정의 폐기를 강력히 지지한 내각과 내각 동방위원회의 반대를 무릅쓰고 그것이 맞다는 확답을 함으로써, 사이크스-피코 협정을 재확인한 것이었다. 그렇다면 이 정책을 담당한 외무부 인사는 누구였을까? 전시내각 보좌관 레오 에이머리는 외무부의 정치적 수장들—아서 밸푸어와 로버트 세실(외교 담당 국무 차관)—에게 그 책임을 돌리며 그들을 맹비난했다.[3] 하지만 알고 보면 시리아 정책을 직접 책임지던 인물은 에이머리의 동료인 외무부 관리 마크 사이크스였고, 그 점에서 그 결정을 처음 내렸거나 혹은 그것을 권유한 인물도 사이크스였을 개연성이 크다.

9월 25일에는 육군성이 카이로의 윙게이트와 원정군 본부의 앨런비에게, 만일 (유럽의) 어느 나라가 됐든 시리아가 유럽세력권에 편입되면, 그 나라는 프랑스가 되어야 한다는 지침을 하달했다.[4] 따라서 이 지시사항만 놓고 보면 시리아는 유럽세력권에 들어오지 않을 개연성, 다시 말해 파이살에게도 독립 획득의 기회가 있는 것처럼 여길 수도 있었다. 하지만 앨런비가 받은 지시사항은 그것이 아니라, 모든 민정(군정과 별개로) 지역들에 프랑스 관리들을 포함시키라는 것이었다. 육군성 전문에는 다마스쿠스를 점령하면 "1916년의 영국-프랑스 협정(사이크스-피코 협정)에 준해, 가능한 한 아랍을 프랑스 연락관을 통해 통치하는 것이 바람직하다"는 내용이 담겨 있었던 것이다.[5]

한편 임시정부가 들어설 시리아 지역들의 경계는 국기로 표시될 예정이었다. 후세인의 기도 다마스쿠스를 비롯한 시리아의 주요 도시들이 점령되면 그곳들에 게양될 권리가 있었고, 그 점은 영국 외무부의 명령으로도 확인되었다.[6] 앞서도 언급했듯이 사이크스가 도안한 흑·백·녹·적색의 후세인 기에는 두 가지 정치적 목적이 있었다. 후세인이 아랍-시리아의 지도자임을 주장하는 것과*, 최소한 명목상으로는 시리아 내륙이 아랍의 독립지로 지정되었음을 프랑스에 상기시키는 것이 그것이었다.

그리고 9월 25일 팔레스타인의 도시 예닌에서 개최된 회담에서 앨런비는 사막 기병대 사령관인 해리(헨리) 쇼벨 오스트레일리아 장군이 제시한 다마스쿠스 진격 계획을 승인해주었다. 쇼벨이 나중에 쓴 글에 따르면, 이때 쇼벨은 앨런비에게 인구 30만 명의 대도시인 다마스쿠스를 군정 총독과 소수의 보좌관만으로 감당하기에는 벅찰 거라고 하면서 점령정책의 문제를 제기했다. 그러자 앨런비가 오스만 총독과 행정기관은 그대로 두고, 질서 유지 차원에서 헌병대만 추가로 투입하라는 지시를 내린 것으로 되어 있다. 앨런비는 시리아 정부를 아랍운동이 차지하게 될 것이라는 소문이 돈다는 쇼벨의 질문에 대해서도, 모든 문제는 자신이 다마스쿠스에 들어온 뒤 결정하겠다고 말했다. 그러면서 이렇게 덧붙여 말했다. "파이살이 성가시게 굴면 그 문제는 귀하의 연락장교가 될 로렌스를 통해 해결하도록 하세요."[8]

이후 런던, 파리, 중동 간에는 수많은 전문이 오갔다. 영국 외무부는 앨런비가 쇼벨에게 다마스쿠스의 튀르크 정부를 당분간 유지시키라고 지시를 내린 것을 알면서도, 프랑스 정부에 앨런비가—사이크스-피코 협정 내용에 부합하게—프랑스 연락관을 통해 아랍 임시정부를 상대하게 될 것이라 말했고,[9] 프랑스 정부도 그제야 아랍을 교전국, 다시 말해 연합국의 동맹으로 인정해주었다.[10] 영국과 프랑스 간의 이 교신이 말해주는 것은, 영국 외무부가 다마스쿠스의 튀르크 정부가 아랍정부로 조만간 교체될 것을 알면서도 교체되기 전까지는 사이크스-피코 협정이 실행되지 않을 것으로 보았다는 것이다.

외무부는 이런 모호한 방침에 따라, 육군성으로 하여금 앨런비에게 새

---

* 1918년 초 길버트 클레이턴은 마크 사이크스에게 "파이살이 군사적 성공을 거두면 시리아를 보유할 개연성이 있지"만, 그렇지 않으면 메카의 어느 누구도 시리아 정치에 관여하지 못하게 될 것이라고 말했다.[7] 따라서 후세인 기의 게양에는 파이살이 군사적 성공을 거두어 정치적 지배를 할 수 있는 토대가 마련되었음을 나타내는 상징적 의미가 담겨 있었다.

롭고 중요한 지시를 내리게 함으로써, 전부터 징후를 보여온 정치적 논제를 계속 진행시켰다. 앨런비가 점령한 시리아 영토를 점령된 적의 영토가 아닌 "독립국 지위를 갖는 동맹의 영토"로 취급하라는 것이 그것이었다. 외무부가 "주요 지역들에 아랍 기를 게양하고 그것에 경례하는 것과 같은 특징적 혹은 형식적 행위를 함으로써 아랍의 토착 지배권을 인정하고 수립하는 것이 바람직하다"는, 그간 수차례 논의되었던 지시를 내린 것도 그런 맥락에서였다.[11]

사이크스(그가 시리아 정책의 담당자였다는 가정 하에)는 그런 식으로 자신의 장기인 기발한 전략을 담은 전문을 현지로 속속 보냈다. 프랑스와의 기존 협정에 따라 영국이 시리아 지방들에 군정을 수립하면, 프랑스도 연합국을 대신해 그곳들의 민정에 참여할 권리가 있다는 것도 그중 하나였다. 10월 1일에는 그가 앨런비에게 군정 지역을 최소화하고, 프랑스의 역할도 그에 맞춰 축소시키라는 전문을 보냈다. 그에 덧붙여, 시리아 내륙에서 행한 영국의 행동이 그곳에서 프랑스의 역할을 줄이기 위한 영국의 술수였다—실제로 그것은 맞는 말이었다— 는 말을 프랑스가 하지 못하도록, 트란스요르단의 영국 군정도 축소할 것을 지시했다.

윙게이트도 그 전문을 보았다. 그리고 앨런비에게 이런 전문을 보냈다. "샤리프 기와 프랑스 연락관이 뭇사람들에게 어떻게 보일지도 대단한 흥밋거리일 것 같습니다."[12] 이렇듯 외무부는 앨런비에게 형식적으로는 사이크스-피코 협정을 따르되 (사이크스가 옹호한 내용대로) 실제로는 다르게 행동할 것을 주문했고, 그 점에서 외무부의 조치는 더 많은 것을 원한 프랑스, 프랑스에는 아무것도 주고 싶어 하지 않은 파이살, 혹은 카이로 아랍부의 어느 곳도 만족시키지 못한 해법이었다.

사이크스-피코 협정에는 프랑스가 시리아 연안지역만 차지하도록 명시돼 있었다. 반면에 내륙은 협정에 시사돼 있는 것과 같은 이름뿐인 독립이 아니라, 실질적인 독립지역이 될 예정이었다. 그런데도 프랑스는 장차 그곳에 자국의 공식 연락관은 물론, 나중에는 파이살의 궁정에 공식 고문관까지 두었다. 시리아의 지배권은 맥마흔의 서한에도 표시되었듯이 하심 왕가 사람이 차지하도록 되어 있었다. 그러므로 다마스쿠스, 홈스, 하마, 알레포에 게양될 사이크스(후세인)의 기도, 사이크스가 그동안 내내 주창한 노선에 따른 영국 중동정책의 모든 요소가 결합된 것을 보여주는 상징이 될 만했다. 영국의 공약들은 서로 간에 조화되도록 만들어졌고, 따라서 모든 것은 자신이 안출한 공식 협정의 틀에 정확히 들어맞을 거라는 것이 사이크스의 일관된 주장이었던 것이다.

한편 앨런비의 원정군 본부는 9월 29일 무슬림 중심도시를 기독교군이 점령하는 것에 대한 현지인들의 반발이 있을 것에 대비해, 파이살의 아랍군을 다마스쿠스에 입성할 수 있는 유일한 연합국 군대로 지정했다.* 하지만 파이살은 당시 사흘 행군 거리에 있었기 때문에, 그동안은 도주하는 튀르크군을 추격 중이던 앤잭 기병대가 다마스쿠스에 들어가지는 않고 주변을 맴돌며 도시를 지키기로 했다.

문제는 진퇴가 거듭되는 혼란의 와중에 다마스쿠스 해방의 드라마 주역들이 앨런비와 클레이턴이 써준 각본대로 움직이지 못했다는 데 있었다. 오스만 정부가 9월 30일 정오경 퇴각하는 튀르크군과 함께 줄행랑을 놓은

---

* 증거물이 부족하여 그 결정을 내린 장본인이 누군지와 그 결정을 내린 이유에 대해서는 정확히 알 수 없다. 다만 앨런비의 정치담당 수석장교였던 길버트 클레이턴이 외무부에 제출한 보고서에는 클레이턴이, 오스트레일리아군이 다마스쿠스를 점령하면 영국이 종래에는 그곳을 프랑스에 넘겨줄 것으로 넘겨짚고 현지인들이 소요를 일으킬 것에 대해 우려했던 것으로 나타나 있다. 클레이턴은 영국이 프랑스와 제휴한 행동으로 인해, 시리아 아랍인들의 적대감이 높아지지나 않을까 그 기간 내내 걱정이 많았다. 나중에 외무부에 제출한 보고서에도 그 점이 나타난다. "샤리프 군대의 다마스쿠스 점령을 허용한 조치로, 프랑스의 의도에 대해 긴가민가하던 그들의 의심이 조금은 해소되었습니다."[13]

것이 문제의 발단이었다. 그 때문에 도시가 혼란에 빠지자, 1세기 전 프랑스와 싸우다 매수되어 망명생활을 했던 알제리 전사의 자손들로, 현지의 유력 아랍계 인사였던 아미르 아브드 알 카디르와 그의 형제 사이드가 어느 순간 도시의 통제권 비슷한 것을 거머쥔 것이었다. 로렌스가 그의 개인적 적으로도 간주하고, 파이살과 민족주의가 아닌 후세인과 이슬람을 지지하는 것으로 믿었던 인물들이었다.* 그런데 이 두 형제가 9월 30일 오후 후세인의 이름으로 헤자즈 기를 게양했다고 주장하고 나선 것이었다. 그리하여 아랍 기는 마침내 휘날리게 되었으나, 외무부의 계획과 무관하게 그것은 다마스쿠스의 아랍인들이 스스로 행한 일이 되고 말았다.

오스트레일리아 기병여단 또한 10월 1일 아침 동트기 무섭게 다마스쿠스 북쪽 홈스 가도에서 오스만군 퇴각로를 차단하라는 명령을 받고 다마스쿠스를 통해 홈스 가도에 진입하기 위해 도시에 들어왔다가, 요인들에 둘러싸인 아브드 알 카디르의 공식 환영을 받음으로써, 다마스쿠스에 입성한 최초의 연합국 군대가 되는 얄궂은 영광을 차지했다.

그 한 시간 뒤에는 쇼벨 장군과 그의 참모가 다마스쿠스에서 남쪽으로 몇 마일 떨어진 곳에서 그곳 사단장인 조지 배로 소장과 조우했다. 로렌스도 배로와 함께 머물고 있다고 알고 있었으므로 쇼벨은 당연히 그도 만날 수 있을 것으로 믿고, 이참에 다마스쿠스의 기존 정부를 유지하기 위한 절차를 밟으려고 했다. 그런데 아뿔싸 로렌스는 이미 그곳을 떠나고 없

---

* 로렌스와 아브드 알 카디르 형제가 다툼을 벌인 원인에 대해서는 확실한 내막을 아는 사람이 없고 몇 가지 개연성만 제시되었다. 후세인이 영국의 봉 역할을 하고 파이살이 로렌스의 영향력 아래 놓인 것에 아브드 알 카디르 형제가 우려했을 개연성도 그중 하나다. 반면에 로렌스는 그들을 범이슬람주의자이자 반기독교 국수주의자로 보았을 개연성이 있고, 친프랑스파와 친튀르크파로 믿었을 수도 있다. 양자의 다툼이 대체로 혹은 전적으로 개인적 문제에 국한된 것이고, 아브드 알 카디르 형제가 로렌스의 약점인 사생활을 폭로하려 한 것을 보여주는 정황도 포착되었다.

었다. 그날 아침 일찍 상부의 허가도 받지 않고, 누구에게도 알리지 않은 채 제5기병사단을 따라 다마스쿠스로 가버린 것이었다. 쇼벨도 무슨 일인가 싶어 빌린 차를 손수 운전하여 서둘러 다마스쿠스로 향했다.

그 무렵 파이살로 하여금 다마스쿠스를 해방시키려던 앨런비-클레이턴 계획은 이미 물 건너간 일이 되었다. 영국군과 오스트리아군이 상황을 파악하기 위해 혼잡한 다마스쿠스 거리들을 헤집고 다니는 동안, 파이살은 여전히 행군에 며칠이나 걸리는 먼 곳에 있었던 것이다. 쇼벨도 그 무렵에는 부하들을 이끌고 입성하지 말라는 명령에 따라, 앞에 서지는 못하고 그들 뒤를 따라 도시에 들어왔다.

한편 무단이탈한 쇼벨의 연락장교 T. E. 로렌스는 그날 아침—동료 영국군 장교인 W. E. 스털링과, 전직 오스만군 장교로 당시에는 파이살의 충복이 되어 있던 누리 알 사이드와 함께—터덜거리는 자신의 애마 롤스로이즈 장갑차를 몰고 다마스쿠스에 들어왔다. 와보니 먼저 와 있던 파이살의 몇몇 부족동맹이 아브드 알 카디르 형제를 다마스쿠스 총독들로 받아들이고 있었다. 그것을 보고 누리가 재빨리 쿠데타를 일으켜 아브드 알 카디르 형제 일당을 몰아내고 그들에게 철수 명령을 내린 뒤 친파이살 인사를 총독으로 내세웠다. 때마침 쇼벨 장군도 그 무렵 노기등등하게 나타나 로렌스에게 무단이탈에 대한 해명을 요구했다.

로렌스는 쇼벨에게, 그도 원할 것이라 믿고 현장 조사를 나온 것이었다고 하면서 이제 돌아가 막 보고를 올리려던 참이었다고 둘러댔다.

쇼벨이 그러면 총독을 대령시키라고 하자, 로렌스는 누리가 후보로 지명한 인물을 총독이라고 데려왔다. 쇼벨이 오스만 총독이라면 튀르크인이어야 할 텐데 그는 아랍인처럼 보인다고 하면서 어찌된 일이냐고 다그치자, 로렌스는 오스만 총독이 도망을 쳐(이것은 사실이었다), 주민들이 누리가 후보로 내세운 인물을 총독으로 선출한 것이라고 설명했다.(이것은 거짓이었다.)

쇼벨은 로렌스의 그 말을 곧이곧대로 믿고 누리가 지명한 친파이살파 후보를 총독으로 승인했다. 그러나 쇼벨이 쓴 글에 따르면 오래지 않아 그는 소수의 친파이살 파벌만 누리의 후보자를 지지했고, 주민들 대부분은 그의 총독 선출에 불안감을 나타낸 것을 알게 되었다고 한다. 하지만 이미 엎질러진 물, 도로 주워 담을 수도 없어 난감해 하던 중 10월 2일 도시에 극심한 혼란이 야기되자 그는 위압감을 주어 소요를 진정시킬 요량으로 도심 거리에 영국군을 행군시켰다. 앨런비와 클레이턴이 피하려고 한 일이 기어코 벌어진 것이었다. 주민들이 궐기하자 질서회복을 한답시고 무슬림 중심도시의 거리들에서 기독교군이 행군을 하고, 파이살의 아랍군—현지 여론을 안심시키는 역할을 하기로 되어 있던—은 여전히 오리무중이었던 것이다.

로렌스는 10월 3일 오전이 되어서야 파이살이 부하 수백 명과 함께 그곳에 도착할 예정이라고 하면서 쇼벨에게 승리의 입성을 허락해줄 것을 요청했다. 쇼벨은 훗날 당시에 느꼈던 불편한 심기를 이렇게 적었다. "파이살은 다마스쿠스 '정복'과 아무 관계도 없었다. 따라서 승리의 입성을 한다는 것이 나로서는 이해되지 않았다. 하지만 그렇게 한다고 해서 또 해될 것도 없었으므로 그것을 승인해주었다."[14]

파이살의 다마스쿠스 입성은 오후 3시로 예정되었다. 하지만 다마스쿠스에 몇 시간밖에 머물 수 없었던 앨런비와 일정이 맞지 않아 그 계획에는 차질이 생겼다. 앨런비는 자신의 집무처로 사용하던 호텔 빅토리아로 로렌스와 파이살을 불러들였다. 앨런비가 없는 시간까지 쪼개 두 사람을 굳이 만나려고 했던 것은, 친파이살파 아랍인이 다마스쿠스 총독에 임명되어 사이크스-피코 협정과 연합국 간 협정이 작동되었고, 그에 따라 시리아 민정도 프랑스 고문관들을 통해 처리해야 하는 사태가 발생했기 때문이다. 오스만 총독을 당분간 앉혀놓으라 한 그의 명령이 제대로 시행되지 않아 일이 그렇게 번잡해졌다. 앨런비는 그렇다고 해서 쇼벨을 나무라지는 않았으나, 그가 행한 일 때문에 프랑스와 곤란한 문제가 생겨 파이살을 급히 만나려고 하는 것이라는 인상은 주었다.

회의에는 앨런비, 쇼벨, 파이살, 그들의 참모장, 헤자즈에 파견되었던 영국군 장교들, 카이로의 아랍부 관리, 파이살의 총사령관, 그리고 로렌스가 통역관으로 참가했다.

앨런비는 파이살에게 영국과 프랑스 간에 합의된 사항을 상세히 알려주고, 평화회의에서 내용이 바뀌거나 혹은 바뀔 때까지는 그것이 그대로 시행될 것임을 분명히 했다. 마크 사이크스와 외무부가 그에게 내린 지시 사항과 정확히 일치하는 내용이었다. 그리하여 로렌스가 품고 있었거나 혹은 파이살에게 그가 불어넣었을지 모르는 희망, 다시 말해 클레이턴과 앨런비의 묵계하에 외무부 정책을 뒤엎을 수 있으리라는 희망은 그날 오후에 모두 꺾이고 말았다. 파이살이 크게 낙담했던 이유는 팔레스타인이 아랍연합에 포함되지 않아서가 아니라, 레바논(다시 말해 '하얀 산맥'으로도 불리는 레바논 산맥)이 아랍연합에 포함되지 않은 것과, 시리아가 프랑스의 지배권을 벗어나지 못하게 된 것 때문이었다.

쇼벨이 작성한 회의록에는 앨런비("우두머리"로 명시되었다)가 파이살에게 이렇게 말한 것으로 되어 있다.

1. 시리아는 프랑스의 보호령이 된다.
2. 파이살은 프랑스의 지도와 재정적 후원 아래 아버지 후세인 국왕의 대

리인 자격으로 시리아를 통치한다.

3. 아랍 세력권에는 시리아 후배지만 포함되고, 파이살은 레바논에 일체 관여하지 않는다.

4. 파이살은 당분간 로렌스와 함께 일하게 될 것이고 따라서 그에게 조력을 아끼지 않을 프랑스 연락장교가 즉시 따라붙을 것이다.

파이살은 이 결정에 강하게 반발했다. 그가 반발한 이유는 첫째, 자신은 그 문제에 관한 한 프랑스를 생각해보지도 않았고, 둘째, 자신은 영국의 도움을 받을 것으로 예상했으며, 셋째, 앨런비의 고문관이 말한 바에 따르면 아랍은 팔레스타인만 제외하고 레바논이 들어가는 시리아 전체를 얻도록 되어 있었고, 넷째, 항구 없는 나라는 쓸모가 없으며, 다섯째, 자신은 프랑스 연락장교도 필요 없고, 프랑스의 지도 또한 받아들일 생각이 없기 때문이었다.

파이살이 항의하자 앨런비는 로렌스에게 이렇게 물었다. "자네, 프랑스가 시리아의 보호국이 되리라는 사실을 파이살에게 말하지 않았어?" "말하지 않았습니다. 저로서는 금시초문입니다." 이에 앨런비가 다시 "하지만 파이살이 레바논과 무관하게 되리라는 사실은 자네도 알고 있었지 않나?"라고 묻자 로렌스는 또 이렇게 답했다. "아뇨. 몰랐습니다."

앨런비는 약간의 논의를 거친 뒤 결국 파이살에게 자신은 총사령관이고 그는 자기 밑의 부사령관이므로 명령을 따를 의무가 있다고 하면서, 종전 뒤 열리게 될 평화회의에서 모든 문제가 해결될 때까지는 상황을 수용해야 한다고 말했다. 파이살도 그 결정을 받아들이고, 로렌스를 제외한 수행원들을 데리고 회의장을 떠났다.[15]

그러나 사실 파이살과 로렌스는 직언을 한 앨런비에게 솔직하지 못했다. 앨런비가 그들에게 통보한 것은 세 사람 모두 알고 있던 사이크스-피코 협정의 내용이었던 것이다. 파이살은 그래도 (로렌스가 나중에 런던에서 밝힌 바에 따르면), 공식적으로 통보받지 않은 것을 몰랐다고 했으니 변명의 여지라도 있었으나,[16] 로렌스가 몰랐다고 한 것은 순전한 거짓말이었다.*

　　그야 어찌됐든 파이살이 회의장을 떠나자 로렌스는 앨런비에게 파이살의 프랑스 고문관과는 함께 일하고 싶지 않다고 하면서, 그동안 쓰지 않고 모아둔 휴가가 있으니 영국으로 즉각 돌아가고 싶다는 뜻을 밝혔다. 앨런비도 그 청을 수락해주었다. 모든 정황으로 미루어볼 때 그가 당시 로렌스에게 화가 나 있지 않았던 것은 분명하다. 화가 나 있기는커녕 런던에 가서 외무부 관리들에게 그의 입장을 소신껏 밝히라는 격려의 말까지 해주었다.

　　한편 회의장을 나온 파이살은 300~600명 규모의 말 탄 부하들을 이끌고 이제는 의미도 많이 퇴색되고 시간도 지연된 다마스쿠스 입성식을 거행했다. 그런 다음에는 아마도 로렌스의 조언에 따라(로렌스는 나중에 그 사실을 부인했다) 특공대원 100명을 베이루트에 보냈다. 그리하여 이들이 저항도 받지 않고 도시에 들어와 10월 5일 헤자즈 기를 게양하자 놀란 프랑스가 그 이튿날 바로 베이루트 항에 전함을 급파하고 소규모 분견대를 상륙시켰다. 이틀 뒤인 10월 8일에는 이집트 원정군 소속의 인도군 부대까지 베이루트에 들어와 아랍 기를 내리게 하고 파이살군을 도시에서 철수시켰다. 그리하여 베이루트 통제권은 다시 프랑스가 차지하게 되었고, 나중에는 프랑수아 조르주 피코가 그곳에 와서, 총사령관으로서 최고 권위를 갖

---

* 그도 『지혜의 일곱 기둥』 101장에서, "다행히 파이살에게 그것의 존재를 일찌감치 알려주었다"고 기록하여, 사이크스-피코 협정에 대해 알고 있었다는 점을 인정했다.

는 앨런비 휘하의 그 지역 민정 및 정치 대표가 되었다.

클레이턴도 파이살에게 베이루트의 부하들을 철수시키는 게 좋겠다는 조언을 했다. 10월 11일 그는 윙게이트에게 이런 전문을 보냈다. "파이살에게 그런 식으로 계속 고집을 부리다가는 평화회의에서 일을 망치게 될 거라고 말해주었어요. …… 하지만 그것은 쉽지 않은 문제에요. 따라서 양측이 조금씩 양보하여 타협했으면 좋겠어요."[17]

그러나 사실 베이루트의 프랑스군은 프랑스의 식민주의파가 바란 합병 계획을 수행하기에는 힘이 많이 부족했고, 그에 따라 프랑스 관리들도 시리아 전역에 대한 자국의 주장이 받아들여지지 않을 것에 대비한 차선책을 강구하게 되었다.* 시리아에서 레바논 산악지대의 기독교 지역뿐 아니라 광대한 무슬림 지역도 포함되는 독립국을 만든 뒤, 프랑스의 후원을 받는 마론파 기독교도의 지배를 받게 한다는 것이 현지 프랑스 관리들의 복안이었다.[19] 그리하여 이 계획을 추진하기 위한 프랑스의 활동이 시작되자, 연합국 전선 뒤에서 이미 불안을 야기하던 정치적 분열은 더한층 심화되었다.

앨런비의 지휘계통도 겉으로는 질서정연해 보였지만 그 밑으로는 오스만 권력이 사라진 뒤의 반목, 음모, 파벌싸움으로 몸살을 앓았다. 베두인족은 도시 거주민들과 충돌을 벌였고, 과거의 적들은 파이살의 아랍운동을 내부에서 전복시키려고 했다. 원인 모를 다툼이 일어나면 어두운 곳에서 해결되기 일쑤였다. 다마스쿠스의 아미르 아브드 알 카디르도 그를 체포하러 온 친파이살파 경찰의 총격을 받고 숨졌다.

---

* 프랑스군에는 아르메니아 난민과 북아프리카 원주민들도 다수 포함돼 있었다. 기록에 따르면 "아르메니아인 3,000명, 아프리카인 3,000명, 전투에 투입되지 않을 것이라는 약속을 받고 입대한 프랑스인 800명"이 베이루트 주재 프랑스군의 전체 병력이었다.[18]

자연환경은 그보다 더 통제 불능이어서 영국 기병대만 해도 위생 상태가 열악한 튀르크 점유 지역을 지나가다 말라리아에 감염되어 죽을 고생을 했다. 말라리아는 2주간의 잠복기를 거친 뒤에는 더욱 맹위를 떨쳐 시리아 지방들의 정복이 완결되었을 무렵에는 연대 전체가 그 병에 감염되었다. 말라리아가 수그러든 뒤에는 인플루엔자가 돌아 병사들의 몸을 약화시킨 것으로도 모자라 대량으로 목숨까지 앗아갔다.

Ⅲ

한편 로렌스는 앨런비가 중동의 원정군 본부에서 직접 손써준 덕분에 런던에서 환대를 받고, 10월 말에는 프랑스의 시리아 정책에 반대하는 자신의 의견을 개진하기 위해 내각의 동방위원회에 출석하여 이런 발언을 했다. 피코가 프랑스 고문관들을 파이살에게 붙여주려고 하자, 파이살이 고문관들을 선택할 권리는 자신에게 있다고 주장하면서 그것을 받아들이지 않았고, 그러면서 영국인이나 혹은—나중에 증오감을 갖게 된 점으로 보면 다소 엉뚱하게—미국의 시온주의자 유대인을 고문관으로 원했다는 것이었다.[20]

로렌스는 위원회에서 사이크스가 7인위원회(카이로에 망명한 반파이살파 시리아 지도자들)에 대한 답변 형식으로 연합국의 의도를 담아 작성한 선언문을 믿고 파이살이 그 말을 했던 것으로 이야기했다. 그런 식으로 그는 파이살의 이름을 팔아, 아랍인들이 해방시키는 모든 곳들에 아랍의 독립을 약속했다는 식으로 선언문 내용을 곡해한 것이었다.(그러나 문맥상으로 볼 때 선언문이 약속한 아랍의 독립은, 그것이 발표된 1918년 6월 현재 아랍인들에 의해 해방된 지역들에 한정되었던 것이 분명하다.) 파이살은 로렌스보다도 선언문 내용을 더 곡해했던 것으로 전해진다. 어느 도시든 먼저 도착하는 쪽

이 그곳을 지배하기로 영국 및 프랑스와 합의했다고 주장한 것이다.[21]

그 밖에 로렌스는 파이살의 대의를 지지한 부족민 4,000명이 1918년 9월 30일에서 10월 1일로 넘어가는 밤 다마스쿠스에 몰래 잠입했고, 그러므로 파이살 군대가 그곳에 입성한 최초의 연합국 군대라고도 주장했다. 그러나 부족민 4,000명이 허구라는 사실은 직접적 증거에도 나타난다. 누구도 다마스쿠스에서 그들을 본 적이 없고, 다마스쿠스에 들어왔다면 영국군이 쳐놓은 경계선을 지나쳤을 텐데도 그들이 들어오거나 떠나는 것을 본 사람 또한 없었다.[22]

그런데도 동방위원회와 내각에는 무슬림 아랍어권의 중동에 프랑스의 영향력과 통제력이 미쳐서는 안 된다는 그의 호소에 공감하는 사람들이 있었다. 언론에서도 그는 중요한 우군을 얻었다.

《타임스》가 1918년 11월 말, 파이살군이 수행한 일을 침소봉대하고 그것을 현장에서 직접 목격한 특파원의 글로 포장했으나 실제로는 로렌스가 쓴 익명의 기고문을 몇 편 게재한 것이다. 로렌스가 사실을 자기 식으로 해석한 것은 다른 간행물에도 유포되기 시작하여 시리아의 오스트레일리아군을 화나게 만들었다. 앨런비의 이집트 원정군을 따라 종군했던 런던 신문들의 공식 '대표' 특파원이 이런 기사를 쓴 것으로 당시의 분위기를 미루어 짐작할 수 있다. "군대에 배포된 공식 신문 기사를 보니 다마스쿠스에 최초로 입성한 군대가 아랍군으로 나와 있었다. 그러나 다마스쿠스를 점령하고 도시에 최초로 들어온 군대는 오스트레일리아군이었다. 쇼벨 장군도 그 점을 신속히 바로잡았다."[23]

로렌스는 정치적 이유 못지않게 개인적 이유로도 파이살군을 다마스쿠스 해방의 주역이라고 주장했다. 그렇게 해서 자신이 지닌 탁월한 예술적 재능으로, 본인이 해석한 것의 일부를 역사에 편입시키는 데도 성공했다. 하지만 로렌스도 자신의 주장이 조만간 거짓으로 판명되리라는 사실을 알았던 듯, 1920년대에 시인 겸 소설가였던 그의 친구 로버트 그레이브스가 로렌스 전기를 집필하면서, 다마스쿠스 해방에 대한 부분을 『지혜의 일곱 기둥』에 나온 내용을 토대로 쓰겠다고 하자 그는 이렇게 말했다. "다마스쿠스 단원을 쓸 무렵 나는 살얼음판을 걷고 있었다네. 나를 모방하는 사람도 조심하지 않으면 그 길을 걷게 될 거야. S. P(『지혜의 일곱 기둥』)의 그 부분은 반쪽짜리 진실로 가득하거든."[24]

Ⅳ

로렌스는 자기 식으로 다마스쿠스 원정을 해석한 것을 가지고 영국정부를 설득해 사이크스-피코 협정을 파기시키려 했다. 그가 대화를 나눈 영국 관리들도 거의 다 사이크스-피코 협정에 부정적 태도를 보였다. 길버트 클레이턴도 1917년 영국은 도의상 그 협정을 준수할 의무가 있지만, 모른 체 내버려두면 자연히 소멸될 거라고 하면서 로렌스에게 이렇게 썼다. "그것은 사실상 폐기된 것이나 다름없어. 따라서 조용히 기다리기만 하면 될 걸세."[25] 클레이턴은 1918년 피코에게도 "그 협정은 이제 낡아터진 것이 되어" 더는 작동시킬 수 없게 되었다고 말했다.[26]

내각의 동방위원회도 단순히 모른 체한 것이 아니라 사이크스-피코 협정의 폐기를 바랐고, 외무부도 당연히 점령지들의 통치방법에 관해 프랑스와 협상하는 과정에서 그것을 수정하거나 폐기하는 쪽으로 가닥을 잡을 것으로 믿었다. 하지만 외무부는 폐기는커녕, 프랑스가 내용을 바꾸거나 혹은 폐기에 응하지 않으면 영국도 협정을 지킬 의무가 있다는 확고한 입장을 견지했다. 외무부가 프랑스와 그런 식으로 일 처리한 것을 알고 동방위원회 의장 조지 커즌은 조금은 퉁명스럽게 이렇게 말했다. "외무부는 동방위원회가 기를 쓰고 해소하려고 한 사이크스-피코 협정에 의존하는 것이 분명하다."[27]

프랑스와 정부 구성 문제를 협의한 마크 사이크스도, 사이크스-피코 협정이 당면한 요구를 충족시켰다고 믿었다. 1917년 봄 메소포타미아 영국 임시정부의 정치담당 수석장교였던 퍼시 콕스에게도 그는 그 협정이 민족자결권과 영토 비병합의 면에서 우드로 윌슨의 미국과 새로운 사회주의 국가 러시아가 지지하는 방침에 위배되지 않는 것을 그 장점 가운데 하나로 꼽았다. "아랍 민족주의에 대한 생각은 터무니없을 수 있지만, 영국의 보호를 받는 종족의 민족주의가 발달하도록 우리가 힘을 보탠다고 말할 수 있게 되면, 영국 의회에도 그것은 좋은 일이 될 겁니다." 그러면서 사이크스는 후세인이 물리적으로는 전쟁에 도움이 안 될 수 있지만 도덕적으로는 도움이 될 것이고, 그 점은 프랑스도 인정할 수밖에 없을 것이며, 그러므로 "프랑스는 영국과 손잡고, 아랍어권 사람들에 대한 공통의 정책을 펴게 되리라고 본다"고 썼다.[28]

반면에 아랍부 부장 데이비드 호가스가 당시 길버트 클레이턴에게 마크 사이크스 외에는 사이크스-피코 협정을 진지하게 받아들이거나 지지하는 사람이 없다고 쓴 것은,[29] 사이크스가 속한 외무부 관리들이 그 협정을 진지하게 받아들였다는 점에서 다소 과장된 측면이 있었다. 하지만 그렇다고 해서 또 그의 말이 사실과 많이 동떨어진 것은 아니었다.

조지 커즌도 사이크스-피코 협정을 쓸모없고 "전적으로 실행 불가능하다"고 말했다.[30] 그는 전후의 중동정책을 영국에 이롭도록 수립하기 위한 목적으로 결성된 동방위원회 의장으로서, "프랑스를 시리아에서 완전히 배제시키는 것"이 영국의 희망이라는 점을 분명히 했다.[31] 육군성 대표 또한 동방위원회에서 "'아랍'을 전면에 내세워," 윌슨의 민족자결주의를

지지하는 방식으로 미국에 호소하는 것이 협정을 폐기할 수 있는 유일한 방법이라고 역설했다.[32]

조지 커즌은 이렇게도 말했다. "애당초 사이크스-피코 협정은 그 담당자들이 일어나지도 않은 일을 가정하여 만든 내용에 짜 맞춘 가공의 문서였으며, 따라서 일어날 개연성도 매우 희박할 것으로 보았다. 사이크스-피코 협정의 영토 경계선이 부실하게 그어진 것도 그 때문이라는 것이 내 생각이다."[33]

로이드 조지도 이후에 일어난 사건들로 사이크스-피코 협정이 유명무실해졌다고 느꼈으나, 처음부터 그것을 반대했다는 점에서 다른 사람들과는 차이가 있었다. 그래도 자신이 좋아하는 사람들에게 늘 하던 대로 그는 사이크스를 감싸주었고, 역사도 그의 책임을 면해주는 식으로 고쳐 썼다. 몇십 년 뒤에 이런 글을 쓴 것이다.

마크 사이크스 경과 같은 고도의 지성인이 그런 협정을 체결했다는 것 자체가 요령부득이다. 그도 그것을 언제나 유감으로 여기고, 외무부의 지시를 따르려다 보니 어쩔 수 없었다는 식으로 자기변호를 했다. 사이크스가 자기 이름과 그 협정이 계속 연관지어 지는 것에 매우 분개한 것도 그래서다. 그는 명목상으로만 책임을 졌을 뿐, 그 협정에 전적으로 반대했기 때문이다.[34]

로이드 조지는 사이크스-피코 협정을 "어떤 면에서 봐도 얼빠진 협정"이었다고 진단했다.[35]

사이크스도 종래에는 그렇게 결론내리고 1918년 3월 3일 윙게이트와 클레이턴에게, 미국의 참전, 우드로 윌슨의 14개 조항, 볼셰비키 혁명, 볼셰비키가 사이크스-피코 협정의 진상을 성난 세상에 폭로한 것 등의 사건들로 인해 협정의 폐기가 불가피하게 되었다는 서한을 보냈다.[36] 1918년 6월 18일에는 사이크스가 동방위원회에서, 후세인도 사이크스-피코 협정에 대해서는 충분히 알고 있으므로 그가 그것에 대해 분개할 이유는 없다고 하면서도, 그 협정이 시대에 뒤진 것이 되었다는 점을 프랑스가 받아들이도록 설득할 필요는 있다고 말했다.[37] 그 한 달 뒤에도 사이크스는 동방위원회에서 이렇게 말했다. "프랑스가 수용하든 안 하든 1916년의 협정은 이미 쓸모없는 것이 되었습니다. 따라서 지금 필요한 것은 그 협정 내용을 바꾸거나 혹은 그것을 대체할 다른 방법을 찾는 거예요."[38] 하지만 프랑스가 협정 내용의 변경을 거부하자 그는 또 지체 없이 그에 따라 협정은 유효하게 되었다는 점을 근거로, 점령지 통치 문제와 관련해 협상을 진행하는 모순을 보였다.

1918년 10월 5일에는 레오 에이머리가 일기에 이런 내용을 적었다. "사이크스-피코 협정의 처리 방안에 대해 이야기를 나누던 중 사이크스가 기발하고 독창적인 안을 도출해냈다. 레바논 이외의 모든 아랍 지역에서 프랑스를 배제시키고" 그에 대한 보상으로 "아나다(터키 중남부의 도시)에서 페르시아, 카프카스 지방까지" 쿠르디스탄과 아르메니아 전역을 프랑스에 제공하자는 것이 그것이었다.[39] 하지만 프랑스는 그 안을 받아들이지 않았다.

사이크스는 파이살이 "항구 없는 나라는 쓸모가 없다"고 앨런비에게 항의한 것에 대해서도, 프랑스의 직접 통제권에 속하는 항구도시 하나를 파이살의 통치지역으로 이전시키는 방식으로 사이크스-피코 협정 내용을 고쳐 타협점을 찾으려고 했다. 앨런비도 그 방법을 유망하게 보았다. 12월 15일 그는 부인에게 이런 편지를 썼다. "사이크스가 항구 하나를 주어 아랍인들을 다독거리려고 합니다. 피코도 생각보다는 국수주의자가 아닌 것 같고요."⁴⁰ 하지만 이 방법도 소득 없이 끝나기는 마찬가지였다.

프랑스는 협정에 명기된 자신들의 권리를 결코 포기하려 하지 않았다. 반면에 현지의 영국 관리들은 사이크스 협정이 시행되면 재앙이 닥칠 것이라고 아우성을 쳤다.

죽은 키치너의 부하들만 해도, 그들이 즐겨 하는 방식대로 같은 내용을 표현만 바꿔, 팔레스타인의 유대인과 아랍인 간의 우호를 위해 사이크스피코 협정은 폐기해야 마땅하다고 한동안 주장했다. 유대인과 아랍인 간의 우호라면 마크 사이크스도 진지하게 간주하던 문제였다. 하지만 그 문제를 제기한 동료들도 사이크스와 같은 생각을 갖고 있었는지는 의문의 여지가 있다.

예루살렘 총독 로널드 스토스의 경우, 팔레스타인에 영국정부가 들어서는 한에서만 아랍인들이 시온주의 계획을 받아들일 것이라고 말했다.⁴¹ 길버트 클레이턴도 아랍의 대의와 시온주의 대의가 "상호의존적"이고, 그러므로 사이크스피코 협정이 "더는 실용적 정책이 되지 못한다"는 점을 프랑스가 받아들여야만, 양측(팔레스타인의 아랍인과 유대인)이 이해를 하고 서로 간에도 협조할 것이라는 관점을 보유했다.⁴² 하임 바이츠만도 밸푸어에게 동일한 취지의 서한을 보내 그 운동에 힘을 보태고, 더불어 독점적으로 상업적 특권을 확보하려는 프랑스의 계략이 유대인과 아랍인들의 민족자결을 무색하게 만들었다고도 말했다.⁴³ T. E. 로렌스도 동방위원회에서 "팔레스타인 정부가 영국 수중에 있는 한, 팔레스타인과 시리아에서 시온주의자와 아랍인들을 조화시키는 데는 아무 문제가 없습니다"라고 말했다.⁴⁴

팔레스타인 문제와 관련하여 사이크스피코 협정이 폐기될 수 있다면, 시리아에 관련해서도 폐기되지 못하리라는 법이 없었다. 비록 총리 로이드 조지가 영국은 시리아를 획득할 의사가 없다는 점을 되풀이해서 말하고 현지의 영국 관리들 또한 총리와 같은 주장을 했지만 말이다. 그러나 아랍부 직원들이 아랍인들에게는 애당초 자치의 능력이 없다고 믿었던 것으로도 알 수 있듯이, 영국 관리들이 프랑스의 권리 포기를 원한 것이 영국을 위해서가 아니라 파이살의 독립 아랍국을 위해서인 것처럼 말한 것은 새빨간 거짓말이었다. 같은 맥락에서 그들이 이야기하는 파이살의 아랍 독립국 역시, 영국 관리들인 자신들의 지도를 받는 나라를 의미했다.

클레이턴에 이어 앨런비의 정치 담당 참모가 된 아랍부 부장 데이비드 호가스도 그와 다를 바 없이, 새롭게 해방된 다마스쿠스에서 파이살의 아랍정부는 무능하기 때문에 그곳의 정사는 유럽세력이 담당해야 한다고 보고했다.[45] 그리고 프랑스를 배제시키면 그 세력이 어느 나라가 될지는 (그의 관점에서 보면) 불 보듯 뻔했다.

V

한편 빅토리아 호텔에서 파이살을 대면한 지 약 2주 후 에드먼드 앨런비는 다마스쿠스로 돌아와, 이번에는 파이살의 저녁 식사 초대 손님으로 그를 다시 만났다. 나중에 아내에게 보낸 편지에서 그는 당시의 식사 풍경을 이렇게 전했다. "파이살에게 매우 훌륭한 식사를 대접받았어요. 아랍 음식이었지만 보통의 격식대로 세련되게 차린 나무랄 데 없는 음식이었소. 식수도 미적지근한 물이 아니라 맑고 차가운 물이었다오!" 앨런비는 파이살의 됨됨이에 대해서는 이렇게 말했다. "파이살은 당신도 좋아할 만한 사람이오. 체격도 호리호리하고 예리한 성격인데다 손도 여자 손처럼 섬세하게 생겼읍디다. 다만 말할 때면 손가락들을 불안스레 움직이는 습관이 있었어요. 하지만 그는 의지가 강하고 심지도 곧은 사람이었소." 앨런비는 정치에 관해서는 이렇게 말했다. "그가 평화협정에 대해 불안해하기에, 협상국(연합국)이 그를 공정하게 다루어줄 것으로 믿어야 한다고 말했소."[46]

그러나 "협상국에 대한 신뢰"는 파이살이 그의 장래를 위한 확고한 발판으로 삼을 만한 것이 못되었다. 협상국은 심지어 서로 간에도 믿지 못했다. 프랑스는 영국이 유대인과 아랍인들의 열망을 지지하는 것을 선의의 행동으로 보지 않았고, 영국은 영국대로 프랑스와 협정을 파기해야 되는지의 문제가 아닌, 파기할 방법의 문제에 대해 논의하는 상황이었다. 또한 영국과 프랑스 모두 이탈리아에 해준 전시의 공약을 지킬 의사가 없었으며, 워싱턴이 주의를 기울일 때만 동조하는 시늉을 했을 뿐 우드로 윌슨이 주창한 이상주의 계획도 시행할 생각이 없었다.

파이살도 한 해 전 영국 지도자들이 자기 모르게 화해적 평화, 다시 말해 오스만제국이 아닌 러시아를 분할함으로써 그와 그의 아버지 후세인을 튀르크의 처분에 내맡기려는 계략을 꾸민 사실을 알고 있었다. 영국과 프랑스가 2년 전 아랍권을 자기들끼리 나눠 갖는 내용의 비밀협정을 체결했다가, 피할 수 없는 상황에 내몰려서야 자신에게 그것을 밝힌 것도 알고 있었다.

그러므로 신뢰는 파이살에게 익숙한 그 무엇이 아니었다. 그도 영국과 프랑스가 비밀협정을 체결한 해에 전쟁에서 편을 바꾸는 문제로 튀르크와 교신했으며, 그의 아버지 후세인도 예전에 튀르크와 그와 비슷한 교신을 했다. 두 사람은 이렇듯 영국을 믿지 않았으며, 파이살은 그의 아버지도 믿지 않았다.

파이살의 정규군도 적군 진영에서 탈영한 사람들, 다시 말해 그의 운이 쇠하면 쉽게 떠날 사람들로 구성돼 있었다. 베두인족 또한 전투 중에도 편을 바꿀 만큼 변덕이 심해 신뢰할 만한 동맹이 못되었다. 그들이 파이살 곁에 붙어 있는 것도 그의 금이 아닌 로렌스의 금 때문이었다. 시리아인들이 파이살을 통치자로 받아들인 것 역시 영국군이 결정한 사항을 따른 것 뿐이었다.

그것이 몸에도 영향을 미쳐 파이살은 앨런비를 만났을 때 그처럼 불안스레 손가락을 움직인 것이었다. 파이살은 초조했고, 그에게는 그럴 만한 이유가 충분했다.

8부
승리의 떡고물

"승자는 전리품의 것이다."
—F. 스콧 피츠제럴드

38. 갈림길

I

전쟁도 이제 마지막 몸부림을 치는 단계로 접어들어 오스만제국과 영국제국은 기진맥진 녹초가 된 채 사막과 내해에서 기억조차 가물가물한 일련의 전투를 치렀다. 그러나 어느 쪽도 결정적 승리를 거두지는 못했다. 그래도 교전국들이 군사작전과 정치공작을 벌이는 사이 20세기의 앞날에 중대한 영향을 미칠 새로운 사태는 전개되고 있었다. 서방 군대가 연합국의 일원이었던 러시아와 전쟁을 벌이고, 석유가 중동의 전쟁에서 주요 이슈로 부상한 것이다.

따지고 보면 두 사태 모두 엔베르 파샤가 패세敗勢에 몰린 시리아 문제를 제쳐두고, 조금은 만만해 보인 적을 상대로 새롭게 분쟁을 벌인 것에서 비롯되었다. 그로 인해 오스만제국의 아랍어권 지역에서는 영국군이 승승장구하고, 북쪽의 옛 러시아제국 속령들에서는 오스만군이 승승장구하게 되어, 결과적으로 1918년 후반기에는 영국과 오스만이 하나의 전쟁이 아닌 두 개의 전쟁, 다시 말해 동맹들에는 승리의 몫을 떼 주지 않으려고 하는, 비슷한 목적을 추구하는 두 개의 전쟁을 치르는 꼴이 되었기 때문이다. 엔베르 파샤도 로이드 조지 못지않게 승리의 몫에 대한 집착이 강했다. 따라서 다른 나라들과는 결코 그 몫을 나눠 가지려 하지 않았다. 독재자에 가까웠던 그가 역시 독재자에 가까웠던 로이드 조지처럼 제국적 야망을 달성하기 위해 동맹을 위험에 빠뜨리는 무리수를 둔 것은 그래서였다.

레닌도 상황을 잘못 넘겨짚기는 마찬가지였다. 전쟁은 식민지 획득이 목적인 제국주의 때문에 일어나지 않았다. 그보다는 전쟁 때문에 제국주의가 야기된 측면이 컸다. 교전국들이 새로운 영토를 획득하여 자신들이 입은 심각한 손실을 만회하려 했던 것이고, 그런 그들에게 러시아제국의 붕괴는 충분히 답이 될 만했던 것이다. 점령할 영토가 그곳에 있었으므로. 앨프레드 밀너가 러시아가 전쟁에서 발을 빼면 연합국이 독일을 패배시키기가 더 힘들어질 것이라는 판단하에, 오스만제국이 아닌 러시아를 분할하는 내용의 화해적 평화에 대한 개연성을 시사한 것도 영국이 잃은 손실을 벌충하기 위해서였다. 반면에 러시아 제정을 무너뜨린 독일은 그 결과물을 연합국과 공유하고 싶지 않았다. 그래서 전쟁도 계속하고 러시아의 전복도 지속적으로 꾀했던 것이다. 전후에 세력을 확대하려는 야망을 가졌던 독일은 전시에 농산물과 원자재 부족이 심화되자 그 야망을 더욱 키웠고, 그 야망을 추구하는 과정에서 터키 동맹들과도 충돌하게 되었다.

엔베르 파샤도 언젠가는 아시아의 모든 터키어족을 오스만의 지배 아래 통합시킬 꿈을 갖고 있었다. 그렇기는 하지만 그가 그것을 자신의 구체적 정치 현안으로 만든 것은 러시아 제정의 붕괴로 그것의 실현 가능성이 보인 뒤였다. 그 점에서 전쟁이 끝난 뒤 여러 인물들 중에서도 특히 윈스턴 처칠이, 청년튀르크당(CUP)이 범튀르크주의pan-Turkishsm("범우랄알타이주의 혹은 범투란주의pan-Turanism": 터키와 헝가리에서 태평양까지의 유라시아 대륙에 걸쳐 살던 터키, 타타르, 우랄 민족들을 정치, 문화적으로 한데 통합시키기 위해 19세기 후반부터 20세기 초반까지 전개된 운동—옮긴이) 이데올로기에 매몰된 나머지 중앙아시아에서 팽창주의 계획을 추구하기 위해 터키를 전쟁에 몰아넣었다고 말한 것은 얼토당토않은 주장이었다. 현재 입수할 수 있게 된 증거에도 그와 정반대의 사실이 드러난다. 1914년부터 1917년까지 CUP가 독일 측에 요구한 사항에는 당시 오스만 지도자들이 기존 경계지들 내에서 더욱 완전한 독립을 누리기 위해 그곳들이 버텨주기만을 바라는, 기본적으로 방어적 요건만을 생각했던 것으로 나타나는 것이다. 엔베르는 1917년이 되어서야 비로소 동쪽으로 세력을 팽창하기 위한 계획을 진지하게 세우기 시작했다. 그곳에 이제 더는 차르의 영토가 아니라 아랍어권 남부에서 영국에 빼앗긴 것을 벌충할 수 있는 광대한 영토가 놓여 있는 듯했기 때문이다.

한편 영국 정보부의 공보과에서 작성한 1917년의 범우랄알타이운동 관련 보고서에는, 오스만제국 이외의 아시아 지역에서 하나 혹은 그 이상의 튀르크어군에 속하는 언어를 사용하는 사람이 1,700만 명에 달했던 것으로 기록돼 있다. '터키어권 중앙아시아는 아메리카의 영어권 혹은 에스파냐어권에 버금갈 만큼 대러시아보다도 광대한, 세계 최대의 연속적 언어 사용 지역"으로 간주되었던 것이다. 보고서는 또, 하나의 이데올로기로서 범우랄알타이운동은 별것 아닌 것처럼 치부했지만, 그것이 청년튀르크당 지도자들의 수중에 들어가면 위험한 도구가 될 수 있다고도 보았다. 중앙아시아 "사람들 모두 터키인들이고, 그들 모두 이슬람 수니파이며, 그들을 지배하는 주체(즉 러시아)가 예로부터의 무슬림 국가가 아닌 근래의 기독교 정복자이기 때문이었다." 그러므로 만일 CUP가 페르시아 및 아프가니스탄과 손잡고 중앙아시아에 터키-이슬람 국가라도 건설하는 날에는, 인도가 그들의 직접적 위협권에 들 수 있다는 것이 영국의 생각이었다. 그렇게 되면 "인도 북서 변경의 반영反英 부족들 뒤에 거대한 반영 후배지가 생겨

날 것이었기" 때문이다.[1]

엔베르도 물론 그런 개연성을 의식하고 있었다. 하지만 섣불리 행동에 나서지는 않고 형편이 절로 좋아질 때를 기다렸다. 러시아 제정이 붕괴했다고는 하나 터키 북동부에는 여전히 러시아군 50만 명이 트레비존드(트라브존), 에르주룸, 카르스와 같은 주요 도시들을 점유한 채 남아 있었던 것이다. 게다가 그들은 적어도 처음에는 볼셰비키파가 아니었다. 그러다 전쟁에 대한 염증이 심해져 기강이 해이해지자 탈영하고 러시아로 돌아가는 사람이 속출했다. 그렇다고 날로 약화되는 러시아 전선을 오스만이 공격할 수 있는 것도 아니었다. 독일 참모부와의 합의 때문에 그것은 불가능했다. 그래서 엔베르도 러시아군이 유야무야 사라질 때까지 참고 기다리기로 한 것이었다.

그리하여 1917년 가을 볼셰비키파가 페트로그라드에서 권력을 쟁취했을 무렵에는 터키 북동부 지역의 러시아군이 사실상 경계지 너머 남카프카스(자카프카지예, 영어 명: 트랜스코카시아) 지역 출신의 지원병 부대와, 기백 명의 러시아 장교들로 대폭 줄어들었다.[2] 그래도 엔베르는 볼셰비키가 화평을 청해올 것으로 기대하고 여전히 행동에 나서기를 주저했으며, 실제로 몇 주 뒤 일은 그렇게 되었다.

페르시아와 접한 동쪽 경계지의 튀르크군 상황도 절로 개선되는 조짐을 보였다. 페르시아 남부의 영국군은 그 무렵까지도 페르시아 북부의 러시아군을 방패 삼아 작전을 전개하고 있었다. 그런데 혁명의 열기에 사로잡힌 러시아군이 저지의 대상이던 페르시아 민족주의자들을 우호적으로 대하기 시작하여 이제는 그것이 불가능해졌다. 1917년 5월 27일에는 테헤란의 친연합국 정부가 붕괴되고, 뒤이어 6월 6일에는 민족주의 색채가 강한 새로운 정부까지 들어서, 페트로그라드의 러시아 정부와 페르시아의 러시아군 주둔 규모를 줄이려는 교섭도 시작했다.

상황이 이렇게 되자 런던의 육군성과 인도정부의 고위관리들은 좌불안석이 되었다. 참모총장은 그들과 견해를 달리했지만, 오스만이 페르시아를 통해 아프가니스탄 쪽을 공격할지도 모를 개연성 때문이었다.[3] 내각은 내각대로 페르시아의 신정부에 양보를 해야 할지 아니면 관계가 악화되도록 내버려두어야 할지 쉽사리 결정을 내리지 못했다. 그러나 어떤 선택을 하든 위험하기는 마찬가지였다.

그런 가운데 볼셰비키가 권력을 잡고 러시아 임시정부 수반이던 케렌스키가 실각하자 페르시아 북부의 러시아군은 영국에 더욱더 믿을 수 없는 존재가 되었다. 1917년 10월 31일에는 내각의 부처 간 위원회가 급기야 페르시아 북부에 주둔 중이던 러시아군의 반볼셰비키 병력을 영국군 병적부에 올리는 극약처방까지 썼다. 하지만 봉급을 줘도 러시아인들은 영국의 명령에 따르려 하지 않았다.

그다음 주 볼셰비키가 정권을 완전히 장악하자 사태는 더욱 나빠졌다. 그 몇 달 뒤인 1918년 1월 29일에는 소비에트 외무 인민위원 트로츠키가 영국과 러시아의 페르시아 점령의 토대가 되었던 1907년의 영-러 협정까지 파기하는 지경이 되었다. 트로츠키는 페르시아 영토에 남은 반볼셰비키 러시아군에 대한 책임도 부인했다. 그러고는 페르시아 땅을 점유하던 다른 외국군—튀르크군과 영국군—도 철수하기 바란다는 뜻을 피력했다.

이것이 영국정부에 또 다른 걱정거리를 안겨주었다. 러시아군이 철수하면 메소포타미아의 인도군이 페르시아를 빠져나오는 튀르크군의 배후 공격에 노출될 수도 있었기 때문이다. 영국과 러시아는 같은 제국적 세력으로 페르시아에서 오랜 갈등을 빚었다. 그렇기는 하지만 영국은 북부 페르시아에서 튀르크에 맞서 방어망을 형성해준 러시아에 많이 의존했던 것이다. 그런데 그것이 갑자기 사라지면 어떤 조치를 취해야 할지 영국으로서는 난감할 따름이었다.

Ⅱ

1918년 3월 러시아가 독일의 요구를 받아들여 파멸적인 브레스트리토프스크 조약(1918년 11월 동맹국의 패전으로 무효가 되었다—옮긴이)을 체결하자, 오스만제국과 독일제국은 기다렸다는 듯 터키 영토와 접경한 구러시아제국 지방들의 소유권을 놓고 분쟁을 벌이기 시작했다. 기독교국 조지아(그루지야), 아르메니아, 그리고 무슬림국 아제르바이잔—이 세 나라를 통칭 남카프카스(자카프카지예, 남카프카스, 트랜스코카시아)로 부른다(참고로 카프카스는 북카프카스와 남카프카스로 구성돼 있으며, 체첸 공화국과 다게스탄 공화국 등이 북카프카스에 포함된다. 따라서 이 책에서 사용되는 카프카스도 남카프카스를 지칭한다—옮긴이)—이 새롭게 독립을 얻었기 때문이다. 독일은 전쟁을 지속시키기 위해서라도 조지아의 풍부한 농업과 광물자원 그리고 철도 체계가 필요했다. 아제르바이잔의 석유는 더 말할 나위가 없었다. 독일 지도자들은 전후 세계까지 내다보고, 남카프카스 지역을 중동 시장으로 진출하는 교두보로도 이용할 생각을 했다.

오스만 지도자들도 터키 국경 너머 지역들의 상업적 유용성에 눈독을 들였다. 그들이 바란 것은 이란으로 통하는 옛 교역로의 회복과, 흑해 및 크리미아 교역로의 부활이었다. 엔베르는 특히 중앙아시아까지 뻗어나갈 새로운 터키제국 건설을 염두에 두고, 남카프카스를 본토와 중앙아시아를 잇는 연결고리로 이용할 생각을 했다.

게다가 엔베르는 러시아와 브레스트리토프스크 조약을 체결할 때 독일이 (영토 할양을 요구하는) 오스만의 이익을 묵살했다고 믿었다. 그래서 자신도 이번에 보란 듯이 독일의 이익을 무시하고 남아 있던 정예병력을 국경 너머로 보내, 조지아와 아르메니아를 정복하고 아제르바이잔으로 진격하도록 했다. 엔베르는 그 목적을 위해, 독일군 장교들이 많은 오스만 정규군과 분리하여 특수부대까지 별도로 창설했다. 독일인은 한 명도 없이 오스만 병력과 아제르바이잔 타타르족으로만 구성된 '이슬람군'이 그것이다. 그러고는 그들을 현지의 소비에트에 점령돼 있던 아제르바이잔의 수도 바쿠로 진격시켰다. 카스피해 연안에 위치한 인구 30만 명의 산업 도시 바쿠는 무슬림이 전체 주민의 절반밖에 되지 않았고, 분위기도 주변의 타타르족 후배지와는 사뭇 달랐다. 당시에는 또 바쿠가 중동의 중요한 산유도시이기도 했다.

석유의 군사적 중요성은 1918년 무렵부터 널리 인식되기 시작했다.* 처칠의 해군성만 해도 1차 세계대전이 일어나기 전부터 이미 함선들의 연료를 석유로 대체했으며, 연합군도 전시에는 육로 수송의 대부분을 연료 소비 트럭에 의존했다. 종전 무렵에야 역량을 충분히 발휘하기 시작한 탱크와 비행기도 다량의 가스와 기름을 소비하여, 1918년에는 프랑스의 클레망소 정부와 미국의 해군부 모두 석유의 중요성을 인식하게 되었다.

독일도 극심한 물자부족에 시달렸던 만큼 러시아 남서부 점령지에서 나오는 자원으로 부족분을 충당하는 처지여서, 1918년에는 조지아 경제를 거의 지배하다시피 했다. 그러나 독일 지도자들은 조지아 자원으로도 충분함을 느끼지 못했다. 그런 마당에 엔베르군이 바쿠로 진격한 것이었다. 따라서 독일로서는 자국이 절실히 필요로 하는 석유도 빼앗기고, 러시아와의

---

* 윈스턴 처칠도 전쟁이 일어나기 전부터 이미 석유의 중요성을 깨닫고, 그것을 알아채지 못한 영국 관료들, 특히 인도정부 관리들의 맹렬한 반대를 무릅쓰고 영국정부로 하여금 영국-페르시아 석유회사의 지분을 다량 매입하여 경영권을 확보하게 만들었다.[4]

조약마저 위태로워질 수 있다는 위기감을 느낄 만했다. 그래서 격앙된 독일 참모부의 수장들이 엔베르에게 분노의 항의서한을 보냈으나 그는 들은 체도 하지 않았다.

사태가 이렇게 심상찮게 돌아가는 가운데 독일 해군부 장관이 외무부와 참모부 수장들에게 바쿠의 석유를 차지하는 것이 독일에 매우 중요하고, 그러므로 오스만군의 바쿠 공격을 저지해야 한다고 건의하자 독일 지도자들도 마침내 행동에 나섰다.[5] 베를린 주재 러시아 대사에게, 러시아가 바쿠 석유를 독일에 일부라도 주겠다는 다짐을 해주면, 오스만군의 바쿠 진격을 가로막는 조치를 취하겠다고 제안한 것이다. 그에 대한 답변은 당시 반볼셰비키파와 내전을 치르느라 차리친(볼고그라드)에 머물렀던 스탈린에게 레닌이 "물론 우리는 그것에 동의할 것이오"라는 전문을 보내 사태의 진행 상황을 알려준 것으로 짐작할 수 있다.[6]

바쿠는 전략적으로도 중요했다. 카스피해의 해상 운송을 지배하는 주요 항구도시여서, 엔베르가 원하기만 하면 해상을 통해 투르키스탄의 무슬림들이 그의 기치 아래 모여들 것으로 기대할 수 있고, 러시아가 아프가니스탄에도 도달하고 인도 공격을 위한 목적으로도 가설해 놓은 철도망도 이용할 수 있는 카스피해 동부 연안으로 군대를 이동시킬 수도 있었던 것이다.

영국도 그 위험을 감지하고, 엔베르의 진군을 불길한 전조로 받아들였다.

Ⅲ

그러나 당시 페르시아 북부에 머물렀던 영국의 두 군사사절단은 국경 너머 지역에서 벌어지는 사태를 바라보면서도, 자신들이 거기서 어떤 역할

을 해야 하는지에 대한 뚜렷한 생각이 없었다.[7]

인도군 소속의 라이어넬 찰스 던스터빌 소장이 영국군 사절단장에 임명된 것은 1918년 초였다. 따라서 그가 만일 남카프카스 지역의 수도 트빌리시(지금의 조지아 수도이고, 옛 명칭은 티플리스)까지 가기만 했더라도, 그곳의 영국 대표를 겸하면서 터키 주둔 러시아군을 도와 오스만군의 진격을 가로막는 일을 목적으로 삼을 수 있었을 것이다.

하지만 41대의 포드 차량과 유개 화물 자동차로 구성된 그의 수송차대는 메소포타미아에서 페르시아로 들어가, 남카프카스로 들어가는 길목의 카스피 해변에 위치한 페르시아 북부의 항구도시 엔젤리(일명 반다르에안잘리 혹은 팔라비)로 향했고, 그리하여 그의 수송차대가 도착했을 무렵에는 남카프카스 지역 대부분이 이미 오스만군 혹은 독일군 수중에 들어가 있었다. 그제야 걱정이 된 영국정부는 던스터빌로 하여금, 볼셰비키와 제휴관계에 있으면서 진격 중인 엔베르의 이슬람군 이익을 위해서도 일하던 페르시아 민족주의 혁명단이 엔젤리로 진입하지 못 하게 가로막도록 했다.

영국정부는 엔베르의 이슬람군이 바쿠로 접근할 무렵이 되어서야 겨우 던스터빌의 소규모 병력이 튀르크, 독일, 러시아, 그 밖의 세력들이 연루된 예기치 못한 중앙아시아 전투(바쿠 전투)에서 어떤 역할을 해야 할지, 아니 할 수 있을지에 대해 논의를 했다. 윌프레드 맬러슨 소장이 이끈 또 다른 군사사절단이 어떤 역할을 할지에 대한 문제도 이때 함께 제기했다. 키치너의 참모로도 다년간 복무한 전력이 있는 맬러슨은 인도군의 정보장교로, 엔베르의 다음 공격 목표로 여겨졌던 러시아령 투르키스탄(서투르키스탄)의 동태를 감시할 임무를 띠고 6명의 다른 군장교들과 함께 인도정부에 의해 페르시아의 동부 도시 메셰드(마슈하드)에 파견돼 있었다. 그리하여 던스터빌은 카스피해의 서쪽 영토, 맬러슨은 카스피해 동쪽 영토를 담당하게 되었다.

그런데 문제가 있는 곳이 바로 맬러슨의 작전 지역이었다. 그곳에 비축돼 있던 다량의 목화가 적군 수중에 들어갈 수 있다는 점과, 독일과 헝가리-오스트리아 전쟁 포로 3만 5,000여 명이 볼셰비키 군대 혹은 엔베르의 군대에 의해 풀려날 개연성 때문에 영국 군부 지도자들이 노심초사했던 것이다.

카스피해 동서 지역의 정치적 분열이 심화되어 영국 지도자들이 그곳에서 활동하는 적군의 의도를 감지하기 어려운 것도 또 다른 문젯거리였다. 독일만 해도 티플리스의 반볼셰비키파와 밀접한 관계를 맺고 있으면서 페트로그라드의 볼셰비키파와도 연관이 있었고, 튀르크와도 공식적으로는 동맹이었지만 비공식적으로는 사이가 나쁜 적이었다. 그런 와중에 오스만, 아제르바이잔계 무슬림 튀르크족, 타타르족으로 구성된 엔베르군이 도시 내의 분열상을 반영하듯, 분열된 소비에트의 지배를 받았던 바쿠로 진군했던 것이다. 바쿠는 친오스만 계열의 아제르바이잔인이 인구의 태반을 차지한 가운데, 학살에 대한 기억으로 튀르크족이라면 치를 떠는 아르메니아인, 영국의 군사 개입을 두려워하다 종국에는 오스만을 더 두려워하게 된 사회혁명당원들, 비볼셰비키 러시아인들이 혼재돼 있는 곳이었다. 반면에 바쿠 소비에트 의장인 볼셰비키파의 스테판 샤우먄(1878~1918)은 오스만-아제르바이잔 동맹에 맞서 저항을 이끌면서도, 영국의 개입을 허용하기보다는 차라리 오스만의 지배를 받는 게 낫다고 여기는 인물이었다. 그렇지 않더라도 레닌과 스탈린이 직접 내린 명령 때문에 영국의 지원은 받을 수도 없었다.

카스피해 동쪽의 동투르키스탄 상황도 복잡하기는 마찬가지였다. 오아시스 도시 타슈켄트(지금의 우즈베키스탄 수도)를 지배했던, 볼셰비키 통제하의 러시아 소비에트군이 부하라의 토착 튀르크족에게 패하는 바람에 부하라의 아미르―19세기 영국과 러시아가 거대한 게임을 벌일 때 러시아에 영토를 빼앗겼던 인물―를 다시금 통치자로 인정해주어야 하는 상황에 몰린 것이었다. 런던에까지 도달한 소문에 따르면 부하라와 히바의 신임 칸(왕)들은 심지어 오스만제국과 동맹을 맺었을 개연성까지 있었던 것으로 전해진다.[8]

그러나 영국정부에는 중앙아시아의 이런 정치적 난맥상이 위험의 원천인 동시에 희망의 원천일 수도 있었다. 위험의 원천일 수 있었던 것은 그로 인해 인도 및 페르시아와 메소포타미아에 주둔 중인 인도군이 공격을 받아 상황이 통제 불능으로 치달을 수 있었기 때문이다. 영국 참모부의 비망록에 따르면 그 내용은 다음과 같다.

(독일)은 난국에 빠져든 무슬림 침략의 돌파구를 인도에서 찾을 요량으로 벌겋게 달아오른 종교전쟁의 불길이 활활 타오르게 하는 데 범우랄알타이운동과 이슬람 광신주의를 이용할 개연성이 있다. …… 러시아가 강건하고 페르시아가 통제 가능하면 그런 어려움쯤은 충분히 극복할 수 있었을 것이다. 하지만 독일 첩자들이 아프가니스탄과 인도 국경지대를 제멋대로 들락거리며 무법적인 부족민들에게 어마어마한 전리품에 대한 이야기를 하고 다니면, 무수하게 많은 사나운 전사들이 평원으로 쏟아져 나와 파괴와 학살을 자행할 테고, 그렇게 되면 다년 동안 신중한 지배를 통해 다져놓은 제도는 몇 주 만에 절단이 나고 말 것이다. 그곳의 허약한 수비대도 다른 곳에서 절실히 필요로 하는 병력으로 보강할 수밖에 없을 터였다. 믿을 것은 백인병력* 뿐이기 때문이다.[9]

---

* "백인 병력 White troops": 즉 인도군의 인도 병사가 아닌 영국 병사들.

영국의 정책 입안자들은 러시아의 볼셰비키 정부가 독일의 입김 아래 있을 것으로만 알았지, 오스만 정부와 독일정부의 틈이 어느 정도나 벌어졌는지에 대해서는 깜깜 무소식이었다. 그러다 보니 1918년에도 그들은 독일이 아시아 북부 지역 점령을 끝내고, 이제는 중부를 탈취하는 과정에 있으며, 아시아 남부의 영국 입지도 뒤흔들 채비를 했다고 믿었다. 그것이 전시에 팽배했던 관점, 다시 말해 독일이 세계제국을 건설할 야망을 갖고 있고, 그러므로 종전 뒤 아시아의 모든 지역은 독일의 거대한 노예 식민지로 전락할 것이며, 아시아의 부와 천연자원 또한 독일 산업의 연료가 되어 종국에는 독일이 전 세계를 지배하게 될 것이라는 관점과도 부합했다.

레오 에이머리가 독일의 위협에 맞설 수 있는 전략을 짜야 한다고 로이드 조지에게 건의한 것도 그런 맥락에서였다. 영국이 아시아의 중심을 차지하면 1년 전 밀너가 제안했던, 독일과 영국에 의한 러시아 분할도 가능하리라는 것이 그의 판단이었다. 에이머리가 1917년 말 자신의 일기장에 이렇게 적은 것도 그것을 뒷받침한다. "전쟁은 이제 문자 그대로 동방으로 향해 가고 있다. 그러므로 우리가 영국-독일 경계선을 결정짓기 위해 아시아의 남은 지역을 차지하기 위한 쟁탈전을 벌이게 될 것은 자명한 이치다." 에이머리는 또 "종전 무렵 영국인들은 비공격적인 우리의 작은 제국에 투르키스탄, 페르시아, 카프카스를 포함시킬 수 있을 테지만" 전후의 이득을 바라고 동유럽으로 관심을 돌린 프랑스는 목표를 이루지 못하리라고도 관측했다.[10]

그러나 사실 에이머리가 전 세계에서 영국이 헤게모니를 쥘 것으로 예상한 지역은 그보다도 한층 광대했다. 밀너의 다른 동료들과 마찬가지로 그도 영국의 지배권이 기본적으로 "케이프타운에서 카이로로, 카이로에서 팔레스타인, 메소포타미아, 페르시아를 통해 인도로, 인도에서 다시 싱가

포르를 거쳐 오스트레일리아와 뉴질랜드로 이어지는, 지구 반 바퀴를 도는 거대한 반원 형"이 되어야 한다는 생각을 갖고 있었다. 에이머리는 1917년 말 오스트레일리아 총리에게 쓴 편지에서도 그러므로 "우리가 해야 할 일은 야망을 가진 나라들이 간섭하지 못하도록 영국판 먼로 독트린을 선언하는 것"이라고 말했다.(먼로 독트린: 1823년 미국의 먼로 대통령이 의회 연두 교서에서 미국이 유럽 문제에 개입하지 않는 대신, 미국에 대한 유럽의 간섭도 받아들이지 않겠다고 선언한 것—옮긴이.)[11]

1918년 6월 무렵에는 에이머리가 아시아에서 독일의 세력 팽창을 저지하지 못하면 "영국의 남쪽 지배 지역은 자나 깨나 독일이 공격하지 않을까 걱정하느라, 마음 편히 사업에 착수"하지 못하게 될 것이라고 결론 내리고 (로이드 조지에게도) 그렇게 이야기했다. 에이머리는 총리에게 "서쪽의 '하찮은 촌극'이 끝나기 무섭게 우리는 즉시 아시아 정복전쟁에 진지하게 돌입해야 할 것입니다"라고 썼다.[12] 유럽에서의 영국의 이익을 타 지역에서의 영국의 이익보다 우선시한 것이 영국 외교정책의 폐단이었다고 본 지난날의 그의 견해를 떠올리게 하는 발언이었다. 1917년 당시 에이머리는 이렇게 썼던 것이다. "외무부와 영국민들이 전 세계에 퍼져 있는 제국의 관점이 아닌 유럽 편파적 관점으로 평화의 요건을 바라보는 것이 제게는 매우 위험해 보입니다."[13] 에이머리는 전쟁을 바라보는 외무부와 영국민들의 관점 역시 유럽 편파적이라고 믿었다. 이렇듯 그는 아시아가 새로운 위험 지역이 될 것임을 진즉에 알고 있었다.

에이머리는 1917년 10월 16일 스뫼츠에게도 엔베르가 자카프카지예 지역에 거주하는 "500만 명가량의" 튀르크족을 자기 편으로 끌어들여 투르키스탄의 튀르크족과 연합시키려 한다는 경고의 글을 써 보냈다.[14] 실제로 이듬해 초에 일어난 사건들로 이것은 사실로 확인되는 듯했다.

에이머리는 1918년 전반부에 영국의 군부 및 정치 지도자들이 갖고 있던 생각에 경도돼 있었다. 독일과 오스만의 남카프카스 정복을, 존 버컨의 추리 소설 『녹색 망토』에 묘사된 "위대한 계획"을 독일이 실행하는 과정에 있음을 보여주는 것으로 여긴 것이다. 버컨의 소설 속에서 독일인들은 인도 변경에 이르기까지 이슬람권 아시아를 일소하고 동양의 영국제국을 무너뜨린 뒤 자신들의 제국을 세우려는 음모를 꾸미는 것으로 나와 있다.[15] 그러므로 영국군은 전시에도 평시처럼 서쪽의 우랄 산맥에서 동쪽의 시베리아까지 구러시아제국을 가로지르는 방어선을 구축해야 한다는 것이 에이머리의 생각이었다.[16]

하지만 육군성과 인도정부 모두 먼 곳에서 벌이는 그런 거창한 계획에 병력을 제공하는 데 소극적이었다. 그러자 에이머리는 일본과 미국에 요청하여 두 나라 합동으로 우랄-시베리아 방어선을 구축하게 하자는 안을 들고 나왔다.[17] 영국과 연합군 지휘관들은 또 일본에, 시베리아를 통해 중앙아시아 쪽으로 군대를 파견해 주도록 요청하여 카스피해 서쪽에서 벌이는 엔베르군과의 전투에도 투입하자는 주장을 제기했다.[18]

그러나 당시 로이드 조지와 앨프레드 밀너는 유럽과 팔레스타인에만 정신이 팔린 나머지, 에이머리의 제안에는 관심을 보이지 않았다. 이렇듯 두 사람의 지도력이 부재한 상황에서 하급관리들이 일관성 없는 정책을 만들어낸 것이었고, 그런 가운데서도 에이머리와 최고사령부 지휘관들은 놀랄 정도로 야심찬 지정학적 목표를 세웠으나, 그것을 실행할 만한 물자와 전략이 따라주지 않았다.

인도정부가 변변한 지원과 지침도 없이 아시아 내륙으로 소규모 사절단들을 파견한 것도 그래서였다.

Ⅳ

1918년 여름 (브레스트리토프스크 조약에 따른) 아제르바이잔의 독립에 이어, 볼셰비키 지도자들이 도시에서 도망치자 중앙아시아의 주요 산유도시 바쿠는 혼란의 도가니가 되었다. 영국도 급히 수립된 반볼셰비키 정부의 지원 요청을 받고 던스터빌을 바쿠로 보내 도시를 방어하도록 했다. 던스터빌의 선발대는 8월 4일 바쿠에 도착하여, 바쿠의 석유를 차지하려던 독일의 희망을 꺾어놓았다. 앞서도 언급했듯이 독일이 볼셰비키가 도달한 결론과는 정반대로 튀르크보다는 영국을 더 위험하다고 보고,[19] 독일 단독으로든 엔베르 이슬람군과 연합을 해서든 바쿠를 공격하겠다고 러시아 볼셰비키 정부에 승인을 요청한 것은 그래서였다. 볼셰비키 정부도 독일의 바쿠 점령에는 동의했으나 이슬람군과의 연합은 반대했다. 튀르크보다는 그래도 영국이 낫다는 것이 그들의 판단이었다. 그렇게 되자 독일의 입장이 난처해졌다. 조지아에 주둔 중인 독일군 규모가 작아 바쿠로 병력을 빼낼 여유가 없었던 것이다. 그리하여 바쿠 전쟁의 상대는 결국 엔베르의 이슬람군과 영국 군사사절단 군대로 좁혀졌다.

한 사료에는 던스터빌 병력 규모가 장교와 사병을 합쳐 900명, 또 다른 사료에는 1,400명가량이었던 것으로 나와 있다.[20] 엔베르의 이슬람군은 그보다 10배 내지 20배 정도 많았던 것으로 전해진다. 던스터빌은 이렇게 중과부적인 상태에서 홀로 적군을 상대했다. 현지군의 도움도 거의 받지 못했다. 그리하여 바쿠를 점령하고 독일로부터 석유를 빼앗은 지 6주 만인 1918년 9월 14일 그는 결국 군대를 철수하여 페르시아로 돌아갔다. 당시 로이터 통신은 영국군의 바쿠 철수를 그 전투의 "가장 스릴 넘치는 사건들" 중 하나였던 것으로 타전했다.[21]

던스터빌이 바쿠를 구하기 위해 진군하는 것과 거의 때를 같이하여 맬러슨 소장도 신생 투르키스탄 정부의 요청을 받고 투르키스탄을 구조하기 위해 그곳으로 진군하였다. 그러나 던스터빌과 달리, 멘셰비키파와 사회혁명당원들이 볼셰비키 러시아로부터 독립을 선언하고 철도 노동자들의 도움을 받아 수립한 정부의 요청에 응함으로써, 맬러슨은 사실상 볼셰비키(적군)와 반볼셰비키 연합체(백군)가 벌인 러시아 내전(1918~1920)에 끼어든 꼴이 되었다. 투르키스탄의 목화를 독일이 빼앗아갈지 모를 개연성(영국의 이익과 관련된 문제)과 오스트리아-헝가리제국의 전쟁 포로들이 볼셰비키와 튀르크에 의해 풀려날 수도 있다는 두려움(전세와 관련된 문제)으로 촉발된 행동이, 결과적으로 볼셰비키에 대한 공격으로까지 이어졌다는 의미에서다.

당시 투르키스탄 정세는 수세미처럼 복잡했다. 볼셰비키와 반볼셰비키 러시아 이주민 모두에게 적대감을 갖고 있던 토착 튀르크족 주민들이 막상 편을 가를 시점이 되자, 반볼셰비키파를 지지하고 나선 것만 해도 그랬다. 게다가 그들은 엔베르의 이슬람군이 도착하면 그들을 지지할 것으로도 예상되었다.

결국 투르키스탄 평원—서방권이 보기에는 인적 드문 머나먼 곳—에서는 피아를 알 수 없는 헷갈리는 군대들이 격돌을 했다. 그런 가운데 맬러슨의 인도군은 두샤크, 카하, 메르프 전장에서 엔베르의 튀르크족 지지자들과 손잡고, 독일군 및 볼셰비키가 풀어주고 무장도 시킨 오스트리아-헝가리 전쟁 포로들의 지원을 받는 소비에트 러시아군을 상대로 싸웠다. 동맹이 뒤바뀌어 영국과 튀르크군 대 러시아와 독일군의 대결이 된 것이다.

맬러슨 소장은 전쟁이 끝난 뒤에도 중앙아시아에 계속 남아 있다가 종전 6개월 뒤인 1919년 4월 안톤 데니킨 장군이 지휘하는 반볼셰비키 군대(백군)가 그 지역을 점령한 뒤에야 군대를 철수시켰다. 오스만제국과 독일

제국의 중앙아시아 진출을 막을 목적으로 시작된 맬러슨의 투르키스탄 개입은 이렇듯 볼셰비키파에 맞서는 것으로 끝을 맺었다.* 당시만 해도 영국 당국이 세 세력(독일, 튀르크, 볼셰비키)의 관계를 선명히 구분 짓기는 쉽지 않았다. 세계대전 중이라 모두가 적 편에 속한 것으로 보였던 것이다.

인도정부는 던스터빌과 맬러슨 사절단 외에, 중국령 투르키스탄(동투르키스탄)의 카슈가르(카스)에도 장교 3명으로 구성된 또 다른 사절단을 보냈다. 국경 너머 지역의 동정을 살피는 것이 세 번째 사절단에게 주어진 임무였다. 하지만 이들은 카슈카르에 도착하자, 던스터빌과 맬러슨이 옛 러시아 영토로 들어간 사실은 까맣게 모른 채, 전쟁 포로와 목화 문제와 관련해 볼셰비키 당국의 협조를 얻어내겠다는 심산으로, 국경 너머 러시아령 투르키스탄(서투르키스탄)까지 들어가기로 작정하고 타슈켄트─그 지역 소비에트 정부 소재지였다─로 향했다. 그들은 타슈켄트에 도착해서야 비로소 맬러슨이 반볼셰비키 정부 편에서 싸운 사실을 알게 되었다.

결국 세 장교 중 두 사람은 카슈가르로 돌아가고 프레더릭 마셔맨 베일리 대령 한 사람만 타슈켄트에 남아, 현지의 볼셰비키 정권이 붕괴할 경우 영국의 이익을 지키기 위해 머물러 있기로 했다. 그렇게 머물러 지내던 중 소비에트 당국이 자신에 대해 모종의 조치를 취하려 한다는 것을 알고 변장한 채 종적을 감췄다. 헝가리 요리사, 루마니아 마부, 알바니아 나비 수집가 등의 행세를 하고 다니며 남의 눈을 피해 살았다. 그런 식으로 1920년까지 타슈켄트에 잠복해 있으면서 그는 최신 정보를 수집했다. 막판에는 볼셰비키 방첩기관의 첩보원 행세도 했다. 소비에트 당국은 그런 그를 볼셰비키

---

* 영국과 연합국이 다른 지역의 러시아 내전에 개입한 것은 이 책의 내용과 무관하여 싣지 않았다. 같은 맥락에서 인도정부가 파견한 세 사절단도 다른 개입들과는 무관하며, 영국정부가 세운 종합적인 개입 계획이나 양상에 따라 그들을 파견한 것 또한 아니었다.

에 대해 거대한 음모를 꾸민 주모자로 침소봉대하여 이야기했다.

1917~1918년 사이에 일어난 정치권의 격변은 이렇듯 불과 얼마 전까지만 해도 동맹관계였던 영국과 러시아를 적대국으로 바꿔놓았다.

V

오스만제국도 동쪽 전선에서는 승승장구했으나 남쪽과 서쪽 전선에서는 고전을 면치 못했다. 로이드 조지 총리에게 제출된 극비 보고서에도 엔베르는 아드리아 해에서 인도까지 뻗어나가는 오스만제국에 대한 이야기를 하다가 항복에 대한 말을 하는 등 불안한 감정상태를 보였던 것으로 나타난다. 엔베르는 "독일이 이번 전쟁에서 이기면 터키는 독일의 속국이 될 것"이라고 비관적 예측도 했던 것으로 전해진다.[22]

독일군 참모부를 좌지우지한 군사적 천재 에리히 루덴도르프도 오스만 정부를 믿지 못했다. 그는 바쿠의 석유가 독일에 매우 중요하다는 사실을 뻔히 알면서도 엔베르가 남카프카스 지역의 모든 자원을 독차지할 의도를 보인 것이 좋은 예라고 말했다.[23] 1918년 9월 독일 외무부가 참모부에 질의서를 보냈을 때도 루덴도르프는 오스만이 독일을 저버리고 연합국 측으로 넘어갔을 때를 가정한 대책을 강구 중이라는 답변서를 보냈다.[24]

독일과 볼셰비키 러시아 간의 긴밀한 협력이 오스만 정부를 발끈하게 했다. 탈라트 파샤는 독일이 자카프카지예 지역 문제에 개입한 것에 대해 터키 언론이 비난한 것을 빌미로 독일정부에, 독일이 터키를 희생시켜 "어제의 적이자 내일의 적이기도 한" 러시아와 협의를 계속하면, 오스만 정부도 전쟁에서 독자노선을 걸을 수밖에 없을 것이라는 전갈을 보냈다.[25] 1918년 9월 7일에는 탈라트가 직접 베를린에 가서, 중앙아시아의 터키어족 수백만 명을 조직하여 영국과 러시아에 맞선 성전을 일으킬 수도 있다

는 엄포 아닌 엄포를 놓았다.[26]

　같은 시기 영국도 러시아와 험악한 관계에 접어들고 있었다. 맬러슨이 중앙아시아에 머물고 있을 때 그와 밀접한 관계였던 반볼셰비키 정부가 볼셰비키 인민위원들을 처형하자 러시아 정부가 영국에 그 책임을 물었던 것이다. 카스피해 서쪽에서도 동맹국의 갑작스런 붕괴에 이어, 앞으로 곧 논의될 1918년 가을 휴전이 성립됨에 따라 영국군이 바쿠를 통해 중앙아시아로 돌아와 남카프카스 독립국들에 주둔해 있던 오스만과 독일군을 대체했다. 그리하여 카스피해 양쪽 구러시아제국의 남부 지역은 영국의 보호를 받는 반볼셰비키 혹은 분리주의파의 지배를 받게 되는 듯했다.

　당시 중앙아시아의 특징적 양상은 맬러슨군과 볼셰비키군이 벌인 첫 전투에 참가한 한 영국인의 기록으로 짐작해볼 수 있다. 그의 기록에 따르면 반볼셰비키 군대와 볼셰비키 군대는 같은 제복을 입고 있어 "지척에서도 피아를 구분하기 힘들었다"고 한다.[27] 1918년 가을에는 그것이 비단 중앙아시아만의 현상이 아닌 중동 일대의 전반적 현상이었다.

39. 트로이의 기슭에서

I

1918년 여름 전시내각 회의에서 영국군 참모총장은 유럽전의 승리가 1919년 여름에는 힘들고 1920년 여름에나 가능할 것 같다고 말했다. 현지 사령관들은 그보다 좀 더 빠를 수 있다는 희망적 전망을 내놓았으나 과거에도 예상이 곧잘 빗나갔던 만큼 그들의 말은 신빙성 있게 받아들여지지 않았다.

한편 봄과 초여름 파리를 또 한번 위협했던 루덴도르프의 강력한 공격도 멈추어 독일군은 이제 뒤로 밀려나는 양상이었다. 하지만 1918년 9월 무렵 루덴도르프가 강력한 방어선을 구축함에 따라 유럽전의 전황은 다시금 미궁에 빠져드는 듯했다. 동방의 전세 또한 카스피해 쪽으로 진군해간 엔베르의 이슬람군이 페르시아, 아프가니스탄, 혹은 인도에 대한 공세를 이어감에 따라 질질 끌어갈 개연성이 높아졌다.

이렇게 지지부진하던 연합군의 전세는 여름의 끝 무렵, 신임 연합군 사령관 프랑셰 데스프레 프랑스 장군이 그동안 소홀히 취급되던 살로니카 (테살로니키)에서 번개 같은 공격을 퍼부어 독일-불가리아군을 격파함으로 써 돌연히 그리고 예기치 않게 돌파구가 열렸다. 그리하여 불가리아가 붕괴하고 1918년 9월 26일 휴전을 요청하자 프랑셰 데스프레 장군은 파리의 연합국 최고전쟁회의에 회부시켜야 마땅한 정식 절차마저 무시한 채, 그 스스로 협정 문안을 작성하여 며칠 만에 후딱 휴전협정을 체결했다. 그러고는 곧바로 독일-오스트리아군을 상대로 도나우 강 진격작전을 실시하여 로이드 조지가 개전 초부터 주창했으나 성공을 거두지 못한 '동방' 전략을 성공적으로 수행했다.(물론 로이드 조지가 성공하지 못한 것은 1918년 이전에는 그 전략을 실시하지 않았기 때문이라고 주장할 수도 있다.)

1918년 9월 29일에는 루덴도르프가 이날 불가리아가 살로니카 휴전협정을 체결한 것을 알고, 독일도 연합국에 즉시 휴전을 요청할 것을 독일 정부에 건의했다. 그에게는 새로운 남동부전선—도나우 강 전선—에서 프랑셰 데스프레 장군의 연합군에 맞서 싸울 군대조차 없었던 것이다.

영국 내각도 적군이 그토록 신속히 아니 별안간 무너지리라는 것을 예상하지 못해, 그에 대한 준비를 전혀 갖추지 못했다. 각양각색의 적국들에 대한 휴전협정의 문안을 작성하지 않은 것은 물론, 그에 대한 고려조차 하지 않았던 것이다. 영국군 참모총장은 프랑셰 데스프레 장군이 불가리아로부터 휴전 요청을 받은 이튿날이 되어서야 외무부에 "터키가 휴전을 요청하면 어떻게 할 것인지"를 물었고,[1] 외무장관 밸푸어는 그에 대해 솔직히 모르겠다고 답했다.

하지만 그것은 이미 발등에 떨어진 불이었고 실제로 며칠 뒤 영국정부의 현안이 되었다. 10월 1일에서 6일 사이에는 오스만제국 정부와 몇몇 튀르크 요인들이 강화를 타진해 오고, 10월 3일에서 4일로 넘어가는 밤에는 독일이 윌슨 대통령에게 강화를 요청하여 협상의 물꼬가 터진 것이다. 독일과의 강화협상은 전투가 계속되고 독일군이 동부 프랑스와 벨기에 방어선을 성공적으로 수호하는 가운데, 수 주 동안 진행되었다.

1918년 10월 1일에는 영국의 전시내각이 터키와 평화협상 문제를 다루기 위한 연합국 최고전쟁회의를 소집하기로 결정했다. 그와 동시에 터키 근해에서 프랑스 함대와 경쟁을 벌이는 영국 함대에 힘을 실어주기 위해 드레드노트 형 전함 2척도 에게 해에 파견하기로 결정했다.

영국의 전시내각은, 영국이 지배하기를 바라는 중동 지역이 행여 영국 군에 점령되기 전 전쟁이 끝날까봐 안절부절 속을 태웠다. 레오 에이머리 가 종전이 되기 전에 사실상 중동을 소유하고 있어야만 영국의 세력권에 편입시킬 수 있을 것이라고 하면서, 스뫼츠와 참모총장을 닦달한 것도 그래서였다.[2] 하지만 메소포타미아의 인도군은 당시 전략적으로도 중요하고 석유 매장량도 많은 모술까지 오는 데 몇 주나 걸리는 먼 곳에 위치해 있었 다. 그래서 육군성도 10월 2일 부랴사랴 메소포타미아 인도군 사령관에게 "석유 매장 지역을 최대한 많이 확보하라"는 전문을 보냈다.[3]

전시내각은 그런 다음에야 10월 3일 오스만제국과의 휴전 혹은 평화 협정 논의에 들어갔다. 총리는 오스만령 아시아에서 프랑스와 이탈리아가 차지할 몫을 줄이고 싶어 했던 만큼, 당연히 영국의 동맹들에게는 애당초 그들이 약속받았던 것을 차지할 자격이 없다고 주장했다. 회의록에는 그가 이렇게 말한 것으로 기록돼 있다.

로이드 조지는 사이크스-피코 협정에 대한 기억을 되살려보았다고 하면 서, 생각해보니 현 상황에는 그것을 적용하는 것이 매우 부적합하고, 그러므 로 영국의 관점에서 볼 때 바람직하지 않다는 결론에 도달했다고 말했다. 벌 써 2년이나 묵은 것이어서 영국이 터키에서 확보한 입지는 영국군이 획득한 것이 대부분이고, 연합군은 그것에 별로 기여한 것이 없는데도 그 사실이 전 적으로 도외시되었다는 것이 이유였다.[4]

그것은 허울 좋은 주장이었다. 그런데도 외무장관 밸푸어는 짐짓 총리의 말이 옳다는 듯, 그의 논리에 담긴 오류를 이렇게 꼬집었다. 즉 회의록에 따르면,

> 밸푸어는 전시내각에 연합국이 차지할 개연성이 있는 모든 영토는 공동
> 소유로 하고. 그것을 획득한 특정 국가의 소유로 하지 않는다는 것이 본래의
> 개념이었다는 점을 상기시켰다. 결과가 미진했던 전역에서의 싸움도, 결과는
> 좋았지만 전투는 수월했던 전역들 못지않게 연합국의 대의에 기여한 점이 많
> 았다는 것이 그의 주장이었다. 밸푸어는 그런 의미가 내포된 모종의 진술이
> 분명히 있었다고 믿었다.[5]

밸푸어의 기억은 보너 로에 의해서도 확인되었다.

그러자 로이드 조지는 다른 방책을 취해, 영국은 터키와 단순한 휴전이 아니라 평화협정을 즉시 체결해야 한다고 주장했다.(영국군이 오스만제국 영토 대부분을 점령한 상태에서 평화협정에 대한 교섭을 즉시 시작하면, 영국이 오스만 정부로부터 특권을 얻어낼 수 있는 입지를 지닌 유일한 나라가 될 것은 불 보듯 뻔했다.)

로이드 조지는 나중에 정식으로 평화조약을 체결할 때, 어떤 조건이 부과될지도 모르는데 오스만이 단순한 휴전에 만족할 리 없다는 점을 평화협정을 체결해야 하는 이유로 꼽았다. 프랑스와 이탈리아가 흑심을 품었을지 모른다는 의혹이 오스만 정부로 하여금 휴전협정을 수용하지 못하게 막을 것이고, 그렇게 되면 터키는 전투를 계속할 수밖에 없으리라는 것이 그의 생각이었다. 그렇게 되면 영국도 단지 프랑스와 이탈리아의 야망을 채워주기 위해서만 전쟁을 계속해야 될 터인데 그럴 수는 없기 때문에 휴전

협정은 용납할 수 없다고 말했다. 로이드 조지는 그렇게 말한 다음, 자신은 그런 관점으로 프랑스와 이탈리아 총리에게 그 문제를 제기할 것이고, 그들도 자신의 뜻을 따를 것이라고 확신했다.

하지만 로이드 조지의 열변에도 불구하고 내각이 선택한 것은 휴전협정이었다. 일이 그렇게 되자 로이드 조지도 하는 수 없이 내각이 작성한 휴전협정 안을 들고 1918년 10월의 첫째 주말 평화회담이 열리는 파리로 향했다. 연합국 수뇌들도 영국의 휴전협정 안에 대체로 동의하고, 터키가 교섭을 위해 처음 접촉하는 나라가 연합국 대표로 협상에 나선다는 데 합의했다. 그러나 그들은 로이드 조지가 원한 평화협정 제안은 단박에 거절했다.

파리에 모인 연합국 수뇌들은 오스만과 전투를 벌이는 몇몇 전역에서 어느 나라가 총지휘권을 행사할 것인가의 문제로도 갈등을 빚었다. 지중해 함대의 총지휘권을 보유했던 프랑스만 해도, "전반적으로 볼 때 안정감 있게 해전을 치를 능력이 결여되었다"고 프랑스 함대를 무시하는 말을 한 아서 고프 칼소프 지중해 함대 에게 해 분견대 영국군 사령관을 갈아치우지 못해 안달이었다.⁶ 그것은 또 단순히 군 지휘권만의 문제만도 아니었다. 최고 지휘권을 가진 나라가 승리의 몫을 제일 먼저 차지할 것이었기 때문이다.

유럽 전선에서도 프랑셰 데스프레 장군이 불가리아와의 전투에서 승리한 것에 우쭐하여 영국 분견대와 결별을 제안하고, 조지 프랜시스 밀른 영국군 장군이 맡았던 살로니카의 터키 전선을 프랑스 장군에게 인계하여, 자신의 지휘 아래 콘스탄티노플로 승리의 입성을 하려고 별렀다. 그러나 로이드 조지가 승리의 입성을 거부하고, 클레망소를 구슬려 밀른 장군을 살로니카의 터키 전선 사령관으로 복직시킴에 따라 그의 계획은 실패로 끝났다. 로이드 조지는 연합국 대원수 페르디낭 포슈 장군의 지원을 받아, 발칸 전역의 지상군을 죄다 유럽전에 투입시키려고 한 클레망소와 프랑셰 데스프레의 전략도 변경시켰다. 그런 다음 그중 일부를 다르다넬스 해협에서 연합국 해군의 엄호를 받으며 콘스탄티노플로 진군할 수 있도록 밀른 장군에게 보냈다.

로이드 조지는 클레망소에게 보낸 10월 5일자 서한에서도 영국 제독이 지휘하는 함대로 하여금 콘스탄티노플로 승리의 입성을 하게 하려는 시도를 했다가 보기 좋게 거절당했다. 클레망소는 10월 21일에 보낸 답서에서 로이드 조지의 제안을 거절하는 데 그치지 않고, 오스만제국의 수도로 기세 좋게 항진하는 연합국 함대의 지휘는 프랑스가 맡는 게 좋겠다는 역제안을 했다. 살로니카 원정도 영국 장군이 지휘했는데 함대까지 영국 장군이 지휘하는 것은 말이 안 된다는 게 그의 주장이었다. 클레망소는 그에 덧붙여, 프랑스는 오스만의 공채에도 거액을 투자하고 있으므로 터키와 관련된 문제에서 주도적 역할을 할 권리가 있다는 점도 지적했다.

Ⅱ

한편 콘스탄티노플의 외국인 거류지 페라(갈라타)의 한 그리스 가옥에는 스튜어트 F. 뉴컴 영국군 중령이 은거해 있었다. 아랍 봉기 때도 중요한 역할을 담당했던 그는 1년 전 앨런비의 예루살렘 원정 때 과감한 견제공격을 지휘하던 중 튀르크군에 포로로 사로잡혔다가 세 번째 시도 끝에 탈출에 성공하여 1918년 9월 22일부터 페라에 숨어 지냈다. 그리고 은거 생활을 시작하자마자 곧 오스만 정치인들 중에 즉각적 휴전을 원하는 사람들이 있다는 사실을 알게 되었다.

그 무렵 오스만 정부는 판단력의 위기를 맞고 있었다. CUP의 지도급 인사들이 9월 중순까지도 오스만제국이 궁극적 승리를 거둘 것으로 믿었던 것만 해도 그랬다. 내각의 민간인 각료들도 모든 일이 잘 굴러간다는 엔베르의 말을 곧이곧대로 받아들였다. 나중에 주장한 바에 따르면 그들은 프랑스에서 독일군이 퇴각한 것을, 연합군을 함정에 빠뜨려 파멸시키려 한 독일 참모부의 계략이라고 둘러댄 엔베르의 말도 철석같이 믿었다고 한다. 엔베르는 그것도 모자라 베를린이 속임수를 썼다는 것을 누설하지 말고—마치 사실인 것처럼—독일이 전투에서 패해 퇴각한다는 말을 사방에 소문 내고 다닐 것을 각료들에게 주문하기까지 했다.[7]

총리 탈라트 파샤는 그나마 다른 사람들보다는 정보에 밝았던 만큼 독일이 실제로 패하고 있다는 사실을 알고 있었고, 그래서 독일과 튀르크가 화해적 평화 교섭을 할 수 있기를 바랐다. 하지만 그런 그도 엔베르에게 감쪽같이 속아 한동안은 군사적 상황이 괜찮을 것이므로 새로운 희망도 가져볼 만하다는 생각을 갖고, 교섭을 급히 서두를 필요는 없다는 입장을 보였다.[8]

그러다 9월 베를린과 소피아를 방문하고서야 그는 비로소 그곳의 동맹들을 통해 얼마간 진상을 파악하게 되었다. 귀국 길에는 불가리아군의 붕괴를 목격하고, 불가리아가 단독강화를 원한다는 사실도 공식적으로 통보받았다. 불가리아는 독일과 터키를 이어주는 육지 통로였다. 따라서 불가리아가 동맹국에서 이탈하면 터키도 패할 수밖에 없다는 것이 그의 생각이었다. 탈라트는 그런 판단으로 연합국과 강화를 모색하리라 다짐하고 귀국했다. 그리고 귀국 즉시 독일과 보조를 맞춰, 우드로 윌슨의 14개 조항에 근거해 미국에 항복할 수 있는지 여부를 미국정부에 타진했다. 하지만 미국은 오스만제국과 교전하는 나라가 아니었다. 그래서 어떻게 답해야 할지를 몰라 영국정부에 질의했으나, 영국정부는 묵묵부답이었다. 어떤 이유에서였는지 몰라도 영국의 답변은 워싱턴에 결코 도달하지 않았고, 이렇게 미국이 답변하지 못함에 따라 오스만제국도 14개 조항의 적용을 받을 수 없게 되었다. 미국에 항복한 나라만 미국이 제안한 평화원칙의 혜택을 볼 수 있었던 것이다.

뉴컴이 콘스탄티노플의 은신처에서 이 일에 관여한 것이 그 무렵이었다. 엔베르는 전쟁을 지속하기를 원했던 만큼, 전투를 계속해야 평화협정에서 유리한 고지를 점할 수 있을 것으로 보았다. 카프카스와 카스피해 지역에서 거둔 성공을 동쪽에서 승리할 수 있는 증거로 제시하면서, 그러므로 1918년보다는 1919년에 평화협정을 체결하는 것이 터키에 유리할 것이라고 주장했다. 뉴컴이 공략한 부분이 바로 엔베르의 이 주장이었다. 청년튀르크당을 위한 문서를 작성해 터키가 협상에서 유리한 고지를 확보하려면 1919년이 아닌 1918년에 강화하는 편이 낫다고 역설함으로써 엔베르의 논리를 반박한 것이다. 뉴컴의 이 문서는 그의 터키 친구들을 통해 오스만 정부에 유포되었고, 나중에 작성된 그의 보고서에 따르면 청년튀르크당 정부에 매우 지대한 영향을 끼쳤다고 한다. 뉴컴의 정보 제공자도 그 문서 때문에 청년튀르크당 지도부가 균열을 일으킨 것으로 이야기했다.[9]

그러나 기실 CUP 내의 균열은 불가리아가 붕괴하고 독일이 연합국에 강화를 요청하기로 결정하자, 각료들이 엔베르에게 속은 것을 알게 된 데서 비롯된 것이었다. 오스만의 동맹국들은 엔베르의 주장과 달리 승리는커녕 파멸의 위기를 맞고 있었으며, 그에 따라 튀르크도 연료, 무기, 돈, 증원군을 얻을 수 있는 길이 모조리 끊긴 채 승승장구하는 연합국에 홀로 맞서야 하는 처지가 되었던 것이다. 1918년 10월 초 오스만제국의 재무장관 일기에도 이런 내용이 적혀 있다. "엔베르 파샤가 저지른 가장 큰 죄악은 친구들에게조차 상황을 제대로 알리지 않은 것이다. 우리가 난국에 처했다는 사실을 5, 6개월 전에만 알려줬어도 오스만에 유리한 협정을 단독으로 맺을 수 있었을 텐데, 모든 것을 숨기는 바람에 그 자신도 망상에 빠지고 나라도 이 지경이 된 것이다."[10]

독일이 연합국에 강화를 요청하리라는 사실을 알게 된 지 얼마 되지 않은 10월 1일 아침 탈라트는 결국 각료회의를 소집하여 각료들의 사임을 요구했다. 연합국과 즉시 휴전협상에 들어가야 하는 마당에 총리인 자신과 CUP 각료들이 영향력을 계속 행사하는 것으로 비춰지면 연합국이 가혹한 조건을 부과하리라는 것이 이유였다.[11] 그러나 엔베르와 제말은 유리한 조건을 얻으려면 끝까지 버티는 게 낫다고 하면서 총리의 요구를 받아들이지 않았다. 하지만 그들은 소수파에 지나지 않았고, 그리하여 결국은 탈라트가 그들을 눌러 이기고 술탄에게 그를 비롯한 내각의 사임 의사를 밝혔다.

그러나 죽은 형을 계승해 몇 달 전 제위에 오른 신임 술탄 메메드 6세에게 신임 총리를 지명하고 내각을 구성하는 일은 오히려 더 큰 부담이 되었다. 술탄이 원한 것은 중립내각 혹은 청년튀르크당의 반대파로 구성된 내각이었다. 그런데 탈라트와 청년튀르크당이 의회, 경찰, 군부를 계속 장악한 것은 물론, 내각에도 새 정부를 감시할 청년튀르크당 대표를 두겠다는 요구를 하고 나섰다. 그러다 보니 술탄의 승인도 받고 탈라트의 요구조건에도 부합하는 사람을 찾는 데만 무려 일주일이 걸렸다. 그리하여 신임 총리로 낙점된 오스만제국의 출중한 야전 사령관 이제트 아흐멧 파샤가 몇몇 CUP 인사들도 포함된 새 내각을 구성한 뒤에야 탈라트와 전임 각료들은 10월 13일 공식적으로 사임하고, 이튿날에는 이제트 파샤가 조용하고 침울한 군중 사이를 뚫고 정부청사에 도착해 총리로 취임했다.

오스만의 상황은 연합국이 생각했던 것보다도 훨씬 심각했다. 불가리아의 붕괴로 오스트리아와 독일로 가는 육로가 가로막혀 보급품이 들어올 길이 끊기자 희망도 함께 사라져버린 것이었다. 그 여파로 터키 내에서만 50만 명의 오스만군 탈영병이 발생해 온갖 지역을 돌아다니며 아수라장을 만들어놓았다. 신임 총리는 자신의 입지가 약화될 것을 우려해 겉으로 내색은 안 했지만 그 상태에서 전쟁을 지속하기는 어렵다고 보았다. 그래서 총리로 취임한 지 이틀 후 터키에서 가장 가까운 곳에 위치한 그리스의 연합군 본부로 뉴컴 대령을 보내 전쟁을 끝내려고 했으나, 타고 갈 비행기가 없어 그 계획마저 무산되었다.

비행기를 사용할 수 없게 되자 이제트 파샤는 해상교통을 이용하기로 결정하고, 1916년 봄 메소포타미아의 알쿠트에서 오스만군에 항복한 이래 콘스탄티노플 근해의 한 섬에서 가택연금 상태로 지내던 영국군 전쟁 포로 찰스 타운센드 소장을 밀사로 파견했다. 말이 가택연금이지 그 기간 내내 그는 오스만 지도자들로부터 칙사 대접을 받으며 콘스탄티노플의 정계에서 비교적 자유롭게 활동했다. 그러다 1918년 가을 강화의 조짐이 일어나는 것을 감지하고 뉴컴과 마찬가지로 그 일에 관여할 생각을 하게 되었다.[12]

그러던 중 마침 탈라트 내각이 붕괴했다는 소식이 들리자 그는 신임 총리와의 면담을 주선하여 1918년 10월 17일 강화협상을 할 경우 영국이 오스만에 요구할 만한 내용을 간추린 문서를 소지하고 오스만 정부 청사로 향했다. 튀르크가 국가들의 연합 비슷한 형태로 제국을 재건해 해당지역들에 자치를 허용하면 영국도 시리아와 메소포타미아는 물론 어쩌면 카프카스 지방까지도 튀르크에 내줄 개연성이 있다는 암시가 담긴 문서였다.

타운센드는 이 노선에 따라 튀르크가 협상에서 관대한 조건을 얻을 수 있도록 오스만을 돕겠다는 제안을 하면서, 영국정부와 즉시 접촉에 나설 뜻이 있음을 내비쳤다. 신임 총리도 오스만제국이 영국에 전쟁을 건 것은 엔베르의 실수였고 범죄행위였다고 맞장구를 치고는, 그로서는 찬 밥 더운 밥 가릴 계제가 아니었으면서도 겉으로는 그것이 드러나지 않게 표정관리를 하면서, 못 이기는 척 그의 제안을 받아들였다.

그리고 그날 저녁 타운센드가 그의 절친한 친구인 새 내각의 해상장관을 만나보니, 그가 작성한 강화 요건도 자신의 것과 크게 다르지 않았다. 그리하여 터키 밖으로 그를 내보내려는 준비가 갖추어지자 타운센드는 마침내 야음을 틈 타 예인선을 타고 스미르나(이즈미르)항을 떠났다.

타운센드는 10월 20일 아침 그리스 레스보스 섬의 미틸레네에 도착했다. 그리고 그곳에서 영국 해군의 동력선을 만나 터키의 입장이 담긴 전문을 본국의 외무부에 보내고, 동력선을 타고 다시금 에게 해의 영국군 함대 본부가 있는 렘노스(림노스) 섬으로 향했다. 함대 사령관 칼소프 제독을 만나기 위해서였다.

타운센드가 외무부에 타전한 내용은, 그가 콘스탄티노플에서 제시한 정도로만 조건이 관대하다면 오스만의 신임 총리도 강화를 받아들일 뜻이 있다는 것이었다. 그러면서 그는 그 정도의 관대한 조건이 아니면 오스만은 전쟁을 지속할 수도 있다는 암시를 주었다. 오스만 정부가 연합국의 여러 나라들 중에서도 특히 영국과 협상하기를 바란다는 암시도 주었다.(그러나 타운센드는 몰랐겠지만 이제트 파샤가 처음 접촉을 시도한 나라는 프랑스였다. 그의 밀사가 프랑스 사령부에 도달하지 못해 계획이 무산된 것뿐이다.[13] 그런데도 영국은 대부분의 역사가들이 그렇듯, 수십 년이 지난 뒤까지도 터키가 항복하려고 한 나라는 프랑스가 아닌 영국이었다고 믿었다.)

칼소프 제독도 10월 20일 타운센드와 같은 내용으로 런던에 전문을 보냈다. (로이드 조지에 따르면) 그는 "특히 터키가 프랑스보다는 영국과 협상하기를 원한다"는 점을 강조했다.[14] 콘스탄티노플로 항진할 함대의 지휘권을 차지하려는 프랑스에 대해서도 비난을 퍼부었다. "만일 프랑스 함대가 콘스탄티노플로 들어가면 통탄할 일이 벌어지리라"는 것이 칼소프의 전문 내용이었다.[15] 그러나 물론 다르다넬스 해협의 요새를 확보하지 못하면 어느 함대도 해협을 안전하게 통과할 수 없었다. 타운센드도 그것을 알고 칼소프에게, 근처에 남아 있는 독일군이 군사행동을 할 경우 영국이 터키를 보호해준다는 약속을 해주면, 터키는 연합국 전체가 아닌 영국에만 요새를 양도해줄 것이라고 말했다. 칼소프의 전문에는 "타운센드 소장이, 터키가 영국 대표들과 협상할 전권 대사를 기꺼이 파견할 것이고, 터키와 흑해 유역에 주둔 중인 독일에 맞서 그들을 지켜주겠다는 언질을 주면 다르다넬스 해협의 요새도 영국에 양도할 것이라 믿었던 것"으로 되어 있다.[16]

타운센드와 칼소프의 전문을 받은 영국 내각은 유례없이 긴 시간 마라톤 회의를 했다. 각료들은 여전히 대독 전쟁이 1919년 아니 1920년까지도 이어질지 모른다는 우려를 떨치지 못했다. 그래서 영국 함대가 루마니아 해안으로 들어가 유럽전의 마지막 국면에서 중요한 역할을 할 수 있도록, 다르다넬스 해협을 통해 흑해로 진입할 수 있는 해로를 확보할 수 있기를 바랐다. 그리하여 내각이 합의한 사항은, 튀르크가 적대행위를 끝내고 다르다넬스 해협을 넘겨주며, 영국 함대가 해협을 통해 흑해로 진입할 수 있는 자유 통행권을 주기 위해 최선을 다하는 한에서, 필요하면 (칼소프를 통해) 앞서 오스만에 강화 조건으로 제시했던 24개 조항을 생략해준다는 것이었다.

내각은 칼소프에게도 평화협정이 아닌 휴전협상을 할 수 있는 권한만 부여했다. 평화협정을 교섭하려면 연합국과의 협의가 필요하고 그렇게 되면 일이 지연될 우려가 있었던 것이다.[17] 또한 다르다넬스 해협의 양도와 해협의 자유 통행권을 반드시 확보해야 한다는 점을 주지시키고, 24개 조항의 필요성도 역설하여 가능한 한 그중 많은 조항을 얻어내도록 노력하되, 튀르크가 응하지 않으면 양보하라는 지시를 내렸다.

이것이 프랑스의 반발을 불러왔다. 프랑스 외무장관은 프랑스와 사전 협의도 없이 칼소프에게 협상권을 부여하고, 영국의 협상 조건이 연합국 사이에 이미 합의된 휴전협정 내용과도 다르다는 점을 들어 영국에 이의를 제기했다. 클레망소도 노발대발했다. 그가 화를 낸 것은 생각이 바뀌어 새로운 중동 계획을 갖고 있어서가 아니라, 영국이 프랑스를 종속국 내지 패전국 대우를 하는 것 같아서였다.[18] 그러자 영국 내각은 부랴사랴 밀너를 파리로 급파하여 클레망소에게 자초지종을 설명하도록 했다. 그에 따라 프랑스의 기세도 한동안은 누그러졌다.

그러나 오스만과 협상할 연합국 대표를 어느 나라로 할 것인지의 문제와 관련해, 영국이 연합국 간 합의서를 어떻게 받아들였는지를 프랑스가 알아채기 무섭게 양국의 갈등은 다시금 고조되었다. 연합국 간 합의서에는 터키로부터 먼저 접촉을 받는 나라가 연합국 대표로 협상에 응하도록 규정돼 있었다. 그런데 터키가 타운센드를 통해 영국에 먼저 접촉해온 것을 근거로, 영국이 연합국 간 합의서를 협상뿐 아니라 영국 단독으로 협상해도 좋다는 뜻으로 해석한 것이다.

영국정부는 칼소프 제독에게 만일 프랑스가 참가할 낌새를 보이면 협상에서 배제시키라는 지시를 내렸다. 프랑스가 끼어들면 터키에 무리한 요구를 하여 휴전협정이 지연되거나 혹은 방해받을지도 모른다는 우려 때문이었다.[19] 아니 어쩌면 그것은 (많은 프랑스인들이 생각했던 것처럼) 전후 중동에서 프랑스가 보유하기로 되어 있던 입지를 부정하려는 영국의 공공연한 시위였을 수도 있다.

터키와 영국의 휴전 회담은 1918년 10월 27일 일요일 아침 9시 30분, 에게 해의 림노스(렘노스) 섬 무드로스 항구에 정박해 있던 영국 전함 아가멤논호 선상에서 개최되었다. 터키 사절단은 타운센드의 친구인 오스만의 신임 해상장관 라우프 베이가, 영국 사절단은 칼소프 제독이 이끌었다.

칼소프가 회담에 앞서 오스만 사절단에게 먼저 장 F. C. 아메트 지중해 함대 사령관의 서한을 보여주었다. 지중해 함대의 연합국 총사령관, 그러니까 칼소프의 상관인 도미니크 마리 고셰 제독의 대리인 자격으로 아가멤논호 선상에서 열리는 휴전 회담에 아메트를 참석시켰으면 좋겠다는 프랑스의 의중이 담긴 서한이었다.

그에 대해 오스만 사절단은 자신들은 프랑스가 아닌 영국과 협상하기 위해 파견된 대표임을 명백히 했다. 칼소프도 여하튼 간에 프랑스가 협상에 참석하는 것은 바람직하지 않을 것이라고 그것에 맞장구치는 말을 했다. 그리하여 아메트의 아가멤논호 승선은 거부되었다.

회담은 갑판에 있는 선장의 선실에서 진행되었다. 칼소프는 외관상 허심탄회한 분위기 속에 휴전협정 조항들을 하나씩 큰 소리로 읽어가며 논의에 들어갔다. 그러나 오스만 사절단이 협정 조항들을 단번에 읽고 모든 것을 이해하기는 사실상 불가능했다. 따라서 24개 조항이 가져올 누적 효과도 그 즉시 파악하지 못했다. 칼소프가 영국은 오스만에 해로운 일은 하지 않을 것이고 이로운 일만 할 것이라고 안심시키는 말을 한 것도 사절단의 판단을 흐리게 하는 데 한몫했다. 칼소프는 24개 조항을, 일어날 개연성이 지극히 희박한 우발적 사태에 대한 처방책인 것처럼 이야기하여 연합국의 의도를 아리송하게 만들었다. 연합국으로서는 오스만에 줄 것이 많지 않다는 암시도 은연중에 내비쳤다. 휴전을 원하면 군말 말고 연합국의 협정 초안을 받아들이라는 의미였다.

오스만도 뚜렷한 대안이 없었다. 그리하여 1918년 10월 30일 저녁 오스만의 사절단장 라우프 베이가 연합국의 초안과 거의 다름없는 휴전협정에 조인함으로써 이튿날 정오를 기점으로 양측의 적대행위는 끝나게 되었다. 그러나 알고 보면 무드로스 휴전협정은 오스만이 연합국에, 그들의 안전이 위협받을 경우 오스만제국의 전략거점들을 점령할 수 있도록 허용해준 항복, 다시 말해 연합국에 그들이 원하는 모든 지역을 점유할 수 있는 자유를 준 것이었다.

그러나 라우프 베이의 사절단이 콘스탄티노플에 돌아와 한 말은 그와 달랐다. 휴전협정에 항복의 요소는 없었다고 주장하고 협정의 내용도 실제보다 매우 관대했다고 부풀려 이야기한 것이다.[20] 그런 식으로 그들은 나중에 싹틀 환멸과 불만의 씨앗을 뿌려놓았다.

한편 영국과 휴전협상이 진행되는 동안 탈라트 파샤는 자신의 막역한 정치적 동지들을 엔베르의 별장으로 불러 모았다. 터키에 남아 있게 될 청년튀르크당 지도자들을 앞으로 있을지 모를 연합국의 보복으로부터 지켜주기 위해 지하조직을 결성하고, 필요할 경우 연합국의 휴전협정에 무장항거를 하기 위한 토대를 마련하기 위해서였다. 그 결과로 콘스탄티노플에는 지하 세포조직이 결성되었으며 나중에는 그것이 온 지방들로 펴져나갔다.

엔베르, 탈라트, 제말은 자신들이 도주할 준비도 갖춰놓고,[21] 1918년 11월 2일 독일 협력자들과 함께 콘스탄티노플에서 도망쳤다. 총리도 그 사실을 알았다. 그런데도 모르는 척 11월 3일 독일에 도망자들을 보내달라고 통보하는 시늉을 했다. 그러나 독일은 이미 와해되고 있었고 도망자들도 종적을 감춘 뒤였다.

Ⅳ

한편 영국이 터키와 일방적으로 무드로스 휴전협정을 체결한 것에 격분해 있던 클레망소는 1918년 10월 30일 프랑스 외무부 청사에서 연합국 최고전쟁회의가 열리자 기다렸다는 듯 그에 대해 강력히 항의했다. 그러나 관측통들에 따르면 로이드 조지는 평소보다도 훨씬 능란하게 그의 말을 되받아쳤다고 한다. 우드로 윌슨의 사절로 연합국 회의에 참석했던 하우스 대령의 말을 빌리면 "그들은 마치 생선장수 아낙네들처럼 말싸움을 벌였다. 클레망소는 몰라도 로이드 조지는 확실히 생선장수처럼 싸웠다."[22]

로이드 조지가 클레망소와 여러 나라의 대표들에게 한 말은 이랬다.

> 영국을 제외한 모든 나라들은 팔레스타인 원정 때 소수의 흑인 병사들밖에 제공한 게 없어요. …… 터키 땅에는 지금도 50만 명의 영국군이 주둔해 있습니다. 영국군은 대 터키 전쟁 때 터키 군대 서넛을 포로로 사로잡았고, 사상자도 수십만 명이나 났어요. 그런데 다른 나라는 어땠지요? 검둥이 경비대를 투입하여 우리가 혹시 성묘를 도둑질하지나 않나 감시한 게 고작이었어요! 그런데 휴전협정을 체결할 때가 되자 이 난리법석을 피우는 겁니다.[23]

밸푸어도 프랑셰 데스프레 장군이 영국과 한마디 상의 없이 불가리아와 살로니카 휴전협정을 체결한 것을 예로 들며, 그러므로 칼소프도 터키와 휴전협정을 체결할 자격이 충분하다고 주장했다. 그러자 클레망소도 한 발 물러서 자국의 외무장관과 협의한 뒤, 무드로스 협정은 이미 체결되어 끝난 일이라고 하면서 그쯤에서 일을 종결할 뜻을 비쳤다.

그리하여 무드로스 휴전협정이 체결된 지 2주가 지나고 서부전선도 휴전이 성립된 지 이틀 후인 1918년 11월 12일 칼소프 제독이 지휘하는 영국 선단은 마침내 영국 기를 펄럭이며 고대 트로이*의 유적 근처를 지나고 다르다넬스 해협으로 들어서 콘스탄티노플을 향해 승리의 항진을 했다.

V

영국 총리 로이드 조지가 터키 문제를 신속히 매듭지으려 했던 것은 무엇보다 미국이 개입하기 전에 사태를 해결하려는 마음에서였다. 이례적으로 솔직하게 자신의 심중을 털어놓은 총리의 말이 기록된 전시내각 장관 모리스 행키의 10월 6일자 일기에도 그 점이 잘 드러나 있다.

> 로이드 조지는 매우 비타협적인 태도를 보이며 내각이 사이크스-피코 협정을 철회해주기를 바랐다. 그는 팔레스타인을 차지하고 모술을 영국 세력권에 편입시키는 것은 물론, 심지어 프랑스마저 시리아에서 배제시키고 싶어 했다. 프랑스가 시리아를 보유하기 위한 구실로 영국에 팔레스타인을 주고 싶은 마음이 들도록, 미국에 팔레스타인과 시리아를 차지하도록 요청하는 기막힌 술수를 쓸 생각도 했다. 총리는 우드로 윌슨도 몹시 경멸하여, 미국에 말하기 전 프랑스, 이탈리아, 영국 사이에 터키를 재빨리 분할하려고도 했다. 또한 전쟁에서 영국이 얻을 엄청난 이익에 관심이 덜 쏠리게 하려면 터키 영토는 지금 집어삼키고 독일 식민지는 나중에 차지하는 것이 낫다고도 보았다.[24]

반면에 밸푸어는 로이드 조지와 사뭇 다른 견해를 지녔다. 프랑스가 로이드 조지가 염두에 두었던 일을 행할 조짐을 보였을 때도—미국이 개

---

* 3,000년 전 트로이에서도 그리스 동맹군 총사령관 아가멤논이 전함 아가멤논호 선상에서 영국이 한 것과 똑같은 행동, 다시 말해 동맹에 약속했던 승리의 전리품을 주지 않아 유럽의 동맹에 피해를 준 일이 있었다.

입하기 전 사태를 해결하는 것—그는 그것을 거의 미친 짓으로 보았다. "미국을 세계적인 문제에서 의도적으로 배제시키려는 그들의 노력은 우리의 이익에도 반하고 프랑스의 이익에도 반하는 일이다. …… 하우스가 우리와 긴밀히 협력하려고 하는 것이 눈에 뻔히 보이는 상황에서, 우리가 그모르게 중요한 문제를 타결짓거나 혹은 그럴 의도가 있는 것처럼 행동하는 것은 치명적인 일이 될 것이다."[25] 밸푸어는 평화협정을 공고히 하기 위해서는 미국의 참여가 필요하다고 보았다. 따라서 로이드 조지와 달리 미국에 팔레스타인의 위임통치를 거짓이 아닌 진정으로 요청하는 것은 물론, 미국이 그것을 받아들이게 하는 것 또한 매우 중요하게 보았다.

그러나 총리와 정치적 성향이 비슷했던 전시내각 보좌관 레오 에이머리는 그 제안을 받은 미국이 그것을 수락할 개연성에 대해 걱정했다. 그래서 시온주의 지도자 하임 바이츠만에게 미국의 신탁통치에 반대하는 활동을 해주도록 요청하는 편지를 쓰고, 미국보다는 영국이 위임통치국가로 더적합하다는 그의 진술서도 받아놓았다.[26]

한편 에이머리의 직속상관이었던 전시내각 장관 모리스 행키는 잠재적적을 배제시키는 짐을 영국이 떠맡지 않고도 팔레스타인에서 그 적을 배제시키는 전략적 이득을 얻을 수 있다는 점에서, 미국의 신탁통치를 지지하는입장을 보였다. 로이드 조지에게도 그는 "이집트를 보호하는 완충국을 둔다는 의미에서" 미국이 팔레스타인을 보유하는 것이 좋겠다고 말했다.[27] 팔레스타인 자체의 중요성은 없다고 말한 키치너의 예전 관점을 떠올리게 하는 발언이었다. 로이드 조지는 물론 그의 의견을 따르지 않았다.

VI

1918년 12월 1일 클레망소와 로이드 조지가 런던의 다우닝가 10번지,

총리 관저에서 회동했다. 휴전협정이 체결된 지 한 달이 지나고, 파리 평화회의가 개최되기까지는 아직 두 달이 남은 시점이었다. 미국 대통령도 12월 말에나 런던을 찾아 자신의 이상주의적 미래관을 밝힐 예정이었으므로, 두 사람이 개인적 합의에 이를 시간은 충분히 남아 있었던 셈이다. 하지만 두 사람 이외의 배석자가 없고 기록도 남기지 않은 탓에 당시 회담장에서 무슨 말이 오갔는지는 그 여덟 달 뒤 밸푸어가 로이드 조지에게 전해들었을 것으로 추정되는 내용으로 작성해 영국내각에 제출한 서면보고서밖에 알 길이 없다. 물론 나중에 평화조약과 관련된 로이드 조지의 회고록으로 그 내용은 확인되었다.

두 사람은 유럽에 관해 먼저 이야기를 나누었다. 이어 중동문제로 대화가 옮겨가자 클레망소는 로이드 조지에게 프랑스가 주장한 내용 중 어느 부분의 수정을 원하는지 물었고, 이에 로이드 조지가 "모술"*이라고 답했다. 클레망소가 "그럼 가지시오. 그 밖에는요?"라고 묻자 로이드 조지가 다시 "팔레스타인"도 원한다고 말했다. 클레망소는 "그것도 가지시오"라고 흔쾌히 수락했다.[28] 클레망소는 자기가 한 말에 책임을 지는 인물이었다. 따라서 그가 양보한 것을 입증해줄 문서도 없었고, 양보에 대한 대가를 그가 기대했다는 사실을 영국이 인정하지 않았는데도, 신랄한 언쟁이 오간 평화회의 기간 내내 신의를 지켰다.**

클레망소가 정계에 몸담았던 기나긴 생애 동안 영국의 정책을 줄곧 따라주었던 것은, 프랑스가 유럽에서 독일과 맞설 때 영국의 지지를 얻기 위해서였다. 따라서 그것이야말로 어쩌면 1918년 12월 1일 그가 로이드조지

---

* 지금의 이라크 북부에 위치한 유전 도시이자 상업 중심지인 모술은 사이크스와 키치너가 제안한 사이크스-피코 협상(1916)에 프랑스가 보유하기로 규정돼 있었다.
** 프랑스 정계에서는 구체적인 내용은 알지 못했지만 로이드 조지가 클레망소에게 양보에 대한 보상을 해주기로 약속했다고 믿었다.

로부터 얻어낸 진정한 성과로 여겼는지도 모른다. 나중에는 물론 착각으로 밝혀졌지만, 클레망소는 아마도 프랑스가 중동에서 영국의 권리를 인정해주는 대가로, 로이드 조지도 유럽에서 프랑스의 권리를 지지해주기로 암묵적 동의를 한 것으로 믿었을 것이다.

그러나 사실 12월 1일 두 사람이 중동문제에서 합의에 도달한 사항은 하나도 없었다. 원하는 것을 말하라는 클레망소의 제의에 로이드 조지가 요구사항을 모두 제시하지 않은 것도 이후 몇 달에 걸쳐 밝혀졌다. 프랑스가 시리아에 대한 권리를 단념해주기를 바랐으면서도 클레망소에게는 그것을 말하지 않은 것만 해도 그랬다.

이로써 알 수 있는 것은 로이드 조지가 단순히 그의 사적인 목적을 추구한 것은 아니었다는 사실이다. 로이드 조지와 클레망소가 회동한 이튿날이었던 12월 2일 조지 커즌이 내각 동방위원회에서, 자신은 시리아에서 프랑스를 배제시키는 것이 반드시 필요하다고 믿는다고 말한 것도 그 점을 뒷받침한다. 동방위원회—중동에서 영국의 목표를 재정립하기 위해 내각에 설치된 기구—의장이었던 커즌은 그 스스로도 눈부신 역할을 담당했던 거대한 게임의 논리에 매몰돼 있었다. 그는 인도 부왕을 역임했고, 그 과정에서 확장일로에 있던 러시아 변경지도 두루 여행해본 인물이었다. 따라서 그때나 지금이나, 영국의 전략적 목표를 그 어느 강대국도 인도로 통하는 길을 막지 못하도록 조치를 취하는 것에 두었다. 물론 프랑스가 유럽에만 머물러 있다면, 영국의 동반자로서 인도로 가는 길에 훼방을 놓을 리 없었다. 하지만 프랑스가 시리아를 보유하면 문제가 달라질 것이었고, 실제로 프랑스는 그런 위협을 제기할 유일한 강대국이 될 소지가 있었다.

영국 총참모부도 1918년 12월 9일자 비망록에서 그와 비슷한 주장을 했다 "중동에서의 영국의 입지와 관련해, 모험적이고 야심찬 외국세력을 내선內線에 두도록 규정한 사이크스피코 협정이야말로 군사적 관점에서 볼 때 참으로 이해하기 어려운 협정이다."[29] 이것이 커즌의 입장이었다.

커즌은 내각의 동방위원회에서 이렇게 말했다.

나는 공직생활의 대부분을 프랑스의 영향력이 미친 머나먼 지역에서 보내며 프랑스의 정치적 야망과 관련된 일을 했고, 그러므로 그 방면에는 어느 정도 정통해 있습니다. 영국이 프랑스와 동맹을 맺은 것은 국가 안전상의 이유 때문이었습니다. 나도 물론 그것이 지속되기를 바라고 있습니다. 허나 프랑스인들의 국민성은 우리와 다르고, 많은 점에서 프랑스의 정치적 이해관계 또한 우리의 그것과는 맞지 않습니다. 그러므로 영국의 견제가 가장 필요한 나라도 프랑스라는 것이 나의 솔직한 심정입니다.[30]

커즌은 특히 프랑스와 관련된 아시아 지역에 폭넓은 의견을 개진한 뒤, 그러므로 프랑스를 그곳에서 배제시켜야 한다고 주장했다. 그와 같은 생각을 가진 참모총장 헨리 윌슨도 "돈 강 서안에서 인도에 이르기까지의 지역은 영국의 이익에 매우 중요하기 때문에 보유할 필요가 있다"고 썼다.[31] 그러나 밸푸어는 "그렇지 않아도 인도로 통하는 관문이 "인도로부터 점점 멀어지고 있는데, 얼마나 더 서쪽으로 이동시키겠다는 것인지 모르겠다"고 하면서 헨리 윌슨의 견해에 회의감을 나타냈다.[32]

반면에 로이드 조지는 그 어느 지정학적 이론에도 자신의 정책을 고착시키지 않고, 점령한 지역을 최대한도로 보유하는 데에만 관심을 쏟았다. 그가 시리아 문제에서 단순한 기회주의자가 되어 과도한 변칙을 사용한 것도 그래서였다.

중동의 키치너 심복들도 아랍인과 유대인의 화해를 위해서라는 그럴 듯한 구실로 1년 넘게 영국의 팔레스타인 보유를 주장해왔던 만큼, 총리의 그런 입장을 당연히 지지했다. 길버트 클레이턴만 해도 무드로스 휴전협정이 체결된 지 몇 달 뒤부터는 그 주장을 더욱 심화시켰다. 총리의 손에도 들어갔을 게 분명한 비망록에서, 오스만 영토를 몇 달 동안 점령해본 결과 영국이 프랑스에 해준 공약—팔레스타인과 시리아에 관련된 모든 것—과, 아랍 및 시온주의자들에게 해준 공약은 결코 양립 불가능하다는 결론에 도달했다고 역설한 것만 해도 그랬다. 갈등이 지속되어 영국이 위험한 상황에 처하리라는 것이 이유였다. 그러면서 클레이턴은 영국이 프랑스에 시리아를 내주면 팔레스타인도 포기하고, 미국이나 혹은 그 부담을 기꺼이 지려고 하는 다른 나라에 넘겨줄 수밖에 없을 것이므로, 그보다는 유대인과 아랍인들의 열망을 감안해 팔레스타인과 시리아는 영국이 보유하고, 프랑스에는 콘스탄티노플을 내주는 것과 같은 방식의 다른 보상을 하는 편이 나을 것이라고 주장했다.[33]

1919년 겨울 총리실은 결국 영국 언론에 파이살의 아랍군이 앨런비 장군의 시리아 정복에 "현저하게 기여했다"는 것과, 그들이 "앨런비의 군대에 앞서 시리아 내륙의 4대 도시(다마스쿠스, 홈스, 하마, 알레포)에 입성했다"는 취지의 기밀 비망록을 배포했다. 비망록에는 파이살군이 헤자즈의 외국군이 아닌 원주민군으로서 시리아 도시들에 입성했으며, "그러므로 시리아를 해방시키는 데 조력한 아랍군의 대부분은 그 지방 원주민들이었다"는 내용도 포함돼 있었다.[34] 그렇다면 비망록이 말하려 한 취지도 분명히 드러난다. 아랍어권 시리아는 그들 스스로 봉기를 일으켜 해방되었고, 그러므로 (튀르크에 이어) 그곳을 다시 지배하려는 의도를 가진 서구 민주주의의 원리 또한 그곳과는 맞지 않으리라는 것이었다.

팔레스타인과 시리아 원정에 참가한 파이살군 규모는 대략 3,500명 정도였다. 그러나 로이드 조지가 파이살로부터 확보한 성명서에는 전시에 그 자신이나 혹은 그의 아버지 후세인 밑에서 복무하거나 동맹을 맺은 아랍인이 10만 명 정도로 표시돼 있었고, 로이드 조지가 프랑스에 논박할 때 내놓은 숫자도 그것이었다. 로이드 조지도 물론 그 숫자가 뻥튀기되었다는 사실을 알고 있었다.(나중에는 그 스스로 "동방의 셈법은 믿을 게 못되는 것으로 소문 나 있다"고 썼다.) 실제로 그는 아랍인들이 팔레스타인과 시리아 정복에 기여한 부분이 "지극히 미미했다"고 믿었다.[35] 하지만 프랑스가 영국의 또 다른 주요 동맹인 파이살에게 불리하게 행동할 것을 요구하자 그는 난감한 처지에 빠졌다. 그래서 파이살과 시리아의 대군이 그들 나라를 직접 해방시켰다고 주장한 것이다. 그리하여 그 결과 앨런비 장군 밑에서 그들이 그곳을 통치하는 마당에, 프랑스가 그것을 뒤집으려는 것을 영국으로서는 뻔히 지켜볼 수만은 없었다는 것이다. 영국은 이렇듯 시리아에 대한 동맹의 의무를 짐으로써, 프랑스에 대한 동맹의 의무를 벗어던진 것이었다.(로이드 조지도 실제로 그렇게 말했다.)

1919년 겨울의 끝 무렵 앨런비가 로이드 조지와의 오찬 모임을 위해 총리 관저를 찾았다. 총리의 비서 프랜시스 스티븐슨도 그 모임에 참석한 뒤 두 사람이 나눈 대화를 일기로 남겼다. 'D(로이드 조지)는 앨런비에게 시리아의 진상을 밝혀 프랑스가 그곳에 발붙일 여지가 없음을 프랑스 측에 확실히 말해줄 것을 촉구했다. 따라서 나중에 있은 P. M(영국 총리), 클레망소, 윈스턴과의 회동 때 앨런비는 그 말을 했을 것이다. 프랑스는 시리아 문제에서 한 발짝도 물러서지 않을 태세로 영국이 그곳에서 원하는 것을 자신들도 똑같이 얻으려고 했다." 스티븐슨은 이렇게 쓰고는 로이드 조지가 그에 대해 이렇게 말한 것으로 적었다. "프랑스는 시원한 결과를 얻지 못할 거야. 승리의 몫을 변변히 챙기지 못하리라는 것이지."[36]

한편 로이드 조지와 앨런비의 오찬 회동이 있기 직전, 밀너는 파리에서 클레망소와 좌담한 내용을 담은 서한을 총리에게 보냈다. 서한에는 밀너가 클레망소에게 이렇게 말한 것으로 적혀 있다. "솔직히 말해 우리도, 저 또한 근본적으로 수정할 필요가 있다고 인식하는 사이크스-피코 협정에 불만이 많고, 따라서 프랑스를 속여 시리아를 차지하려 한다거나 프랑스에 피해를 줄 생각은 조금도 없었습니다. …… 허나 시리아 문제를 어렵게 만든 것은 우리가 아닌 프랑스입니다. 유감스럽게도 그것은 프랑스가 아랍과 충돌을 벌여 발생한 일이고, 그러다 보니 우리 입장만 난처해졌습니다." 파이살이 지휘하는 아랍군이 "영국의 승리에 현저한 기여를 했기 때문이지요."

밀너가 클레망소에게 영국의 동기와 의도를 솔직히 밝히지 않은 것은 이런 말을 덧붙인 것으로도 알 수 있다. "거의 모든 다른 나라 군사, 외교 당국자가 저를 싫어하지만, 그렇더라도 프랑스 몰래 시리아를 편취하려는 생각에는 전적으로 반대합니다."[37]

로이드 조지도 물론 클레망소와 좌담할 때 밀너가 말한 것과 같이, 영국이 시리아를 차지할 생각은 없고, 자신도 파이살의 아랍 대의를 지지하고 있으므로 영국의 위임통치도 거부할 것이라고 주장했다. 하지만 클레망소도 밀너에게 파이살은 영국 고문관들이 시키는 대로 했을 뿐이라고 말한 것—밀너도 그것을 부정하지 않았다—으로도 알 수 있듯이, 아랍 대의는 영국의 통치를 겉꾸림하는 포장에 지나지 않았다.[38]

밀너는 로이드 조지에게, 중동문제에서는 프랑스 정부나 관료들보다는 오히려 클레망소가 한층 진보적인 관점을 지녔다고 말했다. 그것을 달리 표현하면 영국이 그에게 만족스런 해법을 제시하지 않으면 다른 인물로 총리가 교체되어, 협상에 난항을 겪을 수도 있다는 말이었다.

1919년 가을에는 여러 회사를 합병해 세계 유수의 산업체 ICI(Imperial Chemicals Industries)를 탄생시킨 인물이자 로이드 조지 정부에 노동위원으로 영입된 앨프레드 몬드가 파리에서 에드몽 자크 드 로쉴드를 만나 그로부터 들은 이야기를 총리에게 전해왔다. 프랑스를 홀대하고 아랍을 두둔하는 영국 정책 때문에 프랑스의 여론이 나빠질 조짐이 보인다는 내용이었다. 몬드는 그러면서 "영국-프랑스 동맹을 유지시켜야 할 중요성"을 누누이 강조했다.[39] 그런데도 로이드 조지는 양국의 동맹을 위험에 빠뜨린 자신의 행동에 무신경한 태도를 보였다.

이해 당사국들 모두 중동에서 공정한 몫을 차지할 여지가 있음을 보여주기 위해 지난 몇 년간 부단한 노력을 기울인 마크 사이크스도 시리아 방문을 마치고 돌아왔을 때는 심경의 변화를 일으킨 듯한 징후를 보였다.(나중에 로이드 조지가 개인적으로 한 말을 믿을 수 있다면 그랬을 개연성도 있으나, 그가 한 말은 신빙성이 희박하다.) 아무튼 로이드 조지에 따르면 다음과 같다.

(사이크스는) 걱정이 많았다. …… 프랑스와의 그 모든 분란의 원인이 되는 협정을 체결한 장본인이었기 때문이다. 우리가 "사이크스-P." 협정이라 부르는 그것을 사이크스는 영국의 대표로서 그의 꼭대기에 앉아 있던 프랑스인 피코와 협상을 벌였던 것이다. 사이크스는 그로 인해 우리가 곤경에 빠진 사실을 알았고, 그래서 그 결과에 노심초사했다. 나도 그에게 협정에 대해 무슨 말인가를 했다가, 그가 상처 받는 것을 보고 아차 싶었다. 그 점은 미안하게 생각한다. 아무 말도 하지 말았어야 했는데. 후회스러울 따름이다. 그는 최선을 다했다. 그의 실책을 두드러지게 하거나 그를 비참하게 만드는 것은 나의

본래 의도가 아니었다.[40]

T. E. 로렌스도 같은 맥락에서 사이크스가 영국의 동맹과 중동을 분할하려고 했던 자신의 행위를 "속죄할 수 있기를" 바란 것으로 결론지었다.[41]

만일 그게 사실이면 사이크스는 속죄할 시간조차 갖지 못했다. 1919년 2월 16일, 1918~1919년 동안 전 세계를 강타한 유행성 인플루엔자*에 감염되어 로티 호텔 객실에서 숨을 거두었기 때문이다. 프랑스는 에스파냐, 에스파냐는 프랑스, 미국은 동유럽, 서유럽은 미국, 앨런비군은 퇴각하는 튀르크군을 독감의 발원지로 지목했다.[43]

---

* 인플루엔자 희생자는 자그마치 2,000만 명에 달해 1차 세계대전 사망자 850만 명을 무색하게 만들었다. 1919년 무렵에는 남녀노소를 막론하고 지구상의 모든 사람들이 이 질병에 감염되었던 것으로 보고되었다.[42]

9부
썰물은 빠지고

40. 시간은 흘러가고

Ⅰ

1차 세계대전의 승리로 영국제국의 힘은 절정에 달했다. 중동과 여타 지역에서 점령한 영토를 추가하여, 과거 그 어느 때 혹은 세계의 그 어느 제국보다 광대한 대제국이 된 것이다. 로이드 조지는 전쟁으로 나라가 만신창이가 되고 본국에서 멀리 떨어진 곳에서 희생이 큰 모험을 치르느라 지친 것도 아랑곳하지 않고, 전시에 얻은 영토를 하나라도 더 부여잡기 위해 안간힘을 썼다. 이제 곧 열리게 될 연합국 및 관련국(1차 세계대전 때 주요 연합국이었던 영국, 프랑스, 러시아, 이들 나라와 조약을 체결한 나라들은 연합국으로 불렸고, 1917년 4월에 참전한 미국처럼 동맹국에 반대하여 뒤늦게 참전한 나라들은 연합국과 분리해 관련국으로 불렸다—옮긴이)과의 협상 때도 그것(점령한 영토를 최대한도로 차지하는 것)을 주요 목표로 삼을 작정을 했다. 그렇기는 하지만 평화회의가 열리는 파리로 향하기 전 그는 일단 유권자들의 표심을 알아보기로 했다.

독일과 휴전협정이 체결된 날 저녁 로이드 조지는 총리 관저에서 영국군 참모총장 헨리 윌슨 외에 정치인은 단 두 명만 초청한 조촐한 만찬 모임을 가졌다. 윈스턴 처칠과 처칠의 막역한 친구인 법무장관 F. E. 스미스(버컨헤드)가 그들이었다. 헨리 윌슨은 당시 오갔던 대화 내용을 이렇게 간략히 묘사했다. "(만찬에서는) 여러 이야기가 오갔으나, 그중에서도 주된 이슈는 총선거였다!"[1]

로이드 조지는 정치적 유불리를 따지는 데 탁월한 감각을 지녔다. 따라서 나라가 승리의 환희로 차 있을 때 선거를 실시하면 이길 공산이 높다는 것쯤은 훤히 꿰뚫었다. 그의 인기도 절정에 달해 있었으므로 원내 다수당의 위치를 확보하고 유권자의 재신임을 받아 자신의 계획을 관철시킬 수 있는 시간을 벌어놓으려는 것이 그의 생각이었다. 때는 1918년 말이었으므로 그는 여전히 "전쟁에서 승리한 인간"이었던 것이다. 보수당 당수도 "원하기만 하면 그는 종신 총리라도 할 수 있다"며 많은 시사점을 던지는 말을 했다.[2]

영국의 총선거는 1918년 12월 14일에 실시되었다. 그러나 군인들의 투표용지가 도착하는 데 시간이 걸려 개표는 12월 28일에나 이루어졌다. 선거는 자유당의 로이드 조지 진영과 그의 정치적 동반자인 앤드루 보너 로의 보수당이 손잡은 연립정부, 자유당의 애스퀴스 진영, 그리고 연립정부와 결별하고 재출범한 노동당이 겨루는 삼파전 양상을 띠었다.

그리하여 실시된 투표 결과는 연립정부의 압승으로 나타났다. 로이드 조지마저도 깜짝 놀랐을 정도의 압승이었다. 새로운 하원의 거의 85퍼센트를 그의 지지자들이 차지했으니까. 반면에 애스퀴스 진영은 참패를 면치 못했고, 그 자신도 낙선의 고배를 마셨다. 전전에 이름을 날린 자유당 내의 다른 지도급 인사들도 줄줄이 낙선했다. 노동당도 공식 야당(제1야당)이 되는 기염을 토함으로써, 에스퀴스 진영에 또 다른 굴욕을 안겼다.

이번 총선 결과는 전시에 급격한 변화를 겪은 참정권과도 관계가 있었다. 1차 세계대전의 발발로 여성 노동력의 수요가 급증하자, 성인 남자

(21세 이상)와 더불어 성인 여자(30세 이상)에게도 사상 최초로 참정권이 부여되었던 것이다. 그렇게 되자 전전에는 750만 명에 불과하던 유권자가 1918년에는 2,100만 명으로 대폭 늘어났다. 다만 새롭게 참정권을 얻은 노동자 계급과 여성 유권자들은 해외에서 제국 확장에 들어가는 지출 법안과 같은 문제들에서는 기존 유권자들과 확연히 다른 시각을 가진 것으로 나타났다.

이렇게 보면 잠재적으로 불안의 소지를 안고 있던 로이드 조지의 압승도 총리가 속한 자유당의 덕이기보다는 보너 로의 보수당 덕이 컸다는 이야기가 된다. 실제로 새로 구성된 하원은 보수당이 과반을 점유했고, 보수당 의원 대부분이 의회에 처음 진출한 새내기들이었으며, 그들 가운데 또 많은 이들이 보수당의 우파에 속하는 상인 내지 실업가들이었다. 따라서 총리와는 다른 정치적 의제를 갖고 있었다.

그래도 한동안은 총리가 앤드루 보너 로의 전폭적 지지 속에 정치적 안정감을 누렸다. 로이드 조지는 보수당 당수인 보너 로와 긴밀한 협력관계를 구축했다. 그것이 두 사람의 궁합에도 잘 들어맞았다. 보너 로는 겸손하고 소극적인 인물이었다. 따라서 로이드 조지가 주도권을 잡고 각광받는 것에 개의치 않았다. 보너 로가 자신의 보좌관 중 한 사람에게 다우닝가 10번지에 거주하는 땅딸막한 인물을 가리켜 이렇게 말한 것으로도 그 점을 충분히 짐작할 수 있다. "저 작달막한 사람을 떠나보내서는 결코 안 될 일이야. 앞으로도 그와 우리는 같은 길을 조화롭게 걸어갈 것이기 때문이지."[3]

Ⅱ

과거의 오명을 씻기 위해 노력한 마흔다섯 살의 정치인 윈스턴 처칠도 새로운 내각의 입각을 권유받았다. 1919년 1월 9일 총리가 그에게 육군장관 겸 공군장관의 직책을 동시에 제의한 것이다.(그러나 물론 총리는 이 말도 잊지 않았다. "급여는 한 사람분만 지급될 것이오!")[4] 처칠은 이튿날 바로 그 제안을 받아들였다. 그리하여 군수장관 때는 전시내각에 참여하지 못했던 그가 정부 내 핵심그룹으로 복귀하자, 예상했던 대로 그의 육군장관 임명에 반발하는 거센 저항이 일어났다.

보수 계열의 한 신문에도 이런 논평이 실렸다. "처칠의 유별난 행적으로 미루어볼 때 이번에도 조만간 그는 자신이 맡은 업무를 엉망으로 만들어 놓을 게 분명하다. 성격은 운명이다. 처칠 씨는 매사를 그릇된 길로 몰아가는 비극적 결함을 지니고 있다. …… 그의 장관 임명으로 미래가 심히 우려되는 것도 그래서다."[5]

처칠은 국가 재원을 탕진했다는 저간의 평판—본인의 의사와 관계없이 얻은—에도 시달린 경험이 있었다. 그래서 이번에는 자신도 긴축할 수 있다는 것을 보여주려고 작심한 듯, 야심찬 국가정책도 재원이 없으면 규모를 줄일 필요가 있다는 입장을 피력했다. 그것에 그치지 않고 중동의 오스만제국을 영국으로 대체하려는 로이드 조지의 계획도 돈과 인력이 부족하면 난항에 부딪칠 수도 있다는 뜻을 내비치자, 그를 싸고돌기만 하던 총리도 이례적으로 그를 무시하는 태도를 보였다.

로이드 조지는 중동에 파견된 영국군만 해도 250만 명에 달하고 그중 25만 명이 죽거나 부상당한 반면, 갈리폴리 전투를 제외하면 프랑스군은 사상자가 거의 없었고 미군 또한 중동에는 발도 디밀지 않았다고 하면서, 영국은 중동에서 주도적 역할을 할 자격이 충분하다고 말했다.[6] 평화회의에서도 그는 108만 4,000명에 달하는 영국 및 제국 병력이 오스만 영토에 주둔해 있다는 사실에 근거해 자신의 주장을 펴는 것이라고 역설했다.[7] 그와 더불어 영국을 제외하면 점령군에 의미 있는 규모의 군대를 파견한 나라는 없다는 점도 함께 지적했다.

내각장관에 따르면 로이드 조지는 전쟁 중에도 "적의 영토를 획득하고 있으면 종전 뒤 평화회의에서 영국이 유리한 입지를 차지할 수 있다는 점을 결코 잊지 않았다"고 한다.[8] 총리는 친구에게도 이렇게 말했던 것으로 전해진다. "영토를 군사적으로 보유하면 양상은 크게 달라질 수 있어."[9]

반면에 윈스턴 처칠은 영국군 100만 명이 중동을 점유한 것은 일시적 현상이고, 그러므로 파병군도 본국으로 철수해야 한다는 점을 되풀이해서 강조하면서 그와 다른 견해를 나타냈다. 그리하여 그것이 육군장관으로서 자신이 해결해야 할 첫 번째 과제가 되자 정부 정책의 우선순위도 새롭게 바뀌어야 한다고 강력히 주장했다.

처칠이 육군장관으로 공식 취임한 1919년 1월 10일 영국군 참모총장이 군대에서 발생한 위기와 관련하여 급히 그의 조언을 구했다. 병사들이 즉각적 동원해제를 요구하며 시위를 벌였다는 것이다. 뒤이어 혼란이 확산되자 처칠은 그것이 행여 볼셰비키 혁명과 같은 봉기로 이어지지 않을까 불안해졌다. 나중에 그는 "끔찍한 일들이 다반사로 일어나고 기존 체제들이 붕괴되는 소름끼치는 광경을 목격하다 보니, 오랫동안 고통에 신음한 나라는 단 한 차례의 격변만으로도 국가 기반이 송두리째 흔들릴 수 있음을 알게 되었다"고 하면서, 당시에는 그런 두려움을 충분히 느낄 만했다고 기록했다.[10] 그것도 처칠이 철도와 수송선을 총동원해서라도 파병군 철수를 급히 서두르는 것이 옳다고 믿는 데 한몫했다.

실제로 그로부터 2주 뒤 프랑스 칼레에 주둔 중이던 영국군 병사 5,000명이 동원해제를 요구하며 폭동을 일으켰다. 하지만 처칠은 그에 대한 해결책을 이미 강구해놓았다. 철수 계획을 세워놓았던 것이다. 그리하여 1919년 내내 그 계획은 처칠의 지시 아래 신속히 실행되었다.

문제는 그 때문에 영국이 평화협정에서 유리한 고지를 점하기 힘들어질 수도 있다는 것이었다. 유럽의 영국 원정군 총사령관 더글러스 헤이그 육군 원수도 1919년 1월 15일 현재의 영국군은 "빠르게 사라지고 있다"고 하면서, 그것을 대체할 점령군을 새로 만들어내지 못하면 "독일은 새로운 협상 카드를 들고 나올 수도 있다"고 처칠에게 경고하는 말을 했다.[11] 그것은 튀르크에도 해당될 수 있는 말이었다. 처칠은 결국 며칠 뒤 총리에게 이런 비망록을 제출했다. "막대한 희생과 곤란을 무릅쓰고 얻은 것들을 내팽개치고 승리의 전리품을 빼앗기지 않으려면, 앞으로 족히 몇 달은 적의 영토에 점령군을 제공해야 할 것입니다. 단순히 제공하는 데 그칠 것이 아니라 독일, 튀르크를 비롯한 여타 적들로부터" 우리의 요구사항을 "얻어낼 수 있을 만큼 막강한 군대여야 할 것입니다."[12]

그리하여 처칠이 평화협상을 유리하게 이끌어갈 수 있도록 총리에게 시간을 벌어주기 위해 고안해낸 것이, 영국 최초의 평시 징병제에 따라 병사들을 징집해 점령군을 유지하는 것이었다. 그러나 국내 정치 현실을 우려한 로이드 조지가 그것에 난색을 표하며 군대의 규모를 줄일 것을 지시하자 그도 총리의 명령을 따를 수밖에 없었다. 나중에는 1920년 3월부로 징집을 끝내겠다는 약속마저 해주어야 했다. 처칠은 하원에서 "영국이 원하는 협정을 체결할 수 있을 때까지는 군대를 해산해서는 안 된다"고 주장했다.[13] 그러나 정치논리에 밀려 철군은 신속히 진행되었고, 1919년 10월에는 처칠도 마침내 "군대가 유야무야 사라졌다"는 사실을 인정하게 되었다.[14] 영국이 동방에서 원하는 요구사항도 얻지 못한 상태에서 그런 일이 벌어진 것이다. 처칠은 1914년 열강이 앞다퉈 동원령을 내리는 것을 보고, 영국 각료들 가운데 유일하게 세계대전이 일어날 것임을 알아챈 예리한 인물이었다. 그랬던 그가 1919년에도, 승리를 공고히 다지기도 전에 영국이 철군 일정에 밀려 전장을 떠날 수밖에 없게 된 사실을 가장 예리하게 간파한 장관이 되었다.

처칠은 영국이 분수에 맞게 살기 위해서는 정부지출을 줄여야 할 절박한 필요성도 느꼈다. 하원에서도 그는 "병력의 실질적 감축을 위해 최선을 다하겠다. 그렇지 않고서는 재정 건전성을 유지할 수 없기 때문"이라고 단호하게 말했다.[15] 실제로 처칠은 1919년에 6억 400만 파운드였던 것을 1922년에는 그것의 17퍼센트 정도밖에 안 되는 1억 1,100만 파운드로 국방비 규모를 대폭 줄였다.[16]

처칠은 파병군이 철수하면 중동이 인도군 수중에 들어갈 수 있다는 문제점도 함께 제기했다. 해외에 파병된 인도군은 1914년에만 100만 명이 넘었고 그들 대부분이 이슬람교도였다. 따라서 그로서는 인도군의 압도적 다수를 점하는 무슬림 병사들이 중동의 점령군이 되어 동료 무슬림들을 억압해야 하는 내키지 않은 임무를 부여받았을 때, 발생할 수 있는 정치적 결과가 걱정되었다.[17] 그래서 1920년 초 내각에 그 점을 환기시켰다. 처칠은 이렇게 썼다. "중동문제를 조용히 타결 지으려면 인도군을 이용하는 것밖에 달리 뾰족한 수가 없다. 그러므로 인도 병력을 이용하는 것에 대해 인도의 여론을 악화시킬 수 있는 일이나, 그들의 충성심에 영향을 줄 수 있는 일은 결코 하지 말아야 한다."[18] 영국은 무슬림 병력에 의존해야 하므로, 영국의 중동정책도 무슬림 감정을 거스르지 않는 방향으로 수정할 필요가 있다는 것이 그의 생각이었다. 그러면서 처칠은—총리에게는 별 감흥을 주지 못했지만—튀르크에 대해서도 좀 더 우호적인 정책을 펴야 한다는 점도 함께 지적했다.

III

데이비드 로이드 조지는 지난 몇 년간 고된 전쟁을 수행했다는 사실이 믿기지 않을 만큼 여전히 왕성한 에너지를 뿜어내며 쉰여섯 살이 되기 일주일 전, 전후의 첫 연립내각을 구성했다. 그런 다음에는 개인적으로 자신의 당면 과제로 삼았던 외교 사안으로 관심을 돌렸다. 장기간 해외에 머물며 세계의 정치지도를 다시 그리려는 것이 그의 계획이었다. 국내정치와 하원의 관리는 보너 로에게 맡겨 두고 자신은 홀가분하게 외교정책에만 전념하려고 했다.

그러나 결과적으로 보너 로는 그 일을 감당해내지 못했다. 따라서 총리도 한가롭게 세계를 개편하는 문제에만 전념할 수 없게 되었다. 아일랜드에서 내란이 재개된데다 영국 내에서도 사회, 경제적 갈등이 투표소를 벗어나 거리와 공장들에서 폭발했기 때문이다. 가뜩이나 경제가 위축된 상황에서 노사 모두 전시의 이득을 전후에도 계속 유지하려고 하자 총선이 끝난 지 불과 한 달밖에 안 된 시점에 산업전쟁이 촉발되었던 것이다. 그리하여 폭력이 발생하자 정부는—볼셰비키의 악몽을 떠올리며—그것이 노동자계급 혁명으로 비화될지도 모를 개연성을 우려해, 육해군 참모총장들과 폭력사태를 진압할 수 있는 방책을 논의했다.

영국 경제는 1920~1921년 사이에 붕괴했다. 물가가 폭락하고, 수출도 둔화되고, 폐업하는 회사가 속출하고, 온 나라가 전례 없을 정도의 대규모 실업과 씨름을 벌였다. 상황이 그렇게 되자 정치인들도 국내외에서 벌여놓은 각종 사업을 시행할 여력이 있는지에 대해 의문을 갖기 시작했다. 영국은 팔레스타인과 메소포타미아 등지에서는 외교정책의 모험을 감행했고, 국내에서도 사회적 평화를 얻기 위한 사업을 벌였다. 자유당이 주도한 주택과 사회개혁 프로그램—대부분 자유당 출신의 의회 지도자였던 외과

의사 겸 정치가 크리스토퍼 애디슨의 손에서 만들어졌다—이 그것이었다. 그러다 보니 본래는 그 계획을 지지했던 총리도 예산 낭비를 질타하는 토리당의 공격에 직면하자, 그것을 단념하는 것은 물론 각별한 친분관계를 유지하던 애디슨 박사마저 내처야 하는 궁지에 몰렸다. 반면에 그는 또 "혁명정신의 확산을 막는 것이 폭넓은 사회진보의 길로 나아가는 것"이라는 관점,[19] 요컨대 사회진보를 포기하는 것은 선동과 폭력에 문을 열어주는 것이나 다름없다는 관점도 지니고 있었다. 그러나 얄궂게도 그것이 또 제국적 야망을 포기하지 않고 그가 중동에서 행한 일이기도 하다.

총리—전시에 기적을 행했던 인물—는 이렇듯 군대의 규모도 축소되고, 경제상황도 악화되고, 사회가 붕괴되는 와중에 중동과 세계를 재편하는 일에 전념하고 있었고, 처칠은 처칠대로 누구의 주목도 받지 못하는 가운데 시간이 없다는 경고만 계속 보냈다.

41. 배신

영국의 로이드 조지와 연합국 수뇌들이 중동지역과 관련해 마침내 타결 지은 평화조약의 구체적 내용은, 결과적으로 협상의 진행 과정보다도 오히려 중요성이 떨어지는 것으로 드러났다. 타결에 오랜 시간이 걸린 것도 일이 그렇게 된 한 가지 요인이었다. 그 때문에 상황이 더 악화되었던 것이다. 우호적 지도자들이 비우호적 지도자들로 교체된 것, 예전의 동맹들이 불화를 일으킨 것, 패전국들이 재편되어 되살아난 것, 영국군 규모—처칠이 시종일관 과제로 삼았던 문제—가 줄고, 그로 인해 승리의 몫을 제대로 챙기지 못한 것, 이 모두 상황을 악화시킨 요인들이었다.

서로를 믿지 못하는 상태에서 협상을 진행한다는, 당사국들이 느꼈던 전반적 의식 또한 최종 타결의 중요성을 떨어뜨린 요인이 되었다. 중동의 평화협상은 기본적으로 로이드 조지가 짠 각본에 따라 전개되었다. 미국을 소비에트 러시아나 혹은 소생하여 재무장한 독일이 제기할 수 있는 위협으로부터 영국을 보호해줄 세력으로 삼는 동시에, 이탈리아 및 프랑스와도 싸움을 붙여 어부지리를 챙기려는 두 가지 속셈을 가진 로이드 조지의 각본에 따라 진행되었다는 말이다. 하지만 이 전략은 1918~1919년에서

592 현대 중동의 탄생

1919~1920년으로 협상시점이 넘어가면서 미국이 영국의 동맹도 아니고 어느 나라의 동맹도 아니라는 사실이 밝혀지면서 엇박자가 나기 시작했다. 미국이 세계정세와 '헝클어진 동맹관계'로부터 발을 빼려고 했기 때문이다. 미국과의 동맹이 어려워지자 로이드 조지는 프랑스와의 동맹을 모색하여 예전과 반대되는 길을 걸을 요량으로, 그간 중동에서 취했던 반프랑스 정책을 철회하려고 했다. 그러나 그때는 이미 영국-프랑스 동맹이 돌이킬 수 없을 정도로 손상을 입은 뒤였다.

사정이 이렇게 되자 영국 지도자들은 미국에 배신감을 느꼈다. 미국은 미국대로 세계대전의 궁극적 목표로 삼았던 숭고한 이상을 영국이 저버린 것으로 판단했다. 이렇게 해서 로이드 조지의 부도덕한 행위와 우드로 윌슨의 미숙한 정치력으로, 중동 평화협상은 출발도 어설프고 끝은 더욱 어설픈 것이 되고 말았다.

Ⅱ

우드로 윌슨은 1차 세계대전을 종결짓는 평화조약에 자신의 원칙을 기필코 실현시키겠다는 단호한 의지로 파리 평화회의에 직접 참가함으로써, 재임 중에 서반구를 벗어난 최초의 미국 대통령이 되었다. 하지만 연합국으로서는 윌슨의 그런 전례 없는 행동이 불편하게만 느껴졌다. 클레망소만 해도 그를 비롯한 각국 총리들이 동급의 국가수반임에도 서열 면에서 윌슨에게 밀릴 것으로 보고 그의 참가를 못마땅히 여겼다. 그렇게 되면 평화회의 의장도 당연히 서열이 앞서는 그가 차지할 것이었기 때문이다.

미국 내 여론도 우호적이지만은 않았다. 평화회의에는 윌슨의 참모인 에드워드 멘델 하우스를 대신 보내고 대통령은 본국에 남아 자신이 제안한 평화원칙에 대해 상원과 국민의 지지를 얻기 위해 노력을 경주해야 한다는 것이 언론과 각계의 판단이었다. 하지만 윌슨은 요지부동으로 그 제의를 거부했고, 그 때문이었는지 하우스 대령에 대한 신뢰감에도 의문을 갖기 시작했다. 그리하여 1918년 12월 윌슨과 다수의 미국 조언자들은 마침내 워싱턴호를 타고 대서양을 횡단하여 12월 13일 금요일 브레스트 항(프랑스 서부 브르타뉴 지방의 항구도시—옮긴이)에 도착했다.

윌슨은 가는 곳마다 열광적인 환영을 받았다. 경제학자 존 메이너드 케인스(1883~1946)도 당시의 상황을 이렇게 기록했을 정도다. "워싱턴을 떠나온 윌슨 대통령은 역사상 전무후무한 명성을 누리고 세계인들에게 커다란 도덕적 감화를 끼쳤다."[1] 그러나 얄궂은 것은 장차 일어나지 않을 것이라고 말한 윌슨의 연설 내용이, 결과적으로 평화회의에서 일어날 일을 가장 정확하게 예측한 족집게가 되었다는 사실이다. 민족과 지방들이 "마치 체스의 졸처럼 이 나라 저 나라의 손바닥 안에서 움직이고," 협정들 또한 "관련 지역주민들의 이해관계나 이익을 위해서가 아닌", (윌슨의 반대에도 불구하고) "외적 영향력이나 지배력을" 행사하려는" 경쟁 국가들의 타협이나 조정"을 통해 타결되었다는 의미에서다.* 심지어 미국마저도 윌슨이 설정한 노선을 따를 준비가 되어 있지 않았다.

한편 연합국과 동맹국 간의 정전협정이 체결된 때와 거의 비슷한 시기였던 1918년 11월, 미국의 집권당인 민주당은 중간선거에서 패해 상원의 주도권을 빼앗겼다. 그렇게 되자 상원 외교 분과위원회가 정적들에게 장악되어, 윌슨은 평화회의가 시작되기도 전에 조약을 어떻게 비준 받아야 할지 걱정부터 떠안게 되었다. 꼬장꼬장한 그의 성격상 양보를 하거나 정치적 거래를 하여 막힌 숨통을 뚫을 개연성도 희박했다.

---

* 윌슨의 연설은 앞의 31장을 참조할 것.

나라 밖 상황도 좋지 않게 돌아갔다. 파리에 도착하기 무섭게 관대하고 그의 이상주의적인 원칙에 대한 구체적 실행방안을 충분히 고려하지 않은 사실이 드러났다. 간단히 말해 윌슨은 타결될 사안에 대한 구체적 처리방안 없이 의견 보따리만 한 아름 안고 온 것이었다. 케인스는 그 상황을 이렇게 묘사했다. "대통령이 뚜렷한 방안을 제시하지 못함에 따라 회의는 대체로 프랑스 혹은 영국이 짠 초안에 따라 진행되었다."[2] 이렇게 내용을 제대로 숙지하지도 못하고 협상력 또한 서툰 상태에서 윌슨은 다른 나라 수뇌들의 말을 들으려 하지도 않고 그렇다고 또 그들을 주도해가지도 못해, 회의장에서 거치적거리는 존재가 되기 일쑤였다.

하우스는 윌슨에게 국외에서는 연합국, 국내에서는 상원과 타협할 것을 권유했다. 하지만 고집불통 윌슨에게는 그것이 소귀에 경 읽기일 뿐이었다. 그는 절친한 친구의 고언에 콧방귀를 뀌고 그에게서 등을 돌렸다. 1919년 중반부터는 아예 그의 얼굴도 보지 않았다.

Ⅲ

로이드 조지의 중동전략은 윌슨이 해당 지역들에서 영국을 힘들게 하지 못하도록 그의 주의를 딴곳으로 분산시키고, 미국민들의 반제국주의 분노를 프랑스와 이탈리아가 제기한 주장들로 향하게 만드는 것이었다. 파리평화회의 영국 측 간사였던 모리스 행키가 심지어 평화회의가 열리기도 전 자신의 일기에 이렇게 적어놓은 것도 그 점을 말해준다. 로이드 조지가 "윌슨 대통령을 독일령 동아프리카 문제로 끌어들여, 팔레스타인 문제에서 그를 배제시키려고 했다"는 것이 일기 내용이었다.[3] 그러나 사실 로이드 조지는 그런 노력을 기울일 필요조차 없었다. 평화회의에서는 부득불 유럽 문제가 우선적으로 다루어지고 다른 문제들은 차선으로 밀려났기 때문이다. 러시아 문제와, 볼셰비키가 유럽을 휩쓸지 모른다는 두려움이 평화회의 내내 참석자들의 마음을 무겁게 짓눌렀다. 그러다 보니 오스만제국 문제도 등한시할 수밖에 없었다. 윌슨은 윌슨대로 다른 문제에 마음을 빼앗겨 중동에 충분한 주의를 기울이지 못했다. 그러다 뒤늦게 그 문제로 관심을 돌리자 로이드 조지가 또 재빨리 영국이 점유한 중동지역 문제를 의제에서 제외시켜 그의 감시망을 교묘하게 피해갔다. 총리는 그것에 그치지 않고, 윌슨의 반제국주의 에너지를 중동에서 영국과 경쟁하는 나라들, 다시 말해 전시동맹국들의 야망을 비판적으로 감시하는 역할로 돌려놓았다.

Ⅳ

이탈리아가 애당초 연합국 편에서 1차 세계대전에 참전한 것은 오스만제국이 해체되면 얻게 될 몫까지 포함하여, 영국과 프랑스가 참전에 대한 대가로 영토를 주겠다고 약속했기 때문이었다. 1917년 중엽 이탈리아, 영국, 프랑스 간에 조인된 생장드모리엔 협정에도 오스만제국의 분할과 관련된 내용이 명기돼 있었다. 그런데 문제는 이 협정이 볼셰비키 혁명으로 러시아 정부가 전복되는 바람에 러시아의 승인을 받지 못해 실행되지 못했는데도, 이탈리아가 계속해서 프랑스 및 영국과 동등한 대우를 요구하며 영토를 주장했다는 점에 있었다. 한 이탈리아 상원의원의 말을 빌리면, "다른 나라들이 아무것도 갖지 않으면 우리도 아무것도 요구하지 않겠다"는 것이 이탈리아의 입장이었다.[4]

생장드모리엔 협정에서 이탈리아가 약속받은 오스만 영토는 소아시아로도 불리는 아나톨리아의 일부 지역이었다. 하지만 거기에는 이탈리아의 보호를 받아야 할 이탈리아인 거류지도, 이탈리아가 굳이 이익을 지켜주어야 할 공동체도 없었다. 이탈리아의 소아시아 점령은 우드로 윌슨의 민족자결주의 원칙에도 맞지 않았다. 이탈리아 총리 비토리오 에마누엘레 오를 란도 또한 아나톨리아를 차지하기는 어려울 것으로 전망했다. 하지만 당시 이탈리아 여론은 민족주의 광풍에 휩싸여 있었고, 외무장관 시드니 손니노로 대표되는 의회와 내각도 그 점에서는 다를 바 없었다.[5] 그러므로 그 상황에서 만일 오를란도와 손니노가 전시의 약속을 지키도록 연합국을 설득하지 못하면 본국에서 정치적 타격을 입을 것은 뻔한 노릇이었다. 따라서 그들로서는 행동을 취할 수밖에 없었다.

1919년 3월 중순 이탈리아군은 결국 질서회복이라는 명목으로 아나톨리아 남부의 아탈리아(지금의 안탈리아)로 진군했다. 그러나 질서만 회복되면 떠나려고 했던 당초 계획과 달리 그들은 그곳에 눌러 앉았고, 그것도 모자라 두 달 뒤에는 아탈리아는 물론 그 위쪽의 마르마리스 항에 상설기지 비슷한 것을 세우고 군대까지 주둔시켰다.[6] 그러자 연합국도 이탈리아가 혹시 내륙으로 진군하여 자신들에게 영유권이 있다고 주장하는 아나톨리아 전역을 차지하지나 않을까 내심 불안한 마음이 들었다.

이 문제는 결국 로이드 조지의 강력한 권유로 미국이 총대를 메게 되었다. 그리하여 우드로 윌슨이 유럽과 중동의 영토를 과도하게 요구하는 오를란도의 행동에 제동을 걸어달라고 이탈리아 여론에 호소하자, 평화회의에 참석했던 이탈리아 대표들은 자국민들의 지지를 얻기 위해 1919년 4월 24일 본국으로 돌아갔다. 그러자 기다렸다는 듯 미국, 프랑스, 영국은 이탈리아에 등을 돌리는 행동을 하기 시작했다. 어제의 동지였던 이탈리아를 졸지에 평화를 위협하는 제국주의 침략국으로 규정한 것이었다. 연합국이 똘똘 뭉쳐 이탈리아를 몰아세우는 광경을 보고는 클레망소도 이렇게 한마디 했다. "국제연맹의 시작 한번 볼 만하구먼!"[7]

1919년 5월 2일에는 이탈리아 군함들이 스미르나(이즈미르)로 향한다는 보고를 받고는 윌슨이 대노하여, 미국 전함들을 파견하겠다고 으름장을 놓은 뒤 필요하면 이탈리아와 전쟁까지도 불사하겠다는 뜻을 내비쳤다.[8] 그리고 5월 5일 이번에는 이탈리아군이 잔혹행위를 저질렀다는 윌슨과 여타 사람들의 이야기를 듣고 연합국이 흥분한 나머지, 이탈리아 대표단이 평화회의에 복귀하기로 예정된 5월 7일 이전이라도 행동에 나서기로 하고, 로이드 조지의 제안에 따라 스미르나와 지척지간인 그리스에 군대의 상륙을 요청하기로 했다. 질서 유지가 표면적 이유였으나 실제로는 이탈리아군을 몰아내려는 것이 그들의 목적이었다. 그리스군은 5월 15일 스미르나에 상륙했다.

그러나 그리스군의 스미르나 상륙은 이탈리아만을 겨냥한 임시방편인 것처럼 이야기한 연합국의 본래 의도와 달리, 처음부터 항구적인 특징을 지녔다. 파리 평화회의의 영국 측 간사였던 모리스 행키도 스미르나를 터키에서 분리해 그리스로 편입시키는 것이 옳다고 믿었다.[9] 그렇다고 그것이 그 혼자만의 생각인 것도 아니었다. 로이드 조지와 우드로 윌슨 역시 평화회의에 참석한 엘레우테리오스 베니젤로스 그리스 총리의 매력에 흠뻑 빠져, 그리스의 역사적 사명을 논하는 그의 비전에 홀딱 넘어간 것이었다.

베니젤로스는 연합국 수뇌들의 상상력을 완전히 사로잡았다. 하지만 설사 그렇지 않았다 해도 이탈리아는 애당초 그리스의 상대가 되지 못했다. 베니젤로스의 논거가 윌슨이 구상하는 미국의 방침과 로이드 조지가 바라는 영국의 이익 모두에 부합하는 본질적 호소력을 지녔기 때문이다. 이탈리아의 주장과 달리 아나톨리아에 대한 베니젤로스의 주장은, 역사는 물론이고 그곳 주민들에도 토대를 두고 있었다. 스미르나는 고대 그리스 문명의 중심지로 지중해 최고(最古)의 역사를 지닌 그리스 도시들 중 하나였던 것이다. 동시대에 발간된 1911년 판 『브리태니커 백과사전』에도 스미르나는 인구 25만 명 가운데 "절반이 그리스인"이었던 것으로 기록돼 있다. 게다가 사전에는 "현대의 스미르나는 정부 빼고는 모두 기독교 일색인 도시라 해도 과언이 아니다"라는 말까지 부연 설명돼 있다. 따라서 이것도 기독교도이자 그리스 애호가인 로이드 조지에게, 스미르나를 무슬림 터키정부에서 기독교 그리스 정부로 이관시키는 것이 옳다고 볼 만한 이유가 될 수 있었다. 그것은 윌슨의 민족자결주의 원칙에도 들어맞았다.

그리스는 또 연합국에 뒤늦게 합류한 점에서는 이탈리아와 같았지만, 거대한 게임이 벌어진 초기부터 영국의 피보호국 대우를 받았다는 점에서는 이탈리아와 달랐다. 독립 그리스 왕국의 수립도 1827년 나바리노 해전에서 영국해군이 지휘한 연합함대가 승리한 데 따른 결과였다. 이렇듯 두 나라는 오랫동안 우정을 나눈 전통이 있었고, 로이드 조지에게는 이런 그리스가 동맹으로 느껴지는 것이 당연했다.*

이탈리아와 그리스는 양립 불가능한 주장을 했다. 오스만제국의 같은 지역들에 눈독을 들였다는 의미에서다. 그 상태에서 윌슨과 연합국의 수뇌들이 아직 임자도 정해지지 않은 그곳들을 이탈리아가 점유하는 것을 막기 위해 그리스군을 파견했던 것인데, 그것이 결과적으로 이탈리아의 주장은 부정하고 그리스의 주장만 지지하는 꼴이 되었다. 영국에도 물론 그런 결과가 나온 것에 낙담한 사람들이 있었다. 하지만 로이드 조지에게는 그것이 영국의 이익과 원칙에 전적으로 부합하는 것으로 보였다.

로이드 조지는 이렇듯 여러 가지 일을 동시에 수행하면서, 영국이 처리해야 할 스미르나 문제를 윌슨이 주도하게 하여 그의 관심을 영국이 가진 의도로부터 이탈리아가 가진 의도로 돌려놓는 데 성공했다. 이탈리아

---

* 베니젤로스도 그 점에서는 다를 바 없어, 터키와 영국 모두 아직 전쟁에 돌입할 것인지 결정도 하지 않았던 1914년 여름 오스만제국과의 전쟁에 그리스를 영국의 동맹으로 참전시키겠다는 제의를 했다.

지도자들을 만나 이탈리아의 "제국주의 야망"을 질타하고 담판 짓는 일은 윌슨에게 맡겨 놓고,[10] 자신은 상냥하게 그들을 다독거리고 설득력 있는 연설을 하여 총리의 눈물까지 쏙 빼놓는 선한 역을 맡았다. 오를란도가 북받치는 감정을 주체하지 못해 창문 곁으로 가 흐느껴 울자, 창문 밖 거리에서 그 광경을 지켜본 구경꾼이 이렇게 물었을 정도다. "그자들이 대체 저 노신사에게 무슨 짓을 한 거지?"[11]

그자들이 한 짓은 이내 밝혀졌다. 1919년 6월 19일 오를란도가 이탈리아의 영토적 야망을 달성하지 못한 책임을 지고 총리직에서 물러난 것이다.

V

로이드 조지가 윌슨의 주의를 딴 곳으로 돌리기 위해 사용한 두 번째 전략은, 그가 시리아에 대한 프랑스의 주장을 반대하게 만드는 것이었다.

미국은 터키와 싸운 교전국이 아니었다. 그런데도 윌슨은 오스만과 관련된 협상에 참여했다. 그가 제안한 14개 조항이 오스만 문제의 타결에는 적용할 수 없었지만(독일과 달리 터키에는 14개 조항에 근거한 항복이 허용되지 않았던 것이다), 정치철학의 표현으로 간주되어 국제문제는 다룰 수 있었던 것이다. 로이드 조지도 그것을 알고 우드로 윌슨이 오스만제국의 아랍어권 지방들의 안건을 심의하려고 하자, 시리아의 독립을 위협하는 프랑스—윌슨의 14개 조항과 원칙에 반하는 위협이었다—로 그의 관심을 돌려놓았다. 그런 식으로 그는 영국이 가진 의도에서 프랑스가 가진 의도로 윌슨의 관심을 바꿔놓았다.

그래도 영국 대표단은 윌슨 대통령이나 다른 나라 대표단에게 파이살이 다마스쿠스를 해방시켰다고까지는 주장하지 않았다. 그 점에 대해서는 앨런비 장군이 "연합군이 다마스쿠스를 점령한 직후 파이살이 그곳의 점거와 통치를 허가받았다"고 회의 참석자들에게 정확한 내용을 알려주었다.[12] 그러나 영국 대표단은 파이살과 그의 부하들이 시리아 해방에 중요한 역할을 했다는 점만은 강력히 부각시켰다. 그러면서 파이살에게는 시리아를 통치할 권한이 있고, 특히 파이살이 원하면 프랑스의 조언과 고문관들도 거부할 권리가 있다고 역설했다. 그것이 회의의 쟁점이 되었다. 로이드 조지에 따르면 논쟁의 당사자는 파이살의 시리아와 클레망소의 프랑스일 뿐, 영국은 양측 모두를 지지하는 나라에 지나지 않으므로 이편도 저편도 아니라는 입장이었다.

월슨은 당연히 시리아인 스스로 정부를 선택할 수 있는 권리를 지지했다. 파이살이 협상 타결에 흔쾌히 협조할 의지를 보인 것도 월슨의 판단에 긍정적 영향을 미쳤다. 미국의 시온주의 지도자 루이스 브랜다이스의 대리인으로 평화회의에 참석한 펠릭스 D. 프랭크퍼터가 파이살을 만난 뒤 브랜다이스에게 이렇게 보고한 것도 그 점을 뒷받침한다. "평화회의에서 아랍 문제는 이제 더 이상 시온주의 계획을 실현하는 데 걸림돌로 작용하지 않을 것 같습니다."[13] 아랍 대표로 평화회의에 참석한 파이살도 회의 참석자들에게, 그가 독립을 주장하는 아랍지역에서 팔레스타인은 배제시킬 것이라고 말했다. 유대인의 주장에 대해 보이는 파이살의 이런 합리성은, 아랍인들의 독립 주장을 영국의 사주에 의한 속임수로 보고 그에 대해 강경노선을 고수한 클레망소와 극명한 대조를 이루었다.

영국은 프랑스가 파이살에게 어떤 영향력을 행사하든 개의치 않겠다는 입장을 보였다. 하지만 파이살이 프랑스의 지시나 영향력을 받아들이지 않을 것이 뻔한 상황에서, 그것은 주나마나 한 생색에 지나지 않았다. 파이살이 영국의 신세를 지는 것은 분명했다. 파이살은 영국의 돈을 받고 있었고, 대표단의 비용도 영국이 대고 있었다. 게다가 평화회의 내내 파이살은 그의 막역한 친구이자, 조언자이자, 통역자이자, 불가분의 동반자였던 T. E. 로렌스를 대동하고 다녔다.

프랑스는 그 상태에서 만일 파이살을 시리아의 대변자로 인정해주면 시리아를 영국에 빼앗길 것으로 보고, 자신들도 별도의 시리아 지도자들을 만들어내기로 했다. 시리아의 가장 명망 있는 인사들만 해도 프랑스에 다년간 거주하고 있었고, 그들 가운데 일부는 프랑스 외무부의 후원까지 받고 있었으므로 어려운 일은 아니었다. 게다가 그들은 언어와 종교는 비슷해도 시리아인은 아랍인이 아니고, 그러므로 자신들도 프랑스의 지도를 받는 그들만의 나라를 가질 자격이 있다고 주장하여 프랑스 정부에 힘을 보태주었다.

그러자 로이드 조지도 가만히 있지 않고 유럽에서 독일과 맞서는 프랑스를 영국이 지지해주었다는 사실을 시리아 문제에 연계시키며 반격에 나섰다. 클레망소가 1918년 영국-프랑스 동맹을 공고히 하기 위해 팔레스타인과 모술을 로이드 조지에게 양보한 것으로도 알 수 있듯이, 독일 문제는 프랑스에 가장 중요한 사안이었다.

클레망소는 정치력의 한계에 도달해 있었다. 그 상태에서 그가 프랑스의 요구사항을 수용하는 조건으로 파이살을 시리아 지도자로 받아들인 것은 개인적으로 정치적 배수진을 친 것과 다름없었다. 그런데도 영국은 파이살뿐 아니라 아랍의 완전한 독립도 받아들일 것을 요구함으로써 그의 퇴로마저 끊어놓았다. 그 요구를 받아들이면 클레망소는 정치적으로 파멸할 수밖에 없었다. 그래도 프랑스가 독일과 맞서는 상황이었으므로 그로서는 영국의 도움이 절실한 형편이었다. 클레망소는 이렇듯 시리아와 독일 문제를 결부시키는 로이드 조지의 올가미에 걸려 이러지도 저러지도 못하는 진퇴양난에 빠졌다. 그래서인지 로이드 조지와 회담하는 도중에도 그로 인한 울분이 곧잘 폭발하고는 했다. 언젠가는 화를 참지 못해 칼로든 총으로든 결판을 내자고 로이드 조지에게 종주먹을 들이댄 적도 있었다.[14]

그렇다고 클레망소의 울분이 할 말을 속 시원하게 하지 못해 쌓인 것만도 아니었다. 그가 로이드 조지의 한 비서관에게 프랑스가 시리아에 대한 주장을 접지 못하는 것은 국내의 정치 상황 때문이기도 하다고 말한 것으로도 알 수 있듯이, 그의 울분은 프랑스 국내 문제에서 비롯된 것이기도 했다. "클레망소 개인은 근동에 특별한 관심이 없었다." 그러나 프랑스가 "그곳에서 줄곧 비중 있는 역할을 수행하다 보니 프랑스 여론이 그 위상에 걸맞은 타결을 기대했던 것이고, 그러다보니 총리도 그 조건에 맞지 않는 타결을 할 수 없었던 것이다."[15] 프랑스 외무부 관리들이 《탕Le Temps》과 19세기와 20세기 초 파리 유수의 일간지였던 《주르날데바Le Journal des Debàts》까지 동원하여 클레망소가 영국에 과도한 양보를 했다고 주장하면서 그를 성토하는 프레스 캠페인을 벌인 것에서도 드러나듯, 그것은 결코 과장이 아니었다.[16] 그런데도 로이드 조지는 더 많은 양보를 얻어내려고 클레망소를 몰아세우며, 그(클레망소)가 프랑스에 해준 영국의 확약이라고 생각한 것마저 깨뜨린 것이었다. "나는 그에게 양보를 할 만큼 했다. 사기를 친 것은 로이드 조지다." 클레망소의 말이었다.[17]

로이드 조지가 그렇게까지 기를 쓰고 중동에서 프랑스를 몰아내려고 한 이유는 지금까지도 명확히 밝혀지지 않았다. 시리아와 그곳과 지척지간인 아나톨리아 남부의 실리시아에 대한 프랑스의 주장과 관련해 그가 표명한 입장은, 프랑스와 파이살이 통치하는 아랍 지역 사이의 평화를 유지하기 위해 영국군의 점령이 지속적일 필요가 있다는 것이었다.[18] 하지만 그것은 얼마간 영국이 강요한 일방적 평화였다. 베이루트를 중심으로 한 폭 좁은 해안지대만 해도 소규모 프랑스군이 예전부터 계속 주둔해 있었고, 파이살이 통치하는 지역의 아랍 부대들도 프랑스군과 치고 빠지기 식 게 릴라전을 계속했기 때문이다. 따라서 앨런비의 영국군이 그곳에서 하는 일도 프랑스가 파이살의 통치지역에 보복을 가하지 못하게 막는 것이 고 작이었다.

그런 가운데 앨런비 장군이 아랍과 프랑스 간의 전쟁 발발 개연성을 경고하자 우드로 윌슨도 그 경고를 심각하게 받아들이고, 생뚱맞은 제안을 하여 로이드 조지와 클레망소 두 사람 모두를 뜨악하게 만들었다. 중동에 조사위원회를 보내 그곳 주민들의 의사를 직접 타진해보자고 나선 것이었 다. 그러나 중동에는 유럽이나 미국과 같은 의미에서의 여론이라는 게 존 재하지 않는다고 믿는 프랑스와 영국의 직업관료들에게는 그 제안이 유치 하게만 느껴졌다. 로이드 조지도 위원회 파견에 시간이 걸린다는 이유로 그 제안에 난색을 표했다. 그래도 이왕 그렇게 된 것, 프랑스의 주장과 그 에 대한 아랍의 저항에 조사의 초점을 맞추게 함으로써 그 기회를 최대한 이용하려고 했다.

로이드 조지도 프랑스와 마찬가지로 중동의 많은 영토를 영국의 것이 라고 주장했다. 그럼에도 그는 프랑스와 달리 영국의 주장에 대한 감시의 눈길을 효과적으로 피해갔다. 여론을 파악하기 위해 중동에 간 윌슨의 조 사위원회가 영국령 인도의 직접 통치지역이었던 메소포타미아를 찾지 않 게 만든 것만 해도 그랬다. 영국 보호령으로 선언한 이집트 또한 미국으로 부터 보호령 연장을 인정받음으로써 파리 평화회의의 의제에서 제외되었 으며, 1919년 초에는 페르시아도 비공식 보호령으로 영국 세력권에 편입 되었다. 1차 세계대전 중에 계획되고 진행된 페르시아만(아라비아만) 족장국들에 대한 영국의 지배도 파리 평화회의에서 논의되거나 문제시되지 않았고, 아라비아에 보유한 영국의 확고한 지위 또한 후세인과 이븐 사우드를 영국의 피보호자가 되게 하는 동맹을 체결해둔 덕에 흔들림이 없었다. 팔레스타인도 클레망소와 로이드 조지 사이에 영국에 넘겨준다는 사전합의가 있었다. 따라서 조사위원회의 쟁점 사안으로 남은 것은 결국 시리아뿐이었다.

그런데 평화회의에서 논쟁이 가열되자 클레망소는 돌연 조사위원회에 프랑스 대표를 합류시키지 않겠다고 선언했다. 그러자 로이드 조지도 불현듯 그동안 프랑스를 지나치게 박대한 것이 아닌가 하는 불안감이 들어 영국 대표단도 보내지 않기로 결정했다. 그리하여 조사위원회는 미국인들—오벌린 대학 총장 헨리 킹과 시카고의 실업가 겸 민주당 기부자였던 찰스 크레인—로만 꾸려지게 되었다.

하지만 그것으로도 문제는 끝나지 않았다. 여론을 파악하기 위해 시리아와 팔레스타인을 찾은 킹과 크레인에게 현지 증언자들을 주선해준 사람들이 주로 영국 관리였던 것이다. 프랑스는 참고인을 주선하고 증언을 조작하는 영국의 행위에 강력히 반발했다. 하지만 그것도 결과적으로는 상관없는 일이 되었다. 보고서가 채택되지 않아 조사위원회의 역할이 유명무실해지고, 보고서의 내용 또한 3년 뒤에야 공개되었기 때문이다. 그럼에도 킹-크레인 조사로 영국-프랑스 간의 증오감은 높아만 갔고, 아랍 종족들도 그로 인해 헛된 희망을 품었다. 중동문제 전문가였던 거트루드 벨도 그것을 사기행위라고 비난했다.[19] 그러나 시간이 없는 로이드 조지에게는 무엇보다 조사위원회의 진행이 굼뜬 것이 가장 큰 문제였다.

VI

영국은 미국의 팔레스타인 위임통치에는 반대했지만, 아나톨리아의 일부 지역, 콘스탄티노플, 다르다넬스 해협, 아르메니아, 카프카스 지역에 대해서는 미국의 위임통치를 제안했다.

영국이 그것을 제안한 데는 두 가지 이유가 있었다. 하나는 중동문제를 타결하는 데 미국을 끌어들여 미국이 협정의 내용을 지지하는 것처럼 보이게 하려는 것, 또 하나는 혹시 있을지 모를 러시아의 터키 공격에 대비해 미국을 최전선에 배치하려는 것이 그것이었다.

그러나 윌슨과 다른 미국인 참석자들은 의회를 설득하기 힘들 것으로 보고 그 제안에 미지근한 반응을 보였다. 그러면서도 한번 시도는 해보겠다면서 그 일을 떠맡은 것이 결국 로이드 조지에게는 악몽이 되고 말았다. 의회를 설득하려 한 윌슨의 시도가 실패하고 그로부터 한참이 지난 뒤까지도 미국의 공식 답변이 나오지 않아, 하염없이 기다려야 했기 때문이다.

우드로 윌슨은 평화회의 참석을 위해 유럽에 도착한 지 6개월 만인 1919년 6월 29일 미국에 돌아갔다. 그러고는 여독도 풀리지 않은 상태로 대중의 지지를 호소하는 유세 강행군을 펼치다 탈진으로 쓰러져 이후 신체적으로도 반신불수가 되고 정치적으로도 제 기능을 못하게 되었다. 그러다 보니 상원에서도 연달아 정치적 실책을 범해 잠재적 지지자들마저 그에게 등을 돌리게 만들었고, 그 때문에 베르사유 조약과 미국의 국제연맹 가입 비준을 비롯한 안건의 합의도 도출해내지 못했다.

윌슨은 신체의 왼쪽을 쓰지 못했고 정신 상태도 온전하지 못했다. 그런데도 대통령이나 영부인 모두 다른 사람들에게는 권한을 넘겨주려고 하지 않았다. 그로부터 수년이 흐른 뒤—다시 말해 윌슨이 죽고 나서 한참 뒤—로이드 조지는 윌슨의 당시 병세에 대해 이렇게 썼다. "(그의 몸 가운데) 끝까지 제 기능을 발휘한 것은 그의 병적인 옹고집뿐이었다."[20]

그래서 오스만 관련 문제도 1919년 7월부터 11월까지 결정되지 못한 채 묶여 있었던 것이다. 미국이 콘스탄티노플과 아르메니아의 위임통치를 맡을지 말지 여부가 계속 불투명한 상태로 남아 있었다. 윌슨은 건강을 웬만큼 회복한 뒤에도 그에 대한 결단을 쉽사리 내리지 못하다 1920년 5월 24일에야 비로소 미국의 아르메니아 위임통치를 제안했으나, 그마저 그다음 주에 상원이 거부하여 무산되었다.

모리스 행키는 당시 자신의 일기에 이런 내용을 적었다. "미국이 터키의 위임통치를 수용할지 말지 여부가 결정되어야 오스만과의 조약을 진행시킬 수 있을 텐데."[21] 조약이 신속히 체결되지 않으면 아나톨리아에서 사건이 터질 수도 있다는 암시가 내포된 글이었다. 로이드 조지도 윌슨이 연합국을 "궁지로 몰아넣었다"고 투덜거렸다.[22]

이렇게 미국과 제휴가 결렬되자 로이드 조지도 하는 수 없이 프랑스 및 이탈리아와 화해를 시도하는 쪽으로 관심을 돌렸지만, 그것도 쉽지는 않았다. 이탈리아만 해도 새로운 국가 지도자들이 터키의 영토보다는 상업적 이익에 더 많은 관심을 기울였고, 그러다 보니 로이드 조지가 제안한 터키의 영토분할에도 참여는커녕 오히려 반대하는 경향을 보인 것이다. 신임 외무장관 카를로 스포르차(1920~1921년 외무장관으로 재임)는 터키의 민족주의에도 공명했다.

프랑스도 클레망소가 1920년 대통령 선거에서 낙선한 데 이어 총리직까지 사임하고 정계에서 은퇴하여, 영국으로서는 상대하기가 녹록치 않았다. 로이드 조지는 중동에서 영국에 기꺼이 양보하려 한 클레망소의 태도가 그의 선거 패배에도 얼마간 영향을 준 것으로 생각했다.[23] 반면에 클레망소의 후임으로 신임 총리가 된 알렉상드르 밀랑(1859~1943)은 클레망소와 같은 정도로는 결코 양보할 뜻이 없어 보였다.

이런저런 우여곡절 끝에 1920년 2월 12일 마침내 다우닝가 10번지 영국 총리 관저에서 오스만제국과 체결할 조약의 골격을 짜기 위해 머리를 맞댄 연합국 대표들에게 조지 커즌은 "미국의 결정을 기다리느라 협상이 지연되었다"고 로이드 조지와 자기 자신을 동시에 변호하는 말을 했다.[24] 하지만 그보다는 영국의 전시동맹국들과 미국을 싸움 붙여 어부지리를 얻으려 한 로이드 조지의 책략 때문에 지연되었다고 하는 편이 더 옳았을 것이다.

Ⅶ

우드로 윌슨은 기본적으로 모든 당사국들에게 공정한 내용이 아니면 평화조약은 오래 유지되기 힘들 것이라고 예측했다. 그러나 연합국이 패전국들에 부과한 평화조약 내용은 당시에도 그렇고 이후에도 그렇고, 공정함과는 거리가 멀다는 것이 중론이었다. 팰릭스 D. 프랭크퍼터도 훗날 이렇게 회고했다. "파리 평화회의에서 보낸 1919년의 몇 달은 아마도 내 생애의 가장 슬픈 날들이었을 것이다. 윌슨의 고결한 담화로 생겨난 드높은 희망이 서서히 환멸로 변해가는 모습은 친한 사람의 죽음 뒤에 느끼는 절망과 너무도 닮아 있었다."[25] 어쩌면 윌슨이 인류의 희망을 너무 높게 잡았는지도 모를 일이다. 모리스 행키도 이후 중동에서 봉기가 일어나자 그것을 우드로 윌슨의 14개 조항과 "가망 없는 그의 민족자결주의 원칙" 탓으로 돌렸다.[26]

조약의 구체적 내용 외에 평화회의 자체에도 근본적으로 문제가 있었다는 중론 또한 만만치 않았다. 일반적 시각으로 보나 연합국이 전시에 한 약속 및 표명한 원칙으로 세인들이 판단한 관점으로 보나, 연합국이 평화회의에서 안건을 결정한 방식에는 분명 기만적 요소가 있었다는 이야기다. 회의 참석자들을 포함해 모든 이들의 의견을 종합해볼 때, 조약 내용이 관련 지역 및 주민들에 대한 지식이나 그에 대한 고려 없이 결정되었던 것은 확실하다. 유럽에 부과된 조약 내용이 그 정도였으니 거리상으로도 멀고 생소한 중동 같은 지역에 부과된 내용은 더 말할 것이 없었다. 아서 밸푸어만 해도 평화회의에 참석한 윌슨, 로이드 조지, 클레망소―모리스 행키(당시 그의 나이는 밸푸어보다도 서른다섯 살가량 어렸던 마흔하나였다)의 전문지식에 전적으로 의존하고 있었다―를 가리켜 "이 전능하면서 또 전적으로 무지한 세 거두가 회의장에 앉아 어린애 같은 인물의 지도를 받으며 대륙들을 난도질하고 있다"고 꼬집어 말했고,[27] 이탈리아의 외교관도 이렇게 썼다. "파리 평화회의에서 흔히 볼 수 있는 광경은 세계의 이런저런 정치인들이 지도 앞에 서서, 생전 듣도 보도 못한 도시나 강을 찾으려고 손가락으로 지도 위 그림을 더듬어가며 '그 빌어먹을 곳이 대체 어디 있는 거야?'라고 투덜대는 모습이었다."[28] 로이드 조지도 (성서의 구절을 빌려) 단에서 브엘세바(베에르셰바)까지의 팔레스타인은 영국이 통치해야 한다고 요구했지만 정작 단이 어디 있는지조차 몰랐다. 19세기 성서 지도까지 샅샅이 뒤졌지만 끝내 찾지 못하다 정전협정이 체결된 지 1년 후 앨런비 장군으로부터 단의 위치를 찾았다는 보고를 받았으나, 자신이 원하는 위치가 아니라는 것을 알고는 경계선을 북쪽으로 더 이동시켜줄 것을 요구했다.

이해 관계자 대부분이 고려에서 제외된 것 또한 평화회의가 안고 있던 또 다른 문제점이었다. 중동문제 협상도 연합국의 모든 나라가 아닌 다섯 나라로 시작되었고, 그러다 나중에는 평화회의의 4거두巨頭(4인회의)로 알려진 미국의 우드로 윌슨, 영국의 로이드 조지, 프랑스의 조르주 클레망소, 이탈리아의 비토리오 오를란도가 협상을 완전히 주도했다. 그 과정에서 이탈리아 대표는 또 본국에서 일어난 분란과 어려움 때문에, 미국 대표는 국내의 정치 상황 때문에 중도에 손을 뗐다. 그리하여 정전협정 체결 1년 뒤 중동문제의 협상국이 달랑 두 나라만 남게 되자, 프랑스와 영국의 외무 장관들은 "이해관계를 진지하게 고려하고 조정할 나라는 이제 우리 두 나라밖에 남지 않았네요"[29]라는 말과 함께 오스만 영토의 분할작업에 들어갔다.

그러나 두 나라 외에도 중동에 이해관계를 가진 파벌은 수십 개에 달했으며, 그들을 대변하는 사람들로 인해 그 숫자는 더욱 불어났다. 아르메니아만 해도 적대적인 두 대표단 외에 40여 개의 대표단이 회의장에 진을 치고 있었다. 그런 식으로 평화회의에 온 사람들만 해도 만여 명에 달했으며, 회의장 막후에 진치던 이런 청원자들로 인해 두 나라 정부의 결정을 기다리는 이해관계의 협소성은 더욱 두드러져 보였다.

청원자들이 원하는 것을 얻기 위해 사용한 주 무기는 도덕적 주장과 전시의 약속들이었다. 오늘날의 학자들이 하듯 그들도 연합국 수뇌들과 다양한 영국 관리들이 남발한 전시의 약속들 사이에 상충하는 내용은 없는지, 법적 효력을 가질 수 있는지 등을 알아보기 위한 분석과 대조작업을 벌인 것이다. 콘스탄티노플 협약(1915년), 런던 조약(1915년), 후세인-맥마흔 서한(1915~1916년), 사이크스-피코 협정(1916년), 생장드모리엔 협정(1917년), 밸푸어선언(1917년), 호가스 메시지(1918년), (사이크스가) 7인위원회에 해준 선언(1918년), 영국-프랑스 공동선언(1918년), 우드로 윌슨의 14개 조항(1918년 1월), 그의 4대 원칙(1918년 2월 11일), 그의 4대 목적(1918년 7월 4일), 그의 5개 항목(1918년 9월 27일)이 그런 것들이었다.

하지만 데이비드 로이드 조지는 이들과 달리 협상을 법적 절차가 아닌 거래로 보았다. 그러므로 중동문제 협상에서 자신이 거둔 성과에도 당연히 자부심을 느꼈다. 영국에 유형의 이득을 가져다준 것으로 생각한 것이다. 로이드 조지가 프랑스혁명 때 발행되었으나 인플레이션을 유발해 가치가 하락했던 지폐 아시냐_assignat_를 들먹이며 절친한 친구에게 이렇게 말한 것도 그 점을 뒷받침한다. "윌슨은 아시냐 한 다발을 들고 귀국한 것이고, 나는 독일 식민지, 메소포타미아 등등의 형태로 된 금화들을 주머니 한 가득 갖고 돌아온 거지. 말하자면 제 눈에 안경이라고나 할까."[30] 로이드 조지가 영국제국에 보태준 영토의 크기는 모두 합해 거의 100만 평방마일에 가까웠다.

그렇다고 그가 도덕적 가치를 모른 체한 것은 아니었다. 그에 대한 해석을 달리한 것뿐이었다. 십여 년 뒤 베르사유 조약을 옹호하며 쓴 글에서 로이드 조지는 이렇게 주장했다. "베르사유 조약이야말로 전쟁을 종결짓는 조약으로는 유일하게 예속민들을 해방시켜준 전대미문의 위대한 조약이었다. …… 1919년에 조인된 그 조약에 버금갈 만큼 외세의 폭정에서 많은 예속민들을 해방시켜준 조약은 일찍이 없었다."[31]

로이드 조지는 특히 아랍 민족들에게 해준 약속을 이행하지 않았다는 주장에 격앙된 반응을 보였다.

연합국은 선언문들에 명기된 약속을 충분히 이행했다. 억압받는 민족들 중 아랍인만큼 연합국이 성실하게 약속을 이행해준 종족도 없었다. 이라크, 아라비아, 시리아, 트란스요르단에서 그들이 독립을 쟁취한 것도 연합국이 치른 막대한 희생, 특히 영국과 영국제국이 치른 막대한 희생이 있었기에 가능했다. 대부분의 아랍인들이 전쟁이 지속되는 내내 튀르크 압제자들을 위해 싸웠는데도 그런 희생을 감수한 것이다.

로이드 조지는 그에 덧붙여 "팔레스타인의 아랍인들이 튀르크의 지배를 위해 싸웠다"는 점도 특별히 부각시켰다.[32]

그러나 문제는 타결 시점이 늦어 조약의 내용을 제대로 관철시키지 못했다는 점에 있었다. 1918년 말에 타결되었으면 무리가 없었을 텐데 그 시기를 놓쳐 전시의 약속을 철회하느라 시간을 너무 소비한 탓에 그럴 수 있는 기회(조약 내용을 효과적으로 부과할 수 있는 기회)를 날려버렸던 것이다. 그러다가 1920년 여름에는 때가 늦어 전시동맹국들 및 갈수록 다루기 힘들어진 중동에 조약 내용을 제대로 부과할 수 없게 되었다. 처칠이 거듭 경고했듯 그 무렵에는 이제 그것을 부과하는 데 필요한 군대가 없었기 때문이다.

42. 비현실적 평화회의의 세계

I

'회의외교'는 모리스 행키가 전후 몇 년간 로이드 조지가 밟은 정치적 행보를 일컬어 한 말이었는데,[1] 이후 총리가 살았던 비현실적 세계를 가리키는 표준용어가 되었다. 로이드 조지가 총리로서의 다른 직무는 도외시한 채 3년 넘게 국제회의장을 오가며 전후 세계를 개편하는 일에만 몰두하다 보니 그런 말까지 생겨난 것이다. 휴전협정이 체결되자마자 시작된 연합국 회의는 그에게 거의 일상사가 되다시피 하여 1919년부터 1922년까지 참석한 국제회의만도 33차례에 달했다. 공식회의 외에 1918년 말 런던에서 클레망소 및 윌슨과 회동한 것을 비롯하여, 국제회의가 시작되기 전 비공식회의에 참석한 것도 부지기수였다. 한편 종전이 되고도 거듭 지연되다 1919년 1월 개최된 예비회담을 시작으로 마침내 막이 오른 파리 평화회의는 회의장을 옮겨 다니기도 하면서 순조롭게 진행되었다. 전쟁에서 패한 독일, 오스트리아-헝가리제국, 오스만제국, 그리고 이들 국가의 동맹이었던 불가리아에 부과할 조약의 조건이 회의의 쟁점 사안이었다. 특히 오스만제국의 처리 문제는 1920년 2월에 개최된 제1차 런던 회의에서 골격이 완성되고, 같은 해 이탈리아 리비에라의 휴양도시 산레모에서 열린 회의에서 그 내용이 재차 확인된 뒤, 1920년 8월 10일 파리 근교의 세브르에서 오스만제국과 연합국이 조약(세브르 조약)을 체결함으로써 마침내 종결되었다.

중동문제의 평화 교섭과 관련해 특기할 만한 사실은 타결에 이르기까지 매우 오랜 기간이 걸렸다는 점이다. 1차 세계대전을 종결짓는 조약들 중, 오스만제국과의 평화조약이 맨 나중에 조인된 것도 그 점을 말해준다. 무드로스 휴전협정 뒤에 가진 로이드 조지와 클레망소의 비공식 회담을 시작으로 실질적 문제를 합의하는 데만 16개월이 걸렸다. 그리고 나서 또 남은 문제를 해결하는 데 4개월이 걸렸으니, 조약 체결까지는 거의 2년이 소요되었던 셈이다. 회의 초기만 해도 로이드 조지가 일주일이면 끝날 것으로 예상했던 것이 그렇게 길어진 것이다.[2]

협상이 그렇게 지연되고 그 과정에서 없던 일이 새로 불거져 나오고, 그에 따라 또 다른 결정을 해야 할 필요성이 제기되다 보니, 앞서도 언급했듯이 조약 내용보다는 오히려 협상 과정이 더 중요해지는 기현상이 발생했다. 연합국 대표들은 산레모 회의에서는 오스만제국의 아랍어권 지역 미래가, 세브르 회의에서는 오스만제국 터키어권 지역의 미래가 결정된 것으로 믿었다. 하지만 결과는 오히려 1918년과 1919년에 미제로 남겨두었던 것이 두 지역의 장래에 더 많은 영향을 끼친 것으로 드러났다.

로이드 조지가 애당초 오스만제국에 주둔해 있던 영국군 108만 4,000명의 철수를 원했던 것은 그들을 언제까지고 지원할 수는 없다는 판단에서였다.[3] 그런 그에게 처칠과 영국 참모부는 점령군이 있을 때 중동문제를 타결해야 할 필요성을 주지시켰다. 그리고 그로부터 6개월이 지난 1919년 여름 점령군은 예전의 3분의 2 이상이 줄어든 32만 명으로 급감했다.[4] 하지만 점령군이 그렇게 감축되는 상황에서도 군 지휘관들은 철군 일정에만 집착하여, 평화회의에 가 있는 총리에게 철군 마감시한을 지속적으로 통보하며 닦달하기에 바빴다. 영국의 재원이 신속히 고갈되었던 것도 총리를 압박한 또 다른 요인이었다.

러시아와 접경한 터키 북쪽의 카프카스 변경지에도 영국군이 주둔해 있었다. 러시아나 터키의 힘이 되살아나 공격해올 경우, 새로 독립을 얻은 아르메니아, 조지아, 아제르바이잔을 보호해줄 세력으로 미국, 이탈리아, 혹은 프랑스군을 그곳에 대신 주둔시키려던 계획이 실패로 돌아가 벌어진 일이었다. 그렇다고 재원과 인력이 부족한 상태에서 그 일을 계속 떠맡을 수도 없는 일이어서, 영국은 그곳에서도 철군해야 할 처지였다.

그러나 이 경우에는 철군이 순탄하게 진행되지 못했다. 구러시아 영토에서 영국군을 철수하는 것에 대해 윈스턴 처칠이 강력하게 제동을 걸고 나섰기 때문이다. 처칠은 재정긴축에 대해 보인 근래의 그 모든 열정에도 불구하고, 공산당 문제에서만은 지나치다 싶게 과민반응을 보이며 소비에트 정권을 전복시키기 위해서라면 돈과 인력을 아낌없이 쏟아 부으려 했다. "볼셰비키가 앞으로 유럽 최대의 위협이 될 것"이라고 믿었던 모리스 행키마저[5] 처칠을 "반볼셰비키에 미친 광신자"로 부를 정도였다.[6] 처칠은 터키 북쪽 국경지대에 영국군을 주둔시켜, 적군赤軍과 러시아 내전을 치르던 백군을 지원하려는 결의에 차 있었다. 반면에 로이드 조지는 그와는 다른 정치적 두려움에서 구러시아 영토의 영국군을 철수시키려고 했다. 모리스 행키에게 밝힌 바에 따르면 그가 영국군 철수를 원했던 것은 병사들이 "들뜨는 것"을 방지하기 위해서였다. 그들이 혁명의 바이러스에 감염될 것을 우려한 것이었다.[7] 그리하여 총리의 명령으로 러시아-터키 국경지대의 영국군도 1919년 여름 결국 철수를 했다.

옛 러시아 변경지의 남쪽, 지금의 터키와 시리아, 이라크, 이란의 국경이 맞닿아 있는 곳에서도 영국군은 철수해야만 했다. 애당초 영국은 쿠르디스탄(쿠르드족의 땅)으로 알려진 그곳에 또 다른 보호령을 수립하려고 했다. 그러나 사이크스-피코 협정에는 그곳이 프랑스 세력권으로 명기돼 있었기 때문에, 그 점을 감안해 일단은 윌슨의 민족자결주의 원칙을 내세워 프랑스의 양보를 얻어낸 다음 영국 정치 장교들의 조언을 받는 일련의 쿠르드족 자치정부들을 세울 구상을 했다. 하지만 쿠르드족은 역사상 한 번도 정치적 통합을 이룬 적이 없는 고대 산악민족이었다. 그러다 보니 자신들이 가진 모든 에너지를 주변 민족, 특히 아랍인 및 아르메니아인들과 싸우는 데 쏟아 부었다. 그런 그들이 새로운 세력, 영국이 들어오는 것을 반길 리 없었다. 그리하여 1919년 쿠르드족을 통합시키려던 영국의 시도도 결국 그들의 저항에 부딪쳐 세 차례 봉기가 일어나는 것으로 끝이 나고, 영국군도 쿠르디스탄에서 철수했다.

Ⅱ

터키 내에서의 영국의 입지도 속속 무너져 내렸다. 영국은 그 무렵에도 여전히 무드로스 휴전협정(1918년 10월)에 의거해 일을 진행하고 있었다. 치안 유지에 필요한 병력을 제외한 오스만 전군의 해산을 요구한, 거의 전적으로 육해군 문제에만 관련된 협정이었다. 그에 따라 오스만군도 무장해제를 당해 무기와 탄약들이 창고로 들어갔으므로, 영국군도 장교 두세 명이 조를 이뤄 지방들을 돌아다니며 항복상태를 점검하면 그뿐이었다. 그 밖의 터키어권 지역은 연합국의 안전이 위협받을 경우, 전략지점들을 점령할 수 있게 하는 조건으로 오스만제국의 통치를 허용해주었다. 하지만 영국 해군이 통신과 운송체계는 물론 해안지대까지 점거한 채 터키를 군사적으로 통제하는 상황에서, 오스만의 통치는 빛 좋은 개살구에 지나지 않았다.

　제국의 수도 콘스탄티노플도 이론상으로만 미점령지로 남아 있었을 뿐 사방에 연합군 천지였다. 영국함대도 다르다넬스 해협에 정박해 있었고, 오스만제국의 유럽 쪽 연합군 사령관 루이 프랑셰 데스프레 장군도 백마를 타고 도시에 승리의 입성을 했다.

　한편 휴전협상을 위해 구성되었던 오스만 정부는 1918년 6월 술탄이 된 메메드 6세에 의해 협정이 체결된 직후 곧바로 해산되었다. 메메드의 관심은 오로지 술탄의 지위를 보전하는 것밖에 없었다. 그러다 보니 정책의 초점도 연합국의 지지를 얻어 그것을 지키는 것에 맞추어졌고, 그 상황에 터키 정치인들이 연합국의 주장과 제안을 반대하고 나서자 그는 의회를 해산하고 포고령으로 나라를 다스렸다. 그러기 무섭게 또 매부를 대재상(다마드 페리드 파샤)에 들어앉혀, 헌법에 의한 통치에서 개인에 의한 통치로 변화를 완결지었다.

　그러나 술탄의 그런 반동적 정부에 저항이 없을 리 만무했다. 청년튀르크당의 민·군 네트워크만 해도 아나톨리아 전역에서 작동되었고, 엔베르의 텃밭인 국방부 또한 여전히 그들 통제하에 있었으므로,[8] 신임 술탄과 그의 각료들을 타도하기 위한 음모를 꾸미기는 어렵지 않았다. 연합국을 압박하여 평화조약의 조건을 관대하게 이끌어내려는 것이 그들의 목적이었다.

　콘스탄티노플 이외의 지역에서도 오스만제국의 권위는 일제히 추락하여 내륙지역에서는 산적행위와 주민 폭동이 빈발했다. 소아시아 일대에서 일어난 이 같은 질서 붕괴 현상은 특히 기독교도들의 안전이 위협받을 수 있었기 때문에 연합국에도 근심의 요인이 되었다. 흑해 남부 유역의 항구도시 삼순에서도 그리스 마을들이 튀르크 무슬림들의 공격을 받는 일이 벌어져 연합국은 오스만 대재상에게 조치를 취할 것을 요구했다. 이에 놀란 대재상이 내무장관 직무대리에게 조언을 구하자, 그는 콘스탄티노플에서는 상황을 통제할 수 없으니 현지로 군 장교를 보내 사태를 해결하는 것이 좋겠다고 조언했다. 그러면서 다르다넬스 작전(갈리폴리 전투) 때 혁혁한 공을 세운 영웅이었음에도 엔베르에게 불복한 괘씸죄로 1차 세계대전 때는 주요 지휘관에 임명되지 못한 그의 친구 무스타파 케말(케말 아타튀르크)을 그 자리에 천거했다. 대재상도 그 제의를 받아들여 케말을 오스만 제9군의 감독관에 임명했다. 이로써 그는 아나톨리아 거의 전역에 통제권이 미치는 막강한 군사·민사적 권한을 거머쥐게 되었다.

케말은 1919년 5월 6일 저녁 삼순으로 떠났다. 20세기의 위대한 정치적 여정의 하나가 시작되는 순간이었다. 오스만 정세의 정보 전문가 윈덤 디즈도 그날 한밤중 그 소식을 전해 듣고 케말의 삼순 행을 막기 위해 대재상에게 득달같이 달려갔으나, 때는 이미 늦어 그는 떠나고 없었다.

케말이 삼순에 간 목적은 윈덤 디즈가 예측한 대로 연합국이 부과하는 평화조약의 조건이 가혹하면 그것에 저항하기 위해 터키 전역에서 병력을 규합하는 것이었다. 그리하여 주로 터키의 비점령 지역과 동부지역의 오스만 병력으로 군대가 구성되고 술탄의 명령과 그 자신의 노련한 기술로 무장이 되면, 자신이 직접 군대를 지휘할 계획을 세웠다.

Ⅲ

1918~1919년 터키는 춥고 음산했다. 연료는 바닥나고 콘스탄티노플을 훤히 비춰주던 등불들도 빛을 잃었다. 다른 곳의 사정도 다를 게 없어 개전 초만 해도 오스만제국의 영역에 속했던 영토들이 이제는 육지전의 법규 및 관례에 관한 헤이그 협약(1907)의 부속규정에 따른 국제법에 따라,

언제 떨어져 나갈지 모르는 파리 목숨 같은 신세가 되었다. 그러므로 그 영토 대부분을 점령하던 영국도, 그곳들의 운명이 최종적으로 결정될 때까지는 오스만의 법률에 따라 현상유지만 하면 그뿐이었다.

연합국은 오스만제국과의 평화조약도 기본적으로 그 토대 위에서 체결하려고 했다. 오스만도 별다른 불만을 제기하지 않았다. 술탄은 제위를 잃지 않으려고 전전긍긍하면서 영국 전함들의 비호 아래 살고 있었으므로, 영국 해군 사령관이 내미는 서류에는 군말 없이 서명을 해주었다. 따라서 연합국에 남은 문제는 평화조약의 조건에 대해 그들끼리 합의를 하는 것뿐이었다.

하지만 그 상황은 1919년 5월 윌슨과 로이드 조지가 아나톨리아에서 이탈리아와 그리스를 싸우게 하여 득을 보려는 결정을 함으로써 대번에 바뀌었다. 그렇게 되면 그리스가 소아시아로 복귀하여 그리스에는 희망을, 터키에는 근심을 안겨주는 의도하지 않은 결과가 초래될 수 있었기 때문이다. 무엇보다 걱정이었던 것은 무슬림들 틈에 끼어 살고 있던 두 기독교 주민, 그리스인과 아르메니아인들이었다. 예전부터 강력한 힘을 발휘하던 그들에 대한 터키인들의 증오감은, 오스만이 망해가는 시점에도 여전히 꺾이지 않은 채 남아 있었던 것이다. 연합국 정치인들도 그 점을 인식하여 다른 길을 모색하려고 했으나, 아나톨리아 내륙의 오스만 병사들은 이미 재결집을 마치고 창고에 쌓인 무기를 탈취하기 위해 돌아오고 있었다.

그리스군이 스미르나(이즈미르)에 상륙했다는 소식이 들린 지 며칠 후 술탄정부는 오스만 제9군의 감독관 무스타파 케말에게 콘스탄티노플로 복귀하라는 명령을 내렸다. 하지만 그는 명령에 불복하고 고대 폰투스 왕국의 수도였던 아마시아에서 동료 군 지휘관 세 명을 만나 독립선언서의 초안을 작성했다. 그런 다음 술탄정부를 연합국의 꼭두각시로 치부하고는 터

키 동부의 도시 에르주룸에서 열린 지방의회에 참가한 뒤, 에르주룸과 앙
카라 중간에 위치한 아나톨리아 내륙의 시바스로 가서 민족의회를 소집했
다. 무스타파 케말은 그와 동년배이거나 혹은 나이가 어린 장교들, 그와 마
찬가지로 역시 CUP(통일진보위원회)의 군부 진영과도 대부분 연계돼 있던
다수의 군장교들의 충성도 이끌어냈다. 그는 또 대개의 경우 장군이 아닌
소령이나 대령의 계급을 달고 행동했다.[9] 모르면 몰라도 그는 스스로는 공
식적으로 해체된 CUP와 관련성을 부인했지만, 그들이 만들어놓은 군·민
저항운동 네트워크의 지도권도 인계받았을 것이다. 이례적이었던 것은 케
말 스스로 확고한 비종교적 성향을 보였는데도, 무슬림 성직자들이 그의
가장 강력한 지지층이 되었다는 사실이다.

　　연합국 지도자들은 이런 무스타파 케말에 대해 아는 것이 거의 없었
다. 병사들을 고취하여 연합국에 맞서 투쟁을 이끄는 깡마르고 강인하고
정력적인 삶을 사는 30대 후반의 장교, 무스타파 케말이 어떤 인물인지 잘
몰랐던 것이다. 영국 외무부와 정보부는 심지어 케말이 술탄을 지지하는
인물인지 그에게 저항하는 인물인지조차 몰랐다.

　　유럽의 연합국 지도자들은 이렇듯 터키에서 무슨 일이 벌어지는지도
모른 채, 터키의 운명을 결정지을 회의만 속행하고 있었다. 그러다 1920년
2월 28일 런던에서 회의하던 도중, 케말이 지휘하는 튀르크군 3만 명이 아
나톨리아 남부의 마라시에서 소규모 프랑스 분견대를 격파했다는 소식에
그들은 아연실색했다. 훗날 로이드 조지가 주장한 바에 따르면, 그들이 놀
랐던 것은 전투에서 패했기 때문이 아니라(프랑스군이 수적으로 크게 열세였
으므로), 케말의 군대가 정규군이었다는 사실 때문이었다. 로이드 조지를
비롯한 연합국 지도자들에게는 터키 정규군의 존재가 금시초문이었던 것
이다. 그는 나중에 회고록에서도 "영국의 군사 정보력이 그처럼 형편없었

던 적은 일찍이 없었다"고 씀으로써 이번에도 그것을 남 탓으로 돌렸다.[10]

Ⅳ

케말의 민족운동이 아나톨리아 전역으로 확산되는 것과 동시에 오스만제국의 남쪽 아랍어권 지역에서도 유사한 운동이 일어나 베이루트, 트리폴리, 시돈의 해안지대 변에 살았던 소수의 프랑스인들이 다마스쿠스 무슬림 투사들의 탐나는 표적이 되었다. 기독교도와 무슬림 간에 미묘하게 유지되고 있던 균형이 레바논 해안가의 프랑스인들로 인해 깨질 조짐이 보이자, 터키의 그리스인들에게 행한 것과 같은 형태의 저항이 일어난 것이다.

당시 시리아 내륙은 아나톨리아 내륙과 마찬가지로 영국의 승인하에 자치가 실시되었다. 파리 평화회의에 참석 중인 파이살을 행정수반으로 한 자치정부였다. 하지만 그것은 이론일 뿐, 실제로는 파이살의 통제권도 미치지 않고 서로 간에도 치열한 반목을 일삼는 아랍인들이 그 지역을 지배하고 있었다. 그들은 오스만 세력이 물러간 뒤 1년 넘게 수도 다마스쿠스를 비롯한 시리아 내륙을 혼란스럽게 지배했다. 그렇게 새롭게 맛을 들인 독립을 그들은 결코 포기하려 하지 않았다.

영국 정보부장도 그것을 눈치 채고 1919년 본국의 외무장관에게 다마스쿠스의 아랍정부와 케말의 민족운동이 제휴할 조짐을 보인다는 경고문을 보냈다.[11] 하지만 아랍과 터키의 운동은 그가 생각하는 것과는 의미가 달랐다. 케말이 서구적 의미에서 민족주의자였던 반면, 다마스쿠스의 아랍인들은 그 무렵에는 유행이 된 민족주의를 입에 달고 다니기는 했지만 민족주의자와는 거리가 먼 사람들이었다. 1919년 다마스쿠스를 지배한 아랍인들 중, 1918년에도 아랍민족의 정체성이나 혹은 아랍 독립을 신봉했던

썰물은 빠지고 621

사람은 소수—기껏해야 다섯 명 중 한 명꼴이었을 것이다—에 지나지 않았다.[12] 게다가 그들 가운데 시리아인들은 기존 체제를 유지하는 게 중요할 수밖에 없는 지주 가문 출신이 대부분이었다. 그들이 속한 직업군을 분석해도[13] 지도층 태반이 오스만 군인과 관리로 구성되고, 그들의 다수가 실직 상태에 있던 이라크와 팔레스타인 출신 사람들이었던 것으로 드러난다. 따라서 영국과 전쟁을 벌일 때도 그들은 터키에 계속 충성을 바치고 있었다.

일이 그렇게 되었던 것은 오스만군이 다마스쿠스에서 철수한 뒤 영국이 프랑스 문제에 정신이 팔린 틈을 타, 전시에 영국에 맞서 싸웠던 오스만계 아랍인들이 해방된 시리아의 지배권을 되찾은 데 있었다. 그렇기는 하지만 그들도 이제는 정치적 이해관계에 따라 분열된 양상을 보였다. 예루살렘과 같은 지역 출신들은 팔레스타인의 시온주의를 비난했고, 바그다드 출신 사람들은 메소포타미아의 영국인들에게 불만이 많았으며, 시리아인들은 시리아 해안지대와 레바논의 프랑스인들을 추방시키고 싶어 했다. 전통적으로 오스만을 지지하고 파이살에 반대한 지배가문들 또한 정치적 입신의 길을 찾는 젊은 투사들과 갈등을 빚었다. 정치 파벌들의 미사여구와 되살아난 비밀결사의 배후에서도 보이지 않는 가문 간, 지역 간 투쟁이 벌어졌다. 파이살은 이렇듯 과거에도 그렇고 당시에도 그렇고 혼란스럽기 그지없던 시리아에서, 앨런비 장군의 군대로 대변되던 영국의 지지와 아랍의 공통적 가설—파이살이 있으므로 영국은 프랑스의 식민주의 야망을 막아줄 것이라는—에 의해 입지를 보장받고 있었다.

돌이켜보면 1919년 영국이 프랑스를 기세등등하게 눌러 이긴 기간은 채 아홉 달도 되지 않았음을 알게 된다. 로이드 조지와 육군성은 1919년 여름에 이미 재정난과 사회불안 때문에 시리아의 영국군 철수를 더는 미룰 수 없다는 인식에 도달했다. 1919년 9월 4일에는 로이드 조지가 프랑스 노르망디 해안의 휴양지 트루빌에 있는 그의 친구 조지 리델의 별장으로 참모진을 불러 모아 중동문제를 논의하기에 이르렀다. 모임이 있기 며칠 전에 기록한 리델의 일기 내용에도 그 점이 드러난다. "(로이드 조지는) 시리아에 대한 프랑스의 태도에 화가 많이 나 있었다. 참모진에게도 그는 시리아인들이 프랑스를 받아들이지 않을 것이라고 하면서, 그렇게 밉상이 된 나라를 위임통치국으로 받아들이게 할 수 있는 방법을 물어보았다. ······ 프랑스에 대한 총리의 태도가 크게 변한 것은 분명했다. ······ 그들의 탐욕에 대해 자꾸 언급하는 것만 봐도 그것을 알 수 있다."[14] 그러나 총리나 그의 참모진이나 시리아를 프랑스에 양도하는 것밖에는 다른 방법이 없었다.

1919년 9월 13일 영국정부는 결국 나머지 문제는 프랑스와 파이살이 알아서 해결하라고 남겨둔 채 시리아의 영국군을 11월에 철수시킬 것이라고 발표했다. 그로써 프랑스와 아랍인들에 대한 약속은 지켰다는 것이 영국 지도부의 입장이었으나, 그것은 표리가 있는 주장이었다. 그들의 주장과 달리 파이살이 대규모 아랍군을 보유하지 않은 것만 해도 그랬다. 영국 정부의 관리들도 그것이 알맹이 없는 주장이라는 것을 알았다. 따라서 영국군이 떠나면 파이살은 프랑스의 처분에 내던져지는 꼴이 되는 것이었다. 영국과 중동의 키치너 부하들에게도 그것은 지금까지 공력을 들인 탑들이 와르르 무너지는 것을 의미했고, 프랑스도 시리아를 되찾게 되었다고는 하지만 아홉 달 동안이나 자신들을 협박한 영국의 행위가 도저히 용서되지 않았다.

초조하면 손가락을 만지작거리는 버릇이 있던 파이살에게 영국의 철군 발표는 서서히 빠져나오려고 한 속임수의 미로에 느닷없이 다시금 진입하게 된 것을 의미했다. 그렇기는 하지만 그의 앞에는 잠시나마 희미한 가능성이 놓여 있는 것 같기도 했다. 클레망소가 이번에도 영국의 중동정책에 호응할 뜻을 보이며, 정치적으로 가능하고 또 파이살이 자신과 타협할 의사가 있으면 그를 시리아의 왕(그것이 영국이 바란 바였다)에 앉힐 의사가 있음을 내비친 것이었다. 그리하여 아랍 지도자와 협상하는 조건으로 그가 내건 최소한의 요구조건은 프랑스가 대ㅅ레바논을 통치한다는 것과, 시리아에 독립을 부여하되 프랑스의 속국으로 만들겠다는 것이었다. 하지만 그 것은 파이살을 충돌하는 두 세력 사이로 밀어넣는 것이나 다름없었다. 말로는 파이살의 부하라고 주장했지만 실상은 그에게 동질감을 느끼지 못한 다마스쿠스의 아랍 투사들만 해도 파이살이 프랑스 세력을 몰아내는 한에서만 그를 통치자로 받아들이려 했고, 프랑스는 프랑스대로 파이살이 아랍 투사들을 잡아들이는 한에만 그를 시리아의 왕으로 인정해줄 태세였기 때문이다. 그 상황에서 시리아의 이방인에 불과한 파이살이 할 수 있는 일은 클레망소와 다마스쿠스의 아랍 투사들로부터 양보를 얻어내 양측의 의견을 조정하는 것뿐이었다.

1920년 1월 파이살과 클레망소는 다른 나라는 배제한 채 프랑스인들만 고문관으로 참여하는 조건으로 시리아를 파이살의 독립국으로 허용하는 내용의 비밀협정—비밀로 한 것은 당시 대통령 선거를 앞두었던 클레망소가 정적들에게 시리아 문제에 강력하게 대처하지 못했다는 책을 잡히기 않기 위해서였다—을 체결했다. 프랑스 위임통치령으로 가기 전의 요식행위에 지나지 않았으나, 그래도 위임통치치고는 조건이 헐거웠으므로 파이살도 비교적 관대한 그 요구사항을 받아들이도록 아랍 지도부를 설득하기 위해 다마스쿠스로 떠났다. 하지만 같은 해 1월 17일 클레망소가 대통령 선거에서 패하고 정계를 은퇴하는 바람에 파이살은 다시금 정치적 미로의 오리무중에 빠지고 말았다. 클레망소의 후임으로 프랑스 총리가 된 알렉상드르 밀랑은 중동에서 영국의 체면을 세워줄 의사가 없었고, 따라서 시리아에 독립을 부여하거나 파이살을 시리아의 왕으로 만들어줄 필요성 또한 느끼지 못했기 때문이다.

V

이렇게 해서 영국이 시리아에 가진 프랑스의 야망을 꺾는 것이 불가능해지자 연합국도 1920년 초 패전국 오스만제국에 부과할 조약의 내용을 정리하는 작업에 본격적으로 착수했다. 그리하여 그들이 합의에 도달한 사항은 이랬다. ① 아랍어권 지역은 제국에서 따로 분리하여 팔레스타인과 메소포타미아는 영국에 제공하고, 아라비아는 영국의 영향권 내에 있는 군주들의 지배를 받는 독립지로 남겨둔다. 이집트와 페르시아만 지대도 영국의 지배를 받는 기존의 상태를 그대로 유지한다. ② 레바논과 시리아는 프랑스에 양도한다. ③ 트란스요르단이 포함된 팔레스타인, 레바논이 포함된 시리아, 그리고 이라크는 연합국이 차지하도록 명시된 국제연맹의 위임통치령 문안을 믿을 수 있다면, 언젠가는 독립을 이루게 된다. 하지만 프랑스는 이 독립의 약속을 눈속임으로 보고 시리아와 레바논을 영토합병의 관점으로 다루었다.

그 밖에 연합국이 합의한 사항은 이랬다. ④ 도데카니소스(도데카네스) 제도를 제외한 에게 해의 대부분 섬들과 유럽 쪽 터키(트라케 동부)는 그리스에 양도하고, 스미르나와 스미르나가 주요 도시로 속해 있는 아나톨리아 서부 연안 지대도 5년간 그리스의 통치를 받게 한 뒤 국민투표를 통해 다시 결정한다.(그러나 그리스 왕국에 다시 편입될 개연성이 높았다.) ⑤ 영국 해군이 존재감을 과시했던 다르다넬스 해협도 국제 관리하에 두고, 콘스탄티노플과 더불어 기독교 소수파의 대우와 같은 문제에서 터키가 선량하게 행동하도록 하기 위한 일종의 저당물로 잡아둔다. ⑥ 아나톨리아 동부 지역은 아르메니아에는 독립을, 쿠르디스탄에는 자치를 인정한다. ⑦ 터키의 재정도 영국, 프랑스, 이탈리아가 관리한다. ⑧ 이 범위 내에서 그리고 이 제약들을 조건으로, 아나톨리아의 기타 터키어권 지역만 명목상 오스만 술탄의 독립지로 남겨둔다.

이것이 1920년 초 런던과 산레모 회의에서 연합국 대표들이 오스만제국에 부과할 조건으로 합의해, 1920년 8월 프랑스 근교의 세브르에서 떨떠름하게나마 조인한 조약(세브르 조약)의 세부사항이었다. 하지만 프랑스 정치인 레이몽 푸앵카레만 눈치를 챈 듯하지만, 세브르는 사실 평화조약을 체결하기에는 상서롭지 못한 곳이었다. 섬세하여 깨지기 쉬운 자기 산지로 유명한(세브르 자기) 곳이었기 때문이다.

로이드 조지는 파리 평화회의의 4거두 중 유일하게 1차 세계대전의 마지막 평화조약이 체결될 때까지 자리를 보전한 인물이다. 영국 정계에서도 그는 전쟁이 시작될 때부터 끝날 때까지 내각에 머무른 유일한 정치인이었다. 영국에서 유일하게 1차 세계대전의 시작과 끝을 모두 체험한 정치인인 것도 모자라, 그는 연합국 수뇌들 중에서도 유일하게 평화조약 뒤까지 건재했던 지도자였다. 하지만 로이드 조지가 그토록 자부심을 느꼈던 오스만과의 평화조약은 결과적으로 그를 추락시키는 요인이 된다.

43. 분규의 시작: 1919~1921년

　　　　　　　　　중동 지역은 종전 무렵 영국군이 점령할 때만
해도 저항의 기미가 없었다. 하지만 그것도 잠시, 이윽고 분란이 시작되었
다. 1918년에 시작된 독립의 요구가 1919년에 들어서는 소요로 발전해간
이집트를 시작으로, 표면상 이집트와는 별 상관이 없어 보이는 아프가니스
탄의 인도 변경지에서도 1919년 전쟁이 발발했다. 아라비아의 영국 정책
도 그와 비슷한 시기에 와해되는 조짐을 보였다. 불행은 겹쳐 일어난다고
했던가, 당시 중동의 영국 당국에는 안 좋은 일이 한꺼번에 터져 나오는 형
국이었다. 트란스요르단만 해도 부족 간 투쟁으로 혼란이 초래되고, 서팔
레스타인에서도 1920년 봄 유대인을 향한 아랍인들의 폭동이 일어나며,
1920년 여름에는 이라크에서 봉기의 불길이 타올랐으니 그렇게 보는 것도
무리는 아니었다. 그렇다면 이 모든 혼란의 원인은 어디에 있었을까? 그에
대한 확실한 해답은 아마도 종전 뒤 중동에 주둔한 영국군 병력이 충분하
지 못해, 사방에서 도전해오는 적들의 기세를 효과적으로 차단하지 못한
데서 찾을 수 있을 것이다.

　프랑스도 사정은 나을 게 없어 긴축과 철군에 대한 압박으로 중동에서
고전을 면치 못하다 아랍 정치인들의 도전을 받고, 그러다 종국에는 시리

아에서 그들과 전쟁을 벌여야 했다. 1차 세계대전에서 패하고 혁명과 내전으로 만신창이가 된 러시아 또한, 중동의 그들 세력권인 중앙아시아에서 무슬림 봉기와 독립운동에 직면해 있었다. 하지만 그런 상황에서도 프랑스와 러시아는 영국과 공동연대를 모색하기보다는 영국의 입지를 오히려 훼손하려고 했으며, 그러다 보니 그들이 (영국의 곤란을 가중시키는 데 그치지 않고) 곤란을 유발하는 양상이 되어 중동문제는 더욱 혼란스러워졌다.

돌이켜보면 1919~1921년이 영국에는 시련의 기간이었던 것 같다. 하지만 적어도 처음에는 그것이 그런 식으로 인식되지 않았다. 1919년 이집트에서 일어난 소요만 해도 이집트의 법과 질서의 문제로만 간주되었을 뿐, 이듬해 봄 팔레스타인에서 발발한 소요나 그해 봄에서 여름으로 접어드는 시기 이라크를 휩쓴 봉기를 예고하는 서막으로는 간주되지 않았던 것이다. 따라서 앞으로 이어질 단원도 대개는 난관들이 발생한 순서, 개별적 난관들이 하나둘씩 이어지는 형태와 영국―과 영국으로부터 시리아를 양보 받은 프랑스―을 향한 중동지역의 잇따른 도전을 말하는 형식으로 전개될 것이다.

그러나 영국이 비록 자국의 통치에 항거해 동시다발적으로 일어난 개별적 음모와 봉기들을 단일한 대사건으로 인식하지는 못했지만, 그것들 모두 개별집단들이 일으킨 별개의 사건들로 치부했던 것은 아니다. 다수의 영국 관리들은 그것들이 단일한 집단이 꾸민 일이라는 것을 알고 있었다. 그들이 음모자로 믿던 사람들의 정체도 이내 밝혀졌다. 1919년과 1920년 영국의 중동 지배에 맞서 일어난 저항의 정도가, 1921년 무렵에는 마침내 미몽에서 깨어나게 된 영국민, 언론, 의회 앞에 적나라한 실체를 드러냄으로써, 중동의 혼란과 폭동이 계획적이고 조직적인 것이었는지 혹은 산발적인 것이었는지의 문제가 로이드 조지 정부의 주요 현안이 되었기 때문이다.

44. 이집트: 1918~1919년의 겨울

전후 영국이 중동에서 갖고 있던 입지에 최초로 도전장을 내민 곳은 수십 년간 영국이 '임시' 보호령으로 통치했고, 그곳의 영국 통치자들이 처음부터 아랍어권 사람들은 다른 어느 국가보다 영국의 통치를 좋아한다고 믿었던 이집트였다. 하지만 문제는 영국이 이집트에 독립을 시켜주겠다는 약속을 되풀이한 점에 있었다. 따라서 이집트 정치인들이 그 약속을 믿고, 1차 세계대전도 성공적으로 마무리되었으니 영국도 이제는 이집트에 독립의 일정을 제시할 때가 되었다고 여긴다고 해서 사리에 어긋나는 일은 아니었다.* 다른 사람들은 몰라도 최소한 일군의 정치인들은 영국의 그 약속을 액면 그대로 믿고 행동에 나섰다. 영국 전함 아가멤논 호에서 무드로스 휴전협정을 체결한 지 2주 뒤인 1918년 11월 13일 현직에서 물러난 옛 정치인들이 대표단을 꾸려 식민지 고등판무관 레지널드 윙게이트를 방문한 것이다. 대표단은 변호사, 판사, 행정관, 교육장관, 법무장관, 개전 초 영국에 의해 해산된 입법의회 지도자를 역임한 예순 살

---

*애스퀴스 정부도 1914년 말 오스만제국과 전쟁에 돌입할 때 이집트가 오스만의 종주권을 벗어나 영국 보호령이 되었음을 공식적으로 선언했으며, 영국이 싸우는 목표에 이집트의 자유와 독립이 포함된다는 사실도 밝혔다.[1]

가량의 사드 자글룰(1857~1927)이 이끌고 있었다. 그리하여 그가 윙게이트에게 1차 세계대전도 끝났으니 이제 계엄령과 보호령도 머지않아 철폐될 것이라는 기대감으로 면담을 요청했다고 방문 목적을 밝힌 뒤, 영국의 독립 약속이 지켜질 것으로 믿는다는 점을 암시하면서, 파리 평화회의에 참석할 수 있는 기회와 이집트의 정치적 입지 변화와 관련된 영국의 약속을 자신들이 직접 협상할 수 있도록 런던 회의에도 보내줄 것을 요청했다.

그러나 당시 영국 관리들은 이집트와의 협상도, 이집트의 독립도 염두에 두지 않았다. 그들이 어떤 생각을 했는지는 그로부터 시간이 조금 흐른 뒤, 한 영국 관리가 자글룰과의 모임에 대해 기록한 글에도 나타난다. "11월 13일 자글룰이 고등판무관을 찾아와 런던에 가서 이집트의 완전한 자치 계획안을 제출하겠다는 의사를 밝혔다. 하지만 판무관은 그것을 바람직하지 않다고 보고 거절했다."[2]

이렇게 윙게이트로부터 거부를 당하자 자글룰은 그날부터 바로 독자행보에 들어갔다. 그가 이익을 대변해주고 싶어 한 집단과 계층들의 폭넓은 지지를 받을 수 있는 대표단의 결성에 나선 것이었다. 모르면 몰라도 그는 새로운 술탄* 아흐메드 푸아드의 은밀한 지원도 받았을 것이다. 자글룰과 경쟁관계에 있던 다른 정치인들도 그에 자극받아 별도의 대표단을 구성했다. 윙게이트는 그제야 사태의 심각성을 깨닫고 1918년 11월 17일 본국의 외무장관에게 전문을 보냈다. 이런 내용이었다. 이집트 정치인들이 "이집트의 완전한 자치"를 요구하고 있다. 그들에게 선동적 행동을 삼가라는 경고를 보냈으나 술탄과 각료들은 민족주의자들의 요구를 거부하는 것에 미온적 태도를 보인다.[3] 실제로 술탄의 각료들은 영국이 임명한 사람들로 보일 것을 저어하여 자글룰과 그의 동료들이 포함되지 않으면 유럽으로 갈

---

* 1917년 10월 죽은 형의 뒤를 이어 술탄이 되었다.

대표단을 이끌지 않겠다고 선언했다. 그러자 영국도 1918년에는 모든 이집트 대표단의 런던과 파리 회의 참석을 불허한다고 맞불을 놓았다.

1918년은 이렇게 지나가고 이듬해인 1919년 1월 파리 평화회의 개막일이 가까워지자 자글룰과 그가 조직한 와프드당Wafd(아랍어로 '대표단'이라는 뜻)은 활동에 더욱 박차를 가했다. 그러던 중 1월 12일 시리아 대표단이 평화회의 참석을 승인받았다는 소식이 들리자 그들은 격분하여 그 이튿날 바로 와프드당의 한 당원 집에서 총회를 열고, 이집트에도 평화회의 발언권을 달라고 요청하는 한편 독립을 지지하는 발언도 했다. 이때부터 영국 정부는 자글룰의 공개 발언을 금지시켰다. 그러자 술탄의 각료들도 단독으로 대표단을 이끌기보다는 차라리 사임하겠다고 나섰다. 이에 영국군 당국은 3월 9일 자글룰과 다른 세 명의 대표를 체포하여 몰타 섬으로 추방하는 조치를 취했다.

그것이 대중의 반발을 유발하여 이집트 전역에서는 시위와 파업이 잇따랐다. 영국 당국도 예상하지 못한 대규모 시위였다. 식민지 정부가 1차 세계대전 기간 동안 이집트에서 벌어진 변화를 감지하지 못한 것을 여실히 보여주는 대목이다.[4] 당시 런던에 보내진 카이로 발 전문에도 드러나 있듯이, 새로운 계층의 생성과 그들의 야망, 새로운 이해관계, 전에 볼 수 없던 이집트인들의 새로운 분개, 새로운 불화와 불만의 원인 등, 전쟁으로 초래된 엄청난 사회경제적 변화와 그 안에 내포된 의미를 알아채지 못한 것이었다.

그렇기는 하지만 식민지 정부도 영국이 오스만에 패하기를 원하는 사람들이 이집트에 많다는 것쯤은 알고 있었다. 윙게이트, 클레이턴, 그리고 두 사람의 동료들이 그 같은 반영反英 집단들이 이집트의 운명을 좌지우지하면 위험한 일이 발생할 수도 있다고 하면서, 영국이 이집트를 병합해 직접 통치해야 할 필요성을 제기한 것도 그래서였다. 아랍부의 호가스도 1917년 7월 22일에 작성한 비망록에서 클레이턴의 병합 안을 지지하면서, 이집트는 "목하 적국이 될 개연성이 높은" 나라고, 그러므로 영국이 이집트 사회를 재편하는 것만이 사전에 그 위험을 방지할 수 있는 유일한 길이라고 강조했다.[5]

한편 혼탁한 이집트 정계에서는 새로운 술탄, 술탄의 각료들, 자글룰과 같은 그들의 반대파 지도자들이 서로 다른 민족주의 안을 들고 나와 이집트 경제와 사회 내에 숨어 있는 다양한 불만세력들의 지지를 얻기 위해, 적이 되기도 하고 동지가 되기도 하는 등 정략적 이합집산을 거듭하고 있었다. 하지만 보호령 체제를 서서히 손상시켜 언젠가는 무너뜨리게 될 그런 기류를 영국은 거의 눈치 채지 못했다. 영국 당국은 자글룰을 정부관직이나 하나 얻으려고 자신의 정치적 요구를 지렛대로 이용하는, 단순한 불평분자에 지나지 않는 것으로 보았다. 1917년 영국청에 따르면 "그는 이제 나이가 들어 밥벌이나 원하는" 인물일 뿐이었다.[6] 하지만 웬걸 그를 체포하여 몰타 섬으로 추방시킨 지 일주일도 채 되지 않아, 카이로, 알렉산드리아, 그 밖의 도시들에서 일어난 시위는 나일 삼각주 지역으로 확산되더니 이내 폭력사태로 비화되었으며, 그 뒤에는 대규모 파업이 잇따랐다. 그로 인해 주요 지역들의 철도선들이 파괴되었으나, 얄궂은 것은 오스만의 침략이 있을 것에 대비해 이집트의 교통을 불통시키는 것은 영국의 전시계획이기도 했다는 사실이다. 이렇듯 운송 노동자들의 파업으로, 자글룰이 추방된 지 일주일 뒤인 1919년 3월 16일에는 카이로와 나일 삼각주 및 상이집트를 잇는 철도와 전보통신이 두절되고, 외국인 거류지들도 이집트인들의 포위공격을 받는 등, 무질서의 불길이 통제 불능으로 치달아갔다.

만연해 있던 영국 군인들에 대한 공격도 3월 18일 아스완 발 카이로

행 열차 내에서 군인 여덟 명—장교 두 명, 사병 다섯 명, 교도소 감독관 한 명—이 살해되는 것으로 정점을 맞았다. 식민지 고등판무관 보고서에는 "상이집트로부터 사실상 소식이 단절돼 식민지 정부로서도 그곳의 통제력을 회복할 방법이" 없었던 것으로 나타나 있다.[7] 근래의 자료에도 영국 당국은 상이집트의 반란이 "한동안 동양의 영국제국에서 인도 반란(세포이 항쟁) 이래 규모가 가장 큰 미증유의 반란으로 발전할 개연성이 있다고 본" 것으로 기록돼 있다.[8] 그것은 과장이겠지만 아무튼 영국 당국이 큰 두려움을 느꼈고, 그 두려움이 광범위하게 유포되었던 것은 사실이다.

무엇보다 식민지 정부의 충격이 컸는데, 이집트 반란에 내포된 "볼셰비키적 징후"와 "이집트에서 일어난 운동이 말 그대로 전국적인 규모여서 종교와 계층을 망라한 모든 이들의 공감을 얻고 있다"는 사실 때문이었다.[9] 콥트 기독교인과 무슬림, 신학교 학생과 세속학교 학생들이 나란히 시위를 벌였던 것이다. 여자들도 상류층에 국한되기는 했지만 남자들의 시위에 동참했다.[10] 영국 당국을 특히 긴장시켰던 것은, 그들의 권력 기반이었던 순종적 다수, 다시 말해 농촌 소농들이 시위에 가담한 것이었다. 중구난방식이 아닌 조직화된 반란이었다는 것도 영국 당국을 당혹시킨 또 다른 요인이었다. 마치 이집트 경찰이 모든 국민을 등에 업고 영국인들을 불시에 덮친 형국이었다. 영국인들이 놀란 것도 그래서였으나 이집트 경찰도 놀라기는 마찬가지였을 것이다.

아무튼 사태가 이렇게 악화되자 영국은 재빨리 레지널드 윙게이트를 해임하고 앨런비 장군으로 고등판무관을 교체했다. 앨런비는 1919년 3월 25일 카이로에 도착했다. 그러고는 곧바로 이집트의 혼란을 종식시키겠다는 의지를 표명하고 4월 7일에는 자글루의 석방을 발표했다. 영국군을 투입시킨 결과로 1919년 봄과 여름에는 질서도 웬만큼 회복되었으나, 파업과 시위는 그치지 않고 계속되었다.

1919년 말 런던 정부는 결국 앨프레드 밀너를 단장으로 하는 조사위원회를 현지로 보내 진상을 파악하도록 했다. 보호령을 철폐하고 이집트와 영국 관계를 새롭게 정립하는 게 좋겠다는 것이 밀너의 권고안이었다. 영국도 그 권고안을 수용하여 1920년부터 1922년까지 3년 동안 새로운 정부 형태를 결정짓기 위해 이집트와 협상을 벌였다.

하지만 협상은 난항을 거듭했고, 그러자 자글룰이 또다시 협상의 걸림돌로 간주되어 영국 당국에 의해 추방되었으나 그것도 사태 해결에는 도움이 되지 못했다. 중동에 품었던 영국의 환상—영국이 지배하거나 혹은 영국의 조력을 받아 지배되는 상태—이 현실이라는 석벽에 부딪친 것이었다. 술탄과 이집트의 지도부 모두 단순한 자치나 이름뿐인 독립은 받아들이지 않으려 했다. 그들이 원하는 것은 완전한 독립이었다. 하지만 수에즈 운하에 많이 의존했던 영국으로서는 그들의 요구를 수용하기 힘들었다. 그래도 어떻게든 이집트 지도부와 합의를 이끌어내려는 노력을 기울였으나 그마저 실패하여 영국은 결국 현지 정치인들의 동의 없이 군대의 힘으로 지배할 수밖에 없게 되었다.

그러나 이집트 문제도 중동의 저편 아프가니스탄에서 일어난 일에 비하면 약과였다. 영국이 현지 지도층의 동의 없이 지배권을 유지할 수 있는지에 대한 진정한 문제가 그곳에서 제기되었던 것이다.

45. 아프가니스탄: 1919년 봄

　　이집트가 이집트의 생명줄이나 다름없는 수에즈운하와 더불어 인도로 가는 영국의 주요 전략거점들 중의 하나였다면, 아프가니스탄은 인도 평원으로 이어지는 고개들이 있는 영국의 또 다른 전략거점이었다. 그러다 보니 영국도 1세기 동안 여러 차례 유혈낭자한 전쟁(1차 아프가니스탄 전쟁: 1839~1842년, 2차 아프가니스탄 전쟁: 1878~1880년, 곧이어 서술될 3차 아프가니스탄 전쟁: 1919, 이렇게 총 세 차례 분쟁을 벌였다—옮긴이)을 치르며, 적대국(러시아)이 그 험준한 산악왕국을 지배하지 못하게 하려고 각고의 노력을 기울였다. 그러다 1907년 영국-러시아 협정 체결로, 아프가니스탄이 영국 보호령임을 인정받음으로써 그 문제도 일단락된 것으로 여겨졌다.

　　하지만 그렇게 해결된 것으로 믿었던 아프간 문제가 1919년 2월 19일 그곳 토후의 암살로 다시금 불거져 나왔다. 토후가 죽자 계승권 주장자들의 짧은 권력다툼이 있은 뒤 토후의 셋째 아들인 스물여섯 살의 아마눌라가 "자유롭고 독립적인 아프가니스탄" 국왕으로 즉위했음을 알리는 서한을 영국령 인도 총독에게 보낸 것이다.[1] 1907년의 영국-러시아 협정으로 외교권은 영국이 쥐고 있었으므로 아프가니스탄의 자유롭고 완전한 독립은 불가능했는데도 그런 서한을 보낸 것이었다. 아마눌라는 내처 4월 19일에는 대내 문제는 물론이고 대외 문제에서도 아프가니스탄이 완전한 독립국이 되었다고 선언했다.

아마눌라는 독립선언과 더불어 카이베르 고개(아프가니스탄과 파키스탄을 잇는 고개들 가운데 가장 북쪽에 위치해 있으며, 이를 통해 카불과 페샤와르가 연결된다 ─옮긴이)를 통해 영국령 인도를 공격할 비밀 계획도 세웠다. 국경지대과 가까운 영국의 주요 위수 도시였던 페샤와르에서 인도인들이 꾸미고 있던 민족주의 봉기에 맞춰 공격하려고 했던 것이다.[2] 아마눌라는 그 봉기가 인도 전역으로 확산될 것으로 믿었다.

그런데 아마눌라의 지휘관이 페샤와르 봉기가 조직되기도 전에 군대를 성급하게 움직이는 바람에, 아프간은 부지불식간에 위험상황이 발생하리라는 사실을 영국에 경고해준 꼴이 되고 말았다. 1919년 5월 3일 아프간의 한 분견대가 카이베르 고개 정상에서 국경을 넘어 영국령 인도로 쳐들어간 뒤, 국경 마을과 부근의 인도군 기지에 식수를 대주던 양수장을 장악한 것이었다. 5월 5일 인도 총독은 런던에, 전쟁(제3차 영국-아프가니스탄 전쟁)이 발발한 것 같다는 전문을 보냈다.

아마눌라에 따르면 아프간군이 국경지대로 진입한 것은 영국이 인도인 시위대를 진압한 방식 때문이었다. 그는 암리차르 대학살*과 그것으로 상징되는 영국의 정책을 언급하면서, 그러므로 자신도 이슬람과 인류의 이름으로 영국의 식민통치에 항거해 시위를 일으킨 인도인들의 행위를 정당하게 간주한다는 것과, 국경지대로 아프간 군대를 진군시킨 것 역시 혼란의 확산을 막기 위한 조치였다고 주장했다.

---

* 1919년 시크교 성도인 인도 북서부 펀자브주의 도시 암리차르에서 소규모 영국 군대가 공원에 운집해 인도의 독립에 대한 약속 이행을 요구한 시위군중에게 발포하여 379명의 사망자를 내게 한 사건.

영국은 아마눌라의 의도가 무엇인지 헷갈려 했다. 그들이 아는 것은 전시에 독일 군사사절단의 사주로 아프간 정부가 인도를 거의 공격할 뻔했다는 것과, 엔베르의 범튀르크주의자들과 러시아의 신생 볼셰비키 정부가 아프가니스탄에 위험한 방식으로 영향을 끼쳤다는 것뿐이었다. 그런가 하면 아마눌라의 아프간군이 국경을 넘었던 1919년 5월, 인도정부가 영국에 보낸 급보에는 광신적 종교인들이 성전의 선포에 부응하여 선두에 서고, 국경지대 부족들과 손잡은 정규군이 그들을 지원하는 방식으로, 아프가니스탄이 세 전선에서 동시에 영국군을 공격하려고 했던 것으로 나타난다.[3] 당시 영국군은 인도 내 반란에 투입되어 이동이 불가능한 상황이었다.[4]

그래도 사정이 사정이었던 만큼 국경지대의 영국군 장교들은 신속한 조치가 필요하다는 판단에서 아프간군의 소재지들에 공격을 가했다. 그것을 기점으로 드넓은 전선에 띄엄띄엄 산재한 지역들에서는 기약 없는 전투가 시작되었고, 그로써 영국은 성가시고, 평판 나쁘고, 불만스런 전쟁에 휘말려들게 되었다. 원주민 부대가 믿지 못할 존재라는 것도 영국이 제3차 아프간 전쟁에서 맞닥뜨린 오만가지 심란한 일들 가운데 일부에 지나지 않았다. 무엇보다 골치 아팠던 것이 돈 문제여서, 그렇지 않아도 재정이 빠듯했던 인도정부는 한 달 전비가 무려 1,475만 파운드에 이른 아프간 전쟁 때문에 예산을 대폭 늘려야 했다.[5]

그래도 영국군은 용케 인도에서 아프간군을 몰아내고 5월 말에는 승기를 잡았다. 그러나 병력 부족으로 아프간 왕국까지 쳐들어가 그곳을 정복하고 점령하지는 못했다. 그 정도의 승리를 거둔 것도 비행기가 있었기에 가능했다. 부족민들의 원시적 무기로는 비행기를 당해낼 재간이 없었던 것이다. 아프간 도시들에 가한 영국 공군의 폭격은 특히 위력적이어서 아마눌라도 그 기세에 눌려 강화를 요청했다. 그래도 아프간 관점에서 볼 때 그 전쟁은 남는 장사였다. 인도에서는 철수했지만 아프간은 완전한 독립을 쟁취했기 때문이다.

제3차 아프가니스탄 전쟁을 종결짓는 라왈핀디 조약이 조인된 것은 1919년 8월 8일 오전이었다. 영국이 적대적 외세 특히 전략적으로 중요한 산악왕국으로부터 러시아를 몰아내기 위해 보유했던 외교권을 철회하고, 아프가니스탄에 완전한 독립을 부여하는 내용의 조약이었다. 그런데 라왈핀디 조약문의 잉크가 채 마르기도 전에 아프간 정부는 새롭게 얻은 자국의 독립을 볼셰비키 정부와 조약을 체결하는 데 사용했다. 아프간 주재 러시아 영사관의 설치를 허락하는 내용도 포함돼 있어 영국으로서는 불안할 수밖에 없었다. 1921년 영국은 결국 아프간에 러시아가 "그들의 적절한 이해관계를 벗어나는 머나먼 지역들에까지" 영사관을 설치하려는 것은 "인도 국경지대에서 적대적 음모를 꾸미려는 것 이외의 다른 목적은 없다"는 논리로, 볼셰비키 정부와의 조약 내용을 수정해줄 것을 요청했다.[6]

그래서 1921년 영국은 아프간과 재협상에 들어갔다. 1921년 9월 1일에는 《타임스》 특파원이 "영국 내각은 이제는 시대착오적이 되었지만 지난날에는 동방에 대한 탁견을 자랑했던 조지 커즌 경의 막대한 영향력에도 불구하고" 아프간의 민족주의와 독립을 인정해야 한다는 것과, 카불 정부도 영국에 호의를 나타냈다는 것을 깨달아야 할 것이라고 하면서 진보적 양보를 촉구하는 글을 썼다.

그러나 영국이 지난 십수 년간 아프간을 보호령으로 삼은 결과 얻은 것은 우호가 아닌 원한이었던 것으로 드러났다. 아프간이 영국을 해치려는 음모에 가담한 것을 보여주는 증거를 영국 대표단이 협상의 과정에서 제시한 것이다. 영국을 상대로 한 아프간-러시아 합동 군사행동 계획이 담긴 소비에트 암호문을 영국 정보부가 해독한 것이 그것이다.[7] 영국 대표단의 진보적 양보에도 불구하고 카불 정부가 볼셰비키에 계속 편의를 제공해주었고, 러시아 첩자들이 호전적 국경 부족들과 음모를 꾀했다는 사실도 머지않아 밝혀졌다.[8]

물론 아프간이 영국에 난제를 제기한 것은 어제 오늘 일이 아니고, 영국의 영향력이 미치지 못하게 막으려고 한 그들의 행위도 이례적이고 고립적인 일로 볼 수도 있다. 그러나 문제는 영국의 영향력에 개방적인 듯한 태도를 취하고, 영국에도 호의를 나타낸 아라비아에서마저 영국의 정책이 좌초했다는 것이다. 제3차 아프가니스탄 전쟁이 진행 중이던 1919년 봄 아라비아의 영국 입지에 돌연 빨간 불이 켜졌다. 표면상 두 지역에서 일어난 사건이나, 두 지역의 어느 한 곳과 이집트와의 연관성은 없어 보였다. 그러나 영국이 보유한 중동제국의 서, 동, 남쪽 끝에서 동시에 사건이 터졌다는 것은 영국의 오지랖이 지나치게 넓게 퍼졌을 개연성을 시사하는 것이었다.

46. 아라비아: 1919년 봄

아라비아는 영국이 중동에 보유한 지역들 가운데 가장 말썽의 소지가 적은 곳이었다. 아라비아 반도의 긴 해안선도 영국 함대로 손쉽게 통제할 수 있었고, 서부와 중동부 지역의 지배자들 또한 영국정부로부터 상당액의 보조금을 받는 피보호자여서 1919년 무렵에는 라이벌 유럽 국가들이 아라비아의 정세에 개입할 여지가 없었다. 요컨대 아라비아는 영국에 거칠 것이 없는 곳이었다.

그러나 영국 내각도 1차 세계대전이 끝나기 무섭게 인정했듯이, 아라비아의 영국 정책은 교란을 일으키고 있었다. 영국의 두 주요 동맹인 헤자즈의 왕 후세인과 나지드의 왕 이브 사우드가 분쟁을 벌인 것이 원인이었다. 후세인은 영국으로부터 받는 월례 보조금 1만 2,000파운드가 이븐 사우드의 공격을 막는 데 다 들어간다고 불평했다. 하지만 이븐 사우드도 월례 보조금 5,000파운드를 받고 있었으니,[1] 영국 측에서 보면 피보호자들끼리의 싸움에 지나지 않았다. 후세인의 불만사항을 본국에 전달한 영국 사절도 그렇게 싸움질이나 하는 사람들에게 보조금을 지급할 필요가 있겠냐는 입장을 나타냈다.[2] 그리하여 그 문제에 대한 해법을 마련하기 위해 영국 정부 내에서 논의가 시작되었으나, 논쟁만 과열되고 의견 수렴이 제대로 되지 않아 해결된 것은 아무것도 없었다. 지침과 최후통첩 안도 마련했으나 보내지는 못했고, 취소된 것도 모른 채 다시 결정을 내리는 일도 잦았다. 담당자들의 마음도 날마다 조변석개했다.

두 사람의 분쟁은 후세인의 지배권이 끝나고 이븐 사우드의 지배권이 시작되는 국경지대의 조그만 도시풍 오아시스들이었던 (알)쿠르마와 투라바에 집중되었다. 그곳들의 점유가 보기보다 중요했던 것은 너른 목초지와 더불어 부족들의 충성을 얻을 수 있다는 점도 있었지만, 그보다는 종교적 이유 때문이었다. 1918년 초에 발간된 『아랍 보고서』에 와하브주의로 개종한 이븐 사우드 추종자들로 인해 자신의 권위가 침해당한다고 후세인이 투덜대는 글이 실린 것도 그 점을 말해준다. 쿠르마와 투라바에 대한 이븐 사우드의 권리 주장도 개종에서 비롯된 것이었다.

이븐 사우드는 선대로부터 18세기의 종교 지도자 와하브(무함마드 이븐 압둘 와하브)의 가르침을 물려받은 와하브주의 신봉자였다. 1745년에 맺은 양가의 동맹관계도 두 집안의 잦은 혼인으로 더욱 돈독해졌다. 그런데 문제는 이 와하브주의자들(와하브주의에 반대하는 사람들은 와하비로 불렀다)이 그것에 적대적인 사람들에게는 광신도로 보일 만큼 엄격한 청교도적 이슬람을 표방했고, 예리한 감각을 지닌 이븐 사우드가 와하비의 그런 광신적 에너지를 정치적 목적에 이용할 생각을 했다는 점에 있었다.

1912년 말부터는 종교 부흥 운동이 일어나 아라비아의 정치성도 이븐 사우드에게 유리하게 작용했다. 부족민들이 유목생활을 버리고 농업 공동체에서 엄격한 와하브적 생활을 하기 위해 말, 낙타, 그 밖의 소유물을 시장 도시들에 내다팔았다. "종교상의 형제들"이라는 뜻을 지닌 이른바 이흐완ikhwan 운동이 일어난 것이다. 그러자 이븐 사우드는 기다렸다는 듯 이흐완의 수장이 되어[3] 아라비아의 최고 전사들인 베두인족 군대를 장악했다.

이흐완 내에서도 부족장들 권위와 부족들 간 구분은 희미해진 반면 이븐 사우드의 권위는 높아졌다.

후세인이 자신의 권위가 침해당한다는 위기감을 느낀 것도 이런 청교도적 이슬람이 부근의 헤자즈 지방으로 스며들어왔기 때문이었다. 정통 수니파였던 그에게 와하브주의는 교의적이고 정치적인 적이었다. 그래서 그것을 근절시키기 위해 쿠르마와 투라바로 되풀이해서 군대를 보냈으나 가는 족족 패하기만 했다. 그러다 1919년 봄 연합국이 오스만에 승리한 분위기에 편승해 훈련받은 헤자즈군 5,000명을 마지막으로 투라바에 파견했다. 후세인의 아들 압둘라가 지휘하고 전시에 영국으로부터 공급 받은 현대적 무기로도 무장한 군대였다. 그리하여 이들이 1919년 5월 21일 투라바를 점령하자 이븐 사우드도 반격을 가하기 위해 리야드에서 출정했다. 하지만 양측 모두가 벼르던 회전은 결코 일어나지 않았다. 이븐 사우드 군대에 앞서 정찰을 나갔던 1,100명의 이흐완 낙타 부대가 5월 25일 밤 헤자즈군 막사를 덮친 것이었다. 헤자즈군은 단잠에 빠져 있다 졸지에 칼, 창, 구식 소총만으로 무장한 낙타 부대에 봉변을 당했다. 압둘라만 잠옷 바람으로 탈출했을 뿐, 나머지 병사들은 전멸을 당한 참패였다.[4]

후세인이 이처럼 전면적 패배를 당하자 영국도 그냥 두고 볼 수만은 없어, 한편으로는 헤자즈 상공에 비행기를 띄우고 또 한편으로는 이븐 사우드에게 경고의 메시지를 보내며 후세인 구하기에 나섰다.[5] 이븐 사우드도 외교관 기질이 다분했던 만큼 영국의 요구를 따르는 척해주고 이흐완이 무모하게 날뛰지 않도록 최선을 다하겠다는 공언도 하여 영국과의 마찰을 피하려고 했다. 하지만 후세인은 그와는 전혀 다른 태도로 옹고집을 꺾지 않았다. 그런 그에게 영국은 강권하다시피 1920년 8월 이븐 사우드와 휴전을 맺도록 했다. 하지만 그것은 번짓수를 잘못 짚은 행동이었다. 런던과 카

이로가 엉뚱한 인물을 지원해준 사실은, 이븐 사우드가 후세인군을 패배시
킨 데 이어 1920년에는 산악지방인 (사우디아라비아 남서부의) 아시르를 점
령하고, 1921년 말에는 경쟁 가문인 라시드 왕가마저 제압하자 더욱 뚜렷
이 드러났다. 전투병력만 15만 명이었을 것으로 추정되는[6] 이흐완을 선발
대로 내세운 이븐 사우드군은 아라비아를 완전히 정복할 기세였다.

1920년 9월 20일에는《타임스》의 중동 전문 특파원마저, 카이로의 아
랍부가 후세인을 이슬람 칼리프로 만들려고 한 정책—1914년 가을 키치너
의 제안으로 시작된—은 실패작이었음이 드러났다는 기사를 썼다. 그는
이븐 사우드가 헤자즈를 점령할 것이라는 예측도 했다. 그의 말대로 과연
이븐 사우드는 4년 뒤인 1924년 헤자즈를 점령하고 후세인을 망명길로 내
몰았다. 영국이 본의 아니게 이븐 사우드를 적대시하고 후세인을 지원한
것은 위신 때문이었다. 외무부 관리의 말을 빌리면 "이번처럼 영국의 꼭두
각시가 제위에서 쉽사리 떨어져 나가면 영국은 앞으로도 중동 일대에서 웃
음거리가 될 것이 뻔했지"만[7] 그렇다고 달리 뾰족한 수가 있는 것도 아니
었다. 아프가니스탄과 마찬가지로 아라비아의 물리적 특성이 그것을 가로
막았다. 군대를 이용한 시위도 쓸모없기는 마찬가지였다. 페르시아만에 주
둔 중인 영국 공군에 아라비아 해안의 어느 곳에 폭격하면 좋을지를 물어
보면, 돌아오는 대답은 타격하기에 적당한 곳이 없다는 말뿐이었다.[8]

영국은 이렇듯 중동제국의 서쪽과 동쪽뿐 아니라 남쪽 경계지에서도
즉각적으로 파악할 수 없는 이유들 때문에 더는 상황을 통제할 수 없게 되
었다. 그렇다고 현지인들을 원상으로 돌아오게 할 수 있는 뚜렷한 방안이
있는 것도 아니었다.

하지만 이런 아라비아도 1918년에 힘이 완전히 꺾였다고 본 오스만제
국의 심장부 터키가 제기한 도전에 비하면 그다지 심각한 게 아니었다.

47. 터키: 1920년 1월

　　　　　　　　　오스만제국의 여타 지역의 운명을 결정짓는
일도 중동문제의 핵심 사안이었던 만큼 연합국은 1919, 1920, 1921년 내
내 아나톨리아 터키어권 지역의 처리를 놓고 승강이를 벌였다. 로이드 조
지가 죽 끓듯 변덕을 부린 것이 논쟁이 벌어진 주요인이었다. 1919년 초만
해도 콘스탄티노플과 아르메니아는 미국이 맡고, 스미르나를 중심으로 한
아나톨리아 서부 연안지대는 그리스, 그 밖의 아나톨리아 지역은 프랑스가
남쪽을, 이탈리아가 북쪽을 차지하는 안을 지지했던 그가 몇 달 뒤에는 또
마음을 싹 바꿔 내각의 견해에 따라, "지난날 독일이 폴란드를 분할할 때와
같은 정도로만 연합국에도 터키 분할의 권리가 있다"고 선언한 것이었다.[1]
하지만 그것도 말뿐이었을 뿐 이듬해 그가 술탄에게 제시한 조약의 조건은
가혹하기 이를 데 없었고, 1920년 터키에 실제로 부과한 조약 내용은 당초
그가 생각했던 것보다도 혹독한 것으로 드러났다.

　　한편 무드로스 휴전협정이 체결된 1919년 말엽 오스만제국에서 실시
된 하원 총선에서는 민족주의자들이 압도적 다수로 당선되었다. 그런데 새
로 뽑힌 의원들은 하원이 소집되기도 전, 터키 내륙 깊숙이 위치하여 바다
와 영국 함대의 대포로부터도 멀리 떨어져 있고, 서른여덟 살의 민족주의

지도자 무스타파 케말이 새로운 투쟁기지로 삼은 곳이기도 한 앙고라(지금의 터키 수도 앙카라)에 모여들어, 민족계약National Pact으로 알려진 케말주의적 정치원리가 담긴 선언문을 채택하여 열화와 같은 대중의 성원을 받았다. 독립 이슬람 터키국의 창설을 요구한 그 선언문에 대한 대중의 지지가 얼마나 높았는지는 영국 지중해 함대 사령관이 "그리스의 스미르나 점령은 그 어느 전쟁도 해낼 수 없는 터키인들의 진정한 애국심을 불러일으켰다"고 말한 것으로도 알 수 있다.[2]

1920년 1월 중순에는 콘스탄티노플에서 하원이 소집되고 1920년 1월 28일에는 하원이 비밀회의를 열어 민족계약의 채택을 의결한 뒤 2월 17일 대중에 그 사실을 공표했다. 프랑스와 영국 정상들이 평화조약의 최종 타결을 위해 유럽에서 회동할 때, 오스만 하원은 자신들이 받아들일 최소한의 조약 조건을 임의로 결정한 것이다. 20세기의 정치적 논제가 유럽 주변 대륙들에 대한 유럽 지배의 종식에 있었다면, 오스만 의회의 독립선언이야말로 20세기의 시작을 알리는 신호탄이라 할 만했다.

프랑스와 영국의 군부지도자들도 두 나라 총리에게, 연합국이 준비 중인 조약을 오스만에 강제하려면 최소한 육군 27개 사단의 병력은 있어야 할 것이라고 하면서 그에 대한 재고를 요청했다.[3] 그것은 연합국이 배치할 수 있는 병력 규모를 훨씬 상회하는 것이었다. 영국 총참모부도 그 점을 감안해 로이드 조지에게 그가 당초 제안했던 조약의 조건을 재고할 것을 촉구했으나 거부당했다. 그러자 아니나 다를까 1920년 초 기어코 분란이 발생했다. 영국이 프랑스의 점유를 허용해준 남쪽의 튀르크어권 지역, 시리아에 접한 실리시아에서 전투가 벌어진 것이다. 케말 군대는 2월에서 4월까지 프랑스군을 연패시키고, 영토들을 점령하고, 수백 명의 사상자를 내고, 포로 수천 명을 사로잡으며 프랑스 총리 밀랑을 궁지로 몰아넣었다. 그로서는 철군에 대한 압박과 시리아에서 프랑스의 이익을 지켜야 한다는 압박 사이에 끼어 이러지도 저러지도 못할 처지였다. 하지만 결국에는 현지 사령관에게 터키 민족주의자들과 모종의 합의를 보라는 명령을 내렸다.[4]

그래도 로이드 조지는 타협할 기미를 보이지 않았다. 무력에는 무력으로 맞서겠다는 것이 그의 방침이었다. 1920년 3월 중순에는 영국이 주도하는 연합군이 콘스탄티노플을 점령했다.[5] 연합군은 수도에 들어와 오스만 경찰을 대체하고, 계엄령을 선포하고, 하원도 해산했다. 오스만군 장교들과 상당수 하원의원이 포함된 민간인 지도자 150명도 체포하여 1년 전 사드 자글룰과 여타 이집트 정치지도자들을 추방했다가 풀어준 몰타 섬으로 내쫓았다.[6] 그러자 프랑스와 이탈리아는 케말에게 그것은 두 나라와 무관하게 영국 단독으로 저지른 일이라며 서둘러 발뺌하는 말을 했다.[7]

그러나 콘스탄티노플은 술탄의 수도일 뿐이었다. 따라서 그곳이 점령되었다고 해서 무스타파 케말에게는 크게 해될 것이 없었다. 영국 관리들이 알고 있던 것과 달리 그는 이제 술탄의 대리인이 아니었다. 게다가 콘스탄티노플 점령은 술탄정부에 그나마 남아 있던 위신 아니 정통성마저 깎아내리고, 케말 정부의 위신만 높여주는 의도하지 않은 결과도 초래했다. 그다음 달 영국군에 체포되지 않은 하원의원 100명이 앙고라에서, 이른바 저항파 그룹에서 선출된 190명의 또 다른 의원들과 손잡고 의회를 구성한 것만 해도 그랬다.[8] 그런 다음 그들은 대국민의회Grand National Assembly에 의거한 정부 수립을 의결하고 무스타파 케말을 의장으로 선출했다.[9] 그들은 술탄도 연합국의 포로라고 선언하고 그의 법령도 무효화시켰다. 콘스탄티노플의 술탄정부도 그에 질세라 앙고라의 지도자들을 반역자로 낙인찍으며 맞불을 놓았다. 그러나 케말의 앙고라 정부는 술탄정부와 대립하면서도 그들과 관계를 단절하기보다는 모호하게 남겨두는 신중한 행보를 취했다.

한편 아나톨리아에서는 반자치 군벌과 무법집단들이 우후죽순으로 생겨나 그들 단독으로 행동하거나, 이런저런 정부들과 동맹을 맺고 행동하거나, 영국, 그리스, 공산주의 세력(러시아와 그 밖의 공산주의 세력들)과 제휴하기도 하면서 분쟁의 본래 취지를 흐려놓았다. 대지주 가문들도 잃어버린 이권을 되찾을 요량으로 반란을 일으켰으며, 쿠르드족, 체르케스인, 크리미아와 중앙아시아 출신의 타타르족 등 유목민과 난민 출신의 비적단도 활개를 치고 다녔다. 개중에는 녹군綠軍과 같이 간간이 정치색을 띤 집단들도 있었으나, 대개의 경우 그들은 미화된 도적떼로 변질되었다.[10] 오스만제국의 터키어권 지역은 이렇듯 무정부 상태와 내전으로 몸살을 앓았던 차르 치하의 러시아, 특히 1918년에는 백군과 적군, 도적떼와 군벌, 외국군과 토착 독립운동 세력들이 뒤엉켜 혼전을 벌인 차르 치하의 러시아를 방불케 하는 거대한 전쟁터로 변했다. 각종 무장단체들이 일으키는 봉기와 운동들로 고래의 두 제국 사이에 놓인 국경도 유명무실해졌으며, 볼셰비키 첩자와 선동가들이 아나톨리아로 쇄도해옴에 따라 거대하지만 무질서한 두 제국 간의 경계도 더는 존재하지 않게 되는 듯했다.

앙고라에 수립된 케말의 터키정부가 처음 결정한 사항도 러시아로 사절단을 보내기로 한 것이었다. 아마도 케말의 민족주의자와 레닌의 볼셰비키파 사이에 이전에 합의된 사항을 이행하는 것이 목적이었을 사절단은 1920년 5월 러시아에 도착했다.[11] 그리하여 두 나라 간에는 우호관계가 수립되었으나, 조약(1921년 3월 16일에 조인된 모스크바 조약)이 체결되기까지 1년 여의 기간이 걸렸을 만큼 그것은 우여곡절 끝에 얻어진 결과였다. 그러나 우여곡절의 내막은 영국 당국이 생각한 것과는 달랐다. 베를린으로 망명한 엔베르 파샤에게 볼셰비키가 피난처(모스크바)를 제공해준 것을 근거로 앙고라 정부의 배후에 그가 있다고 본 것만 해도 영국정부의 오산이었다.[12] 배후는커녕 엔베르와 케말은 철천지원수지간이었으며, 러시아 정부도 그들이 앙숙인 것을 알자마자 두 사람을 싸움 붙여 득을 보려고 하다가, 그것이 여의치 않자 둘 중 하나를 택한 것이었다.

영국정부는 케말이 술탄을 비밀리에 대행하고, 엔베르의 대리인 역할을 했다고 오판하는 데 그치지 않고, 볼셰비키도 대행한다고 착각했다. 그러나 알고 보면 케말만큼 볼셰비키에 적대적인 사람도 없었다. 그것을 보여주듯 그는 자신감이 붙었다고 느끼기 무섭게 러시아 영향을 받은 터키 공산당을 억압하고, 공산당 지도자들을 살해하며, 그들의 첩자도 죽이거나 투옥하는 조치를 취했다. 그 결과 다수의 러시아 지도자들도 케말을 적으로 간주하게 되었다. 케말주의자들이 받았던 인상대로, 러시아가 앙고라의 터키정부와 우호조약을 맺은 것은 스탈린의 강력한 개입과 소비에트 외무장관의 반대를 무릅쓴 결과였을 뿐이다.[13] 스탈린은 인종문제와 국가통제 인민위원이었다. 그랬던 만큼 볼셰비키 이데올로기보다는 러시아의 국가이익을 우선시했을 테고, 그래서 케말이 영국에 손상을 줄 수 있다고 보고 그런 결정을 내린 것이었다. 영국에 손상을 주는 것은 스탈린의 주요 목표들 가운데 하나였다. 따라서 현실주의적 아니 냉소적 볼셰비키였던 그로서는 그 목적을 이루기 위해서라도 케말을 지원할 만했을 것이다. 그리하여 전례 없이 많은 양의 소비에트 자금과 물자가 반볼셰비키 민족주의자들을 지원하기 위해 러시아-터키 국경지대로 쏟아져 들어오기 시작했다. 소비에트 러시아가 외국의 정치운동에 제공한 최초의 중요한 군사원조였다. 그래도 원조 결정을 내리기까지 1년이나 걸린 것을 보면—1920년 봄 터키 사절단이 러시아에 가서 원조를 요청한 때부터—터키의 반볼셰비키주의자들을 지원하는 데 대한 볼셰비키 정부 내의 저항 또한 만만치 않았던 모양이다.

그리하여 터키가 소비에트 세력권에 편입될 수도 있는 개연성이 생기자, 술탄정부에 부과하려 한 로이드 조지의 조약 조건이 가혹하다고 주장했던 연합국 군부 지도자들의 관점에는 한층 힘이 실렸다. 영국과 프랑스 모두 병력이 부족하고, 따라서 가혹한 조건을 부과하는 것은 적절치 않다는 것이 그 일의 직접 당사자들인 육해군 지휘관들의 생각이었다. 베니젤로스가 그 일은 그리스군만으로도 감당할 수 있다고 주장했지만, 영국 군부 지도자들은 그 말을 믿지 않았다.

그래도 로이드 조지의 태도는 요지부동이었다. 아직도 스미르나를 그리스에 주는 것이 옳다고 믿느냐는 절친한 친구의 물음에도 그는 이렇게 말했다. "그렇다네. 어찌됐든 둘 중 하나를 선택할 수밖에 없잖은가. 그런데 우리는 튀르크 때문에 하마터면 전쟁에서 패할 뻔했어. 아슬아슬했지. 튀르크족은 믿을 수 없는 존재고 쇠락하는 종족이야. 반면에 그리스는 우리의 우방이고 떠오르는 민족이란 말일세. 콘스탄티노플과 다르다넬스 해협도 확보할 필요가 있어. 그런데 그 일은 튀르크의 힘을 제압하지 않고서는 불가능하다는 말일세." 그의 정책에 회의감을 드러낸 영국 군부 지도자들에 대해서도 그는 이렇게 말했다. "군부가 그리스를 싫어하는 것은 당연해. 그들은 언제나 그래왔거든. 튀르크 편을 들었다는 거지. 군부가 토리당파인 것도 만인이 다 아는 사실이야. 튀르크를 지지하는 것이 토리당의 정책이란 말일세."[14]

그런데 1920년 6월 14일에서 15일로 넘어가는 밤, 케말의 민족주의 군대가 콘스탄티노플 부근의 영국군 대대를 공격하여, 술탄을 반 포로 삼아 그곳을 점령하던 연합국 군대에 위협을 제기하는 일이 벌어졌다. 케말이 (1년 전 합의에 따라) 러시아에 사절단을 보낸 지 한 달 만에, 그리고 실리시아의 프랑스군이 케말의 민족주의 군대에 패한 직후에 나온 공격이어서 영국군으로서는 불안할 수밖에 없었다. 그래서 영국군 사령관이 런던에 증원군을 요청하는 전문을 보내자 참모총장도 떨떠름하지만 이용할 수 있는 병력은 그리스군뿐이라는 사실을 인정하고, 내각에 1사단 규모의 병력을 제공해 달라고 그리스에 요청해 콘스탄티노플을 방어하게 하자는 건의를 했다. 베니젤로스도 흔쾌히 지원 의사를 나타냈다. 다만 스미르나 주재 그리스군으로 하여금 공격하게 해달라는 단서를 붙였다. 그렇게 되면 그가 병합을 원했던 상당 규모의 영토를 점유할 수 있게 되고, 그리스군도 단순한 치안유지군이 아닌 점령군의 위치를 갖게 되는 것이었다.

로이드 조지도 베니젤로스의 요구를 기꺼이 들어주려고 했다. 두 사람 사이에는 이미 사전 묵계가 있었다. 로이드 조지가 베니젤로스를 만나 연합국의 다른 국가들이 거들지 않을 수도 있다고 하면서, 그 경우 그리스 단독으로라도 세브르 조약 내용을 실행에 옮길 것과, 두 나라의 군사고문관들이 군사행동의 어려움을 침소봉대했다고 말하기로 짬짜미를 한 것이었다.[15] 그리하여 1920년 6월 20일 로이드 조지와 프랑스 총리 밀랑이 스미르나 주재 그리스군의 진격을 제한적으로 허용해주자, 6월 22일 그리스군은 세 방향에서 동시에 공격을 퍼부어 7월 초순에는 저 멀리 아나톨리아 고원지대까지 소아시아 전역을 장악하게 되었다. 다르다넬스 해협 건너편의 그리스군도 동부 트라케로 돌진해 들어갔다. 연합군이 콘스탄티노플에서 일어난 저항을 분쇄한 것이 불과 몇 달 전(1920년 3월) 일인데, 케말의 존재를 무시할 수 있다면 이제는 그리스군마저 콘스탄티노플 외곽에서 오스만의 저항을 분쇄하는 모양새가 된 것이다. 로이드 조지도 그것에 우쭐하여 "터키는 이제 없다"고 의기양양하게 선언했다.[16] 1920년 8월 10일에는 포로나 다름없는 오스만 술탄과 무력한 그의 정부 대표들이 세브르 조약에 서명했다.

로이드 조지와 베니젤로스는 세브르 조약으로 자신들이 원했던 것을 거의 관철시켰다. 오스만제국의 존재는 사라지고 그리스는 3,000년 전 고대 그리스인들의 식민지였던 소아시아 연안지대를 회복한 것만 해도 그랬다. 그리스인들도 아랍인들처럼 정치가 아닌 공통어와 문명으로 결속돼 있었다. 그 점에서 1920년 영국의 정치적 후원으로 그리스가 이뤄낸 것은, 유럽에 국한되었던 자국의 영토적 경계를 그리스어권 아시아의 문화적 경계로 확대한 것이었다. 영국에도 글래드스턴의 정치적 계승자인 데이비드 로이드 조지가 증진시킨 헬레니즘과 기독교가 그로써 개가를 이루었으니, 자유당의 꿈이 실현된 것이었다.

그러나 베니젤로스와 로이드 조지도 세브르 조약이 체결되자마자 머리에 퍼뜩 떠오른 생각이겠지만, 요는 조약을 끝까지 지켜내는 것이 문제였다. 영국군도 철수를 했고 그리스도 국내에서 철군 압박에 시달렸던 반면, 케말은 연합국이 터키를 떠나기만 하면 아나톨리아 고원에서 곧장 내려와 해안지대를 탈취하고 세브르 조약도 취소할 개연성이 있었기 때문이다. 베니젤로스도 그것을 우려해 1920년 10월 로이드 조지에게 이런 제안을 했다. 그리스군이 주둔해 있는 동안 아나톨리아 내륙으로 군대를 진군시켜 케말의 민족주의 군대를 분쇄하자는 것이었다.[17] 원인불명의 화재가 일어나 모스크바가 폐허로 변했을 때의 나폴레옹처럼 베니젤로스와 로이드 조지도 전투를 하려고 달려들지도 않고 그렇다고 항복할 의사도 보이지 않는 적의 도전에 직면해 있었다. 실제로 케말은 1812년 러시아 원정 때 러시아가 나폴레옹군에 구사하여 성공한 전략, 다시 말해 적군을 내륙으로 유인하여 지쳐 쓰러지게 하려는 전략을 세우고 있었다.

그러나 베니젤로스와 로이드 조지가 당시 어떤 조치를 취하려고 했는지는 결코 밝혀지지 않았다. 현대 역사상 가장 이상야릇한 정치적 사건 가운데 하나가 일어나 그 일이 두 사람의 소관을 벗어났기 때문이다. 1920년 9월 30일 그리스 국왕 알렉산드로스(재위 1917~1920)가 왕궁 경내를 거닐던 중 원숭이에게 물린 뒤 고열에 시달리다 10월 25일 숨을 거두는 사건이 발생했다. 윈스턴 처칠도 나중에 자신이 집필한 글에서 "25만 명이 그 원숭이에게 물려 죽었다 해도 과언이 아니라"라는 유명한 말을 했을 정도로 그 사건의 여파는 컸다.[18] 그 일이 일어나지 않았고 그리하여 알렉산드로스와 베니젤로스가 그리스를 계속 통치했다면, 그리스가 일으킨 1921~1922년의 그리스-터키 전쟁에서, 그리스군이 거의 전멸당하는 비극적 사태는 일어나지 않았을 것이기 때문이다.

알렉산드로스 국왕의 죽음으로 그리스에서는 복잡다단한 왕위 계승 문제가 수반된 총선이 실시되었다. 그런데 놀랍게도 선거결과는 그리스에서 인지도가 매우 높아 보였던 베니젤로스의 패배로 나타났다. 그 결과 베니젤로스가 실각하고, 그와 프랑스에 의해 면직돼 국외로 쫓겨났던 친독일, 반연합국파 정치지도자들이 그리스 정계에 복귀했다.

1917년에 폐위되었던 알렉산드로스의 아버지 콘스탄티노스 1세도 왕위를 되찾고, 베니젤로스와 연합국의 숙적이던 디미트리오스 구나리스도 프랑스의 강요로 쫓겨났던 망명지에서 돌아와 그리스 총리가 되었다. 게다가 콘스탄티노스와 그의 각료들 모두 터키 공격에 적극적이었다. 반면에 혼란스런 소아시아 문제에서 손을 떼고 싶어한 연합국 국가들은 그리스에 일어난 정계 개편을, 그 목적을 달성할 수 있는 호기로 보았다. 프랑스와 이탈리아도 그 틈을 타 그리스에 대한 지지를 철회함으로써 세브르 조약도 거부한다는 뜻을 암묵적으로 드러냈다. 그렇지 않아도 로이드 조지의 무모한 정책에 불만이 높아가던 참에 그것을 취소할 수 있는 기회가 생기자 덥석 부여잡은 것이었다. 프랑스는 특히 베니젤로스에게 해준 사사로운 약속에 묶여 마지못해 그리스를 지지했던 만큼, 그리스 선거 결과에 해방감을 느꼈다. 이탈리아와 프랑스가 터키의 케말 정부를 재정적 양보와 이득의 원천으로 바라보기 시작한 것이 이때부터였다.

영국에서도 볼셰비키 러시아와 터키의 밀착을 우려한 처칠과 육군성이 케말에게 양보할 것을 주장하고 나섰다. 처칠은 그것도 모자라 케말과 강화를 맺어 "터키의 장벽으로 러시아의 야망을 막는," 거대한 게임을 벌일 때의 영국 정책으로 되돌아갈 것을 촉구했다.[19] 하지만 로이드 조지는 그 모든 제안을 거부했다.[20] 대량실업과 영국이 직면한 그 밖의 심각한 경제사회적 문제—이집트, 아프가니스탄, 아라비아, 기타 중동 지역 문제들과 더불어—도 로이드 조지로 하여금, 영국도 이제는 터키를 옥박지를 힘이 없다는 결론을 내리게 하지는 못했다.

그런 가운데 세브르 조약 관련 문제를 타결 짓기 위한 연합국의 원탁회의가 런던에 소집되었다. 하지만 케말의 대표단도 초청되고 그리스 신정부의 대표단도 참가 의사를 밝혀 1921년 2월 21일 첫 본회의가 개최되려던 찰나 사건이 터졌다. 그리스군 최고 사령관이 케말의 방어시설을 조사해야 할 필요성을 제기하며 아나톨리아 내륙 터키군 방어선에 정찰대를 파견한 것이었다. 자신들이 원하는 것은 협상이 아닌 군사적 타결이라는 것을 보여주는 명백한 조치였다. 하지만 동절기의 혹한 속에 험난한 고지대를 행군하기는 쉽지 않았다. 힘겹게 행군을 이어가던 그리스군은 결국 이뇌뉘라 불린 조그만 마을 근처에서 케말의 동료 이스메트 이뇌뉘가 지휘하는 터키군을 만나 격퇴되었다. 그런데 이 교전 결과에 대해 양군은 아전인수격 해석을 내놓았다. 터키군은 그것을 자신들이 얻게 될 승리의 전조로 여긴 반면, 그리스군은 가서 직접 부딪쳐보니 터키군의 방어력도 별것 아니더라는 식으로 받아들인 것이다.

2월에 개최된 런던 회의에서도 아나톨리아의 운명을 결정짓는 문제에 대한 진전은 이루어지지 않았다. 그리스 대표단과 터키 대표단 모두 한 치의 양보도 보이지 않았다. 그리스 대표단은 원하는 바를 관철시키지 못하면 전쟁이라도 불사하겠다는 자세로 회의에 임했고, 스미르나를 그리스에 빼앗기지 않으려는 터키의 의지도 그들보다 강했지 약하지는 않았다. 스미르나 상실은 그리스 국내의 정치문제로도 비화될 소지가 있었다. 현직에서는 물러났지만 여전히 왕성하게 활동했던 베니젤로스가 로이드 조지에게 이런 말을 한 것도 그 점을 뒷받침한다. 콘스탄티노스 정부가 스미르나를 포기하면, 그(베니젤로스)를 지지하는 그리스계 아나톨리아인들로 하여금 스미르나를 독립 공화국으로 선포하고 터키와 일전을 벌이게 하겠다고 말한 것이다. "헬레니즘에는 그리스 왕국의 범위를 훌쩍 넘어서는 의미가 내포돼 있습니다. …… 따라서 그리스 왕국이 스미르나와 그 주변 지역을 보유할 의사가 없거나 그럴 능력이 없으면 터키의 헬레니즘이라도 그 임무를 완수해야겠지요. 연합국 아니 좀 더 구체적으로 말하면 영국이 지지할 의사를 보인다면 그 일도 불가능하지는 않습니다."[21] 로이드 조지도 조심스런 어투로 그것을 지지할 의사가 있음을 나타냈다.[22]

런던 회의는 결국 어느 쪽도 타협할 의지를 보이지 않음에 따라 성과 없이 끝났다. 케말 대표단은 개별 협상을 원하는 프랑스와 이탈리아의 부추김을 받고, 그리스 대표단은 반튀르크 성향이 강한 로이드 조지의 지지를 등에 업고 비타협적 태도를 고수했다. 로이드 조지는 베니젤로스가 "인류적 측면에서 세계대전의 가장 중요한 결과는 오스트리아-헝가리제국의 해체도, 독일제국의 축소도 아닌, 튀르크제국의 소멸"이라고 한 말에 한 치의 의혹도 갖지 않았다.[23]

하지만 오스만의 저항은 그칠 줄을 몰랐다. 터키에서는 케말이 연합국에 대한 도전을 계속하였고, 남쪽의 시리아에서도 다마스쿠스를 중심으로 활동하는 아랍인 장교, 관리, 명사들이 연합국에 대한 저항을 선언했다.

48. 시리아와 레바논: 1920년 봄과 여름

I

시리아의 명목상 지배자는 팔레스타인과 시리아 원정 때 연합군의 우익에서 아랍군을 지휘한 후세인의 아들 파이살이었다. 그는 협상 결과가 나오기 전 점령군 사령관 앨런비의 승인 아래 1918년 가을부터 수도 다마스쿠스에서 시리아를 통치했다. 하지만 1919년에는 평화회의 참석 차 유럽에서 거의 살다시피 하는 바람에 시리아 통치도 그동안은 다른 사람들에게 맡겨두었다.

문제는 다마스쿠스가 영국이 임시로 독립을 허용해준 아랍어권 지역의 중심도시이다 보니 정치적·군사적 불만 세력이 오스만제국의 각지에서 모여들었고,[1] 그에 따라 반목하며 분쟁을 일삼는 사람들이 파이살의 이름으로 나라를 부주의하게 통치한 결과 1919년과 1920년 내내 다마스쿠스에서 전통적 지배가문과 모험적이고 야심찬 신진 세력이 투쟁을 벌이고, 주요 정치단체의 투사들은 투사들대로 종교적 노선에 따라 편을 가르는 정정불안이 지속되었다는 점이다.

1919년 6월 6일에는 다마스쿠스에서 파이살이 창설한 (범)시리아 의회가 소집되었다. 파이살이 다마스쿠스에서는 자신도 외국인에 지나지 않는다는 점과, 우드로 윌슨의 원칙들을 염두에 두고 평화회의에 제출할 안건도 승인받을 겸 자신이야말로 시리아 지방들의 진정한 대변자가 될 수 있다는 것을 보여주기 위해 소집한 회의였다. 하지만 거기까지만 생각이 미쳤을 뿐, 그는 그 무렵에는 아직 국제정치의 특성상 앞으로 자신이 평화회의에서 많은 양보를 하게 될 때 그것을 지지해줄 사람들이 의회를 장악해야 할 필요성이 있다는 것까지는 깨닫지 못했다.

당시 시리아에는 1차 세계대전 내내 오스만제국에 확고한 충성을 보였고, 따라서 전쟁이 끝난 뒤에도 파이살, 연합국, 호전적인 아랍 민족주의 단체들에 적대감을 갖던 보수적 지배가문들이 있었다. 게다가 그들은 다마스쿠스는 물론이고, 홈스, 하마, 알레포와 같은 시리아의 다른 주요 내륙 도시들에 의석도 갖고 있었다. 그런데도 급진적 민족주의 단체들이 시리아 의회를 어느 정도나마 장악할 수 있었던 것은 보수파의 일부 세력과 흥정을 했기 때문이었다.[2]

시리아에서는 세 개의 주요 급진적 민족주의 단체가 활동하였다. 메소포타미아 출신의 아랍계 오스만군 장교들로 구성되었던 만큼 당연히 메소포타미아 지방들의 미래를 관건으로 삼은 알 하드, 팔레스타인 출신 아랍인들이 구성원의 대다수를 점하고 있어 파이살이 시온주의자들에게 해준 약속을 철회하도록 압력 넣는 것에 전력투구한 반시온주의 조직인 아랍 클럽, 세 단체들 중 명성이 가장 높았던 알 파타트(청년 아랍협회)가 그들이었다. 이례적이었던 것은 팔레스타인 대다수가 전시에 오스만과 파이살에 적대적 태도를 취했는데도 아랍 클럽의 집행위원 몇몇이 파이살 정부에서 요직을 점했다는 사실이다. 팔레스타인인들은 알 파타트가 창당해 기초가 튼튼한 이스티끌랄당(독립당)에서도 지도부를 형성하고 있었다.

시리아 의회는 1919년 중반 소집되기 무섭게 자신들이 원하는 목적을 분명히 드러냈다. 지금의 시리아, 레바논, 요르단, 이스라엘이 포함되는 대 시리아 독립국을 요구한 것이다. 미국이나 영국의 위임통치를 받는 방식, 혹은 프랑스의 요구에 맞서 미국, 영국, 시온주의자들의 지지를 얻으려 했던 파이살의 계획과는 상충하는 요구사항이었다. 따라서 그로서는 "시리아 의회의 힘을 약화시킬" 수 있는 조치를 강구해야 할 형편이었으나,[3] 때가 때였던 만큼 평화회의 참석이 급선무여서 일단은 그곳을 떠날 수밖에 없었다.

그리하여 파리에 온 파이살은 1919년 평화회의가 거의 끝나갈 무렵 마침내 프랑스 총리 클레망소와 앞서도 언급한 비밀협정, 프랑스의 느슨한 위임통치를 받으며 그가 독립 시리아국의 지배자가 되는 내용의 협정을 체결했다.[4] 클레망소의 입장에서는 더할 나위 없이 관대한 조건을 부여해준 것이다. 파이살을 시리아의 왕으로 앉히는 것은 물론이고, 시리아에 일정 부분 독립을 부여하거나 친영파인 파이살을 다마스쿠스에 머물게 하는 것 자체가 프랑스의 다른 정치인이라면 생각할 수도 없는 일이었기 때문이다. 그런데 1920년 1월 클레망소가 덜컥 실각을 했고 그러자 파이살의 처지도 난감해졌다. 새로 선출된 프랑스 의회의 식민주의자들이 협정 내용을 받아들이지 않을 것은 불 보듯 뻔했기 때문이다. 그 상황에서 파이살이 가져볼 수 있는 희망은, 프랑스 식민주의자들뿐 아니라 시리아의 아랍인들도 비밀협정의 존재를 인정하고 그것에 구속감을 느끼는 것뿐이었다. 파이살은 그런 희망을 품고 1920년 1월 14일 시리아로 돌아왔다. 하지만 와보니 아랍 민족주의자들은 시리아 정세에 대한 프랑스의 어떠한 간섭도 용인하려 하지 않았다. 파이살이 궁여지책으로 클레망소와의 협정이 취소되면 프랑스와 전쟁을 벌여야 할지도 모른다고 엄포를 놓자 아랍 민족주의 단체의 위원들은 "그렇다면 우리도 영국과 프랑스 두 나라 모두에 선전포고를 하겠다"고 응수했다.[5] 1월 말에는 호전적 민족주의자들이 시리아 의회를 장악한 채 파이살-클레망소 협정을 부결시켰다.

이렇게 민족주의자들로 하여금 프랑스와 타협하려는 자신의 정책을 받아들이게 하려던 일, 다시 말해 그들을 주도해 가려던 일이 실패로 돌아가자 파이살은 작전을 바꿔 자신이 그들의 정책을 따라가는 듯한 태도를 취했다. 2월에는 프랑스로부터 아랍의 완전한 독립을 "맹세코" 이끌어내겠다는 발언도 서슴지 않았던 것으로 전해진다.[6] 하지만 그것은 민족주의자들에 맞서 대중의 지지도를 높이려는 선동적 행위에 지나지 않았다. 파이살의 거짓된 과격 발언에 반응을 보일 만한 곳은 결국, 그에게 설득되어 프랑스와 타협을 원하는 자신의 정책을 지지할 개연성이 있는 지배적 토착세력뿐이었기 때문이다. 전시에는 연합국에 맞서 오스만제국을 지지했고, 따라서 파이살에게도 적대적이었던 다마스쿠스와 내륙 도시들의 보수적 지배가문들이 그들이었다. 파이살은 그들을 부추겨 공식적으로는 대시리아 독립국을 지지하는 척하면서 비공식적으로는 파이살-클레망소 비밀협정과 프랑스의 존재를 받아들일 준비가 된 새로운 정당, 국민당을 창당하도록 했다. 실제로 국민당은 완전하고 즉각적인 시리아 독립을 주장하지도 않았고, 팔레스타인에 유대민족의 조국이 세워지는 것도 용인해줄 태세에 있었다.[7]*

그에 질세라 호전적인 민족주의 단체들도 국민당의 세 결집을 막기 위해 시리아 의회의 재소집을 요구하고 나섰다. 그리하여 1920년 3월 초에 소집된 제2차 시리아 의회는 입헌군주인 파이살 아래, 레바논과 팔레스타

---

* 다마스쿠스에서도 시온주의가 이슈가 되었던 것은 팔레스타인과 시리아의 아랍인들이 두 곳을 동일시하는 의식 때문이었다. 그렇기는 하지만 예루살렘, 야파, 하이파에서와 같은 정도로 큰 이슈가 되지는 못했다.

인이 포함되는 "자연적" 경계지 내에서 시리아의 완전한 독립을 선언하는 결의문을 채택했다.[8] 그와 때를 같이해 팔레스타인의 아랍 대표단도 시온주의에 반대하고 시리아의 일부로 편입되기를 청원하는 결의안을 채택하여 영국 군정 총독에 맞섰다. 메소포타미아에서도 일군의 아랍인들이 파이살의 형 압둘라를 왕으로 하는 지방들(바스라와 바그다드)의 독립을 선언했다.[9] 이로써 1920년 초 콘스탄티노플의 오스만 하원이 연합국에 공식적으로 도전하고 오스만제국 터키어권 지역의 독립을 선언한 지 불과 몇 주 뒤, 아랍어권 지역에서도 똑같은 일이 벌어지게 되었다.

상황이 이렇게 돌아가자 앨런비 장군은 깜짝 놀라 상부에 위급함을 알렸다. 이런 내용이었다. 영국과 프랑스가 "시리아 의회와 파이살의 행동이 무효라는 방침을 계속 고수하면 전쟁이 일어나게 될 것입니다. 그리하여 만일 교전이 시작되면 아랍인들은 영국과 프랑스를 공통의 적으로 간주하게 될 테고, 그렇게 되면 영국은 프랑스로 인해 공연히 준비도 부실하고 우리의 이익에도 반하는 전쟁에 휘말려들게 될 것입니다."[10] 영국은 이번 일도 프랑스 탓으로 돌렸다. 조지 커즌이 런던 주재 프랑스 대사를 외무부로 불러 프랑스가 범한 실책을 지적하고, 사태가 악화된 것이 전적으로 프랑스의 과실에 있다는 점을 공식적으로 표명한 것이다.[11]

다마스쿠스 민족주의자들의 선언에는 프랑스도 놀랐으나 그보다는 영국이 더 소스라치게 놀랐다. 그래서 그 선언을 실행에 옮길 경우 중대한 결과가 초래될 것이라고 파이살에게 주의를 주었으나,[12] 그로서도 의회를 통제할 길이 없었다. 통제는커녕 오히려 그 자신이 의회 분위기에 휩쓸려 들어가 그의 지지자들이 해안지대의 프랑스인과 기독교인들에게 게릴라 공격을 하는 것도 막지 않고 내버려두었다.[13] 그것도 모자라 그는 실리시아에서 프랑스군과 교전 중인 케말의 터키군마저 도와주었다. 알레포 철도선들을 이용하여 실리시아로 증원부대를 수송할 수 있게 해달라는 프랑스의 요청을 거부한 것이다. 그 때문에 프랑스는 해로를 통해 적군의 포위공격을 받는 자국 수비대에 어렵사리 병력을 보냈다.[14]

그러나 시리아 민족주의자들이 간과했던 것은 그들의 입지와 파이살의 입지 모두 영국이 없으면 무너질 허약한 존재라는 사실이었다. 그들이 영국의 메소포타미아와 팔레스타인 통치에 반대하는 선언문을 채택하자 영국도 프랑스 쪽으로 돌아설 수밖에 없었고, 그리하여 두 유럽 국가는 잠시나마 동맹을 회복했다. 프랑스가 아랍의 도전을 받게 되었다는 소식에 처음에는 희희낙락하던 로이드 조지도 사정이 그렇게 되자 프랑스와 제휴할 수밖에 없었던 것이다. 시리아인들이 그동안 자유롭게 정치적 도발행위를 할 수 있었던 것은 로이드 조지의 정책과 앨런비 군대라는 방패막이 있었기에 가능했다. 그런데 이제 그 방패막이 사라졌고, 그러자 프랑스 식민주의자들도 재빨리 간파했듯이 프랑스 정부가 활개를 치게 되었다.

당시 프랑스의 주관심사는 시리아인들이 케말의 터키군과 위험한 동맹을 하지 못하게 막는 것이었다. 식민주의 단체였던 프랑스 아시아위원회의 지도적 선전관이었던 로베르 드 케(나중에는 시리아의 프랑스 정책 담당자가 되었다)가 1920년 5월 20일 프랑스 대표단을 이끌고 앙고라에 가서 케말과 직접 협상을 벌인 것도 그래서였다. 그리하여 영국과 제휴한 데 이어 케말과 잠정적 휴전마저 이끌어냄으로써, 프랑스가 군사행동을 할 수 있는 길은 활짝 열렸다.

1920년 5월 27일 프랑스 정부는 베이루트 주재 프랑스군 사령관 앙리 구로 장군(1867~1946)에게 파이살에 맞선 출진 준비 명령을 내렸다. 프랑스혁명 기념일인 1920년 7월 14일에는 구로 장군이 파리의 성화에 못 이겨 파이살에게 최후통첩을 보냈다. 아랍군의 해체가 포함된 가혹한 조건이어서 받아들이지 못할 것으로 예상했으나, 웬걸 파이살은 기가 꺾인 채 프랑스의 요구를 순순히 받아들였고, 다마스쿠스에서는 그에 항거하는 폭동이 일어났다. 구로 장군도 딱하기는 했지만 본국의 명령 때문에 어쩔 수 없이 파이살의 답변이 만족스럽지 못하다며 퇴짜를 놓았다. 그러자 파이살은 무조건적 항복이 포함된 답변서를 헐레벌떡 다시 제출했다. 하지만 구로는 이미 때가 늦었다고 하면서 프랑스군에 다마스쿠스로 진격 명령을 내렸다.

그러나 사실 프랑스는 당시 진격할 병력도 변변히 없었다. 설상가상으로 케말과 휴전마저 깨져 프랑스는 졸지에 북쪽의 케말과 동쪽의 파이살이 제기하는 위험에 동시에 노출되었다. 그리하여 두 전선의 적들 사이에 끼어 진퇴양난에 빠져 드는가 했는데, 천만다행으로 시리아로부터는 별다른 저항이 없었다. 주로 세네갈인들로 구성된 레반트(지중해 동부 지역)의 프랑스군이 매복하기 좋은 구불구불한 골짜기들을 따라 진군하는데도 파이살의 유격대는 웬일인지 프랑스군이 목적지에 다다를 때까지도 감감 무소식이었다.[15] 그러다 그들이 모습을 드러낸 뒤에야 도전을 걸어왔지만, 그 무렵에는 이미 프랑스군 비행편대가 상공에 뜬 뒤였다. 그것을 보고 다마스쿠스 방어군은 공포에 질려 저항이고 뭐고 다 팽개친 채 줄행랑을 놓았다.[16] 1920년 7월 26일에는 프랑스군이 다마스쿠스를 점령했고, 7월 27일에는 파이살을 망명으로 내몰았으며, 7월 28일에는 파이살이 망명을 떠났다. 그 모든 일이 끝나자 프랑스 총리는 프랑스가 이제 "시리아 전역을 항구적으로" 보유하게 되었다고 선언했다.[17]

프랑스는 시리아를 몇 개의 하부 지역으로 나누었다. 지금의 레바논이 된 대레바논도 그중 하나였다. 1920년 8월 1일 구로 장군이 선언한 대레바논은 사이크스-피코 협정에 프랑스의 직접 통치지역으로 명시된 곳과도 대체로 일치했다. 그곳에는 옛 오스만제국의 한 지방이었던 레바논—프랑스의 후원을 받는 마론파 기독교도와 전통적으로 그들의 적이었던 드루즈파의 중심지—외에 해안가 도시들인 베이루트, 트리폴리, 시돈, 티레, 그리고 레바논 내륙의 상당 지역에 걸쳐 있던 알비카(베카) 골짜기도 포함되었다. 기독교도 근거지인 레바논에 생경한 지역들이 추가된 것이고, 그에 따라 다수의 수니파와 시아파 무슬림 인구도 그곳으로 유입되었다.

레바논의 이런 팽창—소수파인 마론파 기독교도들이 무슬림의 본고장에서 주도적 위치를 점하자 다양한 집단들이 폭력을 행사하여 1970년대와 1980년대에 레바논에서 대규모 유혈 참사가 벌어지는 원인이 되었다—이 마론파 기독교도의 압력 때문이었는지 혹은 프랑스의 정치적 압력 때문이었는지는 확실치 않다.[18] 그러나 분명한 것은 구로 장군의 대레바논 선언에는 많은 세력의 입김이 작용했다는 사실이다. 당시만 해도 그로 인해 초래될 위험성을 감지하기가 쉽지 않아 벌어진 결과였다.

Ⅱ

다마스쿠스가 프랑스군에 그처럼 맥없이 떨어지자, 그동안 파이살이 펼쳤던 갖가지 주장과 아랍 민족주의도 결국은 시리아에 대한 프랑스의 권리 주장을 막기 위해 영국이 벌인 협잡으로 드러나는 모양새가 되었다. 프랑스는 시리아에서 봉기가 일어날 때마다—프랑스의 위임통치령이 된 뒤에도 시리아에서는 곧잘 소요가 일어났다—그것을 영국 탓으로 돌렸다.[19] 시리아를 주지 않으려고 모략을 쓰다가 프랑스의 인심을 잃었던 로이드 조지는 이렇듯 시리아를 주는 정책으로 선회한 뒤에도 프랑스의 인심을 끝내 되찾지 못했다.

1919년 로이드 조지의 철군 조치 때문에 영국은 적어도 아나톨리아 내륙지역, 아라비아 사막지대, 아프간 산악지대, 이집트 농촌마을들에 미쳤던 통제력을 상실한 것 못지않게 시리아 사태에 대한 통제력도 상실했다. 그리고 그 결과 시리아에서는 영국에 대한 전방위적 비난이 일어났다. 프랑스는 파이살을 띄워주었다고, 아랍인들은 파이살을 망쳐놓았다고 영국을 비난했다.

팔레스타인과 이라크에서 활동하는 파이살의 지지자들도 영국에 등을 돌렸다. 그것이 영국으로 하여금 중동에 계속 머물러 있어야 하는지에 대한 의문을 갖게 만들었다. 영국인들은 파이살의 아랍운동을 후원하는 것이 영국이 중동에서 이루고자 한 목표 중 하나라고 믿었다. 그런데 파이살의 아랍인들이 적으로 변한 것이고, 따라서 그들을 계속 지원하는 것이 옳은가에 대한 의문이 제기되었던 것이다. 파이살 지지자들이 영국과 프랑스의 관계를 위태롭게 만드는 것도 문제였다. 영국이 보유한 요르단 강 동안의 팔레스타인 상황이 특히 심각했다. 파이살 지지자들의 선동적 행위로 프랑스가 트란스요르단을 침략하는 날에는 영국이 자칫 위험하고 쓸모없는 국제 분쟁에 휘말려 들 수도 있었기 때문이다. 영국과 프랑스의 관계는 언제나 그렇듯 위태로웠고―프랑스가 탐내는 팔레스타인과 관련해서는 특히 그랬다―영국이 요르단 강 동안의 파이살 지지자들이 프랑스 식민주의 옹호자들에게 국경 너머로 군대를 진군시킬 구실을 주지 않을까 노심초사한 것도 그래서였다.

49. 동팔레스타인(트란스요르단) : 1920년

　　　　　　　　　　　프랑스 정부는 시리아를 정복하기 위한 군사
행동을 하는 것과 더불어, 부근의 팔레스타인이 '시온주의(유대인) 국가'가
되는 것을 막기 위한 외교와 선전운동도 함께 펼쳤다.[1] 이 경우 팔레스타인
의 시온주의가 영국의 후원을 받았기 때문에 프랑스의 선전운동은 자연히
반영국적 특색을 띠게 되었다. 그렇기는 하지만 영국령 팔레스타인보다는
아무래도 유대인-팔레스타인에 대한 적대감이 더 강했기 때문에, 프랑스
정부도 영국의 후원을 받는 시온주의로 인해 행여 성지에서 행사하는 프랑
스의 상업 · 종교적 이해관계가 위험에 빠지지 않을까 걱정이 많았다.

　　언론이 반유대주의를 거칠게 표명하는 것과 달리 프랑스 외무부가 순
화된 언어를 사용한 것도 그래서였다.[2] 그러나 1920년 6월 팔레스타인과
시리아-레바논('팔레스타인'과 '시리아' 모두 당시에는 막연한 용어였고, 그러므
로 양측의 경계도 뚜렷이 구분되지 않았다) 간 국경을 정하기 위해 영국과의
협상이 본격적으로 시작되었을 때는 프랑스도 자국의 이익을 강하게 주장
하면서 단호한 태도를 견지했다. 프랑스의 강경한 입장 고수는, 프랑스가
두 지역 간의 국경을 레반트에서의 프랑스와 영국 간 국경으로 간주하는데
다, 식민주의자들 또한 아시아에서 프랑스의 권익을 지나치게 많이 포기했

다며 자국 지도자들을 맹비난한 데 따른 결과였다. 프랑스 식민주의 단체 동방위원회Comité de l'Orient 장을 겸하던 프랑스 하원 외교 분과위원회 의장만 해도 대중언론 못지않게 영국과 타협하는 것을 반역으로 낙인찍을 준비를 하고 있었다. 프랑스가 이번 국경 협상에서 특히 노린 곳은 시리아-레바논 에 접한 요르단 강과 야르무크 강의 상류 유역이었다. 그리하여 강력한 요 구 끝에 결국은 얻어내는 데 성공했다.

중동의 프랑스 가톨릭 선교사들이 세운 근동교육진흥회Oeuvre des Ecoles d' Orient의 말을 빌리면, 프랑스는 유대민족의 조국도 단순히 "프랑스의 입지 를 훼손시키기 위한 영국의 수단에 지나지 않는 것"으로 보았다.[3] 근동교 육진흥회는 시온주의와 볼셰비키주의의 배후에도 "수단방법을 가리지 않 고 기독교권을 파괴하려 하는" 유대인권의 음모가 도사리고 있음을 밝혀 냈다고 주장했다.[4] 시리아에서 프랑스의 정치적 이익을 대변하는 일을 했 던 로베르 드 케 역시 동유럽 출신의 팔레스타인 유대인들도 "유대인들에 게 흔히 나타나는 혁명적·예언적 정신을 볼셰비키주의로 전향시켰다"고 주장하면서 그들의 말을 거들고 나섰다.[5] 프랑스는 이렇듯 영국, 유대인, 시온주의, 볼셰비키가 동시에 일으키는 운동으로 인해 시리아와 레바논에 서 그들의 입지가 위협을 받는다고 믿었다. 따라서 국가적 이익뿐 아니라 종교적 이유 때문에도 팔레스타인의 신교도와 유대인들에 맞서는 행동을 할 필요가 있다는 것이 근동교육진흥회장의 입장이었다. "'그리스도의 나 라'가 유대인과 앵글로색슨 이단자들의 희생양이 되도록 내버려두어서는 안 된다. 그곳은 프랑스와 교회의 신성한 유산으로 남겨두어야 한다. 거룩 한 그 땅에서 탐욕스런 동맹을 몰아내지 않으면 국가적 치욕이요 돌이킬 수 없는 죄악이 될 것이다."[6]

프랑스 정부가 예루살렘과 여타 팔레스타인 도시들에 지부를 두었던 반영 정치단체, 문학협회Literary Society에 재정적 지원을 해준 것도 그 무렵이었다. 하지만 1920년 프랑스가 영국의 이익에 직접적 위협을 가한 곳은 그곳들이 아닌, 장차 영국령 팔레스타인의 75퍼센트 정도를 점하게 될 요르단 강 동안의 인구가 적은 트란스요르단이었다. 부족적 삶과 구조로 보면 아라비아에 가깝고, 역사적으로는 많은 지역이 성서의 땅에 속해 있었으며, 과거 한때는 아라비아의 로마 속주에 속해 있기도 했던 복잡다단한 지역이었다. 게다가 1차 세계대전 중이던 1918년 가을에는 앨런비 장군이 그곳을 점령한 뒤 파이살이 통치하는 무능한 다마스쿠스 정부에 일임해 두었기 때문에, 사실상 그곳은 방치돼 있던 것이나 다름없었다. 영국의 관점으로 보면 그것이 실책이었다. 프랑스가 다마스쿠스에서 파이살 세력을 몰아낸 뒤 파이살의 계승자를 자임하며 트란스요르단의 지배권을 주장했기 때문이다.

트란스요르단은 부족 간 투쟁이 끊이지 않는 무질서한 곳이었다. 영국이 질서와 문명을 가져다준다는 구실로 프랑스가 그곳을 점령하지나 않을까 전전긍긍한 것도 그래서였다. 프랑스의 시리아 통치에 반대하는 아랍인들도―파이살을 시리아 왕으로 복귀시키기 위해 싸운다고 주장하면서―트란스요르단에 집결하고 있었다. 따라서 그들도 프랑스령 시리아를 공격할 개연성이 있었으므로, 그 또한 프랑스가 트란스요르단을 침략하는 핑계로 이용될 수 있었다.

이런저런 점을 고려해 서팔레스타인에 중심을 두고 있던 영국 당국이 런던에 트란스요르단으로의 영국군 파병을 제의했으나 영국정부는 그들의 제안을 거부했다. 런던이 허용할 의사를 보인 것은 소수의 행정관 파견이 전부였다.[7]

한편 트란스요르단에서 복무 중이던 영국군 장교 C. D. 브런턴 대위는 상부에, 그곳 사람들은 영국인들이 그곳을 떠날 것으로 믿었고 "누구도 영국의 점령을 달가워하는 기색이 없다"는 보고를 했다.[8] 트란스요르단이 무정부 상태에 빠져드는 일은 시간문제라고도 전망했다. 그러면서 그 이유를 이렇게 밝혔다.

이곳 사람들은 동질적 정치체를 구성하는 것이 불가능합니다. 주민이 정주민과 베두인족으로 뚜렷이 갈라져 있기 때문이죠. 정주민들은 베두인족의 착취와 폭력으로부터 보호받을 수 있는 안정된 정부를 원하는 반면, 베두인족은 농민을 수탈하고 가축 떼를 강탈하는 것을 삶의 수단으로 삼고 있습니다. 따라서 질서보다는 무질서를 원합니다. 이런 곳에 공통의 정부가 구성되기는 어렵겠죠.[9]

브런턴으로서는 무엇보다 트란스요르단에 주재하는 파이살의 하심가 대표가 프랑스에 대한 적대감을 높이는 것이 발등에 떨어진 불이었다. 1920년 9월 20일 상급자에게 올린 그의 보고서에도 당시의 급박했던 정황이 그대로 드러나 있다. 트란스요르단의 하심가 대표가 시리아의 프랑스인들에게 성전을 선포하고, 지원병을 모집하며, 암만의 감옥에 갇혀 있는 죄수들도 풀어주어 성전에 동참하도록 했다는 내용이었다.[10] 하지만 이틀 후에는 또 하심가 대표가 모집한 지원병은 50명에 지나지 않는다는 다소 맥빠진 전문을 보냈다.[11] 그래도 영국정부가 트란스요르단을 통치하는 방식에 대한 그의 불만은 가시지 않았다. "부분적으로 약탈적 미개인들이 거주하는 나라에 소수의 영국 고문관만 붙여 놓고 자치를 시행하는 것은 흥미로운 실험은 될 수 있을지언정 현실적 정책은 되지 못합니다."[12]

이렇게 군대를 주둔시키지 않다 보니 만에 하나 프랑스가 트란스요르단에 쳐들어오기라도 하면 영국으로서는 방어할 길이 없었다. 그러므로 그 상태에서 영국이 트란스요르단을 보유하기 위해서는 프랑스의 침략을 야기하지 않는 것이 상책이었다. 트란스요르단의 아랍인들이 시리아를 공격하는 것도 프랑스의 침략을 촉발시킬 수 있었기 때문에 영국은 그것도 막을 필요가 있었다. 그래서 그것을 막을 요량으로 트란스요르단 주재 영국 관리 F. R. 서머싯이 마련한 방책이, 아랍 부족들 사이를 이간질시키는 것이었다.

문제는 프랑스가 무력이 아닌 다른 방식, 이를테면 선전이나 전복과 같은 방식으로도 영국의 위임통치령—트란스요르단뿐 아니라 팔레스타인의 여타 지역도— 을 공격할 수 있다는 것이었다. 1920년에는 아랍 민족주의자들이 프랑스를 적대시했지만, 프랑스가 공작을 벌이면 그 적대감의 화살이 영국으로 향할 수도 있었기 때문이다. 서머싯은 특히 프랑스가 팔레스타인의 아랍인들이 반색할 반시온주의 이론을 들고 나와, 트란스요르단과 서팔레스타인이 포함되는 대시리아 십자군운동을 전개할 개연성에 대해 우려했다.[13] 프랑스가 아랍인들에게 (트란스요르단이 포함되는) 팔레스타인을 영국으로부터 빼앗아 시온주의를 중단시키겠다는 약속을 하면, 아랍인들이 그것을 믿고 프랑스 쪽으로 결집할 수도 있었기 때문이다. 그렇게만 봐도 시온주의자들이 그들의 궁극적 의도를 드러내는 것은 영국의 대의뿐 아니라, 그들의 대의마저 위태롭게 할 수 있다는 것이 서머싯의 생각이었다. 영국 관료계도 그의 관점에 폭넓은 지지 의사를 나타냈다. "그곳 사람들이 적대시하는 것은 유대인이지 영국이 아닙니다. 그러므로 유대인들이 어리석은 입만 다물고 있으면 팔레스타인 전체를 차지할 수 있을 거예요."[14] 반면에 T. E. 로렌스는 서머싯과 다른 견해를 표명했다. "올바른 정책을 시행하면 4, 5년 내에 시온주의에 대한 반감이 전부는 아닐지라도 웬만큼은 수그러들 것입니다."[15]

그러나 한동안은 아랍인들이 시온주의에 대한 적대감을 높이며 영국령 팔레스타인의 평화를 교란시킬 터였다.

50. 팔레스타인—아랍인과 유대인: 1920년

1917~1918년 앨런비 장군의 점령에 이어 팔레스타인에는 군정이 수립되었다. 그와 더불어 평판 나쁘고 수행하기 힘든 짐을 떠맡은 것에 대한 영국정부의 고난도 함께 시작되었다. 밸푸어선언에 따라 팔레스타인에 유대민족의 조국을 창설하는 문제를 두고 이해 당사자들끼리 군정 기간 내내 실랑이를 벌인 탓이다. 앨런비 장군의 정치 고문관이던 길버트 클레이턴과 예루살렘 총독 로널드 스토스는 비공식적으로는 시온주의의 존재를 믿는다는 공언을 해놓고도, 처음부터 그 정책을 지지한 적이 없는 듯 시치미를 뚝 떼는 행동을 했다. 그러나 시온주의를 인정했다고는 하지만, 두 사람이 인정한 시온주의는 가장 좁은 의미의 시온주의였다. 클레이턴만 해도 시온주의를 팔레스타인의 유대인 공동체를 전 세계 유대인들의 문화 · 정서적 중심지가 될 수 있도록 확장하되, 유대인 국가가 아닌 다민족 국가로서의 영국 통치령으로 받아들였다. 팔레스타인의 다른 영국군 장교들은 심지어 그런 한정된 시온주의조차 인정하지 않고 시온주의에 반대하는 아랍인들을 지지했다. 영국의 시온주의 정책이 현지사정에 어두운 관리들이 입안한, 따라서 분란을 일으키기에 딱 좋다는 것이 그들 생각이었다.

반면에 시온주의 지도자들은 영국정부가 시온주의에 주저하는 태도를 보이거나 혹은 그것에 노골적 적대감을 드러내면, 아랍인들로 하여금 밸푸어선언을 수용하게 하려고 자신들이 기울이는 노력이 방해 받을 것으로 보았다. 그러므로 밸푸어선언이 영국정부의 확고한 정책이고 따라서 반드시 실행될 것이라는 인식을 심어주어야 하며, 그렇게 하면 팔레스타인의 아랍인들도 군말 없이 그 정책을 따를 것이고, 나아가 그것의 이점에도 눈뜨게 될 것이라는 것이 그들 생각이었다. 하임 바이츠만을 비롯한 시온주의 지도자들은 팔레스타인의 아랍 공동체와 협조할 것이라는 점과, 새로운 유대인 이민자들도 아랍 원주민들의 기득권을 빼앗는 일 없이 노는 땅을 사서 식민지를 만들고 농사를 지을 것이라는 점을 역설했다. 그러므로 유대인의 식민지 건설은 팔레스타인 전체, 아니 아랍령 중동 전체에도 상당한 경제적 이익을 가져다주게 될 것이라고 되풀이해서 강조했다.

한편 팔레스타인의 아랍 공동체들은 거의 모든 문제에서 의견차를 드러냈다. 시온주의 문제도 예외는 아니었다. 1919년 2월 반시온주의 무슬림-기독교 단체anti-Zionist Moslem-Christian Society가 소집한 회의에서도 그 점이 뚜렷이 드러났다. 회의에 참가한 정치인 대표 서른 명 가운데 과반수가 시리아에 본부를 두고 파이살이 주도한 아랍연맹 계획에 동의한 것만 해도 견해차를 얼버무린 겉꾸림에 지나지 않았을 뿐, 실제로는 아랍-팔레스타인의 별도 창설을 지지하는 사람, 영국령을 지지하는 사람, 프랑스령을 지지하는 사람 등 이견이 많았던 것이다. 시온주의 반대 결의안에 서명하지 않은 사람도 다섯 명이나 되었다. 이후에도 이들과 이들 동료들의 정치관은, 파이살이 시리아 왕이 되기를 열망했던 사람들이 그에게 등을 돌리고, 친영파, 반영파가 입장을 바꾸고, 대시리아를 주창했던 사람들이 프랑스가 다마스쿠스를 점령하자 어쩔 수 없이 영국령 팔레스타인에 포함될 영토로 기대치를 낮추는 등 변화무쌍하게 바뀌었다.

팔레스타인의 아랍 정치는 영국의 점령기 동안 계속된 도시 대가문들의 경쟁으로 형성되었다. 대가문들 중에서도 특히 예루살렘의 알 후세이니가와 알 나샤시비가의 경쟁이 두드러졌다. 알 나샤시비가는 1920년 반영주의에서 친영주의와 친화해주의로 정치적 노선을 바꿨고, 그러자 시온주의 지도자들도 머지않아 이들과 협조체제가 구축되어 아랍인-유대인 화합으로 나아갈 수 있는 발판이 마련되었다고 믿게 되었다. 반면에 알 후세이니가는 그와 비슷한 시기 친영주의에서 반영주의로 전향하여, 아랍 공동체들을 이끌어가는 경쟁에서도 반시온주의 운동을 후원하는 현지 영국 당국의 호감을 샀다. 이렇게 현지의 영국 관리들마저 아랍인들에게 양보하지 말라고 부추기는 상황이었으니 친화해주의 아랍 지도자들이 그들의 추종자들을 설득하기는 이루 말할 수 없이 어려웠을 것이다.

1919년 말엽에는 베두인족이 영국 군정 지역과 프랑스 군정 지역 사이의 무인지대였던 상 갈릴리의 유대인 정착촌을 공격하는 폭력 사태가 빚어졌고, 1920년 초에도 아랍인 습격대가 유대인 정착촌에 들어와 총격전을 벌인 끝에 다수의 정착민들을 살해했다. 그중에는 갈리폴리 전투의 영웅 요셉 트럼펠더도 포함돼 있었다.

예루살렘에서도 그해 봄 폭력사태가 빚어질 것이라는 소문이 무성하게 퍼졌다. 그러자 블라디미르 야보틴스키—앨런비군 휘하에 유대인 부대를 창설한 러시아계 유대인 저널리스트—는 시온주의 지도자들의 동의를 받아, 자신과 같은 영국군 유대인 부대의 퇴역병이 중심이 된 유대인 자위단 구성에 나섰다. 예루살렘 총독에게도 자위단 구성 계획을 알려주고, 자위단에 영국군 대리 자격을 부여해줄 것과 무기를 제공해줄 것을 요청했다. 총독이 거부하자 구예루살렘 구역의 총포 밀수업자로부터 무기를 구입했다.

예상했던 예루살렘의 폭력사태는 1920년 4월 4일에 발생했다. 예언자 모세를 기리는 무슬림의 봄 축제 기간 중 웅변가들의 선동적 연설에 흥분한 군중들이 난동을 일으킨 것이 반유대인 폭동으로 비화되어 사흘간 계속되었고, 그 과정에서 몇몇 유대인이 죽고 수백 명이 부상당하는 참사가 빚어졌다.[1] 문제는 사상자가 영국군이 야보틴스키의 진입을 금지시킨 구예루살렘 구역에서만 발생하고, 야보틴스키의 자위단이 순찰을 돈 신예루살렘 구역에서는 단 한 명도 나오지 않은 것이었다.

구예루살렘 구역에서만 유혈참사가 빚어진 것에 더해 영국에 특히 조짐이 안 좋았던 것이, "정부는 우리 편이다!"고 폭도들이 고함을 친 것이었다.[2] 영국 군정 당국이 내린 형벌에서도 그 점이 뚜렷이 드러났다. 폭도들에게는 소수만 중형을 선고하여 그들의 행위를 정당화시켜준 반면, 야보틴스키와 그의 동료들은 자위단에 무기를 배급해준 죄목으로 비밀 군법회의에 회부하여 아크레(아코) 요새 감옥에서 15년 중노동형을 선고한 것이다.[3] 그러자 비난이 빗발쳤고, 영국정부도 여론에 밀려 결국은 팔레스타인 군정의 실태 파악을 위한 사문위원회를 개최하라고 명령했다.

영국군 장교와 유대인들은 사문위원회 청문회에서 상반된 입장을 나타냈다. 유대인들이 무슬림을 자극하여 폭동이 일어났다고 주장한 영국군 장교들과 달리, 유대인들은 영국 군정 당국이 폭도들을 부추겼다고 증언한 것이다. 런던의 친시온주의 정책이 제대로 수행되었는지 여부를 알아보기 위해 팔레스타인에 파견돼 있던 영국군 정보부장 리처드 마이너츠하겐도 청문회에서 유대인들의 말이 옳다고 증언했다. 마이너츠하겐까지 이렇게 증언하자 영국정부도 충격을 받아 결국은 유대인들의 증언을 진실로 받아들였다.[4]

그러나 마이너츠하겐은 자신의 일기에는 증언과 다른 속내를 털어놓았다. "시온주의에 내포된 가치의 진가를 알아볼 정도로 세상이 이기적이지 않은지는 모를 일이다. 그러나 유대인에 대한 세상의 반감이 심하고 유대인의 두뇌와 돈에 대한 의심이 많은 것 또한 사실이다. 기독교도들 중에서는 나만 유일하게 시온주의를 지지하는 것도 그 점을 말해주는 것 아니겠는가. …… 아이러니한 것은 나 역시 반유대주의 감정에 물들어 있다는 것이다."[5] 실제로 마이너츠하겐은 영국군 장교들이 생각을 행동으로 옮길 수도 있다는 생각에 팔레스타인에 머무는 동안 그들을 감시하는 활동을 했다. 나중에는 앨런비 장군에게도, 군정 당국에 스파이를 심어놓았고 그리하여 참모장으로 복무한 영국군 대령이 예루살렘의 무프티(공적으로 법적 견해를 밝히는 이슬람교의 학자 겸 법률 권위자)와 반유대인 폭동을 일으키려는 음모를 꾀한 사실을 밝혀냈음을 알려주었다.[6]

사문위원회 개최 몇 주 뒤 로이드 조지는 결국 팔레스타인의 군정을 폐지하고 민정을 수립했다. 신임 고등판무관에는 유대인이자 자유당의 지도급 인사였던 허버트 새뮤얼을 임명했다. 오스만의 전쟁이 시작된 1914년 영국 각료로서는 처음으로 팔레스타인에 영국이 후원하는 유대인의 조국 창설을 제안했던 인물을 팔레스타인 고등판무관에 임명한 것이다. 로이드 조지는 이렇게 자신의 팔레스타인 정책이 확고하다는 점을 과시해 보였다. 하지만 런던 정계에서는 예루살렘 폭력사태에 자극받아 유대인 조국 창설을 지지했던 예전의 입장을 재고하는 정치인들이 생겨났다. 일평생 시온주의를 열렬히 지지했던 윈스턴 처칠만 해도 1920년 6월 13일 로이드 조지에게 이런 글을 써 보냈다. "팔레스타인을 보유하는 데는 연 600만 파운드가 소요됩니다. 시온주의 운동도 아랍인들과 계속 마찰을 일으킬 테고, 프랑스 또한 반시온주의 운동을 펼치며 아랍인들을 영국의 진정한 적으로 돌려놓을 것입니다. 팔레스타인은 영국에 어떠한 종류의 유형적 이득도 가져다주지 못할 거예요."[7]

　팔레스타인에 대한 불확실성은 그와 거의 비슷한 시기 이라크에서 일어난 봉기로 더욱 증폭되었다. 이집트 폭동, 아프가니스탄 전쟁, 아라비아 종파전쟁, 터키 민족주의자들의 저항, 프랑스령 시리아에서의 분쟁에 이어 이라크에서마저 대형 사건이 터진 것이다. 그리하여 나라 재원이 고갈되자 다수의 영국인들은 중동에서 완전히 철수하는 것마저 고려하게 되었다.

51. 메소포타미아(이라크): 1920년

　　　　　　　　종전 뒤 다마스쿠스에서 아랍 민족주의가 처음으로 절정을 맞았을 때, 각양각색의 아랍운동가들 사이에 나타난 중요한 지역 간 차이점들 가운데 하나는 메소포타미아 지방—아랍어권의 동쪽 절반—출신들 중에 유독 군인들이 많았다는 것이다. 그들도 물론 말로는 파이살과 그의 형제들 이름으로 행동한다고 주장했다. 하지만 실상 그들 대부분은 종전 무렵까지도 술탄과 청년튀르크당에 충성을 바친 오스만 장교 출신이었다. 따라서 전쟁 경험이 풍부한 직업군인인데다 영국에 대한 반감 또한 커서 다마스쿠스나 예루살렘의 선동가와 정치인들보다 오히려 영국의 중동 계획에 더 큰 위협이 될 수 있었다.

　　그런데도 메소포타미아의 영국 당국은 처음부터 그들을 위협 세력으로 보지 않았다. 그보다는 그 지역의 다양한 종족들이 제기하는 긴장과 쿠르드족 및 베두인족 같은 무리들이 일으키는 무법행위를 더 큰 위협으로 보았다. 조직화된 민족주의보다는 지리멸렬함, 공동체들 간의 다툼, 고착화된 무질서를 더 큰 도전으로 간주한 것이다. (현지 영국 당국에 따르면) 민족적 자치정부에 대한 말이, 대개는 연합국 수뇌들의 성가신 윌슨주의 선전이 끝나기만 하면 즉시 하찮은 존재로 전락하게 될 수상한 성격의 야심

찬 음모자들에게서 나왔던 것도 영국을 오판하게 만드는 요인이 되었다.

종전 무렵 메소포타미아의 영국 임시정부 행정은 훗날 판무관이 된 인도정부의 아널드 T. 윌슨 대위(1884~1940, 나중에는 대령)가 담당했는데, 아랍 국가들에 정통한 작가로 이름을 떨쳤던 거트루드 벨을 조수삼아 통치했다. 처음에는 직접통치를 선호하는 윌슨과 달리 거트루드 벨은 보호령을 원해 손발이 잘 맞지 않았다. 그러나 1918년 무렵에는 평화회의에서 민족자결 문제를 공론화하는 것이 영국에 이롭지 않을 것이라고 거트루드 벨이 작성한 비망록을 본국에 보내는 것을 윌슨이 허용해줄 만큼 두 사람의 의견차도 웬만큼 해소되었다. 거트루드 벨이 그전에 쓴 글에도 민족자결에 대한 그녀의 태도가 잘 드러나 있다. "메소포타미아인들은 전쟁이 성공적으로 종결되는 광경을 두 눈으로 직접 목도했다. 그러므로 영국의 지배도 당연하게 여기고 무력에 의한 결정도 대체로 받아들이는 추세였다." 그러다 파리 평화회의에서 윌슨과 여타 나라 수뇌들이 민족자결주의 지지 선언을 하여, "거의 도처에서 우려를 자아낸 또 다른 개연성이 대두되기도 했지만, 그와 더불어 견고함은 줄어든 반면 광신성은 더해진 정치적 음모의 기회도 함께 생겨났다."[1]

아널드 윌슨도, 내각이 영국정부가 채용한—혹은 적어도 영향을 받은—윌슨주의에 부응하여 메소포타미아인들이 원하는 국가 형태 혹은 정부 형태가 무엇인지 알아보라는 지시를 내렸을 때, 여론을 확인할 방법이 없다는 답변을 보냈다.[2]

로이드 조지도 물론 바스라와 바그다드 그리고 모술(로이드 조지는 클레망소의 동의를 얻어 프랑스 세력권에서 분리시킨 이곳을 터키에는 돌려주지 않을 심산이었다)에 대한 통치방법을 구상할 때, 그 세 곳이 단일 정치체로 통합될 수 있을 것이라고는 믿지 않았다. 이라크(영국이 메소포타미아 지역들을 나타내는 말로 차츰 많이 사용하게 된 아랍식 명칭)는 단일 정치체가 되기에는 지나치게 분열되었다는 것이 그의 생각이었다. 쿠르디스탄[쿠르디스탄은 앞에도 나왔듯 쿠르드족의 땅이라는 뜻이고, 세브르 조약(1920)이 로잔 조약(1923)으로 대체되면서 쿠르디스탄 국가의 창설 기회가 무산되었다—옮긴이]에 속하는 것으로 여겨졌던 모술을 구태여 이라크에 포함시키려 한 것도, 그곳이 전략적으로 중요하고 유전을 보유하고 있을 개연성이 높았기 때문이었다. 그 점은 아널드 윌슨이 그의 통치권역에 들어온 "50만 명을 헤아리는" 호전적 쿠르드족이 "아랍 통치자를 받아들이지 않을 것"이라고 주장한 것에도 드러난다.[3]

윌슨은 시아파와 수니파 간의 갈등을 메소포타미아의 근본적 문제로 파악했다. 그에 따르면 200만 명에 달하는 메소포타미아의 시아파 무슬림이 소수파인 수니파 무슬림의 지배를 수용하지 않을 것은 뻔한 노릇이지만, 그렇다고 "수니파 지배가 수반되지 않은 정부 형태 또한 생각할 수 없다"는 것이 문제였다.[4] 시아파와 수니파의 대립은 양측이 경쟁하듯 아랍 민족주의 단체를 조직함으로써 한층 뚜렷이 부각되었다.[5] 바그다드의 상권을 틀어쥔 대규모 유대인 공동체와, 모술 주변에 운집해 사는 터키 출신의 네스토리우스파-칼데아 교도 난민들이 포함된 기독교 공동체도 문제였다.

윌슨이 런던에 보고한 바에 따르면 이라크 주민의 75퍼센트는 "정부에 한 번도 복종해본 적이 없는" 부족이었다.[6] 거트루드 벨이 그녀의 아버지에게 쓴 편지에도 그 점이 잘 드러나 있다. "지방 유지들은 아랍 토후를 두는 것에 강력히 반대합니다. 그러니 아랍정부에 반대할 것은 두말할 나위가 없지요. 폭군 정부 하나가 제거되면 또 다른 폭군 정부가 들어서는 악순환이 되풀이 될 거라는 게 그들의 변입니다."[7]

아랍 민족주의자들은 메소포타미아를 대규모 정치통합의 관점으로 바라보았다.* 그러나 메소포타미아에는 메소포타미아 지방들의 통합을 현실성이 희박한 허무맹랑한 야망으로 보는 사람들이 있었다. 그곳에 주재한 미국인 선교사만 해도 거트루드 벨이 이라크 통합 계획을 세우는 것을 보고, 메소포타미아의 뿌리 깊은 역사적 현실을 도외시하는 것이라고 일침을 놓았다. "이라크 주위에 선을 그어놓고 그것을 국가라고 부르는 것은 4,000년 역사에 정면으로 도전하는 행위요! 아시리아(메소포타미아 북부)의 눈은 언제나 서, 동, 북쪽으로, 바빌로니아(메소포타미아 남부)의 눈은 남쪽으로 향해 있었어요. 그러니 독립체를 형성할 수 있었겠어요? 통합은 시간이 걸리는 일입니다. 이곳에는 아직 국가라는 개념이 없어요."[9]

반면에 바그다드의 한 유력 정치인은 1920년 6월 12일 거트루드 벨에게 영국은 바그다드를 점령한 지 3년이 지났는데도 입으로만 독립정부 수립을 말할 뿐 정작 실행한 것은 아무것도 없다고 하면서 그녀에게 다른 방식으로 편잔을 주었다. 그는 점령과 더불어 파이살에게 즉시 통치권을 부여해준 다마스쿠스 상황과 결부지어 이라크 상황을 이야기했다. 또한 거트루드 벨이 이라크 정부수립안을 마련하는 영국 관리 가운데 한 명이라는 것을 알고 이 점도 함께 지적했다. "귀하의 선언서에는 해당 민족의 발의권과 자유로운 선택권에 입각해 토착정부를 세울 것이라고 명시돼 있어요. 하지만 귀하는 이곳의 어느 누구와도 상의하지 않고 혼자 일을 진행하고 있습니다. 유력 인사 한두 명을 협의체에 포함시키면 일도 수월해지고, 귀하가 하는 일에 가해질 비난도 피해갈 수 있을 텐데 말이오."[10]

---

* 전시에 연합군 휘하의 파이살 군대에서 지휘관으로 복무한 누리 알 사이드만 해도 시리아와 메소포타미아의 단일정부안을 주창했다.[8] 반면에 범시리아 의회와 제휴한 메소포타미아 대표단은 다마스쿠스와 바그다드로 분리된 두 개의 정부안을 지지했다.

거트루드 벨은 토착민들이 봉기를 일으킬 가능성은 낮다고 보았다. 반면에 (그녀가 꾸미는 음모의 대상이 되었던) 아널드 윌슨은 그럴 개연성이 있다고 보고, 런던에도 영국의 철군 정책 탓에 그곳의 병력이 위험할 정도로 부족해졌다는 점을 일깨웠다. 17만 제곱마일이나 되는 너른 지역을 소규모 기동군만으로 감당하기는 힘들다는 이야기였다.[11] 윌슨은 특히 파이살 추종자들이 제기할 위험성에 대해 우려했다. 로렌스 및 연합군과 함께 헤자즈군에서 싸운 누리 알 사이드와 그 밖의 메소포타미아 고위급 장교들은 말썽의 소지가 있다고 보고 영국 당국이 진입을 금지시켜 들어오지 못했지만, 그래도 이라크에는 여전히 메소포타미아의 독립을 요구한 다마스쿠스 선언 이후 다수의 운동가들—전시에 적군 편에서 싸운 사람들이 대부분이었다—이 잠입해 있었던 것이다. 케말의 터키 첩자들도 이라크에 들어와 있다는 소문이 돌았다.[12]

이런 막연한 소문, 계속되는 불안, 되풀이되는 살상에 영국 당국의 신경은 극도로 예민해졌다. 1919년 여름에도 영국군 대위 세 사람이 쿠르디스탄에서 피살되는 사건이 일어났다. 1919년 10월 인도정부가 세 사람의 대체인력으로 파견한 노련한 장교도 한 달 뒤 피살되었다.

이렇게 되자 아널드 윌슨도 가만히 있을 수만은 없어, 그해 성탄절 런던에 여행, 모험, 동부 사막들의 전쟁에서 뛰어난 공훈을 세워 전설적 명성을 얻었던 제럴드 리치먼 대령을 메소포타미아로 보내줄 것을 요청했다. 그리하여 1920년 봄 리치먼이 메소포타미아에 돌아와 보니 그가 오기 전 열흘 사이에 피살된 장교만도 6명에 달했다.[13] 그 뒤에도 살해는 계속되어 그다음 달에는 사막에서 아랍 습격대의 공격을 받은 일군의 영국 장교들을 그가 구해주기도 했다. 하지만 초여름에 인질로 붙잡혀간 정치 장교 두 사람은 끝내 구하지 못해 살해되고 말았다. 리치먼은 사막이 이처럼 아랍 습격대 천지로 변해가는 광경을 보고 '대량살육'만이 불만에 찬 부족들을 처리할 수 있는 유일한 해결책이라는 견해를 나타냈다.[14]

그러던 중 1920년 6월 돌연 전면적인 부족 봉기가 일어났다. 아마도 정부가 세금 징수를 강행하려 한 것이 원인이었을 것이다. 6월 14일에는 그동안 느긋한 태도를 취하던 거트루드 벨마저 민족주의자들의 공포정치를 체험했다고 주장하는 상황이 되었다.[15] 그 정도로 살벌하지는 않았지만 아무튼 유프라테스 강 중류 유역의 초소들이 파괴되고, 영국군 장교들이 살해되고, 통신이 두절된 것은 사실이었다.[16] 여러 가지 이유—봉기가 일어난 원인은 다양했으며 따라서 부족들이 추구하는 목적도 제각각이었다—로 그곳 전역이 영국에 맞서 봉기를 일으켰으며, 그러다 나중에는 유프라테스 강 하류 유역으로도 봉기가 확산되었다. 시아파 무슬림의 성도인 카르발라에서는 영국과의 성전이 선포되었고,[17] 북서부전선에서는 파이살 군의 장교였던 인물이 지휘하는 아랍 기병대가 영국군 전초부대를 급습해 병사들을 학살했다.

그보다 더 안 좋은 소식도 있었다. 8월 11일 유프라테스 강 유역의 한 군기지에서 열리는 부족 간 동맹 회의에 참석하기 위해 바그다드를 출발한 리치먼이 적의 속임수에 말려들어 무장 호위대를 먼 곳으로 보냈다가, 그를 접대한 부족장의 명령으로 등에 총을 맞고 피살된 것이다. 로이터 통신은 "아랍의 배반"이라는 톱뉴스로 타전하고, 《타임스》도 "악화되는 메소포타미아 상황"이라는 헤드라인을 실었을 만큼 그 사건은 많은 파장을 일으켰다.[18] 한편 유프라테스 강 유역의 봉기는 리치먼의 살해 소식으로 촉진되는 양상을 보여 바그다드 북서쪽에서도 새로운 봉기가 일어났고, 그리하여 8월 중순에는 일군의 반란군이 아랍 임시정부를 선언할 때가 무르익은 것으로 믿게 되었다.[19]

1920년 8월 7일에는 《타임스》에 "영국은 얼마나 더 오래 귀중한 목숨을 희생시켜가며 요구하지도 원하지도 않는 아랍인들에게 공력도 많이 들고 비용도 숱하게 들어가는 정부를 만들어주려 하는가"라는 사설이 게재되었다. 8월 10일에도 《타임스》는 "중동의 영국정부가 시행하는 어리석은 정책을" 지원하기 위해 "영국이 올해 메소포타미아와 페르시아에 쏟아 부은 돈만 해도 100만 파운드에 이른다"는 그와 비슷한 논조의 기사를 실었다.

한편 인도정부가 병력 및 물자를 투입한 결과, 메소포타미아의 인구 밀집지역은 신속히 안정을 되찾았다. 그러나 지방은 질서회복에 다소 시간이 걸려 유프라테스 강 유역의 소도시들만 해도 10월이 되어서야 단절에서 해방되었다. 질서가 그럭저럭 완전히 회복된 것은 1921년 2월 무렵이었다. 봉기가 진압될 때까지 영국이 입은 인명피해는 사망자 450명을 포함해 자그마치 2,000명에 달했다.[20]

영국은 봉기가 일어난 원인을 찾기에 분주했다. 아널드 윌슨이 작성한 분석표에도 봉기의 원인이 13가지나 나열돼 있었다. 그중에서 특히 강조된 것이 파이살 지지자들과 케말의 터키가 연루되었을 가능성이었다. 미국 스탠더드 석유회사가 지원했을 개연성도 제기되었다.[21] 인도성의 정보장교도 이라크 봉기를 파이살과 더불어 어쩌면 터키인들이 더 많이 연루되었을 수 있는 음모로 바라보는 분석표를 작성했다. 그들이 모스크바와 스위스를 통해 베를린의 명령을 지속적으로 받으며 음모를 꾸몄으리라는 것이었다.[22] 런던의 각료들에게도 이 분석표가 배포되었다.

원인불명의 이라크 봉기는 여간해서는 냉정함을 잃지 않는 인도정부마저 혼란에 빠뜨렸다. 1920년 말엽에는 아널드 윌슨이 "메소포타미아인들에게는 아랍정부를 진정으로 원하는 마음이 없고, 그러므로 영국의 통치도 고맙게 여길 것"이라는 말을 영국 내각에 전했다.[23] 그게 사실이면 메소포타미아 봉기는 아랍 독립운동으로도 설명할 수 없었다는 이야기가 된다. 윌슨은 "메소포타미아에는 무정부 상태와 광신주의만 난무할 뿐 민족주의는 거의, 아니 전혀 없다"고 주장했다.[24] 따라서 부족민들도 무엇을 위해 싸우는지도 모른 채, "정부라면 무턱대고 맞서 싸운다"는 것이었다.[25] 8월 중순에도 그는 "한동안 진행된 혁명운동도 이제는 정치성을 잃어 완전히 혼란에 빠져들었다"고 말했다.[26]

하지만 그것도 중동의 다른 지역들에서 사건이 터진 데 이어 이라크에서도 봉기가 일어난 것에 대한 만족스런 설명은 되지 못했다. 경멸의 대상인 터키가 케말의 지도력 아래 연합국에 지속적으로 도전을 걸어 성공을 거둔 것, 영국의 피보호자였던 후세인이 아라비아의 지배권 다툼에서 패한 것, 영국군의 이집트 잔류를 위한 영국의 협상 요구를 이집트가 계속 거부한 것, 아프가니스탄이 러시아와 음모를 꾸민 것, 파이살이 프랑스에 굴복한 데 이어 그의 부하들이 영국군을 공격하는데도 말리지 않고 내버려둔 것, 팔레스타인과 이라크의 아랍인들이 폭동과 봉기를 일으킨 것—게다가 이 모든 일이 영국 경제가 붕괴하고, 붕괴된 경제를 회생시키려면 힘, 재원, 시간이 필요한 때에 발생한 것에 대한 설명은 되지 못하는 것이다.

사정이 이렇다 보니 영국정부도 중동 사태에 대한 합의를 쉽사리 도출하지 못했다. 그렇기는 하지만 그것이 외부인들에 의해 야기되었고 중동 전역에서 일어난 무질서 또한 서로 연관돼 있으리라는 점에서는 대체로 의견이 일치했다. 엔베르 파샤, 무스타파 케말, 파이살, 범이슬람주의, 독일, 스탠더드 석유회사, 유대인, 볼셰비키가 영국인들이 숙고에 숙고를 거듭하는 동안 머릿속에 되풀이해서 떠올린 이름들이었다.

그중 볼셰비키에 관련된 의혹은 충분히 근거가 있었던 것으로 드러났다. 이라크 봉기의 배후에 그들이 있었다는 이야기다. 이제나저제나 아시아에서 영국의 입지를 손상시킬 기회를 엿보던 러시아가 다른 지역에서 영국을 압박해 이라크 봉기를 성공시킬 계획을 세웠던 것이다. 그리하여 중동에서 영국의 취약지로 보고 선택한 곳이 바로 거대한 게임을 벌일 때 두 나라가 빈번하게 충돌을 벌인 정치적 투쟁의 장, 페르시아였다.

52. 페르시아(이란): 1920년

        종전 뒤 영국 총리는 다른 지역의 문제를 처리하기에 바빠 오스만제국의 동쪽에 위치한 페르시아에는 충분히 신경쓰지 못했다. 그렇지 않더라도 그곳에는 별 관심이 없었다. 이렇게 총리의 관심권에서 멀어지는 동안 페르시아는 얼렁뚱땅 1919년부터는 외무장관으로도 봉직한 내각 동방위원회 의장 조지 커즌의 소관이 되었다. 그리고 커즌이라면 다른 어느 곳보다도 페르시아에 대한 관심이 높은 인물이었다.

    커즌은 자신이 잘 아는 지역의 중요성을 침소봉대하는 버릇이 있었다. 그런 그가 전문가를 자처한 지역이 바로 페르시아였다. 페르시아에 대한 세간의 인식이 부족했던 1889년 그곳을 여행하여 유명해진 것이나, 그 지역 권위서로 평가받는 『페르시아와 페르시아 문제Persian and the Persian Question』를 집필한 것으로도 그 점을 알 수 있다. 그랬던 만큼 그는 영국이 페르시아에 가진 이익도 무궁무진하다는 관점을 지니고 있었다.

    커즌은 19세기부터 이미 중동에 "무슬림 국가들의 연합"을 구축하여 러시아의 세력 팽창을 막을 전략을 세웠다.[1] 19세기 말 중앙아시아를 여행한 뒤에 그가 피력한 견해나, 그 여행 경험을 바탕으로 집필한 저서, 그리고 20세기 초 인도 총독이 된 뒤에 시행한 정책에 러시아의 세력 팽창 의도가 뚜렷이 부각되었던 것도 그 점을 말해준다. 볼셰비키 혁명(1917년)이 일어나 러시아의 남진정책이 주춤했을 때는 그 틈을 타 자신의 전략대로 무슬림 국가들의 연합을 구축할 것을 영국정부에 제안하기도 했다. 하지만 19세기였다면 오스만제국으로부터 페르시아제국을 거쳐 중앙아시아와 아프가니스탄의 칸국 및 토후국들까지 중동 일대에 미치는 국가들의 연합을 구축하는 것이 가능했겠지만, 이제는 그것이 불가능했다.

윈스턴 처칠의 철군과 그가 시행한 과감한 재정긴축 정책 탓에 군대가 유지되기를 바란 커즌의 바람과 달리 아시아의 거의 모든 나라들에서 영국군 철수가 진행되었던 것이 원인이었다. 그리하여 무슬림 국가들의 연합 중에서는 유일하게 페르시아만 남게 되었고, 그런 페르시아에 커즌은 무소불위의 권한으로 정책을 시행했다. 내각 동방위원회 위원이었던 인도장관 에드윈 몬터규가, 다른 위원들은 불참하고 커즌만 참석한 회의의 의사록 초안에 "위원회가 의장의 견해에 찬성했다"는 내용이 적힌 것을 보고 커즌에게 "의장께서도 설마 이것을 결정문으로 채택하지는 않겠지요?"라고 물었던 것에서도 그 점이 드러난다. "의장만 참석한 위원회에서, 의장이 의장의 의견에 동의한 것이 어처구니가 없어" 물은 것이었다.[2] 페르시아에 관한 한 그것이 커즌이 일을 처리한 방식이었다. 내각 동료들의 반대는 아랑곳없이 무조건 자기 의견만 따를 것을 요구하면서 독단적으로 정책을 시행한 것이다.

20년 전에도 커즌은 "페르시아 통합을 영국제국 신조의 기본 개념으로 삼아야 한다"고 썼다.[3] 그랬던 그가 20년 뒤에도 러시아의 세력팽창에 맞선 페르시아 통합을 정책의 기조로 삼고 있었다. 하지만 문제는 페르시아를 통합시킬 뚜렷한 방안이 없다는 것이었다.

종전 뒤 페르시아에는 소수의 영국군 및 인도군 병력만 남아 있었다.

페르시아 북동부와 북서부에는 앞의 38장에도 언급되었듯이 러시아령 중앙아시아에서 군사활동을 벌인 맬러슨과 던스터빌의 소규모 군사사절단이 머물러 있었고, 서쪽의 페르시아만 유역에는 소수의 인도군 수비대, 남쪽에는 전시에 모집한 토착민 부대로 영국군 장교가 지휘하는 남페르시아 라이플총 부대가 주둔해 있었다. 하지만 이 부대는 휴전에 앞서 일어난 부족 반란 때문에 폭동과 탈영이 빈발하는 상황이어서 효과가 의심스러웠다.

따라서 설령 병력과 보조금을 줄이라는 육군성과 인도정부의 압박이 없었다 해도 커즌이 그 병력만으로 자신이 원하는 목적을 달성하기에는 무리였다. 그러자 그는 페르시아에 영국의 지휘를 받는 새 정부를 구성하는 일에 진력했다. 자잘하게 분리된 페르시아 영토를 능률적이고 효과적인 곳으로 바꿔 병력과 보조금 없이도 자활과 방어가 가능하게 하려는 생각에서였다.

그리하여 커즌이 양국 정부에 강요하다시피 해서 얻어낸 결과가 영국-페르시아 협정이었다. 스러져 가는 카자르 왕조의 마지막 왕이었던 무력한 젊은 군주 아흐마드 샤는 목숨을 잃을까 전전긍긍하는 형편인데다, 그렇지 않더라도 친영파 인물을 총리에 앉혀두는 조건으로 영국정부의 정례 보조금을 받는 처지였으므로 문젯거리도 아니었다. 그렇게 해서 커즌의 지휘 아래 테헤란의 영국 공사와 페르시아 총리 및 그의 두 동료 관리들 간에 협상이 진행되었다. 이 협상에서 페르시아 대표들은 조인의 조건으로 영국에 13만 파운드를 요구하여 몰래 받아 챙긴 뒤 협정문에 서명했다.[4]

영국-페르시아 협정은 이런 협잡 끝에 1919년 8월 9일 조인되었다. 그런데도 커즌은 그 협정을 "위대한 승리"라고 하면서 "그 모든 일을 나 혼자서 해냈다"고 우쭐거렸다.[5] 협정에는, 영국 장교들이 페르시아 국유 철도를 건설할 권리, 영국 재무 전문가들이 페르시아 국가 재정을 재편성하고 그에 필요한 자금을 영국 차관으로 충당할 수 있는 권리, 영국 관리들이 차관 변제를 위해 관세 징수를 담당할 권리가 명시되었다.

커즌은 영국-페르시아 협정이 페르시아의 자주성 강화에도 목적이 있다고 주장했다. 하지만 거기까지만 생각이 미쳤을 뿐, 그는 다른 나라들에는 그것이 다른 식으로 해석될 수도 있다는 것을 미처 생각하지 못했다. 석유에 민감한 동맹국들—프랑스와 미국—이 영국의 정치적 독점권에 반발할 개연성을 예측하지 못한 것이다. 그러다 보니 그에 대한 대비책 또한 세워두지 못했다. 커즌은 페르시아 여론이 흘러가는 향배 또한 알지 못했던 것 같다. 페르시아인들이 언제나 그렇듯 러시아의 세력 팽창을 두려워할 것이고 따라서 그것을 막아줄 세력이면 무조건 환영할 것이라고 안이하게 여긴 것이다. 그러나 러시아에 대한 페르시아인들의 두려움은 1917년 러시아제국의 붕괴와 함께 사라진 듯했고, 그리하여 1919년 무렵에는 영국이 혼란스런 페르시아 영토에서 권위 비슷한 것을 행사하던 이익단체들—특히 지방과 부족의 지도층—의 자율을 위협하는 유일한 유럽세력이 되었다. 페르시아의 수도 테헤란에서 발행되던 26개 일간지와 그 밖의 정기간행물들 중 25종이 영국-페르시아 협정을 비난했던 것으로도 당시의 페르시아 분위기를 미루어 짐작할 수 있다.[6]

영국은 페르시아에서는 조약이 체결되면 헌법에 따라 마즐리스Majlis(국회)의 비준을 받아야 한다는 사실도 잘 몰랐다. 페르시아도 마찬가지여서 양국 정부는 협정이 발효된 직후에야 그 사실을 깨달았다. 1915년 이래 마즐리스가 개최된 적이 없다 보니 영국과 페르시아 정부 모두 협정이 체결될 때까지 그 사실을 잊고 있었던 것이다.

물론 밀폐된 전통 외교의 세계에서는 입법기관이 정부가 체결한 조약을 조건 없이 비준해주는 것이 상례였다. 따라서 비준의 요건도 단순한 요식행위로 간주되었고, 그러다 보니 협상자들도 그것을 간과하기 일쑤였다. 하지만 일단 문제로 제기되자 그것은 중요성을 띠게 되었고, 그에 따라 조지 커즌도 영국 내각과 흠잡기 좋아하는 프랑스 및 미국인들에게 영국-페르시아 협정이 마즐리스(설사 불완전한 대의제라 해도)의 표결로만 확인될 수 있는, 다시 말해 페르시아 국민들의 뜻이 담긴 진정한 표현이라는 점을 보여주어야 할 필요성이 생겼다. 그러나 이후에 들어선 페르시아의 신임 총리들은 의원들을 통제하지 못할까봐 지레 겁을 먹고 마즐리스의 소집을 계속 뒤로 미루기만 했다. 이렇게 비준을 받지 못해 협정이 실행되지 못하자, 페르시아는 볼셰비키의 선전과 선동에 취약한 무질서한 상태가 계속되어 영국 관리들의 우려를 자아냈다.

반면에 볼셰비키 정부의 페르시아 정책은 영국정부의 그것과 흥미로운 대조를 보였다. 1918년 초 소비에트 정부가 페르시아의 주권에 반하는 정치·군사적 권리를 포기한 것이 대표적인 예다. 1919년 초여름에도 소비에트는 과거 러시아에 지고 있던 페르시아의 모든 부채를 무효화하고, 페르시아에 대한 러시아의 특권과 재산도 포기하는 등, 러시아의 경제적 권리를 죄다 단념하는 조치를 취했다. 하지만 그것은 소비에트 정부가 강제할 힘이 없어 내린 조치였을 뿐 페르시아에 선심을 쓴 것은 아니었다. 그런데도 그것이 문제가 되었던 것은 조지 커즌이 그해 여름 요구하여 영국-페르시아 협정으로 얻어낸 영국의 폭넓은 경제적 특권과 뚜렷이 대비되었기 때문이다. 그리하여 일시적일망정 러시아의 두려움에서 해방되자 민족주의자들도 기다렸다는 듯, 조지 커즌 계획의 중심이 된 강력한 외국 통제 정책에 불만을 표출하기 시작했다.

그렇게 민족주의자들의 목청이 높아가고 1919~1920년의 겨울이 지나는 사이 영국-페르시아 협정의 비준도 서서히 커즌의 통제권을 벗어났다. 그리고 1920년 봄 페르시아 사태는 돌연 새로운 국면으로 접어들었다.

영국정부는 지난 1918년 8월 데이비드 T. 노리스 영국 해군 대위에게 명령을 내려 바쿠를 점령하고 페르시아로 퇴각 중이던 던스터빌의 군사사절단을 위해 소규모 선단을 조직하여 카스피해를 통제하도록 했다. 그러다 1919년 여름에는 그 선단을 러시아 내전에서 싸우는 백군 사령관 (안톤 이바노비치) 데니킨 장군의 부대에 넘겼다. 그런데 데니킨의 백군이 전투에서 패하자, 반볼셰비키 러시아인들이 타고 있던 18척 규모의 그 선단은 영국 함대가 기지로 사용하던 카스피해의 주요 항구도시 엔젤리(반다르에안잘리)로 피했다. 그곳에서 페르시아 정부의 관리, 영국군, 인도군 수비대의 감시를 받으며 머물러 있었다. 카스피해의 지배권 경쟁에 영향을 미치기에 충분한 병력과 규모를 지닌 그 선단은 영국과 페르시아 정부가 처리 방안을 찾지 못해 우물쭈물하는 사이, 1920년 봄까지도 엔젤리에 그대로 머물러 있었다.

그러던 중 1920년 5월 18일 새벽 엔젤리가 소비에트 전함 13척의 기습공격을 받았다. 소비에트 병사들은 전함들이 퍼붓는 엄호사격 속에 육지에 상륙한 뒤 반도 끝에 위치한 영국군 막사의 수비대를 고립시켰다. 독 안의 쥐가 된 영국군 사령관이 테헤란의 상관들에게 연락을 취하려 했으나 허사였다. 결국 그는 소비에트 사령관의 요구조건을 받아들여 군수품과 선단을 볼셰비키 정부에 넘기고 수비대도 엔젤리에서 철수시켰다.

그로부터 몇 주 뒤 엔젤리가 속한 이란 북서부의 길란 주에서는 페르시아 사회주의 공화국 수립이 선포되었다. 그것을 지지하는 공산당도 창건되었다. 그 모든 일에서 주도적 역할을 한 것은 말할 것도 없이 소비에트 러시아였다. 그런데도 그들은 애써 그 사실을 부인했다. 모스크바는 심지어 엔젤리에 대한 기습공격 명령을 내린 사실마저도 부정했다. 현지의 러시아 해군 사령관이 독단적으로 수행한 일이라는 것이 소비에트 대변인의 말이었다.

영국-페르시아 협정의 정당성과 페르시아에 갖고 있던 영국의 지배적 위치는 이렇듯 엔젤리에서 일어난 일련의 사건으로 산산조각이 났다. 러시아에 맞서 페르시아를 지켜주었어야 할 영국이 그 역할을 제대로 수행하지 못한 탓이었다. 그리하여 엔젤리에 주둔해 있던 영국군 수비대가 쫓겨나자 런던의 육군성도 기다렸다는 듯 잔여 병력의 철수를 요구하고 나섰다. 윈스턴 처칠이 조지 커즌에게 보낸 글에도 나타나 있듯, 볼셰비키와 강화하거나 그들에게 전쟁을 거는 것은 몰라도, 현행 정책을 그대로 밀고 나가는 것은 의미가 없다고 본 것이다.[7] 페르시아 신임 총리에 따르면 영국-페르시아 협정도 '미결'인 채로 남아 있었다. 로이드 조지도 영국이 떠맡지 말았어야 할 짐을 떠안게 된 것에 대한 책임이 거의 전적으로 커즌에게 있다고 하면서, 페르시아 사태를 외무장관(커즌) 탓으로 돌렸다.[8]

1920년 여름의 끝 무렵에는 볼셰비키 혁명가 레프 (보리소비치) 카메네프(1883~1936)가 러시아와 영국의 갈등을 매듭짓는 협상을 벌이기 위해 평화 사절단장 자격으로 런던을 찾았다. 카메네프는 다년간 레닌의 긴밀한 정치적 동반자였다가 당시에는 6명 남짓 되는 소비에트 연방 공산당 정치국원이라는 막강한 지위를 보유하고 있었다. 그런 그가 런던에서 이라크 봉기로 영국정부가 곤경에 처하게 된 사실을 눈치 채고는, 소비에트 정부가 페르시아 사태를 잘만 이용하면 이라크에서 영국의 곤경을 가중시킬 수 있겠다는 판단을 한 것이었다. 카메네프는 모스크바의 소비에트 외무장관에게 "북부 페르시아의 영국군에 압력을 가하면 메소포타미아의 폭도들의 입지가 강화될 수 있을 것"이라는 내용의 극비 전문(영국 정보부가 가로채 해독했다)을 런던 발로 보냈다. 페르시아의 엔젤리에서 이라크의 바그다드로

이어지는 지리적 경계지 변에서 혁명이 일어나면 "영국제국의 중요한 이익도 위협을 받을 테고 아시아의 안정도 무너지게 될 것"이라고도 말했다.[9] 영국 관리들이 중동의 잇따른 봉기들에 소비에트가 연관되었을 개연성을 거의 미신처럼 신봉한 것도 이 때문이었다. 하지만 그들의 믿음과 달리 소비에트 러시아가 직접적으로 관여한 것은 북부 페르시아 사태뿐이었다.

1920년 가을에는 에드먼드 아이언사이드 소장이 신임 영국군 사령관으로 북부 페르시아에 부임했다. 페르시아 사태를 바라보는 관점이 커즌과는 상당히 다른 인물이었다. 193센티미터의 장신에 체중도 120킬로그램이나 나가 풍채도 당당했던 그는 압도적 풍채에 걸맞게 정책을 시행하는 데도 거침이 없었다.[10] 아이언사이드도 처칠과 마찬가지로 총력전에서 완패시킬 자신이 없는 한 볼셰비키를 적대시하는 것은 어리석다고 보았다. 그가 볼 때 최선의 길은 영국과 러시아 군대가 동시에 철수하는 것이었다. 하지만 그것도 페르시아 정부가 홀로 설 수 있을 때의 이야기였다.

그러자면 병력이 필요했으나 북부 페르시아에서 이용할 수 있고 쓸 만한 병력은 1879년 러시아 황제가 토착민들을 뽑아 페르시아 샤의 경호부대로 조직해 놓은 페르시아 카자크(코사크) 부대뿐이었다. 그러다 보니 러시아의 색채가 강하고 지휘관들도 러시아인이라는 문제가 있었다. 지휘관은 물론이고 다수의 장교와 부사관들도 러시아인이었다. 러시아혁명이 일어나기 전이었다지만 러시아 정부의 보조금에 심하게 의존했던 것도 문제였다. 혁명 뒤에는 영국정부가 보조금을 지급했다. 그런데도 1920년 무렵 카자크 부대를 지휘한 스타로셀스키 대령은 영국의 요구를 받아들이지 않았고, 반볼셰비키였으면서도 '러시아의 이익'을 강하게 주장했다.[11]

그런 조건이었는데도 아이언사이드가 페르시아 카자크 부대를 목적 달성의 수단으로 보았던 것은, 러시아인에 비해 페르시아인이 압도적으로 많았기 때문이다. 페르시아인은 사병 6,000명, 장교 237명이었던 데 반해, 러시아인은 장교 56명과 부사관 66명에 지나지 않았던 것이다.[12] 지휘관 스타로셀스키 대령도 처음 몇 차례 페르시아 사회주의 공화국을 이긴 뒤로는 형편없이 패해, 당시에는 입지가 매우 취약한 상태에 있었다.

아이언사이드는 그 기회를 놓치지 않고 재빨리 스타로셀스키를 해임하는 조치를 취했다. 나중에는 그의 후임으로 들어온 인물도 내보내도록 손을 썼다. 그러고는 완고한 성격의 페르시아인 대령 레자 칸을 그 자리에 앉혔다. 아이언사이드가 훗날 "내가 만나본 페르시아인들 중 가장 사내다웠다"고 평한 인물이었다.[13]

그렇게 해서 페르시아 카자크 부대의 정비가 완료되자 아이언사이드는 1921년 부로 페르시아의 영국군 철수를 완료시킬 계획을 갖고 있던 런던의 육군성 일정에 맞춰, 영국군이 떠나면 레자 칸이 페르시아를 통치할 수 있도록 그에 필요한 준비 작업에 들어갔다. 1921년 2월 12일 레자 칸을 만나, 영국의 보조금을 받는 아흐메드 미르자 샤를 폐위하지 않겠다고 동의해주면―동의해주었다―쿠데타를 일으켜도 남아 있는 영국군이 방해하지 않겠다는 언질을 준 것이다.*

그런 다음 아이언사이드는 2월 15일 이번에는 다시 아흐메드 샤를 만나 레자 칸을 고위직에 앉히도록 종용했으나 실패했다. 그러자 2월 21일 레자 칸이 카자크 병력 3,000명을 이끌고 테헤란으로 진군, 권력을 탈취하고 스스로 육군 총사령관이 되었다. 아이언사이드는 쿠데타 소식에 이렇게 말했다. "지금까지는 일이 순조롭게 흘러가고 있군. 모두들 내가 쿠데타를 꾀했다고들 믿겠지. 엄밀히 말하면 사실이지만 말이야."[14]

---

* 그러나 레자 칸은 약속과 달리 1925년 파리에 머물고 있던 아흐메드 샤를 폐하고 레자 샤 팔라비로 즉위하여 왕이 되었다. 1935년에는 국호도 페르시아에서 이란으로 바꿨다.

그러나 1921년의 이란 사태에서 아이언사이드가 맡은 역할은 베일에 싸여 있었다. 그렇게 계속 비밀로 남아 있다가 50년도 더 지난 뒤 미국 학자가 들춰내 세상에 알려지게 되었다.[15] 한편 런던—관리들은 아이언사이드가 관여한 사실을 모르고 있었다—에서는 이란 사태를 처음에는 당혹스럽게, 그다음에는 경악스럽게 받아들였다. 권력을 장악한 지 고작 닷새밖에 안 된 1921년 2월 26일 테헤란의 신정부가 영국-페르시아 협정을 공식적으로 부인하고, 같은 날 모스크바 주재 페르시아 외교관에게 훈령을 내려 소비에트 러시아와 우호조약을 맺도록 했기 때문이다. 이렇듯 1921년 2월 26일에 일어난 두 사건으로 페르시아는 러시아의 위협으로부터 영국의 보호를 받는 나라에서, 영국의 위협으로부터 러시아의 보호를 받는 나라가 되는 입지 상의 큰 변화를 겪었다. 불과 한 달 전 케말의 터키와 러시아가 조약을 완결 짓고, 아프가니스탄과 러시아의 조약도 막 체결된 시점에 벌어진 일이었다. 터키, 페르시아, 아프가니스탄(영국과 러시아가 1세기 넘게 거대한 게임을 벌일 때 각축장이 되었던 나라들), 세 나라 모두 군주가 바뀐 뒤에 취한 첫 외교 행보가 러시아와의 조약 체결이었던 것이다. 케말의 터키가 아프가니스탄과 체결한 첫 조약도 러시아의 권유에 따라 모스크바에서 협상을 한 뒤 성사되었다. 이렇게 해서 세 이슬람 국가들은 러시아의 보호를 받는 반영 동맹국이 되었다. 그들이 체결한 조약들에 제국주의를 겨냥한 내용이 들어 있었던 것도, 사용된 용어로 볼 때 그것이 영국 제국주의를 의미하는 것은 분명했다. 그리고 그 또한 영국 관리들이 동방에서 일어난 반영 봉기들이 서로 연관돼 있다고 믿게 하는 데 일조했다.

1918년 조지 커즌은 "앞으로 영국이 가장 두려워해야 할 강대국은 프랑스"라고 말했다. 그랬던 그가 1920년에는 "동방에서 러시아의 위협이 이 시대에 영국제국에 일어난 그 어느 위협보다도 크다"고 주장하는 상황이 되었다.[16] 그렇다고 러시아가 특별히 강해서 그런 것은 아니었다. 강하기는커녕 전쟁, 혁명, 내전으로 러시아는 만신창이가 되어 있었다. 커즌이 그렇게 말했던 것은 동방의 도처에서 볼셰비키가 벌이는 위험한 책동 때문이었다. 엔베르의 동료였던 청년튀르크당의 제말 파샤도 러시아의 권고로 1920년 아프가니스탄으로 건너가 군사고문관으로 활동했다. 영국정부가 가장 두려워한 부분이 그 같은 행동이었다. CUP(청년튀르크당), 전쟁에서 패하고도 영향력을 계속 행사한 독일, 범이슬람주의, 볼셰비키, 러시아─ 이 모든 요소가 제국을 형성한 이래 가장 취약한 상태에 있던 영국제국을 궁지로 몰아넣었다.

소비에트가 페르시아 민족주의를 지원해준 것도 그래서였다. 카메네프는 그렇게 하면 영국 통치에 저항하는 이라크 폭도들에게 도움이 될 것으로 보았다. 로이드 조지가 오스만제국에 부과했던 조약(세브르 조약) 역시, 청년튀르크당 운동으로 촉발되어(영국은 그렇게 믿었다) 소비에트의 지원을 등에 업고 케말이 이끄는 터키 민족주의 때문에 파기될 위험에 처했다. 그리고 이 일들 모두 이집트와 팔레스타인의 아랍인 폭도들이 영국 때문에 그들의 운명이 바뀌게 된 상황과 싸우기 위해 거리로 쏟아져 나오고, 아라비아의 이븐 사우드와 시리아의 파이살 군대가 전장으로 향하고 있을 때 벌어졌다. 경제상황이 극도로 악화되어 대외적 혼란에 대처할 여력이 없을 때 불어닥친 중동의 이런 분란들로 영국은 어찌해야 할지 갈피를 잡지 못했다. 이 분란들이 영국의 숙적이 고의로 선동해 벌인 듯하다는 것도 문제였다.

11부

러시아, 중동에 돌아오다

53. 영국 적들의 실체

I

소비에트가 페르시아 민족주의를 조장하고, 터키 민족주의를 후원하고, 이라크 봉기를 도와주려고 했던 것은 사실이다. 그러나 이 운동들 중 어느 것도 그들이 직접 고취하거나 지휘하지는 않았다. 중동 일대를 휩쓴 봉기가 볼셰비키 러시아가 연루된 광범위한 국제 음모 때문에 일어났다고 믿은 것은 영국의 망상이었다. 중동 사태는 일련의 어설픈 봉기들에 지나지 않았으며, 그중 많은 것들이 개별적 혹은 지역적 상황에 따라 자생적으로 발생했다. 따라서 그 운동들을 이용은 했을망정, 볼셰비키와 볼셰비키주의가 그 운동들에서 현저한 역할을 한 것은 없었다. 그렇기는 하지만 영국이 신생국 러시아와 투쟁 국면에 접어들자, 볼셰비키가—영국 통치에 반대하는 현지인들의 적대감을 이용할 수 있으리라는 희망에서—중동을 그 투쟁의 작전지로 보았을 것으로 믿은 영국의 인식에는 얼마간 진실이 내포돼 있었다.

영국을 비롯한 연합국 관리들 사이에는, 독일이 전쟁에 총력을 다한 것이 볼셰비키 혁명의 득을 본 게 단순히 우연적 결과가 아니라 볼셰비키가 추구한 목적이었을 것이라는 공통된 믿음이 있었다. 독일이 알렉산드르 겔판트(파르부스)의 권유로 볼셰비키에 재정을 지원해주고, 레닌을 러시아로 보내 볼셰비키 혁명을 이끌도록 한 것이 그 근거로 꼽혔다. 그러나 사실 레닌으로서는 자본주의 동맹국들이 그의 목적 달성으로 득을 보든 해를 보든 관심이 없었을 것이다. 그런데도 다수의 연합국 관리들은 볼셰비키에 대한 독일의 재정 지원을, 독일을 돕는 것이 레닌의 바람이자 목적이었음을 보여주는 증거로 받아들였다. 같은 맥락에서 그들은 볼셰비키도 적국의 첩자로 간주했고, 볼셰비키의 공산당 이론 또한 단순한 위장술이거나 선전 혹은 볼셰비키와는 무관한 것으로 간주했다. 볼셰비키에 대한 그런 관점은 나아가 전쟁이 일어나기 오래전 특히 중동의 영국 관리들이 품었던 의혹과도 일맥상통했다. 독일이 고취시킨 볼셰비즘을 친독계 유대인들이 꾸민 국제적 음모, 다시 말해 낡은 음모론의 일환으로 파악한 것이다.

유대인이 친독주의자라는 영국 관리들의 확신은 20세기 초 오스만제국에서 벌어진 일들에서 연유했다. 앞에도 나왔듯이 청년튀르크당을 유대인들의 앞잡이로 묘사한 제럴드 피츠모리스의 보고서가 그 좋은 예다. 그러나 역사가들도 이제는 알게 되었듯이 피츠모리스의 보고서는 그릇된 것이었다. 그런데도 당시에는 그것이 사실로 받아들여졌고, 그러다 보니 청년튀르크당이 권력을 장악한 뒤 오스만제국을 독일 세력권으로 편입시키려 한 것도 영국 관리들은 유대인과 독일의 제휴가 가져온 여러 가지 성과들 가운데 한 사례로 간주했다.

이 관점을 보유한 중동의 옛 영국 관리들―윙게이트와 클레이턴 같은 사람들―은 이슬람도 콘스탄티노플의 술탄-칼리프가 마음대로 휘두를 수 있는 무기로 생각했다. 그 상황에서 오스만 정부가 청년튀르크당에 장악되자 오스만제국과 범튀르크주의는 물론이고 이슬람마저도 독일-유대인 수중으로 넘어간 것으로 판단했다.

영국 관리들이 1917년의 볼셰비키 혁명(10월 혁명)을 근자에 일어난 대규모 음모의 일환으로 여긴 것도 그래서였다. 볼셰비키 지도자들 사이에 유대인이 현저히 많다고 본 것이다. 다수의 영국정부 관리들은 그런 판단 하에, 볼셰비키의 권력 장악 또한 독일이 고취한 것에 그치지 않고 유대인의 지시에 따른 것이기도 하다는 관점을 지녔다.

영국 관리들이 종전 뒤 중동에서 일어난 봉기들을 오래된 음모자들이 꾸민 사악한 음모로 규정한 것도 그래서였다. 영국 정보부는 볼셰비키와 국제 금융, 범아랍주의와 범튀르크주의, 이슬람과 러시아도 거대한 음모의 공범자들인 국제적 유대인 공동체들과 독일-프로이센이 이용한 재료로 보았다. 따라서 영국 관료계의 의식으로는 엔베르와 케말 같은 적들이나, 아랍인과 유대인이나 모두 한통속이었다.

영국 관리들도 물론 식민지 건설에 반대한 팔레스타인 아랍인들의 상당수는 맹렬한 반유대주의자라는 것을 알고 있었다. 하지만 그것도 이슬람이 유대인들의 통제를 받는다는 생각까지 바꿔놓지는 못했다. 게다가 이슬람은 그들이 적들 손에 놀아나는 것으로 본 칼리프의 견인력이기도 했다. 영국 관리들이 이슬람을 두려워한 것도 그래서였다. 기묘한 것은 술탄-칼리프가 사실상 영국의 포로로 콘스탄티노플에 잡혀 있는 상태에서도 그 관점을 계속 보유했다는 것이다. 그들은 아랍인들에게는 스스로를 통제할 능력이 없다고 보았다. 그래서 아랍어권 중동이 터키라는 매개를 통해 독일과 유대인의 지배를 받을지, 영국의 지배를 받을지를 따져보았던 것이다. 그 경우 영국정부가 가진 이점이라면 성실하고 정직하다는 것, 영국의 적들이 가진 이점은 이슬람을 믿는 터키정부를 장악했다는 것이었다. 영국 관리들이 칼리프를 볼모로 잡고 있는 상태에서도 볼셰비키, 터키, 러시아와 마찬가지로 이슬람이 유대인 재력가 및 프로이센 장군들의 음모에 이용되어 영국에 해를 끼친다고 믿은 것도 그래서였다.

역사적 관점에서 보면 이 음모론이 과연 제정신을 가진 사람들이 생각한 것인가 싶게 얼토당토않게 여겨질 것이다. 하지만 사고방식도 건전하고 균형 잡힌 시각을 가진 것은 물론 정보에도 제법 밝았던 다수의 영국 관리들은 그것을 사실로 믿었다. 그것을 뒷받침할 증거도 보유하고 있었다. 알렉산드르 겔판트의 이력이 그것이다. 겔판트야말로 독일을 이롭게 하고 러시아제국을 해치기 위한 음모를 꾸민 유대인이었으며, 콘스탄티노플의 청년튀르크당 정부와도 밀착돼 있었고, 독일의 승전을 돕기 위해 레닌을 러시아로 보내 볼셰비키 혁명이 일어나는 데 견인차 역할을 한 인물이었으니 말이다. 그의 음모 행위는 전쟁이 끝난 뒤에도 계속되었다. 이렇듯 겔판트는 부유하고, 파괴적이고, 친독적인, 윙게이트와 클레이턴이 유대인의 전형이라고 본 모든 요소를 갖추었다.

이런 배경에서 보면 종전 직후 영국 정보부가 내린 평가도 그리 불합리해 보이지는 않는다. 휴전에 따라 1차 세계대전의 교전행위가 끝난 지 고작 6개월밖에 지나지 않은 1919년 5월 5일, 영국 정보원이 이집트의 아랍부 협조를 받아 스위스로 피신한 청년튀르크당 지도자들과 다방면에 걸쳐 나눈 대담을 기초로 작성한 보고서가 대표적인 예다. 당시 아랍부 첩보원이 입수한 정보에 따르면 연합국이 승리한 뒤에도 적국들의 반영운동은 끝나지 않았다. 끝나기는커녕 베를린에 있던 범이슬람주의 운동국은 종전 뒤에도 '이슬람 봉기'를 선동하기 위한 목적으로 인도, 이집트, 터키, 페르시아 등지에서 활동을 계속하고 있었다. "동방의 영국 적들은 동방의 영국 통치를 타도하기 위한 명백한 목적으로 결합돼 있었다. 독일과 러시아 볼셰비키가 그들을 지원했다."[1] 보고서에는 동방의 반역자들과 볼셰비키를 이어준 매개자가 겔판트였던 것으로도 기록돼 있었다.

또 다른 정보원들이 이듬해에 일어난 메소포타미아 봉기도 그와 유사한 맥락으로 파악한 것도 그래서였다. 앞서도 언급했듯이 1920년 늦여름 영국 내각에 배포된 인도성 정치국 소속의 특수 정보장교 N. N. E. 브레이 소령이 작성한 보고서가 특히 그랬다. 브레이는 메소포타미아의 "민족주의자와 범이슬람주의자들 모두, 스위스와 모스크바를 통해 베를린으로부터 봉기의 영감을 이끌어냈고, 이탈리아, 프랑스, 볼셰비키의 음모로 상황은 더욱 복잡해졌다"고 주장했다.[2]

브레이는 그 생각을 토대로, 광범위한 국제 음모의 핵심에 있는 "비교적 규모가 작은" 비밀 "중앙조직"을 색출할 것을 영국정부에 촉구했다.[3] 하지만 비밀조직 같은 것은 존재하지 않았고, 따라서 찾아내지도 못했다. 그런데도 영국정부 내에는 한동안, 영국의 중동 세력권에서 일어난 봉기들이 외부의 적대세력들이 연대한 결과라는 의식이 팽배해 있었다. 물론 외무부에도 중동 분란의 원인을 중동 국가들 내에서 찾는 관리들이 있었다. 하지만 그것은 소수자의 의견에 지나지 않았다.

따지고 보면 외부세력과 연계된 분란이 아주 없지는 않았다. 하지만 그 세력은 영국 관리들의 눈에는 띄지 않는 존재였다. 영국이 그 세력이었으니 눈에 띌 리가 없었다. 외국에 대한 혐오가 특별히 심하고 무슬림 인구가 압도적으로 많아, 비무슬림이 아닌 한 어느 나라의 통치라도 기꺼이 받아들였을 지역에서 기독교를 신봉하는 외국이 통치하겠다고 덤벼들었으니 저항이 일어날 것은 뻔한 노릇이었는데도 영국은 그것을 예측하지 못한 것이다. 그 점에서 중동의 영국 통치자들이 가는 곳마다 따라붙은 그림자는, 다른 누구의 것도 아닌 바로 그들의 그림자였다.

영국이 중동에서 직면한 것은 독립적이기도 하고, 때로는 영국의 통치에 저항해 지역민들이 자생적으로 일으키기도 한 일련의 끝없는 폭동들이었다. 따라서 외부세력의 지시로 일어난 것이 아니라, 외부세력을 향한 폭동들이었다. 영국제국이 만일 100만 명의 병력을 중동에 주둔시켰다면 그곳 주민들도 영국 통치의 불가피성을 인정하고, 영국의 통치에 도전하는 것 역시 무의미하다고 판단했을 것이다. 하지만 영국은 철군을 했고 그러자 기다렸다는 듯 중동에서는 줄줄이 봉기가 일어났다. 그럼에도 중동의 영국 관리들은—키치너와 그의 동료들이 1908년 이래 그들의 중동정책이 죄다 실패로 돌아간 것을 그 탓으로 돌린 것처럼—유대인의 통제를 받고 독일의 영향을 받는 청년튀르크당 지도부와, 그들과 연계된 국제 운동, 그중에서도 특히 이슬람과, 엔베르에서 겔판트를 거쳐 레닌으로 이어지는 볼셰비즘에 그 탓을 돌렸다.

$$\text{II}$$

그러다 1920년 런던에서 그 세계적 음모의 전모가 밝혀질 수도 있는 놀라운 책이 처음으로 발간되었다. 『시온 학자들의 의정서Protocols of the Learned Elders of Zion』의 영역본인 『유대인의 위험Jewish Peril』이 출간돼 나온 것이다. 같은 시기 파리에서 프랑스어 번역본으로도 출간된 『시온 학자들의 의정서』는, 19세기 말 유대인과 프리메이슨 단원들이 몇 차례 집회를 열어 자본주의와 기독교 문명을 뒤엎고 그들이 공동으로 통치하는 세계국가 수립을 위해 음모를 꾸민 내용을 담은 기록물이었다.

『시온 학자들의 의정서』는 1903년 러시아의 한 신문에 발췌문의 형태로 처음 실렸다. 그것을 러시아 정부의 관리 세르게이 닐루스가 찾아내 1905년 책으로도 발간했다. 책으로 발간되었지만 처음에는 그다지 관심을 끌지는 못했다. 1917년 러시아혁명 때 볼셰비키 지도자들 중에 다수의 유대인이 포함되었고, 공산주의 교의에도 『시온 학자들의 의정서』와 유사한 부분이 있다는 말들이 퍼져나가면서 주목을 받기 시작했다. 그 결과 1920년 무렵에는 런던과 파리에도 『시온 학자들의 의정서』를 진실로 믿는 사람들이 생겨났으며, 동방의 도처에서 일어난 원인 불명의 반영 봉기들도 그것으로 설명하는 상황이 되었다.

그렇게 주목받던 『시온 학자들의 의정서』는—런던과 파리에서 번역본이 출간된 지 1년 뒤였던—1921년 《타임스》의 콘스탄티노플 특파원 필립 그레이브스가 그것이 차르정부의 비밀경찰이 날조한 것임을 입증해 보임으로써 마침내 위조로 들통 났다. 백군 출신의 러시아 망명객 미하일 라슬로브레프Michael Raslovleff(1978년에야 세상에 이름이 알려졌다)가 다른 이유는 없이 오직 "급전의 필요성" 때문에 그레이브스에게 준 정보에 따르면, 러시아 비밀경찰은 가짜 기록을 짜깁기하는 것마저 마다하고 그것을 그냥 표절했던 것으로 드러났다. 프랑스 법률가 모리스 졸리가 쓴 나폴레옹 3세에 관한 풍자문(제네바(1864년)와 브뤼셀(1865년)에서 발간되었다)을 통째로 베껴쓰다시피 했다는 것이다.[4] 『시온 학자들의 의정서』는 극소수 복사본만 남았을 정도로 존재가 희귀했다. 그레이브스에게 정보를 넘긴 라슬로브레프도 러시아 비밀경찰 간부였던 사람에게서 그 책을 얻었고, 《타임스》도 영국 박물관에서 그 책을 겨우 한 부 찾아냈을 정도다. 라슬로브레프는 그 책이 희소했던 이유가 만일 흔하게 돌아다녔다면 발간과 동시에 표절이 들통 났을 것이기 때문이라고 설명했다.(나중에는 모리스 졸리의 풍자문 외에 그와 비슷한 시기에 발간된 공상소설 등 다른 책들도 표절된 것으로 드러났다.)

Ⅲ

영국에서도 《타임스》로 대변되는 주요 여론은 영국의 중동정책이 실패한 원인을 외국 음모자들이 아닌 영국 관료계, 특히 영국의 아랍 애호가들에게서 찾았다. 《타임스》의 중동 전문 특파원이 1920년 9월 20일 특히 이라크 봉기에 화들짝 놀라 이런 기사를 급송한 것에서도 그 점이 드러난다. "그간 면밀한 조사 끝에 내가 갖게 된 확신은, 메소포타미아에서 현재 영국의 생명과 돈을 헛되이 낭비한 것에 대한 중대한 책임은 카이로 아랍부, 카이로 최고사령부, 팔레스타인과 지난해에 들어선 시리아의 점령지 정부들에 있다는 것이다." 그는 또 "영국이 벌이는 범아랍 프로파간다야말로 세계평화를 위협하는 가장 위험한 요소 중 하나"라고도 주장했다. 그러면서 아랍 독립에 대한 진정한 믿음을 갖고 있던 극소수를 제외한 나머지 영국 관리들, 특히 "아랍인들의 자치능력에 대한 확신 없이 제국적 사명에만 투철하여" 그들에게 허울뿐인 독립을 부여해놓고 그 뒤에서 아랍의 정세를 좌지우지하려 한 "지극히 위험한 관리들"에 비난을 퍼부었다. 윙게이트, 클레이턴, 호가스를 구체적으로 거명하지는 않았지만 글의 내용으로 볼 때 그가 말하는 관리들이 그들인 것은 분명했다. 그러므로 중동 전역이 혼란에 빠진 것도 볼셰비키가 아닌 그들 때문이라는 것이 그의 주장이었다.

이튿날 《타임스》에도 '후세인이 지배하는 아랍연맹'에 대한 카이로 아랍부의 오랜 믿음을 공격하는 사설이 게재되었다. "정부 부처들은 거대 아랍연맹에 대한 허무맹랑한 꿈을 더는 꾸지 말아야 할 것이다." 그로부터 1년 뒤인 1921년 9월 27일에도 《타임스》에는 무슬림권에 대한 영국의 특별한 사명을 논하는 아랍부의 오랜 관점을 부정하는 기사가 실렸다. 《타임스》가 기독교 유럽 국가들의 통치에 반대해 중동의 무슬림권이 일으킨 다수의 봉기들에 나타난 공통점을 분석한 뒤 내린 결론은 "유럽의 한 나라가 감당하기에는 벅찬 문제"라는 것이었다.

《타임스》는 영국이 벌여놓은 방만한 사업을 가장 위험한 요소로 파악했다. 정작 중요한 문제는 국내와 경제에 있었는데도, 돈을 투자하여 국내 경제와 사회를 활성화하는 일은 소홀히 한 채 중동에만 돈을 쏟아 부어 나라의 존립을 위태롭게 만들었다는 것이었다. 1921년 7월 18일자 신문에도 그와 관련해 정부에 쓴소리를 하는 논설이 실렸다. "휴전 이래 영국정부가 메소포타미아의 반유목민들에게 쓴 돈은 자그마치 1억 5,000만 파운드에 달하는 반면, 국내의 슬럼가 갱생에 쓴 돈은 고작 연 20만 파운드에 지나지 않고, 1918년의 교육법에 따른 지출도 금지시켜야 했다."

그러나 《타임스》가 영국의 위험 요인이 영국 관료계에 있다고 역설을 하는데도 대다수 영국 관리들은 여전히 중동에 가해지는 소비에트의 위협과 그 위협에 대응하는 문제에만 골몰했다.

54. 중동에서의 소비에트 도전

　　　　　　　　　영국정부에서 중동의 러시아 문제는 외무부, 육군성, 인도성의 3개 부처가 담당했다. 그러다 보니 소비에트 도전의 성격과 그에 대한 영국의 대처 방식과 관련한 각 부처 수장들의 견해도 제각기 달랐다.

　　1919년 외무장관이 된 조지 커즌은 러시아와의 거대한 게임을 열렬히 옹호한 인물답게 러시아의 세력 팽창에 맞서 영국의 군사적 입지를 높여야 한다는 입장을 견지했다. 러시아에서 독립한 남카프카스와 북부 페르시아에도 확고한 방어력을 구축해야 한다고 보았다. 커즌과 외무부 사무차관 하딩―두 사람 다 인도 부왕을 지냈다―은 중동의 어느 한 지역을 러시아에 빼앗기면 도미노효과로 나머지 지역도 잃게 될 것이고, 그러다 나중에는 인도마저 상실하게 될 것이라고 주장했다.[1]

　　반면에 인도장관 에드윈 몬터규와 인도 부왕 쳄스퍼드 남작 3세(프레더릭 존 세시저)는 볼셰비키 러시아의 위협이 군사적인 면보다는 정치적인 면에 치중될 것이고, 그러므로 러시아와의 경쟁도 이슬람권 아시아 일대의 민족주의 세력의 지지를 얻는 데 초점을 맞추어야 한다고 주장했다. 그런데도 영국은 중동의 민족주의 세력을 러시아로 돌아서게 하는 정책을 펴고 있다고 하면서, 그 상황에 영국군까지 주둔시키면 민족주의 세력은 영국으로부터 더욱 멀어지게 될 것이라고 역설했다.

몬터규가 1920년 초 조지 커즌에게 쓴 편지에도 그 점이 드러나 있다. "페르시아와 인도에 가해지는 볼셰비키의 위험이" 주로 반이슬람적 특징을 지닌 영국정부의 정책이 낳은 결과이고, 그러므로 이슬람이 "영국에 적대적이 된 것"도, "범이슬람주의를 영국의 지지 세력으로 만들지 못했기 때문"이라는 것이었다.[2] 인도는 알다시피 1914년 키치너가 중동정책을 맡은 이래 줄곧 본국의 중동정책에 반대해왔다. 따라서 1920년 몬터규가 커즌에게 쓴 글도 영국정부가 취한 친아랍 친시온주의 정책과, 이슬람이 영국의 적들에게 휘둘리고 있다는 키치너 사단의 견해에 그(몬터규)가 가했던 비난과 일치하는 것이었다.

1921년 초에는 인도 부왕 쳄스퍼드가 인도장관 몬터규에게 1914년까지만 해도 영국은 "러시아의 괴물에 맞선 이슬람의 수호자"였다고 하면서, 역사적 관점으로 그 문제를 되짚어보는 전문을 보냈다.[3] 그러면서 그는, 하지만 로이드 조지가 오스만제국에 가혹한 조건의 세브르 조약을 부과하고, 조지 커즌이 힘없는 페르시아 제국에 일방적 협정을 강요하는 것을 보고, 인도의 무슬림들마저도 이제는 "영국을 이슬람을 짓밟는" 나라로 보게 되었다고 주장했다.[4] 반면에 러시아는 전쟁으로 수립된 새 정부가 적어도 중동에서만은 민족적 독립에 대한 말을 한다는 것이었다. 따라서 장기적으로 러시아의 세력 팽창을 막을 수 있는 "진정한 방어력"은 우월한 군사적 입지를 보유하는 것에 있지 않고, 무슬림 민족들의 "민족주의 정신"을 지지하는 것에 있다는 것이 쳄스퍼드의 생각이었다. 이슬람의 교의도 본래는 볼셰비즘에 적대적이었으므로, 그렇게 하면 무슬림 민족주의도 러시아의 중동 진출을 가로막는 힘으로 작용할 수 있다고 보았다.[5] 같은 맥락에서 그는 영국군 주둔이나 단순한 경제적 지원 역시, 토착 지도자들에게는 영국이 그들의 독립을 저해하는 진정한 위협이라는 인식을 심어줄 수 있다는 점에서 옳지 않다고 보았다.

북부 페르시아의 영국군 사령관 에드먼드 아이언사이드 소장도 그의 군대가 북부 페르시아에 계속 머물러서는 안 된다는 견해를 강력하게 피력했다. 인도 북서부 국경지대의 험난한 지형만으로도 효과적인 방어벽이 될 수 있는데 굳이 전진 기지까지 수립할 필요는 없고, 페르시아에서 인도까지의 기지 수립에 필요한 기나긴 병참선도 전략적으로 비현실적이라는 것이었다.[6]

외무부와 인도성의 대립은 결국 육군성에 의해 해결되었다. 참모총장 헨리 윌슨이 1920년 내각에, 영국은 필요하다고 해서 세계 모든 곳의 수비대를 증강시킬 수 있을 만큼 충분한 예비 병력을 갖고 있지 못하다는 보고서를 제출함으로써, 조지 커즌의 전진 기지 수립 안에 반대의사를 분명히 한 것이었다.[7] 그가 볼 때 실행할 수 있는 유일한 정책은 재원을 아껴 가장 중요한 지역에 병력을 집중시키는 것이었다. 그리고 물론 페르시아와 카프카스는 그 범주에 포함되지 않았다.

육군장관 겸 공군장관 윈스턴 처칠도 1920년 초 페르시아와 카프카스 국경지대에 쓸 병력이 있으면 차라리 볼셰비키 정부의 전복을 위해 싸우는 러시아의 백군 장군들에게 보내주는 편이 나을 것이라고 말하며, 조지 커즌의 전진 기지 수립 안에 부정적 견해를 나타냈다.[8] 처칠은 크렘린의 새 지도자들 말을 액면 그대로 믿어 그들이 진정 국제주의자고 혁명가들인 것으로 생각했다. 그들 대다수가 러시아인이 아닌 유대인이라고도 믿었다. 따라서 민족주의적인 것이 됐든 제국주의적인 것이 됐든, 그들이 러시아의 목표를 추구한다고도 보지 않았다. 하지만 그렇게 생각하면서도 중동에 가진 볼셰비키의 목적이 차르정부의 그것과 놀랍도록 유사한 이유에 대해서 는 설명하지 못했다.

1920년의 내각회의 의사록에도 처칠과 그의 몇몇 동료들이 무슬림 아시아에 가해지는 볼셰비키의 특별한 위협을 감지한 사실이 드러나 있다. "그들은 부하라와 아프가니스탄을 향해 하루하루 착실히 나아가며 동방에서 장족의 발전을 하고 있다. 중앙아시아에서 영국에 맞서기 위해 질서 있고, 과학적이고, 종합적인 프로파간다 계획을 수행하는 것이다."[9] 참모총장 헨리 윌슨도 내각에 이렇게 경고하는 말을 했다. "볼셰비키가 북부 페르시아를 혼란에 빠뜨리면, 카스피해도 러시아의 손안에 들어갈 수 있다. 만에 하나 그렇게 되면 그렇지 않아도 불안정한 아프가니스탄과, 30년 전에 비해서는 상태가 한층 위험해졌다고 전해지는 인도까지 혼란이 확산될 것이다."[10] 윈스턴 처칠도 그 두려움을 반영하여 총리에게 "볼셰비키가 남카프카스를 압도하고 터키 민족주의자들과 제휴하면 어떻게 할 것인지, 그들이 카스피해 통제권을 확보하여 북부 페르시아를 침략하면 어떻게 할 것인지, 그들이 투르키스탄을 손에 넣고 아프가니스탄과 제휴하여 밖에서는 인도를 위협하고 내부에서 혁명을 일으키려는 기도를 하면 어떻게 할 것인지"를 묻는 질의서를 보냈다.[11]

처칠의 반볼셰비키 성향이 이처럼 강하다보니 일반 여론은 볼셰비키 세력과 반볼셰비키 세력 간에 벌어진 러시아 내전 때 영국이 백군을 재정적으로 지원한 것도 처칠 개인의 정책으로 받아들였고, 같은 맥락에서 1919년 말 백군의 패색이 짙어진 데 이어 1920년 초 완전히 패한 것도 처칠이 저지른 또 다른 값비싼 실책으로 간주했다. 총리도 처칠에게 이렇게 썼다. "재정지출을 줄이는 일에 귀하의 능력, 힘, 용기를 써야 하는데 러시아에 골몰한 나머지 그러지를 못하니 나로서는 우려되는 바가 큽니다."[12]

그 몇 달 뒤에는 처칠과 러시아에 대한 그의 표현이 더욱 노골적으로 변했다. 참모총장의 일기에는 로이드 조지가 이렇게 말한 것으로 기록돼 있다. "총리는 윈스턴이 미쳤다고 생각했다."[13]

그러나 자유당 총리로서 하원의 다수를 점한 보수당 우파에 의존해야 하는 로이드 조지로서는 백군의 패배가 명백해질 때까지는 처칠의 행동을 허용해주는 수밖에 없었다. 그러다 백군이 패한 뒤에야 그는 마침내 홀가분하게 적군과 화해를 모색했다. 차르정부 때 그랬던 것처럼 총리는 이번에도 볼셰비키 정부가 중동에 품었을지 모를 제국적 야망 따위는 두려워하지 않았다.

러시아와 화해할 수 있을 것으로 본 로이드 조지의 확신은 그가 속한 자유당 전통에서 나온 것이었다. 그의 이전 동료들인 애스퀴스와 그레이만 해도 러시아의 불만이 부동항을 얻지 못한 데 있다고 보고, 그것만 충족시켜주면 러시아가 남진 정책을 더는 추진하지 않을 것으로 예측했다. 로이드 조지도 그들처럼 인도에 대한 러시아의 위협을 터무니없다고 주장했다. "러시아는 그럴 능력이 있을 때도 산맥을 넘지 않았다"고 하면서,[14] 볼셰비키 러시아는 재원이 없으므로 더더욱 그런 위협을 가할 리 없다고 보았다. 볼셰비키 프로파간다가 인도에서 위험이 될 수 있다는 점에는 동의했지만, "초병선을 세운다고 해서 이념이 못 들어오는 것은 아니다"고 주장했다.[15]

1920년과 1921년 초 로이드 조지는 러시아와 무역협정을 맺기 위한 협상을 개시했다. 볼셰비키 정부를 사실상 인정해주고, 러시아를 국제사회의 일원으로 복귀시키게 될 조치였다. 조지 리델에 따르면 총리는 협상에 들어가기 전 러시아에 페르시아, 아프가니스탄, 그 밖의 동방 지역에서 행하는 볼셰비키의 모든 프로파간다를 중지시킬 것을 협상 조건으로 내걸었다고 한다. 그리고 조지 리델의 일기에는 'L. G.(로이드 조지)가 레닌이 그 조건에 응할 것으로 믿었다"고 기록돼 있다.[16] 하지만 결과는 딴판으로 나타났다. 소비에트 정부가 런던의 자국 협상대표단에게 이런 훈령을 내린 것이다. "영국과의 정치회담에서 러시아는 영국도 동방에서 러시아에 같은 양보를 해준다는 조건하에 영국에 양보해야 한다. 이 양보가 구체적으로 무엇인지는 때가 되면 밝혀질 것이다."[17] 중동에 품었던 러시아의 제국적 야망이 로이드 조지가 생각한 것보다 훨씬 원대했음은 이것으로도 알 수 있다.

55. 모스크바의 목표

I

영국 지도자들이 볼셰비키 공산주의와 러시아 제국주의 간의 관계를 정립하기 위해 옥신각신하는 동안, 볼셰비키 지도자들도 전후 러시아의 중동정책에 그것이 미칠 모든 영향을 고려해 그 관계의 성격을 논의하기에 바빴다.

러시아제국은 1차 세계대전이 일어나기 전까지 주변국들을 오랫동안 엄청나게 희생시켜 세력을 확대했다. 400년간 정복한 이웃나라 영토가 하루 평균 50제곱마일에 달했을 것으로 추정되었을 정도다.[1] 영토를 획득하면 외국 민족들도 함께 따라왔다. 1897년 처음 실시된 과학적 인구조사에서 러시아 백성 대부분이 러시아인이 아니었던 것으로 드러난 것도 그 점을 말해준다. 터키어를 쓰는 튀르크 종족만도 전체 인구의 10퍼센트에 달했고, 무슬림도 전체 인구의 14퍼센트를 차지했다.

레닌의 러시아가 이번에 결정해야 할 사항도 제정 러시아 시대의 차르들이 복속시킨 무슬림과 여타 비러시아인들을 어떻게 할 것인지, 다시 말해 그들을 재정복할 것인지 말 것인지와 관련이 있었다. 레닌은 지난 몇 년간 비러시아인들에게도 자결권을 주어야 한다고 주장했다. 따라서 이론상으로만 보면 그가 말하는 이른바 대러시아 쇼비니즘을 확고하게 반대하는 입장에 있었다. 1915년 레닌은 이렇게 썼다. "우리 대러시아 노동자들은 몽골, 투르키스탄, 페르시아에서 손을 뗄 것을 우리의 정부에 요구해야 한다."[2]

레닌은 1917년에 개최된 사회민주주의 노동자당 제7차 대회에서도 동료들의 저항을 물리치고, 과거 차르들에 복속되었던 비러시아 민족들이 제국에서 자유로이 탈퇴할 수 있다고 선언하는 내용의 결의안을 통과시켰다.

반면 레닌이 이번에 민족성 문제의 책임자로 앉힌 인물은 그와 다른 견해를 지니고 있었다. 여러 가지 별칭을 사용하다 결국에는 러시아 이름 스탈린을 가명으로 선택한 남카프카스(조지아)의 볼셰비키, 이오시프 주가슈빌리가 그 주인공이다. 스탈린도 한동안은 민족성 문제에서 레닌의 견해를 따르는 척해주었다. 하지만 그의 견해를 결코 공유하지는 않았다. 공유는커녕 민족성 문제와 소련의 정체를 놓고 레닌과 심한 갈등을 빚었다. 레닌은 상호조약을 맺어 동맹의 형태로 협조하면 될 것으로 보고 소비에트 국가들—러시아, 우크라이나, 조지아, 그 밖의 여러 나라들—에 독립을 주자고 제안했다. 그러나 스탈린은 우크라이나, 조지아, 그 밖의 모든 나라들을 러시아에 통합시켜야 한다고 주장했다. 그리하여 끝내 자신의 뜻을 관철시켰다. 1922년 12월 30일 제1차 소비에트 사회주의 공화국 연방의 소비에트 대회에서 러시아가 주도하는 소비에트 연방(소련)이 결성된 것이다.

Ⅱ

그렇다면 레닌과 스탈린의 견해의 차이는 실질적으로 어떤 의미가 있었을까?

레닌은 러시아제국 내의 유럽 민족들에게 독립을 허용해야 한다는 입장을 보였다. 그것이 스탈린과 뚜렷이 다른 점이었다. 그러나 그도 사견이기는 했지만, 중동의 민족들에게는 훨씬 뒤에 독립을 부여해야 한다는 관점을 지니고 있었다.* 따라서 독립 부여 자체를 반대한 스탈린과는 달랐지만, 단기적으로 보면 차이가 없었다.

이렇듯 레닌은 비러시아인들을 러시아에 강제로 굴복시키는 것에는 반대했지만 스탈린과 다를 바 없이, 비볼셰비키를 볼셰비키에 굴복시키는 것에는 주저함이 없었다. 따라서 이론상으로만 달랐을 뿐, 실제로는 레닌의 정책과 스탈린의 정책 간에 차이는 없었다. 레닌의 소비에트 러시아가 러시아제국의 비러시아 지역을 무력으로 정복하여 볼셰비키 소비에트 정권을 수립한 것에서도 그 점이 드러난다. 레닌 정부는 그것도 모자라 소비에트 정권 유지를 위해, 피정복지에 소비에트 러시아 비밀경찰의 지부 격으로 정치경찰까지 배치했다. 러시아와 다를 바 없는 조치를 취한 것이다. 레닌의 볼셰비키 정부도 무력으로 권력을 탈취하고 25만 명에 달하는 비밀경찰로 권력을 유지한 소수파 정권이었으니 말이다.

게다가 중앙아시아에서는 소수파 볼셰비키가 러시아인이고 비볼셰비키 다수파는 토착민이었다. 따라서 볼셰비키가 비볼셰비키를 지배하는 것(레닌의 정책)이나 러시아인이 비러시아인들을 지배하는 것(스탈린의 정책)이나 매일반이었다.

---

* 바슈키리야(러시아 연방의 공화국)의 지도자 제키 벨리디 토간이 몇 년 뒤 쓴 글에는 1920년 레닌이 그에게 프롤레타리아가 없는 것이 식민지 국가들의 문제라고 말했다는 내용이 나온다. 공산주의 이론대로라면 명령을 내리고 주도하는 것이 프롤레타리아여야 하는데, 동방에는 농민층만 있고 그것을 실행할 산업 노동자계급이 없다는 것이었다. 그것을 달리 표현하면 동방은 독립의 권리를 누릴 준비가 되어 있지 않다는 말이었다. 토간에 따르면 사회주의 혁명이 세계 도처에서 성공한 뒤에도, 레닌은 유럽 열강의 식민지였던 나라들은 산업 노동자계급이 생겨날 때까지는 이전 지배국의 보호를 받아야 한다는 입장을 나타냈다고 한다.[3]

볼셰비키 정부는 처음에는 중앙아시아의 토착민들에게 자유를 주겠다고 약속했다. 1917년 말 페트로그라드(상트페테르부르크)에서 권력을 잡은 소비에트들이, 레닌과 스탈린의 연명을 받아 "완전히 자유롭게 민족적 삶을 조직할 수 있는" 무슬림 주민들의 권리를 지지해줄 것을 호소한 것에서도 그 점이 드러난다.[4]

그런데도 볼셰비키 지도자들은 왜 중동 식민지들을 재정복하려고 했을까? 그들이 취할 행보는 영국에도 볼셰비키가 공산주의 혁명가인지 러시아 제국주의자인지를 알 수 있는 중요한 단서가 될 수 있었다.

러시아령 중동—다시 말해 러시아령 투르키스탄*—은 차르들의 침략을 받아 식민지가 된 이슬람 지역이었다. 아프리카의 알제리, 모로코, 수단, 그 밖의 부족 지역들과 마찬가지로 현대 유럽의 무력에 의해 정복된 것이다. 또한 그와 유사한 다른 식민지들처럼 투르키스탄 역시 유럽 지배자들에게 경제적 수탈을 당했고, 그들과 마찬가지로 유럽 식민주의자들의 이주에 분개했다. 따라서 자신들의 토지를 빼앗아간 러시아인에 대한 무슬림 터키어족의 증오감은 하늘을 찌를 듯 높았다.

투르키스탄은 유라시아 내륙 깊숙이 파묻혀 있어 외부세계에는 거의 알려진 것이 없는 지역이다. 그러나 영토는 광대하여 러시아 지배 지역(투르키스탄은 서투르키스탄과 동투르키스탄으로 분리돼 있으며, 이 중 서투르키스탄이 러시아 지배 지역, 동투르키스탄이 지금의 중국 신장 웨이우얼 자치구에 해당하는 지역이다—옮긴이)만 해도 미국 대륙의 절반 크기인 150만 제곱마일에 달한다. 다만 태평양에서 넘어오는 습기 머금은 구름이 동쪽 국경지대

---

* 여기서는 투르키스탄이 투르키스탄의 행정 중심지 타슈켄트에 주재해 있던 총독이 지배한 지역으로서의 전문적 의미가 아닌 폭넓은 지리적 의미로 사용되고 있다.

에 접한 거대한 산맥(톈산 산맥)에 가로막혀 들어오지 못하는 탓에, 나무 한 그루 없는 불모지가 영토의 태반을 차지하고 있다. 따라서 1차 세계대전 무렵에도 그곳은 인구의 20~25퍼센트만 유목민 혹은 반 유목민으로 살았을 뿐, 터키어족이 대다수를 차지한 1,000만 명에 달하는 나머지 주민들은 비옥한 오아시스 도시들 주변에 밀집해 살고 있었다.

그랬던 곳이 1914년에 발발한 1차 세계대전과 1917년 볼셰비키 혁명으로 혼란과 무정부 상태에 빠져들었다. 영토의 광활함과 지형 그리고 복잡한 인구구성도 극심한 혼란을 초래한 요인의 일부로 작용했다. 변경지이다 보니 심지어 전성기 때도 그곳은 러시아의 식민지화에 반대하는 토착민들의 저항과 더불어, 부족 간 투쟁으로 혼란이 그칠 날이 없었다. 따라서 전장에서 멀리 떨어져 있었지만 전시정책에 반대하는 부족들의 폭동이 일어났으며, 페트로그라드에서 일어난 두 차례 혁명으로 정부 기능도 마비되는 피해를 입었다. 잃어버린 권력을 되찾으려 하는 봉건적 지도자들에 맞서 소수의 도시 중산층이 저항함에 따라 사회적 불안도 야기되었다. 지나치게 많은 지도자들이 지나치게 많은 대의와 깃발을 쳐들고 싸움터로 뛰쳐나왔으며, 군대, 무장단체, 습격대들이 사막과 광막한 평원들을 휘젓고 다니며 난데없이 나타났다 돌연 종적을 감추기 일쑤였다.

전쟁과 혁명은 인간의 잔해들을 대량으로 토해놓았다. 난민들은 출구를 찾고 모험가들은 입구를 찾았다. 독일인, 헝가리인, 체코인, 그 밖의 십수 개 나라 병사들이 해체된 포로수용소들을 뛰쳐나와 목표를 찾아 이곳저곳을 헤매 다녔다. 정체성도, 임무도, 동기도 알 수 없는 다양한 인간 군상들이 대상(캐러밴) 행렬에 끼거나, 나무 한 그루 없는 중앙아시아의 황무지를 가로지르는 낡은 열차에 몸을 실었다. 소비에트 정부가 그곳 준열대 지역의 작열하는 태양 아래 외국이 부추기는 음모가 도처에서 횡행할 것으로 믿거나 혹은 믿은 체한 데는 그럴 만한 이유가 있었다.

볼셰비키 혁명 뒤의 혼란이 지속된 몇 년 동안 중앙아시아 일대에는 새로운 토착정부들이 하나둘씩 들어섰고, 모스크바는 그들을 극복해야 할 도전으로 간주했다. 1917년 말에도 페르가나 계곡 서쪽, 지난날 칸국이 세워졌던 (우즈베키스탄의) 코칸트에 타슈켄트 소비에트(무슬림은 단 한 명도 없이 러시아 이주민들로만 구성돼 있었다)에 반대하는 이슬람 정부가 수립되었다. 그러나 정부는 수립했지만 코칸트에는 돈과 무기가 없었다. 그래서 동맹을 구하려 했으나 그것도 여의치 않았다. 스탈린은 정부 기능을 다하고 있다는 코칸트의 주장을 대번에 일축하고 1918년 2월 적군을 진군시켜 그곳을 점령하도록 했다. 적군은 코칸트를 점령, 약탈한 것도 모자라 그곳을 쑥대밭으로 만들고 주민들도 학살했다. 그러나 폐허 속에서도 바스마치 Basmachi라 불린 게릴라 무리들의 저항운동은 일어났으며 그 때문에 러시아는 몇 년 동안 심한 골머리를 앓았다.

이후 몇 년에 걸쳐 중앙아시아 저항의 중심지들은 소비에트 러시아에 하나둘씩 분쇄되었다. 1918년 말 카자흐 지역민들도 깨달았듯이 그들은 백계 러시아인들(소비에트 체제에 반대한 러시아인들—옮긴이)의 도움도 받지 못했다. 그들 역시 토착민들의 열망에는 등을 돌렸던 것이다. 중앙아시아 평원의 카자흐인들이 자치를 선언한 뒤 볼셰비키의 공격에서 자신들을 보호하기 위해 백군 장교 콜차크 제독에게 지원을 요청했으나, 그 역시 그들의 적이라는 사실만 드러났을 뿐이다.

그러나 중앙아시아에서 소비에트의 야망에 가장 심각한 위협을 제기한 곳은 역시 차르의 보호령이었던 히바와 부하라 칸국, 두 '토착국들'이었다. 페르시아, 아프가니스탄, 중국과 이웃한 경계지 나라들이어서 외부 세계와 접촉이 용이해 반소비에트 동맹의 중심지 역할도 충분히 할 수 있는 곳들이어서, 소비에트로서는 어떤 식으로든 조치를 취해야 했다.

그러던 중 히바에서 내분이 일어나자 볼셰비키는 이때다 싶어 1920년 9월 13일 적군을 진군시켜 그곳을 점령하도록 했다. 그런 다음 소비에트들과 결합된 정권을 출범시키고 히바의 지도부를 제거하는 조치를 취해 소련으로 통합시킬 수 있는 토대를 마련했다.

그리하여 남은 것은 이제 부하라뿐이었다. 그러자 볼셰비키는 문득 청년튀르크당 지도자인 엔베르 파샤를 토착 튀르크족의 마지막 거점을 처리하는 데 이용할 수 있겠다는 생각이 들었다. 영국 정보부가 볼셰비키 운동을 지휘하는 음모의 일부로 파악했던 엔베르 파샤를 부하라 문제를 해결하는 도구로 써먹으려는 것이었다.

56. 부하라의 죽음

I

앞에서도 언급했듯이 영국 정보부는 청년튀르크당 지도자들을 볼셰비키 정부를 통제하는 독일과 유대인이 꾸미는 음모의 일부로 파악했다. 하지만 그것은 착각이었다. 1918~1922년 동안 영국 지도자들이 볼셰비키 지도자들의 의도를 파악하기에 여념이 없을 동안, 그들 역시 볼셰비키의 의도를 살피는 망명객의 처지에 있었기 때문이다. 따라서 그들은 볼셰비키를 통제하지도 않았고, 볼셰비키에 대해 아는 것도 별로 없었다.

1918년 엔베르 파샤, 제말 파샤, 탈라트 베이는 퇴각하는 독일군의 도움을 받아 폐허가 된 오스만제국을 탈출하여 흑해 너머 오데사로 향했다. 엔베르와 탈라트는 오데사에도 머물지 못하고 그곳에서 다시 베를린으로 도주했다. 그렇게 베를린에 머물러 지내다 1919년 여름, 독일에서 공산당 조직 활동을 하던 볼셰비키 당원 카를 라데크Karl Radek(1885~1939)를 만났다. 독일 참모부와, 겔판트의 사주로 독일 자금을 지원 받던 볼셰비키당의 레닌을 이어주는 중개인들 중 한 명이었던 라데크는 당시 스파르타쿠스(독일 공산당) 반란의 연루자로 독일 신정부에 체포되어 감옥살이를 하고 있었다. 때문에 엔베르도 감옥으로 가서 그를 만났다. 그러나 오래지 않아 라데크는 요인 취급을 받아 정치적 흥정으로 풀려났다.

이 라데크가 청년튀르크당 지도자들에게 깜짝 놀랄 만한 정치적 제안을 했다. 엔베르에게 모스크바에 가서 영국을 겨냥하여 볼셰비즘과 터키 민족주의 간의 제휴 협상을 벌이라고 권유를 한 것이다. 라데크는 엔베르가 러시아의 숙적이고 볼셰비즘 또한 지지하지 않는다는 사실마저 개의치 않고, "소비에트 러시아에서는 영국 제국주의에 반대하는 사람이면 누구든 환영 받는다"고 하면서 그를 안심시켰다.[1]

베를린에는 엔베르의 절친한 친구도 한 명 있었다. 독일의 군사력 제약에 목적을 둔 베르사유 조약 규정에 따라 병력이 대폭 줄어든 새로운 군사조직의 수장이 되어 놀랍도록 효율적으로 군대를 재편한 한스 폰 제크트가 그 주인공이었다. 강단 있는 체격에 외알 안경을 낀 쉰세 살의 폰 제크트는 청년튀르크당도 1차 세계대전의 막바지에 군대 지휘를 부탁했을 만큼 독일군 직업 장교의 전형 같은 인물이었고, 실제로 전쟁이 끝나기 전 몇 달 동안은 튀르크군의 참모장을 맡기도 했다.

폰 제크트도 엔베르의 말을 듣고 그의 모스크바 행을 도와주기로 했다. 러시아 내전이 맹위를 떨치는 중이어서, 폴란드, 라트비아, 에스토니아, 리투아니아, 헝가리의 민족주의 세력이 공산주의 혁명가들 혹은 러시아 볼셰비키와 싸우는 전쟁터로 변해 아수라장이 된 동유럽을 거쳐야 하는, 위험천만한 모스크바 여행을 도와주겠다고 나선 것이었다. 엔베르는 연합국에 타격을 줄 수 있는 세력으로 볼셰비키가 지닌 새로운 발전 가능성을 그에게 주지시켰다. 훗날 카를 라데크가 쓴 글에는 엔베르가 "독일 군부 지도자들에게, 소비에트 러시아야말로 독일이 협상국(연합국)과 진정으로 맞서 싸우려 할 때 의존할 수 있는, 발전도상에 있는 새로운 세계적 강국임을 처음으로 인식시킨 사람"이었던 것으로 기록돼 있다.[2] 실제로 엔베르의 이 관점은 그로부터 몇 년 뒤 폰 제크트가 국방력 강화를 원하는 바이마르 공화국과 소비에트 러시아 간의 관계를 정상화하는 조약(1922년의 라팔로 조약―옮긴이)을 추진함으로써 현실화되었다.

그리하여 1919년 10월 엔베르는 폰 제크트의 참모장교가 주선해준 비행기 제작사의 전용기를 타고 모스크바로 향했다. 그런데 문제가 생겼다. 비행기 엔진이 고장나 리투아니아에 불시착을 한 것이었다. 위조 서류를 소지한 덕에 정체는 탄로 나지 않았으나 그럼에도 그는 첩자 혐의를 받고 리투아니아―라트비아, 에스토니아와 함께 소비에트 러시아와 전쟁 중이었다―에 두 달 동안이나 억류돼 있었다. 억류에서 풀려나자 그는 베를린으로 돌아와 모스크바로 재입국을 시도했다. 그런데 이번에는 또 라트비아에서 체포되어 감옥에 갇혔다. 나중에 쓴 글에 따르면 엔베르는 그곳 정보장교들로부터 재차 심문을 받았으나 이름도 알트만이라고 속이고 신분도 "하등 중요할 것 없는 유대계 독일 공산주의자"로 끝끝내 우겼다고 한다.[3] 그렇게 갖은 풍파를 겪은 끝에 베를린을 떠난 지 거의 1년이 지난 1920년 여름 엔베르는 모스크바에 도착했다.

그로써 반공산주의와 반러시아주의에서 출발한 그의 정치적 오디세이도 마침내 막을 내리는 듯했다. 1920년 8월 26일에는 엔베르가 폰 제크트에게 소비에트를 도와줄 것을 촉구하는 편지까지 쓰는 상황이 되었다. 엔베르는 편지에서 이렇게 말했다.

이곳에서는 하나의 당만이 진정한 힘을 지니고 있습니다. 트로츠키도 속해 있는 당이죠. 독일도 이 당과 협정을 맺어볼 만합니다. 그러면 1914년의 옛 독일 국경도 기꺼이 인정해줄 거예요. 이 당은 지금 전 세계를 휩쓸고 있는 무질서를 종식시킬 해결책도 하나뿐이라고 믿고 있습니다. 독일 및 터키와 협력하는 것이 그것이죠. 그러니 이 당의 입지를 강화시켜주고 소비에트 정부의 전폭적 지원을 얻기 위해서라도, 이들에게 비공식적인 도움을 제공하고 가능하면 무기도 파는 게 좋지 않을까요?[4]

엔베르는 폰 제크트에게 이런 내용도 전했다. "그저께 우리는 터키-러시아 우호조약을 체결했습니다. 이 조약에 따라 러시아는 이제 우리에게 재정 지원도 해주게 될 것입니다."[5](볼셰비키 지도자들이 당시 무스타파 케말 정부를 전복시키려 한 엔베르의 계획을 지지했는지는 모를 일이다. 하지만 설사 그랬다 해도 나중에 터키의 정치적 상황이 복잡한 것을 알고는 마음을 바꿨다.)

II

1920년 9월 1일 볼셰비키는 근래에 점령한 아제르바이잔의 수도 바쿠에서 "제1차 동방 민족들의 회의"를 개최했다. 회의에 참석한 다양한 아시아 민족들의 대표 1,891명 가운데 235명이 튀르크족이었다. 그러나 제3인터내셔널(코민테른 혹은 공산주의 인터내셔널로도 불린다)의 후원으로 열린 회의라는 사실이 무색할 정도로 참석자들 다수는 공산주의자가 아니었다. 엔베르도 코민테른의 초청을 받아, 코민테른 대표로 참석한 카를 라데크, 그리고리 지노비예프, 헝가리인 벨라 쿤과 함께 이 회의에 참석했다. 회의의 주관자는 코민테른 의장 지노비예프였다.

그러나 엔베르가 제아무리 레닌의 환영을 받았고 지노비예프의 보증으로 회의에 참석했다고 주장해도, 사람들은 여전히 그를 옛 독일제국의 동맹이자 아르메니아인 학살자로 기억하고 있었다. 그러다 보니 그의 회의 참석 자체를 반대하는 대표들도 적지 않았다. 이 문제는 결국 엔베르가 직접 연설을 하지 않고 다른 사람이 그의 성명서를 대독하기로 하는 선에서 타협이 이루어졌다. 그런데도 야유와 항의가 빗발쳐 성명서를 읽는 도중 몇 번이나 진행이 중단되는 사태가 벌어졌다. 엔베르는 성명서에서 스스로를 "모로코, 알제, 튀니스, 트리폴리, 이집트, 아라비아, 힌두스탄(페르시아어로 '힌두인의 땅'이라는 뜻을 지닌 인도 북부 지역—옮긴이) 혁명조직들의 연합"을 대표하는 인물이라고 주장했다.[6] 하지만 그보다는 역시 터키에서 지도적 입지를 회복하고 싶어 하는 자신의 열망을 더욱 간절히 표명했다. 그러자 케말을 지지하는 터키 대표들도 가만히 있지 않고, 만에 하나 엔베르를 지지하는 날에는 모스크바의 반감을 사게 되리라는 점을 소비에트들에게 분명히 했다.

지노비예프도 회의의 초대장은 세계혁명을 논하는 공산주의 용어로 그럴싸하게 포장했지만, 막상 개회가 되자 회의 참석자들에게 영국과 투쟁하는 러시아에 도움을 요청하는 발언을 했다. 개막 연설에서 그는 이렇게 소리쳤다. "형제들이여, 영국 제국주의에 맞서 싸우는 성전에 동참해주십시오!"[7] 그러나 성전에 참여하라고 요구받은 사람들의 상당수는 비공산주의자였고 심지어 그중에는 반공산주의자들도 있었다. 따라서 코민테른으로서는 그들이 소비에트 외교정책의 도구로 이용되지 않는다는 확신을 줄 필요가 있었다. 카를 라데크가 이렇게 말한 것도 그래서였다. "소비에트 정부의 동방정책은 외교적 책략이 아닙니다. 소비에트 정부의 편의만 앞세워 동방의 민족들을 배신하고 그들을 최전선에 보내지도 않을 것입니다. …… 소비에트 정부는 여러분과 공통의 운명으로 묶여 있습니다."[8] 하지만 그의 말이 거짓임은 엔베르가 코민테른의 초청 인사였던 것으로도 알 수 있었다. 아니, 그것이 향후 몇 주간 유럽 사회주의자들 사이에 회자된 말이었다. 레닌의 이전 동료에 따르면 코민테른은 "연합국과 외교전쟁을 벌일 때, 동방의 민족들을 체스판의 말로 다루고자 하는" 유혹에 빠져들었다고 한다.[9] 사회민주주의자들도 바쿠의 볼셰비키들이 권력정치를 위해 사회주의를 포기했다고 주장했다.[10]

엔베르는 바쿠 회의가 폐막한 지 한 달 후 베를린으로 돌아갔다. 그런 다음 그곳에서, 아마도 아나톨리아로 돌아가 케말을 밀어내고 연합국과 싸우는 군대의 지휘권을 잡을 요량으로 무기를 구입하기 시작했다. 망명자 처지이기는 했지만 그는 여전히 이전 CUP(통일진보위원회) 전투원들의 지지도 받았고, 남카프카스 국경지대의 조직도 통제하고 있었다. 따라서 터키에서 권력을 되찾고 싶어 하는 그의 바람이 아주 터무니없는 것은 아니었다.

그러므로 만일 볼셰비키가 엔베르에 대한 필요성을 느껴 그를 지원해주면 무스타파 케말에게는 위협이 될 수 있었다. 하지만 당분간은 그럴 일이 없었다.* 이제 곧 나오겠지만 소비에트는 그로부터 1년이 지나서야 엔베르의 이용가치를 발견했기 때문이다. 혼란이 지속되고 있는 투르키스탄의 부하라에 그를 사절로 보내려는 것이었다.

그렇게 해서 부하라에 가게 된 엔베르는 1921년 사절의 임무를 기다리는 동안 소비에트 정부의 국빈 자격으로 모스크바에 머물러 지냈다. 단

---

* 반면에 엔베르의 동료 제말 파샤에게서는 즉각적 유용성을 발견했다. 1920년 그에게 아프가니스탄 행을 제안(혹은 권유)하여 러시아에 대한 아프간의 의혹을 불신시키는 데 이용한 것이다. 1920년 말 아프간 군주는 레닌에게 이런 내용이 적힌 서한을 보냈다. "제말 파샤님이 동방권 전역의 해방과 관련해 소비에트 공화국의 숭고한 사상과 목적을 우리에게 말해주었습니다."[11] 제말은 아프간에서 아마눌라 칸의 고문관으로 새로운 헌법의 초안을 잡고 군대를 개편하는 일을 도와주었다. 그러나 제말이 무슬림 동료에게 한 말에 따르면, 그가 아프간군을 개편하고 힘을 증진시킨 것은 인도에 위협을 가하는 소비에트에 힘을 보태기 위해서였다.[12] 제말은 군대 개편 외에 이슬람 혁명연맹이라는 단체를 창설하여 영국 통치에서 인도를 해방시키는 일에도 힘을 쏟았다. 아프간 부족들이 반영 소요 상태를 지속적으로 유지할 수 있었던 것도 제말 파샤가 호전적 국경 부족들과 음모를 꾸며준 덕이었다. 설사 그가 그런 활동을 안 했다 해도 영국이 특별히 신경을 곤두세우는 전략지였던 카불에서 그가 인도제국을 감시한다는 자체만으로 인도정부와 영국정부는 충분히 불안감을 느낄 만했다.

점인 왜소한 체구를 가리기 위해 큼지막한 터키모자를 쓴 모습이 이채로 웠던지 그는 러시아의 수도 거리 곳곳에서 많은 사람들의 이목을 끌었다. 6개월간 이웃으로 지내며 날마다 그를 보았던 미국 작가 루이스 브라이언트도 엔베르가 모스크바에서 사교계의 총아였다고 하면서 이렇게 말했다. "기회주의자인 것이 눈에 뻔히 보이고, 무자비하고, 뻔뻔스러웠는데도 확실히 그는 매력이 있었다."[13] 하지만 그 모든 칙사 대접에도 불구하고 그가 따분해한다는 것 또한 그녀는 느낄 수 있었다.[14]

모스크바에서 엔베르의 별이 지고, 그의 경쟁자 무스타파 케말의 별이 뜨고 있었다. (1921년 3월) 볼셰비키 정부가 마침내 케말의 민족주의 정부와 우호협정을 체결함으로써 조지아, 아르메니아, 아제르바이잔을 압살할 수 있는 토대를 마련한 것이었다. 케말이 공공연하게 표명한 반공산주의적 태도─1921년 1월 28일 케말주의자들은 터키 공산주의자 17명을 흑해에 빠뜨려 죽였다─도 우호협정을 체결하는 데 방해 요소가 되지는 못했다.(케말의 앙카라 정부로서는 소비에트 러시아의 승인이 필요한 입장이었다─옮긴이.) 모스크바는 이렇듯 터키, 페르시아, 아프가니스탄의 반공산주의, 민족주의 무슬림 지도자들과 일련의 조약을 체결함으로써 바쿠 회의 때 본색을 드러낸 노선을 착착 밟아갔다. 거대한 게임을 벌일 때의 전통적 러시아의 목적을 추구하기 위해 혁명가의 목표를 버린 것이다. 케말의 혁명적 터키와 전통적 아프가니스탄과의 조약도 소비에트의 권유에 따라 모스크바에서 체결되었다. (조약 2조에도 나타나 있듯) 세 나라가 제휴하여 영국제국의 공격과 착취에 대항하려는 것이 조약을 체결한 목적이었다.

1921년 여름에는 무스타파 케말이 앞으로 그가 거두게 될 일련의 놀라운 승리들 가운데 첫 번째로, 영국의 지원을 받은 그리스군과 싸워 승리를 거두었다. 이렇게 분위기가 무스타파 케말에게로 기울자 가을 무렵에는 소비에트도 그와 동맹을 모색하게 되었다. 엔베르도 케말과의 싸움에서 자신이 지고 있음을 감지했다.

1921년 여름 소비에트는 엔베르의 요청을 받고 그에게 카프카스로 가는 교통편을 제공해주었다. 그곳에 가더라도 케말에게 적대적 행동은 하지 않겠다는 다짐을 받고 제공해준 것이었다. 하지만 웬걸 엔베르는 카프카스에 닿자마자 터키 국경에 인접한 조지아의 바투미에 자리 잡고는 지지자들을 모아놓고 회의를 개최한 뒤 국경을 넘어 터키로 들어가려고 했다. 그러다 소비에트 당국에 붙잡혀 억류되었다. 하지만 억류에서 풀려난 뒤에도 그는 국경을 넘으려는 시도를 멈추지 않고 터키 국경에 되풀이해서 모습을 드러내 소비에트 지도자들을 곤혹스럽게 만들었다. 그리하여 그들의 요청이었는지 엔베르의 요청이었는지는 모르겠지만, 아무튼 엔베르는 소비에트의 사절로 중앙아시아에 가게 되었다.

엔베르가 중앙아시아에서 할 일은 소비에트를 도와 터키어족인 토착 무슬림 주민들의 재정복을 완결 짓는 것이었다.

따라서 그의 정치관에 완전히 위배되는 임무였다. 러시아의 지배로부터 터키어족을 해방시키는 것이 그의 목표였기 때문이다. 무슬림 주민들의 재정복은 집권하기 전, 러시아제국의 비러시아들에게 자결권을 부여하기로 했던 볼셰비키의 입장과도 배치되었다. 그 점에서 소비에트 러시아가 조지아, 아르메니아, 아제르바이잔을 재정복하고 반공산주의 이슬람 지도자들과 동맹을 맺은 뒤 엔베르에게까지 그런 일을 맡긴 것은, 볼셰비키가 한때 신봉한 혁명사상을 경시하거나, 뒤로 미루거나, 단념한 것은 아닌가 하는 의혹을 불러일으키기에 충분했다. 엔베르도 물론 그에 대해 나름의 생각을 갖고 있었다. 하지만 볼셰비키들에게는 그런 내색을 하지 않은 채 중앙아시아의 부하라로 향했다.

1920년 여름 무렵—엔베르가 도착하기 1년 전이었다—만 해도 부하라는 중앙아시아에 남아 있던 튀르크족 독립의 마지막 보루였다. 러시아령 투르키스탄의 남동 방면 아프가니스탄과 중국에 인접한 산세 험한 남동쪽 국경지대를 뒤로하고 아무다리야 강(옥수스 강) 우안에 자리한 그곳은 인구 밀도가 낮은 주변의 다른 튀르크족 지역과 달리 인구도 많아 8만 5,000제곱마일 정도의 영토에 250만~300만 명의 주민이 거주하고 있었다. 그런데 1917년 볼셰비키 혁명의 와중에 러시아 보호령 체제가 와해되자 그곳 망기트 왕조의 마지막 왕이었던 토후 압둘 사이드 미르 알림 칸이 부하라의 독립과 선대왕들이 행사한 독재권을 주장하고 나선 것이었다. 토후의 반란에는 영국이 연루되었다는 소문도 돌았다. 실제로 인도정부는 낙타 100두분의 보급물자를 부하라에 보내주었다. 그리하여 1918년 볼셰비키 군이 부하라를 공격했으나, 짧은 전투 끝에 공식적으로 1만 1,000명이었던 토후의 소규모 군대에 패하고 말았다.

볼셰비키가 공격했을 무렵만 해도 부하라는 부유하고 물자도 풍부한 곳이었다. 오아시스 고장이라는 명성에 걸맞게 땅도 비옥했으며, 국명과 이름이 같은 수도 부하라 역시 중앙아시아에서 가장 중요한 교역도시로 남아 있었다. 길이 11킬로미터의 지붕 덮인 벌집형 시장들에서도 (최소한 한 여행객의 말에 따르면) 평소와 다름없이 상행위가 계속되었으며,[15] 장인의 공예품, 귀금속, 보석, 양탄자, 가죽, 비단, 통화, 갖가지 식료품 거래도 활발히 이루어졌다. 다양한 동양 언어로 쓰인 진기한 필사본 및 서적 거래의 중심지답게, 중앙아시아의 주요 책 시장 위치도 변함없이 유지하고 있었다.

하지만 부하라의 이런 상업적 번영은 토후 알림이 1918년 볼셰비키 군대에 승리를 거둔 뒤 러시아와 모든 교역행위를 중단함으로써 종말을 맞고 말았다. 같은 시기 그는 관개사업도 중단시켰다. 그 결과 1920년 여름에는 부하라의 경제상황이 극도로 악화되어 자급자족도 못할 지경이 되었고,[16] 그러자 청년 부하라당 운동과 그보다 규모가 작은 공산당(사회불안을 반겼다)이 지배자의 무지한 정책과 중세적 통치방식에 이의를 제기하는 등, 사회불안과 민원民怨이 분출하기 시작했다. 실제로 토후에게는 중세로 돌아간 면이 없잖아 있었다. 사형수를 죽음의 탑으로도 불린 칼리안 미나레트(첨탑)에서 떨어뜨려 죽이는 방식을 재도입한 것이나, 선대 왕들이 하듯 소년 소녀들이 가득 찬 왕궁의 하렘에서 제멋대로 나라를 통치한 것만 해도 그랬다.

소비에트 러시아도 토후가 민심을 잃은 틈을 놓치지 않고 1920년 여름 부하라를 재차 공격했다. 사령관 미하일 프룬제Mikhail Frunze가 지휘하는 러시아군이 부하라에 맹공을 가한 것이다. 그리하여 9월 2일에는 청년 부하라당이 도시에서 봉기를 일으킬 동안, 비행기와 장갑차를 앞세운 적군이 도시로 진군하여 부하라의 중세 정권은 마침내 막을 내리게 되었다. 세계 최대의 무슬림 필사본이 소장된 도서관도 이때 불 타 없어졌다.

한편 토후는 왕궁으로 걸려온 경보 전화를 받고 금고에서 꺼낸 짐마차 3대분의 금과 귀금속을 싸들고 처첩들과 함께 황급히 도망을 쳤다. 나중에 전해진 바에 따르면 추격자들의 주의를 분산시키기 위해 그는 자신이 총애하는 춤추는 소년들을 도망치는 길목 요소요소에 떨어뜨려 놓았다고 한다. 그렇게 가까스로 도망쳐 처음에는 부하라 동쪽의 산지山地로 갔다가, 수소문 끝에 다시 국경을 넘어 아프가니스탄에서 새로운 은신처를 구했다.

부하라 점령이 끝나자 소비에트 러시아는 새로 수립된 부하라 인민공화국의 완전한 자유를 인정해주었다. 하지만 프룬제 군대가 그곳에 남아 권위를 행사한 것으로도 알 수 있듯이 그것은 요식행위에 지나지 않았다. 부하라를 소비에트 러시아에 병합시키는 것이 볼셰비키의 목적이었다. 청년 부하라당 지도자들도 부하라를 지배하려는 소비에트의 의도에 저항하면서 독립을 주장하려고 했다.

토후에 충성을 바친 바스마치 무리들도 부하라 동부 산지에서 러시아 정복자들을 괴롭히기 시작했다. 집단들 간의 결속력이 약해 처음에는 큰 힘을 발휘하지 못했으나, 그럼에도 그들은 소비에트의 지배에 심각한 도전을 제기하여 1921년 말엽에는 적군도 그들을 제압할 수 없는 지경이 되었다.

Ⅳ

엔베르 파샤는 1921년 11월 8일 부하라에 도착했다.

투르키스탄 평정의 임무를 띠고 소비에트의 사절 자격으로 왔으나, 막상 과실나무, 멜론, 포도나무, 장미, 양귀비, 담배나무들이 즐비한 과수원들을 지나 도시가 눈앞에 가까워지자 그는 마치 자신이 구상한 범튀르크 이데올로기의 에덴으로 들어서는 것 같은 기분이 들었다. 튀르크족의 역사적 고향이었으니 그럴 만도 했을 것이다. 총안이 설비되고 11개의 문과 181개의 감시탑을 갖춘 길이 13킬로미터의 높다란 석벽으로 둘러싸인 수백 년 역사를 자랑하는 그곳은, 엔베르가 자랑으로 여기는 무슬림의 역사가 건축학적으로 구현된 도시이기도 했다. 부하라가 엔베르가 숭배하는 종교 이슬람의 도시라는 사실은, 과거 한때 그곳이 중앙아시아 최고의 거룩한 도시였다는 이름에 걸맞게 이슬람 사원이 무려 360개에 달했던 점에서도 드러났다. 부하라에서는 남자들도 이슬람 율법에 맞는 삶을 살았고 여자들도 베일을 쓰고 다녔다. 터번과 줄무늬 진 전통 장옷khalat을 착용한 부하라 남자들과 달리 엔베르는 유럽식 군복 외투를 입고 있었으나, 그것도 양측의 끈끈한 형제애를 끊어놓지는 못했다.

부하라에 이끌린 엔베르의 애착심은 새로운 정부에까지 미쳤다. 청년부하라당도 콘스탄티노플에서 그가 이끌었던 청년튀르크당과 다르지 않았다. 제키 벨리디 토간과 같은 개혁가들도 부하라로 모여들어 엔베르는 그곳에 온 지 불과 사흘 만에 정부 대표, 군사 인민위원, 내무 인민위원 등 정부 거물들을 거느리고 길을 떠날 수 있게 되었다. 소비에트 러시아에는 사냥을 간다고 둘러댔으나 실제로는 토후의 게릴라와 접촉하기 위해 부하라 동쪽의 산지로 갔다. 그러고는 그곳에서 토후로부터 최고 사령관에 임명되어 러시아와 싸우는 바스마치 독립전쟁의 지휘권을 잡았다.

그렇게 해서 토후와 청년 부하라당 양쪽의 도움을 받아 분열된 파벌들을 결합시킬 수 있는 위치에 서게 되자 엔베르는 비스마치 집단들에 사절을 보내 투르키스탄 전역에 산재해 있던 그들의 무리를 자신의 기치 아래 모여들게 만들었다. 중앙아시아에 무슬림 독립국을 수립하는 것이 그의 목표라는 사실도 분명히 밝혔다. 언제나 그렇듯 그는 무슬림 민족들의 단결도 역설했다. 물라(이슬람 종교 지도자)들도 그가 외치는 강력한 이슬람 메시지에 마음이 동해 그의 대의에 동참했고, 이웃나라 아프가니스탄의 무슬림 토후도 그를 지지하고 나섰다.

그러나 이번에도 엔베르의 개인적 결함이 그의 발목을 잡았다. 엔베르는 허세가 심해 제복, 메달, 직함 따위를 좋아했다. 그러다 보니 이번에도 제 버릇 남 주지 못해 스스로를 "이슬람 모든 군대의 최고 사령관, 칼리프의 사위, 예언자의 대리인"으로 묘사한 공문서 날인용 금인을 만들었고,[17] 그러기 무섭게 또 투르키스탄의 토후까지 칭해 상관인 부하라 토후의 심기를 건드렸다. 1922년 전반기의 어느 무렵 부하라 토후는 결국 엔베르와 관계를 끊고, 군대와 엔베르가 절실히 필요로 하는 돈줄도 끊었다. 아프가니스탄의 토후도 약속한 지원을 해주지 않았다.

그래도 엔베르의 반란은 처음 몇 차례 성공을 거두었다. 부하라 시에도 대담한 공격을 퍼부어 적을 뜨끔하게 만들었다. 그러나 그가 거둔 성공의 정도에 대해서는 지금도 의견이 분분할 만큼 의혹의 여지가 있다. 엔베르가 부하라 영토 대부분을 장악했다는 설도 있고, 기껏해야 부하 3,000명 (부하라 전역을 휩쓸고 다닌 1만 6,000명으로 추정되는 바스마치들 가운데) 정도를 거느린 지휘관들 중 한 사람에 지나지 않았다는 설도 있다.[18] 그가 거둔 성공이 어느 정도였는지는 모르겠지만, 분명한 사실은 그의 행동이 크렘린에 심각한 우려를 자아냈다는 것이다.

1922년 늦봄 엔베르는 소비에트 러시아 정부에, 러시아 군대를 철수하고 투르키스탄에 수립한 자신의 무슬림 국가도 인정해줄 것을 요구하는 서한을 보냈다. 그러고는 평화와 친선을 그 대가로 제시했다. 모스크바는 그의 제안을 거부했다.

그리고 1922년 여름 적군의 엔베르 제거 작전이 시작되었다. 소비에트 비밀경찰도 가세한 작전이었다. 엔베르의 결함도 적군에 이롭게 작용했다. 그는 군인으로서는 적군에 '신이 준 선물' 같은 한심한 행동만 계속했고, 정치인으로서도 바스마치 지도자들과 불화를 빚어 그들 중 다수가 자신에게 등을 돌리게 만드는 미숙함을 보였다. 이러저러하게 적군이 벌인 공작의 결과로 한여름 무렵에는 엔베르에게 남은 병력이 하찮은 도망자 무리에 지나지 않게 되었다.

이어 적군이 엔베르를 추격하기 시작하였다. 적군은 첩자와 정찰대까지 동원해서 좁은 산골짜기를 샅샅이 뒤지고 다니며 엔베르군을 추격했다. 그러다 고갯길에서 마침내 그들이 숨어 있는 소굴을 찾아내 소리 없이 포위했다. 적군은 1922년 8월 4일 날이 밝기 전 그들을 덮쳤다.

엔베르가 죽은 방식에 대해서는 여러 가지 설이 전해졌다.[19] 그중에서 가장 설득력 있는 이야기에 따르면, 그는 러시아군이 공격하자 포켓용 코란을 손에 쥔 채 언제나 그렇듯 앞으로 돌진했다고 한다. 그의 시신은 나중에 목이 잘린 채 전장에서 발견되었다. 손에 여전히 코란(꾸란)을 든 모습이었다. 소비에트 비밀경찰은 생명을 잃은 그의 손가락에서 코란만 빼내본국의 기록보관서에 안치했다.

V

중앙아시아 튀르크족의 마지막 독립운동은 볼셰비키 당국이 비러시아인들을 해방시켜주기로 한 약속을 지키지 않을 뜻을 드러냄으로써 완전히 소멸되었다. 그로써 차르들이 일궈놓은 제국과 변경지들을 소비에트 러시아가 계속 유지할 것이라는 점도 분명해졌다.

근래에 중동 근무를 마치고 런던으로 복귀한 퍼시 콕스도 1920년 여름 영국 내각에, 볼셰비키가 옛 러시아제국의 국경을 그대로 유지할 것 같다는 보고를 했다. 국경 너머로 군대를 보내 새로운 영토를 정복할 의도는 없어 보인다는 말이었다.[20] 그러나 런던에는 콕스와 다른 견해를 가진 사람들도 많았다. 윈스턴 처칠이 특히 그랬다. 하지만 당시에 일어난 사건들만으로 어느 쪽의 견해가 옳았는지를 지금 판단하기는 쉽지 않다. 볼셰비키 정부가 중동에서 영국제국을 타도하려고 했던 것은 분명하지만, 크렘린이 장기적 의도를 갖고 그랬는지에 대해서는 로이드 조지 행정부 시절의 관점과 오늘날의 관점이 거의 판이한 탓이다.

그렇기는 하지만 영국 관리들이 전시와 종전 직후 중동에서 직면한 저항과 관련해 제기했던 다수의 문제들은 엔베르 파샤가 행한 전후의 행동들로 일부나마 규명하는 것이 가능하다. 그들은 엔베르 파샤를, 연합국에 저항하는 무스타파 케말을 지지한 사악하고 유력한 인물로 보았다. 하지만 나중에 전개된 일로도 알 수 있듯이 엔베르와 케말은 불구대천의 원수들이 었다. 터키 내에서의 힘도 케말이 엔베르보다 강했기 때문에 소비에트 러시아로부터 무기를 획득할 수 있었던 것도 엔베르가 아닌 케말이었다. 영국 관리들이 엔베르를 독일 군사조직을 창건한 인물로 본 것도 사실이 아니었다. 엔베르가 폰 제크트 같은 친구들을 찾았던 것은 아쉬운 일을 부탁하기 위해서였고, 러시아에서도 그는 독자적으로 활동했다. 폰 제크트의 새로운 독일군이 1922년 엔베르가 마지막 전투를 치를 때, 그가 아닌 볼셰비키와 은밀히 협력했던 것에서도 그 점이 드러났다.

엔베르가 수년간 범튀르크주의 운동으로 영국과 러시아를 위협했던 것은 사실이다. 그러나 그가 막상 반란의 기치를 들었을 때 튀르크족의 반응은 시원치 않았다. 심지어 그가 이끈 게릴라 조직들마저 튀르크성보다는 무슬림의 종교로 결속돼 있었다. 영국 관리들이 처음부터 공포감을 느낀 범이슬람주의도 부하라 전쟁으로 텅 빈 구호였음이 드러났다. 중동의 종족들은 파벌 간 갈등이 심해 충성의 폭이 넓지 않았다. 그러다 보니 무슬림 영토의 어느 곳 하나 엔베르에게 지원군을 보내지 않았다. 물론 투르키스탄 각지의 무슬림 토착민들이 팔레스타인 무슬림들이 유대인 이주민들에게 하듯, 러시아 이주민들에게 저항했던 것은 사실이다. 하지만 그 저항도 각각의 무슬림 집단들이 지역적으로 그리고 그들 스스로를 위해 한 행위에 지나지 않았다. 요컨대 중동의 무슬림들은 합세해서 행동한 것이 아니라, 똑같이 행동한 것뿐이었다는 이야기다.

엔베르의 모스크바 행에 대해서도 영국은 오산을 했다. 엔베르와 러시아의 볼셰비키가 오랜 정치적 동반자였고, 따라서 동일한 정치적 목적을 추구했을 것으로 판단했지만 사실 양측의 목표는 차이가 많았다. 엔베르와 볼셰비키 모두 상대방을 이용하려고 했으나 결국은 어느 쪽도 성공을 거두지 못했다. 볼셰비키는 쓸모 있어 보이는 사람을 재빨리 손에 넣는 데 달인이었지만 이용 가치가 없어지면 버리는 데도 달인이었다. 그런데도 런던은 오판에 오판을 거듭하면서 크렘린이 체결한 하루살이 계략적 동맹을 항구적인 것으로 받아들였다. 엔베르 파샤도 머리가 잘려나가기 전 영국 정보부가 자신을 볼셰비키 동맹으로 보았다는 사실을 알았다면 실소를 금치 못했을 것이다.

영국은 엔베르가 행한 모험의 전모도 제대로 파악하지 못했다. 따라서 볼셰비키 러시아를 조종하는 세력에 대해 자신들이 오판했다는 사실도 눈치 채지 못했다. 영국은 볼셰비키 러시아를 조종하는 세력이 독일 장군들이라고 믿었다. 그러나 1919년 엔베르가 독일을 찾았을 때 독일군은 러시아의 정세에 어두웠고, 크렘린의 새로운 지배자들에게도 관심이 없었다. 볼셰비키 정권과 관계를 수립하면 득을 볼 것이라고 독일군에 언질을 준 것은 오히려 엔베르였다. 그 제안을 1921년 폰 제크트가 실행에 옮긴 것이었다.

엔베르도 알게 되었듯이 레닌과 그의 동료들은 다른 누구의 조종도 받지 않고, 그들 스스로 자신들의 의제를 결정했다. 영국 정보부 관리들이 특히 착각했던 점이 그것이었다. 볼셰비키 지도자들은 명령을 받는 사람들이 아니라 명령을 내리는 사람들이었다. 누군가의 음모를 수행하는 사람들이 아니었다는 이야기다. 음모를 꾸미는 쪽은 오히려 그들이었다. 윈스턴 처칠도 그 점은 제법 명확히 인식했으나, 볼셰비키 지도자들을 러시아인이 아니라고 본 것과 친러시아적인 것은 아니라고 판단한 부분에서 실책을 범했다. 따라서 그것도 영국이 중동의 적대세력들에 대해 가졌던 수많은 다른 망상들과 더불어, 부하라의 엔베르 파샤와 함께 죽어 없어졌어야 할 논점이었다.

57. 윈스턴 처칠, 중동문제의 주도권을 잡다

Ⅰ

종전 뒤 러시아 남부 국경지대의 무슬림 아시아에서 일어난 독립운동들로 어려움을 겪은 러시아는 그 운동들을 진압하면서 지난날 러시아제국에 속했던 비러시아 민족들과의 관계를 새롭게 설정하는 작업도 함께 병행했다. 역량이 되는 한 그들을 계속 지배하려는 것이 볼셰비키의 의도였고, 그 의도대로 과연 1922년 12월 30일에 개최된 제1차 소비에트 사회주의 공화국 연방의 소비에트 대회(소비에트 연방이 결성된 대회)는 그것을 러시아의 공식 정책으로 채택했다.

프랑스도 종전 뒤 무슬림 중동의 그들 세력권에서 일어난 독립운동으로 곤란을 겪다가, 앞에 나온 것처럼 1920년대에 그 운동들을 진압했다. 클레망소는 프랑스가 유럽의 강국으로 남아 있기를 바랐던 만큼 해외 제국을 건설하려는 시도를 위험한 국력의 낭비로 보았으나, 후임 총리들이 그와는 다른 노선을 취해 시리아를 침공했던 것이다. 그에 따라 전후 세계정치에서 프랑스의 역할도 야망은 크지만 현실성이 떨어지는 것으로 바뀌었다. 프랑스의 시리아, 레바논 점령은 1922년 7월 24일 국제연맹의 결정에 따라 그곳들이 프랑스 위임통치령이 되는 것으로 확인되었다.

개전 초만 해도 연합국의 세 나라는 전후 중동지역을 그들 사이에 분배하기로 합의를 보았다. 그런데 종전 뒤 목표를 위한 단결이 깨어지자 전후 중동의 분쟁들도 개별적으로 극복했고, 그에 따라 정치적 운명도 달라져 세 나라 모두 그들 나름의 독자적 행보를 걷게 되었던 것이다. 러시아 및 프랑스와 마찬가지로 영국이 자국의 중동 세력권을 공식적으로 문서화한 1922년까지 그 상태는 계속되었다.

그러나 연합국의 세 나라 중 전후 중동에서 가장 광범위한 도전에 직면한 나라는 역시 영국이었다. 경제적 위기에 몰린데다 국내에서도 사회정치적으로 심각한 변화를 겪었을 때여서 영국으로서는 힘겨울 수밖에 없었다. 그 점에서 1922년 중동정책이 완결되기까지 기간은 영국의 가장 다채롭고 독창적인 두 정치인 로이드 조지와 윈스턴 처칠의 정치역량이 시험대에 오른 시기이기도 했다. 앞에도 언급한 전후의 분쟁 때문에—윈스턴 처칠이 시종일관 경고했듯이—토착민들의 저항, 종교적 분쟁, 지역적 혼란이 이어져 이집트에서 아프가니스탄에 이르기까지 중동 전역에서 영국의 정책이 위태로운 지경에 빠져들었기 때문이다.

Ⅱ

종전 이후 영국정부 내에서 총리의 중동정책을 가장 신랄하게 비판한 인물은 윈스턴 처칠이었다. 그는 평화 시의 영국에는 병력이 없으므로 의회도 중동 지배에 필요한 지출 안을 통과시켜서는 안 된다고 경고하면서 로이드 조지의 정책에 되풀이해서 제동을 걸었다. 그러므로 튀르크와 조약도 그들이 수용할 만한 조건을 부과해야 한다는 것이 처칠의 생각이었다. 처칠은 1919년 10월 25일에도 통찰력을 발휘해 스미르나 공격으로 그리스는 파멸을 맞을 수 있고, 프랑스와 제휴하는 영국의 조치 또한 프랑스가

(무슬림) 알제리군으로 시리아를 침략하는 행위 때문에 손상을 입을 수 있다는 점을 지적했다. "튀르크권을 불안하게 만드는" 이탈리아와 "영국이 팔레스타인에 정착시켜주기로 약속했고, 자신들 편의를 위해서라면 현지 주민들을 몰아내는 것도 마다하지 않을 유대인들"에 대해서도 우려를 나타냈다. 처칠은 연합국의 중동정책이 전면적으로 수정되어야 하고, 그러므로 오스만제국의 국경도 전전 상태로 되돌려놓아야 한다고 주장했다. 시리아, 팔레스타인, 그 밖의 영토들에 대한 유럽 국가들의 권리도 포기할 것을 제안했다. "오스만제국의 영토를 분할하지 말고, 전쟁 이전 상태로 제국을 보전시키되 엄중한 국제적 통제를 받게 하자"는 것이 그의 논점이었다.[1]

처칠은 19세기에 영국이 추진했던 중동전략의 목적을 다분히 의식해, 로이드 조지 정부도 그와 같은 전략을 써야 한다고 주장했다. 1920년 11월 23일에도 그는 내각에 "강력하고, 지속 가능하고, 필수적이기도 한 튀르크와 무함마드(이슬람) 세력이" 영국으로부터 멀어지는 것을 막기 위해서라도 "영국에는 언제나 주요 사안이었던, 러시아의 야망에 맞선 튀르크 장애물을 세울 것"을 촉구하는 비망록을 돌렸다.[2]

그로부터 얼마 지나지 않아서도 그는, 육군장관이라는 직책 때문에 다른 이유는 없이 오직 '튀르크족에 대한' 총리의 '복수심'을 채워주기 위해 중동 지배에 필요한 거액의 지출 안을 의회에 요청해야 하는 자신의 처지가 매우 유감스럽다는 내용의 서한을 로이드 조지에게 보냈다. "영국은 세계에서 가장 반튀르크적이고 가장 친볼셰비키적인 국가가 되어가는 듯합니다. 제가 볼 때는 그와 정반대의 길을 걸어야 할 것 같은데 말이죠." 처칠은 그렇게 말하고 난 뒤 그나마 정부가 유지되는 것도 보수당의 지지 때문이라는 점을 지적하면서, 러시아에 맞서 튀르크를 지지했던 19세기 영국의 전통적 정책과 보수당은 불가분의 관계에 있다는 점도 상기시켰다.

총리께서 거둔 큰 성공과 압도적인 개인적 힘 모두 총리가 속해 있는 자유당과 보수당 간의 연합에서 나온 것입니다. …… 그런데—보수당과 연립한 자유당의 지지 기반이 매우 허약한—작금의 상황에서, 기본적으로 보수당의 본능과 전통에 역행하는 튀르크 정책과 볼셰비키 정책을 속행하면, 우리의 어려움은 더욱 가중될 것입니다.[3]

처칠은 그로부터 열이틀 뒤에는 국내 문제에서 외교정책으로 방향을 돌려, 영국의 중동정책을 가장 폭넓은 시각으로 비판한 논설을 내각에 다시금 배포했다. "불행한 사태가 전개되어 영국은 지금껏 중동에 영향력을 갖고 있는 네 세력—러시아, 그리스, 튀르크, 아랍—과 보조를 맞추었지만, 적대세력과 마주했을 때 우방을 얻기 위해서라도 현지의 세력들을 갈라놓는 정책"을 취하는 것이 좋으리라는 내용이었다. "그것이 지난날의 역사를 통틀어 영국이 취했던 정책입니다. 러시아가 적일 때는 튀르크를 우방으로 삼고, 튀르크가 적일 때는 러시아를 우방으로 삼았다는 거죠."[4] 처칠은 또 레닌의 러시아는 영국의 목적 달성에 이롭지 못하고, 콘스탄티노스의 그리스 또한 영국의 목적 달성에 이로울 수 없다고 하면서, 그러므로 튀르크 및 아랍과의 제휴가 영국에는 유일하게 실행 가능한 정책이라고도 주장했다.

참모총장 헨리 윌슨도 그의 일기에 처칠이 "영국은 볼셰비키, 튀르크, 그리스, 아랍의 증오를 받는 처지가 되었으며, 그것이야말로 영국의 정책이 잘못되었음을 보여주는 증거다. 따라서 튀르크 및 아랍과는 제휴하고, 볼셰비키는 적대시하며, 그리스는 무시하는 정책을 써야 한다는 것을 내각에 주지시키는 훌륭한 논설을 작성했다. 나도 언제나 같은 생각을 갖고 있었다"고 적어 처칠의 견해에 동조하는 뜻을 나타냈다.[5]

처칠은 행정적인 면으로도 영국의 중동정책이 (1차 세계대전 초 마크 사이크스가 주장했던 것처럼) 영토 및 작전에 따라 정부 내 여러 부처들로 업무가 분산되다 보니 일관성을 기하기 힘들었다는 점을 지적했다. 비용을 절감하지 못한 것도 그 때문이었다고 내각 재무위원회에서 되풀이해서 주장했다. 1920년 12월 31일 내각은 결국 처칠의 제안에 따라 말썽 많은 두 위임통치 지역인 (트란스요르단이 포함된) 팔레스타인과 이라크를 전담할 특별부서, 중동부를 식민성에 신설하기로 결정했다.

그러나 정신적, 육체적으로 기력이 쇠해 있던 앨프레드 밀너가 새로운 업무를 떠안는 것에 버거움을 느끼고 즉각 사퇴 의사를 밝혀 식민장관은 공석이 되었다. 그러자 로이드 조지는 1921년 1월 1일 처칠에게 장관직을 제안했다. 처칠도 조금 망설이는 듯하다 총리의 제안을 받아들였다. 그러고는 2월 7일로 예정된 인수인계도 기다리지 않고 곧장 중동부 문제에 관여하기 시작했다.

처칠은 장관으로 취임하자마자 즉시 민정권은 물론 군사권까지 장악하려 하고, 아라비아 전역을 중동부 관할로 이관시키려 하는 등 본격적으로 식민성의 세 확장에 나섰다. 이집트의 미래와 관련된 자신의 의사도 분명히 밝혔다. 외무장관 조지 커즌은 그런 식으로 타 부처의 업무 영역을 침범하는 처칠의 행동에 거듭 이의를 제기하면서 "윈스턴이 모든 일을 자기 부처로 가져가려 하고, 아시아풍의 외무장관이 되려 한다"고 투덜거렸다.[6] 육군성 관리도 처칠이 "자기만의 육군성"을 조직하려는 의도를 갖고 있다고 주장했다.[7]

처칠의 건의로 로이드 총리는 제임스 매스터슨 스미스(처칠 밑에서 일하던 직업관료였다)를 책임자로 하는 부처 간 위원회도 수립했다. 신설된 중동부의 힘을 고려한, 아니 확장하려는 처칠의 바람이 반영된 조치였다.

그리하여 그 무렵에는 이제 오스만제국의 회복도 더는 운운하지 않게 된 처칠은, 열린 마음과 최고의 기량을 지닌 정부관리의 조언을 받아 약속은 지키되 비용을 절감하려는 명백한 목표를 가지고 새로운 임무를 수행할 수 있게 되었다.

Ⅲ

인도정부도 1921년 무렵에는 바그다드 정부의 거트루드 벨의 영향을 받아 카이로의 견해를 받아들이는 추세에 있었다. 카이로와 마찬가지로 인도도 이제 직접통치보다는 보호령이 낫다고 여겨 후세인의 아들들을 아랍 지도부의 후보로 밀게 된 것이었다. 그로써 영국 고위관료들 간의 해묵은 알력도 종지부를 찍게 되었다. 처칠에게는 예전의 중동 전문가들이 한목소리를 내게 된 것도 행운이었다. 따라서 전임 장관들과 달리 그는 직무상의 논쟁에 휩쓸릴 일이 없게 되었다.

중동부의 인력을 충원하는 일에서도 처칠은 타 부처의 인적 자원을 활용해 노련하고 균형 잡힌 인물들을 뽑으려 했다. 그 과정에서 그가 정보와 조언 그리고 자문을 구한 인물이 1894년 이래 인도성에 근무한 직업관료로 당시에는 인도성 부차관을 맡았던 아서 허첼이었다. 허첼은 처칠에게 중동부를 맡아달라는 제안도 받았으나 정중히 사양하고 대신 1900년부터 인도성에서 그의 부하로 봉직한 또 다른 직업관료 존 에벌린 셕버그를 그 자리에 천거했다. 그는 셕버그를 "분별 있고, 냉정하며, 빈틈없고, 몸을 사리지 않고 일하는 일급 관리, 지나치게 신중한 것이 유일한 단점인 인물"로 소개했다.[8]

셕버그의 조수에는 전시에 파이살 아랍군의 수송과 보급품을 담당했던 육군 소령 출신의 외무부 관리 허버트 윈스럽 영이 발탁되었다. 매스터슨 스미스 위원회도 섹버그와 윈스럽 영의 발탁을 아낌없이 후원했다. 그들은 섹버그를 그 일의 "적임자", 영을 그 일에 "없어서는 안 될 인물"로 추켜세웠다.[9] 그러나 처칠이 아랍 문제 고문으로 임명한 또 다른 인물 T. E. 로렌스에 대해서는 강한 의구심을 드러내며 "공직에 적응하기 힘든 인물"이라고 그에게 주의를 주었다.[10]

실제로 로렌스는 상급자의 말을 거스르기 일쑤고, 직속상관을 건너뛰어 고위관리에게 직접 보고하기로 정평이 나 있었다. 이제는 처칠의 소관이 된 영국의 메소포타미아 정책에도 공공연히 비판을 가했다. 1920년 여름에도 로렌스는 《선데이 타임스》에 이라크와 관련하여 이런 기고문을 발표했다.

영국정부는 옛 튀르크 정부보다 못하다. 그들은 고작 1만 4,000명의 병력으로 연평균 200명의 아랍인을 죽이고도 평화를 유지했는데, 영국은 병력 9만 명에 비행기, 장갑차, 포함, 장갑열차까지 갖추고 올 여름 봉기 때만 1만 여 명의 아랍인을 죽이고도 그런 보통 수준의 평화조차 유지할 가망이 없는 것이다. 인구도 희박하고 가난한 나라인데도 말이다.[11]

로렌스는 과거 한때 카이로 아랍부의 하급장교에 지나지 않았다는 사실이 무색할 만큼 당시에는 영국사회의 저명한 명사가 되어 있었다. 로웰 토머스라는 미국인 덕이었다. 흥행사 기질이 다분했던 오하이오 출신의 신출내기 기자 토머스는 명예, 돈, 모험을 찾아 북아메리카의 이곳저곳을 떠돌다 스물다섯 살 무렵 웅변술을 가르치는 프린스턴 대학의 시간강사로 일하던 중 돈을 모아 1917년 말 카메라맨과 함께 영국으로 향했고, 그곳에서 다시 중동의 전선으로 갔다. 로맨스와 지방색을 섞어 대중의 구미에 맞는 이야기라도 하나 써볼 작정으로 글의 소재를 찾아간 것이었는데, 그곳에서 아랍 복장을 한 로렌스를 발견했던 것이다. 그래서 그를 자신이 쓰려고 하는 이야기, 후세인과 파이살이 지휘하는 아랍인 부대와 그들이 터키와 전쟁에서 행한 역할을 주 내용으로 하는 이야기의 영웅으로 만들 생각을 했다. 로렌스를 튀르크제국을 몰락시킨 아랍 봉기의 고취자이자 지도자로 그린—따라서 흥미를 위해 진실을 왜곡한—쇼의 바탕이 될 이야기였다.

토머스의 쇼란 다름 아닌 슬라이드를 곁들인 강연이었다. 로웰 토머스가 〈최후의 성전The Last Crusade〉으로 명명된 강연 쇼를 《뉴욕 글로브》(1904년에서 1923년까지 뉴욕에서 발간된 일간지—옮긴이)의 후원을 받아 1919년 3월 뉴욕의 세기극장 무대에 올린 것이다. 이렇게 시작된 〈최후의 성전〉 쇼는, 그 몇 주 뒤에는 토머스가 바랐던 만큼의 엄청난 관객을 수용할 수 있는 옛 매디슨 스퀘어 가든으로 장소를 옮겨 공연되었고, 나중에는 영국 흥행주의 주선으로 런던 최대의 극장들인 로열 오페라 하우스, 코벤트 가든, 앨버트 홀에서도 개최되었다.

과대 선전의 극치 〈최후의 성전〉은 흥행의 새 역사를 썼다. 런던에서만 무려 6개월 동안 롱런하며 100만 명의 관객을 끌어 모았고, 런던 공연이 끝난 뒤에는 전 세계 순회공연에 돌입했다. 젊은 로웰 토머스는 그것으로 부와 명예를 거머쥐었으며, "아라비아의 로렌스"는 세계적 영웅이 되었다.*

로렌스도 토머스가 쓴 글의 유치함에는 곤혹스러워했으나, 그것이 거둔 성공에는 기뻐했다. 런던에서 〈최후의 성전〉이 공연될 때도 그는 거주하던 옥스퍼드에서 수시로 올라와 그것을 관람했다. 객석에서 쇼를 관람하다가 토머스 부인에게 들켜 "얼굴이 홍당무가 된 채 멋쩍게 웃으며 황급히 사라진 것"만 해도 최소한 다섯 차례는 되었다.[15]

그러나 대중은 토머스의 말을 믿었다. 그러다 보니 로렌스가 윈스턴 처칠의 아랍 문제 고문이 되었을 때도 나머지 일들은 그것에 묻혀 문젯거리도 되지 않았다. 로렌스의 명성은 갈수록 높아졌고, 로렌스의 환상은 역사가 되었다.[16] 나중에는 그가 식민장관 처칠이 이룩한 공적 중, 자신이 행한 역할을 실제보다 훨씬 과장하여 주장하는 상황에까지 이르렀다.

로렌스가 중동정책에 간접적으로 큰 영향을 미쳤던 것은 사실이다. 1916년 이후에는 중동문제에 관여하지 않았던 관계로 아랍 봉기에 대해 별로 아는 것이 없었던 처칠이 그 문제에 관한 한 로렌스의 말을 전적으로 믿다 보니 그런 결과가 초래되었다. 처칠은 로렌스와 로이드 조지의 관리들이 파이살의 아랍군이 전시에 한 역할을 심하게 과장한 사실을 몰랐다. 따라서 영국이 파이살과 아랍인들에게 많은 빚을 졌다고 말하는 로렌스의 주장을 그대로 믿을 수밖에 없었다.

Ⅳ

중동에 관한 대다수 영국 지도자들의 견해는 1918년 이후로 완전히 달라졌다. 승전이 임박하여 사기가 충천해 있을 때는 전략적으로 도움이 될 만한 지역은 모조리 차지하는 것이 옳다고 믿었으나, 1919년 이후에는 의회와 언론마저 유지비만 잔뜩 들어가는 머나먼 곳들에서의 철수를 이구

＊ 몇 년 뒤 토머스는 〈최후의 성전〉 쇼를 바탕으로 한, 따라서 전 세계 수백만 명 청중들에게 했던 말을 되풀이한 것에 지나지 않는 『아라비아의 로렌스와 함께With Lawrence in Arabia』라는 책을 집필했다. 박진감과 술술 읽히는 가독성으로 거짓투성이인 로렌스의 이력을 사실처럼 과장되게 표현한 작품이었다. 『아랍 보고서』만 해도 본래는 총 26호가 발간되었으나 토머스의 책에는 4회분밖에 실리지 않았으며,[12] 전시의 아랍군 또한, 파이살 부대 병력 3,500명과 파이살의 형제가 거느린 병력 기천 명이 전부였는데도 토머스의 책에는 20만 명으로 부풀려져 있었다.[13] 토머스는 헤자즈 봉기에 대해서도 봉기에 불을 댕기고 이끈 것이 로렌스 혼자였던 것으로 묘사하여 키치너, 윙게이트, 클레이턴, 호가스, 도네이 등 영국 관리들이 한 역할은 도외시했다. 1916년 2월 로렌스가 아라비아 사막에서 봉기의 불길을 댕겼다고 말했으나,[14] 사실 그 무렵 로렌스는 카이로의 아랍부에 근무하고 있었으며, 아라비아를 처음 찾은 것도 1916년 10월이었다.

동성으로 외치는 상황이 된 것이다.*

처칠도 1919년 초 육군장관과 해군장관을 겸직하게 되자마자 달라진 정치 환경에 부응하는 정책을 시행했으며**, 1921년 초 식민장관으로 자리를 옮겼을 때도 비용삭감을 업무의 최우선순위에 두었다. "중동문제는 비용절감이 1순위, 나머지는 2순위"라고 선언했을 정도다.[19] 따라서 모든 계획들이 그 기준에 맞춰 시행되었고 결산서의 수치가 성공을 판가름하는 잣대가 되었다. 실제로 그렇게 쥐어짠 결과 1922년 9월 말 무렵에는 중동과 관련된 지출 규모가 연간 4,500만 파운드에서 1,100만 파운드로 75퍼센트나 급감했다.[20]

처칠은 프랑스를 달래고―괜스레 맞서 봤자 비용만 많이 들 것으로 보았다―파이살과 그의 형제들―샤리프들 다시 말해 하심가 사람들―에게 아랍권 대부분 지역의 통치를 맡기는 식으로 긴축에 필요한 경제전략을 짰다. "영국정부로 하여금 아랍의 한 세력권만 압박해도 나머지 세력권에서 원하는 목적을 얻을 수 있게" 하기 위해서였다.[21] 하심가 지배자 한 사람을 위협하면 원하는 모든 양보를 얻게 되리라는 논리였다. 왕족 한 사람이 한 왕국만 통치하게 하여, 필요할 경우 한 왕국만 위협해도 모든 왕국들을 통

---

* 영국 공군 참모총장 휴 트렌차드도 1919년 9월 5일 중동의 공군 사령관에게 이런 전문을 보냈다. "그곳에서 온 전문들을 보니, 귀관은 아직도 본국의 상황을 제대로 이해하지 못하는 것 같소. 수단방법 가리지 말고 긴축하라는 것이 이곳의 입장이오."[17]

** 비용절감을 위해 군사적 책무를 과감히 줄이려는 것이 처칠의 계획이었다. 실제로 처칠은 군 예산을 대폭 삭감하여 육군성의 수석 고문관마저 깜짝 놀라게 만들었다. 영국군 참모총장도 이듬해 자신의 일기에 "나머지 일이야 어찌되든 재정적 이유만 고려하여 수비대를 멋대로 줄이려는 것"이 처칠의 계획이라고 속내를 털어놓고는 "처칠은 지금 바보짓을 하고 있고 파멸을 향해 가고 있다"고 결론지었다.[18] 그러나 사실 처칠은 돈이 들지 않는 방식으로 일이 진행되기를 바란, 다시 말해 비용절감을 요구하는 그 시대의 정치적 추세에 따랐을 뿐이다. 그는 재정을 가장 중시해서 고려했다. 예외가 있다면 행동으로나 생각으로나 지난날 자신이 가졌던 과도함을 정치권에 지속적으로 상기시킨 단 하나의 지역, 볼셰비키 러시아 문제를 다룰 때뿐이었다.

제할 수 있게 하려는 것이 처칠의 계획이었다.

비용절감을 위해 처칠이 수시로 고려한 또 다른 방책은 병력의 부분적 혹은 완전한 철수였다. 1921년 1월 8일 그가 메소포타미아의 고등판무관에게 주둔비용을 줄이지 않으면 그곳 병력을 해안지대로 이동시킬 수 있다는 전문을 보낸 것과,[22] 또 다른 시기에 그가 로이드 조지의 제안이라고 믿었던 일을 시행하면서, 팔레스타인과 메소포타미아를 미국에 제공하여 그곳들에서 완전히 손을 떼자고 제안한 것도 그런 맥락에서 나온 것이었다.[23]

처칠은 식민장관직을 수락할 때도 총리에게 "메소포타미아처럼 복잡하고 평판 나쁜 곳의 책임을 떠맡았다가 자칫 제게 어떤 정치적 결과가 초래될지 다소 염려스럽다"는 서한을 보냈다.[24] 다르다넬스 작전 때 한 번 데어본 적이 있어서인지 그는 다른 사람들이 시작한 정책을 물려받았다가 실패할 경우 그 책임을 자신이 뒤집어쓰게 되지나 않을까 걱정이 많았다. 그러나 집중포화를 받은 지역에서 도망치는 것 또한 그의 성미에는 맞지 않았다. 따라서 현명한 판단이었든 어리석은 판단이었든, 일단 영국이 약속했으면 팔레스타인과 메소포타미아를 끝까지 책임져야 한다는 것이 그의 생각이었다.

식민장관으로 취임했을 당시 처칠에게는 이미 적은 비용으로도 중동을 지배할 수 있는 광범위한 복안이 마련되어 있었다. 지난날 육군장관과 공군장관을 겸직했을 때도 그는 비행기와 장갑차로 메소포타미아를 지배하여, 중동의 유지비를 줄이자는 제안을 했다.* (당시 그가 쓴 글에) 방비가 잘된 공군 기지 몇 곳만 있으면 "병력과 돈만 잡아먹는 기나긴 병참선 없이

---

* 1919년부터 공군장관직을 맡아—영국 공군의 기초를 다진 공군 참모총장 휴 트렌차드와 함께—전후 영국 정책에서 공군력의 비중을 혁명적으로 높이는 데 주도적 역할을 했다.

도" 영국 공군은 "보호령들을 충분히 지배할 수 있을 것"이라고 기록된 것도 그 점을 말해준다.[25]

하지만 그것은 처칠도 인정했듯이 외부의 침략에서 메소포타미아를 지키기 위한 것이 아니라, 메소포타미아의 '내적 안정 유지'를 유일한 목표로 삼은 전략이었다. 처칠이 중동에서의 영국 문제를 외부가 아닌 내부, 내적 분란에서 찾았음을 보여주는 대목이다.[26] 러시아, 패전을 딛고 일어선 독일, 튀르크에는 거의 소용이 없는 군사적 조치를 제안함으로써 영국령 메소포타미아에 대한 위협이 이들 나라로부터는 오지 않을 것임을 암묵적으로 인정한 것이었다.*

사실 처칠의 전략에는 전시에 영국이 아랍권 아시아를 지배할 생각을 갖도록 얼마간 영향을 미친 스뫼츠, 에이머리, 호가스, T. E. 로렌스의 이상주의적 비전과는 상당히 모순되는, 시대에 뒤진 제국적 관념이 내포돼 있었다. 로렌스는 여전히 아랍 국가들이 영국과 동등한 자격으로 영연방에 자발적으로 들어오는 중동 자치령Arab Middle Eastern Dominion에 대한 환상을 품고 있었다. 1919년에도 그는 자주 인용되는 문구로 "아랍이 우리의 마지막 갈색 식민지가 아닌 우리의 첫 번째 갈색 자치령이 되는 것이 저의 바람입니다"라고 썼다.[27] 그에 반해 처칠의 전략은 토착민의 봉기 진압에 주안점을 두었던 만큼, 동의가 아닌 강압으로 아랍인을 통치하는 것에 초점이 맞춰져 있었다. 키치너의 수단 원정 때 그가 겪었던 경험과, 재래식 무기로 무장한 토착민쯤은 유럽의 현대식 무기로 손쉽게 제압할 수 있다는 점이 그로 하여금 그런 생각을 하게 만든 것이었다.

처칠은 보다 최근에 겪었던 경험, 다시 말해 다르다넬스 작전의 재앙

---

* 처칠이 로이드 조지의 반튀르크 정책으로 인해 병력이 충분하지 않은 이라크를 튀르크가 공격하지 않을까 밤낮으로 걱정했던 것도 그 때문이었다.

도 메소포타미아 전략의 지침으로 삼았다. 런던의 민간인 관리들과 전장의 군 지휘관들에 의해 자신의 정책이 손상당했던 전철을 밟지 않으려는 것이었다. 하지만 그러자니 그의 전략이 현지 주무 관리들로부터 나온 것이라고 믿게 만들어야하는 적잖은 번거로움이 따랐다. 현지의 주둔 병력을 육군에서 공군으로 대체하는 것에 런던의 육군성과 메소포타미아 고등판무관이 강력하게 반발하는 상황이어서 그런 예방책을 수립해야 할 필요성은 더욱 커졌다.

1921년 2월 7일 처칠은 메소포타미아의 고등판무관 퍼시 콕스에게 다음과 같은 전문을 보냈다. "전문 교환만으로 쟁점 사안들을 타결할 수는 없습니다. 하지만 시간이 없어 내가 메소포타미아로 갈 형편도 못 되니 3월의 첫째 주 혹은 둘째 주에 이집트에서 회의를 열도록 합시다. …… 기간은 일주일 정도 걸릴 것이오. …… 식민성에 신설된 중동부 관리들도 이번 여행에 나와 동행하게 될 것이오."[28]

처칠은 팔레스타인과 페르시아만의 현지 관리들도 회의가 열리는 이집트로 소집했다. 1921년 2월 18일에는 중동부 부장 존 셕버그에게 메소포타미아 관련 친서를 전해주고, 회의에서 토의될 메소포타미아와 팔레스타인 안건을 준비하게 하는 중차대한 임무도 맡겼다.

V

그러나 처칠이 회의 장소로 택한 이집트는 지리적 편의성은 좋았으나 정치적 편의성은 좋지 못했다. 이집트에 독립을 부여하는 것을 처칠이 부정적으로 본다는 것을 이집트인들이 잘 알았던 것이다. 1921년 2월 21일 처칠은 아내에게 이런 편지를 썼다. "내가 이집트에 가는 것에 대해 그곳 사람들이 상당히 흥분하고 있다오. 이집트에 관련된 일로 온다고 믿기 때문인 것 같소. 그것과는 전혀 상관없는데 말이오. 나는 이집트에 볼 일이 없고, 내게는 이집트 문제를 처리할 권한도 없어요. 그 점을 분명히 해야 지 그렇지 않으면 시위를 벌인다, 대표단을 보낸다 하면서 꽤나 성가시게 굴 것 같소."[29]

당시 이집트 고등판무관이던 앨런비도 처칠이 이집트 문제를 상의하러 오는 것에 대해 공식적으로 거부의사를 나타냈다. 2월 24일에는 외무장관 조지 커즌이 회의 장소를 예루살렘으로 바꿀 것을 촉구하는 비밀서한을 처칠에게 보냈다. 앨런비와 이집트 정부가 기울이는 협상 노력이 처칠의 등장으로 훼손될 수 있다는 것이 그의 주장이었다.[30] 처칠은 그의 제안을 거부했다.

그리하여 예정대로 회의는 카이로에서 개최되었고, 장소가 장소다 보니 아랍 민족주의를 수용하려고 하는 앨런비의 정책과 아랍 민족주의를 막으려고 하는 처칠의 정책 간의 차이점도 선명히 드러날 수밖에 없었다. 앨런비는 영국 내각의 견해에도 맞서고 로이드 조지와 처칠의 뜻도 거부한 채—앨프레드 밀너의 예전 권고안대로—영국 보호령 체제를 끝냄으로써, 이집트에 일정 부분 독립을 부여해주려고 하는 자신의 입장을 끝끝내 굽히지 않았다.

영국정부도 앨런비가 사퇴 위협까지 하자 별수 없이 1922년 2월 28일 이집트에 독립을 부여하는 이른바 앨런비 선언을 일방적으로 공표했다.(다만 외교권은 영국이 갖고, 군대 이동 시에도 이집트 영토를 자유자재로 이용하는 내용이 포함되는 등, 여러 가지 단서가 붙은 제한적 독립이었다.) 앨런비는 일방적 선언보다 조약을 선호했겠지만, 자국의 권한을 영국에 대폭 이양하는 단서가 붙은 조약을 이집트 정부가 받아들일 리 만무했다.

처칠은 아마도 아무리 허울뿐이라 해도 이집트에 독립을 부여하면 아랍어권의 다른 나라들에도 그 불똥이 튀어, 자신이 그곳들에 부과하려고 하는 정책, 예전처럼 독립을 계속 억제시키려고 하는 정책이 약화될 것을 우려했을 것이다. 그런데 지리적 우연 때문에 그의 정책과 앨런비의 정책의 상이점이 하필이면 1921년 카이로에서 적나라하게 드러나게 된 것이었다. 하지만 알고 보면 두 사람의 정책 간에는 큰 차이가 없었다. 두 정책 모두 아랍권의 지배 방식에 대한 영국의 일방적 결정을 나타낸 것이었고, 아랍 지도자들은 둘 중 어느 것도 수용하지 않을 것이었기 때문이다.

Ⅵ

카이로 회의는 1921년 3월 12일 토요일 오전 세미라미스 호텔에서 소집되어 이후 며칠간 40~50회 정도의 모임이 열렸다. 기록물에는 중동에 주재하는 영국 관리 40명이 그 회의에 총출동했던 것으로 나타난다. T. E. 로렌스도 그의 맏형에게 쓴 편지에서 "중동의 모든 관리들이 이곳에 다 모였다"고 말했다.[31]

회의의 첫 의제—이자 가장 중요한 의제—는 메소포타미아 지배의 유지비 절감 방안으로 정해졌다. 이어 그것을 토의하기 위한 정치와 군사위원회가 구성되었다. 처칠과 중동부 직원들이 이집트로 오는 배 안에서 토의 안건을 미리 작성해두었으므로 자료는 이미 마련돼 있었다. 그리하여 그것을 토대로 두 위원회가 회의 첫날부터 그 일에 매진한 결과, 나흘 뒤에는 메소포타미아 안이 만들어졌다.

처칠과 중동부 직원들은 현지 관리들이 어떤 의견을 제시할지 진즉에 예측하고 있었다. 그들의 의중을 꿰뚫었던 것이다. 상관인 메소포타미아 고등판무관 퍼시 콕스와 함께 카이로 회의에 참석한 거트루드 벨이 나중에 쓴 글에도 그 점이 드러난다. "처칠은 회의에 참석한 모든 관리들과 최대한 타협할 준비가 되어 있었으며, 중요한 정치 모임과 소위원회들 간의 차이를 느끼지 못하게 할 만큼 회의도 능수능란하게 지휘했다. 사실 퍼시 경과 나는 명확한 계획을 갖고 있었기 때문에 처칠의 제안에 찬성할 입장이 아니었다. 그런데 막상 뚜껑을 열어보니," 처칠이 제안한 것과 우리가 제시한 "안이 정확히 일치하는 것이었다."[32]

1921년 3월 15일 저녁 처칠은 런던으로 전문을 보냈다. 총리에게는 이튿날 도착한 그의 전문에는 이런 내용이 적혀 있었다. "정치와 군사적인 면에서 중동 관리들이 전원 합의에 도달했습니다."[33] 그것은 대단한 성과였다.

카이로 회의에는 네 가지 기본 안건이 상정되었다. 그중에서 첫 번째인 메소포타미아 문제는 파이살에게 이라크 왕위를 부여하기로 하는 안이 채택되었다. 다만 영국이 부여한 것이 아니라 원주민들이 자발적으로 제공한 것처럼 보이게 하기 위해 모든 노력을 경주한다는 단서가 붙었다. 메소포타미아 주둔 군대도 처칠이 제안한 대로 육군에서 공군으로 대체하기로 합의가 이루어졌다. 그러나 공군원수 휴 트렌차드도 예측했듯이, 공군에 기반한 전략으로 바꾸려면 최소한 1년의 기간이 필요했으므로 그동안은 파이살에게 메소포타미아 방어의 상당 부분을 책임지게 한다는 데 참석자들은 인식을 같이했다. 두 번째 안건으로 채택된 메소포타미아 북서부의 쿠르드족 지역 문제*에서는 새로 탄생할 이라크에 편입시킬지, 쿠르디스

---

* 쿠르드족은 이라크, 이란, 러시아령 아르메니아, 지금의 터키와 겹치는 산악지대와 고원에 드문드문 흩어져 사는 부족민들로 수니파 이슬람교도가 대부분이고, 이란어군에 속하는 언어를 사용하며, 인도유럽인 혈통을 가졌을 것으로 믿어지는 종족이다. 인구는 1921년에는 250만 명 정도였을 것으로 여겨지고 있으나 정확한 수치는 알 길이 없다. 현재의 인구(저자가 책을 집필할 당시—옮긴이)는 700만 명가량일 것으로 추정된다. 쿠르드족은 지금도 자치를 얻기 위한 투쟁을 벌여 이라크와 터키정부를 힘들게 만들고 있다.

탄으로 독립시킬지에 대한 전문가들의 의견이 팽팽히 맞섰던 만큼, 당분간은 예전처럼 메소포타미아의 영국 관할권 내의 독립체로 남겨두기로 했다. 메소포타미아에는 쿠르드족 외에도 정체성이 뚜렷하고 이런저런 요구를 하여 영국을 골치 아프게 하는 또 다른 종족들이 있었다. 특히 전시에 연합국 편을 들었다는 이유로 터키 본거지에서 쫓겨나 오갈 데 없이 떠돌던 북서부 지대의 아시리아교파(네스토리우스교파) 기독교도들이 문제였다. 하지만 생존을 위해 투쟁하는 이들 난민 종족들에게 카이로 회의가 해줄 수 있는 일은 없었다.

세 번째 안건으로 채택된 트란스요르단 문제는 미봉책이기는 하지만 이라크와 마찬가지로 하심가 왕족들을 이용하여 해결하기로 했다. 그 지역에는 혼란이 만연해 2개 대대의 병력은 있어야 질서가 회복되리라는 것이 영국군 참모총장 견해였으나 "영국에는 그만한 병력이 없었던 것"이다.[34] 심지어 카이로 회의가 열리고 있을 때도 정황상 파이살의 형 압둘라가 장교 30명과 베두인족 200명을 거느리고 다마스쿠스를 공격하기 위해 시리아로 가던 중이었을 게 분명한 가운데, 그가 트란스요르단의 도시 암만에 도착했다는 소식이 들려 영국을 불안하게 만들었다. 황달을 앓은 뒤여서 요양 차 들렀다는 것이 압둘라의 변이었지만 그것을 믿을 사람은 아무도 없었다.

그런 압둘라를 역으로 이용해 트란스요르단 문제를 해결하려고 한 것이 처칠의 계획이었다. 처칠은 압둘라에게 프랑스령 시리아를 공격하지 않는 조건으로 트란스요르단의 고위직을 주겠다고 제의했다.(앞서도 언급했듯이 영국은 영국령 팔레스타인의 아랍인들이 시리아의 프랑스인들을 공격하면, 프랑스가 그에 대한 보복으로 영국령 팔레스타인을 공격할 것에 대해 우려했다.) 처칠이 말하는 고위직이란 트란스요르단의 질서회복 책임을 지게 될 임시 총독이었다. 처칠이 압둘라에게 트란스요르단의 고위직을 제안한 데는 그 밖의 다른 목적도 있었다. 팔레스타인에 대한 아랍인과 유대인의 주장을 이참에 함께 해결하려고 한 것이다. 그에 필요한 자료도 이미 준비해 놓고 있었다. 셕버그, 영, 로렌스가 지난 2월 말, 1915년의 후세인-맥마흔 서한에 사용된 지리적 문구를 전후에 세워질 아랍인 국가가 요르단 강 동안에 한정될 것이라는 의미로 받아들여 작성한 비망록이 그것이었다. 반면에 밸푸어선언에는 팔레스타인의 어느 곳에 유대민족의 조국이 세워질지에 대한 지리적 언급이 없었기 때문에, 이참에 유대민족의 조국은 팔레스타인의 요르단 강 서안, 아랍인 국가를 요르단 강 동안에 세우는 것으로 영국의 전시 공약을 조정하여 실행할 생각을 한 것이었다.[35] 압둘라를 트란스요르단의 지배자로 앉히려 한 것도 그래서였다.

하지만 처칠의 트란스요르단 해법은 카이로 회의에서 일부 관리들의 강력한 반발에 부딪쳤다. 팔레스타인 고등판무관 허버트 새뮤얼과 그의 수석 비서관 윈덤 디즈만 해도, 국제연맹의 결정으로 팔레스타인 영토에 포함된 트란스요르단(팔레스타인을 영국의 위임통치령으로 제공한 것)을 영국이 일방적으로 분리할 수는 없다고 주장했다. 새뮤얼이 우려했던 것은 트란스요르단이 아랍령이 되면, 그곳이 요르단 강 서안에 대한 반시온주의 선동의 기지가 될 개연성이었다.[36] 로이드 조지도 영국의 보호를 받는 하심가 형제들이 시리아 문턱에 자리 잡게 되면,—한 사람은 메소포타미아, 또 한 사람은 요르단—파이살을 혐오하는 프랑스가 자국에 대한 도전으로 간주할 수 있다는 이유에서 역시 불안감을 나타냈다. 3월 22일 총리는 결국 처칠에게 이런 전문을 보냈다. '내각에서 트란스요르단에 대한 장관의 제안을 심각한 우려가 제기된 것과 관련해 검토한 결과, 하심가 형제를 프랑스 세력권에 인접한 곳의 지배자로 거의 동시에 앉히게 되면 프랑스의 짙은 의혹을 사게 되리라는 의견이 제시되었소. 프랑스가 그 조치를 시리아에서 자국의 입지를 위협하려고 영국이 일부러 꾸민 일로 볼 것이라는 말이오."[37]

총리도 물론 처칠이 "팔레스타인이 아닌 아랍 해법으로" 트란스요르단 문제를 해결하려는 의도는 충분히 이해하고 있었다.[38] 하지만 그로서는 요르단 강 동안에 아랍 국가를 세웠다가 영국이 자칫 값비싼 희생이 따르는 분규에 휘말릴 수도 있는 개연성을 우려할 수밖에 없었다.

그래도 처칠은 소규모라도 영국군 병력이 파견되지 않으면 트란스요르단에 국가가 수립될 수는 없다는 논리로 결국은 내각을 설득하는 데 성공했다. 압둘라의 트란스요르단 체류도 머무는 기간은 고작 몇 달에 지나지 않을 테지만, 그 몇 달도 그곳의 질서를 회복하고 그런 다음 현지인으로 총독을 대체하는 데는 유용하리라는 것이 그의 주장이었다. 트란스요르단의 정체에 대해서는 "그곳 고유의 아랍 특성을 유지하는 한편, 그곳을 아랍의 지방이나 혹은 팔레스타인의 부속지역으로 취급한다"는 로이드 조지의 절충적 개념을 받아들이기로 했다.[39]

처칠은 압둘라의 존재로 반프랑스 운동과 반시온주의 운동이 억제되고, 따라서 그 운동들의 본부가 요르단 강 동안에 세워지는 것도 막을 수 있을 것으로 보았다. 하심가가 그 문제들을 일으키는 장본인이 아니라 그 문제들을 해결하는 데 유용하게 쓰일 것이라는 것이 그의 생각이었다. T. E. 로렌스도 "그는 세력이 그리 강하지도 않고 트란스요르단의 거주민도 아니므로 자리보전을 위해서도 영국정부에 의존해야 할 것"이라는 점을 들어, 압둘라가 그 지역의 이상적인 영국의 대리인이 될 수 있다고 보았다.[40]

카이로 회의의 네 번째 안건은 이븐 사우드와 관련되어 있었다. 하심가의 정적이었던 만큼 그 가문이 승승장구하는 것에 대해 사우드가 반발할 개연성이 있었기 때문이다. 카이로 회의는 이 문제에 대해서도 이븐 사우드의 보조금을 연 10만 파운드로 인상하여 해결하자는 처칠의 제안을 받아들였다.[41]

그리하여 모든 안건의 처리가 끝나고 1921년 3월 22일 카이로 회의가 끝나자 처칠은 이튿날인 3월 23일 한밤중 열차를 타고 곧바로 팔레스타인으로 향했다. 그러고는 도착하자마자 즉시 예루살렘에서 압둘라와 네 차례 회동을 갖고 합의를 이끌어냈다. 처칠은 내각에 보낸 메모에서 압둘라를 "온건하고, 우호적이고, 정치인다운 거동을 보인 인물"로 평가했다. 아랍의 반시온주의 시위자들에 대해서도 압둘라가 "그들을 힐책하는 전적으로 온당한 태도를 보였으며, 영국인을 그의 친구로 간주했고, 영국정부가 유대인과 아랍인들에게 한 약속을 지킬 것으로 본다는 점도 피력했다"고 전했다.[42] 압둘라는 영국의 수석 정치장교를 자신의 조언자로 두고, 영국의 보조금을 받으며, 영국군 병력 없이 6개월 동안만 트란스요르단을 통치하기로 하는 데도 동의했다. 처칠이 바랐던 대로, 앞으로 영국이 중동을 지배하는 데 있어 핵심 전략이 될 공군 기지 수립도 도와주기로 했다.

영국은 이렇듯 파이살을 이용하여 이라크 문제를 해결했던 것처럼 트란스요르단 문제를 푸는 데도 압둘라에게 많이 의존했다. 귀국길에 잠시 들른 프랑스 리비에라의 카프달에서 처칠이 조지 커즌에게 쓴 서신에도 그 점이 잘 드러나 있다. "아랍 문제의 처리에 관한 한 압둘라는 완전히 우리 편으로 돌아섰습니다. 그로 인해 그가 그의 추종자들에게 목숨을 잃는 일이나 없었으면 좋겠어요. 압둘라는 내가 만나본 사람 중 가장 세련되고 유쾌한 사람이었습니다."[43]

처칠은 런던에 돌아와서도 자신의 새로운 중동정책에 대한 내각과 하원의 지지를 곧바로 이끌어냈다. 따라서 최소한 당분간은 현지 관리들과 영국 지도부의 지지를 등에 업고 새로운 중동정책을 시행할 수 있게 되었다. 하지만 그것도 오래가지는 못했다. 1921년 6월 15일자《타임스》에 "처칠의 계획이 뒤죽박죽으로 돌아가는 듯한 분위기"가 감지된다는 기사가 실린 것이다.《타임스》는 그가 중동 경쟁자들의 주장을 억지로 꿰맞추고, 재원도 없으면서 그들의 주장에 확답을 주어, 실제로 돈을 지불하면 회수할 길이 막막한 우발적 채무를 영국이 떠안을 수밖에 없다는 점을 적시했다.

한편 카이로 회의가 끝나갈 무렵이 되자, 영국 관리들은 파이살을 앞으로 탄생할 신생국 이라크의 왕으로 만들기 위한 준비에 돌입했다. 이라크인들이 자유롭게 자발적 의지에서 파이살을 선택한 것처럼 보이게 하기 위해 일은 막후에서 진행한다는 계획을 세웠다. 파이살도 그 일에 기꺼이 협조할 뜻을 밝혔다.

Ⅶ

처칠은 식민장관으로 부임하기 전부터 이미 파이살과 사이가 돈독한 로렌스를 이용해 파이살의 의중을 살폈다. 그에 따라 1921년 1월 중순 로렌스가 처칠의 개인 비서에게 보고한 글에는 파이살이 프랑스령 시리아와 무관하게 영국과 논의할 의사가 있었던 것으로 기록돼 있다. 보고서에는 팔레스타인에 대한 아버지 후세인의 주장을 포기하는 데도 그가 동의했던 것으로 나타난다. 로렌스는 이렇게 썼다. "파이살의 이런 입장 변화에서 오는 이점은, 이행되었든 깨어졌든 간에 모든 언질과 약속들을 논의에서 제외시킬 수 있다는 것입니다. 따라서 이제부터는 지금 처해 있는 상황에서 새롭게 논의를 시작하여, 최선의 건설적 방법을 모색할 수 있게 된 거죠."44

카이로 회의의 정치위원회(로렌스, 콕스, 거트루드 벨 등의 관리들이 속해 있었다)가 메소포타미아 문제를 파이살 해법으로 풀기로 한 데는 이런 배경이 깔려 있었다. 뒤이어 파이살을 이라크 왕으로 만들기 위한 구체적인 계획도 수립되었다. 파이살을 메카로 보내, 이라크의 지지자들로부터 그곳에 와달라고 촉구하는 편지를 받았고, 그래서 그의 아버지와 형제들과 의논한 끝에 이라크인들을 위해 일하기로 결심했다는 전문을 이라크의 지도급 인사들에게 보내게 한다는 것이 그들 계획이었다.

그렇게 결정이 나고 카이로 회의가 끝나자 로렌스는 런던에 있는 파이살에게 급히 전문을 보냈다. "원했던 대로 일이 진행되고 있으니 가능한 한 빠른 길을 통해 메카로 가주세요. …… 자초지종은 도중에 만나면 말씀드리겠습니다. 언론에는 아버지를 만나러 간다는 말만 하고 다른 이야기는 절대 하지 마시고요."[45]

한편 그와 비슷한 시기 퍼시 콕스는 카이로 회의에 와 있는 동안 그의 대리인으로 앉혀놓은 바그다드의 영국 관리로부터 걱정스런 전문을 받았다. "판무관님이 떠나신 뒤 메소포타미아의 상황이 급변했다"는 내용이었다. 바그다드의 대리인은 바스라의 유력 정치인인 사이드 탈리브가 차기 계승권의 기회를 노리고 바그다드의 저명한 원로 인사 나키브를 이라크 왕 후보로 밀어주기로 동의했다고 하면서 이렇게 말했다. "(두 사람이) 이라크는 이라크인이 통치해야 한다는 주장을 개진했는데, 상당한 지지를 받는 징후가 나타나고 있어요. 따라서 파이살을 후보로 세우려는 영국의 계획도 거센 저항을 받을 것이 확실시됩니다."[46] 콕스는 이 전문을 받자마자 급히 바그다드로 돌아가 파이살의 경쟁 후보들에게 이라크 왕의 후보 경합에서 손을 떼줄 것을 요청했다. 그중에는 이븐 사우드도 포함돼 있었다. 콕스가 금품과 여러 가지 호의를 제의하자 하심가가 이라크 왕 후보가 되는 것에 결사반대하던 그의 태도도 조금은 누그러졌다.

한편 사이드 탈리브는 이라크 전역을 돌며 유세활동을 펼쳤다. 부족장들을 만나 영국과의 협력 필요성을 인정하면서도 "이라크는 이라크인들에게!"라는 슬로건을 내걸어 열띤 호응을 얻었다.[47] 영국 정보부 관리들도 탈리브가 "도처에서 열렬한 환영을" 받았다고 호들갑을 떨며 보고했다.[48]

그러다 4월 중순의 어느 날 탈리브는 오래전 퍼시 콕스에게 받은 다과회 초대에 응하여 바그다드의 고등판무관 관저를 찾았다. 그런데 그가 관저에 도착하자 웬일인지 콕스가 손님 접대를 부인에게 맡겨놓고는 자리를 슬쩍 피하는 것이었다. 탈리브는 그렇게 주빈도 없는 다과회 참석을 마치고 관저를 떠나려다 퍼시 콕스의 명령을 받은 손님 한 명에게 체포되었고, 이어 인도양의 실론 섬(스리랑카)으로 추방되었다. 사건이 일어난 다음날에는 탈리브가 폭력을 선동하려는 기미가 보여 법과 질서 유지 차원에서 그의 체포와 추방을 명령했다는 퍼시 콕스의 코뮈니케가 발표되었다.*

그러나 탈리브의 추방에도 불구하고, 파이살이 이라크 왕 후보가 되는 것에 반대하는 저항은 멈추지 않았다. 전과 달라진 점이라면 공화국, 튀르크 지배자, 바그다드로부터 바스라가 분리되기를 원하고, 고등판무관 퍼시 콕스의 지배를 받을 때와 같은 상태로 정세가 유지되기를 바란다는 것뿐이었다.

한편 파이살은 (그의 요구에 따라) 영국 조언자들이 마련한 지침대로 런던에서 헤자즈로 돌아와 아버지와 함께 그 사안을 매듭지은 뒤, 영국 비용으로 바스라 행 배에 올라 6월 24일 그곳에 도착했다. 선상에 있을 때는 바그다드 토착민 지도부—나키브가 주재하는 바그다드 내각회의—가 그를

---

* 탈리브가 실제로 위협적 언사를 사용했는지에 대해서는 의문의 여지가 있다. 그가 《데일리 텔레그래프》 특파원을 위해 개인적으로 주최한 정찬 모임에서, (파이살을 제외한) 다른 이라크 왕 후보자들을 편파적으로 다룰 경우 부족들이 다시금 봉기를 일으킬 개연성을 배제할 수 없다는 취지로 발언한 것이 사건의 전말이다. 그것이 여러 사람 입을 거치는 동안 와전된 것이었다. 콕스가 들은 말도 정찬 모임에는 참석도 하지 않은 거트루드 벨의 입에서 나온 것이었다.

국빈으로 초청하기로 했다는 반가운 소식도 전해 들었다.

영국정부도 공식적으로는 중립적이고 공평한 태도를 취하는 척하면서, 비공식적으로는 파이살로 하여금 대중의 지지를 얻기 위한 운동을 전개하도록 종용하는 이중 플레이를 계속했다. 영국은 여론의 추세를 따랐을 뿐이라고 주장할 근거를 남기려는 것이었다.[49]

그리하여 7월 11일에는 메소포타미아 정부의 내각회의가 파이살을 이라크의 입헌군주로 선언하는 결의안을 채택하고, 7월 16일에는 그것의 비준을 위한 투표 실시를 허가하며, 8월 18일에는 내무장관이 찬반투표에서 파이살이 압도적 승리를 거둔 결과를 발표하고, 8월 23일에는 파이살이 왕위에 오름으로써 메소포타미아는 마침내 이라크('뿌리가 튼튼한 나라'의 뜻)로 새롭게 탄생했다.

그렇다고 문제가 끝난 것은 아니었다. 파이살은 왕위에 오르기 전부터 위임통치령에 반대하고 이라크의 정식 독립을 요구하여 영국을 곤혹스럽게 만들었기 때문이다. 이라크와 영국의 관계를 국제연맹의 결정이 아닌, 양국 간의 조약으로 대체해야 한다는 것이 그의 입장이었다. 그에 대해 영국은 국제연맹의 승인 없이 이라크의 지위를 바꿀 법적 권한이 자신들에게는 없다고 맞섰다. 다만 위임통치령과 관련된 것이면 조약 협상에 응하겠다는 뜻을 밝혔다. 그러나 파이살은 위임통치령과 관련된 어떠한 문구도 조약에 포함시키기를 거부했다. 그런 식으로 협상은 런던에 분노와 좌절을 수시로 안겨주며 1년 넘게 지지부진 계속되었다.

1922년 늦여름 처칠은 결국 로이드 조지에게 "파이살이 영국과 매우 추잡하고 위험한 게임을 벌이고 있다"고 하면서[50] 파이살을 폐위시킬지, 영국이 이라크에서 철수할지를 각료회의에서 논의하자고 제안하는 서신을 보냈다. 그리고 며칠 뒤 처칠은 내각회의에서 이렇게 말했다.

파이살 국왕은 이라크 상황을 매우 어렵고 혼란스럽게 몰아갔습니다. 위임통치령에는 반대하고 조약에만 응하겠다는 뜻을 보였던 것입니다. 조약도 위임통치령에 기반한 것은 인정하지 않으려고 합니다. 이라크에 대한 치욕이라 여기는 거죠. 그러다 보니 도무지 말이 통하지 않습니다. 게다가 최근에는 자신을 보호자로 여기는 극단주의자들까지 끌어들였습니다.[51]

그로부터 얼마 지나지 않아 처칠은 로이드 조지에게 다시, "이라크가 여간 우려스럽지 않습니다. 총리가 제게 부여하신 임무를 수행하기가 점점 불가능해지고 있어요"라는 서신을 보냈다. 그는 "토리당, 자유당, 노동당 계열을 막론하고" 영국이 이라크 문제에 관여하는 것에는 모든 신문들이 "이구동성으로 반대했다"고 하면서, "솔직히 말해 저 역시 이라크에 계속 남는 것에 회의적이라고" 덧붙여 말했다.[52] 처칠은 그러면서 파이살에게 최후통첩을 보낼 것을 제안했다. 그마저 효력이 없으면 이라크에서 "손을 떼겠다"고 선언했다.[53]

그에 대해 로이드 조지는 "다른 곳과 마찬가지로 이라크에서도 나는 도망치는 정책을 취하는 것에 원칙적으로 반대합니다"라는 답변을 보냈다.[54] 그곳에서 발견될지도 모를 막대한 양의 석유에 대해서도 언급했다. "잘못하면 죽 쒀 개 좋은 일 할 수도 있어요. 우리가 떠나고 1, 2년 뒤 세계 최대의 유전지대 몇 곳이 프랑스와 미국 차지가 될 수도 있다는 거요."[55]

결국 협상을 속개하기로 결정되어, 몇 차례의 극적인 위기를 겪은 끝에 1922년 10월 10일 콕스는 파이살과, (위임통치령이라는 문구만 빠졌을 뿐) 위임통치령의 기본적 내용은 다수 포함된 조약을 체결하는 데 성공했다. 그러나 양측의 동맹을 20년으로 규정한 조약이었음에도, 조인 반 년 만에 이라크의 저항에 부딪쳐 조약의 유효기간은 4년으로 축소되었다. 이렇게 유효기간이 대폭 줄었는데도 이라크의 완전한 독립을 요구하는 운동은 그치지 않았다. 런던에서도 영국의 의무가 지나치게 무거운 불공평한 조약이라고 정부를 비난하는 기사가 《타임스》에 실리는 등 후폭풍이 일어났다.

실제로 영국은 조약이 체결되기 무섭게 날로 세력을 불려가는 이븐 사우드로부터 이라크를 지켜주어야 하는 일에 직면했다. 하심가와 경쟁을 벌이는 그 아라비아 군주가, 파이살은 물론이고 그의 형 압둘라마저 위협하여 그 둘을 함께 보호해야 할 처지가 된 것이다. 이 문제는 결국 영국-이라크 조약이 체결된 직후인 1922년 말 퍼시 콕스가 사우디아라비아의 항구 도시 알우카이르에서 이븐 사우드와 만나, 쿠웨이트, 이라크, 사우디 왕국의 국경 수립에 합의함으로써 해결되었다.

이라크 정치인들은 영국의 보호를 필요로 하면서도 자신들의 권리를 지속적으로 주장하는 방향으로 나아갔다. 그 점에서 위에 언급한 1922년의 영국-이라크 조약도, 같은 해 이집트에 독립을 부여해준 앨런비 선언과 마찬가지로 아랍의 정치적 분위기를 일변시킨 사건으로 볼 수 있다.* 따지고 보면 이라크와 이집트가 얻은 것은 제한된 자치에 지나지 않았지만, 그래도 어쨌거나 국가의 지위는 갖게 되었다. 이라크와 이집트 모두 정치 지도자들은 독립운동을 했다. 영국에 의해 임명된 군주들도 그 점에서는 다를 바 없었다. 그들로서는 그것이 자리를 보전할 수 있는 유일한 방법이었다.

---

* 당시의 달라진 정치 분위기는 1922년 퍼시 콕스가 티그리스 강변의 고대 도시 사마라에서 발굴된 유물을 영국 박물관으로 보내는 조치를 취한 것으로도 알 수 있다.[56] 유럽의 영사, 여행가, 고고학자들은 1세기 넘게 중동의 유적지들에서 고대 유물, 구조물, 예술품들을 마음대로 반출해갔다. 그런데 1922년 콕스가 돌연 이라크에서 그 상황이 끝났음을 감지한 것이다. 그와 비슷한 시기 영국의 고고학자 하워드 카터도 이집트 왕들의 무덤 계곡에서 세기의 발견이라 할 투탕카멘 왕의 무덤을 발견하고는, 고고학자로서는 전례가 없는 일을 했다. 1922년 11월 26일 밤 동료들과 함께 투탕카멘 무덤에 몰래 들어가 유물을 따로 챙긴 다음 무덤을 다시 봉해놓고는, 이튿날 신생 이집트 왕국을 위해 그 무덤을 처음 발견한 것처럼 일을 꾸민 것이다. 1922년 11월 27일부터는 이집트 문화재청 관리가 그곳을 상시로 지켰기 때문에 투탕카멘 보물을 외국인이 반출하는 것은 불가능했다.[57]

트란스요르단도 이라크 못지않게 영국 식민성의 지속적인 우려를 자아냈다. 우려를 자아낸 요인만 달랐을 뿐이다. 지나치게 독단적인 것이 파이살의 문제였다면 압둘라는 나태한 것이 문제였다. 그러다 보니 트란스요르단에서는 하심가 해법도 별 효력을 나타내지 못했다.

앞에도 나왔듯이 영국이 압둘라를 트란스요르단의 총독으로 고용한 것은, 그가 프랑스령 시리아를 공격하지 못하게 막으려는 데 한 가지 목적이 있었다. T. E. 로렌스도 나중에 자신이 처칠을 이런 말로 안심시켰다고 주장했다. "압둘라의 됨됨이라면 제가 잘 알고 있습니다. 그는 총 한 발 쏘지 않을 인물이에요."[58] 실제로 압둘라는 머리는 영리했지만 태만하여 모험적인 일에는 나서지 않으려는 경향이 있었다. 영국 관측통들도 트란스요르단 총독이 된 지 불과 몇 주 만에 그가 통치자가 되기에는 허약하다는 결론을 내리기 시작했다. 1921년 4월 부족 간 투쟁을 중재하라고 보낸 그의 대리인들이 피살되어 자신의 권위가 도전받았을 때도, 압둘라는 반란을 직접 진압하기보다는 영국의 고등판무관에게 그 일을 대신 해결해 달라고 부탁했다. 그러자 판무관은 영국 비행기와 장갑차를 쓸 수 있는 권한을 그에게 부여해주었다. 압둘라를 트란스요르단 지배자로 앉힌 것이 영국군 사용의 필요성을 줄이기 위해서였는데 그런 엉뚱한 행동을 한 것이었다.

그와 같은 시기, 런던 주재 프랑스 대사도 트란스요르단의 압둘라의 존재가 시리아의 프랑스인들에 대한 폭력을 조장할 수 있다고 영국정부에 이의를 제기해왔다. 그에 대해 영국은 폭력을 조장하기는커녕 그의 존재로 폭력이 오히려 예방될 수 있다고 응수했다. 실제로 시간이 조금 지나자 압둘라에게는 폭력을 조장할 능력도 없고 그럴 의지도 없는 듯이 보였다. 그런데 6월 말 자객 네 명이 시리아를 정복한 뒤 그곳 총독이 된 앙리 구로 장군을 매복 공격하는 일이 벌어졌다. 그러자 아나나 다를까, "프랑스가 트란스요르단을 그 사건의 배후로 의심하고 있다"는 팔레스타인 고등판무관의 전문이 런던에 있는 처칠에게 도착했다.[59] 프랑스 당국은 그 공격이 영국과 압둘라가 사전에 막지 못해 일어났다면서 항의했다. 자객으로 추정된 인물들이 트란스요르단을 자유롭게 오가는 것이 목격되자 프랑스의 항의는 더욱 거세졌다.

팔레스타인 고등판무관도 압둘라를 겪어본 후 실망했다. 1921년 6월에는 자신의 그런 심경을 처칠에게도 이야기했다. 그는 트란스요르단의 토착민들이 압둘라의 시리아 협력자들을 쓸모없고 무능하게 보는 것이 대중적 불만이 쌓이게 된 여러 가지 요인들 가운데 하나라고 썼다.[60] 그와 같은 시기 이집트와 팔레스타인의 영국군 사령관도 처칠에게 이런 서신을 보냈다. "압둘라는 협잡꾼이에요. 따라서 일이 제대로 돌아가게 하려면 그를 완전히 휘어잡을 수 있는 강력한 영국인과 영국군 지원 병력을 그에게 붙여주어야 합니다."[61] 허버트 영도 그로부터 얼마 지나지 않아 셕버그에게 이렇게 말했다. "지금 우리가 가진 선택사항은 두 가지뿐입니다. 영향력이 바닥을 보였고, 보병 소대만한 가치도 없는 압둘라에게 돈을 계속 쓰느냐 아니면 용기를 발휘하여 한시적으로라도 그곳에 소규모 병력을 보내느냐 하는 것이 그것입니다."[62]

영국정부 내에서는 T. E. 로렌스만 유일하게 일시적일망정 압둘라에게 유용성이 있다는 사실을 알아보았다. "그에게 들어가는 돈은 다 합쳐봐야 1개 대대 병력에도 못 미치고, 그의 정부 또한 영국에 어떤 식으로든 해를 끼치지 못합니다. 그러기에는 압둘라 정부에 대한 여론은 지나치게 나쁘고 능률적이지도 못해요."[63] 게다가 영국정부는 트란스요르단을 팔레스타인에서 영구히 분리할지 말지—트란스요르단을 개별 정치체로 만드는 방식 혹은 후세인의 헤자즈에 병합시키는 방식으로— 도 아직 결정하지 못한 상태였다. 따라서 그때까지는 압둘라의 임시정부를 유지시키는 게 낫다는 것이 로렌스의 생각이었다. 그러나 로렌스가 개진한 주장들 중 윈스턴 처칠의 마음을 가장 잡아끈 것은 역시 압둘라 해법을 이용하면 비용이 적게 든다는 것이었다.

압둘라도 로렌스가 가져온 영국-하심가 조약에 서명함으로써 영국에 유용한 존재가 되려는 자신의 의지를 보여주었다. 개전 초부터 후세인이 그 자신과 아랍인들을 위해 주장했던 내용을 포괄적으로 타결 짓는 조약이었던 만큼 본래는 후세인이 조인해야 했으나, 로렌스가 처칠의 전권대사로 헤자즈에 가서 몇 달 동안이나 그를 설득하려던 노력이 실패로 돌아가 결국 압둘라가 대신 조인하게 된 것이었다. 후세인도 영국이 그를 헤자즈 왕으로 인정하고 10만 파운드의 연례 보조금을 지급하는 대신, 그는 시리아를 프랑스 위임통치령으로, 팔레스타인을 영국의 위임통치령으로 인정하는 내용을 골자로 하는 그 조약에 때로는 조인할 의사를 보이기도 했으나, 오락가락 행보를 보이던 끝에 결국은 조인을 거부했다. 로렌스에 따르면 어느 한순간 후세인은 "모든 아랍 지배자들 위에 군림하는 최고권을 인정해 달라"는 요구를 했다고 한다.[64] 로렌스가 메카의 노인과는 협상이 불가능하다는 판단을 내리고 압둘라와 조인한 것도 그래서였다. 따라서 후세인이 거부한 점에서 보면 조약 자체는 의미가 없었으나, 그래도 로렌스는 영국을 도와주려고 한 압둘라의 노력만은 높이 평가했던 것 같다.

하지만 압둘라도 이제는 마음이 바뀌었다. 트란스요르단의 총독을 몇 달 해보더니 장래 계획에 대한 생각이 달라진 것이다. 애당초 그는 다른 곳에 더 큰 야망을 갖고 있었기 때문에 트란스요르단 같은 곳은 거들떠보지도 않았다. 영국이 제의한 단기간의 임시총독 자리를 군말 없이 받아들인 것도 그래서였다. 그래도 로렌스는 때가 되면 트란스요르단을 떠나도록 압둘라를 설득할 수 있을 것으로 믿었다. 하지만 웬걸 1921년 10월 압둘라는 그에게 트란스요르단에 계속 남아 있겠다는 뜻을 밝혔다. 시리아 왕이 되려는 포부를 갖던 그가 사태가 새롭게 진전되는 것을 보고는, 머지않아 프랑스가 화해 협상을 타진해올 것으로 예상하고, 그렇게 되면 자신의 목적을 달성할 수 있으리라는 생각에 시리아와 가까운 곳에 남아 있으려고 한 것이었다.

영국으로서도 압둘라의 교체가 그리 시급한 사안은 아니었다. 정력적인 영국인 H. 세인트 존 필비—아라비아 사막을 횡단한 위대한 탐험가였다—가 압둘라의 조언자로 있어서이기도 했지만, 그보다 중요하게 로렌스의 친구인 프레더릭 제라드 피크가—그의 후임인 존 글러브 휘하에—나중에는 강력한 아랍군단이 될 영국군 휘하의 베두인족 부대를 조직하는 과정에 있었으므로, 로렌스가 주장한 노선에 따라 상당한 추가 비용을 들이지 않고도 그 지역의 법과 질서가 개선되는 상황에 있었기 때문이다. 로렌스도 일이 그렇게 전개되는 것을 보자 압둘라를 트란스요르단에 계속 머물게 하는 것도 나쁘지 않겠다는 생각을 하기 시작했다.

문제는 아랍인 압둘라를 트란스요르단 지배자로 남겨두고 트란스요르단을 아랍 영역으로 남겨두면 유대민족의 조국을 세울 수 없게 되므로 그것을 지지하는 밸푸어선언 내용을 벗어나게 된다는 점에 있었다. 따라서 영국이 진정 팔레스타인을 유대인의 영역으로 만들 계획을 갖고 있었다면, 영국령 팔레스타인의 75퍼센트를 차지하는 트란스요르단에 유대인의 정착을 금하거나 혹은 그 지역의 지배권을 유대인이 아닌 아랍인에게 주는 것이 결코 상서로운 출발이 될 수는 없었다. 밸푸어선언은 국제연맹이 승인한 영국의 팔레스타인 위임통치안에도 포함돼 있었고, 1921~1922년에는 그 위임통치안—비유대인들의 권리를 보호하는 한편 유대민족의 조국을 창설하는 임무와 더불어 팔레스타인을 영국의 위임통치령으로 지정한 내용—이 영국 의회의 승인을 받기 위한 절차에 들어간 상태였다. 따라서 당분간은 동팔레스타인 지역(요르단 강 동안)에 유대민족의 조국 수립을 촉진하거나 혹은 허용할 생각이 없었던 처칠로서는 모종의 조치가 필요한 상황이었다. 그 문제는 결국 처칠이 요르단 강 동안에는 밸푸어선언 내용을 이행하지 않아도 되도록 위임통치안의 관련 조항을 고쳐 쓰는 것으로 해결되었다.

그러자 이번에는 시온주의 지도자들이 팔레스타인의 동쪽 영토가 줄어들어 그들의 계획에 차질이 빚어질 개연성을 우려하기 시작했다. 영국이 팔레스타인과 시리아-레바논 간 국경 협상을 벌이며 북쪽 국경지대의 영토를 프랑스에 넘겨주자 그들의 우려는 더욱 커졌다. 1921년 초에는 하임 바이츠만이 처칠에게 급기야 프랑스와의 협정으로 "팔레스타인은 (레바논의) 알리타니(리타니) 강으로의 접근이 차단되고, 요르단 강 상류와 야르무크 강을 빼앗기며, 대규모로 정착하는 유대인들에게 가장 유망한 출구 가운데 하나로 간주되었던 갈릴리 호(티베리아스 호) 동쪽의 비옥한 평원도 잃게 되었다"는 내용의 서한을 보내기에 이르렀다. 바이츠만은 트란스요르단 문제에서도 "아르논 강 및 얍복 강과 더불어 (요르단 강 동편의) 길르앗, 모아브, (요르단 남서부의) 에돔 평야가 역사적, 지리적, 경제적으로 팔레스타인과 연결돼 있었고, 따라서 앞으로 세워질 유대민족의 조국이 성공하느냐의 여부도 대체로 팔레스타인에서 분리하여 프랑스에 내준 북쪽의 그 평야들에 달려 있다"는 점을 지적했다.[65] 미국의 시온주의 운동 지도자 브랜다이스 대법관도 1921년 말 밸푸어에게, 알리타니 강의 상실에 유감을 표하고 트란스요르단 평원의 경제적 중요성에 주의를 환기시키는, 그와

동일한 취지의 전문을 보냈다.[66]

하지만 시온주의지도자들도 말은 그렇게 했지만 트란스요르단의 행정적 분리를 반대하는 운동으로 일을 확대시키지는 않았다. 그것을 잠정적인 조치로 보았기 때문이고—그럴 만한 이유가 있었다—영국 식민성도 그 점에서는 마찬가지였다. 주요 관리들의 견해는 제각각이었지만 협정 체결을 주도한 셕버그만 해도, 그것 때문에 트란스요르단으로 들어가는 시온주의의 문이 완전히 닫히는 것이 아니고 일시적으로 출입을 차단당하는 것뿐이라고 관계자들을 이해시킨 것이다.[67]

압둘라를 트란스요르단 지배자로 남겨둠으로써 파생되는 문제는 정작 다른 데 있었다. 처칠도 예상하지 못했던 그것은, 그로 인해 영국이 사우드가와 하심가가 벌이는 아라비아의 극렬한 종교전쟁에 휘말리게 되었다는 것이다. 압둘라가 트란스요르단의 총독이 된 지 불과 1년 뒤였던 1922년 이븐 사우드의 선봉대였던 광신적인 와하비 습격대가 경계가 불분명한 사막을 넘어와 압둘라를 공격한 것이었다. 3,000~4,000명 규모였을 것으로 추정되는 습격대는 낙타가 달리는 속도로 (지금의 요르단 수도) 암만에서 1시간 거리의 지점까지 육박해 들어왔다가, 영국군 전투기와 장갑차의 공격을 받고서야 격퇴되었다.* 이후 몇 년 동안에도 영국은 처칠이 의도했던 것보다 훨씬 직접적으로 트란스요르단의 통치와 방어에 관여했으며, 그러자 영국 관리들도 이내 압둘라를 트란스요르단의 해법이 아닌 골칫덩이로 간주하게 되었다.

그럼에도 영국 식민성이 트란스요르단에 잠정적으로 취한 일련의 행

---

* 영국은 이때 압둘라를 보호하기 위해 요르단 국경을 경계선 삼아, 사막권 아라비아를 경쟁적인 두 왕가 사이에 분할했다. 1988년 현재 국명으로 가문의 소유지임을 드러내고 있는 유일한 두 나라 사우디아라비아 왕국과 요르단 하심 왕국은 이렇게 탄생했다. 지금도 아라비아의 두 왕가 사이에는 국경이 가로놓여 있다.

정적 조치들로 그곳은 영속적인 정치적 실체로 굳어져 갔다. 아라비아 왕자가 외국 수행원들과 암만에 정착해, 팔레스타인 위임통치령이라는 복잡한 통치체제 속에 항구적 요소로 뿌리내린 것이다. 팔레스타인은 본래 그곳의 아랍인과 유대인 사이에 분할되어야 한다는 것이 그간 되풀이된 제안이었다. 그런데 팔레스타인 영토의 75퍼센트가 이미 그곳 사람도 아닌 아랍 왕조에 돌아가 버린 형국이었다. 훗날 입헌국가 요르단으로 독립하게 될 트란스요르단은 이렇게 팔레스타인에서 분리된 개별 정치체로 서서히 발전해갔다. 그리하여 지금은 요르단이 지난날 팔레스타인의 일부였다는 사실마저도 종종 잊을 정도가 되었다.

58. 처칠과 팔레스타인 문제

I

1921~1922년에 식민장관을 지낸 처칠은 이라크와 요르단 강 동안의 트란스요르단 문제를 처리할 때도 큰 어려움을 겪었지만, 요르단 강 서안의 팔레스타인 문제를 처리할 때는 그보다 더 큰 어려움에 직면했다. 이곳에서는 시온주의가 문제였다. 시온주의가 불러일으킨 열정은 너무도 강력하여 문제의 본질마저 섞갈리게 만들었다. 시온주의자들은 팔레스타인을—지금 우리가 알고 있는 바와 같이 정확하게—당시 그곳에 사는 인구의 다섯 배 내지 열 배 정도는 수용할 수 있을 것으로 보았다. 그 계산에 따르면 아랍 주민 60만 명을 내쫓지 않고도 유대인 수백만 명이 추가로 들어와 살 수 있다는 의미였다.

그 무렵만 해도 팔레스타인에 개척자로 들어올 준비가 된 유대인은 많지 않았다. 하지만 그렇게 되는 것이야말로 시온주의자들이 원하는 바였고, 반면에 아랍인들은 그런 일이 벌어질까봐 두려워했다. 팔레스타인에 제약 없이 들어올 수 있는 유대인의 권리문제는 이렇게 해서 팔레스타인 정치의 주된 이슈가 되었다. 시온주의자들은 유대인이 유입되면 팔레스타인이 부유해질 것이라고 주장했으나(나중에는 그것을 입증해 보였다), 궁핍

한 아랍 농민들로서는 유대인이 들어오면 그나마 갖고 있던 자신들의 작은 땅뙈기마저 그들과 나눠 써야 할 일이 생길까봐 걱정스럽기만 했다.

앞에도 나왔듯이 처칠은 팔레스타인에서 아랍인들의 반시온주의 폭동이 일어난 지 1년 뒤인 1921년 2월 식민장관에 부임했다. 그런데 1921년 3월 중동문제를 타결 짓기 위해 그가 개최한 카이로 회의가 끝나기 무섭게 팔레스타인이 다시금 궐기했다. 1921년 메이데이에 야파(야포, 요파)에서 폭동이 일어난 것이었다. 처음에 약탈로 시작된 그것은 이윽고 인명 살상까지 동반한 과격한 양상으로 발전하여 폭동 첫날에만 유대인 35명이 아랍인 폭도들에게 살해되었다. 그렇게 피에 젖은 한 주가 지나는 동안 주요 도시들의 외곽에 자리한 유대인 농업 정착지들도 아랍인들의 포위 공격을 받는 등 폭동은 어느새 팔레스타인 전역으로 확산되었다. 애당초 소규모 유대인 공산주의자 무리가 대규모 유대인 사회주의자 무리가 일으킨 시위에 맞서 야파의 도심을 행진하는 것을 보고, 아랍인들이 그동안 쌓였던 분노를 폭발시켜 일어난 폭동이 그처럼 확대된 것이었다. 그래서인지 당시 팔레스타인의 영국인들 사이에서는 볼셰비키 때문에 야파 폭동이 일어났다는 인식이 팽배해 있었다. 한동안 팔레스타인 군정에서 복무한 C. D. 브런턴 대위만 해도 "볼셰비키 유대인들"이 폭동의 요인이었다고 하면서 "오늘의 폭동이 내일의 혁명이 될 수도 있다"고 경고했다.[1]

팔레스타인 고등판무관 허버트 새뮤얼도 아랍인 폭동에 대한 조치로, 유대인의 팔레스타인 이주를 일시 중단시켰다. 그러자 시온주의 지도자들은 그런 식으로 폭력에 보상을 해주다가는 자칫 폭동이 되풀이되는 악순환에 빠져들어 팔레스타인 위임통치령의 역사가 폭력으로 점철될 수도 있을 것이라며 우려를 나타냈다.

한편 팔레스타인 민정이 질서를 회복하는 속도는 더디기만 했다.

1921년 8월 10일자 《타임스》에도 이런 기사가 실렸다. "팔레스타인, 특히 북부 지역에는 공공의 안전이라는 것이 사실상 존재하지 않는다. 트란스요르단에서는 하루가 멀다 하고 급습 사건이 일어난다." 《타임스》의 팔레스타인 특파원은 "아랍인과 유대인 모두 민정당국을 신뢰하지 않는다"고 하면서, "공공의 안전에 관한 한 튀르크 지배 때가 훨씬 나았다는 것이 나이든 주민들의 중론"이라고 덧붙여 말했다.

그러나 아랍 폭동이 재연될 조짐이 보이는데도 시온주의 지도자들은 여전히 아랍인들과의 화해를 모색하면서, 아랍인들 대다수가 폭력보다는 평화와 협력을 지지할 것이라는 믿음을 나타냈다.*

$$ \mathbb{II} $$

처칠도 인정했듯이 아랍 폭동을 진압하고 친시온주의 계획을 동시에 진행하는 데 있어 가장 큰 어려움 가운데 하나는 일선에서 근무하는 영국인들의 비협조적 태도였다. 그를 도와주어야 할 현지 근무자들이 정작 그의 정책을 시행하는 데 소극적이었던 것이다.

팔레스타인 영국인들이 반시온주의에 공감한 것이 주요인이었다. 아랍인들은 수백 년 동안 팔레스타인에 거주한 역사를 지니고 있었다. 따라서 기존의 삶이나 경관이 바뀌는 것을 원하지 않았고, 팔레스타인의 영국 군인과 관리들은 그런 말을 하는 아랍인들과 하루 종일 부대끼며 살았다.

---

* 1921년 여름에 열린 제12차 세계 유대인(시온주의자) 대회에서 나훔 소콜로프도 유대인들이 "아랍민족과 손잡고 일할 결의에 차 있다"고 말했다. 소콜로프는 유대인과 아랍인의 역사적 관계도 강조하면서, 그러므로 두 민족이 협력하면 "동방의 민족들을 위해 새로운 삶의 극치를 만들어낼 수" 있다고 말했다. "두 민족은 동일한 이해관계를 가지고 있다"는 점도 지적했다. 그는 최근에 일어난 아랍인 폭동도 소규모 범죄인 집단의 책동으로 치부하면서, 유대인들이 "성지(팔레스타인)에 가려는 것 또한 지배하려는 마음이 아니라, 근면, 평화, 겸양의 마음으로 생산의 새로운 원천을 찾아 그들 자신은 물론이고 동방 전체를 이롭게 하기 위한 것이 목적"이라고 아랍 공동체를 안심시켰다.[2]

그러다 보니 그들의 반시온주의 감정이 충분히 이해할 만했던 것이다. 물론 팔레스타인에는 유대인도 살았고, 팔레스타인과의 연관성으로 보면 아랍인보다는 오히려 유대인이 더 오래되었다. 문제는 시온주의 논점이 강렬하기는 했지만 역사, 이론, 몽상(유대인이 정착해도 팔레스타인의 모든 주민이 높은 생활수준을 영위하는 것은 먼 장래에나 가능했을 것이라는 점에서)이 혼재되어 모호하다는 점에 있었다. 시온주의는 또 러시아나 폴란드 같은 지역들에서 유대인들이 당한 고통에도 기반을 두고 있었다. 그러나 고통당하는 것을 본 적이 없는 민정당국의 영국인들이 그것을 알 리 없었고, 또 반드시 알아야 할 이유도 없었다.

앨런비군 휘하에서 유대인 부대를 창설한 러시아계 유대인 저널리스트 블라디미르 야보틴스키에 따르면, 영국 군부만 해도 시온주의를 세계의 병을 고치겠다는 거창한 목표를 지닌 '허무맹랑한' 이론, 따라서 불합리한 이론으로 보았다. 세계를 개선시키고자 하는 그런 허무맹랑한 계획은 지배층을 형성하는 평균적인 영국인들의 모든 본능에도 역행한다는 것이 야보틴스키의 주장이었다.[3]

야보틴스키는 팔레스타인의 민정당국이 아랍애호가 관리들로 채워졌다는 점도 지적했다. (그들 눈에는 매력적으로 보인) 아랍세계에 매료된 나머지 아랍어를 배우고 공무원 자격을 얻는 힘든 과정을 거친 뒤, 아랍권 중동에서 직업관료 생활을 하기 위해 영국을 떠나는 것마저 마다하지 않은 사람들이 민정당국의 관리들이었고, 그런 그들이 팔레스타인의 아랍 특성이 바뀌는 것을 원하지 않는 것은 당연하다는 논리였다.

그러나 야보틴스키가 간단히만 언급하고 그 중요성을 간과했던 것은 영국인들이 밸푸어선언을 반대한 이유가 정작 다른 데 있었다는 점이다. 그들이 밸푸어선언을 반대한 것은 그로 인해 야기될 분란 때문이었다. 팔레스타인 인구의 대다수를 점유한 아랍인들에게 밸푸어선언은 인기가 없었다. 반면에 그런 그들을 달래고 안심시키는 것이 민정당국의 의무였다. 따라서 팔레스타인의 영국 군인과 관리들로서는, 쉽사리 이해되지 않는 이유로 채택하여 긴장과 폭력을 촉발시킴으로써 민정을 힘겹게 만든 것도 모자라 위험한 지경에까지 빠지게 한 런던의 친시온주의 정책만 아니었다면, 괜찮은 나라에서 속 편하게 근무할 수도 있었으리라는 생각을 충분히 가질 만했다.

하지만 얄궂게도 영국인들이 가진 그런 불만은 런던이 아직 양보할 준비가 안 되었을 때 아랍인들이 비타협적 태도를 보이며 저항하게 만듦으로써 곤란과 위험을 도리어 가중시키는 역할을 했다. 팔레스타인 무슬림 공동체의 종교 지도자를 뽑는 일에 민정당국이 관여하여 큰 후유증을 남긴 사건도 알고 보면 그런 불만 때문에 터진 것이었다.

1921년 3월 21일 예루살렘 무프티가 사망한 것이 사건의 발단이었다. 무프티는 이슬람교의 법률 권위자였고 게다가 예루살렘 무프티는 팔레스타인에서 최고의 법률적 권위를 갖고 있었다. 종전 뒤 영국이 팔레스타인을 위임통치하게 된 뒤로는 예루살렘 무프티가 영국 당국에 의해 대 무프티—팔레스타인의 영국 당국이 고안해낸 호칭이었을 것이다—겸 팔레스타인 무슬림 공동체의 지도자로도 임명되었다.[4] 그런데 현지의 민정당국이 통합해 쓰던 오스만 법률에는 대 무프티를 무슬림 선거인단이 지명한 세 명의 후보군에서 뽑도록 되어 있었다.

하지만 1921년 3월 예루살렘 대 무프티로 임명된 인물은 세 명의 후보군에 속해 있지 않았다. 영국 고등판무관의 비서진에 속해 있던 극단적인 반시온주의 관리 어니스트 T. 리치먼드가, 1920년에 폭동을 지휘한 혐의로 10년 감옥형을 선고받은—나중에는 사면되었지만—20대 중반의 정치

적 선동가 아민 알 후세이니를 예루살렘의 대 무프티로 선임되도록 계략을
꾸며 벌어진 일이었다.

리치먼드는 전전에 이집트 공공사업관리국Egyptian Public Works Administration
에서 근무하던 중, 한동안 같은 집에서 살기도 한 막역한 친구 로널드 스토
스 덕에 팔레스타인 민정에 근무하게 되었다. (길버트 클레이턴 장군에 따르
면) 민정에서 그의 직책은 "시온주의 기구에 상응하는 조직이라 할 수 있
는" 무슬림 공동체와 영국 당국을 이어주는 연락관이었다.[5] 또한 런던 식
민성 관리의 말을 빌리면 그는 영국정부가 시행하는 "시온주의 정책의 공
공연한 적"이기도 하여[6] 그 정책에 반대하는 운동을 벌였고, 그로부터 몇
년 뒤인 1924년에는 팔레스타인 고등판무관, 그 밑의 관리들, 런던 식민성
의 중동부, 팔레스타인의 시온주의 위원회가 시온주의를 추구하는 것이
"저에게는 악으로밖에 보이지 않는 정신에 고취되고 매몰되었기" 때문이
라는 취지의 서신을 팔레스타인 고등판무관에게 보냈다고도 한다.[7]

1921년 아민 알 후세이니가 예루살렘 대 무프티 겸 팔레스타인 무슬
림 지도자가 되었을 때도 리치먼드는 그로 인해 시온주의가 큰 타격을 받
을 것으로 예상했으나, 웬걸 타격을 받은 쪽은 오히려 아랍인들이었다. 대
무프티가 아랍인들을 피투성이 막다른 골목으로 몰아감으로써, 시온주의
에 가하려던 것보다 오히려 더 끔찍하고 파괴적인 피해를 그들에게 입힌
탓이었다. 아민 알 후세이니는 '모 아니면 도' 식의 모험가였다. 그러다 보
니 아랍인–유대인 문제도 유대인이든 아랍인이든 어느 한쪽이 쫓겨나거나
소멸되어야 끝장이 나는 극단으로 몰고 가 아랍 영토와 아랍인들의 생명을
위험에 빠뜨렸다. 그런 극단적 행보를 이어가던 끝에 2차 세계대전이 터지
자 결국은 나치 독일에 가서 아돌프 히틀러와도 손을 잡았다. 그렇다고 그
가 아랍권 팔레스타인을 전적으로 통제할 수 있었던 것도 아니다. 팔레스

타인에는 아민 알 후세이니와 지도자 자리를 놓고 겨룬 여러 명의 경쟁자가 있었기 때문이다. 그렇기는 하지만 무프티의 지위가 심하게 분열된 팔레스타인 아랍 공동체들의 충성을 얻기 위한 경쟁에서 그에게 유리하게 작용했던 것은 분명하다.

만일 민정당국이 그들의 힘과 영향력을 다른 식으로 사용했다면 팔레스타인 무슬림들이 아민 알 후세이니가 아닌 다른 지도자들을 따랐을까? 그것은 모를 일이다. 그러나 분명한 것은 리치먼드의 반시온주의적 태도가 미친 영향으로 볼 때, 그것은 아랍의 대의에도 이롭지 못했고 혼란스러운 팔레스타인에 평화와 진보를 가져다주려고 한 처칠과 영국정부의 정책에도 도움이 되지 못했다는 사실이다.

Ⅲ

처칠은 복잡하고, 감정에 치우치고, 혼란스러운 팔레스타인 문제를 단순하고, 합리적이고, 명쾌한 방식으로 풀어가려고 했다. 시온주의가 충분히 해볼 만한 실험이고, 그것이 모두에게도 이로울 것이라 판단한 것도 그래서였다. 1921년 3월 30일 카이로 회의를 마친 뒤 팔레스타인을 방문했을 때도 처칠은 그곳 아랍 대표단에게 이렇게 말했다.

전 세계에 뿔뿔이 흩어져 있는 유대인들이 재결합할 수 있도록 그들에게 민족 중심지와 조국을 갖게 해주는 것은 명백히 옳은 일입니다. 그리고 그렇다면 3,000년 동안이나 깊이 있고 친밀한 관계를 유지해온 팔레스타인보다 그 일을 행하기에 더 적합한 곳이 있을까요? 그것이 세계, 유대인, 영국제국에도 좋을뿐더러, 팔레스타인에 거주하는 아랍인들에게도 좋으리라는 것이 내 생각입니다. 우리가 그 일을 실행하려고 하는 것도 그래서입니다. …… 아랍인

들도 시온주의의 혜택을 보고 진보의 몫을 함께 나눠가질 수 있을 테니까요.[8]

처칠은 유대인의 열망에 공감하고 유대인들이 러시아 황제들에게 당한 핍박에도 언제나 동정심을 나타냈다. 밸푸어와 마찬가지로 그도 러시아와 그 밖의 나라들이 유대인들에게 가한 박해로 전 세계적 문제가 일어났고, 따라서 팔레스타인에 유대인의 조국이 세워지면 그 문제도 자연히 해결될 것으로 믿었다.

처칠은 정치적 유대인에 대해서는 세 종류가 있다고 판단했다. 첫째, 그들이 속한 나라에서 정치활동을 하는 사람, 둘째, 파괴와 폭력적 성향이 강한 국제적 볼셰비즘의 신조에 물든 사람, 셋째, 하임 바이츠만을 따라 시온주의의 노선을 걷는 사람이 그것이다. 그는 또 온전한 시민권을 부여하지 않은 러시아 등지의 나라에서 자라난 대다수 유대인들에게는 볼셰비키가 되든지 시온주의자가 되든지, 양단간의 선택밖에 할 수 없는 것이 문제라고도 믿었다. 따라서 스스로도 열렬한 애국자였던 만큼 유대인 민족주의도 촉진되어 마땅한 건전한 현상으로 간주했다. 식민장관이 되기 전이었던 1920년 초에도 처칠은 이렇게 썼다.

필경은 그렇게 되겠지만, 만일 우리 생애에 유대인 3∼400만 명을 수용할 수 있는 유대인 국가가 영국 국왕의 보호 아래 요르단 강안에 세워진다면, 그 일은 현재의 세계 역사 속에 진행될 것이다. 그것이 어느 모로 보나 유익하고 영국제국의 참된 이익에도 부합할 것이기 때문이다.[9]

처칠도 물론 팔레스타인 아랍인들이 시온주의에 반대한다는 사실을 알고 있었다. 그러나 기본적으로 강경한 태도를 취하되 거기에 매력적인 유인책과 절충안을 혼합하는 정책을 쓰면 그 문제는 충분히 극복할 수 있을 것으로 믿었다. 그가 식민장관이 된 뒤 시온주의에 대한 영국의 지지를 축소하여 아랍인들의 감정을 다독여주려고 한 것도 그래서였다. 앞서도 언급했듯이 그는 시온주의를 처음 시행하는 지역을 요르단 강 서안에 한정시키고, 팔레스타인의 나머지 4분의 3(75퍼센트) 지역, 다시 말해 트랜스요르단까지 그것을 확대할지 여부는 일시 유보하기로 결정을 내린 것이다. 처칠은 그와 더불어 영국의 공약도 새롭게 손볼 계획을 세웠다. 팔레스타인 자체를 유대인 통합체로 만드는 것이 아니라, 팔레스타인에 유대민족의 조국Jewish National Home을 세워줄 생각을 한 것이다. 처칠은 그것이 밸푸어선언의 용어에 담긴 뜻이라고도 주장했다.(그러나 1921년 밸푸어 자택에서 가진 사담에서 밸푸어와 로이드 조지는, "자신들이 밸푸어선언에서 의미한 것은 예나 지금이나 '유대인 국가Jewish State'였다고 말하며 처칠의 주장을 논박했다.)[10]

처칠은 또 아랍인들이 느끼는 경제적 두려움이 사실무근임을 보여주어 그들의 의혹을 불식시키려고도 했다. 유대인 이주자들이 아랍인의 일터나 아랍인의 땅을 빼앗는 일은 없을 것이라고 거듭 강조를 한 것이다. 빼앗기는커녕 유대인 이주자들이 들어오면 새로운 일터와 부가 창출되어 팔레스타인의 모든 공동체가 득을 보게 될 것이라고 주장했다.

1921년 6월 처칠은 하원 연설에서 이렇게 말했다. "아랍인들이 두려워할 것은 아무것도 없습니다. 팔레스타인의 부를 확대하고 그곳의 자원을 개발하는 정도의 유대인만 정착시키고, 그 이상의 유대인 정착은 허용하지 않을 것이기 때문입니다."[11] 같은 해 8월 협상을 위해 런던을 찾은 아랍 대표단에게도 처칠은 같은 말을 되풀이했다.

생계 대책이 없는 유대인이 팔레스타인에 정착하는 일은 결코 없으리라는 것을 그동안 나는 여러분에게 누누이 밝혀왔습니다. …… 유대인들은 그 누구의 땅도 빼앗지 않을 것입니다. 그 누구의 권리도, 재산도 박탈하지 않을 거예요. …… 그들이 주민들의 땅을 구입할 의사가 있고, 주민들도 그들에게 매각할 의사가 있을 때, 그리고 그들이 불모지를 개간해 비옥한 땅으로 만들 고자 하는 의향이 있을 때에만, (그럴 수 있는) 권리를 부여할 것입니다.[12]

처칠은 또 이렇게 말했다. "팔레스타인에는 원주민과 이주민 모두를 수용할 수 있는 공간이 있어요.[13] …… 따라서 누구도 여러분에게 해를 끼 치지 않을 것입니다. …… 일이 힘들기로 치면 사실 그들이 몇 배나 더 힘 들 것입니다. 여러분은 가진 것이라도 있지만 그들은 황무지, 불모지에서 식솔들의 생계를 꾸려나가야 할 테니까요."[14]

처칠은 협상을 거부하는 것 또한 옳지 못하다고 하면서 아랍 대표단에 게 핀잔을 주었다. "한쪽은 양보하지 않으려 하면서 다른 쪽만 중요하고 통 큰 양보를 하기만 바라고, 게다가 양보를 해도 평화를 얻는다는 보장이 없 는데 토론이 제대로 이루어질 리 없지요."

IV

처칠은 논제가 있으면 적도 포함하여 관련 당사자들의 필요와 욕구를 함께 고려하는 것이 상례인 유럽의 정치문화에서 성장한 인물이었다. 1914~1915년에 키치너, 클레이턴, 스토스가 전후 아랍권 중동에서 프랑 스를 배제시키려고 할 때, 다른 곳의 영토를 제공하여 그것을 벌충해주려 한 것도 그래서였다. 프랑스가 받아들일지 여부는 몰랐으므로 그것은 비 현실적 조치라고도 할 수 있겠으나, 영국이 영토를 획득하면 프랑스도 그 에 상응하는 요구를 하리라고 인식한 점에서는 현실적 조치를 취한 것이었다.

전후에 케말—유럽식 사고방식을 지닌 정치인—이 터키 민족주의를 앞세워 영토를 요구할 때, 터키의 필요뿐 아니라 터키 주변국들이 수용할지의 여부를 함께 고려한 것도 그래서였다.

그것이 처칠에게 익숙한 정치환경이었다. 그런데 런던에 온 아랍 대표단은 상대방에 대한 고려 없이 자신들의 주장만 앵무새처럼 되뇌었다. 팔레스타인은 영토 쟁탈전이 치열한 복잡다단한 곳이었다. 그런데도 아랍 대표단은 다른 사람들의 주장, 두려움, 필요, 꿈은 나 몰라라 한 채 자신들의 주장만 앞세웠다. 시리아에 대한 아랍과 프랑스의 주장을 동시에 지지함으로써 아랍 민족주의의 체면을 세워주려고 하고, 팔레스타인 내에 아랍인 자치구역을 설치할 구상을 하고, 유대인의 조국이 될 곳에 계속 살고자 하는 아랍인들에게는 경제적 이득을 비롯한 각종 특혜를 부여할 생각을 하는 시온주의 지도자들과 달리, 아랍 지도자들은 유대인의 열망과 타협하거나 그들의 요구를 고려하려는 노력을 일체 하지 않았다.

사정이 이렇다 보니 아랍 대표단 같은 중동 사람들을 대하며 느끼는 좌절감도 클 수밖에 없었다. 처칠이 느낀 좌절감은 전후 중동의 지배 문제가 처음 제기되었던 전시에, 영국정부가 상상했던 것 이상으로 컸다. 처칠은 아랍 대표단이 정치인으로서의 본분을 망각했다고 느꼈다. 그들에게는 애당초 합의를 이끌어내려는 마음이 없었다. 1퍼센트도 주지 않고 99퍼센트만 악착같이 얻어내려고 하면서 양보하려는 열의를 조금도 보이지 않았다. 처칠이 항의해도 소용이 없었다.

V

팔레스타인 아랍회의 집행위원회 위원장 무사 카짐 알 후세이니*가 이끌고 온 아랍 대표단은 처칠이 하는 말에는 아예 귀를 닫았다. 묻는 말에 대답을 해주어도 못 들은 척 시치미를 뚝 떼고 같은 질문만 되풀이했다. 처칠은 아랍 대표단의 그런 작태에 진절머리를 내면서도 언젠가는 이해해주리라는 마음으로 그들이 묻는 대로 꼬박꼬박 답변을 해주었다. 앞에 나온 것처럼 유대인이 아랍인의 땅을 빼앗는 일은 없을 것이고, 아랍인이 팔려고 내놓지 않는 한 구입하지도 않을 것이라는 말을 누누이 강조한 것도 그래서였다.

중동에서는 겉으로 보이는 것이 다 진실은 아니었고, 팔레스타인의 땅 문제가 바로 그런 경우였다. 런던에 온 아랍 대표단은 처칠이 아랍인의 땅에 대해 이야기할 때 그가 무슨 말을 하는지 정확히 이해하고 있었다. 대표단을 이끌고 온 무사 카짐만 해도 유대인 정착민들에게 땅을 판 장본인이었고,[15] 1921~1922년과 그 이후 아랍 대표단의 일원으로 그와 함께 런던에 왔던 다른 아랍인들도 그 점에서는 마찬가지였기 때문이다.

팔레스타인에 땅이 부족하지 않다는 사실은 1918년 파이살과 하임 바이츠만도 의견의 일치를 본 부분이었다. 따라서 문제는 그것이 아니라, 소수에 지나지 않는 아랍인 지주와 고리대금업자들이 토지의 거의 절반을 소유했다는 것이다.[16] 그러다 보니 영향력 있는 부자 지주들만 비옥한 땅을 차지한 채 배를 불리고, 주민의 대다수를 차지한 농민들은 관개시설도 안 된 척박한 땅을 일구며 입에 풀칠하기도 바빴다.

1918년 바이츠만이 파이살에게도 설명했듯이, 그런 농민들의 토지를 침해하지 않고 개간되지 않은 땅을 얻어 과학적 영농법으로 토질을 회복하려는 것이 시온주의자들의 계획이었다. 반면에 아랍인 대지주들은 자신들

---

* 이름이 같은 예루살렘의 대 무프티와는 다른 사람이다.

의 비옥한 토지를 상당한 웃돈을 얹어 유대인들에게 팔기에 급급했다.* 실제로 유대인 구매자들이 몰려 땅값이 치솟는 바람에 베이루트의 한 아랍 가문은 1921년 예즈레엘 계곡(에스드라엘론 평원)의 토지를 원 구입가의 40배 내지 80배 가격으로 팔아 떼돈을 벌었다.[17] 이렇듯 아랍인들은 강요를 받기는커녕 자발적으로 땅을 매물로 내놓았다. 매물로 내놓은 물량이 넘쳐 돈이 되는 경우가 드물 정도였다. 아랍인들이 내놓은 그 모든 땅을 사들이기에는 유대인들의 돈이 부족했던 것이다.[18]

그렇다고 비팔레스타인계 아랍인만 토지매각에 나선 것도 아니었다. 팔레스타인의 아랍인 지도층도 공식적으로는 토지매각을 비난하면서도 남몰래 그것에 깊숙이 관여하고 있었다. 팔레스타인 아랍 공동체의 선출직 지도층 인사의 최소한 25퍼센트가 1920~1928년 사이에 본인 혹은 가족 명의로 유대인들에게 토지를 매각한 것이다.[19]

시온주의 지도자들도 어쩌면 이런 토지 거래에 현혹된 나머지 유대인 정착에 대해 아랍인들이 보인 저항의 깊이를 과소평가했을 수 있다. 영국 정부는 아랍인들의 저항의 깊이를 오판하는 데 그치지 않고 그들이 나타낸 반응의 성격도 오판했다. 처칠과 그의 동료 관리들이 토지 거래를 협잡이 아닌 정당한 것으로 보고, 아랍인들이 시온주의에 반대한 진정한 이유를 오해했거나 혹은 오해하는 척한 것이다. 아랍인들이 유대인 정착에 반대한 바탕에는 정서, 종교, 외국인 혐오증, 낯선 사람들이 들어와 주변 환경이

---

* 전시와 종전 직후 팔레스타인 농토의 경제적 생산량은 이런저런 이유로 크게 줄었고, 그 상태에서 아랍인 유산계급이 기존의 소득 수준을 유지할 수 있는 방법은 유대인들에게 부풀려진 가격으로 땅을 팔아 폭리를 취하는 것뿐이었다. 따라서 겉으로는 딴말을 했지만 부유층 아랍인들에게는 유대인 정착이 이득이었다. 유대인들이 땅을 팔도록 강요했다는 그들의 주장도 당연히 거짓이었다. 반면에 가난한 농민들이 제기한 불만은 진정이었다. 유대인 농민들이 사회주의자들이다 보니 다른 사람들의 노동을 착취하지 않고 직접 농사를 지었고, 그런 그들이 농장을 구입하자 농업 노동자들이 일자리를 잃었던 것이다.

달라지는 데서 오는 복잡한 심정 등 복합적 요인이 깔려 있었다. 요컨대 기존의 삶의 방식이 위협받는 것에 대한 아랍인들의 방어기제가 작동했던 것이다. 하지만 처칠과 협상을 벌인 아랍 대표단은 그런 내색은 하지 않은 채 팔레스타인에는 유대인을 수용할 여력이 없다는 주장만 되풀이했고, 처칠은 처칠대로 그들의 말을 액면 그대로 받아들인 것이다. 유대인 정착에 반대한 것이 경제적 두려움 때문이라는 그들의 말을 곧이곧대로 믿고 그 두려움이 근거가 없다는 점만을 보여주려고 했다.

Ⅵ

1922년 처칠이 러시아 출신의 유대인 핀하스 루텐베르크에게 야르콘 강(아우자 강)과 요르단 강 계곡에 수력발전소 건설 허가권을 부여하기로 결정한 것도 그런 맥락에서 취한 조치였다. 전력과 관개수로를 공급하여 20세기 식 토지 간척과 경제발전을 가능하게 할 종합계획이 수립되어 앞으로 영속적 영향을 미치게 되는 것과 더불어 아랍인들이 가졌던 경제적 두려움 또한 근거 없는 것이었음을 보여주었다는 의미에서다. 아랍 대표단이 주장한 수십만 명이 아닌 수백만 명의 팔레스타인인들을 먹여 살릴 수 있다고 한 시온주의자들의 주장을 입증하는 길로 나아가는 거대한 첫걸음을 뗀 것이었다.

처칠은 특히 그 사업이 비영리적 방식으로 자금을 조달받아 추진된다는 점에 큰 감명을 받았다. 하원에서도 그는 시온주의자들만이 그런 일을 할 수 있다고 하면서 그 느낌을 이렇게 전했다.

들리는 바로는 아랍인들이 그 일을 할 생각이었다고 합니다만, 그것을 믿을 사람이 있을까요? 그들에게 맡겨 두었다면 아마 1천 년이 지나도 전기나 관개시설을 세우기 위한 실질적 조치를 취하지 못했을 겁니다. 요르단 강이 사해로 계속 흘러들도록 내버려 둔 채 햇볕 쨍쨍 내리쬐는 황량한 벌판에서 몇 안 되는 철학자들 이야기나 하며 속 편하게 살았겠죠.[20]

처칠은 아랍인들에게―처음부터 줄곧 그래왔듯이―어찌됐든 영국은 공약을 지킬 것이므로 그들도 불리한 여건에서나마 나름의 이익을 최대한 도모하는 것이 좋으리라고 경고하는 말을 했다. 1921년 여름에도 그는 계속 어깃장만 놓는 팔레스타인의 아랍 대표단에게 "영국정부는 밸푸어선언을 실행할 것입니다. 그 점을 나는 여러분에게 귀가 닳도록 이야기했어요. 예루살렘에서도 말했고 지난번 하원에서도 말했지요. 그런데 지금도 그 말을 하고 있습니다. 분명히 말하건대 영국정부는 밸푸어선언을 반드시 실행할 것입니다"라고 말했다.[21]

문제는 팔레스타인 민정당국의 영국 장교들이 아랍 지도자들로 하여금 그와 다른 이야기를 믿도록 부추긴다는 데 있었다. 처칠도 팔레스타인에 주재하는 영국군의 90퍼센트가 밸푸어선언에 반대할 것이라는 비관적 예측을 하였다.[22] 1921년 10월 29일에는 이집트와 팔레스타인 영국군 사령관 월터 노리스 콩그리브 장군이 "원칙적으로 군은 정견을 가져서는 안 되지만" 그렇더라도 동정심은 가질 수 있는 것이고, "팔레스타인에서는 그 동정심이 공평무사한 사람들의 관점에서 볼 때는 명백히 영국정부의 강요에 의해 부당한 정책의 희생양이 되는 아랍인들에게로 향하고 있다"는 회람을 전군에 돌렸다. 그는 또 처칠이 밸푸어선언의 의미를 매우 협소하게 해석했다고 비난하면서, "유대인-팔레스타인 수립에 목적을 둔, 따라서 아랍인들로서는 그저 참고 견딜 수밖에 없는 극단적 시온주의자들의 탐욕스러운 정책을 영국정부는 결코 지지하지 않을 것"이라는 점에도 확신감을 나타냈다.[23] 처칠도 셕버그를 통해 그 회람을 받아보았다. 셕버그는 그것을 처칠에게 전해주면서 이렇게 말했다. "안타깝게도 팔레스타인의 영국군은 반시온주의 경향이 강한 것 같고, 무슨 말을 해도 그 입장이 변할 것 같지는 않습니다."[24]

1921년 여름에는 처칠이 급기야 셕버그의 조수 허버트 영이 작성한, "설사 고위직이라도 반시온주의 성향을 가진 관리들은 모두 제거해야 한다"고 주장하는 비망록을 내각에 배포했다.[25] 하지만 그것도 군 관계자들의 문제를 해결하는 데는 도움이 되지 못했다. 팔레스타인 고등판무관 허버트 새뮤얼과 그의 비서관 윈덤 디즈가 민정의 꼭대기에 앉아 있다는 사실도 도움이 되지 않기는 마찬가지였다. 그들이 하급장교들의 정치 성향까지 좌우할 수는 없었다.

유대인 사회에도 영국 당국의 지원을 기다리다 못해 체념하는 사람들이 생겨났다. 유대인 부대 창설자인 블라디미르 야보틴스키만 해도 경찰과 군이 본연의 임무를 다하지 않아 유대인들이 스스로를 지켜야 하는 상황이 되었다고 주장했다. 1922년에는 《타임스》의 근동 특파원이 "팔레스타인의 극단적 시온주의자들이 아랍인의 공격에서 스스로를 방어하기 위한 수단으로 무기를 밀반입하여, '하가나Haganah'라는 방어군을 암암리에 조직하는 범죄적 실책을 저지른 것이 확실시된다"는 기사를 썼다.

영국에서도 시간이 가면서 점차 영향력 있는 인물들이, 실현이 희박해진 듯한 팔레스타인의 시온주의 계획을 영국이 계속 지원할 여력이 있는지에 대한 회의감을 나타내기 시작했다. (1920년 4월 27일자 신문에서는) "연합국이 유대민족을 위해 취할 수 있는 유일하게 견실한 정책"이라고 밸푸어 선언을 찬양했던 《타임스》도 어려움이 가중되자 1922년 봄에는 그때의 열정을 상실하여, 팔레스타인에서 영국의 평판이 갈수록 나빠졌다는 내용으로 전시에 카이로 아랍부에서 근무했던 필립 그레이브스의 글을 6회에 걸쳐 연재했다. 그레이브스는 팔레스타인의 아랍인 폭동에 대해서도, 폭도들에게 동정을 보인 영국군보다는 오히려 폭동의 표적이 되었던 팔레스타인 유대인들에 대한 비난에 더 열을 올렸다. 영국군은 전쟁에 신물이 나 있었던 만큼 충분히 그럴 만했다는 것이 그의 주장이었다. 전쟁에 신물이 나기는 영국 대중들도 마찬가지였다.

《타임스》는 그레이브스의 연재 글이 마지막으로 실린 1922년 4월 11일에도 "영국 납세자들"의 관점에서 정리한 주요 기사를 게재했다. 팔레스타인에서 행한 시온주의 실험의 중요성을 일깨우면서도 그 실험을 계속할 여유가 있는지를 따져 묻는 내용이었다. "흥미로운 실험이기는 하지만 영국이 과연 그 비용을 충당할 수 있느냐가 문제"라는 것이었다.

이렇듯 영국의 팔레스타인 정책은 애당초 광범위한 지지를 받았던 본국에서 오히려 타격을 받았다. 1922년 6월 21일에는 (밸푸어선언이 구체화된) 팔레스타인 위임통치안을 수용할 수 없다는 내용에 대한 동의안이 영국 상원에 제출되어 찬성 60표, 반대 29표로 통과되었다. 상원을 통과했다고 해서 구속력을 갖는 것은 아니지만 그래도 식민성 정책에 대한 주의를 환기시키는 데는 일조하여 1922년 7월 4일 저녁에는 하원에서도 그에 대한 논쟁이 벌어졌다. 그 자리에서 처칠은 다수의 의원들로부터 밸푸어선언을 실행하는 것에 대한 질타를 받았다. 처음에는 밸푸어선언을 지지해놓고 이제 와 태도를 바꾼 사람들이 대부분이었다. 처칠도 가만히 있지 않고 예전에 그들이 했던 발언으로 역공을 가해 상당한 효과를 거두었다. 밸푸어선언이 발표될 당시 그것을 지지했던 의원들의 발언록 십수 개를 찾아내 읽어준 것이다. 처칠은 찾으려고 들면 그런 발언록은 부지기수라고 하면서, 그렇게 조변석개하는 의원들에게는 공약을 지키려고 노력하는 자신을

공격할 자격이 없다고 주장했다.[26]

처칠은 흔히 그러듯 이번 하원 연설에서도 영국이 공약을 지켜야 할 필요성을 강하게 역설했다. 밸푸어선언이 "제가 볼 때는 무시할 수 없는 문제인 시비곡직을 가리는 일뿐 아니라" 당시에는 유대인에 대한 지원이 영국의 전쟁 승리에 "명백한 이익이 될 것"으로 간주되었기 때문에 발표된 것이라고 말한 것이 대표적인 예다.[27] 그는 밸푸어선언이 제안될 때 자신은 전시내각에 속해 있지 않았고 그러므로 그것을 협의하는 과정에도 참여하지 않았다는 점 또한 지적하면서, 그런데도 자신은 다른 의원들처럼 전시내각의 정책을 충실하게 지지했고, 그리고 지금은 전시내각의 공약을 지킬 때가 되어 그 의무를 다하려는 것뿐이라고 말했다.

처칠은 밸푸어선언 못지않게 많은 저항에 직면한 루텐베르크 허가권을 포함하여 그간 비난의 대상이 되었던 제반 문제들도 이번 하원 연설에서 함께 제기했다. 1920년에 800만 파운드에 달했던 팔레스타인 위임통치령 지배 비용이 1921년에는 400만 파운드로 급감했고, 1922년에는 다시 200만 파운드로 줄어들 것이라는 것과, 루텐베르크 개발계획이 실행되면 그동안 들어간 돈도 회수될 전망이 보인다고 말한 것이다.[28]

처칠의 하원 연설은 대성공을 거두었다. 팔레스타인 정책안도 하원 표결에서 찬성 292표, 반대 35표라는 압도적 표차로 가결되었다. 처칠은 하원 표결로 "상원 결의안이 뒤집어졌다"는 전문을 예루살렘의 윈덤 디즈에게 보냈다.[29] 팔레스타인 위임통치안이 영국에서 수용된 사실을 그렇게 표현한 것이다.

아랍 지도부와 시온주의 지도부는 그에 대해 상반된 반응을 보였다. 위임통치령 내용과 시온주의에 대한 영국의 공약이 대폭 축소된 영국정부의 백서도 거부한다는 전문을 런던 식민성에 보낸 아랍회의 집행위원회와 달리, 하임 바이츠만 박사는 마음에 들고 안 들고의 문제를 떠나 일단 그것으로 유대인들 대다수가 팔레스타인에서 발전을 이루어 자치권을 획득할 수 있는 기틀은 마련될 수 있을 것이라 보고 영국정부의 결정을 받아들이기로 한 것이다. 시온주의 지도부는 시간이 가면 상황이 개선되리라는 희망으로 처칠이 부여할 수 있는 최상의 조건을 받아들인 것이다. 또 아랍회의 집행위원회는 시간이 가면 자신들의 요구를 관철시킬 수 있으리라는 희망으로 처칠로부터 얻어낼 수 있는 최상의 조건을 거부한 것이다.

1922년 7월 22일에는 국제연맹이, 영국이 요르단 강 서안에 (처칠이 고쳐 쓴) 밸푸어선언을 실행하도록 명시된 팔레스타인 위임통치안을 최종 승인했다.

VII

유력한 두 시온주의 지도자 다비드 벤구리온(1886~1973)과 블라디미르 야보틴스키도 아랍인들의 저항과 그에 대해 영국이 보인 반응의 중요성을 인식하고 있었다. 그러나 (그들 사이에는 흔히 있는 일이었듯), 두 사람이 그로부터 도달한 결론은 달랐다.

폴란드 태생의 노동 시온주의 운동의 지도자 벤구리온은 그의 나이 스무 살이던 1906년 팔레스타인에 농부로 정착했다. 1차 세계대전이 일어났을 때 개전 초에는 오스만제국을 지지했으나 영국이 밸푸어선언을 발표한 뒤에는 팔레스타인 해방을 위해 중동 전선에서 싸우려는 생각으로 영국군에 지원했다. 사상적으로는 일할 의지를 가진 사람만이 나라를 영유할 자격이 있고, 유대인과 아랍인은 팔레스타인에서 살고 일할 수 있는 동등한 권리를 보유하고 있다는 신념을 가진 사회주의자였다. 벤구리온은 1920~1921년에 일어난 아랍인 폭동에 대해서는, "난폭한 무리들이" 팔레스타인 민정당국에 현혹된 나머지 폭력을 사용하면 대가를 얻으리라는 확신으로 저지른 행위로 진단했다.[30] 벤구리온은 또 노동조합의 지도자답게 아랍 노동자들의 조직화도 공공연한 정책으로 표방했다. 아랍인이든 유대인이든 노동자와 농민들은 고용주 및 지주들과 달리 공통의 이해관계를 가졌다고 주장하면서, 아랍인들에게 그 점을 인식시키는 것이 자신의 목표라고도 말했다. 벤구리온은 아랍인과 유대인 공동체가 다 함께 자치를 누리는 팔레스타인을 꿈꾸었다.

  같은 맥락에서 그는 1920~1921년의 폭동도, 시온주의자들이 아랍인들에게 종교와 시민권이 침해되지 않으리라는 사실을 명백히 밝히지 않은 점이 드러난 사건으로 파악하고,[31] 다른 때에도 자주 썼던 방식으로 이번에도 교육과 소통의 관점에서 그 문제를 해결하려고 했다. 벤구리온도 물론 아랍인들이 유대인의 이주와 정착에 동의하지 않으리라는 점을 처음부터 예측하였다. 하지만 그 생각에 매몰되지는 않았고 그런 일이 일어나리라는 사실도 믿지 않으려고 노력했다. 몇몇 역사가들은 이제 와 아랍인과 유대인의 협력 가능성을 믿는다고 공언한 그의 태도가 전적으로 솔직했던 것은 아니라고 왈가왈부하기도 하지만,[32] 사실 그는 부정적인 생각을 해서 좋을 것 없다고 생각한 사람이었다. 따라서 위선이었다고 보기보다는 그 정도의 말은 할 수 있었다고 보는 것이 타당하다. 벤구리온은 스스로의 운을 만들어 노력하면 앞날은 저절로 풀리게 된다는 신념을 가진 '구조주의자'였다. 따라서 유대인이 기울이는 노력과 창의력의 혜택도 팔레스타인의 아랍인들에게 전해질 것으로 믿었으며, 그런 생각으로 아랍인과 영국 민정 양쪽 모두와 협력하는 정책을 지속적으로 펴나갔다.

  러시아 출신의 저널리스트 야보틴스키는 그와 반대로 유대인들이 팔레스타인에서 다수파가 되는 것을 아랍인들이 쉽사리 용인해줄 리가 없고,

그러므로 유대인들이 팔레스타인에서 다수파로 자리 잡기 위해서는 군사력이라는 철벽의 보호가 있어야 하는데, 영국이 보호국으로서 믿음을 주지 못했기 때문에 유대인은 스스로를 지킬 수 있는 군대를 가져야 한다고 믿었다.[33] 하지만 그것은 터무니없는 주장이었고, 따라서 폭넓은 지지도 받지 못했다.

역설적이었던 것은 개전 초만 해도 오스만제국을 위해 유대인 군대를 창설하려 했던 벤구리온은 영국정부를 지지하는 사람이 되었고, 영국을 위해 유대인 군단을 창설했던 야보틴스키는 도리어 영국의 적대자가 되었다는 사실이다.

몇 년 뒤에는 그것이 벤구리온은 시온주의 운동의 주류 지도자로 부상하고, 야보틴스키는 주류 시온주의에서 이탈하여 수정주의적 시온주의 조직을 창설하는 결과로 이어졌다. 야보틴스키는 1920년대를 넘어 1930년대 말엽까지도 공인된 시온주의 지도부의 반대 세력을 이끌며 유대민족의 조국이 될 영토에서 트란스요르단을 제외시킨 처칠의 결정을 비난하고, 요르단 강 양안에 유대인 국가 수립을 요구하는 운동을 지속적으로 펴나갔다. 시온주의 조직 내의 이런 분열상은 벤구리온의 유산을 물려받았다고 주장하는 노동당과 야보틴스키의 유산을 물려받았다고 주장하는 헤루트당(해방당)의 존재로 지금까지도 이스라엘 정치에 살아남아 있다.

요르단이 아랍 국가이거나 혹은 마땅히 아랍 국가여야 한다는 것, 다시 말해 처칠이 1922년의 팔레스타인 위임통치령에서 트란스요르단(당시에 불린 명칭)을 분리시킨 조치가 적절하지 않았다는 견해도 이스라엘, 특히 헤루트당 지도부에 여전히 살아남아 있다.

VIII

오스만제국의 아랍어권 지역은 이렇게 정치적 재편이 이루어져 튀르크의 지배를 더는 받지 않게 되었다. 동쪽의 메소포타미아에는 아라비아 왕자(파이살)가 지배하고 쿠르드족, 수니파 무슬림, 시아파 무슬림, 유대인 인구가 뒤섞인 신생국가 이라크가 세워졌다. 독립국의 외양은 갖췄으나 실질적으로는 영국의 보호령이었다. 이라크에 접한 시리아와 크게 확대된 레바논은 프랑스의 위임통치령이 되었다. 팔레스타인도 요르단 강 동안에는 앞으로 입헌국가 요르단으로 독립하게 될 신생 아랍국이 수립되고, 요르단 강 서안은 유대민족의 조국이 들어설 때까지 당분간 영국의 위임통치를 받는 것으로 상황이 정리되었다. 따라서 처칠이 원했던 오스만제국의 재건된 모습과는 상당히 거리가 있는 재편이었다.

그렇기는 하지만 식민장관 처칠이 설정했던 주요 목표들은 달성한 셈이었다. 그가 정책의 최우선 목표로 삼았던 비용절감을 관철시킨 것만 해도 그랬다. 경제적으로 운용할 수 있는 군사체계를 확립한 것도 처칠이 거둔 큰 성과였다. 이집트에서 이라크까지 이어지는 공군 기지 네트워크를 수립하여 최소한의 비용으로 중동 국가들을 통제할 수 있게 만든 것이다.

공약을 이행한다는 것을 보여주는 것도 식민장관 처칠이 세운 또 다른 목표였다. 하지만 이 부분에서는 후세인 왕조에 진 빚은 그럭저럭 갚았으나 시온주의와 관련된 약속을 지키지 못했으니 목표를 완전히 달성했다고는 볼 수 없었다. 그러나 이 일에서 정부의 가장 혹독한 비판자였던 T. E. 로렌스는 생각을 달리했다. 처칠이 약속을 이행하는 것 이상의 일을 했다고 평가한 것이다. 1922년 말 후세인과 이집트 고등판무관 헨리 맥마흔이 전시에 아랍 독립지의 지리적 경계와 관련하여 주고받은 서신에 대해 언급하면서도 그는 이렇게 썼다. "그(처칠)는 팔레스타인, 트란스요르단, 아라비아에 관련해 맥마흔이 했던 모든 약속(서신을 보지 않은 사람들은 그것을 조약이라 불렀다)을 지켰으며, 메소포타미아에서는 맥마흔이 약속한 것을 훨씬 상회하는 일을 했다. …… 길게 말할 것 없이 영국이 아랍 문제를 깨끗이 해결했다고 믿는 나의 확신만은 분명히 기록해 두고자 한다."[34]

그러나 중동에서 아랍 문제는 처칠의 주요 책임사항이었을 뿐 주 관심사가 아니었다. 오스만제국의 터키어권 지역이 그의 주 관심사였다. 로이드 조지의 튀르크 정책이—그가 볼 때는—위험할 정도로 잘못되어 중동에서 영국의 입지가 와르르 무너질 위기에 처했기 때문이다.

29. 1915년 1월 바스라에 계양된 영국 국기.

30. 1917년 3월 영국군이 입성했을 무렵의 바그다드 거리 풍경.

31. 1917년 12월 예루살렘에서 계엄령을 발포하는 앨런비 장군.

32. 1918년 다마스쿠스에 입성하는 오스트레일리아 경기병 부대.

33. 1919년 3월 앨런비 장군이 알레포에 공식적으로 입성하는 모습.

34. 1918년 11월 오스만제국 병사들이 항복하는 모습.

36. 1918년 12월 콘스탄티노플 앞바다에 떠 있는 칼소프 제독의 기함.

35. 1920년 4월 콘스탄티노플 황궁 앞을 지나는 영국 초병.

37. 미국 대통령 우드로 윌슨.

38. 영국 총리
로이드 조지(오른쪽).

39. 1920년 세브르 조약에 마지못해 서명하는 오스만제국 대표.

40. 1920년 콘스탄티노플 거리를 행진하는 영국 수병들.

41. 1922년 스미르나(이즈미르) 함락으로 폐허가 된 프랑스 거류지의 거리 모습.

42. 1920년 파이살을 폐하고 짧은 기간 지속된 시리아 독립을
종식시킨 뒤 다마스쿠스에 입성하는 프랑스군.

43. 1922년 그리스 병사들 시신이 널브러진 터키의 벌판을 지나는 농부.

44. 터키의 무스타파 케말(케말 아타튀르크).

45. 페르시아(이란)의 레자 칸.

46. 수행원들과 함께 있는 아프가니스탄의 아마눌라 칸(사진 왼쪽).

47. 카이로의 왕궁 정원을 거닐고 있는 이집트 국왕 푸아드 1세(사진 왼쪽).

48. 지지자들에게 연설하는 자급을 파샤. 그가 이끈 와프드당과 술탄의 대립이 1차 세계대전 이후의 이집트 정치를 수놓은 주요 특징이 되었다.

49. 헤자즈의 왕 후세인 빈 알리의 세 아들 (앞줄 의자에 앉은 사람들, 왼쪽부터):
이라크 국왕 파이살, 트란스요르단의 아미르였다가 나중에 요르단 국왕이 된 압둘라,
이븐 사우드에게 점령되기 전 잠시 헤자즈의 왕을 지낸 알리.

50. 퍼시 콕스 및 거트루드 벨과 함께 있는 이븐 사우드. 하심가의 강력한 경쟁자로
그의 추종자들인 와하비 공격으로부터 트란스요르단과 이라크를 지켜준
영국과 대립관계에 있었음에도, 영국과는 내내 좋은 관계를 유지했다.

59. 연합국의 분열

I

로이드 조지의 튀르크 정책에 대한 처칠의 염려는 무시되었다. 총리가 자신의 지위, 재임 시에 거둔 각종 승리, 자신의 잘못을 주장한 주변 전문가들의 지적을 보란 듯이 뒤엎고 자신이 옳았음을 입증해 보인 데서 오는 득의양양함으로 내각 동료들의 견해에는 귀 기울이지 않은 탓이었다. 로이드 조지는 이렇게 그의 힘의 바탕이 되었던 다양한 국내외 정치집단들과의 의견 조율 없이 독불장군 식으로 일을 처리했다.

총리가 다년간 이런저런 연합들로 구성된 태양계의 별이었던 것도 그런 행동을 한 것과 무관하지 않다. 로이드 조지는 자신이 이끄는 자유당과 보수당의 연합으로 하원에서 다수파의 입지를 확보해 연립내각의 수반 자리를 계속 유지했으며, 영국 총리로서 인도제국과 캐나다, 뉴펀들랜드, 남아프리카, 오스트레일리아, 뉴질랜드의 자치령들이 포함된 연합—1차 세계대전 때 연합국에도 포함되었던 연합—에도 지도력을 행사했다. 뿐만 아니라 그는 전시 지도자들 중에서는 1921년까지 총리직을 보유했던 유일한 인물이었다. 그런데 이 연합체계가 아직 복속이 끝나지 않은 오스만제국 영역에서 분열되는 조짐을 보였다.

전시에 연합국에 속했던 유럽 국가들 중 동맹에서 제일 먼저 이탈하고 연합국에 맞서 싸운 나라는 러시아였다. 볼셰비키 정부는 심지어 전쟁이 끝나기도 전에 중동과 중앙아시아 남단에서 러시아의 옛 우방이던 연합국 세력과 전투를 벌였다.

휴전협정이 체결된 뒤에는 전시의 적국이던 터키와 곧바로 실무적 동맹관계를 수립하고 엔베르 파샤 및 무스타파 케말과 양다리 협력 체제를 유지했다. 케말이 연합국과 투쟁을 계속할 수 있었던 것도 소비에트 정부가 제공해준 무기와 자금력 덕이었다. 1921년에는 소비에트 정부와 소비에트 위성국들이 국경을 정하고 협력관계를 수립하는 내용의 포괄적 협약을 케말의 터키정부와 체결했다.

소비에트 정부는 1921년 또 다른 전시 적국 독일과도 협력관계를 수립했다. 엔베르 파샤의 제안을 받은 독일 신군부의 지도층이 소비에트 러시아와 극비 동맹관계를 구축한 것이다. 그에 따른 후속조치도 취해져 엔베르의 친구이자 신군부의 수장인 한스 폰 제크트 장군은 전시 생산, 군사 훈련, 신무기 개발을 담당할 "특수부 RSpecial Branch R"을 국방군 내에 설치했다. 이어 독일군 장교들이 승전국들이 금지시킨 최신 무기—특히 탱크와 비행기—를 러시아에서 연구하고,[1] 독일 산업계는 산업계대로 소비에트 영토에 독가스, 폭탄, 군용기 제조 공장을 세웠다. 독일은 전차 지휘관과 전투기 조종사들의 훈련소도 소비에트 영토에 설립했다. 러시아 장교들도 그에 대한 대가로 독일에 가서, 두려움과 찬탄의 대상이었던 독일 참모부가 개발한 방식으로 훈련받았다. 독일정부도 몰랐던 양국의 이런 은밀한 군사동맹(제크트가 이끄는 독일 군부가 민주적인 바이마르 공화국의 정통성을 인정하지 않고 군을 국가 내의 또 다른 국가로 인식하여 벌어진 일—옮긴이)은 1922년에 체결된 라팔로 조약*의 비밀 조항으로 확인되었다. 그리하여

1922년 다르다넬스 해협에서는 정세가 바뀌었음을 상징적으로 보여주는 사건이 벌어졌다. 종전 무렵에는 오스만군의 참모장을 역임했고 1919년부터는 독일 국방군의 수장직을 맡았던 한스 폰 제크트 장군이 러시아 참모부에 군사 상황을 보고하는, 격세지감을 느끼게 하는 일이 벌어진 것이다. 1차 세계대전이 시작된 1914년만 해도 독일과 터키의 적이었던 러시아가 두 나라의 동맹이 된 것이고, 이렇게 세 나라 모두 이제는 영국의 적이 되었다.

II

러시아에 이어 연합국을 두 번째로 이탈한 나라는 이탈리아였다. 이탈리아는 전전에 터키에 갖고 있던 자국의 경제적 입지를 계속 유지시켜 확장할 욕심과, 아마도 19세기 이탈리아 애국자 주세페 마치니에 고취되어 민족주의 운동을 일으킨 공통점이 있다는 동료의식도 발동하여, 휴전협정이 체결되기 무섭게 오스만제국이 처한 곤경에 동정심을 나타내기 시작했다. 자유로운 인도주의 원칙을 지닌 실용적 정치인으로 1918년 말 콘스탄티노플의 이탈리아 고등판무관에 임명된 카를로 스포르차가 무스타파 케말과 협력관계를 수립하고, 연합국의 과도한 요구에 저항할 것을 촉구하는 일에 앞장선 것만 해도 그랬다. 이탈리아는 전후 파리에서 열린 연합국 회의에서도, 영국과 프랑스가 제안한 평화협정 조건에 반대한다는 사실을 굳이 숨기려 하지 않았다. 영국과 프랑스의 강요로 오스만 술탄이 세브르 조약에 서명하기 직전이던 1920년, 영국 육군성의 고위관리가 그 조약을 거부하려 하는 케말을 이탈리아 정부가 지지하는 움직임을 보인다는 보고서

---

* 1922년 4월 16일 바이마르 공화국과 소비에트 러시아가 양국의 정치 교류와 영사관계 구축을 골자로 하여 체결한 우호조약.

를 작성한 것도 그 점을 말해준다. 외무장관 조지 커즌도 세브르 조약이 체결되기 한 달 전 스포르차에게, 중동에서 보이는 이탈리아의 '불성실한 태도'를 비난했다.[2]

중동에 대한 이탈리아의 목표와 여타 연합국 국가들의 목표는 이렇듯 휴전협정이 체결될 때부터 이미 극명한 차이를 드러냈다. 실용적인 면에서 이탈리아는 연합국을 밀어주어야 할 이유가 없었다. 연합군이 스미르나로 그리스군을 보내, 이탈리아가 권리주장을 하지 못하게 쐐기를 박아버린 뒤로는 특히 그랬다. 이후에 들어선 이탈리아 정부들도 연합국의 정책이 그리스에 편향돼 있다고 판단하고 남 좋은 일 하는 일에는 관심을 보이지 않았다. 이탈리아는 스포르차가 외무장관이 된 1920년 이후에는 특히 그리스를 편들어주어야 할 동맹이 아닌, 영토권을 놓고 다퉈야 하는 경쟁국으로 취급했다. 그러나 이탈리아의 영토권 주장은 연합국의 지지를 얻지 못했다. 이탈리아 당국이 그것을 절감한 때가 바로 아나톨리아 중부 코니아에서 자국 점령군이 케말 군대와 맞닥뜨렸을 때였다. 터키의 이탈리아 점령지로 케말 군이 진격해와도, 연합국의 도움도 못 받고 홀로 대적하다 패할 수 있다는 사실을 이때 뼈저리게 느꼈던 것이다. 그런 이유에다 국내적으로도 경제, 재정, 사회적 상황이 좋지 않게 돌아가자 이탈리아는 결국 터키 영토에 대한 권리를 포기하고 아나톨리아에서 군대를 철수시켰다. 영토 포기 대가로 케말의 앙고라(앙카라) 정부로부터 경제적 특권을 부여받으려는 심산이었다. 실제로 카를로 스포르차는 터키가 경제적 특권을 부여해주면 이탈리아도 상당량의 군수장비를 공급해주는 조건으로 케말 정부와 비밀협정을 체결했다.

세브르 조약(1920)의 내용을 수정하라는 영국과 프랑스 정부에 대한 스포르차의 압박도 계속되었다. 스포르차는 조지 커즌에게 연합국과 케말이 합의에 도달하지 못하면 앙고라 정부가 소비에트 정부와 제휴하는 위험 천만한 일이 벌어질 수도 있다고 엄포 아닌 엄포를 놓았다.[3] 그러나 이탈리아 정부는 여러 가지 이유로 세브르 조약 내용에 반대는 하면서도 공개적으로 이의를 제기하지는 못했고, 영국에도 대놓고 맞서지 못했다.

반면에 이탈리아의 국내 사정은 다르게 돌아갔다. 강도 높은 조치를 취해서라도 이탈리아의 야망을 실현하라고 촉구하는 목소리가 높아진 것이다. 1919년 가브리엘레 단눈치오(1863~1938, 이탈리아의 저명한 작가이자 민족주의자)가 베르사유 조약에 불만을 품고, 추종자들과 함께 피우메의 달마치야 항구(지금의 크로아티아 리예카)를 점령하자 온 나라가 열광의 도가니에 빠져든 것에서도 당시 폭발 직전에 있던 이탈리아인들의 감정을 읽을 수 있다. 베니토 무솔리니(1883~1945)도 그가 발행하는 《이탈리아 인민 Poplolo d'Italia》을 동원하여 승리의 대가를 빼앗겼다고 느끼는 사람들의 울분을 교묘하게 이용하기 시작했다. 좌우파를 막론하고 거의 모든 극단적 견해를 대변하는 선동가—그 자신의 말을 빌리면 "모든 길로 나아가는 모험가"—였던 그는 그런 인물답게 연합국이 중동에서 이탈리아의 전리품을 빼앗아갔다고 비난하면서,[4] 이탈리아가 지닌 "위대한 제국적 운명"을 선포하고, 그러므로 이탈리아는 지중해의 지배세력이 될 자격이 있다고 역설했다.[5] 그는 또 이탈리아가 제국으로 가는 길에 방해가 되는 강대국으로 영국을 지목하고, 이집트, 인도, 아일랜드 반란군에 대한 지원을 제안했다.

그리하여 무솔리니가 파시스트 동조자들의 지지를 얻어 이탈리아 총리가 된 1922년에는 터키와 동지중해 유역의 영토권과 관련해 이탈리아인들이 느끼는 감정이 전보다 한층 보편적이고 지속적인 적대감으로 변해 있었다. 그런 여론을 등에 업고 지중해에서 영국을 완전히 몰아내려는 것이 무솔리니의 정치적 계획이었다.[6] 러시아와 마찬가지로 무솔리니의 이탈리아도 영국제국의 적이 된 것이다.

Ⅲ

미국도 상원에서 베르사유 조약, 국제연맹의 가입, 아르메니아의 위임 통치안이 거부되자 1919~1920년 동안 속해 있던 연합국을 탈퇴했다. 1920년 3월 24일에는 미 국무장관이 윌슨 대통령을 대신해, 워싱턴 주재 프랑스 대사의 질의에 대한 답변 형식으로 새롭게 바뀐 미국의 입장을 발표했다. 파리 평화회의에 미국 대표단을 보내지 않을 것이고, 오스만제국과의 평화협정에도 참여하거나 조인하지 않을 것이지만, 그렇더라도 평화협정에는 미국의 견해가 참작되기를 기대한다는 내용이었다. 문호개방 정책을 취해줄 것*, 조약에 가맹하지 않은 나라들을 차별대우 하지 말 것, 그 지역에 가진 미국의 기존 권리를 계속 유지하게 해줄 것도 함께 요구했다.

미 국무부가 점령지 오스만 영토 내에서 미국의 권리를 법적으로 주장하는 조치를 취하기 시작한 것은 1919년부터였다. 외국인 거류협정에 명시된 터키 주재 미국인들의 권리와 특권은 물론이고, 다르다넬스 해협을 자유롭게 통행할 수 있는 권리, 미국 선교단과 선교단 활동에 대한 보호, 고고학 발굴과 상업활동을 할 수 있는 기회가 포함된 권리였다. 그러나 미국이 주장한 이권들 중에서도 가장 두드러졌던 것은 역시 미국 석유회사들의 특권이었고, 미국과 영국이 충돌을 일으킨 부분도 그것이었다.

미국정부가 뉴욕 스탠더드 석유회사(회사의 머리글자를 따 '소코니Socony'로 불렀다)를 대신해 석유문제를 처음 제기한 것도 그때였다. 1차 세계대전이 일어나기 전부터 중동의 석유 탐사를 시작한 소코니가 팔레스타인과 시

---

* 미국 사업가들에게 중동 지역의 시장을 완전히 개방하라는 것.

리아에서는 (오스만제국으로부터) 특권—다시 말해 그 지역에서 석유 탐사를 할 수 있는 독점적 권리—을 부여받았으나, 그 지역 석유제품의 주 공급처였던 이라크에서는 특권을 부여받지 못한 것이 원인이었다. 소코니로서는 회사의 마케팅 전략상, 이라크에서도 석유 공급권을 따내 판매나 혹은 그와 유사한 상행위를 할 필요가 있었다.

소코니는 1919년 9월 자사의 지질학자 두 사람을 이라크로 보내 석유 시굴을 하도록 했다. 그런데 그들 중 한 명이 부주의하게도 "세계 최대의 석유 매장지일 수도 있는 곳으로 가려고 한다"는 것과 "사업 규모가 어마어마하게 커서" 무슨 일이 있어도 "그 권리는 반드시 미국 시민들에게 돌아가도록" 조치가 취해져야 할 것이라는 요지의 편지를 그의 부인에게 보냈다가 연합국 점령지인 콘스탄티노플의 영국 검열관에게 빼앗기는 사고가 발생했다.[7] 그리하여 검열관이 편지 사본을 런던에 보내주자 영국정부는 즉각 이라크 고등판무관 아널드 윌슨에게 미국 지질학자들의 석유 시굴을 금지시키라는 명령을 내렸다. 그러자 소코니의 요청을 받은 미 국무부가 영국정부에 이의를 제기했다. 이 문제는 영국 외무장관 조지 커즌이 모든 나라에 적용되는 전시 제약 규정에 따라, 평화조약이 완결될 때까지는 그런 활동을 할 수 없다는 그럴듯하지만 전적으로 사실은 아니었던 이야기를 지어내 미국의 계획을 무산시키는 것으로 일단락되었다.

소코니에 이어 두 번째로 이라크 무대에 등장한 미국 회사는 뉴저지 스탠더드 석유회사(지금의 엑슨 사)였다. 이 회사는 1910년에 이미 자사의 수석 지질학자를 이라크로 보내 석유가 매장돼 있는 것이 확실시된다는 결론을 얻었다. 그러나 1차 세계대전이 끝날 때까지 아무 조치도 취하지 않다가 1919년 2월이 되어서야 비로소 회사 사장이 이사회에서 이라크에서의 석유 탐사 문제를 제기했다. 그 한 달 뒤에는 해외 생산 담당 부서장이 파리로 날아가 평화회의의 미국 대표단과 그 문제를 논의했다.

그것도 부족하다고 느꼈는지 나중에는 회사 회장인 앨프레드 C. 베드퍼드까지 나서, 그 문제를 직접 처리하기 위해 유럽으로 건너갔다. 영국과 프랑스가 전시에 전후 중동의 석유자원 분할을 놓고 벌인 각종 협상의 내용이 여전히 비밀로 남아 있었기 때문에—미국정부는 그 무렵까지도 미국의 특권을 배제시키는 결정이 내려지지 않았을 거라는 부정확한 확신에 사로잡혀 있었다—그것도 캐낼 겸 겸사겸사 간 것이었다. 그러다 1920년 4월 27일 산레모 회의에서 중동의 석유 생산을 영국과 프랑스가 사실상 독점하는 내용의 영국-프랑스 석유협정이 체결되자, 베드퍼드는 프랑스 대표단으로부터 그 협정문 사본을 입수해 미국 대사관에 넘겨주었다.

미국정부는 영국과 프랑스가 갖게 될 석유 생산 독점권의 규모로 볼 때, 산레모 석유협정이 미국 회사들뿐 아니라 미국의 국익에도 해가 된다고 판단했다. 1차 세계대전 중 다량의 석유가 육해군에 연료로 사용되면서 석유의 군사적 중요성이 처음으로 부각된데다, 종전 뒤 석유 결핍 사태가 초래되었을 경우에 벌어질 혼란을 체험한 것이 그런 생각을 갖게 된 요인이었다. 원유가가 치솟자 미국 내의 석유 매장량이 고갈될 것이라는 두려움이 광범위하게 확산되었던 것이다. 국무부의 경제 담당 보좌관도 상선과 함대가 벙커유를 안전하게 공급받고, 미국이 세계 유수의 석유와 석유제품 공급지로서 입지를 계속 유지하기 위해서는 "외국 석유 공급권을 확보하는 것이 경제적으로 반드시 필요하다"고 주장하는 글을 썼다.[8]

그러다 1920년 여름 산레모 석유협정의 체결이 공표되어 그것의 존재를 알고 있었음을 마침내 인정할 수 있게 되자 미국은 그에 대해 이의를 제기했다. 그러자 영국 외무장관 조지 커즌은 미국이 전 세계 석유생산의 80퍼센트를 통제하고 있으며, 게다가 자국 통제 하의 지역에서 미국의 이익에 부합하지 않는 요소도 배제시키는 반면, 영국이 통제하는 것은 4.5퍼센트에 지나지 않는다고 미국의 주장에 반박했다.[9] 그에 대해 미 국무장관 베인브리지 콜비가 다시 미국은 알려진 세계 석유 매장량의 12분의 1만 보유했을 뿐이고, 수요가 공급을 초과하고 있으며, 따라서 갈수록 늘어나는 석유에 대한 요구를 충족시키기 위해서는 기존 자원을 자유롭게 개발할 수 있는 권리가 필요하다고 맞섰다.[10]

이렇게 미국과 관계가 소원해지자 영국 관리들은 이라크에서 일어난 반영 폭동과 터키에서 일어난 케말주의 운동의 배후에도 미국 석유업자들이 있지 않을까 하는 의심을 했다. 이라크의 영국 보안장교들에게 체포된 폭동 지도자가 스탠더드 석유회사의 한 자회사가 보낸 서신을 소지하고 있었던 것도, 그들이 미국 자금이 바그다드의 미국 영사를 통해 이라크의 성도 카르발라에 중심을 두고 있던 무슬림 시아파 반도들에게 흘러들었다고 의심할 만한 증거가 되었다.[11]

하지만 그것은 영국의 기우였다. 바그다드의 미국 영사가 영국의 이라크 통치에 반대했던 것은 사실이지만 워싱턴의 입장은 그와 달랐기 때문이다. 미 국무부와 석유회사들 모두 영국의 이라크 통치를 반대하기보다는 그곳에서 영국이 헤게모니를 쥐어주기를 원했다는 이야기다. 석유회사들은 안정적이고 신뢰할 수 있는 정권이 통치하는 지역에서 석유 탐사와 개발 그리고 생산을 하고 싶어 했다. 뉴저지 스탠더드 석유회사 사장이 국무부에, 이라크가 호전적인 부족들의 집합체에 지나지 않고 따라서 영국이 지배하는 정부만이 이라크에 법과 질서를 가져다줄 수 있다는 의견을 개진한 것도 그 점을 말해준다.[12] 국무부 근동국장 앨런 W. 덜레스도 영국과 프랑스가 중동의 그들 정복지에 대한 지배를 포기할 수 있다는 생각에 우려를 나타내고, 실제로 그런 일이 벌어지면 미국 실업계에 몰아닥칠 운명에 두려움을 표시한 여러 관리들 중 한 명이었다.[13] 덜레스에 따르면 이라크 석유 개발권 확보에 나선 미국 석유회사들의 법률 고문이었던 가이 웰먼도, 그의 고객 회사들이 석유 개발에 단독으로 나서기보다는 영국 업자들과 동업을 모색하는 것이 한층 유리할 것이라는 의견서를 냈다고 한다.[14]

영국과 미국의 갈등은 1920년 여름 지질학자들이 이라크 석유 개발의 위험성이 예상보다 커 보인다고 영국정부에 조언해주면서 풀릴 조짐을 보이기 시작했다.[15] 더불어 지질학자들은 석유가 발견되면 매장량이 엄청날 것이고, 그러므로 영국 자본만으로 개발하기는 역부족일 것이라는 진단도 함께 내렸다.[16] 이것과 정치적 이유가 복합적으로 작용하여 영국 석유업계 거물인 존 캐드먼 경(앵글로페르시아 석유회사 대표)이 영국 대표로 미국에 건너가 논의를 시작했고, 1922년 6월 22일에는 뉴저지 스탠더드 석유회사의 앨프레드 C. 베드퍼드 회장이 미 국무부를 방문하여 7개 미국 석유회사의 대표로 이라크에 가서 영국의 석유개발사와 동업 교섭을 벌이겠다는 제안을 했다. 미 국무부도 참여를 희망하는 유자격의 미국 석유회사들을 배제시키지 않는 한 굳이 반대하지는 않겠다는 뜻을 밝혔다. 양측의 협상은 이때부터 본격적으로 진행되었다.*

그리하여 미국과의 갈등은 해소되었으나 유럽에 의한 중동 지배라는, 미국이 부과한 짐도 영국 혼자 오롯이 떠맡게 되었다.

Ⅳ

연합국을 마지막으로 이탈한 나라는 영국의 가장 가깝고도 중요한 동맹 프랑스였다. 사이크스-피코 협정을 준수해야 하는지 여부를 둘러싼 지

---

* 이 협상의 결과물이 이른바 1928년 7월 31일에 체결된 적선 협정Red Line Agreement이다.

루한 싸움과 하심가의 정치적 주장을 영국이 지지한 것이 프랑스의 이탈 요인이었다. 클레망소의 정계 은퇴 뒤에도 그럭저럭 유지되던 두 나라의 동맹관계는 수차례 총리를 역임한 노련한 좌파 정치인으로, 프랑스 내에서 영국과의 동맹을 지지하는 세력의 지도자로 여겨졌던 아리스티드 브리앙이 1921년 1월 총리로 복귀하면서 마침내 균열이 가기 시작했다.

브리앙이 프랑스 점령지인 터키 남부의 실리시아를 포기하기로 한 것이 양국 간 불화의 원인이었다. 프랑스 의회의 지출안 거부로 그곳에 주둔하던 프랑스군 8만 명의 재원을 감당할 길이 없었던 것이다. 게다가 실리시아는 케말의 터키군과 골치 아픈 시리아의 중간에 끼어 있어 프랑스군 주둔지로서 입지조건도 좋지 않았다. 1921년 봄 브리앙이 튀르크 애호가인 앙리 프랭클린-부용 상원의원을 케말의 앙고라 정부에 보내, 프랑스군이 실리시아에서 빠져나올 수 있는 방안을 찾도록 교섭을 벌이게 한 것도 그래서였다. 하원 외사 위원회장을 역임하기도 한 프랭클린-부용은 프랑스 식민주의 파의 지도자여서 무슬림 동맹으로서 터키의 중요성을 확고히 믿는 인물이었다.

그리하여 앙고라를 두 번째로 찾은 1921년 가을 그는 마침내 터키의 대국민의회와 앙고라 조약(앙카라 조약, 프랭클린-부용 협약)을 체결하는 데 성공했다. 프랑스와 터키 간의 전쟁을 종식시키고, 케말의 앙고라 정부를 사실상 터키의 적법한 정부로 인정해준 조약이었다. 그 점에서 앙고라 조약은 터키 민족주의자들이 거둔 최고의 외교적 승리, 무스타파 케말의 말을 빌리면 세브르 조약이 "걸레가 된 것을 전 세계에 입증해 보인" 조약이었다.[17] 그러나 영국에는 그것이 프랑스의 배신이었다. 프랑스와 터키 간의 단독조약이어서도 그랬고, 영국의 피보호국들인 그리스와 이라크를 터키가 마음대로 공격할 수 있게 길을 터주었다는 점에서도 그랬다. 게다가 영국도 눈치 챘듯이 프랑스는 상당량의 군수품도 앙고라 정부에 넘겨주었다.[18] 그리하여 프랑스의 군수품을 얻은 터키와 영국의 지원을 받는 그리스가 전쟁을 하게 됨으로써, 1914년 오스만과의 전쟁에 동맹으로 참전했던 연합국의 두 나라가 이제는 그와 정반대되는 입장에 처하게 되었다.

처칠도 1921년 10월 26일, 프랑스가 케말 정부를 지원할 것임을 알리는 비망록을 내각에 배포했다. "아무려니 프랑스 정부가 이런 일을 했겠습니까만은, 만에 하나 그것이 사실이면 프랑스 정부는 가장 적절한 외교적 용어를 사용해도 '비우호적 행동'으로밖에 말할 수 없는 실책을 저지른 것입니다"라는 내용이었다.[19] 권위 있는 외교용어 사전에도 "한 나라가 다른 나라에 그들이 취한 모종의 행동으로 전쟁이 일어날 수 있다는 경고를 할 때는 흔히 그것을 '비우호적 행동으로 간주될 수 있다고 표현하는 것이 상례'"라고 나와 있는 것으로도 알 수 있듯이,[20] 처칠의 비망록에 사용된 '비우호적 행동'은 상당히 강도가 센 외교적 발언이었다. 요컨대 앙고라 조약으로 프랑스와 영국 간에 전쟁이 발발할 수도 있음을 암시한 말이었다.

처칠은 또 한동안 터키의 민족주의 정부가 동쪽으로 관심을 돌려 이라크의 허약한 파이살 정부를 공격할 수도 있다고 우려했던 만큼, 프랑스가—터키로 하여금 실리시아의 바그다드 철도 구간을 이용할 수 있게 해줌으로써—그들의 그런 행동을 부추길 것으로도 보았다. 처칠의 비망록에도 그것을 시사하는 글이 나타나 있다. "프랑스가 프랭클린-부용 씨를 통해 조약을 체결한 것은 터키에서 프랑스의 이익을 지키기 위해서일 뿐 아니라, 필요하면 언제든 영국을 희생시켜 그 이익을 확보하기 위해서이기도 합니다. 프랑스는 분명 영국도 그리스와 반프랑스 협정을 체결했다고 믿을 거예요." "프랑스는 또" 영국에 의해 이라크 제위에 오른 "파이살 국왕에 대해서도 단단히 화가 나 있습니다."[21] 그러므로 프랑스는 파이살이 파멸하고 영국의 중동정책이 실패하기를 원한다는 것이 처칠의 생각이었다. 그렇게 되면 처칠이 기울인 노력도 물거품이 되는 것이었다.

그러나 프랑스 총리 브리앙이 간과했던 것은 앙고라 조약이 영국의 유럽 정책에도 큰 영향을 미칠 수 있다는 점이었다. 브리앙은 그것도 모른 채 1921년 독일과 관련된 전후 프랑스 정책을 미국이 반대한다는 것을 알고는, 앞으로 재발할지도 모를 독일의 도전을 영국과의 협력으로 돌파해 가려고 했다.* 프랑스가 고립되는 것을 우려하여, 영국-프랑스 상호동맹을 체결할 요량으로 로이드 조지와 조지 커즌에게 접근한 것이었다. 하지만 영국 지도자들은 앙고라 조약으로 야기된 중동의 분란을 해결하지 않으면 상호동맹은 체결할 수 없다는 입장을 보였다. 이후 브리앙 내각은 붕괴했다.

브리앙에 이어 프랑스에는 전임 대통령 레이몽 푸앵카레가 총리로 복귀했다. 푸앵카레는 브리앙의 대척점에 선 인물이어서 영국과 사이가 좋지 않았고, 그러다 보니 외교도 강대국 프랑스를 주축으로 폴란드, 루마니아, 유고슬라비아, 체코슬로바키아와 같은 허약한 중동부 유럽 국가들과 동맹 네트워크를 구축하여 영국 없이 단독으로 진행하려고 했다. 푸앵카레는 그것도 모자라 영국 지도자들에게 프랑스가 (태양 왕) 루이 14세와 나폴레옹의 지배를 받을 때처럼 유럽의 패자가 되려 한다는 암시도 주었다. 영국과 프랑스의 제휴 개연성은 1922년 6월 영국이 협상을 중단함으로써 결국 없던 일이 되었다. 이후에도 양국의 틈은 더욱 벌어졌다.

---

* 휴전협정 체결 직후 육군원수 페르디낭 포슈 장군이 독일-프랑스 국경을 라인 강으로 이동시켜 자연적 경계지로 프랑스의 안전을 보장받으려 했던 당초 계획이 우드로 윌슨과 그의 14개 조항에 막혀 뜻을 이루지 못했고, 그에 대한 보상으로 프랑스의 주요 동맹국들이 체결해준 안전보장 조약 또한 1919년 11월 19일 미국 상원의 거부로 효력을 발휘하지 못했다. 게다가 앞으로 미국의 지지를 얻을 수 있는 개연성도 희박해지자 프랑스로서는 지원세력이 필요했던 것이다.

V

영국의 외교적 고립은 얼마간 무스타파 케말의 외교력, 다시 말해 적국 간에 싸움을 붙여 어부지리를 얻으려는 전략을 구사한 앙고라 정부의 외교력에서 비롯된 결과였다.

하지만 기본적으로 그것은 영국의 정책이 자초한 결과였다. 영국이 옛 오스만 영토에 유럽의 지배권을 수립하려는 결정을 내린 것이 결과적으로 동맹관계의 와해를 불렀거나 혹은—와해를 도운 다른 요소들이 있었다는 전제하에—그로 인해 동맹관계의 와해가 위험한 길로 접어들었다는 의미에서다. 그 점에서 1914년을 전후한 영국 중동정책의 차이점이 가장 뚜렷이 부각되는 부분도 바로 동맹관계였다.

1차 세계대전이 일어나기 전이었던 19세기 영국은 어느 나라도 중동을 침략하지 못하게 수시로 상호협정을 체결하여 유럽 국가들의 갈등이 분출되지 않게 함으로써 국제사회의 안정을 기했다. 하지만 국제사회의 안정을 기하는 데는 협정 체결 못지않게 협정에 이르기까지 과정도 중요한 역할을 했다. 국가들 간의 제휴, 거기서 싹 튼 다각적 협의와 협력의 습성을 익혀가는 과정에서 세계정치가 세련미를 더해갔기 때문이다. 그렇게 보면 중동문제는 본래 가지고 있던 분열성에도 불구하고 세계의 화합에 기여한 면이 있었다.

이랬던 중동이 1915년 애스퀴스 정부가 러시아의 영토적 요구를 들어준 뒤로 분쟁의 씨앗이 되었다. 러시아가 오스만제국의 북쪽 지역을 차지하고—키치너에 따르면—영국이 남쪽의 아랍어권을 차지하기로 합의한 것인데, 그러자 프랑스가 들고 일어나 시리아와 팔레스타인에 대한 권리를 주장했다. 이런 식으로 유럽 국가들은 상대방보다 더 많은 땅을 차지하기 위해 중동에서 너도 나도 영토 쟁탈전을 벌였다. 사정이 이렇다 보니 종전 직후 영국이 자국에 유리한 방향으로 정한 약속에 따라 오스만 영토를 연합국 사이에 분할했다고는 하지만, 그들 중 어느 한 나라라도 팽창 정책을 추구하면 분쟁이 일어날 위험이 상존해 있었다. 그런 판에 로이드 조지가 불난 집에 부채질하듯 그 약속을 취소하고 영국제국이 모든 것을 차지하려는 기도를 하여 분쟁을 불가피하게 만든 것이었다. 게다가 그는 재원도 없으면서 그런 일을 벌였다.

유럽 국가들의 동맹이 와해되는 조짐을 보인 것은 종전 무렵이었다. 전전에 영국과 국제 협력을 이루기 위해 노력한 나라들이 세계정치에 대한 통제권을 상실한 것도 와해를 부추긴 요인이었다. 그러나 영국과 영국의 이전 동맹국들—러시아, 이탈리아, 프랑스, 미국—이 처음으로 충돌하게 된 주요인은 역시 종전 무렵의 중동문제에 있었다. 중동정책으로 야기된 불만이 세계 다른 지역의 정책도 동맹국들과 공통의 기반을 조성하여 펴나가려고 한 영국의 노력에 찬물을 끼얹었던 것이고, 그것이 동맹이 와해되는 결과로 이어졌기 때문이다.

60. 그리스의 비극

I

1919~1920년 동안 로이드 조지는 자신의 힘이 어디에서 나왔는지조차 잊고 지낼 만큼 기고만장했다. 자신이 관장만 했지 지배하지는 못한 각종 동맹과 연합들이 그의 힘의 원천이었다는 사실마저 까맣게 잊고 지낸 것이다. 하지만 이후에 터진 사건들 때문에 그도 마침내 그 사실을 알게 되었고, 동맹이 와해된 1921년에는 전시에 행한 자신의 반튀르크 정책으로 인해 영국정부 내에서조차 따돌림을 받고 있다는 사실을 깨닫게 되었다. 보너 로만 해도 알렉산드로스 국왕 사후에 실시된 총선에서 친연합국파인 베니젤로스 총리가 패하고, 콘스탄티노스 1세가 국왕으로 복위하여 그리스 정부가 재편되자 터키와의 화해를 지지하는 쪽으로 방향을 선회했다. 보너 로는 과반 의석을 가진 정당(보수당)의 당수인데다 공직을 떠나지 않았다면 정책의 변화도 이끌어냈을 만한 힘을 지닌 유력 정치인이었다. 그의 지지자들도 친터키파여서 공직에 있을 동안 총리에게 수시로 친터키 여론을 환기시키는 역할도 했다. 이랬던 그가 1921년 겨울 건강악화로 공직에서 물러나자 총리도 조력을 얻을 정치적 동반자를 잃게 되었다. 보너 로가 없어지니 하원의 분위기도 감지하기 어려웠다. 로이드 조지는 내각의

각료, 외무부, 육군성의 견해가 자신의 그리스-터키 정책에 반대한다는 사실을 알고는 무시했다.

한편 1921년 2월에 개최된 런던 회의가 3월에 폐회하자—연합국 대표, 그리스 대표, 케말 정부 대표가 모두 참석했으나 성과는 내지 못했다—로이드 조지는 그리스 대표단이 머무는 클라리지 호텔로 모리스 행키를 보내, 그리스가 케말군을 공격할 의향이 있으면 군이 말리지는 않겠다는 뜻을 전하게 했다.[1] 그런데 그리스 정부가 이것을 전쟁을 재개해도 좋다고 허용하는 의미로 받아들여 1921년 3월 23일 케말군을 공격하기 시작했다. 그리스군은 엉성한 조직력과 험악한 기상여건도 아랑곳하지 않은 채 고지대로 진격해 올라갔다.

영국 역사가 아널드 토인비도 《맨체스터 가디언》의 통신원으로 당시 그리스군을 동행 취재하다가, 고원으로 올라가는 차량 안에서 이런 기사를 썼다. "아나톨리아에서 그리스군이 내린 군사적 결정이 얼마나 무모한 도박이었고, 케말군을 이기려고 하는 그리스군이 얼마나 불리한 여건에 있는지를 이제야 알게 되었다."[2] 실제로 공격을 시작한 주의 주말, 그리스군은 이뇌뉘 마을에서 케말의 부하 장군 이스메트가 지휘하는 터키군에 격퇴되었다.

그런데도 그리스 정부는 애꿎은 군사령관들에게 공격 실패의 책임을 돌리고는 새 지휘관을 뽑아 전투를 재개하려고 했다. 1921년 4월 7일 구나리스 총리와 각료들이 그리스의 걸출한 장군 이오안니스 메타크사스를 만나 아나톨리아 공격의 지휘권을 맡아줄 것을 요청한 것이다. 하지만 메타크사스는 터키를 전쟁에서 이기는 것은 불가능하다고 하면서 그들의 요청을 거부했다. 터키인들의 민족감정이 발현되어 "자유와 독립을 위해 사생결단의 의지로 싸울 것이기 때문입니다. …… 그들은 소아시아를 터키 땅으로 간주하고 그리스를 침략자로 보고 있어요. 그렇게 민족감정을 내세우는 터키인들에게 우리가 영토 주장의 근거로 내세우는 역사적 권리는 아무 의미도 없습니다. 그들이 옳고 그르고는 별개의 문제예요. 중요한 것은 그들의 감정입니다."[3]

그래도 총리와 각료들은 이제 와 전쟁을 포기하는 것은 정치적으로 불가능하다며 본래의 계획을 그대로 밀고 나가려고 했다. 자신들이 감행하려는 모험의 위험성은 알지만, 여름으로 예정된 마지막 한 차례 공격에 모든 것을 걸어보겠다는 말이었다.

6월 22일에는 연합국까지 나서 그리스-터키 간 중재를 제안하는 메시지를 보냈다. 그러나 그리스 정부는 공격 준비가 완료되어 취소하기에는 이미 늦었다고 하면서 그 제의를 정중히 거절하는 답변서를 보냈다.

그리하여 콘스탄티노스 국왕과 구나리스 총리도 이제는 좋든 싫든 성전의 깃발을 올려야 하는 처지가 되었고, 로이드 조지의 명운도 그에 따라 출렁이게 되었다. 소아시아의 외진 곳에서 벌이는 외국군들의 전투를 지켜보고 결과를 기다리는 것이 그가 할 수 있는 일의 전부였다. 로이드 조지의 비서 겸 연인이었던 프랜시스 스티븐슨에 따르면 총리는,

> 그리스 지원 문제(실제적 지원이 아닌 도덕적인 의미에서의 지원)로 각료들과 대판 싸움을 벌였다. 각료들 중 그리스 편을 드는 사람은 밸푸어와 총리뿐이었다. …… 그런 불리한 여건 속에서도 자신의 뜻을 관철시키는 데 성공했으나, 속으로는 그도 그리스 공격이 실패할까봐 걱정이 많았다. 그렇게 되면 자신의 실책을 인정해야 할 것이기 때문이었다. 총리는 자신의 정치적 평판이 많은 부분 소아시아의 전투 결과에 달려 있다고 말했다. …… 그리스군이 승리하여 베르사유 조약의 정당성이 입증되면 (아나톨리아에서의) 튀르크 지배도

종식될 테고, 그렇게 되면 영국에 우호적인 그리스제국이 수립되어 동방에 가진 영국의 모든 이익에도 도움이 될 것이라는 게 그의 생각이었다. 총리는 그렇게 믿는 자신의 판단이 옳다는 확신에 차 있었으며, 그래서 기꺼이 모든 것을 거기에 걸려고 했다.[4]

1921년 7월 10일 그리스군은 아나톨리아에서 세 갈래 공격을 감행하여 커다란 성공을 거두었다. 그리스 지휘관들이 1월과 4월에 범한 실책을 교훈삼아 7월에는 같은 실수를 되풀이하지 않아 얻은 결과였다. 그리스군의 7월 공격은 아나톨리아 서부의 전략 요충지로 간주되었던 철도 중심지 에스키셰히르를 점령하는 것으로 정점에 달했다.

로이드 조지도 그리스군의 승전 소식을 듣고 뛸 듯이 기뻐하다가 자신의 현란한 말솜씨와 위트 실력으로 정적들에게 통렬한 일격을 가했다. 육군장관에게 이런 글을 쓴 것이다.

그리스 측으로부터 듣자하니 에스키셰히르가 점령되어 터키군 전체가 퇴각 중이라고 합니다. 누가 봐도 이것은 가장 중요한 소식임에 틀림없겠지요. 동방의 미래가 이 전투에 달려 있다 해도 과언이 아닐 테니까요. 그런데도 내가 알기로 육군성은 이 일의 경과에 조금도 주의를 기울이지 않았습니다. …… 육군성 관리들도 이 일에 경악할 정도로 무성의한 태도를 보였고요. 멸시받는 정치인들의 의뢰로 사실관계를 조사해보니, 양군의 병력과 특성에 대한 그들의 정보도 형편없는 오류투성이로 드러났더군요.

이렇게 말한 것도 모자랐는지 총리는 자신이 아껴둔 비장의 축포는 맨 나중에야 터뜨렸다. "육군성에는 이른바 정보부라는 곳도 없나 보죠? 있다면 그곳이 뭘 하는 곳인지 알아보는 게 좋을 것 같군요. 세입세출 예산서를 보면 숫자는 큼지막하게 나와 있는데, 정보에 관한 내용은 눈 씻고 찾으려 해도 찾을 수 없으니 말입니다."[5]

한편 터키군 사령관 이스메트는 그리스군에 제압당한 충격 때문인지 기가 꺾여 에스키셰히르 부근에서 퇴각할 엄두도 못 내고 있었다. 그 부담을 덜어준 것이 케말이었다. 잿빛 얼굴을 한 무스타파 케말이 퇴각을 직접 지휘하기 위해 그곳으로 왔던 것이다. 이스메트는 그 사실을 안 뒤에야 겨우 한시름 놓고 동료 지휘관에게 "파샤가 오고 계시다"라고 말해주었다.[6] 케말이 전투의 지휘권을 직접 잡으려 한 데는 그만한 이유가 있었다. 그로서는 아나톨리아 서부지역을 적에게 내줄 경우 터키인들이 느낄 '도덕적 충격'을 감안해야 했던 것이다.[7] 실제로 국민의회 내에서는 케말의 정적, 그의 개인적 경쟁자, 엔베르 추종자, 패배주의자들이 그에 대항하는 세력을 규합하여 큰 혼란이 빚어졌다. 그런 그들에게 케말은 시간이 조금 흐른 뒤 승부수를 던졌다. 국민의회의 비밀회의를 소집하여 옛 로마의 관례대로 자신에게 3개월 시한의 독재권을 부여해주고 그런 다음 최고 사령관으로서 소임을 다하지 못한 것으로 드러나면 자신이 전적으로 그 책임을 지겠다는 제안을 한 것이다. 그 조건이 승리주의자와 패배주의자들을 다함께 만족시켜 총사령관의 지위를 갖게 되었다.

그리하여 전선에 오게 된 케말은 에스키셰히르 부근에 있던 터키군 병력을 앙고라에서 80킬로미터 떨어진 지점으로 후퇴시켜 사카리아 강의 거대한 만곡부에 포진시켰다. 그러고는 전투가 시작되기 전의 시간을 이용해 그 지역 주민들로부터 물자를 징발했다. 전 주민들에게서 각 세대가 보유한 식량, 의류, 가죽 용품의 40퍼센트와 말을 압류하여 전면전에 대비한 것이다. 병사들에게는 앙고라와 가까운 쪽의 강둑에서 가파르게 솟아오른 산마루와 언덕배기들에 충충이 참호를 파도록 지시했다. 그 결과 8월 중순에는 사카리아 강 만곡부 뒤쪽, 강의 수로가 내려다 보이는 고지에 90킬로미터 길이로 앙고라를 빙 둘러싸는 형태의 강력한 자연적 방어진지가 구축되었다.

그리스군의 진격은 1921년 8월 14일에 시작되었다. 사카리아 강 너머까지 진군할 경우, 병참선이 길어져 교통과 통신이 두절될 우려가 있으니 조심하라는 참모본부 보급부의 경고도 무시한 채 앙고라를 향해 의기양양하게 진군했다. 지휘관들은 사카리아 강을 건널 일은 없을 것으로 보고 참모본부의 경고를 대수롭지 않게 받아넘겼다.[8] 지난번 여세를 몰아 이번에는 승리를 완결 지을 수 있다고 믿은 것이다. 그들은 그리스군과 동행하던 영국군 연락장교들에게도 전투 뒤 앙고라에서 열릴 승전 기념 축하연에 참석해달라며 김칫국부터 마셨다.

진격하던 그리스군이 케말군을 처음 맞닥뜨린 것은 8월 23일이었다. 8월 26일 무렵에는 그리스군 공격이 모든 전선으로 확대되었다. 그리스 보병들은 사카리아 강을 건너, 산마루에 촘촘히 박힌 참호 속 터키군과 혈투를 벌이며 고지를 향해 한 발짝 한 발짝 힘겹게 올라갔다. 그런 야만적 전투를 며칠 아니 몇 주 동안이나 계속하며 하루 평균 1.6킬로미터꼴로 기어 올라간 끝에 겨우 주요 고지를 점령하는 데는 성공했으나, 승리는 그리스군을 비껴갔다. 터키 기병대의 급습으로 식량과 무기 공급을 차단당해 병사들의 힘이 고갈된 것이다. 그리스군은 결국 전투를 포기하고 고지에서 내려왔다. 그러고는 사카리아 강을 도로 건너 9월 14일, 한 달 전 진군을 시작했던 장소인 에스키셰히르로 퇴각했다. 그리스-터키 전쟁이 끝난 것이다.

한편 앙고라에서는 국민의회가 케말을 육군원수로 진급시키고, 기독교 "십자군 전사"인 "이슬람교 전사", 곧 '가지Ghazi'의 칭호를 부여했다.

Ⅱ

1921년 여름부터 1922년 여름까지 1년 동안 양측의 전투가 소강상태에 접어들어, 그리스 총리 구나리스와 외무장관은 그 기간을 이용해 서방 국가들을 순방하며 연합국의 원조를 구했다. 그러나 유럽 대륙의 반응은 싸늘하기만 했다. 런던에서도 외무부의 대사 대기실에 쭈그리고 앉아 조지 커즌을 기다리는 수모를 당했으나 바라던 해법은 나오지 않았다. 로이드 조지도 시원한 답변을 주지 못했다. "개인적으로는 나도 그리스를 지지합니다. …… 그러나 각료들이 반대하여 어쩔 도리가 없어요. 아무리 머리를 싸매도 방법이 나오지 않습니다."[9]

이렇듯 총리도 이제는 그리스에 더는 줄 게 없었다. 그런데도 그는 그들에게 전투를 속행하라고 권유했다. 상황이 좋아질 것이라는 기대하에, 그리스로 하여금 기존 계획을 계속 추진하게 하는 것이 (변변찮은) 그의 정책이었기 때문이다. 1922년 봄에도 그는 베니젤로스(민간인 신분으로 런던에 머물러 지내며, 하원으로 그를 만나러 왔을 때였다)에게, 언젠가 콘스탄티노스 국왕이 권좌에서 물러나면 연합국의 여론도 그리스를 지지하는 쪽으로 돌아설 것이므로 "그동안은 그리스가 기존 정책을 고수해야 한다"고 역설했다. "그리스인들에는 지금이 힘든 시기겠지만 이 기간만 참고 견디면 안정된 미래가 보장될 것입니다. …… 그리스는 광야를 통과해야 해요. 돌멩이들 틈에서 만나manna를 찾아 끼니를 해결하더라도, 현재의 이 혹독한 시련을 이겨내야 합니다." 총리는 "스미르나에 가진 그리스의 목표를 저버리려 하는 그리스인과는 두 번 다시 상종하지 않을 것"이라고도 말했다.[10]

그러나 로이드 조지는 영국정부 내에서도 따돌림을 당할 만큼 심하게 고립돼 있었다. 그러다 보니 그리스 위기를 타개하기 위한 영국의 노력도 사실상 외무장관 조지 커즌의 주도로 진행되었다. 연합국과 공조하여 케말의 민족주의 정부와 화해하려는 것이 그의 계획이었다.

한편 1922년 여름 콘스탄티노스 국왕은 연합국이 자신을 배신할지도 모른다는 두려움에, 아나톨리아에 주둔하던 그리스군 3개 연대와 2개 대대 병력을 콘스탄티노플 맞은편에 위치한 터키의 유럽 지방 트라케로 이동시켰다. 뒤이어 그리스가 전쟁을 끝내기 위해 콘스탄티노플을 점령할 것이라는 그리스 정부의 성명이 발표되었다. 연합국으로 하여금 그리스에 유리한 방식으로 그리스-터키 문제를 해결하게 하려는 궁여지책으로 콘스탄티노스가 어쭙잖은 협박 카드를 꺼내든 것이었다. 아니 좀 더 정확히 말하면 트라케의 그리스군이 콘스탄티노플을 통해 아나톨리아 해안가에 주둔 중인 그리스군에 재합류하는 것을 연합국이 허용해줄 것으로 믿고 도박을 감행한 것이었다. 하지만 웬걸 콘스탄티노플의 연합국 점령군은 그리스군의 도로 진입을 가로막았다.

아나톨리아 주둔 그리스군의 병력 철수는 결과적으로 케말에게 좋은 일만 한 셈이 되었다. 케말이 그 사실을 알자마자 서둘러 허약하고 방만한 그리스군 방어선을 공격하기 위한 계획을 수립하고, 극비리에 병력을 결집시켜 8월 26일 새벽 남쪽 전선을 공략해왔기 때문이다. 그리스군은 이틀간 격전을 벌이다 결국 지리멸렬한 채 퇴각했다. (아테네의 영국 소식통에 따르면) 소아시아의 그리스군 사령관은 "거의 모든 이들에게 실성한 인물로 알려져 있었다"고 한다. 로이드 조지도 나중에 그를 '정신병자'로 불렀다. 그것이 사실인지는 모르겠으나 아무튼 그가 상황 대처 능력이 없었던 것은 분명하다.[11] 그리스 정부는 그보다 한 술 더 떠 9월 14일 터키에 포로로 잡혀 있는 인물을 후임 사령관에 임명했다. 현지 주둔군과의 통신이 두절된 탓에 적군에 포로로 사로잡힌 것도 모르고 최고 사령관에 임명한 것이었다. 당사자는 자신이 사령관에 임명된 사실을 케말로부터 통지받았다고 전해진다.[12]

그리고 1922년 9월 3일 일요일 로이드 조지에게 "그리스를 도와줄 것을 간청하는" 그리스 친구들의 연락이 왔다. 친구 조지 리델에 따르면 그에 대해 총리는 이런 반응을 보였다고 한다.

한동안 뜸을 들이던 그는 그로서는 (아무것도 해줄 것)이 없다는 말과 함께, 콘스탄티노스 국왕의 조치를 강력히 비판했다. 그리스가 패한 책임이 그에게 있다는 것이었다. 특히 그는 무능하고 부적격한 인물을 지휘관에 앉힌 것을 국왕의 가장 큰 실책으로 꼽았다. 로이드 조지는, 그가 아는 한 영국에서 그리스를 지지한 인물은 자신과 밸푸어 그리고 조지 커즌뿐이었다는 말도 덧붙였다. 그러면서 상황이 그렇게 된 것을 개탄했지만, 그로서도 뾰족한 수가 없었다.[13]

그리스는 결국 소아시아에서 철군하기로 결정하고 해안가로 함선들을 결집시켰다. 그러자 병사들이 배 쪽으로 쇄도하여 해안가는 이내 아수라장이 되었다. 촉박한 시간, 다가오는 9월 장마, 진격 중인 터키군과 사투를 벌이며 대규모 병력을 탈출시켜야 하는 고난의 철군이 시작된 것이다.

소아시아의 고대 그리스 사회는 두려움에 휩싸였다. 9월 7일 스미르나의 대주교가 베니젤로스에게 쓴 편지에도 당시의 절박감이 고스란히 배어나 있다.

소아시아의 헬레니즘, 그리스 국가, 전 그리스 민족은 나락으로 떨어지고 있습니다. 그 어떤 힘도 우리를 일으켜 세워 구해주지 못할 것입니다. …… 소아시아의 그리스인들이 겪는 재앙의 불꽃 속에서 …… 그래도 저는 한 가닥 구원을 기대해봅니다. …… 허나 이 편지가 귀하께 당도할 때까지 운명에 정해진 바대로 우리의 목숨이 붙어 있을지가 걱정입니다. …… 어쩌면 희생과 순교로, 귀하께 이 마지막 청을 드리게 될지도 모르겠습니다.[14]

하지만 그의 간청은 허사가 되었다. 베니젤로스에게는 도울 힘이 없었던 것이다. 스미르나의 대주교는 결국 그 이틀 뒤 자신이 예견한 대로 순교의 길을 걸었다. 스미르나의 터키군 사령관이 칼을 휘두르는 무슬림 군중 수백 명에게 그를 넘기자, 군중들이 이발소로 데려가 그의 수족을 절단하고 살해한 것이다.*

1922년 여름의 끝자락 소아시아 최고의 항구도시 스미르나는 종교와 민족적 긴장이 역사와 충돌하면서 폭발한 혼란의 도가니가 되었다. 9월 13일 수요일 스미르나의 아르메니아인 거류지를 시작으로 불타오른 증오의 불길이, 나중에는 그리스 구역과 유럽 구역으로도 누군가 불을 옮겨 붙였거나 혹은 자연적으로 번져나가, 고대 항구도시의 50퍼센트 내지 75퍼센트가 파괴되었다. 스미르나에서 온전한 곳은 터키인 구역뿐이었다. 기독교 도시였던 그곳의 주민만 해도 수십만 명에 달해 도시가 겪은 마지막

---

* 그리스-터키 전쟁이 시작된 이래 무슬림과 기독교 공동체들의 잔혹함은 갈수록 도를 더해갔다. 그리스군도 1919년 스미르나에 처음 상륙했을 때 비무장 터키인들을 도륙했으며, 아널드 토인비도 터키인들이 초토화시킨 그리스 마을들을 찾았다가, 가옥들이 의도적으로 전소된 것을 알게 되었다는 탐방기를 썼다. 마치 음마라도 하듯 한 채 한 채 고의로 불을 지른 것 같아 보였다는 것이다.[15] 콘스탄티노스 국왕도 터키군이 그리스인 시신들의 살가죽을 벗겼다고 비난했으며,[16] 토인비는 1921년의 전투 때도 그리스군이 모든 마을의 터키인 민간인들을 집에서 몰아냈다고 주장했다.[17]

참화 속에 죽어간 사람이 어느 정도였는지 가늠조차 되지 않았다. 그곳의 참사가 외부에 처음 알려진 것도 《시카고 데일리 뉴스》 특파원 덕이었다. 그는 폐허로 변한 도시 한가운데서 휴대용 타자기로 이런 기사를 썼다. "너저분한 터키인 구역만 남았을 뿐 스미르나는 종언을 고했다. 이곳의 소수민족 문제가 영원히 해결된 것이다. 화재의 원인도 명확히 밝혀졌다. …… 불을 낸 것은 터키의 정규군 병사들이었다."[18] 그러나 친터키파 학자들은 지금도 대다수 사람들이 믿는 이 비난의 글을 사실로 인정하기를 거부한다.[19]

한편 불타는 항구에서는 미국, 프랑스, 영국, 이탈리아 함선들의 탈출 작업이 분주하게 진행되었다. 그러나 구조방식은 나라마다 차이가 있었다. 배에 오르는 사람은 무조건 받아준 이탈리아와 달리 미국과 영국은 자국민들만 승선을 허용하고 타민족은 배에 태우지 않았으며, 프랑스는 프랑스어로 프랑스인이라고 신분을 밝히는 사람만 배에 태워주었다. 그러다 나중에는 영국과 미국도 국적에 상관없이 모든 난민들에게 도움의 손길을 뻗쳤다. 이후 몇 주간에 걸쳐 그리스와 연합국은 징병 연령에 달한 그리스인과 미국인들은 모조리 전쟁포로로 간주하겠다는 케말의 위협에 맞서 스미르나의 민간인들을 대량으로 탈출시켰다. 그리스군 철수도 완료되었다.

이런 식으로 1922년 말까지 터키에서 도망치거나 쫓겨난 그리스인만 해도 150만 명에 달했다. 당시 《토론토 스타》의 종군 특파원이었던 미국 소설가 어니스트 헤밍웨이*도, 30미터나 길게 줄서 있던 그리스 난민들의 비참한 행렬을 보았으며, 마음속에서 그 모습을 떨쳐버릴 수 없었다는 글

---

* 스미르나에서 벌어진 잔혹행위는 그의 첫 문집 『제5열과 첫 번째 마흔 아홉 개의 단편들The Fifth Column and the First Forty-Nine Stories』에 실린 유명한 이야기들 가운데 하나인 "스미르나의 부두에서"의 배경이 되었다.

을 썼다. 하지만 그런 광경이 낯설지만은 않았던 크로아티아 출신의 하숙집 여주인은 "허물은 도끼에만 있는 게 아니라 나무에도 있다"는 터키 속담을 그에게 들려주었다.[20] 그로부터 몇 주 뒤에는 그 못지않게 그럴싸한 말들이 여기저기서 흘러나왔다. 연합국 정치인들이 양심을 찾아 헤매던 끝에, 그들 나름의 방식으로 재난의 책임을 다른 곳에 전가할 수도 있다는 사실을 깨달은 것이다.

영국에서는 스미르나 참사가 프랑스, 이탈리아, 볼셰비키, 러시아, 특히 미국 때문에 빚어졌다는 인식이 지배적이었다. 워싱턴 주재 영국 대사가 1922년 10월 미 국무장관에게 이렇게 말한 것에도 그 점이 드러난다. 연합국은 생경하고 시간을 많이 요하는 방식, 다시 말해 국제연맹이 부과한 위임통치 방식으로 중동을 분할하는 데 동의했고, 그것도 순전히 미국을 위해 그런 것이었는데, 미국은 오스만제국과의 평화협정 체결을 거부하여 일을 그르치게 했다. 미국은 또 위임통치를 부여받은 연합국이 콘스탄티노플, 다르다넬스 해협, 아르메니아를 점령하고 보호하는 것에 동의해놓고도 2년 뒤 그 약속을 저버렸다. 영국 대사가 미 국무장관에게 암암리에 말하려고 했던 것은 결국 이것이다. 1919년 연합국은 그들 나름대로 문제를 해결할 수 있었고, 그랬으면 뒤탈이 없었을 것이다. 그런데 미국과 의견을 조율하고 공조하느라 수년이 소요되었고, 그동안 영국은 새로운 짐을 떠안게 되어 미국의 머릿속에서 나온 위임통치령을 이제는 홀로 지켜야 하는 중책까지 떠맡게 되었다.[21]

찰스 에번스 휴즈 미 국무장관도 지지 않고 이렇게 응수했다.

대사도 어쨌거나 잠시라도, 이번 사태는 영국정부에도 책임이 있다는 점을 인정하지는 않았어요. …… 게다가 미국은 중동 세력권에서 땅을 얻으려

하지도 않았고 콘스탄티노플에서 진행된 음모에도 가담하지 않았습니다. …… 지난 1년 반 동안 그리스군이 벌인 재앙에도 책임이 없고요. …… 근래의 재난은 지난 1년 반 동안 유럽 국가들이 수행한 외교 때문에 벌어진 것입니다.[22]

그러나 알고 보면 양측이 이런 책임공방을 벌이게 된 주요인은, 윌슨 대통령의 임기가 끝나고 워렌 G. 하딩이 제29대 미국 대통령으로 선출되면서 미국 외교정책에 일어난 근본적 변화에 있었다. 기독교 후원, 특히 미국 선교대학과 선교활동 후원을 중동정책의 주 목표로 삼은 윌슨과 달리 하딩은 그런 사안에 관심이 없었다. 터키군이 스미르나로 진격하자 감리교 감독교회 협의회와 같은 미국 교회단체들이 미국정부에 군대를 파견해서라도 기독교도들의 학살을 중지시키라고 요구할 때도, 하딩 대통령은 국무장관에게 이렇게 말했다. "솔직히 말해 평화를 증진시키는 데 열과 성을 다하다가도 경쟁적인 종교를 믿는 사람들에게 전쟁을 벌이는 교회 지지자들을 끝까지 견뎌내는 것이 나로서는 쉽지가 않소."[23]

두 사람의 차이점은 그뿐만이 아니었다. 기독교도들이 자유롭게 선택한 정부의 지배를 받을 수 있게 하는 것을 중동정책의 또 다른 주요 목표로 삼았던 윌슨과 달리 하딩은 그것을 중시하지 않은 것이다. 그러다 보니 그의 정책도 미국의 이익을 보호하는 데 한정되었고, 중동에서는 그것이 대부분 석유와 관련된 미국의 상업적 이익을 지키는 것을 의미했다. 게다가 터키의 케말 정부도 미국 기업그룹에 석유 시굴권을 부여해줄 뜻을 밝혔기 때문에, 석유회사들이 필요로 하는 터키 내 안전과 안정된 기업 환경이 조성될 개연성도 높아지는 듯했다. 터키가 미국 기업들에 자진하여 문호를 개방하려는 그런 태도는 미 국무부도 환영하는 입장이었으므로, 그것도 케말 정부에 대한 미국의 인식에 영향을 주는 요소로 작용했을 것이다.

그 점은 미 국무장관이 1922년 10월 보스턴에서, 스미르나 참사 뒤 그리스인, 아르메니아인, 그 밖의 기독교도들이 처한 곤경을 언급한 연설 내용에서도 찾아볼 수 있다. "물론 터키군이 자행한 무자비한 행위에 대해서는 조금도 변명의 여지가 없습니다. 허나 그리스군의 아나톨리아 침략, 그들이 그곳에서 수행한 전쟁, 그리스군 퇴각 때 일어난 끔찍한 일들, 마을들이 불에 타고 파괴와 잔혹함이 난무한 일들을 고려하지 않은 상황에 대해서도 공정한 평가가 이루어졌다고는 볼 수 없지요." 이렇듯 잔혹행위는 양쪽 모두에 의해 자행되었고, 그러므로 미국이 개입했어야 한다는 주장도 옳지 않다는 것이 미 국무장관의 논점이었다. 그는 모든 상황이, 미국이 당사자가 아닌 전쟁의 결과로 빚어졌다는 점도 함께 지적했다. 그 상황과 밀접히 연관된 연합국도 개입하지 않은 마당에 미국이 개입할 책임은 없다는 것이었다. 따라서 미국의 노력을 터키에서 미국의 이익을 지키는 데 한정시킨 것도 지극히 당연하다는 것이 그의 논리였다.[24]

Ⅲ

한편 케말의 마지막이자 다음 진격 목표는 콘스탄티노플과 터키의 유럽 지방인 동부 트라케였다. 그에 따라 중립을 표방하는 콘스탄티노플의 연합국 점령군도 난처하게 되었다. 실제로 터키군이 진군해오자 연합국은 당혹감을 감추지 못했다. 지금까지는 전쟁을 강 건너 불구경 하듯 했는데 케말이 공격해오면 그들도 어찌됐든 싸워야 할 것이었기 때문이다.

영국도 같은 이유에서 케말의 진격에 깜짝 놀랐다. 《타임스》도 1922년 9월 4일자 신문에서는 "그리스군이 배후를 확실히 지키는 것은 맞지만, 그 정도는 심하게 과장되었다"는 기사를 내보냈다가, 9월 5일에는 "그리스군의 패배"를 머리기사로 대문짝만하게 실었고, 9월 6일에는 다시 "심각한 상황"이라는 머리기사를 썼으며, 9월 중순부터는 "근동의 위난," "근동의 위기" 같은 톱기사들을 정기적으로 게재하는 상황이 되었다. 유명인들의 결혼, 연극 개막, 골프 대회 등이 실리던 지면도 불에 타는 스미르나 사진으로 대체되었다. 휴전협정 체결 4년 뒤 영국인들이 졸지에 머나먼 콘스탄티노플을 지키기 위해 전쟁을 할 수도 있다는 쇼킹한 뉴스를 접하게 된 것이다. 전쟁은 대다수 영국인들이 진절머리를 내는 일이었다. 그런 판에 그런 뉴스까지 나오자 여론의 향배도 즉각 나라를 그 지경에 몰아넣은 정부의 교체로 기울어졌다. 하지만 영국 지도자들의 생각은 달랐다. 그들 마음속에는 언제나 콘스탄티노플과 다르다넬스 해협이 갖는 해상운송의 세계적 중요성, 유럽에 속한 동부 트라케의 입지 조건이 특별한 위치를 점했던 것이다. 결국 이번에도 친터키파였던 윈스턴 처칠이 로이드 조지의 구원투수로 나섰다. 1922년 9월 그는 내각에서 이렇게 말했다. "아시아와 유럽을 가르는 바다의 경계선은 이루 말할 수 없이 중요합니다. 따라서 우리가 가진 힘의 한도 내에서 모든 수단을 강구하여 그곳을 지켜야 합니다. 갈리폴리 반도(동부 트라케)와 콘스탄티노플이 터키 손에 들어가면, 우리가 거둔 승리의 열매도 물거품이 될 거예요."[25] 로이드 조지도 처칠의 발언에 전적으로 동의하는 말을 했다. "무슨 일이 있어도 터키가 갈리폴리 반도를 차지하도록 내버려두어서는 안 됩니다. 그곳은 세계 최고의 전략적 요충지예요. 다르다넬스 해협의 폐쇄로 전쟁이 2년이나 연장되었던 것만 봐도 그곳의 중요성을 알 수 있지요. 갈리폴리 반도를 터키에 내주는 것은 상상도 할 수 없습니다. 싸워서라도 그런 일이 일어나지 않도록 기필코 막아야 해요."[26]

9월 중순에는 그간 터키와 연합국 사이에서 완충 역할을 해주었던 마지막 그리스군마저 철수하여 터키와 연합국 간의 교전은 이제 코앞에 닥친 일로 보였다. 실제로 영국에서는 9월 15일부터 비상 각료회의가 연달아 소집되는 등 분위기가 심상치 않게 돌아갔다. 처칠은 각료회의에서 "미국의 입장 발표가 늦어져 연합국 군대가 지리멸렬해진 것이 연합국의 불행일 것"이라고 말하면서도, 그렇다고 "없는 병력을 있는 척 허세부리는 작전을 쓰는 것에도" 자신은 "전적으로 반대하기 때문에" 군대가 필요하다고 주장했다.[27] 그러면서 부족한 병력 보강을 위해서는 영국 자치령*과 프랑스의 지원을 받아야 할 것이라고도 역설했다.

1922년 9월 15일 내각은 결국 터키의 중립지대를 수호하기로 하는 안이 채택되었다는 것과 군사원조를 요청하는 전문을 자치령들에 보내기로 결정하고, 처칠에게 전문의 초안—로이드 조지의 서명을 받아야 했으므로—을 작성하도록 했다. 그리고 자정 직전 암호화된 그 전문을 자치령 총리들에게 발송했다.

일반 국민들에게도 사안의 중대성을 알릴 의무가 있다는 내각의 결정이 내려져 9월 16일 로이드 조지와 윈스턴 처칠은 대 국민 성명서를 작성, 당일 석간신문들에 게재했다. 두 사람 외에는 누구도 몰랐던 성명서에는 이런 내용이 담겼다. 영국정부도 터키와의 평화회의가 개최되기를 바라지

---

* 영국이 자치령들로부터 병력을 차출하지 못하고 그들의 지원을 받아야 했던 것은 1차 세계대전 이후—그리고 1차 세계대전의 결과로—자치령들에 생긴 입지 변화 때문이었다. 1919년 파리 평화회의에서 남아프리카의 얀 크리스티앙 스뫼츠, 캐나다의 로버트 보든 총리, 오스트레일리아 윌리엄 휴즈 총리가, 영국 및 여타 연합국 대표와 동등하게 자신들에게도 주권국 대표에 걸맞은 대우를 해달라고 요구하여 성공을 거둔 것이다. 스뫼츠와 남아프리카 총리 루이스 보타는 영국이 당시 프랑스에 안전보장 조약을 제안할 때도 로이드 조지로부터 자치령들은 그런 조약에 구속시키지 않겠다는 동의를 얻어냈다. 따라서 그때부터는 이론상 영국이 전쟁을 해도 한 두 자치령들은 중립을 표방하는 것이 가능해졌고,[28] 1922년에 그 이론적 개연성이 시험대에 오른 것이었다.

만 터키가 총부리를 겨누는 상황에서 그런 회의가 열리는 것은 불가능하다. 연합국이 상대적으로 허약한 무슬림 터키에 패했을 경우 무슬림권에 미칠 영향도 우려된다. 무슬림권이 그것에 자극받아 식민 지배를 벗어나려 할 것이기 때문이다. 케말의 위협을 막기 위해서는 프랑스, 이탈리아, 자치령들과 합동 군사행동을 하는 것도 필요할 것이므로 이 나라들과도 협의했다.[29]

그러나 여론의 반응은 좋지 않았다. 성명서의 호전적 논조에 불안감을 느낀 탓이었다. 《데일리 메일》에도 "이 새로운 전쟁을 중단하라!"는 전단 표제가 큼지막하게 실렸다.[30] 연합국도 성명서에 우려를 나타냈다. 프랑스 총리 푸앵카레는 영국이 허락도 없이 자신의 이름을 판 것에 발끈하여 중립지대의 최전선에 있던 프랑스군의 철수를 명령했으며, 이탈리아도 곧바로 같은 조치를 취했다. 그리하여 중립지대에는 이제 영국군만 달랑 남게 되었다.

자치령 총리들도 불쾌감을 드러냈다. 영국정부가 보낸 암호전문을 그들이 미처 해독하기도 전에 캐나다, 오스트레일리아, 뉴질랜드 신문들에 쉬운 영어로 작성된 성명서가 먼저 실린 것이었고, 그러다 보니 처칠과 로이드 조지가 그들에게 생각할 틈도 주지 않고 채근한 셈이 되었기 때문이다. 캐나다와 오스트레일리아는 그에 대한 항의 표시로 병력 지원을 거부했다. 영국제국의 정체에 변혁이 일어난 것이다. 영국 자치령들이 모국의 전쟁에 가담하기를 거부한 것은 그때가 처음이었다. 남아프리카도 침묵을 지켜, 자치령 중에서는 유일하게 뉴질랜드와 뉴펀들랜드만 성명서에 우호적 반응을 나타냈다.

9월 22일에는 처칠이 로이드 조지의 요청에 따라, 터키의 군사적 동향을 감시하는 역할을 맡게 될 내각 위원회의 장을 맡았다.[31] 처칠이 친터키에서 반터키로 입장을 바꾸자 그것을 비난했던 대법관 버컨헤드 백작(F. E. 스미스)도, 9월 말 무렵에는 매파의 지도자가 되어 로이드 조지와 처칠 그룹에 합류했다. 그것(터키와 일전을 벌이는 것도 마다하지 않는 것)은 명예가 걸린 일이고, 따라서 영국이 힘에 굴복하는 모습을 보여서는 안 된다는 것이 그의 지론이었다.[32]

그러나 언론의 반전 캠페인은 그치지 않았으며 대중의 반전집회도 열렸다. 노동조합 대표들도 총리 관저로 로이드 조지를 항의 방문했다.

외무장관 조지 커즌은 그 사이 파리로 건너가 연합국과의 공동전략을 모색했다. 그리하여 9월 23일 푸앵카레 및 스포르차와 체면이 깎이지 않는 한도 내에서 케말이 원하는 지역들—트라케 동부, 콘스탄티노플, 다르다넬스 해협—을 양도하기로 하는 안에 합의했다. 굴복이 아닌 교섭에 의한 타결의 모양새를 갖추려는 고육지책이었다. 조지 커즌은 여러 가지 이유로 이번 회동에 진한 아쉬움을 느꼈다. 푸앵카레의 호된 비난까지 받게 되자 그는 결국 복받치는 감정을 주체하지 못해 눈시울을 적시며 옆방으로 몸을 피했다.

한편 영국과 터키군은 다르다넬스 해협의 아시아 쪽 연안에 위치한 도시로 지금은 트로이 유적 관광의 출발지로 이용되는 차나크(지금의 차나칼레)에서 대치하고 있었다. 프랑스와 이탈리아군 부대가 그들의 막사로 철수해버려, 소규모 영국군 부대만 적군이 발포하기 전에는 절대 먼저 발포하지 말라는 상부의 명령에 따라 가시철조망 뒤에서 경계를 서고 있었다. 터키군 선발대는 9월 23일 영국군이 있는 경계선 쪽으로 진군해왔다. 발포하지는 않지만 그렇다고 물러서지도 않으면서 자신들의 입지를 굳건히 지켰다. 며칠 뒤에는 더 많은 터키군이 도착하여 9월 말에는 터키군 4,500명이 중립지대에서 영국군 병사들에게 말을 거는 상황이 되었다. 그래도 먼저 발포하지는 않겠다는 표시로, 총은 총구가 뒤쪽으로 향하게 들고 있었다. 그렇게 맥 빠지는 대치가 며칠간 이어지는가 했는데 9월 29일 영국 정보부가 드디어 자신들이 수집한 정보를 내각에 발표했다. 케말이 소비에트 러시아의 압박에 못 이겨 이튿날 공격을 감행할 것 같다는 내용이었다. 그것은 그릇된 정보였다. 그런데도 사실로 받아들여져 군부 지도자들은 즉각 내각의 승인을 받아 케말에게 보낼 단호한 최후통첩을 작성했다. 발포할 수도 있다고 으름장을 놓는 내용이었다.

다행히 현지 영국 사령관이 런던의 지시를 무시하여, 영국을 전쟁으로 몰아갈 수도 있었을 최후통첩은 케말에게 전달되지 않았다. 사령관은 최후통첩을 전달하는 대신 케말과 휴전협정을 체결하기로 합의하여 일촉즉발의 위기를 넘겼다. 케말이 언젠가는 차지하게 될 지역들의 점령을 뒤로 미루기로 함으로써 연합국의 체면을 세워준 데는, 로이드 조지와 처칠이 막무가내로 일을 저지를지 모른다는 우려를 포함해 몇 가지 이유가 있었다. 실제로 케말이 터키의 유럽 지역을 침략했다면 전쟁은 일어났을 것이다. 이렇게 보면 영국 지도자들의 결연한 태도가 결국 케말의 군사행동을 막은 것이 된다. 로이드 조지와 처칠의 실제 입지가 매우 취약했다는 점에서 그들이 이룬 개가는 더욱 의미가 깊었다.

그리하여 먼젓번보다 한층 진땀나는 협상을 거친 뒤 10월 11일 오전 터키 북서부 부르사의 항구도시 무다니아에서는 양측의 휴전협정이 체결되었다. 이 협정은 10월 14일 자정을 기해 발효되었다. 중요하고 본질적인 문제는 평화회의가 열릴 때까지 미정인 채로 남겨두었으나, 케말도 본질적으로는 민족계약에 그 스스로 명시를 했고 따라서 그때부터 이루기 위해 노력했던 목표, 아나톨리아와 트라케 동부에 터키 독립국을 수립하려는 목표는 달성한 셈이었다. 과연 그로부터 오래지 않아 케말의 터키는 콘스탄티노플, 다르다넬스 해협, 트라케 동부를 연합국으로부터 양도받았다.

1922년 11월에는 술탄이 케말의 국민의회에 의해 폐위되어 국외로 도피했다. 수백 년 역사를 지닌 오스만제국이 마침내 종언을 고한 것이다. 그에 따라 터키도 500년 동안 중동을 지배한 중동 역사와 결별하고 유럽의 일원이 되기 위한 채비에 들어갔다.

Ⅳ

차나크 위기와 휴전협상은 영국에 두 가지 뚜렷한 양상을 드러내 보여주었다. 하나는 프랑스와 관련된 것으로, 휴전협상에 참여한 프랑스 대표가 터키 대표에게 영국의 요구를 거부하도록 부추기며 악의적으로 행동한 것이었다. 터키와 위기를 겪는 내내 프랑스가 보인 행동의 결정판으로 그런 적대감을 보인 것이었다. 따라서 영국으로서는 배신감을 느낄 수밖에 없었고, 그에 따라 영국 지도자들도 이제는 프랑스가 영국의 중동정책에 실망해 영국과의 제휴를 재평가하고 종국에는 그것을 거부했던 것처럼, 프랑스를 새롭고 걱정스런 시각으로 바라보게 되었다. 머지않아 남아프리카 총리도 사퇴한 로이드 조지의 후임 총리에게 이런 서한을 보냈다. "프랑스는 다시금 예전의 그 모든 위험한 본능이 내부에 살아 움직이는 유럽대륙의 지도국이 되었습니다. …… 세계의 열강이 되려는 것이죠. 케말과도 지극히 위험한 반동맹 게임을 벌였으니, 야망을 실현하는 과정에서 자신들의 유일한 적국이 영국이라는 사실도 부득불 깨닫게 될 것입니다."[33]

차나크 위기로 드러난 두 번째 양상은, 로이드 조지, 버컨헤드, 처칠, 재무장관 로버트 혼, 보수당 지도자 오스틴 체임벌린과 같은 내각의 측근 그룹이 보인 무모한 행동이었다. 그들이 전쟁을 하고 싶어 한다는 인상을 받았던 것은 비단 대중과 언론만이 아니었다. 정치인들도 같은 인상을 받았다. 해군장관만 해도 "로이드 조지, 윈스턴, 버컨헤드, 혼은 물론이고 오스틴마저 전쟁을 갈망하는 것 같다"는 느낌을 받았고,[34] 내각 장관 모리스 행키도 1922년 10월 17일자 자신의 일기에 윈스턴 처칠이 "터키가 영국을 공격하지 않은 것을 상당히 노골적으로 유감으로 여겼다"는 글을 적었다. 모리스 행키는 그 부분에서는 로이드 조지도 처칠과 생각이 같았을 것으로 믿었다.[35]

《타임스》도 10월 2일자 신문에서 내각의 각료들을 "경솔하고, 우유부단하고, 무능하다"고 공격한 뒤 "만에 하나 그들이나 그들 중 누군가가 전쟁을 벌이려는 계획을 세워 그것을 정치적으로 이용하려 한다면, 결코 용서받지 못할 것"이라는 경고성 기사를 내보냈다.

개인적으로 로이드 조지에 대해 '악마 같은 인간'이라는 관점을 갖고 있던 보수당 소속의 각료 스탠리 볼드윈도 그의 부인에게 이런 말을 털어놓았다. "알고 보니 로이드 조지가 전쟁을 열렬히 지지하여 터키와 한판 붙을 생각을 했더군. 터키와의 전쟁을 '기독교' 대 이슬람 전쟁으로 몰아갈 계획을 했던 거야. …… 그것을 등에 업고 총선을 실시하면 집권을 몇 년 더 연장할 수 있을 것으로 계산한 거지."[36] 반면에 보너 로는 그와 상반되는 우려를 나타냈다. 총리가 총선을 승리로 이끌기 위해 강화를 먼저 한 다음, 재선이 된 뒤에 전쟁을 지지하는 쪽으로 입장을 선회할 것으로 본 것이다.[37]

총리가 전쟁을 원한 것은 사실이었다. 조지 리델이 "영국민들은 전쟁이 다시 일어나는 것을 결코 묵과하지 않을 걸세"라고 말했을 때도 로이드 조지는 "아니 내 생각은 다르다네"라고 하면서 이렇게 말했다. "다르다넬스 해협에 관한 한 영국민들은 필요하다면 무력을 사용해서라도 그곳을 지키려고 하는 정부의 행동을 지지할 거야."[38] 그 몇십 년 뒤에 집필한 회고록의 차나크 부분에서도 그는 "나는 분명히 싸우려고 했고, 영국의 승리도 확신했다"는 점을 인정했다.[39]

V

한편 차나크 사건이 종착역을 향해 달리고 있을 즈음 그리스에서는 군사혁명이 일어났다. 육군 중령 두 명과 해군 대위 한 명으로 구성된 장교 3인방이 군사 쿠데타를 일으킨 것이었다. 그러나 예상과 달리 혼란만 야기되었을 뿐 큰 저항은 일어나지 않아 일은 일사천리로 진행되었다. 1922년 9월 26일 내각이 사퇴하고 이튿날 아침에는 콘스탄티노스가 폐위되었으며 오후에는 그의 맏아들이 게오르기오스 2세로 제위에 올랐다. 9월 28일에는 혁명군의 주력부대가 아테네로 진군했다.

그리하여 실권을 갖게 된 장교 3인방은 정권을 잡자마자 즉시 구 정부의 지도자들을 체포했다. 11월 13일에는 영국의 항의에도 불구하고 구나리스와 다수의 각료들을 군사재판에 회부했다. 법률적 용어로 그럴싸하게 포장했지만 그들에게 붙여진 장황한 죄목에서 적법성을 찾기는 힘들었다. 국가적 재앙을 초래한 책임을 물은 정치적 기소에 지나지 않았다.

군사법정의 평결은 11월 28일 새벽에 발표되었다. 여덟 명의 피고인 전원에게 반역죄가 적용된 가운데 두 명에게는 종신형이 선고되고 총리 구나리스를 포함한 피고인 여섯 명에게는 사형이 선고되었다. 그로부터 몇 시간 뒤 여섯 명의 사형수는 아테네 동쪽 히메토스(이미토스) 산 부근의 형장으로 끌려나왔다. 그곳에는 12미터 간격으로 이미 매장 구덩이들이 파여 있었고, 사형수들 앞 15보 전방에는 사격부대도 도열해 있었다. 사형은 정오 직전에 집행되었다. 구나리스를 비롯한 사형수들 모두 눈가리개 쓰기를 거부하여 두 눈을 뜬 채로 죽었다.[40]

1922년 10월 9일 그간 정계를 떠나 있던 보수당 당수 앤드루 보너 로가 그 전날에 기고한 글이 《타임스》와 《데일리 익스프레스》에 나란히 실렸다. 얼핏 보기에는 차나크 위기 때 로이드 조지 정부가 취한 단호한 조치를 옹호하기 위해 쓴 것 같았으나, 그 외의 다른 중요한 논점도 담겨 있었다. 다르다넬스 해협의 출입을 자유롭게 하고 기독교인 학살을 방지하는 것과 같은, 영국이 지키려고 한 이익이 전적으로 영국만을 위한 것이 아니라 전 세계를 위한 것이기도 했다는 점을 강조한 것이 좋은 예다. 로는 이렇게 썼다. "(그러므로) 그것을 지키는 책임을 영국제국에만 지우는 것은 적절하지 않다. 영국군이 다르다넬스 해협과 콘스탄티노플에 주둔하는 것은, 영국군 단독으로 군사행동을 해서가 아니라 전쟁에서 승리한 연합국의 결정에 따른 조치였고, 연합국에는 미국도 포함돼 있다."

보너 로는 자주 인용되는 문구로, 미국과 연합국이 그 부담을 나누어 지지 않으려고 하면 영국도 그 책임을 질 필요가 없다고 주장했다. "영국만 세계경찰이 될 수는 없다. 영국 내 재정과 사회적 여건이 그것을 허락하지 않는다." 로는 또 프랑스가 유럽과 아시아에서 분명한 입장을 취하지 않으면 영국도 독일과 체결한 조약을 집행하지 않고, 자국의 이익에만 관심을 쏟는 미국의 본을 따를 수밖에 없다는 점을 프랑스에 경고할 필요성도 제기했다.[41]

전반적으로 볼 때 보너 로의 글은 이미 시행된 정책에 이의를 제기한 것이기보다는 미래의 정책에 제언을 한 것이었다. 그럼에도 그의 글에서 풍기는 고립주의적 논조와 영국이 세계의 경찰이 될 수 없다—문맥과 상관없이 자주 인용되는 말이다—는 주장은, 로이드 조지의 정책을 위험하고 야망만 터무니없이 크다고 본 정치인들에게 많은 공명을 불러일으켰다. 또한 건강도 웬만큼 회복된데다 공개적 행보도 개의치 않는 것으로 볼 때 그의 정계 복귀 개연성도 점쳐지는 상황이었고, 그렇게 될 경우 미묘하게 유지되었던 보수당 내의 힘의 균형이 깨져 연립내각이 위태로워질 수 있었다.

보너 로는 외교정책을 취사선택하는 데도 선견지명이 있었다. 전통적으로 토리당(보수당)은 친터키 색이 강해 총리의 친그리스 성전에서 소외돼 있었다. 10월 2일 완고한 토리당 당수가 이렇게 쓴 것에서도 그 점이 드러난다. "터키와 원만한 관계를 갖는 것이 영국의 오랜 정책이었고, 그러므로 중요한 것은……"42 보수당 평의원들이 로이드 조지의 연립정부가 그들의 원칙과 편견이 무시했다고 느낀 데에는 그 밖의 또 다른 이유가 있었다. 총리의 반터키 정책이 하필이면 (보수당이 반대하는) 남아일랜드 독립을 허용하고 볼세비키 정부를 인정해준 뒤에 나온 것이고, 그러자 그나마 남아 있던 총리에 대한 신뢰감을 완전히 잃게 된 것이었다. 게다가 로이드 조지는 영국경제가 붕괴하고, 대량실업으로 몸살을 앓고, 수출 부진이 이어지고, 선거운동 자금 기부자들에 대한 작위 매매 추문이 일어나고, 차나크 위기로 절정에 달한 연이은 외교정책 실패로 유권자들의 인심을 많이 잃었을 때 그런 정책을 취했다. 그러자 보수당도 선거에서 이기기 위해서라도 이참에 그와의 연립을 끊으려고 했다.

로이드 조지는 사태를 다르게 보았다. 차나크 사태 때 영국정부가 취한 단호한 조치가 터키의 군사행동을 막을 수 있었다고 본 것이다. 총리는 그런 생각으로 그것을 자신과 처칠의 개인적 승리로 여겼으며 유권자들도 그렇게 인식할 것으로 오판했다. 그렇게 착각을 하고는 1918년 말 1차 세계대전에서 승리한 뒤 그랬던 것처럼 이번에도 의기양양하게 총선을 제안했다.

정부 내 요직을 맡았던 보수당의 오스틴 체임벌린과 버컨헤드도 로이드 조지와 다시 한번 의기투합하여 연립내각에 기초한 선거를 치르기로 합의했다. 그것을 지지하기 위한 활동도 시작되어, 보수당 대표 체임벌린은 10월 19일 화요일 토리당 본거지인 칼턴 클럽에서 당 모임을 개최하기로 하고, 하원의 보수당 의원들과 보수당에 적을 둔 각료들을 그곳으로 전원 소집했다.

보수당 내에서 체임벌린의 연립내각 제안을 거부하고 로이드 조지를 총리직에서 끌어내릴 수 있는 최적의 인물은 보너 로였다. 그러나 본인은 정작 그 일을 하는 것에 난색을 표했다. 하지만 《타임스》와 비버브룩(맥스웰 에이트컨)이 소유한 신문들의 프레스 캠페인이 계속되어 그가 언제까지 망설일 수 있을지는 미지수였다.

비버브룩은 보너 로의 가장 친밀한 정치적 동지로, 전시에 로이드 조지의 연립내각이 탄생하는 데도 일익을 담당했던 인물이다. 그랬던 그가 이제는 그의 실각에 앞장서게 된 것이었다. 1922년 10월 11일 비버브룩은 그의 미국인 친구에게 이런 편지를 썼다.

지금 우리는 극심한 정치적 위기를 겪고 있다네. 총리의 그리스 정책이 실패하여 보수당에서 그의 신망도 완전히 무너져 내렸어. …… 보수당이 온전히 살아남게 될지, 총리의 힘이 여전하여 당이 분열될지도 가까운 장래에 결판이 날 걸세. 한 차례의 짧은 통치로 두 당이 절단난다면 참으로 대단한 성과가 되겠지. 한데 그것이야말로 총리가 토리당을 파멸시키면 주장하게 될 일이라네.[43]

한편 비버브룩의 설득으로 보너 로도 마침내 회의감을 극복하고 보수당의 칼턴 클럽 모임에 참석했다. 그리고 그 자리에서 체임벌린의 연립내각 제안에 반대한다는 뜻을 분명히 밝혔다. 그러자 말주변이 없었음에도 그의 발언은 큰 영향을 미쳐, 연립내각을 포기하고 보수당 단독으로 선거를 치르기로 하는 안이 187대 87이라는 압도적 표차로 가결되었다.

그 소식을 듣자 로이드 조지는 조지 6세 국왕에게 즉각 사퇴서를 제출했다. 곧이어 보너 로가 총리직에 올라 11월 15일 총선 실시를 발표했다.

선거는 백중세를 보였다. 그러나 영국의회의 승자독식 제도에 따라 보수당이 새로운 하원에서 과반 의석을 차지하여 보너 로의 내각도 신임을 받았다. 로이드 조지가 퇴출된 것이다. 자유당은 심지어 제2당 싸움에서도 노동당에 패해 로이드 조지와 애스퀴스 모두 의원 부족으로 야당 지도자가 될 자격을 잃었다.

한편 비버브룩이 소유한 신문들은 선거운동 기간에 연립정부의 중동정책에 신랄한 비판을 가하며, 영국이 새로 획득한 지역들(이라크, 팔레스타인, 트란스요르단)에서 발을 뺄 것을 요구했다. 보너 로가 승인한 운동이 아니었는데도 새로운 정부까지 연루시켜 영국의 전후 중동정책을 싸잡아 비난했다. 비버브룩의 신문들은 전시공약에 따라 영국이 아랍인과 유대인의 열망을 계속 지원해야 되는지에 대해서도 의문을 제기했다.

그 여파로 선거운동 기간에 처칠은 조지 커즌(로이드 조지를 떠나 보너 로의 보수당 내각에 합류했다)과 중동 관련 협약들을 놓고 때 아닌 공방전을 벌이게 되었다. "유대인과 아랍인에게 해준 영국의 약속에 대해서는" 커즌도 "여느 사람 못지않게 책임이 있다"는 것이 처칠의 주장이었다.[44] T. E. 로렌스도 《데일리 익스프레스》에 그의 이전 상관(처칠)을 옹호하는 글을 썼다. "영국이 중동의 위임통치령을 명예롭게 퇴장하려면 윈스턴이라는 다리를 거쳐야 할 것이다. 그는 여섯 사람의 몫을 해낼 정도로 용감하고,

유쾌하고, 자신감에 넘치고, 정치인이 필요로 하는 배려심도 지녔다. 그가 정치인으로서의 길을 가기를 마다하고 정직하게 행동하는 것을 내가 본 것도 여러 차례다."[45]

그러나 이런 처칠도 총선에서는 낙선의 고배를 마셨다. 던디 선거구에 입후보했다가 연립내각 지지파가 당한 총체적 불운 속에 그도 석패를 한 것이다. 그에 대해 T. E. 로렌스는 이렇게 썼다. "윈스턴에 대해서는 이루 말할 수 없이 안타까운 심정이다. 바라건대 신문만이라도 악의적 논평을 삼가주었으면 한다. 그에게는 상처가 될 것이다. 던디 주민들이 원망스러울 따름이다."[46]

연립내각에 속했던 자유당 지도자들 중에서는 데이비드 로이드 조지만 유일하게 의원직을 유지했다. 하지만 결코 각료는 되지 못했다. 다르다넬스 작전으로 운명이 바뀌었던 키치너와 처칠처럼 그도 중동으로 인해 정치적 몰락의 길을 걷게 된 것이다. 그리하여 한때는 전 세계 운명을 쥐락펴락하며 막강한 힘을 과시했던 그가, 1922년 이후에는 거의 사반세기 동안이나 정치적 무기력과 고립을 벗어나지 못한 채, 시답잖은 인물들의 우려와 불신을 받고, 도덕적으로 해이한 통치를 한 것에 대해 그들의 모멸을 받는 처지가 되었다. 그가 전 세계를 휩쓴 대공황, 히틀러에 대한 유화책, 2차 세계대전과 같은 정치적 도전에 풍부한 재능을 발휘할 기회를 얻지 못한 것은 얼마간 그가 지닌 개인적 결함 때문이기도 했다. 그가 즐겨 사용한 정치적 책략, 해이한 도덕관념과 재정 관념이 사람들의 뇌리 속에 깊이 뿌리박혀 있던 탓이다. 반면에 영국이 1차 세계대전에서 패하지 않은 것은 순전히 그의 덕이었고, 그리하여 한때는 각료들마저 그를 종신 총리로 추대하려 했다는 사실은 쉽사리 잊혀졌다. 로이드 조지는 1945년에 숨을 거뒀다.

로이드 조지는 만년에 내용은 많이 왜곡되었으나 필력만은 뛰어난 회고록을 집필하여 서면으로나마 다시금 예전의 전투 열을 불태웠다. 중동에서 최후의 성전을 벌인 것도 기본적으로는 세계를 더 나은 곳으로 만들기 위해서였다는 것이 그가 회고록에서 주장한 내용이었다. 칼턴 클럽의 당 모임이 내린 결정에 대해서는 이렇게 썼다. "그와 더불어 영국정부가 붕괴했고, 아르메니아 해방과 그리스령 아시아가 물 건너간 일이 되었으며, 그러다 종국에는 국제연맹마저 없어지고 군비를 대체할 수 있는 모든 조정안도 무산되었다."47*

---

* 로이드 조지와 보수당 연립이 와해된 것은 일반 평의원들의 정치적 성향에 주의를 기울이지 않은 탓이었다. 이후 보수당은 그런 실패를 되풀이하지 않기 위해 당 지도부에 그들의 견해를 전달할 평의원 모임을 만들었다. 지금까지도 존속하고 있는 '1922 위원회' 가 그것이다.

61. 중동문제의 타결

I

수에즈운하의 동쪽 지역(중동), 로이드 조지, 그의 각료들은 역사의 한 중요한 장을 차지하기에 손색없는 존재들이다. 연합국이 중동에 지배권을 수립함으로써 유럽에 의한 세계 정복이 절정에 달했으니 말이다. 연합국의 중동 정복은 지도에도 없는 바다를 용감무쌍하게 항해한 선원, 강들의 수원을 추적해간 탐험가, 미지의 대륙 깊숙이 들어가 머나먼 제국들의 대군과 일전을 벌인 소규모 군대가 위험을 무릅쓰고 감행한 모험담의 마지막 장이었다. 수백 년 전 콜럼버스 배들의 항적을 좇아 물밀 듯 쏟아져 나온 유럽인들이 아메리카 대륙과 그 대륙 양편의 대양들(태평양과 대서양)에서 땅을 발견하고, 정복하며, 식민지화하는 것과 더불어 시작된 그 모험은 영국이 인도제국을 차지하고 열강이 아프리카 대륙을 분할한 19세기까지도 계속되었으며, 그리하여 20세기 초에는 유럽의 공격을 받지 않은 원주민 지역이 동아시아를 제외하면 중동밖에 남지 않은 상황이 되었다. 그런데 그곳을 1차 세계대전의 끝 무렵 영국군이 점령했노라고 로이드 조지가 호기롭게 주장한 것이다.

유럽인들은 1차 세계대전이 일어나기 최소한 100년 전부터 시기상의 문제일 뿐 중동이 언젠가는 열강의 몇몇 나라들에 점령되리라는 것을 기정 사실화하였다. 따라서 그들의 최대 고민거리도 영토분할 과정에서 행여 자기들끼리 파멸적인 자중지란을 벌이게 되는 것이었다.

그 점에서 1922년 타결이 영국정부로서는 최고의 성과라 할 만했다. (형편없이 적은 몫을 차지한 경쟁국 러시아와 달리) 영국은 생각했던 것보다 많은 몫을 차지한데다, 그보다 중요하게, 경쟁국들이 더 이상의 실력 행사 없이 1920년대 초에 윤곽이 잡힌 영토분할을 군말 없이 받아들일 태세였기 때문이다.

나폴레옹 보나파르트가 이집트 원정을 실시한 이래 줄곧 세계정치의 난제로 남아 잠재적 폭발의 위험성을 안고 있던 성가신 중동문제는 이렇게 1922년 무렵에 성립된 전후의 협약들로 무난히 해결되었다. 러시아가 중동에서 정치적 국경을 정하는, 그간 미결로 남아 있던 문제도 터키에서 이란 그리고 아프가니스탄(수십 년간 고수한 노선에 따른 정략으로 러시아와 서방 모두로부터 교묘하게 독립을 유지한 나라들)으로 이어지는 나라들의 북쪽 방면을 경계로 삼기로 하여 1922년 무렵 해결되었다. 나폴레옹 시대부터 세계정치에 계속 존재해온 또 다른 문제, 오스만제국의 처리도 술탄 체제가 종식되고 오스만령 중동이 터키, 프랑스, 영국 사이에 분할되는 것으로 1922년 해결되었다. 그것이 이른바 1922년의 중동문제 타결이다.

Ⅱ

1922년의 타결은 단일한 법령, 조약, 혹은 문서를 지칭하는 것이 아니라, 중동문제가 대개는 그해에 성립된 법령, 조약, 문서들로 정리되어 붙게 된 명칭이다.

중동에서의 러시아 문제도, 정치적 국경은 러시아가 터키, 페르시아,

아프가니스탄과 체결한 조약들 및 어느 정도는 영국과 맺은 교역 협정으로 1921년부터 모습을 드러냈고, 영토적 국경 역시 1922년 말에 공표된 소비에트 연방의 헌법 초안으로 확정되었다.

오스만제국의 술탄제가 종식되고 터키 민족국가(해체된 오스만제국의 터키어권 지역에 한정되었다)가 창설된 것 또한 1922년 11월 1일과 2일 양일간 진행된 대국민의회 투표에서 만장일치의 표결로 만들어진 결과였으며, 터키의 최종적 국경 역시 1922년 가을 무다니아에서 연합국과 체결한 휴전협정 및 이듬해 세브르 조약을 파기하고 연합국과 새로 체결한 로잔 조약(1923.7.24)으로 얼추 결정되었다.*

오스만령 중동 지역도, 시리아와 레바논은 프랑스의 위임통치령(1922), 트란스요르단이 포함된 팔레스타인은 영국의 위임통치령(1922)이 되고, 신생국 이라크는 위임통치령이라는 문구만 빠졌을 뿐, 사실상 그와 다를 바 없이 영국이 지배하는 내용의 영국-이라크 조약으로 정리되었다.

중동의 영국 세력권에 적용될 법령과 조약도 대부분 1922년에 확정되었다. 푸아드 1세를 이집트 왕으로 앉히고 이집트를 명목상 독립국으로 만든 1922년의 앨런비 선언, 이라크(영국이 파이살을 왕으로 즉위시켜 창설한 나라)를 영국 보호국으로 만든 1922년의 영국-이라크 조약, 트란스요르단(요르단 강 동안)을 팔레스타인에서 분리시켜 개별 정치체의 길을 걷게 하는 반면—영국이 임명한 압둘라도 1922년의 타결로 나중에 신생 아랍국의 왕이 되었다—요르단 강 서안의 팔레스타인 지역에는 유대민족의 조국을 세우고, 그곳의 비유대인들에게도 완전한 권리를 보장해주는 내용이 담긴 1922년의 팔레스타인 위임통치령과 처칠의 백서가 대표적인 예다. 쿠르드

---

* 몇몇 나라와의 국경 문제는 그때까지도 여전히 해결이 안 되어, 시리아-터키 국경만 해도 1930년대 말 무렵에야 확정되었다.

족 문제는 독립을 부여하느냐 자치를 부여하느냐의 문제가 1921년의 카이로 회의 의제로도 올랐으나 1922년 무렵에는 그것도 유야무야 얼버무려져 쿠르디스탄 국가 창설은 결국 없던 일이 되었다. 1922년의 무 결정이 해결책이 되어버린 것이다. 쿠웨이트, 이라크, 사우디아라비아 간의 국경도 이븐 사우드와 협정을 체결하여 1922년에 확립되었다.

영국은 이렇듯—프랑스와 러시아가 그들의 중동 세력권에서 했던 것처럼—중동의 자국 세력권에 나라들을 세우고, 그곳들의 지배자를 임명하며, 국경선들을 확정했고, 그 대부분을 1922년 무렵에 처리했다. 이로써 유럽 국가들이 오래전부터 하려고 했던 일, 중동 민족들의 정치적 운명을 그들 손으로 결정짓는 일은 일단락되었으며, 그것을 구체화시킨 것이 이른바 1922년의 타결이었다.

Ⅲ

중동 이외의 다른 지역—다시 말해 아시아 이외의 모든 지역—에서도 유럽의 영토 점령은 토착 정치조직이 붕괴하고 그 자리에 유럽식 정치조직이 대신 들어서는 결과를 가져왔다. 부족들에 따라 영토분할이 이루어지던 아메리카 대륙, 오스트레일리아, 뉴질랜드, 아프리카 대륙이 이제는 유럽 대륙처럼 나라별 분할이 이루어지게 된 것이다. 그리하여 지구상에 있는 대다수 나라들이 유럽의 방식, 유럽의 도덕률, 유럽의 개념에 따른 정부를 운영하게 되었다.

그래도 남는 의혹은 다른 지역과 다를 바 없이 중동에도 과연 유럽이 깊숙이 혹은 영속적인 영향을 미칠 수 있었느냐는 것이다. 중동은 세계적인 몇몇 종교와 고대문명들이 태동한 지역으로서 그 자긍심이 대단한 곳인데다, 유럽이 그곳에 도입하려고 한 변화들 또한 정착에 오랜 기간이 걸리는 복잡한 구조를 지닌 것들이기 때문이다. 고대 로마에 의해 형성된 유럽이나, 르네상스가 시작된 유럽에 의해 형성된 아메리카 모두 그것이 실현되기까지 수백 년의 세월이 소요되었다. 게다가 1922년 무렵 서유럽은 그런 거창한 일을 벌일 만한 분위기도, 여건도 조성돼 있지 않았다.

결론적으로 유럽이 오랫동안 기다리다 중동에서 벌인 제국주의 모험은 때늦은 것이었다. 당시의 유럽은 그것을 행할 만한 재원도 없었고 그 일에 전력을 기울일 여유도 없었다. 1차 세계대전(1914~1918)이라는 지각변동을 겪으며 전전의 세계가 삽시간에 자취를 감추고, 예전이라면 수십 년혹은 수백 년 걸렸을 변화가 단 몇 주 아니 몇 달 만에 속사포처럼 일어났다. 게다가 그 무렵에는 제국주의를 현대에 어울리지 않는 시대착오적 개념으로 보는 사람도 많아져 유럽은 그야말로 제 앞가림하기에도 바빴던것이다.

1차 세계대전 초만 해도 식민지 획득 의지를 표명하는 것은 그럭저럭용인되는 분위기였다. 하지만 윌슨의 미국과 레닌의 러시아가 반제국주의수사를 이용해 유럽의 제국주의를 공격한 뒤로는, 세인들의 생각과 정치적 표현이 달라지기 시작했다. 여론의 동향에 민감했던 마크 사이크스도1917년에 이미, 불과 1년 전 자신이 체결한 사이크스-피코 협정에 포함된제국주의 개념이 시대착오적이 되었다는 사실을 알아차렸다.

그리하여 종전 무렵 영국사회는 제국주의에 담긴 이상주의적 논거(낙후된 지역에 선진 문명의 혜택을 보게 해준다는 것)는 비실제적인 것으로, 실리적 논거(영국제국의 영역을 넓히는 것이 이득이라는 것)는 진실이 아닌 것으로치부하는 상황이 되었다. 제국주의를 밑 빠진 독에 물 붓기 식으로 모든 재원을 재건에 쏟아 부어, 결국에는 사회를 고갈시키는 값비싼 희생으로 보게 된 것이다. 영국 언론, 대중, 의회가 그것을 알면서도 중동의 아랍 지역을 정부가 지배하려는 것을 막지 않았던 것은, 적은 비용으로도 그것이 가능할 것처럼 제시한 윈스턴 처칠의 탁월한 정략 때문이었다.

전시와 종전 뒤 영국 관리들 사이에 폭넓게 유포돼 있던 믿음, 다시 말해 영국이 중동에 오래도록 머물러 있을 것—최소한 유럽의 정치적 이해관계, 인식, 이상에 맞게 그 지역을 재편할 수 있을 때까지는—이라는 믿음은 이렇듯, 비행기와 장갑차만 있으면 현지인들의 저항을 언제까지고 물리칠 수 있을 것이라는 처칠의 허약한 가설에 근거한 것이었다. 그 점에서 그 가설은 영국 정책의 오랜 특징이었던, 중동에 대한 과소평가를 다르게 표현한 것이다. 1911년 에드워드 그레이가 오스만의 동맹 제의를 무시한 것, 1914년 애스퀴스가 오스만의 전쟁 개입을 대수롭지 않게 여긴 것, 1915년 키치너가 튀르크군이 유럽군에 버금가는 역량을 지녔다면 그들에 대한 공격은 자살행위가 될 것이라는 정부의 경고를 보란 듯 무시하고, 만반의 준비태세를 갖춘 갈리폴리의 적진으로 군대를 보내 죽게 만든 것이 과소평가의 대표적인 예다.

1922년 영국정부가 저비용으로 감당할 수 있을 때만 중동의 지배권을 유지하겠다는 정치적 타협안을 영국사회에 내놓은 것도 그런 오판에서 나온 행위였다. 중동 지배 기간 동안 마주치게 될 어려움을 과소평가한 영국 관리들—따라서 자신들이 행한 일의 중대성도 전혀 파악하지 못했다—은 관리들대로, 그것을 영국이 중동에 계속 머무르게 될 것이라는 뜻으로 이해했다. 하지만 돌이켜보면 그것이야말로 영국이 중동에서 손을 뗄 것임을 진즉에 드러낸 초기 전조였다.

IV

영국의 관점에서 볼 때 1922년의 타결은 그것이 발효될 때부터 이미 시대에 맞지 않는 것이었다. 거기에 담긴 중동정책이 1915년부터 1917년까지 영국정부가 (주로 마크 사이크스를 매개자로 이용해) 뼈대를 잡은 것이 대부분이었는데, 이후 정부도 교체되고 영국 관리들의 사고방식도 달라져 1922년 무렵에는 새로운 정부가 원하는 사항을 적절히 반영하지 못했기 때문이다.

1922년 (레바논이 포함된) 시리아를 프랑스의 위임통치령으로 부여해준 것만 해도 그랬다. 1915~1916년 무렵에는 외무장관 에드워드 그레이와 협상대표 마크 사이크스가 시리아에 대한 프랑스의 권리 주장에 공명하는 입장이어서 그 요구를 들어주었으나, 그 뒤로는 총리, 외무장관, 현지 관리들 모두 프랑스가 시리아를 점유하면 재앙이 초래될 것이라며 그에 대해 일제히 반대하고 나섰던 것이다.

1922년의 타결은 중동의 영국 세력권에도 이롭지 않았다. 1914~1916년 동안에는 키치너와 그의 부하들이 중동정책의 주도권을 잡고, 하심가 사람들—메카의 후세인과 그의 아들들—을 전후 아랍 지역의 지도자들로 택해 밀어주었다. 하지만 1918년부터는 하심가에 대한 영국 관리들의 생각이 달라져 후세인만 해도 이븐 사우드와의 가망 없는 투쟁에 영국을 끌어들인 장본인이라 하여 부담으로 여기게 되었고, 1922년 무렵에는 영국 정부의 관리들뿐 아니라 정치인들마저 후세인의 아들 파이살을 배신자로, 압둘라는 나태하고 무능한 인물로 간주하게 되었다. 그런데도 하심가에 해준 공약 때문에 영국은 어쩔 수 없이 파이살과 압둘라를 이라크와 트란스요르단의 지배자로 앉힌 것이다.

1922년의 팔레스타인 해법도 시대에 뒤처진 면이 있었다. 1917년에는 영국이 시온주의 계획을 열렬히 지지했으나 팔레스타인이 영국의 위임통치령이 된 1922년에는 그때의 모든 열정을 상실한 탓이다.

이렇게 보면 그 후 영국 관리들이 뚜렷한 방향성이나 확신 없이 중동을 지배한 것도 놀랄 일은 아니다. 1922년의 타결이라는 특수성이 그런 결과를 만들어낸 것이었다. 영국의 정책 입안자들이 중동의 오래된 질서를 파괴하고 이집트에서 이라크까지의 모든 지역에 군대, 장갑차, 전투기들을 배치해놓은 채 그들 스스로도 더는 믿지 않는 내용이 대부분이었던 1922년의 타결을 중동에 부과하여 초래된 자명한 결과였다는 이야기다.

V

중동이 지금과 같은 모습을 띠게 된 것은 두 가지 요인 때문이었다. 하나는 유럽 국가들이 재편을 맡았기 때문이고, 또 하나는 영국과 프랑스가 왕조, 국가, 정치시스템만 구축해 놓고 그것들이 지속될 수 있는 대책 마련에는 소홀한 탓이었다. 전시와 종전 뒤 영국과 연합국은 중동의 구질서를 돌이킬 수 없을 정도로 부숴놓았다. 아랍어권 지역에서의 오스만 체제를 회복 불가능하게 파괴시킨 뒤 그 자리에 나라들을 세우고, 지배자들을 임명하며, 국경선을 그리고, 세계 도처에서 볼 수 있는 국가시스템 비슷한 것을 도입했으나, 그것에 반발하는 현지인들의 저항까지 죄다 물리칠 수는 없었던 것이다.*

그러다 보니 1914~1922년 사이 영국과 연합국이 취한 조치는 유럽의 중동문제만 종식시켰을 뿐, 중동의 중동문제는 오히려 새로 불거지게 만드는 결과를 초래했다. 유럽 쪽에서 보면 1922년의 타결로 오스만제국 문제(오스만제국을 대체할 정체는 무엇이고, 누가 그것의 주체가 될 것인가의 문제)가 해결되었으니 중동문제는 끝난 것이었다. 그러나 중동의 관점에서 보면 지

---

* 물론 오스만제국의 붕괴에는 튀르크인들도 책임이 있었고, 중동 내부에도 변화의 움직임이 있었다.

금도 그곳에는 1922년의 타결에 불만을 품고 그것을 뒤집어엎으려 하는 강력한 세력이 있으니, 중동문제는 끝난 게 아니었다.

중동의 분규도 물론 통치자와 국경에 관련된 내용이 포함돼 있다는 점에서 세계 여타 지역과 다를 바 없었다. 그러나 중동 분규가 특별했던 것은, 1922년 초 영국과 프랑스가 합의한 내용에 따라 그 즉시 모습을 드러냈거나 혹은 종국에는 모습을 드러내게 될 나라들(이라크, 이스라엘, 요르단, 레바논)의 규모와 경계는 물론이고 그 나라들의 존립권 자체에도 의문을 제기하는 더욱 본질적 문제가 내포돼 있다는 점이었다. 그곳이 지금까지도 국가의 생존을 위해 빈번히 투쟁을 벌이는 세계적 분쟁지역이 된 것도 그 때문이었다.

게다가 그 분쟁은 점차 심화되는 양상을 보였다. 쿠르드족의 정치적 미래나 팔레스타인 아랍인들의 정치적 운명과 같이 독특하고 해결 불가능한 사안들의 저변에, 중동에 이식된 유럽의 현대적 정치시스템—특히 세계 모든 지역을 시민성에 기초한 세속국가들로 분류하는 것을 특징으로 하는—이 중동이라는 생소한 곳에서 살아남을 수 있을지에 대한 본질적 문제가 내재돼 있는 까닭이다.

유럽의 정치 가설은 그에 대해 특별히 생각하는 사람이 없을 만큼 이제는 전 세계적으로 보편화된 이론이 되었다. 그러나 최소한 그중 하나, 세속적 문민정부에 대한 현대적 믿음만은, 정치를 포함해 삶의 모든 양상을 지배하는 이슬람 율법을 1,000년 넘게 신봉해온 사람들이 사는 중동에서는 이질적 존재였다.

1차 세계대전 시대의 유럽 정치인들도 물론 어느 정도는 그것의 문제점과 중요성을 인식하고 있었다. 연합국 지도자들이 중동 점유 계획을 세우기 무섭게 그 지역을 장악한 이슬람이 그들이 앞으로 싸워 나가야 할 정치 환경의 주요 특징이라는 사실을 감지한 것이다. 키치너도 그 점에서는 예외가 아니어서 1914년에 이미 이슬람을 영국의 지배 아래 두려는 정책을 시행했다가, 나중에 그 계획의 실효성에 의문이 제기되자―1916년 아랍 봉기의 기치를 든 후세인에게 이슬람 신봉자들이 시원치 않은 반응을 보인 것―그의 부하들이 다시 (아랍 민족 연맹이나 후세인 국왕의 가족, 혹은 이라크와 같이 미래에 창설된 나라들에 대한) 충성을 범이슬람주의에 맞설 대항세력으로 제안한 것이었다. 실제로 키치너 사단이 전후 중동정책의 골격을 짤 때 특별히 고려한 부분이 그것이었다.

문제는 이슬람에 대한 당시 유럽 관리들의 이해가 매우 부족했다는 점에 있었다. 그러다 보니 현대화된 아니 유럽화된 정치에 반대하는 무슬림의 저항도 유야무야 사라질 것이라는 주장에 쉽사리 설득되었다. 그들이 만일 20세기 후반기를 내다볼 줄 아는 통찰력이 있었다면 사우디아라비아를 휩쓴 와하브파의 광풍, 분쟁이 일상화된 아프가니스탄에 불어닥친 종교적 광신성, 이집트, 시리아, 그 밖의 수니파 지역에서 무슬림 형제단이 지금도 왕성한 활동을 벌이는 것, 시아파가 주류인 이란에서 호메이니의 이슬람 혁명(1979)이 일어난 것에 경악을 금치 못했을 것이다.

종교적 이유로든 그 밖의 또 다른 이유로든, 1922년의 타결 혹은 그것의 토대가 된 근본적 가설에 맞서 지속적으로 저항하는 것이 중동 정치의 특징이 된 것도 그것(이슬람에 대한 유럽인들의 이해가 부족했던 것)과 무관하지 않다. 중동에는 합법성에 대한 인식―게임의 규칙이 없다는 것―이 없고, 보편적으로 공유하는 믿음도 없으며, 경계지 내에서는 어느 곳이든 나라로 부르면 나라가 되고, 지배자를 칭하면 지배자가 되는 곳이었던 것이다. 그 점에서 연합국이 제아무리 1919년부터 1922년까지 오스만제국의 계승자들을 들어앉혔다고 주장한다 한들, 중동에는 아직 술탄의 진정한 계승자가 나타나지 않은 것이었다.

물론 1922년의 타결에 대한 도전—요르단, 이스라엘, 이라크, 레바논의 존립에 대한 도전 혹은 세속적 민족 정부들이 수립된 것에 대한 도전—도 언젠가는 자취를 감추게 될 개연성이 있다. 그러나 도전이 그치지 않는다면, 20세기의 중동은 서로마제국의 몰락으로 피지배민족들이 문명의 위기에 빠져들고 그리하여 종국에는 그들 스스로 새로운 정치시스템을 구축해야 했던 서기 5세기의 유럽과 같은 상황을 맞을 수도 있다. 그 점에서 서로마와 유럽의 관계는 정치문명에 급격한 위기가 초래되었을 때 어떤 일이 벌어질지를 가늠하게 해주는 바로미터가 될 수 있다.

유럽이 서로마제국 멸망 후에 닥친 사회정치적 정체성의 위기를 극복하는 데는 무려 1,500여 년의 세월이 걸렸다. 국가라는 정치조직을 갖추는데 1,000년, 어느 민족이 국가를 가질 자격이 있는지를 결정하는 데 다시 근 500년의 세월이 걸린 것이다. 경쟁적 전사 집단들이 습격과 투쟁을 반복하는 가운데 문명이 살아남고, 교회 혹은 국가, 교황 혹은 황제로 통치의 주체가 바뀌며, 가톨릭과 프로테스탄트가 기독교계에서 우위권 경쟁을 벌이고, 제국, 민족국가, 도시국가가 백성들의 충성을 얻기 위해 다투며, 부르고뉴 공국에 속하는지 프랑스에 속하는지 문제를 놓고 수백 년간 진력나는 싸움을 벌이는 과정에서 패자들이 종종 몰살을 당하기도 한 디종의 경우처럼, 제후와 왕 사이의 피 터지는 투쟁의 과정을 거친 끝에 서로마제국 멸망 1,500년 뒤인 19세기 말 독일과 이탈리아가 모습을 드러냄으로써, 서유럽은 비로소 구로마 지도를 그럭저럭 대체할 만한 지도를 갖게 되었던 것이다.

작금의 중동에 지속되는 위기는 물론 깊이와 지속 기간의 면에서 로마제국이 초래한 위기와 비교할 바가 못 된다. 그렇기는 하지만 중동도 수백 년 동안 존재하여 익숙해져 있던 제국적 질서가 무너진 뒤 각양각색의 종족들이 헤쳐 모여의 과정을 거쳐 새로운 정치적 정체성을 찾아야 한다는 점에서는 같은 문제를 안고 있는 것이다. 이런 중동에 1920년 초 연합국이 포스트 오스만제국 프로그램을 던져 놓았으니, 중동 민족들이 그것을 수용할지 말지 여부도 지속적인 문제로 남게 될 전망이다.

1922년의 타결은 이렇듯 전적으로나 대체적으로나, 과거에 속한 것이 아닌 현재 진행 중인 중동의 전쟁, 분쟁, 정치의 중심에 놓여 있다. 베이루트의 황폐한 거리, 유속이 느린 티그리스와 유프라테스 강변, 성서에도 자주 언급되는 요르단 강변에서는 지금도 키치너, 로이드 조지, 윈스턴 처칠이 만들어놓은 문제들 때문에 해마다 무력투쟁이 벌어지는 것이다.

VI

1920년대 초의 영국 정치인과 관리들은 1922년의 타결이 분쟁의 씨앗이 되리라는 사실을 예측하지 못했다. 심지어 그 일에 직접적으로 연관된 인물들—1922년 타결의 기획자인 윈스턴 처칠이 대표적이다—이 즉각적으로 맞게 될 정치적 운명조차 예견하지 못했다. 그들에게는 보다 절박한 문제고, 따라서 중동 정치보다는 한층 정통해 있었을 텐데도 말이다.

처칠의 경우 정치생명이 끝났다는 것이 1922년 무렵의 대체적인 여론이었다. 그해 10월 각료직을 잃고 11월에는 의원직마저 잃었으니 그렇게 보는 것도 무리는 아니었을 것이다. 처칠 본인은 물론 때가 되면 정계에 복귀하리라는 점을 믿어 의심치 않았으나, 그가 앞으로 각료가 된다거나 정부 요직을 맡을 개연성은 희박해 보였다.

1922년 11월 말 처칠과 저녁식사 회동을 가진 인사도 훗날 그날의 모임을 이렇게 회고했다. "윈스턴의 기분은 바닥이었다. 저녁 내내 통 말이 없었다. 그의 세계, 최소한 그의 정치 세계는 끝났다고 믿는 것 같았다. 나도 그의 정치 인생이 끝났다고 생각했다."[1]

1922년 11월 27일에는 영국 의회가 개원했다. 그러나 처칠의 자리는 그곳에 없었다. 따라서 굳이 영국에 머물 이유도 없었으므로 12월 초 그는 지중해 행 배에 올랐다. 정계에 입문하여 출세 가도를 달릴 때 애스퀴스 부녀와 마녀 호를 타고 지중해 크루즈 여행을 즐긴 지 10년 만의 여행이었다. 따라서 그리 긴 세월은 아니었으나, 그에게는 10년 전의 그 여행이 마치 다른 세기, 다른 세상에 속해 있는 것처럼 까마득하게 느껴졌다. 그 정도로 그의 정치적 입지가 달라져 있었다.

처칠은 목적지인 남프랑스에 닿자 칸 부근에 주택을 한 채 빌려 앞전에 시작한, 1차 세계대전을 배경으로 한 전쟁 회고록 집필에 들어갔다. 글은 많이 진척된 상태였으므로 한 달 후면 도입부 정도는 신문 연재가 가능할 것 같았다. 나중에 여러 권으로 출간될 회고록이었다.

회고록에는 튀르크령 동방문제를 처리하면서 그가 연달아 마주쳤던 알 수 없는 불운들, 우연찮은 일들과 혼란 그리고 실책이 이어진 끝에 독일 전함 괴벤 호가 콘스탄티노플로 진입하게 되고 그것이 결국 오스만제국의 전쟁 참여를 부추긴 꼴이 되어 자신이 그 전쟁의 책임을 뒤집어쓰게 되던 경위, 1914년 8월 6일 지중해 영국 함대의 사령관들이 다르다넬스 해협에서 조우콘이 지휘하는 독일 함대를 보고도 도주하는 어처구니없는 행동을 하여 그 전날에 승리할 수도 있었을 기회를 놓친 것은 물론이고 처칠에게도 해군장관 면직이라는 치욕을 안겨준 일, 그리스 국왕 알렉산드로스가 원숭이에 물려 죽은 사건이 도화선이 되어 그리스-터키 전쟁이 재개되고 그것이 결과적으로 로이드 조지와 그 자신의 실각으로까지 이어지게 된 내력 등이 포함되었다.

이렇게 해서 회고록의 첫 권이 완성, 출간되자 처칠은 영국에 돌아와 1923년 중반 일견 가망 없어 보이는 정치판에 뛰어들었다. 그러고는 그해 늦가을 선거에 출마했으나 전시의 다르다넬스 작전 실패에 대한 뭇매를 맞은 끝에 노동당 후보에게 밀려 낙선했다. 그해 늦겨울에도 그는 선거구를 바꿔 재출마했으나, 이번에는 보수당 후보에게 밀려 또다시 낙선의 고배를 마셨다.

그러나 처칠의 입지는 변하고 있었다. 정치생명이 끝나기는커녕 1924년 말 보수당으로 당적을 바꿔 의회에 재입성한 것을 시작으로, 내각 서열 2위로 간주되던 재무장관 자리에까지 올라 정계를 아연실색하게 만든 것이다.

처칠의 머리 위에 드리워져 있던 구름이 걷히기 시작했다. 자유당 시절 그의 동료 의원이었던 조지 램버트는 처칠의 재무장관 임명을 축하하는 글에서 그보다 한층 놀라운 일이 벌어질 것임을 예견했다. "이보게 윈스턴, 내 정치적 직감은 보통이 아니라네. 그래서 말인데 내 생전에 아무래도 자네는 총리가 될 것 같으이."[2]

감사의 말

내가 이 책을 쓰도록 처음 동기를 부여해준 인물은 티모시 디킨슨이다. 둘이 함께 대화를 나누던 중 그가 중동의 역사를 어떻게 보는지에 대한 나의 견해를 물었고, 그것을 염두에 두었다가 나중에 생각을 정리해 이 책을 내게 된 것이다. 제이슨 엡스타인은 이야기를 인물 중심으로 이끌어 가도록 제안해주었다. 그의 제안대로 윈스턴 처칠을 이 책의 주인공으로 삼은 것은 지금 생각해도 최상의 선택이었던 것 같다.

내 친구 겸 동료 로버트 L. 시그몬은 이 책의 주제와 관련된 문헌들이 런던에서 출간되자마자 구입해 내게 공수해주는 친절함을 베풀었고, 위스콘신 대학 밀워키 캠퍼스의 스탠리 말라치 교수는 희귀 문헌을 찾는 데 도움을 주었다.

브린모어 대학의 사학과 교수이자 나의 평생지기 알라인 실베라 또한 유용한 생각, 정보, 제안을 해주는 데 그치지 않고 학회지에 실린 논문도 빠짐없이 보내주어 학계의 따끈따끈한 최신 정보를 그 즉시 접하게 해주었다. 또한 원고를 되풀이해 읽으며 잘못된 부분을 일일이 고쳐주고 논평도 해주었다. 그것도 모자라 그는 그의 지도 아래 박사 과정을 밟고 있는 케이 패터슨 여사께도 원고를 보여주었다. 원고를 읽은 뒤 폭넓고 세심한 의견을 제시해준 패터슨 여사께 감사드린다. 원고 검토를 부탁하기 위해 다리를 놓아 달라고 부탁한 내 청을 뿌리치지 않고 엘리 케두리 교수와의 만남을 흔쾌히 주선해준 케임브리지 대학의 어니스트 겔너 교수께도 감사의 말씀을 드린다. 그렇게 해서 알게 된 엘리 케두리 교수는 이 책의 원고를 읽고 해박한 지식과 권위 있는 식견을 제시해주었다. 케두리 교수와, 남편의 시간을 빼앗는 데도 싫은 내색 한 번 없이 시종일관 상냥하게 대해준 부인께 사의를 표한다. 니컬러스 리조풀로스 박사도 이 책의 그리스터키 부분을 읽고 귀중한 제언을 해주었다. 그러나 내가 이 책에 표명한 견해나 결론에 대해 케두리 교수, 실베라 교수, 리조풀로스 박사, 패터슨 여사 모두 하등의 책임이 없음은 두말할 나위가 없다. 그들의 검토가 끝난 뒤 이곳저곳 수정이 가해졌으므로 어차피 그때와는 책의 내용도 많이 달라졌다.

학계에 계신 분들은 책을 읽으며 알게 되겠지만 이 책을 쓰면서 나는 다른 학자들의 저술과 논설에 막대한 빚을 졌다. 지면이 부족하여 일일이 소개하지 못하는 것이 유감일 따름이다. 그래도 몇 분을 꼽자면 영국과 중동의 역사 및 정치학의 권위자인 엘리 케두리 교수와, 그 시대에 관련된 글을 쓰는 사람이라면 반드시 읽어야 할 필독서, 윈스턴 처칠의 전기를 쓴 마틴 길버트에게 많은 신세를 졌다. 다른 이들도 그렇겠지만 나도 길버트의 책에 적잖이 의존을 했다. 하워드 사하의 저서 또한 내게 스케일이 큰 중동 역사를 쓰는 것도 괜찮으리라는 생각을 갖게 해준 훌륭한 전범이었다.

길버트 클레이턴 경의 아들 새뮤얼 클레이턴은 오후 시간을 할애해 아버지의 이야기를 내게 들려주는 친절함을 베풀었다. 켄징턴 궁의 다과회에 초대해준 그와 부인 레이디 메리의 환대에 감사드린다.

지난 몇 년 동안 영국과 여타 지역 기록보관소에서 자료 수집을 할 때는 도서관 사서들의 유용한 도움을 받았다. 더럼 대학의 레슬리 포브스, 런던 임페리얼 전쟁 박물관의 클라이브 휴즈, 헐 대학의 노먼 힉슨, 옥스퍼드 대학 로즈 하우스의 앨런 벨, 옥스퍼드 대학 세인트앤서니 칼리지 중동 센터의 질리언 그랜트에게 진심으로 고맙다는 말을 전한다.

박식하고 유익한 조언과 끊임없는 격려, 그리고 열정을 쏟아준 헨리 홀트 출판사의 편집인 겸 1차 세계대전의 권위자인 로브 카울리에게도 심심한 사의를 표한다. 헨리 홀트 사의 메리언 우드와 안드레 도이치 출판사의 새라 맨귀치도 이 책을 만드는 내내 내게 놀라운 활력과 효율성을 보여주었다.

각종 자료의 인용은 아래 기관 및 직원들의 양해로 이루어졌다.

- 로이드 조지 관련 문서: 영국 의회 기록보관소 산하 비버브룩 컬렉션 공문서보관소의 기록 사무원.

- 더럼 대학의 수단 기록보관소는 내가 다방면의 장서를 자유롭게 이용할 수 있게 배려해주었다.

- 리처드 마이너츠하겐의 일기: 테레사 시라이트와 로즈 하우스 도서관.

- 마크 사이크스 관련 문서: 헐 대학의 브린모 존스 도서관과 타턴 사이크스 경.

- 허버트 영, T. E. 로렌스, 앨런비, 윌리엄 예일, F. R. 서머싯, C. D. 브런턴, 파이살 국왕과 밸푸어선언에 관련된 서류를 포함한 방대한 문서들: 옥스퍼드 대학의 세인트앤서니 칼리지 중동 센터.

- 앨프레드 밀너 관련 서류: 옥스퍼드 대학 뉴 칼리지의 워든앤드펠로스.

- 앨런비 관련 서류: 런던 킹스 칼리지 리들 하트 센터 군기록 보관소

의 위원들.

● 영국 공문서국의 왕실 저작권이 있는 기록물의 사본 및 번역물: 공
공정보실 책임자.

그 밖에 문서자료를 이용할 수 있게 해준 영국 도서관, 런던의 카멜리
아 투자 회자, 이스라엘 레호보트의 바이츠만 기록보관소, 옥스퍼드 대학
의 보들리 도서관, 런던의 임페리얼 전쟁 박물관, 하버드 대학의 호턴 도서
관, 뉴욕 공립도서관에도 감사드린다.

옮긴이의 말

             한동안 잠잠한 듯하던 중동 사태가 요즘 들어 다시 뉴스의 초점이 되고 있다. 시리아 내전을 계기로 세력을 급속히 확장한 이슬람 수니파 무장반군 아이에스(IS: 이슬람 국가)가 지난 6월 이라크 북부 도시 모술과 인근의 유전 지대를 점령하더니 최근에는 수도 바그다드까지 위협하며 기세를 올리고, 시리아와 이라크 양국에서 민간인들을 무참히 살해, 참수하면서 국제사회의 이목이 다시금 중동으로 쏠리게 된 것이다. 미국도 전면전의 수렁에 빠져들 것을 우려해 몸을 사리던 태도를 버리고 2014년 10월 현재 대규모 공습을 감행하는 등 아이에스 소탕작전에 나서고 있으나, 문제가 쉽사리 풀릴 것 같지는 않다. 알 카에다의 잔당에 지나지 않던 아이에스만 해도 갑작스레 생겨난 조직이 아닌 중동의 역사가 켜켜이 쌓인 데서 나온 결과물인데, 지금의 문제도 어찌 보면 지난 80~90년 동안 지속돼온 중동 분쟁의 연장선상에 있기 때문이다. 이런 저런 점을 고려할 때, 미국을 비롯한 서방이 현재 처해있는 딜레마도 결국 중동에는 본질적 요인이 존재하고, 그로 인해 항구적이고 일관된 정책을 시행하기 어려운 점에 있다는 것을 깨닫게 된다.

알다시피 이스라엘 건국 이후 중동에서는 분쟁이 끊이지 않았다. 1948년 이스라엘 국가 수립이 선포되자마자 팔레스타인 문제로 촉발된 제 1차 중동전쟁을 시작으로, 수에즈 위기로도 불리는 1956년의 제2차 중동 전쟁, 1967년의 제3차 중동전쟁(일명 6일 전쟁), 1973년의 제4차 중동전쟁 (일명 욤키푸르 전쟁)까지 중동에서는 분란이 그칠 날이 없었다. 그 과정에 서 캠프 데이비드 협정에 기초한 1979년의 이집트-이스라엘 협정 체결 등, 때로는 평화의 기운이 감돌기도 했으나 그것도 임시방편이었을 뿐, 중동은 언제나 일촉즉발의 긴장상태에 놓여 있었다. 분쟁의 성격 또한 팔레스타인 문제, 이슬람교 내 종파 문제, 쿠르드족 문제, 석유 자원을 둘러싼 강대국 들의 개입, 거기다 최근에는 국제적 테러조직들까지, 갈수록 복잡한 양상 을 띠고 있다. 『현대 중동의 탄생』은 바로 중동이 이 같은 종파, 이데올로 기, 민족주의, 왕족들의 전쟁터가 될 수밖에 없었던 근본 요인을 심층적으 로 분석한 책이다.

저자는 중동 분쟁의 근원을 1차 세계대전과 서구 제국주의에서 찾는 다. 승전국이 된 서구 열강이 400년 동안 오스만 치하에 있던 아랍어권 지 역을 인종, 종교, 역사적 배경, 현지인들의 바람을 무시한 채 자신들의 이 익을 위해 불합리하고 무책임하게 분할하고 지도자들을 임명한 결과 현대 중동이 탄생했고, 그리하여 그 모든 분쟁의 씨앗이 뿌려졌다는 의미에서 다. 영국은 자국 식민지인 인도와 이집트를 잇는 전략적 육지다리로써 중 동을 반드시 필요로 했고, 러시아 또한 영국과 근 100년 동안이나 거대한 게임을 벌이며 아시아로의 진출을 집요하게 모색했으며, 프랑스와 이탈리 아는 영국과 치열한 식민지 쟁탈전을 벌였다. 이런 상황에서 1차 세계대전 이 발발하자 강대국들의 이해관계가 첨예하게 맞서고, 설상가상으로 전쟁이 장기화국면에 접어들면서 피아가 뒤바뀌고 복잡한 셈법이 오가는 와중에 묵시적, 명시적으로 쏟아낸 복잡한 약속들이 그런 어처구니없는 결과를 빚어낸 것이다. 그 점에서 미국으로 대변되는 서방이 현재 처해 있는 딜레마도 어쩌면 인과응보, 자업자득일지도 모른다. 서구 제국들이, 20세기 초에 정점을 찍은 뒤로 제국주의의 해가 지는 줄도 모른 채 힘과 문화적 우월감에 도취되어, 중동에서는 그 무엇보다 종교와 부족이 우선이라는 엄연한 사실을 도외시했고, 그 무지의 소산이 바로 현재 서방이 맞고 있는 딜레마인 것이다.

『현대 중동의 탄생』의 원제는 『모든 평화를 끝내기 위한 평화』다. 제목처럼 이 책은 평화를 위한 그 모든 타결이 종국에는 평화를 끝장내는 타결이 된 내력과, 그렇게 되기까지의 과정을 여과 없이 기록한 책이다. 시대가 시대였던 만큼 이야기의 초점은 주로 제국주의의 대표주자이자 중동에 가장 많은 이해관계를 갖고 있었던 영국과 그보다는 정도가 다소 약한 프랑스의 정책 입안자들에 맞춰져 있다. 따라서 영국 정치권 내의 알력, 외교관—군지휘관—관료들의 힘겨루기, 그들의 오만함과 무지, 개인들 간의 충돌과 관료정치가 만들어낸 중동에 대한 상황 인식이 빠짐없이 기록된 것은 물론, 1차 세계대전을 전후해 유럽 각국과 그들의 상대국, 식민지 정부, 현지의 원주민 지도자들 간에 복잡하게 전개된 공개 · 비공개 외교 비사가 총망라돼 있다. 또한 전쟁 중에 불거진 볼셰비키 혁명과 러시아제국의 붕괴, 오스만제국의 음모, 숨 막히는 열강의 외교전, 책사들의 지략 대결, 처칠, 아라비아의 로렌스, 레닌, 우드로 윌슨과 같은 전환기적 인물들 등, 드라마적 요소도 많이 포함돼 있어 압도적 분량이 짧게 느껴질 만큼 속도감 있게 읽어 내려갈 수 있다. 법조계, 정계, 재계에서 다양하게 활동하다 역사가의 길로 접어든 저자의 특이한 이력 덕에 문장이 지나치게 사변적으로 흐르지 않고 신선하고 생동감 있게 저술된 것도 이 책이 지닌 매력이자 덕목 가운데 하나라 할 수 있다. 때로는 머리가 어지러울 만큼 이야기가 복잡하게 전개되지만 읽는 데 전혀 부담이 느껴지지 않는 것도 그래서다.

『현대 중동의 탄생』은 완성에 10년이 걸린 노작이다. 그런 만큼 수집된 자료도 방대하고 저자의 공력도 많이 투여되었다. 그런 노력이 헛되지 않게 이 책은 미국 비평가협회상과 퓰리처상 최종 후보에 올랐고,《뉴욕 타임스》《월스트리트 저널》《런던 타임스》등 내로라하는 신문들로부터 호평 받은 베스트셀러가 되었다. 또한 지난 2009년에는 발간 20주년을 기념하는 새로운 판본이 출간되었으며, 다수의 미국 대학들에서 '아랍의 봄' 을 이해하기 위한 필독서로도 지정되었다니 이 책은 과연 중동의 탄생을 다룬 책으로는 시대를 초월한 고전이라 해도 무방할 듯 하다. 역자 개인 생각으로는 이 책을 읽지 않고는 중동을 논하지 말라고 감히 말하고 싶을 정도다. 그래서 『현대 중동의 탄생』이 늦게나마 한국에 소개되는 것이 더욱 뜻 깊고 다행스럽게 여겨진다.

2014년 겨울
이순호

주

1부 역사의 교차로에서

1. 구 유럽의 마지막 날들

1. Violet Bonham Carter, Winston Churchill as I knew Him(London: Eyre & Spottiswoode and Collins, 1965), p.263.

2. Ibid., p.264.

3. Ibid., p.262.

4. Ibid.

2. 거대한 게임이 남긴 유산

1. 인용문을 비롯한 상세한 내용은 David Fromkin, "The Great Game in Asia," Foreign Affairs(spring 1980), p.936에 나와 있다. 다음 문헌도 함께 참조할 것. Edward Ingram, Commitment to Empire: Prophecies of the Great Game in Asia 1979~1800(Oxford: Clarendon Press, 1981); Edward Ingram, The Beginnings of the Great Game in Asia 1828~1834(Oxford: Clarendon Press, 1979).

2. George N. Curzon, Persia and the Persian Question(London: Frank Cass, 1966), Vol.1, pp.3~4.

3. G. D. Clayton, Britain and the Eastern Question: Missolonghi to Gallipoli(London: University of London Press, 1971), p.139.

4. J. W. Kaye, according to H. W .C. Davis, "The Great Game in Asia, 1800~1844", Raleigh Lecture on History(London: British Academy, 1926), pp.3~4.

5. Marian Kent, Oil and Empire: British Policy and Mesopotamian Oil, 1900~1920(London: Macmillan Press for the London School of Economics, 1976), p.6, app.8.

6. 인용문 출처, Arthur Swinson, North-West Frontier: People and Events, 1839~1947(London: Hutchinson, 1967), p.142.

7. M. S. Anderson, The Eastern Question, 1774~1923: A Study in International Relations(London and Basingstoke: Macmillan Press, 1966), p.224.

8. Lady Gwendolen Cecil, Life of Robert Marquis of Salisbury(London: Hodder & Stoughton, 1921), Vol.2, p.326.

9. Paul Kennedy, The Realities behind Diplomacy: Background Influences on British External Policy, 1865~1980(Glasgow: Fontana, 1981), p.20; Paul Kennedy, "A Historian of Imperial Decline Looks at America," International Herald Tribune, 3 November 1982, p.6.

10. P. L. Cotterell, British Overseas Investment in the Nineteenth Century(London: Macmillan Press, 1975), p.9.

11. Walter Bagehot, The Collected Works(London: The Economist, 1974), Vol.8, p.306.

12. Viscount Grey of Falloden, Twenty-Five Years, 1892~1916(London: Hodder & Stoughton, 1925), Vol.1, p.152.

3. 전쟁이 일어나기 전의 중동

1. 오스만제국의 인구 3,000만 명에 대한 부분: Charles Issawi, The Economic History of Turkey: 1800~1914(Chicago and London: University of Chicago Press, 1980), p.1. 5,000만 명에 대한 부분: George Lenczowski, The Middle East in World Affairs, 4th edn(Ithaca and London: Cornell University Press, 1980), p.28을 참조할 것.

2. The Arab War: Confidential Information for General Headquarters from Gertrude Bell, Being Despatches Reprinted from the Secret "Arab Bulletin"(Great Britain: The Golden Cockerel Press, n.d.), p.9.

3. Issawi, Economic History of Turkey, p.353.

4. Encyclopaedia Britannica, 11th edn, s.v. "Constantinople."

5. Bernard Lewis, The Emergence of Modern Turkey, 2nd edn(London, Oxford, and New York: Oxford University Press, 1968), p.228.

6. John Presland(pseudonym for Gladys Skelton), Deedes Bey: A Study of Sir Wyndham Deedes 1883~1923(London: Macmillan, 1942), p.19.

7. Margaret FitzHerbert, The Man Who Was Greenmantle: A Biography of Aubrey Herbert(London: John Murray, 1983), p.83.

8. Elie Kedourie, Arabic Political Memoirs and Other Studies(London : Frank Cass, 1974), p.244.

9. Ibid., p.260.

10. Ibid., p.257.

11. Ibid., p.261.

12. Ibid., p.255.

13. 청년튀르크당의 기원과 내부 작동방식에 대한 내용은 다음을 참조할 것. Feroz Ahmad, The Young Turks : The Committee of Union and Progress in Turkish Politics 1908~1914(Oxford : Clarendon Press, 1969) ; Ernest Edmondson Ramsaur, Jr. The Young Turks : Prelude to the Revolution of 1908(Princeton : Princeton University Press, 1957).

14. John Buchan, Greenmantle(New York : Grosset & Dunlap, 1916), ch. 1 ; Lewis, Modern Turkey, pp.207~208, n.4.

4. 동맹이 급했던 청년튀르크당

1. Charles Issawi, The Economic History of Turkey : 1800~1914(Chicago and London : University of Chicago Press, 1980), p.151.

2. Ibid.

3. Ibid.

4. Ibid., pp.146~147, 152~177.

5. Ibid., p.147.

6. Ibid., p.177.

7. Ibid., p.178.

8. Harry N. Howard, The Partition of Turkey : A Diplomatic History 1913~1923(New York : Howard Fertig, 1966), pp.47 et seq.

9. Sir Mark Sykes, The Caliphs' Last Heritage : A Short History of the Turkish Empire(London : Macmillan, 1915), p.2.

10. Ahmed Djemal Pasha, Memories of a Turkish Statesman : 1913~1919(New York : George H. Doran, 1922), p.108.

11. Martin Gilbert, Winston S. Churchill, Vol.3 : 1914~1916, The Challenge of War(Boston : Houghton Mifflin, 1971), p.189.

12. Ibid., p.190.

13. Ulrich Trumpener, Germany and the Ottoman Empire: 1914~1918(Princeton: Princeton University Press, 1968), p.20.

14. Ibid., p.19.

15. Ibid.

5. 전쟁 전야의 윈스턴 처칠

1. Ted Morgan, Churchill: Young Man in a Hurry, 1874~1915(New York: Simon & Schuster, 1982), p.314.

2. Violet Bonham Carter, Winston Churchill as I Knew Him(London: Eyre & Spottiswoode and Collins, 1965), p.262.

6. 처칠, 터키 전함들을 압류하다

1. Martin Gilbert, Winston S. Churchill, Vol.3: 1914~1916, The Challenge of War(Boston: Houghton Mifflin, 1971), pp.179~180.

2. Ibid., opposite p.156.

3. Richard Hough, The Great War at Sea: 1914~1918(Oxford and New York: Oxford University Press, 1983), p.71.

4. Lord Kinross, Ataturk: A Biography of Mustafa Kemal, Father of Modern Turkey(New York: William Morrow, 1965), p.79: Stanford J. Shaw and Ezel Kural Shaw, History of the Ottoman Empire and Modern Turkey, Vol.2: Reform, Revolution, and Republic: The Rise of Modern Turkey, 1808~1975(Cambridge: Cambridge University Press, 1977), p.311.

5. Winston S. Churchill, The World Crisis: 1911~1914(London: Thornton Butterworth, 1923), pp.208~209.

6. Martin Gilbert, Winston S. Churchill: Companion Volume, Vol.3, Part1:July 1914~April 1915(Boston: Houghton Mifflin, 1973), pp.1~2.

7. Ibid., p.3.

8. Ibid., pp.2~3.

9. Ibid., p.5.

10. Ibid.

11. Ibid., p.10.

12. Ibid., p.9.

13. Ibid., p.16.

14. Ibid.

15. Ibid., p.19.

16. Ulrich Trumpener, Germany and the Ottoman Empire: 1914~1918(Princeton: Princeton University Press, 1968), p.15.

17. Ibid., pp.19~20.

18. Ibid., p.16.

19. J. A. S. Grenville, The Major International Treaties 1914~1973: A History and Guide with Texts(New York: Stein & Day, 1975), p.24; Harry N. Howard, The Partition of Turkey: A Diplomatic History 1913~1923(New York: Howard Fertig, 1966), p.49.

20. Trumpener, Ottoman Empire, pp.14, 22.

21. Trumpener, Ottoman Empire.

22. Gilbert, Churchill: Companion Volume, p.36.

23. Y. T. Kurat, "How Turkey Drifted into World War Ⅰ," in K. C. Bourne and D. C. Watt(eds), Studies in International History(London: Longman, 1967), p.299.

7. 오스만제국의 음모

1. 이어지는 관련 내용은 다음을 참조할 것. Ulrich Trumpener, Germany and the Ottoman Empire: 1914~1918(Princeton: Princeton University Press, 1968).

2. Violet Bonham Carter, Winston Churchill as I Knew Him(London: Eyre & Spottiswoode and Collins, 1965), pp.321~322.

3. Martin Gilbert, Winston S. Churchill: Companion Volume, Vol.3, Part1: July 1914~April 1915(Boston: Houghton Mifflin, 1973), p.73.

4. Ibid.

5. Stanford J. Shaw and Ezel Kural Shaw, History of the Ottoman Empire and Modern Turkey, Vol.2: Reform, Revolution and Republic: The Rise of Modern Turkey, 1808~1975(Cambridge: Cambridge University Press, 1977), p.312.

6. Ibid., p.311.

7. H. H. Asquith, Letters to Venetia Stanley, ed. by Michael and Eleanor Brock(Oxford and New York: Oxford University Press, 1982), p.168.

8. Ibid., p.171.

9. John Presland(pseudonym for Gladys Skelton), Deedes Bey: A Study of Sir Wyndham Deedes 1883~1923(London: Macmillan, 1942), pp.138~139.

10. Gilbert, Churchill: Companion Volume, p.58.

11. Harry N. Howard, The Partition of Turkey: A Diplomatic History 1913~1923(New York: Howard Fertig, 1966), p.49.

12. Martin Gilbert, Winston S. Churchill, Vol.3: 1914~1916, The Challenge of War(Boston: Houghton Mifflin, 1971), p.210.

13. Trumpener, Ottoman Empire, p.31.

14. Ibid., p.33.

15. Ibid.

16. Ibid.

17. Ibid., p.32.

18. Viscount Grey of Falloden, Twenty-Five Years, 1892~1916(London: Hodder & Stoughton, 1925), Vol.2, p.164.

19. Joseph Heller, British Policy Towards the Ottoman Empire: 1908~1914(London: Frank Cass, 1983).

20. Trumpener, Ottoman Empire, p.48.

21. Harry N. Howard, Turkey, the Straits and U.S. Policy(Baltimore and London: The Johns Hopkins University Press, 1974), p.27, n.2.

22. Trumpener, Ottoman Empire, p.58.

23. Gilbert, Churchill: The Challenge of War, p.216.

24. Shaw and Shaw, Ottoman Empire, p.312.

25. Asquith, Letters, p.309.

26. Martin Gilbert, Winston S. Churchill, Vol.4: 1916~1922, The Stricken World(Boston: Houghton Mifflin, 1975), pp.752~753.

27. Asquith, Letters, pp.165~166.

28. Ibid., p.186.

29. Gilbert, The Challenge of War, p.210.

30. Grey, Twenty-Five Years, p.167.

31. Asquith, Letters, p.402.

32. Christopher Sykes, Two Studies in Virtue(London: Collins, 1953), p.205.

2부 하르툼의 키치너, 장래를 준비하다

8. 키치너, 지휘권을 잡다

1. Martin Gilbert, Winston S. Churchill, Vol.3: 1914~1916, The Challenge of War(Boston: Houghton Mifflin, 1971), p.12.

2. George H. Cassar, Kitchener: Architect of Victory(London: William Kimber, 1977), p.172.

3. H. H. Asquith, Letters to Venetia Stanley, ed. by Michael and Eleanor Brock(Oxford and New York: Oxford University Press, 1982), p.157.

4. Lord Riddell's War Diary 1914~1918(London: Ivor Nicholson & Watson, 1933), p.48; Cassar, Kitchener, p.193.

5. Violet Bonham Carter, Winston Churchill as I Knew Him(London: Eyre & Spottiswoode and Collins, 1965), p.316.

6. Lord Beaverbrook, Politicians and the War 1914~1916(London: Oldbourne Book Co., 1960), p.172.

7. Duff Cooper, Old Men Forget(New York: E. P. Dutton, 1954), p.54.

8. G. W. Steevens, With Kitchener to Khartum(New York: Dodd, Mead, 1900), p.46.

9. Ibid., p.48.

10. Ibid., p.45.

11. Encyclopaedia Britannica, 12th edn, s.v. "Kitchener."

12. Cassar, Kitchener, p.196.

13. Elie Kedourie, In the Anglo-Arab Labyrinth: The McMahon-Husayn Correspondence and its Interpreters 1914~1939(Cambridge: Cambridge University Press, 1976), pp.12~13; L. Hirszowicz, "The Sultan and the Khedive, 1892~1908," Middle Eastern Studies(October 1972); Jukka Nevakivi, "Lord Kitchener and the Partition of the Ottoman Empire, 1915~1916," in K. C. Bourne

and D. C. Watt(eds), Studies in International History(London: Longman, 1967), p.318.

14. Loard Edward Cecil, The Leisure of an Egyptian Official(London: Hodder & Stoughton, 1921), p.187.

15. The Memoirs of Sir Ronald Storrs(New York: G. P. Putnam's Sons, 1937), p.206.

16. Kedourie, Anglo-Arab Labyrinth, p.29.

17. Sir Mark Sykes, The Caliphs' Last Heritage: A Short History of the Turkish Empire(London: Macmillan, 1915).

18. Encyclopaedia Britannica, 11th edn, s.v. "Turkey"; Lord Eversley, The Turkish Empire, from 1288 to 1914(New York: Howard Fertig, 1969), p.6.

19. Arab Bulletin, no.47, 11 April 1917.

20. H. V. F. Winstone, The Illicit Adventure(London: Jonathan Cape, 1982), pp.107~109, 220~221.

9. 키치너의 부관들

1. Lord Riddell's War Diary 1914~1918(London: Ivor Nicholson & Watson, 1933), p.75.

2. G. W. Steevens, With Kitchener to Khartum(New York: Dodd, Mead, 1900), pp.64~65.

3. University of Durham. Sudan Archive. Gilbert Clayton Papers. 469/8.

4. Ibid.

5. War Memoirs of David Lloyd George, Vol.3: 1916~1917(Boston: Little, Brown, 1934), pp.304~305.

6. Kew. Public Record Office. Kitchener Papers. 30/57 45. Document 0045.

7. University of Durham. Sudan Archive. Gilbert Clayton Papers. 470/4.

8. Kew. Public Record Office. Kitchener Papers. 30/57 45. Document 0071.

9. Ibid. Document 0073.

10. University of Durham. Sudan Archive. Clayton Key Papers. G//S 513. File 1.

11. Kew. Public Record Office. Kitchener Papers. 30/57 47. Document QQ16.

12. Ibid. Document QQ15.

13. Christopher M. Andrew and A. S. Kanya-Forstner, The Climax of French Imperial

Expansion: 1914~1924(Stanford: Stanford University Press, 1981), p.68.

14. Ibid., p.69.

15. Ibid., p.40.

16. Ibid., pp.69~70.

10. 키치너, 이슬람 공략에 나서다

1. Encyclopaedia Britannica, 12th edn, s.v. "World War."

2. John Buchan, Greenmantle(New York: Grosset & Dunlap, 1916), p.17.

3. C. Ernest Dawn, From Ottomanism to Arabism: Essays on the Origins of Arab Nationalism(Urbana, Chicago, and London: University of Illinois Press, 1973), pp.54~68.

4. 이어지는 관련 내용은 다음을 참조할 것. Elie Kedourie, In the Anglo-Arab Labyrinth: The McMahon-Husayn Correspondence and its Interpreters 1914~1939(Cambridge: Cambridge University Press, 1976), pp.4~11.

5. Majid Khadduri, "Aziz ˈAli Al-Misri and the Arab Nationalist Movement," in Albert Hourani(ed.), Middle Eastern Affairs: Number Four, St Antony's Papers, no.17(London: Oxford University Press, 1965), pp.140~143.

6. H. V. F. Winstone, The Illicit Adventure(London: Jonathan Cape, 1982), p.380.

7. Kedourie, Anglo-Arab Labyrinth, pp.13~14.

8. Ibid., p.25.

9. Ibid., p.17.

10. Zeine N. Zeine, The Emergence of Arab Nationalism with a Background Study of Arab-Turkish Relations in the Near East(Beirut: Khayats, 1966).

11. Dawn, Ottomanism, p.152.

12. Albert Hourani, The Emergence of the Modern Middle East(Berkeley, Los Angeles and London: University of California Press, 1981), pp.193~215; Dawn, Ottomanism; Zeine N. Zeine, Arab Nationalism, pp.39~59.

13. George Antonius, The Arab Awakening: The Story of the Arab National Movement(New York: Capricorn Books, 1965), p.133; Kedourie, Anglo-Arab Labyrinth, p.19.

14. University of Durham. Sudan Archive. Gilbert Clayton Papers. 469/8.

15. Kedourie, Anglo-Arab Labyrinth, p.22.

16. Ibid., pp.17~18.

17. Kew. Public Record Office. Kitchener Papers. 30/59 47. Document QQ38.

11. 인도의 저항

1. Elie Kedourie, In the Anglo-Arab Labyrinth: The McMahon-Husayn Correspondence and its Interpreters 1914~1939(Cambridge: Cambridge University Press, 1976), p.30.

2. Briton Cooper Busch, Britain, India, and the Arabs, 1914~1921(Berkeley and London: University of California Press, 1971), p.62.

3. Kedourie, Anglo-Arab Labyrinth, p.30.

4. Busch, Britain, India, and the Arabs, p.62.

5. Kedourie, Anglo-Arab Labyrinth, p.120.

6. Ibid., p.30.

7. H. V. F. Winstone, Captain Shakerspear(London: Jonathan Cape, 1976).

8. Busch, Britain, India, and the Arabs, p.60.

9. Ibid., p.11.

10. Kedourie, Anglo-Arab Labyrinth, p.52.

11. Ibid., pp.47~51.

12. Ulrich Trumpener, Germany and the Ottoman Empire: 1914~1918(Princeton: Princeton University Press, 1968), p.117.

13. Fritz Fischer, Germany's Aims in the First World War(New York: W. W. Norton, 1967), p.126.

14. Trumpener, Ottoman Empire, p.118.

15. Kedourie, Anglo-Arab Labyrinth, p.76.

16. C. J. Lowe and M. L. Dockrill, The Mirage of Power, Vol.3: The Documents, British Foreign Policy 1902~1922(London and Boston: Routledge & Kegan Paul, 1972), p.538.

17. University of Durham. Sudan Archive. Clayton Key Papers. G//S 513. File 1.

18. Kew. Public Record Office. Kitchener Papers. 30/57 45. Document 0074.

12. 고래싸움의 새우등이 된 메카의 샤리프

1. C. Ernest Dawn, From Ottomanism to Arabism : Essays on the Origins of Arab Nationalism(Urbana, Chicago, and London : University of Illinois Press, 1973), p.14, nn.42, 43.

2. Kew. Public Record Office. Kitchener Papers. 30/57 47.

3. Ibid. Document QQ15.

3부 중동의 진창에 빠진 영국

13. 패전으로 몰고 간 터키 지휘관들

1. 엔베르의 카프카스 원정에 관련된 부분은 엔드레스 소령Major Franz Carl Endres의 증언이 기록된 Encyclopaedia Britannica, 12th edn, s. v. "Turkish Campaigns" 부분을 참조했다.

2. 위의 엔드레스 소령은 실제 전사자 수가 9만 명이었다고 주장했다. ibid. 반면 최근 판 Encyclopaedia Britannica, 15th edn. s. v. "The World Wars,"에는 그 숫자가 18만 명으로 제시돼 있다.

3. Ibid.

4. Ahmed Emin, Turkey in the World War(New Haven : Yale University Press, 1930), p.88.

5. Frank G. Weber, Eagles on the Crescent : Germany, Austria, and the Diplomacy of the Turkish Alliance 1914~1918(Ithaca and London : Cornell University Press, 1970), p.98 ; C. R. M. F. Cruttwell, A History of the Great War, 2nd edn(Oxford : Clarendon Press, 1936), p.351.

6. Margaret FitzHerbert, The Man Who Was Greenmanlte : A Biography of Aubrey Herbert(London : John Murray, 1983), p.147.

7. H. H. Asquith, Letters to Venetia Stanley, ed. by Michael and Eleanor Brock(Oxford and New York : Oxford University Press, 1982), p.414.

8. 이어지는 통계는 다음 문헌을 참조했다. The Economic History of Turkey : 1800~1914(Chicago and London : University of Chicago Press, 1980), pp.366 et seq.

9. Emin, Turkey, p.92.

14. 영국의 터키 공격을 허용한 키치너

1. Lord Beaverbrook, Men and Power 1917~1918(London: Hutchinson, 1956), p.xvii.

2. Walter Hines Page, 인용문 출처 O. Morgan, Lloyd George(London: Weidenfeld & Nicolson, 1974), p.13.

3. A. J. P. Taylor, English History 1914~1945(Oxford: Clarendon Press, 1965), p.74.

4. Martin Gilbert, Winston S. Churchill, Vol.3: 1914~1916, The Challenge of War(Boston: Houghton Mifflin, 1971), p.230.

5. Zara C. Steiner, Britain and the Origins of the First World War(London and Basingstoke: Macmillan, 1977).

6. The Autobiography of Bertrand Russell(London: Unwin Paperbacks, 1978), p.239.

7. H. H. Asquith, Letters to Venetia Stanley, ed. by Michael and Eleanor Brock(Oxford and New York: Oxford University Press, 1982), p.266.

8. Gilbert, Churchill: The Challenge of War, p.226; John Grigg, Lloyd George: From Peace to War 1912~1916(London: Methuen, 1985), p.194.

9. Lord Beaverbrook, Politicians and the War 1914~1916(London: Oldbourne, 1960), p.175.

10. Gilbert, Churchill: The Challenge of War, pp.328~329.

15. 다르다넬스 작전의 승리를 향해

1. Martin Gilbert, Winston S. Churchill, Vol.3: 1914~1916, The Challenge of War(Boston: Houghton Mifflin, 1971), p.234.

2. Martin Gilbert, Winston S. Churchill: Companion Volume, Vol.3, Part1: July 1914–April 1915(Boston: Houghton Mifflin, 1973), p.380.

3. H. H. Asquith, Letters to Venetia Stanley, ed. by Michael and Eleanor Brock(Oxford and New York: Oxford University Press, 1982), p.374.

4. Gilbert, Churchill: Companion Volume, p.500.

5. Asquith, Letters, p.429.

6. Gilbert, Churchill: The Challenge of War, p.287.

7. Ibid., pp.296~297.

8. Ibid., p.288.

9. Violet Bonham Carter, Winston Churchill as I Knew Him(London: Eyre & Spottiswoode and Collins, 1965), pp.359~360.

10. Ibid., p.359.

11. Gilbert, Churchill: Companion Volume, pp.558~559.

12. Alan Moorehead, Gallipoli(New York: Ballentine Books, 1956), p.59.

13. Ulrich Trumpener, Germany and the Ottoman Empire 1914~1918(Princeton: Princeton University Press, 1968), p.142.

14. Ibid., p.146.

15. L. S. Stavrianos, The Balkans since 1453(New York: Rinehart, 1958), p.560.

16. Bonham Carter, Churchill, p.368.

17. Ibid., p.369.

18. Ibid., p.361.

19. Gilbert, Churchill: Companion Volume, p.625.

20. Bonham Carter, Churchill, p.368.

21. Gilbert, Churchill: The Challenge of War, p.315.

22. Ibid., p.326.

23. Bonham Carter, Churchill, pp.365~366.

16. 러시아의 속셈

1. Christopher M. Andrew and A. S. Kanya-Forstner, The Climax of French Imperial Expansion: 1914~1924(Stanford: Stanford University Press, 1981), p.73.

2. Viscount Grey of Falloden, Twenty-Five Years, 1892~1916(London: Hodder & Stoughton, 1925), Vol.2, pp.180~181.

3. H. H. Asquith, Letters to Venetia Stanley, ed. by Michael and Eleanor Brock(Oxford and New York: Oxford University Press, 1982), p.300.

4. Ibid., p.463.

5. Martin Gilbert, Winston S. Churchill, Vol.3: 1914~1916, The Challenge of War(Boston: Houghton Mifflin, 1971), p.320.

6. Ibid.

7. Asquith, Letters, p.183, n.5.

8. Gilbert, Churchill: The Challenge of War, p.320.

9. Elie Kedourie, In the Anglo-Arab Labyrinth: The McMahon-Husayn Correspondence and its Interpreters 1914~1939(Cambridge: Cambridge University Press, 1976), pp.22~23.

10. David Lloyd George, Memoirs of the Peace Conference(New Haven: Yale University Press, 1939), Vol.2, p.669.

11. Gilbert, Churchill: The Challenge of War, p.349.

12. Briton Cooper Busch, Britain, India, and the Arabs, 1914~1921(Berkeley and London: University of California Press, 1971), pp.40~42.

13. Asquith, Letters, p.510.

14. Ibid., p.469.

15. Martin Gilbert, Winston S. Churchill: Companion Volume, Vol.3, Part1: July 1914-April 1915(Boston: Houghton Mifflin, 1973), p.716.

16. Kew. Public Record Office. Kitchener Papers. 30/57 45. Document 0073.

17. Ibid. 30/57. Document QQ18.

18. Kedourie, Anglo-Arab Labyrinth, p.33.

19. Ibid., pp.49~50.

20. Ibid., p.34.

21. H. V. F. Winstone, Gertrude Bell(London: Jonathan Cape, 1978), p.165.

22. Marian Kent, "Asiatic Turkey, 1914~1916," in F. H. Hinsley(ed.), British Foreign Policy under Sir Edward Grey(Cambridge: Cambridge University Press, 1977), p.445.

23. Kedourie, Anglo-Arab Labyrinth, p.43.

24. Ibid., p.41.

25. C. J. Lowe and M. L. Dockrill, The Mirage of Power, Vol.3: The Documents, British Foreign Policy 1902~1922(London and Boston: Routledge & Kegan Paul, 1972), pp.524~525.

17. 영국이 중동에서 원한 것

1. Martin Gilbert, Winston S. Churchill: Companion Volume, Vol.3, Part1: July 1914-

April 1915(Boston: Houghton Mifflin, 1973), pp.52~53.

2. Roger Adelson, Mark Sykes: Portrait of an Amateur(London: Jonathan Cape, 1975), p.180.

3. Ibid., p.182.

4. Margaret FitzHerbert, The Man Who Was Greenmantle: A Biography of Aubrey Herbert(London: John Murray, 1983), pp.147~149.

18. 운명의 해협에서

1. Martin Gilbert, Winston S. Churchill, Vol.3: 1914~1916, The Challenge of War(Boston: Houghton Mifflin, 1971), p.343.

2. Ibid.

3. Martin Gilbert, Winston S. Churchill: Companion Volume, Vol.3, Part1: July 1914~April 1915(Boston: Houghton Mifflin, 1973), p.703.

4. Gilbert, Churchill: The Challenge of War, p.358.

5. Stephen Roskill, Hankey: Man of Secrets, Vol.1: 1877~1918(London: Collins, 1970), p.159.

6. Gilbert, Churchill: The Challenge of War, p.359.

7. Ibid., p.371.

8. H. H. Asquith, Letters to Venetia Stanley, ed. by Michael and Eleanor Brock(Oxford and New York: Oxford University Press, 1982), p.488.

9. Gilbert, Churchill: The Challenge of War, p.375.

10. Gilbert, Churchill: Companion Volume, p.731.

19. 전사들

1. Martin Gilbert, Winston S. Churchill: Companion Volume, Vol.3, Part1: July 1914~April 1915(Boston: Houghton Mifflin, 1973), p.582.

2. Sir Ian Hamilton, Gallipoli Diary, Vol.1(London: Edward Arnold, 1920), p.5.

3. Ibid., p.25.

4. Martin Gilbert, Winston S. Churchill, Vol.3: 1914~1916, The Challenge of War(Boston: Houghton Mifflin, 1971), p.294.

5. John Grigg, Lloyd George: From Peace to War 1912~1916(London: Methuen,

1985), p.211.

6. Compton Mackenzie, My Life and Times, Octave Five, 1915~1923(London: Chatto & Windus, 1966), p.269.

20. 정치인들

1. Martin Gilbert, Winston S. Churchill, Vol.3: 1914~1916, The Challenge of War(Boston: Houghton Mifflin, 1971), p.450.

2. Margaret FitzHerbert, The Man Who Was Greenmantle: A Biography of Aubrey Herbert(London: John Murray, 1983), p.151.

3. Ibid., p.155.

4. Lloyd Riddell's War Diary 1914~1918(London: Ivor Nicholson & Watson, 1933), p.94.

5. Ibid., p.109.

6. Gilbert, Churchill: The Challenge of War, p.476.

7. Riddell, Diary, p.89.

8. Gilbert, Churchill: The Challenge of War, p.440.

21. 꺼져버린 불빛

1. Martin Gilbert, Winston S. Churchill, Vol.3: 1914~1916, The Challenge of War(Boston: Houghton Mifflin, 1971), p.529.

2. H. Montgomery Hyde, Carson(London: William Heinemann, 1953), p.393.

3. Martin Gilbert, Winston S. Churchill: Companion Volume, Vol.3, Part2: May 1915-December 1916(Boston: Houghton Mifflin, 1973), p.1158.

4. Gilbert, Churchill: The Challenge of War, p.549.

5. John Presland(pseudonym for Gladys Skelton), Deedes Bey: A Study of Sir Wyndham Deedes 1883~1923(London: Macmillan. 1942), p.226.

6. Ibid., p.231.

22. 카이로 영국 정보국의 아랍부 창설

1. Roger Adeslon, Mark Sykes: Portrait of an Amateur(London: Jonathan Cape, 1975), p.187.

2. Briton Cooper Busch, Britain, India, and the Arabs, 1914~1921(Berkeley and London: University of California Press, 1971), p.69.

3. Adeslon, Sykes, p.192.

4. C. J. Lowe and M. L. Dockrill, The Mirage of Power, Vol.2: British Foreign Policy 1914~1922(London and Boston: Routledge & Kegan Paul, 1972), p.209.

5. H. V. F. Winstone, Gertrude Bell(London: Jonathan Cape, 1978), p.162.

23. 아랍인들에게 해준 영국의 약속

1. Roger Adeslon, Mark Sykes: Portrait of an Amateur(London: Jonathan Cape, 1975), p.187.

2. Ibid., p.189.

3. Secret Despatches from Arabia by T. E. Lawrence(The Golden Cockerel Press), p.69.

4. C. Ernest Dawn, From Ottomanism to Arabism: Essays on the Origins of Arab Nationalism(Urbana, Chicago and London: University of Illinois Press, 1973), p.30.

5. Elie Kedourie, In the Anglo-Arab Labyrinth: The McMahon-Husayn Correspondence and its Interpreters 1914~1939(Cambridge: Cambridge University Press, 1976), p.75.

6. Ibid., p.77.

7. Ibid., p.78.

8. Elie Kedourie, The Chatham House Version and Other Middle Eastern Studies(London: Weidenfeld & Nicolson, 1970), p.14.

9. Kew. Public Record Office, Kitchener Papers. 30/57 48. Document RR 26.

10. London. House of Lords Record Office. Beaverbrook Collection. Lloyd George Papers. F-205-3. Document 17.

11. Karl Baedeker, Palestine and Syria: With Routes through Mesopotamia and Babylon and the Island of Cyprus: Handbook for Travellers, 5th edn(개정증보판)(Leipzig: Karl Baedeker, 1912), p.157.

12. Kew. Public Record Office, Kitchener Papers. 30/57 47. Document QQ46.

13. 이것과 이와 유사한 인용문들은 다음 문헌에 정리돼 있다. Elie Kedourie, England

and the Middle East: The Destruction of the Ottoman Empire, 1914~1921(Hassocks, Sussex: Harvester Press, 1978), p.69.

14. Ibid.

15. Adeslon, Sykes, p.189.

16. Kedourie, Chatham House, p.15.

17. 후세인이 맥마흔에게 두 번째 서한을 보낸 날짜는 1915년 9월 9일이다.

18. John Presland(pseudonym for Gladys Skelton), Deedes Bey: A Study of Sir Wyndham Deedes 1883~1923(London: Macmillan, 1942), pp.244~245.

19. University of Durham, Sudan Archive, Gilbert Clayton Papers, 780/2.

20. Ronald Sanders, The High Walls of Jerusalem: A History of the Balfour Declaration and the Birth of the British Mandate for Palestine(New York: Holt, Rinehart & Winston, 1983), p.253.

21. Dawn, Ottomanism, p.115.

22. Kedourie, Anglo-Arab Labyrinth, p.108.

23. Presland, Deedes Bey, p.247.

24. Kedourie, Anglo-Arab Labyrinth, pp.119~120.

25. Ibid., p.121.

26. Kew, Public Record Office, Kitchener Papers, 30/57 48, Document RR8.

24. 연합국에 해준 영국의 약속

1. Roger Adeslon, Mark Sykes: Portrait of an Amateur(London: Jonathan Cape, 1975), pp.196~197.

2. Ibid., p.199.

3. Jukka Nevakivi, "Lord Kitchener and the Partition of the Ottoman Empire, 1915~1916," in K. Bourne and D. C. Watt(eds), Studies in International History(London: Longman, 1967), p.328; Philip Magnus, Kitchener: Portrait of an Imperialist(Harmondsworth: Penguin, 1968), pp.374~375.

4. Oxford, St Antony's College, Middle East Centre, Mark Sykes Papers, DS 42.1.

5. Christopher M. Andrew and A. S. Kanya-Forstner, The Climax of French Imperial Expansion: 1914~1924(Stanford: Stanford University Press, 1981), p.66.

6. Ibid., p.75.

7. Ibid., pp.75~77; St Antony's College. Middle East Centre. Mark Sykes Papers. DR 588.25. Extrait de la "Revue Hebdomadaire." Etienne Flandin, "Nos droits en Syrie et en Palestine."

8. Andrew and Kanya-Forstner, French Imperial Expansion, p.89.

9. Marian Kent, Oil and Empire: British Policy and Mesopotamian Oil, 1900~1920(London and Basingstoke: Macmillan Press for the London School of Economics, 1976), p.122.

10. Andrew and Kanya-Forstner, French Imperial Expansion, p.93.

11. Ibid., p.96.

12. Oxford. St Antony's College. Middle East Centre. Mark Sykes Papers. DS 42.1.

13. Adeslon, Sykes, p.200.

14. Oxford. St Antony's College. Middle East Centre. Hubert Young Papers. Notes for Lecture at Military Staff College.

15. Margaret FitzHerbert, The Man Who Was Greenmanlte: A Biography of Aubrey Herbert(London: John Murray, 1983), p.173.

16. Adeslon, Sykes, pp.202, et seq.

17. Andrew and Kanya-Forstner, French Imperial Expansion, p.101.

18. C. J. Lowe and M. L. Dockrill, The Mirage of Power, Vol.2: British Foreign Policy 1914~1922(London and Boston: Routledge & Kegan Paul, 1972), pp.228~229.

19. Ibid., Adeslon, Sykes, p.202, et seq.

20. Adeslon, Sykes, pp.202, et seq.

21. Ronald Sanders, The High Walls of Jerusalem: A History of the Balfour Declaration and the Birth of the British Mandate for Palestine(New York: Holt, Rinehart & Winston, 1983), p.334.

22. Adeslon, Sykes, p.226.

23. Kent, Oil and Empire, p.123.

24. Ibid.

25. 터키, 티그리스 강 전투에서 영국을 격파하다

1. 이어지는 내용은 Russell Braddon, The Siege(New York: Viking Press, 1969)와 그 밖의 표준 문헌들을 참조할 것. 오브리 허버트의 역할에 대해서는 다음을 참조할 것.

Margaret FitzHerbert, The Man Who Was Greenmantle: A Biography of Aubrey
Herbert(London: John Murray, 1983), pp.169 et seq.

4부 전복

26. 적진의 뒤에서

1. Frank G. Weber, Eagles on the Crescent: Germany, Austria, and the Diplomacy of
   the Turkish Alliance 1914~1918(Ithaca and London: Cornell University Press,
   1970), pp.100~106.

2. Oxford. St Antony's College. Middle East Centre. Mark Sykes Papers. DR 558.25.

3. Sukru Elekdag, ambassador of the Turkish Republic, letter to the editor, New York
   Times, 11 May 1983, p.22.

4. Stanford J. Shaw and Ezel Kural Shaw, History of the Ottoman Empire and Modern
   Turkey, Vol.2: Reform, Revolution, and Republic: The Rise of Modern Turkey,
   1808~1975(Cambridge: Cambridge University Press, 1977), pp.314 et seq.

5. Ulrich Trumpener, Germany and the Ottoman Empire: 1914~1918(Princeton:
   Princeton University Press, 1968), p.203.

6. Ibid., p.208.

7. Ibid., pp.208~209.

8. Ibid., pp.209~210.

9. Ibid., p.212.

10. Ibid., pp.213~216.

11. Ibid., p.213.

12. Ibid., p.213.

13. Ibid., p.225.

14. Sukru Elekdag, "Armenians vs. Turks: The View from Istanbul," Wall Street
    Journal, 21st September 1983, p.33.

15. Firuz Kazemzadeh, The Struggle for Transcaucasia(1917~1921)(New York:
    Philosophical Library, and Oxford: George Ronald, 1951), pp.27~30.

27. 키치너의 마지막 임무

1. H. Montgomery Hyde, Carson(London: William Heinemann, 1953), p.390.

2. Trevor Royle, The Kitchener Enigma(London: Michael Joseph, 1985), pp.355 et seq.

3. Ibid., p.373.

4. "Exposed: The Blunder that Killed Lord Kitchener," The Sunday Times, 22 September 1985, p.13.; George H. Cassar, Kitchener: Architect of Victory(London: William Kimber, 1977) p.478에 이어지는 문장. 그러나 또 다른 생존자는 키치너가 당시 외투를 입고 있지 않았던 것으로 이야기했다. 그에 대해서는 다음을 참조할 것. Philip Warner, Kitchener: The Man Behind the Legend(London: Hamish Hamilton, 1985), p.199.

28. 후세인의 아랍 봉기

1. John Presland(pseudonym for Gladys Skelton), Deedes Bey: A Study of Sir Wyndham Deedes 1883~1923(London: Macmillan, 1942), p.263.

2. C. Ernest Dawn, From Ottomanism to Arabism: Essays on the Origins of Arab Nationalism(Urbana Chicago, and London: University of Illinois Press, 1973), p.33.

3. Kew. Public Record Office. Kitchener Papers. Foreign Office 882. Vol.19. A/B/16/5.

4. Oxford. St Antony's College. Middle East Centre. Mark Sykes Papers. DR 588(DS 244.4).

5. University of Durham. Sudan Archive. Gilbert Clayton Papers. 470/4.

6. Majid Khadduri, "Aziz 'Ali Al-Misri and the Arab Nationalist Movement," in Albert Hourani(ed.), Middle Eastern Affairs: Number Four, St Antony's Papers, no. 17(London: Oxford University Press, 1965), pp.140~163, 154~155.

7. George Antonius, The Arab Awakening: The Story of the Arab National Movement(New York: Capricorn Books, 1965), p.153.

8. Dawn, Ottomanism, p.47.

9. The Memoirs of Sir Ronald Storrs(New York: G. P. Putnam's Sons, 1937), p.167.

10. Ibid., p.168.

11. Ibid., p.167.

12. Elie Kedourie, In the Anglo-Arab Labyrinth: The McMahon-Husayn Correspondence and its Interpreters 1914~1939(Cambridge: Cambridge University Press, 1976), p.201.

13. Oxford. St Antony's College. Middle East Centre. Mark Sykes Papers. DR 588(DS 244.4).

14. Ibid.

15. Bernard Lewis, The Middle East and the West(New York and London: Harper Torchbooks), p.9.

16. 브레몽의 활동 내용은 다음 문헌을 참조했다. General Ed. Brémond, Le Hedjaz dans la guerre mondiale(Paris: Payot, 1931).

17. Major Sir Hubert Young, The Independent Arab(London: John Murray, 1933).

18. Desmond Stewart, T. E. Lawrence(New York and London: Harper & Row, 1977), p.148.

19. 이어지는 로렌스의 활약상은 주로 Stewart, Lawrence; Young, The Independent Arab과 로렌스의 글들을 참조했다.

20. The Diaries of Parker Pasha, ed. by. H. V. F. Winstone(London and New York: Quartet Books, 1983), p.158.

21. Oxford. St Antony's College. Middle East Centre. T. E. Lawrence Papers. DS 244.4.

22. London. Imperial War Museum. T. E. Lawrence Papers. 69/48/2.

5부 운명의 나락으로 떨어진 연합국

29. 연합국 정부들의 추락: 영국과 프랑스

1. Robert Blake, The Unknown Prime Minister: The Life and Times of Andrew Bonar Law 1858~1918(London: Eyre & Spottiswoode, 1955), p.290.

2. 보어전쟁 때 밀너가 행한 일은 Thomas Pakenham, The Boer War(New York: Random House, 1979)에 특별히 강조돼 있다.

3. Norman Stone, Europe Transformed 1878~1919(London: Fontana Paperbacks,

1983), p.366.

4. A. J. P. Taylor, The First World War: An Illustrated History(London: Hamish Hamilton, 1963), p.103.

5. Kenneth O. Morgan, Lloyd George(London: Weidenfeld & Nicolson, 1974), p.92.

6. Blake, The Unknown Prime Minister, p.294.

7. Ibid., p.297.

8. Lord Riddell's War Diary 1914~1918(London: Ivor Nicholson & Watson, 1933), p.334.

9. A. J. P. Taylor, English History 1914~1945(Oxford: Clarendon Press, 1965), p.73.

10. Stephen Roskill, Hankey: Man of Secrets, Vol.1: 1877~1918(London: Collins, 1970), p.339.

11. Terence H. O'Brien, Milner(London: Constable, 1979), p.79.

12. John Grigg, Lloyd George: From Peace to War 1912~1916(London: Methuen, 1985), p.489.

13. Roskill, Hankey, pp.422~423.

14. Ibid., p.436.

15. Ibid., p.458.

16. Theodore Zeldin, France 1848~1945, Vol.1: Ambition, Love and Politics(Oxford: Clarendon Press, 1973), pp.698 et seq.

17. David Robin Watson, Georges Clemenceau: A Political Biography(London: Eyre Methuen, 1974), p.269.

18. Ibid., p.90.

19. Winston S. Churchill, Great Contemporaries(London: Fontana, 1959), pp.248~249.

20. Watson, Clemenceau, p.127.

21. Zeldin, France, p.703.

22. Watson, Clemenceau, p.28.

23. Roskill, Hankey, p.466.

30. 차르정부의 전복

1. Encyclopaedia Britannica, 12th edn, s.v. "Turkish Campaigns(Ⅰ)," 프란츠 카를 엔

드레스Franz Carl Endres가 작성한 발문.

2. Quoted in Y. T. Kurat, "How Turkey Drifted into World War Ⅰ," in K. C. Bourne and D. C. Watt(eds), Studies in International History(London: Longman, 1967), pp.291~315 at p.294.

3. Harvey A. De Weerd, "Churchill, Lloyd George, Clemenceau: The Emergence of the Civilian," in Edward Meade Earle(ed.), Makers of Modern Strategy: Military Thought from Machiavelli to Hitler(Princeton: Princeton University Press, 1943), pp.287~305 at pp.290~291; James T. Shotwell, The Great Decision(New York: Macmillan, 1944), pp.8~9.

4. A. J. P. Taylor, English History 1914~1945(Oxford: Clarendon Press, 1965), p.34.

5. Sheila Fitzpatrick, The Russian Revolution(Oxford and New York: Oxford University Press, 1982), p.10; Alec Nove, An Economic History of the U.S.S.R.(Harmondsworth: Penguin, 1982), pp.20~25; Encyclopaedia Britannica, 11th edn, s.v. "Russia."

6. Hugh Seton-Watson, The Russian Empire 1801~1917(Oxford: Clarendon Press, 1967), pp.704~705.

7. Norman Stone, The Eastern Front 1914~1917(London: Hodder & Stoughton, 1975), p.288; Michael Kettle, The Allies and the Russian Collapse March 1917–March 1918(London: André Deutsch, 1981), p.98.

8. Gordon A. Craig, Germany 1866~1945(Oxford and New York: Oxford University Press, 1978), p.375.

9. Ulrich Trumpener, Germany and the Ottoman Empire 1914~1918(Princeton: Princeton University Press, 1968), p.153.

10. Bertram D. Wlofe, Three Who Made a Revolution: A Biographical History, 4th rev. edn(New York: Dell, Delta Books, 1964), pp.620 et seq.; Edmund Wilsom, To the Finland Station: A Study in the Writing and Acting of History(Garden City, NY: Doubleday Anchor Books, 1953), pp.445 et seq.

11. 이어지는 내용은 Z. A. B. Zeman and W. B. Scharlau, The Merchant of Revolution: The Life of Alexander Israel Helphand (Parvus) 1867~1924(London: Oxford University Press, 1965)와 Z. A. B. Zeman(ed.), Germany and the Revolution in Russia 1915~1918(London: Oxford University Press, 1958)에 수록된 독일 공문서

보관서의 기록을 참조했다.

12. Zeman and Scharlau, The Merchant of Revolution, p.136.

13. Zeman(ed.), Germany, p.1.

14. Zeman and Scharlau, The Merchant of Revolution, p.155.

15. Ibid., p.154.

16. Ibid., pp.156~157.

17. Ibid., p.158.

18. Leonard Schapiro, The Russian Revolutions of 1917: The Origins of Modern Communism(New York: Basic Books, 1984), p.95.

19. Kettle, The Russian Collapse, pp.13~35.

20. Norman Stone, Europe Transformed 1878~1919(London: Fontana, 1983), p.371.

21. Edward Hallett Carr, The Bolshevik Revolution 1917~1923, Vol.1(New York: Macmillan, 1951), p.70.

22. Zeman(ed.), Germany, pp.35~36.

23. Lord Riddell's War Diary 1914~1918(London: Ivor Nicholson & Watson, 1933), p.82.

24. Taylor, English History, pp.94~95.

6부 신세계와 약속의 땅

31. 신세계

1. Arthur S. Link, Wilson: Campaigns for Progressivism and Peace, 1916~1917(Princeton: Princeton University Press, 1965), pp.179~180.

2. Ibid., pp.201~203.

3. Charles Seymour, The Intimate Papers of Colonel House, Vol.3(Boston: Houghton Mifflin, 1928), p.51.

4. John Maynard Keynes, The Economic Consequences of the Peace(New York: Harcourt, Brace & Howe, 1920), p.42.

5. War Memoirs of David Lloyd George, Vol.3: 1916~1917(Boston: Little, Brown,

1934), p.64.

6. The Papers of Woodrow Wilson, ed. by Arthur S. Link et al., Vol.41: January 24–
   April 6, 1917(Princeton: Princeton University Press, 1983), p.438.

7. Ibid., p.462.

8. Ibid., p.520.

9. Ibid., p.525.

10. Ibid.

11. Seymour, Papers of Colonel House, Vol.3, p.45.

12. Ronald Steel, Walter Lippmann, and the American Century(Boston and Toronto:
    Little Brown and Company, 1980), p.133.

13. Seymour, Papers of Colonel House, Vol.3, p.323.

14. Ibid.

15. Seymour, Papers of Colonel House, Vol.2, p.415.

16. Steel, Lippmann, p.136.

17. Laurence Evans, United States Policy and the Partition of Turkey,
    1914~1924(Baltimore: The Johns Hopkins University Press, 1965), p.39.

18. Ibid., pp.40~42.

19. Lawrence E. Gelfand, The Inquiry: American Preparation for Peace,
    1917~1919(New Haven: Yale University Press, 1963), p.47.

20. Ibid., p.273.

21. Ibid., pp.60~62.

22. Ibid., pp.240~250.

23. Ibid., pp.250~252.

24. Seymour, Papers of Colonel House, Vol.3, p.39.

25. Wilson, Papers, Vol.41, pp.537~538.

26. Gelfand, The Inquiry, p.173.

32. 로이드 조지의 시온주의

1. Roger Adeslon, Mark Sykes: Portrait of an Amateur(London: Jonathan Cape,
   1975), p.222.

2. Lord Beaverbrook, Men and Power 1917~1918(London: Hutchinson, 1956),

p.47.

3. Ibid., p.48.

4. War Memoirs of David Lloyd George, Vol.4: 1917(Boston: Little, Brown, 1934), p.68.

5. Ibid., p.66.

6. Ibid., p.432.

7. Ibid., pp.573~574.

8. Martin Gilbert, Winston S. Churchill: Companion Volume, Vol.4, Part1: January 1917-June 1919(Boston: Houghton Mifflin, 1978), p.59.

9. Beaverbrook, Men and Power, p.141.

10. Martin Gilbert, Winston S. Churchill, Vol.4: 1916~1922, The Stricken World(Boston: Houghton Mifflin, 1975), p.18.

11. Gilbert, Churchill: Companion Volume, p.99.

12. Gilbert, Churchill: Vol.4, p.30.

13. Gilbert, Churchill: Companion Volume, p.101.

14. Ibid., p.108.

15. London. House of Lords Record Office. Beaverbrook Collection. Lloyd George Papers. F-6-1. Documents 1 through 16(b).

16. Gilbert, Churchill: Companion Volume, p.60.

17. Elie Kedourie, In the Anglo-Arab Labyrinth: The McMahon-Husayn Correspondence and its Interpreters 1914~1939(Cambridge: Cambridge University Press, 1976), p.159.

18. David Lloyd George, Memoirs of the Peace Conference(New Heaven: Yale University Press, 1939), Vol.2, p.721.

19. Ibid., p.722.

20. Barbara W. Tuchman, Bible and Sword: England and Palestine from the Bronze Age to Balfour(New York: Funk & Wagnalls, 1956), p.121.

21. Ronald Sanders, The High Walls of Jerusalem: A History of the Balfour Declaration and the Birth of the British Mandate for Palestine(New York: Holt, Rinehart& Winston, 1983), p.5.

22. Sir Charles Webster, The Foreign Policy of Palmerston, 1830~1841: Britain, the

Liberal Movement and the Eastern Question(New York: Humanities Press, 1969), Vol.2, p.761. 다음도 참조할 것. Leonard Stein, The Balfour Declaration(London: Valentine Mitchell, 1961), pp.5~9; Tuchman, Bible and Sword, pp.80~224.

23. H. H. Asquith, Letters to Venetia Stanley, ed. by Michael and Eleanor Brock(Oxford and New York: Oxford University Press, 1982), p.406.

24. Ibid., p.477.

25. Ibid.

26. Ibid.

27. Ibid., pp.477~478.

28. Isaiah Friedman, The Question of Palestine, 1914~1918, British-Jewish-Arab Relations(London: Routledge & Kegan Paul, 1973), p.129.

29. Alex Bein, Theodore Herzl: A Biography, trans. by Maurice Samuel(Philadelphia: Jewish Publication Society of America, 1941), pp.411 et seq.

30. London. House of Lords Record Office. Beaverbrook Collection. Lloyd George Papers. G-33-1. Documents 14 through 16.

33. 밸푸어선언을 향해

1. Isaiah Friedman, The Question of Palestine, 1914~1918, British-Jewish-Arab Relations(London: Routledge & Kegan Paul, 1973), p.123.

2. Vladimir Jabotinsky, The Story of the Jewish Legion, trans. by Samuel Katz(New York: Bernard Ackerman, 1945), p.31.

3. 요셉 트럼펠더 대위가 유대인 부대 조직에 많은 공을 세웠다는 내용은 Joseph B. Schenchtman, Rebel and Statesman: The Vladimir Jabotinsky Story, the Early Years(New York: Thomas Yoseloff, 1956), pp.204~207에 나타나 있다.

4. Jabotinsky, The Jewish Legion, p.66.

5. Rehovot, Israel. Weizmann Archives. Memorandum of 7 February 1917 meeting; Roger Adelson, Mark Sykes: Portrait of an Amateur(London: Jonathan Cape, 1975), p.226.

6. L. S. Amery, My Political Life, Vol.2: War and Peace: 1914~1929(London: Hutchinson, 1953), p.115.

7. George Antonius, The Arab Awakening: The Story of the Arab National

Movement(New York : Capricorn Books, 1965), p.412.

8. The Leo Amery Diaries, Vol.1 : 1896~1929, ed. by John Barnes and David Nicholson(London : Hutchinson, 1980), p.137.

9. W. K. Hancock, Smuts : The Sanguine Years, 1870~1919(Cambridge : Cambridge University Press, 1965), p.426.

10. Lord Beaverbrook, Men and Power 1917~1918(London : Hutchinson, 1956), pp.xxiv~xxv ; A. J. P. Taylor, English History 1914~1945(Oxford : Clarendon Press, 1965), p.62.

11. War Memoirs of Lloyd George, Vol.4 : 1917(Boston, Little, Brown, 1934), p.90.

12. Ibid., pp.66~67.

13. Selections from the Smuts Papers, Vol.3 : June 1910-November 1918, ed. by W. K. Hancock and Jean Van Der Poel(Cambridge : Cambridge University Press, 1966), p.465.

14. Ibid., p.500.

15. Hancock, Smuts, pp.434~435.

16. Selections from the Smuts Papers, Vol.5 : September 1919-November 1934, ed. by Jean Van Der Poel(Cambridge : Cambridge University Press, 1973), p.25.

17. Ibid., p.18.

18. Hancock, Smuts, pp.434~435.

19. The Smuts Papers, Vol.4 : November 1918-August 1919, ed. by W. K. Hancock and Jean Van Der Poel(Cambridge : Cambridge University Press, 1966), pp.26~27.

20. Amery, My Political Life, p.116.

34. 약속의 땅

1. Rehovot, Israel. Weizmann Archives. Sacher letter, 2 February 1917 ; Scott letter, 3 February 1917 ; Weizmann letter, 3 February 1917.

2. Rehovot, Israel. Weizmann Archives. Memorandum of 7 February 1917 meeting.

3. Ibid.

4. Rehovot, Israel. Weizmann Archives. Notes of 8 February 1918 meeting.

5. Ronald Sanders, The High Walls of Jerusalem : A History of the Balfour Declaration

and the Birth of the British Mandate for Palestine(New York: Holt, Rinehart & Winston, 1983), p.466.

6. Roger Adeslon, Mark Sykes: Portrait of an Amateur(London: Jonathan Cape, 1975), p.225.

7. Christopher M. Andrew and A. S. Kanya-Forstner, The Climax of French Imperial Expansion: 1914~1924(Stanford: Stanford University Press, 1981), p.124.

8. Adelson, Sykes, p.225.

9. Sanders, The High Walls of Jerusalem, p.493.

10. Rehovot, Israel. Weizmann Archives. Sledmere Papers. Notes of conference held at 10 Downing St. 3 April 1917.

11. Ibid.

12. Ibid.

13. Adelson, Sykes, p.227.

14. Oxford. St Antony's College. Middle East Centre. Mark Sykes Papers. DS 149.

15. Ibid. DS 149(DR 588.25).

16. Kingston upon Hull. University of Hull. Brynmor Jones Library. Mark Sykes Papers. DDSY(2). 12-7.

17. Oxford. St Antony's College. Middle East Centre. Mark Sykes Papers. DS 149; Adelson, Sykes, p.229.

18. Adelson, Sykes, p.231.

19. Oxford. St Antony's College. Middle East Centre. Mark Sykes Papers. DR 588.25.

20. Ibid. DR 588.25(DS 42.1).

21. Adelson, Sykes, p.229.

22. Rehovot, Israel. Weizmann Archives. Sledmere Papers. 14 August 1917.

23. The Leo Amery Diaries, Vol.1: 1896~1929, ed. by John Barnes and David Nicholson(London: Hutchinson, 1980), p.170.

24. Kenneth Rose, The Later Cecils(New York and London: Harper & Row, 1975), p.153.

25. Philip Guedalla, Men of Affairs(London: Hodder & Stoughton, n. d.), p.193.

26. Oxford. St Antony's College. Middle East Centre. Mark Sykes Papers. DR 588.25.

27. Andrew and Kanya-Forstner, French Imperial Expansion, p.129.

28. Sanders, The High Walls of Jerusalem, p.534.

29. Martin Gilbert, Winston S. Churchill: Companion Volume, Vol.4, Part1: January 1917-June 1919(Boston: Houghton Mifflin, 1978), p.107.

30. David Lloyd George, Memoirs of the Peace Conference(New Haven: Yale University Press, 1939), Vol.2, p.733.

31. Leonard Stein, The Balfour Declaration(London: Valentine Mitchell, 1916), p.66 에는 이스라엘 통화 셰켈을 구입해 시온주의에 지지 의사를 나타낸 사람이 13만 명이었던 것으로 기록돼 있다. 미국유대인 연감에 따르면 당시 전 세계 유대인 인구는 1,150만 명이었다. Encyclopaedia Britannica, 11th edn. s.v. "Jews" 참조할 것.

32. Isaiah Friedman, The Question of Palestine, 1914~1918, British-Jewish-Arab Relations(London: Routledge & Kegan Paul, 1973), p.178.

33. Walter Laqueur, A History of Zionism(New York: Holt, Rinehart & Winston, 1972), p.184.

34. Rehovot, Israel. Weizmann Archives. Sir F. Graham letter to General Wingate, 21 September 1917.

35. Amery Diaries, p.170.

36. Stein, Balfour Declaration, p.529; Laqueur, Zionism, p.181.

37. Trial and Error: The Autobiography of Chaim Weizmann(New York: Harper, 1949), p.179.

38. London. House of Lords Record Office. Beaverbrook Collection. Lloyd George Papers. F-3-2-34.

39. Ibid.

40. Weizmann, Trial and Error, p.208.

41. Lloyd George, Peace Conference, Vol.2, p.669.

42. Ibid., Vol.3, p.737.

43. Oxford. St Antony's College. Middle East Centre. Balfour Declaration.

44. Ibid.

45. Lloyd George, Peace Conference, Vol.2, p.723.

46. Ibid., p.737.

47. Ezekiel Rabinowitz, Justice Louis D. Brandeis: The Zionist Chapter of His Life(New York: Philosophical Library, 1968), p.6.

48. Michael E. Parrish, Felix Frankfurter and His Times-The Reform Years(New York: Free Press, and London: Collier Macmillan, 1982), p.135.

49. Leonard Baker, Brandeis and Frankfurter: A Dual Biography(New York: Harper & Row, 1984), p.74.

50. Ibid.

51. Rabinowitz, Brandeis, p.4.

52. Alpheus Thomas Mason, Brandeis: A Free Man's Life(New York: Viking Press, 1946), p.446.

53. Letters of Louis D. Brandeis, Vol.4: (1916~1921): Mr. Justice Brandeis, ed. by Melvin Ⅰ. Urofsky and David W. Levy(Albany: State University of New York Press, 1975), p.355.

54. Amery Diaries, p.189.

55. Selections from the Smuts Papers, Vol.3: June 1910-November 1918, ed. by W. K. Hancock and Jean Van Der Poel(Cambridge: Cambridge University Press, 1966), p.503.

7부 중동 침략

35. 예루살렘에서 크리스마스를

1. Briton Cooper Busch, Britain, India, and the Arabs, 1914~1921(Berkeley and London: University of California Press, 1971), p.121.

2. Ibid., pp.139~140.

3. Desmond Stewart, T. E. Lawrence(New York and London: Harper & Row, 1977), pp.166~168.

4. Kew. Public Record Office. Arab Bureau Papers. Foreign Office 882. Vol.18. Document TU/17/3.

5. Oxford. St Antony's College. Middle East Centre. Allenby Papers. DS 244.4

6. War Memoirs of David Lloyd George, Vol.6: 1918(Boston: Little, Brown, 1937), p.203.

7. General Ed. Brémond, Le Hedjaz dans la guerre mondiale(Paris: Payot, 1931),

p.9.

8. David Holden and Richard Johns, The House of Saud : The Rise and Fall of the Most Powerful Dynasty in the Arab World (New York : Holt, Rinehart & Winston, 1981), p.53.

9. Oxford. St Antony's College. Middle East Centre. William Yale Papers. DS 149, DS 244.4, DS 126.1.

10. War Memoirs of David Lloyd George, Vol.4: 1917 (Boston: Little, Brown, 1934), p.98.

11. Ibid., p.573.

36. 다마스쿠스로 가는 길

1. Oxford. St Antony's College. Middle East Centre. Mark Sykes Papers. DR 588.25.

2. Ibid.(DR 588.25) DS 42.1.

3. Ibid. Sir Gilbert F. Clayton Letter 3-8-16. DT 107.2 CG (DS 42.1).

4. Rehovot, Israel. Weizmann Archives. Clayton to Deedes, 6 September 1917.

5. Oxford. St Antony's College. Middle East Centre. Mark Sykes Papers.(DR 588.25) DS 42.1.

6. Ibid.(DR 588.25) DS 149.

7. Ibid.(DR 588.25) DT 82.97.

8. Kew. Public Record Office. War Cabinet, Middle East Committee. CAB 27/23, p.154.

9. Trial and Error: The Autobiography of Chaim Weizmann (New York: Harper, 1949), p.181.

10. Roger Adelson, Mark Sykes: Portrait of an Amateur (London: Jonathan Cape, 1975), p.264.

11. Kingston upon Hull. University of Hull. Brynmor Jones Library. Mark Sykes Papers. 11~61.

12. Rehovot, Israel. Weizmann Archives. Clayton to Sykes, 15 December 1917.

13. Ibid. Sykes to Clayton, 14 November 1917.

14. Ibid. Sykes to Clayton, 1 December 1917.

15. Ibid. Sykes to Picot, 12 December 1917.

16. Oxford. St Antony's College. Middle East Centre. Mark Sykes Papers. DS 42.1. DR 588.25.

17. Ibid.(DS 149) DS 161.

18. Rehovot, Israel. Weizmann Archives. Clayton to Sykes, 15 December 1917.

19. Ibid. Wingate to Allenby, 16 December 1917.

20. Oxford. St Antony's College. Middle East Centre. William Yale Papers. DS 125.52, DS 126.1, DS 151.92.

21. Kew. Public Record Office. Arab Bureau Papers. Foreign Office 882. Vol.17. Document 19A, pp.4~5.

22. Ibid. Vol.24. Document 36757.

23. Rehovot, Israel. Weizmann Archives. Deedes to Foreign Office, 19 November 1917.

24. Oxford. St Antony's College. Middle East Centre. Mark Sykes Papers.(DS 125) DS 125.3.01.

25. Ibid. DS 125.

26. Durham. University of Durham. Sudan Archive. Clayton Key Papers. G//S 513. File 1.

27. Oxford. St Antony's College. Middle East Centre. Mark Sykes Papers.(DS 125) ES 149.

28. Kingston upon Hull. University of Hull. Brynmor Jones Library. Mark Sykes Papers. 11-101.

29. Kew. Public Record Office. War Cabinet, Middle East Committee. CAB 27/23, p.132.

30. Oxford. St Antony's College. Middle East Centre. Feisal Papers. B-31.

31. The Letters and Papers of Chaim Weizmann, Vol.8, Series A: November 1917-October 1918, ed. by Dvorah Barzilay and Barnet Litvinoff(Jerusalem: Israel University Press, 1977), p.210.

32. 도린 잉그램Doreen Ingrams이 편집 및 해제한 Palestine Papers 1917~1922 Seeds of Conflict(London: John Murray, 1972), p.33.에 재수록되었다.

33. Ibid., p.37 ; Kew. Public Record Office. Arab Bureau Papers. Foreign Office 882. Vol.24. Document 105824.

34. Kew. Public Record Office. Arab Bureau Papers. Foreign Office 882. Vol.24. Document 92392; Ingrams, Palestine Papers, pp.24~26.

35. The Leo Amery Diaries, Vol.1: 1896~1929, ed. by John Barnes and David Nicholson(London: Hutchinson, 1980), p.206.

36. Briton Cooper Busch, Britain, India, and the Arabs, 1914~1921(Berkeley and London: University of California Press, 1971), p.156; H. V. F. Winstone, Gertrude Bell(London: Jonathan Cape, 1978), p.202.

37. Oxford. St Antony's College. Middle East Centre. Mark Sykes Papers. DR 588.25.

38. Ibid. DR 588.

39. Ibid.(DR 588.25) DS 149.

40. Kew. Public Record Office. War Cabinet, Middle East Committee. CAB 27/23, pp.127~128.

41. Kew. Public Record Office. Arab Bureau Papers. Foreign Office 882. Vol.18.(TU/15/5(6).

42. Ibid. Vol.20. M1/19/3.

43. Ibid. Vol.20. HM/19/1.

44. Ibid. Vol.17. Document 26.

45. Colonel R. Meinertzhagen, Middle East Diary 1917~1956(London: Cresset Press, 1959), p.28.

46. Oxford. St Antony's College. Middle East Centre. Mark Sykes Papers. DR 588.

47. Liman von Sanders, Five Years in Turkey(Annapolis: United States Naval Institute, 1927), pp.306~320.

48. Oxford. St Antony's College. Middle East Centre. Feisal Papers. 0-14.

49. Durham. University of Durham. Sudan Archive. Reginald Wingate Papers. 149/7/1-109.

50. Kew. Public Record Office. Arab Bureau Papers. Foreign Office 882. Vol.17. Document 33.

51. Ingrams, Palestine Papers, p.33.

52. Oxford. St Antony's College. Middle East Centre. Mark Sykes Papers. DS 588.25.

53. Ibid. DR 588.25.

54. Ibid.

55. Kew. Public Record Office. Arab Bureau Papers. Foreign Office 882. Vol.17. pp.97~103.

56. Christopher M. Andrew and A. S. Kanya-Forstner, The Climax of French Imperial Expansion: 1914~1924(Stanford: Stanford University Press, 1981), p.162.

37. 시리아 쟁탈전

1. 이 부분에 대한 내용은 대부분 Howard M. Sachar, The Emergence of the Middle East: 1914~1924(New York: Alfred A. Knopf, 1969) at pp.238 et seq.에 수록된 생생한 기록과 Encyclopaedia Britannica, 12th edn, s.v. "Turkish Campaigns"에 나오는 목격자의 증언에 바탕을 두었다.

2. Kew. Public Record Office. Arab Bureau Papers. Foreign Office 882. Vol.17. pp.104~105.

3. The Leo Amery Diaries, Vol.1: 1896~1929, ed. by John Barnes and David Nicholson(London: Hutchinson, 1980), p.241.

4. Oxford, Bodleian Library, Milner Papers. Palestine. 140/64.

5. Ibid. 140/54.

6. Ibid. 140/56.

7. Kew. Public Record Office. Arab Bureau Papers. Foreign Office 882. Vol.24. Document 36757.

8. Oxford. St Antony's College. Middle East Centre. Allenby Papers. DS 244.4.

9. Durham. University of Durham. Sudan Archive. Reginald Wingate Papers. 149/9/1-158.

10. Ibid. 150/1/1-105.

11. Oxford, Bodleian Library, Milner Papers. Palestine. 140/64.

12. Durham. University of Durham. Sudan Archive. Reginald Wingate Papers. 150/1/1-105.

13. Kew. Public Record Office. Arab Bureau Papers. Foreign Office 882. Vol.17. pp.119~120.

14. Oxford. St Antony's College. Middle East Centre. Allenby Papers. DS 244.4.

15. Ibid.

16. Kew. Public Record Office. War Cabinet, Eastern Committee. CAB 27/24,

pp.148~152.

17. Durham. University of Durham. Sudan Archive. Reginald Wingate Papers. 150/2/1-112.

18. Christopher M. Andrew and A. S. Kanya-Forstner, The Climax of French Imperial Expansion: 1914~1924(Stanford: Stanford University Press, 1981), p.11.

19. Ibid., p.161.

20. Kew. Public Record Office. War Cabinet, Eastern Committee. CAB 27/24, pp.148~152.

21. Jukka Nevakivi, Britain, France and the Arab Middle East 1914~1920(London: Athlone Press, 1969), p.72, n.3.

22. Oxford. St Antony's College. Middle East Centre. Allenby Papers. DS 244.4.

23. W. T. Massey, Allenby's Final Triumph(New York: E. p.Dutton, 1920), pp.18~19.

24. T. E. Lawrence to His Biographer, Robert Graves(New York: Doubleday, Doran, 1938), p.104.

25. Durham. University of Durham. Sudan Archive. Clayton Key Papers. G//S 513. File 1.

26. Oxford, Bodleian Library, Milner Papers. Palestine. 140/21-22.

27. Nevakivi, Britain, France and the Arab Middle East, p.74.

28. Oxford. St Antony's College. Middle East Centre. Mark Sykes Papers. DR 588.25 (DS 42.1).

29. Oxford. St Antony's College. Middle East Centre. David Hogarth Papers. 30(ii).

30. Kew. Public Record Office. War Cabinet, Eastern Committee. CAB 27/24, p.186.

31. Ibid., p.187.

32. Ibid., p.169.

33. David Lloyd George, Memoirs of the Peace Conference(New Haven: Yale University Press, 1939), Vol.2, pp.664~665.

34. Ibid., p.665.

35. War Memoirs of David Lloyd George, Vol.4: 1917(Boston: Little, Brown, 1934), p.86.

36. The Letters and Papers of Chaim Weizmann, Vol.8, Series A: November 1917-

October 1918, ed. by Dvorah Barzilay and Barnet Litvinoff(Jerusalem: Israel University Press, 1977), p.230.

37. Kew. Public Record Office. War Cabinet, Eastern Committee. CAB 27/24. Minutes of 18 June 1918 meeting.

38. Ibid. Minutes of 18 July 1918 meeting.

39. The Amery Diaries, p.237.

40. London. King's College. Liddell Hart Centre for Military Archives. Allenby Papers. 1-9-21.

41. Kew. Public Record Office. Arab Bureau Papers. Foreign Office 882. Vol.24. Document 92392.

42. Ibid. Document 123904.

43. Ibid. Document 138908.

44. Kew. Public Record Office. War Cabinet, Eastern Committee. CAB 27/24, pp.153~161.

45. Durham. University of Durham. Sudan Archive. Reginald Wingate Papers. 150/10/1-137.

46. London. King's College. Liddell Hart Centre for Military Archives. Allenby Papers. 1-9-15.

8부 승리의 떡고물

38. 갈림길

1. Kew. Public Record Office. Arab Bureau Papers. Foreign Office 882. Vol.18. Document TU/17/17.

2. Ulrich Trumpener, Germany and the Ottoman Empire 1914~1918(Princeton: Princeton University Press, 1968), p.167.

3. Frederick Stanwood, War, Revolution and British Imperialism in Central Asia(London: Ithaca Press, 1983), pp.32~33.

4. Marian Kent, Oil and Empire: British Policy and Mesopotamian Oil, 1900~1920(London and Basingstoke: Macmillan Press for the London School of

Economics, 1976), p.118.

5. Trumpener, Ottoman Empire, p.186.

6. Firuz Kazemzadeh, The Struggle for Transcaucasia (1917~1921)(New York: Philosophical Library and Oxford: George Ronald, 1951), p.135.

7. 이어지는 내용은 주로 다음 문헌을 참조했다. C. H. Ellis, The Transcaspian Episode: 1918~1919(London: Hutchinson, 1963); Richard H. Ullman, Anglo-Soviet Relations, 1917~1921: Intervention and the War(Princeton: Princeton University Press, 1961).

8. Stanwood, Central Asia, p.134.

9. Ullman, Anglo-Soviet Relations, p.304.

10. The Leo Amery Diaries, Vol.1: 1896~1929, ed. by John Barnes and David Nicholson(London: Hutchinson, 1980), p.188.

11. Ibid., p.173.

12. Stanwood, Central Asia, p.139.

13. The Amery Diaries, p.173.

14. Ibid., pp.175~176.

15. Ibid., p.194.

16. Stanwood, Central Asia, pp.146~147.

17. Ibid.

18. Ullman, Anglo-Soviet Relations, pp.304~305.

19. Trumpener, Ottoman Empire, pp.188~191.

20. Ellis, Transcaspian Episode, p.39; Kazemzadeh, Transcaucasia, pp.135 et seq.

21. Durham. University of Durham. Sudan Archive. Reginald Wingate Papers. 149/8/1-93.

22. London. House of Lords Record Office. Beaverbrook Collection. Lloyd George Papers. F-6-1. Document 13.

23. Kazemzadeh, Transcaucasia, p.147.

24. Trumpener, Ottoman Empire, p.193.

25. Ibid.

26. Ibid., p.194.

27. Ellis, Transcaspian Episode, p.52.

1. Gwynne Dyer, "The Turkish Armistice of 1918: 2-A Lost Opportunity: The Armistice Negotiations of Moudros," Middle Eastern Studies(October 1972), p.315.

2. The Leo Amery Diaries, Vol.1: 1896~1929, ed. by John Barnes and David Nicholson(London: Hutchinson, 1980), p.194.

3. Helmut Mejcher, "Oil and British Policy towards Mesopotamia," Middle Eastern Studies(October 1972), p.387.

4. C. J. Lowe and M. L. Dockrill, The Mirage of Power, Vol.3: The Documents, British Foreign Policy 1902~22(London and Boston: Routledge & Kegan Paul, 1972), p.553.

5. Ibid., pp.533~534.

6. Arthur J. Marder, From the Dreadnought to Scapa Flow: The Royal Navy in the Fisher Era, 1904~1919, Vol.5: Victory and Aftermath, January 1918-June 1919(London: Oxford University Press, 1970), p.37.

7. Gwynne Dyer, "The Turkish Armistice of 1918: 1-The Turkish Decision for a Separate Peace, Autumn, 1918," Middle Eastern Studies(May 1972), p.171, n.30.

8. Ibid., pp.148~149.

9. Kew. Public Record Office. Arab Bureau Papers. Foreign Office 882. Vol.18. Document TU/18/3.

10. Dyer, "The Turkish Armistice: 1," p.148.

11. Ibid., p.152.

12. Charles Vere Ferres Townshend, My Campaign(New York: James A. McCann, 1920), Vol.2, pp.276 et seq.

13. Dyer, "The Turkish Armistice: 1," p.161.14. War Memoirs of David Lloyd George, Vol.6: 1918(Boston: Little, Brown, 1937), p.278.

15. Ibid.

16. Ibid.

17. Stephen Roskill, Hankey: Man of Secrets, Vol.1: 1877~1918(London: Collins, 1970), pp.619 et seq.

18. David Robin Watson, Georges Clemenceau: A Political Biography(London: Eyre Methuen, 1974), p.371.

19. Dyer, "The Turkish Armistice: 2."

20. Salahi Ramsdan Sonyel, Turkish Diplomacy, 1918~1923: Mustafa Kemal and the Turkish National Movement(London and Beverly Hills: SAGE Publications, 1975), p.3.

21. Erik Jan Zurcher, The Unionist Factor: The Role of the Committee of Union and Progress in the Turkish National Movement 1905~1926(Leiden: E. J. Brill, 1984), p.72.

22. Waston, Clemenceau, p.367.

23. Lloyd George, War Memoirs, Vol.6, pp.279~280.

24. Roskill, Hankey, Vol.1, p.609.

25. Lowe and Dockrill, The Mirage of Power, Vol.2, p.359.

26. The Letters and Papers of Chaim Weizmann, Vol.8, Series A: November 1917-October 1918, ed. by Dvorah Barzilay and Barnet Litvinoff(Jerusalem: Israel University Press, 1977), pp.278~279.

27. Roskill, Hankey, Vol.1, p.594.

28. Balfour's memorandum, 인용문 출처 Elizabeth Monroe, Britain's Moment in the Middle East: 1914~1971, rev. edn(Baltimore: The Johns Hopkins University Press, 1981), pp.50~51.

29. Michael L. Dockrill and J. Douglas Goold, Peace without Promise: Britain and the Peace Conferences, 1919~1923(London: Batsford Academic and Educational, 1981), p.146.

30. Christopher M. Andrew and A. S. Kanya-Forstner, The Climax of French Imperial Expansion: 1914~1924(Stanford: Stanford University Press, 1981), p.172.

31. Briton Cooper Busch, Britain, India, and the Arabs, 1914~1921(Berkeley and London: University of California Press, 1971), p.163.

32. John Darwin, Britain, Egypt, and the Middle East: Imperial Policy in the Aftermath of War, 1918~1922(New York: St Martin's Press, 1981), p.160.

33. London. House of Lords Record Office. Beaverbrook Collection. Lloyd George Papers. F-205-3. Document 9.

34. Ibid. Document 7.

35. David Lloyd George, Memoirs of the Peace Conference(New Haven: Yale

University Press, 1939), Vol.2, pp.665~668.

36. Frances Stevenson, Lloyd George: A Diary, ed. by A. J. P. Taylor(New York and London: Harper & Row, 1971), p.174.

37. London. House of Lords Record Office. Beaverbrook Collection. Lloyd George Papers. F-39-1-10.

38. Ibid. F-205-3. Document 7.

39. Ibid. F-36-6-56.

40. Lord Riddell's Intimate Diary of the Peace Conference and after: 1918~1923(New York: Reynal & Hitchcock, 1934), p.25.

41. Desmond Stewart, T. E. Lawrence(New York and London: Harper & Row, 1977), p.133; T. E. Lawrence, Seven Pillars of Wisdom(Garden City, New York: Doubleday, Doran & Company, Inc., 1935), ch.6.

42. William H. McNeill, Plagues and Peoples(Garden City, NY: Doubleday Anchor Books, 1976), p.255.

43. Encyclopaedia Britannica, 14th edn, s.v. "Influenza"; Encyclopaedia Britannica, 12th edn, s.v. "Turkish Campaigns."

9부 썰물은 빠지고

40. 시간은 흘러가고

1. Martin Gilbert, Winston S. Churchill: Companion Volume, Vol.4, Part1: January 1917-June 1919(Boston: Houghton Mifflin, 1978), p.412.

2. Kenneth O. Morgan, Lloyd George(London: Weidenfeld & Nicolson, 1974), p.126.

3. Charles Loch Mowat, Britain between the Wars 1918~1940(London: Methuen University Paperback, 1968), p.11.

4. Gilbert, Churchill: Companion Volume, p.450.

5. Martin Gilbert, Winston S. Churchill, Vol.4: 1916~1922, The Stricken World(Boston: Houghton Mifflin, 1975), pp.179~180.

6. Howard M. Sachar, The Emergence of the Middle East: 1914~1924(New York: Alfred A. Knopf, 1969), p.246.

7. Paul C. Helmreich, From Paris to Sèvres: The Partition of the Ottoman Empire at the Peace Conference of 1919~1920(Columbus: Ohio State University Press, 1974), p.28.

8. Elizabeth Monroe, Britain's Moment in the Middle East: 1914~1971, rev. edn(Baltimore: The Johns Hopkins University Press, 1981), p.37.

9. Ibid., p.38.

10. Winston S. Churchill, The Aftermath: Being a Sequel to the World Crisis(London: Macmillan, 1941), p.60.

11. Gilbert, Churchill: The Stricken World, p.182.

12. Gilbert, Churchill: Companion Volume, pp.463~464.

13. Gilbert, Churchill: The Stricken World, p.194.

14. Ibid., p.196.

15. Ibid., p.194.

16. Kenneth O. Morgan, Consensus and Disunity: The Lloyd George Coalition Government 1918~1922(Oxford: Clarendon Press, 1979), p.146.

17. John Darwin, Britain, Egypt, and the Middle East: Imperial Policy in the Aftermath of War, 1918~1922(New York: St Martin's Press, 1981), p.12; Encyclopaedia Britannica, 15th edn, s.v. "Indian Subcontinent, History of the."

18. Gilbert, Churchill: The Stricken World, pp.477~478.

19. Arno J. Mayer, Politics and Diplomacy of Peacemaking: Containment and Counterrevolution at Versailles 1918~1919(New York: Alfred A. Knopf, 1967), p.139.

41. 배신

1. John Maynard Keynes, The Economic Consequences of the Peace(New York: Harcourt, Brace & Howe, 1920), p.38.

2. Ibid., p.46.

3. Stephen Roskill, Hankey: Man of Secrets, Vol.2: 1919~1931(London: Collins, 1972), p.38.

4. Paul C. Helmreich, From Paris to Sèvres: The Partition of the Ottoman Empire at the Peace Conference of 1919~1920(Columbus: Ohio State University Press,

1974), p.18.

5. Ibid., pp.19~20.

6. Ibid., p.94.

7. Ibid., p.95.

8. Ibid.

9. Roskill, Hankey, Vol.2, p.72.

10. Ibid., p.80.

11. Ibid., p.81.

12. David Lloyd George, Memoirs of the Peace Conference(New Haven: Yale University Press, 1939), Vol.2, p.691.

13. Leonard Baker, Brandeis and Frankfurter: A Dual Biography(New York: Harper & Row, 1984), p.171.

14. Christopher M. Andrew and A. S. Kanya-Forstner, The Climax of French Imperial Expansion: 1914~1924(Stanford: Stanford University Press, 1981), p.197.

15. Ibid., p.162.

16. Ibid., p.194.

17. Ibid., p.189.

18. Helmreich, Paris to Sèvres, p.131.

19. Ibid., p.139.

20. Lloyd George, Memoirs, p.818.

21. Ibid., p.26.

22. Lloyd George, Memoirs, p.818.

23. Ibid., p.711.

24. Ibid., p.820.

25. Baker, Brandeis and Frankfurter, p.170.

26. Roskill, Hankey, Vol.2, p.213.

27. Ibid., p.89.

28. Daniele Varè, Laughing Diplomat(London: John Murray, 1938), p.155.

29. Helmreich, Paris to Sèvres, p.178.

30. Lord Riddell's Intimate Diary of the Peace Conference and after: 1918~1923(New York: Reynal & Hitchcock, 1934), p.24.

31. Lloyd George, Memoirs, p.491.

32. Ibid., pp.723~724.

42. 비현실적 평화회의의 세계

1. Stephen Roskill, Hankey: Man of Secrets, Vol.2: 1919~1931(London: Collins, 1972), p.141.

2. Jukka Nevakivi, Britain, France and the Arab Middle East 1914~1920(London: Athlone Press, 1969), p.104.

3. Paul C. Helmreich, From Paris to Sèvres: The Partition of the Ottoman Empire at the Peace Conference of 1919~1920(Columbus: Ohio State University Press, 1974), p.28.

4. John Darwin, Britain, Egypt, and the Middle East: Imperial Policy in the Aftermath of War, 1918~1922(New York: St Martin's Press, 1981), p.172.

5. Roskill, Hankey, Vol.2, p.70.

6. Ibid., p.115.

7. Ibid.

8. Erik Jan Zurcher, The Unionist Factor: The Role of the Committee of Union and Progress in the Turkish National Movement 1905~1926(Leiden: E. J. Brill, 1984), pp.68 et seq.

9. Ibid., pp.95~96.

10. David Lloyd George, Memoirs of the Peace Conference(New Haven: Yale University Press, 1939), Vol.2, p.830.

11. Nevakivi, Britain, France and the Arab Middle East, p.210.

12. C. Ernest Dawn, From Ottomanism to Arabism: Essays on the Origins of Arab Nationalism(Urbana, Chicago, and London: University of Illinois Press, 1973), p.158.

13. Ibid., p.178, app.7. Cf. Elie Kedourie, England and the Middle East: The Destruction of the Ottoman Empire, 1914~1921(Hassocks, Sussex: Harverster Press, 1978), p.159.

14. Lord Riddell's Intimate Diary of the Peace Conference and after: 1918~1923(New York: Reynal & Hitchcock, 1934), p.112.

44. 이집트: 1918년~1919년의 겨울

1. P. J. Vatikiotis, The History of Egypt, 2nd edn(Baltimore: The Johns Hopkins University Press, 1980), pp.250 et seq. 이 내용은 주로 앞의 문헌과 John Darwin, Britain, Egypt and the Middle East: Imperial Policy in the Aftermath of the War, 1918~1922(New York: St Martin's Press, 1981)에 근거한 것이다.

2. Sir James Rennell Rodd, a member of Lord Milner's mission to Egypt, 1920. Encyclopaedia Britannica, 12th edn, s.v. "Egypt."

3. Darwin, Middle East, p.68.

4. Ibid., p.71.

5. Durham. University of Durham. Sudan Archive. Reginald Wingate Papers. 470/7.

6. Darwin, Middle East, p.77.

7. Ibid., p.72.

8. Ibid., p.74.

9. Ibid.

10. Vatikiotis, Egypt, p.265.

45. 아프가니스탄: 1919년 봄

1. T. A. Heathcote, The Afghan Wars: 1839~1919(London: Osprey, 1980), p.172.

2. Leon, B. Poullada, Reform and Rebellion in Afghanistan, 1919~1929: King Amanullah's Failure to Modernize a Tribal Society(Ithaca and London: Cornell University Press, 1973), p.239.

3. Encyclopaedia Britannica, 12th edn, s.v. "Afghanistan."

4. Heathcote, Afghan Wars, p.179.

5. Poullada, Reform and Rebellion, p.238. n.11.

6. Encyclopaedia Britannica, 12th edn, s.v. "Afghanistan"에는 라왈핀디 조약이 1920년에 체결되었던 것으로 나타난다.

7. Poullada, Reform and Rebellion, p.228.

8. Ibid., p.247, n.29.

46. 아라비아: 1919년 봄

1. Briton Cooper Busch, Britain, India, and the Arabs, 1914~1921(Berkeley and London: University of California Press, 1971), p.324.
2. Ibid.
3. David Holden and Richard Johns, The House of Saud: The Rise and Fall of the Most Powerful Dynasty in the Arab World(New York: Holt, Rinehart & Winston, 1981), p.69; Chiristine Moss Helms, The Cohesion of Saudi Arabia: Evolution of Political Identity(Baltimore: The Johns Hopkins University Press, 1981), p.129; J. B. Kelly, Arabia, the Gulf and the West(New York: Basic Books, 1980), p.230.
4. Holden and Johns, Saud, p.71; Gray Troeller, The Birth of Saudi Arabia: Britain and the Rise of the House of Sa'ud(London: Frank Cass, 1976), p.142.
5. Troeller, Saudi Arabia, pp.142~143; Busch, Britain, India, and the Arabs, pp.328 et seq.; Holden and Johns, Saud, p.72.
6. Helms, Saudi Arabia, p.127.
7. Robert Vansittart, 인용문 출처 Busch, Britain, India, and the Arabs, p.330.
8. Holden and Johns, Saud, p.72.

47. 터키: 1920년 1월

1. Michael L. Dockrill and J. Douglas Goold, Peace without Promise: Britain and the Peace Conferences, 1919~1923(London: Batsford Academic and Educational, 1981), p.198.
2. Ibid., p.199.
3. Ibid., p.210.
4. Christopher M. Andrew and A. S. Kanya-Forstner, The Climax of French Imperial Expansion: 1914~1924(Stanford: Stanford University Press, 1981), p.215.
5. Roderic H. Davison, "Turkish Diplomacy from Mudros to Lausanne," in Gordon A. Craig and Felix Gilbert(eds), The Diplomats, 1919~1939(Princeton: Princeton University Press, 1953), p.181.
6. Stanford J. Shaw and Ezel Kural Shaw, History of the Ottoman Empire and Modern Turkey, Vol.2: Reform, Revolution, and Republic: The Rise of Modern Turkey, 1808~1975(Cambridge: Cambridge University Press, 1977), p.348.

7. Davison, "Turkish Diplomacy", p.181.

8. Shaw and Shaw, Ottoman Empire, p.349.

9. Davison, "Turkish Diplomacy", p.181.

10. Shaw and Shaw, Ottoman Empire, pp.352~353.

11. Davison, "Turkish Diplomacy", p.183.

12. Encyclopaedia Britannica, 12th edn, s.v. "Turkish(Nationalist)."

13. Salahi Ramsdan Sonyel, Turkish Diplomacy, 1918~1923: Mustafa Kemal and the Turkish National Movement(London and Beverly Hills: SAGE Publications, 1975), pp.62~65.

14. Lord Riddell's Intimate Diary of the Peace Conference and after: 1918~1923(New York: Reynal & Hitchcock, 1934), p.208.

15. Michael Llewellyn Smith, Ionian Vision: Greece in Asia Minor, 1919~1922(New York: St Martin's Press, 1973), p.124.

16. Dockrill and Goold, Peace without Promise, p.215

17. Smith, Ionian Vision, p.163.

18. Winston S. Churchill, The Aftermath: Being a Sequel to the World Crisis(London: Macmillan, 1941), p.386

19. Smith, Ionian Vision, p.163

20. Ibid., p.164.

21. Ibid., p.185.

22. Ibid., p.186.

23. Ibid., p.184.

48. 시리아와 레바논: 1920년 봄과 여름

1. Elie Kedourie, England and the Middle East: The Destruction of the Ottoman Empire, 1914~1921(Hassocks, Sussex: Harverster Press, 1978), pp.157~162.

2. Philip S. Khoury, Urban Notables and Arab Nationalism: The Politics of Damascus 1860~1920(Cambridge: Cambridge University Press, 1983), pp.86~88.

3. Ibid., p.88.

4. Christopher M. Andrew and A. S. Kanya-Forstner, The Climax of French Imperial Expansion: 1914~1924(Stanford: Stanford University Press, 1981), p.204.

5. Ibid., p.215.

6. Jukka Nevakivi, Britain, France and the Arab Middle East 1914~1920(London: Athlone Press, 1969), p.216.

7. 여기 나오는 내용은 다음 문헌을 참조했다. Khoury, Urban Notables and Arab Nationalism; Y. Porath, The Emergence of the Palestinian-Arab National Movement 1918~1929(London: Frnak Cass, 1974).

8. Nevakivi, Britain, France and the Arab Middle East, p.216.

9. Aaron S. Klieman, Foundations of British Policy in the Arab World: The Cairo Conference of 1921(Baltimore: The Johns Hopkins University Press, 1970), pp.46~47.

10. Ibid.

11. Ibid.

12. Ibid., pp.216~217.

13. Andrew and Kanya-Forstner, French Imperial Expansion, p.215.

14. Ibid., p.216.

15. Howard M. Sachar, The Emergence of the Middle East: 1914~1924(New York: Alfred A. Knopf, 1969), p.287.

16. Ibid., p.288.

17. Klieman, Foundations of British Policy, p.51.

18. Elie Kedourie, Islam in the Modern World and Other Studies(New York: Holt, Rinehart & Winston, 1981), pp.85 et seq.

19. John Darwin, Britain, Egypt, and the Middle East: Imperial Policy in the Aftermath of War, 1918~1922(New York: St Martin's Press, 1981), p.183.

49. 동팔레스타인(트란스요르단): 1920년

1. Christopher M. Andrew and A. S. Kanya-Forstner, The Climax of French Imperial Expansion: 1914~1924(Stanford: Stanford University Press, 1981), p.220.

2. Ibid.

3. Ibid.

4. Ibid.

5. Ibid.

6. Ibid., p.217.

7. Aaron S. Klieman, Foundations of British Policy in the Arab World: The Cairo Conference of 1921(Baltimore: The Johns Hopkins University Press, 1970), p.72.

8. Oxford. St Antony's College. Middle East Centre. C. D. Brunton Papers. DS 126–DS 154.5, no.2.

9. Ibid.

10. Ibid., no.3.

11. Ibid.

12. Ibid.

13. Oxford. St Antony's College. Middle East Centre. F.R. Somerset Papers. DS 97.59.

14. Ibid. DS 126, DS 149, DS 154.5.

15. Ibid.

50. 팔레스타인—아랍인과 유대인: 1920년

1. Howard M. Sachar, A History of Israel: From the Rise of Zionism to Our Time(New York: Alfred A. Knopf, 1976), p.123.

2. Joseph B. Schechtman, Rebel and Statesman: The Vladimir Jabotinsky Story, the Early Years(New York: Thomas Yoseloff, 1956), p.328.

3. Ibid., pp.329 et seq.; Sachar, A History of Israel, p.123.

4. Sachar, A History of Israel, pp.123~124.

5. Oxford. Rhodes House. Richard Meinertzhagen Diaries. Vol.21, p.126(12-31-19).

6. Ibid., p.143(4 July 1920).

7. Martin Gilbert, Winston S. Churchill, Vol.4: 1916~1922, The Stricken World(Boston: Houghton Mifflin, 1975), pp.484~485.

51. 메소포타미아(이라크): 1920년

1. H. V. F. Winstone, Gertrude Bell(London: Jonathan Cape, 1978), p.207.

2. Ibid., p.209.

3. Ibid., p.215.

4. Ibid.

5. Elie Kedourie, England and the Middle East: The Destruction of the Ottoman

Empire, 1914~1921(Hassocks, Sussex: Harverster Press, 1978), p.191.

6. Winstone, Bell, p.215.

7. Ibid., p.219.

8. Jukka Nevakivi, Britain, France and the Arab Middle East 1914~1920(London: Athlone Press, 1969), p.177.

9. Winstone, Bell, p.220.

10. Ibid., p.222.

11. Howard M. Sachar, The Emergence of the Middle East: 1914~1924(New York: Alfred A. Knopf, 1969), p.371.

12. Kedourie, Middle East, p.192.

13. H. V. F. Winstone, Leachman: ÒC Desert'(London and New York: Quartet Books, 1982), p.208.

14. Ibid., p.215.

15. Aaron S. Klieman, Foundations of British Policy in the Arab World: The Cairo Conference of 1921(Baltimore: The Johns Hopkins University Press, 1970), p.56.

16. Kedourie, Middle East, p.192.

17. Briton Cooper Busch, Britain, India, and the Arabs, 1914~1921(Berkeley and London: University of California Press, 1971), p.408.

18. Oxford. St Antony's College. Middle East Centre. Leachman Papers.

19. Sachar, Middle East, p.372.

20. Busch, Britain, India, and the Arabs, pp.408~409.

21. Klieman, Foundations of British Policy, p.57.

22. Ibid., p.58.

23. Stephen Roskill, Hankey: Man of Secrets, Vol.2: 1919~1931(London: Collins, 1972), p.201.

24. John Darwin, Britain, Egypt, and the Middle East: Imperial Policy in the Aftermath of War, 1918~1922(New York: St Martins Press, 1981), p.200.

25. Ibid.

26. Ibid.

52. 페르시아(이란): 1920년

1. Kenneth O. Morgan, Consensus and Disunity : The Lloyd George Coalition Government 1918~1922(Oxford: Clarendon Press, 1979), p.119.

2. Harold Nicolson, Curzon : The Last Phase 1919~1925(Boston: Houghton Mifflin, 1934), p.134.

3. Ibid., p.122.

4. Richard H. Ullman, Anglo-Soviet Relations, 1917~1921, Vol.3: The Anglo-Soviet Accord(Princeton: Princeton University Press, 1972), p.353.

5. Nicolson, Curzon, p.138.

6. Ullman, Anglo-Soviet Relations, Vol.3, p, 352, n.11.

7. Martin Gilbert, Winston S. Churchill : Companion Volume, Vol.4, Part2: July 1919- March 1921, p.1103.

8. Stephen Roskill, Hankey : Man of Secrets, Vol.2: 1919~1931(London: Collins, 1972), p.202.

9. Ullman, Anglo-Soviet Relations, Vol.3, p.374.

10. Ibid., p.380.

11. Ibid., p.378.

12. Ibid., p.377.

13. Ibid., p.386.

14. Ibid., p.388.

15. 위에 언급된 프린스턴 대학의 리처드 H. 울먼Richard H. Ullman 교수의 작품에 수록 돼 있다.

16. John Darwin, Britain, Egypt, and the Middle East : Imperial Policy in the Aftermath of War, 1918~1922(New York: St Martin's Press, 1981), p.241.

11부 러시아, 중동에 돌아오다

53. 영국 적들의 실체

1. Kew. Public Record Office. Arab Bureau Papers. Foreign Office 882. Vol.23. Document M1/19/9.

2. Aaron S. Klieman, Foundations of British Policy in the Arab World: The Cairo Conference of 1921 (Baltimore: The Johns Hopkins University Press, 1970), p.58.

3. Ibid.

4. The Times, 16 August 1985, p.11.

54. 중동에서의 소비에트 도전

1. Richard H. Ullman, Anglo-Soviet Relations, 1917~1921, Vol.3: The Anglo-Soviet Accord (Princeton: Princeton University Press, 1972), p.324.

2. Ibid., p.328.

3. Ibid.

4. Ibid., p.329.

5. Ibid.

6. Ibid., p.327.

7. Ibid., p.326~327.

8. Ibid., p.326.

9. Martin Gilbert, Winston S. Churchill: Companion Volume, Vol.4, Part2: July 1919–March 1921, pp.988~989.

10. Ibid., p.989.

11. Ibid., p.1025.

12. Martin Gilbert, Winston S. Churchill, Vol.4: 1916~1922, The Stricken World (Boston: Houghton Mifflin, 1975), p.331.

13. Ibid., p.371.

14. Lord Riddell's Intimate Diary of the Peace Conference and after: 1918~1923 (New York: Reynal & Hitchcock, 1934), p.163.

15. Ibid.

16. Ibid.

17. Ullman, Anglo-Soviet Relations, Vol.3, p.427.

55. 모스크바의 목표

1. Richard Pipes, The Formation of the Soviet Union, Communism and Nationalism, 1917~1923, rev. edn. (Cambridge, Mass.: Harvard University Press, 1964), p.1.

2. Lenin, Collected Works, Vol.19, p.254, 인용문 출처 Allen S. Whiting, Soviet Policy in China 1912~1924(Stanford University Press Paperback, 1968), p.21.

3. Olaf Caroe, Soviet Empire: The Turks of Central Asia and Stalinism, 2nd edn(New York: St Martin's Press, 1967), p.111.

4. Pipes, Formation of the Soviet Union, p.155.

56. 부하라의 죽음

1. Edward Hallett Carr, The Bolshevik Revolution 1917~1923(Harmondsworth: Penguin, 1966), Vol.3, p.249, n.1.

2. Ibid., p.313.

3. Louise Bryant, Mirrors of Moscow(New York: T. Seltzer, 1923), p.157.

4. Carr, Bolshevik Revolution, p.327.

5. Ibid., p.266, n.2.

6. Ibid., p.267.

7. Ibid., p.263.

8. Ibid., p.264.

9. Ibid., p.268.

10. Ibid., n.3.

11. Ibid., p.290.

12. Leon, B. Poullada, Reform and Rebellion in Afghanistan, 1919~1929: King Amanullah's Failure to Modernize a Tribal Society(Ithaca and London: Cornell University Press, 1973), p.248.

13. Bryant, Mirrors of Moscow, p.149.

14. Ibid., p.160.

15. Lt-Col. F. M. Bailey, Mission To Tashkent(London: Jonathan Cape, 1946).

16. Edward Allworth(ed.), Central Asia: A Century of Russian Rule(New York: Columbia University Press, 1967), p.244.

17. Fitzroy Maclean, A Person from England, and Other Travellers(London: Jonathan Cape, 1958).

18. Richard Pipes, The Formation of the Soviet Union, Communism and Nationalism, 1917~1923, rev. edn(Cambridge, Mass.: Harvard University Press, 1964), p.258.

19. Maclean, A Person from England, pp.357~358; Fitzroy Maclean, To the Back of Beyond(London: Jonathan Cape, 1974), pp.95~96; Olaf Caroe, Soviet Empire: The Turks of Central Asia and Stalinism, 2nd edn(New York: St Martin's Press, 1967), pp.24~125.

20. Martin Gilbert, Winston S. Churchill: Companion Volume, Vol.4, Part2: July 1919-March 1921(Boston: Houghton Mifflin, 1978), pp.1165~1166.

12부 1922년의 타결

57. 윈스턴 처칠, 중동문제의 주도권을 잡다

1. Martin Gilbert, Winston S. Churchill: Companion Volume, Vol.4, Part2: July 1919-March 1921(Boston: Houghton Mifflin, 1978), p.938.

2. Ibid., p.1249.

3. Ibid., p.1261.

4. Ibid., p.1267.

5. Ibid., p.1269.

6. Martin Gilbert, Winston S. Churchill, Vol.4: 1916~1922, The Stricken World(Boston: Houghton Mifflin, 1975), p.528.

7. Ibid., p.523.

8. Ibid., p.524.

9. Ibid., p.529.

10. Ibid.

11. The Letters of T. E. Lawrence, ed. by David Garnett(London: Jonathan Cape, 1938), p.316.

12. Lowell Thomas, With Lawrence in Arabia(New York and London: Century, 1924), p.308.

13. Ibid., p.131.

14. Ibid., p.407.

15. John E. Mack, A Prince of Our Disorder: The Life of T. E. Lawrence(Boston: Little, Brown, 1976), p.176.

16. Desmond Stewart, T. E. Lawrence(New York and London: Harper & Row, 1977); Mack, A Prince of Our Disorder; Philip Knightley and Colin Simpson, The Secret Lives of Lawrence of Arabia(London: Thomas Nelson, 1969).

17. Gilbert, Churchill: Companion Volume, p.841.

18. Ibid., p.1076.

19. Gilbert, Churchill: The Stricken World, p.638.

20. Ibid., p.894.

21. Ibid., p.545.

22. Ibid., p.511.

23. Ibid., p.592.

24. Ibid., p.509.

25. Ibid., p.217.

26. Ibid.

27. The Letters of T. E. Lawrence, p.291.

28. Gilbert, Churchill: Companion Volume, p.1334.

29. Ibid., p.1367.

30. Ibid., p.1377.

31. Ibid., p.1405.

32. H. V. F. Winstone, Gertrude Bell(London: Jonathan Cape, 1978), p.235.

33. Gilbert, Churchill: Companion Volume, p.1391.

34. Ibid., p.1383.

35. Gilbert, Churchill: The Stricken World, p.538.

36. Ibid., pp.552~553.

37. Gilbert, Churchill: Companion Volume, pp.1407~1408.

38. Ibid., p.1408.

39. Ibid., p.1413.

40. Gilbert, Churchill: The Stricken World, p.553.

41. Gilbert, Churchill: Companion Volume, p.404.

42. Ibid., p.1428.

43. Ibid., p.1432.

44. Gilbert, Churchill: The Stricken World, p.516.

45. Gilbert, Churchill : Companion Volume, p.1414.

46. Aaron S. Klieman, Foundations of British Policy in the Arab World: The Cairo Conference of 1921 (Baltimore : The Johns Hopkins University Press, 1970), p.140.

47. Ibid., p.145.

48. Ibid., p.146.

49. Ibid., p.156.

50. Gilbert, Churchill : Companion Volume, p.1966.

51. Ibid., p.1967.

52. Gilbert, Churchill : The Stricken World, p.817.

53. Ibid.

54. Ibid., p.818.

55. Ibid.

56. Winstone, Gertrude Bell, pp.242~243.

57. Thomas Hoving, Tutankhamun, The Untold Story (New York : Simon & Schuster, 1978), pp.89 et seq.

58. T. E. Lawrence to His Biographer, Liddell Hart (New York : Doubleday, Doran, 1938), p.131.

59. Klieman, Foundations of British Policy, p.215.

60. Ibid., p.216.

61. Ibid., p.217.

62. Ibid., p.223.

63. Ibid., p.217.

64. Mack, A Prince of Our Disorder, p.306.

65. Klieman, Foundations of British Policy, pp.285~288.

66. Ibid., p.229.

67. Ibid., p.233.

58. 처칠과 팔레스타인 문제

1. Oxford. St Antony's College. Middle East Centre. C. D. Brunton Papers.

2. The Times, 2 September 1921.

3. Vladimir Jabotinsky, The Story of the Jewish Legion, trans. by Samuel Katz (New

York: Bernard Ackerman, 1945), pp.168~169.

4. Elie Kedourie, The Chatham House Version and Other Middle Eastern Studies, new edn(Hanover and London: University Press of New England, 1984), ch.4.

5. Ibid., p.65.

6. Ibid.

7. Ibid.

8. Martin Gilbert, Winston S. Churchill: Companion Volume, Vol.4, Part2: July 1919- March 1921(Boston: Houghton Mifflin, 1978), p.1420.

9. Ibid., p.1028, n.1.

10. Ibid., Part3: April 1921-November 1922, p.1559.

11. Martin Gilbert, Winston S. Churchill, Vol.4: 1916~1922, The Stricken World(Boston: Houghton Mifflin, 1975), p.597.

12. Ibid., p.629.

13. Ibid., p.630.

14. Ibid.

15. Kenneth W. Stein, The Land Question in Palestine, 1917~1939(Chapel Hill and London: University of North Carolina Press, 1984), p.67.

16. Ibid., p.37.

17. Ibid., p.65.

18. Ibid., p.37.

19. Ibid., p.67.

20. Gilbert, Churchill: The Stricken World, pp.655~656.

21. Ibid., p.628.

22. Gilbert, Churchill: Companion Volume, Vol.4, Part3, p.1647.

23. Ibid., p.1659.

24. Ibid., n.1.

25. Gilbert, Churchill: The Stricken World, p.624.

26. Ibid., pp.652~653.

27. Ibid.

28. Ibid., p.659.

29. Ibid.

30. Shabtai Teveth, Ben-Gurion and the Palestinian Arabs(Oxford and New York: Oxford University Press, 1985), pp.5, 6, 37, 47~55, 75~81.

31. Ibid., chs 5, 6, 7.

32. Ibid.

33. Ibid., pp.55~56; Joseph B. Schechtman, Fighter and Prophet: The Vladimir Jabotinsky Story, the Last Years(New York: Thomas Yoseloff, 1961), p.324.

34. Gilbert, Churchill: Companion Volume, Vol.4, Part3, p.2125.

59. 연합국의 분열

1. Walter Goerlitz, History of the German General Staff: 1657~1945, trans. by Brian Battershaw(New York: Praeger, 1953), pp.231. et seq.

2. Salahi Ramsdan Sonyel, Turkish Diplomacy, 1918~1923: Mustafa Kemal and the Turkish National Movement(London and Beverly Hills: SAGE Publications, 1975), p.83.

3. Ibid., p.87.

4. Denis Mack Smith, Mussolini(New York: Vintage Books, 1983), p.33.

5. Ibid.

6. Ibid., p.43.

7. William Stivers, Supremacy and Oil: Iraq, Turkey, and the Anglo-American World Order, 1918~1930(Ithaca and London: Cornell University Press, 1982), p.111.

8. Ibid., pp.195~199.

9. Laurence Evans, United States Policy and the Partition of Turkey, 1914~1924(Baltimore: The Johns Hopkins University Press, 1965), p.300.

10. Ibid., p.303.

11. H. V. F. Winstone, The Illicit Adventure(London: Jonathan Cape, 1982), p.348.

12. Stivers, Supremacy and Oil, p.127.

13. Ibid., p.123, n.3.

14. Ibid., p.126.

15. Ibid., p.89.

16. Ibid., p.90.

17. Sonyel, Turkish Diplomacy, p.138.

18. Ibid., p.139; Roderic H. Davison, "Turkish Diplomacy from Mudros to Lausanne," in Gordon A. Craig and Felix Gilbert(eds), The Diplomats, 1919~1939(Princeton: Princeton University Press, 1953), p.193.

19. Martin Gilbert, Winston S. Churchill: Companion Volume, Vol.4, Part3: April 1921~November 1922(Boston: Houghton Mifflin, 1978), p.1656.

20. Harold Nicolson, Diplomacy, 3rd edn(New York: Oxford University Press, 1964), p.135.

21. Gilbert, Churchill: Companion Volume, pp.1656~1657.

60. 그리스의 비극

1. Stephen Roskill, Hankey: Man of Secrets, Vol.2: 1919~1931(London: Collins, 1972), p.199.

2. Arnold J. Toynbee, The Western Question in Greece and Turkey, reprint of 2nd edn(New York: Howard Fertig, 1970), p.247.

3. Michael Llewellyn Smith, Ionian Vision: Greece in Asia Minor, 1919~1922(New York: St Martin's Press, 1973), p.203.

4. Ibid., p.226.

5. Ibid.

6. Lord Kinross, Ataturk: A Biography of Mustafa Kemal, Father of Modern Turkey(New York: William Morrow, 1965), p.203.

7. Ibid., p.309.

8. Smith, Ionian Vision, pp.288~289.

9. Ibid., p.237.

10. Ibid., p.271.

11. Ibid., p.273.

12. Salahi Ramsdan Sonyel, Turkish Diplomacy, 1918~1923: Mustafa Kemal and the Turkish National Movement(London and Beverly Hills: SAGE Publications, 1975), pp.172~173.

13. Lord Riddell's Intimate Diary of the Peace Conference and after: 1918~1923(New York: Reynal & Hitchcock, 1934), p.385.

14. Smith, Ionian Vision, p.303.

15. Toynbee, The Western Question, p.152.

16. Smith, Ionian Vision, p.232.

17. Toynbee, The Western Question, pp.315~317.

18. Marjorie Housepian, Smyrna 1922: The Destruction of a City(London: Faber, 1972), p.166.

19. Kinross, Ataturk, p.270; Stanford J. Shaw and Ezel Kural Shaw, History of the Ottoman Empire and Modern Turkey, Vol.2: Reform, Revolution, and Republic: The Rise of Modern Turkey, 1808~1975(Cambridge: Cambridge University Press, 1977), p.363.

20. William White(ed.), By-Line: Ernest Hemingway(New York: Charles Scribner's Sons, 1967), p.60.

21. Laurence Evans, United States Policy and the Partition of Turkey, 1914~1924(Baltimore: The Johns Hopkins University Press, 1965), pp.374~375.

22. Ibid., p.375.

23. Ibid., p.344.

24. Ibid., pp.373~374.

25. Martin Gilbert, Winston S. Churchill: Companion Volume, Vol.4, Part3: April 1921-November 1922(Boston: Houghton Mifflin, 1978), p.1980.

26. Ibid.

27. Ibid., p.1988.

28. W. K. Hancock, Smuts: The Field of Fire, 1919~1950(Cambridge: Cambridge University Press, 1965), pp.4~5.

29. Gilbert, Churchill: Companion Volume, pp.1993~1995.

30. Martin Gilbert, Winston S. Churchill, Vol.4: 1916~1922, The Stricken World(Boston: Houghton Mifflin, 1975), p.829.

31. Ibid., p.834.

32. John Campbell, F. E. Smith: First Earl of Birkenhead(London: Honathan Cape,1983), p.606.

33. Smuts to Bonar Law. Hancock, Smuts, p.130.

34. Campbell, F. E. Smith, p.607.

35. Roskill, Hankey, Vol.2, p.293.

36. Robert Blake, "Baldwin and the Right," in The Baldwin Age, ed. by John Raymond(London: Eyre & Spottiswoode, 1960), pp.37, 41.

37. Lord Beaverbrook, The Decline and Fall of Lloyd George: And Great Was the Fall Thereof(London: Collins, 1963), p.171.

38. Riddell, Intimate Diary, pp.388~389.

39. David Lloyd George, Memoirs of the Peace Conference(New Haven: Yale University Press, 1939), Vol.2, p.871.

40. Smith, Ionian Vision, pp.326~328.

41. Robert Blake, The Unknown Prime Minister: The Life and Times of Andrew Bonar Law 1858~1923(London: Eyre & Spottiswoode, 1955), pp.477~478.

42. Minister of Agriculture, Arthur S. D. Griffith-Boscawen, 인용문 출처 Kenneth O. Morgan, Consensus and Disunity: The Lloyd George Coalition Government 1918~1922(Oxford: Clarendon Press, 1979), p.325.

43. A. J. P. Taylor, Beaverbrook(New York: Simon & Schuster, 1972), p.197.

44. Gilbert, Churchill: Companion Volume, p.2105.

45. Ibid., p.2122.

46. Ibid., p.2125.

47. Lloyd George, Memoirs, p.872.

61. 중동문제의 타결

1. Martin Gilbert, Winston S. Churchill, Vol.4: 1916~1922, The Stricken World(Boston: Houghton Mifflin, 1975), p.892.

2. Martin Gilbert, Winston S. Churchill: Companion Volume, Vol.5, Part1: The Exchequer Years, 1922~1929(Boston: Houghton Mifflin, 1981), p.236.

참고문헌

이것은 앞의 감사의 말에 언급된 기록보관서, 개인 기록물, 공문서를 제외한 참고문헌 목록이다. 책을 집필하는 과정에서 내가 참조한 것과 이 책을 쓴 목적에도 잘 부합되는 출판물들만 포함시켰다. 그렇게 선별하다 보니 초고에는 포함되었던 문헌들이 교정 과정에서 많이 탈락하여, 완성본의 주석에는 본래의 절반만 실리게 되었다.

이것은 유럽권의 정치(1789~1922)적 문맥에서 바라본 현대 중동의 탄생(1914~1922)이라는, 책의 주제와 관련된 모든 문헌을 망라한 포괄적 참고문헌 또한 아니다. 그 많은 것을 다 실었다면 아마 참고문헌만으로도 책한 권은 족히 되었을 것이다. 따라서 여기에는 책의 내용과 밀접히 연관돼 있고 유용성이 큰 문헌들 가운데, 내가 검토할 기회를 갖지 못한 것은 빼고 충분히 읽고 검토한 것만 올려놓았다.

Abd Allah ibn Hussein, Memoirs of King Abdullah of Transjordan, ed. by Philip P. Graves(London: Jonathan Cape, 1950).

_____, My Memoirs Completed "Al Takmilah," trans. by Harold W. Glidden(London and New York: Longman, 1978).

Abdullah, Muhammad Morsy, The United Arab Emirates: A Modern History(New

York: Barnes & Noble, 1978).

Adelson, Roger, Mark Sykes: Portrait of an Amateur(London: Jonathan Cape, 1975).

Ahmad, Feroz, The Young Turks: The Committee of Union and Progress in Turkish Politics 1908~1914(Oxford: Clarendon Press, 1969).

Ajami, Fouad, The Vanished Imam: Musa al Sadr and the Shia of Lebanon(Ithaca and London: Cornell University Press, 1986).

Allworth, Edward(ed.), Central Asia: A Century of Russian Rule(New York: Columbia University Press, 1967).

Amery, L. S., The Leo Amery Diaries, Vol.1: 1896~1929, edited by John Barnes and David Nicholson(London, Melbourne, Sydney, Auckland, and Johannesburg: Hutchinson, 1980).

_____, My Political Life, Vol.2, War and Peace: 1914~1929(London: Huchinson, 1953).

Anderson, M. S., The Eastern Question, 1774~1923: A Study in International Relations(London and Basingstoke: Macmillan Press, 1966).

Andrew, Christopher M., and Kanya-Forstner, A. S., The Climax of French Imperial Expansion: 1914~1924(Stanford: Stanford University Press, 1981).

Antonius, George, The Arab Awakening: The Story of the Arab National Movement(New York: Capricorn Books, 1965).

Arslanian, Artin H., "Dunsterville's Adventures: A Reappraisal," International Journal of Middle Eastern Studies(1980).

Asquith, H. H., Letters to Venetia Stanley, ed. by Michael and Eleanor Brock(Oxford and New York: Oxford University Press, 1982).

Asquith, Margot, The Autobiography, ed. by Mark Bonham Carter(London: Methuen, 1985).

Baedeker, Karl, Palestine and Syria: With Routes through Mesopotamia and Babylon and the Island of Cyprus: Handbook for Travellers, 5th edn, remodelled and augmented(Leipzig: Karl Baedeker, 1912).

Bagehot, Walter, The Collected Works, Vol.8(London: The Economist, 1974).

Bailey, Lt-Col. F. M., Mission To Tashkent(London: Jonathan Cape, 1946).

Baker, Leonard, Brandeis and Frankfurter: A Dual Biography(New York: Harper & Row, 1984).

Baker, Ray Stannard, Woodrow Wilson, Life and Letters, Princeton, 1890~1910(Garden City: Doubleday, Page, 1927).

_____, Woodrow Wilson, Life and Letters, War Leader, April 6, 1917-February 28, 1918(New York: Doubleday, Doran, 1939).

Beaverbrook, Lord, The Decline and Fall of Lloyd George: And Great Was the Fall Thereof(London: Collins, 1963).

_____, Men and Power 1917~1918(London: Hutchinson, 1956).

_____, Politicians and the War 1914~1916(London: Oldbourne Book Co., 1960).

Bein, Alex, Theodore Herzl: A Biography, trans. by Maurice Samuel(Philadelphia: The Jewish Publication Society of America, 1941).

Bell, Gertrude, The Arab War: Confidential Information for General Headquarters from Gertrude Bell, Being Despatches Reprinted from the Secret "Arab Bulletin"(Great Britain: The Golden Cockerel Press, n.d.).

Bidwell, Robin, Travellers in Arabia(London, New York, Sydney, and Toronto: Hamlyn, 1976).

Blake, Robert, Disraeli(New York: St Martin's Press, 1967).

_____, The Unknown Prime Minister: The Life and Times of Andrew Bonar Law 1858~1918(London: Eyre & Spottiswoode, 1955).

Bodley, Ronald, and Hearst, Lorna, Gertrude Bell(New York: Macmillan, 1940).

Bonham Carter, Violet, Winston Churchill as I knew Him(London: Eyre & Spottiswoode and Collins, 1965).

Bourne, Kenneth, The Foreign Policy of Victorian England 1830~1902(Oxford: Clarendon Press, 1970).

_____, Palmerston: The Early Years 1784~1841(New York: Macmillan, 1982).

Bourne, K. C., and Watt, D. C.(eds), Studies in International History(London: Longman, 1967).

Braddon, Russell, The Siege(New York: Viking Press, 1969).

Brandeis, Louis D., Letters of Louis D. Brandeis, Vol.Ⅳ,(1916~1921) : Mr. Justice

Brandeis, ed. by Melvin Ⅰ. Urofsky and David W. Levy(Albany: State University of New York Press, 1975).

Brémond, General Ed., Le Hedjaz dans la guerre mondiale(Paris: Payot, 1931).

Brockelmann, Carl, History of the Islamic Peoples, trans. by Joel Carmichael and Moshe Perlmann(New York: G. P. Putnam's Sons, 1947).

Brown, L. Carl, International Politics and the Middle East: Old Rules, Dangerous Game(Princeton: Princeton University Press, 1984).

Buchan, John, Memory Hold-The-Door(London: Hodder and Stoughton, 1940).

Bullard, Sir Reader, Britain and the Middle East, from Earliest Times to 1963, 3rd rev. edn(London: Hutchinson University Library, 1964).

Busch, Briton Cooper, Britan, Indian, and the Arabs 1914-1921(Berkeley, Los Angeles, and London: University of California Press, 1971).

Bryant, Louise, Mirrors of Moscow(New York: T. Seltzer, 1923).

Cain, P. J., Economic Foundations of British Overseas Expansion 1815~1914(London and Basingstoke: Macmillan, 1980).

Campbell, John, F. E. Smith: First Earl of Birkenhead(London: Jonathan Cape, 1983).

Caroe, Olaf, Soviet Empire: The Turks of Central Asia and Stalinism, 2nd edn(New York: St Martin's Press, 1967).

Carr, Edward Hallett, The Bolshevik Revolution 1917~1923, Vol.3(Harmondsworth: Penguin, 1966).

＿＿, The Russian Revolution: From Lenin To Stalin(1917~1929)(London and Basingstoke: Macmillan, 1979).

Carrere d'Encausse, H., Reforme et revolution chez les Musulmans de l'empire Russe, Bukhara 1867~1924(Paris: Armand Colin, 1968).

Cassar, George H., Kitchener: Architect of Victory(London: William Kimber, 1977).

Cassels, Lavender, The Struggle for the Ottoman Empire: 1717~1740(New York: Thomas Y. Crowell, 1967).

Cecil, Alegernon, Queen Victoria and Her Prime Ministers(London: Eyre & Spottiswoode, 1953).

Cecil, Lord Edward, The Leisure of an Egyptian Official(London: Hodder and Stoughton, 1921).

Cecil, Lady Gwendolen, Life of Robert Marquis of Salisbury, 4 Vols(London: Hodder and Stoughton, 1921~32).

Chirol, Sir Valentine, "The Downfall of the Khalifate," Foreign Affairs(15 June 1924).

_____, "Islam and Britain," Foreign Affairs(15 March 1923).

Churchill, Randolph S., Winston S. Churchill, Vol.2, 1901~1914, Young Statesman(Boston: Houghton Mifflin, 1967).

_____, Companion Vol.2, Part3, 1911~1914(Boston: Houghton Mifflin, 1969)

Churchill, Winston S., The Aftermath: being a sequel to The World Crisis(London: Macmillan, 1941).

_____, Great Contemporaries(London and Glasgow: Fontana, 1959).

_____, The World Crisis: 1911~1914 4 Vols(London: Thornton Butterworth, 1923~1927).

Clayton, G. D., Britain and the Eastern Question: Missolonghi to Gallipoli(London: University of London Press, 1971).

Coles, Paul, The Ottoman Impact on Europe(Harcourt, Brace & World, 1968).

Cooper, Duff, Old Men Forget(New York: E. P. Dutton, 1954).

Cottrell, Alvin J.(ed.), The Persian Gulf States: A General Survey(Baltimore and London: The Johns Hopkins University Press, 1980).

Cottrell, P. L. British Overseas Investment in the Nineteenth Century(London and Basingstoke: Macmillan Press, 1975).

Craig, Gordon A., Germany 1866~1945(New York: Oxford University Press, 1978).

Craig, Gordon A., and Gilbert, Felix(eds.), The Diplomats(Princeton: Princeton University Press, 1953).

Cruttwell, C. R. M. F., A History of the Great War, 2nd edn(Oxford: Clarendon Press, 1936).

Curzon, Goerge N., Persia and the Persian Question, Vol.1(London: Frank Cass, 1966).

Darwin, John, Britain, Egypt, and the Middle East: Imperial Policy in the Aftermath of War, 1918~1922(New York: St Martin's Press, 1981).

Davis, H. W. C., "The Great Game in Asia: 1800~1814," Raleigh Lecture on History(London: British Academy, 1926).

Dawn, C. Ernest, From Ottomanism to Arabism: Essays on the Origins of Arab Nationalism(Urbana, Chicago, and London: University of Illinois Press, 1973).

de Chair, Somerset, The Golden Carpet(London: Golden Cockerell Press, 1943).

de Lange, Nicholas, Atlas of the Jewish World(New York: Facts on File, 1984).

Djemal Pasha, Ahmed, Memories of a Turkish Statesman: 1913~1919(New York: George H. Doran, 1922).

_____, La Verité Sur La Question Syrienne(Stamboul: IV^{imee} Armée, 1916).

Dockrill, Michael L., and Goold, J. Douglas, Peace without Promise: Britain and the Peace Conferences, 1919~1923(London: Batsford Academic and Educational, 1981).

Doughty, Charles M., Travels in Arabia Deserta, with an Introduction by T. E. Lawrence, 2 Vols(New York: Dover Publications, 1979).

Dugdale, Blanche E. C., Arthur James Balfour, 2 Vols(New York: G. P. Putman's Sons, 1937).

Dyer, Gwynee, "The Turkish Armistice of 1918," Middle Eastern Studies(May and October 1972).

Earle, Edward Meade(ed.), Makers of Modern Strategy: Military Thought from Machiavelli to Hitler(Princeton: Princeton University Press, 1943).

Elekdag, Sukru, "American vs Turks: The View from Istanbul," Wall Street Journal, 21 September 1983.

_____, Letter to the Editor, New York Times, 11 May 1983.

Ellis, C. H., The Transcaspian Episode: 1918~1919(London: Hutchinson, 1963).

Emin, Ahmed, Turkey in the World War(New Haven: Yale University Press, 1930).

Encyclopaedia Britannica, 11th edn, s.v.

___"Arabs"

___ "Constantinople"

___ "Hejaz"

___ "Jews"

___ "Mecca"

___ "Palestine"

___ "Russia"

___ "Syria"

___ "Turkey"

Encyclopaedia Britannica, 12th edn, s.v.

___ "Afghanistan"

___ "Egypt"

___ "Kitchener"

___ "Turkey: Nationalist"

___ "Turkish Campaigns"

___ "World War"

Encyclopaedia Britannica, 14th edn, s.v.

___ "Guerrilla"

___ "Influenza"

Ensor, R. C. K., England: 1870~1914(Oxford: Clarendon Press, 1936).

Evans, Laurence, United States Policy and the Partition of Turkey, 1914~1924(Baltimore: The Johns Hopkins University Press, 1965).

Eversley, Lord, The Turkish Empire, from 1288 to 1914(New York: Howard Fertig, 1969).

Farwell, Byron, Queen Victoria's Little Wars(New York: Harper & Row, 1972).

Fischer, Fritz, Germany's Aims in the First World War(New York: W. W. Norton, 1967).

FitzHerbert, Margaret, The Man Who Was Greenmantle: A Biography of Aubrey Herbert(London: John Murray, 1983).

Fitzpatrick, Sheila, The Russian Revolution(Oxford and New York: Oxford University Press, 1982)

Fraser, T. G., The Middle East, 1914~1979(London: Edward Arnold, 1980).

Friedman, Isaiah, Germany, Turkey, and Zionism: 1897~1918(Oxford: Clarendon Press, 1977).

_____, The Question of Palestine, 1914~1918, British-Jewish-Arab Relations(London: Routledge & Kegan Paul, 1973).

Fromkin, David, "The Great Game in Asia," Foreign Affairs(spring 1980).

_____, The Independence of Nations(New York: Praeger, 1981).

Fussell, Paul, The Great War and Modern Memory(New York and London: Oxford University Press, 1975).

Gelfand, Lawrence E., The Inquiry: American Preparation for Peace, 1917~1919(New Haven: Yale University Press, 1963).

Gellner, Ernest, Muslim Society(Cambridge, London, New York, New Rochelle, Melbourne, and Sydney: Cambridge University Press, 1981).

Gilbert, Martin, Atlas of British History(Dorset Press, 1984).

_____, Atlas of First World War(Dorset Press, 1984).

_____, Atlas of Jewish History(Dorset Press, 1984).

_____, Atlas of Russian History(Dorset Press, 1984).

_____, Jerusalem: Rebirth of a City(New York: Viking, 1985).

_____, Winston S. Churchill, Vol.3, 1914~1916, The Challenge of War(Boston: Houghton Mifflin, 1971).

_____, Companion Vol.3, Part1, July 1914-April 1915(Boston: Houghton Mifflin, 1973).

_____, Companion Vol.3, Part2, May 1915-December 1916(Boston: Houghton Mifflin, 1973).

_____, Winston S. Churchill, Vol.4, 1916~1922, The Stricken World(Boston: Houghton   Mifflin, 1975).

_____, Companion Vol.4, Part1, January 1917-June 1919(Boston: Houghton Mifflin, 1978).

_____, Companion Vol.4, Part2, July 1919-March 1921(Boston: Houghton Mifflin, 1978).

_____, Companion Vol.4, Part3, April 1921-November 1922(Boston: Houghton Mifflin,   1978).

_____, Winston S. Churchill, Vol.5, 1922~1939, The Prophet of Truth(Boston: Houghton Mifflin, 1977).

_____, Companion Volume, Vol.5, Part1, The Exchequer Years, 1922~1929(Boston: Houghton Mifflin, 1981).

Gleason, John Howes, The Genesis of Russophobia in Great Britain: A Study of the Interaction of Policy and Opinion(Cambridge, Mass: Harvard University Press, 1950).

Goerlitz, Walter, History of the German General Staff: 1657~1945, trans. by Brian Battershaw(New York: Praeger, 1953).

Gooch, G. P., and Temperley, Harold(eds.), British Documents on the Origins of the War 1898~1914, 11 Vols in 13(New York: Johnson reprint corp., 1967).

Grenville, J. A. S., Lord Salisbury and Foreign Policy: the Close of Nineteenth Gentury(London: Athlone Press, 1964).

_____, The Major International Treaties 1914~1973: A History and Guide with Texts(New York: Stein and Day, 1975).

Grey of Falloden, Viscount, Twenty-Five Years, 1892~1916(London: Hodder & Stoughton, 1925).

Grigg, John, Lloyd George, 3 Vols to date(London: Eyre Methuen, 1973~78, and Methuen, 1985).

Grousset, Rene, The Empire of the Steppes: A History of Central Asia, translated by Naomi Walford(New Brunswick, New Jersey: Rutgers University Press, 1970).

Guedalla, Philip, Men of Affairs(London: Hodder & Stoughton, n. d.).

Hambis, Louis(ed.), L'Asie Centrale: histoire et civilisation(Paris: Collège de France, Imprimerie nationale, 1977).

Hamilton, Sir Ian, Gallipoli Diary, 2 Vols(London: Edward Arnold,1920).

Hancock, W. K., Smuts, 2 Vols(Cambridge: Cambridge University Press, 1962~68).

Headrick, Daniel R., The Tools of Empire: Technology and European Imperialism in the Nineteenth Century(New York and Oxford: Oxford University Press, 1981).

Heathcote, T. A., The Afghan Wars: 1839~1919(London: Osprey, 1980).

Heller, Joseph, British Policy Towards the Ottoman Empire:

1908~1914(London: Frank Cass, 1983).

_____, "Sir Louis Mallet and the Ottoman Empire: The Road to War," Middle Eastern Studies(January 1976).

Helmreich, Paul C., From Paris to Sèvres: The Partition of the Ottoman Empire at the Peace Conference of 1919~1920(Columbus: Ohio State University Press, 1974).

Helms, Chiristine Moss, The Cohesion of Saudi Arabia: Evolution of Political Identity(Baltimore and London: The Johns Hopkins University Press, 1981).

Hemingway, Ernest, By-Line: Ernest Hemingway, ed. by William White(New York: Charles Scribner's Sons, 1967).

Henty, G. A., With Kitchener In The Soudan: A Story of Atbara and Omdurman(New York: Charles Scribner's Sons, 1902).

Herzl, Theodore, A Jewish State: An Attempt at a Modern Solution of the Jewish Question, revised by J. de Hass from the translation of Sylvie D'Avigdor(New York: Maccabaean Publishing, 1904).

Hess, Moses, Rome and Jerusalem: A Study in Jewish Nationalism, translated by Meyer Waxman(New York: Bloch Publishing, 1945).

Hill, Stephen, "Gertrude Bell(1968~1926): A selection from the photographic archive of an archaeologist and traveller"(Department of Archaeology, The University of Newcastle Upon Tyne, 1977).

Hinsley, F. H.(ed.), British Foreign Policy under Sir Edward Grey(Cambridge, New York, and Melbourne: Cambridge University Press, 1977).

Hirszowicz, L., "The Sultan and the Khedive, 1892~1908," Middle Eastern Studies(October 1972).

Holden, David and Johns, Richard, The House of Saud: The Rise and Fall of the Most Powerful Dynasty in the Arab World(New York: Holt, Rinehart & Winston, 1981).

Hough, Richard, The Great War at Sea: 1914~1918(Oxford and New York: Oxford University Press, 1983).

Hourani, Albert, The Emergence of the Modern Middle East(Berkeley, Los Angeles and London: University of California Press, 1981).

_____, Europe and The Middle East(Berkeley and Los Angeles: University of

California Press, 1980).

_____,(ed.), Middle Eastern Affairs: Number Four, St Antony's Papers, no.17(London: Oxford University Press, 1965).

House, Edward Mandell, and Seymour, Charles(eds.), What Really Happened at Paris: The Story of the Peace Conference, 1918~1919(New York: Charles Scribner's Sons, 1921).

Housepian, Marjorie, Smyrna 1922: The Destruction of a City(London: Faber, 1972).

Hoving, Thomas, Tutankhamun, The Untold Story(New York: Simon & Schuster, 1978).

Howard, Harry N., The Partition of Turkey: A Diplomatic History 1913~1923(New York: Howard Fertig, 1966).

_____, Turkey, the Straits and U.S. Policy(Baltimore and London: The Johns Hopkins University Press, 1974).

Hunt, Barry, and Preston, Adrian, War Aims and Strategic Policy in the Great War 1914~1918(London: Croom Helm, and Totowa, N.J.: Rowman and Littlefield, 1977).

Hurewitz, J. C., Diplomacy in the Near and Middle East: A Documentary Record: 1914~1956, 2 Vols(Princeton, Toronto, London, and New York: D. Van Nostrand, 1956).

Hyde, H. Montgomery, Carson(Melbourne, London, and Toronto: William Heinemann, 1953).

Ingram, Edward, The Beginnings of the Great Game in Asia 1828~1834(Oxford: Clarendon Press, 1979).

_____, Commitment to Empire: Prophecies of the Great Game in Asia 1979~1800(Oxford: Clarendon Press, 1981).

Ingrams, Doreen(ed.), Palestine Papers 1917~1922, Seeds of Conflict(London: John Murray, 1972).

Issawi, Charles, The Economic History of Turkey: 1800~1914(Chicago and London: University of Chicago Press, 1980).

Jabotinsky, Vladimir, The Story of the Jewish Legion, trans. by Samuel Katz(New

York: Bernard Ackerman, 1945).

Jenkins, Roy, Asquith: Portrait of a Man and an Era(New York: E. P. Dutton, 1966).

Jones' Thomas, Lloyd George(Cambridge, Mass: Harvard University Press, 1951).

Kazemzadeh, Firuz, The Struggle for Transcaucasia(1917~1921)(New York: Philosophical Library and Oxford: George Ronald, 1951).

Kedourie, Elie, Arabic Political Memoirs and Other Studies(London: Frank Cass, 1974).

____, The Chatham House Version and Other Middle-Eastern Studies(London: Weidenfeld and Nicolson, 1970).

____, The Chatham House Version and Other Middle-Eastern Studies, New Edition(Hanover and London: University Press of New England, 1984).

____, England and the Middle East: The Destruction of the Ottoman Empire, 1914~1921(Hassocks, Sussex: Harvester Press, 1978).

____, "From Clerk to Clerk: Writing Diplomatic History," The American Scholar(Autumn 1979).

____, In the Anglo-Arab Labyrinth: The McMahon-Husayn Correspondence and its Interpreters 1914~1939(Cambridge, London, New York, and Melbourne: Cambridge University Press, 1976).

____, Islam in the Modern World and Other Studies(New York: Holt, Rinehart & Winston, 1981).

____, "The Surrender of Medina, January 1919," Middle Eastern Studies(January 1977).

____,(ed.), The Jewish World: History and Culture of the Jewish People(New York: Harry N. Abrams, 1979).

Keep, John L. H., The Russian Revolution: A Study in Mass Mobilization(London: Weidenfeld & Nicolson, 1976).

Kelly J. B., Arabia, the Gulf and the West(New York: Basic Books, 1980).

Kennan, George F., Soviet-American Relations, 1917~1920, 2 Vols(Princeton: Princeton University Press, 1956~58).

Kennedy, A. L., Salisbury 1830~1903: Portrait of a Statesman(London: John Murray, 1953).

Kennedy, Paul, "A Historian of Imperial Decline Looks at America," International Herald Tribune, 3 November 1982.

____, The Realities Behind Diplomacy: Background Influences on British External Policy, 1865~1980(Glasgow: Fontana, 1981).

____, The Rise of Anglo-German Antagonism: 1860~1914(London: George Allen & Unwin, 1980).

____, Strategy and Diplomacy 1870~1945: Eight Studies(London: George Allen & Unwin, 1983).

Kent, Marian, Oil and Empire: British Policy and Mesopotamian Oil, 1900~1920(London and Basingstoke: Macmillan, 1976).

Kettle, Michael, The Allies and the Russian Collapse March 1917-March 1918(London: André Deutsch, 1981).

Keynes, John Maynard, The Economic Consequences of the Peace(New York: Harcourt, Brace & Howe, 1920).

____, Essays In Biography, ed. by Geoffrey Keynes(New York: Horizon Press, 1951).

Khoury, Philip S., Urban Notables and Arab Nationalism: The Politics of Damascus 1860~1920(Cambridge, London, New York, New Rochelle, Melbourne, and Sydney: Cambridge University Press, 1983).

Kinross, Lord, Ataturk: A Biography of Mustafa Kemal, Father of Modern Turkey(New York: William Morrow, 1965).

____, The Ottoman Centuries: The Rise and Fall of the Turkish Empire(New York: Morrow Quill Paperbacks, 1977).

Klieman, Aaron S., Foundations of British Policy in the Arab World: The Cairo Conference of 1921(Baltimore and London: The Johns Hopkins University Press, 1970).

Knightley, Philip and Simpson, Colin, The Secret Lives of Lawrence of Arabia(London: Thomas Nelson & Sons, 1969).

Kraemer, Joel L.,(ed.), Jerusalem: Problems and Prospects(New York: Praeger,

1980).

Langer, William L., The Diplomacy of Imperialism 1890~1902(New York: Alfred A. Knopf, 1951).

_____, European Alliances and Alignments 1871~1890(New York: Alfred A. Knopf, 1956).

Laqueur, Walter, A History of Zionism(New York, Chicago, and San Frnacisco: Holt, Rinehart & Winston, 1972).

Lawrence, A. W.(ed.), T. E. Lawrence By His Friends(London: Jonathan Cape, 1954).

Lawrence, T. E, Evolution of a Revolt: Early Postwar Writings of T. E. Lawrence, ed. by Stanley and Rodelle Weintraub(University Park and London: The Pennsylvania State University Press, 1968).

_____, The Home Letters of T. E. Lawrence and His Brothers(Oxford: Basil Blackwell, 1954).

_____, The Letters of T. E. Lawrence, edited by David Garnett(London and Toronto: Jonathan Cape, 1938).

_____, Oriental Assembly, edited by A. W. Lawrence(London: Williams and Norgate, 1939).

_____, Secret Despatches from Arabia by T. E. Lawrence(The Golden Cockerel Press, n.d.).

_____, Seven Pillars of Wisdom: A Triumph(Garden City: Doubleday, Doran, 1935).

_____, T. E. Lawrence to His Biographer: Robert Graves and Liddell Hart, 2 Vols(New York: Doubleday, Doran, 1938).

Leggett, George, The Cheka: Lenin's Political Police(Oxford: Clarendon Press, 1981).

Lenczowski, George, The Middle East in World Affairs, 4th edn(Ithaca and London: Cornell University Press, 1980).

Lesch, Ann Mosely, Arab Politics in Palestine, 1917~1939: The Frustration Of A Nationalist Movement(Ithaca and London: Cornell University Press, 1979).

Leslie, Shane, Mark Sykes: His Life and Letters(London, New York, Toronto, and

Melbourne: Cassell, 1923).

Lewin, Moshe, Lenin's Last Struggle, trans. by A. M. Sheridan Smith(New York and London: Monthly Review Press, 1968).

Lewis, Bernard, The Arabs in History, rev. edn(New York: Harper Torchbooks, 1967).

_____, The Emergence of Modern Turkey, 2nd edn(London, Oxford, and New York: Oxford University Press, 1968).

_____, The Middle East and the West(New York, Hagerstown, San Francisco, and London: Harper Torchbooks, 1966).

_____(ed.), Islam and the Arab World(New York: Alfred A. Knopf, 1976).

Liddell Hart, B. H., Strategy: The Indirect Approach(New York: Frederick A. Praeger, 1954).

Liman von Sanders, Otto, Five Years in Turkey(Annapolis: The United States Naval Institute, 1927).

Link, Arthur S, Wilson: Campaigns for Pregressivism and Peace(Princeton: Princeton University Press, 1965).

Lloyd George, David, Memoirs of the Peace Conference, 2 Vols(New Haven: Yale University Press, 1939).

_____, War Memoirs, 6 Vols(Boston: Little, Brown, 1933~37).

Lockhart, R. H. Bruce, The Two Revolutions: An Eye-Witness Study of Russia, 1917(London: Phoenix House, 1957).

Lowe, C. J., and Dockrill, M. L., The Mirage of Power, 3 Vols(London and Boston: Routledge & Kegan Paul, 1972).

Mack, John E., A Prince of Our Disorder: The Life of T. E. Lawrence(Boston: Little, Brown, 1976).

MacKenzie, Compton, Gallipoli Memories(Garden City: Doubleday, Doran, 1930).

_____, Greek Memories(University Publications of America, 1987).

_____, My Life and Times, Octave Five, 1915~1923(London: Chatto & Windus, 1966).

MacKinder, Sir Halford J., The Scope and Methods of Geography, and the

Geographical Pivot of History(London: Royal Geographical Society, 1951).

Maclean, Fitzroy, A Person from England, and Other Travellers(London: Jonathan Cape, 1958).

____, To the Back of Beyond(London: Jonathan Cape, 1974).

Magnus, Philip, Kitchener: Portrait of an Imperialist(Harmondsworth: Penguin, 1968).

Manchester, William, The Last Lion: Winston Spencer Churchill, Visions of Glory, 1874~1932(Boston and Toronto: Little, Brown, 1983).

Marder, Arthur J., From the Dreadnought to Scapa Flow: The Royal Navy in the Fisher Era, 1904~1919, Vol.5, Victory and Aftermath, January 1918-June 1919(London: Oxford University Press, 1970).

Mason, Alpheus Thomas, Brandeis: A Free Man's Life(New York: Viking Press, 1946).

Massey ,W. T., Allenby's Final Triumph(New York: E. P. Dutton, 1920).

May, Ernest R.(ed.), Knowing One's Enemies: Intelligence Assessment Before the Two World Wars(Princeton: Princeton University Press, 1984).

Mayer, Arno J., Politics and Diplomacy of Peacemaking: Containment and Counterrevolution at Versailles 1918~1919(New York: Alfred A. Knopf, 1967).

McNeill, William H., Plagues and Peoples(Garden City: Doubleday, Anchor Books, 1976).

Meinertzhagen, Colonel R., Middle East Diary 1917~1956(London: Cresset Press, 1959).

Mejcher, Helmut, "Oil and British Policy towards Mesopotamia," Middle Eastern Studies(October 1972).

Monroe, Elizabeth, Britain's Moment in the Middle East: 1914~1971, rev. edn(Baltimore: The Johns Hopkins University Press, 1981).

Moorehead, Alan, Gallipoli(New York: Ballentine Books, 1956).

Morgan, Gerald, Anglo-Russian Rivalry in Central Asia: 1810~1895(London: Frank Cass, 1981).

Morgan, Kenneth O., Consensus and Disunity: The Lloyd George Coalition Government 1918~1922(Oxford: Clarendon Press, 1979).

_____, Lloyd George(London: Weidenfeld & Nicolson, 1974).

Morgan, Kenneth, and Morgan, Jane, Portrait of a Progressive: The Political Career of Christopher, Viscount Addison(Oxford: Clarendon Press, 1980).

Morgan, Ted, Churchill: Young Man in a Hurry, 1874~1915(New York: Simon & Schuster, 1982).

Morison, J. L., "From Alexander to Burns to Frederick Roberts: A Survey of Imperial Frontier Policy," Raleigh Lecture on History(London: British Academy, 1936).

Morris, James, Farewell the Trumpets: An Imperial Retreat(New York and London: Harcourt Brace Jovanovich, 1978).

Mosley, Leonard, Power Play: Oil in the Middle East(New Yrok: Random House, 1973).

Mousa, Suleiman, "A Matter of Principle: King Hussein of the Hijaz and the Arabs of Palestine," International Journal of Middle Eastern Studies(1978).

_____, T. E. Lawrence: An Arab View(London, New York, and Toronto: Oxford University Press, 1966).

Mowat, Charles Loch, Britain between the Wars 1918~1940(London: Methuen University Paperback, 1968).

Namier, L. B. Avenues of History(London: Hamish Hamilton, 1952).

Nevakivi, Jukka, Britain, France and the Arab Middle East 1914~1920(London: Athlone Press, 1969).

Nicolson, Harold, Curzon: The Last Phase 1919~1925(Boston and New York: Houghton Mifflin, 1934).

_____, Diplomacy, 3rd edn(New York: Oxford University Press, A Galaxy Book, 1964).

Nordau, Max, Max Nordau to His People: A Summons and Challenge(New York: Scopus Publishing, 1941).

Norris, J. A., The First Afghan War 1938~1942(Cambridge: Cambridge University Press, 1967).

Nove, Alec, An Economic History of the U.S.S.R.(Harmondsworth: Penguin, 1982).

O' Brien, Terence H., Milner(London: Constable, 1979).

Pakenham, Thomas, The Beer War(New York: Random House, 1979).

Parrish, Michael E., Felix Frankfurter and His Times—The Reform Years(New York: Free Press, and London: Collier Macmillan, 1982).

Pinsker, Leo, Road to Freedom: Writings and Addresses(New York: Seopus Publishing, 1944).

Pipes, Richard, The Formation of the Soviet Union, Communism and Nationalism, 1917~1923, rev. edn(Cambridge, Mass.: Harvard University Press, 1964).

Porath, Y., The Emergence of the Palestinian-Arab National Movement 1918~1929(London: Frnak Cass, 1974).

Poullada, Leon, B., Reform and Rebellion in Afghanistan, 1919~1929: King Amanullah's Failure to Modernize a Tribal Society(Ithaca and London: Cornell University Press, 1973).

Presland, John(pseudonym for Gladys Skelton), Deedes Bey: A Study of Sir Wyndham Deedes 1883~1923(London: Macmillan, 1942).

Rabinowitz, Ezekiel, Justice Louis D. Brandeis: The Zionist Chapter of His Life(New York: Philosophical Library, 1968).

Ramsaur, Jr., Ernest Edmondson, The Young Turks: Prelude to the Revolution of 1908(Princeton: Princeton University Press, 1957).

Raymond, John(ed.), The Baldwin Age(London: Eyre & Spottiswoode, 1960).

Riddell, Lord, Intimate Diary of the Peace Conference and after 1918~1923(New York: Reynal & Hitchcock, 1934).

____, The Riddell Diaries: 1908~1923, edited by J. M. McEwen(London and Atlantic Highlands: The Atholone Press, 1986).

____, War Diary 1914~1918(London: Ivor Nicholson & Watson, 1933).

Ridley, Jasper, Lord Palmerston(London: Panther, 1972).

Robinson, Francis, Atlas of the Islamic World since 1500(New York: Facts on File, 1982).

Ro'i, Yaacov, "The Zionist Attitude to the Arabs 1908~1914," Middle Eastern Studies(April 1968).

Rose, Kenneth, The Later Cecils(New York, Evanston, San Francisco, and London: Harper & Row, 1975).

Rose, Norman, Vansittart: Study of a Diplomat(London: Heinemann, 1978).

Roskill, Stphen, Hankey: Man of Secrets, 2 Vols(London: Collins, 1970~72).

Round Table, The Ottoman Domination(London: T. Fisher Unwin, 1917).

Royle, Trevor, The Kitchener Enigma(London: Michael Joseph, 1985).

Sachar, Howard M., The Emergence of the Middle East: 1914~1924(New York: Alfred A. Knopf, 1969).

_____, A History of Israel: From the Rise of Zionism to Our Time(New York: Alfred A. Knopf, 1976).

Said, Edward W., Orientalism(New York: Vintage Books, 1971).

Sanders, Ronald, The High Walls of Jerusalem: A History of the Balfour Declaration and the Birth of the British Mandate for Palestine(New York: Holt, Rinehart & Winston, 1983).

Schapiro, Leonard, The Russian Revolutions of 1917: The Origins of Modern Communism(New York: Basic Books, 1984).

Schechtman, Joseph B., The Vladimir Jabotinsky Story, 2 Vols(New York: Thomas Yoseloff, 1956~61).

Schuyler, Eugene, Turkistan: Notes of a Journey in Russian Turkistan, Kokand, Bukhara and Kuldja, edited by Geoffrey Wheeler(New York and Washington: Frederick A. Praeger, 1966).

Searight, Sarah, The British in The Middle East(New York: Atheneum. 1970).

Seton-Watson, Hugh, The Russian Empire 1801~1917(Oxford: Clarendon Press, 1967).

Seymour, Charles, The Intimate Papers of Colonel House, Vol.3(Boston: Houghton Mifflin, 1928).

Shaw, Bernard, Flyleaves, edited by Dan. H. Laurence and Daniel J. Leary(Austin: W. Thomas Taylor, 1977).

Shaw, Stanford J., "The Ottoman Census System and Population 1831~1914," International Journal of Middle East Studies(August 1978).

Shaw, Stanford J., and Shaw, Ezel Kural, History of the Ottoman Empire and

Modern Turkey, Vol.2: Reform, Revolution, and Republic: The Rise of Modern Turkey, 1808~1975(Cambridge: Cambridge University Press, 1977).

Shotwell, James D., The Great Decision(New York: Macmillan, 1944).

Smith, Denis Mack, Mussolini(New York: Vintage Books, 1983).

Smith, Michael Llewellyn, Ionian Vision: Greece in Asia Minor, 1919~1922(New York: St Martin's Press, 1973).

Smuts, J. C., Selections from the Smuts Papers, Vol.3-4, edited by W. K. Hancock and Jean Van Der Poel(Cambridge: Cambridge University Press, 1966).

_____, Selections from the Smuts Papers, Vol.5, edited by Jean Van Der Poel(Cambridge: Cambridge University Press, 1973).

Sonyel, Salahi Ramsdan, Turkish Diplomacy, 1918~1923: Mustafa Kemal and the Turkish National Movement(London and Beverly Hills: SAGE Publications, 1975).

Stanwood, Frederick, War, Revolution & British Imperialism in Central Asia(London: Ithaca Press, 1983).

Stavrianos, L. S., The Balkans since 1453(New York: Rinehart, 1958).

Steadman, John M., The Myth of Asia(New York: Simon and Schuster, 1969).

Steel, Ronald, Walter Lippmann, and the American Century(Boston and Toronto: Little Brown and Company, 1980).

Steevens, G. W., With Kitchener to Khartum(New York: Dodd, Mead, 1900).

Stein, Kenneth W., The Land Question in Palestine, 1917~1939(Chapel Hill and London: University of North Carolina Press, 1984).

Stein, Leonard, The Balfour Declaration(London: Valentine Mitchell, 1961).

Steiner, Zara C., Britain and the Origins of the First World War(London and Basingstoke: Macmillan, 1970).

Stevenson, Frances, Lloyd George: A Diary, ed. by A. J. P. Taylor(New York, Evanston, San Francisco, and London: Harper & Row, 1971).

Stewart, Desmond, T. E. Lawrence(New York, Hagerstown, San Francisco and London: Harper & Row, 1977).

Stivers, William, Supremacy and Oil: Iraq, Turkey, and the Anglo-American World Order, 1918~1930(Ithaca and London: Cornell University Press, 1982).

Stone, Norman, The Eastern Front 1914~1917(London: Hodder & Stoughton, 1975).

____, Europe Transformed 1878~1919(Fontana, 1983).

Storrs, Ronald, The Memoirs of Sir Ronald Storrs(New York: G. P. Putnam's Sons, 1937).

Swanson, Glen W., "Enver Pasha: the Formative Years," Middle Eastern Studies(October 1980).

Swinson, Arthur, North-West Frontier: People and Events, 1839~1947(London: Hutchinson, 1967).

Sykes, Christopher, Crossroads to Israel: 1917~1948(Bloomington and London: Indiana University Press, 1973).

____, Two Studies in Virture(London: Collins, 1953).

Sykes, Sir Mark, The Caliphs' Last Heritage: A short History of the Turkish Empire(London: Macmillan, 1915).

Tabacknick, Stephen E., and Matheson, Christopher, Images of Lawrence(London: Jonathan Cape, 1988).

Taylor, A. J. P., Beaverbrook(New York: Simon & Schuster, 1972).

____, English History 1914~1945(Oxford: Clarendon Press, 1965).

____, Englishman and Others(London: Hamish Hamilton, 1956).

____, The First World War: An Illustrated History(London: Hamish Hamilton, 1963).

____, From Saravejo to Potsdam(Harcourt, Brace & World, 1966).

Taylor, Robert, Lord Salisbury(London: Allen Lane, 1975).

____, How Wars Begin(London: Hamish Hamilton, 1979).

____, How Wars End(London: Hamish Hamilton, 1985).

____, The Last of Old Europe: A Grand Tour(London: Sidgwick & Jackson, 1976).

____, Politics in Wartime and Other Essayss(London: Hamish Hamilton, 1964).

____, Revolutions and Revolutionaries(London: Hamish Hamilton, 1980).

____, The Struggle for Mastery in Europe 1848~1918(Oxford: Clarendon Press, 1954).

_____, The War Lords (London: Hamish Hamilton, 1977).

_____,(ed.), Lloyd George : Twelve Essays(New York: Atheneum. 1971).

_____,(ed.), My Darling Pussy : The Letters of Lloyd George and Frances Stevenson 1913~1941(London: Weidenfeld and Nicolson, 1975).

Temperley, Harold, The Foreign Policy of Canning 1822~1827 : England, the Neo-Holy Alliance, and the New World, 2nd edn(Hamden, Connetcticut: Archon, 1966).

_____,(ed.), A History Of The Peace Conference Of Paris, 6 Vols(London: Henry Froude and Hodder & Stoughton, 1920~24).

Temperley, Harold, and Penson, Lillian M.(eds.), Foundations of British Foreign Policy From Pitt (1792) to Salisbury (1902)(New York: Barnes & Noble, 1966).

Teveth, Shabtai, Ben-Gurion and the Palestinian Arabs(Oxford and New York: Oxford University Press, 1985).

Thomas, Lowell, With Lawrence in Arabia(New York and London: The Century Co., 1924).

Tidrick, Kathryn, Heart-beguiling Araby(Cambridge, London, New York, New Rochelle, Melbourne, and Sydney: Cambridge University Press, 1981).

Townshend, Charles, "Civilization and 'Frightfulness' : Air Control in the Middle East Between the Wars," in Chris Wrigley,(ed.), Warfare Diplomacy and Politics : Essays in Honour of A. J. P. Taylor(London: Hamish Hamilton, 1986).

Townshend, Charles Vere Ferres, My Campaign(New York: James A. McCann, 1920).

Toynbee, Arnold J., The Western Question in Greece and Turkey, reprint of 2nd edn(1923)(New York: Howard Fertig, 1970).

Troeller, Gray, The Birth of Saudi Arabia : Britain and the Rise of the House of Sa'ud(London: Frank Cass, 1976).

Trumpener, Ulrich, Germany and the Ottoman Empire : 1914~1918(Princeton: Princeton University Press, 1968).

Tuchman, Barbara W., Bible and Sword : England and Palestine from the Bronze Age to Balfour(New York: Funk & Wagnalls, 1956).

_____, The Guns of August(New York: Dell, 1962).

_____, The Zimmerman Telegram(New York: Bantam Books, 1971).

Ullman, Richard H., Anglo-Soviet Relations, 1917~1921, 3 Vols(Princeton: Princeton University Press, 1961~72).

U. S. State Department, Papers Relating to the Foreign Relations of the United States: The Paris Peace Conference 1919, 13 Vols(Wasington: Government Printing Office, 1942~47).

Vansittart, Lord, The Mist Procession(London: Hutchinson, 1958).

Varé, Daniele, Laughing Diplomat(London: John Murray, 1938).

Vatikiotis, P. J., The History of Egypt, 2nd edn(Baltimore: The Johns Hopkins University Press, 1980).

Vereté, Mayir, "The Balfour Declaration and its Makers," Middle Eastern Studies(January 1970).

_____, "Kitchener, Grey and the Question of Palestine in 1915~1916: A Note," Middle Eastern Studies(May 1973).

Warner, Philip, Kitchener: The Man Behind the Legend(London: Hamish Hamilton, 1985).

Watson, David Robin, Georges Clemenceau: A Political Biography(London: Eyre Methuen, 1974).

Weber, Frank G., Eagles on the Crescent: Germany, Austria, and the Diplomacy of the Turkish Alliance 1914~1918(Ithaca and London: Cornell University Press, 1970).

Webster, Sir Charles, The Foreign Policy of Palmerston, 1830~1841, Britain, the Liberal Movement and the Eastern Question, 2 Vols(New York: Humanities Press, 1969).

Weizmann, Chaim, The Letters and Papers of Chaim Weizmann, Vol.8, Series A, November 1917-October 1918, edited by Dvorah Barzilay and Barnet Litvinoff(Jerusalem: Israel University Press, 1977).

_____, Trial and Error: The Autobiography of Chaim Weizmann(New York: Harper, 1949).

Whiting, Allen S., Soviet Policy in China 1912~1924(Stanford University Press Paperback, 1968).

Wilson, Edmund, To the Finland Station: A Study in the Writing and Acting of History(Garden City: Doubleday, Anchor Books, 1953).

Wilson, J. M., "Sense and Nonsense in the Biography of T. E. Lawrence," T. E. Lawrence Studies(spring 1976).

Wilson, Trevor, The Myriad Faces of War: Britain and the Great War, 1914~1918(Cambridge: Polity Press, 1986).

Wilson, Woodrow, The Papers of Woodrow Wilson, edited by Arthur S. Link et al., Vol.41: January 24-April 6, 1917(Princeton: Princeton University Press, 1983).

Winstone, H. V. F., Captain Shakespear(London: Jonathan Cape, 1976).

_____, Gertrude Bell(London: Jonathan Cape, 1978).

_____, The Illicit Adventure(London: Jonathan Cape, 1982).

_____, Leachman: 'OC Desert'(London, Melbourne, and New York: Quartet Books, 1982).

_____,(ed.) The Diaries of Parker Pasha(London, Melbourne, and New York: Quartet Books, 1983).

Wolfe, Bertram D., Three Who Made a Revolution: A Biographical History, 4th rev. edn(New York: Dell Publishing, Delta Books, 1964).

Wolfers, Arnold, Britain and France Between Two Wars(New York: W. W. Norton, 1966).

Woodward, E. L., and Butler, Rohan, Documents On British Foreign Policy 1919~1939, First Series, Vols 1-24(London: His Majesty's Stationery Office, 1947; Her Majesty's Stationery Office, 1983).

Woolley, C. Leonard, and Lawrence, T. E., The Wilderness of Zin(Archaeological Report)(London: Palestine Exploration Fund, 1914).

Wrench, John Evelyn, Geoffrey Dawson and Our Times(London: Hutchinson, 1955).

Young, Sir Hubert, The Independent Arab(London: John Murray, 1933).

Zeine, Zeine N. The Emergence of Arab Nationalism with a Background Study of Arab-Turkish Relations in the Near East(Beirut: Khayats, 1966).

Zeldin, Theodore, France 1848~1945, 2 Vols(Oxford: Clarendon Press, 1973~77).

Zeman, Z. A. B.(ed.), and Scharlau, W. B., The Merchant of Revolution : The Life of Alexander Israel Helphand (Parvus) 1867 ~1924 (London : Oxford University Press, 1965).

Zeman, Z. A. B.(ed.), Germany and the Revolution in Russia 1915 ~1918 (London : Oxford University Press, 1958).

Zurcher, Erik Jan, The Unionist Factor : The Role of the Committee of Union and Progress in the Turkish National Movement 1905 ~1926 (Leiden : E. J. Brill, 1984).

찾아보기(인명)

현대 중동의 탄생

1판 1쇄 발행 2015년 1월 12일
1판 7쇄 발행 2020년 1월 20일

지은이 데이비드 프롬킨 | 옮긴이 이순호
편집 백진희 김지하 | 표지 디자인 가필드

펴낸이 임병삼 | 펴낸곳 갈라파고스
등록 2002년 10월 29일 제2003-000147호
주소 03938 서울시 마포구 월드컵로 196 대명비첸시티오피스텔 801호
전화 02-3142-3797 | 전송 02-3142-2408
전자우편 galapagos@chol.com

ISBN 978-89-90809-68-1   03900

이 도서의 국립중앙도서관 출판시도서목록(CIP)은 e-CIP 홈페이지
(http://www.nl.go.kr/cip.php)에서 이용하실 수 있습니다.
(CIP 제어번호: CIP 2014037789)

갈라파고스 자연과 인간, 인간과 인간의 공존을 희망하며, 함께 읽으면 좋은 책들을 만듭니다.